D1719859

Lehr- und Handbücher zu Sprachen und Kulturen

Herausgegeben von
José Vera Morales und Martin M. Weigert

Bisher erschienene Werke:

Verkehrslexikon

Deutsch – Russisch
Russisch – Deutsch

Von
Dr. Bianca Jänecke
und
Dr. Ines Klemm

R. Oldenbourg Verlag München Wien

Die Deutsche Bibliothek - CIP-Einheitsaufnahme

Jänecke, Bianca:
Verkehrslexikon : deutsch-russisch, russisch-deutsch / von
Bianca Jänecke und Ines Klemm. – München ; Wien : Oldenbourg, 2001
  (Lehr- und Handbücher zu Sprachen und Kulturen)
  ISBN 3-486-24768-9

© 2001 Oldenbourg Wissenschaftsverlag GmbH
Rosenheimer Straße 145, D-81671 München
Telefon: (089) 45051-0
www.oldenbourg-verlag.de

Gedruckt auf säure- und chlorfreiem Papier
Gesamtherstellung: Druckhaus „Thomas Müntzer" GmbH, Bad Langensalza

ISBN 3-486-24768-9

Inhaltsverzeichnis

Vorwort

Die Schaffung des EU-Binnenmarktes und die immer umfangreichere Vernetzung der nationalen Wirtschaftssysteme führt zu einer branchenübergreifenden Internationalisierung der Wirtschaft, in der dem Verkehr eine zentrale Rolle zukommt. Beginnend mit dem Jahr 1992 gewann diese Entwicklung zunehmend an Bedeutung. Sie zielt auf die schrittweise Beseitigung nationaler Hemmnisse wie Grenz- und Handelsschranken und auf die Schaffung einheitlicher Marktverhältnisse. Zugleich ist der Verkehrssektor selbst den Veränderungen im Rahmen einer einheitlichen EU-Verkehrspolitik unterworfen. Wege zur Schaffung eines gesamteuropäischen Dienstleistungsmarktes Verkehr sind Harmonisierung, Deregulierung und Liberalisierung.

Parallel zur Schaffung des EU-Verkehrsmarktes hat mit dem Übergang der osteuropäischen Länder zur Marktwirtschaft auch der Ost-West-Verkehr in den letzten Jahren zugenommen. Neben den politischen und wirtschaftlichen Wandlungsprozessen in den osteuropäischen Ländern, die Westeuropa die schrittweise Erschließung eines riesigen Verbrauchermarktes von insgesamt ca. 220 Millionen Verbrauchern ermöglichen, dürfte es vor allem auch der zunehmende Wettbewerbsdruck im EU-Verkehrsgewerbe selbst sein, der zu dieser Entwicklung beiträgt.

Das vorliegende Buch ist das Ergebnis mehrjähriger Untersuchungen der Verkehrsterminologie im deutsch- und russischsprachigen Raum. Es richtet sich an all diejenigen, die in ihrer Arbeit im direkten Kontakt zu Geschäftspartnern aus der GUS stehen und denen darüber hinaus Fremdsprachenkenntnisse im allgemein- und verkehrssprachlichen Bereich abverlangt werden. Der angesprochene Nutzerkreis umfasst Dolmetscher, Übersetzer und Fremdsprachensekretärinnen ebenso wie Geschäftsleute aus Verkehrs-, Speditions- und Transportunternehmen. Eine weitere Nutzergruppe sind Firmenrepräsentanten, die auf dem russischen Markt tätig sind bzw. werden wollen.

Wie in anderen fachsprachlichen Bereichen fehlen auch im Verkehrssektor häufig direkte sprachliche Äquivalente für neue Begriffe und Benennungen, wodurch Paraphrasierungen unumgänglich werden. Dolmetschern und Übersetzern mangelt es hierbei nicht selten an dem erforderlichen Fachwissen, Verkehrsfachleuten dagegen am entsprechenden allgemein- und fachsprachlichen Wortschatz. Sprachliche Missverständnisse sind vorprogrammiert. Eine einfache Lexikpräsentation ohne Begriffsklärung ist unzureichend, da sie eine umfassende Sachkenntnis voraussetzt.

Ein Blick in die Kataloge von Bibliotheken und Verlagen lässt sehr schnell erkennen, dass es bislang keine nennenswerten zweisprachigen Wörterbücher zum Thema Verkehrswirtschaft gibt. Der terminologische Wortschatz zum Verkehr ist zumeist Bestandteil allgemeinsprachlicher und/oder polytechnischer Wörterbücher. Auf Grund dessen ist die zum Verkehr enthaltene Lexik weitgehend technikorientiert, wobei die rasante Entwicklung der Verkehrstechnik und -technologie in den letzten Jahren ebenfalls unberücksichtigt bleibt. Fachsprachliche Begriffe aus den Bereichen Verkehrswirtschaft, Logistik, Verkehrspolitik, Verkehrsrecht sucht man meist vergeblich.

Um diesem Mangel zu begegnen, wurde das vorliegende Buch als Kombination aus zweisprachigem (Deutsch-Russisch/Russisch-Deutsch) und erklärendem Wörterbuch (Glossar) aufgebaut. Es enthält darüber hinaus ein umfangreiches Abkürzungsverzeichnis.

Der Wörterbuchteil enthält je ca. 15.000 deutsche und russische Stichwörter. Dabei erhebt das Lexikon nicht den Anspruch eines allumfassenden Verkehrsfachwörterbuchs. Dieser Anspruch wäre auf Grund der Komplexität der Fragestellungen, der Vielzahl der Schnittstellen zu anderen Bereichen - Recht, Technik, Betriebswirtschaftslehre, Umweltschutz, Arbeitsschutz etc. - und der großen Zahl der Verkehrsträger sicher auch nicht zu verwirklichen. Ziel der Autorinnen war es vielmehr, durch eine Sammlung der wichtigsten und aktuellsten Benennungen zu allen Verkehrsträgern und eine Schwerpunktsetzung auf den Bereich „Verkehrs*wirtschaft*" eine von vielen Fachleuten als akut empfundene Marktlücke zu schließen.

Die Autorinnen möchten all jenen ihren Dank aussprechen, die die Entstehung des vorliegenden Verkehrslexikons durch fach- und sprachkundige Unterstützung ermöglicht haben. Hierbei gilt der besondere Dank der Autorinnen Frau Raissa Kutscher von der Firma EFCO GmbH Düren, die als Muttersprachlerin den russischen Teil des Wörterbuchs sprachlich betreute, Frau Dr. Annette Baumgart vom Sprachenzentrum der Humboldt-Universität zu Berlin sowie Frau Dr. Hannelore Schmidt von der Firma ITMO Dresden, die als Verkehrsexpertin wertvolle inhaltliche Anmerkungen machte.

Eine Anmerkung zum Schluss:

Sprachen unterliegen ständigen Veränderungen. Jedes Wörterbuch bedarf von Zeit zu Zeit einer Ergänzung und Aktualisierung. Daher erbitten die Autorinnen Meinungsäußerungen und Vorschläge für weitere Eintragungen.

Benutzerhinweise

Das Buch richtet sich vorrangig an deutschsprachige Benutzer. Im Hinblick auf den angesprochenen Nutzerkreis wurden sämtliche Erläuterungen in deutscher Sprache gegeben. Die Autorinnen folgen den Regeln der neuen deutschen Rechtschreibung.

Der von den Autorinnen angesprochene Nutzerkreis sollte über gefestigte Grundkenntnisse in der jeweiligen Zielsprache verfügen. Aus diesem Grund wurde - auch zugunsten einer größeren Anzahl von Einträgen - auf ausführliche grammatische Angaben sowie auf eine durchgängige Kennzeichnung der Einträge hinsichtlich Betonung, Aussprache usw. weitgehend verzichtet. Diese Angaben sind den gebräuchlichen allgemeinsprachlichen Wörterbüchern zu entnehmen.

Die *Erläuterungen* im Wörterbuchteil beziehen sich hauptsächlich auf den *Bedeutungsgehalt* des Stichwortes und/oder des Äquivalents und dienen seiner genaueren semantischen Differenzierung. So werden u.a. Angaben zur Verkehrsart gemacht. Die Stichwörter werden hinsichtlich ihrer Zugehörigkeit zur Fachsprache und/oder einem speziellen Verwendungsbereich charakterisiert. Diese Angaben verweisen auf die einzelnen Bedeutungsvarianten des Stichwortes bzw. auf seine spezifischen, kontextgebundenen Verwendungsweisen und sind den jeweils unterschiedlichen Äquivalenten in der Zielsprache voran gestellt. Sie haben somit in der Regel die Form einer zusätzlichen Erläuterung, z.B.:

> **Modal Share** *(Beförderungsanteil)* доля перевозок
>
> **холостой ход** *(Kfz., Gangschaltung)* Leerlauf

Die Erläuterung zu Bedeutungsnuancen kann auch in Form von fakultativen Erweiterungen als Angabe zum Kontext in spitzen Klammern < > erfolgen, z.B.:

> **Nichtauslastung <von Fahrzeugen>** недогрузка, непольная нагрузка <подвижного состава>
>
> **выхлоп <автомобиля>** Auspuff <eines Kfz.>

Verweise zur Grammatik beschränken sich auf Hinweise zur Wortart, falls diese nicht eindeutig zuzuordnen ist, sowie auf diejenigen grammatischen Eigenschaften des Stichwortes oder Äquivalents (Numerus, Genus, Kongruenz, Rektion etc.), die Fehlerpotenziale für den deutschsprachigen Nutzer bergen:

> **beladen** *(Verb)* погружать/погрузить <что-л.>; ...
>
> **beladen** *(Adj.)* погруженн‖ый/ая/ое/ые; ...
>
> **beladen** *(Part.)* погружен/а/о/ы
>
> **дежурн‖ый/ая/ое/ые I** *(Adj.)* 1. Reserve- *(in Zus.)*; 2. diensthabend/e/er/es;
>
> **дежурный/ая II** *(Subst., Pers.)* Diensthabende/r; ...

Auf die Angabe von _Betonungen_ wurde im Hinblick auf den Nutzerkreis weitgehend verzichtet. Eine Ausnahme bilden Einträge gleicher Schreibweise, bei denen mittels unterschiedlicher Betonung unterschiedliche Bedeutungsinhalte realisiert werden, z.B.:

> ле́тн‖ий/яя/ее/ие Sommer- _(in Zus.)_; ~ вре́мя _(n.)_ го́да -zeit, -saison; ... ; ~ расписа́ние -fahrplan, -flugplan

> лётн‖ый/ая/ое/ые Flug- _(in Zus.)_; ~ го́дность _(f.)_ -fähigkeit; ~ да́нные _(Pl.)_ -daten; ... ; ~ происше́ствие -vorkommnis

> **umfähren** _Hom._ **I** _(intrans.)_ **1.** _(einem Hindernis ausweichen)_ объезжа́ть/объе́хать <что-л., кого-л.>; **2.** _(um etw. einen Kreis beschreiben)_ объезжа́ть/объе́хать <что-л.>

> **ümfahren** _Hom._ **II** _(trans., jmdn./etw. rammen und dadurch umwerfen)_ наезжа́ть/нае́хать <на кого-л./что-л.>, сбива́ть/сбить <кого-л./что-л.>

Es wurde ein weitgehend gleicher Aufbau beider Wörterbuchteile angestrebt. Allerdings spielten sprachliche Besonderheiten bei Auswahl und Aufbau der Wörterbucheinträge eine große Rolle. Diese Besonderheiten in Anlage und Artikelaufbau sollen im Folgenden näher dargestellt werden.

1. Stichwortauswahl

Das vorliegende Buch wurde als _Lexikon zur Fachsprache Verkehrswirtschaft/Verkehrstechnologie_ konzipiert. Es wurde in erster Linie derjenige fachsprachliche Wortschatz der deutschen und russischen Gegenwartssprache aufgenommen, der dem Bereich Verkehr zuzuordnen ist. Weiterhin werden jene Teile des allgemeinsprachlichen Wortschatzes berücksichtigt, die auch im Verkehrswesen stark verbreitet sind, wie Begriffe aus dem kaufmännischen und juristischen Bereich bzw. die so genannten Verben der Bewegung.

Kriterien für die Auswahl der Stichwörter waren _Aktualität_ (für die Fachsprache) und _Gebrauchshäufigkeit_ (für den allgemeinsprachlichen Wortschatz). Die Auswahl umfasst sämtliche Bereiche des Wirtschaftssektors Verkehr, jedoch unter Berücksichtigung ihrer Bedeutsamkeit innerhalb des Verkehrssektors.

Für rein technische Begriffe aus dem Bereich Verkehr existiert eine Reihe recht ausführlicher fachsprachlicher Wörterbücher, auch neueren Datums, sowohl für den deutschsprachigen als auch für den russischsprachigen Nutzer. Einige grundlegende technische Termini aus den einzelnen Verkehrsarten, die auch für Nicht-Fachleute von Bedeutung sind, fanden jedoch Eingang in das Wörterbuch, z.B.:

> **Bremse** _(Kfz.)_ тормоз

> **Warnblicklicht** предупредительный световой сигнал (мигающий свет)

двигатель *(m.)* Motor, *(Flug.)* Triebwerk, Antrieb; ...

люк Luke, Ausstieg *(auch in Zus.)*; ...

Besonderes Augenmerk wurde auf Lexik aus dem Bereich *innovativer Verkehrstechnologien* gerichtet, z.B.:

Magnetschwebebahn *(Eis.)* дорога на магнитной подвеске

Neigezug *(Eis.)* специальный поезд с гибкой подвеской кузова вагонов, поезд типа Тальго

Niederflurfahrzeug транспортное средство с пониженной платформой (с выходом на уровне перрона).

Außerdem wurde eine Reihe neuerer Termini aufgenommen, die in den gängigen Lexika noch nicht vertreten sind, im internationalen Handel und Verkehr aber eine große Rolle spielen, z.B.:

Betreibergesellschaft <частная> компания по эксплуатации <чего-л.>

Güterverkehrszentrum (GVZ) грузораспределительный центр, центр приёма, перевалки, обработки, таможенной очистки, отправки и доставки грузов

Da die Fachsprache, insbesondere die im Bereich der Wirtschaft, einem ständigen Wandel unterliegt, erhebt das Wörterbuch keinen Anspruch auf Vollständigkeit. Die Autorinnen waren jedoch bemüht, typische Begriffe und insbesondere neue Benennungen möglichst umfassend und differenziert darzustellen. Dafür wurde eine große Zahl aktueller Publikationen in der Fachpresse ausgewertet. Der Nutzer sollte sich hinsichtlich neuer sprachlicher Benennungen aber auch der Tatsache bewusst sein, dass es sich bei diesen häufig um Benennungen handelt, die auf Grund fehlender bzw. andersartiger Realien im Russischen bislang wenig bzw. nicht usualisiert sind und deshalb für den russischsprachigen Nutzer in Einzelfällen ungewöhnlich klingen können. Die Zeit wird zeigen, welche der verschiedenen Entsprechungsvarianten sich schließlich im Sprachgebrauch durchsetzen wird.

2. Anordnung der Stichwörter

Die Anordnung der Stichwörter erfolgt nach *alphabetischem Prinzip*. Abkürzungen werden im Wörterbuchteil nicht berücksichtigt. Sie sind in einem gesonderten Abkürzungsverzeichnis erfasst. Die deutschen Umlaute wurden wie folgt eingeordnet: ä = ae, ö = oe und ü = ue. Das ß wird wie ss eingeordnet. Das russische ё ist im russisch-deutschen Teil dem e gleichgesetzt und nicht extra ausgewiesen, zur Erleichterung für den deutschsprachigen Benutzer ist es aber im deutsch-russischen Teil gekennzeichnet.

Bei mehreren gleichlautenden Stichwörtern verschiedener *Wortart* erfolgt ihre Angabe in der Reihenfolge Verb, Substantiv bzw. Verb, Adjektiv, Partizip, bzw. Adjektiv, Substantiv, z.B.:

> **entladen**   разгружать/разгрузить,   выгружать/выгрузить;   **ein Transportmittel** ~ разгружать/разгрузить транспортное средство; ...
>
> **entladen** *(Adj.)* отгруженн‖ый/ая/ое/ые, разгруженн‖ый/ая/ое/ые; ...
>
> **entladen** *(Part.)* отгружен/а/о/ы, разгружен/а/о/ы
>
> **Entladen** *(Subst.)* разгрузка, выгрузка; ...
>
> **дежурн‖ый/ая/ое/ые I** 1. Reserve- *(in Zus.)*; **2.** diensthabend/e/er/es; ~ **автомобиль** *(m.)* Reservewagen, Bereitschaftsfahrzeug; ...
>
> **дежурный/ая II** *(Subst., Pers.)* Diensthabende/r

Da es sich bei den russischen Entsprechungen deutscher Komposita in der Regel um Wortfügungen handelt, erfolgt die Anordnung im russisch-deutschen Teil entsprechend der alphabetischen Reihenfolge der Hauptwörter der Wortfügung. Eine Ausnahme bilden Wortfügungen, die als semantische Einheit aufzufassen sind. Hier erfolgt die Anordnung entsprechend der alphabetischen Reihenfolge der Komponenten, z.B. wird **дизельная тяговая единица** unter dem Stichwort **дизельн‖ый/ая/ое/ые** als semantische Einheit erfasst und entsprechend eingeordnet:

> **дизельн‖ый/ая/ое/ые** Diesel- *(in Zus.)*;... ; ~ **тягач** -schlepper; ~ **тяговая единица** –lokomotive; ...

Andere Benennungen, die als semantische Einheiten erfasst und entsprechend ihrer ersten Komponente sortiert werden, sind z.B. **подвижной состав, несчастный случай, проезжая часть** und **транспортное средство**.

3. Darstellung der Lemmata

3.1 Allgemeine Bemerkungen

Alle Stichwörter in der Quellsprache sind fett geschrieben, ihre Entsprechungen in der Zielsprache in Standardschrift. Erläuterungen zu Semantik und Grammatik erfolgen in kursiv in runden Klammern *( )*. Fakultative Ergänzungen stehen in spitzen Klammern < >:

> **Duplikat <eines Frachtbriefes>** дубликат <накладной>
>
> **fliegen** 1. *(intrans., sich fortbewegen)* летать (лететь); **2.** *(trans., ein Flugzeug führen)* управлять самолётом **оговорка/и** *(jur., s. auch статья)* Klausel/n; ...
>
> **пакетирование <груза на поддонах>** Palettierung <von Warensendungen>
>
> **жестк‖ий/ая/ое/ие** 1. *(Materialdichte)* hart/e/er/es, fest/e/er/es, Fest- *(in Zus.)*; **2.** *(unbeweglich)* starr/e/er/es; ...

Den größten Teil der Einträge stellen Substantive dar. Darüber hinaus umfasst das Wörterbuch auch relevante Verben, Adjektive und Adverbien.

3.2 Darstellung von Substantiven

Substantive sind in der Regel im Singular erfasst. Ist der Plural die gebräuchlichere Form, wird die Pluralendung nach Schrägstrich / angegeben, z.B.:

документ/ы Papier/e, Unterlagen; ...

сбор/ы I Gebühr/en, -gebühr/en, Gebühren- *(in Zus.)*; ...

Impliziert die Pluralform eine abweichende Bedeutung oder den Gebrauch in einem spezifischen Kontext, werden beide Formen einzeln aufgeführt, z.B.:

Güter *(Pl., s. auch Fracht, Gut, Ware)* грузы, *(Ware auch)* товар/ы; ...; **heterogene** ~ разнородный груз; ...

Gut *(s. auch Güter, Fracht, Ware)* груз, *(Ware auch)* товар/ы; ...; **Sammel-** сборный груз; ...

сбор/ы I Gebühr/en, -gebühr/en, Gebühren- *(in Zus.)*; ...

сбор II данных по дорожному (уличному) движению Verkehrs<daten>erhebung

Bei Wörtern, die nur im Plural gebräuchlich sind, wird darauf verwiesen, z.B.:

Kosten *(Pl.)* **1.** расходы, издержки; **2.** *(Preis)* стоимость *(f.)*; ...

издержки *(Pl., kfm., s. auch расходы)* Kosten *(auch in Zus.)*; аварийные ~ Havarie-; ...

3.3 Darstellung von Adjektive

Im deutsch-russischen Teil werden Adjektive in der Quellsprache in der Regel in ihrer endungslosen Form als Stichwort geführt, z.B.:

konkurrenzfähig конкурентоспособн‖ый/ая/ое/ые; ...

Im russisch-deutschen Teil werden für die Adjektive in der Quellsprache die Flexionsendungen angegeben, beginnend mit der maskulinen Endung. Die Endungen der anderen Genera werden, getrennt durch Schrägstrich /, in der Reihenfolge feminin/neutral/Plural ausgewiesen. Die Fuge zwischen Stamm und Endung wird mit einem senkrechten Doppelstrich ‖ gekennzeichnet, z.B.:

каботажн‖ый/ая/ое/ые Kabotage-, Küsten- *(in Zus.)*; ...

Treten Adjektive nur in festen Wortgruppen auf, werden diese als gesonderter Wörterbucheintrag aufgeführt, z.B.:

ländlicher Raum сельский район

декларационная стоимость Deklarationswert

Um dem Nutzer umständliches Suchen zu ersparen, werden Wortfügungen aus Adjektiv und Substantiv zweifach aufgeführt, z.B.:

beschränkte Haftung ограниченная ответственность

Haftung *(jur.)* ответственность *(f.)*; **beschränkte** ~ ограниченная; **materielle** ~ материальная; ...

верхн‖ий/яя/ее/ие obere/er/es, Ober- *(in Zus.)*; ...; ~ **палуба** *(Schiff.)* –deck;

палуба *(Schiff.)* Deck *(auch in Zus.)*; **верхняя** ~ Ober-; ...

Handelt es sich um eine singuläre Kollokation, so werden die Bestandteile des Eintrags durch ein Komma getrennt, z.B.:

Beglaubigung, amtliche *(jur.)* официальное засвидетельствование

накладка, тормозная *(techn.)* Bremsbacke

3.4 Darstellung von Verben

Die russischen Verben werden mit beiden *Aspektformen* in der Reihenfolge unvollendeter (unmarkierter) / vollendeter (markierter) Aspekt angegeben. Die Angabe der Rektion der Verben erfolgt entweder durch eine Kontextergänzung oder durch eine Erweiterung mit Indefinitpronomina in spitzen Klammern < >, z.B.:

aufgeben *(Gepäck)* сдавать/сдать <багаж>

aufheben *(hier beenden, liquidieren)* снимать/снять <что-л.>, отменять/отменить <что-л.>; ...

конфисковывать/конфисковать <груз> <Fracht> einziehen, konfiszieren

перегружать/перегрузить 1. <что-л. куда-л.> *(Umschlag)* <etw.> umladen, umschlagen, *(Schiff. auch)* <etw.> umstauen; **2.** <что-л. чем-л.> *(Übergewicht)* <etw. mit etw.> überladen, überfrachten; ...

Im Russischen spielen die *Verben der Bewegung* eine besondere Rolle. Mit ihnen wird die Zielgerichtetheit bzw. Nicht-Zielgerichtetheit einer Bewegung ausgedrückt. Um sie deutlich von den ansonsten für das Russische typischen Aspektpaarbildungen (unvollendeter/vollendeter Aspekt) abzugrenzen, werden die Verben der Bewegung wie folgt dargestellt: An erster Stelle steht das bestimmte Verb (das die Zielgerichtetheit einer Bewegung impliziert); danach wird in runden Klammern ( ) das unbestimmte Verb angegeben (das die Nicht-Zielgerichtetheit einer Bewegung impliziert), z.B.:

везти (возить) <машину> ein Fahrzeug führen, etw. mit einem Fahrzeug befördern (transportieren)

ехать (ездить) fahren; ...

идти (ходить) gehen; ...

лететь (летать) <куда-л.> <irgendwohin> fliegen, <ein Ziel> anfliegen; ...

плыть (плавать) *(Schiff.)* <куда-л.> <irgendwohin> fahren, schwimmen, segeln; ...

Bei den nicht präfigierten Verben der Bewegung handelt es sich immer um Verben im unvollendeten Aspekt. Weiterhin werden auch für Verben der Bewegung Aspektpaare angegeben. Zum einen handelt es sich dabei um Paare aus nicht präfigiertem / präfigiertem Verb, wobei das Präfix den vollendeten Aspekt anzeigt. Zum anderen handelt es sich um präfigierte Aspektpaare, wobei die durch das Präfix erlangte zusätzliche Bedeutung näher erläutert wird, z.B.:

ехать/поехать fahren, losfahren

доезжать/доехать 1. *(zielbetont, das Ziel erreichend)* <mit einem Fahrzeug> ankommen; **2.** <bis zu einer bestimmten Begrenzung> vorfahren; ...

3.5 Darstellung von Partizipien

Partizipien werden in beiden Wörterbuchteilen nach den gleichen Regeln wie die Adjektive behandelt:

beladen *(Part.)* погружен/а/о/ы

разрешен/а/о/ы *(Part.)* genehmigt

4. Semantische Relationen

4.1 Darstellung von Synonymen

Synonyme Äquivalente der Zielsprache werden unmittelbar hinter dem Stichwort aufgelistet. Das gebräuchlichere Synonym steht vorn. Bei Synonymen mit eingeschränktem Kontext werden Erläuterungen zum jeweiligen Geltungsbereich in runden Klammern in kursiv mit der Ergänzung *auch* angegeben, z.B.:

Umgehungsstrecke объезд, *(Kfz. auch)* объездная (окружная) дорога, *(Eis. auch)* обходный путь; ...

Agent *(Pers.)* агент, *(Vermittler auch)* посредник, *(Vertreter auch)* представитель *(m.)*, *(kfm.)* комиссионер; ...

разгрузка <товара> *(s. auch выгрузка)* Entladen, Entladung, Abladen <von Ware>, *(Schiff. auch)* Löschen, Entlade-; ...

узел 1. Knotenpunkt, *(hier auch)* Kreuz; **2.** *(Schiff., Geschwindigkeitsmaß)* Knoten; ...

Die Synonyme der Zielsprache sind in der Regel durch Kommata getrennt. Handelt es sich bei dem Äquivalent jedoch um syntaktische Fügungen mit Kommata, so erfolgt die Abgrenzung dieser Äquivalente aus Gründen der Übersichtlichkeit durch Semikola, z.B.:

Ausfuhrliste список экспортных товаров; список товаров, предназначенных к экспорту; ...

пакгауз Packhaus, Lagerhaus, Lagerhalle, Schuppen; ...

Hat ein Stichwort ein Äquivalent in Form einer Wortgruppe, und können einzelne Teile innerhalb der Wortgruppe durch Synonyme ersetzt werden, so werden diese durch runde Klammern ( ) unmittelbar hinter dem Wort, das sie ersetzen können, angegeben. Handelt es sich bei diesem Synonym um ein Substantiv, so wird zur Kenntlichmachung des Genus' die Endung des determinierenden Adjektivs mit aufgeführt, z.B.:

Tragfläche *(Flug.)* опорная (несущая) поверхность, крыло

Schiffbaugesellschaft судостроительная компания (-ое предприятие)

переоформление накладных Umschreiben (Übertragung) eines Frachtbriefes (Lieferscheins)

легковоспламеняющийся груз leichtentflammbare (leichtentzündbare) Fracht (-es Gut)

Hat das Stichwort selbst ein oder mehrere gebräuchliche Synonyme, die eigene Wörterbucheinträge darstellen, so werden diese nach dem Stichwort mit dem Verweis *(s. auch ...)* genannt, z.B.:

Bescheinigung *(s. auch Beleg, Dokument, Papier, Schein, Zeugnis)* справка, документ *(von Behörden auch)* свидетельство, ведомость *(f.)*, *(Quittung)* расписка, квитанция, *(Berechtigung)* удостоверение, *(Zertifikat)* сертификат; ...

Zertifikat *(s. auch Beleg, Bescheinigung, Dokument, Nachweis, Papier, Unterlagen, Zeugnis)* свидетельство, сертификат; ...

свидетельство *(s. auch сертификат, квитанция, ордер)* Schein, Nachweis, Pass, Zeugnis, Zertifikat; ...

сертификат *(s. auch свидетельство, ведомость, квитанция)* Zertifikat, Bescheinigung, Bestätigung, Zeugnis, Nachweis, Pass; ...

Sind Einträge in der Quellsprache innerhalb eines Wortnestes synonym, so wird das Äquivalent in der Regel nur für den im Alphabet zuerst vorkommenden Eintrag angegeben. Bei den nachstehenden Synonymen wird nach oben verwiesen, z.B.:

Zertifikat свидетельство, сертификат; ... ; **Ausfuhr-** экспортный сертификат, экспортное (вывозное) свидетельство; ... ; **Export-** *s. Ausfuhr-*; ...

судно Schiff, -schiff, Schiffs- *(in Zus.)*; ... ; **каботажное** ~ Kabotage-, Küsten<motor>-; ... ; **прибрежное** ~ *s. каботажное*; ...

4.2 Darstellung von Polysemen

Die einzelnen Bedeutungen polysemer Stichwörter werden durch arabische Ziffern voneinander abgegrenzt. Um die eindeutige Zuordnung zu erleichtern, werden kontextuelle Angaben zu Bedeutung und Verwendungsbereich gemacht, z.B.:

Abbau 1. *(Kürzung)* сокращение, уменьшение; **2.** *(Beseitigung)* устранение; ...

fest 1. *(Materialdichte)* твёрд‖ый/ая/ое/ые, крепк‖ий/ая/ое/ие; **2.** *(starr, unveränderlich)* жёстк‖ий/ая/ое/ие, твёрд‖ый/ая/ое/ые; ...

срочн‖ый/ая/ое/ые 1. *(innerhalb eines bestimmten Zeitraums)* befristet/e/er/es; **2.** *(zum schnellstmöglichen Zeitpunkt)* sofortig/e/er/es, Schnell-, Eil-, Express- *(in Zus.)*; ...

погружать/погрузить <что-л. на что-л.> 1. *(Güter)* verladen; **2.** *(Transportmittel)* <etw.> beladen (befrachten)

Bei polysemen Stichwörtern mit umfangreichen Kollokationen werden die jeweiligen Bedeutungen in getrennten Wortnestern erfasst und durch römische Ziffern voneinander abgegrenzt, z.B.:

Betrieb I *(kfm., Unternehmen)* предприятие, *(Produktion auch)* производство, завод, *(Werkstatt auch)* мастерская *(Subst.)*; **Bus-**автобусное предприятие; ...

Betrieb II *(Nutzung)* эксплуатация, работа, режим, *(Verkehr auch)* движение; **durchgehender** ~ непрерывный режим; ...

Betrieb III *(Betriebsart)* тяга, привод; **elektrischer** ~ электрическая тяга (-ий привод); ...

заключение I *(jur., Prozess)* Abschluss *(auch in Zus.)*; ~ **договора** Vertrags-; ~ **чартера** Charter-; ...

заключение II *(Dokument)* Gutachten *(auch in Zus.)*; **экспертное** ~ Sachverständigen-; ~ **об аварии** Havarie-; ...

Mit Rücksicht auf den fachsprachlichen Charakter des vorliegenden Buches werden nicht alle Äquivalente angegeben, sondern nur die für den Bereich Verkehr relevanten Bedeutungen. Daher bleiben eventuelle andere Bedeutungen, sofern diese keinen Bezug zum Bereich Verkehr/Wirtschaft haben, weitgehend unberücksichtigt. Diese Auslassung wird durch den Einschub *(hier)* angezeigt, z.B.:

Bühne *(hier Ladevorrichtung)* <погрузочная> площадка
(Auslassung der Bedeutungen Theaterbühne, Podium, Öffentlichkeit etc.)

команда *(hier Schiff., Flug.)* Besatzung
(Auslassung der Bedeutungen Kommando, Mannschaft, Team etc.)

4.3 Darstellung von Homonymen

Homonyme (nicht verwandte Stichwörter identischer Schreibweise) kommen nur
in Ausnahmefällen vor. Auf Homonyme wird durch römische Zahlen und den
expliziten Vermerk *Hom.* hingewiesen, z.B.:

abfahren *Hom.* **I** *(wegfahren)* уезжать/уехать, *(losfahren)* выезжать/
выехать, стартовать

abfahren *Hom.* **II** *(Reifen abnutzen)* изнашивать/износить <шину>

5. Aufbau des Lemmas

5.1 Das Prinzip des Wortnestes

Bei der Erfassung der Wortfügungen und Komposita ergeben sich Sachgruppen
zu bestimmten Gattungsbegriffen (so genannte Wortnester). Im Unterschied zu
anderen Wörterbüchern wurde viel Wert auf einen ausführlichen Aufbau solcher
Wortnester gelegt, um die Benutzerfreundlichkeit zu erhöhen. Hier kommt der
Lexikoncharakter zum Tragen. Dieser soll es dem Nutzer ermöglichen, verwandte
Konstruktionen und Alternativen leicht aufzufinden und einen möglichst großen
Kontext zu einem Stichwort zur Verfügung zu haben.

Dieses Prinzip führt u.a. dazu, dass Wortgruppen und Komposita häufig in zwei
Nestern erfasst werden, z.B.:

Gefahrgut unter **Gefahr-** und unter **Gut**

Güter verfrachten unter **Güter** und unter **verfrachten**

опасный груз unter **опасн‖ый/ая/ое/ые** und unter **груз**

перевозить/перевезти груз unter **перевозить** und unter **груз**

5.2 Schreibweise innerhalb eines Wortnestes

Der erste Eintrag im Wortnest ist das *Stichwort* mit seinem Äquivalent (seinen
Äquivalenten). Innerhalb des Lemmas wird das Stichwort in Wortgruppen durch
eine fette Tilde ~ ersetzt, in Komposita durch einen Bindestrich, z.B.:

Material материал; **rollendes** ~ *(Eis.)* подвижной состав,
железнодорожная подвижная единица; **Abdicht-** прокладочный
материал; ...

поезд *(Schienv.)* Zug, -zug, Zug- *(in Zus.)*; **внеплановый** ~ außerplanmäßiger, Sonder-; ... ; ~ **кольцевого сообщения** Ring-; ... ; **турбо-** Hochgeschwindigkeits-; ...

In **_Binomina_** wird das Stichwort ebenfalls durch eine Tilde ersetzt, der Bindestrich bleibt dabei erhalten, z.B.:

Anhänger *(Fahrzeugeinheit)* прицеп; ...; **LKW-**~ грузовой; **PKW-**~ <легковой> автомобильный; ...

теплоход Schiff, Dampfer *(auch in Zus.)*; ...; ~**рефрижератор** Kühlschiff

Wird in der Zielsprache für das Stichwort nur ein Äquivalent angegeben bzw. ist die Zuordnung eindeutig, so wird für die *sich wiederholende Entsprechung* innerhalb des Wortnestes ebenfalls eine Tilde bzw. ein Bindestrich verwendet. Bei Wortfügungen aus Adjektiv und Substantiv innerhalb eines Wortnestes wird die Tilde hinter dem Adjektiv weggelassen, da die Ergänzung durch das substantivische Stichwort obligatorisch ist.:

Container *(Warenbehälter)* контейнер <для товаров>; **beladener** ~ погруженный; ... ; **Halb-** полу-; ... ; **LCL-**~ ~ для неполной погрузки

очистка *(Prozess)* Abfertigung, -abfertigung *(in Zus.)*; **таможенная** ~ zollamtliche, Zoll-; **судна** Schiffs-; ... ; ~ **на вывоз и ввоз** ~ bei der Ein- und Ausfuhr; ...

Sich wiederholende Teile von Komposita und Wortfügungen werden im ersten Eintrag eines *neuen Absatzes innerhalb des Wortnestes* durch einen senkrechten Doppelstrich gekennzeichnet und in den folgenden Einträgen durch eine Tilde ersetzt, z.B.:

Unternehmen предприятие; ...;
Unternehmen, Bahn- железнодорожное ‖ предприятие; **Befrachtungs-** фрахтовое; ...;
ein Unternehmen ‖ auf die EU ausrichten подстраивать/подстроить ‖ предприятие ‖ к условиям ЕС; ~ **entflechten** разукрупнять/ разукрупнить ~; ...

таможенн‖ый/ая/ое/ые Zoll- *(in Zus.)*; ... ; ~ **ангар** -schuppen; ...;
таможенный тариф ‖ Zolltarif (-gebühr/en, -satz); **автономный** ~ autonome/er; ... ;
таможенн‖ая территория Zoll‖gebiet; ~ **транзит** -<gut>versand; ...

5.3 Die Struktur des Wortnestes

Die Anordnung der Kollokationen innerhalb eines Wortnestes erfolgt nach grammatischem (Wortart) und alphabetischem Prinzip. Der größte Teil der Wortnester hat ein substantivisches Stichwort. Seltener sind Nester mit einem Verb oder Adjektiv als Stichwort.

5.3.1 Wortnester mit substantivischem Stichwort

Im deutsch-russischen Teil werden die Kollokationen innerhalb der Wortnester wie folgt angeordnet:
1. Erläuternde Adjektive,
2. Genitivkonstruktionen,
3. Präpositionalkonstruktionen,
4. Komposita mit dem Stichwort als zweiter Komponente,
5. Wortgruppen mit dem Stichwort in abhängiger Position

Diese Reihenfolge wird durch das folgende Beispiel illustriert:

> **Güter** *(Pl., s. auch Fracht, Gut, Ware)* груз/ы; **gemischte** ~ смешанный груз; ... ; **Bedarfs-** потребительские товары, товары первой необходимости; ...; **Beschädigung der** ~ повреждение груза (товара); ...; ~ **abfertigen** оформлять ~ к отправлению; ...

Komposita mit dem Stichwort als erster (abhängiger) Komponente folgen in einem neuen Wörterbucheintrag. Zur Kennzeichnung wird ein *(in Zus.)* eingefügt. Gibt es ein gebräuchliches Äquivalent f[r die Komponente, wird es angegeben, z.B.:

> **Misch-** *(in Zus.)* смешанн‖ый/ая/ое/ые; **-kalkulation** -ая калькуляция; **-ladung** -ый груз; ...

> **Abbiege-** *(in Zus.)*; **-ampel** светофор с указателем поворота

Im russisch-deutschen Teil werden die Wortnester mit substantivischem Stichwort in folgender Reihenfolge angeordnet:
1. Erläuternde Adjektive,
2. Genitivkonstruktionen,
3. Präpositionalkonstruktionen,
4. Binomina,
5. Partizipialkonstruktionen,
6. Wortgruppen mit dem Stichwort in abhängiger Position

Diese Reihenfolge wird durch das folgende Beispiel illustriert:

> **груз/ы** *(s. auch фрахт, товар)* Fracht, <Ladungs>Gut, Ladung, Sendung, -fracht, -gut, Fracht-, Güter- *(in Zus.)*; ...; **атмосферостойкий** ~ witterungsunempfindliche/es; ...; ~ **большой скорости** Eil-; ...; ~ **в кипах** Ballengut; ...; **экспресс-~** Express-; ...; ~, **облагаемый пошлиной** zollpflichtige/es; ...; **без -а** *(Fahrzeug, Behälter)* unbeladen/e/er/es; **авиадоставка -а** Beförderung <der Fracht> auf dem Luftweg; ...; **выгружать/выгрузить** ~ ausladen, abladen, entladen, *(Schiff. auch)* löschen, ableichtern; ...

Komposita sind im Russischen weit seltener als im Deutschen. Sie werden wie im deutsch-russischen Teil in einem gesonderten Wortnest erfasst.

плав- *(in Zus.)* **1.** Schwimm- *(in Zus.)*; **2.** Schiffs- *(in Zus.)*; **-база** Begleitschiff; **-кран** Schwimmkran; ...

электро- elektrisch/e/er/es, Elektro- *(in Zus.)*; **-автобус** elektrisch angetriebener Bus, -bus; ...

5.3.2 Wortnester mit adjektivischem Stichwort

In beiden Sprachen werden adjektivische Wortnester mit Substantiven gebildet, z.B.:

intermodal *(s. auch multimodal)* межмодальн‖ый/ая/ое/ые, с использованием нескольких видов транспорта; ... ; **-er Container** -ый контейнер; **-e Drehscheibe** -ый перевозочный узел; ...

заграничн‖ый/ая/ое/ые international/e/er/es; ~ **паспорт** -er Pass, Reisepass; ~ **перевозки** *(Pl.)* -e/r Verkehr/e; ...

Im Russischen sind auch zusammengesetzte Adjektive (deren Komponenten mit Bindestrich getrennt werden) gebräuchlich. Sie bilden eigene Wortnester, z.B.:

транспортно- Verkehrs-, *(Güterv. auch)* Transport-, *(Pass. auch)* Beförderungs- *(in Zus.)*; **~-логистические услуги** *(Pl.)* Transportsystemdienste, Transport- und Logistikdienstleistungen; ...

паспортно-визовый режим Pass- und Visaordnung

5.3.3 Wortnester mit verbalem Stichwort

In der Regel handelt es sich bei solchen Wortnestern um Erweiterungen mit Substantiven. Seltener sind Erweiterungen mit Adverbien oder Präpositionalkonstruktionen. Wortnester mit verbalem Stichwort werden in folgender Reihenfolge angeordnet:
1. Erweiterungen mit Substantiven ohne Präpositionen als Objekt,
2. Erweiterungen mit Adverbien,
3. Erweiterungen mit substantivischen Präpositionalkonstruktionen,
4. Erweiterungen mit Instrumental (nur im russisch-deutschen Teil).

Diese Reihenfolge wird durch folgendes Beispiel illustriert:

transportieren транспортировать, перевозить/перевезти <что-л.>; **einen Container** ~ контейнер ... ; **<etw.> auf Paletten** ~ транспортировать <груз> на поддонах

поставлять/поставить <что-л.> <etw.> liefern, ausliefern; ~ **груз** Fracht; ... ; ~ **дополнительно** <etw.> nachliefern; ~ **в срок** termingerecht, fristgemäß, pünktlich; ...; ~ **транзитом** im Direktverkehr; ...

6. Abkürzungsverzeichnis

Wie eingangs erwähnt, enthält das Wörterbuch ein umfangreiches Verzeichnis von ca. 700 Abkürzungen aus den Bereichen Verkehrswirtschaft, -technologie und -politik, Verkehrsrecht und Außenhandel. Das Verzeichnis beschränkt sich auf deutschsprachige Abkürzungen bzw. Abkürzungen aus anderen westeuropäischen Sprachen, sofern diese auf Grund ihres internationalen Charakters im Deutschen Verwendung finden.

6.1 Auswahl

Neben aktuellen Abkürzungen werden teilweise auch solche berücksichtigt, die nicht mehr existierende Realia bezeichnen, jedoch in älteren Publikationen, in bestimmten Vordrucken oder Formularen bzw. in - mittlerweile außer Kraft gesetzten - Rechtsvorschriften noch zu finden sind, z.B.:

Tkm	*(dt.)*	Tonnenkilometer
		тонно-километр
TKF	*(BRD)*	Tarifkommission für den allgemeinen Güterfernverkehr
		Тарифная комиссия по общим дальним грузовым
		перевозкам

6.2 Darstellung

Das Abkürzungsverzeichnis ist *tabellarisch* aufgebaut. In Spalte 1 wird die Abkürzung in der Quellsprache angegeben. In Spalte 2 erfolgt ein Verweis auf die Sprachzugehörigkeit. Bei fremdsprachigen Abkürzungen wird der entsprechende Begriff in der Originalsprache ausgewiesen. In Spalte 3 wird der deutsche Begriff (bzw. die deutsche Entsprechung) sowie das russische Äquivalent aufgeführt. Bezeichnen die Abkürzungen Realia, die sich ausschließlich auf die Bundesrepublik Deutschland beziehen, wird zusätzlich der Vermerk *(BRD)* aufgenommen. Aus Platzgründen wird im Abkürzungsverzeichnis auf die in den Wörterbuchteilen vorgenommene Zuordnung zu den jeweiligen Verkehrsträgern bzw. bestimmten Themenbereichen verzichtet.

Die Abkürzungen sind in Fettschrift hervorgehoben, die Angabe der Sprachzugehörigkeit bzw. der eingeschränkten territorialen Geltung erfolgt in Kursivschrift, die deutsche Entsprechung ist in Standardschrift und das russische Äquivalent in Fettschrift dargestellt.

Auch für das Abkürzungsverzeichnis gilt das alphabetische Prinzip. Gleiche Abkürzungen für mehrere Begriffe werden als Einzeleinträge erfasst, z.B.:

AO	*dt.*	Abgabenordnung
		Положение о порядке взимания налогов, сборов и пошлин
AO	*dt.*	Ausfuhrordnung
		Положение об экспортных операциях
AO	*dt.*	Autobahnordnung
		Правила дорожного движения по автостраде

Da die Schreibweisen von Abkürzungen häufig variieren, gilt folgende Regel: Bei mehreren möglichen Schreibweisen ein und derselben Abkürzung wird diese innerhalb eines Eintrages zuerst in Großschreibung, dann in Kleinschreibung aufgeführt. Abkürzungen mit Schrägstrich stehen dabei vor Varianten mit Punkten und solchen ohne Punkte, z.B.:

FOB *od.* **f.o.b.** *od.* **fob**

W/B *od.* **W.B.**

Z.G. *od.* **ZG**

7. Glossar

Der erklärende Teil (Glossar) des vorliegenden Buches enthält insgesamt 175 Einträge in deutscher Sprache und ihre russischen Entsprechungen. Für das Glossar wurden vor allem solche Begriffe ausgewählt, die für die Bereiche *Verkehrswirtschaft, Verkehrspolitik und Verkehrstechnologie* aktuell sind, zugleich jedoch (noch) nicht über usualisierte Entsprechungen im Russischen verfügen. Dies stellt insbesondere eine besondere Herausforderung für Dolmetscher/Übersetzer, aber auch für all jene dar, die den entsprechenden Fachwortschatz aktiv in der Fremdsprache verwenden wollen und müssen. Häufig sind umschreibende Erklärungen (Paraphrasierungen) nötig, um bestimmte Begriffe und Sachverhalte adäquat im Russischen wiederzugeben. Bei der Auswahl der Benennungen für das Glossar wurde ein besonderes Augenmerk auf solche Realia gelegt, die im Zusammenhang mit der *EU-Harmonisierung im Verkehrssektor* stehen und die somit nicht nur alle EU-Unternehmen betreffen, sondern auch unmittelbare Auswirkungen auf die Gestaltung von Kooperationsbeziehungen zwischen EU-Unternehmen und russischen Partnern haben.

Der Aufbau des Glossars folgt dem alphabetischen Prinzip. Um die Benutzerfreundlichkeit zu erhöhen, folgt nach jedem deutschen Eintrag die russische Übersetzung. Auf Einträge im Glossar wird sowohl im deutsch-russischen als auch im russisch-deutschen Wörterbuchteil mit einem dem Stichwort nachgestellten Symbol 📖 verwiesen. Innerhalb der jeweiligen Einträge wird durch Kursivschrift auf Begriffe verwiesen, die als eigenständiges Lemma im Glossar erfasst und erläutert werden.

8. Verzeichnis der verwendeten Symbole

,	Abgrenzung der Äquivalente
;	Abgrenzung der Wörterbucheinträge
~	Platzhalter für Stichwort oder Äquivalent
( )	Synonyme für einzelne Wörter eines Äquivalents,
	Kenntlichmachung nicht zielgerichteter Verben der Bewegung
( )	Erläuterungen, Zuordnung zu Sachgruppen,
	grammatische Verweise
< >	fakultative Erweiterungen
‖	Wortfuge bei russischen Adjektiven,
	Kompositionsfuge bei Einträge in der Quellsprache,
	Abgrenzung sich wiederholender Teile von Wortfügungen in den Wortnestern
-	Platzhalter für Stichwort oder Äquivalent in Komposita
/	Abgrenzung von Flexionsendungen,
	Abgrenzung von Suffixen bei männlichen und weiblichen Personenbezeichnungen
	Abgrenzung von Aspektpaaren
📖	Verweis auf einen Eintrag im Glossar

9. Verzeichnis der im Wörterbuch verwendeten Abkürzungen

Abk.	Abkürzung	Lager.	Lagerwirtschaft
Adj.	Adjektiv	LKW	Lastkraftwagen
Adv.	Adverb	m.	maskulin
AH	Außenhandel	n.	neutral
allg.	allgemein	natürl.	natürlich
Binnsch.	Binnenschifffahrt	nl.	niederländisch
BRD	Bundesrepublik Deutschland	od.	oder
		ökon.	ökonomisch
buchh.	buchhalterisch	ÖPNV	Öffentlicher Personennahverkehr
dt.	deutsch		
ehem.	ehemals	Part.	Partizip
Eis.	Eisenbahnverkehr	Pass.	Passagierverkehr
elektr.	elektrisch	Pers.	Personenbezeichnung
eng.	englisch	PKW	Personenkraftwagen
etw.	etwas	Pl.	Plural
EU	Europäische Union	räuml.	in räumlicher Bedeutung
f.	feminin	Raumf.	Raumfahrt
fachspr.	fachsprachlich	RB	Republik Belarus
Fin.	Finanzwesen	refl.	reflexiv
Flug.	Flugverkehr	RF	Russische Föderation
frz.	französisch	russ.	russisch
geogr.	geographisch	s.	siehe
Güterv.	Güterverkehr	Schienv.	Schienenverkehr
Hom.	Homonym	Schiff.	Schiffsverkehr
indkl.	indeklinabel	See.	Seeverkehr
int.	international	Sg.	Singular
in Zus.	in Zusammensetzung	span.	spanisch
ital.	italienisch	statist.	statistisch
jmdm.	jemandem	Subst.	Substantiv
jmdn.	jemanden	techn.	technisch
jur.	juristisch	übertr.	übertragene Bedeutung
kfm.	kaufmännisch	umg.	umgangssprachlich
Kfz.	Kraftfahrzeug	Vers.	Versicherung
KLV	Kombinierter Ladungsverkehr	vwl.	volkswirtschaftlich
		zeitl.	in zeitlicher Bedeutung
künstl.	künstlich	Zoll.	Zollwesen
KV	Kombinierter Verkehr	Zus.	Zusammensetzung

DEUTSCH-RUSSISCHES

WÖRTERBUCH

A

ab *(s. auch ex, franko, frei)* франко; ~ **Bahnstation** ~ железная дорога; ~ **Kai** ~ пристань *(f.)*, ~ набережная, ~ причал; ~ **Lager** ~ склад; ~ **Werk** ~ завод, ~ предприятие; ~ **Zollfreilager** ~ таможенный склад

Abbau 1. *(Kürzung)* сокращение, уменьшение; **2.** *(Beseitigung)* устранение, отмена; ~ **mengenmäßiger Beschränkungen** устранение количественных ограничений; ~ **von Handelsschranken** устранение торговых барьеров; ~ **des Lagerbestandes** снижение складских запасов; ~ **von Zöllen** устранение таможенных пошлин; ~ **von Zollschranken** устранение таможенных барьеров

abbauen 1. *(etw. senken)* снижать/снизить <что-л.>; **2.** *(etw. beseitigen)* устранять/устранить <что-л.>; **Zölle** ~ снижать/снизить пошлины; **Zollschranken** ~ устранять/устранить таможенные барьеры

Abbiege- *(in Zus.)*; **-ampel** *(Straßenverkehr)* светофор с указателем поворота

abbiegen *(Kfz.)* поворачивать/повернуть, сворачивать/свернуть, делать/сделать поворот; **nach links** ~ ~ налево; **nach rechts** ~ ~ направо

Abbiegen *(Subst.)* поворот; **Rechts-** правый; **Links-** левый

Abbiegepfeil *(Straßenverkehr)* <дополнительная> стрелка <на светофоре> для поворота автомобилей

Abbieger *(Kfz., Pers.)* водители *(Pl.)* автомобилей, меняющие направление движения; **Links-** водители автомобилей, поворачивающие налево; **Rechts-** водители автомобилей, поворачивающие направо

Abbiege‖spur *(Straßenverkehr)* полоса для поворота автомобилей; **-verkehr** транспортный поток, меняющий направление движения (поворачивающий направо/налево)

Abblendlicht *(Kfz.)* фара ближнего света

abbremsen снижать/снизить скорость *(f.)*

Abbremsen *(Subst.)* торможение, уменьшение (снижение) скорости

Abdichtmaterial прокладочный материал

abfahren *Hom.* **I** *(intrans., sich bewegen)* **1.** *(wegfahren)* уезжать/ уехать <куда-л.>; **2.** *(losfahren)* отправляться/отправиться, выезжать/выехать <куда-л.>, *(Schiff. auch)* отплывать/отплыть; **3.** *(eine Strecke durchfahren)* проезжать/проехать <что-л.>

abfahren *Hom.* **II** *(etw. abnutzen)* изнашивать/износить <что-л.>; **einen Reifen** ~ шину

Abfahrt 1. *(Start)* отправление, отъезд, выезд, *(Schiff.)* отплытие; **2.** *(Abbiegen)* поворот; **3.** *(Straßenstück)* съезд; **Autobahn-** съезд с автострады; **Bus-** отправление автобуса; **Zug-** отправление поезда

Abfahrts- *(in Zus.)*; **-datum** дата (день) отправлени‖я, *(Schiff.)* дата (день) отплытия; **-dichte** плотность *(f.)* (частота) -я, *(Schiff.)* частота отплытия; **-frequenz** *s.* **-dichte**;

-gleis *(Schienv.)* путь -я; **-ort** пункт (место) -я; **-signal** сигнал -я; **-tag** *s.* **-datum**; **-zeit** время -я

abfertigen 1. *(etw. versandfertig machen)* отправлять/ отправить <что-л.>; подготавливать/подготовить <что-л.> к отправлению; **2.** *(etw. zollamtlich behandeln)* оформлять/оформить <что-л.>, очищать/очистить <что-л.> от таможенных формальностей, выполнять/ выполнить таможенные формальности; **3.** *(jmdn. bedienen)* обслуживать/обслужить <кого-л.>

Abfertigung 1. *(Versand von Gütern)* отправка, отправление, экспедирование <грузов, товаров>, *(Vorbereitung zum Versand)* приём <багажа, груза> к отправлению, оформление <груза>; **2.** *(zollamtliche Behandlung)* таможенное оформление <грузов>, оформление (выполнение) таможенных формальностей; **3.** *(Bedienung von jmdm.)* обслуживание <клиентов, пассажиров>, *(Registrierung auch)* регистрация <пассажиров>; **amtsärztliche** ~ санитарная операция; **bahnseitige** ~ оформление железнодорожных отправок, *(von einem Schiff)* перегрузка (перевалка) грузов с судна на железную дорогу; **tierärztliche** ~ ветеринарная операция; **zollamtliche** ~ таможенное оформление (-ый досмотр, -ый осмотр), выполнение таможенных формальностей, *(Güter, Fahrzeug auch)* таможенная очистка (-ая обработка), *(umg.)* растаможивание <груза>; ~ **eines Flugzeuges** подготовка самолёта к отправке;

Abfertigung am Boden *(Flug.)* наземное обслуживание;

Abfertigung von Zollgut || *(Zollverfahren)* оформление таможенных формальностей, процедура таможенной отчистки товаров; ~ **nach vereinfachter Anmeldung** ~ по упрощенной схеме; ~ **nach Aufzeichnung** ~ по документам; ~ **nach Gestellungsbefreiung** ~ после освобождения от оплаты пошлин <на перевозимый груз>; ~ **zum Freiverkehr** *(zur freien Verfügung)* ~ для свободного обращения; ~ **zum Lager** *(zur Lagerung in einem Zolllager)* ~ для дальнейшего хранения на таможенном складе; ~ **zur Umwandlung** *(Anwendung eines niedrigeren Zollsatzes auf Ware, die erst im umgewandelten Zustand als eingeführt gilt)* ~ по более низкой ставке пошлин после переработки; ~ **zur Veredelung** *(zur zollfreien Wiederausfuhr nach Veredelung)* ~ для временного ввоза, переработки и вывоза; ~ **zum Versand** *(zur Transitabfertigung in einem anderen Zolllager)* ~ на осуществление таможенного транзита; ~ **zur Verwendung** *(Messegut, Muster)* ~ для временного пользования;

Abfertigung || **zum Bahnversand** документальное оформление железнодорожной отгрузки; ~ **zum freien Verkehr** *(Zoll.)* таможенная очистка;

Abfertigung, Ausfuhr- таможенная очистка экспортного груза; **Bahn-** оформление железнодорожных отправок; **Eilgut-** отправка (отправление) скоростного груза (груза большой скорости); **Fahrgast-** обслуживание пассажиров, *(Fahrscheinverkauf)* оформление проездных билетов;

Flüssiggut- отправка наливного груза; **Fracht-** 1. *(Versand)* отправка (отправление, экспедирование) груза; 2. *(zollamtliche Behandlung)* <таможенное> оформление груза; **Gefahrgut-** отправка (отправление, экспедирование) опасного груза; **Gepäck-** оформление багажа; **Grenz-** пограничная операция; **Güter-** *s. Fracht-*; **Luftfracht-** отправка (отправление, экспедирование) авиационного груза; **Passagier-** *(Flug., Schiff.)* обслуживание (регистрация) пассажиров; **Sammelgut-** отправка (отправление, экспедирование) сборного груза; **Schiffs-** 1. *(Ladevorgang)* обработка (приём и отправка) судна; 2. *(Zoll.)* таможенная очистка судна; **Selbst-** <eines Transportmittels> автоматическая погрузка и разгрузка <транспортного средства>; **Versand-** экспедиция <груза>, оформление (приготовление) <груза> к отправке; **Zoll-** *s. zollamtliche*; **Zug-** отправление поезда

Abfertigungs- *(in Zus.)*; **-anlage/n** *(Güterv.)* устройства *(Pl.)* для погрузочно-разгрузочных операций, *(Pass., Flug.)* стойки *(Pl.)* регистрации пассажиров; **-aufgaben** *(Pl.)* задачи по отправке; **-bedingungen** *(Pl.)* <для Luftfracht> условия для отправки <авиационного груза>; **-befugnis** право на отправку грузов <по экпорту/импорту>; **-bereich** зона отправки; **-dauer** 1. *(Flug., Pass.)* время регистрации пассажиров; 2. *(Güterv.)* продолжительность *(f.)* (срок) отправки грузов; 3. *(Zoll.)* срок таможенного оформления груза; **-dokument** сопроводительный документ;

-formalitäten *(Pl.)* im Hafen портовые формальности; **-gebühr** сбор (плата) за отправку, *(für Zollabfertigung)* таможенный сбор; **-halle** *(Pass.)* зал обслуживания, *(Flug. auch)* зал регистрации, операционный зал <аэропорта>; **-kapazitäten** *(Pl.)* 1. *(Güterv.)* экспедиционные мощности отправки; 2. *(Pass.)* регистрационные мощности; **-kosten** *(Pl.)* расходы по отправке; **-lager** склад перевозчика, экспедиционный склад; **-ort** место (пункт) подготовки <груза> к отправлению; *(Zoll.)* место декларирования и проведения таможенного контроля; **-schalter** *(für Güter)* окно приёма и отправки <груза>, *(für Flugpassagiere)* стойки *(Pl.)* регистрации авиапассажиров; **-schein** *(für Güter)* свидетельство об отгрузке <груза>, квитанция о приёме <груза> к отправке, декларация при отправке <груза>; **-spediteur** ⊞ *(Pers.)* экспедитор по отправке, экспедитор-отправитель *(m.)*; **-stelle** *s. -ort*; <automatisiertes> **-verfahren** *(Güterv.)* автоматизированная система отправки <груза>; **-vorschrift/en** *(Güterv.)* правила *(Pl.)* оформления (инструкция о порядке оформления) грузов <при отправлении>;

Abfertigungsvorschrift/en || *(Güter)* правила *(Pl.)* оформления (инструкция о порядке оформления) грузов <при отправлении>; ~ **für den Güterverkehr** инструкция о порядке приёма грузов к отправке; ~ **für den internationalen Eisenbahngüterverkehr** инструкция о порядке оформления грузов в международном железнодорожном сообщении; **~ für den internationalen Expressgutverkehr** инструкция о порядке оформления грузов большой скорости в международном железнодорожном сообщении

abfliegen *(intrans.)* **1.** *(wegfliegen)* улетать/улететь <куда-л.>; **2.** *(losfliegen)* вылетать/вылететь, отправляться/отправиться <куда-л.>; **3.** *(starten, Flugzeug)* взлетать/взлететь

Abflug 1. *(Flugzeug)* взлёт <самолёта>; **2.** *(Passagiere)* вылет <пассажиров>

Abflug- *(in Zus.)*; **-bereich** *(Pass.)* зона регистрации <пассажиров>; **-halle** *(Pass.)* зал вылета; <**maximale**> **-masse** <предельный> вес взлёта; **-terminal** *(Pass.)* терминал вылета; **-zeit 1.** *(Flugzeug)* время взлёта, **2.** *(Pass.)* время вылета

Abfüllvorrichtung 1. *(für Flüssiggut)* устройство (приспособление) для разлива <чего-л.>, *(Brennstoff auch)* устройство для заправки; **2.** *(für Schüttgut)* устройство для расфасовки <чего-л.>

Abfuhr 1. *(Abtransport)* отвоз, вывоз; **2.** *(Versand)* отгрузка, отправка

Abfuhr- *(in Zus.)*; **-kosten** *(Pl.)* расходы по отправке; **-strecke** путь отвоза

Abgabe/n *(s. auch Gebühr, Geld, Steuer)* сбор; **leistungsabhängige ~** *(für Fahrzeuge)* **~**, взимаемый в зависимости от мощности двигателя <транспортного средства>; **Ausfuhr-** экспортный, экспортная (вывозная) пошлина, налог на экспортные товары; **Einfuhr-** импортный, импортная

(ввозная) пошлина, налог на импортные товары; **Export-** *s. Ausfuhr-*; **Hafen-** портовый, портовая пошлина; **Hygiene-** *(Schiff.)* санитарный; **Import-** *s. Einfuhr-*; **Kai-** причальный, плата за причал, причальные *(Subst.)*; **Kanal-** канальный; **Schifffahrts-** судовой; **Schwerverkehrs-** **~** (плата) за перевозки тяжеловесного груза; **Straßenbenutzungs-** дорожный (шоссейный) **~** <за пользование транспортной инфраструктурой>; **Zoll-** таможенный, таможенная пошлина; **eine ~ entrichten** платить/заплатить **~**; **eine ~ erheben** взимать **~**; **eine ~ erhöhen** повышать/повысить **~**

Abgaben- *(in Zus.)*; **-belastung** обложение пошлинами и сборами

abgabenfrei свободн‖ый/ая/ое/ые (освобождённ‖ый/ая/ое/ые) от сборов, *(Steuer)* не облагаем‖ый/ая/ое/ые налогом, *(Zoll.)* беспошлинн‖ый/ая/ое/ые; **-e Einfuhr** <**von Gütern**> беспошлинный ввоз <товаров>

Abgaben‖last *s.* **-belastung**; **-ordnung** положение о налогах и платежах (о порядке взимания налогов, сборов и пошлин)

Abgang *(hier Entsendung von etw.)* отправление <чего-л.>

Abgangs- *(in Zus.)*; **-aviso** *(Dokument)* извещение об отправлени‖и (отправке) <груза, контейнера, вагона>; **-bahnhof** станция **-я**; **-datum** дата (день) **-я**, *(Schiff. auch)* дата (день) отплытия; **-hafen** выходной порт, порт **-я**; **-land** страна **-я**; **-ort** место (пункт) **-я** (отправки, отгрузки), *(Schiff. auch)* место отплытия; **-station** *s.* **-bahnhof**; **-terminal** терминал **-я**

(отправки, отгрузки); **-zeit** время -я

Abgas/e отработанный (выхлопной) газ (ОГ); **schadstoffarme** ~ *(Pl.)* малотоксичные отработанные газы

Abgas- *(in Zus.)*; **-belastung** загрязнение воздуха отработанн‖ыми газ‖ами; **-emission** эмиссия -их -ов; **-grenzwerte** *(Pl.)* предельные показатели -их -ов; **-katalysator** катализатор для нейтрализации -их -ов; **-norm** норма токсичности -их —ов; **-sonderuntersuchung** специальная проверка тоскичности -ых -ов; **-test** испытание -их -ов на токсичность; **-untersuchung** проверка тоскичности -ых -ов; **-werte** *(Pl.)* показатели состава -их -ов

abgefertigt *(Adj.)* **1.** *(Güterv.)* отправленн‖ый/ая/ое/ые; **2.** *(Pass., Flug.)* зарегистрированн‖ый/ая/ое/ые;

abgefertigt *(Part.)* **1.** *(Güter)* отправлен/а/о/ы; **2.** *(Pass., Flug.)* зарегистрирован/а/о/ы; **zollamtlich** ~ *(Güter)* очищен/а/о/ы от таможенных пошлин

abgeladen *(Adj.)* выгруженн‖ый/ая/ое/ые

abgeladen *(Part.)* выгружен/а/о/ы

abgesacktes Gut груз в мешках

Abhol- *(in Zus., Güterv.)*; **-gebühr** сбор за принятие груза у отправителя; **-großhandel** покупка товара за наличные с доставкой своим транспортом; **-verkehr** транспорт отвоза; *(bei Leergut)* транспорт, вызванный сбором порожней тары; **-zeit/en** время (сроки) отвоза <груза>

Abkippen eines Flugzeuges сваливание самолёта

Abkommen *(jur., s. auch Konvention, Übereinkommen, Vereinbarung)* соглашение; **internationales** ~ международное, международная конвенция; **Schengener** ~ Шенгенское; **Warschauer** ~ Варшавское; ~ **über den Internationalen Eisenbahn-, Personen- und Gepäckverkehr** ~ по международным железнодорожным, пассажирским и багажным сообщениям; ~ **über den Transitverkehr** ~ о транзитных перевозках; **CIM-COTIF-~** *(Eis.)* Бернская конвенция; **Code-Sharing-~** *(Flug.)* ~ о взаимном обслуживании международных рейсов; **Freihandels-** ~ о свободной торговле; **GüKUMT-~** *(BRD)* ~ о тарифах при переездах и на перевозку мебели специальным автотранспортом; **<bilaterales> Güterverkehrs-** <двустороннее> ~ о грузовых перевозках; **Handels-** торговое; **Kartell-** картельное; **Liefer-** ~ о поставках; **Lizenz-** лицензионное; **Luftverkehrs-** ~ о воздушном сообщении; **Schifffahrts-** ~ (конвенция) о судоходстве; **SMGS-~** *(Abkommen ehemaliger RGW-Staaten über den internationalen Eisenbahn-Güterverkehr)* ~ о <прямом> международном железнодорожном грузовом сообщении (СМГС); **SMPS-~** *(Abkommen ehemaliger RGW-Staaten über den internationalen Eisenbahn-Personenverkehr)* ~ о международном железнодорожном пассажирском сообщении; **Tarif-** тарифное; **Verkehrs-** транспортное; **Zoll-** таможенное, таможенная конвенция; **Allgemeines Zoll- und Handels-(GATT)** Генеральное ~ по таможенным тарифам и торговле

(ГАТТ)

Ablade- *(in Zus., s. auch Entlade-)* разгрузочн‖ый/ая/ое/ые; **-dokument** -ый документ; **-frist** срок отгрузки (разгрузки, выгрузки); **-gebühr** плата за разгрузку <транспортного средства>, плата за выгрузку <груза>; **-gewicht** -ый вес; **-klausel/n** *(jur.)* оговорка об отгрузке, *(Pl.)* пункты контракта об отгрузке; **-kosten** *(Pl.)* расходы по разгрузке (выгрузке, отгрузке)

abladen *(s. auch ausladen)* выгружать/выгрузить <груз>, разгружать/разгрузить <транспортное средство>

Abladeort место выгрузки <груза>

Ablader 📖 **1.** *(Pers.)* выгрузчик; **2.** *(techn. Vorrichtung)* разгрузочное устройство

Ablade‖tiefe *(Binnsch.)* максимально допустимая погрузка <речного судна>; **eingeschränkte -tiefe** ограниченная погрузка; **-vertrag** *(Binnsch.)* договор о погрузке <речного судна>; **-vorrichtung** разгрузочное устройство

Ablage *(für Gepäck)* багажная полка

Ablauftransport *(Pl.)* <im KV> отвоз <смешанного груза>

ablandiger Wind ветер с берега

ablegen *(intrans., Schiff.)* отплывать/отплыть, отходить/ отойти, уплывать/уплыть <из порта>

ableichtern *(Binnsch.)* разгружать/ разгрузить судно (баржу)

abliefern 1. *(etw. liefern)* поставлять/ поставить <что-л.>, *(etw. zustellen auch)* доставлять/доставить <что-л.>; **2.** *(etw. abgeben)* сдавать/сдать <что-л. куда-л.>

Ablieferung поставка, доставка, сдача <чего-л.>

Ablieferungs- *(in Zus.);* **-hindernisse** 📖 *(Pl.)* препятствия в поставке (доставке) грузов; **-ort** место поставки (доставки); **-schein** *(für Ware)* свидетельство о сдаче <товара>, *(für Gepäck)* квитанция на сдачу багажа на хранение

Abmessung/en габарит, размер/ы; **Fahrzeug-** ~ транспортного средства; **Güter-** кубатура груза; **Standard-** стандартный габарит

Abnahme I *(Verringerung)* снижение, уменьшение, спад, падение; ~ **des Angebots** спад предложения; ~ **des Frachtumschlags** снижение грузооборота; ~ **der Geschwindigkeit** уменьшение (снижение) скорости; ~ **des Güterstroms** снижение грузопотока; ~ **der Nachfrage** спад спроса

Abnahme II *(Erhalt von etw.)* **1.** *(s. auch Annahme, Empfang)* приёмка, принятие, **2.** *(Kauf)* покупка; **die ~ verweigern** отказывать/отказать в приёмке; **zur ~ bereitstellen** подготавливать/ подготовить <что-л.> к приёмке

Abnahme- *(in Zus.);* **-bedingungen** *(Pl.)* условия приёмк‖и; **-bescheinigung** *(Ware, Container)* квитанция о (расписка в) -е (получении) <товара, контейнера>; **-pflicht** обязанность *(f.)* принять <товар, заказ>, обязанность произвести процедуру сдачи-приёмки; **-protokoll** протокол (акт) -и; **-verweigerung** отказ от -и; **-verzug** просрочка -и (в принятии) <груза, товара>; **-vorschriften** *(Pl.)*

правила -и

Abnehmer I *(Pers.)* приёмщик, *(Käufer)* покупатель *(m.)*, *(Verbraucher)* потребитель *(m.)*, *(Kunde)* клиент; **Direkt-** непосредственный потребитель (-ый покупатель); **End-** конечный получатель; **Haupt-** основной потребитель (-ой покупатель)

Abnehmer II *(techn., Stromabnehmer)* пантограф, токосъёмник

Abnehmer- *(in Zus.)*; **-kreis** клиентура, круг покупателей; **-land** страна покупателя; **-risiko** риск покупателя (заказчика)

Abnutzung износ; **Abschreibung für ~ (AfA)** амортизация за ~

Abraumwagen *(Eis.)* породный вагон

Abrieb *(Reifen)* износ <шины>

Abroll- *(in Zus.)*; **-container** контейнер с платформой (на роликах); **-geschwindigkeit** *(Flug.)* скорость *(f.)* пробега самолёта; **-verfahren** метод обкатки

Abruf востребование, отзыв; **~ der Ware** отзыв товара; **auf ~** по востребованию, по отзыву

abrufen *(Ware anfordern)* отзывать/отозвать <товар>

absacken *(Ware verpacken)* накладывать/наложить <груз> в мешки

Absatz <**von Waren und Dienstleistungen**> сбыт <товаров и услуг>; **direkter ~** прямой, непосредственный; **indirekter ~** косвенный

Absatz- *(in Zus.)*; **-kanal** канал сбыт‖а; **-marketing** маркетинг —а; **-markt** рынок -а; **-mittler** *(Pers.)*

агент по -у; **-risiko** риск, связанный со -ом товаров; **-system** система сбыта; **-volumen** объём -а; **-weg** путь *(m.)* (канал) -а

Abschlagszahlung *(kfm.)* авансовый платёж

Abschlepp- *(in Zus.)*; **-dienst** *(Kfz.)* служба технической помощи

abschleppen *(Fahrzeug)* буксировать <транспортное средство>

Abschleppen *(Subst.)* буксировка

Abschlepp‖fahrzeug автомобиль *(m.)* для буксировки <неисправных транспортных средств>; **-seil** канат, буксировочный трос; **-vorrichtung** устройство для буксировки

abschließen, einen Vertrag заключать/заключить договор

Abschnitt I *(Strecke)* участок; **Autobahn-** ~ автомагистрали, ~ автострады; **Breitspur-** *(Eis.)* ширококолейный ~ дороги; **Fluss-** речной; **Strecken-** ~ дороги; **Tunnel-** туннельный, подземный;

Abschnitt II *(Talon)* отрезок, талон; **Gepäck-** багажный талон

Abschreibung *(kfm.)* амортизация; **~ für Abnutzung (AfA)** ~ за износ

Abschreibungs- *(in Zus., kfm.)* амортизационн‖ый/ая/ое/ые; **-art** способ амортизации; **-dauer** срок амортизации; -ый срок; **-frist** *s.* -dauer

absenden *(Fracht verschicken)* высылать/выслать (отправлять/ отправить) груз

Absender 📖 **1.** *(Pers.)* отправитель *(m.)*; **2.** *(Adresse)* адрес <отправителя>

Absender- *(in Zus.)*; **-anweisung** инструкция (разнарядка) отправител‖я; **-erklärung** *(Teil der Zollerklärung)* декларация -я; **-haftung** *(jur.)* ответственность *(f.)* -я; **-verfügungen** *(Pl.)* дополнительные изменения условий договора -ем

Absenk- und Hebevorrichtung *(Schiff.)* спуско-подъёмный комплекс

Abstand 1. *(räuml.)* расстояние; **2.** *(zeitl.)* интервал, срок; **Achs-** *(Fahrzeug)* расстояние между осями; **Gleis-** ширина междупутья; **Mindest-** минимальное расстояние (-ый интервал); **Schiffs-** интервал между судами; **Sicherheits-** расстояние безопасности; **Zug-** интервал между поездами

Abstandhaltesystem *(techn.)* система автоматического поддержания расстояния безопасности

Abstecher machen *(umg., mit einem Kfz.)* заезжать/заехать <в какое-л. место, к кому-л.>; *(zu Fuß)* заходить/зайти <в какое-л. место, к кому-л.>

Abstell- *(in Zus.)*; **-bahnhof** станция стоянки <вагонов>, техническая станция; **-fläche** место <для> стоянки, открытая стоянка; **-gleis** деповский путь, *(Reserve)* запасный путь, *(zum Rangieren)* тракционный путь

Absturz eines Flugzeugs авиакатастрофа, гибель самолёта

Absturzursache причина гибели самолёта

Abteil *(hier Eis.)* <железнодорожное> купе *(indkl.)*; **Schlafwagen-** спальное

Abteilung <eines Unternehmens>

отдел <предприятия>; **Export-** экспортный; **Speditions-** экспедиционный; **Transport-** транспортный; **Verpackungs-** упаковочный; **Versand-** экспедиция; **Vertriebs-** ~ сбыта; **Visa-** <einer Botschaft> визовый ~ <посольства>

Abtransport отправка, отгрузка, отвоз <чего-л.>

abtransportieren отправлять/ отправить <груз>

Abwasser загрязнённая вода

Abwehrzoll запретительная (заградительная) пошлина, запретительный <таможенный> тариф

abweichende Linienführung *(ÖPNV)* обходный маршрут, изменение направления движения <транспортного средства>

abwickeln I *(etw. durchführen)* осуществлять/осуществить <что-л.>; **einen Auftrag** ~ (исполнять/ исполнить) заказ; **Verkehr** ~ перевозки; **Zahlungen** ~ производить/произвести платежи;

abwickeln II *(etw. liquidieren)* ликвидировать <что-л.>

Abwicklung I *(Ausführung)* осуществление, исполнение; **speditionelle** ~ экспедиторская обработка; **Auftrags-** исполнение заказов; **Fracht-** проведение погрузки; **Retouren-** менеджмент возврата <поставленных товаров>; **Verkehrs-** осуществление перевозок; **Zoll-** таможенное оформление;

Abwicklung II *(Liquidierung)* ликвидация <предприятия>

abwürgen, einen Motor

глушить/заглушить двигатель *(m.)*

Achs- *(in Zus.)* осев‖ой/ая/ое/ые; **-abstand** *(Fahrzeug)* расстояние между осями; **-aufhängung** подвеска оси; **-bruch** поломка оси; **-druck** давление на ось

Achse 1. *(Fahrzeug)* ось *(f.)*, мост; **2.** *(räuml.)* ось *(f.)*; **Autobahn-** автомагистральная ось; **Einzel-** независимая ось; **Hinter-** задняя ось (-ий мост); **Mehrfach-** комбинированная ось; **Schlepp-** дополнительный поддерживающий <неведущий> мост; **Trag-** поддерживающий неведущий мост; **Verkehrs-** транспортная ось; **Vorder-** передняя ось (-ий мост); **Wagen-** *(Kfz.)* ось (мост) автомобиля, *(Schienv.)* ось вагона; **Gewicht pro** ~ нагрузка на ось

Achs‖kilometer осе-километр; **-kilometergeld** премия за пробег в осе-километрах; **-last** осевая нагрузка, нагрузка на ось

Adresse адрес; **Post-** почтовый; ~ **des Empfängers** ~ получателя; ~ **des Versenders** ~ отправителя

Adressspediteur *(Pers.)* экспедитор-получатель *(m.)*

ad valorem *(vom Warenwert)* адвалорн‖ый/ая/ое/ые, от стоимости

Änderungsverordnung *(jur.)* Постановление об изменении действующего положения

aerodynamische Lärmbekämpfung снижение шума аэродинамическими средствами

äußer‖er/e/es внешн‖ий/яя/ее/ие; **-er Ring** *(Straße)* -ее кольцо; **-e Verpackung** -яя (транспортная) упаковка, -яя тара; **-e Wasserstraße** -ий (морской) водный путь

Agent *(Pers.)* агент, *(Vermittler auch)* посредник, *(Vertreter auch)* представитель *(m.)*, *(kfm.)* комиссионер; **Ausfuhr-** агент ‖ по экспортным сделкам; **Befrachtungs-** *(Schiff.)* фрахтовый, фрахтовый маклер (-ый брокер), ~ погрузки; **Fracht-** фрахтовый, фрахтовый маклер (-ый брокер); **Handels-** представитель торгового (коммерческого) предприятия; **Havarie-** *(Schiff.)* аварийный; **Lade-** *s.* Fracht-; **Linien-** 📖 ~ по маршрутным перевозкам; **Reexpeditions-** *(Eis.)* ~ по реэкспедированию <груза>; **Schifffahrts-** судовой, *(See. auch)* морской, *(Binnsch. auch)* пароходный; **Schiffs-** *s.* Schifffahrts-; **Seefahrts-** морской; **Transport-** транспортный, транспортный посредник; **Versicherungs-** страховой; **Zoll-** таможенный, таможенный брокер

Agenten- *(in Zus.)* агентск‖ий/ая/ое/ие; **-provision** -ое вознаграждение; **-tätigkeit** -ая деятельность

Agentur агентство; **internationale** ~ международное; **Handels-** торговое; **Linien-** ~ маршрутных перевозок; **Schiffs-** судовое, *(See. auch)* морское; **Transport-** транспортное, транс-; **Vermittlungs-** посредническая фирма; **Zoll-** таможенное

Agentur- *(in Zus.)* агентск‖ий/ая/ое/ие; **-dienste** *(Pl.)* -ие услуги; **-vertrag** -ий договор

Agglomerationsräume 📖 *(Pl.)* густонаселённые районы, регионы скопления <чего-л.>

aggregiertes Angebot *(vwl.)*

совокупное предложение

Air- *(in Zus.);* **-bag** *(Kfz.)* <надувная> подушка безопасности; **Seiten-** боковая; **-bus** *(Flug.)* самолёт-аэробус

Akkreditiv *(kfm.)* аккредитив; **Zahlung gegen ~** платёж против (посредством) -а

Akt *(hier Rechtsvorschrift)* <законодательный, нормативный> акт

aktiv активн‖ый/ая/ое/ые; **-e Veredelung <von Ware>** активная переработка <товара>; **-e Flotte** действующий флот

Akzept *(kfm.)* акцепт; **Dokumente gegen ~** товарораспорядительные документы против -а; **Lieferung gegen ~** с предъявлением -а

Alarmanlage предупредительная сигнализация

Aliud-Lieferung *(Falschlieferung)* ошибочная поставка; поставка иного товара взамен заказанного (обусловленного контрактом)

Allachsantrieb *(Kfz.)* полный привод, привод на все оси

Alleinlieferant монопольный поставщик

allgemein общ‖ий/ая/ее/ие; **-e Ausfuhrgenehmigung** -ая экспортная лицензия; **-e Bedingungen** *(Pl.)* -ие условия; **-e Beförderungsbedingungen** *(Pl.)* **für den gewerblichen Güternahverkehr <mit Kraftfahrzeugen>** -ие условия ближних грузовых перевозок <автомобильным транспортом>; **-e Durchführungsverordnung** -ее положение о порядке исполнения; -ее положение, регламентирующее

порядок исполнения; **-es Eisenbahngesetz** *(jur.)* -ий закон о железных дорогах; **-e Geschäftsbedingungen** *(Pl.)* -ие условия заключения коммерческих (торговых) сделок; **-e Lieferbedingungen** *(Pl.)* -ие условия поставок; **-e Liefer- und Leistungsbedingungen** *(Pl.)* -ие условия поставок и предоставления услуг; **-e Regeln** *(Pl.)* -ие правила; **-e Spediteurbedingungen** *(Pl.)* -ие отправительские условия; -ие условия экспедиторов; **-e Deutsche Spediteurbedingungen** **(ADSp)** *(BRD, Pl.)* -ие германские (Общегерманские) экспедиторские условия (условия экспедиторов); **-er Tarif** -ий (средний) тариф; **-er Tarifanzeiger (ATA)** -ий тарифный указатель; **-e Tarifvorschriften** *(Pl.)* -ие тарифные предписания <по перевозке грузов>; **-e Technische Vorschriften** -ие технические предписания (-ие правила); **-er Transportschein** универсальный транспортный документ; **-e Transportvereinbarung** Генеральное соглашение по перевозкам; **-e Verfrachtungsbedingungen** -ие условия перевозок грузов, -ий таможенный устав (-ый кодекс); **-e Versicherungsbedingungen** *(Pl.)* -ие условия (-ие положения, -ие правила) страхования; **-e Vorschriften** *(Pl.)* -ие правила; **-e Zollordnung** таможенный устав (-ый кодекс); **-es Zoll- und Handelsabkommen** **(GATT)** Генеральное соглашение по таможенным тарифам и торговле (ГАТТ)

Allrad- *(in Zus., Kfz.);* **-antrieb** привод на все колёса, **-fahrzeug** автомобиль *(т.)* со всеми ведущими колёсами

Allzweck- *(in Zus., s. auch Mehrzweck-, Universal-)* многоцелев‖ой/ая/ое/ые, универсальн‖ый/ая/ое/ые; **-fahrzeug** *(Kfz.)* –ой/ый автомобиль

Alltagsfahrten *(Pl., Kfz.)* ежедневные поездки на собственном автомобиле

Als-ob-Tarif 📖 «как будто»-тариф

Amortisation *s. Abschreibung*

Ampel *(hier Lichtsignalanlage)* светофор; **Abbiege-** ~ с указателем поворота; **Fahrrad-** ~ для велосипедистов; **Vorrangschaltung an -n** *(ÖPNV)* приоритетный пропуск общественного транспорта на -ах

Ampelausfall <аварийный> отказ светофора

ampelgeregelte Kreuzung перекрёсток, регулируемый светофором

Amt 1. *(Institution, s. auch Behörde)* ведомство, управление, учреждение, *(Dienststelle auch)* служба; **2.** *(Funktion)* должность *(f.)*, управление; **Bundes-** *(BRD)* федеральное ведомство; **Bundesausfuhr-** *(BRD)* Федеральное ведомство по экспорту; **Eisenbahn-Bundes-** *(BRD)* Федеральное ведомство железных дорог; **Hafen-** управлснис порта; **Hauptzoll-** главное таможенное управление; **Kraftfahrt-Bundes-** *(BRD)* Федеральное ведомство автомобильного (автодорожного) транспорта; **Lotsen-** лоцманское управление; **Luftfahrt-Bundes-** *(BRD)* Федеральное ведомство гражданской авиации (воздушного

транспорта); **Nebenzoll-** дополнительная таможня (-ый таможенный пункт); **Seefahrts-** служба морского пароходства; **Straßenbau-** *(BRD)* Ведомство дорожного строительства; **Verkehrs-** транспортное ведомство; **Zentral-** центральное управление; **Zoll-** *(Direktion)* таможенное управление, *(Zollstelle auch)* таможня, таможенный пункт

amtlich официальн‖ый/ая/ое/ые; **-e Beglaubigung** -ое засвидетельствование; **-er Beleg** -ая расписка; **-er Beschilderungskatalog** *(BRD, Straßenverkehr)* -ый каталог дорожных знаков; **-es Kennzeichen** *(Kfz.)* государственный номерной знак; **-e Quittung** -ая расписка

amtsärztliche Abfertigung санитарная операция

Amts- *(in Zus.)* официальн‖ый/ая/ое/ые; **-blatt** *(BRD)* -ый бюллетень; **-gericht** *(BRD)* участковый суд, суд первой (низшей) инстанции

an ‖ Bord *(Schiff., Flug., s. auch Bord-)* **1.** *(Ort)* на борту; **2.** *(Richtung)* на борт; ~ **Deck** *(Schiff., s. auch Deck-, An-Deck-)* **1.** *(Ort)* на палубе; **2.** *(Richtung)* на палубу

Analyse анализ; ~ **des Verkehrsmarktes** ~ транспортного рынка; ~ **der Verkehrsströme** ~ транспортных потоков

Analysezertifikat *(Güterv.)* сертификат (свидетельство) о прохождении анализа

analysieren анализировать/проанализировать <что-л.>

Anbieter производитель *(m.)* <услуг>; **Verkehrs-** ~

транспортных услуг

Anbindung *(s. auch Anschluss)*
присоединение, приключение;
verkehrliche ~ транспортное,
примыкание к транспорту;
Schienen- ~ к железной дороге;
Straßen- ~ к <автомобильной>
дороге; **Straßenbahn-** ~ к
трамвайным линиям; **Verkehrs-** *s.*
verkehrliche

An-Deck‖-Konnossement *(Schiff.)*
<бортовой> коносамент на
палубный груз; **~-Verschiffung 1.**
(Verladeprozess) отгрузка на
палубу; **2.** *(Beförderungsprozess)*
перевозка на палубе

anfahren I *(intrans., losfahren)*
трогаться/тронуться <с места>,
отправляться/отправиться;
заруливать/зарулить;

anfahren II *(trans.)* **1.** *(jmdn./etw.*
rammen) наезжать/наехать <на
кого-л./что-л.>; **2.** *(Waren*
heranbringen) подвозить/подвезти,
привозить/привезти <что-л.>; **3.**
(einen Ort besuchen) делать/сделать
остановку <где-л.>; **4.** *(ein Ziel im*
Linienverkehr bedienen) совершать
рейс (маршрут) <куда-л.>; **5.**
(techn., Anlagen in Betrieb nehmen)
вводить/ввести <машину> в
эксплуатацию, запускать/запустить
<машину>

Anfahr- *(in Zus.)*; **-geschwindigkeit**
скорость *(f.)* разгона; **-leistung**
(Kfz.) пусковая мощность; **-strecke**
(LKW) нулевой пробег

Anfahrt 1. *(Ankunft)* прибытие
приезд, *(Heranfahren)* подъезд; **2.**
(Beschleunigung) разгон

Anfahrts- *(in Zus.)*; **-weg 1.**
(Fahrstrecke) дорога на езду <до
какого-л. места>; **2.**
(Beschleunigungsstrecke) путь *(m.)*

разгона; **-zeit** время на езду

anfliegen *(trans.)* **1.** *(sich einem*
Flughafen nähern) подлетать/
подлететь к аэропорту; **2.** *(ein Ziel*
im Linienverkehr bedienen)
совершать/совершить рейс/ы
<куда-л.>

Anflug *(Landeanflug)* заход
<самолёта> на посадку

Anflug- *(in Zus.)*
посадочн‖ый/ая/ое/ые;
-genehmigung разрешение на
посадку; **-geschwindigkeit** -ая
скорость

Anforderung I *(Bestellung)* заявка;
Wagen- 1. *(Kfz.)* ~ на автомобиль;
2. *(Eis.)* ~ на вагон;

Anforderungen II *(Pl.)* требования;
Kunden- ~ клиентов; **Sicherheits-** ~
к безопасности

Anfuhr подвоз

Anfuhrstrecke путь *(m.)* подвоза

Angebot *(s. auch Nachfrage)*
предложение; **aggregiertes** ~ *(vwl.)*
совокупное; **befristetes** ~
ограниченное сроком;
freibleibendes ~ свободное;
unverbindliches ~ ~ без
обязательства; **verbindliches** ~
твёрдое; ~ **an Schiffsraum** ~
тоннажа;

Angebot, Dienstleistungs-
предложение ‖ услуг; **Komplett-**
комплектное; **Ladungs-** ~
<перевозимого> груза; **Preis-**
сметная документация, ~ цены;
Tonnage- ~ тоннажа; **Transport-** ~
транспортных услуг; **Über-**
превышение -я над спросом;
Verkehrs- *s. Transport-;*

Abnahme des Angebot‖s снижение
предложени‖я; **Zunahme des -s**

рост -я;

ein Angebot ‖ **abgeben** выдавать/выдать ‖ предложение; ~ **ablehnen** отказываться/отказаться от -я; ~ **annehmen** принимать/принять ~; ~ **einholen** запрашивать/запросить ~; ~ **erfragen** спрашивать/спросить о -и; ~ **rückgängig machen** аннулировать ~; ~ **unterbreiten** делать/сделать ~, предоставлять/ предоставить ~

Angebots- *(in Zus.)*; **-preis** цена предложения; **-profil** профиль *(m.)* услуг

angenommener Standort <eines Kfz.> предположенное местоположение <автомобиля>

Anhängelast масса буксируемого груза

Anhänger I *(Etikett)* бирка; **Gepäck-** багажная;

Anhänger II *(Fahrzeugeinheit)* прицеп; **Autotransport-** ~ для перевозки автомобилей; **Container-** ~ для перевозки контейнров; **Fahrzeug-** автомобильный; **Langmaterial-** ~-роспуск; **Last-** грузовой; **LKW-**~ грузовой; **PKW-**~ <легковой> автомобильный; **Sattel-** <седельный> полу-; **Schwerlast-** большегрузный, ~-тяжеловес; **Spezial-** специальный, специализированный; **Straßenbahn-** прицепной вагон трамвая; **Tank-** ~-цистерна; **Tieflade-** низкорамный

Anhänger- *(in Zus.)* прицепн‖ой/ая/ое/ые; **-gewicht** вес (масса) прицепа; **-wagen 1.** *(Kfz.)* прицеп, -ая тележка, трейлер; **2.** *(Schienv.)* -ой вагон

anheuern 1. *(ein Schiff mieten)* фрахтовать/зафрахтовать судно; **2.** *(Schiffspersonal einstellen)* нанимать/нанять экипаж; **3.** *(Dienst auf einem Schiff annehmen)* наниматься/наняться на судне

Anhörungsverfahren *(jur.)* порядок заслушивания

Anker *(Schiff.)* <судовой, корабельный> якорь; **vor ~ gehen** ставить/поставить корабль на ~; **den ~ lichten** сняться с -я; **vor ~ liegen** стоять на -е; **den ~ werfen** бросать/бросить ~, завозить/завезти ~

Anker- *(in Zus., Schiff.)* якорн‖ый/ая/ое/ые; **-gebühr/en** -ый (причальный) сбор, *(Subst.)* причальные; **-geld** *s.* -gebühr; **-platz** -ая стоянка; **-mast** причальная мачта; **-zertifikat** свидетельство на якоря и цепи

ankommen *(intrans., eintreffen)* прибывать/прибыть <куда-л.>; *(Pass., Fahrzeug)* приезжать/ приехать <куда-л.>, *(zielbetont, mit einem Fahrzeug)* доезжать/доехать <до чего-л.>; *(zu Fuß)* приходить/ прийти <куда-л.>, *(zielbetont, zu Fuß)* доходить/дойти <до чего-л.>, *(Flug.)* прилетать/прилететь <куда-л.>, *(zielbetont, per Flugzeug)* долетать/долететь <до чего-л.>, *(Schiff.)* приплывать/приплыть <куда-л.>, *(zielbetont, per Schiff)* доплывать/доплыть <до чего-л.>

Ankunft *(Pass.)* прибытие <куда-л.>, *(mit einem Fahrzeug auch)* приезд, *(Schiff., Fußgänger auch)* приход, *(Flug. auch)* прилёт <куда-л.>; ~ **auf dem Bahnhof** прибытие на вокзал; ~ **auf dem Flughafen** прибытие в аэропорт

Ankunfts- *(in Zus.)*; **-bahnhof**

станция прибыти‖я; **-bereich** зал (зона) -я; **-datum** *(Pass.)* дата (день) -я, *(Schiff.)* дата (день) прихода; **-gate** *(Flug.)* посадочный переход; **-gleis** *(Schienv.)* путь -я; **-halle** зал -я (прилёта); **-ort** место (пункт) -я, *(Flug.)* место прилёта; **-terminal** *(Flug., Pass.)* терминал прилёта; **-zeit** время -я, *(Flug.)* время прилёта

Anlage/n *(Vorrichtung)* устройство, *(Ausrüstung)* оборудование; *(techn. Bauten)* сооружения *(Pl.)*; **bahntechnische** ~ *(Pl.)* устройства железнодорожной техники; **hydrotechnische** ~ *(Pl.)* гидротехнические сооружения; **industrielle** ~ *(Pl.)* промышленные сооружения; **mobile** ~ *(Pl.)* передвижные сооружения (-ые устройства); **verkehrstechnische** ~ *(Pl.)* транспортно-технические сооружения;

Anlage/n, Abfertigungs- *(Güterv.)* устройства для погрузочно-разгрузочных операций, *(Pass., Flug.)* стойки *(Pl.)* регистрации \<авиа\>пассажиров; **Alarm-** предупредительная сигнализация; **Bahn-** железнодорожные сооружения (-ые устройства); **Befeuerungs-** *(Flugfeld, Pl.)* светосигнальные системы; **Brems-** *(Fahrzeug)* тормозное устройство; **Enteisungs-** *(Flug.)* противооблединительное устройство; **Fähr-** *(Pl.)* паромные сооружения (-ые устройства); **Gleis-** *(Pl.)* парк путей, рельсовые пути; **Güterumschlag-** перегрузочное устройство, *(Bahnhof auch)* перегрузочная (перевалочная) станция; **Hafen-** портовые сооружения, -ое хозяйство; **Industrie-** *s. industrielle*; **Kai-** *(Pl.)* причальные сооружения

(-ые устройства); **Klima-** кондиционер; **Kran-** крановое грузовое устройство; **Kühl-** холодильная (рефрижераторная) установка; **Kupplungs-** *(Fahrzeug)* сцепное устройство; **Lichtsignal-** светосигнальная установка; **Lösch-** *(Schiff.)* разгрузочное (грузозахватное) устройство; **Massengut-** устройство для перевалки массового груза; **Roll-** передвижное устройство; **Schleusen-** шлюзное устройство, сооружения для шлюзования; **Schnellumschlag-** устройство для скоростной (экспрессной) перегрузки (перевалки); **Schüttgut-** устройство для перевалки сыпучего (навалочного) груза; **Signal-** сигнальная установка (-ое устройство); **Sortier-** сортировочное устройство; **Straßenverkehrs-** *(Pl.)* сооружения автомобильного транспорта; **Ufer-** береговые сооружения; **Umlade-** перегрузочное (перевалочное) устройство (-ое приспособление), перегружатель *(m.)*; **Umschlag-** перегрузочное (перевалочное) устройство (-ое приспособление), *(kleines Terminal auch)* перевалочная база; **Verkehrs-** транспортные сооружения (-ые устройства);

Verkehrsbeeinflussungs- устройство по воздействию на движение; **Verlade-** погрузочное устройство (-ое приспособление), *(am Verkehrsmittel)* грузовое устройство; **Warnblink-** предупреждающее свето-сигнальное устройство; **Wasch-** моечное устройство, мойка \<для автомобилей\>; **eine** ~ **betreiben** эксплуатировать устройство

anlanden 1. *(Schiff., intrans.)* приставать/пристать к берегу,

(Schiff., trans.) причаливать/ причалить судно; **2.** *(Passagiere)* высаживать/высадить пассажиров

Anlanden **<eines Schiffes>** *(Subst.)* приставание <судна>

anlassen, einen Motor заводить/ завести двигатель *(m.)*

Anlassen *(Subst.)* **<des Motors>** запуск <двигателя>

anlaufen, einen Hafen *(Schiff., intrans.)* заходить/зайти в порт

Anlauf- *(in Zus.)*; **-genehmigung** *(Schiff.)* разрешение на заход <в порт>; **-hafen** порт захода; **-kapazität** *(Kfz.)* пусковая мощность; **-leistung** *s. -kapazität*

Anlege- *(in Zus., Schiff.)* причальн‖ый/ая/ое/ые; **-gebühr** -ый (якорный) сбор, причальные *(Subst.)*; **-hafen** порт захода

anlegen **1.** *(intrans., Schiff.)* приплывать/приплыть <куда-л.>, подплывать/подплыть <к чему-л.>, причаливаться/причалиться; **2.** *(etw. befestigen)* пристёгивать/ пристегнуть <ремень>

Anlegestelle ‖ *(s. auch Kai, Liegeplatz)* <береговой> причал, пристань *(f.)*; **schwimmende ~** плавучий причал; **~ für Fähren** паромный/ая; **~ für Fahrgastschiffe** пассажирский/ая; **~ für Flussschiffe** речной/ая; **~ für Frachtschiffe** грузовой/ая; **Boots-** лодочная пристань; **Dampfer-** пароходный/ая

Anlege‖vorrichtung причальное устройство

anliefern доставлять/доставить, поставлять/поставить <что-л.>

Anlieferung *(s. auch Lieferung)* доставка, поставка, *(Zuführen)* подвоз, *(Vorbeibringen)* завоз

Anlieger *(Pers.)* местный житель, житель микрорайона

Anlieger- *(in Zus.)*; **-straße** подъездная дорога (боковая улица) для жителей одного микрорайона (для местного движения); **-verkehr** движение, вызванное жителями одного микрорайона

Anmeldegebühr регистрационный сбор

anmelden **1.** *(etw. deklarieren)* декларировать <что-л.>; **2.** *(etw. beantragen)* подавать/подать заявление <на что-л.>; **3.** *(etw. mitteilen)* извещать/известить (объявлять/объявить) <о чём-л.>; **4.** *(etw. eintragen)* регистрировать/ зарегистрировать <что-л.>; **ein Gewerbe ~** подавать/подать заявление на занятие промыслом (ремеслом); **Ware beim Zoll ~** декларировать товар в таможне

Anmeldepflicht 📖 обязанность к регистрации

anmeldepflichtig подлежащ‖ий/ая/ее/ие регистрации (декларированию, таможенной обработке)

Anmeldung **1.** *(Deklaration)* декларация; **2.** *(Antrag)* заявление, заявка; **3.** *(Mitteilung, s. auch Anzeige, Avis, Benachrichtigung, Meldung)* извещение, заявление, объявление; **4.** *(Registrierung)* регистрация; **Ausfuhr-** экспортная заявка, заявка на экспорт, экспортное извещение; **Einfuhr-** импортная заявка, заявка на импорт, импортное извещение; **Export-** *s. Ausfuhr-*; **Fracht-** *(Schiff.)* заявление на фрахтование; **Import-** *s. Einfuhr-*; **Kraftfahrzeug-** регистрация автомобиля; **Quarantäne-** *(Schiff.)* карантинная декларация; **Sammel-** совокупная заявка; **Schiffs-** регистрация судна; **Transportbedarfs-** заявка на подачу подвижного состава (транспорта); **Versand-** извещение об отгрузке (отправке), заявка на отгрузку (отправку); **Zoll-** заявка на таможенную проверку (извещение о -ой -е) <товара>; **Zollwert-** таможенная декларация о стоимости товара

Anmietung *(s. auch Charter)* аренда, наём; ~ **eines Containers** ~ контейнера; ~ **eines Fahrzeuges** ~ автомобиля; ~ **eines Schiffes** фрахтование судна; ~ **eines Waggons** ~ вагона

Annahme 1. *(Empfang)* <von Gepäck, Gütern, Waren> приём, принятие <багажа, груза, товара>; **2.** *(Annahmestelle)* приёмный пункт, место приёмки; **3.** *(jur.)* <eines Gesetzes> принятие <закона>

Annahme- *(in Zus.)* приёмочн‖ый/ая/ое/ые; **-kontrolle** -ый контроль; **-pflicht** обязанность *(f.)* принять <товар, заказ>, обязанность произвести процедуру сдачи-приёмки; **-schalter** *(Gepäck)* пункт приёма <багажа>; **-schein** квитанция о (расписка в) приёме <товара>; **-vermerk** отметка о принятии (приёме) <груза, товара>; **-verweigerung** непринятие <товара>, отказ от приёмки <товара>

annullieren аннулировать <что-л.>, снимать/снять <что-л.>

Annullierung *(jur.)* расторжение; **Charter-** ~ чартера; **Vertrags-** ~ договора

An-Order-Klausel *(jur.)* оговорка «приказу»

anordnen *(etw. verfügen)*

постановлять/постановить <что-л.>; **Arrest** ~ *(Güterv.)* накладывать/наложить арест <на судно, груз>

Anreise прибытие, *(Kfz.)* приезд

Anschluss *(s. auch Anbindung)* **1.** *(Schienv.)* примыкание, приключение, *(Straße)* подъезд; **2.** *(Schnittstelle, Eis.)* стык; **3.** *(Verbindungsstück)* соединительный элемент, связь *(f.)*; **Autobahn-** примыкание (место -я) <подъездной дороги> к автостраде, въезд на автостраду; **Bahn- 1.** примыкание к железной дороге, железнодорожная связь; **2.** *s.* **Gleis-**; **Gleis-** подъездной <железнодорожный> путь (-ая ветка); **Industrie-** промышленный путь; **Nahverkehrs-** примыкание к местному транспорту; **Netz-** подключение (примыкание) к сети; **Straßen-** примыкание к автомобильной дороге; **Zug-** согласованность *(f.)* расписаний поездов

Anschluss- *(in Zus.)* **1.** *(räuml.)* подъездн‖ой/ая/ое/ые, примыкающ‖ий/ая/ее/ие; **2.** *(zeitl.)* согласованн‖ый/ая/ое/ые; **-bahn 1.** *(Eis., Strecke)* подъездной путь, примыкающая линия; **2.** *(Eis., Verkehrsträger)* примыкающая железная дорога; **-bahnhof <für Bahnen mit anderer Spurweite>** станция примыкания <железных дорог разной ширины колеи>; **-flug** следующий (согласованный) рейс; **-gleis** *(Schienv.)* примыкающий путь, *(Zufahrt)* подъездной путь; **-punkt** пункт (место) примыкания; **-stelle** *s.* **-punkt**; **-strecke** примыкающая линия (-ий участок); **-verkehr 1.** *(zeitl. abgestimmt)* сообщение при согласованном расписании движения; **2.** *(auf Zubringerstrecken)* сообщение (движение) по подъездным дорогам (на подъездных путях); **-zug** следующий (согласованный) поезд

anschnallen пристёгивать/пристегнуть ремень *(m.)*, *(refl.)* пристёгиваться/пристегнуться

Anschnall- *(in Zus.)*; **-gurt** ремень *(m.)* безопасности; **-pflicht** *(Kfz.)* обязанность *(f.)* пристегнуть ремень безопасности

Anteil доля; **prozentualer** ~ удельный вес в процентах; **Beförderungs-** ~ перевозок, ~ в перевозках; **Markt-** ~ на рынке; **Verkehrs-** *s. Beförderungs-*

Anti- *(in Zus.)* анти-, противо-; **-blockiersystem (ABS)** *(Kfz.)* антиблокировочная тормозная система; **-dumpingzoll** противодемпинговая пошлина

Antrag *(s. auch Deklaration)* **1.** *(Dokument zur Beantragung von etw.)* заявление; **2.** *(Dokument zur Geltendmachung eines Anspruches)* заявка; ~ **auf Schadenersatz** заявка о возмещении ущерба; **Ausfuhr-** заявка на экспорт; **Lizenz-** заявка на лицензию (на предоставление лицензии); **Prüfungs-** заявка на экспертизу; **Registrierungs-** заявление о внесении <чего-л.> в реестр; **Versicherungs-** страховое заявление; **Visa-** заявление о выдаче визы; **einen** ~ **ablehnen** отвергать/отвергнуть ǁ заявление (заявку); **einen** ~ **bewilligen** одобрять/одобрить ~; **einen** ~ **stellen** подавать/подать ~

Antransport подвоз, подвозка

antransportieren подвозить/подвезти <что-л.>

Antrieb *(techn., s. auch Motor)* привод; **elektrischer** ~ электро-~; **hydraulischer** ~ гидравлический; **mechanischer** ~ механический; **Allachs-** полный, ~ на все оси; **Allrad-** ~ на все колёса; **Dampf-** паровой; **Diesel-** дизельный; **Düsen-** *(Flug.)* ~ реактивным двигателем, реактивный двигатель; **Eigen-** собственный, независимый; **Einzel-** индивидуальный; **Elektro-** *s. elektrischer*; **Fahrzeug-** ~ автомобиля; **Front-** ~ на передние колёса; **Haupt-** главный; **Heck-** задний; **Hinterrad-** ~ на задние колёса; **Hybrid-** 📖 комбинированный тяговой; **Lenk-** *(Kfz.)* рулевой; **Rad-** ~ колеса; **Raupen-** ~ гусеницы; **Ruder-** *(Schiff.)* рулевой; **Schiffs-** судовой двигатель; **Vorderrad-** *s. Front-*

Antriebs- *(in Zus.)* тягов‖ый/ая/ое/ые; **-art** вид тяги; **-einheit** -ая единица; **-motor** двигатель *(m.)*; **-rad** ведущее колесо; **-technik** техника привода; **-wagen** моторный вагон

An- und Ab- *(in Zus.)*; **-fuhr** поставка и отправка, подвоз и отвоз; **-reise** приезд и отъезд <туристов>; **-transport** *s. An- und Abfuhr*

Anweisung 1. *(Dokument)* инструкция, ордер, разнарядка; **2.** *(Prozess)* поручение; **Absender-** инструкция (разнарядка) отправителя; **Dienst-** служебная (должностная) инструкция; **Versand-** ордер на отправку

Anwohner *(Pers.)* местный житель, житель микрорайона

Anwohner- *(in Zus.)*; **-parkbereich** автостоянка для жителей одного микрорайона (одной улицы); **-verkehr** движение, вызванное жителями одного микрорайона

Anzahlung *(kfm.)* аванс, авансовый платёж

Anzeige 1. *(s. auch Anmeldung, Avis, Benachrichtigung, Meldung)* извещение, объявление, указание; **2.** *(s. auch Anzeiger)* указатель *(m.)*; **Empfangs-** извещение о получении (о прибытии) <товара>; **Export-** экспортное извещение; **Fahrtrichtungs-** указание направления движения; **Haltestellen-** объявление остановок (станций) <на табло>, указание остановки; **Import-** импортное извещение; **Liefer-** извещение о поставке; **Schadens-** извещение о наступлении страхового случая; **Spediteurs-** экспедиторское извещение; **Unfall-** уведомление (заявление) о дорожно-транспортном происшествии (ДТП); **Verlade-** извещение (уведомление) о погрузке, *(Schiff. auch)* извещение о фрахтовании; **Versand-** извещение (заявление-требование) об отгрузке (отправке); **Versandbereitschafts-** извещение о готовности <товара> к отправке; **Versicherungs-** страховое объявление

Anzeigepflicht *(jur.)* обязанность *(f.)* сообщения (извещения)

Anzeiger указатель *(m.)*; **Fahrpreis-** ~ <пассажирских> тарифов, *(Taxi)* таксометр; **Fahrtrichtungs- 1.** *(Strecke)* маршрутный, ~ маршрута, *(Schiff. auch)* ~ курса; **2.** *(Fahrzeug)* ~ (сигнал) поворота; **Fernstrecken-** дистанционный; **Fracht<satz>-** схема (таблица) фрахтовых тарифов; **Platz-** ~ мест; **Tarif-** тарифный; **Strecken-** маршрутный; **Wagenstands-** *(Eis., Pass.)* ~ места остановки вагона, *(Eis., Güterv.)* справка о подаче вагонов <под погрузку>; **Wagenstellungs-** *s.*

Wagenstands-; **Wasserstands-** ~ уровня воды, водо-

Aquaplaning *(Kfz.)* акваплан; **durch ~ ins Schleudern geraten** кататься/покататься <автомобилем> на -е

Arbeiten *(Pl.)* работы, операции; ~ **ausführen** выполнять/выполнить ~

Arbeiter *(Pers.)* рабочий; **Hafen-** портовый, судорабочий, докер; **Lade-** грузчик; **Lager-** складской; **Transport-** работник транспортного сектора; **Werft-** ~-судостроитель *(m.)*

Arbeits- *(in Zus.)* рабоч‖ий/ая/ее/ие, трудов‖ой/ая/ое/ые; **-gemeinschaft** *(hier)* объединение, общество; **-recht** *(jur.)* трудовое право; **-schutz** безопасность *(f.)* (охрана) труда; **-schutzbestimmungen** *(Pl.)* положения (инструкции, правила) техники безопасности (об охране труда); **-zeitordnung** <für Kraftfahrer> *(jur.)* правовые предписания о рабочем режиме <водителей>; **-zug** рабочий поезд

Arbitrage *(jur.)* арбитраж; **Frachten-** фрахтовый; **See-** морской

Arbitragegericht *(jur.)* арбитражный суд

Arrest *(s. auch Beschlagnahme)* задержание <чего-л.>, арест <чего-л., на что-л.>, **Ladungs-** ~ <перевозимого> груза, арест на груз; **Schiffs-** ~ судна, арест на судно; **den ~ anordnen** накладывать/наложить арест <на судно, груз>; **den ~ aufheben** снимать/снять арест <с судна, груза>

Art 1. *(Typ)* вид; **2.** *(Verfahren)* способ

Artikel *Hom.* **I** *(jur.)* статья, пункт <в

договоре>

Artikel _Hom._ **II** _(Ware)_ товар; **Export-** экспортный, предмет экспорта; **Import-** импортный, предмет импорта; **Luxus-** ~ роскоши; **Massen-** ~ массового (широкого, повседневного) потребления

Artikel- _(in Zus.)_ товарн‖ый/ая/ое/ые; **~-Mehrfach-Lagerung** неоднородное складирование <товаров>; **<Europäische> -nummer** <Европейский> -ый код (-ый номер)

artikelreine Lagerung однородное складирование <товаров>

Assekuranz _s._ _Versicherung_

Assoziation der internationalen Transporteure _(LKW)_ Ассоциация международных автотранспортных перевозчиков

Atlantik Атлантический океан

Atlantikhafen атлантийский порт

Atlantischer Ozean _s._ _Atlantik_

Atomeisbrecher атомный ледокол

Attest _(jur., s. auch Bescheinigung)_ сертификат, свидетельство; **Flaggen-** _(Schiff.)_ свидетельство о праве плавания под <государственным> флагом; **Flugfähigkeits-** сертификат лётной годности; **Gesundheits-** санитарный/ое; **Havarie-** аварийный/ое; **Klassifikations-** _(Schiff.)_ ~ о классификации <судна>; **Revisions-** _s._ _Klassifikations-_

auf ‖ Abruf по востребованию, по отзыву; ~ **Bestellung** на заказ; ~ **der Durchfahrt** проездом; ~ **Lieferung** _(kfm.)_ может быть поставлен/а/о/ы; ~ **Widerruf** до отзыва

Aufbau **<auf Kraftfahrzeugen>** кузов <автомобиля, грузовика>

Aufbewahrung хранение; **Gepäck-** **1.** _(Prozess)_ ~ багажа; **2.** _(Ort)_ камера -я

Aufbewahrungs- _(in Zus.)_; **-dauer** срок (продолжительность _(f.)_) хранени‖я <грузов>; **-frist** _s._ **-dauer**; **-gebühr** сбор (плата) за хранение <груза>; **-kosten** _(Pl.)_ расходы по -ю <груза>; **-pflicht** обязанность _(f.)_ -я; **-schein** _(Gepäck)_ багажный билет; **-vorschriften** порядок -я <груза>

Aufenthalt/e **1.** _(Fahrzeuge, s. auch Standzeiten)_ простой/и; **2.** _(Pass.)_ пребывание; **Grenz-** ~ на границе; **Hafen-** _(Schiff.)_ пребывание (стоянка) судна в порту; **Terminal-** ~ на терминале; **Zwischen-** промежуточная остановка

Aufenthalts- _(in Zus.)_; **-dauer** **1.** _(Fahrzeuge)_ срок (время) простоя, _(Pl.)_ простои, _(Schiff im Hafen auch)_ время пребывания (стоянки) <судна в порту>; **2.** _(Pass.)_ срок пребывания; **-zeiten** _s._ **-dauer**

auffahren **1.** _(auf etw. aufprallen)_ наталкиваться/натолкнуться (наезжать/наехать) <на что-л.>; **2.** _(Abstand verkürzen)_ сокращать/ сократить дистанцию, ехать/ поехать вплотную друг за другом; **3.** _(auf eine Straße)_ въезжать/ въехать <на дорогу>

Auffahrt въезд, _(Zufahrt auch)_ подъезд; ~ **zur Autobahn** въезд (выезд) на автостраду

Auffahrunfall наезд

Auffangparkplatz **<für LKW>** промежуточная стоянка <для грузовиков>

Aufgabeschein расписка в

(квитанция об) отправке

aufgeben 1. *(Gepäck)* сдавать/сдать <багаж>, **2.** *(Bestellung)* подавать/ подать <заказ>

aufheben *(hier beenden, liquidieren)* снимать/снять <что-л.>, отменять/ отменить <что-л.>; **einen Arrest ~** снимать/снять арест <с судна, груза>; **die Kabotage ~** отменять/отменить каботаж; **die Quarantäne ~** снимать/снять карантин; **ein Verbot ~** снимать/ снять запрет; **einen Vertrag ~** расторгать/расторгнуть договор (контракт)

Aufhebung <der Kabotage, einer Abgabe> отмена <каботажа, пошлины>

Aufkleber наклейка; **Gepäck-** багажная, багажный ярлык; **Waren- ~** на товарах

Aufkommen *(s. auch Strom)* объём; **prognostiziertes ~** ожидаемый; **rückläufiges ~** сокращающийся; **zunehmendes ~** возрастающий;

Aufkommen, Beförderungs- объём ‖ перевозок <чего-л.>; **Fahrgast- ~** перевозок пассажиров, пассажиропоток, поток пассажиров; **Fahrzeug-** поток автомобилей; **Fracht- ~** грузов; **Güter<verkehrs>- ~** <перевозок> грузов, грузопоток; **Hafen- ~** перевалки грузов в порту; **Ladungs- ~** перевозимых грузов; **Passagier-** *s.* **Fahrgast-**; **Steuer-** поступление налогов; **Straßenverkehrs- ~** уличного движения; **Transport-** *s.* **Beförderungs-**, **Verkehrs-**; **Verkehrs-📖** транспортный поток; **Versand- ~** отгрузки <грузов>; **Zoll-** поступление таможенных сборов

aufladen 1. *(Ladung, s. auch einladen, verladen)* грузить/погрузить (погружать/погрузить) груз <на транспортное средство>; **2.** *(Batterie)* заряжать/зарадить <аккумулятор>

Aufladen *(Subst.)* **1.** *(s. auch Einladen)* погрузка <груза>; **2.** *(Batterie)* зарядка <аккумулятора>

auflandiger Wind ветер с моря, морской бриз

auflaufende Fracht *(Schiff.)* прибывающий груз

Auflieger *(Kfz.)* полуприцеп; **Behälter- ~**-цистерна; **Container- ~**-контейнеровоз; **Sattel-** седельный

Aufmachung der Handelsrechnung *(Zoll.)* оформление (составление) торгового счёта

Aufmachungsvorschrift/en *(Zoll.)* правила *(Pl.)* оформления (составления) торгового счёта

Aufmaß *(LKW, Transportbehältnis)* габарит <грузовика, контейнера>

aufpumpen *(Reifen)* накачивать/накачить <шину> воздухом

Aufpumpen *(Subst.)* **<von Reifen>** *(Kfz.)* подкачка <колёс>

aufrufen, einen Flug объявлять/ объявить рейс

Aufschlag *(kfm.)* надбавка; **Fracht- ~** на фрахт, примаж; **Gebühren-** надбавочный сбор; **Transport-** *(Kfz.)* автогруж-; **Zoll-** дополнительная пошлина

Aufschub <von Zahlungen> отсрочка, рассрочка <платежей>; **Zoll- ~** уплаты таможенной пошлины

Aufsicht *(hier Behörde)* надзор; **technische** ~ *(TÜV)* технический; **Gewerbe-** промысловый; **Hafen-** портовый; **Schifffahrts-** ~ над судоходством; **Straßenverkehrs-** ~ над автотранспортом

Aufsichtsbehörde инспекция, орган надзора

aufstapeln *(Ladung)* накладывать/наложить <груз>

Auftrag 1. *(Bestellung)* заказ; **2.** *(Beauftragung)* поручение, ордер; **Auslieferungs-** деливери-ордер; **Beförderungs-** транспортное поручение; **Befrachtungs-** фрахтовый ордер; **Charter-** *(Schiff., Flug.)* фрахтовый ордер, заказ на чартер; **Export-** экспортный заказ; **Lade-** отгрузочное поручение; **Liefer-** деливери-ордер, поручение (ордер) на поставку; **Rück-** встречный заказ; **Sammel-** сборный заказ; **Speditions-** экспедиционное поручение; **Transport-** транспортное поручение; **Verlade-** поручение (наряд) на погрузку <груза>; **Versand-** отгрузочное поручение, поручение на отгрузку; **Übernahme eines -s** принятие заказа;

einen Auftrag || abwickeln осуществлять/осуществить || заказ; ~ **bearbeiten** обрабатывать/обработать ~; **einen ~ bestätigen** подтверждать/подтвердить ~; **einen ~ erledigen** выполнять/выполнить ~; **einen ~ erteilen** размещать/разместить ~; **einen ~ übernehmen** принимать/принять ~

auftraggebendes Unternehmen предприятие-заказчик

Auftraggeber заказчик; **Haftung des** ~ ответственность *(f.)* -а; **Pflichten** *(Pl.)* **des** ~ обязанности -а; **Rechte** *(Pl.)* **des** ~ права -а

Auftragnehmer исполнитель *(m.)* заказа, подрядчик; **Haftung des** ~ ответственность *(f.)* -я; **Pflichten des** ~ обязанности -я; **Rechte des** ~ права -я

Auftrags- *(in Zus.)*; **-abwicklung** исполнение заказ‖a; **-bestätigung** подтверждение -а; **-bestand** портфель *(m.)* -ов; **-buch** книга -ов; **-durchlauf** реализация -а; **-eingang** поступление -а; **-erfüllung** исполнение -а; **-erteilung** размещение -а; **-lage** положение с -ами; **-stornierung** аннулирование -а

Ausbau *(hier Erweiterung)* расширение; **intermodaler** ~ <von Netzen> межмодальное ~ <сетей>; **Hafen-** ~ порта; **Straßen-** ~ дорог; **Verkehrswege-** ~ путей сообщения; **Wasserstraßen-** ~ водных путей

ausbauen *(Infrastruktur)* расширять/расширить <инфраструктуру>

ausbaufähige Strecken *(Pl.)* годные к расширению пути

Ausbau- *(in Zus.)*; **-grad** <der Infrastruktur> степень *(f.)* развития транспортной инфраструктуры; **-strecke** расширенный участок дороги (-ая трасса)

ausfahren I *(intrans.)* **1.** *(hinausfahren)* выезжать/выехать <из чего-л.>, отходить/отойти <от чего-л.>, *(Schiff.)* выходить/выйти <из чего-л.>; **2.** *(einen Ausflug machen)* выезжать/выехать на прогулку (экскурсию)

ausfahren II *(trans.)* **1.** *(Waren zustellen)* развозить/развезти <груз>; **2.** *(Flug., Fahrwerk)* выпускать/выпустить <шасси *(n., indkl.)*>; **3.** *(Schiff., Anker)* завозить/завезти <якорь>

Ausfahrt выезд, съезд; **Autobahn-** съезд с автострады; **Behelfs-** временный съезд; **Garagen-** выезд из гаража; **Hafen-** *(Schiff)* выход из порта; **Tunnel-** выезд из туннеля

Ausfall- *(in Zus.)*; **-tag** <eines Fahrzeugs> *(organisatorisch bedingt)* автомобиль *(m.)* в простое, *(reparaturbedingt)* автомобиль в ремонте; **-zeit** <eines Fahrzeugs> внеэксплуатационный период <транспортного средства>

ausfertigen *(Dokumente)* оформлять/ оформить <что-л.>, *(Formular ausfüllen auch)* выписывать/ выписать <что-л.>, выставлять/ выставить <что-л.>; **die Bill of Lading <an Order>** ~ коносамент <по приказу>; **ein Duplikat** ~ ~ дубликат; **einen Frachtbrief** ~ оформлять/оформить накладную; **eine Lizenz** ~ оформлять/оформить лицензию; **Papiere** *(Pl.)* ~ ~ документы; **eine Rechnung** ~ выставлять/выставить счёт; **einen Vertrag** ~ составлять/составить договор

Ausfertigung <von Anweisungen, Aufträgen, Papieren> оформление <разнарядок, заказов, документов>

Ausfertigungsgebühr <für eine Bescheinigung> сбор на оформление <справки>

ausflaggen *(Schiff.)* переносить/ перенести судно из национального в открытый судовой реестр

Ausflaggen *(Subst.)* перенесение <судна> из национального в открытый судовой реестр

ausfliegen *(trans., jmdn/etw. mit dem Flugzeug herausbringen)* вывозить/ вывезти <кого-л./что-л.> самолётом, эвакуировать <кого-л.> по воздуху

Ausflug экскурсионная поездка

Ausflugs- *(in Zus.)* экскурсионн‖ый/ая/ое/ые; **-bus** -ый автобус; **-dampfer** прогулочный пароход (-ый теплоход); **-fahrt** -ая поездка; **-schiff** *s. –dampfer*; **-tarif** -ый тариф; **-verkehr** -ое (туристическое) движение

ausführen 1. *(etw. exportieren)* экспортировать, вывозить/вывезти товары <из страны>; **2.** *(etw. durchführen)* выполнять/ выполнить, исполнять/исполнить <работы>

Ausführungsverordnung *(jur.)* Инструкция о порядке приведения в действие нормативного акта, Общие положения о порядке исполнения

Ausfuhr <von Waren> *(s. auch Export)* экспорт, вывоз <товаров>; **direkte** ~ непосредственный, прямой; **freie** ~ свободный; **genehmigungsbedürftige** ~ лицензируемый; **genehmigungsfreie** ~ нелицензируемый; **indirekte** ~ непрямой, косвенный, <осуществляемый> через посредника; **ungehinderte** ~ беспрепятственный;

Ausfuhr, Transit- транзитный вывоз; **Wieder-** реэкспорт;

Beschränkung ‖ **der Ausfuhr** ограничение экспорт‖а (вывоз‖а); **Kontingentierung** ~ контингентирование -а; **Rückgang** ~ сокращение -а, уменьшение -а; **Zunahme** ~ увеличение -а;

die Ausfuhr ‖ beschränken ограничивать/ограничить экспорт (вывоз); ~ **erhöhen** увеличивать/увеличить ~; ~ **kontingentieren** устанавливать/установить ~; ~ **senken** уменьшать/уменьшить ~

Ausfuhr- _(in Zus., s. auch Export-)_ экспортн‖ый/ая/ое/ые; -**abfertigung** таможенная очистка -ых грузов (товаров); -**abgabe** -ая (вывозная) пошлина, -ый сбор, налог на экспортируемые товары; -**agent** агент по -ым сделкам; -**amt** ведомство по экспорту; -**anmeldung** -ая заявка, заявка на экспорт, -ое извещение; -**antrag** _s._ -_anmeldung_; -**bescheinigung** -ое (вывозное) свидетельство, -ый сертификат; -**beschränkung** -ое ограничение, ограничение на экспорт (вывоз) товаров; -**beschränkung für knappe Güter** ограничение экспорта (вывоза) при наличии товарного дефицита; -**bestimmungen** _(Pl.)_ <государственные> постановления и предписания, регламентирующие экспорт; -**deklaration** -ая декларация; -**erklärung** _s._ -_deklaration_; -**erlaubnis** разрешение на экспорт; -**gebühr** _s. abgabe_;

Ausfuhrgenehmigung ‖ экспортная лицензия, разрешение на экспорт (вывоз) <груза>; **allgemeine** ~ общая экспортная лицензия; **Einzel-** одноразовая экспортная лицензия; **Höchstbetrags-** _s._ _Sammel-_; **Sammel-** сводное разрешение на вывоз;

Ausfuhr‖gut экспортн‖ый груз (-ый товар); -**hafen** порт вывоза; -**handel** -ая (вывозная) торговля, торговля -ым товаром; -**konnossement** _(See.)_ -ый коносамент; -**kontingent** -ый контингент, контингент на экспорт

(вывоз); -**kontingentierung** _s._ -_beschränkung_; -**kontrolle** -ый контроль, контроль над экспортом; -**kosten** _(Pl.)_ -ые расходы; расходы, связанные с экспортом <товаров>; -**land** страна-экспортёр, экспортирующая (вывозящая) страна; -**liste** **1.** _(Liste der Exportgüter)_ список -ых товаров; **2.** _(Negativliste)_ список (перечень) товаров, экспорт которых ограничен; -**lizenz** -ая лицензия, лицензия (разрешение) на экспорт (вывоз); -**makler** -ый маклер; -**meldung** -ое извещение, -ая декларация; -**ordnung** порядок экспорта; положение об -ых операциях; -**papier** -ый документ, -ая <сопроводительная> документация; -**preis** -ая цена; -**quote** -ая квота; -**restriktionen** _(Pl.)_ ограничения вывоза (экспорта); -**risiko** риск, связанный с осуществлением -ых операций; -**sperre** эмбарго _(n., indkl.)_ на экспорт; -**steuer** налог на -ые (экспортируемые) товары; -**tarif** -ый тариф; -**verbot** запрещение экспорта (вывоза), запрет на экспорт; -**verfahren** -ый режим, порядок осуществления -ых операций; -**vermerk** отметка об -ом товаре; -**verpackung** -ая упаковка, -ая тара, упаковка -ых товаров; -**vertrag** договор (контракт) на экспорт <товаров>; -**volumen** объём экспорта (вывоза); -**vorschriften** -ые предписания, правила осуществления -ых операций; -**wert** -ая стоимость, стоимость -ого груза; -**zertifikat** -ый сертификат, -ое (вывозное) свидетельство; -**zoll** -ая (вывозная) пошлина; -**zollschein** таможенное -ое (вывозное) свидетельство; -**zolltarif** -ый таможенный тариф

Ausgabe _(hier Herausgabe)_ выдача; ~

eines Dokuments ~ документа; **~ einer Genehmigung** ~ разрешения; **~ einer Lizenz** ~ лицензии; **eines Passes** ~ паспорта; **Fahrkarten-** 1. ~ билетов, 2. *(Schalter)* билетная касса; **Fracht-** ~ груза; **Führerschein-** ~ <водительского> удостоверения; **Gepäck-** 1. *(Prozess)* ~ багажа; 2. *(Schalter)* пункт -и багажа; **Visa-** ~ визы

Ausgaben *(Pl., kfm.)* расходы; **Transport-** транспортные; **Zoll-** таможенные

Ausgabeschein расходный документ (-ый талон)

Ausgang 1. *(Öffnung)* выход, выезд; 2. *(Prozess)* выход, выезд, *(Güterv. auch)* отбытие <грузов, товаров>; **Lager-** выдача <товаров> со склада; **Not-** аварийный (запасной) выход; *(Flugzeug)* люк аварийного выхода; **Orts-** 1. *(Grenze)* конец населённого пункта; 2. *(Ausfahrt)* выезд из населённого пункта; **Waren-** отбытие товара

Ausgangs- *(in Zus.)*; **-bescheinigung** справка (свидетельство) о выдаче (высылке) <груза>; **-kontrolle** отправочный контроль; **-punkt** пункт отправления <поездов>, отправной пункт; **-terminal** терминал отправления (отправки, отгрузки)

ausgeben выдавать/выдать <что-л.>; **einen Führerschein** ~ ~ удостоверение; **Gepäck** ~ ~ багаж; **eine Lizenz** ~ ~ лицензию; **ein Visum** ~ ~ визу

ausgehandelt конвенционн‖ый/ая/ое/ые; **-er Preis** -ая цена; **-er Tarif** -ый тариф

ausgeladen выгруженн‖ый/ая/ое/ые

  ausgeladen *(Part.)* выгружен/а/о/ы

ausgelastete Strecke загруженная трасса (-ый маршрут)

Ausgleichs- *(in Zus.)* компенсационн‖ый/ая/ое/ые; **-tarif** -ый <таможенный> тариф; **-zahlung** денежная компенсация; **-zoll** -ая пошлина

aushandeln *(Preis, Vertrag)* договариваться/договориться <о цене>

Aushilfsfahrer *(Pers.)* временный водитель

ausklarieren *(Schiff.)* кларировать судно <при выходе из порта>

Ausklarierung eines Schiffes кларирование судна <при выходе из порта>, очистка судна от налогов и сборов

Auskunft 1. *(Bescheinigung)* справка; 2. *(Stelle)* справочное бюро (-ый отдел); **Fahrplan-** справка о расписании движения; **Verkehrs-** транспортно-информационная служба; **Zoll<tarif>-** справка (информация) таможенного органа о таможенных тарифах

ausladen *(Güter)* выгружать/выгрузить <груз из транспортного средства>, *(Transportmittel)* разгружать/разгрузить <транспортное средство>

Ausladen *(Subst., s. auch Entladen)* *(Güter)* выгрузка <груза>, *(Transportmittel)* разгрузка <транспортного средства>

ausländisch иностранн‖ый/ая/ое/ые, зарубежн‖ый/ая/ое/ые; **-e Firma** -ая компания, -ая фирма; **-e Flagge** *(Schiff.)* иностранный флаг; **-er Markt** внешний (зарубежный) рынок; **-es Recht** иностранное право; **-er Transporteur** -ый перевозчик

auslagern выделять/выделить <что-л. из состава чего-л.>

Auslagern *(Subst.)* <von Verkehrsfunktionen> выделение транспортных задач <из предприятий>

Ausland, im ~ за рубежом, за границей

Auslands- *(in Zus.)* зарубежн‖ый/ая/ое/ые, заграничн‖ый/ая/ое/ые; **-fracht** *(Gebühr)* фрахт в международных перевозках; **-geschäft** внешнеторговая (заграничная) сделка (-ая операция); **-markt** внешний рынок; **-nachfrage** внешний спрос, спрос иностранных клиентов; **-niederlassung** -ый филиал; **-reise** поездка за границу; **-spediteur** *(Pers.)* экспедитор в международных перевозках (в международном сообщении); **-verkehr** международное сообщение, заграничные перевозки

auslasten *(Fahrzeug)* нагружать/нагрузить, загружать/загрузить <транспортное средство>

Auslastung *(s. auch Auslastung)* загрузка, *(Nutzung von Kapazitäten)* использование мощностей; **geringe** ~ низкая; **hohe** ~ большая; **maximale** ~ максимальная/ое; **minimale** ~ минимальная/ое; **mittlere** ~ средняя/ое; ~ **des Fuhrparks** ~ подвижного состава; ~ **eines beladenen Waggons** ~ гружёного вагона; **Fahrzeug-** ~ автомобиля; **Höchst-** максимальная/ое; **Netz-** ~ сетей; **Platz-** *(Flug., Pass.)* загрузка пассажирских кресел; **Strecken-** ~ (загруженность) *(f.))* линий (маршрутов), *(im Güterv. auch)* грузонапряжённость *(f.)* трасс

(транспорта); **Teil-** частичная/ое, неполная/ое; **Zug-** ~ поездов

Auslastungsgrad **1.** *(allg.)* эксплуатационный коэффициент; **2.** *(Fahrzeug)* коэффициент <использования> грузоподъёмности; **3.** *(Laderaum)* коэффициент грузовместимости; ~ **der** <статической, динамической> **Nutzmasse** *(Kfz.)* коэффициент <статической, динамической> грузоподъёмности; ~ **der Stillstands-** **und** **Wartezeiten** коэффициент использования простоев

auslaufen, aus einem Hafen *(intrans., Schiff.)* выходить/выйти из порта

Auslaufen *(Subst.)* **eines Schiffes** выход судна <из порта>

Auslaufgenehmigung *(Schiff.)* разрешение на выход <судна из порта>

Auslieferer грузоотправитель *(m.)*

ausliefern поставлять/поставить, доставлять/доставить <что-л.>

Auslieferung von Waren *(s. auch Lieferung)* поставка товаров

Auslieferungs- *(in Zus.)*; **-auftrag** деливери-ордер; **-hafen** порт выдачи; **-lager** транспортно-экспедиционный склад; **-liste** книга отправлений, отправочная ведомость; **-schein** наряд на выдачу (расписка в выдаче) <груза>

Ausnahme- *(in Zus.)* исключительн‖ый/ая/ое/ые; **-genehmigung** -ое (специальное) разрешение; **-recht** -ое право; **-tarif** -ый (льготный) тариф, ставка -ого тарифа, *(für Seehäfen, BRD)* льготный железнодорожный тариф для немецких морских портов;

-verordnung *(jur.)* чрезвычайное (особое) постановление; **-zollsatz** ставка -ой таможенной пошлины

Ausnutzung *(s. auch Auslastung, Nutzung)* эксплуатация, использование; **Raum-** *(LKW)* использование помещения <кузова>, *(PKW)* использование объёма <багажника>

auspacken распаковывать/распаковать <что-л.>

Auspacken *(Subst.)* <von Frachtgut> *(Prozess)* растарка <груза>

ausparken *(Fahrer)* съездить/съехать со стоянки, *(Fahrzeug)* выруливать/вырулить автомобиль

Ausparken *(Subst.)* выруливание <транспортного средства>

ausreisen выезжать/выехать <из страны>

Ausreisevisum выездная виза, виза на выезд

Ausrüstung/en *(techn., s. auch Anlagen)* оборудование; **Eisenbahn-** железнодорожное; **Jacht-** яхтенное; **Kai-** ~ причала; **Rettungs-** аварийно-спасательное; **Schiffs-** судовое; **Transport-** подъёмно-транспортные средства; **Umlade-** перегрузочное, перевалочное; **Umschlag-** *s. Umlade-*

Ausrüstungsindustrie оснашающая промышленность

ausscheren 1. *(mit einem Fahrzeug, aktiv)* выруливать/вырулить <транспортное средство>; **2.** *(Fahrzeug, passiv)* поворачиваться/повернуться

Ausscheren *(Subst.)* <mit einem Fahrzeug> выруливание <транспортного средства>

ausschöpfen, ein Kontingent исчерпать/исчерпнуть контингент

Außen- *(in Zus.)* внешн‖ий/яя/ее/ие; **-grenze** <der EU> -яя граница <EC>; **-händler** работник -ей торговли; **-handel** -яя торговля

Außenhandels- *(in Zus.)* внешнеторгов‖ый/ая/ое/ые; **-bank** -ый банк; **-beziehungen** *(Pl.)* -ые отношения; **-dokumente** *(Pl.)* -ая документация; **-fracht** -ый груз; **-geschäft** -ая сделка, -ая операция; **-gut** -ый груз; **-kaufvertrag** -ый договор (-ый контракт) купли-продажи; **-operation** -ая операция; **-organisation** -ая организация; **-politik** политика в области внешней торговли; **-statistik** -ая статистика; **-tätigkeit** -ая деятельность; **-transporte** *(Pl.)* внешние перевозки; **-warenverzeichnis** Товарная номенклатура внешне-экономической деятельности (ТНВЭД)

Außen‖markt внешн‖ий (зарубежный) рынок; **-ring** *(Straße, Schiene)* -ее кольцо; **-wirtschaft** -яя экономика; **-wirtschaftsverordnung** Положение о внешне-экономической деятельности; **-zolltarif** <der EU> -ий тариф <EC>

außerplanmäßige Instandsetzung <eines Fahrzeuges> внеплановый ремонт <транспортного средства>

Aussetzfahrt *(ÖPNV)* порожний пробег <транспортного средства>

Ausstattung *(Anlagen)* оборудование, *(bei Fahrzeugen)* оснащение, *(von Schiffen)* оснастка, *(Fahrzeuginnenraum)* отделка;

behindertengerechte ~ von Fahrzeugen оснащение транспортных средств с учётом нужд инвалидов; **technische ~** техническое оборудование (-ое оснащение); **Hafen-** оборудование (оснащение) порта; **Serien-** *(Kfz.)* серийное/ая; **Sonder-** *(Kfz.)* специальное/ая; **Standard-** стандартное/ая

aussteigen <aus einem Fahrzeug> выходить/выйти <из транспортного средства>, *(Schiff, ÖPNV auch)* сходить/сойти <с судна, с автобуса>

ausstellen 1. *(Dokumente, s. auch ausfertigen)* оформлять/оформить <что-л.>; **2.** *(etw. zur Schau stellen)* выставлять/выставить <что-л.>; **eine Rechnung ~** составлять/составить счёт; **ein Visum ~** оформлять/оформить визу; **Waren ~** выставлять/выставить товар <на ярмарке>

Ausstellung 1. *(Ausfertigung von Dokumenten)* оформление <чего-л.>; **2.** *(Schau)* выставка

Ausstellungs- *(in Zus.)* выставочн‖ый/ая/ое/ые; **-halle** -ый зал; **-verpackung** -ая упаковка, -ая тара

Ausstieg выход; **Not-** аварийный, *(Gebäude)* запасной, *(Flugzeug)* люк аварийного -а

Austauschlieferung поставка иного товара взамен заказанного (обусловленного контрактом)

Aus- und Rückfracht фрахт в оба конца

Ausweichstelle *(Schienv.)* разъезд

Ausweis документ, паспорт; **Beförderungs-** проездной документ (-ой билет); **Benutzer-** карточка

пользователя; **Fahr-** *(Fahrschein)* проездной билет; **Park-** *(Kfz.)* пропуск для пользования <платной> автостоянкой

Auszahlungsbeleg *(buchh.)* расходный документ

Auto *(s. auch Fahrzeug, Kraftfahrzeug, Wagen)* автомобиль *(m.)*

Auto- *(in Zus.)* **I** *(Kfz.)* автомобильн‖ый/ая/ое/ые;

Auto- *(in Zus.)* **II** *(automatisch)* автоматическ‖ий/ая/ое/ие;

Autoatlas карта автомобильных дорог;

Autobahn ‖ автомобильная магистраль, автомагистраль, автострада, автобан; **Bundes-** федеральная ‖ автострада; **Stadt-** городская;

Autobahn‖abschnitt участок автострад‖ы (автомагистрали); **-achse** автомагистральная ось; **-anschluss** примыкание подъездной дороги к -е; **-anschlussstelle** *s. -auffahrt*; **-auffahrt** въезд (выезд) на -у; **-ausfahrt** съезд с -ы; **-bau** строительство (расширение) сети автомагистралей; **-benutzungsgebühr** сбор на (плата за) пользование -ой, пошлина за проезд по -е; **-benutzungsgebührengesetz** *(BRD)* Закон о порядке взимания сбора за пользование -ой; **-brücke** мост на -е; **-gebühr** *s. -benutzungsgebühr*; **-kilometer** километр эксплуатационной длины автомагистралей; **-kreuz** крест автострад, *(Gabelung)* разветвление -ы; **-ordnung** правила *(Pl.)* <дорожного> движения по -е; **-rasthof** мотель *(m.)* на -е; **-raststätte** ресторан <и заправочная станция> на -е; **-ring** кольцевая автодорога; **-verbindung** автомагистральная связь; **-vignette** виньетка за пользование -ой; **-zubringer** подъездная дорога к –е;

Auto‖bus *(s. Bus)* автобус; **-drehkran** <подвижной> автокран, поворотный <авто>кран; **-elektrik** *(Kfz.)* автомобильное электрооборудование; **-fähre** автотранспортный (автомобильный) паром; **-fahrer** *(Pers.)* водитель *(m.)* автомобиля

autofreie Zone зона, свободная от автомобильного движения

Auto‖hof *(Kfz.)* автобаза; **~-Kasko-Versicherung** *(Kfz.)* автомобильное страхование каско *(indkl.)*, страхование автокаско; **-kran** автокран

Automat автомат; **Fahrkarten-** билетный; **Parkschein-** парковочный

Automatikgetriebe *(techn.)* автоматическая передача

automatisch автоматическ‖ий/ая/ое/ие; **-e Buchung 1.** *(von Tickets)* -ая броня; **2.** *(buchh.)* -ий <бухгалтерский> учёт; **-es Frachtleitsystem** -ая система управления грузовыми перевозками; **-es Gepäckschließfach** ячейка -ой камеры хранения; **-e Kupplung** -ое сцепление, автосцепление (-сцепка); **-es Lagersystem** -ая система складского хозяйства; **-er Sensor** *(techn.)* -ий датчик; **-e Spurwechseltechnik** *(Eis.)* -ая смена колёсных пар; **-es Stellwerk** *(Eis.)* -ая централизация; **-e Steuerung** -ое управление; **-e Zugbeeinflussung** *(Eis.)* -ая поездная регулировка; **-e**

Zugbildung und –trennung *(Eis.)* -ое формирование и расформирование поездов; **-e Zugkupplung** *(Eis.)* -ое сцепление поездов; **-e Zugsicherung** *(Eis.)* -ая система безопасности поездов

automatisiert автоматизированн‖ый/ая/ое/ые; **-es Abfertigungsverfahren** *(Güterv.)* -ая система отправки <груза>; **-es Informations- und Dokumentationssystem** -ая система информации и документации; **-es Luftfrachtabfertigungsverfahren** -ая система отправки воздушного груза

Automobil *(s. Auto, Fahrzeug, Kraftfahrzeug, Wagen)* автомобиль *(m.)*

Automobil- *(in Zus.)* автомобильн‖ый/ая/ое/ые; **Internationale -ausstellung** Международная выставка производителей автомобилей; **-bau** автомобилестроение; **~-Club** союз автомобилистов; **-industrie** -ая промышленность, автопромышленность; **Internationale -vereinigung** Международная федерация производителей автомобилей

Automotor автомобильный двигатель

autonom автономн‖ый/ая/ое/ые; **-es** <intelligentes> **Geschwindigkeitsregelungssystem** -ая <интеллигентная> система регулирования скоростью; **-er Zolltarif** -ый таможенный тариф

Auto‖panne автомобильн‖ая авария; **-pilot** *(techn.)* автопилот, автоматическое управление <самолёта>; **-pilot-System** система автопилота; **-radio** -ый радиоприёмник; **-reifen** -ая шина; **-reisezug** поезд для автотуристов; **-salon** автосалон; **-schlosser** *(Pers.)* автослесарь; **-transport** *(Beförderung von Fahrzeugen)* перевозка автомобилей; **-transportanhänger** прицеп для перевозки автомобилей; **-transporter** автомобилевоз; **-transportordnung** Правила перевозок автомобилей автотранспортом; **-transportschiff** автотранспортное судно; **-transportwagen** *(Kfz.)* автомобилевоз, *(Eis.)* вагон для перевозки автомобилей; **-tür** -ая дверь; **-tunnel** -ый туннель; **-unfall** -ая авария, *(schweres Unglück)* автокатастрофа; **-verkehr** -ый транспорт, -ое движение; **-vermieter** компания, сдающая в аренду автомобили; **-vermietung** прокат автомобилей; **-waage** -ые весы *(Pl.)*; **-waschanlage** мойка автомобилей; **-werk** -ый завод, автозавод; **-werkstatt** авторемонтная мастерская, авторемонт, автосервис; **-wrack** разбитый автомобиль <не подлежащий ремонту>; **-zubehör** -ые принадлежности *(Pl.)*; **-zug** *s.* *-reisezug*

Avis *(Versandanzeige, s. auch Anmeldung, Anzeige, Benachrichtigung, Meldung)* авизо *(n. indkl.)*, извещение, уведомление; **Abgangs-** извещение об отправке <груза, контейнера, вагона>; **Eisenbahn-** железнодорожное уведомление (-ое авизо); **Sammel-** сводное авизо *(indkl.)*; **Tratten-** извещение о выставлении тратты; **Umladungs-** извещение о перегрузке (перевалке); **Verlade-** извещение о погрузке; **Versand-** извещение (заявление-требование) об отправке; **Versandbereitschafts-** извещение о готовности <товара> к отправке; **Warenankunfts-** *(arrival notification form)* извещение о поступлении товара

Avisierung *(Fracht, Prozess)* извещение

Aviso *s. Avis*

B

Backbord *(Schiff.)* левый борт; **von ~** с левого борта

backbords *(Schiff.)* на левом борту

Bagatellunfall мелкая авария

Backenbremse *(techn.)* колодочный тормоз

Bahn I *(Infrastruktur)* путь *(m.)*, *(Spur auch)* полоса, *(Strecke auch)* дорога, линия; **Anschluss-** промышленный (подъездной) путь, примыкающая линия; **Fahr-** *(Straße)* проезжая часть, *(Spur)* полоса движения, *(Belag)* дорожное (ездовое) полотно; **Hoch-** эстакада; **Kran-** *(Gleis)* подкрановй путь; **Lande-** *(Flug.)* посадочная полоса (-ая дорожка); **Roll-** *(Flug.)* рулёжная (взлётно-посадочная) полоса (-ая дорожка); **Spur-** колея для колёс; **Start-** *(Flug.)* взлётная полоса (-ая дорожка); **Start- und Lande-** взлётно-посадочная полоса; **Transit-** транзитная дорога;

Bahn II *(Eisenbahn)* железная дорога; **Anschluss-** примыкающая; **Breitspur-** ширококолейная; **Elektro-** электрическая; **Fern-**

магистральная; **Hafen-** портовая; **Hoch-** наземная; **Industrie-** <внутри>заводская; **Klein-** узкоколейная; **Magnet-** магнитная дорога; **Neben-** ~ второстепенного значения; **Normalspur-** ~ нормальной колеи; **Privat-** частная; **Regional-** региональная; **S-~** электричка; **Schmalspur-** узкоколейная; **Schnell-** скоростная; **Stadt-** городская; **Transit-** транзитная; **Tunnel-** подземная, **U-~** метро, метрополитен; **Untergrund-** *s. U-~*; **Vorort-** пригородная; **Werk-** *s. Industrie-*; **Lieferung per ~** доставка по -ой -е; **Zustellung per ~** *s. Lieferung per ~*; **per ~ transportieren** транспортировать <что-л.> по -ой –е;

Bahn III *(andere Bahnen)* **Magnetschwebe-** дорога на магнитной подвеске; **Schwebe-** подвесная дорога; **Seil-** канатная дорога; **Standseil-** фуникулёр;

Bahn IV *(Schienenfahrzeug)* поезд, *(Tram auch)* трамвай; **Magnet-** магнитный ‖ поезд; **Niederflur-** ~ с выходом на уровне перрона, ~ с пониженной платформой; **S-~** электро-, электричка; **Schnell-** **1.** *(Eis.)* скоростной, скорый, ~ большой скорости; **2.** *(ÖPNV)* s. *S-~*; **Schwebe-** ~ на воздушной подушке; **Straßen-** трамвай; **U-~** ~ метрополитена; **Reise per ~** поездка –ом; **mit der ~ fahren** ездить (ехать) поездом

Bahn- *(in Zus., s. auch Eisenbahn-)* железнодорожн‖ый/ая/ое/ые; **-abfertigung** оформление -ых отправок

bahnamtliche Rollfuhr[🕮] доставка железнодорожного груза автомобильным транспортом

Bahn‖anlagen *(Pl.)* железнодорожн‖ые сооружения, -ые устройства; **-anschluss 1.** *(Anbindung)* -ая связь, примыкание к железной дороге; **2.** *(Gleis)* <подъездной> -ый путь, -ая ветка; **-bereich** -ая зона, полоса отвода железной дороги; **-betrieb** -ое движение, *(Nutzung auch)* эксплуатация железной дороги; **-betriebshof** -ое депо *(indkl.)*; **-brücke** -ый мост; **-card**[🕮] *(Pass., BRD)* билет для льготного пользования -ым транспортом; **-container** -ый (рельсовый) контейнер; **-depot** *s. -betriebshof*; **-fahrt** проезд по железной дороге; **-fahrzeuge** *(Pl.)* -ый подвижной состав; **-fracht 1.** *(Ladung)* -ый груз; груз, перевозимый по железной дороге; **2.** *(Gebühr)* фрахт за провоз по железной дороге; **3.** *(Beförderung)* провоз по железной дороге;

Bahnfracht‖beförderer железнодорожн‖ый перевозчик; **-brief** -ая накладная; **-geschäft** операция по перевозке груза железной дорогой; **-satz** -ый провозной тариф; **-verkehr** -ые перевозки грузов, перевозки грузов по железной дороге; **-vertrag** договор (контракт) -ой перевозки груза;

Bahn‖gelände железнодорожн‖ая зона, полоса отвода железных дорог; **-gleis** -ый путь, -ый рельс; **-güterschuppen** -ый склад

Bahnhof I *(Güterv., ÖPNV, s. auch Haltepunkt)* <железнодорожная> станция; **Abgangs-** станция ‖ отправления; **Absende-** *s. Abgangs-*; **Abstell-** техническая, стоянка <вагонов>; **Ankunfts-** ~ прибытия; **Bestimmungs-** ~ назначения;

Betriebs- техническая, депо *(n., indkl.)*; **Container-** контейнерная грузовая, контейнерный терминал; **Durchgangs-** проходная; **Eilgüter-** ~ для грузов большой скорости; **Empfangs-** ~ прибытия; **End-** конечная; **Entlade-** ~ разгрузки; **Entsende-** *s. Abgangs-*; **Fern-** ~ для поездов дальнего следования; **Grenz-** пограничная, погран-~; **Güter-** грузовая, товарная; **Hafen-** портовая; **Knoten-** узловая; **Kombi-** грузопассажирский вокзал; **Kopf-** тупиковая; **Kreuzungs-** узловая ~ на пересечении двух направлений, ~ скрещения; **Rangier-** сортировочная; **S-~** ~ электрички; **Übergangs-** стыковая; **Überholungs-** ~ обгона, разъезд; **Umlade-** перегрузочная, перевалочная, ~ перегрузки, ~ перевалки; **Umschlag-** *s. Umlade-*; **Umsteige-** *(Pass.)* пересадочная; **Unterwegs-** промежуточная; **Verlade-** ~ погрузки; **Versand-** отгрузочная, ~ отгрузки, ~ отправки; **Verschiebe-** сортировочная; **Verteiler-** *s. Verschiebe-*; **Werk-** ~ внутризаводской железной дороги; **Ziel-** *s. Bestimmungs-*; **Zugbildungs-** ~ формирования <и расформирования> поездов; **frei ab** ~ франко железная дорога; **Zollamt am** ~ привокзальная таможня, отделение таможни на железнодорожной –и;

Bahnhof ll *(nur Pass.)* <железнодорожный> вокзал; **Bus-** автобусный ‖ вокзал, авто-; **Fern-** ~ для поездов дальнего следования; **Haupt-** главный; **Personen-** пассажирский, *(kleiner Haltepunkt auch)* пассажирская станция; **Regional-** региональный; **Stadt-** городской; **Umsteige-**

пересадочная станция; **Vorort-** пригородный; **Zentral-** центральный

Bahnhofs- *(in Zus.)*; **-gebäude** вокзал, пассажирское здание; **-gelände** территория станции (вокзала); **-gleis** станционный путь; **-halle** крытый перрон вокзала; **-kapazität** *(Güterv.)* ёмкость *(f.)* станции, *(Pass.)* мощность <пассажирского> вокзала

Bahn‖industrie железнодорожн‖ая промышленность; **-knoten** -ый узел; **-körper** полотно железной дороги; **-kreuz** -ый крест, пункт пересечения -ых линий; **-lager** -ый склад

bahnlagernd *(Part.)* находящ‖ийся/аяся/ееся/иеся на хранении на железнодорожной станции

Bahn‖lieferung доставка железной дорогой; **-linie** железнодорожн‖ая линия, -ая магистраль, -ый путь сообщения

bahnmäßige Verpackung упаковка (тара), пригодная для перевозки железной дорогой

Bahn‖netz *(Eis.)* железнодорожн‖ая сеть, сеть железных дорог; **-reform** реформа железных дорог; **-reise** поездка поездом; **-reisender** *(Pers.)* -ый пассажир; **-rollfuhr-Versicherungsschein** страховое свидетельство (-ой полис) на перевозку -ого груза автотранспортом; страховое свидетельство (-ой полис) на груз, доставляемый клиенту автотранспортом железной дороги; **-schiene** -ый рельс; **-schranke** -ый шлагбаум

bahnseitige Abfertigung оформление железнодорожных отправок, *(vom*

Schiff) перевалка грузов с судна на железную дорогу

Bahn‖sendung **1.** *(Prozess)* железнодорожн‖ая отправка; **2.** *(Ware)* партия товара, перевозимая железной дорогой; **-signal** -ый сигнал; **-spediteur** -ый экспедитор, экспедитор -ого груза; **-spedition** -ая экспедиция; **-station** *(s. auch Bahnhof)* -ая станция; **-steig** <пассажирская> платформа, перрон;

Bahnstrecke ‖ железнодорожн‖ый путь, участок -ого пути, *(Linie auch)* -ая линия; **eingleisige** ~ однопутная -ая линия; **einspurige** ~ *s. eingleisige*; **zweigleisige** ~ двухпутная -ая линия;

Bahn‖streckenkodifizierung кодификация железнодорожн‖ых линий; **-strukturreform** 📖 *(BRD)* реформа по реструктуризации Германских железных дорог; **-tarif** -ый тариф

bahntechnische Anlagen *(Pl.)* железнодорожн‖ые сооружения (-ые устройства)

Bahn‖terminal *(Eis.)* железнодорожн‖ый терминал; **-traktion** -ая тяга; **-transport** <von Fracht> -ый транспорт, -ая перевозка, -ая отгрузка <грузов>, перевозка <грузов> поездом (по железной дороге, по -ым линиям); **-trasse** -ая трасса;

Bahnübergang ‖ железнодорожный переезд (переход), переезд (переход) через железную дорогу; **beschrankter** ~ ~ со шлагбаумом; **niveaugleicher** ~ ~ на уровне рельсов, ~ в одном уровне; **unbeschrankter** ~ ~ без шлагбаума; ~, неограждённый шлагбаумом, **ungesicherter** ~

неохраняемый;

Bahn‖unternehmen железнодорожн‖ое предприятие; **-verbindung** -ое сообщение, -ая связь; **-verkehr** -ый транспорт, -ое сообщение, -ое движение, движение поездов; **-versand** -ая отгрузка, -ая отправка; **-verwaltung** -ое управление; **-zeichen** **1.** *(Verkehrszeichen)* -ый знак; **2.** *(Markierung auf dem Frachtgut)* маркировка -ого груза; **-zugang** -ый подход

Ballast балласт

Ballast- *(in Zus.)* балластн‖ый/ая/ое/ые; **-fahrt** *(Schiff.)* -ый пробег; **-tank** -ый бак; **-wasser** -ая вода

Ballengut груз в кипах

Ballungsraum густонаселённый район, район (регион) скопления <чего-л.>

Banderole бандероль *(f.)*; **Zoll-** таможенная

Bank банк; **Außenhandels-** внешнеторговый; **Geschäfts-** коммерческий

Bankbürgschaft банковская гарантия

bankrottes Unternehmen обанкротившееся предприятие

Baratterie *(jur., Schiff.)* баратрия

Bareboat-Charter *(See.)* бербоут-чартер

Baréme *(Güterv., Eis.)* грузовой тариф, содержащий классификацию и индексацию перевозимого груза

Barentssee Баренцево море

Barge *(Schiff.)* баржа

Barge- *(in Zus. Schiff.)* комбинированные перевозки лихтеров; **~-Carrier** морское судно для комбинированных перевозок лихтеров

bargeldlose Zahlung *(kfm.)* безналичный платёж, *(umg.)* платёж по безналу

Barge‖verkehr *(Schiff.)* комбинированные перевозки лихтеров на морских суднах

Barkasse *(Schiff.)* несамоходное судно, баржа; **Lade-** грузовая баржа; **Schlepp-** буксирный катер

Barriere барьер; **nicht tarifäre ~** *(nicht zollbedingte)* нетарифный; **tarifäre ~** *(Zoll.)* тарифный; **Handels-** торговый; **Markteintritts- ~** доступа к рынку; **Mobilitäts- ~** мобильности; **Zoll-** таможенный

Barter *(AH)* бартер

Barter- *(in Zus.)* бартерн‖ый/ая/ое/ые; **-geschäft** -ая операция, -ая сделка; **-handel** -ая торговля

Barzahlung *(kfm.)* платёж наличными; **~ gegen Dokumentenvorlage** *(cash against documents)* наличные против документов; **~ mit Selbstabholung** *(cash and carry)* покупка товара за наличные с доставкой своим транспортом

Basis база; **Rohstoff-** сырьевая

Basis- *(in Zus.)* основн‖ой/ая/ое/ые; **-frachtsatz** -ой тариф, -ая ставка; **-hafen** порт погрузки и разгрузки (выгрузки, отгрузки); **-tarif** *s.* *-frachtsatz*

Batterie <eines Fahrzeuges> *(techn.)* аккумулятор <автомобиля>; **Aufladen einer ~** зарядка -а

Bau *(hier Errichtung von etw.)* строительство; **~ von <Verkehrs>Infrastruktur** ~ <транспортной> инфраструктуры

Bau- *(in Zus.)* строительн‖ый/ая/ое/ые;

Bauart <eines Kfz., Waggons> ‖ **1.** *(Typ)* тип <автомобиля, вагона>; **2.** *(Ausfertigung)* исполнение; **geschlossene ~** закрытое исполнение; **offene ~** открытое исполнение;

Bau‖maßnahme строительн‖ые работы *(Pl.)*; **-stelle** -ая площадка;

Baustellen‖fahrzeug автомобиль *(m.)* (грузовик) для обслуживания строительн‖ых площадок; **-verkehr** обслуживание -ых площадок транспортом, доставка материалов к -ым площадкам;

Bau‖straße дорога на строительн‖ой площадке; **~ und Sanierungsarbeiten** *(Pl.)* работы по строительству и реконструкции; **-waggon** -ый вагон; **-zug** *(Eis.)* -о-монтажный поезд

Beanstandungen *(Pl.)* претензии, *(Prozess)* предъявление претензий

beantragen подавать/подать заявку (заявление) <на что-л.>; **eine Genehmigung ~ ~** на разрешение; **eine Lizenz ~ ~** на лицензию; **ein Visum ~ ~** об оформлении визы

Beantragung <von etw.> подача заявки <на что-л.>

Bebauungsplan план застройки

Bedarf потребность *(f.)*, спрос; **Finanzierungs-** потребность в финансировании; **Massen-** широкий спрос; **Tonnage-** потребность в тоннаже; **Transport-** потребность в перевозках, спрос на перевозки; **Verkehrs-** *s. Transport-*; **Zuschuss-** потребность в дополнительном финансировании, *(Subventionen)* потребность в дотациях

Bedarfs- *(in Zus.)*; **-flug** внерейсовый полёт; **-güter** товары первой необходимости; **-haltestelle** *(ÖPNV)* остановка по требованию; **-schifffahrt** трамповое судоходство; **-verkehr** заказной транспорт

bedienen 1. *(jmdn. betreuen, abfertigen)* обслуживать/обслужить <кого-л.>; **2.** *(techn., etw. unterhalten)* обслуживать/обслужить <что-либо>; **Kunden** ~ ~ клиентов; **Strecken** ~ ~ маршруты <транспортом>

Bediensteter *(Pers.)* служащий

Bedienung 1. *(Betreuung)* обслуживание; **2.** *(techn.)* обслуживание; ~ **von Kunden** ~ клиентов; ~ **von Terminals** ~ терминалов; **Flächen-** ~ территории транспортом, транспортное ~ территории; **Strecken-** ~ маршрутов (трасс) транспортом; **Verkehrs-**⌸ <eines Gebietes> *s. Flächen-*

Bedienungs- *(in Zus.)*; **-häufigkeit** интервал обслуживани‖я; **-qualität** качество (удобство) -я <транспортом, транспортными услугами>

Bedingungen *(Pl.)* условия; **allgemeine** ~ общие; **Allgemeine Beförderungs- für den gewerblichen Güternahverkehr mit Kraftfahrzeugen** Общие ~ ближних грузовых перевозок автомобильным транспортом; **Allgemeine Geschäfts-** Общие ~ заключения коммерческих (торговых) сделок; **Allgemeine Liefer- und Leistungs-** Общие ~ поставок и предоставления услуг; **Allgemeine Spediteur-** Общие ~ экспедиторов; **Allgemeine Versicherungs-** ~ страхования; **technische** ~ технические;

Bedingungen für die Seetüchtigkeit *(Schiff.)* ~ безопасного плавания (мореходности);

Bedingungen, Abfertigungs- *(Güterv.)* условия ‖ для отправки <груза>; **Abnahme-** ~ приёмки; **Beförderungs-** транспортные, ~ перевозки, ~ на перевозку, *(See. auch)* ~ плавания <морских судов>; **Befrachtungs-** *(See.)* ~ погрузки <судна>; **Charter-** ~ чартера; **Fahr-** ~ движения; **Geschäfts-** ~ заключения коммерческих (торговых) сделок; **Heuer-** *(Schiff.)* ~ найма <экипажа судов>; **Leistungs-** ~ предоставления услуг; **Liefer-** ~ поставки; **Markt-** рыночные, ~ рынка, ~ на рынке; **Spediteur-** ~ экспедиторов, экспедиторские, отправительские; **Übernahme-** ~ сдачи-приёмки <груза>; **Verfrachtungs-** *(Binnsch.)* ~ перевозок грузов речными судами; **Verkehrs-** транспортные; **Verlade-** ~ погрузки; **Versand-** ~ отгрузки, ~ отправки, ~ перевозки; **Versicherungs-** ~ страхования; **Vertrags-** договорные, ~ договора, ~ контракта; **Vorzugs-** льготные; **Zahlungs-** ~ платежа; **Zulassungs-** ~ доступа, ~ приёмки, *(Fahrzeug auch)* технические

Bedürfnisse *(Pl.)* потребности *(f.)*; **Kunden-** ~ заказчиков, ~ клиентов; **Verkehrs-** ~ в перевозках

Befähigungsnachweis удостоверение

о технической квалификации <персонала>

befahrbar проезж‖ий/ая/ее/ие; **-e Fläche** ~ *(Fahrbahn)* участок проезжей части, на которую въезд разрешён; **-e Strecke** -ий участок дороги; **-e Wasserstraße** судоходный путь

befahren *(trans.)* **1.** *(etw. als Fahrweg nutzen)* ехать/поехать <по чему-л.>, *(im Linienverkehr auch)* курсировать <по чему-л.>; **2.** *(über eine Kreuzung fahren)* переезжать/переехать через перекрёсток; **3.** *(etw. bereisen)* ехать/поехать <по чему-л.>, *(Schiff. auch)* плавать/плыть <по чему-л.>

befestigen крепить/закрепить <что-л.>

Befestigen *(Subst.)* крепление

Befestigung крепление

Befeuerungsanlagen *(Pl., Flugfeld)* светосигнальные системы

Beförderer *(Pers., s. auch Frachtführer, Verfrachter)* перевозчик; ~ **von Bahnfracht** железнодорожный; ~ **von Luftfracht** воздушный, авиа-

befördern *(trans.)* перевозить/перевезти <что-л., кого-л.>, перемещать/переместить <что-л.>; **Container** ~ ~ контейнеры; **Fahrgäste** ~ ~ пассажиров; **Fracht** ~ ~ груз

befördert *(Adj.)* перевозн‖ый/ая/ое/ые; **-es Gut** -ый груз; **-es Güteraufkommen** -ый объём груза; **-e Passagiere** *(Pl.)* -ые пассажиры

Beförderung▣ *(s. auch Transport, Verkehr)* перевозка, *(Güterv. auch)* транспортировка, *(Durchfuhr auch)*

провоз; **durchgehende** ~ *(Güterv.)* прямая (бесперевалочная) перевозка, *(Pass.)* прямая (беспересадочная) перевозка; **entgeltpflichtige** ~ платная перевозка; перевозка, подлежащая оплате; **gebührenpflichtige** ~ *s. entgeltpflichtige*; **gegenläufige** -en *(Pl.)* встречные перевозки; **grenzüberschreitende** ~ международная перевозка; **reguläre** ~ регулярная перевозка; **sichere** ~ безопасная перевозка **unentgeltliche** ~ безвозмездная перевозка; **unregelmäßige** ~ нерегулярная перевозка;

Beförderung ‖ **auf Abruf** перевозка ‖ по востребованию, ~ по отзыву, ~ по предъявлению; ~ **auf Deck** *(Schiff.)* ~ на палубе; ~ **auf dem Landweg** сухопутная; ~ **auf dem Luftweg** авиационная, ~ воздушным транспортом, ~ по воздушному пути, *(Lieferung auch)* авиадоставка; ~ **auf Paletten** ~ (транспортировка) на поддонах; ~ **auf der Schiene** железнодорожная, ~ поездом, ~ по железной дороге, ~ по железнодорожным линиям; ~ **auf dem Seeweg** морская, ~ морским путём, ~ по коносаментам, передвижение грузов по морю; ~ **auf der Straße** автодорожная, ~ по автомагистрали, ~ грузовиком, ~ на грузовых автомобилях; ~ **im Linienverkehr** линейная, маршрутная; ~ **im Nahbereich** короткопробежная; ~ **in Containern** ~ в контейнерах; **-en** *(Pl.)* **innerhalb eines Knotens** внутриузловые перевозки; ~ **mit dem Binnenschiff** ~ по реке; ~ **per Bahn** *s. auf der Schiene*; ~ **per LKW** *s. auf der Straße*; ~ **unter fremder Flagge** *(See.)* плавание под чужим флагом; ~ **unter Vermeidung von**

Leerfahrten *(Güterv.)* ~ в попутном направлении; ~ **unter Zollverschluss** ~ под таможенными печатями и пломбами;

Beförderung || **von Fahrgästen** перевозка || пассажиров, доставка пассажиров; ~ **von Flüssiggut** ~ наливного груза, ~ груза наливом; ~ **von Frachtgut** ~ (транспортировка, доставка, провоз) груза; ~ **von Frischeprodukten** ~ скоропортящихся грузов; ~ **von Gefahrgut** ~ опасного груза; ~ **von Gepäck** ~ (доставка) багажа; ~ **von Gütern** *(Pl.) s.* ~ *von Frachtgut*; ~ **von Haus zu Haus** *(Güterv.)* ~ груза от дома (двери) отправителя (грузоотправителя, производителя) до дома (двери) получателя (грузополучателя, потребителя), доставка груза на дом; ~ **von Massengut** ~ массового груза; ~ **von Passagieren** *s.* ~ *von Fahrgästen*; ~ **von Personen** *s.* ~ *von Fahrgästen*; ~ **von Schüttgut** ~ груза насыпью (навалом); ~ **von Stückgut** ~ штучного груза; ~ **von Trockenfracht** ~ сухогруза;

Beförderung, Behinderten- перевозка || инвалидов; **Container-** 1. *(von Containern)* ~ контейнеров; 2. *(von Fracht in Containern)* ~ <груза> в контейнерах; **Eil-** срочная; **Eilgut-** срочная ~ <груза>, ~ груза большой скорости; **Express-** *s. Eil-*; **Expressgut-** ~ экспресс-груза; **Fahrgast-** *s.* ~ *von Fahrgästen*; **Frachtgut-** *s.* ~ *von Frachtgut*; **Gefahrgut-** *s.* ~ *von Gefahrgut*; **Gepäck-** *s.* ~ *von Gepäck*; **Güter-** *s. von Frachtgut*; **Hin- und Rück-** ~ туда и обратно, *(Güterv. auch)* провоз <груза> туда и обратно; **Konnossements-** *(Güterv., See.)* ~ <груза> по коносаментам; **Passagier-** *s.* ~ *von Fahrgästen*; **Personen-** *s.* ~ *von Fahrgästen*; **Rück-** обратная, обратная доставка; **Schienen-** *s. auf der Schiene*; **Schüttgut-** *s.* ~ *von Schüttgut*; **Stückgut-** *s.* ~ *von Stückgut*; **Trockenfracht-** *s.* ~ *von Trockenfracht*; **Waren-** ~ (провоз, перемещение, транспортировка) товаров, товарная; **Weiter-** дальнейшая, переотправка <груза>

Beförderungs- *(in Zus.)* транспортн||ый/ая/ое/ые; **-anspruch** *(jur.)* <гарантированное законом> право на перевозку; **-anteil** *(Modal Share)* доля перевозок; **-art** вид перевозок; **-auftrag** -ое поручение; **-ausweis** проездной документ (-ой билет); **-bedarf** потребность *(f.)* в перевозках; **-bedingungen** *(Pl.)* -ые условия, условия перевозки (на перевозку), *(Schiff. auch)* условия плавания <морских судов>;

Beförderungsbestimmungen || *(Pl.)* 1. *(für bestimmte Verkehrsträger)* транспортные правила, правила перевозок; 2. *(für einen konkreten Beförderungsfall)* правила перевозки <чего-л., кого-л.>; ~ **für den Eisenbahngüterverkehr** правила перевозок железнодорожных грузов; ~ **für den Güterverkehr** правила грузовых перевозок; ~ **für den internationalen Güterverkehr** правила международных грузовых перевозок; ~ **für den Personenverkehr** правила пассажирских перевозок; ~ **für den Straßengüterverkehr** правила перевозок грузов автомобильным транспортом;

Beförderungs||dauer продолжительность *(f.)* (срок, время) перевозки (транспортировки, провоза)

<груза>; **-dienst** транспортн‖ая служба; **-dienstleistungen** *(Pl.)* перевозочные услуги; **-dokument** *(Güterv.)* -ый (перевозочный, -о-сопроводительный) документ, документ на перевозку (на перевозимый груз); **-einheit** -ая (перевозочная) единица; **-entgelt** *(s. auch -preis)* плата за перевозку, *(Güterv. auch)* плата за провоз (за доставку), провозная плата, фрахт, транспортный (грузовой) тариф, *(Pass. auch)* плата за проезд; **-fähigkeit** провозная способность; **-gebühr** *s.-entgelt;* **-genehmigung** разрешение (лицензия) на право осуществления перевозок; **-geschäft** сделка на перевозку; **-geschwindigkeit** скорость *(f.)* перевозок, *(Zustellung auch)* скорость доставки; **-gewerbe** перевозный промысел; **-gut** перевозимый (транспортируемый) груз; **-hindernisse** *(Pl.)* помехи в транспортировке; помехи, связанные с транспортировкой; **-kapazität 1.** *(von Anlagen)* -ая (перевозочная, перегрузочная) мощность; **2.** *(von Fahrzeugen)* производительность *(f.)* -ых средств; **3.** *(von Infrastruktur)* пропускная (провозная) способность, *(Pass. auch)* пассажирооборот, *(Güterv. auch)* грузооборот; **-koeffizient** *(Pass.)* коэффициент перевозимости <пассажиров>; **-kosten** *(Pl.)* **1.** *(kfm., Aufwendungen)* -ые расходы, -ые издержки, расходы (издержки) по перевозке, *(Güterv. auch)* расходы (издержки) по отправке; **2.** *s. -preis;* **-leistung**📖 **1.** *(Aufkommen, s. auch -kapazität)* -ая (перевозочная) мощность, объём перевозок; *(Pass. auch)* пассажирооборот, *(Güterv. auch)* грузооборот, *(Fahrzeuge auch)*

производительность -ых средств; **2.** *(Vorgang)* -ая (перевозочная) операция; **3.** *(Dienstleistungen, Pl.)* -ые (перевозочные) услуги; **-lizenz** *s. -genehmigung;* **-mittel** *(Fahrzeug)* -ое средство; **-nachweis** -ая (перевозочная) ведомость; **-papier/e** *s. -dokument/e;* **-pflicht** обязанность *(f.)* обеспечения <территории> транспортом (перевозками); **-plan** план перевозок; **-preis** стоимость *(f.)* (цена) перевозки, тариф на -ые услуги, *(Pass. auch)* стоимость *(f.)* (цена) проезда (проездного билета), *(Güterv. auch)* фрахт, -ый (грузовой) тариф; **-prozess** -ый (перевозочный) процесс, процесс перевозки, *(Güterv. auch)* процесс транспортировки (провоза); **-qualität** качество перевозок; **-recht** *(Berechtigung)* право на осуществление перевозок; **-risiko** *(jur.)* риск, связанный с перевозкой <пассажиров, грузов>; **-route** *(Güterv.)* маршрут движения грузов, *(Pass.)* маршрут движения (следования) пассажиров; **-steuer** -ый налог, налог на перевозку; **-stopp** прекращение перевозок; **-tarif** *s. -preis;* **-urkunde** -ый сертификат; **-verbot** запрет на перевозку (транспортировку); **-vertrag** -ый договор, -ый контракт, договор (контракт) перевозки (на перевозку); **-vorgang** -ая операция, -ый (перевозочный) процесс, процесс перевозки (транспортировки); **-vorschriften** *(Pl.)* -ые правила, правила перевозки <грузов, пассажиров), -ая инструкция; **-weg** путь *(m.)* (маршрут) перевозки, маршрут движения <товара>; **-weite** дальность *(f.)* (расстояние) перевозки; **-zeit** *s. -dauer;* **-zuverlässigkeit** надёжность *(f.)*

перевозок

befrachten *(trans., Schiff., s. auch beladen)* фрахтовать/зафрахтовать (нагружать/нагрузить, загружать/загрузить) судно, грузить/погрузить груз на судно

Befrachter⬚ *(Pers., See.)* фрахтователь; **Beladung (Befrachtung) zahlt ~ (fi)** погрузка оплачивается -ем; **Be- und Entladung zahlt ~ (fio)** погрузка и выгрузка оплачиваются -ем; **Beladung, Entladung und Stauen zahlt ~ (fios)** *(Schiff.)* погрузка, выгрузка и укладка груза в трюме судна оплачиваются -ем

Befrachtung *(s. auch Charter)* фрахтование <судна, самолёта>; ~ **der Tonnage** *(Schiff.)* ~ тоннажа; **Teil-** ~ части судна (самолёта)

Befrachtungs- *(in Zus.)* фрахтов‖ый/ая/ое/ые; **-agent** *(Pers., Schiff.)* -ый агент, -ый маклер, -ый брокер, агент погрузки; **-art** вид фрахтования; **-auftrag** -ый ордер; **-bedingungen** *(Pl.)* условия погрузки; **-firma** -ая фирма; **-gebühr** брокерская комиссия; **-geschäft** -ая сделка, -ая операция; **-kosten** *(Pl.)* расходы по фрахтованию; **-makler**⬚ *s. -agent*; **-politik** -ая политика; **-tätigkeit** -ая деятельность, фрахтование; **-unternehmen** -ое предприятие; **-vertrag** договор фрахтования (о фрахтовании); **-volumen** объём фрахтования; **-vorgang** -ая (погрузочная) операция; **-zeit** продолжительность *(f.)* (время) погрузки

befristet ограниченн‖ый/ая/ое/ые сроком, срочн‖ый/ая/ое/ые; **-es Angebot** ограниченное сроком предложение; **-e**

Versicherungspolice срочный страховой полис

begebbar оборотн‖ый/ая/ое/ые; **-es Dokument** -ый документ; **-es Konnossement** *(See.)* -ый коносамент

Beglaubigung, amtliche *(jur.)* официальное засвидетельствование

Begleit- *(in Zus.)* сопроводительн‖ый/ая/ое/ые, *(aktiv auch)* сопровождающ‖ий/ая/ее/ие, *(passiv auch)* сопровождаем‖ый/ая/ое/ые

begleiten *(trans.)* провожать/проводить <кого-л., что-л.>

Begleiter *(Pers.)* сопровождающий *(Subst.)*, провожающий *(Subst.)*

begleitete Verkehre *(Pl., Güterv.)* перевозки <грузов> в сопровождении проводника

Begleit‖gut сопровождаемый груз (-ый багаж);

Begleitpapier/e ‖ сопроводительный(ые) документ/ы, накладная, *(Eis., Binnsch. auch)* дорожная ведомость; **gültige** ~ действительная накладная; **Waren-** товарная накладная; **Zoll-** таможенное свидетельство (-ая накладная); **Fracht ohne** ~ бездокументный груз;

Begleit‖personal сопровождающий персонал; **-schein** *s. Begleitpapiere*; **-schiff** судно-база, плавбаза

Begleitung <**von Passagieren, Fracht**> *(Prozess)* <сопровождение пассажиров, груза>

Behälter 1. *(Transportbehältnis, s. auch Container)* транспортная ёмкость, контейнер; **2.**

(Lagerbehältnis für Flüssiggut) резервуар; **3.** *(Verpackung)* тара, упаковка; **4.** *(LKW-Aufbau)* кузов, цистерна; **beschädigter** ~ повреждённая ёмкость; **codierter** ~ кодированный контейнер; **unversehrter** ~ неповреждённая ёмкость; **Druck-** напорный бак; **Kraftstoff-** заправочная тара, топливный бак; **Pfand-** залоговая тара; **Transport-** транспортная ёмкость (-ый сосуд), контейнер; **Wechsel-** сменный кузов

Behälter- *(in Zus.)*; **-auflieger** полуприцеп-цистерна; **-fahrzeug** <**für Flüssiggut**> автомобиль-цистерна, транспортное средство для перевозки наливного груза; **-umlauf** оборачиваемость *(f.)* контейнеров (кузовов); **-verkehre** *(Pl.)* контейнерные перевозки *(Pl.)*; **-wagen** *(Eis.)* вагон-цистерна

Behältnis *s. Behälter*

Behandlung, zollamtliche таможенное оформление (-ая обработка) <груза>

Behelfs- *(in Zus.)* **1.** *(Hilfs-)* вспомогательн‖ый/ая/ое/ые; **2.** *(zeitweilig)* временн‖ый/ая/ое/ые; **-ausfahrt** -ый съезд <с дороги, с автострады>; **-bahnsteig** вспомогательная (запасная) платформа; **-fahrplan** временное расписание

behindern, den Verkehr препятствовать движению <транспорта>

Behindertenbeförderung *(Pass.)* перевозка инвалидов

behindertengerechte Ausstattung von Fahrzeugen *(Pass.)* оснащение транспортных средств с учётом нужд инвалидов

Behörde *(s. auch Amt, Direktion)* ведомство, учреждение, *(Verwaltung auch)* администрация, управление, *(öffentliche Organe)* административные органы, органы власти *(Pl.)*; **kommunale** ~ муниципальные (коммунальные) власти *(Pl.)*; **nachgeordnete** ~ нижестоящий орган власти; **örtliche** ~ местная власть (-ая администрация); **staatliche** ~ государственное учреждение; **städtische** городские власти *(Pl.)*; **übergeordnete** ~ вышестоящий орган власти;

Behörde, Aufsichts- орган надзора, инспекция; **Erlaubnis-** ведомство, выдающее разрешение; **Flugsicherheits-** ведомство безопасности воздушного транспорта, **Genehmigungs-** ведомство, выдающее лицензию; **Hafen-** портовые власти *(Pl.)*; **Lizensierungs-** орган (служба) лицензирования; ведомство, выдающее лицензию; **Luftfahrt-** авиационная администрация; **Quarantäne-** карантинные власти; **Registrierungs-** регистрационное ведомство, *(RF)* регистрационная палата; **Steuer-** налоговое управление, *(RF)* налоговая инспекция; **Straßenverkehrs-** орган управления уличным движением, **Verkehrs-** транспортное ведомство; **Verkehrssicherheits-** ведомство (управление) безопасности <дорожного> движения, **Versicherungs-** страховое ведомство (-ое учреждение); **Verwaltungs-** административные власти *(Pl.)*, администрация; **Zoll-** таможенное управление (-ое учреждение); **Zulassungs-** *(Kfz.)* ведомство, регламентирующее порядок допуска <транспортных средств> к эксплуатации

behördlich официальн‖ый/ая/ое/ые, ведомственн‖ый/ая/ое/ые; **-e Genehmigung** официальное разрешение, разрешение властей; **-e Vorschriften** _(Pl.)_ официальные предписания (-ые постановления)

Bei- _(in Zus.)_; **-boot** <вспомогательная, дежурная> шлюпка, ялик; **-fahrer** _(Pers.)_ **1.** _(mitfahrende Person)_ пассажир, сидящий рядом с водителем; **2.** _(Begleiter eines Berufskraftfahrers, LKW)_ помощник водителя, водитель-напарник, _(Begleiter eines Berufskraftfahrers im Schienv.)_ помощник машиниста; **-lader**🕮 _(Pers., Sammelgutverkehr)_ экспедитор сборного груза; **-ladeverbot** _(Werkverkehr)_ запрещение погрузки дополнительных (чужих) грузов, запрещение перевозки грузов третьего лица <заводским транспортом>; **-ladung 1.** _(Ladung)_ добавочный (дополнительный) груз; **2.** _(Prozess)_ добавочная погрузка

Beinahecrash _(Kfz.)_ околоаварийная <транспортная> ситуация

Bei‖stellen von Waggons прицепка вагонов, _(zur Beladung)_ подача вагонов под погрузку; **-stellzeit** время подачи; **-wagen 1.** _(Schienv.)_ прицепной вагон; **2.** _(Kfz.)_ боковой прицеп

Bekämpfung von Schmuggel борьба с контрабандой

Bekanntmachung _(s. auch Anzeige, Meldung)_ извещение <о чём-л.>

Belade- _(in Zus., s. auch Lade-, Verlade-)_ погрузочн‖ый/ая/ое/ые; **-arbeiten** _(Pl.)_ -ые работы; **-brücke** _(techn.)_ -ый мостик, -ый настил, мостовой перегружатель; **-bühne** -ая площадка, грузовая платформа; **-dauer** продолжительность _(f.)_ (время) погрузки; **-fläche** _s. -bühne_; **-gleis** -ый путь, путь погрузки

beladen _(trans.)_ грузить/погрузить, нагружать/нагрузить, загружать/загрузить <транспортное средство чем-л.>; **einen Container ~ ~** контейнер; **ein Flugzeug ~ ~** самолёт; **einen LKW ~ ~** грузовик; **einen Waggon ~ ~** вагон

beladen _(Adj.)_ погруженн‖ый/ая/ое/ые; **-er Container** -ый контейнер; **-er LKW** -ый грузовик, -ый фургон; **-es Schiff** -ое судно, судно в грузу; **-er Waggon** -ый вагон

beladen _(Part.)_ погружен/а/о/ы

Beladen _(Subst.)_ погрузка

Belade‖nachweis сводная загрузочная ведомость; **-ort** место погрузки; **-plan** план погрузки

Belader _(Pers.)_ погрузчик

Belade‖rampe погрузоч‖ная рампа **-station** станция погрузки, -ый пункт; **~ und Zugmaschine** тягач-погрузчик; **-vorrichtung** -ое устройство, -ое приспособление; **-wagen** -ая тележка, -ая вагонетка; **-zeit** _s. -dauer_

Beladung _(s. auch Befrachtung, Verladung)_ погрузка, загрузка <транспортного средства>; **tägliche durchschnittliche ~** средняя суточная; **~ zahlt Befrachter (fi)** _(Schiff.)_ ~ оплачивается фрахтователем; **~ und Entladung zahlt Befrachter (fio)** _(Schiff.)_ ~ и выгрузка оплачиваются фрахтователем; **~, Entladung und Stauen zahlt**

Befrachter (fios) *(Schiff.)* ~, выгрузка и укладка груза в трюме судна оплачиваются фрахтователем

Belastung нагрузка; **durchschnittliche** ~ нормальная, средняя; **maximale** ~ максимальная; **minimale** ~ минимальная; **volle** ~ полная; **zulässige** ~ допустимая; ~ **pro Achse** ~ на ось *(f.)*; ~ **des Straßennetzes** ~ дорожной сети; ~ **durch den Transitverkehr** ~, вызванная транзитными перевозками;

Belastung, Abgaben- обложение пошлинами и сборами; **Abgas-** загрязнение воздуха отработанными газами; **Betriebs-** эксплуатационная ‖ нагрузка; **Dauer-** постоянная; **Durchschnitts-** средняя; **Grenz-** предельная; **Höchst-** *s. maximale*; **Lärm-** шумовая, воздействие шума; **Mehr-** дополнительная, избыточная, сверхнормативная; **Mindest-** *s. minimale*; **Regel- 1.** *(techn. zugelassene)* расчётная; **2.** *(durchschnittliche)* нормальная, средняя; **Reifen-** ~ на шину; **Schadstoff-** ~ (загруженность *(f.)*) вредными веществами; **Spitzen-** пиковая; **Strecken-** ~ дороги, ~ трассы; **Tages-** *(pro Tag)* суточная; **Umwelt-** ~ на окружающую среду; **Verkehrs-** транспортная; **Zoll-** обложение таможенными пошлинами и сборами

Beleg *(s. auch Bescheinigung, Dokument, Papier, Quittung, Schein, Zertifikat, Zeugnis)* документ, расписка, квитанция; **amtlicher** ~ официальная расписка; **Auszahlungs-** *(buchh.)* расходный документ; **Buchungs-** учётный (расчётный) документ; **Eingangs-** приходный документ; **Kommissions-** *(Lager)* комплектационный документ; **Sammel-** сводный документ; **Zahlungs-** платёжный документ

belegen 1. *(buchh.)* <документально> подтверждать/подтвердить <что-л.>; **2.** *(eine Gebühr erheben)* облагать/обложить <товар> пошлиной (сбором)

beliefern *(jmdn. mit etw.)* снабжать/ снабдить <кого-л. чем-л.>; **den Markt** ~ ~ рынок

Belieferung *(Prozess, s. auch Lieferung)* снабжение <грузом>

Bemessung von Straßenverkehrsanlagen определение сооружений автомобильного транспорта

Benachrichtigung *(s. auch Anmeldung, Anzeige, Avis, Meldung)* извещение <о чём-л.>

benutzen *(Verkehrsmittel)* пользоваться/воспользоваться <транспортным средством>

Benutzer *(Pers.)* пользователь *(m.)*

Benutzerausweis пропуск для пользования <чего-л.>

Benutzung *(s. auch Nutzung)* использование, эксплуатация; ~ **von Beförderungsmitteln und Transportbehältnissen** эксплуатация транспортных средств и ёмкостей

Benutzungsfrequenz частота пользования <чем-л.>

Benzin бензин; **unverbleites** ~ неэтилированный; **verbleites** ~ этилированный; **Flug-** авиационный

Benzin- *(in Zus.)*

бензинов‖ый/ая/ое/ые

benzingetriebenes **Fahrzeug** автомобиль *(m.)* с бензиновым двигателем

Benzin‖kanister канистра для бензина; **-motor** бензинов‖ый двигатель; **-pumpe** -ый насос; **-schlauch** -ый шланг; **-steuer** налог на бензин; **-tank** -ый бак, бензобак; **-uhr** бензомер; **-verbrauch** расход бензина

Berechnung расчёт, *(mit Auszählung)* подсчёт; **Fracht-** исчисление (расчёт) фрахта

Berechtigungsschein удостоверение; **gültiger** ~ действительное; **einen** ~ **ausgeben** выдавать/выдать ~

Bereederung *(Schiff.)* коммерческое обслуживание судна пароходством

Bereitschafts- *(in Zus.)* дежурн‖ый/ая/ое/ые; **-fahrzeug** *(Kfz.)* -ый автомобиль; **-lokomotive** -ый локомотив

bereitstellen предоставлять/ предоставить <что-л.>, *(Fahrzeuge auch)* подавать/подать <что-л.>; **einen Container** ~ ~ контейнер; **ein Kfz** ~ ~ автотранспорт; **einen Waggon** ~ ~ вагон; **Ware zum Versand** ~ ~ товар (груз) для отправления; **Ware zur Abnahme** ~ подготовлять/подготовить товар (груз) к приёмке

Bereitstellung предоставление <чего-л.>, *(Transportmittel auch)* подача <чего-л.>; ~ **von Containern** ~ контейнеров; ~ **von Frachtraum** ~ загрузочной мощности; ~ **von Tonnage** ~ тоннажа; ~ **von Transportkapazität** ~ транспорта, ~ транспортного средства; ~ **von Transport- und Speditionsdienstleistungen** *(Pl.)* ~ транспортно-экспедиторских услуг, транспортно-экспедиторское обслуживание; ~ **von Verkehrsdienstleistungen** *(Pl.)* транспортное обеспечение (-ое обслуживание)

Berg- *(in Zus.)* горн‖ый/ая/ое/ые

Bergegeld *(Schiff.)* плата за спасение груза <судна>

Berg‖fahrt движение на подъём; **-station** *(Seilbahn)* верхняя (горная) концевая станция <канатной дороги>

Beringmeer Берингово море

Berner Konvention *(COTIF, Eis.)* Соглашение о международном грузовом железнодорожном сообщении

Berufs- *(in Zus.)* профессиональн‖ый/ая/ое/ые; **-kraftfahrer** *(Pers.)* водитель-профессионал; **-pendler** *(Pers.)* лицо, работающее за пределами места жительства

Besatzung *(Personal)* экипаж; **Boots-** ~ лодки; **Flugzeug-** ~ самолёта; **Schiffs-** ~ (команда) судна (корабля), плавсостав; **Zug-** поездная бригада

beschädigen повреждать/повредить <что-л.>; **eine Ladung beim Transport** ~ ~ груз при транспортировке

beschädigt *(Adj.)* повреждённ‖ый/ая/ое/ые; **-er Behälter** -ая ёмкость; **-e Fracht** -ый груз; **-es Gepäck** -ый багаж; **-es Gut** s. *Fracht*; **-es Fahrzeug** -ый подвижной состав; **-e Plombe** *(Zoll.)* -ая пломба; **-e Verpackung** -ая упаковка, -ая тара; **-er Waggon** -ый вагон

beschädigt *(Part.)* поврежден/а/о/ы

Beschädigung <von Fracht, von Ware, eines Waggons> повреждение <груза, товара, вагона>; **Teil-** частичное; **frei von -en** свободно от -я

Beschädigungsschein 1. *(Vers.)* свидетельство об ущербе; 2. *(techn.)* свидетельство о повреждении <товара>

Beschaffenheit *(Zustand)* состояние; ~ von Beförderungsmitteln und Transportbehältnissen ~ транспортных средств и ёмкостей; ~ von Gütern ~ (свойства) грузов; ~ von Straßen und Wegen ~ дорог

Beschaffung 1. *(Erwerb)* приобретение <чего-л.>, снабжение <чем-л.>; 2. *(Akquisition)* поиск, привлечение; ~ von Aufträgen привлечение заказов; ~ einer Rückladung поиск обратного груза; ~ einer Ware приобретение товара, снабжение товаром

Beschaffungs- *(in Zus.)* снабженческ‖ий/ая/ое/ие; **-marketing** маркетинг снабжения; **-tätigkeit** заготовительная деятельность

bescheinigen выдавать/выдать документ (справку)

Bescheinigung *(s. auch Beleg, Dokument, Nachweis, Papier, Quittung, Schein, Zertifikat, Zeugnis)* справка, документ *(von Behörden auch)* свидетельство, ведомость *(f.)*, *(Quittung auch)* расписка, квитанция, *(Berechtigung)* удостоверение, *(Zertifikat)* сертификат; **behördliche** ~ официальное свидетельство (-ая ведомость); **gültige** ~ действительное свидетельство (-ое удостоверение, -ый сертификат); **international gültige** ~ международное свидетельство (-ое удостоверение);

Bescheinigung, Abnahme- *(für Ware, Transportbehältnisse)* квитанция о (расписка в) приёме (получении) <товара, контейнера>; **Ausfuhr-** вывозное (экспортное) свидетельство, экспортный сертификат; **Ausgangs-** свидетельство (справка) о выдаче (высылке) <груза>; **Bord-** *(Schiff.)* расписка <капитана> о принятии груза на борт судна; **Containerabnahme-** квитанция о приёме контейнера; **Einfuhr-** ввозное (импортное) свидетельство, импортный сертификат; **Eingangs-** свидетельство (справка) о поступлении (приходе) <груза>; **Empfangs-** приёмная квитанция, свидетельство (квитанция) о принятии (приёмке) <груза, товара>, расписка в получении <груза>, протокол приёмки; **Gebühren-** квитанция об оплате сбора; **Gewichts-** весовая квитанция (-ой сертификат); **Schadens-** свидетельство о повреждении <груза>; **Spediteur-** расписка экспедитора, *(See.)* экспедиторский коносамент; **Spediteurübernahme-~** экспедиторское свидетельство о приёмке (принятии) груза, погрузочный ордер экспедитора; **Spediteurversand-** экспедиторское свидетельство о транспортировке; **Standort-** *(LKW)* свидетельство о регулярном местоположении <грузовика>; **Übernahme-** *(für Ladung)* приёмо-сдаточная накладная, погрузочный ордер, квитанция о приёмке <груза>; **Veterinär-** ветеринарное свидетельство; **Wareneingangs-**подтверждение (свидетельство) о поступлении товара; **Warenverkehrs-** транспортный (товаросопроводительный, отгрузочный) документ, экспедиторское свидетельство о транспортировке; **Wiege-** весовая квитанция; **Zoll-** свидетельство о таможенной очистке; **eine ~ erteilen** выдавать/выдать ~; **eine ~ mitführen** везти/возить с собой ~; **eine ~ vorlegen** предъявлять/предъявить ~

Beschilderung постановка дорожных знаков

Beschilderungskatalog, Amtlicher *(BRD)* официальный каталог дорожных знаков

Beschlagnahme *(s. auch Arrest)* конфискация, *(zeitweilig auch)* задержание, наложение ареста <на что-л.>; **vorübergehende ~** временная ‖ конфискация; **~ von Eigentum ~** имущества; **Zoll-** таможенная, *(zeitweilig)* задержание груза в таможне

Beschlagnahme- *(in Zus.)*; **-fall** случай конфискации <груза>

beschlagnahmen конфисковать <что-л.>

Beschlagnahme‖protokoll протокол (акт) конфискаци‖и; **-versicherung** страхование груза на случай -и

beschleunigt ускоренн‖ый/ая/ое/ые; **-e Abschreibung** *(kfm.)* -ая амортизация; **-e Amortisation** *s. Abschreibung*; **-e Lieferung** -ая поставка

Beschleunigung ускорение; **Geschwindigkeits-** повышение (увеличение) скорости, *(Anfahren)* разгон; **Längs-** продольное, ~

продольного движения; **Quer-** поперечное, ~ поперечного движения

Beschleunigungs- *(in Zus.)*; **-geschwindigkeit** скорость *(f.)* (темп) разгона; **-spur** полоса разгона (ускорения); **-vermögen** способность *(f.)* к разгону; **-weg** путь *(m.)* разгона

beschränken ограничивать/ограничить <что-л.>; **die Ausfuhr ~ ~** вывоз; **die Einfuhr ~ ~** ввоз; **den Verkehr ~ ~** движение, ~ транспорт

beschränkte Haftung *(jur.)* ограниченная ответственность

Beschränkung/en ограничение/я; **Ausfuhr-** экспортные, ~ на экспорт, ~ на вывоз <товаров>; **Devisen-** *(Pl.)* валютные; **Durchfuhr-** транзитные, ~ транзитного провоза; **Einfuhr-** импортные, ~ на импорт, ~ на ввоз <товаров>; **Export-** *s. Ausfuhr-*; **Geschwindigkeits-** ~ скорости; **Gewichts-** весовые; **Handels-** *(Pl.)* торговые; **Import-** *s. Einfuhr-*; **Import-Export-~** *(Pl.)* импортно-экспортные; **Lade<maß>-** *(Pl.)* габаритные ~ <груза>; **Verkehrs-** ~ транспорта, ~ движения; **Wettbewerbs-** ~ конкуренции; **Zoll-** *(Pl.)* таможенные;

Beschränkungen ‖ abbauen снимать/снять ограничени‖я; **~ auferlegen** устанавливать/установить -я; **~ verschärfen** усиливать/усилить -я

beschrankter Bahnübergang *(Eis.)* <железнодорожный> переезд со шлагбаумом, <железнодорожный> переезд, ограждённый шлагбаумом

Besetztfahrt *(Schienv.)* производительный пробег

Besitzer <**eines Fahrzeugs**> *(Pers.)* владелец <транспортного средства>

besondere Havarie *(See.)* частная <морская> авария

Besorgung **von** **Beförderungsleistungen** транспортное обеспечение

bestätigen подтверждать/ подтвердить <что-л.>

bestätigt *(Adj.)* подтверждённ‖ый/ая/ое/ые; **-e Reservierung** -ая броня

bestätigt *(Part.)* подтвержден/а/о/ы

Bestätigung **1.** *(Prozess)* подтверждение, **2.** *(Dokument)* расписка, сертификат; **Auftrags-** подтверждение заказа; **Buchungs-** *(Flug., Pass.)* переподтверждение бронирования <авиабилета>; **Empfangs-** расписка в получении, подтверждение получения, складская накладная; **Konsulats-** консульская легализация; **Reservierungs-** подтвержение брони; **Verlade-** расписка в погрузке, *(Schiff.)* подтверждение на фрахтование тоннажа; **Versand-** квитанция об отправке (отгрузке)

Bestand 1. *(Reserve)* запас, состав; **2.** *(vorhandene Fahrzeuge, Transportbehältnisse, s. auch Park)* парк; **Auftrags-** портфель *(m.)* заказов; **Bus-** автобусный парк; **Container-** контейнерный парк; **Fahrzeug-** подвижной состав, парк транспортных средств (транспортного хозяйства), транспортный флот, *(Kfz. auch)* автомобильный парк, автопарк; **Flotten-** состав флота; **Flugzeug-** самолётный парк, авиапарк; **Inventar-** списочный (инвентарный) парк; **Lager-** складской состав, состояние склада, складские запасы; **Schiffs-** состав флота (плавсредств); **Wagen-** подвижной состав, *(Schienv. auch)* вагонный парк, парк вагонов, *(Kfz. auch)* автомобильный парк; **Waren-** товарные запасы *(Pl.)*

Bestandskontrolle контроль *(m.)* запасов

Besteller *(Pers.)* заказчик

Bestell- *(in Zus.)* заказн‖ой/ая/ое/ые; **-frist** срок исполнения заказа; **-nummer** цифровое обозначение <типа изделия>; **-schein** наряд-заказ

Bestellung заказ; **auf ~** на заказ; **eine ~ aufgeben** подавать/подать ~

Besteuerung налогообложение

Bestimmung **1.** *(Prozess)* определение; **2.** *(Dokument)* положение/я, *(Vorschriften auch)*, предписания *(Pl.)*, *(Regeln auch)* правила, *(normativer Akt)* постановление/я; **3.** *(Instruktion, Betriebsanweisung)* инструкция/и; **4.** *(Zweck)* назначение; **Arbeitsschutz-** положения *(Pl.)* об охране труда; **Ausfuhr-** *(Pl.)* <государственные> постановления и предписания, регламентирующие экспорт; **Beförderungs-** *(Pl.)* **1.** *(für bestimmte Verkehrsträger)* транспортные правила, правила перевозок; **2.** *(für einen konkreten Beförderungsfall)* правила *(Pl.)* перевозки <чего-л., кого-л.>; **Brandschutz-** *(Pl.)* противопожарный режим; **Durchführungs-** исполнительная инструкция, инструкция о порядке исполнения; **Einfuhr-** *(Pl.)* <государственные> постановления и предписания, регламентирующие импорт; **Export-** *s. Ausfuhr-*; **Fahrweg-** определение маршрута для перевозки <грузов>; **Funk-** правила радиосвязи; **Hafen-** *(Pl.)* постановление по порту; **Import-** *s. Einfuhr-*; **Sicherheits-** правила безопасности; **Standort-** <von LKW, Schiffen> дислокация <грузовиков, судов>; **Tarif-** тарифная инструкция; **Transport-** *s. Beförderungs-*; **Verkehrs-** правила <уличного> движения; **Verlade-** правила погрузки, погрузочные инструкции, инструкции по погрузке; **Versand-** правила отгрузки, инструкции о порядке отгрузки; **Versicherungs-** правила страхования; **Zoll-** таможенные правила (-ая инструкция, -ый режим)

Bestimmungs- *(in Zus.)*; **-bahnhof** станция ‖ назначения; **-flughafen** аэропорт ~; **-hafen** порт ~; **-land** страна ~; **-landprinzip** принцип страны, *(Zoll.)* принцип взимания налога с оборота импорта в стране ~ (импортёра); **-ort** место ~; **-punkt** пункт ~; **-zollstelle** таможня ~

betanken *(Fahrzeug)* заправлять/ заправить <что-л. чем-л.>

Betankung заправка <чего-л. чем-л.>

betreiben 1. *(etw. nutzen)* эксплуатировать <что-л.>; 2. *(ein Gewerbe ausüben)* заниматься/ заняться промыслом; 3. *(einer bestimmten Betriebsart unterliegen)* работать <на чём-л.>; **Anlagen** ~ эксплуатировать устройства; <etw.> **elektrisch** ~ работать на электрическом токе>

Betreiber *(jur. Pers.)* <частный> оператор; **Fahrweg-** ~ гужевого пути; **Gleis-** *(Eis.)* ~ рельсовых путей; **Hafen-** ~ порта; **Luftfahrt-** ~ частных авиалиний; **Parkhaus-** ~

крытой <авто>стоянки; **Terminal-** ~ терминала; **Verkehrsnetz-** ~ транспортной сети

Betreiber- *(in Zus.)*; **-gesellschaft** 📖 предприятие-оператор, <частная> компания по эксплуатации <чего-л.>; **-modell** модель *(f.)* эксплуатации <чего-л.> частным предприятием-оператором

Betrieb I *(kfm., s. auch Unternehmen)* предприятие, *(Werkstatt auch)* мастерская *(Subst.)*; **Bus-** автобусное; **Fähr-** паромное; **Fuhr-** грузовое авто-, грузовое автохозяйство; **Groß-** крупное; **Hersteller-** завод-изготовитель *(m.)*; **Kai-** причальное хозяйство; **Kfz-Reparatur-** авторемонтное, авторемзавод; **Klein-** малое, ~ малого бизнеса; **Kraftverkehrs-** автохозяйство; **Neben-** вспомогательное, ~, обслуживающее <чего-л.>; **Partikulier-** *(Binnsch.)* индивидуальное судовладельческое; **Verkehrs-** транспортное, транспортная организация; **Zuliefer-** сторонний поставщик;

Betrieb II *(Nutzung)* эксплуатация; **durchgehender** ~ непрерывный режим; **führerloser** ~ автоматическое управление <поездом>, управление <транспортного средства> без водителя; **zweigleisiger** ~ двухпутное движение;

Betrieb, Bus- эксплуатация ‖ автобусов; **Charter-** перевозка на основе договоров; **Dauer-** непрерывная, продолжительный режим работы; **Eisenbahn-** ~ железной дороги; **Fähr-** ~ парома; **Fahr-** ~ транспортного средства, *(Kfz. auch)* ~ автомобильного транспорта; **Fahrgast-** режим пассажирских перевозок; **Fahrzeug-** ~ *s. Fahr-*; **Flug-** ~ самолётов; **Hafen-** ~ порта; **Hochgeschwindigkeits-**скоростной режим; **Netz-** ~ транспортной сети, *(Schienv.)* ~ рельсовой (железнодорожной) сети; **Rangier-** *(Schienv.)* сортировка <вагонов>; **Regel-** нормальная; **Schlepp-** буксирный режим; **Test-**испытательная; **Umschlag-**перегрузочные операции; **Zug-** ~ поездов;

den Betrieb || <eines Flughafens, Terminals> **einstellen** прекращать/прекратить эксплуатаци‖ю <аэропорта, терминала>; <etw.> **in ~ nehmen** вводить/ввести <что-л.> в -ю; <ein Transportmittel> **außer ~ setzen** прекращать/прекратить -ю <транспортного средства>;

Betrieb III *(Verkehrsverbindung)* движение <по маршруту>; **eingleisiger** ~ однопутное; **Bahn-** ~ поездов; **Bus-** ~ автобусов, автобусное; **Fähr-** ~ парома; **Flug-** воздушное, воздушное сообщение; **Zug-** ~ поездов; **den ~** <auf einer Strecke> **einstellen** прекращать/прекратить ~ <по маршруту>;

Betrieb IV *(techn., Betriebsart)* привод, тяга; **elektrischer** ~ электрический/ая; **gemischter** ~ движение на смешанной тяге; **Dampf-** паровой/ая; **Diesel-** дизельный/ая, *(Eis. auch)* тепловозная тяга; **Funk-** радиосвязь *(f.)*;

Betriebs- *(in Zus.)* **1.** *(Unternehmen)* производственн‖ый/ая/ое/ые; **2.** *(Nutzung)* эксплуатационн‖ый/ая/ое/ые; **-abrechnungsbogen** *(BRD)* сводная ведомость производственного

учёта затрат; **-art** режим работы, вид эксплуатации; **-bahnhof** техническая станция, депо *(n., indkl.)*; **-belastung** эксплуатационная нагрузка; *(Güterv. auch)* грузонапряжённость *(f.)*; **-bereitschaft** эксплуатационная готовность; **-buch** *(Eis.)* аппаратный журнал, эксплуатационная книга; **-fahrzeugpark** эксплуатируемый парк <подвижного состава>; **-genehmigung** разрешение на эксплуатацию; **-gleis** *(Schienv.)* эксплуатационный путь;

Betriebshof || депо *(n. indkl.)*; **Bus-** автобусное; **Eisenbahn-** железнодорожное; **Straßenbahn-** трамвайное; **U-Bahn-** ~ метрополитена;

Betriebs‖journal *s.* **-buch**; **-kapazität** эксплуатационная мощность; **-kosten** *(Pl.)* эксплуатационные расходы; **-länge** эксплуатационная длина; **-leitsystem** система управления <чем-л.>; **-ordnung** правила (порядок, режим) эксплуатации, инструкция по эксплуатации; **-pflicht** обязанность *(f.)* действия (ведения дела)

betriebssicheres Fahrzeug транспортное средство в исправном состоянии

Betriebs‖sicherheit безопасность *(f.)* в эксплуатации, *(im Verkehr auch)* безопасность в движении, *(bei Fahrzeugen auch)* исправность *(f.)* <транспортного средства>; **-spannung** *(techn., Schienv.)* рабочее напряжение; **-strecke** *(Schienv.)* эксплуатационный путь; **-verfahren** *(techn.)* способ эксплуатации; **-vorschriften** *(Pl.)* производственные инструкции,

(Flug.) руководство по лётной эксплуатации (РЛЭ)

betriebswirtschaftlich экономическ‖ий/ая/ое/ие; **-e Kennziffern** *(Pl.)* -ие показатели <деятельности предприятия>; ~ **vorteilhafter Verkehrsträger** -и выгодный вид транспорта

Betriebszuverlässigkeit эксплуатационная надёжность, надёжность в эксплуатации

Be- und Entlade- *(in Zus.)* погрузочно-разгрузочн‖ый/ая/ое/ые; **-arbeiten** *(Pl.)* -ые работы, -ые операции; **-gleis** -ый путь

be- und entladen проводить/провести погрузочно-разгрузочные работы

Be- und Entladen *(Subst.)* погрузочно-разгрузочные (перегрузочные) работы (-ые операции), погрузка-разгрузка; **termingerechtes** ~ перегрузка (перевалка) в срок; **Standzeiten** *(Pl.)* **zum** ~ грузовые простои

Be- und Entlade‖ort место перегрузки; **-verfahren** метод погрузки-разгрузки; **-vorgang** погрузочно-разгрузочн‖ая операция; **-zone** зона для -ых (перегрузочных) операций, зона для погрузки- разгрузки

Be- und Entladung погрузка и разгрузка; ~ **via Kai** *(Schiff.)* ~ через пирс

Bevollmächtigter *(Pers., jur.)* уполномоченное лицо

bewachter Parkplatz охраняемая автостоянка

Bewahrung der Ware vor Verlust und Beschädigung предохранение товара от гибели и повреждений

beweglich подвижн‖ой/ая/ое/ые; **-es Gut** движимое имущество; **-e Technik** -ая техника

Bewegung движение, передвижение, *(Verlegung)* перемещение; **Fahrzeug-** передвижение автомобилей; **Güter-** обращение (передвижение, перемещение) товаров, товародвижение, грузообмен; **Wagen-** *(Schienv.)* передвижение вагонов; **Waren-** *s.* **Güter-**

Bewegungsfreiheit свободное передвижение

Bewilligung *(s. auch Erlaubnis, Genehmigung)* **1.** *(Prozess)* разрешение, *(Billigung auch)* одобрение; **2.** *(Dokument)* разрешение, лицензия; **Einfuhr-** импортная лицензия, разрешение на ввоз; **Quarantäne-** карантинное разрешение на импорт

Bewirtschaftung *(Nutzung)* эксплуатация, хозяйственное использование, *(Führung eines Unternehmens)* ведение, *(Regulierung)* регулирование; ~ **von Parkraum** хозяйственное использование полезной площади для автостоянок

bezahlen *(s. auch zahlen)* платить/ заплатить <что-л., за что-л.>, оплачивать/оплатить <что-л.>

bezahlt *(Adj.)* оплаченн‖ый/ая/ое/ые

bezahlt *(Part.)* оплачен/а/о/ы, уплачен/а/о/ы; **im voraus** ~ оплачен/а/о/ы вперёд

Bezahlung *(s. auch Zahlung)* плата, оплата, уплата

bilateral двусторонн‖ий/яя/ее/ие; **-es Güterverkehrsabkommen** -ее соглашение о грузовых перевозках; **-es Kontingent** -ий контингент; **-er Tarif** -ий тариф; **-er Vertrag** –ий договор, –ий контракт, -ее соглашение

Bill of Lading (B/L) *(Schiff., s. auch Konnossement)* коносамент; **indossierte** ~ с передаточной надписью, ~ с индоссаментом; **reine** ~ чистый; **unreine** ~ нечистый, ~ с оговоркой; ~ **über eine Ware** ~ на <какой-л.> товар; **die** ~ **an Order ausstellen** выставлять/выставить ~ по приказу

Billigflagge *(See.)* удобный флаг

Billigflaggen- *(in Zus., See.)*; **-flotte** флот под удобным флагом; **-länder** *(Pl.)* страны удобного флага

bimodal бимодальн‖ый/ая/ое/ые; **-es Fahrzeug** -ое транспортное средство, транспортное средство для обращения по различным видам транспорта (дорог); **-er Verkehr** движение по различным видам транспорта, -ые перевозки *(Pl.)*, *(Schiene-Straße auch)* смешанный (комбинированный) железнодорожно-автомобильный транспорт

Binnen- *(in Zus.)* **1.** *(Inland)* внутренн‖ий/яя/ее/ие; **2.** *(Binnsch.)* речн‖ой/ая/ое/ые; **-flotte** речной флот, флот речного судоходства (внутреннего плавания); **-flug** внутренний рейс; **-flughafen** внутренний аэропорт; **-frachtverkehr** внутренние грузовые перевозки (-ие перевозки грузов); **-gewässer** внутренние воды; **-grenze** внутренняя граница; **-hafen** внутренний порт, *(Flusshafen)* речной порт, *(Mündungshafen)* устьевой порт, *(Binnenseehafen)* озёрный порт; **-handel** внутренняя торговля; **-markt** внутренний рынок;

-nachfrage внутренний спрос, спрос отечественных клиентов); **-reederei** речное (внутреннее) пароходство (-ое/ее судоходство), пароходная (внутренняя судоходная) компания; **-route** внутренний рейс;

Binnenschiff ‖ речное судно, судно внутреннего плавания; **seegängiges** ~ судно смешанного <морского и внутреннего> плавания, судно река-море-плавания; **seetüchtiges** ~ s. seegängiges;

Binnen‖schiffer *(Pers.)* шкипер, *(umg.)* речник; **-schifffahrt** речное (внутреннее) судоходство (-ое/ее пароходство, -ое/ее плавание), судоходство по внутренним водным путям, *(Verkehr auch)* речное сообщение; **gewerbliche -schifffahrt** коммерческое речное судоходство;

Binnenschifffahrts‖flotte речн‖ой флот, флот -ого судоходства (внутреннего плавания); **~Frachtvertrag** договор -ой перевозки груза; **-gebühr** -ой сбор; **-gesellschaft** судоходная (пароходная) компания; **-gesetz** Закон о судоходстве по внутренним водным путям, *(RF)* Кодекс внутреннего водного транспорта; **-hafen** s. Binnenhafen; **-inspektion** надзор за безопасностью -ого судоходства; **-ordnung** правила *(Pl.)* плавания на внутренних водных путях; **-register** -ой регистр; **-schleuse** -ой шлюз; **-spedition** экспедиция по -ому судоходству; **-tarif** -ой тариф, тариф внутреннего водного транспорта; <**Internationale**> **-union** Международный союз -ых пароходств; **-unternehmen** предприятие внутреннего водного транспорта; **-weg** внутренний водный путь;

Binnenschiffs‖verkehr речн‖ой (внутренний водный) транспорт, -ое сообщение, -ые перевозки; **direkter -verkehr** перевозки прямого внутреннего водного сообщения;

Binnen‖see озеро; **-seefähre** озёрный паром; **-strecke** *(Flug.)* внутренн‖ий рейс; **-tarif** -ий тариф; **-transporte** -ие перевозки; **-transportversicherung** страхование -их перевозок; **<kombinierte>** ~ **und Hochseeschifffahrt** <смешанное> река-море-плавание; **-verkehr** -ий транспорт, -ее сообщение, -ие перевозки, перевозки (сообщение) внутри страны; **-verkehrswege** *(Pl.)* -ие транспортные пути; **-wasserstraße** -ий водный (речной) путь; **-zoll** -яя пошлина; **-zolltarif** -ий таможенный тариф, -яя таможенная ставка

Black Box *(Flug.)* чёрный ящик

blinder Passagier *(Pers.)* безбилетный пассажир

Blockzug *(Eis.)* маршрутный поезд

Blockzugverbindung *(Eis.)* линия (связь, сообщение) маршрутных поездов

Blutalkoholtest анализ крови на содержание алкоголя

Boarding *(Flug.)* посадка пассажиров

Bockkran козловой кран

Boden- *(in Zus., Flug.)* наземн‖ый/ая/ое/ые; **-leitstelle** авиадиспетчерская служба; **-navigationssystem** -ая навигационная система; **-personal** -ый обслуживающий персонал

böiger Wind шквалистый ветер

Börse биржа; **Frachten-** фрахтовая; **Schiffer-** *(See.)* ~ шкиперов

Boje *(Schiff.)* буй; **Lösch-** швартовная бочка для рейдовой выгрузки судна; **Quarantäne-** карантинный; **Rettungs-** спасательный; **Wende-** поворотный

Bonusprogramm für Vielflieger программа премирования часто летающих пассажиров

Boot лодка, катер, *(Barkasse)* баркас, шлюпка, *(kleines Schiff)* <малое> судно; **Bei-** <дежурная, вспомогательная> шлюпка, ялик; **Fähr-** паромная лодка (-ое судно); **Lotsen-** лоцманский катер; **Motor-** моторная лодка (-ый катер); **Quarantäne-** карантинный катер; **Rettungs-** спасательная лодка (-ая шлюпка); **Schlepp-** буксирное судно, буксир; **Schnell-** скоростной (быстроходный) катер; **Schub-** буксир-толкач, лихтеровоз; **Segel-** парусная шлюпка; **Segelmotor-** парусно-моторное судно; **Sport-** спортивная лодка; **Tragflächen-** судно на подводных крыльях; **Untersee-** подводная лодка; **Zoll-** таможенный катер (-ое судно)

Boots- *(in Zus.)* лодочн‖ый/ая/ое/ые; **-anlegestelle** -ая пристань; **-besatzung** экипаж лодки; **-eigentümer** *(Pers.)* владелец лодки; **-fahrt** катание на лодке; **-führerschein** документ на право вождения лодки; **-hafen** *s. -anlegestelle*; **-klasse** класс судна; **-mann** *(Pers.)* боцман

Bord *(Flug., Schiff.)* борт <самолёта, судна>, *(Schiff auch)* лаг; **Back-** левый ‖ борт; **Steuer-** правый; **an ~ 1.** *(Ort)* на -у; **2.** *(Richtung)* на ~; **frei an ~** франко ~ судна, с доставкой на ~ судна; **von** ~ с -а; **über** ~ <**gehen**> <оказаться> за -ом

Bord- *(in Zus.)* бортов‖ой/ая/ое/ые; **-bescheinigung** *(Schiff.)* -ая расписка <капитана> о принятии груза на борт <судна>; **-buch** -ой журнал; **-computer** -ой компьютер; **-elektronik** -ая <радио>электронная аппаратура

Borderau *(Dokument)* бордеро *(n., indkl.)*, дорожная ведомость, сопроводительная карточка <к грузу>; **Spediteur-** бордеро (расписка) экспедитора

Bord‖funk бортов‖ая радиосвязь, *(Flugzeug auch)* самолётная радиосвязь; **-ingenieur** *(Pers.)* бортинженер; **-karte** *(Flug., Pass.)* посадочный талон; **-konossement** -ой коносамент <на груз>, погруженный коносамент; **-mechaniker** *(Pers.)* бортмеханик; **-navigation** -ая навигация; **-verpflegung** -ое питание

Boxpalette секционный (ящичный) поддон

Brackwasser солоноватая вода

Brand пожар

Brand- *(in Zus.)* пожарн‖ый/ая/ое/ые; **-inspektion** -ый надзор; **-schutz<bestimmungen>** противопожарный режим; **-schutzzertifikat** сертификат (свидетельство) о -ой безопасности

Breite ширина; **Dock-** *(Schiffbau)* ~ дока; **Fahrbahn-** ~ проезжей части; **Fahrzeug-** габаритная ~ <кузова>; **Straßen-** ~ дороги

Breitspur *(Eis.)* широкая колея

Breitspur- *(in Zus.)* ширококолейн‖ый/ая/ое/ые; **-abschnitt** -ый участок дороги; **-bahn** -ая железная дорога; **-fahrzeug** подвижная единица широкой колеи; **-waggon** -ый вагон

Brems- *(in Zus.)* тормозн‖ой/ая/ое/ые; **-anlage** -ое устройство; **-backe** -ая накладка; **-druck** -ое давление

Bremse *(techn.)* тормоз; **Backen-** колодочный; **Hand-** ручной; **Not-** *(Schienv., im Triebfahrzeug)* экстренный, *(in einem Waggon)* стоп-кран; **Scheiben-** дисковый; **Trommel-** барабанный

bremsen тормозить/затормозить

Bremsen *(Subst.)* торможение, уменьшение скорости

Brems‖flüssigkeit тормозн‖ая жидкость; **-geschwindigkeit** -ая скорость; **-hebel** -ой рычаг; **-klotz** -ая колодка; **-kraft** -ое усилие; **-leuchte** стоп-сигнал, сигнал торможения; **-licht** -ой свет; **-pedal** педаль *(f.)* тормоза; **-probe** проба тормоза; **-scheibe** -ой диск; **-schlauch** -ой шланг; **-schuh** -ой башмак; **-spur** след при торможении; **-versagen** *(Fahrzeug)* отказ тормоза; **-weg** -ой путь, путь торможения; **-widerstand** -ое сопротивление; **-wirkung** эффект торможения

Brief *(hier Dokument)* документ, свидетельство; **Bahnfracht-** железнодорожная накладная; **Fahrzeug-** *(Kfz.)* технический паспорт (техпаспорт) автомобиля; **Fracht-** документ на перевозимый груз, <транспортная> накладная, *(See. auch)* коносамент; **Klarierungs-** *(Schiff.)* свидетельство о кларировании судна; **Luftfracht-** авиационная (авиагрузовая) накладная, авианакладная; **Mess-** *(Schiff.)* мерительное свидетельство;

Parten- *(Binnsch.)* свидетельство о размере доли участия совладельца судна; **Register-** *s. Schiffs-*; **Schiffs-** судовой сертификат (-ое свидетельство); **See-** *(Urkunde über die Eintragung ins Schiffsregister)* морское свидетельство; **Seefracht-** коносамент <на груз>

Brücke 1. *(Bauwerk)* мост; 2. *(techn. Vorrichtung)* настил, мостик, мост; **Autobahn-** мост на автостраде; **Bahn-** железнодорожный мост; **Belade-** погрузочный мостик (настил), мостовой перегружатель; **Container-** контейнерный мост; **Eisenbahn-** *s. Bahn-*; **Fluggast-** телетрап, *(umg. auch)* рукав; **Fußgänger-** пешеходный мост, *(Eis.)* переходный настил; **Hafen-** портовый пирс; **Hub-** вертикально-подъёмный мост; **Kanal-** мост-канал, аквёдук; **Lade-** погрузочный настил, *(Schiff. auch)* мостовой перегружатель; **Landungs-** *(Schiff.)* пристань *(f.)*; **Lauf-** *(Eis.)* переходный настил; **Navigations-** ходовой мостик; **Schiffs-** трап, судовой мостик; **See-** морской мост (-ой пирс); **Straßen-** автодорожный мост; **Transtainer-** транстейнерный мост; **Verlade-** погрузочная платформа, *(Schiff.)* погрузочный настил (-ый мостик); **Wechsel-** *(Behälter)* сменный кузов

Brutto брутто; ~ **für netto** ~ за нетто

Brutto- *(in Zus.)* брутто; **-gewicht** вес ~; **-inlandsprodukt (BIP)** валовый внутренний продукт (ВВП); **-preis** цена ~; **-preissystem** система цен ~; **-raumzahl (BRZ)** *(Schiff.)* ~-регистровая единица; **-registertonnage** *(Schiff.)* ~-регистровый тоннаж; **-registertonne (BRT)** *(Schiff.)* ~-регистровая тонна; **-tara** ~-тара; тара ~; **-tarif** ~-тариф; **-tonnage**

~-тоннаж; **-tonnenkilometer** ~-тонно-километр

Buch книга, *(hier auch)* журнал; **Auftrags-** книга (портфель *(m.)*) заказов; **Betriebs-** *(Eis.)* аппаратный журнал, эксплуатационная книга; **Bord-** бортовой журнал; **Dienst-** журнал дежурств; **Eingangs-** *(Waren)* книга прибытия <груза, товаров>; **Entlade-** книга выгрузки; **Fahrten-** путевой дневник (-ая книга) <водителя>, рейсовый журнал; **Fracht-** грузовая книга; **Gütereingangs-** книга прибытия грузов; **Güterkurs-** указатель *(m.)* грузовых сообщений; **Kurs-** *(Eis.)* железнодорожный справочник; **Lade-** *s. Fracht-*; **Liefer-** книга поставок; **Log-** *(Schiff.)* судовой (вахтенный) журнал, судовая книга; **Maschinen-** машинный журнал; **Rechnungseingangs-** фактурная книга; **Sanitätstage-** *(See.)* санитарный журнал; **Schiffs-** судовая книга; **Schiffsgesundheits-** санитарный журнал; **Schiffstage-** *s. Log-*; **Seefahrts-** мореходная книга; **Spiditions-** журнал экспедитора; **Versandannahme-** книга приёма грузов к отправке; **Versand-** журнал отправленных грузов; **Wareneingangs-** книга прибытия товара; **Wiege-** весовой журнал; **Zustell-** *(für Kuriersendungen)* разносная книга

buchen бронировать/забронировать <что-л.>; **einen Platz im Flugzeug ~** ~ место в самолёте

Buchung 1. *(Pass.)* броня <билета>, *(Prozess auch)* бронирование <билета>; 2. *(buchh.)* бухгалтерский учёт; **automatische ~** автоматическая броня; **gültige ~** действительная броня; **Flug-** бронирование полёта; **Um-** *(Flug.)*

перебронирование
(переоформление) авиабилета

Buchungs- *(in Zus.)*
расчётн‖ый/ая/ое/ые,
учётн‖ый/ая/ое/ые; **-beleg** -ый
документ; **-bestätigung** *(Flug.,
Pass.)* переподтверждение
бронирования; **-note** *(Bestätigung
eines Beförderungsvertrages)*
букинг-нот; **-zettel** *s. -note*

Budget *(ökon.)* бюджет; **Verkehrs-** ~
развития транспорта, *(ÖPNV auch)*
~ общественного транспорта

Bühne *(hier Ladevorrichtung)*
платформа, площадка; **Belade-**
грузовая, погрузочная; **Entlade-**
разгрузочная; **Hebe-** подъёмная;
Lade- *s. Belade-*; **Umlade-**
перегрузочная

Bündelung <von Fahrten,
Lieferungen, Verkehrsströmen>
группировка, сосредоточение
<поездок, поставок, транспортных
потоков>

Bündelungsstrategien *(Pl.)* стратегии
группировки и сосредоточения
<транспортных потоков>

Bürgerliches Gesetzbuch (BGB) *(jur.)*
Гражданский кодекс (ГК)

Bürgersteig тротуар; **auf dem** ~ на -е

Bürgschaft *(kfm.)* гарантийное
письмо; **Bank-** банковская
гарантия; **Zoll-** поручительство по
задолженности таможенным
органам

Buffetwagen *(Eis.)* вагон-буфет

Bug *(Schiff, Flugzeug)* нос (носовая
часть) <корабля, судна, самолёта>

Bug- *(in Zus.)* носов‖ой/ая/ое/ые; **-rad**
(Flug.) -ое колесо; **-rampe** -ая
передняя платформа; **-ruder** -ой
руль

Bugsier- *(in Zus.)*
буксировочн‖ый/ая/ое/ые;
-arbeiten *(Pl.)* -ые работы;
-dampfer -ый (буксирный)
пароход; **-vertrag** *(Schiff.)* договор
(контракт) буксировки

Bulk- *(in Zus.)*; **-carrier** *(Schiff.)*
балкер, балк-кэрриер; судно,
предназначенное для перевозок
массового груза; **-ladung**
навалочный (наливной) груз;
-schiff *s. carrier*

Bund *(s. auch Verband, Vereinigung)*
союз

Bundes- *(in Zus.)*
Федеральн‖ый/ая/ое/ые;

Bundesamt ‖ *(BRD)* Федеральное
ведомство; ~ **für gewerbliche
Wirtschaft** ~ по отраслевому
регулированию экономики; ~ **für
den Güterfernverkehr** ~ дальних
грузовых перевозок; ~ **für
Güterverkehr** ~ грузовых
перевозок; ~ **für Seeschifffahrt und
Hydrographie** ~ морского
судоходства и гидрографии; ~ **für
den Straßengüterverkehr** ~
автодорожных грузовых
перевозок; **Eisenbahn-** ~ железных
дорог; **Kraftfahrt-** ~
автомобильного транспорта;
Luftfahrt- ~ гражданской авиации;

Bundesanstalt ‖ *(BRD)*
Федеральное ведомство; ~ **für
Flugsicherung** ~ по обеспечению
безопасности полётов; ~ **für den
Güterfernverkehr** *(Kfz.)* ~ дальних
грузовых перевозок; ~ **für das
Straßenwesen** ~ дорожного
строительства и содержания дорог;

Bundes‖ausfuhramt Федеральн‖ое
ведомство по экспорту; **-bahn**
(Eis., BRD) Германские железные
дороги; **-bahngesetz** *(BRD)* Закон о

Германских железных дорогах; **-bahnneuordnungsgesetz** *(BRD)* Закон о реструктуризации Германских железных дорог; **-fernstraße** -ая дорога дальнего следования; **-fernstraßengesetz** *(BRD)* -ый закон о строительстве и содержании автомагистралей -ого назначения; **-gesetz** -ый закон; **-gesetzblatt** -ый вестник законов, Бюллетень *(т.)* -ых законов; **-gesetzgebung** -ое законодательство; **-kartellamt** *(BRD)* -ое ведомство надзора за деятельностью картелей; **-luftfahrtamt** *(BRD)* -ое ведомство гражданской авиации; **-minister <für Verkehr>** *(BRD)* -ый министр <транспорта>; **-ministerium <für Verkehr>** *(BRD)* -ое министерство <транспорта>; **-stelle** *(BRD)* -ое ведомство <министерства>; **-steuerblatt** *(BRD)* -ый вестник налоговых положений; **-straße** дорога -ого назначения (общегосударственного значения);

Bundesverband *(BRD)* ‖ Федеральный союз; ~ **der Deutschen Binnenschifffahrt** ~ германского внутреннего судоходства; ~ **Deutscher Eisenbahnen** ~ германских железных дорог; ~ **des Deutschen Güterverkehrs** ~ грузовых перевозок Германии; ~ **der Deutschen Industrie** ~ германской промышленности; ~ **Deutscher Omnibusunternehmer** ~ германских автобусных предприятий; ~ **des Deutschen Personenverkehrsgewerbes** ~ германских предприятий пассажирского транспорта; ~ **des Deutschen Straßengüterfernverkehrs** ~ дальних грузовых перевозок автомобильного транспорта

Германии; ~ **Güterkraftverkehr, Logistik und Entsorgung** ~ грузовых перевозок, логистики и перевозок по устранению отходов; ~ **öffentlicher Binnenhäfen** ~ общественных внутренних портов; ~ **Spedition und Lagerei** ~ экспедиции и складирования; ~ **Werkverkehr und Verlader** ~ перевозок грузов транспортными средствами предприятий и отправителей;

Bundes‖vereinigung *(BRD)* Федеральн‖ое объединение, -ая ассоциация; **-verkehrswegeplan** *(BRD)* -ый план транспортной инфраструктуры; **-wasserstraße** *(BRD)* водный путь -ого назначения; **-zentralgenossenschaft Straßenverkehr** *(BRD)* -ое центральное товарищество автодорожного транспорта; **-zentralverband** *(BRD)* Федерация союзов; **-zollverwaltung** *(BRD)* -ое таможенное управление

bunkern *(Schiff.)* бункеровать <груз>

Bunkern *(Subst.)* **von Ladung auf einem Schiff** бункеровка груза на судне (на бункеровщике)

Bunkerschiff бункерное судно, *(umg.)* бункеровщик

Bus *(Kraftfahrzeug)* автобус; **spurgeführter** ~ вид -а городского транспорта, преобразуемый в рельсовое транспортное средство наподобие трамвая; **Ausflugs-** экскурсионный; **City-~** городской ~ <малой вместимости>; **Doppelstock-** двухэтажный; **Eil-** скоростной; **Elektro-** ~ с электрическим приводом, электро-~; **Express-** экспресс-~, автоэкспресс; **Fernreise-** туристский; **Flughafen-** 1. *(Zubringer)* ~ для доставки

пассажиров к аэропорту; **2.** *s.*
Vorfeld-; **Gelenk-** сочленённый;
Hybrid- ~ с комбинированным
приводом; **Klein-** микро-; **Linien-**
маршрутный, рейсовый; **Nacht-**
ночной; **Niederflur-** ~ с
пониженной платформой;
Oberleitungs- троллейбус; **Reise-** *s.*
Ausflugs-; **Ruf-** вызовной;
Schienen- рельсовый, автомотриса;
Schnell- *s.* *Eil-*; **Schul-** школьный;
Spezial- специальный; **Spur-**
бимодальный; **Stadt-** городской;
Touristen- туристский; **Überland-**
междугородный; **Vorfeld-**
(Flughafen) ~ для перевозки
пассажиров по территории
аэропорта; **Vorort-** пригородный;
Zubringer- ~ для доставки
пассажиров к месту дальнейшего
следования; **mit dem ~ fahren**
ехать (ездить) -ом

Bus- *(in Zus.)* автобусн‖ый/ая/ое/ые;
-abfahrt отправление автобуса;
-bahnhof -ый вокзал, автовокзал;
-bestand -ый парк; **-betrieb 1.**
(Nutzung) эксплуатация автобусов;
2. *(Verbindung)* -ое движение; **3.**
(Unternehmen) -ое предприятие;
-depot -ое депо *(indkl.)*; **-fahrer**
водитель *(m.)* автобуса, *(umg.)*
автобусник; **-fahrplan** расписание
автобусов; **-führerschein**
удостоверение на право
управления автобусом (вождения
автобуса); **-haltestelle** остановка
автобуса

Business-Class (C) *(Flug.)* бизнес-
класс

Bus‖linie автобусн‖ая линия,
маршрут автобуса; **-netz** сеть *(f.)*
-ых линий; **-park** -ый парк;
-reisender *(Pers.)* пассажир
автобуса; **-schleuse** шлюз для
автобусов; **-spur** *(ÖPNV)*
приоритетная полоса для

автобусов <общественного
транспорта>; **-tarif** -ый тариф;
-tasche уширение дороги в зоне
остановки автобуса; **-unternehmen**
-ое предприятие; **-verbindung** -ая
связь, -ая линия; **-verkehr** -ое
сообщение, -ое движение, -ые
перевозки

Bußgeld денежный штраф,
<штрафная> санкция

Bußgeld- *(in Zus.)*; **-katalog** каталог
штрафных санкций; **-verfahren**
<судебное> производство о
взимании штрафа

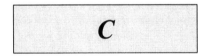

Cable-Liner *(Standseilbahn)*
специальный фуникулёр

Cabriolet *(Kfz.)* кабриолет

Campingwagen *(Kfz.)* автомобиль
(m.) для туризма

Caravan *(Kfz.)* караван

Cargo *(s. auch Gut, Fracht)* карго *(n.*
indkl.), груз, фрахт; **Super-**
(Flugzeug) супер-карго,
тяжеловесный (крупногабаритный)
самолёт

Cargo Rail Net *(Eis., EU)* грузовая
железнодорожная сеть <в рамках
транспортной системы ЕС>

Cargo- *(in Zus.)* фрахтов‖ой/ая/ое/ые;
-geschäft -ая сделка, -ая операция;
сделка на перевозку груза;
~Lifter *(Flug.)* специальный
грузовой воздушный корабль
"Карго-лифтер"; **~Liner** *(Schiff.)*
специальное грузовое

<маршрутное> судно "Карго-лайнер"; ~-**Manifest** _(Schiff.)_ карго-манифест, -ый (грузовой) манифест; ~-**Sprinter**📖 _(Eis.)_ специальный контейнерный поезд прямого сообщения "Карго-шпринтер"; -**versicherung** страхование карго _(n., indkl.)_

Carnet ‖ **ATA** _(Zollbescheinigung für die zeitweilige Ein- und Ausfuhr)_ <универсальная> таможенная декларация для транзитных грузов, таможенный документ для временного ввоза/вывоза; ~ **TIR**📖 _(Zollbegleitscheinheft für den internationalen Straßengüterverkehr)_ книга международной дорожной перевозки (МДП), таможенная сопроводительная книжка, единая декларация на транзит грузов <для автомобильных и контейнерных перевозок>

carriage _(Incoterms)_ фрахт; ~ **paid (cp)** ~ оплачен; ~ **and insurance paid (cip)** ~ и страхование оплачены

Carrier I _(Pers., Flug., See., s. auch Frachtführer, Verfrachter)_ перевозчик, фрахтовщик, _(Spediteur)_ экспедитор, _(Flug auch)_ кэрриер; **Luft-** _(Flug.)_ ~ авиационного груза (авиагруза), авиаперевозчик; **See-** ~ морского груза; **Spezial-** ~ специального груза; **free** ~ **(fca)** франко перевозчик;

Carrier II _(Schiff)_ <грузовое> судно; **Barge-**~ морское ~ для комбинированных перевозок лихтеров; **Bulk-** балкер, балк-кэрриер; ~, предназначенное для перевозки массового груза; **LASH-**~ морское ~ для комбинированных перевозок лихтеров;

Carrier III _(techn., s. auch Vorrichtung)_ устройство; **Van- (Terminal)** самоходный контейнерный мост

cash _(Zahlungsweise)_ платёж наличными; ~ **against documents (cad)** наличные против документов; ~ **and carry (c&c)** покупка товара за наличные с доставкой товара своим транспортом; ~ **before delivery (cbd)** предоплата; ~ **on delivery (cod)** платёж при поставке

CEMT-Kontingent _(EU)_ контигент, установленный Европейской конференцией министров транспорта

Certificate of insurance страховой сертификат (-ой полис)

Charakteristik, technische техническая характеристика

Charter _(Anmietung eines Fahrzeuges)_ чартер <судна, самолёта>, _(Schiff. auch)_ фрахтование; **offener** ~ открытый, генеральный; **prompter** ~ срочный; **reiner** ~ чистый; **Bareboat-**~ _(ohne Besatzung)_ бербоут-~; **Demise-**~ димайз-~; **Ganz-** ~ с предоставлением всего транспортного средства <для перевозки груза>; **General-** генеральный; **Langzeit-** долгосрочный; **Linien-** рейсовый, линейный; **Luft-** воздушное сообщение на основе договоров; **Pauschal-** паушальный; **Raum-**~-партия, ~ на фрахтование определённого тоннажа; **Reise-** рейсовый; **See-** морское сообщение на основе договоров; **Teil-** ~ на фрахтование части судна; **Voll-** _s._ _Ganz-_; **Zeit-** тайм-~

Charter- _(in Zus.)_ чартерн‖ый/ая/ое/ые; -**abschluss**

заключение чартера; **-annullierung** расторжение чартера; **-auftrag** заказ на чартер, фрахтовый ордер; **-bedingungen** *(Pl.)* условия чартера; **-betrieb** перевозка на основе договоров

Charterer *(Pers., Schiff., Flug.)* фрахтователь <судна, самолёта>

Charter‖flug чартерн‖ый полёт, -ый рейс; **-fluggesellschaft** -ая авиационная компания, -ая авиакомпания; **-form** проформа чартера; **-geschäft** -ая сделка; **-klausel** статья чартера; **-konnossement** *(See.)* -ый коносамент; **-kosten** *(Pl.)* расходы по фрахтованию; **-ladung** -ый груз; **-luftfahrt** воздушное сообщение на основе договоров; **-markt** -ый рынок

chartern фрахтовать/ зафрахтовать (нанимать/нанять) <самолёт, судно>

Chartern *(Subst.)* фрахтование <судна>, наём <самолёта, судна>

Charter‖partie *(C/P)* чартер-партия, договор о фрахтовании <судна>; **-partie-Konnossement** *(See.)* чартерн‖ый коносамент; **-periode** срок фрахтования; **-politik** фрахтовая политика; **~Proforma** *s. -form*; **-provision** брокерская комиссия, вознаграждение за операцию фрахтования; **-rate** -ая ставка; **-regeln** *(Pl.)* условия чартера; **-satz** *s. -rate*; **-schiff** -ое судно, зафрахтованное судно; **-system** -ая система; **-tätigkeit** фрахтование; **-tonnage** -ый тоннаж

Charterung *s. Charter*

Charter‖verbindung чартерн‖ая связь, *(Flug. auch)* -ый рейс; **-verkehr**⌂ -ое сообщение,

сообщение на основе договоров перевозки, *(Verkehre)* -ые перевозки; **-vertrag** договор фрахтования (о фрахтовании) <судна>, договор-чартер; **-vorschriften** *(Pl.) s. -regeln*

Chaussee<straße> шоссе *(n., indkl.)*, шоссейная дорога

Check-in *(Flug., Pass.)* регистрация <пассажиров>, *(Flug., Gepäck)* оформление <багажа>; **~Zeiten** сроки регистрации

Chefsteward *(Pers., Flug./Schiff.)* старший бортпроводник

cif-Preis цена сиф

CIM-COTIF-Abkommen *(Eis.)* Бернская конвенция

City- *(in Zus.)* городск‖ой/ая/ое/ие; **~Bus** -ой автобус; **~Logistik**⌂ -ая логистика, система распределения грузов внутри города; **~Pricing**⌂ система установления тарифов на внутригородские транспортные услуги; **~Ruf**⌂ городская радионавигационная служба; **~Shuttle**⌂ *(Zubringer)* пригородное маршрутное такси *(indkl.)*; **~Terminal**⌂ -ой фрахтовый терминал

Class *(Flug.)* класс; **Business ~ (C)** бизнес-~; **Economy ~ (Y)** экономический; **First ~ (F)** первый

CMR- *(in Zus., LKW)*; **~Frachtbrief** международная накладная по перевозкам грузов автотранспортом; **~Vertrag** договор (контракт) о <международной> перевозке грузов автотранспортом

Cockpit *(Flug.)* кокпит, кабина пилота

Code код; **Klassifizierungs-** ~ классификации; **Zoll-** таможенный, таможенная номенклатура

Code Sharing📖 || *(Flug.)* совместное обслуживание авиалиний несколькими авиакомпаниями; **~-Abkommen** соглашение о взаимном обслуживании международных рейсов

Codenummer einer Ware товарный код

codierter Container кодированный контейнер

Collico коллико *(n., indkl.)*, малогабаритный ящик

computergestützt компьютеризированн‖ый/ая/ое/ ые; **-es Betriebsleitsystem** -ая система управления <чем-л.>; **-es Reservierungssystem** *(Pass.)* -ая система резервирования (бронирования) <мест>

Computerstellwerk *(Schienv.)* компьютерная централизация

Consignee *(Pers., Frachtempfänger)* грузополучатель *(m.)*

Consigner *(Pers., Frachtabsender)* грузоотправитель *(m.)*

Container *(Warenbehälter)* контейнер <для товаров>; **beladener** ~ погруженный, **codierter** ~ кодированный; **entladener** ~ разгруженный; **intermodaler** ~ межмодальный; **leerer** ~ порожний; **mittlerer** ~ среднетоннажный, большой, средней ёмкости; **multimodaler** ~ ~ для смешанных перевозок; **nicht entladener** ~ неразгруженный; **nicht versandter** ~ неотгруженный; **unbeladener** ~ *s.* *leerer*; **vorübergehend eingeführter** ~

временно везённый; **zerlegbarer** ~ разборный; **zollamtlich abgefertigter** ~ растаможенный;

Container, Abroll- контейнер || с платформой, ~ на роликах; **Bahn-** железнодорожный, рельсовый; **Decks-** палубный; **Einzel-** индивидуальный; **Einzweck-** специальный; **Export-** экспортный; **Falt-** складной; **Fracht-** грузовой; **Groß<raum>-** большегрузный, крупногабаритный, крупнотоннажный; **Halb-** полу-, открытый; **Import-** импортный; **Klein-** малотоннажный; **Kühl-** рефрижераторный, **~-рефрижератор,** изотермический; **LCL-~** ~ для неполной погрузки; **Leer-** порожний; **Linien-** линейный; **Massen-** ~ для перевозки массового груза; **Mehrzweck-** многоцелевой, универсальный; **Netz-** решётчатый; **pa-~** *s.* *Roll-*; **RoRo-~** ~ типа ро-ро; **Roll-** ~ на роликах, ~ на катках; **Sammel-** групповой, сборный; **Schiffs-** судовой; **Schwergut-** большегрузный; **Semi-** *s.* *Halb-*; **Serien-** серийный; **Spezial-** специализированный, специальный; **Standard-** стандартный; **Stückgut-** ~ для перевозки штучного груза; **Tank-** ~-цистерна; **Trockenfracht-** сухогрузный; **Universal** *s.* *Mehrzweck-*; **Vielzweck-** *s.* *Mehrzweck-*; **Vierzig-Fuß-~** сорокафутовый; **Zwanzig-Fuß-~** двадцатифутовый;

Anmieten eines Container‖s аренда контейнер‖а; **Beförderung in -n** *(Pl.)* перевозка (транспортировка) в -ах; **Bereitstellung eines -s** предоставление (подача) -а; **Laufverfolgung eines -s** сопровождение -а; **Stillstandszeit**

eines -s простой -а; **Verladestation für** ~ контейнеропогрузочный пункт;

einen Container || **absenden** высылать/выслать || контейнер, отправлять/отправить ~; ~ **ausladen** разгружать/разгрузить ~; ~ **befördern** перевозить/ перевезти ~, транспортировать ~; ~ **beladen** погружать/ погрузить ~; ~ <**zum Versand**> **bereitstellen** предоставлять/ предоставить ~ <для отправления грузов>; ~ **entladen** разгружать/разгрузить ~, выгружать/выгрузить груз из -а; ~ **leeren** *s.* *entladen*; ~ **mieten** снимать/снять ~ в аренду; ~ **transportieren** *s.* *befördern*; ~ **umladen** перегружать/ перегрузить ~; ~ **verladen** грузить/нагружать ~; ~ **vermieten** сдавать/сдать ~ в наём; ~ **versenden** *s.* *absenden*; ~ **versichern** страховать/ застраховать ~; **Ware in -n** *(Pl.)* **versenden** отгружать/отгрузить товар в —ах

Container- *(in Zus.)* контейнерн‖ый/ая/ое/ые; **-abnahmebescheinigung** квитанция о приёме контейнера; **~-Anhänger** прицеп для перевозки контейнеров, прицеп-контейнеровоз; **~-Auflieger** полуприцеп-контейнеровоз; **-bahnhof** -ая грузовая станция (КГС), -ый терминал; **-beförderung** **1.** *(von Containern)* перевозка контейнеров; **2.** *(von Fracht in Containern)* перевозка <груза> в контейнерах; **-beladung** *(Prozess)* погрузка контейнера; **-bestand** -ый парк; **-bewegung/en** передвижение контейнеров; <**kurvengängige**> **-brücke** -ый мост <с бегом на поворотах>; **-depot** -ое депо *(indkl.)*; **-dienste** -ая служба;

-drehscheibe поворотный круг для разгрузки и погрузки контейнеров; **-einheit** -ая <эквивалентная> единица

containerfähiges Frachtgut груз (фрахт), перевозимый в контейнерах

Container‖fahrzeug *(LKW)* автомобиль-контейнеровоз; **-flughafen** контейнерн‖ый терминал в аэропорту; **-fracht** -ый груз; **-frachtaufkommen** объём -ых перевозок; **-frachtbrief** -ая накладная; **-frachter** -ое <грузовое> судно, контейнеровоз; **-ganzzug** -ый маршрутный поезд; **-hafen** -ый порт; **-kai** -ый причал; **-komplettladung (FCL) 1.** *(Prozess)* полная погрузка контейнера; **2.** *(Ladung)* партия товара, полностью заполняющая контейнер; **-kran** -ый кран; **-kranbahn** рельсовый кран для перевалки контейнеров; **-ladung** -ый груз, груз в контейнерах; **-lager** -ый склад; **-leasing** лизинг контейнеров; **-linie** -ая линия, маршрут перевозки контейнеров; **~-Liniendienst** рейсовая -ая служба; **-manifest** -ый манифест; **-miete** <арендная> плата за контейнер; **-packstation** станция погрузки контейнеров; **-palette** платформа-поддон для перевозки контейнеров; **-park** -ый парк; **-plombe** -ая пломба; **-reederei** -ое пароходство; **-reparatur** ремонт контейнеров; **-schiff** -ое судно, *(umg.)* контейнеровоз; **-schifffahrt** -ое судоходство; **-standplatz** -ая площадка; **-standzeiten** *(Pl.)* времена простоя контейнера, простои контейнеров; **-stapelwagen** -ый автопогрузчик, -ый штабелёр; **-stapler** *s.* *-stapelwagen*; **-stellfläche** -ая площадка, место стоянки контейнеров; **-stellplatz** *s. -stellfläche*; **-strom** контейнеропоток; **-system** -ая система; **-tarif** -ый тариф; **-teilladung (LCL) 1.** *(Prozess)* неполная (частичная) погрузка контейнера; **2.** *(Ladung)* партия товара, частично заполняющая контейнер; **-terminal**⌑ -ый терминал, *(Schiff. auch)* -ый причал; **~Tragwagen** -ая платформа; **-transport** -ый транспорт, -ая перевозка, перевозка в контейнерах; **-transportgerät** транспортное средство для перевозки контейнеров; **-transportsystem** система -ых перевозок; **-umlauf** оборачиваемость *(f.)* контейнеров; **-umschlag 1.** *(Umladung)* перегрузка (перевалка) контейнеров, **2.** *(Umlauf)* контейнерооборот; **-umschlagzentrum** центр для перегрузки (перевалки) контейнеров; **-verbindung** -ая связь, -ая линия, маршрут -ого сообщения; **-verfahren** *(techn.)* перевозка в контейнерах;

Containerverkehr ‖ контейнерн‖ый транспорт, -ое сообщение, *(Verkehre)* -ые перевозки; **grenzüberschreitender ~** *s. internationaler*; **internationaler ~** международное -ое сообщение, международные -ые перевозки; **seewärtiger ~** морское -ое судоходство; **Umstellung auf ~** переход к -ым перевозкам, контейнеризация;

Container‖-Verladestation контейнерн‖ая грузовая станция (КГС), контейнеропогрузочный пункт; **-wagen** вагон для перевозки контейнеров; **-waggon** *s.*

-wagen; **-wartung** текущее обслуживание контейнеров; **-zug**⌑ -ый поезд; **-zuglinie** маршрут железнодорожной перевозки контейнеров

cost *(s. auch Kosten)* стоимость *(f.)*; **~ and freight (caf)** ~ и фрахт (каф); **~ and insurance (ci)** ~ и страхование; **~, insurance, freight (cif)** ~, страхование и фрахт (сиф); **~, insurance, freight, commission and interest (cifci)** ~, страхование, фрахт, комиссионные и процент (сифси)

COTIF-Abkommen, internationales *(Eis., Berner Konvention)* Соглашение о международном грузовом железнодорожном сообщении, Бернская конвенция

Counter *(Flug.)* стойка регистрации <авиапассажиров>

Coupé *(PKW)* <легковой> автомобиль с кузовом купе

Coupon **<der Bordkarte>** *(Flug., Pass.)* купон <посадочного талона>

Courtage комиссионный сбор

Covernote *(Deckungszusage)* ковернот

Crash *(Kfz., s. auch Unfall)* столкновение автомобилей; **Beinahe-** околоаварийная <транспортная> ситуация

Crash-Test *(Kfz.)* испытание автомобиля на столкновение с неподвижным препятствием

Crew экипаж, команда

Custody-Konnossement *(See.)* складской коносамент

D

Dachgepäckträger *(techn., Kfz.)* багажная решётка, багажник на крыше <автомобиля>

Dampf- *(in Zus.)* паров‖ой/ая/ое/ые; **-antrieb** -ой привод; **-betrieb** -ая тяга

Dampfer *(Schiff.)* пароход, теплоход; **Ausflugs-** прогулочный; **Bugsier-** буксировочный, буксирный; **Fahrgast-** пассажирский; **Ozean-** океанский; **Passagier-** *s. Fahrgast-*; **Rad-** колёсный; **Schlepp-** *s. Bugsier-*; **Übersee-** трансокеанский

Dampferanlegestelle пароходная пристань

Dampf‖lokomotive паровоз; **-schiff** пароход; **-schifffahrt** пароходство; **-schlepper** паровой буксир; **-traktion** *(Schienv.)* паровая тяга

Daten *(Pl.)* данные; **technische ~** технические; **Fahrzeug-** параметры транспортного средства; **Flug-** лётные; **Verkehrs-** транспортные

Daten- *(in Zus.)*; **-fernübertragung** электронная передача данных; **-schreiber** устройство регистрации данных

Datum дата, день *(m.)*; **Abfahrts-** ~ отправления; **Abgangs-** *(Schiff.)* ~ отплытия; **Ankunfts-** *(Pass.)* ~ прибытия, *(Schiff.)* ~ прихода; **Eingangs-** ~ прибытия <товара>; **Empfangs-** ~ приёма, ~ принятия, ~ получения <товара>; **Liefer-** ~ поставки; **Verfalls-** <einer Ware> срок годности <товара>; **Verlade-** ~ погрузки; **Versand-** ~ отгрузки (отправки) <груза>

Dauer *(s. auch Frist, Zeit)* продолжительность *(f.)*, время, *(Frist)* срок, *(Periode)* период; **Abfertigungs- 1.** *(Flug., Pass.)* время регистрации пассажиров; **2.** *(Güterv.)* продолжительность (срок) отправки грузов; **3.** *(Zoll.)* продолжительность (срок) таможенного оформления <груза> **Abschreibungs-** амортизационный срок, срок амортизации; **Aufbewahrungs-** срок (продолжительность) хранения <груза>; **Aufenthalts- 1.** *(Fahrzeuge)* срок простоя, *(Pl.)* простои; **2.** *(Pass.)* срок пребывания; **Beförderungs-** продолжительность (время) перевозки (транспортировки); **Belade-** продолжительность (срок, время) погрузки; **Einsatz-** срок службы, продолжительность (срок, период) эксплуатации, *(Schiff.)* продолжительность плавания <судна>; **Entlade-** срок (время, продолжительность) разгрузки; **Fahrt-** продолжительность езды (рейса); **Flug-** продолжительность полёта; **Genehmigungs-** срок действия разрешения; **Haltbarkeits-** <einer Ware> срок годности <товара>; **Nutzungs-** *s. Einsatz-*; **Park-** продолжительность (срок, время) стоянки <автомобиля>; **Umschlag-** продолжительность (срок, время) перегрузки (перевалки); **Verlade-** время (срок) отгрузки; **Vertrags-** срок действия договора (контракта)

Dauer- *(in Zus.)* постоянн‖ый/ая/ое/ые; **-belastung** -ая нагрузка; **-berechtigungsschein** -ый пропуск; **-betrieb** продолжительный режим работы, непрерывная эксплуатация

dauerhaftes Gut товар длительного пользования

Dauer‖parker *(Pers., Kfz.)* постоянн‖ый пользователь *(m.)* местом стоянки <автомобиля>; **-stau** -ое скопление <транспортных средств>; **-verpackung** многооборотная упаковка (-ая тара), упаковка (тара) многократного (повторного) использования

Deadweight *(Schiff.)* дедвейт; **~-Tonne** ~-тонна

Deck 1. *(Schiff.)* палуба <судна>; 2. *(Bus, LKW)* этаж; **an** ~ 1. *(Ort)* на палубе; 2. *(Richtung)* на палубу; **auf** ~ *s. an* ~; **unter** ~ 1. *(Ort)* в трюме; 2. *(Richtung)* в трюм; **Fahrgast-** *(Schiff.)* пассажирская палуба; **Haupt-** *(Schiff.)* основной дек; **Ober-** 1. *(Schiff.)* верхняя палуба; 2. *(Bus, LKW)* верхний этаж; **Unter-** 1. *(Schiff.)* нижняя палуба; 2. *(Bus, LKW)* нижний этаж; **Zwischen-** *(Schiff.)* твиндек

Deck- *(in Zus., Schiff.)* палубн‖ый/ая/ое/ые; **-fracht** -ый груз; **gefährliche -fracht** опасный груз, погружаемый только на палубу; **-ladung** *s.* *-fracht*; **-ladungsversicherung** страхование -ого груза

deckloses Schiff беспалубное судно

Deckscontainer *(Schiff.)* палубный контейнер

Deckungszusage *(Vers.)* ковернот; **gültige** ~ действительный; **offene** ~ открытый

Defektoskop *(techn.)* дефектоскоп; **Magnet-** магнитный; **Ultraschall-** ультразвуковой

Defizit <an Waren> <товарный> дефицит

Degressionseffekte *(Pl., kfm.)* эффекты снижения расходов

degressive Abschreibung *(kfm.)* дегрессивная амортизация

Degressivtarif дегрессивный тариф

Deklarant, Zoll- *(Pers.)* податель *(m.)* таможенной декларации

Deklaration *(s. auch Erklärung)* декларация; **Ausfuhr-** экспортная; **Einfuhr-** импортная; **Export-** *s.* *Ausfuhr-*; **Fracht-** ~ груза; **Gefahrgut-** ~ об опасном грузе; **Import-** *s.* *Einfuhr-*; **Zoll-** таможенная

Deklarations- *(in Zus.)* декларационн‖ый/ая/ое/ые; **-prinzip** принцип подачи декларации; **-wert** -ая стоимость

deklaratorische Eintragung <von etw.> декларативное занесение <чего-л. во что-л.>

deklarieren *(Ware)* декларировать <товар>, заявлять/заявить <о товаре>

Deklarierender *(Subst., Pers.)* декларант

Deklarierung <einer Ware> декларирование <товара>

deklarierungspflichtig подлежащ‖ий/ая/ее/ие декларированию

delivered *(Incoterms)* поставлен/а/о/ы; ~ **duty paid (ddp)** ~ с уплаты пошлины; ~ **duty unpaid (ddu)** ~ без уплаты пошлины

Delivery Order (D/O) *(Lieferschein)* деливери-ордер, товарная (приёмо-сдаточная) накладная

Demise-Charter димайз-чартер

Depot 1. *(Betriebshof)* депо *(n. indkl.)*; **2.** *(Lager)* склад; **Bahn-** железнодорожное депо; **Bus-** автобусное депо; **Container-** контейнерное депо; **Fahrzeug-** *(Kfz.)* автомобильное депо, автобаза, *(Eis.)* железнодорожное депо; **Flugzeug-** самолётный парк; **Güter-** грузовой (фрахтовый) склад; **Paletten-** склад поддонов; **Straßenbahn-** трамвайное депо (-ый парк); **U-Bahn-** депо метрополитена; **Zoll-** таможенный склад

Deregulierung 📖 дерегулирование

Deregulierungseffekte *(Pl.)* эффекты (последствия) дерегулирования

Destination 1. *(Zweck)* назначение; **2.** *(Bestimmungsort)* место назначения

Destinator *(Pers., s. Empfänger)* грузополучатель *(m.)*

Deutsch *(hier BRD)* Германск‖ий/ая/ое/ие; **-e Bahn** -ие железные дороги *(Pl.)*; **-e Binnenreederei** -ое речное пароходство; **-er Gebrauchszolltarif** -ий таможенный тариф на потребительские товары; **-e Industrienorm** -ий промышленный стандарт; **-er Industrie- und Handelstag (DIHT)** -ий конгресс торгово-промышленных палат

Devisen- *(in Zus.)* валютн‖ый/ая/ое/ые; **-beschränkungen** *(Pl.)* -ые ограничения; **-erklärung** -ая декларация

dicht befahrene Straße улица (дорога) с интенсивным (оживлённым) движением (с большой нагрузкой)

Dichte плотность *(f.)*; **Abfahrts-** ~ (частота) отправления, *(Schiff.)* частота отплытия <судов>; **Fahrzeug-** **1.** *(Verkehrsdichte)* ~ машин на дороге; **2.** *(Motorisierungsgrad)* уровень *(m.)* моторизации; **Güterverkehrs-** грузонапряжённость *(f.)*; **Netz-** транспортной сети; **Schütt-** ~ навалочного (насыпного) груза; **Takt-** ~ интервалов, частота движения <по твёрдым интервалам>; **Verkehrs-** ~ <дорожного> движения; **Zug-** ~ движения поездов

Diebstahl von Fracht кража груза

Dienst *(Dienstleister, s. auch Dienste)* служба; **Abschlepp-** ~ технической помощи; **Beförderungs-** транспортная; **Container-** контейнерная; **Express-** ~ спешной (срочной) перевозки, экспресс-~; **Fahr-** линейная, ~ движения; **Feeder-** *(Schiff.)* фидерная; **Flugfunk-** ~ авиационной радиосвязи; **Flugsicherungs-** ~ обеспечения безопасности полёта; **Flugwetter-** авиационно-метеорологическая, авиаметео-; **Güter-** грузовая; **Hafen-** портовая; **Informations-** информационная, *(Auskunftsstelle)* справочный отдел; **Konsular-** консульская; **Kunden-** обслуживание клиентов; **Kurier-** курьерская, ~ дипсвязи; **Linien-** линейная; **Lotsen-** *(Schiff.)* лоцманская; **Navigations-** навигационная; **Navigations- und Seewetter-** навигационно-гидрографическое обеспечение плавания; **Rangier-** *(Eis.)* маневровая; **Reparatur-** станция технического обслуживания; **Rettungs-** спасательная; **Rollfuhr-** *(Eis.)* ~ доставки груза автотранспортом на дом, ~ доставки железнодорожного груза автотранспортом; **Schiffs- und Wach-** общесудовая и вахтенная; **Seerettungs-** аварийно-спасательная; **Shuttle-** ~ доставки <пассажиров> к месту; **Speditions-** экспедиторская; **Straßen-** дорожная; **Straßenwetter-** дорожно-метеорологическая; **Straßenwinter-** ~ зимнего содержания дорог; **Strecken-** *(Schienv.)* ~ пути; **Telebus-** *(ÖPNV)* автобусная ~ для инвалидов; **Triebfahrzeug-** ~ тяги; **Verkehrsinformations-** ~ предоставления информации о транспортной обстановке; **Verkehrsinformationsfunk-** радиоканал для передачи информации об актуальной транспортной ситуации; **Wach-** *(hier Schiff.)* вахтенная; **Wartungs-** ~ технического сервиса; **Zoll-** таможенная; **Zollfahndungs-** таможенная ~ <розыска>, противоконтрабандная; **Zubringer-** ~ привоза <груза, пассажиров> к станции (аэропорту); **Zustell-** ~ доставки

Dienst- *(in Zus.)* служебн‖ый/ая/ое/ые; **-anweisung** -ая (должностная) инструкция; **-buch** журнал дежурств

Dienste *(Pl., s. auch Dienst, Dienstleistungen)* услуги; **zeitdefinierte** ~ *(garantierte Transport- und Lieferzeiten)* ~ с гарантированными сроками доставки; **Stau- und Trimm-~** *(Pl., Schiff.)* стивидорные

Dienst‖fahrt **1.** *(Leerfahrt, Aussetzfahrt)* порожний пробег <транспортного средства>; **2.** *(Dienstreise)* командировка, служебная поездка

diensthabender Dispatcher *(Pers.)* дежурный диспетчер

Diensthabende/r *(Subst., Pers.)* дежурный/ая

Dienstleister *(Pers.)* производитель *(m.)* услуг

Dienstleistungen *(Pl., s. auch Leistungen)* услуги; **logistische** ~ логистические, ~ логистики; **multimodale** ~ мультимодальные <транспортные>; **zeitdefinierte** ~ *(garantierte Transport- und Lieferzeiten)* ~ с гарантированными сроками доставки;

Dienstleistungen, Agentur- агентские ‖ услуги; **Beförderungs-** перевозочные, транспортные; **Hafen-** портовые; **Logistik-** *s. logistische*; **Spediteur-** экспедиторские; **Speditions-** *s. Spediteur-*; **Transport-** *s. Beförderungs-*; **Transportsystem-** транспортно-логистические; **Verkehrs-** *s. Beförderungs-*; **Vermittlungs-** посреднические; **Zoll-** таможенные;

Dienstleistungen auf dem Verkehrsmarkt anbieten предлагать/предложить услуги на транспортном рынке

Dienstleistungs- *(in Zus.)*; **-angebot** предложение услуг; **-konzept** концепция обслуживания <рынка>; **-sektor** сфера обслуживания; **-tarif** тариф на предоставление услуг (на услуги); **-unternehmen** компания, работающая в сфере услуг, предприятие бытового обслуживания; **-vertrag** договор (контракт) об оказании услуг

Dienst‖personal обслуживающий персонал; **-reise** служебн‖ая поездка, командировка; **-reisender** *(Pers.)* командированный *(Subst.)*;

-stelle служба; -vorschrift -ая инструкция; -verkehr 1. *(Dienstreiseverkehr)* -ое сообщение, -ая связь; 2. *(Werkverkehr)* хозяйственные перевозки; -wagen *(Kfz.)* -ый автомобиль; -waggon *(Schienv.)* -о-технический вагон

Diesel дизель *(m.)*

Diesel- *(in Zus.)* дизельн‖ый/ая/ое/ые; -antrieb 1. *(Traktion)* -ый привод, -ая тяга, *(Eis. auch)* тепловозная тяга; 2. *(Motor)* -ый двигатель; -fahrzeug транспортное средство с -ым приводом; *(Kfz. auch)* -ый автомобиль; *(Eis. auch)* -ая тяговая единица

dieselgetriebenes Fahrzeug *s. Dieselfahrzeug*

Diesel‖lokomotive дизельн‖ая тяговая единица, тепловоз; -motor -ый двигатель, *(umg.)* дизель; -schlepper -ый тягач; -stapler -ый <авто>погрузчик; -traktion *(Schienv.)* тепловозная тяга; -triebwagen -ый моторный вагон, -ая автомотриса; -<trieb>zug -ый поезд, дизель-поезд

direkt прям‖ой/ая/ое/ые; -er Absatz -ой (непосредственный) сбыт; -e Ausfuhr -ой (непосредственный) экспорт (-ой/ый вывоз) <товаров>, экспорт без участия посредника; -er Autobahnanschluss -ое примыкание к автостраде; -er Binnenschiffsverkehr перевозки -ого внутреннего водного сообщения; -e Einfuhr -ой (непосредственный) импорт (-ой/ый ввоз) <товаров>, импорт без участия посредника; -er Export *s. Ausfuhr*; -e Fährverbindung -ая паромная линия; -e Flugverbindung -ой рейс <самолёта>; -er Frachtbrief -ая накладная; -er Güterzug -ой

грузовой (товарный) поезд; -er Hafenzugang -ой выход к порту; -er Import *s. Einfuhr*; -es Konnossement *(See.)* -ой (сквозной) коносамент; -er Schiffsverkehr перевозки -ого водного сообщения; -e Steuer -ой налог; -e Verbindung -ое сообщение, -ая линия, -ой рейс; -er Verkauf продажа (реализация) без посредника; -er Vertriebsweg -ой канал сбыта; -er Wagen *(Eis.)* 1. -ой (беспересадочный) вагон, вагон -ого сообщения; 2. транзитный; -er Zug -ой поезд, поезд -ого сообщения

Direkt- *(in Zus.)* прям‖ой/ая/ое/ые; -abnehmer непосредственный потребитель (-ый покупатель); -ausfuhr *s. direkte Ausfuhr*; -einfuhr *s. direkte Einfuhr*; -export *s. direkte Ausfuhr*; -flug беспосадочный полёт, -ой рейс; -frachtrate -ой тариф; -geschäft 1. *(ohne Vermittler)* -ая сделка, -ая операция; 2. *(Transit)* транзитная операция; -import *s. direkte Einfuhr*; -importeur -ой импортёр

Direktion дирекция, управление; Finanz- финансовое управление; Flughafen- дирекция аэропорта; Wasser- und Schifffahrts- *(Binnsch., BRD)* Федеральное ведомство по речным и внутренним судоходным сообщениям; Zoll- таможенное управление

Direkt‖lieferung прям‖ая поставка, поставка без посредников, *(im Transitverkehr)* транзитная поставка; -rabatt -ая скидка; -tarif -ой тариф; -umschlag -ая перегрузка, -ая перевалка; -verbindung -ое сообщение, -ая линия, -ой рейс; -verkauf продажа (реализация) без посредника;

-verkehr 📖 **1.** *(ohne Unterbrechung)* -ое сообщение, -ой транспорт, -ые перевозки, *(Pass. auch)* -ой рейс, перевозки без пересадки, *(Güterv. auch)* перевозки без перегрузки (перевалки); **2.** *(im Transit auch)* транзитное сообщение; **-verladung 1.** *(ohne Umladung)* -ая (непосредственная) перевозка (отгрузка), *(Versand im Linienverkehr)* маршрутная отгрузка; **2.** *(Transit)* транзитная отгрузка; **-versand** *s.* *-verladung*; **-zug** *s. direkter Zug*

Diskontinuität der Lieferungen неравномерность *(f.)* (коэффициент неравномерности) поставок

Dispache *(Seehavarie)* диспаша

Dispacheur *(Pers., See., Havariesachverständiger)* диспашёр

Dispatcher *(Pers.)* диспетчер; **diensthabender** ~ дежурный; **Haupt-** главный; **Schicht-** сменный

Dispatcher- *(in Zus.)* диспетчерск‖ий/ая/ое/ие; **-leitstelle** -ий пункт, -ая служба; **-zentrale** *s. -leitstelle*

Display дисплей

disponieren 1. *(etw. vergeben)* размещать/разместить <что-л.>; **2.** *(über etw. verfügen)* располагать/расположить <чем-л.>

Disposition 1. *(Vergabe von etw.)* размещение, разнарядка; **2.** *(Verfügung über etw.)* расположение

Dispositions- *(in Zus.)* диспетчерск‖ий/ая/ое/ие; **-papier** *(Güterv.)* товарораспорядительный документ; <**computergestütztes**> ~- **und Informationssystem** <компьютеризированная> -ая и информационная система

Distanz расстояние

Distanz- *(in Zus.)*; **-fracht** фрахт за перевозку <груза> на известное расстояние; **-geschäft** посылочная торговля; **-handel** *s. -geschäft*

Distribution *(s. auch Vertrieb)* распределение, дистрибуция

Distributions- *(in Zus.)* распределительн‖ый/ая/ое/ые; **-kanal** канал дистрибуции (распределения) <товаров>; **-kosten** *(Pl.)* расходы на распределение <груза>; **-lager** -ый склад; **-logistik** логистика распределения <груза>; **-weg** *s. -kanal*; **-zentrum** центр распределения <груза>, <грузо>распределительный центр

Dock *(Schiffbau)* док; **Schwimm-** плавучий; **Trocken-** сухой

Dock- *(in Zus.)* доков‖ый/ая/ое/ые

Docker *(Pers.)* докер

Dock‖breite ширина дока; **-gebühr** доков‖ый сбор; **-geld** *s. gebühr*; **-hafen** -ый порт; **-länge** длина дока; **-lagerschein** *(Warrant)* -ая расписка, -ый варрант; **-übernahmeschein** -ая расписка о принятии груза

Dokument/e *(s. auch Beleg, Bescheinigung, Nachweis, Papier, Quittung, Schein, Zertifikat, Zeugnis)* документ/ы; **begebbares** ~ оборотный; **gültiges** ~ действительный; **nicht übertragbares** ~ непереводимый; **übertragbares** ~ переводимый, ордерный; ~ **des kombinierten Verkehrs** *(Güterv.)* ~ комбинированных (смешанных) <грузовых> перевозок; **-e** *(Pl.)* **anbei** -ы приложены; **-c** *(Pl.)* **gegen**

Akzept товарораспорядительные -ы против акцепта; **Kasse gegen ~** *(cash against documents, cad)* <товарораспорядительные> -ы против наличных;

Dokument, **Abfertigungs-** сопроводительный ‖ документ; **Ablade-** разгрузочный; **Außenhandels-** внешнеторговая документация; **Beförderungs-** транспортный, перевозочный, транспортно-сопроводительный, транспортная накладная, ~ на перевозку, ~ на перевозимый груз, свидетельство о транспортировке; **Entlade-** *s. Ablade-*; **Export-** экспортный, экспортная <сопроводительная> документация; **Import-** импортный, импортная <сопроводительная> документация; **Original-** подлинный; **Reise-** проездной; **Spediteur-Versand-~** отгрузочный ~ экспедитора; **Transit-** транзитный; **Transport-** *s. Beförderungs-*; **Übergabe-Übernahme-~** приёмо-сдаточный; **Versand-** отгрузочный, транспортный, ~ на отгрузку (отправку); **Verschiffungs-** судовой, отгрузочный, расписка об отгрузке на борт судна; **Versicherungs-** страховой; **Übergabe-Übernahme-** приёмо-сдаточный; **Zahlungs-** платёжный; **Zoll-** таможенный;

Ausfertigung von Dokument‖en оформление -ов; **Erteilung von -en** выдача –ов; **Kasse gegen -e** *(cash against documents, cad)* <товарораспорядительные> ~ против наличных; **Zahlung gegen -e** платёж против -ов, раскредитование накладной; **ein ~ ausfertigen** оформлять/оформить ~

Dokumentation документация; **technische** ~ техническая; **Geschäfts-** деловая; **Lager-** складская; **Lizenz-** лицензионная; **Normativ-** нормативная; **Projekt-** проектная; **Transport-** транспортная; **Warenbegleit-** товаросопроводительная

Dokumententratte *(Fin.)* документарная (документированная) тратта

Dominanz des Kraftverkehrs преобладание автомобильного транспорта

Donaukommission Дунайская комиссия

Doppel- *(in Zus.)* двойн‖ой/ая/ое/ые; **-achsantrieb** привод спаренных осей; **-achswagen** *(Eis.)* двухосный вагон; **-decker** *(umg.)* **1.** *(Bus)* двухэтажный автобус; **2.** *(Eis., Pass.)* двухэтажный вагон, *(Eis., Güterv.)* двухярусный вагон; **3.** *(Flugzeug)* биплан; **~-End-Fähre** паром с входом/выходом в оба конца;

Doppelstock‖beladung загрузка в два яруса; **-bus** двухэтажный автобус; **-wagen** *(Eis., Pass.)* двухэтажный вагон, *(Eis., Güterv.)* двухярусный вагон; **-zug** поезд из двухэтажных (двухярусных) вагонов

doppelt двойн‖ой/ая/ое/ые; **-e Frachtrate** -ая фрахтовая (тарифная) ставка; **-er Lagerschein** -ое складское свидетельство; **-e Quittung** -ая расписка; **-er Tarif** -ой тариф

Doppel‖traktion *(Schienv.)* двойн‖ая тяга; **-versicherung** -ое страхование; **-zentner** *(100 kg)* метрический центнер

Dorfstraße просёлочная дорога, дорога местного значения

Draisine *(Schienv.)* дрезина

Dreh- *(in   Zus.)* поворотн‖ый/ая/ое/ые; **-gestell** -ая тележка; **-gestellwagen** тележечный вагон; **-kreuz** транспортный узел (-ый крест);

Drehscheibe ‖ **1.** *(techn.)* поворотный круг; **2.** *(s. Drehkreuz)* <транспортный> узел (узловой пункт); **intermodale** ~ межмодальный перевозочный узел, поворотный круг для перегрузки с одного вида транспорта на другой; **Container-** поворотный круг для разгрузки и погрузки контейнеров; **Verkehrs-** транспортный узел, узел транспортных потоков

drei- *(in Zus., s. auch mehr-)* тре-, трёх-; **-achsiges Fahrzeug** трёхосный автомобиль

Drei‖fachtraktion *(Schienv.)* тройная тяга; **-meilenzone** *(See.)* трёхмильная <пограничная> зона (-ая полоса)

dreirädriges Fahrzeug *(Kfz.)* трёхколёсный автомобиль, автомобиль на трёх колёсах

Drei‖tonner *(LKW)* трёхтонный грузовик, *(umg.)* трёхтонка; **~~Wege-Katalysator** трёхкомпонентный каталический нейтрализатор <отработанных газов>

Drempel *(Straße)* лежачий полицейский *(Subst.)*

Dritter *(jur., dritte Person)* третье лицо; **Vertrag zugunsten ~** договор в пользу -его -а

Dritt- *(in Zus.)* трет‖ий/ья/ье/ьи;

-ladeverbot *(Werkverkehr)* запрещение погрузки дополнительных (чужих) грузов, запрещение перевозки грузов -ьего лица <заводским транспортом>; **-land** *(EU)* -ья страна; **-landverkehre** *(EU)* перевозки с -ьими странами

Druck *(techn.)* давление; **Achs- ~** на ось *(f.)*; **Brems-** тормозное; **Reifen- ~** в шинах

Druck- *(in Zus.)* напорн‖ый/ая/ое/ые; **-behälter** -ый бак; **-prüfer** нанометр; **-tank** *s. -behälter*

Düsen- *(in   Zus.)* реактивн‖ый/ая/ое/ые; **-antrieb** -ый двигатель; **-flugzeug** -ый самолёт; **-triebwerk** *(Flug.)* -ый двигатель

Dumping демпинг

Dumping- демпингов‖ый/ая/ое/ые; **-fracht** -ый фрахт; **-preis** -ая цена

Duplikat <eines **Frachtbriefes**> дубликат <накладной>; **ein ~ ausstellen** выписывать/выписать ~

durchfahren I *(trans.)* **1.** *(etw. passieren)* проезжать/проехать <что-л.>;

durchfahrene Strecke *(Entfernung)* пройденное расстояние (-ый путь), *(Laufleistung)* пробег

durchfahren II *(intrans.)* **1.** *(nicht anhalten)* проезжать/проехать <что-л.> без остановки; **2.** *(eine best. Zeitspanne verbringen)* проезжать/проехать <целый день на чём-л.>

Durchfahrt 1. *(Bauwerk)* проезд; **2.** *(Transit)* транзит, <транзитный> проезд; **Haupt-** главный проезд; **Orts-** участок автомобильной дороги, проходящий через населённый пункт; **auf der ~**

проездом; **eine ~ sperren** закрывать/закрыть проезд

Durchfahrts- _(in Zus.)_ транзитн‖ый/ая/ое/ые; **-berechtigungsschein** -ое удостоверение; **-gebühr** сбор за проезд (провоз), _(im Transit)_ -ый сбор; **-genehmigung** разрешение на проезд; **-geschwindigkeit** скорость _(f.)_ проезда; **-gleis** сквозной путь; **-höhe** габаритная высота проезда; **-tarif** -ый тариф

durchflīegen I _(etw. fliegend durchqueren)_ пролетать/пролететь <что-л.>; **eine Schlechtwetterfront ~ ~** полосу плохой погоды;

dūrchfliegen II _(non-stop fliegen)_ пролетать/пролететь без посадки

Durchflusskapazität <eines Hafens, einer Strecke> пропускная (провозная) мощность <порта, трассы>

Durchfracht _(Gebühr)_ транзитный фрахт

Durchfracht- _(in Zus.)_ сквозн‖ой/ая/ое/ые, транзитн‖ый/ая/ое/ые; **-konnossement** _(See.)_ -ой (прямой) коносамент; **-tarif** -ый грузовой тариф

Durchführungs- _(in Zus.);_ **-bestimmung/en** исполнительная инструкция, инструкция о порядке исполнения; **Allgemeine -verordnung** Общие положения о порядке исполнения; Общие положения, регламентирующие порядок исполнения

Durchfuhr <von Waren> _(s. auch Durchfahrt, Transit)_ провоз, транзит <товаров>

Durchfuhr- _(in Zus., s. auch Transit-)_ транзитн‖ый/ая/ое/ые;

-beschränkung -ое ограничение, ограничение -ого провоза; **-erklärung** заявление к транзиту; **-genehmigung** разрешение на <-ый> провоз (на транзит); **-gut** -ый груз; **-handel** -ая торговля; **-kosten** _(Pl.)_ расходы на провоз; **-land** -ая страна, страна транизита; **-tarif** -ый тариф; **-verbot** запрещение транзита (-ого провоза); **-verkehr** -ое (сквозное) сообщение, _(Verkehre)_ -ые перевозки; **-zoll** -ая пошлина

durchgängige Trennlinie _(Sperrlinie, Straße)_ сплошная <разделительная> линия

Durchgang 1. _(s. auch Durchfahrt)_ прохождение, проход, проезд; **2.** _(s. auch Durchfuhr, Transit)_ транзит

Durchgangs- _(in Zus.)_ **1.** _(ohne Unterbrechung)_ прям‖ой/ая/ое/ые, сквозн‖ой/ая/ое/ые; **2.** _(Transit)_ транзитн‖ый/ая/ое/ые; **-bahnhof** проходная станция; **-geschwindigkeit** скорость _(f.)_ сквозного прохода; **-hafen** транзитный порт; **-handel** транзитная торговля; **-lager** транзитный склад; **-schein** пропуск; **-straße** сквозная дорога; **-strecke** транзитный путь (-ая линия), линия сквозного сообщения; **-tarif** транзитный тариф; **-verkehr**[m] **1.** сквозное (прямое) сообщение, прямые перевозки; **2.** транзитное сообщение (-ые перевозки); **-zoll** транзитная пошлина; **-zug 1.** сквозной (прямой, проходящий) поезд, поезд прямого сообщения; **2.** транзитный поезд

durchgehend _(s. auch Durchgangs-)_ **1.** _(direkt)_ сквозн‖ой/ая/ое/ые; **2.** _(im Transit)_ транзитн‖ый/ая/ое/ые; **3.** _(ohne zeitliche Unterbrechung)_

непрерывн‖ый/ая/ое/ые;   **-e**
Beförderung   *(Pass.)*
беспересадочная   перевозка; **-er**
Betrieb   непрерывная
эксплуатация;   **-er   Verkehr**   1.
прямое   сообщение   (-ые
перевозки);   **2.**   транзитное
сообщение (-ые перевозки); **-e**
Verkehrsbedienung непрерывное
(сквозное)   обслуживание
<территории> транспортом; **-e**
Waren *(Pl.)* транзитные товары;
-er Zug проходящий (сквозной,
прямой) поезд, поезд прямого
сообщения

Durchkonnossement   *s.*
Durchfrachtkonnossement

Durchlassfähigkeit   пропускная
(провозная)   способность,
пропускаемость   *(f.)*,   *(Kapazität*
auch) пропускная мощность; ~
eines Hafens ~ порта; ~ **einer**
Straße ~ дороги; ~ **einer Trasse** ~
трассы

durchlaufend 1. прям‖ой/ая/ое/ые; **2.**
транзитн‖ый/ая/ое/ые;   **-er**
Kurswagen *(Eis.)* 1. *(direkt)* прямой
(беспересадочный) вагон, вагон
прямого сообщения; **2.** *(im Transit)*
транзитный вагон; **-er Zugverkehr**
прямое   железнодорожное
сообщение

Durchlaufzeit   *(Güter,   Container)*
время   перегрузки   (перевалки)
<груза, контейнера>, *(Zug, LKW)*
время   пребывания   <поезда,
грузовика>, *(Schiff.)* время стоянки
<судна>

durchqueren,   ein   Territorium
проезжать/проехать территорию

Durchschleusen   eines   Schiffes
(Prozess) шлюзование судна

durchschnittlich   средн‖ий/яя/ее/ие;
-e Belastung -яя (нормальная)

нагрузка;   **-e   tägliche**
Verkehrsmenge среднесуточный
транспортный поток

Durchschnitts-   *(in   Zus.)*
средн‖ий/яя/ее/ие;
-geschwindigkeit -яя (маршрутная,
участковая) скорость; **-tarif** -ий
тариф; **-tarifsatz** -яя тарифная
ставка,   **täglicher** **-verkehr** -яя
суточная транспортная нагрузка

Durchsicht осмотр; **technische** ~
технический, тех-;   **Fahrzeug-**
(TÜV) технический ~ (техосмотр)
транспортного   средства,
профессиональная диагностика;
Jahres-   годовой;   **eine**   ~
durchlaufen проходить/пройти ~

dynamisch динамическ‖ий/ая/ое/ие;
-e Fahrgastinformation -ая система
предоставления   информации
пассажирам о транспортной
обстановке; **-es System** -ая система;
-e Wagenbelastung *(Eis., Beladung)*
-ая нагрузка вагона

E

Ebbe отлив

ebenerdig *(in Zus.)*; **-e Trassierung**
наземное трассирование; **-er Ein-**
und Ausstieg *(Pass., Schienv.)* вход
в вагон на уровне перрона, *(ÖPNV)*
вход в автобус (трамвай) на уровне
тротуара

Echtzeitinformation   <zur
Verkehrslage>   подача
(предоставление) информации <о
транспортной   обстановке>   в
реальном масштабе времени

Economy-Class **(Y)** *(Flug.)* экономический класс

EDV-gestütztes Optimierungssystem система компьютерной оптимизации

Ehegattentarif супружеский тариф

Eichgebühr клеймильный сбор

Eigen- *(in Zus.)* собственн‖ый/ая/ое/ые; **-antrieb** -ый (независимый) привод; **-gewicht** *(s. auch Leergewicht, Totlast)* -ый вес, -ая масса, *(Transportbehältnis auch)* вес тары (порожняка, контейнера, порожнего вагона), *(Fahrzeug auch)* вес (масса) снаряжённого транспортного средства, *(Schiff auch)* мёртвый вес; **-gewichtskoeffizient** коэффициент тары; **-masse** -ая масса (-ый вес) автомобиля (вагона), *(Schienv. auch)* масса снаряжённого вагона

Eigentümer *(jur.)* собственник; **Boots-** ~ лодки; **Fahrzeug-** ~ транспортного средства

Eigentum собственность *(f.)*; **genossenschaftliches** ~ кооперативная; **privates** ~ частная; **zu privatisierendes** ~ приватизируемая; **privatisiertes** ~ приватизированная; **staatliches** ~ государственная

Eigentums- *(in Zus.)*; **-form, <gemischte>** <смешанная, кооперативная> форма собственности; **-nachweis** свидетельство о праве собственности <на что-л.>; **-recht** право собственности; **-zertifikat** свидетельство о праве собственности

Eigen‖veredelung *(Zoll., Drittlandverkehre.)* переработка ввезённого товара за счёт юридического лица, зарегистрированного в стране импортёра; **-verkehr** транспорт для собственных нужд

Eil- *(s. auch Express-, Schnell)* <высоко>скоростн‖ой/ая/ое/ые, *(dringend auch)* срочн‖ый/ая/ое/ые; **-beförderung** срочная перевозка <груза>; **-bus** скоростной автобус, автобус-экспресс; **-fracht 1.** *s.* -gut; **2.** *(Gebühr)* плата за перевозку груза большой скорости, *(Schiff.)* диспач; **-geld** 📖 *(Schiff.)* диспач, *(bei schnellem Beladen)* прибавка за ускоренную погрузку <судна>; **-güterbahnhof** станция для груза большой скорости; **-güterzug** ускоренный грузовой поезд; **-gut** срочный груз, груз большой скорости;

Eilgut‖abfertigung отправка (отправление) срочного (скоростного) груза (груза большой скорости); **-beförderung** срочная перевозка груза, перевозка груза большой скорости; **-frachtsatz** ставка (тариф) за перевозку срочного груза; **-verkehr** перевозки грузов большой скорости; **-wagen** *(Eis.)* вагон с грузом большой скорости;

Eil‖lieferung срочная (ускоренная) поставка; **-tarif** срочный тариф; **-transport** *s.* -beförderung; **-zug** ускоренный (скорый) <грузовой, пассажирский> поезд; **-zuschlag** надбавка (доплата) за скорость *(f.)*; **-zustellung** срочная доставка, *(durch Kurier)* доставка с нарочными

ein- *(in Zus.)* одно-; **-achsiges Fahrzeug** -осное транспортное средство;

einbahnig ‖ **1.** *(Fahrtrichtung)* односторонн‖ий/яя/ее/ие, с односторонним движением; **2.** *(Spur)* однопутн‖ый/ая/ое/ые; **-er Verkehr** одностороннее движение

Einbahn- *(in Zus.)* односторонн‖ий/яя/ее/ие; **-straße** дорога -его движения; **-verkehr** -ее движение

einchecken *(Flug., Pass.)* регистрироваться/ зарегистрироваться *(refl.)*, *(Flug., Gepäck)* оформлять/оформить багаж

eindeckiges Schiff однопалубное судно

Einengung der Fahrbahn сужение проезжей части

einfach прост‖ой/ая/ое/ые; **-e Fahrt** разовая поездка, поездка в один конец; **-e Tonnage** *(Schiff.)* -ой тоннаж; **-es Visum** *(Pass.)* обыкновенная <въездная-выездная> виза

einfädeln *(refl., Kfz.)* входить/войти в транспортный поток

Einfädelungsspur *(Straße)* полоса вхождения в транспортный поток

einfahren I *(intrans.)* **1.** *(Fahrzeug, in einen Tunnel)* въезжать/въехать в туннель *(m.)*; **2.** *(Schienv., in einen Bahnhof)* подходить/подойти <к платформе>; **3.** *(Schiff., in einen Hafen einlaufen)* входить/войти в порт, подплывать/подплыть к порту;

einfahren II *(trans.)* **1.** *(ein Fahrzeug optimal gebrauchsfähig machen)* обкатывать/обкатать автомобиль *(m.)*; **2.** *(Flug., Fahrwerk)* убирать/убрать шасси *(n., indkl.)*

Einfahrgleis *(Eis.)* путь *(m.)* прибытия

Einfahrt въезд; **Tunnel-** ~ в туннель *(m.)*; ~ **freihalten!** *(feste Wendung)* ~ не загораживать!

Einfahrtsignal *(Eis.)* входный сигнал

einführen, Waren *(s. importieren)* импортировать (ввозить/ввезти) товары

Einfuhr <von Waren> импорт (ввоз) <товаров>; **begünstigte** ~ льготный, ~ на льготных условиях; **direkte** ~ прямой, непосредственный, ~ без участия посредника; **freie** ~ свободный; **gebührenfreie** ~ бесплатный, беспошлинный; **genehmigungsbedürftige** ~ лицензируемый; **genehmigungsfreie** ~ нелицензируемый; **händlerfreie** *s. direkte*; **indirekte** ~ косвенный, непрямой, ~ <осуществляемый> через посредника; **präferenzielle** ~ *s. begünstigte*; **ungehinderte** ~ беспрепятственный; **vorübergehende** ~ временный; **zollfreie** ~ беспошлинный;

Einfuhr, Transit- транзитный ‖ импорт (ввоз); **Wieder-** реимпорт; **Kontingentierung der** ~ контингентирование -а; **Rückgang der** ~ сокращение -а, уменьшение -а; **Zunahme der** ~ увеличение -а; **die** ~ **beschränken** ограничивать/ ограничить ~; **die** ~ **fördern** содействовать -у

Einfuhr- *(in Zus., s. auch Import-)* импортн‖ый/ая/ое/ые; **-abgabe** -ая (ввозная) пошлина, -ый сбор, налог на -ые товары; **-anmeldung** -ая заявка, -ое извещение, заявка на импорт; **-bescheinigung** -ое (ввозное) свидетельство, -ый сертификат; **-beschränkung** -ое ограничение, ограничение на импорт (на ввоз) <товаров>; **-bestimmungen** *(Pl.)* <государственные> постановления и предписания, регламентирующие импорт; **-bewilligung** -ая лицензия, разрешение на импорт (ввоз) <груза>; **-deklaration** -ая декларация; **-erklärung** *s. -deklaration*; **-erlaubnis** *s. -bewilligung*; **-genehmigung** *s. -bewilligung*; **-gut** -ый груз, -ый товар; **-hafen** порт ввоза; **-handel** -ая торговля, торговля -ым товаром; **-konnossement** *(See.)* -ый (ввозный) коносамент; **-kontingent** -ый контингент, контингент на импорт (ввоз); **-kontingentierung** *s. -beschränkung*; **-kontrolle** -ый контроль, контроль над импортом; **-kosten** *(Pl.)* -ые расходы; расходы, связанные с импортом; **-land** страна-импортёр, импортирующая (ввозящая) страна; **-liste** *(Negativliste)* список (перечень *(m.)*) товаров, импорт которых ограничен; **-lizenz** -ая лицензия, лицензия (разрешение) на импорт (ввоз); **-makler** *(Pers.)* -ый маклер; **-meldung** -ое извещение, -ая декларация; **-papier** -ый документ, -ая <сопроводительная> документация; **-preis** -ая цена; **-quote** -ая квота; **-restriktionen** *(Pl.)* ограничения импорта (ввоза); **-sperre** *(s. auch -verbot)* эмбарго *(n. indkl.)* на импорт; **-steuer** -ый налог, налог на -ый (импортируемый) товар; **-tarif** -ый тариф; **-umsatzsteuer** налог с оборота импорта; **-verbot** запрещение импорта (ввоза), запрет на импорт; **-verfahren** -ый режим, порядок осуществления -ых операций; **-verpackung** -ая упаковка, -ая тара; **-vertrag** договор (контракт) на импорт <товаров>; **-volumen** объём импорта (ввоза); **-vorschriften** *(Pl.)* -ые предписания, правила осуществления -ых операций; **-zertifikat** -ый сертификат, -ое (ввозное) свидетельство; **<protektionistischer>** **-zoll** <покровительственная, протекционистская> -ая (ввозная) пошлина, -ый тариф; **-zollsatz** ставка -ой (ввозной) <таможенной> пошлины; **-zollschein** таможенное -ое (ввозное) свидетельство

Eingang 1. *(Ort)* вход; **2.** *(Eintreffen, s. auch Ankunft)* прибытие, приход, *(von Gütern auch)* поступление <груза>; **3.** *(Zutritt)* доступ; **4.** *(buchh.)* поступление, приход; **Auftrags-** поступление заказа; **Lager-** поступление товара на склад; **Orts- 1.** *(Grenze)* начало населённого пункта, **2.** *(Einfahrt)* въезд в населённый пункт; **Waren-** поступление (прибытие) товара; **Zahlungs-** поступление (приход) платежа

Eingangs- *(in Zus.)* входн‖ой/ая/ое/ые, приходн‖ый/ая/ое/ые; **-beleg** приходный документ; **-bescheinigung** справка (свидетельство) о поступлении (приходе) <груза>; **-buch** *(Waren)* книга прибытия <грузов, товаров>; **-datum** дата прибытия <товара>; **-hafen** порт прибытия; **-schein** *s. -beleg, -bescheinigung*; **-vermerk** отметка о поступлении <груза>

eingehend *(Adj.)* прибывающ‖ий/ая/ее/ие; **-e Fracht** -ий груз; **-e Ladung** *s. Fracht*; **-er Verkehr** поступающий транспорт; **-er Wagen** *(Eis.)* -ий вагон

eingegangen *(Adj.)* прибывш‖ий/ая/ее/ие; **-e Fracht** -ий груз; **-er Wagen** *(Eis.)* -ий вагон

eingetragener Verein *(jur.)* зарегистрированное общество (-ое объединение)

eingleisig *(Schienv.)* однопутн‖ый/ая/ое/ые; **-e <Bahn>Strecke** -ый участок <дороги>, -ая <железнодорожная> линия; **-er Fahrbetrieb** -ое движение

einhalten *(etw. erfüllen)* соблюдать/ соблюсти <что-л.>; **eine Frist** ~ ~ срок; **ein Gesetz** ~ ~ закон; **Regeln** ~ ~ *(Pl.)* правила; **Zahlungskonditionen** *(Pl.)* ~ ~ условия платежа

Einheit единица; **Antriebs-** тяговая; **Beförderungs-** перевозочная; **Container-** контейнерная <эквивалентная>; **Fahrzeug-** транспортная, ~ подвижного состава, *(Eis.)* железнодорожная <подвижная>; **Güter-** ~ груза; **Lade-** погрузочная, грузовая; **Transport-** транспортная, ~ перевозок; **Schub-** *(Binnsch.)* толкаемый состав; **Verlade-** *s. Lade-*; **Verpackungs-** упаковочная; **Verrechnungs-** расчётная; **Versand-** отгрузочная; **Wagen-** *(Schienv.)* вагонная; **Zug-** *(Eis.)* железнодорожная <подвижная>; **mehrgliedrige Zug-** многозвенный поезд

einheitlich един‖ый/ая/ое/ые; **-es Güterverzeichnis** -ая система классификации и кодирования грузов; **-er EU-Markt** -ый рынок ЕС; **-er Fahrplan** -ый график движения; **-e Frachtrate** -ая фрахтовая (тарифная) ставка; **-es Konnossement** *(See.)* -ый коносамент; **-e Rechtsvorschriften** *(Pl.)* общие правовые предписания; **-er Tarif** -ый (общий, средний) тариф; **-er Tarifsatz** -ая (общая) тарифная ставка; **-es Tarif- und Fahrplansystem** -ая система тарифов и расписаний; **-e Verkehrsinfrastruktur** -ая транспортная инфраструктура

Einheits- *(in Zus.)* един‖ый/ая/ое/ые; **-formular <für den Straßenverkehr>** стандартный бланк <автомобильного движения>; **-größe** стандартный размер (-ая величина); **-ladung** генеральный груз; **-last** удельная нагрузка; **-leistung** удельная мощность; **-papier** ⊞ *(Zoll.)* -ый (стандартный) универсальный <таможенный> документ; **-tarif<satz>** *s. einheitlicher Tarif*; **-zolltarif** -ый (общий, средний) таможенный тариф

Einkaufsverkehr транспорт, вызванный передвижением покупателей

einklarieren *(Schiff.)* кларировать судно <при входе в порт>, производить/произвести очистку судна; очищать/очистить <от пошлины> товары, прибывшие на судне

Einklarierung *(Schiff.)* кларирование судна <при входе в порт>; очистка от пошлин товаров, прибывших на судне

einkommendes Schiff прибывающее <в порт> судно, возвращающееся из рейса судно

Einkommenssteuer подоходный налог

Einkünfte *(kfm., Pl., s. auch Einnahmen)* доходы

einladen *(s. auch beladen, verladen)*

грузить/погрузить, погружать/ погрузить <груз на транспортное средство>

einläufiger Güterstrom односторонний грузопоток

einlagern *(s. auch lagern)* принимать/ принять <товар> на склад, закладывать/заложить <товар> на хранение

Einlagerung принятие <товара> на складе, складирование

Einlagerungsschein <für Zolllager> декларация о грузах, подлежащих хранению <в приписных складах>

Einlass *(Pforte)* контрольно-пропускной пункт (КПП)

einlaufen, in einen Hafen *(Schiff.)* входить/войти в порт

Einlaufen *(Subst.)* **eines Schiffes <in einen Hafen>** заход судна (судозаход) <в порт>

einlaufendes Schiff прибывающее <в порт> (возвращающееся из рейса) судно

Einlieferung *(s. auch Lieferung)* поставка, доставка <груза, товара>

Einlieferungsschein свидетельство (квитанция) о принятии (приёмке) <груза>, приёмная квитанция, расписка в получении <груза>, протокол приёмки <груза>

einmalig <одно>разов||ый/ая/ое/ые; **-e Lieferung** -ая поставка, -ая доставка; **-er Passierschein** -ый пропуск; **-es Visum** -ая виза

einmotoriges Fahrzeug одномоторное (однодвигательное) транспортное средство

Einmündung 1. *(Straße)* примыкание дороги; **2.** *(Fluss)* устье реки

Einnahmen *(Pl.)* доходы; **Fahrgeld-** ~ от провозных плат; **Steuer-** налоговые; **Verkehrs-** транспортные, ~ от перевозок; **Zoll-** таможенные

einordnen, in den Verkehr *(refl.)* входить/войти в поток движения

Einordnen *(Subst.)* **<im Verkehr>** вхождение в поток движения

einpacken упаковывать/упаковать, тарить/затарить <что-л.>

Einpacken *(Subst.)* **<von Frachtgut>** затарка <груза>

einparken *(Fahrer)* въезжать/въехать на стоянку, *(Fahrzeug)* ставить/ поставить автомобиль *(m.)* на стоянку

Einparken *(Subst.)* размещение <автомобиля> на стоянке

Einreise *(Pass.)* въезд; **die ~ beantragen** просить/попросить разрешение на ~; **die ~ bewilligen** разрешать/разрешить ~; **die ~ verweigern** запрещать/запретить ~

Einreise- *(in Zus.)* въездн||ый/ая/ое/ые; **-erlaubnis** разрешение на въезд <в страну>; **-genehmigung** *s.* **-erlaubnis**

einreisen въезжать/въехать <в страну>

Einreise||verbot запрещение въезда, запрет на въезд; **-visum** въездная виза, виза на въезд

Einrichtung 1. *(Institution)* учреждение; **2.** *(Ausstattung)* оснащение; **3.** *(Vorrichtung)* установка, приспособление

Einsatz <von Fahrzeugen> *(hier Nutzung)* эксплуатация <подвижного состава>

Einsatz- *(in Zus.)*; **-dauer** срок

службы, срок (продолжительность *(f.)*, период) эксплуатации, *(Schiff.)* продолжительность плавания <судна>; **-koeffizient <technisch einsatzbereiter Fahrzeuge>** коэффициент использования <автомобильного парка>; **-sicherheit <eines Fahrzeugs>** безопасность *(f.)* в эксплуатации <транспортного средства>; **-tag <eines Kfz>** автомобиле-день *(m.)*; **-tag <eines Schiffes>** судо-сутки; **-weite** *(Kfz., Eis.)* расстояние пробега; **-zeit** *s. -dauer*

einschiffen 1. *(Pass.)* производить/ произвести посадку <пассажиров> на судно; **2.** *(Güterv.)* грузить/ погрузить <что-л.> на судно

Einschiffung *(Pass.)* посадка <пассажиров> на судно

Einschiffungs- *(in Zus.)*; **-hafen** *(Pass.)* порт посадки на судно; **-ort** место посадки на судно

einspurig || **1.** *(Straße)* однорядн‖ый/ая/ое/ые; **2.** *(Schienv., Gleis)* однопутн‖ый/ая/ое/ые; **-e Bahnstrecke** однопутная железнодорожная линия; **-er Fahrbetrieb** *(Eis.)* однопутное движение; **-es Fahrzeug** *(Schienv.)* одноколейное транспортное средство; **-es Gleis** одноколейный путь; **-e Straße** однорядная дорога; **-er Verkehr 1.** *(Straße)* однорядное движение; **2.** *(Schienv.)* однопутное движение

einsteigen *(Pass.)* входить/войти <в транспортное средство>

Einstellung <von Lieferungen> прекращение <поставок>

Einstieg <in ein Fahrzeug> *(Pass.)* вход <в транспортное средство>; **ebenerdiger ~** на уровне перрона

eintragen *(etw. registrieren)* вносить/внести <что-л.> в реестр

Eintragung <von etw. in ein Register> внесение (занесение) <чего-л. в реестр>; **deklaratorische ~** декларативное; **konstitutive ~** конститутивное

Eintragungs- *(in Zus.)* регистрационн‖ый/ая/ое/ые; **-gebühr/en** -ый сбор; **-zeichen** -ый знак

Ein- und Ausreisevisum въездная-выездная виза

Einwagenunternehmen *(Kfz.)* транспортёр-единоличник, предприятие с одним грузовиком (с одним такси)

Einweg- *(in Zus.)* однократн‖ый/ая/ое/ые, одноразов‖ый/ая/ое/ые; **-palette** поддон -ого применения; **-verpackung** -ая (необоротная) упаковка (-ая тара), упаковка (тара) -ого пользования

Einzel- *(in Zus.)* индивидуальн‖ый/ая/ое/ые; **-achse** *(Fahrzeug)* независимая ось; **-antrieb** -ый привод; **-ausfuhrgenehmigung** одноразовая экспортная лицензия; **-container** -ый контейнер; **-fahrschein** -ый (разовый) <проездной> билет; **-fahrt** проезд; **-fahrzeug 1.** *(Teil des Fuhrparks)* единица подвижного состава; **2.** *(Schienv., Triebwagen)* тяговая единица без прицепа; **3.** *(Kfz.)* одиночный автомобиль; **-frachtstück** -ый груз; **-frachttarif** тариф для -ого груза; **-genehmigung** одноразовое разрешение; **-händler** *(Pers.)* розничный торговец, работник розничной торговли; **-handel** розничная торговля; **-handelspreis**

розничная цена; **-reisender** *(Pers.)* -ый пассажир; **-schiffer** *(Binnsch.)* судовладелец-единоличник, -ый собственник судна <внутреннего плавания>; **-sendung** отдельная партия <перевозимого> груза; **-unternehmen** -ое предприятие; **-wagen** *(Schienv.)* отдельный (одиночный) вагон

Einzugsgebiet территория (район) обслуживания (снабжения)

Einzweckcontainer специальный контейнер

Eisbrecher *(Schiff)* ледокол; **Atom-** атомный; **Hafen-** портовый; **Rettungs-** аварийно-спасательный

Eisenbahn *(s. auch Bahn)* железная дорога; **nicht bundeseigene -en** *(Pl., BRD)* нефедеральные железные дороги

Eisenbahn- *(in Zus., s. auch Bahn-)* железнодорожн‖ый/ая/ое/ые; **-abteil** -ое купе *(indkl.)*; **-avis** -ое уведомление, -ое авизо *(indkl.)*; **-ausrüstung** -ое оборудование; **-bau- und Betriebsordnung** Правила строительства и эксплуатации железных дорог; **-brücke** -ый мост; **~Bundesamt** *(BRD)* Федеральное ведомство железных дорог

Eisenbahner ‖ *(Pers.)* железнодорожный работник, железнодорожник; **Gewerkschaft der ~** *(BRD)* Профессиональный союз железнодорожных работников; **Europäische Vereinigung der ~** Европейская ассоциация железнодорожников; **Internationaler -verband,** Международный союз железнодорожников

Eisenbahn‖fähre железнодорожн‖ый паром; **~Frachtbrief** -ая

транспортная накладная; **-frachtrecht** право, регулирующее -ые перевозки; **~Frachtvertrag** договор -ой перевозки груза; **-gesellschaft** -ая компания; <**Allgemeines**> **-gesetz** Общий закон о железных дорогах; **-gütertarif** -ый грузовой тариф; **-infrastruktur** -ая инфраструктура; **-knoten<punkt>** -ый узел; **Internationales -komitee (CIT)** международный комитет -ого транспорта (МКЖТ); **-kongress** конгресс железных дорог; **-korridor** коридор -ых перевозок; **-netz** -ая сеть, сеть железных дорог; **-netzdichte** плотность *(f.)* -ой сети; **~Neuordnungsgesetz** *(BRD)* Закон о реструктуризации Германских железных дорог; **-schwelle** -ая шпала; **-sicherungstechnik** -ая автоматика и телемеханика, -ая техника сигнализации, централизации и блокировки; **-signalordnung** инструкция по сигнализации на железных дорогах; **-tarif** -ый тариф; **-tarifsatz** ставка -ого тарифа; **-technik** -ая техника; **-tunnel** -ый туннель; **-überführung** -ый мост; **-unglück** -ая катастрофа; **-verkehr** -ый транспорт, -ое сообщение, -ое движение, движение поездов; **-verkehrsordnung** правила *(Pl.)* -ых перевозок, правила *(Pl.)* <коммерческой> эксплуатации железных дорог; **-waggon** -ый вагон; **-wesen** -ое дело; **~Zollordnung** -ые таможенные правила; **-zug** -ый поезд

eisfreier Hafen незамерзающий порт

Eismeer Полярное море

elektrifizierte Strecke *(Schienv.)* электрифицированная трасса (-ый участок <дороги>)

Elektrifizierung электрификация

Elektrik *(Kfz.)* автомобильное электрооборудование

elektrisch электрическ‖ий/ая/ое/ие; **-er Antrieb** -ий привод, электропривод; **-er <Fahr>Betrieb** -ая тяга; ~ **angetriebenes Fahrzeug** *(Kfz.)* электромобиль *(т.)*, автомобиль *(т.)* с -им приводом; **-es Triebfahrzeug** *(Schienv.)* электровоз

Elektro- *(in Zus.)* электрическ‖ий/ая/ое/ие; **-antrieb** -ий привод, электропривод; **-bahn** -ая железная дорога; **-bus** автобус с -им приводом, электро-автобус; **-fahrzeug** электромобиль *(т.)*; **-lokomotive** электровоз; **-motor** электродвигатель *(т.)*, электромотор

Elektronik, Bord- *(Flug.)* бортовая <радио>электронная аппаратура

elektronisch электронн‖ый/ая/ое/ые; **-es Dispositions- und Informationssystem** -ая (компьютеризированная) диспетчерская и информационная система; **-e Fahrplan- und Verkehrsauskunft** -ая система подачи транспортной информации; **-er Frachtbrief** -ая грузовая накладная; **-es Stellwerk** *(Eis.)* -ая централизация; **-er Zahlungsverkehr** -ый платёж

Elektrotraktion *(Schienv.)* электрическая тяга

Elevator элеватор

Embargo эмбарго *(n. indkl.)*

Emission эмиссия; **Abgas-** ~ отработанных газов; **Lärm-** ~ шума; **Schadstoff-** ~ (выброс) вредных веществ

emissions‖abhängige Gebühr сбор, зависящий от экологической нагрузки окружающей среды; **-bezogene Kraftfahrzeugsteuer** автомобильный налог, установленный в зависимости от токсичности отработанных газов; **-unabhängige Kraftfahrzeugsteuer** автомобильный налог, не зависящий от токсичности отработанных газов

Empfänger *(Pers.)* получатель *(т.)*; **End-** конечный; **Fracht-** ~ груза, грузо-, грузоприёмщик; **Ladungs-** *s.* **Fracht-**; **Waren-** ~ товара, товаро-; **Adresse des -s** адрес -я; **Station des -s** *(Eis.)* станция -я (покупателя); **Entladung zahlt** ~ выгрузка оплачивается грузополучателем; **Fracht bezahlt** ~ фрахт оплачивается грузополучателем

Empfängerland страна-получатель

Empfang *(Entgegennahme)* приём, приёмка, принятие, *(Erhalt)* получение; ~ **bestätigt** *(Part.)* получен/а/о/ы; **Zahlung bei** ~ **<der Ware>** платёж против товара, подлежащий оплате по получении товара; **den** ~ **bescheinigen** расписываться/расписаться в получении <чего-л.>; **den** ~ **bestätigen** подтверждать/ подтвердить приём (получение); **<etw.> in** ~ **nehmen** принимать/ принять <что-л.>

empfangen получать/получить <что-л.>

empfangen *(Adj.)* полученн‖ый/ая/ое/ые; **-es Gepäck** -ый багаж; **-es Gut** -ый груз

empfangen *(Part.)* получен/а/о/ы

Empfangs- *(in Zus.)* приёмн‖ый/ая/ое/ыс; **-anzeige**

извещение о прибытии (получении) <товара>; **-bahnhof** *(Güterv.)* станция прибытия; **-berechtigter** *(Pers.)* лицо, уполномоченное (имеющее право) на получение <чего-л.>; **-bescheinigung** -ая квитанция, свидетельство (квитанция) о принятии (приёмке) <груза, товара>, расписка в получении, протокол приёмки; **-bestätigung** подтверждение получения, расписка в получении <товара>; **-datum** дата (день *(m.)*) приёма (принятия, получения); **-konnossement** *(See.)* простой коносамент; **-ort** пункт приёма;

Empfangsschein || *(s. auch -bescheinigung)* свидетельство (квитанция) о принятии (приёмке) <груза>, приёмная квитанция, расписка в получении <груза>, протокол приёмки <груза>; **Kai-** *(Schiff.)* квитанция о принятии <груза> на причал, квитанция причального склада о принятии груза; **Lager-** квитанция о принятии <товара> на склад; **Spediteur-** экспедиторское (экспедиционное) свидетельство о получении <груза>; **Speditions-** *s. Spediteur-*; **Waren-** <des **Spediteurs**> <экспедиторское, экспедиционное> свидетельство о получении груза;

Empfangs‖spediteur □ *(Pers.)* экспедитор-получатель *(m.)*; **-station** *(Eis., Güterv.)* приёмная станция, станция прибытия (приёма) <поездов>; **-terminal** терминал приёма

empfohlen
рекомендованн‖ый/ая/ое/ые; **-e Fahrverbindung** *(Pass.)* -ая транспортная связь; **-e**

Geschwindigkeit -ая скорость; **-e Route** -ый маршрут <следования>

en gros-Lieferung оптовая поставка

End- *(in Zus.)* конечн‖ый/ая/ое/ые; **-abnehmer** *(Pers.)* -ый получатель; **-bahnhof** -ая станция; **-empfänger** *s.* *-abnehmer*; **-haltestelle** -ая остановка; **-kunde** *s.* *-abnehmer*; **-punkt** -ый пункт; **-station** -ая станция; **-verbraucher** *(Pers.)* -ый потребитель

Engpass 1. *(Nadelöhr)* узкое место; **2.** *(Mangel)* нехватка, дефицит <чего-л.>; **~ eines Terminals** нехватка мощностей терминала, узкое место в терминале; **Gleis-** горловина станции; **Kapazitäts-** нехватка мощностей; **Liefer-** дефицит поставок; **Verkehrs-** недостаточная пропускаемость <трассы, дороги>

Enteisungs- *(in Zus., Flug.)* противо-облединительн‖ый/ая/ое/ые; **-anlage** -ое устройство; **-flüssigkeit** -ая жидкость; **-maßnahmen** *(Pl.)* -ые работы; **-system** -ая система

Entfernung расстояние, *(Strecke)* дистанция, *(Weite)* дальность *(f.)*; **kürzeste ~** кратчайшее расстояние; **tarifliche ~** тарифное расстояние; **weiteste ~** максимальное расстояние; **zurückgelegte ~** пройденное расстояние (-ый путь); **Flug-** расстояние (дальность) полёта; **Tarif-** *s.* *tarifliche*; **Teil-** частичное расстояние; **Transit-** транзитное расстояние; **Transport-** дальность перевозки

Entfernungs- *(in Zus.)* дистанционн‖ый/ая/ое/ые; **-staffel** *(Tarif)* ступенчатый указатель тарифа по расстоянию; **-stufe** пояс дальности; **-tarif** покилометровый (поясной) тариф; **-zone** *s.* *-stufe*; **-zuschlag** надбавка за отдалённость *(f.)*

Entflechtung 1. *(Trennen)* развязка, рассредоточение; **2.** *(Gliederung in kleinere Einheiten)* разукрупнение; **räumliche** ~ территориальное рассредоточение; ~ **des Verkehrs** рассредоточение транспорта, транспортная развязка; ~ **der Verkehrsströme** рассредоточение (развязка) транспортных потоков; ~ **eines Unternehmens** разукрупнение предприятия

entgegengesetzte Richtung противоположное (обратное) направление

entgegenkommen *(intrans., zu Fuß)* идти/пойти (выходить/выйти) <кому-л./чему-л.> на встречу, *(mit dem Fahrzeuge)* ехать/поехать (выезжать/выехать) <кому-л./чему-л.> на встречу

Entgelt *(s. auch Gebühr, Geld, Preis, Tarif)* плата, вознаграждение <за что-л.>; **Beförderungs-** плата за перевозку (за транспортные услуги), *(Güterv. auch)* плата за провоз (за доставку), провозная плата, фрахт, транспортный (грузовой) тариф, *(Pass. auch)* плата за проезд; **Trassen-** *(Eis.)* <покилометровая> плата за пользование железнодорожной сетью

entgelt‖frei бесплатн‖ый/ая/ое/ые, *(Adv.)* бесплатно; **-pflichtig** подлежащ‖ий/ая/ое/ие оплате, платн‖ый/ая/ое/ые, *(Adv.)* платно

Entgleisung <**eines Zuges**> сход <поезда> с рельсов

Entlade- *(s. auch Ablade-)* разгрузочн‖ый/ая/ое/ые; **-arbeiten** *(Pl.)* -ые работы, -ые операции; **-bahnhof** станция разгрузки; **-buch** книга выгрузки; **-bühne** -ая

платформа, -ая площадка; **-dauer** продолжительность *(f.)* (время) разгрузки; **-dokument** -ый документ; **-erlaubnis** разрешение на выгрузку; **-gebühr 1.** *(Leeren des Fahrzeuges)* сбор (плата) за разгрузку <транспортного средства>; **2.** *(Ausladen des Frachtgutes)* сбор (плата) за выгрузку <груза>; **-gleis** -ый путь, путь разгрузки; **-hafen** порт разгрузки (выгрузки); **-kapazität** -ая мощность; **-kosten** *(Pl.)* расходы по разгрузке (выгрузке)

entladen 1. *(Transportmittel)* разгружать/разгрузить <транспортное средство>; **2.** *(Ladung, s. auch ausladen)* выгружать/выгрузить груз <из транспортного средства>

entladen *(Adj.)* разгруженн‖ый/ая/ое/ые; **-er Container** -ый контейнер; **-er LKW** -ый грузовик; **-es Schiff** -ое судно; **-er Waggon** -ый вагон

entladen *(Part.)* разгружен/а/о/ы

Entladen *(Subst.)* **1.** *(Transportmittel)* разгрузка транспортного средства; **2.** *(Ladung)* выгрузка груза <из транспортного средства>; **freies** ~ свободная; **selektives** ~ выборочная; **termingerechtes** ~ в срок

Entlade‖ort пункт (место) разгрузки (выгрузки), разгрузочный пункт; **-plan** план разгрузки (выгрузки); **-punkt** *s. -ort*

Entlader *(Pers.)* выгрузчик

Entlade‖vorgang разгрузочн‖ая операция; **-vorrichtung** -ое приспособление, -ое устройство, приспособление для разгрузки (выгрузки); **-vorschriften** *(Pl.)*

правила разгрузки (выгрузки); **-zeit** *s.-dauer*

Entladung *(Prozess)* **1.** *(Transportmittel)* разгрузка <транспортного средства>; **2.** *(Ladung)* выгрузка <груза из транспортного средства>; ~ **zahlt Empfänger** выгрузка оплачивается грузополучателем

entlang‖fahren *(intrans.)* проезжать/ проехать <по чему-л./вдоль чего-л.>, *(Schiff.)* проплывать/проплыть <вдоль берега>; **-gehen** *(intrans.)* проходить/пройти <по чему-л./вдоль чего-л.>; **-laufen** *s. entlanggehen, (schnell auch)* пробежать/пробегать <по чему-л./вдоль чего-л.>

Entlastung *(hier)* разгрузка; **Verkehrs-** **1.** *(Entlastung der Infrastruktur von Verkehr)* ~ <трасс, дорог, линий> от транспорта, *(Güterv. auch)* снижение грузонапряжённости дорог; **2.** *(Verminderung des Verkehrs)* ~ транспорта

Entlastungs- *(in Zus.)* разгрузочн‖ый/ая/ое/ые; **-straße** -ая дорога; **-zug** дополнительный поезд

entmischt *(Adj.)* рассредоточенн‖ый/ая/ое/ые; **-e Strecke** участок с -ыми транспортными потоками; **-er Verkehr** -ые транспортные потоки

Entmischung *(hier)* рассредоточение; ~ **der Verkehrsarten** ~ носителей транспорта; ~ **von schnellem und langsamem Verkehr**⌂ ~ транспортных потоков большой и малой скоростей

Entnahme von Mustern und Proben *(Zoll.)* взятие проб и образцов

Entnahmeschein расходный документ

Entsende- *(in Zus.)*; **-bahnhof** станция отправления; **-hafen** выходной порт, порт отправления; **-kosten** *(Pl.)* расходы (издержки) по отправке (отгрузке, перевозке), стоимость *(f.)* вывоза

Entsender *(Pers.)* отправитель *(m.)*

Entsendung отправка

Entsorgung устранение отходов

Entsorgungs- *(in Zus.)*; **-transporte** *(Pl.)* перевозки по устранению отходов; **-verkehr** движение по устранению отходов

entwerten *(etw. ungültig machen)* компостировать/ прокомпостировать <что-л.>, *(umg.)* пробивать/пробить <что-л.>; **einen Fahrschein** ~ ~ билет

Entwerter *(für Fahrscheine)* компостер

entwickelte Verkehrsinfrastruktur развитая транспортная инфраструктура

Entwicklung und Verwirklichung einer gemeinsamen Verkehrspolitik разработка и реализация общей транспортной политики

Entwicklungs- und Flächennutzungsplan *(BRD)* план развития и использования <коммунальных> площадей

Entzerrung der Verkehrsströme развязка транспортных потоков

entziehen *(jmdm. etw. wegnehmen)* лишать/лишить <кого-л. чего-л.>; **die Fahrerlaubnis** ~ ~ прав водителя, ~ водительского удостоверения; **eine Konzession** ~

~ концессии; **eine Lizenz** ~ ~ лицензии

Entzug **<einer Fahrerlaubnis, Konzession, Lizenz>** лишение (изъятие) <прав водителя, водительского удостоверения, концессии, лицензии>

erforderlicher Fahrzeugpark потребный парк транспортных средств (подвижного состава, транспортного хозяйства)

erfüllen, einen Vertrag выполнять/ выполнить (соблюдать/соблюсти) договор

erheben, Zoll взимать пошлину

Erhebung von Zöllen взимание таможенных пошлин

erhöhen, einen Zoll повышать/ повысить пошлину

Erhöhung von Zöllen повышение таможенных пошлин

Erholungsverkehr туристическое движение (-ие поездки)

Erklärung *(s. auch Deklaration)* заявление, декларация; **Absender-** декларация отправителя; **Ausfuhr-** экспортная декларация; **Devisen-** валютная декларация; **Durchfuhr-** заявление к транзиту; **Einfuhr-** импортная декларация; **Schadensfall-** *(Vers.)* заявление о гибели страхового имущества; **Schiffsgesundheits-** санитарное судовое свидетельство; **Transit-** *s. Durchfuhr-*; **Umlade-** заявление к перегрузке; **Zoll-** таможенная декларация; **Zollausfuhr-** таможенная декларация на экспорт, *(Schiff. auch)* таможенная декларация по отходу судна; **Zollfracht-** грузовая таможенная декларация (ГТД); **Zollinhalts-** *s. Zollfracht-*

erlassen 1. *(jur., etw. in Kraft setzen)* издавать/издать <что-л.>; **2.** *(etw. nicht einfordern)* отказываться/ отказаться от права <чего-л.>, *(jmdn. von etw. befreien)* освобождать/ освободить <кого-л. от платежей>; **eine Verordnung** ~ *(jur.)* издавать/издать постановление; **Zahlungen** ~ освобождать/ освободить <кого-л.> от платежей

Erlaubnis 📖 *(s. auch Bewilligung, Genehmigung)* разрешение; **Ausfuhr-** экспортная лицензия, ~ на экспорт (вывоз) <груза>; **Einfuhr-** импортная лицензия, ~ на импорт (ввоз) <груза>; **Einreise-** ~ на въезд <в страну>; **Entlade-** ~ на выгрузку; **Fahr-** водительское удостоверение, удостоверение на право управления транспортным средством; **Lande-** *(Flug.)* ~ на посадку <самолёта>; **Lösch-** *(Schiff.)* ~ на выгрузку <судна>; **Start-** *(Flug.)* ~ на взлёт <самолёта>; **Start- und Lande-** *(Flug.)* ~ на взлёт и посадку <самолёта>

erlaubnisbedürftig подлежащ‖ий/ая/ее/ие разрешению, нуждающ‖ий/ая/ее/ие(ся) в разрешении (утверждении)

Erlaubnisbehörde ведомство, выдающее разрешение

erlaubnisfrei не нуждающ‖ий/ая/ее/ие(ся) в разрешении (утверждении, согласии), не требующ‖ий/ая/ее/ие согласия

Erlaubnispflicht обязанность *(f.)* получения разрешения (утверждения)

erlaubnispflichtig *s.*

erlaubnisbedürftig

Erledigung von Zollformalitäten оформление таможенных формальностей, *(umg.)* растаможивание <груза>

Erlös *(kfm.)* выручка

ermäßigt льготн‖ый/ая/ое/ые; **-er Fahrschein** *(ÖPNV)* -ый билет; **-e Frachtrate** -ая фрахтовая ставка; **-er Gebührensatz** преференциальная ставка пошлин; **-er Tarif** -ый (пониженный) тариф; **-er Zollsatz** -ая ставка таможенной пошлины

Ermäßigung *(s. auch Vergünstigungen)* льготы *(Pl.)*, скидка; **Fahrpreis-** *(Pass.)* скидка с цены <проездного билета>; **Fracht-** фрахтовые льготы, скидка с фрахта; **Tarif-** тарифные льготы, скидка с тарифа; **Zoll-** снижение (понижение) таможенной пошлины

Erneuerung обновление, *(Wiederherstellung)* реконструкция; **~ des Fahrzeugparks** обновление подвижного состава; **~ der Gleisanlagen** реконструкция рельсовых путей

Erneuerungsinvestition инвестиция на реконструкцию и обновление <чего-л.>

errechnete Geschwindigkeit расчётная скорость

Ersatz <von etw.> замена <чего-л.>

Ersatz- *(in Zus.)*; **-fahrzeug** транспортное средство для замены; **-investition** инвестиция на замену <чего-л.>; **-lieferung** поставка для замены; **-teile** *(Pl.)* запасные части, сменные детали *(Kfz. auch)* запчасти к автомобилям, автозапчасти;

-verkehr *(für Schienv.)* транспорт на замену регулярных линий рельсового сообщения

Erschließung открытие, освоение; **verkehrliche ~ eines Gebietes** освоение (охват) территории транспортными связями; **Markt-** выход на рынок

Erstattung *(kfm.)* возмещение; **~ von Fahrtkosten** ~ (возврат) стоимости проезда; **~ von Exportaufwendungen** экспортные субсидии; **Zoll-** возврат таможенной пошлины

erst‖e/er/es перв‖ый/ая/ое/ые; **-e Klasse** *(Eis.)* мягкий вагон; **-es Schiff** *(im Verband)* головное судно

erteilen *(jmdm. etw.)* предоставлять/ предоставить <кому-л. что-л.>; **eine Konzession ~ ~** концессию; **eine Order ~ 1.** *(etw. anordnen)* отдавать/отдать распоряжение; **2.** *(etw. bestellen)* размещать/ разместить заказ

Erweiterungsinvestition инвестиция на расширение

Erwerb <der Fahrerlaubnis, einer Konzession, einer Lizenz> приобретение <водительского удостоверения, концессии, лицензии>

erwerben приобретать/приобрести (получать/получить) <что-л.>; **eine Fahrerlaubnis ~ ~** водительское удостоверение; **eine Lizenz ~ ~** лицензию

Erz- *(in Zus.)* рудн‖ый/ая/ое/ые; **-frachter** *(Schiff.)* рудовоз; **-hafen** -ый порт; **~-Öl-Frachter** нефтерудовоз

Etikettieren <von Fracht> *(s. auch Labeln)* этикетирование <груза>

EU *(Europäische Union)* EC (Европейский Союз)

EU‖-Außengrenze внешняя граница ЕС; **~Kabotage** каботаж внутри границ ЕС; **einheitlicher ~Markt** единый (общий, унифицированный) <внутренний> рынок ЕС; **~Norm** стандарт ЕС; **~Standard** *s. ~Norm*

Euro- *(in Zus.)* евро-; **~City** *(Eis., EU)* международный скоростной поезд, проходящий между европейскими городами

Europäisch Европейск‖ий/ая/ое/ие; **-e Artikelnummer** -ий товарный код; **-er Binnenmarkt** -ий внутренний рынок; **-e Fahrplankonferenz** -ая конференция по расписаниям (по составлению расписаний) движения <пассажирских, грузовых> поездов <в международном сообщении>; **-e Freihandelsassoziation** -ая ассоциация свободной торговли; **-e Güterwagengemeinschaft** -ое соглашение о совместном использовании товарных вагонов; **-e Harmonisierung** *(EU)* гармонизация правил стран-членов ЕС; **-e Kommission** -ая <экономическая> комиссия; **-es Luftverkehrskontrollsystem** -ая система контроля за воздушным транспортом; **-e Norm** -ий стандарт; **-er Palettenpool** Общий -ий парк европалет; **-e Schifferorganisation** -ая организация шипчандлеров; **-er Straßenverband** -ая федерация дорог;

Europäisches Übereinkommen ‖ Европейское соглашение (-ая конвенция); **~ über die Arbeit des im internationalen Straßengüterverkehr beschäftigten Fahrpersonals** Европейское соглашение об условиях работы водителей автотранспортных предприятий; **~ über die internationale Beförderung gefährlicher Güter auf dem Rhein** Европейское соглашение о международной перевозке опасного груза по реке Рейн; **~ über die internationale Beförderung gefährlicher Güter auf der Schiene** Европейское соглашение о международной перевозке опасного груза железной дорогой; **~ über die großen Binnenwasserstraßen von internationaler Bedeutung** Европейская конвенция об основных магистралях внутренних водных путей; **~ über die Hauptstraßen des Internationalen Verkehrs** Европейская конвенция об основных магистралях международного транспорта; **~ über die großen internationalen Linien des Eisenbahnverkehrs** Европейская конвенция об основных магистралях международного железнодорожного сообщения; **~ über die gemeinschaftliche Nutzung von Güterwagen** Европейское соглашение о совместном использовании товарных вагонов;

Europäisch‖e Union Европейск‖ий Союз; **-e Vereinigung der Eisenbahner** -ая ассоциация железнодорожников; **-e Verkehrsministerkonferenz** -ая конференция министров транспорта; **-es Währungssystem** -ая валютная система; **-e Wirtschaftsgemeinschaft** -ое экономическое сообщество; **-er Wirtschaftsraum** -ое экономическое пространство; **-e Zivilluftfahrtkonferenz** -ая конференция гражданской авиации

Europalette европалета *(veraltet auch)* европоддон

Europastraße дорога общеевропейского значения

Euro‖rail-~ ⌨ экспресс «Евро-рейл»; **~-Schifffahrt** судоходство (плавание) внутри ЕС; **~-Shuttle** ⌨ *(Schiff.)* маршрутное контейнерное судно; **-standard** европейский стандарт; **-Star** *(Kanaltunnelzug)* ЕвроСтар, поезд-экспресс, проходящий через евротуннель; **-tunnel** евротуннель *(m.)*; **-vignette** *(LKW)* евровиньетка, виньетка <для грузовиков> в внутриевропейском сообщении; **-waggon** *(Eis.)* евровагон

ex *(s. auch franko, free, frei)* франко; ~ **bond** ~ таможенный склад; ~ **frontier** ~ граница; ~ **quay** ~ пристань *(f.)*, ~ набережная, причал; ~ **rail** ~ железная дорога; ~ **ship** ~ судно; ~ **stock** ~ склад; ~ **works** ~ завод

expedieren высылать/выслать <что-л. куда-л.>

Export *(s. auch Ausfuhr)* экспорт, вывоз; **direkter** ~ прямой, непосредственный, ~ без участия посредника; **indirekter** ~ косвенный, непрямой, ~ с участием посредника; ~, осуществляемый через посредника; **Re-** ~ импортированных товаров; **Rohstoff-** ~ сырья; **Waren-** ~ товаров; **den** ~ **steigern** повышать/повысить ~, расширять/расширить ~

Export- *(in Zus., s. auch Ausfuhr-)*

экспортн‖ый/ая/ое/ые; **-abgabe** -ая (вывозная) пошлина, -ый сбор, налог на экспортируемые товары; **-abteilung** <eines Unternehmens> -ый отдел <предприятия>; **-anmeldung** -ая заявка; заявка на экспорт; **-anzeige** -ое извещение; **-artikel** -ый товар, предмет экспорта; **-auftrag** -ый заказ; **-beschränkung** -ое ограничение, ограничение экспорта (вывоза), ограничение на экспорт (на вывоз) <товаров>; **-beschränkung für knappe Güter** ограничение вывоза при наличии товарного дефицита, **-container** -ый контейнер; **-deklaration** -ая декларация; **-dokument** -ый документ, -ая <сопроводительная> документация; **-erlaubnis** *s. genehmigung*; **-erlös** доход (выручка) от экспорта; **-erstattungen** *(Pl.)* -ые субсидии

Exporteur *(Pers.)* экспортёр; **Verluste** *(Pl.)* **des -s** потери -а

exportfähig пригодн‖ый/ая/ое/ые для экспорта

Export‖finanzierung экспортн‖ое финансирование; **-firma** -ая фирма, -ая компания; **-förderung** стимулирование экспорта; **-garantie** -ая гарантия; **-gebühr** *s.* **-abgabe**; **-genehmigung** -ая лицензия, разрешение на экспорт; **-geschäft** -ая сделка, -ая операция; **-gut** -ый груз, -ый товар

exportieren экспортировать, вывозить/вывезти <что-л.>

Export‖-Import-Geschäft экспортн‖о-импортная сделка, -о-импортная операция; **-kalkulation** -ая калькуляция; **-kaufmann** *(Pers.)* коммерсант, занимающийся экспортом; **-kommissionär** *(Pers.)* агент по -ым сделкам;

-konnossement *(See.)* -ый коносамент; **-kontingent** -ый контингент, контингент на экспорт (на вывоз); **-kontingentierung** *s. -beschränkung*; **-kontrolle** -ый контроль, контроль над экспортом; **-lager** -ый склад, склад -ых товаров; **-land** страна-экспортёр, экспортирующая (вывозящая) страна; **-lieferung** -ая поставка; **-lizenz** -ая лицензия, лицензия (разрешение) на экспорт; **-markierung** -ая маркировка; **-markt** внешний рынок, рынок сбыта для -ых товаров; **-preis** -ая цена; **-quote** -ая квота; **-rentabilität** <экономическая> рентабельность экспорта; **-risiko** риск, связанный с осуществлением -ых операций; **-rückgang** сокращение экспорта; **-spediteur** *(Pers.)* экспедитор-экспортёр; **-sperre** эмбарго *(n., indkl.)* на экспорт; **-spezifikation** -ая спецификация; **-subventionen** *(Pl.)* -ые субсидии, -ые дотации; **-tarif** -ый тариф; **-verbot** запрещение экспорта (вывоза), запрет на экспорт; **-verfahren** -ый режим, порядок осуществления -ых операций; **-verpackung** -ая упаковка, -ая тара, упаковка -ых товаров; **-versand** -ая отгрузка, -ая отправка; **-vertrag** договор (контракт) на экспорт <товаров>; **-vorschriften** *(Pl.)* -ые предписания, правила осуществления -ых операций; **-volumen** объём экспорта (вывоза); **-ware** -ый товар; **-warenverzeichnis** список -ых товаров; **-zertifikat** -ый сертификат, -ое (вывозное) свидетельство; **-zoll** -ая (вывозная) пошлина, -ый тариф

express *(s. auch Eil-, Schnell-)* **1.** *(mit hoher Geschwindigkeit)* <высоко>скоростн‖ой/ая/ое/ые; **2.** *(dringend)* срочн‖ый/ая/ое/ые

express *(Adv.)* срочно

Express *(Subst.)* экспресс, *(Eis. auch)* скоростной поезд, поезд-~; **Eurorail-~** 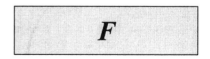 ~ «Евро-рейл»; **Interkombi-~** ~ «Интеркомби»; **Regional-** *(Eis., Pass.)* региональный скоростной поезд; **Transeuropa-~** *(Eis., Güter)* Трансевропейский грузовой поезд большой скорости, *(Pass.)* Трансевропейский пассажирский поезд-экспресс

Express- *(in Zus.)* **1.** *(mit hoher Geschwindigkeit)* <высоко>скоростн‖ой/ая/ое/ые, экспресс; **2.** *(dringend)* срочн‖ый/ая/ое/ые; **-beförderung** срочная перевозка; **-bus** автобус-экспресс, скоростной автобус; **-dienst** экспресс-служба, служба спешной (срочной) перевозки; **-fracht 1.** *(Ladung)* экспресс-груз, груз особой срочности; **2.** *(Gebühr)* экспресс-фрахт (~-тариф); **-gut** *s. -fracht*; **-gutbeförderung** перевозка экспресс-грузов; **-gutschein** накладная на груз особой срочности; **-guttarif** тариф на перевозку срочного груза; **-gutverkehr** перевозки экспресс-груза; **-lieferung** экспресс-поставка; **-linie** срочная (скоростная) линия; *(Bus auch)* автобус-экспресс; **-tarif** срочный тариф; **-zug** поезд-экспресс

F

Fachkraft *(Pers.)* специалист; ~ **für internationale Transport- und Speditionsdienstleistungen** *(RF)*

транспортник-международник

fachliche Eignung профессиональная пригодность

Fachwerkstatt специализированная мастерская

Fähr- *(in Zus.)* паромн‖ый/ая/ое/ые; **-anlagen** *(Pl.)* -ые сооружения, -ые устройства; **-anleger** *(Vorrichtung)* пандус; **-anlegestelle** -ый причал; **-betrieb** **1.** *(Nutzung)* эксплуатация парома; **2.** *(Verbindung)* -ое движение; **3.** *(Unternehmen)* -ое предприятие; **-boot** -ая лодка, -ое судно; **-bootwagen** *(Eis.)* вагон, используемый в -ом движении; **-bootverkehr** -ое сообщение

Fähre паром; **Auto-** автомобильный, автотранспортный; **Binnensee-** озёрный; **Doppel-End-~** ~ с входом/выходом в оба конца; **Eisenbahn-** железнодорожный; **Fluss-** речной; **Groß-** крупнотоннажный; **Güter-** грузовой; **Hafen-** портовый; **Hochgeschwindigkeits-** высокоскоростной; **Hochsee-** морской, океанский, морское паромное судно; **Katamaran-** ~-катамаран; **Passagier-Trailer-Eisenbahn-** ~ пассажиро-трейлерно-железнодорожных перевозок; **Personen-** пассажирский; **RoRo-** ~ с горизонтальной погрузкой и разгрузкой; **Schnell-** скоростной, быстроходный; **Trajekt-** *s. Eisenbahn-*; **Übersee-** *s. Hochsee-*

Fähr‖gesellschaft паромн‖ая компания; **-hafen** -ый порт, *(natürlich)* -ая гавань; **-linie** -ая линия; **-reederei** -ое пароходство; **-route** маршрут <следования> парома; **-schiff** -ое судно, -ый теплоход; **-schifffahrt** -ое судоходство; **-system** -ая система;

-terminal -ый причал; **-unglück** авария парома; **-verbindung** -ое сообщение, -ая линия; **-verkehr** -ое сообщение, -ое движение, *(Verkehre)* -ые перевозки

Fahr- *(in Zus.)* **1.** *(Pass.)* проезд‖ной/ая/ое/ые; **2.** *(Infrastruktur)* проезж‖ий/ая/ее/ие; **3.** *(Fahrzeug)* передвижн‖ой/ая/ое/ые, ходов‖ой/ая/ое/ые; **-ausweis** *(Pass., s. auch Fahrkarte, Fahrschein)* <проездной> билет;

Fahrbahn ‖ **1.** *(Straße)* проезжая часть, дорога; **2.** *(Spur)* полоса движения; **3.** *(Belag)* дорожное (ездовое) полотно; **feste ~** крепкая проезжая часть, полотно с крепким покрытием; **getrennte ~** проезжая часть с разделительной полосой; **glatte ~** скользкая дорога; **regennasse ~** мокрая от дождя дорога; **überfrorene ~** покрытая льдом дорога; **~ mit zwei getrennten Spuren** проезжая часть с двумя полосами в обоих направлениях; **Gegen-** встречная полоса дороги; **Haupt-** основная проезжая часть; **Richtungs-** проезжая часть в одно направление <с разделительной полосой>;

Fahrbahn‖begrenzung обозначение границ проезжей части; **-belag** покрытие (настил, одежда) проезжей части; **-breite** ширина проезжей части; **-decke** *s. -belag*; **-einengung** сужение проезжей части; **-markierung** <горизонтальная> разметка проезжей части; **-platte** плита покрытия проезжей части;

Fahr‖bedingungen *(Pl.)* условия движения; **-bereitschaft** автохозяйство;

Fahrbetrieb ‖ **1.** *(Verkehr)*

движение, транспорт; **2.** *(Fahrzeugnutzung)* эксплуатация <транспортного средства>, **3.** *(Traktion)* тяга; **eingleisiger** ~ *(Schienv.)* однопутное движение; **einspuriger** ~ однопутное движение; **elektrischer** ~ электрическая тяга; **gemischter** ~ движение на смешанной тяге; **leistungsfähiger** ~ производительный транспорт; **mehrspuriger** ~ многопутное движение; **umweltfreundlicher** ~ экологически чистый транспорт;

Fahrdienst *(Eis.)* служба движения, линейная служба;

Fahrdienst‖leiter *(Pers.)* начальник службы движения, поездной диспетчер, *(Bahnhof)* дежурный *(Subst.)* по вокзалу (по станции); **-personal** сотрудники *(Pl.)* службы движения, *(Kfz. auch)* штат водителей, *(Eis. auch)* поездной персонал (-ая бригада), *(Schiff auch)* судовой персонал; **-vorschriften** *(Eis.)* Инструкция по движению поездов;

Fahr‖dynamik динамика движения; **-eigenschaften** *(Pl.)* **eines Fahrzeugs** ходовые качества (динамические свойства) транспортного средства

fahren 1. *(intrans., sich fortbewegen)* ехать (ездить), *(Schiff.)* плыть (плавать); **2.** *(trans., ein Fahrzeug führen)* управлять автомобилем, везти (возить) автомобиль; **links** ~ ехать левой стороной (слева); **rechts** ~ ехать правой стороной (справа); **rückwärts** ~ двигаться задним ходом; **vorwärts** ~ двигаться передним ходом; **gegen ein Hindernis** ~ наезжать/наехать <на что-л.>; **mit dem Bus** ~ ехать (ездить) автобусом; **mit dem Taxi** ~

ехать (ездить) на такси; **mit dem Zug** ~ ехать (ездить) поездом; **unter ausländischer Flagge** ~ *(Schiff.)* плавать (плыть) под иностранным флагом

Fahrer *(Pers.)* водитель *(m.)* <транспорта>, *(Schienv. auch)* машинист; **Aushilfs-** временный; **Auto-** ~ автомобиля; **Bei- 1.** *(mitfahrende Person)* пассажир, сидящий рядом с -ем; **2.** *(Begleiter eines Berufskraftfahrers, LKW)* помощник -я, ~-напарник, *(Eis.)* помощник машиниста; **Berufskraft-** ~-профессионал; **Bus-** ~ автобуса, автобусник; **Fahrrad-** велосипедист; **Gefahrgut-** ~ опасного груза; **Kraft-** ~ автомобиля, *(Chauffeur)* шофёр; **LKW-~** ~ грузовика; **Mit-** попутчик, пассажир; **Motorrad-** мотоциклист; **Rad-** велосипедист; **Schwarz-** *(umg.)* безбилетный пассажир; **Selbst-** *(Taxi)* ~, управляющий принадлежащим ему такси; **Straßenbahn-** ~ трамвая; **Stück- und Schüttgut-** ~ штучного и навалочного груза; **Taxi-** ~ такси; **Viel-** *(Pl.)* **1.** *(Eis., Bus)* клиенты, часто пользующиеся поездом (автобусом); **2.** *(Individualverkehr)* автовладельцы, часто пользующиеся своим автомобилем

Fahrer- *(in Zus.)* водительск‖ий/ая/ое/ие; **-flucht** бегство с места дорожно-транспортного происшествия; **-haus** *(Kfz., Tram)* кабина водителя, *(Schienv.)* кабина машиниста; **-kabine** *s.* *-haus*

Fahrerlaubnis ‖ водительское удостоверение, удостоверение на право управления (вождения) транспортным средством; **internationale** ~ водительское удостоверение международного образца; **<jmdm.> die ~ entziehen** лишать/лишить <кого-л.> водительского удостоверения (прав водителя);

Fahrerlaubnis‖entzug лишение водительского удостоверения; **-erwerb** приобретение водительского удостоверения; **-klasse** категория водительского удостоверения

fahrerlos без водителя, автоматическ‖ий/ая/ое/ие; **-er Betrieb** _(Schienv.)_ -ое управление <поездом>, управление без водителя; **-e Transportsysteme** _(Pl.)_ -ие транспортные системы

Fahrer‖sitz сиденье (место) водителя (машиниста); **-stand** площадка (кабина) водителя; **-wechsel** смена (замена) водителей

Fahrgast _(s. auch Passagier)_ пассажир

Fahrgast- _(in Zus., s. auch Passagier-, Personen-)_ пассажирск‖ий/ая/ое/ие; **-abfertigung** обслуживание пассажиров, оформление проездных билетов, _(Flug.)_ регистрация пассажиров;

Fahrgastaufkommen ‖ пассажирский поток (пассажиро-), поток пассажиров; **tägliches ~** суточный; **Zunahme des –s** рост пассажиропотока; **Abnahme des –s** снижение пассажиропотока;

Fahrgast‖befragung анкетирование (опрос) пассажиров; **-betrieb** режим пассажирск‖их перевозок; **-dampfer** -ий теплоход, -ий пароход; **-deck** -ая палуба; **-flotte** -ий флот; **-frachter** грузопассажирское судно; **-hafen** -ий порт, _(natürlicher)_ -ая гавань; **<dynamische> -information** <динамическая> система предоставления <пассажирам> информации о транспортной обстановке; **-kai** -ий причал, -ая пристань; **-kapazität** пассажировместимость _(f.)_; **-raum** _(Schienv., Flug.)_ -ий салон, _(Aufenthaltsraum)_ -ое помещение; **-schiff** -ое судно, -ий теплоход, -ий пароход; **-schifffahrt** -ое судоходство; **-service** обслуживание пассажиров на транспорте; **-ströme** _(Pl.)_ -ие потоки; **-struktur** структура пассажиропотоков; **-wartehalle** зал ожидания; **-wechsel** _(ÖPNV)_ смена (высадка и посадка) пассажиров; **-wechselzeit** _(ÖPNV)_ время высадки и посадки пассажиров; **-zählung** подсчёт пассажиров; **-zahlen** объём (количество) пассажиров

Fahr‖gebiet территория обслуживания <транспортом>, _(Schiff.)_ район плавания <судна>; **-geld** _(ÖPNV)_ **1.** _(Geld)_ деньги за проезд (провоз, перевозку); **2.** _(Preis)_ стоимость _(f.)_ проезда (проездного билета), провозная плата;

Fahrgeld‖ausfälle недостача выручки от реализации проездных билетов; **-einnahmen** _(Pl.)_ доходы от провозных плат; **-rückerstattung** возмещение (возврат) стоимости проезда;

Fahr‖gemeinschaft коллективное пользование индивидуальными транспортными средствами; **-geschwindigkeit** скорость _(f.)_ движения, _(techn.)_ техническая скорость, _(Schiff. auch)_ ходовая скорость, скорость хода; **-gestell** _(Kfz.)_ шасси _(n. indkl.)_, _(Schienv.)_ тележка; **-gestellnummer** номер шасси (тележки); **-karte** _(s. auch_

Fahrschein) <проездной> билет;
-kilometer 1. *(Strecke)* километр
пути, пройденный километр; **2.**
(Fahrleistung) пробег в
километрах; **-komfort** комфорт в
поездке, удобство
(комфортабельность *(f.)*) езды;
-kran передвижной кран; **-kultur**
культура вождения

fahrlässig *(jur.)*
неосторожн‖ый/ая/ое/ые; **-es**
Verhalten im Straßenverkehr -ое
поведение в дорожном движении

Fahrlehrer *(Pers.)* инструктор по
вождению;

Fahrleistung ‖ *(Fahrzeug)* пробег
<автомобиля, вагона>; **tägliche ~**
суточный; **mittlere tägliche ~**
среднесуточный; **Gesamt-** общий

Fahrnis *(jur.)* движимое имущество,
движимость *(f.)*

Fahrnisversicherung *(Vers.)*
страхование движимого
имущества

Fahr‖periode межремонтный пробег;
-personal *(Kfz.)* штат водителей,
(Eis.) поездной персонал (-ая
бригада), *(Schiff.)* судовой
персонал;

Fahrplan ‖ расписание
<движения>, график (режим)
движения; **einheitlicher ~** единый
график движения; **Behelfs-**
временное расписание; **Bus-**
расписание автобусов; **Jahres-**
годовой график движения; **Linien-**
линейное (маршрутное)
расписание; **Parallel-**
параллельный график движения;
Regional- график местного
движения; **Schiffs-** график
(расписание) движения судов;
Sommer- летнее расписание;
Sonder- специальный

(исключительный) режим (график)
движения; **Strecken-** маршрутное
расписание; **Tages-** дневной
график движения; **<integraler>**
Takt-⊞ <интегральный> график
движения по твёрдому (жёсткому)
интервалу; **Winter-** зимнее
расписание; **Zug-** расписание
поездов;

Fahrplan‖änderung изменение
расписания (в расписании)
<движения>; **-auskunft** справка о
расписании; **-erstellung**
составление расписания;
<Europäische> **-konferenz**
<Европейская> конференция по
расписаниям движения <грузовых,
пассажирских> поездов

fahrplanmäßig
регулярн‖ый/ая/ое/ые, по
расписанию; **-e Containerlinie** -ая
контейнерная линия; **-er Verkehr**
движение по расписанию; **-er Zug**
очередной поезд; поезд,
следующий по расписанию

Fahrplan‖pflicht обязанность *(f.)*
соблюдения (выполнения)
расписания (графика, режима
движения); **-störung** нарушение в
выполнении расписания;
<einheitliches> -system <единая>
система графика движения;
-wechsel смена (замена)
расписаний <движения поездов,
автобусов, судов>, смена (замена)
графика (режима) движения;

Fahr‖praxis опыт вождения; **-preis**
(Pass., s. auch Fahrgeld) тариф,
цена (стоимость *(f.)*) проезда
(проездного билета);

Fahrpreis‖anzeiger *(Pass.)*
указатель *(m.)* <пассажирских>
тарифов, *(Taxi)* таксометр;
-erhöhung повышение стоимости

проезда; **-ermäßigung** скидка с цены проездного билета; **-erstattung** возмещение (возврат) стоимости проезда; **-reduzierung** снижение стоимости проезда;

Fahrprüfung ‖ экзамен на право управления транспортным средством, экзамен на получение водительского удостоверения (водительских прав); **die ~ ablegen** сдавать ~; **die ~ bestehen** сдать ~; **durch die ~ durchfallen** проваливаться/провалиться на -е

Fahrrad велосипед

Fahrrad- *(in Zus.)* велосипедн‖ый/ая/ое/ые; **-ampel** светофор для велосипедистов; **-fahrer** *(Pers.)* велосипедист; **-industrie** предприятия-изготовители велосипедов; **-reifen** -ая шина; **-unfall** дорожно-транспортное происшествие (ДТП) с участием велосипеда; **-verkehr** -ое движение; **-weg** -ая дорожка, -ая дорога

Fahr‖rinne *(Schiff.)* фарватер;

Fahrschein ‖ *(Pass.)* <проездной> билет; **bargeldloser** ~ безналичный; **kostenloser** ~ бесплатный; **nicht übertragbarer** ~ без права замены; **übertragbarer** ~ с правом замены; ~ **für den Regionalverkehr** пригородный; ~ **für den ÖPNV** ~ для проезда в общественном транспорте; **Einzel-** разовый, индивидуальный; **Ferien-** отпускной; **Hin- und Rück-** ~ для проезда в оба конца; **Rück-** обратный; **Sammel-** групповой; **Schüler-** ученический, ~ со скидкой для школьников; **Sonder-** специальный; **Urlaubs-** *s. Ferien-*; **Zeit-** абонементный, сезонный проездной;

einen Fahrschein ‖ **entwerten** компостировать/ прокомпостировать ‖ билет, *(umg.)* пробивать/пробить ~; ~ **kaufen** покупать/купить ~, приобретать/ приобрести ~; ~ **nachlösen** покупать/купить (приобретать/ приобрести) ~ в проезде (автобусе);

Fahrschein‖ausgabe выдача билетов; **-automat** билетный автомат; **-entwerter** компостер; **-heft** абонементная книжка (-ая книжечка); **-kontrolle** проверка билетов; **-schalter** билетная касса, *(Eis. auch)* железнодорожная касса; **-verkäufer** билетный кассир; **-verkauf** продажа билетов;

Fahr‖schulausbildung обучение вождению; **-schule** автошкола; **-schulwagen** учебный автомобиль; **-simulator** тренажёр для обучения управлению, автотренажёр; **-situation** дорожная ситуация;

Fahrspur ‖ 1. *(Straße)* ряд, полоса <движения>; 2. *(Fahrzeug)* колея; ~ **für langsam fahrende Fahrzeuge** полоса движения для транспортных средств с низкой скоростью; **Haupt-** основная полоса; **Kreis-** кольцевая полоса; **Langsam-** полоса малоскоростного движения; **Neben-** побочная полоса; **Reversiv-** полоса возвратного движения; **Schnell-** скоростная полоса, полоса скоростного движения; **-wechsel** смена полосы движения;

Fahr‖stil стиль *(m.)* вождения (управления) автомобилем; **-straße** <проезжая> дорога; **-strecke** путь *(m.)* (маршрут) следования транспорта; **-streifen** полоса движения; **-strom** тяговый ток; **-stunde** занятие по вождению

Fahrt *(s. auch Bewegung, Verkehr)* **1.** *(Fortbewegungsprozess)* езда, движение; **2.** *(Reise)* поездка, *(Einzelfahrt)* проезд, *(Schiff.)* плавание; **3.** *(Leistung)* пробег, *(Schiff.)* ход; **einfache ~** разовая поездка, поездка в один конец; **große ~** *(Schiff.)* дальнее плавание; **halbe ~** *(Schiff.)* средний ход; **kleine ~** *(Schiff.)* малое (прибрежное) плавание; **kostenlose ~** *(Pass)* бесплатный проезд; **langsame ~** *(Schiff.)* медленный (малый) ход; **volle ~** *(Schiff.)* полный ход;

Fahrt, Alltags- *(Pl.)* ежедневная поездка на собственном автомобиле; **Ausflugs-** экскурсионная поездка; **Bahn-** поездка по железной дороге; **Ballast-** *(Schiff.)* балластный пробег; **Berg-** движение на подъём, подъём; **Besetzt-** *(Schienv.)* производительный пробег; **Boots-** катание на лодке; **Dienst-** **1.** *(Leerfahrt, Aussetzfahrt)* порожний пробег <транспортного средства>; **2.** *(Dienstreise)* служебная поездка, командировка; **Einzel-** <индивидуальный> проезд; **Fern-** поездка на дальнее расстояние, дальний рейс; **Fracht-** грузовой рейс; **Frei-** **1.** *(kostenlose Fahrt)* бесплатный проезд; **2.** *(Leerfahrt)* порожний (холостой) пробег, порожний рейс, *(Güterv. auch)* езда без грузов, *(Pass. auch)* езда без пассажиров; **Hin- und Rück-** поездка (проезд) туда и обратно; **Kanal-** *(Schiff.)* канальное плавание; **Kreuz-** *(Schiff.)* круиз; **Ladungs-** производительный (гружёный) пробег, пробег с грузом; **Leer-** **1.** *(Fahrt ohne Ladung oder Passagiere)* порожний (холостой) пробег, порожний рейс, *(Güterv. auch)* езда без груза, *(Pass. auch)* езда без пассажиров; **2.** *(Eis.,*

Lokfahrt ohne Wagen)* одиночный пробег; **Linien-** линейная (маршрутная) перевозка; **Lok-** пробег (поездка) локомотива; **Luft-** авиация; **Nacht-** ночная поездка; **Nutz-** производительный пробег; **Probe-** пробная поездка, пробный (испытательный) пробег, ходовое испытание <транспортного средства>; **Rangier-** *(Schienv.)* маневровое движение, движение маневрового состава; **Rück-** обратный проезд, (-ая поездка); **Rückwärts-** движение задним ходом; **Rund-** круговое движение, движение по кругу; **Schiff-** судоходство, плавание; **Schiffs-** *(Pass.)* поездка на судне; **Schwarz-** *(Pass., umg.)* безбилетный проезд; **Sonder-** **1.** специальный рейс, *(außerplanmäßig)* внеплановая поездка; **2.** *(bestellter Bus)* заказной автобус; **Stadt-** езда в городских условиях; **Tag-** *(am Tag)* дневная езда, *(Pass. auch)* дневная поездка; **Tages-** *(eintägige Reise)* однодневная поездка (-ая путёвка); **Tal-** движение под уклон, спуск; **Tunnel-** проезд через туннель *(m.)*; **Überführungs-** *(Kfz.)* перегон автомобиля; **Verteiler-** *(Pl., Güterv.)* перевозка по грузораспределению, рейс для раздачи <штучного> груза; **Weiter-** продолжение пути, *(Reise auch)* ~ продолжение поездки, проследование; **Zug-** **1.** *(Fahrzeug)* рейс поезда; **2.** *(Pass., Reise)* поездка поездом; **in ~** на ходу

fahrtauglich *(Pers.)* годн‖ый/ая/ое/ые к управлению автотранспортом (к вождению автомобиля)

Fahrtauglichkeit годность *(f.)* к вождению (к управлению транспортным средством)

Fahrt- *(in Zus.)*; **-computer** бортовой

компьютер; **-dauer** продолжительность *(f.)* езды (рейса)

Fahrten‖buch путевой дневник (-ая книга) <водителя>, рейсовый журнал; **-bündelung** группировка (сосредоточение) транспортных потоков; **-häufigkeit** 1. *(allg.)* частота перевозок; 2. *(Pass.)* частота поездок; **<digitaler> -schreiber** <цифровой> спидограф, тахограф; **-zettel** путевой лист, *(umg. auch)* путёвка

Fahrt‖gebiet территориа обслуживания <транспортом>, *(Schiff.)* район плавания <судна>; **-gebietstarif** *(Schiff.)* побассейновый тариф; **-genehmigung** разрешение на проезд; **-kosten** *(Pl.)* 1. *(Aufwendungen)* транспортные расходы (-ые издержки); расходы, связанные с транспортом; *(Fahrzeugnutzung auch)* эксплуатационные расходы; 2. *(Preis)* стоимость *(f.)* проезда (проездного билета), плата за проезд

Fahr‖traktion тяга; **-treppe** эскалатор

Fahrt‖richtung направление движения <транспорта>, *(Schiff. auch)* курс; **vorgeschriebene ~** установленное;

Fahrtrichtungs‖änderung изменение направления движения (курса); **-anzeiger** 1. *(Strecke)* маршрутный указатель, указатель маршрута, *(Schiff. auch)* указатель курса; 2. *(Fahrzeug)* указатель (сигнал) поворота;

Fahrtroute ‖ маршрут движения (следования), *(Schiff. auch)* маршрут плавания <судна>;

vorgeschriebene ~ установленный

fahrtüchtiger Zustand 1. *(Fahrzeug)* исправное состояние <транспортного средства>; 2. *(Pers.)* годн‖ый/ая/ое/ые к управлению автотранспортом (к вождению автомобиля)

Fahrtüchtigkeit 1. *(Fahrzeug)* годность *(f.)* к движению, исправное состояние, *(Schiff.)* годность к плаванию; 2. *(Fahrer)* пригодность *(f.)* <водителя> к вождению <транспортного средства>

Fahrtunterbrechung прерывание поездки

Fahr‖- und Eintrittskarte, kombinierte комбинированный билет на проезд и вход; **-untauglichkeit** *(Fahrer)* неспособность *(f.)* к вождению <транспортного средства>; **-untüchtigkeit** *(Fahrzeug)* неисправное состояние (неисправность *(f.)*) <транспортного средства>; **-verbindung** путь *(m.)* следования <транспорта>, сообщение, транспортная связь;

Fahrverbot ‖ 1. *(Fahrzeug)* запрещение движения <грузовиков>; 2. *(Fahrer)* запрещение управлять транспортным средством; **Feiertags-** *(LKW)* запрещение движения <грузовиков> в праздничные дни; **Nacht-** *(LKW)* запрещение движения <грузовиков> в ночное время; **Sonntags-** *(LKW)* запрещение движения <грузовиков> по воскресеньям

Fahrverhalten ‖ 1. *(Fahrzeug, Fahreigenschaften)* ходовые качества (динамические свойства) транспортного средства; **2.** *(Fahrer, Fahrstil)* стиль *(m.)* вождения (управления) автомобилем; **rücksichtsloses** ~ *(Straßenverkehr)* безответственное вождение автомобиля <недозволенной скоростью>;

Fahr‖wasser *(Schiff.)* фарватер; **-weg 1.** *(Fahrbahn)* <проезжая> дорога (-ая часть дороги), <гужевой> путь; **2.** *(Route)* маршрут <движения>;

Fahrweg‖bestimmung <**für Gefahrgut**> определение маршрута <для перевозки опасного груза>; **-betreiber** <частный> оператор гужевого пути; **-kapazität** пропускная способность дорог;

Fahr‖weise 1. *(Fahrstil)* стиль *(m.)* (способ) вождения (управления) <транспортным средством>; **2.** *(Betriebsart)* режим движения (эксплуатации) <транспортного средства>; **-weite** дальность *(f.)* движения, запас хода;

Fahrwerk ‖ *(Kfz.)* ходовая часть, *(Flug.)* шасси *(n. indkl.)*; **das ~ ausfahren** выпускать/выпустить ~; **das ~ einfahren** убирать/убрать ~;

Fahrzeit ‖длительность *(f.)* (продолжительность *(f.)*) езды (проезда), время в пути (в движении), время движения, *(Schienv. auch)* время следования (хода, прохождения) поездов;

Fahrzeit‖reduzierung сокращение времени движения (проезда, продолжительности езды); **-verkürzung** *s.* *-reduzierung*; **-verluste** *(Pl.)* потери проездного времени;

Fahrzentrale служба движения

Fahrzeug *(allg.)* транспортное средство; *(Kfz., s. auch Kraftfahrzeug, Wagen)* автомобиль *(m.)*, *(PKW)* легковой автомобиль, *(LKW)* грузовик, грузовой автомобиль; *(Schienenfahrzeug auch)* рельсовое транспортное средство, <тяговая> единица; *(Schiff auch)* плавучее средство, судно; **-e** *(Pl.)* подвижной состав;

Fahrzeug, beladenes ~ погруженное (нагруженное) ‖ транспортное средство, *(Kfz. auch)* погруженный автомобиль (-ый грузовик, -ый фургон); **benzingetriebenes** ~ ~ с бензиновым двигателем; **beschädigtes** ~ повреждённое; **betriebssicheres** ~ ~ в исправном состоянии; **bimodales** ~⌷ бимодальное, ~ для обращения по различным видам транспорта (дорог); **dieselgetriebenes** ~ ~ с дизельным приводом, *(Kfz. auch)* дизельный автомобиль; *(Eis. auch)* дизельная тяговая единица; **einachsiges** ~ одноосное; **einmotoriges** ~ одномоторное, однодвигательное; **einspuriges** ~ одноколейное; **elektrisch angetriebenes** ~ электромобиль *(m.)*, ~ с электрическим приводом, *(LKW)* грузовой электромобиль; **geländegängiges** ~ *(Kfz.)* автомобиль высокой проходимости, джип, внедорожник; **klimatisiertes** ~ ~ с кондиционированием воздуха, ~ с кодиционером; **mehrachsiges** ~ многоосное; **mehrgliedriges** ~ *(Kfz.)* многочленный грузовик (-ый автопоезд), *(Schienv.)* многочленный поезд; **mehrmotoriges** ~ многомоторное, многодвигательное; **mehrsitziges** ~ многоместное, *(Kfz.)* многоместный автомобиль;

mehrspuriges ~ многоколейное; **schadstoffarmes** ~ ~ с низким выбросом вредных веществ; **schienengebundenes** ~ рельсовое; **schwimmfähiges** ~ *(Kfz.)* автомобиль-амфибия; **straßengebundenes** ~ *(Kfz.)* автомобиль, не приспособленный к движению по бездорожью; **unbeladenes** ~ порожнее, *(LKW auch)* порожний фургон; **vierrädriges** ~ четырёхколёсное, ~ на четырёх колёсах; **viersitziges** ~ четырёхместное, *(Kfz.)* четырёхместный автомобиль; **zweirädriges** ~ двухколёсное, ~ на двух колёсах; **zweisitziges** ~ двухместное, *(Kfz.)* двухместный автомобиль; **zweispuriges** ~ двухколейное;

Fahrzeug, Abschlepp- *(Kfz.)* автомобиль для буксировки <неисправных транспортных средств>; **Allrad-** *(Kfz.)* автомобиль со всеми ведущими колёсами; **Allzweck-** многоцелевое (универсальное) транспортное средство; **Baustellen-** *(LKW)* автомобиль (грузовик) для обслуживания строительных площадок; **Behälter-** транспортное средство для перевозки наливного груза, *(LKW)* автомобиль-цистерна; **Bereitschafts-** *(Kfz.)* дежурный автомобиль; **Breitspur-** подвижная единица широкой колеи; **Container-** *(LKW)* автомобиль-контейнеровоз; **Diesel-** s. *dieselgetriebenes*; **Einzel-** 1. *(Teil des Fuhrparks)* единица подвижного состава; 2. *(Schienv.)* тяговая единица без прицепа; 3. *(Kfz.)* одиночный автомобиль; **Elektro-** *(Kfz.)* электромобиль *(m.)*; **Ersatz-** транспортное средство для замены; **Fernverkehrs-** *(Kfz.)* автомобиль для междугородных перевозок; **Gefahrgut-** *(LKW)* автомобиль для> перевозки опасного груза; **Güterkraft-** *(LKW)* грузовой автомобиль, грузовик; **Hochgeschwindigkeits-** <высоко>скоростное транспортное средство (-ая подвижная единица); **Hochleistungs-** транспортное средство (подвижная единица) большой мощности; **Huckepack-** *(Kfz.)* автоприцеп, контрейлер; **Hybrid-** дизель-электроход; **Kombi-** *(Kfz.)* 1. *(für Güter- und Passagierverkehr)* грузопассажирский автомобиль; 2. *(für Schiene-Straße-Verkehr)* автомобиль на комбинированном ходу, автомобиль с устройством для движения по рельсовому пути; **Kraft-** *(Kfz.)* автомобиль, автомашина; **Kühl-** рефрижератор, *(LKW auch)* автомобиль-рефрижератор, авторефрижератор, *(Eis. auch)* поезд-рефрижератор; **Liefer-** *(Kfz.)* автомобиль для перевозки мелкопартионных грузов; **Lösch-** *(Kfz.)* пожарная <авто>машина; **Luftkissen-** транспортное средство на воздушной подушке; **Mehrstrom-** *(Schienv.)* транспортное средство, работающее на нескольких системах тока; **Mehrwege-** *(Kfz.)* вездеход, транспортное средство для обращения по различным видам дорог; **Mehrzweck-** многоцелевое (универсальное) транспортное средство, транспортное средство многоцелевого назначения, универсальный подвижной состав; **Militär-** *(Kfz.)* военный автомобиль; **Motor-** моторная единица подвижного состава; **Multifunktions-** s. *Mehrzweck-*; **Niederflur-** *(Pass., Bahn, Bus, Tram)* поезд (автобус, трамвай) с пониженной платформой (с выходом на уровне перрона); **Nutz-** *(LKW)* грузовик, грузовой автомобиль, автомобиль промышленного назначения; **Oberleitungs-** электрический подвижной состав с питанием от воздушной контактной сети; **Paletten-** *(LKW)* автомобиль для перевозки груза на поддонах; **Pritschen-** *(LKW)* грузовой автомобиль с бортовой платформой; **Raupen-** *(Kfz.)* ~ на гусеничном ходу, гусеничный автомобиль; **Reserve-** резервное, дежурное; **Rettungs-** *(Schiff.)* спасательная шлюпка; **Schienen-** рельсовое, рельсовый (железнодорожный) подвижный состав; **Schlepp-** **1.** *(Kfz.)* тягач, трактор; **2.** *(Eis.)* прицепная тележка; **Schub-** *(Binnsch.)* буксир, буксир-толкач, лихтеровоз; **Schüttgut-** *(LKW)* автомобиль для перевозки насыпного (сыпучего, навалочного) груза; **Schwebe-** *s. Luftkissen-*; **Schwerlast-** *(LKW)* автомобиль большой грузоподъёмности (для перевозки тяжеловесного груза); **Schwimm-** плавучее транспортное средство, плавсредство; **Serien-** *(Kfz.)* автомобиль серийного производства; **Spezial-** специальное транспортное средство, *(LKW auch)* специальный автомобиль, специального назначения; **Straßen-** *(Kfz.)* автодорожное транспортное средство, автомобиль; **Stückgut-** *(LKW)* автомобиль для перевозки штучного груза; **Tank-** *(Kfz.)* автомобиль-цистерна; автоцистерна, *(für Kraftstoff)* топливозаправщик (бензо-); **Thermo-** *(Kfz.)* автомобиль с изотермическим кузовом; **Trieb-** *(Schienv.)* тяговая подвижная единица, ходовая вагонная тележка; локомотив, тяговый подвижной состав; **Universal-** *s. Mehrzweck-*; **Verteiler-** *(LKW)* грузовик для развозки товаров; **Vielzweck-** *s. Mehrzweck-*; **Wasser-** *s. Schwimm-*; **Zweirichtungs-** *(Schienv.)* транспортное средство с двумя головными моторными частями; **Zweiwege-** *(Kfz.)* автомобиль с устройством для движения по рельсовому пути; автомобиль на комбинированном ходу;

ein Fahrzeug || **abfertigen** подготавливать/подготовить || транспортное средство || (автомобиль) к отправке; ~ **abstellen** ставить/поставить ~ на стоянку; ~ **anhalten** приостанавливать/приостановить ~; ~ <polizeilich> **anmelden** оформлять/оформить ~; ~ **auslasten** нагружать/нагрузить ~; ~ **beladen** загружать/загрузить ~, нагружать/ нагрузить ~ <чем-л.>; ~ **entladen** разгружать/разгрузить; ~ **inspizieren** инспектировать/ проинспектировать ~; ~ **kontrollieren** проверять/проверить ~; ~ **leasen** брать/взять ~ в лизинг; ~ **mieten** арендовать ~, брать/взять (снимать/снять) ~ в аренду; ~ **stilllegen** законсервировать ~, <временно> прекращать/ прекратить эксплуатацию -ого -а; ~ **stoppen** *s. anhalten*; ~ **überführen** перегонять/перегнать ~; ~ **überholen** **1.** *(Position im Verkehrsfluss wechseln)* обгонять/обогнать (объезжать/ объехать) ~; **2.** *(etw. instand setzen)* ремонтировать/отремонтировать ~; ~ **überprüfen** *s. inspizieren, kontrollieren*; ~ **versichern**

страховать/застраховать ~; ~ **zulassen** *s. anmelden*

Fahrzeug- *(in Zus.)*; **-abmessungen** *(Pl.)* размеры (габарит) транспортн‖ого средств‖а; **-anhänger** *(Kfz.)* <автомобильный> прицеп, трейлер; **-antrieb** привод -ого -а; **-aufbau** *(Kfz.)* кузов автомобиля; **-aufkommen** поток автомобилей; **-auslastung** загрузка -ого -а; **-bau** транспортное машиностроение; **-bauer** изготовитель *(m.)* автомобилей; **-bestand** подвижной состав, транспортный флот, парк -ых средств, парк транспортного хозяйства, *(Kfz. auch)* автомобильный парк, автопарк; **-betrieb** эксплуатация -ого -а, *(Kfz. auch)* эксплуатация автомобильного транспорта; **-breite** габаритная ширина -ого -а; <technischer> **-brief** *(Kfz.)* <технический> паспорт (техпаспорт) автомобиля, документы *(Pl.)* на автомобиль; **-daten** *(Pl.)* параметры -ого -а; **-depot** *(Kfz.)* автомобильное депо *(indkl.)*, автобаза, *(Eis.)* железнодорожное депо *(indkl.)*; **-dichte** **1.** *(Verkehrsdichte)* плотность *(f.)* машин на дороге; **2.** *(Motorisierungsgrad)* уровень *(m.)* моторизации; **-disposition** распоряжение подвижным составом; <technische> **-durchsicht** *(TÜV)* технический осмотр (техосмотр) -ого -а, профессиональная диагностика; **-eigentümer** *(Pers.)* собственник -ого -а; <mehrgliedrige> **-einheit** <многочленная> транспортная единица, единица подвижного состава, *(Eis. auch)* железнодорожная <подвижная> единица; **-einsatz** эксплуатация -ого -а (подвижного состава);

-flotte транспортный флот; **-führer** *(Pers., Kfz.)* водитель *(m.)* <автомобиля>, *(Pers., Eis.)* машинист <локомотива>; **-gattung** тип -ого -а (подвижного состава); **-gesamtgewicht** полная масса -ого -а; **-halter** *(Pers.)* владелец -а; **-hersteller** *s.* **-bauer**; **-höhe** габаритная высота -ого -а; **-identifikationssystem** система идентификации -ого -а; **-industrie** автомобильная промышленность *(f.)* (авто-); **-innenraum 1.** *(Pass.)* салон, пассажирское помещение; **2.** *(Frachtkapazität)* внутреннее пространство -ого -а; **-insasse** *(Pers.)* пассажир; **-instandhaltung** техническое обслуживание -ого -а, содержание -ого -а в исправности; **-instandsetzung** ремонт -ого -а, *(Kfz. auch)* авторемонт, *(Gewerbe)* авторемонтное производство; **-karosserie** *(Kfz.)* кузов; **-kategorie** категория -ого -а; **-kennzeichen** *(Kfz.)* номерной знак автомобиля; **-kilometer** пробег <-ого -а> в километрах, *(Kfz. auch)* автомобиле-километр; **-kolonne** *(Kfz.)* колонна автомобилей, автоколонна; **-kontrolle** <технический> контроль -ых средств; **-kupplung** сцепное устройство, сцепление; **-länge** габаритная длина -ого -а; **-navigation** навигация -ых средств; **-ortung** определение местонахождения -ого -а; **-papiere** *(Pl.) s.* **-brief**;

Fahrzeugpark ‖ парк транспортных средств (подвижного состава, транспортного хозяйства), транспортный флот, *(Kfz. auch)* автомобильный (гужевой) парк, автопарк, *(Eis. auch)* парк локомотивов; **erforderlicher** ~ потребный; **außer Dienst gestellter**

~ неэксплуатируемый; **in Betrieb befindlicher** ~ рабочий; **nicht in Betrieb befindlicher** ~ нерабочий; **inventarisierter** ~ списочный, инвентарный; **veralteter** ~ устаревший; **vorhandener** ~ наличный; **Betriebs-** *(Eis.)* эксплуатируемый парк локомотивов; **Trieb-** *(Schienv.)* парк подвижного состава, *(Eis. auch)* локомотивный парк, парк локомотивов; **Auslastung des -s** загрузка подвижного состава, **Erneuerung des -s** обновление подвижного состава; **Standzeit/en des -s** простой подвижного состава;

Fahrzeug‖reparatur *s. -instandsetzung*; **-schein** *s. -brief*; **-sicherheit** безопасность *(f.)* транспортн‖ого средств‖а (подвижного состава); **-strom** *(sich bewegende Menge von Kfz.)* поток автомобилей; **-stunde** *(Kfz.)* автомобиле-час; **-tag** *(Kfz.)* автомобиле-день *(m.)*; **-tonne** *(Kfz.)* автомобиле-тонна; **-typ** тип -ого -а; **-umlauf** оборот -ого -а; **-verkehr** движение -ых средств, *(Kfz. auch)* автомобильное движение (-ое сообщение, -ый транспорт); **-wäsche** помывка -ого -а; **-zulassung** 1. *(Prozedur)* оформление -ого -а; 2. *(Dokument)* свидетельство о допущении -ого -а, талон о прохождении техосмотра

Fahr‖ziel *(Pass.)* цель *(f.)* поездки; **-zyklus** *(Fahrzeug)* цикл движения

Faktura *(kfm.)* фактура; **Handels-** торговая; **Konsulats-** консульская; **Original-** оригинал торговой -ы; **Zoll-** таможенный счёт

Faktura- *(in Zus.)* фактурн‖ый/ая/ое/ые; **-betrag**

(kfm.) -ая стоимость; **~Rechnung** счёт-фактура; **-wert** *s. -betrag*

fakturieren *(etw. in Rechnung stellen)* фактурировать <что-л.>

Falschlieferung ошибочная поставка, *(nicht dem Vertrag entprechend)* поставка товара, не предусмотренного договором (обусловленного контрактом)

Falt- *(in Zus.)* складн‖ой/ая/ое/ые; **-container** -ой контейнер; **-verpackung** -ая (сложенная) упаковка (-ая тара)

Familien- *(in Zus.)* семейн‖ый/ая/ое/ые; **-karte** -ый билет; **-tarif** -ый тариф

Fangschiff рыболовное судно

Fass бочка; **Fässer** *(Pl.)* **für Trockenware** бочковая сухая тара

Fassungsvermögen *(s. auch Kapazität)* вместимость *(f.)*; ~ **von Transportbehältnissen** грузовместимость транспортных ёмкостей

Fautfracht *(Schiff.)* мёртвый фрахт

Feeder *(Schiff.)* фидер

Feeder- *(Schiff., in Zus.)* фидерн‖ый/ая/ое/ые; **-dienste** *(Pl.)* -ая служба; **-verkehr** -ый транспорт, -ые перевозки

Fehlfracht *s. Fautfracht*

Feierabendverkehr движение транспорта в часы пик

Feiertagsfahrverbot *(LKW)* запрещение движения <грузовиков> в праздничные дни

Ferien- *(in Zus.)* отпускн‖ой/ая/ое/ые; **-fahrschein** *(Pass.)* -ой билет; **-flugverkehr** *(Pass.)* -ой воздушный транспорт; **-verkehr**

(Pass.) -ое движение, -ой транспорт, перевозки в период отпусков

Fern- *(in Zus.)* дальн‖ий/яя/ее/ие; **-bahn** магистральная железная дорога; **-bahngleis** путь *(m.)* магистральной железной дороги; **-bahnhof** *(Güterv.)* станция поездов -его следования, *(Pass.)* вокзал для поездов -его следования; **-fahrt** *(Pass.)* поездка на -ее расстояние, -ий рейс; **-flug** -ий рейс; **-fracht** дальнепробежный груз, груз -его следования; **-gut** *s. -fracht*; **-handel** иногородная торговля; **-lastzug** *(LKW)* автопоезд для междугородных <грузовых> перевозок; **-licht** *(Kfz.)* фара -его света; **-linie** линия междугородного сообщения, линия транспорта -его следования; **~LKW** грузовой автомобиль для междугородных перевозок

fernöstliche Zeit дальневосточное время

Fern‖reise *(Pass.)* дальн‖ий рейс; **-reisebus** туристский автобус; **-reisender** *(Pers.)* пассажир -его следования; **-schnellzug** *(Eis.)* междугородный скорый (проходящий) поезд; **-straße** магистральная (шоссейная) дорога, дорога общегосударственного значения, *(im Schnellverkehr)* автотрасса, автомагистраль *(f.)*; **-straßennetz** сеть *(f.)* дорог общегосударственного значения; **-strecke** -ий путь сообщения;

Fernstrecken‖anzeiger дистанционный указатель; **-flug** полёт на дальнее расстояние; **-flugzeug** дальний магистральный (сверхдальний) самолёт, самолёт дальнего следования;

Fern‖transport транспорт дальн‖его следования, -ие (междугородные) перевозки, перевозки на -ее расстояние; **-trasse** трасса -его следования; **-verbindung** -ее <железнодорожное, автомобильное> сообщение, -ие пути сообщения (следования);

Fernverkehr ‖ дальн‖ее (междугородное) сообщение, -ие (междугородные) перевозки, транспорт -его следования, перевозки на -ее расстояние (на длинные дистанции); **Güter-** грузовой транспорт на -ие расстояния, -ие грузовые перевозки, -ие перевозки грузов; **Personen-** пассажирский транспорт (пассажирские перевозки) -его следования, -ие перевозки пассажиров; **Schienengüter-** железнодорожный грузовой транспорт (железнодорожные перевозки грузов) на -ие расстояния, -ие грузовые перевозки железнодорожным транспортом; **Straßengüter-** автомобильный грузовой транспорт (автомобильные перевозки грузов) на -ие расстояния, -ие грузовые перевозки автомобильным транспортом; **Werk-** -ие перевозки грузов собственным транспортом <предприятия>;

Fernverkehrs‖fahrzeug *(Kfz.)* автомобиль *(m.)* для междугородных перевозок; **-netz** сеть *(f.)* дальних путей сообщения; **-tarif** тариф дальнего сообщения;

Fernzug *(Eis.)* поезд дальнего следования (сообщения)

fest **1.** *(Materialdichte)* твёрд‖ый/ая/ое/ые, крепк‖ий/ая/ое/ие; **2.** *(starr,* *unveränderlich)* жёстк‖ий/ая/ое/ие, твёрд‖ый/ая/ое/ые; **-e Fahrbahn** крепкая проезжая часть, полотно с крепким покрытием; **-e Frachtrate** твёрдая (жёсткая) фрахтовая (тарифная) ставка; **-er Preis** твёрдая цена; **-e Route** регулярный маршрут, *(ÖPNV)* регулярная линия; **-er Takt** жёсткий интервал; **-er Tarif** жёсткий (твёрдый) тариф; **-e Verbindung 1.** *(Verkehr, regulär)* регулярная линия, *(Flug. auch)* регулярный рейс; **2.** *(techn., unbeweglich)* жёсткое соединение

Fest‖land суша; **-landsockel** континентальный шельф

festmachen, ein Schiff швартовать/пришвартовать, причаливать/причалить <судно>

Festmachen *(Subst.)* **<eines Schiffes>** <при>швартовка <судна>

Festmacher *(Pers., Schiff.)* швартовщик

Festmach- *(in Zus., Schiff.)* швартовн‖ый/ая/ое/ые; **-gebühr** -ый сбор; **-vorrichtung** причальное устройство

Feststellung установление, определение <чего-л.>; **~ der Frachtbeschädigung** установление повреждения <груза>; **Zollwert-** таможенная оценка стоимости товара

feuchtedichte Verpackung влагонепроницаемая упаковка (-ая тара)

feuchtigkeits‖empfindliches Gut водочувствительный груз; **-unempfindliches Gut** водостойкий груз

feuer‖beständiges Gut огнестойкий (огнеупорный) груз; **-gefährliches**

Gut огнеопасный груз

Feuerwehr пожарная команда; **Flughafen-** ~ аэропорта; **Hafen-** ~ порта

Finanz- *(in Zus.)* финансов‖ый/ая/ое/ые; **-direktion** -ое управление

Finanzierung финансирование; **Export-** экспортное; **Import-** импортное; **Projekt-** ~ проекта; **Quer-** перекрёстное

Finanzierungsbedarf потребность *(f.)* в финансировании

Finanz‖mittel *(Pl.)* финансовые средства; **-zoll** таможенная фискальная пошлина

Firma *(s. auch Betrieb, Gesellschaft, Unternehmen)* фирма

Firmenkunde корпоративный клиент

Fischereihafen *(natürl.)* рыбачья (рыболовецкая) гавань

fixe Kosten *(Pl., buchh.)* постоянные расходы

Fläche *(s. auch Ort, Platz)* площадь *(f.)*; **befahrbare** ~ *(Fahrbahn)* участок проезжей части, на которую въезд разрешён; **gesperrte** ~ *(Fahrbahn)* участок проезжей части, на которую въезд запрещён; **markierte** ~ *(Fahrbahn)* маркированный участок проезжей части; **Abstell-** ~ (место) <для> стоянки, открытая стоянка; **Belade-** *(Ladebühne)* грузовая платформа, погрузочная площадка; **Gleis-** *(Oberfläche)* поверхность *(f.)* пути; **Kai-** причальная; **Lade- 1.** *(nutzbarer Laderaum)* погрузочная, ~ грузового помещения; **2.** *(Ladebühne)* грузовая платформа, погрузочная площадка; **3.** *(Fläche der Ladebühne)* ~ <грузовой>

платформы; **Lager-** складская, ~ складирования; **Nutz-** полезная; **Park-** *(Kfz.)* ~ (место) <для> стоянки <автомобиля>; **Rangier-** *(Schienv.)* площадка для маневрирования; **Sperr-** *s. gesperrte*; **Stell-** ~ стоянки <контейнера>; **Trag-** опорная (несущая) поверхность, *(Flugzeug)* крыло; **Umlade-** перегрузочная площадка; **Verkehrs-** транспортная, ~ движения, *(zum Rangieren auch)* площадка для маневрирования

Flächen- *(in Zus.)*; **-bedienung** обслуживание территории транспортом; **-nutzungsplan** *(BRD)* план использования площади; **-verkehr** *(Pass.)* транспорт (движение) в пределах <малонаселённых> территорий

flach плоск‖ий/ая/ое/ие, *(geringe Höhe)* низк‖ий/ая/ое/ие, *(geringe Tiefe)* мелк‖ий/ая/ое/ие, не глубок‖ий/ая/ое/ие; **-er Güterwagen** *(Eis.)* вагон-платформа; **-gehendes Schiff** мелкоходное (мелкосидящее) судно

Flach- *(in Zus.)* плоск‖ий/ая/ое/ие; **-palette** -ий поддон; **-wagen** *(Eis.)* вагон-платформа

Flagge флаг; **ausländische** ~ иностранный; **Billig-**□ удобный; **Gefälligkeits-** *s. Billig-*; **Quarantäne-** карантинный; **Schiffs-** ~ судна; **Signal-** сигнальный; **Warn-** *s. Signal-*; **unter fremder (dritter)** ~ **fahren** *(Schiff.)* плавать под иностранным -ом

Flaggen- *(in Zus.)*; **-attest** *(jur., See.)* свидетельство о праве плавания под <государственным> флагом; **-recht** Закон о флаге

Flags of Convenience□ *s. Billigflagge*

fliegen 1. *(intrans., sich fortbewegen)* летать (лететь); **2.** *(trans., ein Flugzeug führen)* управлять самолётом

fliegendes Personal лётный персонал

fließender Verkehr текущее движение, *(ungehindert)* беспрепятственное движение <транспорта>

Flotte флот; **aktive** ~ действующий; **technische** ~ технический; **Billigflaggen-** ~ под удобным флагом; **Binnen<schifffahrts>-** речной, ~ речного судоходства, ~ внутреннего плавания; **Fahrgast-** пассажирский; **Fahrzeug-** транспортный; **Hafen-** портовый; **Handels-** <морской> торговый; **Hochsee-** морской, ~ морского судоходства; **Linien-** линейный; **Schlepp-** лихтерный, буксирный; **Schub-** *s. Schlepp-*; **Segelschiffs-** парусный; **Tanker-** наливной, танкерный; **Transport-** транспортный; **Welthandels-** мировой торговый; **Zeitcharter-** тайм-чартерный

Flotten- *(in Zus.)*; **-bestand** состав флота; **-steuerung 1.** *(Schiff.)* управление флотом; **2.** *(Kfz.)* управление подвижным составом <транспортного предприятия>

Flüssiggut жидкий (наливной) груз; **Beförderung von** ~ перевозка наливного груза (груза наливом)

Flüssiggut- *(in Zus.)*; **-abfertigung** отправка наливного груза; **-frachter** наливное судно; **-lager** склад для наливного груза

Flug полёт, *(Route im Luftverkehr)* рейс; **Ab-** *(Flugzeug)* взлёт <самолёта>, *(Passagier)* вылет

<пассажиров>; **An-** *(Landeanflug)* заход <самолёта на посадку>; **Anschluss-** следующий (согласованный) рейс; **Bedarfs-** внерейсовый полёт; **Binnen-** внутренний рейс; **Charter-** чартерный полёт (-ый рейс), *(Verbindung)* воздушное сообщение на основе договоров; **Direkt-** прямой рейс, *(Non-Stop)* беспосадочный полёт; **Fern-** дальний рейс; **Fernstrecken-** дальний рейс, полёт на дальнее расстояние; **Gabel-** полёт с открытым участком дороги; **Hin- und Rück-** полёт туда и обратно; **Inland-** внутренний рейс; **Instrumenten-** полёт по инструментам; **Kurzstrecken-** полёт на короткое расстояние; **Langstrecken-** *s. Fernstrecken-*; **Linien-** рейсовый (маршрутный) полёт; **Nacht-** ночной полёт (-ой рейс); **Non-Stop-** беспосадочный полёт; **Rück-** обратный полёт; **Sicht-** полёт по видимости; **Sink-** полёт со снижением высоты; **Steig-** полёт с набором высоты; **Transatlantik-** трансатлантический рейс; **einen ~ aufrufen** объявлять/объявить рейс; **einen ~ aussetzen** отменять/отменить рейс

Flug- *(in Zus.)* авиационн‖ый/ая/ое/ые, авиа-; **-begleiter** *(Pers.)* бортпроводник; **-begleiterin** *(Pers.)* бортпроводница; **-benzin** -ый бензин;

Flugbetrieb ‖ *(hier Flugverkehr)* воздушное сообщение; **eingeschränkter ~** ограниченное; **24-Stunden-~** круглосуточное; **Nacht-** ночное;

Flug‖buchung бронирование полёта; **-daten** *(Pl.)* лётные данные; **-dauer** продолжительность *(f.)*

полёта; **-entfernung** расстояние (дальность *(f.)*) полёта; **-fähigkeit** лётная годность;

Flugfähigkeits‖attest сертификат лётной годности; **-prüfung** проверка лётной годности; **-zeugnis** *s. -attest*;

Flug‖feld лётное поле; **-funk** авиационная (воздушная) радиосвязь; **-funkdienst** служба авиационной радиосвязи; **-funknavigation** аэрорадионавигация; **-gast** *(Pers., s. auch Passagier)* авиапассажир, пассажир самолёта;

Fluggast‖brücke телетрап, *(umg. auch)* рукав; **-kontrolle** проверка пассажиров <в аэропорту>;

Flug‖genehmigung воздушно-правовое разрешение; **-geschwindigkeit** скорость *(f.)* полёта; **-gesellschaft** авиационная компания (авиа-)

Flughafen аэропорт; **internationaler ~** международный; **örtlicher ~** местный, городской; **Bestimmungs- ~** назначения; **Binnen-** внутренний; **Container-** контейнерный терминал в -у; **Fracht-** грузовой; **Militär-** военный аэродром; **Passagier-** пассажирский; **Regional-** *s. örtlicher*; **Transit-** транзитный, промежуточный; **Verkehrs-** гражданский; **Verteiler-** *(Güterv.)* ~ перегрузки грузов; *(Pass.)* ~ пересадки пассажиров; **Zivil-** гражданский; **Zoll-** ~ с таможней; **Ankunft auf dem ~** *(Pass.)* прибытие в аэропорт

Flughafen- *(in Zus.)*; **-betreibergesellschaft** частная компания по эксплуатации аэропорт‖а; **-bus 1.** *(Zubringer)*

автобус для доставки пассажиров к -у; **2.** *(Vorfeldbus)* автобус для перевозки пассажиров по аэродрому; **-direktion** дирекция -а; **-feuerwehr** пожарная команда -а; **-gebäude** здание -а; **-gebühr** сбор, взимаемый с пассажиров в -ах; **-hotel** гостиница при -е; **-infrastruktur** инфраструктура -а; **-planung** планирование строительства (расширения) -а; **-standort** местонахождение -а; **-transfer** доставка пассажиров к -у; **-zubringer** *s. -bus*

Flughöhe ‖ высота полёта; **Verringerung der** ~ снижение -ы -а; **Zunahme der** ~ повышение -ы -а;

Flug‖information 1. *(für Passagiere)* информация для авиапассажиров; **2.** *(für die Flugbesatzung)* лётная информация; **-informationsgebiet** зона предоставления лётной информацией; **-kapitän** командир самолёта (воздушного корабля); **-kilometer** километр полёта; **-komfort** комфорт в полёте, удобство (комфортабельность *(f.)*) полёта; **-kontrolle** контроль *(m.)* воздушного движения; **-kosten** *(Pl.)* стоимость *(f.)* полёта; **-lärm** шум от воздушного движения (транспорта); **-lärmgesetz** *(BRD)* Федеральный закон о снижении шума от воздушного движения; **-leiter** *(Pers.)* авиационный диспетчер; **-leitzentrale** <наземная> служба управления полётами; **-leitsystem** система управления полётом;

Fluglinie ‖ авиационная (воздушная) линия, авиалиния, *(Trasse)* авиатрасса, воздушная трасса, трасса воздушного сообщения; **internationale** ~

международная; **Inland-** внутренняя; **Regional-** местная;

Flug‖liniennetz сеть *(f.)* авиалиний; **-lizenz** удостоверение на право управления самолётом; **-lotse** *(Pers.)* авиадиспетчер; **-navigation** воздушная навигация; **-nummer** номер рейса (полёта); **-passagier** *(Pers.)* авиапассажир, пассажир самолёта; **-personal** лётный персонал;

Flugplan ‖ расписание полётов; **Sommer-** летнее; **Winter-** зимнее;

Flugplan‖änderung изменение расписания полётов; **-koordinierung** согласование расписаний полётов; **-koordinator** *(Pers.)* координатор по согласованию расписаний полётов; **-wechsel** смена (замена) расписаний полётов;

Flug‖platz *(s. auch Flughafen)* аэродром, аэропорт; **-preis** цена (стоимость *(f.)*) авиабилета; **-reise** авиапутешествие; **-reisender** *(Pers.)* авиационный пассажир (авиа-); **-route** *(s. auch Flugverbindung)* рейс, путь воздушного сообщения; **-schau** авиационная выставка; **-schein 1.** *(Ticket)* авиационный билет, авиабилет; **2.** *(Pilotenschein)* удостоверение на право управления самолётом; **-schreiber** бортовой самописец; **-sicherheit** безопасность *(f.)* полёта; **-sicherheitsbehörde** ведомство безопасности воздушного транспорта; **-sicherung** обеспечение безопасности полёта; **-sicherungsdienst** служба обеспечения безопасности полёта; **-sicherungspersonal** авиадиспетчеры *(Pl.)*; **-simulator** полётный тренажёр; **-strecke 1.**

(Luftweg) путь воздушного сообщения, **2.** *(Linie)* рейс, маршрут полёта; **3.** *(Entfernung)* дальность *(f.)* полёта; **-technik** авиационная техника (авиа-); **-ticket** авиационный билет (авиа-); **-überwachung** контроль *(m.)* ~ воздушного движения, наблюдение за полётами;

Flugverbindung ‖ авиационная связь, рейс <самолёта>; **direkte ~** прямой рейс; **internationale ~** внешний (международный) рейс;

Flug‖verkehr воздушное сообщение (-ый транспорт, -ое движение, -ые перевозки), авиатранспорт, авиаперевозки; **-vorkommnis** лётное происшествие; **-weite** дальность *(f.)* (расстояние) полёта; **maximale -weite** предельная дальность полёта; **-wesen** авиация;;

Flug‖wetter лётная погода; **schlechtes -wetter** нелётная погода; **-wetterdienst** авиационно-метеорологическая служба, авиаметеослужба; **-wetterstation** авиационно-метеорологическая станция; **-zeit** время (продолжительность *(f.)*) полёта

Flugzeug самолёт, *(Liner)* <авиа>лайнер, *(Luftschiff)* воздушный корабль; **ziviles ~** гражданский, ~ гражданской авиации; **zweimotoriges ~** двухмоторный; **~ für mittlere (große) Reiseflugweiten** средний (дальний) магистральный;

Flugzeug, Düsen- реактивный ‖ самолёт; **Fernstrecken-** дальний магистральный, сверхдальний, ~ дальнего следования; **Fernverkehrs-** *s. Fernstrecken-*; **Fracht-** грузовой; **Groß<raum>-**

крупногабаритный, большегрузный, ~ большой грузоподъёмности; **Kurzstrecken-** ближнемагистральный; **Langstrecken-** *s. Fernstrecken-*; **Linien-** рейсовый; **Mehrzweck-** многоцелевой, универсальный, ~ смешанного назначения; **Militär-** военный; **Passagier-** пассажирский; **Reise-** *s. Passagier-*; **Rettungs-** аварийно-спасательный, ~ поисково-спасательной службы; **Schwerlast-** большегрузный; **Seenot-** аварийно-спасательный гидро-~; **Spezial- ~** специального назначения; **Transport-** *s. Fracht-*; **Überschall- ~** сверхзвуковой скорости; **Verkehrs-** *s. Passagier-*; **Wasser-** гидро-~, ~-амфибия; **Weitstrecken-** *s. Fernstrecken-*; **Zivil-** *s. ziviles*; **frei Flugzeug** франко ~;

Abfertigung ‖ **eines Flugzeugs** подготовка самолёт‖а к отправке; **Abflug ~** вылет -а; **Abkippen ~** сваливание -а; **Ankunft ~** прилёт -а; **Kondensstreifen ~** конденсационный (трассирующий) след -а; **Landeanflug ~** заход -а; **Landung ~** посадка -а; **Nachlauf ~** спутный <аэродинамический> след -а; **Start ~** взлёт -а; **Strömungsschatten ~** *s. Nachlauf*; **Überziehen ~** *s. Abkippen*;

ein Flugzeug ‖ **befrachten** нагружать/нагрузить ‖ самолёт; ~ **beladen** *s. befrachten*; ~ **betanken** заправлять/заправить ~; ~ **entladen** разгружать/разгрузить ~; ~ **überfrachten** перегружать/перегрузить ~; ~ **überladen** *s. überfrachten*; **einen Platz im ~ buchen** бронировать/забронировать место в -е;

Flugzeug- *(in Zus.)* самолётн‖ый/ая/ое/ые; **-absturz**

авиационная катастрофа (авиа-); **-auslastung** эксплуатация самолётов; **-bau** самолётостроение; **-besatzung** экипаж самолёта; **-bestand** -ый парк, авиапарк; **-bug** носовая часть самолёта, *(umg. auch)* нос самолёта; **-depot** -ый парк, авиапарк; **-entführer** *(Pers.)* воздушный пират, угонщик самолёта; **-entführung** угон самолёта; **-hangar** ангар; **-heck** хвостовая часть самолёта, *(umg. auch)* хвост самолёта; **-hersteller** изготовитель *(m.)* самолётов; **-industrie** авиационная промышленность (авиа-); **-konstrukteur** *(Pers.)* авиационный конструктор (авиа-); **-park** *s.* **-bestand**; **-rumpf** фюзеляж самолёта; **-schlepper** -ый тягач; **-techniker** *(Pers.)* авиатехник; **-triebwerk** авиационный двигатель; **-unglück** *s.* **-absturz**; **-versicherung** страхование самолёта; **-werk** авиационный завод (авиа-)

Flugziel цель *(f.)* полёта

Fluss 1. *(Wasserlauf)* река; **2.** *(in Bewegung befindliche Menge)* поток <чего-л.>

Fluss- *(Wasserlauf, Binnsch., in Zus.)* речн‖ой/ая/ое/ые; **-abschnitt** -ой участок; **-einmündung** устье реки; **-fähre** -ой паром; **-fracht 1.** *(Ladung)* -ой груз; **2.** *(Gebühr)* -ой фрахт; **-frachtgeschäft** сделка на перевозку -ого груза; **-hafen** -ой порт, порт на свободной реке, *(natürl.)* -ая гавань; **-kaskoversicherung** -ое страхование каско *(n., indkl.)*; **-mündung** *s.* **-einmündung**; **-schleuse** -ой шлюз; **~-See-Schiff** судно комбинированного река-море-плавания

fluss- und kanalgängiges Schiff специальное морское судно для плавания на реке-канале

Flut прилив

fob *(Incoterms, free on board, s. auch franko, free, frei)* франко борт <судна>; **~ gestaut** фоб со штивкой; **~-Lieferung** поставка <на условиях> фоб; **~-Preis** цена фоб; **~-Verladung** ~ погрузка на борт <судна> с оплатой грузоотправителем

föderal федеральн‖ый/ая/ое/ые; **-es Gesetz** -ый закон; **-e Gesetzgebung** -ое законодательство; **-es Programm** -ая программа

Fördergleis *(Eis.)* транспортный путь

formelle Tarifbildung формальное установление тарифа

Forschungs- *(in Zus.)* научно-исследовательск‖ий/ая/ое/ие; **-anstalt** -ий центр; **-gesellschaft** -ий институт; **-schiff** -ое судно

Forstproduktenterminal терминал лесных продуктов

Fracht I *(zu beförderndes Gut, s. auch Gut, Güter, Ladung, Ware)* <перевозимый> груз; **abgefertigte ~** отправленный; **auflaufende ~** прибывающий; **zu befördernde ~** перевозимый; **beförderte ~** перевозный; **eingehende ~** прибывающий; **eingegangene ~** прибывший; **gestapelte ~** штабелированный; **stapelfähige ~** штабелируемый; **zollamtlich abgefertigte ~** растаможенный; **~ ohne Begleitpapiere** бездокументный;

Fracht, Außenhandels- внешнеторговый ‖ груз; **Bahn-** железнодорожный; **~,** перевозимый по железной дороге;

Deck- *(Schiff.)* палубный; **Eil-** скоростной, ~ большой скорости; **Express-** экспресс-~; **Fern-** дальнепробежный, ~ дальнего следования; **Fluss-** речной; **Gelegenheits-** трамповый; **Konnossements-** *(See.)* ~ по коносаменту; **Kurzstrecken-** короткопробежный; **Luft-** авиационный, авиа-; ~, перевозимый по воздуху; **Mehr-** дополнительный; **Retour-** обратный; **Rück-** *s. Retour-*; **Schiffs-** судовой; **See-** морской, морское карго *(n., indkl.)*; **TIR-~** ~, прибывающий по TIR; **Transit-** транзитный; **Trocken-** сухой, сухо-; **Umschlag-** перегружаемый, транспортируемый;

Beschädigung der ‖ Fracht повреждение груз‖a; **Stauen von ~** *(Schiff.)* штивка, укладка -а <в трюмы>; **sorgfältiger Umgang mit der** ~ бережное обращение с -ом; **Umverpacken der** ~ перетаривание -а; **Unversehrtheit der** ~ сохранность *(f.)* -а; **Verfügungsgewalt über die ~** *(jur.)* право распоряжения -ом; **Verladung der** ~ приём -а к отправке;

Fracht ‖ befördern перевозить/ перевезти ‖ груз; ~ **verladen** грузить/погрузить (погружать/ погрузить) ~; ~ **versichern** страховать/застраховать ~;

Fracht II *(Beförderungsentgelt, Güterv., s. auch Gebühr, Frachtrate, Tarif)* фрахт; **garantierte** ~ гарантированный; **gebrochene** ~ участковый; **unvorhergesehene** ~ непредвиденный; **im voraus bezahlte** ~ уплаченный вперёд; ~ **pro Tonne** ~ за тонну груза;

Fracht, Auslands- фрахт ‖ в международных перевозках; **Aus- und Rück-** ~ в оба конца; **Bahn-** ~ за провоз груза по железной дороге; **Distanz-** ~ за перевозку груза на известное (определённое) расстояние; **Dumping-** демпинговый; **Durch-** транзитный; **Eil-** ~ (плата) за перевозку груза большой скорости, *(Schiff.)* диспач; **Express-** экспресс-~, экспресс-тариф; **Faut-** *(Schiff.)* мёртвый; **Fehl-** *s. Faut-*; **Gesamt-** общий; **Gewichts-** весовой, ~ по весу; **Leer-** *s. Faut-*; **Luft-** авиа-, ~ за авиаперевозку; **Maß-** ~ по размеру; **Mehr-** дополнительный, дополнительная плата за провоз (-ая провозная плата); **Mindest-** минимальный, минимальная ставка -а; **Orts-** местный тариф -а; **Pauschal-** паушальный; **Retour-** обратный, ~ за обратную перевозку; **Rück-** *s. Retour-*; **Schiffs-** водный; **See-** морской; **Standard-** разрядный; **Strecken-** ~ за определённое расстояние; **Tot-** мёртвый; **Transit-** транзитный; **Vor-** *(Schiff.)* ~ за перевозку до промежуточного порта; **Wert-** ~, исчисляемый с ценности перевозимого груза; **Zeit-** *(Schiff.)* ~, исчисляемый в зависимости от времени фрахтования; **Zuschlag-** дополнительный;

Fracht bezahlt *(carriage paid)* фрахт ‖ оплачен, ~ уплачен; ~ **im Preis inbegriffen** со включением в цену -а; ~ **voraus bezahlt** ~ оплачен (уплачен) вперёд; ~ **zahlt Empfänger** ~ оплачивается грузополучателем;

Fracht III *(Beförderung, Transport)* провоз <груза>; **Hin-** ~ в одну сторону; **Hin- und Her-** ~ туда и обратно; **Bahn-** перевозка груза железной дорогой; **Luft-**

авиатранспорт (-перевозка); See-перевозка груза морским путём, морской транспорт

Fracht- *(in Zus.)* **1.** *(Ladung)* фрахтов‖ый/ая/ое/ые, грузов‖ой/ая/ое/ые; **2.** *(Gebühr)* фрахтов‖ый/ая/ое/ые; **-abfertigung 1.** *(Versand)* отправка (отправление, экспедирование) груза; **2.** *(Ladevorgang)* грузовая (погрузочно-разгрузочная) операция; **3.** *(zollamtliche Behandlung)* таможенное оформление груза; **-abrechnungssystem** система проведения расчётов фрахта; **-absender** *(Versender)* грузоотправитель *(m.)*; **-abwicklung** проведение погрузки; **-agent** *(Pers.)* фрахтовый агент; **-anzeiger** схема (таблица) фрахтовых тарифов; **-aufkommen** объём грузовых перевозок; **-aufschlag** надбавка на фрахт, *(See. auch)* примаж; **-ausgabe** выдача груза; **-behälter** контейнер; **-behandlung** обращение с грузом; **-berechnung** расчёт (исчисление) фрахта, фрахтовый расчёт; **gebrochene -berechnung** участковый расчёт фрахта; **zentrale -berechnung** центральный фрахтовый расчёт; **-beschädigung** повреждение груза; **-bezeichnung** наименование груза;

Frachtbrief ‖ <транспортная> накладная, *(See. auch)* коносамент; **direkter ~** прям/ой; **elektronischer ~** электронная накладная; **gültiger ~** действительн/ый; **internationaler ~** международн/ый, **~** международного сообщения; **kombinierter ~** комбинированная накладная;

Frachtbrief ‖ **für den Bahntransport** железнодорожная ‖ накладная; **~ für den internationalen Verkehr** международная транзитная; **~ für den LKW-Transport** автодорожная; **~ für den Lufttransport** авиационная, авиагрузовая, авиа-, **~** воздушного сообщения; **~ in der Binnenschifffahrt** коносамент при речных перевозках;

Frachtbrief, Bahn- железнодорожная ‖ накладная; **CMR-~** *(LKW)* международная **~** по перевозкам грузов автотранспортом; **Container-** контейнерная; **Linien-** линейная; **LKW-~** автодорожная; **Luft-** авиационная, авиагрузовая, авиа-, **~** воздушного сообщения; **Original-** оригинал -ой, подлинная, *(See.)* подлинный коносамент; **Sammel-** сводная, групповая, *(See.)* сборный (сводный) коносамент; **Schiffs-** *(See.)* коносамент, морская, *(Binnsch.)* речная, водная; **Übersee-** океанская; **Vieh- ~** на перевозку скота;

Duplikat ‖ **eines Frachtbriefs** дубликат накладн‖ой; **Vorbereitung ~** подготовка -ой; **einen ~ ausfertigen** выставлять/выставить -ую; **einen ~ beifügen** прилагать/приложить -ую; **einen ~ umschreiben** переоформлять/переоформить -ую;

Frachtbriefdoppel дубликат накладной (коносамента);

Fracht‖broker *(Pers.)* фрахтовый брокер (-ый маклер); **-buch** грузовая книга; **-charakteristik** характеристика груза; **-container** грузовой контейнер; **-deklaration** декларация груза; **-diebstahl** кража груза; **-eigner** *(Besitzer)* грузовладелец, владелец груза;

-empfänger получатель *(m.)* груза, грузополучатель *(m.)*, грузоприёмщик; **-empfangsschein** свидетельство (квитанция) о принятии (приёмке) груза, протокол приёмки груза, грузовая квитанция

Frachten- *(in Zus., s. auch Fracht-)* фрахтов‖ый/ая/ое/ые; **-arbitrage** -ый арбитраж; **-börse** -ая биржа; **-makler** *(Pers.)* -ый маклер, -ый брокер, -ый агент, маклер по фрахтованию; **-markt** -ый рынок; **-tafel** <расчётная> таблица тарифных ставок (провозной платы)

Frachter *(s. auch Schiff)* грузовое (товарное, транспортное) судно, грузовой пароход; **Container-** контейнерное <грузовое> судно, контейнеровоз; **Erz-** рудовоз; **Erz-Öl-~** нефтерудовоз; **Fahrgast-** грузопассажирское судно; **Flüssiggut-** наливное судно; **Großraum-** крупнотоннажное судно; **Hochsee-** морское грузовое судно; **Jumbo-** *(Flugzeug)* большегрузный (крупнотоннажный) самолёт, самолёт большой грузоподъёмности; **Massengut-** судно для перевозки массового груза; **Mehrzweck-** многоцелевое грузовое судно; **Schüttgut-** насыпное (навалочное) судно, судно для перевозки насыпного (навалочного, массового, сыпучего) груза, балкер, балк-кэрриер; **Stückgut-** судно для перевозки штучного груза, пакетовоз; **Trockengut-** сухогрузное судно; **Übersee-** океанское грузовое судно

Fracht‖ermäßigung фрахтовые льготы *(Pl.)*, скидка с фрахта; **-fahrt** грузовой рейс; **-firma** фрахтовая контора, экспедиционное бюро; **-flughafen** грузовой аэропорт; **-flugzeug** грузовой самолёт

frachtfrei (frfr) *(hier Adv., s. auch franko, free, frei)* фрахт (провоз) оплачен (уплачен), франко фрахт, франко провоз, *(in Fügungen)* франко;

frachtfrei ‖ Abgangsbahnhof франко ‖ станция отправления; ~ **Bahngleis** ~ погрузочная платформа; ~ **Bestimmungsbahnhof** ~ станция получателя; ~ **Bestimmungsort** ~ место назначения; ~ **Grenze** ~ граница; ~ **Station des Empfängers** ~ *s. Bestimmungsbahnhof*; ~ **Versandstation** *s. Abgangsbahnhof*

Fracht‖freigabe освобождение груза; **-freiheit** свободный провоз;

Frachtführer📖 *(Pers.)* ‖ фрахтовщик, перевозчик <груза>; ~ **im kombinierten Verkehr** оператор смешанной перевозки; **Linien-** линейный перевозчик; **Luft-** авиаперевозчик, ~ авиационного груза; **Schiffs-** *(See.)* морской перевозчик, ~ морского груза, *(Binnsch.)* ~ речного груза; **Überwachung des -s** надзор –а;

Fracht‖gebühr фрахт, провозная плата, плата за перевозку (провоз); **-gepäck** сданный багаж; **-geschäft** фрахтовая сделка, сделка на перевозку груза; **-gewicht** вес (масса) груза;

Frachtgut ‖ *(s. auch Gut, Ware, Ladung, Fracht)* <перевозимый> груз; **gewöhnliches ~** *(Eis.)* груз малой скорости;

Frachtgut‖beförderung перевозка груза; **-markierung** маркировка груза;

Fracht‖hafen грузовой порт; **-halle** грузовой пакгауз; **-hof** грузовой двор; **-index** фрахтовый индекс; **-informationssystem** информационная радиолокационная система для наблюдения за прохождением груза; **-jahr** фрахтовый год; **-kai** грузовой причал; **-karte** бордеро *(n., indkl.)*, дорожная ведомость, сопроводительная карточка <к грузу>; **-klausel** *(jur.)* оговорка о порядке оплаты фрахта; **-konferenz** *(Schiff.)* линейная конференция; **-konto** фрахтовый счёт; **-kontor** фрахтовая контора; **-kontrolle** досмотр груза; **-kosten** *(Pl., s. auch Fracht)* **1.** *(Aufwendungen)* транспортные расходы, расходы (издержки) по перевозке <грузов>; **2.** *(Preis)* фрахт, стоимость *(f.)* перевозки груза; **-kubatur** кубатура груза; **-lager** товарный склад; **-liste** грузовая ведомость, перечень *(m.)* отправленных грузов; **-logistik** логистика распределения (перегрузки) грузов; **-makler** *s. Frachtenmakler*; **-manifest** фрахтовый (грузовой) манифест; **-maschine** *(Flug.)* грузовой (транспортный) самолёт; **-nachforschung** розыск груза; **-nachlass** скидка с фрахта; **-nummer** номер груза; **-palette** грузовой поддон; **-papier/e** грузовой (транспортный, перевозочный) документ, документ/ы на перевозимый груз (на перевозку груза); **-papiernummer** номер грузового документа; **-parität** фрахтовый паритет; **-pauschale** лумп-сум-фрахт; **-police** *(Vers.)* фрахтовый полис; **-pool** грузовой пул; **-rabatt** скидка с фрахта, *(Schiff. auch)* рабатт;

Frachtrate ‖ *(s. auch Tarif)* фрахтовая ставка, ставка фрахта, фрахтовый (грузовой) тариф, ставка (тариф, плата) за перевозку (провоз) грузов, *(in Fügungen)* фрахтовая ставка; **doppelte** ~ двойная ‖ фрахтовая ставка; **einheitliche** ~ единая; **ermäßigte** ~ льготная; **feste** ~ твёрдая, жёсткая; **internationale** ~ международная; ~ **für Eilgut** ставка (тариф) за перевозку срочного груза; ~ **für Trockenladung** ставка (тариф) за перевозку сухогруза; ~ **in der Küstenschifffahrt** береговая и судовая; **Basis-** основная; **Direkt-** прямая; **Global-** паушальная; **Höchst-** максимальная, лимитная; **Konferenz-** *(Schiff.)* картельная; **Lager-** тариф складского хранения; **Linien-** линейная, маршрутная; **Luft-** воздушная; **Mindest-** минимальная; **Pauschal-** паушальная; **Sonder-** преференциальная, специальная, специальный (исключительный) <фрахтовый> тариф; **Teil-** ~ на определённый участок дороги; **Tramp-** трамповая;

Frachtraub хищение груза;

Frachtraum ‖ **1.** *(Laderaum, Schiff.)* грузовое помещение, *(Güterv., Flug.)* грузовой отсек; *(Gepäck, Flug.)* багажное отделение; **2.** *(Kapazität)* грузовместимость *(f.)*, загрузочная (габаритная) мощность, *(Schiff. auch)* <грузовой> тоннаж; ~ **im Zeitcharter** *(Schiff.)* тайм-чартерный тоннаж; **Befrachtung von** ~ эксплуатация загрузочной мощности, *(Schiff.)* фрахтование тоннажа; **Bereitstellung von** ~ предоставление загрузочной мощности, *(Schiff.)* предоставление тоннажа; **Mangel an** ~ превышение потребности в тоннаже над предложением; **Überangebot an** ~ превышение предложения тоннажа над спросом;

Frachtraumkapazität грузовместимость *(f.)*, загрузочная (габаритная) мощность, *(Schiff. auch)* <грузовой> тоннаж;

Fracht‖rechnung счёт за фрахт; **-recht** право фрахта; право, регулирующее перевозки; *(Normen)* правовые нормы *(Pl.)* грузовых перевозок; **-risiko** фрахтовый риск; **-route** маршрут перевозки (движения) груза; **-satz** *s. Frachtrate*; **-satzanzeiger** схема фрахтовых тарифов; **-schiff** *(s. auch Frachter)* грузовое (товарное, транспортное) судно, грузовой пароход; **-schifffahrt** грузовое судоходство;

Frachtströme *(Pl.)* грузовые потоки; **Bündelung von -n** группировка (сосредоточение) грузовых потоков;

Fracht‖struktur структура грузов; **-stück** единица груза, грузовое место; **-tafel** таблица тарифов (провозной платы); **-tarif** *(s. auch Frachtrate)* фрахтовый (грузовой) тариф, тарифная ставка; **-terminal** грузовой (фрахтовый) терминал; **-tonnage** *(Schiff.)* фрахтовый тоннаж; **-tonne (F/T)** фрахтовая тонна; **-transporteur** *(Pers.)* грузовой перевозчик; **~transportrechnung** счёт за перевозку (провоз) груза; **-übergabe** передача груза; **-übernahme** принятие груза к перевозке, <сдача->приёмка груза; **-umschlag 1.** *(Umladung)* перегрузка (перевалка) груза; **2.** *(Umlauf)* грузооборот; **-umsatz** грузооборот; **-verderb** порча груза;

-vergünstigungen *(Pl.)* фрахтовые льготы;

Frachtverkehr ‖ *(s. auch Güterverkehr)* грузовые перевозки (-ой транспорт, -ое сообщение), перевозки грузов; **Bahn-** железнодорожные перевозки грузов, перевозки грузов по железной дороге; **Binnen-** *(Binnsch.)* речные перевозки груза, перевозки грузов речным (водным) путём; **Luft-** воздушные грузовые перевозки, перевозки грузов воздушным путём, перевозки авиационного груза, транспортная авиация; **Schiffs-** *(See.)* перевозки грузов морским путём (по коносаментам), *(Binnsch.)* *s. Binnen-;*

Fracht‖verladung погрузка (размещение) груза, *(Annahme zum Versand)* приём груза к отправке; **-verlust** потеря (утрата) груза; **-versand** отгрузка (отправка) груза; **-versender** *(Pers.)* отправитель *(m.)* груза, грузоотправитель *(m.)*; **-versicherung** страхование груза (карго*(n., indkl.)*); **-verstauung** *(Schiff.)* порядок размещения груза <на судне>;

Frachtvertrag 📖 **‖** транспортный договор, договор (контракт) на перевозку груза; ~ **im kombinierten Verkehr** договор перевозки груза в смешанном сообщении; **Binnenschifffahrts-~** договор речной перевозки груза; **Eisenbahn-** договор железнодорожной перевозки груза; **Kraftwagen-** договор автомобильной перевозки груза; **Luft-** договор воздушной перевозки груза; **See-** договор морской перевозки груза (перевозки груза по коносаментам);

Fracht‖verzeichnis *s.* *-liste*; **-zertifkat** фрахтовый сертификат (-ое свидетельство); **-zeugnis** *s.* *-zertifikat*; **-zettel** этикетка груза; **-zuschlag** надбавка (доплата) к фрахту, *(See.)* примаж; **-zustellung** доставка груза

Frächter *(Pers.)* владелец транспортно-экспедиторской фирмы

Franchise- *(in Zus.)* лицензионн‖ый/ая/ое/ые; **-geber** *(Pers.)* лицензиар; **-nehmer** *(Pers.)* лицензиат; **-unternehmen** предприятие, работающее на основе франшизы

Franchising франшиза

franko *(Adv., Incoterms, s. auch frachtfrei, free, frei)* франко, франко условие, свободно <от расходов>, без оплаты, оплачен/а/о/ы <до>, *(in Fügungen)* франко; ~ **Abgangsstation** франко ‖ станция отправления; ~ **Bestimmungsflughafen** ~ аэропорт назначения; ~ **Bestimmungsstation** ~ станция назначения; ~ **Lager des Empfängers** ~ склад получателя (покупателя); ~ **Lager des Verkäufers** ~ склад поставщика (продавца); ~ **Provision** ~ комиссионные *(Pl.)*; ~ **Station des Empfängers** ~ станция покупателя; ~ **Versandstation** *s. Abgangsstation*; ~ **Waggon** ~ вагон; ~**franko** ~-франко

Franko- *(in Zus.)* франко; **-lieferung** поставка ~; **-vermerk** *(Lieferung bezahlt)* отметка об оплате провоза грузоотправителем

free *(hier Adv., Incoterms, s. auch franko, frei)* франко, свободно от расходов, без оплаты, с оплатой до, *(in Fügungen)* франко; ~ **airport** франко ‖ аэропорт; ~ **alongside quay (faq)** свободно вдоль набережной (причала); ~ **alongside ship (fas)** ~ вдоль борта судна; ~ **carrier (fca)** ~ перевозчик, ~ фрахтовщик; ~ **delivery** ~ доставка; ~ **discharge** свободная выгрузка; ~ **frontier** ~ граница; ~ **in (fi)** погрузка оплачивается фрахтователем; ~ **in and out (fio)** погрузка и выгрузка оплачиваются фрахтователем; ~ **in and out and stowed (fios)** погрузка, выгрузка и укладка груза в трюме оплачиваются фрахтователем; ~ **of all average (faa)** свободно от всякой аварии; ~ **of charge (foc)** бесплатно, свободно от расходов; ~ **of claims** свободно от претензий; ~ **of damage (fod)** свободно от повреждения; ~ **of particular average (fpa)** свободно от частной аварии; ~ **on aircraft (foa)** ~ самолёт; ~ **on board (fob)** ~ борт <судна>, свободно на борту, погрузка на судно с доставкой на борт; ~ **on board/free of board (fob/fob)** ~ с погрузкой на борт судна и разгрузкой с борта судна; ~ **on quay (foq)** ~ пристань *(f.)*, ~ набережная, ~ причал; ~ **on rail (for)** ~ погрузочная платформа; ~ **on ship (fos)** ~ судно; ~ **on truck (fot)** *(LKW)* ~ грузовик; ~ **on waggon (fow)** ~ вагон

frei *(Adj.)* свободн‖ый/ая/ое/ые; **-e Disposition** -ое распоряжение; **-e Einfuhr** -ый ввоз; **-es Entladen** -ая выгрузка <груза>; **-e Güter** *(Pl.)* бесплатные ресурсы; **-er Handel** -ая торговля; **-e Lieferung** -ая доставка; **-es Löschen** *(Schiff.)* -ая выгрузка, -ая разгрузка; **-er Parkplatz** -ая стоянка; **-er Preis** -ая цена; **-e Preis- und Tarifbildung** -ое установление цен и тарифов; **-e**

Tonnage *(Schiff.)* -ый тоннаж; **-er Verkehr** *(hier abgabenfrei)* -ые (не облагаемые сбором) перевозки; **-er Warenverkehr** -ый товарооборот, -ое перемещение товаров; **-es Warenzeichen** -ый (незарегистрированный) товарный знак; **-er Wettbewerb** -ая конкуренция; **-e Wirtschaft** -ая экономика;

frei, abgaben- *s. steuer-, zoll-*; **erlaubnis-** не нуждающ‖ий/ая/ее/ие(ся) в утверждении (согласии), не требующ‖ий/ая/ее/ие утверждения (согласия); **fracht-** бесплатн‖ый/ая/ое/ые; **gebühren-** бесплатн‖ый/ая/ое/ые, *(Zoll. auch)* беспошлинн‖ый/ая/ое/ые, свободн‖ый/ая/ое/ые от уплаты <сбора, пошлины>; **genehmigungs-** нелицензируем‖ый/ая/ое/ые, не требующ‖ий/ая/ее/ие разрешения; **händler-** без участия посредников; **lizenz-** безлицензионн‖ый/ая/ое/ые, не требующ‖ий/ая/ее/ие лицензии; **schienen-** безрельсов‖ый/ая/ое/ые; **steuer-** не облагаем‖ый/ая/ое/ые налогом, свободн‖ый/ая/ое/ые (освобождённ‖ый/ая/ое/ые) от уплаты налогов (сборов); **unfall-** безаварийн‖ый/ая/ое/ые; **wartungs-** не требующ‖ий/ая/ее/ие текущего ремонта; **zoll-** беспошлинн‖ый/ая/ое/ые, не облагаем‖ый/ая/ое/ые пошлиной

frei *(Adv., Incoterms, s. auch frachtfrei, franko, free)* франко, свободно, франко условие, свободно от расходов, бесплатно, без оплаты, с оплатой до, *(in Fügungen)* франко; **~ ab Bahnstation** франко ‖ железная дорога; **~ Bestimmungsstation** ~ станция назначения; **~ an Bord (fob)** *s. free on board*; **~ an/von**

Bord (fob/fob) *s. free on board/free off board*; **~ ein (eingeladen)** *s. free in*; **~ ein und aus** *s. free in and out*; **~ Eisenbahngleis** *s. free on rail*; **~ Empfangsbahnhof** ~ станция получателя; **~ Flughafen** *s. free airport*; **~ Flugzeug** *s. free on aircraft*; **~ Frachtführer (fca)** ~ перевозчик, ~ фрахтовщик; **~ gestaut** *(Schiff.)* ~ штивка, ~ стивидорные работы; **~ Grenze** *s. free frontier*; **~ Hafen** ~ порт; **~ Haus** ~ место нахождения, с доставкой на дом, включая стоимость *(f.)* доставки на дом; **~ <ab> Kai** *s. free on quay*; **~ Längsseite Kai** *s. free alongside quay*; **~ Längsseite Schiff (fas)** *s. free alongside ship*; **~ Lager** ~ склад; **~ LKW** *s. free on truck*; **~ <ab> Schiff** *s. free on ship*; **~ Versandstation** ~ станция отправления; **~ Wagen** *s. free on waggon*; **~ <ab> Werk** ~ завод-поставщик, ~ предприятие; **~ <ab> Zolllager** ~ таможенный склад; **~ von <jeder> Beschädigung** свободно от <всякого> повреждения; **~ von Reklamationen** свободно от претензий; **~ von Teilbeschädigung** свободно от частичного повреждения;

frei, fracht- франко фрахт, провоз оплачен (уплачен), включая фрахт <до места назначения>; **un-** *(Fracht zahlt Empfänger)* фрахт не оплачен (подлежит оплате грузополучателем)

Frei- *(in Zus.)* **1.** *(ungehindert)* свободн‖ый/ая/ое/ые; вольн‖ый/ая/ое/ые; **2.** *(kostenfrei)* бесплатн‖ый/ая/ое/ые

freibleibend *(in Zus.)*; **-es Angebot** свободное предложение, предложение без обязательства;

-er Preis цена, изменяемая без уведомления

Frei‖fahrt 1. *(kostenfrei)* бесплатный проезд; **2.** *(Leerfahrt, Güterv.)* езда без грузов, *(Pass.)* езда без пассажиров; **-schein** *(Pass.)* бесплатный билет; **-gabe 1.** *(Genehmigung der Herausgabe)* разрешение на выдачу; **2.** *(Zulassung)* допуск <к эксплуатации>; **3.** *(Aufhebung eines Verbots)* снятие ограничения (ареста); **4.** *(Liberalisierung von Preisen, Tarifen)* отпуск <цен, тарифов>; **-gabegenehmigung** разрешение на выдачу; **-gebiet** *(Zoll.)* зона франко; зона, свободная от таможенного обложения

freigemacht *(Adj.)* оплаченн‖ый/ая/ое/ые, уплаченн‖ый/ая/ое/ые

freigemacht *(Part.)* оплачен/а/о/ы, уплачен/а/о/ы

freigestellter Schülerverkehr бесплатные перевозки *(Pl.)* школьников

freight or carriage paid <to> *(Incoterms)* фрахт оплачен (уплачен) <до>;

freight, carriage and insurance paid <to> *(Incoterms)* фрахт и страхование оплачены (уплачены) <до>

Frei‖gut *(Zoll.)* беспошлинный груз (-ый товар); **-gutveredelung** *(Zoll., Wiederausfuhr)* вывоз <оборудования> в качестве замены временно ввезённого <оборудования>; **-hafen** свободный (вольный) порт, порто-франко, порт беспошлинного ввоза и вывоза; **-handel** свободная (вольная, беспошлинная) торговля;

Freihandels‖abkommen соглашение о свободной торговле; **-zone** зона свободной (беспошлинной) торговли; **Europäische -assoziation** Европейская ассоциация свободной торговли;

Frei-Haus-Lieferung доставка (поставка) <груза> на дом

Freiheit свобода; ~ **der Meere** ~ мореплавания; **Bewegungs-** свободное передвижение; **Fracht-** свободный провоз; **Kabotage-** отсутствие каботажа; **Pass-** отсутствие паспортного режима; **Reise-** свободное передвижение <населения>; **Visa-** отсутствие визового режима; **Zoll-** отсутствие таможенных пошлин

Frei‖ladegut навалочный груз; **-lager 1.** *(offener Lagerplatz)* открытый склад, склад под открытым небом; **2.** *(Zoll.)* свободный (вольный) склад, приписной таможенный склад; **-liste 1.** *(Zoll.)* список товаров, свободных от таможенного обложения; список товаров для беспошлинного ввоза; **2.** *(AH)* список товаров, разрешёных к внешнеторговым операциям

freimachen франкировать <что-л.>, оплачивать/оплатить сбор

Frei‖verkehr *(hier Zoll.)* ввоз и вывоз товаров без таможенного надзора; **-vermerk** *(Lieferung bezahlt)* отметка об оплате провоза грузоотправителем

Freizeit- *(in Zus.)*; **-reisender** *(Pers.)* турист, путешественник на досуге; **-verkehr** туристическое движение (-ие поездки)

Frei‖zone *(Zoll.)* зона франко; зона, свободная от таможенного обложения

Freizügigkeit *(jur., EU)* свобода <чего-л.>, *(Aufenthaltsrecht)* право свободного передвижения и повсеместного проживания; ~ **der wirtschaftlichen Entwicklung** свобода экономического развития; ~ **des Dienstleistungstransfers** ~ обмена услугами; ~ **des Kapitalverkehrs** свобода оборота капитала; ~ **des Personenverkehrs** ~ передвижения (свободное передвижение) людей; ~ **des Warenverkehrs** свобода товарного обмена; **Recht auf** ~ право на свободу перемещения

Fremd- *(in Zus.)* чуж‖ой/ая/ое/ые

Fremdenverkehr туризм, сфера обслуживания туристов

Fremd‖güterwagen *(Eis.)* иностранный грузовой вагон; **-leergut** чужая порожняя тара

Frequenz *(Häufigkeit, s. auch Dichte)* частота; **Abfahrts-** ~ отправления, *(Schiff.)* ~ отплытия; **Benutzungs-** ~ пользования <чем-л.>

Frischeprodukte *(Pl.)* свежие (скоропортящиеся) продукты

Frist *(s. auch Termin, Dauer, Zeit)* срок; **vertraglich vereinbarte** ~ договорно обусловленный; **Ablade-** ~ отгрузки; **Abschreibungs-** амортизационный; **Aufbewahrungs-** ~ (продолжительность *(f.)*) хранения <груза>; **Bestell-** ~ исполнения заказа; **Haftungs-** ~ действия ответственности; **Lager-** *s. Aufbewahrungs-*; **Liefer-** ~ доставки, ~ поставки; **Verlade-** ~ погрузки; **Vertrags-** ~ действия договора (контракта); **Zahlungs-** ~ платежа; **Zustell-** *s. Liefer-*;

eine **Frist** ‖ **einhalten** соблюдать/соблюсти ‖ срок; ~ **vereinbaren** согласовывать/согласовать ~; ~ **verkürzen** сокращать/сократить ~; ~ **verlängern** продлевать/продлить ~; ~ **verletzen** нарушать/нарушить ~

Fristigkeit *(jur.)* срочность *(f.)*

fristgerecht в срок; **-e Lieferung** поставка ~, доставка ~; **eine Ware** ~ **liefern** поставлять/поставить товар ~

Fristüberschreitung просрочка

Front- *(in Zus.)*; **-antrieb** *(Kfz.)* привод на передние колёса; **-scheibe** лобовое стекло

Fruchtterminal терминал фруктов и овощей

führen 1. *(etw. leiten)* руководить <чем-л.>; **2.** *(ein Fahrzeug lenken)*, водить/вести <автомобиль, судно>, управлять транспортным средством

führerloser Betrieb *(Schienv.)* автоматическое управление поездом, управление поездом без водителя

Führerschein *(s. auch Fahrerlaubnis)* водительское удостоверение, удостоверение на право управления транспортным средством; **internationaler** ~ водительское удостоверение международного образца; **Boots-** документ на право вождения лодки; **Bus-** удостоверение на право управления автобусом (вождения автобуса); **LKW-**~ удостоверение на право управления грузовиком (вождения грузовика)

Führerschein- *(in Zus.)*; **-ausgabe** выдача <водительского>

удостоверения; **-entzug** изъятие (лишение) <водительского> удостоверения; **-prüfung** экзамен на право управления (вождения) транспортным средством, экзамен на получение водительского удостоверения (водительских прав)

Führerstand *(Schienv.)* кабина машиниста (управления)

Füll- *(in Zus.)* загружаем‖ый/ая/ое/ые; **-gut** -ый, (наливной, сыпучий) груз; **-material** *(Verpackung)* крепежный материал

Fuhr- *(in Zus., LKW)* провозн‖ой/ая/ое/ые; **-geld** плата за доставку; **-gewerbe** извозный промысел; **-gewerbeinnung** союз <автомобильных> перевозчиков; **-park** *(s. auch Fahrzeugpark)* автомобильный (гужевой) парк, парк транспортных средств, автопарк, автобаза, подвижной состав; **-parkleiter** *(Pers.)* дежурный *(Subst.)* по парку; **-unternehmen** грузовое автотранспортное предприятие, грузовое автопредприятие; **-unternehmer** *(Pers.)* собственник автопредприятия, автомобильный (автотранспортный) перевозчик

Full Container Load **(FCL) 1.** *(Prozess)* полная погрузка контейнера; **2.** *(Ladung)* партия товара, полностью заполняющая контейнер

Funk радиосвязь *(f.)*; **Bord-** бортовая; *(Flugzeug auch)* самолётная; **Flug-** авиационная, воздушная; **Verkehrs-** радиовещание о транспортной обстановке <на дорогах>; **Zug-** поездная

Funk- *(in Zus.)* радио-; **-bestimmungen** *(Pl.)* правила -связи; **-betrieb** -связь *(f.)*; **-wagen** *(Kfz.)* автомобиль *(m.)* с бортовой -связью; **-navigation** -навигация; **-ortung** -локация; **-station** -станция; **-system** -проводная система связи, *(Schiff)* судовая -станция; **-tagebuch** *(Schiff.)* <судовой> -телеграфный журнал, -журнал; **-taxi** такси *(n., indkl.)* с -переговорным устройством

Funktionszuverlässigkeit надёжность *(f.)* функционирования

Fußgänger *(Pers.)* пешеход

Fußgänger- *(in Zus.)* пешеходн‖ый/ая/ое/ые; **-brücke** -ый мост, *(Eis.)* переходный настил; **-insel** место остановки пешеходов, островок безопасности; **-strom** поток пешеходов; **-tunnel** -ый туннель; **-überführung** *-überweg*; **-überweg** наземный -ый переход, -ый переход над проезжей частью; **-unterführung** подземный -ый переход; **-verkehr** -ое движение; **-zone** -ая зона

Fußweg *(Bürgersteig)* тротуар, пешеходная дорожка

G

Gabel‖flug полёт с открытым участком дороги; **-stapler** вилочный автопогрузчик

gängige Tonnage *(Schiff.)* простой тоннаж

Gang *(hier Kfz.-Getriebe)* ход;

Rückwärts- задний, обратный, передача заднего -а; **Vorwärts-** передний, передача переднего -а

Gangschaltung *(Kfz.)* коробка передач

Gangway *(Flug., Schiff.)* <забортный> трап

Ganzcharter *(Schiff.)* генеральный чартер, чартер с предоставлением всего судна <для перевозки груза>

ganzjährige Navigation *(Schiff.)* круглогодовая навигация

Ganzjahresreifen *(Kfz.)* всесезонная шина

Ganzzug *(Eis., Güterv.)* <отправительский> маршрутный поезд; **Container-** контейнерный маршрутный поезд

Ganzzug- *(in Zus.)*; **-bildung** формирование <отправительских> маршрутн‖ых поезд‖ов, маршрутизация; **-linie** отправительский маршрут; **-relationen** *(Pl.)* направление движения -ых -ов; **-tarif** тариф на перевозку грузов в -ых -ах; **-verbindung** линия (связь *(f.)*, сообщение) -ых -ов; **-verkehr** сообщение -ых -ов

Garage гараж; **Tief-** подземный, подземная автостоянка

Garantie гарантия; **Export-** экспортная; **Import-** импортная; **Liefer-** ~ поставки; **Konnossement-** *(See.)* коносаментная, коносаментное обеспечение; **eine** ~ **gewähren** давать/дать -ю; **eine** ~ **übernehmen** принимать/принять на себя -ю

Garantieklausel *(jur.)* гарантийная оговорка

garantiert

гарантированн‖ый/ая/ое/ые; **-e Lieferzeit** -ый срок доставки (поставки); **-e Fracht** *(Gebühr)* фрахт, уплачиваемый вне зависимости от доставки груза

Gas- *(in Zus.)* газов‖ый/ая/ое/ые; **-behälterwagen** *(Eis.)* вагон-цистерна для перевозки газа; **-motor** -ый двигатель; **-pedal** *(Kfz.)* педаль *(f.)* газа (акселератора); **-tanker** *(Schiff.)* газовозно-наливное судно, *(umg.)* газовоз; **-tankerschlepper** буксир-газовоз; **-tankschiff** s. -tanker; **-transport** газовозный транспорт, перевозка (транспортировка) газа

Gate *(Flug.)* выход

Gateway-Konzept📖 *(Bündelung von Frachtströmen)* концепция связывания грузовых потоков

Gebrauchs- *(in Zus.)* потребительск‖ий/ая/ое/ие; **Deutscher -zolltarif** Германский таможенный тариф на -ие товары; **-güter** *(Pl.)* -ие товары, товары широкого потребления; **-last** эксплуатационная нагрузка; **-verpackung** -ая упаковка, -ая тара

gebrauchte Verpackung использованная упаковка (-ая тара)

Gebrauchtwagen *(Kfz.)* поддержанный автомобиль

gebrochen‖e Fracht<rechnung> участковый расчёт фрахта; **-er Verkehr**📖 1. *(Beförderungsprozess)* ~ этапное сообщение, *(Pass. auch)* пассажирские перевозки с пересадкой, *(Güterv. auch)* грузовые перевозки с перегрузкой (перевалкой) <груза>; 2. *(nur Güterv., Frachtraten)* перевозки по ломанному тарифу

Gebühr/en *(s. auch Abgaben, Geld)*

сбор/ы <за что-л., на что-л.>; **emissionsabhängige** ~ сбор, зависящий от экологической нагрузки окружающей среды; **ermäßigte** ~ преференциальная ставка пошлин; **indirekte** ~ косвенный; **verkehrslastabhängige** ~ ~, зависящий от транспортной нагрузки; **verkehrslastunabhängige** ~ ~, не зависящий от транспортной нагрузки, паушальный; **vertraglich vereinbarte** договорная пошлина; ~ **für die Versorgung der Schiffsbesatzung** ~ за услуги плавсоставу;

Gebühr/en, Abfertigungs- ~ (плата) за отправку; **Abhol-** ~ (плата) за принятие груза у отправителя; **Ablade-** ~ (плата) за разгрузку <транспортного средства>, ~ (плата) за выгрузку; **Anker-** *(Schiff.)* причальный, якорный, причальные *(Subst.)*; **Anlege-** *s. Anker-*; **Anmelde-** регистрационный;

Aufbewahrungs- ~ на хранение; **Ausfertigungs-** <für eine Bescheinigung> ~ на оформление <справки>; **Ausfuhr-** экспортный, экспортная (вывозная) пошлина, налог на экспортируемые товары; **Autobahn<benutzungs>-** ~ на пользование автострадой, пошлина за проезд по автостраде; **Beförderungs-** плата за перевозку, *(Güterv. auch)* плата за провоз (за доставку), провозная плата, фрахт, транспортный (грузовой) тариф, *(Pass. auch)* плата за проезд; **Befrachtungs-** *(Schiff.)* брокерская комиссия; **Binnenschifffahrts-** речной; **Dock-** доковый; **Durchfahr-** ~ (плата) за проезд (провоз), *(im Transit)* транзитный; **Eich-** клеймильный; **Eintragungs-** регистрационный; **Entlade-**

(Fahrzeug) ~ (плата) за разгрузку <транспортного средства>, *(Ladung)* ~ (плата) за выгрузку <груза>; **Export-** экспортный, экспортная (вывозная) пошлина, налог на экспортируемые товары; **Festmach-** *(Schiff.)* швартовный; **Flughafen-** *(Pass.)* ~, взимаемый с пассажиров в аэропортах; **Fracht-** фрахт, провозная плата, плата за перевозку (за провоз); **Gleisbenutzungs-** *(Eis.)* ~ (плата) за пользование рельсовым путём; **Grund-** основной; **Hafen-** портовый, портовая пошлина; **Hafenliege-** ~ за стоянку в порту; **Hafentransport-** *(Trägerlohn)* ~ за передвижение в порту, оплата грузчиков; **Import-** импортный, ввозная (импортная) пошлина, налог на импортные товары; **Kai-** *s. Anker-*; **Kanal-** канальный, ~ за проход через канал; **Konnossements-** *(See.)* коносаментный; **Konsular-** консульский; **Konzessions-** концессионный; **Kran-** ~ за пользование краном (аренду крана); **Lade-** грузовой, ~ (плата) за погрузку; **Lande-** *(Flug.)* ~ на посадку самолёта; **Lager-** ~ (плата) за хранение груза на складе; **Leuchtturm-** маячный; **Liege-** *(im Hafen)* портовый, ~ за стоянку в порту, демередж; **Lizenz-** лицензионный; **Lösch-***(Schiff.)* ~ (плата) за разгрузку судна, ~ (плата) за выгрузку груза из судна; **Lotsen-** *(Schiff.)* лоцманский, ~ на лоцманскую проводку судов <по внутренним судоходным путям>; **Luftfrachtneben-** дополнительный ~ за перевозку авиационного (воздушного) груза; **Maut-** *s. Autobahn-*; **Mehrfracht-** дополнительный ~ за провоз <груза>; **Miet-** плата за аренду;

Nachforschungs- плата за розыск груза; **Nachlöse-** *(Pass.)* дополнительный ~ к проездной плате; **Navigations-** навигационный; **Neben-** дополнительный; **Nutzungs-** 📖 ~ на пользование <чем-л.>; **Park-** ~ (плата) за стоянку; **Pass-** паспортный; **Quarantäne-** карантинный; **Reede-** *(Schiff.)* рейдовый; **Registrierungs-** регистрационный, ~ за оформление (регистрацию) <чего-л.>; **Schiffs-** судовой, корабельный, тоннажный; **Schlepp-** *(Schiff.)* буксирный, плата за буксировку; **Sonder-** специальный; **Stand-** плата (штраф) за простой <вагона, грузовика>; **Straßenbenutzungs-** дорожный, шоссейный, дорожная пошлина; **Tonnage-** *(Schiff.)* тоннажный; **Transit-** транзитная пошлина, ~ за транзитный провоз <груза>; **Transport-** *s. Beförderungs-*; **Umlade-** ~ за перегрузку, ~ за перевалку; **Umschlag-** *s. Umlade-*; **Umstell-** *(Eis.)* плата за перестановку вагона на другой путь; **Verlade-** ~ на погрузку; **Vermittlungs-** комиссионный, комиссионное вознаграждение; **Verpackungs-** упаковочный; **Versand-** ~ на отгрузку, ~ на отправку; **Verschluss-** ~ на наложение пломб; **Versicherungs-** страховое вознаграждение; **Wiege-** весовой; **Zollabfertigungs-** ~ на право вывоза <товара> со склада таможни; **Zoll-** таможенный, таможенная пошлина; **Zollneben-** дополнительный таможенный; **Zollverschluss-** *s. Verschluss-*; **Zusatz-** дополнительная пошлина; **Zustell** ~ (плата) за доставку <на дом>;

eine Gebühr ‖ **aufheben** отменять/ отменить ‖ сбор; ~ **berechnen** исчислять/исчислить размер -а; ~ **entrichten** платить/заплатить ~, вносить/внести плату <за что-л.>; ~ **erheben** взимать ~, облагать/ обложить <что-л.> пошлиной; ~ **erhöhen** повышать/повысить ~; ~ **senken** снижать/снизить ~; ~ **zahlen** *s. entrichten*

Gebühren- *(in Zus.)*; **-aufschlag** надбавочный сбор; **-bescheinigung** квитанция об оплате (уплате) сбора; **-erhöhung** повышение сбора; **-festsetzung** установление сбора, тарификация

gebührenfrei ‖ *(Adj.)* бесплатн‖ый/ая/ое/ые; **-e Ladezeit** срок -ой погрузки; **-er Parkplatz** -ая автостоянка; **-e Wareneinfuhr** беспошлинный ввоз (-ый импорт) товаров

gebührenfrei *(Adv.)* бесплатно

Gebühren‖höhe пошлинная ставка; **-ordnung** положение о сборах, налогах и пошлинах, тарифные правила *(Pl.)*

gebührenpflichtig ‖ платн‖ый/ая/ое/ые; **-e Beförderung** -ая перевозка; перевозка, подлежащая оплате; **-er Parkplatz** -ая <авто>стоянка; **-e Straße** -ая дорога

gebührenpflichtig *(Adv.)* платно

Gebühren‖satz ставка (тариф) сбора; **-senkung** снижение сбора; **-tarif** *s. -satz*; **-verzeichnis** тарифный указатель, тарифы *(Pl.)*; **-zähler** счётчик; **-zuschlag** надбавочный сбор

gebündelt‖e **Lieferung** концентрированная поставка, *(Lieferungen)* сосредоточенные поставки *(Pl.)*; **-er Verkehr**

сплетённые транспортные потоки *(Pl.)*

gedeckter Güterwagen *(Eis.)* крытый грузовой вагон

geeignete Verpackung надлежащая упаковка (-ая тара)

Gefährdung des Verkehrs угроза безопасности движения

Gefährdungshaftung *(jur.)* ответственность *(f.)* за сохранность *(f.)* груза

gefährlich опасн‖ый/ая/ое/ые; **-e Deckfracht** *(Schiff.)* -ый груз, погружаемый только на палубу; **-er Eingriff in den Verkehr** *(jur.)* -ое поягательство на транспорт; **-e Fracht** -ый груз; **-e Ladung** *s- -e Fracht*

Gefälligkeitsflagge *(See.)* удобный флаг

Gefäßwagen *(Eis.)* вагон-резервуар

Gefahr опасность *(f.)*, *(Risiko)* риск

Gefahr- *(in Zus.)* опасн‖ый/ая/ое/ые; **-abwendung** *(jur.)* предотвращение опасности

Gefahren- *(in Zus.)*; **-klasse** *(Güter)* класс (группа) опасности <груза>; **-klausel** *(jur.)* оговорка о всех рисках; **-police** *(Vers.)* полис страхования от рисков; **-übergang vom Verkäufer auf den Käufer** *(Incoterms, jur.)* переход риска с продавца на покупателя; **-zulage** надбавка за риск

Gefahrgut[🕮] ‖ опасный груз; **Ladevorschriften für ~** правила *(Pl.)* погрузки -ого -а;

Gefahrgut‖abfertigung отправка опасн‖ого груз‖а; **~Ausnahmeverordnung** Особое постановление о перевозке -ого –а;

-beauftragtenverordnung Постановление о деятельности уполномоченного на осуществление перевозок -ого -а; **-beauftragter**[🕮] *(Pers.)* лицо, уполномоченное на осуществление перевозку -ого -а; **-beförderung** перевозка -ого -а; **-deklaration** декларация об -ом -е; **-fahrer** *(Pers.)* водитель *(m.)* -ого -а; **-fahrzeug** транспортное средство для перевозки -ого -а; **-klasse** класс (группа) опасности груза; **~Kontrollverordnung** Постановление о надзоре над перевозками -ого -а; **~Kostenverordnung** Постановление о стоимости мероприятий по перевозке -ого -а; **-lagerung** хранение -ого -а; **-logistik** логистика -ого -а; **-recht 1.** *(Rechtsvorschriften)* нормативная база по перевозке -ого –а; **2.** *(Berechtigung)* право на осуществление перевозок с -ым –ом; **-spedition** <специализированная> экпедиция по перевозке -ого -а; **-transport** *s. -beförderung*; **-unfall** авария с -ым -ом;

Gefahrgutverordnung ‖ Постановление о перевозке опасного груза; **~ Binnenschifffahrt** ~ внутренним водным (речным) судоходством (путём); **~ Schiene** ~ железной дорогой; **~ See<schifffahrt>** ~ морским судоходством (путём); **~ Straße** ~ автомобильным (автодорожным) транспортом;

Gefahrgut‖versand отгрузка (отправка) опасн‖ого груз‖а; **Internationales -verzeichnis** Международный перечень -ых -ов; **-vorschriften**[🕮] *(Pl.)* правила перевозки -ого -а;

Gefahr‖übernahme *(jur.)* принятие на себя риска; **-wagen** *(Eis.)* аварийный вагон; **-zeichen** *(Kfz.)* предупредительный дорожный знак; **-zettel** маркировка опасного груза, этикетка на опасном грузе

Gefrier- *(in Zus., s. auch Kühl-)* рефрижераторн‖ый/ая/ое/ые; **-gut** замороженный груз;

Gefriergut‖schiff рефрижераторн‖ое судно, судно-рефрижератор; **-transport** -ый транспорт; **-wagen** *(Eis.)* -ый вагон, вагон-рефрижератор

gegen alle Risiken *(Vers.)* против всех рисков

Gegen- *(in Zus.)* встречн‖ый/ая/ое/ые; **-fahrbahn** -ая полоса дороги; **-handel** -ая торговля

gegenläufig встречн‖ый/ая/ое/ые; *(zweiseitig)* двусторонн‖ий/яя/ее/ие; **-e Beförderungen** *(Pl.)* встречные перевозки; **-er Güterstrom** двусторонний грузовой поток

Gegenlieferung встречная поставка

gegenseitiger Vertrag двусторонний договор (-ий контракт)

Gegen‖seitigkeitsgeschäft взаимная внешнеторговая сделка; **-transport** встречн‖ая перевозка; **-verkehr 1.** *(Verkehrsfluss aus der Gegenrichtung)* -ое движение; **2.** *(Güterv., gegenläufige Verkehrsströme)* -ые перевозки грузов; **-wind** -ый ветер; **-zug** -ый поезд; **-zugfolge** проследование -ых поездов

gegliedertes Triebfahrzeug *(Schienv.)* сочленённая тяговая единица

Gehweg пешеходная дорога, тротуар

Gelände территория; **Bahn-** железнодорожная зона, полоса отвода железных дорог; **Bahnhofs-** ~ станции, ~ вокзала; **Hafen-** ~ порта, портовая зона

geländegängiges Fahrzeug *(Kfz.)* автомобиль *(m.)* высокой проходимости

Geländewagen *(PKW)* джип, внедорожник

Geld *(hier Gebühr, s. auch Entgelt, Preis, Tarif)* сбор; **Achskilometer-** премия за пробег в осе-километрах; **Anker-** *(Schiff.)* якорный, причальный, причальные *(Subst.)*; **Berge-** *(Schiff.)* плата за спасение груза <судна>; **Buß-** денежный штраф, штрафная санкция; **Dock-** доковый; **Eil-**📖 *(Schiff.)* диспач, *(für schnelles Beladen)* прибавка за ускоренную погрузку; **Fahr- 1.** *(Geldvorrat)* деньги за проезд (провоз, перевозку); **2.** *(Preis)* стоимость *(f.)* (цена) проезда (проездного билета), провозная плата; **Fuhr-** *(Güterv.)* плата за доставку; **Hafen-** портовый, портовая пошлина; **Kai-** *s. Anker-*; **Kailager-** *(Schiff.)* ~ за хранение груза на причальном складе; **Kanal-** канальный; **Kiel-** *(Schiff.)* килевой ~ <за стоянку в порту>; **Kilometer-** покилометровая плата (-ая надбавка, -ый тариф), премия за пробег в километрах; **Kran-** ~ за пользование краном (за аренду подъёмного крана); **Leucht-** *(Leuchtturmgebühr)* маячный; **Quarantäne-** карантинный; **Reu-** *(Schiff.)* отступные деньги; **Roll-**📖 *(LKW)* плата за доставку железнодорожного груза автотранспортом; **Schiffsliege-** демередж; **Schleusen-** шлюзовой; **Stand-** плата (штраф) за простой <грузовика, контейнера, вагона>;

Tonnen- *(Schiff.)* судовой, корабельный, тоннажный; **Ufer-** 📖 *s.* **Anker-**; **Verwarnungs-** административный штраф; **Wagenstand-** *(LKW, Eis.)* плата (штраф) за простой грузовика (вагона); **Wege-** *(LKW)* дорожная пошлина; **Wiege-** весовой

Geldtransporte перевозки денег и ценностей

Gelegenheits- *(in Zus., See., s. auch Tramp-)* трампов‖ый/ая/ое/ые, нерегулярн‖ый/ая/ое/ые; **-verkehr** -ое сообщение, -ые перевозки

Gelenk- *(in Zus.)* сочленённ‖ый/ая/ое/ые; **-bus** -ый автобус; **-fahrzeug/e** -ое транспортное средство, -ый подвижной состав, *(Kfz. auch)* автомобиль *(т.)* с изломом осей с целью управления; **-<trieb>fahrzeug** *(Schienv.)* -ая <тяговая> единица; **-<trieb>wagen** *(Schienv.)* -ый <моторный> вагон; **-zug** -ый поезд

geliefert *(Adj.)* поставленн‖ый/ая/ое/ые, доставленн‖ый/ая/ое/ые

geliefert *(Part.)* поставлен/а/о/ы, доставлен/а/о/ы; **~ und unverzollt** ~ и пошлина не оплачена; **~ und verzollt** ~ и пошлина оплачена

gelöscht *(Adj., Schiff., s. auch entladen)* **1.** *(Transportmittel)* разгруженн‖ый/ая/ое/ые; **2.** *(Ladung)* выгруженн‖ый/ая/ое/ые

gelöscht *(Part.)* **1.** *(Transportmittel)* разгружен/а/о/ы; **2.** *(Ladung)* выгружен/а/о/ы

gelungene Verkehrspolitik удачная политика в области транспорта

gemäß Vertrag в соответствии с договором (контрактом)

Gemeinde- *(in Zus.)* коммунальн‖ый/ая/ое/ые; **-hafen** -ый порт; **-steuer** -ый налог; **-straße** -ая дорога, -ая улица; дорога, находящаяся в ведении местных органов власти; **-verkehr** внутрирайонное движение (-ый транспорт); **-verkehre** внутрирайонные перевозки; **-verkehrsfinanzierungsgesetz** *(BRD)* Закон о финансировании -ого транспортного сектора

Gemeinkosten *(Pl., kfm.)* общие (накладные) расходы

gemeinsam общ‖ий/ая/ее/ие; **-er Markt** -ий рынок; **-er Tarifsatz** -ая тарифная ставка; **-es Unternehmen** совместное предприятие (СП); **-e Verkehrspolitik** -ая политика в области транспорта; **-e Warenliste** *(EU)* Единый перечень <экспортных> товаров <ЕС>; **-er Zolltarif** *(EU)* -ий таможенный тариф <ЕС>

Gemeinschaft сообщество, союз; **Europäische Güterwagen-** *(EUROP)* Европейское соглашение о совместном использовании товарных вагонов; **Europäische Wirtschafts-** *(EWG)* Европейское экономическое сообщество; **Fahr-** *(PKW)* коллективное пользование индивидуальным транспортом; **Lade-** **1.** *(Versender)* объединение отправителей; **2.** *(Empfänger)* объединение получателей; **Tarif-** 📖 тарифный союз (-ое сообщество); **Transport-** транспортное объединение; **Verkehrs-** транспортно-тарифный союз

gemeinschaftliches Versandverfahren der EU Общие условия ЕС по отправке грузов

Gemeinschafts- *(in Zus.)* совместн‖ый/ая/ое/ые; **-kontingent** *(EU)* контингент ЕС; **-unternehmen** -ое предприятие

gemeinwirtschaftliche Verkehrsbedienung общественное транспортное обслуживание <территории>, совокупность *(f.)* транспортных услуг с учётом общественных интересов

gemischt *(s. auch Misch-)* смешанн‖ый/ая/ое/ые; **-e Eigentumsform** -ая форма собственности; **-er Fahrbetrieb** движение на -ой тяге; **-e Güter** -ый груз; **-e Ladung** *s. -e Güter*; **-e Schifffahrtsgesellschaft** смежное пароходство; **-er Verkehr** -ый транспорт, -ые перевозки; **-e Versicherungspolice** -ый страховой полис; **-er Zolltarif** -ый таможенный тариф; **-er Zug** -ый (грузопассажирский) поезд

genehmigt *(Adj.)* разрешённ‖ый/ая/ое/ые; **-er Transport** -ая перевозка

genehmigt *(Part.)* разрешён/а/о/ы

Genehmigung 📖 *(s. auch Erlaubnis, Lizenz)* разрешение; **behördliche** ~ официальное, ~ властей; **gültige** ~ действительное; **luftrechtliche** ~ воздушно-правовое; **multilaterale ~ für den Verkehr mit Drittländern** *(EU)* ~ на международные перевозки <стран ЕС> с третьими странами; **nichtübertragbare** ~ ~ без права передачи; **übertragbare** ~ ~ с правом передачи; **zollamtliche** ~ ~ таможни;

Genehmigung, Anflug- *(Flug.)* разрешение ‖ на посадку; **Anlauf-** *(Schiff.)* ~ на заход <судна> в порт; **Ausfuhr-** экспортная лицензия, ~ на экспорт (вывоз) <груза>; **Auslauf-** *(Schiff.)* ~ на выход <судна> из порта; **Ausnahme-** ~ в порядке исключения; **Beförderungs-** ~ на осуществление перевозок, лицензия на право осуществления перевозок; **Betriebs-** ~ на эксплуатацию; **Durchfahrts-** ~ на проезд; **Durchfuhr-** ~ на <транзитный> провоз, ~ на транзит; **Einfuhr-** импортная лицензия, ~ на импорт (ввоз) <груза>; **Einreise-** ~ на въезд <в страну>; **Einzel-** одноразовое; **Einzelausfuhr-** одноразовая экспортная лицензия; **Export-** *s. Ausfuhr-*; **Fahrt-** ~ на проезд; **Flug-** воздушно-правовое; **Freigabe-** ~ на выдачу; **Güterfernverkehrs-** лицензия на право осуществления дальних грузовых перевозок; **Höchstbetrags-Ausfuhr-** сводное ~ на вывоз с верхним пределом стоимости; **Import-** *s. Einfuhr-*; **Inhaber-** предъявительская лицензия; **Kabotage-** лицензия на право осуществления каботажных перевозок; **Lande-** *(Flug.)* ~ на посадку <самолёта>; **Liefer-** ~ на поставку; **Linien-** лицензия на право осуществления маршрутных перевозок; **Sammelausfuhr-** сводное ~ на вывоз; **Sonder-** *s. Ausnahme-*; **Start-** *(Flug.)* ~ на взлёт <самолёта>; **Start- und Lande-** *(Flug.)* ~ на взлёт и посадку <самолёта>; **Transport-** *s. Beförderungs-*; **Versand-** ~ на отгрузку, ~ на отправку; **Zeit-** временное, срочное, ~ на определённый период; **Zollversand-** ~ на транзит груза с таможенного склада;

Annullierung ‖ einer Genehmigung аннулирование разрешени‖я (лицензии); **Aussetzung** ~ приостановление -я (лицензии); **Ausstellung** ~ оформление -я (лицензии); **Beantragung** ~ подача заявки на получение -я (лицензии); **Erteilung** ~ выдача -я (лицензии); **Entziehung** ~ лишение -я (лицензии); **Kontigentierung** ~ 📖 контингентирование лицензий; **Rückgabe** ~ возврат -я (лицензии); **Vergabe** ~ *s. Erteilung*;

eine Genehmigung || annullieren аннулировать разрешени‖е (лицензию); ~ <**zeitweilig**> **aussetzen** приостанавливать/ приостановить ~ (лицензию); ~ **ausstellen** оформлять/оформить ~; ~ **beantragen** подавать/подать заявку на получение -я, запрашивать/запросить ~; ~ **einholen** просить/попросить -я; ~ **einziehen** конфисковать ~; **jmdm.** ~ **entziehen** лишать/лишить <кого-л.> -я; ~ **erteilen** выдавать/выдать ~; ~ **erwerben** приобретать/ приобрести ~; ~ **rückgängig machen** аннулировать ~; ~ **vergeben** выдавать/выдать ~

genehmigungsbedürftig || лицензируем‖ый/ая/ое/ые, нуждающ‖ий/ая/ее/ие(ся) в разрешении, требующ‖ий/ая/ее/ие разрешения (лицензии); **-e Ausfuhr** лицензируемый экспорт; **-e Einfuhr** лицензируемый импорт

Genehmigungs- *(in Zus.)*; **-behörde** ведомство, выдающее разрешение (лицензию); **-dauer** срок действия разрешения

genehmigungsfrei || нелицензируем‖ый/ая/ое/ые, не требующ‖ий/ая/ее/ие разрешения; **-e Ausfuhr** нелицензируемый экспорт; **-e Einfuhr** ~ нелицензируемый импорт

Genehmigungs‖inhaber *(Pers.)* владелец разрешения (лицензии);

-kontingent контингент лицензий; **-pflicht** обязанность *(f.)* наличия разрешения (лицензии)

genehmigungspflichtig *s. –bedürftig*

Genehmigungsverfahren *(jur.)* разрешительная процедура, порядок (процедура) выдачи (получения) разрешения

General- *(in Zus.)* генеральн‖ый/ая/ое/ые; **-charter** -ый чартер; **-gut** -ый груз; **-klausel** *(jur.)* –ая оговорка; **-lizenz** -ая лицензия; **-police** *(Vers.)* -ый (открытый, нетаксированный) страховой полис; **-tarif** -ый тариф; **-verkehrsplan** -ый план транспорта; **-verkehrsplanung** -ое планирование транспорта; **-versicherung** -ое (открытое) страхование; **-versicherungspolice** –ый (открытый, нетаксированный) страховой полис; **-vertrag** -ый договор; **-vollmacht** -ая доверенность

Genossenschaft товарищество; **Straßenverkehrs-** ~ предприятий автодорожного транспорта; **Transport-** транспортное

genossenschaftliches Eigentum кооперативная собственность

geordneter <**Güterkraft**>**Verkehr** регулированный <грузовой автомобильный> транспорт

Gepäck багаж; **aufgegebenes** ~ сданный; **beschädigtes** ~ повреждённый; **empfangenes** ~ полученный; **verlorengegangenes** ~ потерянный; **Fracht-** сданный; **Hand-** *(Pass.)* ручная кладь; **Reise-** пассажирский; **Über-** излишний пассажирский, сверхнормативный, *(mit einer Gebühr belegt)* оплачиваемый; **Annahme von** ~ приём (принятие) -а;

Gepäck absenden отправлять/отправить ‖ багаж; ~ **aufgeben** сдавать/сдать ~; ~ **ausgeben** выдавать/выдать ~; ~ **erhalten** получать/получить ~; ~ **versenden** *s. absenden*; ~ **verstauen** размещать/разместить ~; ~ **wiegen** взвешивать/взвесить ~

Gepäck- *(in Zus.)* багажн‖ый/ая/ое/ые; **-abfertigung** *(Flug.)* оформление багажа; **-ablage** -ая полка; **-abschnitt** -ый талон; **-anhänger** -ая бирка; **-annahme 1.** *(Prozess)* приём багажа; **2.** *(Ort)* пункт приёма багажа; **-annahmeschalter** пункт приёма багажа; **-aufbewahrung 1.** *(Prozess)* хранение багажа; **2.** *(Ort)* камера хранения; **-aufgabe** сдача багажа; **-aufkleber** -ая наклейка; **-ausgabe 1.** *(Prozess)* выдача багажа; **2.** *(Ort)* пункт выдачи багажа; **-band** -ый конвейер; **-beförderung** доставка (перевозка) багажа; **-begleitschein** сопроводительная -ая квитанция; **-fach** *s. -ablage*; **-karre** -ая тележка; **-kontrolle** *(durch den Zoll)* таможенный досмотр багажа; **-raum** *(Schiff.)* -ое помещение, *(Bahnhof, Flughafen)* -ое отделение, *(Bus, Flugzeug)* -ый отсек; **-schalter** окошко -ого отделения, камера хранения; **-schein** -ая квитанция, -ый билет, -ый талон; **-schließfach** ячейка автоматической камеры хранения; **-stück** место багажа; **-tarif** -ый тариф, тариф на перевозку багажа; **-träger 1.** *(Pers.)* носильщик; **2.** *(Vorrichtung)* багажник; **-transport** перевозка багажа; **-versand** отправка (отсылка) багажа; **-versicherung** страхование багажа; **-waage** весы *(Pl.)* для взвешивания багажа; **-wagen 1.** *(Eis.)* -ый вагон; **2.** *(Gepäckkarre auf Bahnhöfen und Flughäfen)* -ая тележка; **-zettel** -ая наклейка, -ый ярлик

Gerät *(techn., s. auch Anlage, Vorrichtung)* устройство, приспособление; **Lade-** *(zum Be- und Entladen von Fracht)* погрузочно-разгрузочное, грузовое, *(Schiff.)* судовой такелаж; **Rettungs-** аварийно-спасательное оборудование

Gericht *(jur.)* суд; **Amts-** *(BRD)* участковый, ~ первой (низшей) инстанции; **Arbitrage-** арбитражный; **Handels-** коммерческий; **Schieds-** *s. Arbitrage-*; **Schifffahrts-** ~ по делам судоходства; **See-** морской; **Verkehrs-** транспортный

gering низк‖ий/ая/ое/ие; **-e Auslastung** -ая загрузка; **-es Verkehrsaufkommen** -ий объём перевозок (дорожного движения), *(Verkehrsfluss)* -ий транспортный поток

Gesamt- *(in Zus.)* общ‖ий/ая/ее/ие; **-befrachtung** *(Schiff.)* -ая загруженность <судна>; **-fahrleistung** -ий пробег; **-fahrzeit** *(Pass.)* -ая продолжительность езды; *(Güterv.)* -ее время прохождения; **-fracht** -ий фрахт; **-frachtumschlag** -ий (суммарный) грузооборот;

Gesamtgewicht ‖ общий (полный) вес; **zulässiges** ~ допустимый полный вес, допустимая полная масса; **Fahrzeug-** полная масса транспортного средства;

Gesamt‖länge общ‖ая длина, *(Strecke auch)* протяжённость *(f.)* <трассы>; **-laufleistung** -ий пробег; **-laufzeit** <eines Transports> -ее время прохождения; **-lieferant** генеральный поставщик; **-masse** *s. -gewicht*; **-tarifsatz** ставка -его тарифа, *(voller Satz)* полная тарифная ставка; **-tonnage** -ий тоннаж; **-transportaufkommen** -ий объём перевозок; **-umschlag** *(Güterv.)* -ий (суммарный) <грузо>оборот;

Gesamtverkehrs‖aufkommen общий объём транспортных потоков; **-belastung** *s.* *-aufkommen*; **-management** системное управление транспортом; **-plan** генеральный план транспорта;

Gesamt‖vollmacht генеральная доверенность; **-wagenpark** *(Schienv.)* общий (наличный) парк вагонов

gesättigter Markt насыщенный рынок

Geschäft I *(Vorgang)* сделка, операция; **Auslands-** внешнеторговая, заграничная; **Außenhandels-** *s.* *Auslands-*; **Bahnfracht-** ~ по перевозке груза железной дорогой; **Barter-** бартерная; **Beförderungs-** ~ на перевозку; **Befrachtungs-** фрахтовая; **Cargo-** *s.* *Fracht-*; **Charter-** чартерная; **Direkt-** 1. *(ohne Vermittler)* прямая; 2. *(Transit)* транзитная; **Distanz-** посылочная торговля; **Export-Import-** экспортно-импортная; **Flussfracht-** ~ на перевозку речного груза; **Fracht-** фрахтовая, ~ на перевозку груза; **Gegenseitigkeits-** взаимная внешнеторговая; **Handels-** торговая; **Kommissions-** комиссионная; **Konsignations-** консигнационная; **Lagerhalter-** *s.* *Konsignations*; **Ost-** *(Pl.)* торговые сделки с восточноевропейскими партнёрами; **Passage-** *(Schiff.)* ~ на провоз; **Reexport-** реэкспортная; **Sammel-** ~ по перевозке сборного

груза; **Speditions-** транспортно-экспедиторская; **Strecken-** *s.* *Direkt-*; **Transit-** транзитная, транзитная доставка; **Transport-** ~ на перевозку; **Versand-** посылочная торговля; **Zeitcharter-** тайм-чартерная;

Geschäft II *(Gewerbe)* дело; **Lager-** складское; **Transport-** транспортное;

Geschäft III *(Laden)* магазин

Geschäfts- *(in Zus.)* делов‖ой/ая/ое/ые; **-bank** коммерческий банк; **-bedingungen** *(Pl.)* <общие> условия заключения коммерческих (торговых) сделок; **-dokumentation** -ая документация; **-führer** <einer Firma> *(Pers.)* управляющий *(Subst.)* <фирмой>; **-partner** *(Pers.)* -ой партнёр, *(Miteigentümer)* компаньон; **-reise** -ая поездка, бизнес-тур; **-reisender** *(Pers.)* лицо, находящееся в -ой поездке; **-reisevisum** -ая виза; **-tätigkeit** -ая (коммерческая) деятельность; **-unterlagen** *(Pl.)* -ая документация; **-vorgang** коммерческий акт

geschlossen *(Adj.)* закрыт‖ый/ая/ое/ые; **-e Bauart** *(Fahrzeug)* -ое исполнение; **-es Lager** -ый склад; **-e** <Verkehrs>Netze *(Pl.)* -ые <транспортные> сети; **-e Verpackung** -ая упаковка, -ая тара; **-er Wagen** *(Kfz.)* автомобиль *(m.)* с -ым кузовом; крытый фургон; **-er Waggon** *(Eis.)* крытый вагон

geschlossen *(Part.)* закрыт/а/о/ы

Geschwindigkeit скорость *(f.)*; **empfohlene** ~ рекомендованная; **errechnete** ~ расчётная; **mittlere** ~ средняя; **optimale** ~ оптимальная; **überhöhte** ~ превышенная;

unangemessene ~ недозволенная, превышенная; **vorgeschriebene** ~ установленная; **zulässige** ~ допустимая;

Geschwindigkeit, Abroll- *(Flug.)* скорость ‖ пробега самолёта; **Anfahr-** ~ разгона; **Anflug-** посадочная; **Beförderungs-** ~ перевозок, *(Zustellung)* ~ доставки; **Beschleunigungs-** ~ (темп) разгона; **Brems-** тормозная; **Durchfahrts-** ~ проезда; **Durchgangs-** ~ сквозного прохода; **Durchschnitts-** средняя, маршрутная, участковая; **Fahr-** ~ движения, *(Schiff. auch)* ~ хода; **<technische> Fahrt-** техническая, *(Schiff. auch)* ходовая; **Flug-** ~ полёта; **Höchst-** максимальная, *(zugelassene)* максимально допустимая, *(technisch mögliche)* предельная, конструктивная; **Hub-** ~ подъёма, *(Kolben)* ~ хода, *(beim Absenken)* ~ спуска; **Lande-** *(Flug.)* посадочная; **Liefer-** ~ доставки; **Maximal-** *s. Höchst-*; **Mindest-** минимальная; **Regel-** расчётная; **Reise-** <средняя> ~ сообщения (движения); **Reiseflug-** крейсерская ~ самолёта; **Richt-** *s. empfohlene*; **Roll-** *(Flug.)* ~ руления <самолёта>; **Rückwärts-** ~ движения задним ходом; **Schiffs-** ~ хода <судна>; **Schlepp-** *(Schiff.)* ~ буксировки <судна>; **Schritt-** ~ пешехода; **Sink<flug>-** ~ снижения высоты <полёта>; **Soll-** *s. Regel-*; **Spitzen-** предельная, максимальная; **Start-** *(Flug.)* взлётная, стартовая; **Steig<flug>-** ~ набора высоты <полёта>; **Strecken-** техническая; **Strömungs-** 1. *(Wasserlauf)* ~ течения реки; 2. *(sich bewegende Mengen)* ~ <транспортного> потока; **Transport-** *s. Beförderungs-*; **Überhol-** ~ при обгоне; **Überschall-** *(Flug.)* сверхзвуковая; **Umlauf-** 📖

<eines Containers, LKW, Waggons> ~ оборота <контейнера, грузовика, вагона>, ~ обращения; **Umschlag-** 1. *(Umladen)* ~ перегрузки (перевалки) <груза>; 2. *(Umlauf)* ~ обращения, ~ оборота; **Verkehrs-** ~ движения; **Zustell-** ~ доставки;

Reduzierung ‖ **der Geschwindigkeit** снижение (уменьшение) скорост‖и; **Regelung** ~ регулирование -и; **Verringerung** ~ *s. Reduzierung*; **Zunahme** ~ повышение -и;

die Geschwindigkeit ‖ **erhöhen** повышать/повысить скорость; ~ **überschreiten** превышать/ превысить ~; ~ **verringern** снижать/снизить ~

Geschwindigkeits- *(in Zus.)* скоростн‖ой/ая/ое/ые; **-begrenzung** ограничение скорости; **-beschränkung** *s. -begrenzung*; **-grenze** предел скорости; **-harmonisierung** гармонизация <максимально> допустимой скорости движения; **-kontrolle** контроль *(m.)* скорости; **-limit** *s. -begrenzung*; <intelligentes> **-regelungssystem** <интеллигентная> система регулирования скорости; **-überschreitung** превышение <установленной> скорости; **-vorschriften** *(Pl., Straßenverkehr)* -ой режим

Gesellschaft 1. *(Unternehmen)* компания, фирма; 2. *(Organisation)* общество; ~ **der Schiffseigner** судовладельческая компания;

Gesellschaft, Betreiber- 📖 <частная> компания ‖ по эксплуатации <чего-л.>; **Binnenschifffahrts-** судоходная, пароходная; **Eisenbahn-** железнодорожная; **Fähr-** паромная; **Flug-** авиационная, авиа-; **Hafen-** портовая; **Klassifikations-** классификационное общество; **Luftverkehrs-** *s. Flug-*; **Schiffbau-** судостроительная, судостроительное предприятие; **Schifffahrts-** судоходная, пароходная, пароходство; **Schiffseigner-** судовладельческая; **Tochter-** дочернее предприятие; **Transport-** транспортная фирма (-ое агентство, -ое предприятие); **Umschlag-** общество перегрузки грузов; **Verkehrs-** *s. Transport-*; **Versicherungs-** страховая; **Vertriebs-** дилерская организация, общество по сбыту

Gesetz *(jur.)* закон; **Föderales ~** *(RF)* Федеральный; **~ gegen unlauteren Wettbewerb ~** против недобросовестной конкуренции; **~ gegen Wettbewerbsbeschränkungen ~** против ограничения свободной конкуренции; **~ über die Beförderung gefährlicher Güter ~** о перевозке опасного груза; **~ über den Verkehr mit Kraftfahrzeugen ~** об автомобильных <грузовых и пассажирских> перевозках;

Gesetz, Autobahnbenutzungsgebühren- Закон ‖ о взимании сбора за пользование автострадой; **Binnenschifffahrts- ~** о судоходстве по внутренним водным путям, *(RF)* Кодекс внутреннего водного транспорта; **Bundes-** федеральный; **Bundesbahn-** *(BRD)* **~** о германских железных дорогах; **Bundesbahnneuordnungs-** *(BRD)* **~** о реструктуризации германских

железных дорог; **Bundesfernstraßen-** *(BRD)* **~** о строительстве и содержании автомагистралей федерального назначения; **Allgemeines Eisenbahn-** Общий **~** о железных дорогах; **Eisenbahn-Neuordnungs-** *s. Bundesbahnneuordnungs-*; **Fluglärm- ~** о снижении шума от воздушного движения; **Gemeindeverkehrsfinanzierungs- ~** о финансировании коммунального транспортного сектора; **Güterkraftverkehrs- ~** о грузовых автомобильных перевозках; **Kraftfahrzeugsteuer- ~** о налоге на собственников автомобилей; **Luftverkehrs- ~** о правилах воздушных <грузовых и пассажирских> перевозок, *(RF)* Воздушный кодекс; **Personenbeförderungs- ~** о перевозке пассажиров <на общественном городском транспорте>; **Seefracht- ~** о морской перевозке грузов; **Steuer-** Налоговый кодекс; **Tarifaufhebungs-** *(Güterv., EU)* **~** об отмене твёрдых тарифов (об устранении тарифов) на грузовые перевозки; **Transportrechtsänderungs- ~** об изменении транспортного права; **Transportrechtsreform-** *(EU)* **~** о реформе транспортного права; **Verkehrsschaden- ~** о возмещении ущерба при происшествиях на транспорте; **Zoll-** таможенный кодекс (-ый устав); **Zolltarif- ~** о таможенном тарифе, таможенные тарифные правила *(Pl.)*;

Abschaffung ‖ eines Gesetzes отмена закон‖а; **Annahme ~** принятие -а; **Befolgung ~** соблюдение –а; **Umgehung ~** обход –а; **Verletzung ~** нарушение –а

Gesetz- *(in Zus.)*; **-blatt** вестник (бюллетень *(m.)*) законов;

Gesetzbuch ‖ *(s. auch Gesetz)* кодекс; **Bürgerliches** ~ Гражданский (ГК); **Handels-**Торговый (ТК); **See-** ~ торгового мореплавания

Gesetzgebung законодательство; **föderale** ~ *(RF)* федеральное; **kommunale** ~ коммунальное; **Bundes-** *(BRD)* федеральное; **Handels-** торговое; **Landes-** *(BRD)* земельное; **Steuer-** налоговое; **Straßenverkehrs-** дорожное; **Verkehrs-** транспортное; **Wirtschafts-** хозяйственное; **Zoll-**таможенное

gesetzlich законн‖ый/ая/ое/ые, в соответствии с законом; **-e** <Pflicht>Versicherung окладное (обязательное) страхование; **-e** Vorschriften *(Pl.)* -ые предписания

gesperrt закрыт‖ый/ая/ое/ые, перекрыт‖ый/ая/ое/ые; **-e** Durchfahrt -ый проезд; **-e** Fläche *(Fahrbahn)* участок проезжей части, на которую въезд запрещён; **-e** Straße -ая дорога

gestaffelt дифференцированн‖ый/ая/ое/ые; **-er** Tarif -ый тариф; **-er** Zoll -ая <таможенная> пошлина

gestapelt штабелированн‖ый/ая/ое/ые; **-e** Fracht -ый груз; **-e** Ladung *s. Fracht*

gestaut погруженн‖ый/ая/ое/ые; **-e** Güter *(Schiff.)* -ый <на судно> груз; **-e** Ladung *s. Güter*

gestaut *(Part.)* погружен/а/о/ы

Gestellung von Waren *(Zoll.)* предъявление товара к таможенному досмотру (контролю)

Gestellungs- *(in Zus.)*; **-befreiung** освобождение от обязанности предъявления <товара> к таможенному досмотру (контролю); **-pflicht** обязанность *(f.)* предъявления <товара> к таможенному досмотру (контролю); **-verzeichnis** реестр товаров, подлежащих таможенному досмотру (контролю)

Gesundheits- *(in Zus., s. auch Hygiene-)* санитарн‖ый/ая/ое/ые; **-attest** -ый сертификат, -ое свидетельство; **-pass** *s. -attest*; **-vorschriften** *(Pl.)* -ые правила; **-zertifikat** *s. -attest*; **-zeugnis** *s. -attest*

getrennt‖e Fahrbahn проезжая часть с разделительной полосой; **-e** Lagerung und Beförderung von Gütern сепарация грузов

Getriebe *(techn., Kfz.)* передача; **Automatik-** автоматическая; **Räder-** колёсная; **Schalt-**ступенчатая коробка передач

gewähren *(etw. zugestehen)* предоставлять/предоставить <что-л.>; **einen Rabatt** ~ ~ скидку

Gewährleistung 1. *(Sicherstellung)* обеспечение; 2. *(Garantie)* гарантия; ~ **der Flugsicherheit** обеспечение безопасности полёта; ~ **von Verkehrsdienstleistungen** транспортное обеспечение

Gewässer воды *(Pl.)*; **internationale** ~ международные; **schiffbare** ~ судоходные; **Binnen-** внутренние; **Hafen-** портовые, *(Hafenbecken)* акватория порта; **Hoheits-**территориальные; **Küsten-**прибрежные <морские>; **Zoll-**акватория (зоны) таможенного контроля

Gewerbe *(hier Geschäftszweig)* промысел; **anmeldepflichtiges** ~ ~, подлежащий регистрации; **produzierendes** ~ производство; **Beförderungs-** перевозный; **Fuhr-** извозный; **Handels-** торговый, торговля; **Lager-** складской; **Speditions-** транспортно-экспедиционное дело; **Transport-** транспортное дело; **Verkehrs-** перевозный; **ein** ~ **anmelden** подавать/подать заявку на занятие -ом; **ein** ~ **betreiben** заниматься -ом

Gewerbe- *(in Zus.)* промыслов‖ый/ая/ое/ые; **-aufsicht** -ый надзор; **-gebiet** центр содействия бизнесу на определенной, выделенной местной администрацией территории; **-steuer** -ый налог

gewerblich коммерческ‖ий/ая/ое/ие; **-er Güterkraftverkehr** -ие грузовые автоперевозки *(Pl.)*; **-e Luftfahrt** -ая авиация; **-e Schifffahrt** -ое судоходство; **-er Verkehr** -ие перевозки; **-e Wirtschaft** производство

Gewerkschaft профессиональный союз, профсоюз; ~ **der Eisenbahner** *(BRD)* ~ железнодорожных работников

Gewicht *(s. auch Masse)* вес; **zulässiges** ~ допустимый; ~ **pro Achse** нагрузка на ось *(f.)*; **Ablade-** разгрузочный; **Anhänger-** ~ (масса) прицепа; **Brutto-** ~ брутто; **Eigen-** *(s. auch Leergewicht, Totlast)* собственный, собственная масса, *(Transportbehältnis auch)* ~ тары (порожняка, контейнера, порожнего вагона), *(Fahrzeug)* ~ (масса) снаряжённого транспортного средства, *(Schiff)* мёртвый; **Fahrzeuggesamt-** полный

~ (полная масса) транспортного средства; **Fracht-** ~ (масса) груза; **Gesamt-** общий, полный; **Höchst-** максимальный, предельный, максимальная масса; **Hub-** грузоподъёмность *(f.)*; **Konnossements-** *(See.)* коносаментный; **Lade-** отгруженный, ~ (масса) груза, подъёмный груз; **Leer-** *(s. auch Eigengewicht, Totlast)* ~ тары, *(Transportbehältnis)* ~ порожняка (контейнера, порожнего вагона), *(Fahrzeug)* ~ (масса) снаряжённого транспортного средства, *(Schiff auch)* мёртвый; **Lösch-** *(Schiff.)* выгруженная масса; **Mindest-** минимальный; **Netto-** чистый, ~ нетто; **Raum-** *(Ladung)* объёмный ~ <груза>; **Roh-** полная масса <груза>; **Schiffs-** ~ (масса) судна; **Schütt-** насыпной, навалочный; **Trieb-** сцепной; **Über-** перевес <багажа, груза>, *(Ladegewicht auch)* избыточный; **Verlade-** погрузочный; **Verpackungs-** ~ упаковки, ~ тары; **Versand-** отгрузочный, ~ груза брутто, ~ груза с упаковкой; **Zoll-** таможенный; ~, подлежащий таможенному обложению

Gewichts- *(in Zus.)* весов‖ой/ая/ое/ые; **-bescheinigung** -ая квитанция, -ой сертификат; **-beschränkung** -ое ограничение <груза>; **-fracht** -ой фрахт, исчисление фрахта по весу; **-limit** *s. -beschränkung*; **-staffel** ступенчатый указатель тарифа по весу; **-tonne** -ая тонна; **-zertifikat** -ой сертификат, -ое свидетельство; **-zoll** <таможенная> пошлина с веса

Gewinn прибыль *(f.)*

Gewinnsteuer налог с прибыли

Gezeiten *(Pl.)* прилив/ы и отлив/ы

Gezeitenschleuse приливный шлюз

gezogener Wechsel *(Fin.)* переводной вексель, тратта

Girant <eines Konnossements> *(See.)* индоссант <коносамента>

Gitterboxpalette решётчатый секционный поддон

Glasverpackung стеклянная упаковка (-ая тара)

glatt 1. *(ohne Oberflächenhaftung)* скользк‖ий/ая/ое/ие; **2.** *(problemlos)* благополучн‖ый/ая/ое/ые; **-e Fahrbahn** скользкая дорога; **-e Landung** *(Flug.)* благополучная посадка

gleichartiges <Fracht>Gut однородный груз

gleiche Richtung попутное направление

gleichrangige Straße однозначная дорога

gleichzeitig zulässige Fahrstraßen *(Pl., Eis.)* совместимые маршруты

Gleis/e *(s. auch Schiene)* рельс/ы, рельсовый путь, *(Pl.)* рельсовые пути; **einspuriges** ~ одноколейный ‖ путь; **zweispuriges** ~ двухколейный; **Abfahrts-** ~ отправления; **Abstell-** деповский, *(Reserve)* запасный, *(zum Rangieren)* тракционный; **Ankunfts-** ~ прибытия; **Anschluss-** примыкающий, *(Zufahrt)* подъездной; **Bahn-** железнодорожный; **Bahnhofs-** станционный; **Belade-** погрузочный, ~ для погрузки; **Betriebs-** эксплуатационный; **Be- und Entlade-** погрузочно-разргузочный, ~ для погрузки-разгрузки; **Durchfahrts-** сквозной; **Einfahr-** ~ прибытия; **Eisenbahn-** *s. Bahn-*; **Entlade-** разгрузочный, ~ для разгрузки; **Fernbahn-** ~

магистральной железной дороги; **Förder-** транспортный; **Güter-** ~ для приёма и отправки грузовых поездов; **Hafen-** портовый железнодорожный; **Industrie-** промышленный; **Kai-** причальный; **Lade-** погрузочный, погрузочно-разргузочный; **Neben-** подъездной, боковой станционный; **Rangier-** маневровый, сортировочный; **Richtungs-** ~ в одном направлении; **S-Bahn-** ~ электрички; **Stich-** тупиковый; **Straßenbahn-** трамвайный; **Übergangs-** переходный; **Überholungs-** обгонный; **Umfahrungs-** обходный; **Umlade-** перегрузочный, перевалочный; **Verbindungs-** соединительный; **Verkehrs-** тракционный; **Verlade-** погрузочный, погрузочно-разргузочный; **Verschiebe-** сортировочный; **Zufahrts-** *s. Neben-*; **frachtfrei Bahn-** франко погрузочная платформа

Gleis- *(in Zus.)* рельсов‖ый/ая/ое/ые; **-abstand** ширина междупутья; **-anlagen** *(Pl.)* -ые пути, парк путей; **-anschluss** подъездной железнодорожный путь (-ая ветка); **-bau** строительство -ых путей; **-bauarbeiten** *(Pl.)* путевые работы; **-bauzug** ремонтный поезд; **-beanspruchung 1.** *(Belastung)* напряжение в рельсах; **2.** *(Aufkommen)* объём движения на определённом пути; **-benutzung** использование -ых путей; **-benutzungsgebühr** плата за пользование -ым путём; **-bereich** зона пути; **-betreiber** оператор -ых путей; **-bett** полотно железной дороги, балластная постель; **-engpass** горловина станции; **-feld** парк -ых путей; **-fläche** поверхность *(f.)* пути; **-kilometer** погонный километр, километр развернутой длины; **-kreuzung** пересечение -ых путей; **-netz** сеть *(f.)* -ых (железнодорожных) путей; **-paar** двухпутная железная дорога; **-strecke** участок —ой пути; **-verbindung** соединение -ых путей; **-waage** весы для взвешивания вагонов; **-wechselbetrieb** движение в обоих направлениях на каждом из путей многопутного движения

gleitender Preis скользящая (колеблющаяся) цена

Gleit- *(in Zus.)* скользящ‖ий/ая/ее/ие, колеблющ‖ий/яя/ее/ие(ся); **-er Tarif** –ий/ийся тариф; **-zoll** -ая/аяся ставка пошлин

Glied in der Transportkette транспортное звено

Globalfrachtsatz паушальная фрахтовая ставка

GOST-R-Zertifizierung *(RF)* система сертификации ГОСТ-Р

Greenwich-Zeit мировое время, время по Гринвичу

Grenz- *(in Zus.)* **1.** *(räuml.)* пограничн‖ый/ая/ое/ые; **2.** *(Limit)* предел‖ый/ая/ое/ые, лимитн‖ый/ая/ое/ые; **-abfertigung** пограничная операция; **-aufenthalt** простой на границе; **-aufenthaltszeit** время простоя на границе; **-<übergangs>bahnhof** пограничная станция, погранстанция; **-belastung** предельная нагрузка

Grenze I *(räuml.)* граница; **Außen-** внешняя; **Binnen-** внутренняя; **See-** морская; **Seezoll-** морская таможенная; **Zoll-** таможенная; **frei ~** франко ~; **Überquerung der ~** пересечение -ы; **eine ~ öffnen** открывать/открыть -у; **eine ~ passieren** пересекать/пересечь -у; **eine ~ schließen** закрывать/закрыть -у; **eine ~ überqueren** *s. passieren*;

Grenze II *(Limit)* предел; **Geschwindigkeits- ~** скорости; **Haftungs-** *(jur.)* ~ ответственности

Grenz‖gebiet пограничная зона; **-handel** приграничная торговля; **-kontrolle** пограничный контроль; **-kontrollpunkt** контрольно-пропускной пункт (КПП); **-last** предельная нагрузка; **-punkt** пограничный пункт (погран-); **-punkt des Verteilungsbereiches für einzelne Gutarten** грузораздельный пункт; **-rate** лимитная ставка; **-satz** *s. -rate*; **-station** пограничная станция (погран-); **-übergang** пограничный переход (-ый пункт); **-übergangsstelle** пункт пересечения <государственной> границы; **-überquerung** пересечение (переход) границы

grenzüberschreitend ‖ пересекающ‖ий/ая/ее/ие границу, *(international)* международн‖ый/ая/ое/ые, *(im Transit)* транзитн‖ый/ая/ое/ые; **-e Beförderung** международная перевозка (-ое перемещение) <кого-л./чего-л.>; **-er Güterverkehr** международные грузовые перевозки; **-er Personenverkehr** международные пассажирские перевозки; **-e Verbindung** международное сообщение, *(Linie auch)* международная линия (-ый рейс); **-er Verkehr** международное (транзитное) сообщение (-ое движение, -ые перевозки); **-er Warenverkehr** международное перемещение товаров; *(kfm.)* международный (трансграничный) товарооборот

Grenzverkehr ‖ приграничное сообщение; **kleiner ~** малое;

Grenzwert/e ‖ предельные показатели *(Pl.)*, *(nur Sg., zulässiger Normwert)* предельная величина; **Schadstoff-** предел <допустимого> выброса вредных веществ, предельно допустимые показатели токсичности отработанных газов;

Grenz‖zoll пограничная пошлина; **-zollamt** пограничная таможня; **-zollstelle** *s.* *-zollamt*

grob fahrlässig *(jur.)* грубо-неосторожн‖ый/ая/ое/ые

groß 1. *(räuml.)* больш‖ой/ая/ое/ие, крупн‖ый/ая/ое/ые; **2.** *(übertr.)* крупн‖ый/ая/ое/ые; **-e Fahrt** *(See.)* дальнее плавание; **-e Havarie** *(See.)* общая авария; **-e Kabotage** большой каботаж; **-e Transportweite/n** большая дальность *(Pl.)* перевозок, длинные транспортные дистанции

Groß- *(in Zus., hier Güterv.)* большегрузн‖ый/ая/ое/ые, крупнотоннажн‖ый/ая/ое/ые; **-fähre** -ый паром; **-flugzeug** -ый самолёт, самолёт большой грузоподъёмности; **-güter** крупногабаритный груз; **-güterwagen** *(Eis.)* большегрузный вагон; **-händler** *(Pers.)* оптовый торговец, *(umg.)* оптовик; **-handel** оптовая торговля;

Großhandels‖lieferant оптов‖ый поставщик; **-lieferung** -ая поставка, поставка оптом; **-preis** -ая цена;

Groß‖lieferant *(Pers.)* оптовый поставщик; **-luftschiff** крупнотоннажный, (большегрузный) воздушный корабль; **-motorschiff** большегрузный теплоход;

Großraum‖container большегрузн‖ый (крупнотоннажн‖ый) контейнер; **-flugzeug** -ый самолёт, самолёт большой грузоподъёмности; **-frachter** -ое судно; **-lastzug** *(LKW)* автопоезд большой грузовместимости; **-taxi** микроавтобус; **-transporter** *(LKW)* -ый автопоезд (автомобиль), *(Flug.)* -ый самолёт; **-wagen** *(Eis., Güterv.)* -ый вагон, *(Eis., Pass.)* некупейный вагон;

Groß‖reederei крупное пароходство; **-schifffahrtsweg** магистральный водный путь, водная (речная) магистраль; **-transporte** *(Pl.)* крупнотоннажные перевозки, перевозки крупногабаритного груза; **-unternehmen** крупное предприятие

Großvaterrecht *(Gewohnheitsrecht im Luftverkehr)* обычное право на получение разрешений на взлёт и посадку в аэропортах

Großverpackung крупногабаритная тара

großvolumig крупногабаритн‖ый/ая/ое/ые; **-er Container** -ый (крупнотоннажный) контейнер; **-e Warenpartie** -ая партия товара (груза)

gründen основывать/основать <что-л.>; **einen Verband ~** союз; **ein Unternehmen ~** создавать/создать предприятие, *(jur.)* учреждать/ учредить предприятие

Grüne Welle *(Straßenverkehr)* беспрепятственный проезд <автомобилей> по регулируемой светофором трассе

Grund- *(in Zus.)* основн‖ой/ая/ое/ые; **-gebühr** -ой сбор; **-tarif** -ой тариф,

-ая ставка тарифа

Gruppen- *(in Zus.)* группов‖ой/ая/ое/ые; **-reise** туристическая -ая поездка, **-tarif 1.** *(Pass.)* -ой тариф; **2.** *(Güterv.)* объединённый тариф

GÜKUMT-Abkommen *(jur., BRD)* Соглашение о тарифах при переездах и на перевозку мебели специальным транспортом

gültig действительн‖ый/ая/ое/ые; **-er Berechtigungsschein** -ое удостоверение; **-er Frachtbrief** -ая накладная, *(See.)* -ый коносамент; **-e Genehmigung** -ое разрешение; **-es Konnossement** -ый коносамент; **-e Lizenz** -ая лицензия; **-e Reservierung** -ая броня; **-er Vertrag** -ый договор; **-es Zertifikat** -ый сертификат, -ое свидетельство

günstig благоприятн‖ый/ая/ое/ые, удобн‖ый/ая/ое/ые; **-e Verkehrsinfrastruktur** удобная транспортная инфрвструктура; **-es Wetter** благоприятная погода

Güter *(Pl., s. auch Fracht, Gut, Ware)* груз/ы, *(Ware auch)* товар/ы; **freie ~** бесплатные ресурсы; **gemischte ~** смешанный; **gleichartige ~** однородный; **heterogene ~** разнородный; **homogene ~** *s. gleichartige*; **knappe ~** товарный дефицит; **kurzlebige ~** товары кратковременного пользования; **langlebige ~** товары длительного пользования; **ungleichartige ~** *s. heterogene*; **~ in schlechtem Zustand ~** в плохом состоянии;

Güter, Bedarfs- товары первой необходимости; **Gebrauchs-** потребительские товары, товары широкого потребления; **Groß-** крупногабаритный груз; **Industrie-** промышленные товары;

Investitions- товары производственного назначения; **Konsum-** *s. Gebrauchs-*; **Luxus-** товары роскоши; **Massenbedarfs-** товары широкого потребления; **Rückführungs-** груз, подлежащий возврату; **Verbrauchs-** *s. Gebrauchs-*;

Beschädigung ‖ von Gütern *(Pl.)* повреждение груз‖а; **Diebstahl ~** кража -а; **Entzollung ~** растаможивание -а; **Lagerung ~** складирование -а, хранение -а на складе; **Markierung ~** маркировка -а; **Stauen ~** штивка -а <на судно>; **Umverpacken ~** переупаковка (перетаривание) -а; **Unversehrtheit ~** сохранность *(f.)* -а; **Verladung ~** погрузка -а, приём -а к отправке; **Verpackung ~** упаковка -а; **Versand ~** экспедирование (отгрузка, отправка) -а; **Weiterversand ~** переотправка -а; **Zusammenstellen ~** комплектование –а;

Güter ‖ abfertigen 1. *(zollamtlich behandeln)* оформлять/оформить ‖ груз, очищать/очистить ~ от таможенных формальностей; **2.** *(versenden)* отправлять/отправить ~, отгружать/отгрузить ~, *(versandfertig machen)* подготавливать/подготовить ~ к отправке (к отправлению); **3.** *(laden)* погружать/погрузить ~; **~ zum Versand annehmen** принимать/ принять ~ к перевозке (к отправке); **~ <auf einen Waggon, LKW> aufladen** нагружать/ нагрузить (погружать/погрузить) ~ <на вагон, на грузовик>; **~ ausladen** выгружать/выгрузить ~ <из вагона, из грузовика>; **~ befördern** транспортировать ~, перевозить/перевезти ~; **~ empfangen** получать/получить ~; **~**

lagern хранить/сохранить ~ <на складе>; ~ **palettieren** укладывать/уложить ~ на поддоны; ~ **umladen** перегружать/перегрузить ~; ~ **verfrachten** отправлять/отправить ~, отгружать/отгрузить ~; ~ **verladen** погружать/погрузить ~; ~ **versenden** *s. verfrachten*; ~ **versichern** страховать/застраховать ~; ~ **verstauen** *(Schiff.)* размещать/разместить ~ на судне; ~ **weiterveredeln** перерабатывать/переработать ~

Güter- *(in Zus.)* грузов‖ой/ая/ое/ые; **-abfertigung 1.** *(zollamtliche Behandlung)* <таможенное> оформление груза; **2.** *(Versand)* отправка (отправление, экспедирование) груза; **3.** *(Ladevorgang)* -ая (погрузочно-разгрузочная) операция; **-abfertigungsvorschriften** *(Pl.)* правила оформления груза <при отправлении>; **-abmessung/en** кубатура груза; **-absender** *(Pers.)* грузоотправитель *(m.)*; **-anlieferung** завоз груза; **-annahme** <zur Abfertigung> приём груза <к отправке>; **-art** вид (род) груза; **-aufkommen** объём <перевозок> грузов; <internationaler> **-austausch** <международный> товарообмен; **-bahnhof** -ая (товарная) станция;

Güterbeförderung ‖ *(s. auch Beförderung)* перевозка (транспортировка) груза; ~ **unter Vermeidung von Leerfahrten** ~ в попутном направлении, перевозки *(Pl.)* в оба направления;

Güterbeförderungs‖bedarf потребность *(f.)* в грузов‖ых перевозках; **-leistung** грузооборот; **-tarif** -ой тариф, тариф на перевозку груза; **-vorschriften** *(Pl.)* правила перевозки груза;

Güter‖beschädigung повреждение груза; **-beschaffenheit** характеристика груза; **-depot** грузов‖ой (фрахтовый) склад; **-dienst** -ая служба; **-einheit** единица груза; **-ein- und ausgang** прибытие и отбытие груза; **-eingangsbuch** книга прибытия грузов; **-fähre** -ой паром;

Güterfernverkehr ‖ грузов‖ой транспорт (перевозки грузов) на дальние расстояния, дальние -ые перевозки; **allgemeiner** ~ общий -ой транспорт на дальнее расстояние; **internationaler** ~ международные -ые перевозки, международный -ой транспорт на дальнее расстояние;

Güterfernverkehrs‖genehmigung лицензия на право осуществления перевозок на дальние расстояния; **-unternehmen** транспортное предприятие, выполняющее грузовые перевозки на дальние расстояния;

Güter‖gleis *(Eis.)* путь *(m.)* для приёма и отправки грузов‖ых поездов; **-klasse** класс груза; **-klassifikation** классификация грузов; **-knappheit** дефицит (недостаток, нехватка) грузов (товаров); **-kraftfahrzeug** *(s. auch LKW)* -ой автомобиль, грузовик;

Güterkraftverkehr ‖ грузов‖ой автомобильный транспорт, -ой автотранспорт, *(Verkehre)* -ые автоперевозки, автогужевые перевозки, автотранспортные перевозки грузов; **gewerblicher** ~ коммерческие -ые автоперевозки; **grenzüberschreitender** ~ международные -ые автоперевозки, международный -ой автомобильный транспорт; **Lizenz für den**

grenzüberschreitenden ~ лицензия на право осуществления международных -ых автоперевозок;

Güterkraftverkehrs‖gesetz Закон о грузов‖ых автомобильных перевозках; **-tarif** тариф на -ые перевозки автотранспортом;

Güter‖kursbuch указатель _(m.)_ грузов‖ых сообщений; **-ladeplatz** -ая платформа; **-lagerung** хранение (складирование) груза; **-markt** рынок товаров и услуг; **-maß** габарит груза; **-menge** количество груза, объём -ых перевозок; **-nachforschung** розыск груза; **-nahverkehr** местный -ой транспорт, местные (ближные) -ые перевозки, перевозки груза на короткие расстояния; **-schiff** -ое (товарное) судно, -ой пароход; **-schuppen** _(Eis.)_ -ой железнодорожный пакгауз; **-streckenbelastung** грузонапряжённость _(f.)_ участка;

Güterströme ‖ _(Pl.)_ грузов‖ые поток‖и; **Koordinierung von -n** координация -ых -ов; ~ **koordinieren** координировать ~; ~ **bündeln** связывять/связать ~;

Güterstrom ‖ грузопоток; **einläufiger** ~ односторонний; **gegenläufiger** ~ двусторонний; **paariger** ~ парный; **Abnahme des -s** снижение -а; **Zunahme des -s** рост -а;

Güter‖struktur структура <перевозимого> груза; **-struktureffekt** эффект изменения в структуре груза; **-tarif** грузов‖ой тариф, тариф на перевозку груза; **-taxi** -ое такси _(indkl.)_, грузотакси; **-terminal** -ой терминал; **-tourismus** перевозки груза, вызванные чрезмерным географическим

разделением труда; **-transit** транзитные перевозки груза; **-transport** _(s. auch -beförderung, -verkehr)_ транспорт (перевозка, провоз) груза;

Gütertransport‖dichte грузонапряжённость _(f.)_; **-kette** транспортная цепь грузов‖ых перевозок; **-kosten** _(Pl.)_ **1.** _(Aufwendungen)_ транспортные расходы, расходы по перевозке груза; **2.** _(Preis)_ стоимость _(f.)_ -ых перевозок; **-versicherung** транспортное страхование груза;

Güter‖triebwagen _(Eis.)_ грузов‖ой моторный вагон; **-übergabe** передача груза; **-übernahme** сдача-приёмка груза, принятие груза к перевозке; **-umlauf** грузооборот, товарное обращение; **-umschlag 1.** _(Umladung)_ перегрузка (перевалка) груза; **2.** _(Umlauf)_ грузооборот; **-umschlag per Kran** крановая операция;

Güterumschlag‖anlage _(techn.)_ перегрузочное (перевалочное) устройство, _(Bahnhof auch)_ перегрузочная (перевалочная) станция, станция перегрузки (перевалки); **-hafen** перегрузочный (перевалочный) порт; **-platz** _(Packhof)_ грузовой двор;

Güter- und Kapitalverkehr свободное перемещение грузов и капитала;

Güter‖verderb порча груза; **-veredelung** переработка груза;

Güterverkehr/e ‖ _(s. auch Frachtverkehr)_ грузовой транспорт (-ое сообщение, -ые перевозки); **grenzüberschreitende/er** ~ международный/ое/ые; **internationale/er** ~ _s._ _grenzüberschreitender;_

kombinierte/er ~ комбинированный/ое/ые; **konventionelle/er** ~ традиционный/ое/ые; **regionale/er** ~ региональный/ое/ые, внутриобластной/ое/ые, местный/ое/ые; **zentralisierte/er** ~ централизованный/ое/ые; **Eisenbahn-** железнодорожный/ое/ые; **Haus-zu-Haus-~** доставка груза на дом; **Massen-** перевозки больших партий грузов; **Schienen-** *s.* *Eisenbahn-*; **Straßen-** автодорожный/ое/ые; **Beförderungsbestimmungen** *(Pl.)* **für den <internationalen>** ~ правила *(Pl.)* <международных> грузовых перевозок; **Vorschriften** *(Pl.)* **für den <internationalen>** ~ инструкция по <международным> грузовым перевозкам;

Güterverkehrs‖abkommen соглашение о грузов‖ых перевозках; **-aufkommen** объём -ых перевозок (перевозимого груза); **-betrieb** -ое автохозяйство; **-dichte** грузонапряжённость *(f.)*; **-logistik** логистика -ых перевозок; **-markt** рынок -ых перевозок; **-ordnung** правила *(Pl.)* -ого движения; **-planung** планирование -ого транспорта; **-statistik** статистика -ых перевозок; **-unternehmer** *(Pers.)* перевозчик грузов, грузоперевозчик; **-zentrum** 🕮 грузораспределительный центр (-ый терминал), центр перегрузки и распределения грузов;

Güter‖verlader *(Pers.)* отправитель *(m.)* груза, грузоотправитель, грузчик; **-verladung** погрузка (размещение) груза, *(Annahme zum Versand)* приём груза к отправке; **-versender** *s.* *-verlader*;

-versicherung страхование груза; **-versorgung** снабжение товарами; **<örtliches> -verteilzentrum** 🕮 <местный, городской> грузораспределительный центр; **-verzeichnis** номенклатура груза, система классификации и кодирования груза; **-waage** грузовые весы;

Güterwagen ‖ *(Eis.)* грузовой (товарный) вагон; **flacher** ~ вагон-платформа; **gedeckter** ~ крытый; **offener** ~ открытый, ~ открытого типа, полувагон; **Fremd-** иностранный; **Groß-** большегрузный; **Miet-** арендованный; переданный в аренду; **Universal-** универсальный;

Güterwagen‖achskilometer вагоно-осе-километр; **-bauart** тип грузов‖ого вагон‖а; **-bereitstellung** подача -ых -ов под погрузку/выгрузку; **-bestand** парк -ых -ов; **Europäische -gemeinschaft (EUROP)** Европейское соглашение о совместном использовании -ых -ов; **-kapazität** грузовместимость *(f.)* (производительность *(f.)*) вагона; **-kilometer** вагоно-километр; **-park** *s.* *-bestand*; **Internationaler -verband** Международное соглашение о заимном пользовании -ыми -ами;

Güter‖waggon *(Eis.)* siehe *-wagen*; **-zufuhr** подвоз груза;

Güterzug ‖ *(Eis.)* грузовой (товарный) поезд; **direkter** ~ прямой; **Durchgangs-** сквозной, **Eil-** ускоренный, скоростной, ~ большой скорости; **Sammel-** сборный; **Schwerlast-** тяжеловесный; **Transit-** *s.* *Durchgangs-*;

Güterzug‖betrieb движение

грузов‖ых поезд‖ов; **Europäische -fahrplankonferenz** Европейская конференция по составлению расписаний движения -ых -ов в международном сообщении; **-fahrweite** пробег -ых -ов; **-kilometer** поездо-километр <грузового движения>; **-last** вес (масса) -ого -а; **-lokomotive** грузовой (товарный) локомотив; **-netz** сеть *(f.)* <скоростных> -ых -ов; **-paar** пара -ых -ов; **-verkehr** движение -ых -ов

Gütezeichen знак качества

Gurt ремень *(m.)*; **Halte-** *(für Ladung)* пристяжной, ~ для закрепления груза; **Sicherheits-** *(Pass.)* ~ безопасности; **Sicherungs-** *s. Halte-*

Gut *(s. auch Güter, Fracht, Ware)* груз, *(Ware auch)* товар; **abgesacktes** ~ груз ‖ в мешках; **zu beförderndes** ~ перевозимый, транспортируемый; **befördertes** ~ перевозный; **beschädigtes** ~ повреждённый; **bewegliches** ~ движимое имущество; **containerfähiges** ~ ~, перевозимый в контейнерах; **dauerhaftes** ~ товар длительного пользования; **empfangenes** ~ полученный; **feuchtigkeitsempfindliches** ~ водочувствительный; **feuchtigkeitsunempfindliches** ~ водостойкий; **feuerbeständiges** ~ огнестойкий, огнеупорный; **feuergefährliches** ~ огнеопасный; **gefährliches** ~ опасный; **gemischtes** ~ смешанный; **gestapeltes** ~ штабелированный; **gestautes** ~ *(Schiff.)* погруженный <на судно>; **gleichartiges** ~ однородный; **kranbares** ~ годный к перевалке краном; **lagerfähiges** ~ пригодный к хранению; **leicht entflammbares** ~ легковоспламеняющийся; **leicht verderbliches** ~ скоропортящийся;

leicht zerbrechliches ~ хрупкий; **loses** ~ навалочный, бестарный; **lose verladenes** ~ погруженный навалом; **nicht abgeholtes** ~ невостребованный; **nicht freigemachtes** ~ фрахт <на перевозимый груз> не оплачен; **nicht verladenes** ~ непогруженный; **palettiertes** ~ упакованный на поддонах; **sensibles** ~ чувствительный; **sicherheitsrelevantes** ~ ~, требующий особого обращения; **sperriges** ~ крупногабаритный, громоздкий, негабаритный, объёмный; **stapelfähiges** ~ штабелируемый; **temperaturempfindliches** ~ температурочувствительный; **temperaturunempfindliches** ~ термостойкий; **unverpacktes** ~ *s. loses*; **verladenes** ~ погруженный; **verpacktes** ~ тарный, упакованный, ~ в таре; **witterungsempfindliches** ~ погодочувствительный; **witterungsunempfindliches** ~ атмосферостойкий; **zeitsensibles** ~ ~, требующий незамедлительной доставки (перевозки); **zollpflichtiges** ~ облагаемый пошлиной; <bedingungsweise> **zur Beförderung zugelassenes** ~ ~, принимаемый к перевозке <на особых условиях>; ~ **mit geringem Lademaß** малогабаритный; ~ **mit Lademaßüberschreitungen** негабаритный; ~ **mit Überlänge** длиномерный; ~ **ohne Begleitpapiere** бездокументный;

Gut, Ausfuhr- экспортный ‖ груз; **Außenhandels-** внешнеторговый; **Ballen-** ~ в кипах; **Beförderungs-** перевозимый, транспортируемый; **Begleit-** сопровождаемый; **Durchfuhr-** *s. Transit-*; **Durchgangs-** *s. Transit-*; **Eil-** скоростной, ~ большой скорости;

Einfuhr- импортный; **Export-** *s.*
Ausfuhr-; **Express-** экспресс-~, ~
особой срочности; **Fern-**
дальнепробежный, ~ дальнего
следования; **Flüssig-** жидкий,
наливной; **Fracht-** перевозимый,
транспортируемый, *(Eis. auch)* ~
малой скорости, *(See. auch)*
судовой; **Frei-** беспошлинный;
Freilade- навалочный; **Füll-**
загружаемый, навалочный,
наливной, сыпучий; **Gefahr-**
опасный; **Gefrier-** замороженный;
Gelegenheits- *s. Tramp-*; **General-**
генеральный; **Import-** *s. Einfuhr-*;
Kühl- ~, требующий охлаждения;
~, подлежащий транспортировке в
прохладном месте; **Kurzstrecken-**
короткопробежный; **Lager-**
складской; **Lang-** длиномерный;
Leer- порожняя тара, **Leicht-**
легковесный; **Lösch-**
выгружаемый; **Maß-** габаритный;
Massen- массовый, товар
массового (широкого)
потребления; **Massenschütt-**
массовый насыпной; **Massenstück-**
массовый штучный; **Messe-**
ярмарочный; **Pfandleer-** залоговая
тара; **Roh-** 1. *(Schüttgut)*
навалочный; 2. *(Rohstoff)* сырьё;
Rücksende- ~, подлежащий
возврату; **Sack-** ~ в мешках;
Sammel- сборный; **Schiffs-**
судовой; **Schnell-** срочный,
скоростной, ~ большой скорости;
Schütt- навалочный, насыпной,
сыпучий; **Schwer-** тяжеловесный;
See- морской; **Speditions-**
экспедиционный; **Sperr-** *s.*
sperriges; **Spezial-** специальный;
Standard- разрядный; **Stapel-** ~,
уложенный (складируемый) в
штабелях; **Stück-** <по>штучный,
индивидуальный, *(Einheitsladung*
auch) генеральный; **Sturz-** *s.*
Schütt-; **Tiefkühl-** *s. Gefrier-*;

Tramp- трамповый; **Transit-**
транзитный; **Transport-** *s.*
Beförderungs-; **Trocken-** сухой,
сухо-; **Umlade-** перегружаемый;
Umschlag- *s. Transport-*; **Verlade-**
погружаемый; **Versand-** *s.*
Transport-; **Versicherungs-**
страхуемое имущество;
Verwendungs- ~, ввозимый на
таможенную территорию для
конечного потребления;
Wagenladungs- <по>вагонный;
Zoll- таможенный; **Zolllager-** ~,
находящийся на таможенном
складе; **Zollversand-** ~,
перевозимый таможенным
транзитом

Gut- *(in Zus., s. auch Fracht-, Güter-)*
грузов‖ой/ая/ое/ые

Gutachten заключение, экспертиза;
Havarie- заключение об аварии;
Qualitäts- und Mengen- акт
экспертизы качества и количества;
Sachverständigen- экспертное
заключение; **Unfall-** акт о
несчастном случае,
(Straßenverkehr) акт о дорожно-
транспортном происшествии

Gutachter *(Pers.)* эксперт

Gutachterprotokoll *(jur.)* акт
(протокол) освидетельствования

Gut‖artentarif предметный тариф;
-zusammensetzung состав грузов

H

Haager Regeln *(Pl., See.)* Гаагские
правила

Händler *(Pers.)* торговец; **Außen-**

работник внешней торговли; **Einzel-** розничный, работник розничной торговли; **Groß-** оптовый, *(umg.)* оптовик; **Zwischen-** посредник

händlerfreie Einfuhr ввоз без участия посредника

Hänger *(hier Kfz., s. auch Anhänger)* прицеп

Hafen порт, *(natürl.)* гавань *(f.)*; **eisfreier** ~ незамерзающий ‖ порт; **internationaler** ~ международный; **natürlicher** ~ гавань, бухта; **nicht öffentlicher** ~ негосударственный; **öffentlicher** ~ государственный, *(BRD)* общественный; **städtischer** ~ городской;

Hafen, Abgangs- выходной ‖ порт, ~ отправления; **Anlauf-** ~ захода, **Anlege-** *s. Anlauf-*; **Atlantik-** атлантийский; **Ausfuhr-** ~ вывоза; **Auslieferungs-** ~ выдачи; **Basis-** ~ погрузки и разгрузки, ~ выгрузки, ~ отгрузки; **Bestimmungs-** ~ назначения; **Binnen<schifffahrts>-** внутренний, *(Fluss)* речной, *(Mündung)* устьевой, *(Binnensee)* озёрный, *(Pass. auch)* речной вокзал; **Boots-** *(Anlegestelle)* лодочная пристань; **Container-** контейнерный; **Dock-** доковый; **Durchgangs-** транзитный; **Einfuhr-** ~ ввоза; **Eingangs-** ~ прибытия; **Einschiffungs-** *(Pass.)* ~ посадки на судно; **Entlade-** ~ разгрузки, ~ выгрузки; **Entsende-** *s. Abgangs-*; **Erz-** рудный; **Fähr-** паромный, *(natürl.)* паромная гавань; **Fahrgast-** пассажирский порт; **Fischerei-** рыбачья (рыболовецкая) гавань; **Flug-** аэропорт; **Fluss-** речной, ~ на свободной реке, *(natürl.)* речная гавань; **Fracht-** грузовой; **Frei-** свободный, вольный, ~ беспошлинного ввоза и

вывоза; **Gemeinde-** коммунальный; **Handels-** торговый, коммерческий; **Heimat-** ~ приписки; **Industrie-** промышленный; **Jacht-** яхтовый, *(natürl.)* яхтовая гавань, яхтенный терминал, *(kleiner Hafen auch)* яхтовая пристань; **Kabotage-** каботажный; **Kanal-** ~ на судоходном канале; **Küsten-** прибрежный, каботажный, *(natürl.)* прибрежная гавань; **Landungs-** ~ выгрузки; **Linien-** ~ в линейном судоходстве; **Lösch-** *s. Entlade-*; **Massengut-** ~ для массового груза; **Mittelmeer-** средиземноморский; **Mündungs-** устьевой; **Niedrigwasser-** мелководный; **Öl-** нефтяной; **Ostsee-** прибалтийский; **Passagier-** *s. Fahrgast-*; **Pazifik-** тихоокеанский; **Privat-** частный; **Quarantäne-** карантинный; **Registrier-** ~ регистрации; **Reparatur-** ремонтный, *(natürl.)* ремонтная гавань; **See-** морской; **Seezoll-** морской таможенный; **Spezial-** специализированный, ~ необщего пользования; **Sport-** ~ для спортивных лодок; **Stückgut-** ~ для штучного груза; **Tramp-** трамповый; **Transit-** транзитный; **Übersee-** океанский; **Umlade-** перегрузочный, перевалочный; **Umschlag-** *s. Umlade-*; **Universal-** ~ общего пользования (назначения); **Verkehrs-** торговый; **Verlade-** ~ погрузки; **Versand-** выходной, ~ отгрузки, ~ отправления; **Verschiffungs-** *s. Versand-*; **Welt-** мировой; **Werks-** заводской; **Winter-** *(natürl.)* зимовочная гавань; **Ziel-** ~ назначения; **Zoll<abfertigungs>-** таможенный, ~ таможенной очистки; **Zwischen-** промежуточный;

frei ‖ Hafen *(Incoterms)* франко ‖ порт; **einen** ~ **anlaufen** заходить/зайти в ~; **aus dem** ~

auslaufen выходить/выйти из -а; **in einen ~ einlaufen** входить/войти в ~; **im ~ liegen** стоять в –у; **aus dem ~ wegfahren** уплывать/уплыть <из порта>

Hafen- *(in Zus.)* портов‖ый/ая/ое/ые; **-abfertigungszeit** время на оформление -ых формальностей; **-abgabe/n** -ый сбор, -ая пошлина; **-amt** управление порта; **-anlagen** *(techn., Pl.)* -ые сооружения, -ое хозяйство; **-arbeiter** *(Pers.)* -ый рабочий, судорабочий, докер; **-aufenthalt** <eines Schiffes> пребывание (стоянка) судна в порту; **-aufenthaltszeit** <eines Schiffes> время пребывания (стоянки) судна в порту; **-aufkommen** объём перевалки грузов в порту; **-aufsicht** -ый надзор; **-ausbau** расширение порта; **-ausfahrt** выход из порта; **-ausstattung** оборудование (оснащение) порта; **-bahn** -ая железная дорога; **-bahnhof** -ая <железнодорожная> станция;

Hafenbecken ‖ портовый бассейн, акватория порта; **geschlossenes ~** закрытая акватория; **offenes ~** открытая акватория;

Hafen‖behörden *(Pl.)* портов‖ые власти; **-bestimmungen** *(Pl.)* постановление по порту; **-betreiber** <частный> оператор порта; **-betrieb** эксплуатация порта; **-bezirk** -ый район; **-brücke** -ый пирс; **-damm** *(Mole)* -ый мол; **-dienst** -ая служба; **-dienstleistungen** *(Pl.)* -ые услуги; **-durchlaufzeit** время стоянки судна в порту; **-eisbrecher** -ый ледокол; **-fähre** -ый паром; **-feuerwehr** пожарная команда порта; **-flotte** -ый флот; **-frachtschifffahrt** -ое грузовое судоходство; **-frachtumsatz** грузооборот порта;

-freizone *(Zoll.)* -ая зона франко; **-gebiet** -ая зона, территория порта; **-gebühr** -ый сбор, -ая пошлина; **-gebührenordnung** положение о -ых сборах; **-gefahrenpolice** *(Vers.)* полис страхования от рисков в порту; **-gelände** *s. -gebiet*; **-geld** *s. -gebühr*; **-gesellschaft** -ая компания; **-gewässer** *(Pl.)* -ые воды, акватория порта; **-gleis/e** -ые железнодорожные пути; **-hinterland** прилегающий к порту район; **-hinterlandverkehr/e** *(Güterv.)* движение (транспорт, <грузовые> перевозки) между портом и прилегающими районами; **-infrastruktur** -ая инфраструктура; **-inspektion** -ая инспекция, -ый надзор; **-kai** причал порта; **-kapazität** мощность *(f.)* (пропускная способность) порта; **-kapitän** *(Pers.)* начальник (капитан) порта; **-konnossement** *(See.)* -ый коносамент; **-kosten** *(Pl.)* -ые расходы; **-kostenklausel** *(jur.)* оговорка о -ых расходах; **-kran** -ый (морской) кран; **-ladezeit** время погрузки судна в порту; **-lager** -ый склад, -ый пакгауз; **-liegegebühr** сбор за стоянку в порту; **-lotse** *(Pers.)* -ый лоцман; **-meister** *(Pers.)* начальник порта; **-recht** *(jur.)* -ое право; **-reede** рейд порта; **-risiko** *(jur.)* -ый риск; **-schleuse** -ый шлюз; **-service** *s. -dienstleistungen*; **-spediteur** *(Pers.)* -ый экспедитор; **-speicher** *s. -lager*; **-stadt** -ый город; **-tarif** -ый тариф; **-taxe** -ый налог; **-technik** -ая техника; **-transportgebühr** *(Trägerlohn)* сбор за передвижение в порту, оплата грузчиков; **-ufer** береговая линия порта; **-umschlag 1.** *(Umladung)* перегрузка (перевалка) <груза> в порту; **2.** *(Umlauf)* грузооборот порта; **~ und Seemannsamt** управление (служба) порта и морского пароходства; **-verkehr 1.** *(Eis., LKW im Hafenbereich)* движение на территории порта, **2.** *(Schiff.)* движение судов в порту; **-verkehrssignal** сигнал, регулирующий передвижение судов по акватории порта; **-verwaltung** администрация (управление) порта; **-wirtschaft** -ое хозяйство; **-zoll** -ая пошлина, *(allg. Abgabe)* -ый сбор; **-zollamt** таможня в порту; **-zone** -ая зона; <direkter> **-zugang** <прямой> выход к порту

haften *(jur.)* носить/нести ответственность *(f.)* <за что-л.>, быть ответственным <за что-л.>

Haftpflicht *(jur.)* ответственность *(f.)* за причинение вреда

Haftpflichtversicherung гарантийное страхование, страхование от ответственности за причинение вреда, страхование от гражданской ответственности; **Kfz-~** автотранспортное страхование от гражданской ответственности; **Luftverkehrs-~** воздушное страхование от гражданской ответственности; **Spediteur-~** гарантийное страхование груза, перевозимого экспедитором; **allgemeine Bedingungen für die ~** общие условия гарантийного страхования

Haftung *(jur.)* ответственность *(f.)*; **beschränkte ~** ограниченная; **materielle ~** материальная; **persönliche ~** личная; **solidarische ~** солидарная; **strafrechtliche ~** уголовная; **unbeschränkte ~** неограниченная; **unmittelbare ~** непосредственная; **vertragliche ~** договорная; **zivilrechtliche ~** гражданская;

Haftung ‖ des Absenders ответственность ‖ отправителя; **~ gegenüber Dritten** ~ по отношению к третьему лицу; **~ des Fahrzeugführers** ~ водителя <автомобиля>; **~ des Fahrzeughalters** ~ владельца автомобиля; **~ des Frachtführers** ~ перевозчика, ~ фрахтовщика; **~ des Schiffseigners** ~ судовладельца; **~ des Spediteurs** ~ экспедитора; **~ des Unternehmers** ~ предпринимателя;

Haftung, Gefährdungs- ответственность ‖ за сохранность груза; **Schadens- ~** за причинение ущерба, *(Güter auch)* ~ за сохранность груза; **Verschuldens- ~** за вину; **Zoll- ~** за уплату таможенной пошлины; **die ~ <für etw.> übernehmen** брать/взять на себя ~ <за что-л.>

Haftungs- *(in Zus.)*; **-befreiung** освобождение от ответственност‖и; **-befreiungsklausel** оговорка об освобождении от -и; **-frist** срок действия -и; **-grenze** предел -и; **-grund** основание -и; **-prinzip** принцип -и

Haftversicherung der Seehäfen страхование морских портов от гражданской ответственности

Halbcontainer открытый контейнер, полуконтейнер

halbe Fahrt *(Schiff.)* средний ход

halb‖geschlossenes Lager полузакрытый склад; **-starre Verpackung** полужёсткая упаковка (-ая тара)

Halbzug *(Schienv.)* секция моторвагонного поезда

Halle зал; **Abfertigungs-** *(Pass.)* ~ обслуживания, *(Flug. auch)* ~

регистрации, операционный ~ <аэропорта>; **Abflug-** ~ вылета; **Ankunfts-** ~ прибытия, *(Flug.)* ~ прилёта; **Fahrgastwarte-** *(Pass.)* ~ ожидания; **Fracht-** грузовой пакгауз; **Stückgut-** крытый перрон (пакгауз) для штучного груза; **Umschlag-** перегрузочный пакгауз; **Warte-** *(Pass.)* ~ ожидания

Halt <eines Fahrzeugs> остановка <транспортного средства>; **Not-** экстренная

Haltbarkeit einer Verpackung прочность *(f.)* упаковки

Haltbarkeitsdauer <einer Ware> срок годности <товара>

Halte- *(in Zus.)* **1.** *(Befestigung)* пристяжн‖ой/ая/ое/ые; **2.** *(Fahrtunterbrechung)* остановочн‖ый/ая/ое/ые; **-gurt** *(für Ladung)* пристяжной ремень, ремень для закрепления <груза>, *(Pass.)* ремень безопасности; **-leine** *(Schiff.)* строп;

Haltepunkt ‖ *(s. auch Haltestelle, Bahnhof)* пункт (место) остановки, остановочный пункт, *(Eis.)* станция, *(ÖPNV)* остановка, *(Kfz.)* стоянка; **Taxi-** стоянка такси *(n., indkl.)*

Halter eines Fahrzeuges *(Pers.)* владелец <автомобиля, транспортного средства>

Halterung крепление

Halte‖signal сигнал остановки; **-spur** стояночная полоса;

Haltestelle ‖ *(ÖPNV, s. auch Haltepunkt)* остановка, остановочный пункт, *(Schienv. auch)* станция; **Bedarfs-** остановка ‖ по требованию; **Bus-** ~ автобуса, ~ троллейбуса; **End-** конечная, конечный пункт; **S-Bahn-** станция

электрички (пригородных поездов); **Straßenbahn-** ~ трамвая;

Haltestellen‖ansage объявление остановок (станций) по радиосвязи; **-anzeige** объявление остановок (станций) на табло *(n., indkl.)*, указатель *(m.)* остановки; **-bereich** зона остановки; **-insel** островок безопасности;

Halte‖verbot запрещение остановки; **-vorrichtung** *(Schiff.)* швартовное устройство; **-zeit** время стоянки

Hamburger Regeln *(Pl., See.)* Гамбургские правила

Handbremse ручной тормоз

Handel торговля; **freier** ~ свободная; **internationaler** ~ международная; **Ausfuhr-** экспортная, вывозная, ~ экспортным товаром; **Außen-** внешняя; **Barter-** бартерная; **Binnen-** внутренняя; **Distanz-** посылочная; **Durchfuhr-** *s. Transit-*; **Durchgangs-** *s. Transit-*; **Einfuhr-** импортная, ввозная, ~ импортным товаром; **Einzel-** розничная; **Fern-** иногородняя; **Frei-** свободная, вольная, беспошлинная; **Gegen-** встречная; **Grenz-** приграничная; **Groß-** оптовая; **Import-** *s. Einfuhr-*; **Konzessions-** ~ концессиями; **Lizenz-** ~ лицензиями; **Ost-** ~ с восточноевропейскими партнёрами; **Ost-West-** ~ между Востоком и Западом; **Paket-** *s. Versand-*; **Rohstoff-** ~ сырьём; **See-** морская; **Slot-** *(Flug.)* ~ концессиями, дающими право на осуществление определённого количества взлётов и посадок; **Tausch-** *s. Barter-*; **Transit-** транзитная; **Übersee-** трансокеанская; **Versand-** посылочная; **Waren-** ~ товарами;

Welt- мировая; **Zwischen-** посредническая; **Regulierung des -s** регулирование -и

Handels- *(in Zus.)* торгов‖ый/ая/ое/ые; **-abkommen** -ое соглашение; **-agent** *(Pers.)* представитель *(m.)* -ого (коммерческого) предприятия; **-agentur** -ое агентство, -ая фирма; **-barriere** -ый барьер; **-beschränkungen** *(Pl.)* -ые ограничения; **-beziehungen** *(Pl.)* -ые отношения; **-faktura** *(kfm.)* -ая фактура; **-flotte** *(Schiff.)* <морской> -ый флот; **-gericht** коммерческий суд; **-geschäft 1.** *(Tätigkeit)* торговля, -ая операция (-ая сделка); **2.** *(Unternehmen)* -ое предприятие; **-gesetzbuch** -ый кодекс (ТК), **-gesetzgebung** -ое законодательство; **-gewerbe** -ый промысел, торговля; **-hafen** -ый (коммерческий) порт, *(natürl.)*-ая гавань; **-kammer** -ая палата, **Internationale -kammer** Международная -ая палата (МТП); **-lager** -ый склад; **-logistikzentrum**📖 -о-распределительный центр (-ый терминал); **-ordnung** правила *(Pl.)* торговли; **-papiere** *(Pl.)* -ые документы; **-partner** -ый партнер, конрагент по -ым сделкам;

Handelsrechnung ‖ торговый счёт; **legalisierte** ~ легализованный, ~ с консульской визой;

Handelsrecht ‖ торговое (коммерческое) право, **internationales** ~ международное

handelsrechtlich ‖ *(jur.)* торгово-правов‖ой/ая/ое/ые; **-e Vorschriften** *(Pl.)* -ые предписания по торговле

Handels‖register торгов‖ый реестр; **-registereintragung** занесение в -ый реестр; **-reisender** *(Pers.)* коммивояжёр; **-restriktionen** *(Pl.)* -ые ограничения, ограничения в области торговли; **-risiko** -ый риск; **-schiff** -ое (гражданское) судно; **-schifffahrt** коммерческое судоходство;

Handelsschranke/n📖 ‖ торговый барьер (-ые ограничения), препятствия *(Pl.)* торговле; **nichttarifäre** ~ *(nicht zollbedingte)* нетарифный торговый барьер; **tarifäre** ~ тарифный торговый барьер; **Abbau von -en** устранение торговых барьеров; ~ **abbauen** устранять/устранить ~; ~ **errichten** создавать/создать ~;

Handels‖sperre торгов‖ая блокада; **-straße** -ый путь; **-tätigkeit** -ая деятельность

handelsübliche Verpackung торговая упаковка (-ая тара)

Handels‖unternehmen торгов‖ое предприятие; **-tonne** -ая тонна; **-verbot** запрет на торговлю; **-vereinbarung** -ое соглашение; **-vertrag** -ый договор; **-vertreter** *(Pers.)* -ый представитель, представитель -ой фирмы; **-vertretung** -ое представительство; **-volumen** объём торговли; **-vorschriften** *(Pl.)* правила торговли; **-weg** -ый путь, -ый канал; **-zoll** -ая пошлина

Handgepäck *(Flug., Pass.)* ручная кладь

Handlungsvollmacht, <allgemeine> <генеральная, общая> доверенность

Hangar *(Flug.)* ангар

Harmonisiertes System *(EU)* номенклатура гармонизированной системы <ЕС> (НГС)

Harmonisierung [⚏] гармонизация; **europäische ~ ~** правил стран-членов ЕС; **~ von Exportkontrollen** ~ системы экспортного контроля; **~ des Steuersystems ~** системы налогообложения; **Geschwindigkeits- ~** допустимой максимальной скорости движения; **Zoll-** таможенная; **Zollrechts- ~** правовых положений таможенного дела

Haupt- *(in Zus.)* главн‖ый/ая/ое/ые, основн‖ой/ая/ое/ые; **-abnehmer** -ый/ой потребитель, -ый/ой покупатель; **-absatzmarkt** основной рынок сбыта; **-antrieb** главный привод; **-bahnhof** главный (центральный) вокзал; **-deck** *(Schiff.)* основной дек; **-dispatcher** *(Pers.)* главный диспетчер; **-durchfahrt** главный проезд; **-fahrbahn** основная проезжая часть; **-fahrspur** основная полоса движения; **-korridore** *(Pl.)* главные коридоры; **-kunde** -ый/ой клиент; **-lager** основной склад; **-lauf** *(Eis.)* основной <железнодорожный> пробег; **-lieferant** -ый/ой поставщик; **-linie** магистраль *(f.)*, магистральная линия, *(Eis. auch)* столбовая дорога; **-schifffahrtsweg** *(allg.)* магистральный судоходный путь, *(Binnsch. auch)* водная (речная) магистраль, магистральный водный путь, *(See. auch)* магистральный морской путь; **-spediteur** *(Pers.)* -ый/ой экспедитор, **-straße** главная дорога (-ая улица), магистраль *(f.)*; **-strecke** *s. -linie*, *(Eis. auch)* железнодорожная магистраль; **-verkehr** основной транспорт; **-verkehrsmittel** -ый/ой вид транспорта; **-verkehrsstraße** магистральная дорога; **-verkehrszeit** часы *(Pl.)* пик, время наибольшей нагрузки транспорта;

-wasserstraße *(Binnsch.)* водная (речная) магистраль, *(See.)* морская магистраль; **-zollamt** главное таможенное управление

Hauspartikulier *(Pers., Binnsch.)* частный судовладелец, имеющий контракт с одним пароходством

Haus-zu-Haus система «от дома к дому»

Haus-zu-Haus- *(in Zus.)* от дома (двери) отправителя (грузоотправителя, производителя) до дома (двери) получателя (грузополучателя, потребителя); **~-Beförderung <von Gütern>** перевозка <груза> ~, доставка <груза> на дом; **~-Tarif** тариф на перевозку ~; **~-Transport** *s. -beförderung*; **~-Verkehr** [⚏] *(Güterv.)* перевозки груза ~, передвижение от места производства до места потребления

Havarie *(s. auch Unfall, Unglück)* авария; **besondere ~** *(See.)* частная; **große ~** *(See.)* общая; **kleine ~** *(See.) s. besondere*; **partikuläre ~** *(See.) s. besondere*; **Schiffs- ~** судна; **See-** морская, **~** судна в морских перевозках

Havarie- *(in Zus.)* аварийн‖ый/ая/ое/ые; **-agent** *(Pers.)* -ый агент; **-akte** -ый акт; **-attest** -ый сертификат; **-fall** -ый случай, -ое происшествие; **-folgen** *(Pl.)* последствия аварии; **-gutachten** заключение об аварии; **-inspektion** -ая инспекция; **-klausel** -ая оговорка; **-kosten** *(Pl.)* -ые расходы, -ые издержки; **-ort** место аварии; **-papiere** *(Pl.)* -ые документы

havariertes Schiff потерпевшее аварию судно

Havarie‖schaden *(See.)* аварийн‖ое повреждение, *(kfm.)* ущерб от аварии; **-verfahrensrecht** -ое право; **-zertifikat** -ый сертификат, -ое свидетельство, сертификат (свидетельство) об аварии

Hebe- *(in Zus.)* подъёмн‖ый/ая/ое/ые; **-bock** *(techn.)* домкрат; **-bühne** -ая платформа; **-schiff** судоподъёмное судно, судно-док

Heck *(Flugzeug, Schiff)* хвостовая часть <судна, самолёта>, *(Schiff auch)* кормовая часть <судна>, ахтерштевень *(m.)*; *(Kfz.)* задняя часть <автомобиля>

Heck- *(in Zus.)* хвостов‖ой/ая/ое/ые, *(Schiff)* кормов‖ой/ая/ое/ые; **-antrieb** *(Kfz.)* задний привод; **-klappe** *(Flugzeug)* грузовой люк в -ой части <самолёта>; **-leitwerk** *(Flugzeug)* -ое оперение; **-motor** *(Flugzeug, Schiff)* -ой двигатель, *(Kfz.)* двигатель задней установки; **-rampe** -ая (задняя) <погрузочная> платформа; **-ruder** *(Schiff.)* -ой руль; **-scheibe** *(Fahrzeug)* заднее стекло; **-tür** *(Kfz.)* задняя дверь <грузового автомобиля>

Heimathafen <eines Schiffes> порт приписки <судна>

heimisch отечественн‖ый/ая/ое/ые; **-er Markt** -ый (внутренний) рынок; **-e Ware** -ый товар

Helling *(Schiff.)* эллинг, стапель *(m.)*; **überdachte ~** крытый

Helling- *(in Zus., Schiff.)* эллингов‖ый/ая/ое/ые; стапельн‖ый/ая/ое/ые; **-einrichtung** -ое устройство, **-komplex** -ые сооружения; **-kran** -ый кран; **-platz** -ое место

heranfahren 1. *(intrans., sich annähern)* подъезжать/подъехать <к чему-л.>; **2.** *(trans., etw. zustellen)* подвозить/подвезти <что-л. к чему-л.>

herankommen *(intrans., sich annähern)* приближаться/приблизиться <к чему-л.>; *(Kfz. auch)* подъезжать/подъехать <к чему-л.>; *(zu Fuß auch)* подходить/подойти <к чему-л.>, *(Flug. auch)* подлетать/подлететь <к чему-л.>, *(Schiff. auch)* подплывать/подплыть <к чему-л.>

herauffahren 1. *(intrans., nach oben fahren)* въезжать/въехать вверх (наверх), подниматься/подняться, *(einen Wasserweg stromaufwärts fahren)* ехать/поехать (въезжать/въехать) вверх (наверх) по реке; **2.** *(trans., etw. aufwärts transportieren, nach oben bringen)* везти/повезти (привозить/привезти) <что-л.> наверх

herausfahren 1. *(intrans., fahrend herauskommen)* выезжать/выехать <из чего-л.>; **2.** *(trans., etw. herausbringen)* вывозить/вывезти <что-л. из чего-л.>

herauskommen 1. *(intrans., einen Ort verlassen, Pers.)* выходить/выйти <из чего-л.>, *(Fahrzeug)* выезжать/выехать <из чего-л.>; **2.** *(übertr., Technologie)* появляться/появиться, *(Gesetz)* выходить/выйти

herfahren 1. *(intrans., fahrend herkommen)* приезжать/приехать <куда-л./ к кому-л.>; **2.** *(hinter/vor/neben jmdm./etw. herfahren)* ехать (ездить) за/перед/рядом с <чем-л./кем-л.>; **3.** *(trans., etw./jmdn. herbringen)* привозить/привезти <что-л./кого-л. куда-л.>

Herkunft einer Ware происхождение

товара

Herkunfts- *(in Zus.)*; **-angabe** данные *(Pl.)* о происхождении <товара>, обозначение происхождения; **-land** страна происхождения; **-nachweis** <**einer Ware**> свидетельство о происхождении <товара>

hermetisch   abgeschlossene Verpackung   герметическая упаковка (-ая тара)

Hersteller   производитель   *(m.)*, изготовитель *(m.)*; **Fahrzeug-** ~ автомобилей; **Flugzeug-** ~ самолётов; **Motorrad-** ~ мотоциклов; **Ware direkt vom ~ beziehen** получать/получить товар непосредственно от -я

Herstellerbetrieb завод-изготовитель

herumfahren   *(intrans.)*   **1.** *(ausweichen)* объезжать/объехать <что-л., кого-л.>; **2.** *(um etw. einen Kreis beschreiben)* объезжать/ объехать <что-л.>; **3.** *(eine bestimmte Zeit umherfahren)* проезжать определённое время; **4.** *(weit herumkommen)* объезжать <что-л.>

herunterfahren 1. *(intrans., nach unten fahren)* съезжать/съехать вниз, спускаться/спуститься, *(einen Wasserweg stromabwärts fahren)* ехать/поехать (съезжать/съехать) вниз по реке; **2.** *(trans., etw. abwärts transportieren, nach unten bringen)* везти/повезти   (привозить/ привезти) <что-л.> вниз; **3.** *(techn., Anlagen außer Betrieb setzen)* приостанавливать/приостановить <машину>,   выводить/вывести <машину> из эксплуатации

heterogen разнородн||ый/ая/ое/ые; **-e Güter** *(Pl.)* -ый груз; **-e Ladung** *s. Güter*

Heuer *(Schiff.)* **1.** *(Anheuern der Besatzung)*   наём   <судовой команды>;   **2.**   *(Seemannslohn)* заработная   плата   <судовой команды>

Heuer- *(in Zus.)* наёмн||ый/ая/ое/ые; **-bedingungen** *(Pl.)* условия найма <экипажа>; **-vertrag 1.** *(Schiff)* договор (контракт) по найму судна; **2.** *(Schiffsbesatzung)* договор (контракт) по найму экипажа судна

hieven *(Schiff.)* поднимать/поднять (грузить/погрузить)   груз, заключённый в строп

High   Speed   Traffic   (HST) высокоскоростное движение

High-Tech-Terminal   наукоёмкий терминал

Hilfs-   *(in   Zus.)* вспомогательн||ый/ая/ое/ые; **-betrieb** -ое предприятие; **-wagen** *(Schienv.)*   -ый   (служебно-технический) вагон

hinauffahren *s. herauffahren*

hinaufgehen *(intrans., nach oben gehen)* ходить/идти вверх (наверх), подниматься/подняться

hinausfahren *s. herausfahren*

hinausgehen   *(intrans.)* выходить/выйти <из чего-л./во (на) что-л.>

Hindernis препятствие, помехи *(Pl.)*; **Ablieferungs-**▭ препятствие в доставке <груза>; **Beförderungs-** ~ в   транспортировке;   помехи, связанные с транспортировкой; **Liefer-** ~ в поставке; **Navigations-** навигационное   препятствие; **Verkehrs-** препятствие на пути, препятствие   следования транспорта; **gegen ein ~ fahren**

наезжать/наехать <на что-л.>

hindurchgehen *(intrans., etw. passieren)* проходить/пройти <по чему-л./через что-л.>

hineinfahren 1. *(intrans.)* въезжать/въехать <во что-л.>; **2.** *(trans., etw. hineinbringen)* ввозить/ввезти <что-л. во что-л.>

hineingehen *(intrans.)* входить/войти <во что-л.>

hinfahren 1. *(intrans., sich fahrend hinbegeben)* ехать/поехать <куда-л./к кому-л.>; **2.** *(trans., etw./jmdn. hinbringen)* привозить/привезти <что-л./кого-л. куда-л.>, *(bis zu einem best. Punkt)* довозить/довезти <что-л./кого-л. до какого-л. места>

hinfliegen 1. *(intrans., sich fliegend hinbegeben)* лететь/полететь <куда-л./к кому-л.>; **2.** *(trans., etw./jmdn. hinbringen)* привозить/привезти <что-л./кого-л. куда-л.> самолётом

Hinfracht провоз <груза> в одну сторону

hingehen *(intrans., sich hinbegeben)* идти/пойти <куда-л./к кому-л.>

Hinter- *(in Zus.)* задн‖ий/яя/ее/ие; **-achse** *(Kfz.)* -ий мост, -яя ось <автомобиля>; **-land** <eines Hafens> прилегающий к порту район; **-landverkehr** *(Hafen)* движение между портом и прилегающими районами; **-legungsschein** расписка в принятии на хранение <товара>; **-rad** -ее колесо; **-radantrieb** привод на -ие колёса

hin- und her туда и обратно; **-fahren** ехать ~, *(regelmäßig)* ездить

Hin- und Her‖fahrt поездка (проезд) туда и обратно; **-fracht** провоз <груза> туда и обратно

hin- und herfliegen летать туда и обратно, *(regelmäßig)* лететь

Hin- und Rück- *(in Zus.)* туда и обратно; **-beförderung** перевозка ~, *(Güterv. auch)* провоз ~, *(Pass. auch)* проезд ~; **-fahrkarte** билет для проезда в оба конца; **-fahrt** *(Pass.)* поездка (проезд) ~; **-flug** полёт ~; **-passage** *(Schiff.)* поездка (переезд) <на судне> ~; **-transport** *s.* -*beförderung*

hinunterfahren 1. *(intrans., nach unten fahren)* съезжать/съехать вниз, спускаться/спуститься, *(einen Wasserweg stromabwärts fahren)* ехать/поехать (съезжать/съехать) вниз по реке; **2.** *(trans., etw. abwärts transportieren, nach unten bringen)* везти/повезти (привозить/привезти) <что-л.> вниз

hinuntergehen *(intrans., nach unten gehen)* ходить/идти вниз, спускаться/спуститься

historisch gewachsene Verkehrsinfrastruktur исторически сложившаяся транспортная ифраструктура

Hochbahn *(Schienv.)* эстакада, наземная железная дорога

Hochbordwagen *(Eis.)* полувагон, грузовой вагон с высокими бортами

hochfahren 1. *(intrans., nach oben fahren, s. hinauffahren)* въезжать/въехать вверх (наверх), подниматься/подняться, *(einen Wasserweg stromaufwärts fahren)* ехать/поехать (въезжать/въехать) вверх (наверх) по реке; **2.** *(trans., techn., Anlagen in Betrieb nehmen)* запускать/запустить <машину>, вводить/ввести <машину> в эксплуатацию

Hochgeschwindigkeits- *(in Zus.)* высокоскоростн‖ой/ая/ое/ые; **-betrieb** *(techn.)* скоростной режим; **-fähre** -ой паром; **-fahrzeug** -ой подвижной состав; **-netz** -ая сеть, сеть -ых линий; **-schienenverkehr** -ой железнодорожный транспорт; **-schiff** -ое судно; **-strecke** -ая линия, -ая дорога; **-system** система -ых дорог; **-trasse** -ая трасса; **-verbindung** -ая <соединительная> линия, связь *(f.)* -ого сообщения; **-verkehr**⊞ -ой транспорт, -ое сообщение, -ие перевозки; **-zug** -ой <пассажирский> поезд, турбопоезд

Hochleistungs- *(in Zus.)*; **-fahrzeug** подвижная единица большой мощности; **-schiff** высокоэффективное судно

Hochregallager склад с высокими стеллажами; **vollautomatisches ~** полностью автоматизированный

Hochsee- *(in Zus., s. auch Ozean-,* <*Über*>*See-)* морск‖ой/ая/ое/ие, океанск‖ий/ая/ое/ие; **-fähre** -ое паромное судно, -ой/ий паром; **-flotte** морской <торговый> флот, флот морского судоходства; **-frachter** -ое грузовое судно; **-schiff** -ое судно, судно морского плавания; **-schifffahrt** морское судоходство (-ое пароходство, -ое плавание), мореплавание; **-schlepper** морской буксир; **-schubboot** морской буксир-толкач

Hochstraße эстакадная дорога

Hochwasser 1. *(See., bei Flut)* высокая (полная) вода, половодье; **2.** *(Fluss)* паводок

Hochwassergefahr угроза паводка

hochwertige Ware высококачественный товар

Höchst- *(in Zus., s. auch Maximal-)* максимальн‖ый/ая/ое/ые; **-auslastung** -ая загрузка, -ое использование грузоподъёмности; **-belastung** -ая нагрузка; **-betrags-Ausfuhrgenehmigung** сводное разрешение на вывоз с верхним пределом стоимости; **-frachtrate** -ая (лимитная) фрахтовая (тарифная) ставка; **-geschwindigkeit** -ая скорость, *(zugelassene)* -о допустимая скорость, *(techn. auch)* предельная (конструктивная) скорость; **-gewicht** -ый (предельный) вес, -ая масса; **-kapazität** -ая (пиковая, предельная) мощность, -ая производительность; **-last** *s.* *-belastung*; **-leistung** *s. -kapazität*; **-rate** -ая (лимитная) ставка, -ый тариф; **-zahlenverordnung** *(Güterv.)* постановление о количественном ограничении разрешений на осуществление дальних грузовых перевозок

höchstzulässige Nutzmasse макисмально допустимая полезная нагрузка

Höhen- *(in Zus.)*; **-leitwerk** *(Flug.)* горизонтальное оперение <самолёта>; **-messer** *(Flug.)* высотомер; **-ruder** *(Flug.)* руль *(m.)* высоты

Höhere Gewalt *(jur.)* форс-мажор, форс-мажорные обстоятельства, обстоятельства непреодолимой силы

Hof двор, *(hier auch)* депо *(n. indkl.)*; **Auto-** автобаза; **Bahn- 1.** *(Güterv., ÖPNV, s. auch Haltepunkt)* станция; **2.** *(nur Pass.)* вокзал; **Betriebs-** *(LKW, ÖPNV)* депо; **Fracht-** *(LKW)* грузовой двор; **Pack-** *(LKW)* грузовой двор, пакгауз; **Rast-** *(Kfz.)* мотель *(m.)* (гостиница) на автостраде; **Zoll-** таможенная площадка

hoh‖e/er/es высок‖ий/ая/ое/ие; **-e Auslastung** большая загрузка; **-es Verkehrsaufkommen** высокий объём перевозок (дорожного движения), *(Verkehrsfluss)* высокий транспортный поток

Hoheit *(jur.)* суверенитет; **Luft-** ~ над воздушным пространством; **Tarif-** тарифный; **Zoll-** таможенный

Hoheits- *(in Zus.)* суверенн‖ый/ая/ое/ые; **-gebiet** государственная территория; **-gewässer** *(Pl.)* территориальные воды; **-recht** *(jur.)* -ое право; **-zeichen** *(jur.)* опознавательный знак, эмблема государства

Holztransport/e лесовозные перевозки

Holztransportschiff лесовозное судно, *(umg.)* лесовоз

homogen однородн‖ый/ая/ое/ые; **-e Güter** *(Pl.)* -ый груз; **-e Ladung** *s.* **Güter**

Hotelzug поезд-отель

Hub- *(in Zus.)* подъёмный‖ая/ое/ые; **-brücke** вертикально-подъёмный мост; **-geschwindigkeit** скорость *(f.)* подъёма, *(Kolben)* скорость хода, *(beim Absenken)* скорость спуска; **-gewicht** грузоподъёмность *(f.)*; **-kapazität** -ая мощность; **-kran** <грузо>-ый кран

Hubschrauber вертолёт; **Rettungs-** ~ поисково- спасательной службы

Hubschrauberlandeplatz вертолётная площадка

Hub‖stapler штабелеукладчик, автопогрузчик; **-wagen** тележка с грузоподъёмным приспособлением

Huckepack- *(in Zus.)* контрейлерн‖ый/ая/ое/ые; **-fahrzeug** *(Kfz.)* автоприцеп, контрейлер; **-flachwagen** *(Eis.)* платформа для перевозки контрейлеров; **-korridor** коридор для -ых перевозок; **-verfahren** система -ых перевозок; **-verkehr/e** *(Güterv.)* -ое сообщение, -ые перевозки, перевозки с перегрузкой целого транспортного средства

Hybrid- *(in Zus.)* гибридн‖ый/ая/ое/ые, комбинированн‖ый/ая/ое/ые; **-antrieb** комбинированный <тяговый> привод; **-bus** автобус с комбинированным приводом; **~Fahrzeug** дизель-электроход

hydraulischer Antrieb гидравлический привод

hydrotechnische Anlagen *(Pl.)* гидротехнические сооружения

Hygiene- *(in Zus., s. auch Gesundheits-)* санитарн‖ый/ая/ое/ые; **-abgabe** *(Schiff.)* -ый сбор; **-inspektor** карантинный инспектор; **-kontrolle** -о-карантинный контроль; **~ und Quarantäneinspektion** -о-карантинная служба

I

Import *(s. auch Einfuhr)* <von Waren> импорт (ввоз) <товаров>; **direkter** ~ прямой, ~ без участия посредника; **indirekter** ~ косвенный, непрямой, ~ с участием посредника;

Direkt- *s.* *direkter*; **Re-** реимпорт; **Rohstoff-** ~ сырья; **Waren-** ~ товаров

Import- *(in Zus., s. auch Einfuhr-)* импортн‖ый/ая/ое/ые; **-abgabe** -ая (ввозная) пошлина, -ый сбор, налог на -ые товары; **-anmeldung** -ая заявка, заявка на импорт, -ое извещение; **-anzeige** *s.* *-anmeldung*; **-artikel** -ый товар, предмет импорта; **-beschränkung** -ое ограничение, ограничение на импорт (на ввоз -ых товаров); **-container** -ый контейнер; **-deklaration** -ая декларация; **-dokument** -ый документ, -ая <сопроводительная> документация; **-erlaubnis** *s.* *genehmigung*; **-erlös** доход (выручка) от импорта

Importeur импортёр; **Direkt-** прямой; **Verluste** *(Pl.)* **des** **-s** потери -а

Import-Export‖-Beschränkungen *(Pl.)* импортно-экспортные ограничения; **~Geschäft** импортно-экспортная сделка

importfähige Ware пригодный для импорта товар

Import‖finanzierung импортн‖ое финансирование; **-firma** фирма-импортёр, импортирующая фирма; **-garantie** -ая гарантия; **-gebühr** *s.* *-abgabe*; **-genehmigung** -ая лицензия, разрешение на импорт; **-geschäft** -ая сделка, -ая операция; **-gut** -ый груз, -ый товар; **-handel** -ая (ввозная) торговля, торговля -ым товаром

importieren импортировать, ввозить/ ввезти <товар>

Import‖kalkulation импортн‖ая калькуляция; **-kaufmann** коммерсант, занимающийся импортом; **-kommissionär** *(Pers.)*

агент по -ым сделкам; **-konnossement** *(See.)* -ый коносамент; **-kontingent** -ый контингент, контингент на импорт (ввоз); **-kontingentierung** *s.* *-beschränkung*; **-kontrolle** -ый контроль, контроль над импортом, **-lager** склад -ых товаров; **-land** страна-импортёр, импортирующая (ввозящая) страна; **-lizenz** -ая лицензия, лицензия (разрешение) на импорт; **-preis** -ая цена; **-quote** -ая квота; **-rückgang** сокращение импорта; **-spediteur** *(Pers.)* экспедитор-импортёр; **-sperre** эмбарго *(n., indkl.)*; **-tarif** -ый тариф; **-verbot** запрещение импорта (ввоза), запрет на импорт; **-verfahren** -ый режим, порядок осуществления -ых операций; **-vertrag** договор (контракт) на импорт; **-volumen** объём импорта (ввоза); **-vorschriften** -ые предписания, правила осуществления -ых операций; **-ware** -ый товар; **-warenverzeichnis** список -ых товаров; **-zertifikat** -ый сертификат, -ое (ввозное) свидетельство; **-zoll** -ая (ввозная) пошлина, -ый тариф

im voraus bezahlt *(Part.)* оплачен/а/о/ы вперёд

in ‖ bond *(unverzollt)* беспошлинн‖ый/ая/ое/ые, не облагаем‖ый/ая/ое/ые пошлиной; ~ **bulk** внавалку, насыпью, без упаковки

Inbetriebnahme ввод в эксплуатацию, *(Fahrbetrieb auch)* открытие движения; ~ **einer Strecke** пуск трассы в ход

Incoterms инкотермс, международные коммерческие условия *(Pl.)*

Index индекс; **Fracht-** фрахтовый;

Kosten-Nutzen-~📖 коэффициент общей экономической эффективности капитальных вложений, стоимость *(f.)* инвестиций; **Zeitcharter-** тайм-чартерный

indirekt косвенный‖ый/ая/ое/ые, непрям‖ой/ая/ое/ые; **-er Absatz** -ый/ой сбыт; **-e Ausfuhr** –ый/ой экспорт, вывоз с участием посредника, вывоз <осуществляемый> через посредника; **-e Einfuhr** –ый/ой импорт, ввоз <осуществляемый> через посредника; **-er Export** *s. Ausfuhr*; **-e Gebühr** косвенный сбор; **-er Import** *s. Einfuhr*; **-e Steuer** косвенный налог; **-er Verkauf** продажа (реализация) через посредника; **-er Vertriebsweg** канал сбыта через посредника

Indischer Ozean Индийский океан

Individual- *(in Zus.)* индивидуальн‖ый/ая/ое/ые

Individualisierung des Verkehrs рост доли (значимости) индивидуального транспорта

Individual‖reise индивидуальн‖ое <туристическое> путешествие, -ая поездка; **-reisender** *(Pers.)* -ый турист (путешественник);

Individualverkehr ‖ *(Pass.)* транспорт личного пользования; **motorisierter ~** *(Kfz.)* моторизированный, авто-, поездки *(Pl.)* на личных машинах; **nichtmotorisierter ~** немоторизированный, передвижение пешком (на велосипеде)

Indossant <eines Konnossements> *(See.)* индоссант <коносамента>

Indossement индоссамент; **Rekta-** ограниченный

indossiertes Konnossement *(See., Bill of lading)* коносамент с передаточной надписью (с индоссаментом)

Indossierung eines Konnossements индоссация коносамента

Induktionsschleife <auf der Fahrbahn> индуктивная петля <на проезжей части>

Industrie промышленность *(f.)*; **Ausrüstungs-** оснащающая; **Automobil-** автомобильная; авто-; **Bahn-** железнодорожная; **Fahrrad-** предприятия-изготовители велосипедов; **Flugzeug-** авиационная, авиа-; **Kraftfahrzeug-** *s. Automobil-*; **Luftfahrt-** *s. Flugzeug-*; **Motorrad-** предприятия-изготовители *(Pl.)* мотоциклов; **Raumfahrt-** космическая; **Reifen-** шинная; **Schiffbau-** судостроительная; **Transport-** транспортная; **Zuliefer-** предприятия-поставщики *(Pl.)*

Industrie- *(in Zus.)* промышленн‖ый/ая/ое/ые; **-anlagen** *(Pl.)* -ые сооружения; **-anschluss** *(Eis.)* -ый путь; **-bahn** <внутри>заводская железная дорога; **-gleis** *s. -anschluss*; **-güter** -ые товары *(Pl.)*; **-hafen** -ый порт

industriell промышленн‖ый/ая/ое/ые; **-e Anlagen** *s. Industrieanlagen*; **-er Verlader** -ый грузотправитель

Industrie‖norm промышленн‖ый стандарт; **-produktion** -ая продукция; **-straße** <внутри>заводская дорога; **~ und Handelskammer (IHK)** Торгово-промышленная палата (ТПП); **Deutscher ~ und Handelstag (DIHT)** *(BRD)* Германский конгресс торгово-промышленных палат; **-verpackung** -ая тара, -ая упаковка

induzierter Verkehr индуцированный транспорт; доля передвижений, вызванных изменением транспортной инфраструктуры

Information информация; **Echtzeit-** <**zur Verkehrslage**> подача (предоставление) -и <о транспортной обстановке> в реальном масштабе времени; **Fahrgast-** ~ для пассажиров; **Flug-1.** *(für Passagiere)* ~ для авиапассажиров; **2.** *(für die Flugbesatzung)* лётная; **On-trip-** *(Pass.)* ~ на ходу <езды>; **Pre-trip-** *(Pass.)* ~ перед отправлением

Informations- *(in Zus.)* информационн‖ый/ая/ое/ые; **-dienst** -ая служба, *(Auskunftsstelle)* справочный отдел; **-fluss** поток информаций; **-system** -ая система, система информации (-ых служб); <**automatisiertes**> **~ und Dokumentationssystem** <автоматизированная> система информации и документации; **-verarbeitungssystem** система электронной обработки данных

Infrastruktur инфраструктура; **einheitliche** ~ единая; **moderne** ~ современная; **vorhandene** ~ имеющаяся; **Eisenbahn-** железнодорожная; **Flughafen-** ~ аэропорта; **Hafen-** портовая; **Netz-** сетевая, ~ <транспортных> сетей; **Schienen-** рельсовая, *(Eis.)* железнодорожная; **Straßen-** дорожная; **Verkehrs-** транспортная; **Bau von** ~ строительство -ы; **Erweiterung der** ~ расширение -ы; **Modernisierung der** ~ модернизация (обновление)

-ы

Infrastruktur- *(in Zus.)*; **-kosten** *(Pl.)* расходы на <расширение, содержание> инфраструктур‖ы; **-planung** планнирование; -ы; **-politik** политика в области развития -ы; **-programm** программа развития (расширения) -ы

ingenieur-technisches Personal инженерно-технический персонал

Inhaber *(Pers.)* владелец, держатель; **~ der Ware** владелец товара; **Konnossements-** *(See.)* держатель коносамента

Inhaber- *(in Zus.)* предъявителск‖ий/ая/ое/ые; **-genehmigung** -ая лицензия; **-konnossement** *(See.)* -ий коносамент, коносамент на предъявителя; **-lagerschein** складское свидетельство на предъявителя; **-police** *(Vers.)* -ий <страховой> полис

Inkasso *(kfm.)* инкассо *(n., indkl.)*

Inland страна; **im** ~ внутри страны; **Zoll-** государственная территория страны, исключая части этой территории, не входящие в ее таможенные границы

Inland- *(in Zus.)* внутренн‖ий/яя/ее/ие; **-flug** -ий рейс; **-fluglinie** -яя (местная) авиалиния; **-luftverkehr** -ее воздушнее сообщение

Inlands- *(in Zus., (s. auch Binnen-)* внутренн‖ий/яя/ее/ие; **-containertransporte** *(Pl.)* -ие контейнерные перевозки; **-markt** -ий рынок; **-route** -ий рейс; **-schifffahrt** -ее судоходство, -ее плавание; **-strecke** -ий рейс; **-tarif** -ий тариф; **-verkehr** -ий транспорт,

-ее сообщение, -ие перевозки, перевозки (сообщение) внутри страны; **-ware** отечественный товар

Inlandzoll внутренняя <таможенная> пошлина

Innen- *(in Zus.)* внутренн‖ий/яя/ее/ие; **-ausstattung** *(Fahrzeug)* -ее обустройство <транспортного средства>; **-belastung** <eines Containers> -яя нагрузка <контейнера>; **-raum** <eines Fahrzeugs> **1.** *(Pass.)* салон, пассажирское помещение; **2.** *(Frachtkapazität)* -ее пространство; **-<stadt>ring** *(Infrastruktur)* -ее кольцо <городской дороги>; **-stadtverkehr** внутригородское сообщение (-ое движение, -ие перевозки)

inner‖er/e/es внутренн‖ий/яя/ее/ие; **-er Ring** *(Straße)* -ее кольцо; **-e Verpackung** -яя упаковка, -яя тара; **-e Wasserstraße** -ий (речной) водный путь

inner‖gemeinschaftliche Lieferung von Gütern *(EU)* международные перевозки товаров ~ ЕС; **-örtliche Straße** городская дорога, дорога (улица) ~ населённого пункта; **-staatliche Verkehre** *(Pl.)* внутренние перевозки, перевозки внутри страны;

innerstädtisch ‖ <внутри>городск‖ой/ая/ое/ие; **-er Umschlagplatz** перегрузочный (перевалочный) пункт внутри города; **-er Verkehr** -ое сообщение, -ое движение, -ой транспорт; **-es Verteilerzentrum** центр по распределению грузов в черте города; **-e Warenverteilung** распределение грузов в черте города

Innung <профессиональный> союз; **Fuhrgewerbe-** ~ перевозчиков; **Taxi-** ~ таксистов

Input-Output-Koeffizient *(ökon.)* коэффициент затрат и выпуска

Insasse *(Pers., Kfz.)* пассажир

Insassenunfallversicherung *(Kfz.)* страхование пассажиров от несчастных случаев

Inspektion 1. *(Kontrolle)* инспекция, надзор, ревизия, досмотр; **2.** *(Behörde)* инспекция, надзор, служба надзора; **technische** ~ технический надзор (-ий осмотр), техосмотр; **Binnenschifffahrts-** надзор за безопасностью речного судоходства; **Brand-** пожарный надзор; **Hafen-** портовая инспекция (-ый надзор); **Havarie-** аварийная инспекция; **Hygiene- und Quarantäne-** санитарно-карантинная служба; **Kraftfahrzeug-** автомобильная инспекция (авто-); **Schiffs-** инспекция (проверка) судна; **Sicherheits-** инспекция техники безопасности; **Steuer-** налоговая инспекция; **Transport-** транспортная инспекция

Installation установка

Instandhaltung <eines Fahrzeugs> техническое обслуживание <транспортного средства>, содержание <транспортного средства> в исправности; **laufende** ~ текущее содержание (-ее обслуживание); **Kraftfahrzeug-** авторемонтное производство; **Schiffs-** судоремонтное производство, судоремонт; **Waggon-** вагоноремонтное производство

Instandhaltungs- *(in Zus.)* ремонтн‖ый/ая/ое/ые; **-betrieb**

(Kfz.) авторемонтный завод, авторемзавод; **-kosten** *(Pl.)* *(Fahrzeug)* расходы на содержание и эксплуатацию (на текущий ремонт) <подвижного состава>

Instandsetzung ремонт; **außerplanmäßige** ~ внеплановый; **planmäßige** ~ плановый; **laufende** ~ текущий; **eine** ~ **durchführen** проводить/провести ~

Institut <**für Verkehr**> институт <транспорта>

Institute Cargo Clauses *(Vers.)* Условия *(Pl.)* страхования грузов, принятые объединением лондонских страховщиков

Instrument/e инструмент/ы; **Navigations-** навигационные, навигационный прибор

Instrumenten- *(in Zus.)* инструментальн‖ый/ая/ое/ые; **-flug** полёт по инструментам; **-flugregeln** *(Pl.)* правила проведения полёта по инструментам (приборам); **-landesystem** -ая посадочная система

integraler Taktfahrplan интегральный график движения <транспорта> по твёрдому (жёсткому) интервалу

Integration интеграция, **Europäische Verkehrs-**📖 Европейская ~ в области транспорта

integriert интегрированн‖ый/ая/ое/ые; **-e Transportkette** -ая транспортная цепь; **-es Verkehrsmanagement** -ый транспортный менеджмент; **-e Verkehrsplanung** -ое планирование транспорта; **-es Verkehrssystem** -ая транспортная система; **-er Zolltarif** <**der EU**> унифицированный таможенный тариф <стран ЕС>

intelligente Vernetzung von Straße und Schiene интеллигентное соединение автомобильного и железнодорожного транспорта

Inter-City (IC) *(Eis., Pass., EU)* междугородный скоростной <пассажирский> поезд

Intercity- *(in Zus., Eis., Pass.)* междугородн‖ый/ая/ое/ые; **~-Express (ICE)** высокоскоростной -ый экспресс; **-verkehr** движение -ых поездов

Interessen- *(in Zus.)*; **-gemeinschaft** объединение, основанное на общности интересов; **-verband** *s.* *-gemeinschaft*; **-vereinigung** *s.* *-gemeinschaft*; **-vertretung** представительство интересов

Interkombi-Express-Zug скоростной грузовой поезд «Интеркомби»

interkontinental межконтинентальн‖ый/ая/ое/ые; **-e Linie** -ая линия; **-er Linienverkehr** -ое маршрутное сообщение, -ый маршрутный транспорт, -ые маршрутные перевозки; **-e Strecke** -ая трасса; **-e Transporte** -ые перевозки; **-e Verbindung** *s.* *–e Linie*; **-er Verkehr** -ое сообщение, -ые перевозки

Interkontinental- *(in Zus., s. interkontinental)* межконтинентальн‖ый/ая/ое/ые

intermodal *(s. auch multimodal)* межмодальн‖ый/ая/ое/ые, с использованием нескольких видов транспорта; **-er Ausbau der Transeuropäischen Verkehrsnetze** -ое расширение Трансевропейских транспортных сетей; **-er Container**📖 -ый контейнер; **-e Drehscheibe**📖

-ый перевозочный узел, поворотный круг для перегрузки с одного вида транспорта на другой; **-es Informationssystem** -ая информационная система

Intermodalität 📖 межмодальность *(f.)*

international международн‖ый/ая/ое/ые; **-es Abkommen** -ая конвенция, -ое соглашение; **-e Agentur** -ое агентство; **-e Assoziation der Binnenschifffahrt** -ая ассоциация речного транспорта; **Assoziation der -en Transporteure** Ассоциация -ых автотранспортных перевозчиков; **-e Automobilausstellung** -ая выставка производителей автомобилей; **-e Automobilvereinigung (FIA)** -ая федерация производителей автомобилей; **-e Binnenschifffahrtsunion** -ый союз речных пароходств; **-er Containerverkehr** -ое контейнерное сообщение, -ые контейнерные перевозки; **-es Containerzentrum** -ое бюро *(indkl.)* по контейнерам; **-es COTIF-Abkommen** *(Berner Konvention)* Соглашение о -ом грузовом железнодорожном сообщении; **-e Dachorganisation der Unternehmen des gewerblichen Luftverkehrs (IATA)** -ая ассоциация эксплуатантов воздушного транспорта; **-er Direktzug** поезд в прямом -ом сообщении; **-er Eisenbahnerverband** -ый союз железнодорожников; **-er Eisenbahn-Gütertarif** -ый железнодорожный грузовой тариф; **-es Eisenbahnkomitee (CIT)** -ый комитет железнодорожного транспорта (МКЖТ); **-e Eisenbahn-**

Kongressvereinigung -ое объединение конгресса железных дорог; **-e Fahrerlaubnis** водительское удостоверение -ого образца; **-er Flughafen** -ый аэропорт; **-e Fluglinie** -ая авиалиния, *(Flugverbindung auch)* -ый (внешний) рейс; **-er Frachtbrief** -ая накладная, накладная -ого сообщения, *(See.)* -ый коносамент; **-e Frachtrate** -ая фрахтовая ставка; **-er Frachttarif** -ый фрахтовый тариф; **-er Führerschein** *s. Fahrerlaubnis*; **-es Gefahrgutverzeichnis** -ый перечень опасных грузов; **-e Gewässer** *(Pl.)* -ые воды; **-er Güteraustausch** -ый товарообмен; **-er Güterkraftverkehr** -ые перевозки грузов автомобильным транспортом, -ый грузовой автотранспорт; **-er Güterverkehr** -ый грузовые перевозки, -ый грузовой транспорт; **-er Güterwagenverband** -ое соглашение о заимном пользовании товарными вагонами; **-er Hafen** -ый порт; **-er Handel** -ая торговля; **-e Handelskammer** -ая торговая палата; **-es Handelsrecht** -ое торговое право; **-er Kombiverkehr** -ые комбинированные перевозки; **-er Kraftverkehr** -ый (трансграничный) автотранспорт; **-e Linie** -ый рейс, -ая линия; **-er Luftfrachttarif** -ые положения о фрахтовой ставке на воздушные грузовые перевозки; **-er Luftfrachtverkehr** -ые авиаперевозки; **-er Luftraum** -ое воздушное пространство; **-e Organisation für Standardisierung (ISO)** -ая организация по стандартизации (МОС); **-er Personenverkehrstarif** -ый пассажирский тариф; **-es Recht**

(jur.) -ое право; **-e Reedervereinigung** -ая ассоциация судовладельцев; **-er Reisepass** заграничный паспорт (загран-); **-e Route** -ый рейс, -ая линия; **-e Schifffahrt** -ое (заграничное) плавание; **-e Schifffahrtskammer** -ая палата судоходства; **-es Schifffahrtsregister** -ый судовой реестр; **-e Schlafwagengesellschaft** -ое общество спальных вагонов; **-es Seeschifffahrtskomitee** -ый комитет по вопросам морского права и судоходства; **-e Seeschifffahrtsorganisation** -ая организация морского судоходства; **-er Spediteur** *(Pers.)* экспедитор в -ых перевозках (в -ом сообщении); **-e Spedition** -ая экспедиция; **-er Standard** -ый стандарт; **-er Straßengüterverkehr** -ые перевозки грузов автомобильным транспортом; **-er Straßenverband** -ая федерация дорог; **-er Tarifsatz** -ая тарифная ставка; **-e Transportgenehmigung** лицензия на осуществление -ых перевозок; **-es Transportkomitee** -ый транспортный комитет; **-er Transport-Versicherungsverband** -ый союз транспортного страхования;

Internationales Übereinkommen || международн||ое соглашение, -ая конвенция; ~ **über den Eisenbahnfrachtverkehr** -ое соглашение о перевозке грузов железной дорогой; ~ **über den Eisenbahnpersonen- und Gepäckverkehr** -ая конвенция о железнодорожной перевозке пассажиров и багажа; ~ **über die gemeinsame Nutzung von Personen- und Gepäckwagen** -ое соглашение о взаимном пользовании пассажирскими и багажными вагонами; ~ **über die**

Nutzung von Privatwagen -ое соглашение эксплуатации частновладельческих вагонов;

Internationaler Verband || международный союз; ~ **der Tarifeure** ~ тарификаторов; ~ **für den Kombinierten Verkehr** ~ компаний комбинированных (смешанных) перевозок; ~ **für öffentliches Verkehrswesen** ~ европейских предприятий общественного транспорта (МОСТ);

international||e Vereinigung der Zivilflughäfen -ая ассоциация гражданских аэропортов; **-er Verkehr** -ое сообщение, -ые (заграничные) перевозки; **-er Verkehrsmarkt** -ый рынок транспорта; **-e Waggonbauvereinigung** -ая ассоциация вагоностроителей; **-es Warenverzeichnis <für den Außenhandel>** -ая стандартная торговая классификация; **-e Zollerklärung** -ая таможенная декларация

Inter-Regio (IR) *(Eis., Pass., EU)* межрегиональный <пассажирский> поезд

Interregio- *(in Zus., Eis., Pass.)* межрегиональн||ый/ая/ое/ые; **-netz** *(Eis., EU)* -ая сеть путей сообщения, -ая транспортная сеть; **-verkehr** *(Eis., Pass.)* движение -ых поездов; **-zug** -ый <пассажирский> поезд

Inventar инвентар

Inventar- *(in Zus.)* инвентарн||ый/ая/ое/ые; **-bestand** -ый (списочный) парк <подвижного состава>

inventarisierter Fahrzugpark списочный (инвентарный) парк транспортных средств (подвижного состава, транспортного хозяйства)

Inventarpark *s. Inventarbestand*

Investition инвестиция; **Erneuerungs-** ~ на реконструкцию и обновление <чего-л.>; **Ersatz-** ~ на замену <чего-л.>; **Erweiterungs-** ~ на расширение <чего-л.>; **Verkehrs-** ~ в транспортный сектор; **Verkehrswege-** ~ в пути сообщения

Investitionsgüter *(Pl.)* товары производственного назначения

Isolierwagen изотермический вагон (изо-)

J

Jacht яхта; **Motor-** моторная; **Segel-** парусная

Jacht- *(in Zus.)* яхтов‖ый/ая/ое/ые; **-ausrüstung** *(techn.)* яхтенное оборудование; **-hafen** -ый порт, яхтенный терминал, *(natürl.)* -ая гавань, *(kleiner Hafen auch)* -ая пристань; **-club** -ый клуб, яхт-клуб

Jahres- *(in Zus.)* годов‖ой/ая/ое/ые; **-durchsicht** -ой техосмотр <автомобиля>; **-fahrleistung** *(Kfz.)* -ой пробег; **-fahrplan** -ой график (-ое расписание) движения; **-karte** *(ÖPNV)* -ой проездной билет; **-laufleistung** *(Eis.)* -ой пробег; **-netzkarte** *(ÖPNV)* -ой сетевой билет; **-visum** многократная -ая виза; **-wagen** *(PKW)* подержанный автомобиль со сроком эксплуатации не более одного

года; **-zeitkarte** *(ÖPNV)* сезонный проездной билет

Jeep *(Kfz.)* джип

Jet *(Flugzeug)* реактивный самолёт

Joint-Venture совместное предприятие (СП)

Journal *(Betriebsbuch, s. auch Buch)* журнал; **Lager-** складской

Jumbo- *(hier Güterv.)* крупнотоннажн‖ый/ая/ое/ые; **-frachter** *(Flugeug)* -ый (большегрузный) самолёт, самолёт большой грузоподъёмности; **-wechselbehälter** -ый сменный кузов, -ый контейнер

Just-in-Time своевременно *(Adv.)*, с колёс; **~Lieferung** поставка с колёс; **~Verkehr** перевозки с поставкой с колёс

K

Kabine кабина; **Fahrer-** *(Kfz., Tram)* ~ водителя, *(Eis.)* ~ машиниста; **Schiffs-** ~ на судне; **Schlaf-** спальная, ~ со спальным местом

Kabotage каботаж; **große** ~ большой; **kleine** ~ малый; **EU-~** ~ внутри границ ЕС; **Luft-** воздушный; **Aufhebung der** ~ отмена -а; **die** ~ **aufheben** отменять/отменить ~

Kabotage- *(in Zus.)* каботажн‖ый/ая/ое/ые; **-freiheit** отсутствие каботажа; **-genehmigung** лицензия на право осуществления -ых перевозок;

-hafen -ый порт, -ая гавань; **-schiff** -ое (прибрежное) судно, судно прибрежного плавания, *(umg.)* каботажник; **-schifffahrt** -ое (прибрежное) плавание, -ое судоходство; **-verbot** запрет на каботаж (на перевозки грузов внутри страны для иностранных фирм); **-verkehr/e** -ые перевозки

Käufer *(Pers.)* покупатель *(m.)*

Käuferland страна-покупатель

Kahn *(Last- od. Schleppkahn)* <буксирная> баржа, ялик, несамоходное (лихтерное) судно, лихтер

Kahnmakler *(Binnsch., Pers.)* маклер по фрахтованию речных судов

Kai 1. *(Hafenanlage, s. auch Anlegestelle, Liegeplatz)* причал, пристань *(f.)*, пирс; 2. *(befestigtes Ufer)* набережная; **Container-** контейнерный причал; **Fahrgast-** пассажирский причал (-ая пристань); **Fracht-** грузовой причал; **Hafen-** причал порта; **Lade-** *s. Fracht-*; **Lösch-** разгрузочный причал; **Reede-** рейдовый причал; **Reparatur-** судоремонтный причал; **Schwimm-** многоточечный рейдовый плавучий причал (МРПП); **Zoll-** таможеннный причал (-ая пристань); **Be- und Entladung via** ~ выгрузка и погрузка через пирс; **frei** <**ab**> ~ франко причал (пристань, набережная); **frei Längsseite** ~ свободно вдоль причала (набережной)

Kai- *(in Zus.)* причальн‖ый/ая/ое/ые; **-abgaben** *(Pl.)* -ый сбор, причальные *(Pl., Subst.)*, плата за причал; **-anlagen** *(Pl.)* -ые сооружения, -ые устройства; **-arbeiten** *(Pl.)* береговые работы;

-ausrüstung оборудование причала; **-betrieb** -ое хозяйство; **-empfangsschein** квитанция о принятии груза на причал, квитанция -ого склада о принятии груза; **-fläche** -ая площадь; **-gebühr** *s. -abgaben*; **-geld** *s. -abgaben*; **-gleis** -ый путь; **-konnossement** *(See.)* небортовой коносамент; **-kran** -ый кран; **-lager** -ый (портовый) склад; **-lagergeld** сбор за хранение груза на -ом складе; **-liegeplatz** место швартовки у причала; **-liegezeit** время стоянки у причала; **-mauer** набережная, -ый фронт; **-meister** *(Pers.)* управляющий причалом; **-quittung** доковая расписка; **-receipt** *s. -empfangsschein*; **-schuppen** портовый пакгауз <на причале>; **-tarif** -ый тариф; **-umschlag** перегрузка (перевалка) <груза> на (через) причал; **-umschlaggebühr** сбор за перевалку на причал; **-wartezeitklausel** *(jur.)* оговорка об ответственности за простой судна в ожидании причала; **-zoll** *s. -gebühr*

Kajüte *(Schiff.)* каюта

Kalkulation *(kfm.)* калькуляция; **Export-** экспортная; **Import-** импортная; **Kosten-** смета расходов; **Misch-** смешанная; **Preis-** ~ стоимости; **Projekt-** проектная; **eine** ~ **erstellen** составлять/составить -ю; **eine** ~ <**nach Kostenarten**> **aufschlüsseln** разбивать/разбить -ю <по статьям>

kalkulierter Preis калькулированная (калькуляционная) цена

Kammer 1. *(Organisation)* палата; 2. *(Raum)* камера; 3. *(Kabine)* кабина, каюта; <**Internationale**> **Handels-** <Международная> торговая палата; **Industrie- und Handels-**

(IHK) Торгово-промышленная палата (ТПП); **<Internationale> Schifffahrts-** <Международная> палата судоходства; **Schleusen-** шлюзная камера

Kampfzoll реторсионная таможенная пошлина

Kanal 1. *(Wasserweg)* канал; **2.** *(techn., ökon.)* канал; **künstlicher ~** искусственный; **natürlicher ~** естественный; **Absatz- ~** сбыта; **Distributions- ~** дистрибуции, ~ распределения <товаров>; **Logistik- ~** логистики, ~ сбыта; **Schifffahrts-** судоходный; **Schleusen-** шлюзный; **See-** морской; **Stich-** тупиковый

Kanal- *(in Zus.)* канальн‖ый/ая/ое/ые; **-abgaben** *(Pl.)* -ый сбор; сбор за проход через каналы; **-brücke** мост-канал, аквēдук; **-durchgangsverkehr** сквозное движение по каналу; **-fahrt** -ое плавание

kanalgängiges Schiff специальное морское судно для плавания на канале

Kanal‖gebühr *s.* *-abgaben*; **-geld** *s.* *-abgaben*; **-hafen** порт на судоходном канале; **-leistung** пропускная способность <судоходного> канала; **-lotse** *(Pers.)* канальный лоцман; **-netz** сеть *(f.)* каналов; **-schleuse** канальный шлюз; **-tunnel** канальный туннель; **-verkehr/e** движение (перевозки) по каналу; **-zone** зона канала

Kanister <авто>канистра

Kap мыс

Kapazität/en 1. *(Leistungsvermögen)* мощность *(f.)*, способность *(f.)*; **2.** *(Fassungsvermögen)* вместимость

(f.), ёмкость *(f.)*; **Abfertigungs-** *(Güterv.)* экспедиционные мощности отправки, *(Pass.)* регистрационные мощности; **Anlauf-** *(Kfz.)* пусковая мощность; **Bahnhofs-** *(Güterv.)* мощность (ёмкость) станции, *(Pass.)* мощность пассажирского вокзала; **Beförderungs- 1.** *(Verkehrsmittel, Umschlaganlagen)* транспортная (перевозочная, перегрузочная) мощность; **2.** *(Infrastruktur)* пропускная (провозная) способность; **Betriebs-** эксплуатационная мощность; **Durchfluss-** <eines Hafens, einer Strecke> пропускная (провозная) мощность (-ая способность) <порта, дороги, трассы>; **Durchlass-** *s.* *Durchfluss-*; **Entlade-** разгрузочная мощность; **Fahrgast-** пассажировместимость; **Fahrweg-** пропускная способность дорог; **Frachtraum-** грузовместимость, загрузочная (габаритная) мощность, *(Schiff. auch)* тоннаж <судна>; **Güterwagen-** грузовместимость (производительность) вагона; **Hafen-** пропускная способность (-ая мощность) порта; **Höchst-** максимальная (предельная) мощность (-ая производительность); **Hub-** подъёмная мощность; **Kran-** <подъёмная> мощность крана; **Lade- 1.** *(Leistungsfähigkeit)* погрузочная мощность, мощность по отгрузке, *(Kran auch)* грузоподъёмность; **2.** *(Rauminhalt)* габаритная мощность, погрузочная ёмкость (-ый объём), грузоёмкость (-вместимость) ˋ<подвижного состава>, *(LKW auch)* ёмкость кузова, *(Eis. auch)* ёмкость вагона, *(Schiff. auch)* тоннаж <судна>; **Lager-** складская ёмкость, ёмкость

склада; **Mindest-** минимальная мощность; **Nutz-** полезная мощность; **Parkraum-** объём выделенных (выделяемых) для автостоянок площадей; **Personenbeförderungs-** *s. Fahrgast-*; **Schiffs-** провозная способность судна, *(für Güter auch)* тоннаж (грузовместимость) судна; **Spitzen-** *s. Höchst-*; **Start- und Lande-** <eines Flughafens> взлётные и посадочные мощности *(Pl.)* <аэропорта>; **Straßen-** провозная способность (-ая мощность) дорог; **Strecken-** провозная способность (-ая мощность) линии (пути, трассы); **Tanker-** танкерный (наливной) тоннаж; **Tonnage-** тоннаж (грузовместимость *(f.)*) судна; **Transport-** транспортная (перевозочная, перегрузочная) мощность, провозная способность, *(Fuhrpark)* ёмкость подвижного состава; **Trassen-** провозная способность (-ая мощность) трассы; **Über-** излишние (неиспользованные, недогруженные) мощности, *(Schiff.)* превышение предложения <тоннажа> над спросом; **Umlade-** перегрузочная мощность, производительность перегрузки, *(Schüttgut auch* перевалочная мощность, производительность перевалки; **Umschlag-** 1. *s. Umlade-*; 2. *(Umsatz)* мощность оборота; **Unter-** нехватка мощностей; **Verlade-** погрузочная (отгрузочная) мощность; ~ **in Fahrt** мощность в эксплуатации; **Bereitstellung von** ~ предоставление -ей

Kapazitäts- *(in Zus.)*; **-auslastung** использование мощностей; **-engpass** нехватка мощностей; **-obergrenze** верхний предел

мощности, *(Güterv. auch)* верхний предел грузовместимости; **-planung** планирование мощностей; **-überhang** излишние (неиспользованные, недогруженные) мощности *(Pl.)*, *(Schiff.)* превышение предложения тоннажа над спросом; **-untergrenze** нижний предел мощности, *(Güterv. auch)* нижний предел грузовместимости

Kapitän *(Pers.)* командир, капитан; **Flug-** командир самолёта (воздушного корабля); **Hafen-** начальник (капитан) порта; **Schiffs-** ~ судна; ~ **zur See** капитан первого ранга

Kapitäns- *(in Zus.)* капитанск‖ий/ая/ое/ие; **-anweisung** инструкция для капитана; **-konnossement** *(See.)* -ий (судовой) коносамент

Karambolage *(s. auch Unfall)* наезд (столкновение) <автомобилей, транспортных средств>

Kargo *(s. auch Cargo)* карго *(n. indkl.)*

Karosserie *(Fahrzeug)* кузов <транспортного средства>

Karre тележка; **Gepäck-** багажная; **Transport-** транспортная

Karte I *(Plan)* карта; **Navigations-** навигационная; **Netz-** *(Streckenplan)* транспортная схема; **See-** морская навигационная; **Straßen-** дорожная, ~ <автомобильных> дорог; **Strecken-** маршрутная; **Verkehrs<wege>-** дорожная, ~ путей сообщения; **Wege-** *s. Straßen-*;

Karte II *(Fahrschein, ÖPNV)* билет; **Bord-** *(Flug.)* посадочный талон; **Fahr-** <проездной>; **Jahres-**

годовой проездной; **Jahreszeit-** сезонный проездной; **Kombi-** комбинированный; **Monats-** месячный проездной; **Netz-** сетевой <проездной>; **Platz-** плацкартный, плацкарта; **Rückfahr-** обратный; **Sammel-** групповой проездной; **Schüler-** ученический <проездной>, ~ со скидкой для школьников; **Tages-** дневной; **Umweg-** проездной ~ по обходному маршруту; **Umwelt-** *(BRD)* абонементный <месячный> проездной; **Wochen-** недельный проездной; **Zeit-** сезонный (годовой, месячный, недельный) <абонементный>;

Karte III *(Berechtigungsschein)* ведомость *(f.)*; **Fracht<begleit>-** бордеро *(n., indkl.)*, дорожная ведомость, сопроводительная карточка <к грузу>; **Zollpaket-** таможенная декларация на посылку

Kartei картотека; **Kunden-** ~ клиентов, ~ покупателей; **Lieferanten-** ~ поставщиков; **Verkehrssünder-** ~ нарушителей правил дорожного движения (ПДД)

Kartell картель *(m.)*; **Zoll-** картельное соглашение об условиях уплаты таможенных пошлин

Kartell- *(in Zus.)* картельн‖ый/ая/ое/ые; **-abkommen** -ое соглашение; **-amt** *(BRD)* <Федеральное> ведомство надзора за деятельностью картелей, *(RF)* Комитет по антимонопольной политике

Kasko каско *(n. indkl.)*

Kaskoversicherung страхование каско; **Auto-** автомобильное,

страхование автокаско; **Fluss-** речное; **Kfz-~** *s. Auto-Kasko-~*; **Luftfahrt-** воздушное; **See-** морское; **Teil-** неполное; **Voll-** полное

Kasse gegen Dokumente *(cash against documents, cad)* <товарораспорядительные> документы против наличных

Kastenwagen 1. *(Kfz.)* автомобиль-фургон, крытый фургон, автофургон; **2.** *(Eis.)* крытый грузовой вагон

Katalysator *(techn., Kfz.)* катализатор для нейтрализации <отработанных газов>, каталический нейтрализатор; **Drei-Wege-~** трёхкомпонентный

Katamaran *(s. auch Boot, Schiff)* катамаран; **Schnell-** скоростной

Katamaran- *(in Zus.)*; **-fähre** паром-катамаран; **-frachtschiff** грузовой катер

Kategorie *(s. auch Klasse)* категория; **Fahrzeug-** ~ транспортного средства; **Straßen-** ~ (класс) дороги; **Strecken-** ~ трассы

Kaufmann *(Pers.)* коммерсант; **Export-** ~, занимающийся экспортом; **Import-** ~, занимающийся импортом; **Reiseverkehrs-** экономист по туристическому делу, турагент; **Schifffahrts-** экономист по судоходству; **Speditions-** экспедитор-экономист; **Verkehrs-** экономист по транспортному делу

Kaufvertrag договор (контракт) купли-продажи; ~ **im Außenhandel** внешнеторговый

Kennnummer код

Kennzeichen *(hier)*

<опознавательный> знак; **amtliches** ~ государственный номерной; **polizeiliches** ~ *s.* *amtliches*; **Fahrzeug-** номерной ~ автомобиля; **Qualitäts-** ~ качества; **Saison-** *(Kfz.)* временный (сезонный) номерной; **Überführungs-** *(Kfz.)* ~ для перегоняемого автомобиля

Kennzeichnung <**von Gütern, Transportbehältnissen**> *(s. auch Markierung)* **1.** *(Prozess)* нанесение маркировки; **2.** *(Zeichen)* маркировка <груза, контейнера>

Kennzeichnungs- *(in Zus.)*; **-pflicht** обязанность *(f.)* маркировки; **-vorschriften** *(Pl.)* правила маркировки

Kennziffern *(Pl.)* показатели; **betriebswirtschaftliche** ~ экономические; **technische** ~ технические; **Lager-** складские индексы; **Qualitäts-** ~ качества

kentern *(Schiff.)* опрокидываться/ опрокинуться <килем вверх>, *(Boot auch)* перевёртываться/ перевернуться

Kernnetz *(Infrastruktur)* стержневая (центральная) транспортная сеть

Kesselwagen *(Eis.)* вагон-цистерна, *(für Öl auch)* нефтеналивной вагон

Kette цепь *(f.)*; **technologische** ~ технологическая; **Absatz-** пути *(Pl.)* сбыта; **Kühl-** холодильная; **Logistik-** логистическая; <**integrierte, kombinierte**> **Transport-** <интегрированная, смешанная> транспортная

Kfz. *(s. Kraftfahrzeug)* автомобиль *(m.)*

Kfz- *(in Zus.)* автомобильн‖ый/ая/ое/ые; **~Ersatzteil/e** запчасть (запчасти) к

автомобилям, автозапчасти; **~Haftpflichtversicherung** страхование владельца автомобиля от ответственности за причинение вреда (от обязанности возмещать причинённый ущерб); **~Kasko-Versicherung** автомобильное страхование каско *(n., indkl.)*, страхование автокаско

Kiel *(Schiff.)* киль

Kiel- *(Schiff., in Zus.)* килев‖ой/ая/ое/ые; **-geld** *(Hafengebühr)* -ой сбор <за стоянку в порту>; **-wasser** *(Schiff.)* спутный след

Kilometer километр; ~ **pro Stunde** километр/а/ов в час; **Achs-** осе-~; **Autobahn-** ~ эксплуатационной длины автомагистралей; **Bruttotonnen-** брутто-тонно-~; **Fahr-** **1.** *(Strecke)* ~ пути, пройденный километр; **2.** *(Fahrleistung)* пробег в -ах, ~ пробега; **Fahrzeug-** пробег транспортного средства в -ах, *(Kfz. auch)* автомобиле-~; **Flug-** ~ полёта; **Gleis-** погонный, ~ развернутой длины; **Güterwagen-** вагоно-~; **Last-** полезный, гружёный пробег в -ах, ~ пробега с грузом; **Lauf-** *(Eis.) s. Fahr-*; **Leer** ~ порожнего пробега, ~ пробега без груза; **LKW-~** автомобиле-~; **Nettotonnen-** нетто-тонно-~; **Nutz-** *s. Last-*, **Passagier-** *(Flug)* пассажиро-~; **Personen-** пассажиро-~; **Personenwagen-** *(Eis.)* пассажиро-вагоно-~; **Platz-** место-~; **Reisezug-** пассажирский поездо-~; **Sitz-** *s. Platz-*; **Strecken-** ~ эксплуатационной длины; **Tarif-** тарифо-~; **Tariftonnen-** тарифо-тонно-~; **Tonnen-** тонно-~; **Triebwagen-** моторвагоно-~; **Wagen-** *(Eis.)* вагоно-~; **Wagenachs-** *(Eis.)* вагоно-осе-~;

Zug- поездо-~; **Tonne pro** ~ тонна на один ~

Kilometer- *(in Zus.)* покилометров‖ый/ая/ое/ые; **-geld** -ая плата, -ая надбавка, -ый тариф, премия за пробег в километрах; **-leistung** пробег в километрах; **-pauschale** паушальная -ая компенсация за пользование частным автомобилем в служебных целях; **-preis** стоимость *(f.)* одного километра пробега; **-stand** пробег, километраж; **-stein** путевой километровый знак (-ый указатель); **-tarif** -ый тариф; **-zähler** счётчик километров

Kinder- *(in Zus.)* детск‖ий/ая/ое/ие; **-sitz** *(PKW)* <специальное> сиденье для детей; **-wagentauglichkeit** <eines Fahrzeugs> годность *(f.)* <автомобиля> к перевозке -их колясок

Kipper *(Kfz.)* автомобиль-самосвал

Kistenverpackung ящичная упаковка (-ая тара)

klare Sicht хорошая видимость

Klarierung *(Zollabfertigung, Schiff.)* таможенная очистка (-ое оформление), кларирование <судна>

Klarierungsbrief *(Schiff.)* свидетельство о кларировании судна

Klarmeldung *(Schiff.)* <письменное> уведомление о готовности судна к погрузке

Klarsichtverpackung прозрачная тара (-ая упаковка)

Klasse *(s. auch Kategorie)* класс; **erste** ~ первый, *(Pass., Eis.)* мягкий вагон, *(Pass., Flug.)* бизнес-~; **zweite** ~ второй, *(Pass., Eis.)* жёсткий вагон, *(Pass., Flug.)* экономический; **Boots-** ~ судна; **Fahrerlaubnis-** категория водительского удостоверения; **Gefahren-** *(Güterv.)* ~ (группа) опасности <груза>; **Gefahrgut-** *s.* *Gefahren-*; **Güter-** ~ груза; **Schadenfreiheits-** *(Vers.)* категория скидок <со страхования автомобиля> за предотвращение ущерба; **Schiffs-** ~ судна; **Steuer-** налоговый, налоговый разряд; **Straßen-** ~ (категория) дороги; **Wagenladungs-** *(Eis., Güterv.)* категория повагонного груза; **Wassergefährdungs-** <im Gefahrgutverkehr> ~ опасности загрязнения воды <вследствие аварии с опасным грузом>; **Wert-** *(Zoll.)* стоимостный; **Zuerkennung einer** ~ <an ein Schiff> присвоение <судну> -а; **Wagen erster** ~ *(Pass., Eis.)* мягкий вагон, вагон бизнес-класса; **Wagen zweiter** ~ *(Pass., Eis.)* жёсткий вагон

Klassifikation классификация; **Güter-** ~ грузов; **Schiffs-** ~ судов; **Seehafen-** ~ морских портов; **Straßen-** ~ дорог; **Wasserstraßen-** ~ водных путей

Klassifikations- *(in Zus.)* классификационн‖ый/ая/ое/ые; **-attest** *(Schiff.)* свидетельство о классификации <судна>; **-gesellschaft** -ое общество; **-register** -ый регистр

klassifiziertes Schiff классифицированное судно

Klassifizierung *(s. auch Klassifikation)* классификация

Klassifizierungscode код классификации

Klausel *(jur.)* оговорка; **Ablade-** ~

(пункт/ы контракта) об отгрузке, **An-Order-~** *(See.)* ~ «приказу»; **Charter-** статья чартера; **Fracht-** ~ о порядке оплаты фрахта; **Garantie-** гарантийная; **Gefahren-** ~ о всех рисках; **General-**генеральная; **Haftungsbefreiungs-** ~ об освобождении от ответственности; **Havarie-**аварийная; **Kaiwartezeit-** *(See.)* ~ об ответственности за простой судна в ожидании причала; **Konnossement-** *(See.)* коносаментная; **Kosten-** ~ о расходах; **Meistbegünstigungs-** ~ о режиме наибольшего благоприятствования; **Mindestmengen-** ~ о минимальной партии; **Nicht-an-Order-~** *(See.)* ~ «не приказу»; **Rekta-** *s. Nicht-an-Order-~*; **Schiffsbergungs-** *(See.)* ~ об участии страховщика в расходах по спасению судна; **Schiffsersatzrechts-** *(See.)* ~ о праве замены судна другим; **Vertrags-** ~ в договоре, ~ в контракте; **Wettbewerbs-** ~ о конкуренции; **Zollfracht-** ~ в транспортном страховании, регулирующая размер добавочной премии; **Zusatz-** дополнительная

Klebezettel *(Frachtgut, Gepäck)* наклейка

klein 1. *(räuml.)* маленьк‖ий/ая/ое/ие; **2.** *(übertr.)* мал‖ый/ая/ое/ые; **-e Fahrt** *(Schiff.)* малое (прибрежное) плавание; **-er Grenzverkehr** малое приграничное сообщение; **-e Havarie** *(See.)* частная авария; **-e Kabotage** малый каботаж

Klein- *(in Zus.)* мал‖ый/ая/ое/ые, мелк‖ий/ая/ое/ие; **-bahn** *(Eis.)* узкоколейная дорога; **-betrieb** малое предприятие, предприятие малого бизнеса; **-bus** микроавтобус; **-container** малотоннажный контейнер; **-mengen** *(Pl., Fracht)* мелкопартионность *(f.)* <груза>; **-schiffer** *(Pers., Binnsch., s. auch Partikulier)* индивидуальный владелец судна <внутреннего плавания>; **-transporte** *(Pl.)* мелкопартионные перевозки, перевозки мелкого груза; **-transporter** *(Kfz., Güterv.)* грузовик малой грузоподъёмности; *(Kfz., Pass.)* микроавтобус; **-unternehmen** *s.* **-betrieb**; **-unternehmer** *(Pers.)* мелкий предприниматель; **-verpackung** упаковка (тара) малой ёмкости; **-wagen** *(PKW)* малолитражный автомобиль

Klient *(Pers.)* клиент

Klientel клиентура

Klimaanlage кондиционер

klimatisiertes **Fahrzeug** транспортное средство с кондиционированием воздуха (с кондиционером)

Klubwagen *(Eis.)* вагон-клуб

knappe Güter *(ökon.)* товарный дефицит

Knoten 1. *(Knotenpunkt)* узел; **2.** *(Geschwindigkeitsmaß, See.)* морской узел; **Bahn-**железнодорожный; **Logistik-** ~ логистики; **Luftverkehrs-** ~ воздушного сообщения; **Umsteige-**пересадочный; **Verkehrs-**транспортный, перевозочный, ~ сообщения

Knoten- *(in Zus.)* узлов‖ой/ая/ое/ые; **-bahnhof** -ая <железнодорожная> станция; **-punkt** *(s. auch Knoten)* узел, -ой пункт; **-punktverkehr**⌂ транспорт (движение) между -ыми пунктами

Kode *s. Code*

Kodierung von Waren кодирование товаров

Koeffizient *(ökon.)* коэффициент; ~ **der** <**statischen, dynamischen**> **Nutzmasse** *(Kfz.)* ~ <статической, динамической> грузоподъёмности; **Beförderungs-** *(Pass.)* ~ перевозимости пассажиров; **Eigengewichts-** *(Verpackung)* ~ тары; **Einsatz-** <**des Fahrzeugparks**> ~ использования <автомобильного парка>; **Input-Output-**~ ~ затрат и выпуска; **Mobilitäts-** ~ подвижности <населения>; **Sicherheits-** ~ безопасности; **Transport-** *(Güterv.)* ~ перевозимости груза; **Weiterleitungs-** *(Güterv.)* ~ повторности перевозок; ~ **der Transportintensität** ~ транспортоёмкости

Kofferraum *(PKW)* багажник

Kollo *(Frachtstück)* место (единица) <багажа, груза>

Kombi- *(in Zus.)* комбинированн||ый/ая/ое/ые, **-bahnhof** грузопассажирский вокзал; **-fahrzeug 1.** *(für Schiene-Straße-Verkehr)* автомобиль *(m.)* на -ом ходу, автомобиль с устройством для движения по рельсовому пути; **2.** *(für Güter- und Passagierverkehr)* грузопассажирский автомобиль; **-karte** *(ÖPNV)* -ый билет; **-lager** -ый склад; **-netz** сеть *(f.)* -ых путей сообщения

kombiniert комбинированн||ый/ая/ое/ые; **-e Binnen- und Hochsee-Schifffahrt** -ое (смешанное) река-море-плавание; **-e Fahr- und Eintrittskarte** -ый билет на проезд и вход; **-er Frachtbrief** -ая транспортная накладная; **-er Güterverkehr** -ые (смешанные) грузовые перевозки; **-er Ladungsverkehr**⊞ *s.* ~ *Güterverkehr*; **-e Schifffahrt** смешанное плавание; **-e Transportkette** -ая (смешанная) транспортная цепь; **-es Transportkonnossement** *(See., Containerfrachtbrief)* -ый транспортный коносамент; **-er Verkehr** -ый (смешанный) <грузовой> транспорт, -ое сообщение, -ые (смешанные) перевозки

Kombi‖schiff судно комбинированн‖ого плавания, судно различного назначения, грузопассажирское судно; **-tarif** -ый тариф; **-terminal** многопрофильный терминал;

Kombiverkehr⊞ ‖ комбинированн‖ый (смешанный) <грузовой> транспорт, -ое сообщение, -ые перевозки; **internationaler** ~ международные -ые перевозки;

Kombiwagen *s.-fahrzeug*

Komfort комфорт <в чём-л.>, удобство, комфортабельность *(f.)* <чего-л.>; **Fahr-** ~ в поездке, ~ езды, ~ поездки; **Flug-** ~ в полёте, ~ полёта; **Reise-** *s. Fahr-*

Komitee комитет; **Staatliches Zoll-** *(RF)* Государственный таможенный ~ (ГТК); <**Zwischenstaatliches** ~ **für Luftfahrt** *(GUS)* Межгосударственный авиационный ~ (МАК)

Kommission 1. *(Organ)* комиссия; **2.** *(kfm., Gebühr)* комиссионный сбор, комиссионные *(Pl.)*; **3.** *(Handel)*

комиссия; **Donau-** Дунайская комиссия; **Tarif-** Тарифная комиссия; **Waren auf ~ kaufen** покупать/купить товар через комиссию; **Waren in ~ nehmen** принимать/принять товар на комиссию

Kommissionär *(Pers.)* комиссионер, <торговый> агент; **Export- ~** по экспортным сделкам; **Import- ~** по импортным сделкам; **Verkaufs-** торговый, ~ по сбыту

Kommissions- *(in Zus.)* комиссионн‖ый/ая/ое/ые; **-beleg** *(Lager)* комплектационный документ; **-geschäft** -ая сделка; **-lager** комплектационный склад, склад -ых товаров; **-transport** транспорт, работающий на -ых началах; **-ware** -ый товар

Kommittent *(Pers.)* комитент, доверитель *(m.)*

kommunal коммунальн‖ый/ая/ое/ые, *(in Selbstverwaltung)* муниципальн‖ый/ая/ое/ые; **-e Behörde** муниципальные (коммунальные) власти *(Pl.)*; **-e Gesetzgebung** -ое законодательство; **-e Steuer** коммунальный (местный) налог; **-e Straße** -ая дорога, -ая улица; дорога, находящаяся в ведении местных органов власти; **-er Straßenbau** коммунальное дорожное строительство; **-es** <Verkehrs>Unternehmen коммунальное (местное) <транспортное> предприятие

Kommunikation коммуникация; **Satelliten-** спутниковая, спутниковая связь

Komplett- *(in Zus.)* комплектн‖ый/ая/ое/ые; **-angebot** *(kfm.)* -ое предложение

Komplettierung комплектование

Komplettierungs- *(in Zus.)* комплектовочн‖ый/ая/ое/ые; **-lager** -ый склад; **-liste** -ая ведомость

Komplett‖ladung 1. *(Prozess)* полная погрузка <транспортной ёмкости, кузова, вагона>; **2.** *(Ladung)* партия товара, полностью заполняющая транспортную ёмкость; **-lieferung** комплектная (полная) поставка

Kondensstreifen *(Flug.)* конденсационный (трассирующий) след <самолёта>

Konditionen *(Pl., s. Bedingungen)* условия

Konferenz конференция; **Europäische Verkehrsminister-** Европейская ~ министров транспорта; **Europäische Zivilluftfahrt-** Европейская ~ гражданской авиации

Konferenzfrachtrate *(Schiff.)* картельная фрахтовая ставка

Kongress конгресс; **Eisenbahn- ~** железных дорог; **Schifffahrts- ~** судоходных компаний; **Straßen- ~** автомобильного транспорта

konkurrenzfähig *(s. auch wettbewerbsfähig)* конкурентоспособн‖ый/ая/ое/ые

Konkurrenzware конкурирующий товар

Konjunktur <des Verkehrsmarktes> конъюнктура <транспортного рынка>

Konnossement ⌨ *(See., Bill of Lading, s. auch Frachtbrief)* коносамент; **begebbares ~** оборотный; **direktes ~** прямой, сквозной; **einheitliches ~** единый; **gültiges ~** действительный; **indossiertes ~ ~** с передаточной надписью, ~ с индоссаментом; **kombiniertes** ~ комбинированный; **nominelles** ~ *s. Namens-*; **reines** ~ чистый; **unreines** ~ нечистый, неисправный, ~ с оговоркой; **versichertes** ~ застрахованный; ~ **über eine Ware** ~ на <какой-л.> товар;

Konnossement, **An-Deck-~** <бортовой> ‖ коносамент ‖ на палубный груз; **Ausfuhr-** экспортный; **Bord-** погруженный, бортовой ~ <на груз>; **Charter<partie>-** чартерный; **Custody-** складской; **Durch<fracht>-** сквозной, прямой; **Einfuhr-** импортный; **Empfangs-** простой; **Export-** *s. Ausfuhr-*; **Hafen-** портовый; **Import-** *s. Einfuhr-*; **Inhaber-** предъявителский, ~ на предъявителя; **Kai-** небортовой; **Kapitäns-** капитанский; **Kurz-** краткий; **Lagerhalter-** складской; **Linien-** рейсовый; **Namens-** именной; **Order-** ордерный; **Original-** подлинный; **Rekta-** *s. Namens-*; **Sammel-** сборный, сводный; **Schiffs-** судовой; **See<schiff>-** морской, морская (океанская) накладная; **Spediteur-** экспедиторский; **<kombiniertes> Transport-** <комбинированный> транспортный; **Übernahme-** ~ на груз, принятый к перевозке; **Umlade-** перевалочный; **Auslösung eines -s** выкуп –а; **Erteilung eines -s** издание –а; **Indossierung eines -s** индоссация -а; **ein ~ an Order ausstellen** выставлять/выставить ~ по приказу

Konnossement- *(in Zus.)* коносаментн‖ый/ая/ое/ые; **-anteilschein** <des Spediteurs> *(See.)* долевой коносамент <экспедитора>; **-garantie/n** -ая

гарантия, -ое обеспечение; **-klausel** -ая оговорка; **~-Proforma** проформа коносамента

Konnossements- *(See., in Zus.)* коносаментн‖ый/ая/ое/ые; **-beförderung** перевозка <груза> по коносаментам; **-fracht** груз по коносаменту; **-gebühr** -ый сбор; **-gewicht** -ый вес; **-inhaber** *(Pers.)* держатель *(m.)* коносамента; **-recht** -ое право

Konsignant *(jur., Pers.)* консигнант

Konsignatar *(jur., Pers.)* консигнатар

Konsignations- *(in Zus.)* консигнационн‖ый/ая/ое/ые; **-geschäft** -ая операция; **-lager** -ый склад; **-vertrag** -ый договор, -ый контракт; **-ware** -ый товар

Konsortium консорциум; ~ **von Luftfahrtunternehmen** авиа-

konstitutive Eintragung <von etw.> конститутивное занесение <чего-л. во что-л.>

Konsular- *(in Zus.)* консульск‖ий/ая/ое/ие; **-abteilung** -ий отдел; **-dienst** -ая служба; **-gebühr** -ий сбор

Konsulats- *(in Zus.)* консульск‖ий/ая/ое/ие; **-bestätigung** -ая легализация; **-faktura** -ая фактура; **-vermerk** -ая виза

Konsument *(Pers.)* потребитель *(m.)*

Konsumgüterverpackung потребительская упаковка (-ая тара)

kontaktloses Ticketing *(ÖPNV)* система пользования общественным городским транспортом путём магнитной абонементной карточкой

Kontingent контингент; **bilaterales** ~ двусторонний; **Ausfuhr-** экспортный, ~ на экспорт, ~ на вывоз; **Cemt-** *(EU)* ~, установленный Европейской конференцией министров транспорта; **Einfuhr-** импортный, ~ на импорт, ~ на ввоз; **Export-** *s. Ausfuhr-*; **Gemeinschafts-** *(EU)* ~ EC, **Genehmigungs-** ~ лицензий; **Import-** *s. Einfuhr-*; **Transport-** транспортный; **Zoll-** **1.** *(für zollpflichtige Ware)* ~ товаров, облагаемых пошлиной; **2.** *(für Zollvergünstigungen)* ~ товаров, на которые распространяются таможенные льготы; **ein** ~ **ausschöpfen** исчерпать/исчерпнуть ~; **ein** ~ **überziehen** превышать/ превысить ~

kontingentieren устанавливать/ установить контингент

Kontingentierung *(s. auch Beschränkung)* определение (установление) контингентов, контингентирование

Kontingentierungssystem система контингентирования

Konto des Spediteurs счёт экспедитора

Kontroll- *(in Zus.)* контрольн‖ый/ая/ое/ые

Kontrolle контроль *(m.)*; **technische** ~ технический; ~ **des Luftraums** ~ воздушного движения, ~ **des ruhenden Verkehrs** ~ припаркованных автомобилей; **Annahme-** приёмочный; **Ausfuhr-** экспортный, ~ над экспортом; **Ausgangs-** отправочный; **Bestands-** ~ запасов; **Einfuhr-** импортный, ~ над импортом; **Export-** *s. Ausfuhr-*; **Fahrschein-** *(ÖPNV)* проверка <проездных> билетов; **Fahrzeug-**

<технический> ~ транспортных средств; **Flug-** ~ воздушного движения; **Fluggast-** проверка пассажиров <в аэропорту>; **Fracht-** досмотр груза; **Gepäck-** *(durch den Zoll)* <таможенный> досмотр багажа; **Geschwindigkeits-** ~ скорости; **Grenz-** пограничный; **Hygiene-** санитарно-карантинный; **Import-** *s. Einfuhr-*; **Lagerbestands-** ~ складских запасов; **Pass-** паспортный, проверка паспортов; **Qualitäts-** ~ качества; **Reexport-** ~ над реэкспортом; **Sicherheits-** ~ безопасности; **Stichproben-** *(Zoll.)* таможенный контроль (-ый досмотр) <груза, багажа> на выборку; **Straßen-** дорожный; **Verkehrs-** **1.** *(allg., Überwachung)* надзор над движением транспорта; **2.** *(Kfz., auf der Straße)* дорожный контроль; **3.** *(techn. Kontrolle von Kfz.)* технический контроль <автомобилей>; **Zoll-** таможенный, таможенная проверка

Kontrolleur *(Pers.)* контролёр, **Ladungs-** *(Schiff.)* таллиман

kontrollieren проверять/проверить <что-л., кого-л.>

Kontroll‖punkt контрольный (-о- пропускной) пункт; **-turm** диспетчерская вышка

Konvention *(s. auch Abkommen)* конвенция; **Berner** ~ *(Eis.)* Соглашение о международном грузовом железнодорожном сообщении; **Schiffssicherheits-** Международная ~ по охране человеческой жизни на море; **Seerechts-** ~ по морскому праву; **Zoll-** таможенная

Konventionaltarif конвенционный тариф

konventionell обычн‖ый/ая/ое/ие,

стандартн‖ый/ая/ое/ие; **-er Güterverkehr** традиционные грузовые перевозки *(Pl.)*; **-e Ladung** -ый груз; **-er Ladungsverkehr** *s. Güterverkehr*; **-es Schiff** -ое судно; **-es Stückgut** -ый штучный груз

Konzept концепция; **modernes ~** современная; **veraltetes~** устаревшая; **verkehrsträgerübergreifendes ~** охватывающая несколько носителей транспорта; **zeitgemäßes ~** *s. modernes*; **Dienstleistungs- ~** 📖 обслуживания; **Gateway-~** 📖 *(Bündelung von Frachtströmen) ~* связывания грузовых потоков; **Liefer- ~** поставок; **Logistik- ~** по логистике; **Mobilitäts- ~** по повышению мобильности (подвижности); **Netz-** сетевая; **Parkraum<bewirtschaftungs>-** 📖 **~** <хозяйственного> использования полезной площади для автостоянки; **Road-to-Sea-~** 📖 **~** по перенесению автомобильных грузовых перевозок на судна прибрежнего плавания; **RoLa-~** 📖 контрейлерных перевозок; **RoRo-~** 📖 горизонтальной погрузки и выгрузки; **Service-** *s. Dienstleistungs-*; **Verkehrs-** транспортная

Konzeption zur Verkehrsentwicklung концепция по развитию транспорта

Konzession *(s. auch Genehmigung, Lizenz)* лицензия, концессия; **Linien- ~** на право осуществления маршрутных перевозок; **LKW-~ ~** на грузовик; **Schiffs-** судовая; **Taxi- ~** на право вождения такси *(n., indkl.)*; **eine ~ beantragen** запрашивать/запросить -ю; **eine ~**

entziehen лишать/лишить -и; **eine ~ erteilen** предоставлять/предоставить -ю

Konzessionierung 📖 порядок выдачи лицензий

Konzessions- *(in Zus.)* лицензионн‖ый/ая/ое/ые; **-erteilung** выдача лицензий; **-erwerb** приобретение лицензии; **-gebühr/en** -ый сбор; **-handel** торговля лицензиями; **-modell** модель *(f.)* выдачи лицензий; **-pflicht** обязанность *(f.)* наличия (приобретения) лицензии; **-rückgabe** возврат лицензии; **-splitting** 📖 деление лицензии; **-vertrag** -ый договор, -ый контракт

Kooperation сотрудничество, кооперация

Koordinierung координация, *(Prozess)* координирование; **~ von Güterströmen** *(Pl.)* ~ грузовых потоков; **Flugplan-** согласование расписаний полётов; **Luftraum- ~** эксплуатации воздушного пространства; **Transport- ~** перевозок

Kopfbahnhof *(Eis.)* тупиковая станция

Kopie копия; **~ in dreifacher Ausfertigung ~** в трех экземпляров

Korrespondent-Reeder *(Pers., See.)* судовладелец-корреспондент

Korrespondenzspediteur *(Pers., Schiff.)* экспедитор-корреспондент

Korridor коридор; **Eisenbahn- ~** железнодорожных перевозок; **Huckepack- ~** для контрейлерных перевозок; **Luft-** воздушный; **Verkehrs-** транспортный

Kosten *(Pl.)* **I** *(Aufwendungen)* расходы, издержки; **fixe ~**

постоянные; **staubedingte** ~ расходы, связанные с задержкой транспортного средства в заторе; **variable** ~ переменные; **Abfertigungs-** ~ по отправке; **Abfuhr-** *s. Abfertigungs-*; **Ablade-** ~ по разгрузке (выгрузке, отгрузке); **Aufbewahrungs-** ~ по хранению <груза>; **Ausfuhr-** экспортные; ~, связанные с экспортом <товаров>; **Beförderungs-** ~ по перевозке, транспортные; ~, связанные с транспортом; *(Güterv. auch)* ~ по отправке; **Betriebs-** <переменные> эксплуатационные; **Charter-** *s. Befrachtungs-*; **Distributions-** ~ на распределение <грузов>; **Durchfuhr-** ~ на провоз; **Einfuhr-** импортные; ~, связанные с импортом; **Entlade-** ~ по разгрузке (выгрузке); **Entsende-** *s. Versand-*; **Fahrt-** транспортные; ~, связанные с транспортом; *(Fahrzeugnutzung auch)* эксплуатационные, *(Reise auch)* путевые, дорожные; **Fracht-** транспортные, ~ по перевозке грузов; **Gemein-** общие, накладные; **Gütertransport-** *s. Fracht-*; **Havarie-** аварийные; **Infrastruktur-** ~ на инфраструктуру; **Instandhaltungs-** ~ на содержание и эксплуатацию, ~ на текущий ремонт <подвижного состава>; **Kraftstoff-** ~ на топливо; **Lager<haltungs>-** складские, ~ на складирование; **Liefer-** ~ по доставке; **Lösch-** *(Schiff.)* *s. Entlade-*; **Regress-** ~ по регрессным искам; **Reise-** путевые, дорожные, проездные *(Pl. Subst.)*; *(Dienstreise auch)* командировочные; **Reparatur-** ~ на ремонт; **Staufolge-** ~, связанные с задержкой транспортного средства в заторе; **Terminal-** терминальные; **Transport-** *s. Beförderungs-*; **Umlade-** ~ на перегрузочные (перевалочные) операции, ~ по перегрузке (перевалке); **Unfall-** ~ от аварии; **Unfallfolge-** ~ по ликвидации последствий аварии; **Unterhaltungs-** *s. Instandhaltungs-*; **Verkehrs-** ~ *(Pl.)* ~ на транспорт; ~, связанные с транспортом; **Verlade-** ~ на погрузку; **Verpackungs-** ~ по упаковке; **Versand-** ~ по отгрузке (отправке, перевозке) <груза>; **Vertriebs-** ~ на сбыт; **Wartezeit-** ~, связанные с простоем <транспортного средства>; **Wartungs-** ~ по техническому обслуживанию <транспортного средства>; **Wartungs- und Instandhaltungs-** ~ на содержание и эксплуатацию оборудования (РСЭО); **Wege-** дорожные; **Zusatz-** дополнительные; **Zustell-** ~ по доставке;

Kosten *(Pl.)* II *(Preis)* стоимость *(f.)*, цена; **tatsächliche** ~ фактическая; ~ **und Fracht (caf)** стоимость || и фрахт (каф); ~ **und Versicherung (ci)** ~ и страхование; ~, **Fracht, Assekuranz** ~, фрахт, страхование; ~, **Versicherung und Fracht (cif)** ~, страхование и фрахт; ~, **Versicherung, Fracht und Provision (cifc)** ~, страхование, фрахт и комиссионные; ~, **Versicherung, Fracht, Provision und Kreditkosten (cifci)** ~, страхование, фрахт, комиссионные и банковский процент;

Kosten, Beförderungs- стоимость || перевозок, *(Pass. auch)* ~ проезда, ~ проездного билета, *(Güterv. auch)* транспортный (грузовой) тариф, фрахт, тариф на транспортные услуги; **Befrachtungs-** ~ по фрахтованию; **Fahrt-** *(s. auch Fahrgeld)* ~ проезда, ~ проездного билета, плата за проезд; **Flug-** ~ полёта; **Fracht-** фрахт;

Gütertransport- ~ грузовых перевозок; **Hafen-** *(Pl.)* портовые; **Logistik-** ~, связанные с перевалкой и транспортировкой груза; **Projekt-** ~ проекта; **Reise-** ~ поездки; **Reparatur-** ~ ремонта; **Selbst-** себестоимость <перевозок>; **Speditions-** ~ экспедиторских услуг; **Stau- und Trimm-** *(Schiff)* ~ штивки; **Transport-** ~ транспортных услуг, транспортный тариф, фрахт; **Verlade-** ~ погрузки; **Verpackungs-** ~ упаковки; **Versand-** ~ отправки, ~ вывоза; **Versicherungs-** страховая

Kosten- *(in Zus.)* расходн‖ый/ая/ое/ые; **-art** вид (статья) расходов

kosten‖deckend безубыточн‖ый/ая/ое/ые; **-frei** *(gebührenfrei)* бесплатн‖ый/ая/ое/ые

Kosten‖-Informations-System *(LKW, BRD)* информационная система, служащая автотранспортным предприятиям ориентиром для составления калькуляций после отмены тарифов на грузовые автотранспортные перевозки; **-kalkulation** смета расходов; **-klausel** *(jur.)* оговорка о расходах

kostenlos *s. kostenfrei*

Kosten-Nutzen-Index 🕮 **(KNI)** коэффициент общей экономической эффективности капитальных вложений

kostenoptimale Planung <der Beförderung, der Routen> планирование <перевозок, маршрутов> с оптимальным учётом стоимости;

kostenpflichtig *(gebührenpflichtig)* платн‖ый/ая/ое/ые, *(Adv.)* платно

Kosten‖senkung снижение расходов; **-steigerung** повышение расходов

Kotflügel *(Kfz.)* крыло <кузова автомобиля>

Kränkung *(techn.)* крен, *(Prozess auch)* кренение

kraft Vertrages *(jur.)* в силу договора

Kraftfahrer *(Pers.)* водитель *(m.)* <автомобиля>, шофёр

Kraftfahrt-Bundesamt *(BRD)* Федеральное ведомство автомобильного (автодорожного) транспорта

Kraftfahrzeug *(s. auch Fahrzeug, Automobil, Wagen)* автомобиль *(m.)*, автомашина

Kraftfahrzeug- *(in Zus.)* автомобильн‖ый/ая/ое/ые; **-anmeldung** регистрация автомобиля; **-brief** <технический> паспорт (техпаспорт) автомобиля; **-diebstahl** угон автомобиля; **-industrie** -ая промышленность (авто-); **-inspektion** -ая инспекция (авто-); **-instandhaltung** техническое обслуживание автомобиля, содержание <автомобиля> в исправности, авторемонтное производство; **-instandsetzung** ремонт автомобиля; **-pflichtleistung** автогужевая повинность, **-mechaniker** *(Pers.)* автомеханик; **~-Prüfplakette** талон о прохождении технического осмотра; **-register** -ый реестр; **~-Reparaturwerkstatt** авторемонтная мастерская (-ый завод), автосервис, *(Unternehmen auch)* авторемонтное предприятие; **-schlosser** автослесарь *(m.)*; **-steuer** -ый налог, налог на владельцев автомобиля; **emissionsbezogene -steuer** -ый налог, установленный в зависимости от токсичности отработанных газов; **-steuergesetz** *(BRD)* Федеральный закон о налоге на собственников автомобилей; **-versicherung** страхование автомобиля

Kraftstoff *(s. auch Treibstoff)* топливо, горючее, горючий материал

Kraftstoff- *(in Zus.)* топливн‖ый/ая/ое/ые; **-behälter** -ый бак; **-einsparung** экономия топлива; **-kosten** *(Pl.)* расходы на топливо; **-lager** -ый склад; **-pumpe** -ый насос, **-tank** *s.* **-behälter**; **-verbrauch** расход топлива

Kraftverkehr автомобильный транспорт (-ое сообщение, -ые перевозки), автотранспорт; **grenzüberschreitender** ~ трансграничный автотранспорт; **internationaler** ~ международный автотранспорт (-ое автотранспортное сообщение); **öffentlicher** ~ автотранспорт общего пользования; **städtischer** ~ городской автотранспорт; ~ **im Transit** транзитный автотранспорт;

Kraftverkehr, Güter- грузовой автомобильный транспорт, грузовые автотранспортные перевозки (автоперевозки), автогужевые перевозки; **Personen-** пассажирский автомобильный транспорт, автопассажирские перевозки *(Pl.)*; **Überland-** междугородное автомобильное сообщение; **Dominanz des -s** преобладание автомобильного транспорта

Kraftverkehrs- *(in Zus.)* автотранспортн‖ый/ая/ое/ые; **-betrieb** -ое предприятие,

автохозяйство; **-linie** автомобильная линия (авто-); **-markt** рынок автомобильного транспорта; **-ordnung** правила *(Pl.)* движения автомобильного транспорта; **-spediteur** *(Pers.)* -ый (автомобильный, автодорожный) экспедитор; **-tarif** автомобильный тариф; **-unternehmen** *s.* **-betrieb**; **-unternehmer** *(Pers.)* владелец автопредприятия, -ый (автомобильный) перевозчик

Kraftwagen *(s. auch Kraftfahrzeug)* автомобиль *(m.)*; **Last-** грузовой, грузовик; **Nutz-** *(Güterv.)* грузовой, тягач, *(Pass.)* автобус; **Personen-** легковой

Kraftwagen- *(in Zus.)* автомобильн‖ый/ая/ое/ые; **-frachtvertrag** договор -ой перевозки грузов, договор на перевозку груза автотранспортом; **-spediteur** *(Pers.)* <грузовой> -ый (автотранспортный, автодорожный) экспедитор; **-spedition** автотранспортная (автодорожная) грузовая экспедиция

Kran кран; **mitfahrender** ~ несамоходный; **selbstfahrender** ~ самоходный; **Auto-** авто-, <подвижной> авто-; **Bock-** козловой; **Container-** контейнерный; **Dreh-** поворотный; **Hafen-** портовый; **Helling-** *(Schiff.)* стапельный, эллинговый; **Hub-** <грузо>подъёмный; **Kai-** причальный; **Lade-** погрузочный; **Last<en>-** *s.* **Hub-**; **Lauf-** передвижной <мостовой>; **Mobil-** самоходный, передвижной <подъёмный>; **Portal-** портальный; **Schienendreh-** поворотный ~ на рельсовом ходу; **Schiffs-** судовой; **Schwergut-** ~ для перегрузки (перевалки) тяжеловесного груза; **Schwimm-** плавучий, плав-; **See-** морской; **Stapel-** ~-штабелёр; **Tauch~** водолазный; **Tor~** *s. Portal-*; **Turm-** башенный; **Umlade-** перегрузочный; **Verlade-** *s. Lade-*; **Güterumschlag per** ~ крановая операция

Kran- *(in Zus.)* кранов‖ый/ая/ое/ые; **-anlage** -ое грузовое устройство; **-bahn 1.** *(Vorrichtung)* рельсовый кран; **2.** *(Gleis)* подкрановый путь

kranbares Gut годный к перевалке краном груз

Kran‖gebühr сбор (плата) на (за) пользование краном (аренду крана); **-geld** *s. -gebühr*; **-kapazität** <подъёмная> мощность крана; **-technik** крановое оборудование; **-verladung** погрузка с помощью крана

Kreis- *(in Zus.)* кольцев‖ой/ая/ое/ые; **-fahrspur** -ая полоса <движения>; **-verkehr** -ое движение

Kreuz *(s. Knotenpunkt, Drehscheibe)* крест; **Autobahn-** ~ автострад, *(Gabelung auch)* разветвление автострады; **<Eisen>Bahn-** железнодорожный, пункт пересечения железнодорожных линий; **Dreh-** транспортный; **Luft-** воздушный; **Verkehrs-** транспортный, транспортный узел; **Wasserstraßen-** узел водных путей

Kreuz- *(in Zus. hier Schiff.)* круизн‖ый/ая/ое/ые; **-fahrt** круиз; **-fahrtschiff** круизер, -ое судно

Kreuzung перекрёсток; **ampelgeregelte** ~ регулируемый светофором; **Gleis-** пересечение рельсовых путей; **Schienen-** *s. Gleis-*; **Straßen-** ~ (пересечение) дорог

Kreuzungs- *(in Zus.)* перекрёстн‖ый/ая/ое/ые; **-bahnhof** *(Eis.)* узловая станция на пересечении двух направлений, станция скрещения; **-punkt** точка (место) пересечения (скрещения); **-verkehr** -ое движение

Kriechspur *(Langsamfahrspur für LKW)* полоса малоскоростного движения

Küchenwagen *(Eis.)* вагон-кухня

Kühl- *(in Zus., s. auch Gefrier-)* рефрижераторн‖ый/ая/ое/ые, холодильн‖ый/ая/ое/ые; **-anlage** -ая установка; **-behälter** *s. -container*; **-container** -ый (изотермический) контейнер, контейнер-рефрижератор; **-fahrzeug** рефрижератор, *(LKW auch)* автомобиль-рефрижератор, авторефрижератор, *(Eis. auch)* поезд-рефрижератор; **-gut** -ый груз; груз, требующий охлаждения; груз, подлежащий транспортировке в прохладном месте; **-kette** -ая транспортная цепь; -ый склад, склад для -ого груза; **-lagerung** -ое хранение; **-raum** -ая камера; **-schiff** -ое судно, судно-рефрижератор; **-trailer** -ый трейлер, рефтрейлер; **-transport** -ый транспорт; **-wagen** *s. -fahrzeug, -waggon*; **-waggon** -ый (изотермический) вагон, вагон-ледник (~-холодильник, ~-рефрижератор); **-wasser** *(Kfz.)* охлаждающая вода (жидкость); **-wechselbehälter** -ый сменный кузов; **-zug** -ый поезд, поезд-рефрижератор

kündigen, einen Vertrag расторгать/ расторгнуть договор

Kündigung *(Vertrag)* расторжение <договора>

künstlich искусственн‖ый/ая/ое/ые; **-er Kanal** -ый канал; **-e Wasserstraße** -ый водный путь

kürzeste Entfernung кратчайшее расстояние

Küste берег

Küsten- *(in Zus.)* прибрежн‖ый/ая/ое/ые; **-befestigungen** *(Pl.)* береговые сооружения; **-fahrer** *(Kabotageschiff)* каботажник; **-gewässer** *(Pl.)* -ые морские (территориальные) воды; **-hafen** -ый (каботажный) порт, *(natürl.)* -ая гавань; **-motorschiff,** каботажный теплоход, каботажник; **-reederei** -ое (каботажное) пароходство; **-schiff** -ое (каботажное) судно, судно -его плавания;

Küstenschifffahrt ‖ береговое (каботажное, прибрежное) судоходство, каботажное плавание; **Frachtrate in der** ~ береговая и судовая <фрахтовая> ставка;

Küsten‖schifffahrtslinie каботажная линия; **-schiffseigner** *(Pers.)* владелец каботажных судов; **-wache** береговая охрана

Kunde *(Pers.)* клиент, *(Käufer)* покупатель *(m.)*; **End-** конечный получатель; **Firmen-** корпоративный; **Haupt-** ~ основной, главный; **Privat-** частный; **Stamm-** постоянный; **Bedienung von -n** *(Pl.)* обслуживание клиентов

Kunden- *(in Zus.)*; **-anforderungen** *(Pl.)* требования клиент‖ов; **-bedürfnisse** *(Pl.)* потребности -ов (заказчиков); **-beziehungen** *(Pl.)* взаимоотношение с клиентурой; **-dienst** обслуживание -ов;

-forderungen *(Pl.)* s. **-anforderungen**; **-kartei** картотека – ов (покупателей); **-kreis** клиентура, круг покупателей; **-parkplatz** автостоянка для -ов определённого магазина (универмага); **-reklamationen** *(Pl.)* претензии -ов

Kunststoffband *(Verpackung)* пластиковая лента

Kupplung *(techn.)* сцепление, сцепное устройство, *(Schienv. auch)* сцепка; **automatische** ~ автоматическое сцепление (авто-), автосцепка; **selbsttätige** ~ s. *automatische*; **Zug-** сцепка поездов

Kupplungs- *(techn., in Zus.)* сцепн‖ой/ая/ое/ые; **-anlage** -ое устройство; **-pedal** педаль *(f.)* сцепления; **-scheibe** диск сцепления

Kurier *(Pers.)* курьер; **Zustellung durch** ~ доставка <груза> с нарочными

Kurier- *(in Zus.)* курьерск‖ий/ая/ое/ие; **-dienst** -ая сдужба, служба дипсвязи; **-fahrten** *(Pl.)* -ие перевозки; **-taxi** такси *(n., indkl.)* дипсвязи

Kurs *(Schiff., Flug.)* курс; **vom** ~ **abkommen** отклоняться/ отклониться от –а; **vom** ~ **abweichen** s. *vom* ~ *abkommen*; ~ **halten** придерживать ~; ~ <**auf ein Ziel> nehmen** брать/взять ~ <на какую-л. цель>

Kurs- *(in Zus.)*; **-buch** *(Eis.)* железнодорожный справочник; **-wagen 1.** *(Eis., Pass.)* прямой (беспересадочный) вагон, вагон прямого сообщения; **2.** *(Güterv.)* сборно-раздаточный вагон

Kurve *(Straße)* поворот, *(Schienv. auch)* закругление пути; **Links-**

левый поворот; **Rechts-** правый поворот

kurvengängige Containerbrücke контейнерный мост с бегом на поворотах

kurvenreich извилист‖ый/ая/ое/ые; **-e Straße** -ая дорога; **-e Strecke** – ый путь (-ый участок)

Kurvenverhalten <eines Kfz.> поворачиваемость *(f.)* <автомобиля>

kurz 1. *(räuml.)* коротк‖ий/ая/ое/ие; **2.** *(zeitl.)* кратк‖ий/ая/ое/ие; **-er Halt** краткая остановка; **-er Radstand** *(Kfz.)* короткая база автомобиля

Kurz- *(in Zus.)* **1.** *(räuml.)* коротк‖ий/ая/ое/ие; **2.** *(zeitl.)* кратк‖ий/ая/ое/ие; **-konnossement** *(See.)* краткий коносамент

kurzlebige Güter *(Pl.)* товары кратковременного пользования

Kurz‖strecke коротк‖ое расстояние (-ая дистанция);

Kurzstrecken‖flug полёт на коротк‖ое расстояние; **-flugzeug** ближнемагистральный самолёт; **-fracht** короткопробежный груз; **-gut** *s. -fracht*; **-verkehr/e** движение (перевозки) на -ие дистанции (на -ое расстояние); **-ticket** *(ÖPNV)* проездной билет на -ую дистанцию;

Kurz‖zeitparker припаркованные на краткий срок автомобили; **-zug** *(Schienv.)* неполносоставный (неполновесный) поезд, *(ÖPNV auch)* секция моторвагонного поезда

KV-Operateur *(Pers.)* оператор смешанной перевозки

L

labeln маркировать, этикетировать <что-л.>, наклеивать/наклеить этикетку <на что-л.>

Labeln *(Subst.)* <von Fracht, Ware> этикетирование, маркировка <груза, товара>

Lade- *(in Zus., s. auch Belade-, Verlade-)* погрузочн‖ый/ая/ое/ые, грузов‖ой/ая/ое/ые; **-agent** фрахтовый агент, агент погрузки; **-arbeiter** грузчик; **-barkasse** грузовая баржа; **-baum** *(Schiff.)* грузовая стрела; **-beschränkungen** *(Pl.)* габаритные ограничения <груза>; **-bordwand** грузоподъёмный борт, грузовой борт с подъёмником, бортподъёмник; **-brücke** погрузочный мост (-ый настил), *(Schiff. auch)* мостовой перегружатель; **-buch** грузовая книга; **-bühne** грузовая платформа;

Ladeeinheit ‖ погрузочная единица; **nicht selbstfahrende ~** несамоходная; **selbstfahrende ~** самоходная;

Lade‖faktor коэффициент загрузки; **-fläche 1.** *(nutzbarer Laderaum)* погрузочная площадь, площадь грузового помещения; **2.** *(Ladebühne)* грузовая платформа, погрузочная площадка; **3.** *(Fläche der Ladebühne)* площадь *(f.)* платформы; **spezifische -fläche** удельная площадь; **-gebühr** грузовой сбор, сбор (плата) за погрузку; **-gemeinschaft 1.** *(Versender)* объединение отправителей; **2.** *(Empfänger)* объединение получателей; **-gerät**

(zum Be- und Entladen von Fracht погрузочно-разгрузочное (грузовое) устройство (-ое приспособление), *(Schiff)* судовой такелаж; **-geschirr** *(Schiff.) s. -gerät*; **-geschirrzeugnis** *(Schiff.)* свидетельство об испытании грузовых средств судна; **-gewicht** вес (масса) груза, отгруженный вес, подъёмный груз; **-gleis** *(Eis.)* погрузочный (погрузочно-разргузочный) путь; **-gut** перевозимый груз; **-kai** *(Schiff.)* грузовой причал; **-kapazität 1.** *(Leistungsfähigkeit)* погрузочная мощность, мощность по отгрузке, *(Kran auch)* грузоподъёмность; **2.** *(Rauminhalt)* габаритная мощность, погрузочная ёмкость (-ый объём), грузоёмкость (-вместимость) <подвижного состава>, *(LKW auch)* ёмкость кузова, *(Eis. auch)* ёмкость вагона, *(Schiff. auch)* тоннаж <судна>; **-klappe** *(LKW)* задняя дверь <грузового автомобиля>, *(Flug., Schiff.)* грузовой (загрузочный) люк; **-kran** грузоподъёмный (погрузочный) кран; **-liste** погрузочная ведомость, накладная на груз; **-luke** *(Flug., Schiff.)* грузовой (загрузочный) люк; **-makler** *(Pers., Binnsch.)* агент погрузки, фрахтовый маклер, маклер по фрахтованию; **-marke** *(Schiff.)* грузовая марка <судна>; **-maß** габарит груза (погрузки); **-masse** *s. -gewicht*; **-mittel** *(Pl., techn.)* погрузочно-разгрузочные средства

laden *(s. auch aufladen, einladen, verladen)* грузить/погрузить, погружать/погрузить, производить погрузку; **Güter <auf einen Waggon, LKW>** ~ погружать/ погрузить груз <на вагон, грузовик>

Laden *(Subst., hier Beladen)* погрузка, загрузка

Lade‖öffnung погрузочный габарит; **-papiere** *(Pl.)* погрузочные документы; **-plan** карго-план, план погрузки; **-plattform** *(LKW)* грузовая платформа; **-pritsche** бортовая платформа; **-pforte** погрузочные ворота; **-profil** габарит груза (погрузки); **-rampe** погрузочная платформа (-ая эстакада, -ая рампа); **-raum 1.** *(Kammer)* грузовое помещение, <кузова, вагона>, *(Schiff.)* <грузовой> трюм, *(Flug.)* грузовая кабина самолёта; **2.** *s. -kapazität*; **-rutsche** погрузочный лоток;

Ladeschein ‖ погрузочная ведомость, свидетельство о погрузке, *(Frachtbrief)* погрузочная (транспортная) накладная, *(See.)* коносамент; **Namens-** именной коносамент; **Order-** ордерный коносамент;

Lade‖schluss <am Terminal> срок прекращения погрузки <на терминале>; **-spur** *(LKW)* полоса <дороги> для разгрузки и погрузки <грузовика>; **-versäumnis** задержка (просрочка) погрузки; **-verzug** *s. -versäumnis*; **-volumen** погрузочный объём; **-vorgang** погрузочно-разгрузочная (грузовая) операция; **-vorrichtung** погрузочное (загрузочное) устройство (-ое приспособление), *(am Fahrzeug)* грузовое устройство, *(umg. auch)* погрузчик; **-vorschriften** *(Pl.)* правила погрузки, погрузочная инструкция; **<gebührenfreie> -zeit** срок (время) <бесплатной> погрузки; **-zettel** накладная на погрузку; **-zone** зона для разгрузки и погрузки, зона для разгрузочно-погрузочных (перегрузочных) операций

Ladung I *(Ladegut, s. auch Fracht, Güter, Gut)* груз; **auflaufende** ~ *s. eingehende*; **eingehende** ~ прибывающий; **gemischte** ~ смешанный; **gestapelte** ~ штабелированный; **gestaute** ~ погруженный <на судно>; **heterogene** ~ разнородный; **homogene** ~ однородный; **konventionelle** ~ обычный; **nicht abgeholte** ~ невостребованный; **nicht teilbare** ~ неделимый; **rollende** ~ перевозимый по суше; **schwimmende** ~ *(See.)* морской, морское карго, *(Binnsch.)* ~, перевозимый водным транспортом; **sperrige** ~ негабаритный, крупногабаритный, громоздкий, объёмный; **unterwegs befindliche** ~ ~ в пути; **verlorengegangene** ~ потерянный; **wertvolle** ~ ценный;

Ladung, Bei- добавочный (дополнительный) || груз; **Bulk-** навалочный; **Charter-** чартерный; **Container-** контейнерный, ~ в контейнерах; **Deck-** палубный; **Einheits-** генеральный, штучный; **Komplett-** партия товара, полностью заполняющая транспортную ёмкость; **Misch-** *s. gemischte*; **Nutz-** коммерческий; **Paletten-** ~ на поддонах; **Rück-** обратный; **Sack-** ~ в мешках, ~ в мешочной упаковке; **Sammel-** сборный; **Schiffs-** судовой, *(See. auch)* морской, морское карго; **Schütt<gut>-** навалочный, насыпной, сыпучий; **Stück<gut>-** поштучный; **Tank-** наливной; **Teil-** партия товара, частично заполняющая транспортную ёмкость; **Trocken-** сухой, сухо-; **Wagen-**⌂ *(LKW)* полностью погруженный грузовик, *(Eis.)* повагонный;

die **Ladung** || **löschen** *(Schiff.)*; выгружать/выгрузить || груз <с судна, из трюмов>, разгружать/разгрузить <судно>; ~ **tarifieren** применять/применить определённый тариф на перевозку -а; ~ **übernehmen** принимать/ принять ~; **über** ~ **verfügen** распоряжаться/распорядиться –ом;

Ladung II *(Prozess, s. auch Beladung, Verladung)* погрузка <транспортного средства>; **Bei-** добавочная; **Komplett-** полная ~ <транспортной ёмкости, кузова, вагона>; **Rest-** догрузка; **Teil-** неполная, частичная; **Wagen-** *(Eis.)* полная ~ вагона, ~ полного вагона, *(LKW)* полная ~ кузова, ~ полного грузовика; **Zusammen- von Fracht** совместная ~ груза

Ladungs- *(in Zus., s. auch Belade-, Verlade-)* погрузочн||ый/ая/ое/ые; **-angebot** предложение <перевозимого> груза (фрахта); **-arrest** арест (задержание) груза, арест на груз; **-aufkommen** объём перевозимых грузов; **-einheit** *(Unit Load)* –ая (грузовая) единица; **-empfänger** грузополучатель *(m.)*; **-fahrt** производительный (гружёный) пробег, пробег с грузом; **-kontrolleur** *(Pers., Schiff.)* таллиман; **-sicherung** крепление груза; **-verkehr/e** грузовые перевозки; **kombinierter -verkehr** *(Güterv.)* комбинированные (смешанные) грузовые перевозки; **-verzeichnis** спецификация на груз

ländlicher Raum сельский район

Länge длина; **Betriebs-** ~ эксплуатации; **Dock-** *(Schiffbau)* ~ дока; **Fahrzeug-** *(Kfz.)* полезная ~ транспортного средства; **Schleusen-** ~ шлюза; **Strecken-** ~ пути (трассы); **<nutzbare> Wagen-**

(Eis.) <полезная> ~ грузового вагона; **Wagenkasten-** габаритная ~ кузова; **Trog-** *(Schiffshebewerk)* ~ ванны; **Zug-** ~ поезда

Längs- *(in Zus.)* продольн‖ый/ая/ое/ые; **-beschleunigung** -ое ускорение, ускорение -ого движения; **-verkehr** -ое движение

längsseits *(Schiff.)* вдоль борта <судна>

Lärm шум; **Flug-** ~ от воздушного движения (транспорта); **Verkehrs-** ~ от движения транспорта; ~, вызванный движением транспорта

Lärm- *(in Zus.)* шумов‖ой/ая/ое/ые; **-abschirmung** защита от шума, шумозащита; <**aerodynamische**> **-bekämpfung** снижение шума <аэродинамическими средствами>; **-belastung** -ая нагрузка, воздействие шума; **-emission** эмиссия шума; **-erzeugung** создание шума; **-minderung** снижение (уменьшение) шума; **-pegel** уровень *(т.)* шума; **-reduzierung** *s.* *-minderung*; **-schutz** *s.* *-abschirmung*; **-schutzmauer** противошумная стена; **-schutzzone** *(Flug.)* зона действия шумозащиты; **-situation** *s.* *-belastung*

Lager *(hier Speicherraum)* склад, *(überdacht auch)* пакгауз; **geschlossenes** ~ закрытый склад, пакгауз; **halbgeschlossenes** ~ полузакрытый склад; **offenes** ~ открытый склад; **öffentliches** ~ ~ общего пользования; **speditionelles** ~ экспедиционный; **temperaturreguliertes** ~ ~ с регулируемой температурой;

Lager, Abfertigungs- *s.* *speditionelles*; **Auslieferungs-** транспортно-экспедиционный ‖ склад; **Bahn-** железнодорожный; **Container-** контейнерный; **Distributions-** распределительный; **Durchgangs-** транзитный; **Export-** экспортный, ~ экспортных товаров; **Flüssig<gut>-** ~ для наливного груза; **Fracht-** товарный; **Frei-** 1. *(offener Lagerplatz)* открытый, ~ под открытым небом; 2. *(Zoll.)* свободный, вольный, приписной таможенный; **Hafen-** портовый; **Handels-** торговый, *(Großhandel auch)* база хранения (складирования); **Haupt-** основной; **Import-** ~ импортных товаров; **Kai-** причальный; **Kombi-** комбинированный; **Kommissions-** комплектационный, ~ комиссионных товаров; **Komplettierungs-** комплектовочный; **Konsignations-** консигнационный; **Kühl-** рефрижераторный, ~ для рефрижераторного груза; **Leergut-** тарный; **Logistik-** логистический; **Schüttgut-** навалочный, ~ для навалочного (насыпного, сыпучего) груза; **Stückgut-** ~ для штучного груза; **Tank-** ~ для наливного груза, *(für Kraftstoff)* топливохранилище, *(für Öl)* нефтебаза, *(für Benzin)* бензохранилище; **Tiefkühl-** ~ с глубокой заморозкой; **Transit-** транзитный; **Transport-** транспортный; **Umschlag-** перегрузочный, перевалочный; **Universal-** универсальный; **Versand-** экспедиционный, ~ отправления; **Verteiler-** распределительный; **Waren-** товарный; **Zoll<gut>-** таможенный; **Zollfrei-** приписной таможенный; **Zwischen-** промежуточный, ~ для краткосрочного хранения; **franko** ~

<des Empfängers> франко (свободно) ~ <получателя, покупателя>;

**Abfertigung des Zollgutes zum ||
Lager** *(Zollabfertigungsverfahren)* процедура таможенной отчистки товаров для дальнейшего хранения на таможенном склад‖е; **Lieferung ab** ~ поставка (доставка) со -а; **Verkauf ab** ~ продажа со -а; **<etw.> ab** ~ **verkaufen** продавать/продать <товар> со -а; **<etw.> auf** ~ **halten** иметь (держать) <товар> на -е

Lager- *(in Zus.)* складск‖ой/ая/ое/ие; **-arbeiten** *(Pl.)* -ие работы, -ие операции; **-arbeiter** *(Pers.)* -ой рабочий; **-ausgang** выдача товаров со склада; **-bestand** -ие запасы *(Pl.)*, -ой состав, состояние склада; **-bestandskontrolle** контроль *(m.)* -их запасов; **-dokumentation** -ая документация

Lagerei 1. *(Prozess)* складирование; **2.** *(Lagergewerbe)* складской промысел

Lager‖eingang поступление товара на склад; **-empfangsschein** квитанция о принятии товара на склад

lagerfähiges Gut пригодный к хранению груз

Lager‖fläche складск‖ая площадь, площадь складирования; **-frachtsatz** тариф -ого хранения; **-frist** срок хранения; **-gebühr** сбор (плата) за хранение груза на складе; **-geschäft** -ое дело; **-gewerbe** -ой промысел; **-gut** -ой груз; **-halter** *(Pers.)* управляющий складом;

Lagerhalter‖geschäft 1. *(Vorgang)* консигнационная операция; **2.** *(Gewerbe)* складское (консигнационное) дело;

-konnossement *(See.)* складской коносамент; **-spediteur** *(Pers.)* экспедитор, постоянно держащий товар клиента на собственном складе;

Lager‖haltung *(s. auch Lagerung, Geschäft)* складск‖ое хозяйство, -ое дело; **-haltungskosten** *(Pl.)* -ие расходы, расходы на складирование; **-inhaber** *(Pers.)* владелец склада; **-journal** -ой журнал; **-kapazität** -ая ёмкость, ёмкость склада, -ая мощность, *(Pl. auch)* -ие мощности; **-klauseln** *(Pl.)* условия складирования <в зависимости от вида товара и места хранения>; **-kennziffern** *(Pl.)* -ие индексы; **-kosten** *(Pl.) s. -haltungskosten*; **-miete** *s. -gebühr*

lagern складировать <груз>, хранить <груз> на складе; **<Güter> unter Zollverschluss** ~ хранить <груз> на таможенном складе (под пломбой)

Lager‖nutzfläche полезная складск‖ая площадь; **-nutzraum** полезный объём склада; **-ordnung** -ая инструкция, -ой порядок; **-palette** -ой поддон; **-personal** штат склада, -ие работники; **-raum 1.** *(Kammer)* -ое помещение; **2.** *s. -kapazität*;

Lagerschein ‖ складское свидетельство; **doppelter** ~ двойное; ~ **des Spediteurs** складская расписка экспедитора; **Dock-** доковая расписка (-ый варрант); **Inhaber-** ~ на предъявителя; **Namens-** именное; **Order-** *(Warrant)* ордерное;

Lager‖system система складирования, система складск‖ого хозяйства; **-tarif** тариф -ого хранения; **-terminal** -ой терминал; **-umschlag** оборот склада, оборачиваемость *(f.)* -их

запасов, грузооборот склада; ~-
und **Bestandsmanagement**
управление -ими запасами

Lagerung <**von** **Gütern**>
складирование <груза>, хранение
<груза> на складе; **artikelreine** ~
однородное; **getrennte** ~ сепарация
<груза>; **sachgemäße** ~
надлежащее; **unsachgemäße** ~
ненадлежащее; ~ **mit**
Überschreitung **der** **Lagerfrist**
сверхнормативное ~ <груза>; ~
unter **Zollverschluss** хранение на
таможенном складе; ~ **zu**
Vorzugsbedingungen *(Pl.)*
льготное;

Lagerung, **Artikel-Mehrfach-**~
неоднородное ‖ складирование;
Gefahrgut- ~ опасного груза;
Kühl- холодильное; **Sammel-**
совместное; **Stapel-** ~ в штабелях;
Zollgut- груза на таможенном
складе; **Zusammen-** *s. Sammel-*;
Zwischen- временное,
промежуточное

Lagerungs‖grundvolumen объём
складирования; **-vorschriften** *(Pl.)*
порядок хранения <груза> на
складе

Lager‖vertrag договор (контракт)
складирования, договор о передаче
груза на хранение; **-verwalter**
(Pers.) управляющий складом;
-verwaltung складское управление;
-volumen объём (ёмкость *(f.)*)
склада; **-vorschriften** *(Pl.)* порядок
хранения <груза> на складе;
-wirtschaft складское хозяйство;
-zone складская зона

Land I *(Staat)* страна; **Abgangs-** ~
отправления; **Abnehmer-** *s.*
Empfänger-, *Käufer-*; **Ausfuhr-**
~-экспортёр, экспортирующая,
вывозящая; **Bestimmungs-** ~
назначения; **Dritt-** третья;

Durchfuhr- *s. Transit-*; **Einfuhr-**
~-импортёр, импортирующая,
ввозящая; **Empfänger-**
~-получатель *(m.)*; **Export-** *s.*
Ausfuhr; **Herkunfts-** ~
происхождения; **Import-** *s.*
Einfuhr-; **Käufer-** ~-покупатель
(m.), ~ покупателя; **Transit-**
транзитная, ~ транзита; **Ursprungs-**
s. Herkunfts-; **Verkäufer-** ~
продавца, ~-поставщик;

Land II *(BRD, Bundesland)* Земля
ФРГ;

Land III *(Festland)* суша

Land- *(in Zus.)* наземн‖ый/ая/ое/ые,
сухопутн‖ый/ая/ое/ые

Lande- *(in Zus.,* *Flug.)*
посадочн‖ый/ая/ое/ые; **-anflug**
заход <самолёта> на посадку;
-bahn -ая полоса, -ая дорожка;
-erlaubnis разрешение на посадку
<самолёта>; **-gebühr** *(Flug.)* сбор
на посадку <самолёта>;
-genehmigung *s.* *-erlaubnis*;
-geschwindigkeit -ая скорость;
-klappe -ая закрылка; **-masse** -ая
масса; **-mast** *(Luftschiff)*
причальная мачта

landen 1. *(Flugzeug)* приземляться/
приземлиться, совершать/
совершить посадку, **2.** *(Flug.,*
Passagiere) прилетать/прилететь

Landeplatz ‖ *(Flug.)* посадочн‖ое
место, -ая площадка, место
посадки (приземления)
<самолёта>; **Hubschrauber-**
вертолётная площадка;

Lande‖rechte *(Pl.)* права на
посадку; **-regime** посадочный
режим <самолёта>

Landes- *(in Zus.,* *BRD)*
земельн‖ый/ая/ое/ые;
-gesetzgebung —ое законодальство;

-verkehrsbehörde транспортное ведомство Земли

Lande‖system *(Flug.)* посадочная система; **-verfahren** способ поса‖дки; **-vorbereitung** подготовка самолёта к посадке; **-vorrecht** преимущественное право посадки; **-zeit** время посадки

Landstraße ‖ внегородская (шоссейная) дорога, шоссе *(n., indkl.)*; **rollende** ~ $^{\square}$ *(KV, Eis.)* контрейлерные перевозки *(Pl.)*; **schwimmende** ~ $^{\square}$ *(KV, See.)* система смешанных наземно-морских перевозок, комбинированные перевозки *(Pl.)* грузовиков на морских судах;

Landtransport ‖ наземный (сухопутный) транспорт, сухопутные перевозки; **-versicherung** наземное <транспортное> страхование

Landung *(Flug.)* посадка, *(Prozess auch)* приземление <самолёта>, *(Schiff)* причаливание <судна>; **glatte** ~ *(Flug.)* благополучная; **weiche** ~ мягкая; **Not-** *(Flug.)* аварийная, вынужденная; **Zwischen-** *(Flug.)* промежуточная, ~ в пути

Landungs- *(in Zus.)*; **-brücke** *(Schiff)* пристань *(f.)*; **-hafen** порт выгрузки; **-platz** *s. -brücke*; **-steg** сходни *(Pl.)*

Landverkehr *s. -transport*;

Landweg ‖ сухопутье, сухопутн‖ая дорога, **auf dem** ~ по суше, сушей; **Beförderung auf dem** ~ -ая перевозка, перевозка по суше;

Landzunge мыс

lang 1. *(räuml.)* длинн‖ый/ая/ое/ые; **2.** *(zeitl.)* длительн‖ый/ая/ое/ые, долг‖ий/ая/ое/ие; **-e Fahrtzeit** длительный проезд (-ое время езды); **-er Radstand** *(Kfz.)* длинная база автомобиля

Lang- *(in Zus.)* длинн‖ый/ая/ое/ые, *(Weit- auch)* дальн‖ий/яя/ее/ие; **-gut** длиномерный груз

langlebige Güter *(Pl.)* товары длительного пользования

Langmaterial-Anhänger *(LKW)* прицеп-роспуск

Langsamfahrspur *(Straße)* полоса малоскоростного движения

Lang‖strecke длинная дистанция, дальнее расстояние;

Langstrecken‖flug полёт на дальнее расстояние; **-flugzeug** дальний магистральный (сверхдальний) самолёт, самолёт дальнего следования; **-verkehr** *(s. auch Fernverkehr)* движение (перевозки) на дальнее расстояние (на длинные дистанции);

Langzeit‖charter долгосрочный чартер; **-parker** припаркованные на длительный срок автомобили;

Langzug *(Schienv.)* полносоставный поезд

LASH-Carrier *(Schiff.)* морское судно для комбинированных перевозок лихтеров

Last 1. *(Belastung)* нагрузка; **2.** *(Ladung)* груз; **3.** *(Gewicht, Masse)* вес, масса; **Achs-** осевая нагрузка, нагрузка на ось *(f.)*; **Anhänge-** масса буксируемого груза; **Einheits-** удельная нагрузка (-ый вес); **Gebrauchs-** эксплуатационная нагрузка; **Grenz-** предельная нагрузка; **Güterzug-** вес (масса) грузового поезда; **Höchst-** максимальная (наибольшая) нагрузка; **Nutz- 1.** *(Betriebslast)* полезная (эксплуатационная) нагрузка, *(Tagesbelastung auch)* автомобиле-тонно-день; **2.** *(Ladung)* полезный груз; **3.** *(Gewicht)* вес нетто; **Prüf-** испытательная нагрузка; **Ruhe-** статическая нагрузка; **Sattel-** нагрузка на седельно-сцепное устройство; **Tot-** *(Schiff)* мёртвый вес, дедвейт, собственный вес (-ая масса), *(Verpackungsgewicht)* вес тары, *(Leergewicht des Transportbehältnisses)* вес порожняка; **Trag- 1.** *(Belastung)* нагрузка; **2.** *(Kapazität)* грузоподъёмность *(f.)*

Last- *(in Zus.)* грузов‖ой/ая/ое/ые; **-anhänger** -ой прицеп

Lasten- *(in Zus.)* грузов‖ой/ая/ое/ые; **-aufzug** грузоподъёмник; **-kran** грузоподъёмный кран

Laster *(umg., s. auch Lastkraftwagen, LKW)* грузовик, грузовой автомобиль

Last‖kahn *(s. auch Schleppkahn)* несамоходное судно, буксирная баржа, лихтер; **-kilometer** гружёный пробег в километрах, километр пробега с грузом; **-kraftwagen** *(s. auch LKW)* грузовой автомобиль, грузовик, фургон; **-lauf 1.** *(Transportmittel)* гружёный пробег (-ый рейс); **2.** *(Maschinen, Anlagen)* работа под нагрузкой; **-träger** *(Pers.)* грузчик; **-zug** *(LKW)* автомобильный поезд (авто-), седельный автопоезд (тягач)

Lauf 1. *(Bewegung)* ход, движение; **2.** *(Fahrleistung)* пробег; **3.** *(Kfz., Gang)* ход; **Haupt-** *(Eis.)* основной железнодорожный пробег; **Last- 1.** *(Transportmittel)* гружёный пробег (-ый рейс); **2.** *(Maschinen, Anlagen)*

работа под нагрузкой; **Leer- 1.** *(Eis., Fahrt ohne Zuglast)* порожний пробег (-ий рейс); **2.** *(Kfz., Gang)* холостой ход; нейтральное положение <рычага>

Lauf- *(in Zus.)*; **–brücke** *(Eis.)* переходный настил

laufend *(ständig)* текущ‖ий/ая/ее/ие; **-e Instandhaltung** -ее обслуживание; **-er Meter** погонный метр; **-e Reparatur** -ий ремонт; **-e Wartung** *s. Reparatur*

Lauf‖kilometer 1. *(Strecke)* километр пути; **2.** *(Fahrleistung)* километр пробега, пробег в километрах; **-kran** передвижной (мостовой) кран;

Laufleistung ‖ пробег <транспортного средства>; **mittlere tägliche ~** среднесуточный; **spezifische ~ ~** в единицу времени; **tägliche ~** суточный; **~ im Streckendienst** линейный; **Gesamt-** общий; **Jahres-** годовой; **Lok- ~** локомотива;

Lauf‖verfolgung <eines Containers, Waggons> *(Eis.)* сопровождение <контейнера, вагона>; **-weite** путь *(m.)* (дальность *(f.)*) пробега, запас хода; **-zeit** время пробега (хода), время в движении

laut Vertrag *(jur.)* в соответствии с договором (контрактом)

LCL *(Less Than Container Load)* **1.** *(Prozess)* неполная погрузка контейнера; **2.** *(Ladung)* партия товара, не полностью заполняющая контейнер; **~-Container** контейнер для неполной погрузки

leasen брать/взять <что-л.> в лизинг

Leasing лизинг

Leasingvertrag договор о лизинге

Leckage частичная потеря жидкого груза

Leer- *(in Zus., hier)* порожн‖ий/яя/ее/ие; **-container** -ий контейнер; **-fahrt 1.** *(ohne Ladung)* пробег без груза, -ий (холостой) пробег, -ий рейс; **2.** *(Eis., ohne Wagen)* одиночный пробег; **-fracht** мёртвый фрахт; **-gewicht** *(s. auch Eigengewicht, Totlast)* вес тары, *(Transportbehältnis)*, вес (тара) порожняка (-его вагона, -его контейнера), *(Fahrzeug)* вес (масса) снаряжённого транспортного средства (грузовика), *(Schiff auch)* мёртвый вес; **-gut** -яя тара; **-gutlager** тарный склад; **-gutverpackung** -яя тара; **-kilometer** километр -его пробега (пробега без груза); **-lauf 1.** *(Eis., Fahrt ohne Zuglast)* -ий пробег, -ий рейс; **2.** *(Kfz., Gang)* холостой ход, нейтральное положение рычага; **-lauffaktor** *(Eis.)* коэффициент -его пробега <грузовых вагонов>; **-tonnage** -ий тоннаж; **-wagen 1.** *(Kfz.)* -ий фургон; **2.** *(Eis.)* -ий вагон, порожняк; **-wagenbestand** наличие -его подвижного состава; **-zug** -ий (порожняковый) поезд

leicht лёгк‖ий/ая/ое/ие; **-er LKW** грузовик (грузовой автомобиль) малой грузоподъёмности;

leicht ‖ entflammbares Gut легковоспламеняющийся груз; ~ **verderbliches Gut** скоропортящийся груз; ~ **zerbrechliches Gut** хрупкий груз

Leichter *(Schiff., s. auch Schlepp-, Schub-)* лихтер, несамоходное (буксируемое) судно, толкаемая баржа

Leichtersystem *(Binnsch.)* лихтеровозная система

Leichtgut легковесный груз

Leih- *(in Zus., s. auch Miet-)* арендованн‖ый/ая/ое/ые

Leistung 1. *(Kapazität)* мощность *(f.)*; **2.** *(Prozess, Tätigkeit)* деятельность *(f.)*, работа, операция; **3.** *(Dienstleistungen, nur Pl.)* услуги; **Anfahr-** *(Kfz.)* пусковая мощность; **Anlauf-** *s. Anfahr-*; **Beförderungs-** 📖 **1.** *(Kapazität)* транспортная (перевозочная) мощность, объём перевозок; *(Pass. auch)* пассажирооборот, *(Güterv. auch)* грузооборот, *(Fahrzeuge auch)* производительность *(f.)* транспортных средств; **2.** *(Vorgang)* транспортная (перевозочная) операция; **3.** *(Dienstleistungen)* транспортные (перевозочные) услуги; **Einheits-** удельная мощность; **Fahr-** *(Fahrzeug)* пробег <автомобиля, вагона>; **Güterbeförderungs-** грузооборот; **Höchst-** максимальная (предельная, пиковая) мощность, максимальная производительность; **Kanal-** пропускная способность <судоходного> канала; **Kilometer-** пробег <транспортного средства> в километрах; **Lauf-** пробег <транспортного средства>; **Maximal-** *s. Höchst-*; **Mindest-** минимальная мощность; **Motor-** мощность двигателя; **Nutz-** полезная мощность; **Personenbeförderungs-** пассажирооборот; **Pflicht-** *(Kfz.)* автогужевая повинность; **Regel-** расчётная мощность; **Sicherheits-** *(Zoll.)* гарантия под исполнение обязательств по уплате таможенных сборов; **Soll-**

расчётная (заданная) мощность
(-ая производительность); **Spitzen-**
s. Höchst-; **Stunden-** часовая
производительность; **Verkehrs-** *s.*
Beförderungs-; **Zusatz-**
дополнительные услуги; **eine ~ auf**
dem Markt anbieten предлагать/
предложить услуги на рынке; **eine**
~ nachfragen спрашивать/
спросить об услугах

leistungsabhängige Abgabe сбор,
взимаемый в зависимости от
мощности <чего-л.>

Leistungs- *(in Zus.)*; **-bedingungen**
(Pl.) условия предоставления
услуг; **-erbringer** *(Pers.)*
производитель *(m.)* услуг; **-nutzer**
(Pers.) потребитель *(m.)*
(пользователь *(m.)*) услуг; **-profil**
профиль *(m.)* услуг

leiten *(jmdn., etw.)* руководить <чем-
л.>; **ein Unternehmen ~** управлять
предприятием

Leit- *(in Zus.)*; **-planke** *(Autobahn)*
заградительный барьер <на
автомагистрали>;

Leitstelle || пункт управления,
Dispatcher- диспетчерский пункт
(-ая служба);

Leitsystem направляющая система,
<автоматическая> система
управления <движением>;

Leitwerk || *(Flugzeug)* оперение
<самолёта>; **Heck-** хвостовое;
Höhen- горизонтальное; **Seiten-**
вертикальное

legalisierte Handelsrechnung *(kfm.)*
легализованный торговый счёт,
торговый счёт с консульской визой

Lenk- *(in Zus.)* рулев||ой/ая/ое/ые;
-antrieb *(Kfz.)* привод

Lenkbarkeit *(Kfz.)* манёвренность *(f.)*

автомобиля

lenken, den Verkehr регулировать/
урегулировать движение,
управлять транспортными
потоками

Lenk||rad *(Kfz.)* рулев||ое колесо;
-säule -ая колонка

Lenkung *(hier Kfz.)* рулевое
управление; **Links-** левостороннее,
левое; **Rechts-** правостороннее,
правое; **Servo-** система
автоматического -ого -я

Lenkzeit *(Kfz., für den Fahrer)*
<максимально допустимое> время
за рулём

Less Than Container Load (LCL)
1. *(Prozess)* неполная погрузка
контейнера; **2.** *(Ladung)* партия
товара, не полностью
заполняющая контейнер

Leucht- *(in Zus.)* светов||ой/ая/ое/ые,
светящ||ий/ая/ее/ие; **-anzeige**
световое табло *(indkl.)*; **-geld**
(Leuchtturmgebühr) маячный сбор;
-streifen светящая полоса; **-tafel** *s.*
-anzeige

Liberalisierung **des Marktes**
либерализация рынка

Libertyschiff судно типа Либерти

Lichtsignalanlage *(techn.)*
светосигнальная установка

Liefer- *(in Zus.)*; **-abkommen**
соглашение о поставках

Lieferant *(Pers.)* поставщик; **Allein-**
монопольный; **Gesamt-**
генеральный; **Groß<handels>-**
оптовый; **Haupt-** главный,
основной; **Rohstoff-** **~** сырья;
Schiffs- судовой, шипчандлер

Lieferantenkartei картотека
поставщиков

Liefer‖anzeige извещение о поставк‖е; **-auftrag** поручение (заказ, ордер) на -у, деливери-ордер

lieferbar может быть поставлен/а/о (могут быть поставлены)

Liefer‖basis базис поставк‖и; <allgemeine, technische> **-bedingungen** *(Pl.)* <общие, технические> условия -и; **-bereitschaft** готовность *(f.)* к -е; **-buch** книга поставок; **-datum** дата (день *(m.)*) -и; **-engpass** дефицит поставок; **-fahrzeug** *(Kfz.)* автомобиль *(m.)* для перевозки мелкопартионного груза; **-firma** фирма-поставщик; **-flexibilität** гибкость *(f.)* осуществления поставок; **-frist** срок -и; **-garantie** гарантия -и; **-genehmigung** разрешение на -у; **-geschwindigkeit** скорость *(f.)* -и; **-hindernisse** *(Pl.)* препятствия (помехи) в -е; **-konzept** концепция поставок; **-kosten** *(Pl.)* расходы по -е; **-menge** объём поставок

liefern поставлять/поставить, доставлять/доставить <что-л.>; **fristgerecht** ~ ~ в срок; **pünktlich** ~ *s. fristgerecht*; **mit Verzug** ~ ~ с задержкой

Liefer‖nachweis свидетельство о поставк‖е; **-ort** место (пункт) -и; **-papiere** *(Pl.)* документы на -у; **-schein** деливери-ордер, товарная (товарно-транспортная, приёмо-сдаточная) накладная, расписка в выдаче товара; **-stopp** прекращение поставок; **-termin** *s. -datum, -frist*; **-treue** надёжность *(f.)* поставок; <Allgemeine> **~ und Leistungsbedingungen** *(Pl.)* <Общие> условия поставок и предоставления услуг

Lieferung I *(Prozess, s. auch*

Zustellung) поставка, доставка; **beschleunigte** ~ ускоренная; **einmalige** ~ разовая; **freie** ~ свободная; **fristgerechte** ~ ~ в срок; **gebündelte** ~ концентрированная; **innergemeinschaftliche** ~ *(EU)* международные перевозки <товаров> внутри ЕС; **mittelbare** ~ складская, ~ с помощью посредников; **pünktliche** ~ *s. fristgerechte*; **sofortige** ~ немедленная, незамедлительная, срочная; **unverzollte** ~ беспошлинная; **unverzügliche** ~ *s. sofortige*; **unvollständige** ~ неполная; **verspätete** ~ просроченная, ~ с задержкой; **verzögerte** ~ *s. verspätete*; **vollständige** ~ комплектная, полная; **vorfristige** ~ досрочная; **waggonweise** ~ повагонная; **zeitnahe** ~ ~ с колёс;

Lieferung ‖ ab Kai поставка ‖ франко причал; **~ ab Lager** ~ со склада; **~ ab Schiff** ~ франко судно; **~ ab Werk** ~ франко завод; **~ auf Abruf** ~ по отзыву; **~ en gros** оптовая; **~ ex frontier** ~ франко граница; **~ free on board (fob)** ~ франко борт судна, ~ на условиях фоб; **~ frei Haus** ~ на дом; **~ gegen Akzept** ~ с предъявлением акцепта; **~ ohne Vorlage der Verrechnungsdokumente** нефактурированная; **~ per Bahn** ~ железной дорогой, ~ по железной дороге; **~ per LKW** ~ по автотранспорту; **~ per Nachnahme** ~ наложенным платежом;

Lieferung, Aliud- ошибочная ‖ поставка, ~ иного товара взамен заказанного (обусловленного контрактом); **Austausch-** *s. Aliud-*; **Bahn-** *s. ~ per Bahn*; **Direkt-** прямая, ~ без посредника, *(im Transit)* транзитная; **Eil-** срочная, ускоренная; **Ersatz-** ~ для замены; **Export-** экспортная; **Express-**экспресс-~; **Falsch-** *s. Aliud-*; **Franko-** ~ франко; **Frei-Haus-~** ~ <груза> на дом; **Gegen-** встречная; **Großhandels-** оптовая; ~ оптом; **Just-in-Time-~** ~ с колёс; **Nach-**дополнительная; **Pier-zu-Pier-~** ~ «причал-причал»; **Probe-** пробная; **Rück-** возвратная, возврат товара; **Schüttgut-** ~ навалом, ~ насыпью, ~ россыпью; **Teil-** частичная; **Termin-** срочная; **Transit-**транзитная, ~ транзитом; **Voraus-**авансовая, досрочная; **Waggon-**повагонная, ~ в вагонах; **Waren-** ~ товара; **Werks-** заводская; **Zusatz-**дополнительная;

Diskontinuität der Lieferung‖en неравномерность *(f.)* (коэффициент неравномерности) поставок; **Einstellung der** ~ прекращение поставок; **Zahlung bei** ~ **(cod)** платёж при поставке, подлежащ‖ий/ая/ое/ие оплате по поставке;

Lieferung II *(gelieferte Ware)* поставленный товар; **Übernahme einer** ~ приём (приёмка) товара

Liefer‖vereinbarung соглашение о поставк‖ах; **-verkehr** распределительный транспорт, доставка <груза>; **-vertrag** договор (контракт) -и (о -е, на -у); **-verzug** просрочка -и, -а с задержкой; **-zeit** срок (продолжительность *(f.)*) -и; **-zone** зона доставки; **-zuverlässigkeit** надежность *(f.)* поставок

Liege- *(in Zus.)* стояночн‖ый/ая/ое/ые; **-gebühr/en** *(Hafen)* демередж, сбор за стоянку в порту, портовый сбор

liegen *(hier Schiff)* стоять; **im Hafen** ~ ~ в порту; **auf Reede** ~ ~ на рейде

Liege‖platz 1. *(Pass.)* место для лежания, *(Schlafplatz)* спальное место; **2.** *(Schiff im Hafen)* место стоянки (швартовки) <судна>, береговой причал, *(Ankerplatz)* якорная стоянка; **-wagen** *(Eis., Pass.)* вагон с местами для лежания, купейный вагон, *(offener Liegewagen)* плацкартный вагон; **-zeit** *(Schiff im Hafen)* -ое (сталийное) время, время (период) стояния (стоянки) <судна>

Lift-on-Lift-off *(s. auch LoLo)* лифт-он-лифт-оф

Limit ограничение/я; **Geschwindigkeits-** ~ скорости; **Gewichts-** весовое/ые; **Preis-** ~ стоимости; **Tempo-** *s.* ~ *Geschwindigkeits-*

lineare Abschreibung *(kfm.)* линейная амортизация

Linie I *(Fahrbahnmarkierung)* линия; **doppelte** ~ сдвоенная; **duchgehende** ~ сплошная, **unterbrochene** ~ прерывистая; **Sperr-** сплошная разделительная; **Trenn-** разделительная;

Linie II *(s. auch Strecke)* линия, *(Route auch)* маршрут, рейс; **interkontinentale** ~ межконтинентальная ‖ линия; **internationale** ~ международная; **örtliche** ~ местная, пригородная; **überlastete** ~ перегруженная;

Linie, Bahn- железнодорожная, железнодорожная магистраль (-ый путь сообщения); **Bus-** автобусная, маршрут автобуса; **Container-**контейнерная, маршрут перевозки контейнеров; **Containerzug-**маршрут железнодорожной перевозки контейнеров; **Express-**срочная, скоростная; **Expressbus-**скоростная автобусная; **Fähr-**

паромная; **Fern-** ~ междугородного сообщения, ~ транспорта дальнего следования; **Flug-** авиационная, воздушная, авиа-, авиатрасса; **Ganzzug-** отправительский маршрут; **Haupt-** магистральная, магистраль *(f.)*, *(Eis. auch)* столбовая дорога; **Kraftverkehrs-** автомобильная, авто-; **Nacht-** ночная, ночной маршрут; **Nahverkehrs-** местная, пригородная; **Radial-** радиальная; **Regional-** региональная, пригородная; **Ring-** кольцевая; **Schifffahrts-** судоходная, морская, навигационная, маршрут плавания (движения) судна; **Schnell-** *s. Express-*; **Straßenbahn-** трамвайная, маршрут трамвая; **Transatlantik-** трансатлантическая; **Transit-** транзитная, транзитный маршрут; **U-Bahn-** ~ метрополитена; **Übersee-** трансокеанская

Linien- *(in Zus.)* линейн‖ый/ая/ое/ые, маршрутн‖ый/ая/ое/ые; **-agent** 📖 *(Pers.)* агент по маршрутным перевозкам; **-agentur** агентство маршрутных перевозок; **-bus** маршрутный (рейсовый) автобус; **-busverkehr** маршрутное автобусное движение (-ое сообщение); **-charter** линейный (рейсовый) чартер; **-container** -ый контейнер; **-dienst** линейная служба; **-fahrplan** -ое расписание; **-fahrt** -ая перевозка; **-flotte** линейный флот; **-flug<verbindung>** маршрутный полёт; **-flugzeug** рейсовый самолёт; **-frachtbrief** линейная накладная; **-frachtführer** *(Pers.)* линейный перевозчик; **-frachtrate** -ая фрахтовая ставка; **abweichende -führung** *(ÖPNV)* обходный маршрут, изменение направления движения <транспортного

средства>; **-genehmigung** лицензия на право осуществления маршрутных перевозок; **-hafen** порт в линейном судоходстве; **-konferenz** *(Schiff.)* линейная конференция; **-konnossement** *(See.)* рейсовый коносамент; **-konzession** *s. -genehmigung*; **-makler** *(Pers.)* маклер по фрахтованию судов в линейном судоходстве; **-maschine** *(Flug.)* рейсовый самолёт; **-netz 1.** *(Infrastruktur)* сеть *(f.)* путей сообщения; **2.** *(Schema im ÖPNV)* транспортная схема; **-police** *(Vers.)* рейсовый полис; **-reeder** *(Pers.)* рейсовой судовладелец, владелец рейсовой судоходной компании; **-reederei** -ое (рейсовое) пароходство; **-schiff** -ое (рейсовое) судно; **-schifffahrt** -ое (рейсовое) судоходство; **-spediteur** *(Pers.)* экспедитор в маршрутном сообщении, *(im Selbsteintritt)* линейный перевозчик; **-tarif** маршрутный тариф, *(Schiff.)* тариф -ого судоходства; **-taxi** маршрутное такси *(indkl.)*; **-tonnage** линейный тоннаж; **-verbindung** маршрутная связь;

Linienverkehr/e ‖ линейн‖ое (маршрутное, рейсовое) сообщение, маршрутный транспорт, регулярные (маршрутные) перевозки; **Beförderung im** ~ -ая (маршрутная) перевозка; **Route im** ~ маршрут в -ом (рейсовом) сообщении;

Linien‖versicherungspolice рейсовый страховой полис; **-zug** маршрутный поезд

links лево; **nach** ~ налево; **von** ~ слева, с левой стороны; **Überholen von** ~ объезд слева; ~ **fahren** ехать слева (левой стороной)

Links- *(in Zus.)* лев‖ый/ая/ое/ые;
-abbiegen *(Subst.)* -ый поворот;
-abbieger *(Pers.)* водители *(Pl.)*
автомобилей, поворачивающие
налево; **-kurve** -ый поворот;
-lenkung -ое (левостороннее)
рулевое управление; **-verkehr**
левостороннее движение

Liste *(s. auch Schein, Zettel)* список,
перечень *(m.)*, ведомость *(f.)*;
Ausfuhr- 1. *(Liste der Exportgüter)*
список экспортных товаров; **2.**
(Negativliste) список (перечень)
товаров, экспорт которых
ограничен; **Auslieferungs-** книга
отправлений, отправочная
ведомость; **Einfuhr-** *(Negativliste)*
список (перечень) товаров, импорт
которых ограничен; **Fracht-**
грузовая ведомость, перечень
отправленных грузов; **Frei- 1.**
(Zoll.) список товаров для
беспошлинного ввоза; список
товаров, свободных от
таможенного обложения; **2.** *(АН)*
список товаров, разрешённых к
внешнеторговым операциям;
Komplettierungs-
комплектовочная ведомость; **Lade-**
погрузочная ведомость, накладная
на груз; **Negativ-** *(АН)* список
товаров, импорт (экспорт) которых
ограничен; **Pack-** упаковочная
(комплектовочная) спецификация
(-ая ведомость), *(Schiff.)*
упаковочный реестр; **Passagier-**
(Flug., Schiff.) пассажирская
ведомость; **Segel-** *(Kabotage)*
список (перечень) трамповых
судов; **Stück-** спецификация,
перечень предметов; **Tally-** *(Schiff.)*
тальманская расписка; **Versand-**
журнал отправленных грузов,
(Nachweis) отгрузочная
(отправочная) ведомость; **Waren-**
список (перечень, номенклатура)
товаров (грузов); **Warte-** *(Flug.,*

Pass.) список ожидания; **Zoll-**
список товаров, подлежащих
таможенному обложению; **Zollfrei-**
s. Frei-

Listenpreis цена по прейскуранту,
прейскурантная цена

Lizensierung лицензирование

Lizenz *(s. auch Genehmigung,*
Konzession) лицензия; **gültige** ~
действительная; ~ **für den**
internationalen Güterkraftverkehr
~ на право осуществления
международных грузовых
автомобильных перевозок;
Ausfuhr- экспортная, ~
(разрешение) на экспорт (на
вывоз); **Beförderungs-** ~ на право
осуществления перевозок;
Einfuhr- импортная, ~
(разрешение) на импорт (на ввоз);
Export- *s. Ausfuhr-;* **Flug-**
удостоверение на право
управления самолётом; **General-**
генеральная; **Import-** *s. Einfuhr-;*
Schiffs- судовая; **Schiffsfunk-** ~
судовой радиостанции;

Ausgabe einer ‖ **Lizenz** выдача
лицензи‖и; **Erwerb einer** ~
приобретение -и; **Rückgabe einer** ~
возврат -и; **eine** ~ **ausfertigen**
оформлять/оформить -ю; **eine** ~
ausgeben выдавать/выдать -ю; **eine**
~ **beantragen** запрашивать/
запросить (подавать/подать заявку
на) -ю; **<jmdm.> die** ~ **entziehen**
лишать/лишить <кого-л.> -и; **eine** ~
erwerben приобретать/приобрести
-ю

Lizenz- *(in Zus.)*
лицензионн‖ый/ая/ое/ые;
-abkommen -ое соглашение;
-antrag заявка на лицензию,
заявление на предоставление
лицензии; **-behörde** служба (орган)
лицензирования; ведомство,

выдающее лицензию;
-dokumentation -ая документация;
-entzug лишение лицензии

lizenzfrei
безлицензионн‖ый/ая/ое/ые, не требующ‖ий/ая/ее/ие лицензии

Lizenz‖geber лицензиар; **-gebühr** лицензионный сбор; **-handel** торговля лицензиями; **-nehmer** *(Pers.)* лицензиат; **-nummer** номер лицензии

lizenzpflichtig
лицензионн‖ый/ая/ое/ые, требующ‖ий/ая/ее/ие лицензии, подлежащ‖ий/ая/ее/ие лицензированию

Lizenz‖vereinbarung *s.* *-abkommen*; **-vergabe** размещение лицензий; **-vertrag** лицензионный договор (-ый контракт)

LKW *(Lastkraftwagen, s. auch Fahrzeug)* грузовой автомобиль, грузовик; **beladener** ~ погруженный, нагруженный; **entladener** ~ разгруженный; **leichter** ~ малой грузоподъёмности; **offener** ~ ~ с открытой <бортовой> платформой; **schwerer** ~ ~ большой грузоподъёмности; **unbeladener** ~ порожний, ~ без груза; ~ **mit Anhänger** автомобильный поезд, автопоезд; ~ **mit Ladebordwand** ~ с грузоподъёмным бортом;

LKW, Fern-~ ~ для междугородных перевозок; **Gefahrgut-~** ~ для перевозки опасного груза; **Plane-Spriegel-~** ~ с тентом; **Spezial-~** специальный; **frei** ~ франко ~;

Beförderung per ‖ LKW автодорожная перевозка, перевозка (транспортировка) грузовиком (на грузовых автомобилях); **Standort eines** ~ местоположение (местонахождение) грузовика; **Zustellung per** ~ доставка по автотранспорту; **<etw.> auf einen** ~ **aufladen** погружать/погрузить <что-л.> на ~; **<etw.> aus einem** ~ **ausladen** выгружать/выгрузить <что-л.> из -а; **einen** ~ **beladen** нагружать/нагрузить (загружать/загрузить) ~; **einen** ~ **entladen** разгружать/разгрузить ~

LKW- *(in Zus.)*; **~-Abgabenlast** обложение грузового автомобиля пошлинами и сборами; **~-Anhänger** грузовой прицеп; **~-Aufbau** кузов <грузовика>; **~-Fahrer** *(Pers.)* водитель *(m.)* грузовика; **~-Fahrleistung** пробег грузовика; **~-Fahrverbot** запрещение движения грузовиков; **~-Frachtbrief** автодорожная накладная; **~-Führerschein** удостоверение на право управления грузовиком (вождения грузовика); **~-Kilometer** автомобиле-километр; пробег автомобиля в километрах; **~-Konzession** концессия на грузовик; **~-Sattelauflieger** <седельный> полуприцеп <грузовика>; **~-Spediteur** *(Pers.)* автомобильный экспедитор (-ый перевозчик); **~-Spur** полоса для грузовиков; **~-Standzeiten** *(Pl.)* простои грузовиков (автотранспорта); **~-Verkehr** движение грузовиков, перевозка грузов на грузовых автомобилях; **~-Vorrangroute** приоритетный (преференциальный) маршрут для грузовиков

Lloyd's Register of Shipping *(See.)* регистр судоходства Ллойда

Lösch- *(in Zus., Schiff., s. auch Entlade-)* разгрузочн‖ый/ая/ое/ые;

-anlage *(Schiff.)* -ое (грузозахватное) устройство; **-arbeiten** *(Pl.)* -ые работы, работы по выгрузке; **-bereitschaft** *(Schiff.)* готовность *(f.)* к выгрузке судна; **-bereitschaftsanzeige** нотис о готовности к выгрузке судна; **-boje** швартовная бочка для рейдовой выгрузки судна

löschen 1. *(Schiff., s. auch entladen)* разгружать/разгрузить судно, *(Ladung ausladen)* выгружать/выгрузить <судовой> груз <из трюмов судна>; **2.** *(eine Eintragung entfernen)* зачёркивать/зачеркнуть <пометку из реестра>

Löschen *(Subst.)* **1.** *(Schiff., s. auch Entladen)* разгрузка <судна>; **2.** *(Entfernen einer Eintragung)* зачёркивание (вычёркивание) <пометки из реестра>; ~ **der Ladung** выгрузка груза <из судна>

Lösch‖erlaubnis разрешение на выгрузку <судна>; **-fahrzeug** пожарная <авто>машина; **-gebühr** *(Schiff.)* сбор (плата) за разгрузку судна (за выгрузку груза из судна); **-gewicht** выгруженная масса; **-hafen** порт выгрузки; **-gut** выгружаемый груз; **-kai** разгрузочный причал, **-kosten** *(Pl.)* расходы по выгрузке; **-permiss** *s. разрешение*; **-plattform** разгрузочная платформа; **-platz** место выгрузки (разгрузки)

Löschungszertifikat *(Schiff.)* сертификат (свидетельство) о выгрузке (разгрузке) судна

Lösch‖vorschriften *(Pl.)* правила разгрузки; **-vorrichtung** разгрузочное устройство

Logbuch *(Schiff.)* судовой (вахтенный) журнал

Logistik$^{\square}$ логистика; **City-~**$^{\square}$ городская, система распределения груза внутри города; **Distributions-~** распределения; **Fracht-~** распределения (перегрузки) груза; **Gefahrgut-~** опасного груза; **Güterverkehrs-**$^{\square}$ ~ грузовых перевозок; **Transport-~** транспортная; **Verkehrs-~** *s. Transport-*

Logistik- *(in Zus.)* логистическ‖ий/ая/ое/ие; **-branche** сектор логистики; **-dienstleistungen** *(Pl.)* -ие услуги, услуги логистики; **-kanal** канал логистики (сбыта); **-kette** -ая цепь; **-knoten** узел логистики; **-konzept** концепция по логистике; **-kosten** *(Pl.)* расходы, связанные с перевалкой и транспортировкой груза; **-lager** -ий склад; **-zentrum** центр логистики

Lohnveredelung *(Zoll., Drittlandverkehre)* переработка ввезённого товара за счёт юридического лица, зарегистрированного вне страны импортёра

Lok *(s. auch Lokomotive)* локомотив

Lok- *(in Zus.)* локомотивн‖ый/ая/ое/ые; **-führer** машинист локомотива; **-hilfsleistung** вспомогательный пробег локомотива; **-laufleistung** <общий> пробег локомотива; **-laufleistung im Streckendienst** линейный пробег локомотива; **-laufleistung vor dem Zug** пробег локомотива во главе поездов; **-leerfahrt** одиночный пробег локомотива

Lokomotive локомотив; **Bereitschafts-** дежурный; **Dampf-** паровоз; **Diesel-** тепловоз, дизельная тяговая единица; **Elektro-** электровоз; **Güterzug-** грузовой, товарный; **Mehrsystem-** многосистемный электровоз; **Rangier-** маневровый; **Reisezug-** пассажирский; **Reserve-** дежурный, запасной

Lokomotivpark *(s. auch Triebfahrzeugpark)* локомотивный парк, парк локомотивов

LoLo *(Schiff., Lift-on-Lift-off)* вертикальная погрузка и разгрузка транспортного средства

LoLo- *(in Zus.)*; **~-Schiff** судно типа "лифт-он-лифт-оф"; **~-Verfahren** 🕮 способ погрузки лифт-он-лифт-оф, способ по вертикальной погрузке-выгрузке <судна>

long ton *(See.)* большая (длинная) тонна

Lore *(Schienv.)* вагонетка

lose *(Adj.)* навалочн‖ый/ая/ое/ые; **-es Gut** -ый груз

lose *(Adv.)* навалом; **~ verladenes Gut** погруженный ~ груз

losfahren *(intrans., s. auch abfahren)* отправляться/ отправиться <в путь *(m.)*>, выезжать/выехать, *(Schiff. auch)* отплывать/отплыть

losfliegen *(intrans., s. auch abfliegen)* вылетать/вылететь, отправляться/ отправиться самолётом

losgehen *(intrans.)* выходить/выйти, отправляться/отправиться пешком

losmachen, ein Schiff *(trans.)* отшвартовывать/отшвартовать судно

Losmachen *(Subst.)* **eines Schiffes** отшвартовка судна

Lotse *(Pers., Schiff.)* лоцман; **Flug-** авиадиспетчер; **Hafen-** портовый; **Kanal-** канальный

Lotsen- *(in Zus.)* лоцманск‖ий/ая/ое/ие; **-amt** -ое управление; **-begleitung** -ая проводка; **-boot** -ий катер, **-dienst** -ая служба; **-gebühr** -ий сбор, сбор на -ую проводку судов <по внутренним судоходным путям>; **-zwang** объязанность *(f.)* брать на борт лоцмана

Luft- *(in Zus.)* воздушн‖ый/ая/ое/ые; **-brücke** -ый мост; **-carrier** фрахтовщик (экспедитор) авиационного груза (авиагруза), авиаперевозчик; **-charter** -ое сообщение на основе договоров

luftdichte Verpackung герметическая упаковка (-ая тара)

Luft‖druck атмосферное давление; **-druckabfall** <in der Kabine> *(Flug.)* разгерметизация кабины;

Luftfahrt ‖ *(s. auch Luftverkehr)* авиация; **allgemeine ~** общая, гражданская; **gewerbliche ~** коммерческая; **Agrar-** сельскохозяйственная; **Charter-** воздушное сообщение на основе договоров; **Militär-** военная; **Passagier-** пассажирская; **Zivil-** гражданская;

Luftfahrt‖ausstellung авиационн‖ая выставка; **-behörde** -ая администрация; **Zivile -behörde** *(BRD)* Ведомство гражданской авиации; **-betreiber** оператор <частных> авиалиний; **~-Bundesamt** *(BRD)* Федеральное ведомство гражданской авиации (воздушного транспорта); **-industrie** -ая промышленность; **-kaskoversicherung** воздушное страхование каско *(indkl.)*; **-unternehmen** -ое предприятие,

авиапредприятие;   **-versicherung**
-ое страхование, страхование
воздушных перевозок;

Luftfracht 1. *(zu beförderndes Gut)*
авиационный (воздушного) груз,
авиагруз; груз, перевозимый по
воздуху;   **2.** *(Beförderungsentgelt)*
авиафрахт, плата за авиаперевозку;
3. *(Beförderung)* авиационный
транспорт (авиа-), *(Pl. auch)*
авиаперевозки;

Luftfracht‖abfertigung отправка
(отправление, экспедирование)
авиационн‖ого (воздушного)
груз‖а;   **-abfertigungsverfahren**
система отправки -ого -а;
-beförderer *(Pers.)* воздушный
перевозчик (авиа-);   **-brief**
авиационная (авиагрузовая)
накладная (авиа-), накладная
воздушного сообщения; **-führer**
(Pers.) воздушный перевозчик
(авиа-);   **-makler** *(Pers.)*
авиационный брокер, агент по
авиационным перевозкам;
-nebengebühr дополнительный
сбор за перевозку -ого -а; **-papier**
(Pl.) авиатранспортный документ;
-rate воздушная фрахтовая ставка;
-spediteur *(Pers.)* экспедитор -ого
-а, воздушный перевозчик (авиа-);
-spedition экспедиция по перевозке
-ого -а;   **-tarif** авиационный
грузовой тариф;   **-terminal**
терминал -ого -а;   **-umschlag**
перегрузка -ого -а;   **-verkehr**
воздушные грузовые перевозки,
перевозки -ого -а, перевозки
грузов воздушным путём,
авиадоставка, транспортная
авиация;   **-verlader** *(Pers.)*
авиационный экспедитор;
-versicherung страхование -ого -а;
-versicherungsschein полис
воздушного страхования; **-vertrag**
договор воздушной перевозки

груза;

Luft‖hoheit суверенитет над
воздушн‖ым пространством;
-kabotage -ый каботаж;
-kissenfahrzeug транспортное
средство на -ой подушке;
-korridor -ый коридор, -ый мост;
-kreuz -ый крест; **-pirat** *(Pers.)* -ый
пират, угонщик самолёта;
-piraterie угон самолёта;
<internationaler> **-raum**
<международное> -ое
пространство;

Luftraum‖koordinierung
координирование эксплуатации
воздушн‖ого пространств‖а;
-koordinierungsstelle служба
координирования эксплуатации
-ого -а; **-nutzung** эксплуатация -ого
-а; **-struktur** структура -ого -а;
-überwachung контроль *(m.)* -ого
-а;

Luftrecht воздушное право

luftrechtliche Genehmigung
воздушно-правовое разрешение

Luftschiff ‖ воздушный корабль;
Groß- крупнотоннажный; **Prall-**
жёсткий дирижабль; **Transport-**
грузовой;

Luft‖schifffahrt *(s. auch -verkehr)*
воздушн‖ое сообщение,
воздухоплавание; **-straße** -ая
трасса; **-transport** *s. -fahrt,*
-verkehr; **~ und Raumfahrt**
авиакосмическая отрасль; **-verkehr**
-ое сообщение, -ое движение, -ый
(авиационный) транспорт, -ые
перевозки, авиаперевозки,
авиасообщение, авиатранспорт;

Luftverkehrs‖abkommen
соглашение о воздушн‖ом
сообщении;   **-gesellschaft**
авиационная компания (авиа-);
-gesetz *(BRD)* Закон о правилах -ых

<грузовых и пассажирских> перевозок, *(RF)* -ый кодекс; ~**Haftpflichtversicherung** -ое страхование гражданской ответственности; -**knoten** узел -ого сообщения; -**kontrollsystem** система контроля за -ым транспортом (-ым движением); -**markt** рынок -ого транспорта, авиарынок; -**netz** сеть -ых перевозок; -**spediteur** *(Pers.)* -ый перевозчик (авиа-); -**spedition** -ая экспедиция; -**tarif** авиационный тариф, тариф -ого сообщения; -**unternehmen** авиационное предприятие (авиа-); -**versicherung** *s. Luftfahrtversicherung;*

Luftverschmutzung загрязнение воздуха;

Luftweg || воздушн‖ый путь, путь -ого сообщения; **Beförderung auf dem ~** <авиационная> перевозка <груза> -ым путём (по воздуху), *(Lieferung auch)* авиадоставка

Luke грузовой (загрузочный) люк; **Sicht-** смотровой люк

Luxus‖artikel предмет (товар) роскоши; -**klassewagen** *(Kfz.)* автомобиль-люкс; -**ware** *s.* -*artikel*

M

Mafi-Trailer мафи-трейлер

Magistrale магистраль *(f.)*, магистральная дорога

Magnet- *(in Zus.)* магнитн‖ый/ая/ое/ые; -**antrieb** <электро>магнитный привод; -**bahn** 1. *(Infrastruktur)* -ая

<рельсовая> дорога; 2. *(Zug)* -ый поезд; -**defektoskop** *(techn.)* -ый дефектоскоп; -**schnellbahn** *(Zug)* -ый скоростной поезд; -**schwebebahn** дорога на -ой подвеске; -**schwebebahn-Verordnung** *(jur., BRD)* постановление о -ой железной дороге

Makler *(Pers., s. auch Agent)* маклер, брокер; **Ausfuhr-** экспортный; **Befrachtungs-** *(Schiff.)* фрахтовый, маклер по фрахтованию; **Einfuhr-** импортный; **Frachten-** *s. Befrachtungs-*; **Kahn-** *(Binnsch.)* маклер по фрахтованию речных судов; **Lade-** агент погрузки; **Linien-** *(Schiff.)* маклер по фрахтованию судов в линейном судоходстве; **Luftfracht-** авиационный, агент по авиационным перевозкам; **Schiffs-** судовой, маклер по фрахтованию <морских, речных> судов; **Seefracht-** морской агент; **Zoll-** таможенный брокер (-ый агент)

Maklertätigkeit маклерская (брокерская) деятельность

Management управление <чем-л.>, менеджмент <чего-л.>; **Gesamtverkehrs-** системное управление транспортом; **Lager- und Bestands-** управление складскими запасами; **Parkraum-** *(Kfz.)* управление использованием полезной площади для автостоянок; **Schnittstellen-** управление точками (пунктами) пересечения; **Transport-** менеджмент в области транспорта, транспортный менеджмент, управление транспортом; **Transportdienst-** менеджмент транспортных служб;

<integriertes>   **Verkehrs-**
<интегрированный> транспортный
менеджмент,   управление
транспортными процессами

Mangel *(Beschädigung)* повреждение;
<**äußerlich**>   **sichtbarer**   ~
внешнеустановленное; **verdeckter**
~ внешне не установленное

mangelhafte   **Verpackung**
неудовлетворительная   упаковка
(-ая тара)

Manifest   *(Dokument)*   манифест;
Cargo-   карго-~;   **Container-**
контейнерный; **Fracht-** грузовой,
фрахтовый;   **Schiffs-**   судовой;
Tally- тальманская расписка; **Zoll-**
таможенный

Margentarif тариф с верхним и
нижним пределом

maritimer   **Verkehr**   морские
перевозки (-ой транспорт, -ое
сообщение)

Marketing маркетинг; **Absatz-** ~
сбыта; **Beschaffungs-** ~ снабжения;
Verkehrs-   транспортный,   ~   в
области транспорта

markieren   *(Güter   kennzeichnen)*
маркировать/замаркировать
<груз>,   наносить/нанести
маркировку <на товар>

markierte   **Fläche**   *(Fahrbahn)*
маркированный участок проезжей
части

Markierung <**von Gütern, Waren**> 1.
(Zeichen)   маркировка,
маркировочный знак; 2. *(Vorgang)*
маркировка   <груза,   товара>,
нанесение   -и   <на   упаковку
товара>;   **Fahrbahn-**
<горизонтальная>   разметка
проезжей   части;   **Export-**
экспортная;   **Vorsichts-**
предупредительная ~ <на внешней

упаковке>; **Wege-** ~ пути

Markierungszeichen   маркировка,
маркировочный знак

Markt   рынок;   **ausländischer**   ~
внешний,   зарубежный;
einheitlicher ~ единый, общий,
унифицированный;   **Gemeinsamer**
~   *(EU)*   Общий;   **gesättigter**   ~
насыщенный;   **heimischer**   ~
отечественный;   **inländischer**   ~
внутренний;   **perspektivischer**   ~
перспективный;   **unifizierter**   ~
унифицированный;

Markt, Absatz- рынок || сбыта;
Außen- *s. ausländischer*; **Binnen-** *s.*
inländischer; **Charter-** чартерный;
Dienstleistungs-   ~   услуг;   **EU-**
<внутренний>   ~   ЕС;   **Export-**
внешний, ~ сбыта для экспортных
товаров;   **Frachten-**   фрахтовый;
Güter-   ~   товаров   и   услуг;
Güterverkehrs-   ~   грузовых
перевозок; **Hauptabsatz-** основной
~ сбыта; **Inlands-** *s. inländischer*;
Kraftverkehrs- ~ автомобильного
транспорта;   **Luftverkehrs-**   ~
воздушного транспорта; **Reise-** ~
туристических   путешествий;
Schifffahrts-   судоходный;
Seeverkehrs-   ~   морского
транспорта;   **Speditions-**   ~
экспедиторских   услуг;
Straßenverkehrs-
автомобильного   транспорта;
Tanker-   танкерный;   **Tramp-**⬚
трамповый;   **Verkehrs-**⬚   ~
транспортных   услуг,
транспортный;   **Wachstums-**
развивающийся; **Zeitcharter-** тайм-
чартерный;   **Zukunfts-**
перспективный;

den || **Markt** || **analysieren**
анализировать/проанализировать ||
рынок; **den** ~ **beliefern** снабжать/
снабдить ~; **den** ~ **erschließen**

осваивать/освоить ~; **den ~ untersuchen** изучать/изучить ~; **etw. auf dem ~ anbieten** предлагать/предложить <что-л.> на -е

Markt- *(in Zus.)* рыночн‖ый/ая/ое/ые; **-anteil** <der Verkehrsträger> доля <носителей транспорта> на рынке; **-bedingungen** *(Pl.)* -ые условия, условия рынка (на рынке); **-beobachtung** наблюдение за развитием рынка; **-eintritt** выход на рынок; **-eintrittsbarriere** барьер доступа к рынку; **-erschließung** освоение рынка; **-ordnung** система регулирования -ых отношений; **-preis** -ая цена; **-prinzip** -ый принцип; **-regulierung** регулирование рынка; **-wert** -ая стоимость; **-wirtschaft** -ая экономика; **-zugang** доступ к рынку

marktgerechter Preis цена, отражающая конъюнктуру рынка

Maschine 1. *(allg., techn. Anlage)* машина; **2.** *(Fahrzeug)* автомобиль *(m.)*, *(Moped)* мотоцикл; **3.** *(Flugzeug)* самолёт; **Fracht-** транспортный (грузовой) самолёт; **Linien-** рейсовый самолёт; **Militär-** военный самолёт; **Passagier-** пассажирский самолёт; **Transport-** *s. Fracht-*; **Verkehrs-** гражданский самолёт; **Zug-** *(LKW)* тягач

Maschinenbuch машинный журнал

Maß *(s. auch Profil, Abmessungen)* габарит, *(Größe)* размер; **~ der Verpackungseinheit** габарит упаковочной единицы; **Güter-** габарит груза; **Lade-** габарит груза (погрузки); **Soll-** номинальный размер; **Standard<lade>-** стандартный габарит; **Stau-** *(Schiff.)* объём, занимаемый тонной определённого груза в трюме;

Verpackungs- размер упаковки

Masse *(s. auch Gewicht)* масса; **<maximale> Abflug-** <предельный> вес взлёта; **Eigen-** собственная, собственный вес; **Gesamt-** общий (полный) вес; **Lade-** ~ (вес) груза, отгруженный вес, подъёмный груз; **Nutz-** полезная нагрузка, грузоподъёмность *(f.)*; **Start-** *(Flug.)* взлётная, стартовая

Massen- *(in Zus.)* массов‖ый/ая/ое/ые; **-bedarf** широкий спрос; **-bedarfsgüter** товары -ого (широкого) потребления; **-container** контейнер для перевозки -ого груза;

Massengüter‖tarif тариф для массов‖ого груза, тариф для перевозки больших партий грузов; **-verkehr** -ые грузовые перевозки;

Massengut массовый (навалочный) груз;

Massengut‖anlage устройство для <перевалки> массов‖ого груз‖а; **-fahrzeug** транспортное средство для <перевозки> -ого -а; **-frachter** *(Schiff.)* судно для <перевозки> -ого -а; **-hafen** порт для <перегрузки, перевалки> -ого -а; **-umschlag** перевалка -ого -а; **-wagen** *(Eis.)* вагон для <перевозки> -ого -а;

Massen‖karambolage *(Kfz.)* массов‖ый наезд (-ое столкновение) <автомобилей>; **-schüttgut** -ый навалочный (насыпной) груз; **-sendung** партия -ого груза; **-stückgut** -ый штучный груз; **-transport** *(Güterv.)* перевозка больших партий грузов; **-verkehr 1.** *(ÖPNV)* транспорт общего пользования; **2.** *(Güterv.)* -ые перевозки груза; **-verkehrsmittel 1.**

(ÖPNV) средство транспорта общего пользования; **2.** *(Güterv.)* транспортное средство для -ых перевозок груза

Maß- *(in Zus.)* габаритн‖ый/ая/ое/ые; **-fracht** *(Gebühr)* исчисление фрахта по размеру

maßgeschneiderte Transportangebote *(Pl.)* предложение транспортных услуг, максимально учитывающих потребности клиентов

Maß‖gut габаритный груз; **-tonne** кубическая тонна, **-zoll** пошлина с кубатуры

Mast мачта; **Anker-** *(Schiff.)* причальная; **Lande-** *(Luftschiff)* причальная

Material материал; **rollendes ~** *(Eis., Fahrzeuge)* подвижной состав, железнодорожная подвижная единица; **Abdicht-** прокладочный; **Füll-** крепежный; **Stütz-** *s.* **Füll-**; **Trenn-** сепарационный; **Verpackungs-** упаковочный, ~ для упаковки

Materialveredelung обработка материлов (сырья)

materielle Haftung *(jur.)* материальная ответственность

Maut *(Straßenbenutzungsgebühr)* дорожный сбор, сбор за пользование дорогой (автострадой)

mautpflichtige Straße платная дорога

maximal *(s. auch Höchst-)* максимальн‖ый/ая/ое/ые; **-e Auslastung** -ая загрузка; **-e Belastung** -ая нагрузка; **-e Flugweite** предельная дальность полёта; **-e Reichweite** <eines Transportmittels> предельная

дальность действия <транспортного средства>; **-e Zuladung** -ая полезная нагрузка

Maximal- *(in Zus.)* максимальн‖ый/ая/ое/ые; **-geschwindigkeit** -ая скорость, *(zugelassene)* -о допустимая скорость, *(techn. auch)* предельная (конструктивная) скорость; **-ladeprofil** -ый габарит груза <на открытом подвижном составе>; **-laufweite** -ая дальность пробега; **-leistung** -ая мощность, -ая производительность; **-tarif** -ый тариф, *(mit Obergrenze)* тариф с верхним пределом

Mechaniker *(Pers.)* механик; *(für Kfz.)* авто-; **Bord-** *(für Flugzeuge)* борт-

mechanisch механическ‖ий/ая/ое/ие; **-er Antrieb** *(Kfz.)* -ий привод; **-es Stellwerk** *(Eis.)* -ая централизация

Meer море; **Schwarzes ~** Чёрное; **Südchinesisches ~** Южно-китайское; **Bering-** Берингово; **Eis-** Полярное; **Mittel-** Средиземное; **Nord-** *s.* **Eis-**

Meerbusen залив

mehr- *(in Zus.)* много-; **-achsiges Fahrzeug** многоосное транспортное средство

Mehr- *(in Zus.)* **1.** *(zusätzlich)* дополнительн‖ый/ая/ое/ые; **2.** *(die Norm überschreitend)* избыточн‖ый/ая/ое/ые; **-belastung** *(Gewicht)* избыточная (сверхнормативная) нагрузка

Mehrfach- *(in Zus.)* многократн‖ый/ая/ое/ые; **-achse** комбинированная ось; **-traktion** *(Schienv.)* -ая тяга; **-transporte** *(Pl.)* повторные перевозки, *(überflüssige auch)* излишние перевозки; **-visum**

-ая виза; **-zoll\<satz\>** сложный таможенный тариф

Mehr‖fracht 1. *(zu beförderndes Gut)* дополнительный груз (-ый фрахт); **2.** *(Gebühren)* дополнительный фрахт (-ая провозная плата, -ая плата за провоз); **-frequenzfahrzeuge** *(Pl.)* многочастотный электроподвижной состав

mehr‖gleisige Strecke *(Schienv.)* много‖колейная (-путная) дорога, -колейный путь; **-gliedriges Fahrzeug** *(Kfz.)* -членный грузовик, -членный автопоезд, *(Eis.)* -членный поезд; **-motoriges Fahrzeug** -двигательное (-моторное) транспортное средство

Mehrsatztarif многоставочный тариф

mehr‖sitziges Fahrzeug многоместное транспортное средство

mehrspurig ‖ 1. *(Schienv.)* многоколейн‖ый/ая/ое/ые, многопутн‖ый/ая/ое/ые; **2.** *(Straße)* многорядн‖ый/ая/ое/ые; **3.** *(Fahrzeug)* многоколейн‖ый/ая/ое/ые; **-er Fahrbetrieb** многопутное движение; **-es Fahrzeug** многоколейное транспортное средство; **-e Straße** многорядная дорога (-ая магистраль); **-er Verkehr** *(Straße)* многорядное движение, *(Schienv.)* многоколейное (многопутное) движение

Mehrstrom‖fahrzeug/e *(Schienv.)* подвижной состав, ‖ работающий на нескольких системах тока; **~-ICE** *(Eis., BRD)* междугородный экспресс, ~

mehrsystemfähiger Zug многосистемный поезд

Mehrsystem‖lokomotive многосистемный электровоз; **-triebfahrzeug** *(Schienv.)* тяговая единица, работающая на нескольких системах тока;

Mehr‖verkehr дополнительный транспорт (-ые перевозки); **-wegefahrzeug** вездеход, транспортное средство для обращения по различным видам дорог;

Mehrweg‖palette возвратный (оборотный) поддон, поддон многократного применения (пользования); **-verpackung** многооборотная (возвратная) тара (-ая упаковка); тара (упаковка) многократного (многоразового, повторного) пользования, подлежащая возврату тара;

Mehrwertsteuer налог на добавленную стоимость (НДС);

Mehrzweck- многоцелев‖ой/ая/ое/ые; **-container** -ой (универсальный) контейнер; **-fahrzeug** -ое транспортное средство, транспортное средство -ого назначения, *(Fahrzeuge)* универсальный подвижной состав; **-flugzeug** –ой (универсальный) самолёт, самолёт смешанного назначения; **-frachter** *(Schiff.)* -ое грузовое судно; **-kraftfahrzeug** автомобиль *(m.)* -ого назначения; **~-PKW** –ой (универсальный) \<легковой\> автомобиль; **-schiff** -ое (универсальное) судно, судно -ого (различного) назначения; **-terminal** многопрофильный терминал; **-tiefladewagen** –ой (универсальный) низкорамный грузовик; **-verpackung** универсальная упаковка (-ая тара); **-wagen** *(Eis.)* –ой вагон; **-waggon** *s.*

-wagen

Meistbegünstigung предоставление режима наибольшего благоприятствования

Meistbegünstigungsklausel *(Vertrag)* оговорка о режиме наибольшего благоприятствования

Meldepflicht 1. *(allg.)* обязанность *(f.)* заявления; 2. *(für Personen)* обязанность *(f.)* <своевременной> прописки (регистрации)

meldepflichtig подлежащ‖ий/ая/ее/ие регистрации

Meldung *(s. auch Anmeldung, Anzeige, Avis, Benachrichtigung)* извещение, сообщение; ~ **über Beförderungshindernisse** извещение о возникновении препятствий в перевозке груза; **Ausfuhr-** экспортное извещение (-ая декларация); **Einfuhr-** импортное извещение (-ая декларация); **Klar-** *(Schiff.)* <письменное> уведомление о готовности судна к погрузке; **Stau-** извещение о заторах; **Unfall-** уведомление (заявление) о дорожно-транспортном происшествии (ДТП); **Verkehrs-** сообщение о транспортной обстановке <на дорогах>; **Zollfrei-** заявление на товары, свободные от таможенного обложения

Menge, frachtpflichtige тарифный вес

Mengen- *(in Zus.)* количественн‖ый/ая/ое/ые; **-angabe** указание количества; **-regulierung** -ое регулирование; **-staffel** ступенчатый указатель <-ого> тарифа

Messbrief *(Schiff.)* мерительное свидетельство

Messegut ярмарочный груз

Metallband *(Verpackung)* металлическая лента

Meter метр; **laufender** ~ погонный; **Raum-** складочный кубический

Methode/n метод/ы; **<direkte, indirekte>** **-n der Regulierung des Verkehrsmarktes** *(Pl.)* <прямые, косвенные> -ы регулирования транспортного рынка; **Navigations-** ~ судовождения

metrische Tonne <pro Luke> *(Schiff.)* метротонна <на люк>

Miete *(s. auch Gebühr)* арендная плата; **Container-** ~ за контейнер; **Lager-** сбор (плата) за хранение груза на складе; **Schiffs-** 1. *(Gebühr)* плата за наём судна; 2. *(Anmietung)* фрахтование (наём) <судна>; **Wagen-** *(Kfz.)* ~ за грузовик, *(Eis.)* ~ за вагон

mieten арендовать <что-л.>, брать/ взять (снимать/снять) <что-л.> в аренду

Mieten *(Subst.)* **<eines Schiffes, eines Waggons>** *(Subst.)* наём (аренда) <судна, вагона>, *(Schiff auch)* фрахтование судна

Mieter *(Pers.)* арендатор; **Schiffs-** *(s. auch Charterer)* арендатор <судна>

Miet- *(in Zus.)* арендн‖ый/ая/ое/ые; **-gebühr** -ая плата, плата за аренду; **-güterwagen** *(Eis., gemieteter)* арендованный грузовой вагон, *(vermieteter)* переданный в аренду грузовой вагон; **-verpackung** инвентарная (возвратная) тара (-ая упаковка); **-vertrag** договор на аренду (об аренде, о найме); **-wagen** *(Kfz.)* прокатный, *(vermieteter)* переданный в аренду автомобиль, *(Eis.)* *(gemieteter)* арендованный вагон, *(vermieteter)* переданный в аренду вагон; **-wagennutzung** _(Kfz.)_ пользование прокатным автомобилем

Mikrowellen-Landesystem _(Flug.)_ микроволновая посадочная система

Militär- _(in Zus.)_ военн‖ый/ ая/ое/ые; **-fahrzeug** -ый автомобиль; **-flughafen** -ый аэродром; **-flugzeug** -ый самолёт; **-luftfahrt** –ая авиация; **-schiff** -ый корабль

minderwertige **Ware** низкокачественный товар

Mindest- _(in Zus.)_ минимальн‖ый/ая/ое/ые; **-abstand** **1.** _(räuml.)_ -ое расстояние; **2.** _(zeitl.)_ -ый интервал; **-auslastung** -ая загрузка; **-belastung** -ая нагрузка; **-frachtrate** _(Gebühr)_ -ая ставка <фрахта>, -ый фрахт, -ый тариф; **-geschwindigkeit** -ая скорость; **-gewicht** -ый вес; **-kapazität** -ая мощность; **-laufweite** -ая дальность пробега; **-leistung** _s._ -_kapazität_; **-mengenklausel** _(jur.)_ оговорка о -ой партии <груза>; **-rate** _s._ -_frachtrate_; **-tarif** -ый тариф, _(mit Untergrenze)_ тариф с нижним пределом

Mineralöl нефтяное топливо

Mineralölsteuer налог на нефтяное топливо

Minister <**für** **Verkehr**> _(Pers.)_ министр <транспорта>

Ministerium министерство; **zuständiges** ~ соответствующее; ~ **für Eisenbahnwesen** _(RF)_ ~ путей сообщения (МПС); ~ **für Verkehrswesen** ~ транспорта, _(RB)_ ~ транспорта и коммуникаций; **Bundes-** _(BRD)_ Федеральное; **Länder-** _(BRD)_ ~ Земли

Minutentakt поминутный <твёрдый>

интервал

Misch- _(in Zus., s. auch gemischt)_ смешанн‖ый/ая/ое/ые; **-kalkulation** -ая калькуляция; **-ladung** -ый груз; **-reederei** смежное пароходство; **-<versicherungs>police** -ый <страховой> полис; **-zoll** -ая (комбинированная) пошлина; **-zolltarif** -ый таможенный тариф

Missachtung **der** **Vorfahrt** _(Straßenverkehr)_ нарушение права преимущественного проезда

mitfahren _(intrans., jmdn. begleiten)_ ехать/поехать вместе с кем-л.

mitfahrender **Kran** несамоходный кран

Mitfahrer _(Pers.)_ попутчик, пассажир

Mitfahrzentrale _(Individualverkehr)_ фирма, организующая возможность _(f.)_ участия в <автомобильных> поездках в качестве сопровождающего пассажира

mitführen ввозить/везти <что-л.> с собой, _(Schiff.)_ иметь <что-л.> на борту; **Papiere** _(Pl.)_ ~ везти (возить) с собой документы

Mitführungspflicht <**für** **Papiere**> обязанность _(f.)_ везти документы с собой

Mitteilung _(s. auch Anzeige, Meldung)_ извещение, сообщение

Mittel средство; **Beförderungs-** транспортное, ~ транспорта, ~ передвижения; **Finanz-** финансовые; **Lade-** _(Pl.)_ погрузочно-разгрузочные -а; **Rettungs-** _(Pl.)_ спасательные -а; **Umlauf-** _(Pl.)_ оборотные -а; **Verkehrs-** _s. Beförderungs-_

mittelbar _(s. auch indirekt)_

косвенн‖ый/ая/ое/ые, непрям‖ой/ая/ое/ые; **-e Ausfuhr** -ый/ой экспорт, вывоз с участием (с помощью) посредника; **-e Einfuhr** -ый/ой импорт, ввоз с участием (с помощью) посредника; **-e Lieferung** складская поставка, поставка с участием (с помощью) посредника

Mittel- *(in Zus.)* средн‖ий/я/ее/ие

mitteleuropäische Zeit среднеевропейское время

Mittel‖klassewagen автомобиль *(m.)* средн‖его класса; **-meer** Средиземное море; **-meerhafen** средиземноморский порт; **-standsunternehmen** -ее предприятие, предприятие -его бизнеса; **-strecke** -ее расстояние, -яя дальность, -яя дистанция; **-streckenverkehr** движение (перевозки) на -ее расстояние (на -ие дистанции)

mittel- und osteuropäische Länder страны средней и восточной Европы

Mittler *(Pers., s. auch Vermittler)* посредник, агент; **Absatz-** агент по сбыту; **Reise-** агент туристического бюро, *(umg.)* турагент

mittler‖e/er/es средн‖ий/яя/ее/ие; **-e Auslastung** -яя загрузка; **-er Container** -е-тоннажный (большой) контейнер, контейнер -ей ёмкости; **-e Fahrgeschwindigkeit** -яя скорость движения (хода); **-e Reiseweite** *(Pass.)* -ее расстояние следования пассажиров; **-e Transportweite** -ее расстояние перевозки; **-e Wagenumlauflänge** *(Eis.)* -ее расстояние оборота вагона

Mitverschluss, Zoll- совместное хранение грузов на таможенном складе

mobil самоходн‖ый/ая/ое/ые

Mobilkran самоходный (передвижной подъёмный) кран

Mobilität⌨ мобильность *(f.)*, *(Flexibilität auch)* подвижность *(f.)*

Mobilitäts- *(in Zus.)*; **-barriere** барьер мобильност‖и; **-grad** уровень *(m.)* (степень *(f.)*) -и; **-koeffizient** коэффициент -и (подвижности) <населения>; **<zeitgemäßes> -konzept** <современная> концепция по повышению -и (подвижности)

Modal ‖ Share⌨ *(Beförderungsanteil)* доля перевозок; ~ **Split**⌨ рапределение долей перевозок по носителям транспорта

modale Verkehrsverlagerung перенесение транспортных потоков на другие виды транспорта

Modell модель *(f.)*; **Betreiber-** ~ эксплуатации <чего-л.> частным предприятием-оператором; **Konzessions-** ~ выдачи лицензий, **Verkehrs-** ~ транспортных систем, ~ перевозок; **Verkehrsentflechtungs-** ~ развязки транспортных потоков; **Verkehrsverflechtungs-** ~ переплетения транспортных процессов

modern современн‖ый/ая/ое/ые; **-e Verkehrsinfrastruktur** -ая транспортная инфраструктура; **-e Verkehrskonzepte** *(Pl.)* -ые концепции по развитию транспорта

modernisieren модернизировать <что-л.>

Modernisierung модернизация, обновление

Möbel- *(in Zus.)*; **-spediteur** *(Pers.)* перевозчик мебели; **-transport** перевозка мебели

Mofa мотовелосипед

Mole *(Hafen)* <портовый> мол

Monatskarte *(ÖPNV)* месячный проездной билет

Moped мопед

Motel мотель *(m.)*

Motor *(s. auch Antrieb)* двигатель *(m.)*; **Antriebs-** двигатель; **Auto-** автомобильный; **Benzin-** бензиновый; **Diesel-** дизельный, *(umg.)* дизель *(m.)*; **Elektro-** электромотор, электро-; **Gas-** газовый; **Heck-** *(Flugzeug)* хвостовой, *(Schiff)* кормовой, *(Kfz.)* ~ задней установки; **Schiffs-** судовой; **Verbrennungs-** ~ внутреннего сгорания; **den ~ abstellen** выключать/выключить ~; **den ~ starten** заводить/завести ~, включать/включить ~

Motor- *(in Zus.)* моторн‖ый/ ая/ое/ые; **-boot** -ая лодка, -ый катер; **-fahrzeug** -ая единица подвижного состава; **-güterschiff** грузовой теплоход; **-haube** *(Kfz.)* капот <автомобиля>

motorisierter Individualverkehr автотранспорт личного пользования, поездки *(Pl.)* на личных машинах

Motorisierung моторизация, автомобилизация

Motorisierungsgrad уровень *(m.)* (степень *(f.)*) моторизации (автомобилизации)

Motor‖jacht моторная яхта; **-leistung** <eines Fahrzeuges> мощность *(f.)* двигателя <транспортного средства>;

Motorrad ‖ мотоцикл; **-fahrer** *(Pers.)* мотоциклист; **-hersteller** изготовитель мотоциклов; **-industrie** предприятия-изготовители мотоциклов

Motorschiff ‖ теплоход; **Groß-** большегрузный; **Küsten-** каботажный, прибрежное (каботажное) судно, судно прибрежнего плавания

Motorwagen *(Schienv.)* моторный вагон, автомотриса

Mündung 1. *(Wasserweg)* устье; 2. *(Straße)* конец улицы

Mündungshafen устьевой порт

Multifunktionsschiff многоцелевое (универсальное) судно, судно многоцелевого (различного) назначения

multilaterale Genehmigung <für den Verkehr mit Drittländern> разрешение на международные перевозки <стран ЕС с третьими странами>

multimodal мультимодальн‖ый/ая/ое/ые; **-er Container** контейнер для -ых перевозок; **-er Verkehr**▢ -ый транспорт, -ые перевозки, смешанные перевозки, перевозки с перегрузкой (перевалкой) на другой вид транспорта; **-e Verkehrsdienstleistungen** *(Pl.)* -ые транспортные услуги; **-e Verkehrssysteme** *(Pl.)* -ые транспортные системы

Multipack мультипак; *(Container)* контейнерная упаковка, содержащая несколько единиц индивидуально упакованного товара

Multiplexzug *(Schienv.)* электропоезд с управлением по системе нескольких единиц

Mutterunternehmen головное предприятие

N

Nachfolge- *(in Zus.)*; **-spur** *(Flug.)* спутный <аэродинамический> след; **-zeit** *(Eis.)* интервал попутного следования <поездов>

Nach‖forderung дополнительное взимание <сборов, пошлины>; **-forschung** *(Güter)* розыск груза; **-forschungsgebühr** плата за розыск груза

Nachfrage спрос; **aggregierte ~** совокупный; **~ nach Verkehrsdienstleistungen** *(Pl.)* ~ на транспортные услуги, ~ на перевозки; **Auslands-** внешний, ~ иностранных клиентов; **Binnen-** внутренний, ~ отечественных клиентов; **Abnahme der ~** падение -а; **Zunahme der ~** рост -а; **die ~ analysieren** изучать/изучить ~; **die ~ befriedigen** удовлетворять/ удовлетворить ~; **<flexibel> auf eine ~ reagieren** <гибко> реагировать на ~

nachfrageorientierte Verkehrsdienstleistungen *(Pl.)* ориентированные на спрос транспортные услуги

Nachfrage‖orientierung ориентация на ‖ спрос; **-rückgang** <im

Verkehr> спад -а <на тарнспорт>; **-steigerung** <im **Verkehr>** рост -а <на транспорт>

Nachläufer *(LKW)* прицеп

Nachlass *(Rabatt)* скидка; **Fracht-** ~ с фрахта; **Preis-** ~ с цены

Nachlauf eines Flugzeugs спутный <аэродинамический> след самолёта

Nach‖lieferung дополнительн‖ая поставка, -ая доставка; **-lösegebühr** *(Pass.)* -ый сбор к проездной плате

nachlösen *(Fahrkarte)* покупать/ купить (приобретать/приобрести) билет в проезде

Nachnahme, Zahlung per ~ *(feste Wendung)* наложенным платежом

Nachnahmelieferung поставка <груза> наложенным платежом

Nacht- *(in Zus.)* ночн‖ой/ая/ое/ые; **-bus** -ой автобус; **-bushaltestelle** стоянка -ого автобуса; **-fahrt** -ая поездка; **-fahrverbot** *(LKW)* запрещение движения <грузовиков> в -ое время; **-flug** -ой полёт, -ой рейс; **-flugbetrieb** -ое воздушное сообщение; **-flugverbot** запрещение движения самолётов в -ое время, запрещение -ых полётов; **-linie** -ая линия, -ой маршрут

Nachtrag *(Vertrag)* аддендум

Nacht‖reiseverkehr ночн‖ое пассажирское сообщение; **-sprung**⌐ *(Güterzug im Nachtverkehr)* -ой маршрутный поезд; **-sprungverkehr/e** *(Eis.)* следование -ых маршрутных поездов; **-tarif** -ой тариф; **-taxi** -ое такси *(indkl.)*; **-verbindung** -ой рейс; **-verkehr** -ой транспорт, -ое движение, -ое сообщение; **-zug** -ой поезд

Nachweis *(s. auch Beleg, Bescheinigung, Dokument, Papier, Quittung, Schein, Zertifikat, Zeugnis)* свидетельство, сертификат, удостоверение, ведомость *(f.)*; **gültiger** ~ действительное свидетельство; **Befähigungs-** удостоверение о технической квалификации <персонала>; **Beförderungs-** перевозочная ведомость; **Belade-** сводная загрузочная ведомость; **Eigentums-** *(Schiff.)* свидетельство о праве собственности на судно; **Herkunfts-** <der Ware> свидетельство о происхождении <товара>; **Liefer-** свидетельство о поставке; **Personenbeförderungs-** пассажирское свидетельство; **Qualitäts-** сертификат о качестве; **Sachkunde-** *(IHK)* сертификат о сдаче экзамена по ведению <транспортного> предприятия; **Schadens-** справка о причинённом ущербе, *(Güterv. auch)* свидетельство о повреждении товара; **Ursprungsland-** свидетельство о стране происхождения; **Versand-** отправочная (отгрузочная) ведомость

nachzahlen *(kfm.)* доплачивать/доплатить

Nachzahlung *(kfm.)* доплата

Nämlichkeit <einer Ware> *(Zoll.)* тождественность *(f.)* <товара>

Nämlichkeitszeichen *(Zoll.)* идентификационный знак (знак идентификации) на товаре (на упаковке товара)

Nässe, überfrierende гололедица

nahräumlich *s. regional, örtlich*

Nahtstelle пункт стыкования; *(Verkehrsknotenpunkt auch)* транспортный узел; *(Bahnhof auch)* станция стыкования

Nahverkehr местный (пригородный) транспорт (-ое сообщение), *(Verkehre)* местные (короткопробежные) перевозки; **schienengebundener** ~ местный рельсовый транспорт, *(Eis.)* пригородный железнодорожный транспорт; **städtischer** ~ <общественный> городской транспорт; **Güter-** местный грузовой транспорт, местные (ближние) грузовые перевозки, перевозки груза на короткие расстояния; **Personen-** местный пассажирский транспорт, местное пассажирское сообщение; **Schienen-** *s. schienengebundener*; **Speditions-** региональные (ближние) экспедиторские автодорожные (автогужевые) перевозки; **Schienengüter-** местный железнодорожный грузовой транспорт, местные (ближние) грузовые перевозки железнодорожным транспортом; **Straßengüter-** местный автомобильный грузовой транспорт, местные (ближние) грузовые перевозки автомобильным транспортом

Nahverkehrs- *(in Zus.)* пригородн‖ый/ая/ое/ые; **-anbindung** примыкание к -ому (местному) транспорту; **-anschluss** *s. -anbindung*; **-bedienung** обслуживание <территории> - ым (местным) транспортом; **-fahrschein** -ый билет; **-linie** -ая (местная) линия; **-netz** сеть *(f.)* -ого транспорта (-ых путей сообщения); **-tarif** -ый тариф, тариф на ближние (местные) перевозки;

-unternehmen предприятие -ого (местного) транспорта; **-wagen** *(Schienv.)* вагон -ого (местного) поезда; **-waggon** *s.* -*wagen*; **-zone** -ая зона, *(ÖPNV)* зона местного сообщения; **-zonentarif** -ый зональный тариф; **-zug** -ый поезд, поезд -ого (местного) сообщения

Namens- *(in Zus.)* именн‖ой/ая/ое/ые; **-konnossement** -ой коносамент; **-ladeschein** *s.* -*konnosement*; **-lagerschein** -ое складское свидетельство; **-<versicherungs>police** -ой <страховой> полис; **-warenpapier** -ой товарораспорядительный документ

national *(in Zus.* национальн‖ый/ая/ое/ые; **-e Luftfahrtbehörde** Федеральное ведомство гражданской авиации; **-es Schiffsregister** государственный судовой реестр; **-er Verband** национальный союз (-ая ассоциация)

Nationalitäts- *(in Zus.)*; **-prinzip**⊞ *(hier)* принцип взимания транспортных налогов и сборов в стране регистрации <транспортного средства>; **-zeichen** знак государственной принадлежности

natürlich естественн‖ый/ая/ое/ые; **-er Hafen** бухта, гавань *(f.)*; **-er Kanal** -ый канал; **-e Wasserstraße** -ый водный путь

Navigation навигация; **ganzjährige** ~ круглогодовая; **Bord-** бортовая; **Fahrzeug-** ~ транспортных средств; **Flug-** воздушная; **Flugfunk-** аэрорадио-~; **Funk-** радио-; **Satelliten-** спутниковая; **See-** морская

Navigations- *(in Zus.)*

навигационн‖ый/ая/ое/ые; **-brücke** ходовой мостик; **-dienst** -ая служба; **-fehler** -ая ошибка; **-gebühr** -ый сбор; **-hindernis** –ое препятствие; **-instrument** -ый инструмент, -ый прибор; **-karte** -ая карта; **-methode** метод/ы судовождения; **<satellitengestütztes>** **-system** <космическая, спутниковая> -ая система; **-technik** -ое оборудование, -ая техника; **-tiefe** -ая глубина; **~ und Seewetterdienst** *(Schiff.)* -о- гидрографическое обеспечение плавания

Nebel туман

Neben- *(in Zus.)* **1.** *(räuml.)* побочн‖ый/ая/ое/ые; **2.** *(sekundär)* второстепенн‖ый/ая/ое/ые; **3.** *(zusätzlich)* дополнительн‖ый/ая/ое/ые; **-abrede** *(jur.)* дополнительная оговорка; **-bahn** железная дорога второстепенного значения; **-betrieb** вспомогательное предприятие, обслуживающее <чего-л.>; **-fahrspur** побочная полоса <дороги>; **-gebühr** дополнительный сбор; **-gebührensatz** тариф дополнительных сборов; **-gleis** подъездной (боковой станционный) путь; **-straße** второстепенная (боковая) дорога, переулок; **-strecke** *(Eis.)* подъездной путь; **-verkehr** транспорт на второстепенных линиях; **-wasserstraße** второстепенный водный путь; **-zollamt** дополнительная таможня (-ый таможенный пункт)

nebliges Wetter туманная погода

Negativliste *(AH)* список товаров, экспорт (импорт) которых ограничен

Neige- *(in Zus.)*; **-technik** 📖 *(Eis.)* рельсовая техника с гибкой подвеской кузова; **-zug** специальный поезд с гибкой подвеской кузова вагонов

Netto нетто

Netto- *(in Zus.)* нетто; **-gewicht** чистый вес, вес ~; **-preis** цена ~; **-preissystem** система цен ~; **-raumgehalt** *(Schiff.)* чистая вместимость судна; **-rauminhalt** *(Transportbehältnis)* внутренний объём <контейнера>; **-raumzahl** *(Schiff.)* ~-регистровая единица; **-registertonnage** ~-регистровый тоннаж; **-registertonne** ~-регистровая тонна; **-tara** ~-тара; тара ~; **-tarif** ~-тариф; **-tonnage** ~-тоннаж; **-tonnenkilometer** ~-тонно-километр

Netz сеть *(f.)*; **geschlossenes** ~ закрытая; **regionales** ~ региональная; **überregionales** ~ межрегиональная; **Bahn-** железнодорожная, ~ железных дорог; **Bus-** ~ автобусных линий; **Eisenbahn-** *s.* Bahn-; **Fernstraßen-** ~ дорог общегосударственного значения; **Fernverkehrs-** ~ дальних путей сообщения; **Fluglinien-** ~ авиалиний; **Gleis-** ~ железнодорожных путей; **Güterzug-** ~ <скоростных> грузовых поездов; **Hochgeschwindigkeits-** высокоскоростная, ~ высокоскоростных линий; **Interregio-** *(Eis., EU)* межрегиональная ~ путей сообщения; **Kanal-** ~ каналов; **Kern-** стержневая (центральная) транспортная; **Kombi**<verkehrs>- ~ комбинированных путей сообщения; **Linien-** 1. *(Infrastruktur)* ~ путей сообщения; 2. *(Schema im ÖPNV)* транспортная схема; **Luftverkehrs-** ~ воздушных перевозок; **Nahverkehrs-** ~ местных путей сообщения, ~ пригородного транспорта; **Oberleitungs-** *(Elektrizität)* воздушная контактная; **Regional-** *s. regionales*; **Schienen-** рельсовая, *(Eis.)* железнодорожная; **Schnellbus-** ~ скоростных автобусных линий; **Schnellzug-** <движения> скорых (скоростных) поездов; **Stadtbahn-** ~ электрички; **Straßen-** дорожная, ~ автомобильных дорог, **Straßenbahn-** ~ трамвайных линий; **Strecken-** 1. *(Linien)* ~ маршрутов, ~ линий; 2. *(Infrastruktur)* дорожная; **U-Bahn-** ~ <линий> метро<политена>; **Verkehrs-** транспортная, ~ путей сообщения; **Vertriebs-** ~ сбыта; **Vorrang-** *(Eis.)* приоритетная железнодорожная; **Wasserstraßen-** *(Binnsch.)* ~ внутренних водных путей; **Wege-** дорожная, ~ путей сообщения; **Zug-** ~ поездов

Netz- *(in Zus.)* сетев‖ой/ая/ое/ые; **-anschluss** подключение к сети; **-auslastung** загрузка сетей; **-betrieb** эксплуатация транспортной сети, *(Schienv. auch)* эксплуатация рельсовой (железнодорожной) сети; **-container** решётчатый контейнер; **-dichte** плотность *(f.)* транспортной сети; **-infrastruktur** -ая инфраструктура, инфраструктура <транспортных> сетей; **-karte** 1. *(Fahrkarte)* -ой проездной билет; 2. *(Streckenplan)* транспортная схема; **-konzeption** -ая концепция; **-plan** 1. *(Schema)* транспортная схема; 2. *(Ablaufplan)* -ой график; **-planung** -ое планирование; **-preis** стоимость *(f.)* пользования транспортной (железнодорожной) сетью

neu verpacken переупаковывать/ переупаковать <груз, товар>

Neubau einer Strecke новостройка участка дороги (трассы)

Neubaustrecke трасса-новостройка

Neuordnung der Verkehrspolitik переориентация транспортной политики

Neuverkehr новый транспорт

Neuverschluss einer TIR-Plane *(LKW)* перешнуровка тента с TIR

Neuwagen *(Kfz.)* новый автомобиль

nicht *(in Zus.)* не-; ~ **abgeholte Ladung** невостребованный груз; ~ **ausgelastete Strecke** недогруженная трасса (-ый маршрут); ~ **befahrbare Strecke** непроезжий участок дороги; ~ **bundeseigene Eisenbahnen** *(Pl., BRD)* нефедеральные железные дороги; ~ **entladener Container** неразгруженный контейнер; ~ **entmischter Verkehr** не рассредоточенные транспортные потоки *(Pl.)*; ~ **freigemachtes Gut** фрахт не оплачен; ~ **kanten!** *((feste Wendung, Frachtmarkierung)* не кантовать!; ~ **kommerzieller Verkehr** некоммерческий транспорт; ~ **kostendeckender Verkehr** убыточный транспорт (-ые перевозки); ~ **motorisierter** <**Individual**>**Verkehr** немоторизированный транспорт <личного пользования>; ~ **öffentlicher Hafen** негосударственный порт; ~ **öffentlicher Verkehr** транспорт необщего пользования; ~ **ordnungsgemäße Verpackung** ненадлежащая упаковка (-ая тара); ~ **selbstfahrende Ladeeinheit** несамоходная погрузочная

единица; ~ **staubehinderter Verkehr** непрепятственный заторами транспорт; ~ **tarifäre Barriere** нетарифный барьер; ~ **tarifäre Handelsschranke** *(nicht zollbedingt)* нетарифный торговый барьер, нетарифные препятствия торговле; ~ **tarifliche Speditionsdienstleistungen** *(Pl.)* нетранспортные экспедиторские услуги; ~ **teilbare Ladung** неделимый груз;

nicht übertragbar ‖ непереводим‖ый/ая/ое/ые; **-es Dokument** -ый документ; **-er Fahrschein** проездной билет без права передачи; **-e Genehmigung** разрешение без права передачи;

nicht ‖ **verladenes Gut** непогруженный груз; ~ **versandter Container** неотгруженный контейнер; ~ **wettbewerbsfähige Ware** неконкурентоспособный товар

Nicht- *(in Zus.)*; **-abnahme** <**von Fracht**> непринятие <груза>; **~-An-Order-Klausel** *(jur.)* оговорка «не приказу»; **-auslastung** <**von Fahrzeugen**> недогрузка, неполная загрузка <подвижного состава>; **-gemeinschaftsware** *(EU)* товар, происходящий из стран за пределами ЕС

nichtiger Vertrag *(jur.)* утративший силу договор

Nichtzahlung *(kfm.)* неуплата

Niederflur- *(in Zus.)*; **-bauweise** способ конструкции транспортного средства с пониженной платформой; **-fahrzeug** *(Bahn, Bus, Tram)* транспортное средство с пониженной платформой (с выходом на уровне перрона)

Niederlassung *(jur.)* филиал; **Auslands-** заграничный, зарубежный; **Tochter-** дочерняя компания, представительство; **eine ~ errichten** открывать/открыть ~

Niederlassungsrecht *(jur.)* **1.** *(für Unternehmen)* право получения места регистрации; **2.** *(für natürl. Personen)* право получения места жительства

Niedrigstbelastung наименьшая нагрузка

Niedrigwasser 1. *(See., bei Ebbe)* малая вода; **2.** *(Fluss)* межень *(f.)*

Niedrigwasserhafen мелководный порт

niveaugleicher Übergang пересечение в одном уровне, *(Schienv. auch)* переезд (переход) на уровне рельсов

Nomenklatur номенклатура; **Zolltarif-** таможенная

nominelles Konnossement *(See.)* именной коносамент

Non-Food-Waren *(Pl.)* непродовольственные товары

Non-Stop-Flug беспосадочный полёт

Nord- *(in Zus.)* северн‖ый/ая/ое/ые; **-meer** *(Eismeer)* Полярное море; **-see** Северное море

Nord-Süd- *(in Zus.)* северо-южн‖ый/ая/ое/ые; **~-Route** -ая связь; **~-Trasse** -ая трасса; **~-Verbindung** *s. -route*; **~-Verkehr** -ое движение транспорта, *(Verkehrsströme)* -ые транспортные потоки

Norm норма, *(techn. auch)* стандарт; **Europäische ~** европейский стандарт (евро-); **Industrie-** промышленный стандарт

Normal- *(in Zus.)* нормальн‖ый/ая/ое/ые; **-palette** -ый (стандартный) поддон; **-spur** -ая колея, колея -ой ширины, *(Eis. auch)* западно-европейская колея;

Normalspur‖bahn *(Schienv.)* железная дорога нормальн‖ой колеи; **-wagen** вагон -ой колеи; **-waggon** *s. -wagen;*

Normal‖tarif нормальный (стандартный, полный) тариф; **-zoll** общий таможенный тариф

Normativdokumentation нормативная документация

Not- *(in Zus.)* экстренн‖ый/ая/ое/ые, аварийн‖ый/ая/ое/ые; **-ausgang** аварийный (запасный) выход, *(Flugzeug)* люк аварийного выхода; **-bremse** *(Schienv.)* экстренный тормоз, *(in einem Waggon)* стоп-кран; **-bremsung** *(Prozess)* экстренное торможение; **-fall** экстренный случай; **-fallplan** *(Gefahrgut)* план обращения с опасным грузом в экстренном случае; **-halt** экстренная остановка; **-landung** *(Flug.)* аварийная (вынужденная) посадка; **-öffnung** <eines Fahrzeugs> *(Pass.)* открытие дверей <транспортного средства> в экстренном случае; **-ruf** экстренный вызов, *(Funk)* аварийная радиосвязь; **-rufsäule** *(Autobahn)* телефон вызова помощи на автостраде <в экстренном случае>

Null- *(in Zus.)* нулев‖ой/ая/ое/ые; **-regulierung** -ое регулирование; **-tarif** -ой тариф; **Fahrt zum -tarif** бесплатная перевозка

Nummer номер; **~ der Versandeinheit** цифровой код отгрузочной единицы; **Artikel-** товарный, товарный код; **Bestell-**

цифровое обозначение <типа изделия>; **Code-** товарный код; **Fahrgestell-** *(Kfz.)* ~ шасси *(n. indkl.)*; **Flug-** ~ рейса, ~ полёта; **Fracht-** ~ груза; **Frachtpapier-** ~ грузового документа; **Lizenz-** ~ лицензии; **Registrier-** ~ регистрации; **Serien-** ~ серии; **Typen-** *(Fahrzeug)* ~ типа <вагона>; **Zoll<tarif>-** таможенный код <экспортируемого> товара, таможенная номенклатура, *(RF)* таможенный тарифный ~ внешнеэкономической деятельности (ТНВЭД)

Nummernschild *(Kfz.)* номерной знак

Nutz- *(in Zus.)* полезн‖ый/ая/ое/ые

nutzen пользоваться/ воспользоваться <чем-л.>

Nutzen польза, выгода

Nutzer *(Pers.)* пользователь *(m.)*; ~ **von Dienstleistungen** потребитель *(m.)* услуг; **ÖPNV-~** ~ <местным> общественным транспортом; **Verkehrs-** ~ транспортом

Nutz‖fahrt производительный пробег; **-fahrweite** коэффициент использования пробега; **-fahrzeug** *(Kfz.)* автомобиль *(m.)* промышленного назначения, *(LKW)* грузовой автомобиль, грузовик, *(Bus)* автобус, *(Zugmaschine)* тягач; **-fläche** полезная площадь; **-inhalt** полезный объём; **-kapazität** полезная мощность, *(Tragfähigkeit)* полезная грузоподъёмность; **-kilometer** полезный километр, гружёный пробег в километрах, километр пробега с грузом; **-kraftwagen** *s.* **-fahrzeug**; **-ladefähigkeit** *s.* **-kapazität**; **-ladefläche** полезная погрузочная площадь; **-ladung** коммерческий груз;

Nutzlast ‖ **1.** *(Betriebslast)* полезн‖ая (эксплуатационная) нагрузка, *(Tagesbelastung auch)* автомобиле-тонно-день; **2.** *(Ladung)* -ый груз; **3.** *(Gewicht)* вес нетто; **~-Totlast-Verhältnis** коэффициент эксплуатационной нагрузки и собственного веса <транспортного средства>;

Nutzleistung полезная мощность;

Nutzmasse ‖ *(Kfz., s. auch Nutzlast)* полезная нагрузка, грузоподъёмность; **dynamische** ~ динамическая грузоподъёмность; **statische** ~ статическая грузоподъёмность;

Nutz‖raum полезный объём; **-strecke** *(LKW)* пробег грузового автомобиля

Nutzung *(s. auch Benutzung)* пользование <чем-л.>, *(Betrieb auch)* эксплуатация; ~ **des Luftraums** эксплуатация воздушного пространства; ~ **des öffentlichen Verkehrs** пользование общественным транспортом; ~ **von Trassen** эксплуатация трасс, пользование трассами

Nutzungs- *(in Zus.)*; **-dauer** срок службы, период (продолжительность *(f.)*, срок, период) эксплуатации; **-gebühr/en** сбор за пользование <чем-л.>; **-recht** *(jur.)* право пользования <чем-л.>; **-vertrag** договор (контракт) о передаче права пользования

O

Obere Verkehrsbehörde *(BRD)* верхнее транспортное ведомство

Ober- *(in Zus.)* верхн‖ий/яя/ее/ие; **-bau** 1. *(Fahrzeug)* кузов <автомобиля, вагона>; 2. *(Infrastruktur)* -ее строение пути; **-deck** *(Schiff)* -яя палуба, *(LKW, Bus)* -ий этаж; **-flächenverkehr** наземный транспорт; **-grenze** *(Kapazität)* -ий предел мощности, *(Güterkapazität)* -ий предел грузовместимости

oberirdische Trasse наземная трасса

Ober‖leitung воздушный контактный провод;

Oberleitungs‖bus троллейбус; **-buslinie** линия троллейбуса; **-fahrzeug/e** электрический подвижной состав с питанием от воздушной контактной сети; **-netz** воздушная контактная сеть;

Oberzolldirektion главное таможенное управление

obligatorische Versicherung обязательное (окладное) страхование

OBO-Frachtschiff судно типа ОБО, навалочно-наливное <комбинированное> судно

öffentlich обществен‖ый/ая/ое/ые; **-er Hafen** государственный порт, *(BRD auch)* -ый порт; **-er Kraftverkehr** автотранспорт общего пользования, **-es Lager<haus>** склад (пакгауз) общего пользования; **-er Personennahverkehr**▫ **(ÖPNV)** -ый местный (городской) пассажирский транспорт; **-es Recht** *(jur.)* публичное право; **-e Straße** дорога общего пользования; **-er Verkehr**▫ -ый транспорт, транспорт общего пользования; **-er Verkehrsbetrieb** <муниципальное> предприятие -ого транспорта; **-es Verkehrsmittel** -ый вид транспорта; **-er Verkehrsraum** -ое транспортное пространство

Ökologie экология; **Verkehrs-** ~ в области транспорта

ökologisch sauberer Verkehrsträger экологически чистый вид транспорта

Öl- *(in Zus.)* нефтян‖ой/ая/ое/ые; **-hafen** -ой порт; **-plattform** -ая платформа; **-tanker** нефтевоз, нефтеналивное судно; **-tanklager** нефтебаза

ÖPNV *(öffentlicher Personennahverkehr)* общественный <местный, городской> транспорт; **~Fahrschein** билет для проезда в -ом -е; **~Linien** *(Pl.)* линии -ого -а; **~Nutzer** *(Pers.)* пользователь *(m.)* -ым -ом; **~verbindung** линия -ого -а

örtlich местн‖ый/ая/ое/ые; **-e Behörde** -ая администрация, -ая власть; **-es Fahrdienstpersonal** -ые сотрудники службы движения; **-er Flughafen** -ый (городской) аэропорт; **-es Güterverteilzentrum** -ый (городской) грузораспределительный центр; **-e Linie** *(Bus, Bahn)* -ая (пригородная) линия; **-er Verkehr** -ое (городское) сообщение, -ое движение, -ые перевозки, городской транспорт; **-er Verkehrsmarkt** -ый транспортный рынок

offen открыт‖ый/ая/ое/ые; **-e Bauart**

(Fahrzeug) -ое исполнение; **-er Charter** -ый чартер; **-e Deckungszusage** *(Vers.)* -ый ковернот; **-er Güterwagen** *(Eis.)* -ый грузовой вагон, грузовой вагон -ого типа, полувагон; **-es Lager** -ый склад; **-er Liegewagen** *(RF)* плацкартный вагон; **-er LKW** грузовой автомобиль с -ой <бортовой> платформой; **-e Police** *(Vers.)* -ый (генеральный, нетаксированный) <страховой> полис; **-es Register** *(Schiff.)* -ый <судовой> реестр; **-e Verpackung** -ая упаковка, -ая тара; **-er Wagen** *(PKW)* легковой автомобиль с -ым кузовом, *(LKW)* грузовой ~ с открытой <бортовой> платформой; **-er Waggon** *s. Güterwagen*; **-es Zolllager** -ый таможенный склад

Omnibus *s. Bus*

On-trip-Information *(Pass.)* информация (сведения *(Pl.)*) на ходу <езды>

operationalisieren доводить/довести <что-л.> до конкретных механизмов реализации

operative Verkehrsplanung оперативное планирование движения (транспорта, перевозок)

Operator *(Pers., im KV)* оператор <смешанной> перевозки

optimale Geschwindigkeit оптимальная скорость

Optimierung des Verkehrs оптимизация движения (транспортных потоков)

Optimierungssystem, EDV-gestütztes система компьютерной оптимизации

Order **1.** *(dienstliche Anweisung)* ордер, распоряжение, поручение; **2.** *(Bestellvorgang)* заказ; **3.**

(Dokument) наряд, заказ; **delivery order** *(Lieferschein)* деливери-ордер, товарная (приёмо-сдаточная) накладная; **Routing-~** *(LKW)* установленный маршрут <для перевозки опасного груза>; **Verlade-** погрузочный ордер, наряд на погрузку; **Versand-** ордер на отгрузку (отправку); **eine ~ erteilen** **1.** *(etw. anordnen)* отдавать/отдать распоряжение; **2.** *(etw. bestellen)* размещать/разместить заказ

Order- *(in Zus.)* ордерн‖ый/ая/ое/ые; **-konnossement** -ый коносамент; **-ladeschein** *s. -konnossement*; **-lagerschein** *(Warrant)* -ое складское свидетельство, складской варрант, **-papier/e** -ый (оборотный) документ

Ordnung **1.** *(allg.)* порядок; **2.** *(Dokument)* положение, порядок, *(Instruktion)* инструкция, *(Regeln)* правила *(Pl.)*; **3.** *(Regulierung)* регулирование; **Abgaben-** положение о налогах и платежах (о порядке взимания налогов, сборов и пошлин); **Arbeitszeit-** **<für Kraftfahrer>** правовые предписания о рабочем режиме <водителей>; **Ausfuhr-** порядок экспорта, положение об экспортных операциях; **Autobahn-** правила движения по автостраде; **Autotransport-** правила перевозок автомобилей автотранспортом; **Betriebs-** правила (порядок, режим) эксплуатации, инструкция по эксплуатации; **Binnenschifffahrts-** правила плавания на внутренних водных путях; **Eisenbahnbau- und Betriebs-** правила строительства и эксплуатации железных дорог; **Eisenbahnsignal-** инструкция по сигнализации на железных дорогах; **Eisenbahnverkehrs-** правила коммерческой эксплуатации железных дорог, правила железнодорожных перевозок; **Gebühren-** положение о сборах, налогах и пошлинах, тарифные правила; **Güterbeförderungs-** правила перевозок груза; **Güterverkehrs-** правила грузового движения; **Handels-** правила торговли; **Kraftverkehrs-** правила движения автомобильного транспорта; **Lager-** *(Betriebsordnung im Lager)* складская инструкция, складской порядок; **Markt-** система регулирования рыночных отношений; **Park-** *(Kfz.)* порядок размещения <автомобилей> на стоянке; **Pass-** положение о паспортах; **Pass- und Melde-** паспортный режим; **Pass- und Visa-** паспортно-визовый режим; **Raum-** региональное (территориальное) планирование, планирование системы заселения и землепользования; **Rechts-** *(jur.)* правопорядок; **Seefracht-** положение о морской перевозке; **Seeschifffahrtsstraßen-** правила плавания по морским путям; **Stau- und Trimm-** *(Schiff.)* порядок штивки (размещения груза на судне); **Straßenverkehrs-** правила дорожного (уличного) движения; **Straßenverkehrszulassungs-** положение о выдаче прав водителям автомобилей и о допушении транспортного средства к уличному движению, порядок допуска транспортного средства к эксплуатации; **Tara-~** порядок использования тары; **Tarif-** тарифная инструкция, тарифные правила, *(Tarifberechnung)* правила установления тарифов;

Tarifvertrags- правила применения соглашения о провозных тарифах; **Verkehrs-** порядок (правила *(Pl.)*) движения <транспорта>; **Welthandels-** правила международной торговли; **Wertzoll-** порядок обложения <груза> адвалорной пошлиной; **Zoll-** таможенный режим (-ые правила), порядок обложения пошлиной, *(Regelwerk)* таможенный устав (-ый кодекс); **Zollabfertigungs-** порядок таможенной регистрации, порядок отчистки товара от таможенных пошлин; **Zulassungs-** правила, регламентирующие допуск <транспортного средства> к эксплуатации

ordnungsgemäßeVerpackung надлежащая упаковка (-ая тара)

ordnungspolitische Regulierung des Verkehrsmarkts система регулирования рыночных отношений на транспортном рынке

Ordnungswidrigkeit *(jur.)* нарушение законодательства

Organisation организация; **Europäische Schiffer-** Европейская ~ шипчандлеров; **Internationale ~ für Standardisierung (ISO)** Международная ~ по стандартизации (МОС); ~ **für wirtschaftliche Zusammenarbeit und Entwicklung (OECD)** ~ экономического сотрудничества и развития (ОЭСР); **Außenhandels-** внешнеторговая; **Telematik-** ~ телематики; **Welthandels-** Международная торговая; **Weltluftfahrt- (IATA)** Международная ассоциация воздушного транспорта

Original оригинал, подлинник

Original- *(in Zus.)* подлинн‖ый/ая/ое/ые; **-dokument** -ый документ; **-faktura** *(Handelsrechnung)* оригинал торговой фактуры; **-frachtbrief** оригинал накладной, -ая накладная, *(See.)* -ый коносамент; **-konnossement** *s.* *-frachtbrief;* **-lieferschein** -ая накладная

Orkan ураган

Ort I место; ~ **der Warenübergabe** ~ сдачи груза (товара); **Abfahrts-** ~ (пункт) отправления; **Abfertigungs-** ~ подготовки к отправлению; *(Zoll.)* ~ декларирования и проведения таможенного контроля; **Abgangs-** ~ (пункт) отправления (отправки, отгрузки), *(Schiff.)* ~ отплытия; **Ablade-** ~ выгрузки <груза>; **Ablieferungs-** ~ поставки, ~ доставки; **Ankunfts-** ~ прибытия, *(Flug.)* ~ прилёта <самолёта>; **Belade-** ~ погрузки; **Bestimmungs-** ~ назначения; **Einschiffungs-** ~ посадки на судно; **Empfangs-** ~ приёма; **Entlade-** ~ выгрузки, ~ разгрузки, разгрузочный пункт; **Havarie-** ~ аварии; **Liefer-** *s.* *Ablieferungs-;* **Produktions-** ~ производства; **Stand-** местонахождение (-положение); **Umlade-** ~ перегрузки, перевалки, перегрузочный (перевалочный) пункт; **Umschlag-** *s.* *Umlade-;* **Ursprungs-** ~ происхождения; **Verlade-** ~ погрузки, погрузочный пункт; **Versand-** ~ (пункт) отгрузки (отправки, отправления); **Verschiffungs-** ~ погрузки <на судно>; **Ziel-** *s.* *Bestimmungs-;*

Ort II *(Ortschaft)* населённый пункт, посёлок

Orts- *(in Zus.)* местн‖ый/ая/ое/ые; **-ausgang 1.** *(Grenze)* конец населённого пункта; **2.** *(Ausfahrt)* выезд из населённого пункта; **-durchfahrt** участок <автомобильной> дороги, проходящий через населённый пункт; **-eingang 1.** *(Grenze)* начало населённого пункта; **2.** *(Einfahrt)* въезд в населённый пункт; **-fracht** *(Gebühr)* -ый тариф; **-mittelpunkt** центр населённого пункта (посёлка); **-straße** коммунальная дорога; **-tarif** -ый тариф; **-umgehung** окружная дорога; дорога, не проходящая через населённый пункт; **-verbindung** -ая (городская) связь, -ое соединение; **-verbindungsstraße** <автомобильная> дорога, связывающая населённые пункты; **-verkehr** -ое (городское) сообщение, городской транспорт, *(Verkehre)* -ые перевозки; **-zeit** -ое время

Ortung определение местонахождения; **Fahrzeug-** ~ транспортных средств, ~ подвижного состава; **Radar-** радиолокация; **Satelliten-** ~ при помощи космической (спутниковой) навигационной системы

osteuropäisch восточноевропейск‖ий/ая/ое/ие; **-e Länder** *(Pl.)* -ие страны; **-e Zeit** -ое время

Ost- *(in Zus.)* восточн‖ый/ая/ое/ые; **-geschäft** торговые сделки *(Pl.)* (торговля) с восточноевропейскими партнёрами; **-handel** *s.* *-geschäft;* **-see** Балтийское море;

Ostsee‖anrainerstaaten *(Pl.)* страны Балтийского моря; **-hafen** прибалтийский порт; **-verkehr**

транспорт (сообщение) между прибалтийскими странами (регионами);

Ost-West- *(in Zus.)* восточно-западн‖ый/ая/ое/ые; **~Handel** торговля между востоком и западом; **~Route** -ая связь; **~Trasse** -ая трасса; **~Verbindung** *s.* *~Route*; **~Verkehr/e** ~ транспортные потоки (-ое движение транспорта)

Ozean океан; **Atlantischer** ~ Атлантический **Indischer** ~ Индийский; **Stiller** ~ Тихий

Ozeandampfer океанский пароход

pa-Container контейнер на роликах (на катках)

Paar пара; **Gleis-** *(Schienv.)* двухпутная железнодорожная линия; **Zug-** ~ поездов

paarig парн‖ый/ая/ое/ые; **-er Güterstrom** -ый грузопоток; **-er Verkehr** -ые перевозки *(Pl.)*

Pack- *(in Zus.)* упаковочн‖ый/ая/ое/ые; **-hof** грузовой двор, пакгаус; **-liste** -ая (комплектовочная) спецификация, -ая ведомость, *(Schiff.)* -ый реестр; **-stück** *(Gepäck)* место багажа; **-wagen 1.** *(Eis.)* багажный вагон; **2.** *(Kfz.)* автомобиль-фургон; **-zettel** -ый лист

Pakethandel *(Versandhandel)* посылочная торговля

Palette *(Transporteinheit)* поддон;

verlorene ~ *s.* *Einweg-*; **wiederverwendbare** ~ возвратный, оборотный, ~ многократного применения (пользования); **Box-** секционный, ящичный; **Container-** платформа-~ для перевозки контейнеров; **Einweg-** ~ однократного применения; **Euro-** европалета; **Flach-** плоский; **Fracht-** грузовой; **Gitterbox-** решётчатый секционный; **Lager-** складской; **Mehrweg-** *s.* *wiederverwendbare*; **Normal-** нормальный; **Spezial-** специализированный; **Standard-** стандартный, универсальный; **Tausch-** заменимый; **Transport-** транспортный; **Umlauf-** оборотный; **Waren-** товарный; **Wechsel-** *s.* *Tausch-*; **Zweiwege-** двухзаходный; **Beförderung auf -n** перевозка (транспортировка) на -ах

Paletten- *(in Zus.)*; **-depot** склад поддон‖ов; **-fahrzeug** *(LKW)* автомобиль *(m.)* для перевозки груза на -ах; **-ladung** груз на -ах; **-pool** парк -ов, объединение по совместному использованию -ов; **-schiff** судно для перевозки груза на -ах; **-system** пакетная система, система перевозки груза на -ах; **-umlauf** оборот (оборачиваемость *(f.)*) -ов; **-verkehr** перевозки (транспортировка) груза на -ах, пакетные перевозки; **-wagen** *(Eis.)* вагон для перевозки груза на -ах

palettieren *(Ware auf Paletten verpacken)* укладывать/уложить <товар> на поддоны

palettiertes Gut груз, упакованный на поддонах

Palettierung 1. *(Verpackungsvorgang)* укладка (пакетирование) <груза> на поддоны; **2.** *(Verfahren der Beförderung)* применение поддонов для перевозки груза

Palettierungsgrad   **<von Gütersendungen>** доля грузовых перевозок на поддонах

Panne   *(Fahrzeughavarie)* <автомобильная> авария; **Reifen-** прокол шины

Pannenhilfe 1. *(Leistung)* техническое обслуживание автомобилей, потерпевших аварию; **2.** *(Dienst)* служба технической помощи

Papier/e *(s. auch Beleg, Bescheinigung, Dokument, Nachweis, Quittung, Schein, Zertifikat, Zeugnis)* документ/ы; **speditionelles** ~ экспедиционный; **Ausfuhr-** экспортный, *(Gesamtheit der Ausfuhrunterlagen)* экспортная <сопроводительная> документация; **Beförderungs-** *(Güterv.)* транспортный, перевозочный, транспортно-сопроводительный, ~ на перевозку, ~ на перевозимый груз; транспортная накладная; **Begleit-** сопроводительный, накладная, *(Eis. auch)* дорожная ведомость; **Dispositions-** товарораспорядительный; **Einfuhr-** импортный, *(Gesamtheit der Einfuhrunterlagen)* импортная <сопроводительная> документация; **Einheits-**▣ *(Zoll.)* универсальный (единый, стандартный) таможенный; **Fahrzeug-** *(Kfz.)* технический паспорт (техпаспорт) автомобиля, ~ на автомобиль *(m.)*; **Fracht-** грузовой, транспортный, перевозочный, ~ на перевозимый груз, ~ на перевозку груза; **Handels-** торговый; **Havarie-** аварийный; **Lade-** погрузочный; **Liefer** ~ на поставку; **Luftfracht-** авиатранспортный; **Namenswaren-**

именной товарораспорядительный; **Order-** оборотный, ордерный; **Schiffs-** судовой; **Sperr-** дубликат накладной, предназначенный для грузоотправителя; **Transport-** *s. Beförderungs-*; **Verlade-** грузовой, погрузочный, отгрузочный, погрузочная накладная; **Versand-** отгрузочный, транспортный, ~ на отправку; **Wagen-** *(Kfz.)* *s. Fahrzeug-*; **Waren<begleit>-** товаросопроводительный, товарораспорядительный, товарный пропуск, товарная накладная; **Zoll-** таможенный; **Zolleinheits-** универсальный (стандартный) таможенный; ~ **ausfertigen** оформлять/оформить -ы; ~ **mitführen** ввозить/везти с собой -ы

Parallel- *(in Zus.)* параллельн‖ый/ая/ое/ые; **-fahrplan** -ый график движения; **-strecke** -ая линия, -ый участок; **-verkehr/e** -ые перевозки *(Pl.)*

Park *(hier Fahrzeuge, s. auch Bestand, Fahrzeugpark)* парк; **Bus-** автобусный; **Container-** контейнерный; **Fahrzeug-** ~ транспортных средств, ~ подвижного состава, ~ транспортного хозяйства, *(Kfz. auch)* автомобильный, авто-, автобаза, транспортный флот, *(Eis. auch)* ~ локомотивов; **Flugzeug-** самолётный, авиа-; **Fuhr-** *(Kfz.)* автомобильный, гужевой, ~ транспортных средств, авто-, автобаза, подвижной состав; **Güterwagen-** ~ грузовых вагонов; **Inventar-** инвентарный, списочный; **Lokomotiv-** локомотивный, ~ локомотивов; **Rangierlokomotiv-** маневровый локомотивный; **Reisezugwagen-** пассажирский ~ вагонов;

Straßenbahn-Triebfahrzeug- трамвайный; *s. Lokomotiv-;* **Wagen-** подвижной состав, ~ подвижного состава, транспортный флот, *(Kfz. auch)* автомобильный, авто-, *(Schienv. auch)* вагонный, ~ вагонов

Park- *(in Zus., Kfz.)*; **-ausweis** пропуск для пользования <платной> автостоянкой; **-bereich** автостоянка, зона стоянки <автомобилей>; **-dauer** срок (время, продолжительность *(f.))* стоянки <автомобилей>

parken 1. *(Zustand)* стоять на стоянке; **2.** *(Vorgang)* припарковывать/припарковать автомобиль, ставить/поставить автомобиль на стоянку

Parken *(Subst.)* **1.** *(Zustand)* стоянка, **2.** *(Vorgang)* паркование

Park‖fläche площадь *(f.)* <для> стоянк‖и, *(Ort auch)* место -и <автомобиля>; **-gebühr** сбор (плата) за -у; **-haus** крытая стоянка, гараж; **-hausbetreiber** оператор крытой -и; **-kralle** *(für Falschparker)* блокиратор; **-leitsystem**▢ <автоматическая> система управления местами на -е; **-lücke** свободное место на -е; **-ordnung** порядок размещения <автомобилей> на -е;

Parkplatz ‖ стоянка ‖ <для> автомобилей, автостоянка, площадь *(f.)* стоянки автомобилей; **bewachter** ~ охраняемая; **freier** ~ свободная; **gebührenfreier** ~ бесплатная; **gebührenpflichtiger** ~ платная; **überdachter** ~ крытая; **unbewachter** ~ неохраняемая; **Anwohner-** ~ для жителей одного микрорайона; **Auffang-** *(für LKW)* промежуточная ~ <для

грузовиков>; **Kunden-** ~ для клиентов определённого магазина (универмага); **Umsteige-** ~ для пересадок;

Park‖platzwächter *(Pers.)* сторож автостоянки; **-raum** зона (полезная площадь) для автостоянок;

Parkraum‖bewirtschaftung▢ регулирование (хозяйственное использование) полезной площади для ‖ автостоянок; **-bewirtschaftungskonzept** концепция <хозяйственного> использования полезной площади для ~; **-bewirtschaftungszone** зона использования полезных площадей для ~; **-kapazitäten** *(Pl.)* объём выделенных (выделяемых) для ~ площадей; **-management** управление использованием полезной площади для ~; **-nutzung**▢ концепция управления местами стоянки; **-planung** планирование полезной площади для ~; **-reservierung** резервирование мест для ~; **-system** система пользования площадью для ~;

Park‖scheibe *(PKW)* указатель *(m.)* времени стоянк‖и автомобиля; **-schein** талон парковки, квитанция об уплате сбора за -у; **-scheinautomat** парковочный автомат; **-spur** полоса -и; **-streifen** *s. -spur;* **-suchverkehr**▢ маневрёвое движение в поиске свободного места для -и <автомобиля>; **-system** система паркования; **-uhr** счётчик времени на -е; **-verbot** запрещение -и; **-verbotszone** зона запрещённой -и; **-vorschriften** *(Pl.)* правила -и автомобилей; **-zeit** *s. -dauer;* **-zone** зона -и

Parten- *(in Zus., Binnsch.)* **-brief** свидетельство о размере доли участия совладельца судна; **-reeder** *(Pers.)* совладелец судна, компаньон судовладельца

Partie *(Ware)* партия <груза>; **großvolumige** ~ крупногабаритная; **Charter-** 1. чартер-~; **2.** *(Dokument)* чартерный коносамент, договор о фрахтовании <судна>; **Transit-** транзитная; **Versand-** 1. *(zum Versand vorgesehene Partie)* партия товара (груза), предназначенная к отправке; **2.** *(versandte Partie)* партия отгруженного товара (груза); **Waren-** ~ товара, ~ груза

Partieware уценённый товар

partikuläre Seehavarie частная <морская> авария

Partikulier ▢ *(Pers., Binnsch.)* частный (индивидуальный) владелец судна <внутреннего плавания>; **Haus-~** частный судовладелец, имеющий контракт с одним пароходством

Partikulier- *(in Zus.)*; **-betrieb** *(Binnsch.)* индивидуальное судовладельческое предприятие; **-genossenschaft** товарищество (кооператив) частных судовладельцев; **-schifffahrt** индивидуальное речное судоходство; **-unternehmen** *s.* *-betrieb*

Partner *(Pers.)* партнёр; **Geschäfts-** деловой, *(Miteigentümer)* компаньон; **Handels-** торговый, контрагент по торговым сделкам; **Vertrags-** сторона, контрагент, ~ по договору

Partnerunternehmen предприятие-партнёр

Pass 1. *(Personaldokument)* паспорт;

2. *(s. auch Dokument, Papier, Zertifikat, Zeugnis)* сертификат, свидетельство, паспорт; **Gesundheits-** санитарное свидетельство; **Registrier-** *(Schiffszertifikat)* судовой сертификат; **Reise-** заграничный паспорт, загранпаспорт; **Seemanns-** паспорт моряка; **Wagen-** *(Eis.)* паспорт вагона; **Ausgabe eines -es** выдача паспорта; **Ausstellung eines -es** оформление паспорта; **Entzug eines -es** изъятие паспорта

Pass- *(in Zus.)* паспортн‖ый/ая/ое/ые

Passage *(Durchfahrt)* проход, прохождение; **Schiffs-** переправа (переезд) на судне

Passagegeschäft *(Schiff.)* сделка на провоз

Passagier *(Pers., s. auch Fahrgast, Fluggast)* пассажир; **abgefertigte -e** *(Pl.)* зарегистрированные-ы; **beförderte -e** *(Pl.)* перевозные -ы; **blinder** ~ *(übertr.)* безбилетный; **Flug-** авиа-, ~ самолёта; **-e abfertigen** обслуживать/обслужить -ов; **-e befördern** перевозить/перевезти -ов; **-e versichern** страховать/застраховать -ов

Passagier- *(in Zus., s. auch Fahrgast-, Fluggast-, Personen-)* пассажирск‖ий/ая/ое/ие; **-abfertigung** обслуживание пассажиров, оформление проездных билетов, *(Flug.)* регистрация пассажиров; **-aufkommen** -ий поток, пассажиропоток, поток (объём перевозок) пассажиров; **-beförderung** перевозка (транспортировка) пассажиров; **-befragung** анкетирование (опрос) пассажиров; **-dampfer** -ий пароход; **-flughafen** -ий аэропорт; **-flugzeug** -ий самолёт; **-hafen** -ий порт, _(natürl.)_ -ая гавань; **-kilometer** пассажиро-километр; **-liste** -ая ведомость; **-luftfahrt** -ая авиация; **-maschine** _s._ _-flugzeug_; **-schiff** -ое судно, -ий теплоход; **-terminal** -ий терминал; **~Trailer-Eisenbahn-Fähre** паром пассажиро-трейлерно-железнодорожных перевозок; **-verkehr** -ий транспорт, -ое сообщение, _(Verkehre)_ -ие перевозки

Pass‖ausgabe выдача паспорт‖а; **-ausstellung** оформление -а; **-freiheit** отсутствие паспортного режима; **-gebühr** паспортный сбор

Passier- _(in   Zus.)_ пропускн‖ой/ая/ое/ые;

Passierschein   ‖   пропуск, пропускное   свидетельство; **einmaliger** ~ разовый пропуск; **Dauer-** постоянный пропуск;

Passier‖stelle пропускной пункт

passive Veredelung <von Ware> пассивная переработка <товара>

Pass‖kontrolle паспортн‖ый контроль, проверка паспортов; **-ordnung** положение о паспортах; **~ und Meldeordnung** -ый режим; **~ und Visaordnung** -о-визовый режим; **-pflicht** -ая система

pauschal паушальн‖ый/ая/ое/ые; **-er Tarif** -ый тариф

Pauschal- _(in   Zus.)_ паушальн‖ый/ая/ое/ые;   **-charter** -ый чартер

Pauschale паушальная ставка; **Kilometer-** паушальная покилометровая компенсация за пользование частным автомобилем в служебных целях

Pauschal‖fracht _(Gebühr)_

паушальн‖ый фрахт; **-frachtrate** -ая фрахтовая ставка; **-police** _(Vers.)_ -ый <страховой> полис; **-preis** -ая цена; **-reise** <групповая> поездка по путёвке; **-tarif** -ый тариф

Pazifik Тихий океан

Pazifik- _(in   Zus.)_ тихоокеанск‖ий/ая/ое/ие; **-hafen** -ий порт; **-zeit** дальневосточное время

Pedal _(hier Kfz.)_ педаль _(f.)_; **Brems-** ~ тормоза; **Gas-** ~ газа, ~ акселератора; **Kupplungs-** ~ сцепления

pendeln _(Pass.)_ <регулярно> ездить туда и обратно (от места жительства на работу и обратно), _(Fahrzeug)_ курсировать

Pendel- _(in   Zus.)_ маятников‖ый/ая/ое/ые, челночн‖ый/ая/ое/ые; **-verkehr** -ое сообщение, -ые перевозки _(Route)_ челночный маршрут; **-zug** поезд в челночном сообщении

Pendler _(Pers.)_ лицо, работающее за пределами места жительства

Pendler- _(in   Zus.)_ маятников‖ый/ая/ое/ые, челночн‖ый/ая/ое/ые; **-strom** _(Pass.)_ маятниковый пассажиропоток; **-verkehr** транспорт, вызванный движением <людей> к месту работы <и обратно>

Pendolino _(Eis., ital. Neigezug)_ специальный поезд с гибкой подвеской кузова вагонов «Пендолино»

per ‖ Bahn железной дорогой, поездом; ~ **LKW** грузовым автомобилем, грузовиком; ~ **Flugzeug** самолётом; ~ **Luftpost**

авиапочтой; ~ **PKW** автомобилем, на машине; ~ **Schiff** на судне

Periodizität <**von Transporten**> периодичность *(f.)* <перевозок>

persönliche Haftung *(jur.)* личная ответственность

Personal персонал, личный состав, штат, работники *(Pl.)*; **fliegendes ~** лётный персонал; **ingenieurtechnisches ~** инженерно-технический персонал; **Begleit-** сопровождающий персонал; **Boden-** *(Flug.)* наземный обслуживающий персонал; **Dienst-** обслуживающий персонал; **Fahr**<**dienst**>- сотрудники *(Pl.)* службы движения, *(Kfz. auch)* штат водителей; *(Eis. auch)* поездной персонал (-ая бригада), *(Schiff)* судовой персонал; **Flug-** *s. fliegendes*; **Flugsicherungs-** авиадиспетчеры; **Lager-** штат склада, складские работники; **Reparatur- und Wartungs-** ремонтно-обслуживающий персонал; **Schiffs-** судовой персонал, экипаж, плавсостав; **Service-** *s. Dienst-*; **Zug-** поездная бригада, проводники

Personen- *(in Zus., s. auch Fahrgast-, Passagier-)* пассажирск‖ий/ая/ое/ие; **-bahnhof** -ий вокзал, *(kleiner Haltepunkt auch)* -ая станция; **-beförderung** -ий транспорт, перевозка (транспортировка) пассажиров;

Personenbeförderungs‖gesetz *(jur.)* Закон о перевозке пассажиров <на общественном городском транспорте>; **-kapazität** пассажировместимость *(f.)*; **-leistung** пассажирооборот; **-menge** объём перевозок пассажиров; **-nachweis** пассажирск‖ое свидетельство; **-recht** *(jur.)* **1.**

(Berechtigung) право на осуществление -их перевозок, **2.** *(Vorschriften)* правовые нормы, регулирующие -ие перевозки; **-tarif** -ий тариф, тариф на перевозку пассажиров; **-vertrag** договор (контракт) перевозки (о перевозке, на перевозку) пассажиров;

Personen‖fähre пассажирск‖ий паром; **-fernverkehr** -ий транспорт (-ие перевозки) дальнего следования; **-kilometer** пассажиро-километр; **-kraftverkehr** -ий автомобильный транспорт, *(Verkehre)* автопассажирские перевозки; **-kraftverkehrstarif** -ий автомобильный тариф; **-kraftwagen** <легковой> автомобиль;

Personennahverkehr ‖ местный (городской) пассажирск‖ий транспорт, местное -ое сообщение; **öffentlicher ~** общественный местный (городской) -ий транспорт;

Personen‖schaden вред, причинённый третьему лицу; **-transport** *s.* *-beförderung*; **-schifffahrt** пассажирское судоходство; **-transportversicherung** страхование пассажиров;

Personenverkehr ‖ пассажирск‖ий транспорт, -ое сообщение, *(Verkehre)* -ие перевозки; **grenzüberschreitender ~** международные -ие перевозки; **internationaler ~** *s.* *grenzüberschreitender*; **regionaler ~** внутриобластные (региональные) -ие перевозки; **Beförderungsbestimmungen** *(Pl.)* **für den ~** правила -их перевозок; **Freizügigkeit des -s** свобода передвижения людей;

Personen‖wagen 1. *(Kfz.)* легковой автомобиль; **2.** *(Eis.)* пассажирск‖ий вагон; **-wagenkilometer** *(Eis.)* пассажиро-вагоно-километр; **-zug** -ий поезд

perspektivischer Markt перспективный рынок

Pfändung *(jur.)* наложение ареста на имущество

Pfändungsrecht *(jur., Berechtigung)* право наложения ареста на имущество

Pfand- *(in Zus.)* залогов‖ый/ая/ое/ые; **-behälter** -ая тара; **-leergut** *s.* *-behälter*; **-recht** *(jur.)* -ое право

Pferdestärke *(Motorleistung)* лошадиная сила

Pflicht обязанность *(f.)*; **Abnahme-** ~ принять <товар, заказ>, ~ произвести процедуру сдачи-приёмки; **Anmelde-** ⌂ ~ к регистрации; **Annahme-** *s.* *Abnahme-*; **Anschnall-** *(Kfz.)* ~ пристегнуть ремень *(m.)* безопасности; **Anzeige-** ~ сообщения, ~ извещения; **Aufbewahrungs-** ~ хранения; **Beförderungs-** ~ обеспечения транспортом (перевозками); **Betriebs-** ~ ведения дела, ~ действия; **Erlaubnis-** ~ получения разрешения (утверждения); **Fahrplan-** ~ соблюдения (выполнения) расписания (графика, режима движения); **Genehmigungs-** ~ наличия разрешения (лицензии); **Gestellungs-** *(Zoll.)* ~ предъявления <товара> к таможенному досмотру (контролю); **Haft-** *(jur.)* ответственность *(f.)* за причинение вреда; **Kennzeichnungs-** ~

маркировки; **Konzessions-** ~ наличия (приобретения) лицензии; **Melde- 1.** *(allg.)* ~ заявления; **2.** *(für Personen)* ~ <своевременной> прописки (регистрации); **Mitführungs-** <für Papiere> ~ везти документы с собой; **Pass-** паспортная система; **Schadenersatz-** ~ возмещения ущерба; **Tarif-** ~ соблюдения тарифа, ~ применения установленного тарифа; **Verlade-** ~ произведения погрузочно-разгрузочных работ; **Versicherungs-** ~ страхования; **Visums-** визовая система; **Zahlungs-** ~ произведения платежа; **Zoll-** ~ уплаты таможенной пошлины; **Zuschlag-** *(Eis., Pass.)* ~ дополнительной платы за проезд

Pflicht- *(in Zus.)* обязательн‖ый/ая/ое/ые; **-fahrgebiet** *(ÖPNV, Taxi)* территория -ого обслуживания транспортом

-pflichtig *(nur in Zus.)* подлежащ‖ий/ая/ее/ие <чему-л.>; **anmelde-** ~ регистрации; **deklarierungs-** ~ декларированию; **entgelt-** ~ оплате, платн‖ый/ая/ое/ые; **erlaubnis-** ~ разрешению, требующ‖ий/ая/ее/ие наличия разрешения; **gebühren-** платн‖ый/ая/ое/ые, облагаем‖ый/ая/ое/ые сбором; **genehmigungs-** *s. lizenz-*; **lizenz-** ~ лицензированию; **maut-** *(Kfz.)* *s. gebühren-*; **melde-** *s. anmelde-*; **steuer-** ~ налогообложению, облагаем‖ый/ая/ое/ые налогом; **versicherungs-** ~ обязательному страхованию; **zertifizierungs-** ~ сертификации; **zoll-** ~ таможенной обработке, облагаем‖ый/ая/ое/ые пошлиной; **zuschlag-** с доплатой;

zustimmungs- требующ‖ий/ая/ее/ие <предварительного> согласия

Pflicht‖leistung *(LKW)* автогужевая повинность; **-versicherung** окладное (обязательное) страхование

Pforte *(hier Ladeluke)* погрузочные ворота *(Pl.)*

Phytosanitärzertifikat *(für den Versand von Produkten pflanzlichen Ursprungs)* фито-санитарный сертификат (-ое свидетельство)

Pier пирс

Pier-zu-Pier-Lieferung доставка «причал-причал»

Pilot *(Pers., Flug)* командир корабля, *(Beruf)* лётчик <авиакомпании>, пилот

Pilotenvereinigung *(Flug.)* объединение лётчиков

PKW *(Personenkraftwagen, s. auch Auto, Fahrzeug, Kfz.)* легковой автомобиль

PKW- *(in Zus.)* автомобильн‖ый/ая/ое/ые; **~-Anhänger** -ый прицеп; **~-Reise** -ая поездка; **~-Verkehr** -ое движение, перевозки пассажиров легковыми автомобилями; **~-Zubehör** -ые принадлежности *(Pl.)*

Plan план; **Bebauungs-** ~ застройки; **Beförderungs-** ~ перевозок; **Belade-** ~ погрузки; **Bundesverkehrswege-** *(BRD)* Федеральный ~ транспортной инфраструктуры; **Entlade-** ~ выгрузки, ~ разгрузки; **Entwicklungs-** und **Flächennutzungs-** *(BRD)* развития и использования

<коммунальных> площадей; **Fahr-** режим (график) движения, расписание; **Flug-** расписание полётов; **Generalverkehrs-** генеральный ~ транспорта; **Lade-** карго-~, ~ погрузки; **Netz-** 1. *(Schema)* транспортная схема, 2. *(Ablaufplan)* сетевой график; **Notfall-** *(Gefahrgut)* ~ обращения с опасным грузом в экстренном случае; **Raumordnungs-** *(BRD)* ~ заселения и землепользования; **Reparatur-** ~ ремонтных работ; **Schiffseinsatz-** <коммерческий> график движения судна; **Stadt-** ~ города; **Stau-** *(Schiff.)* ~ размещения груза на судне (в трюме), карго-~; **Strecken-** ~ участка дороги (пути); **Touren-** маршрутная карта; **Verkehrsentwicklungs-** ~ развития транспортного сектора; **Verkehrswege-** ~ путей сообщения; **Verladezeit-** календарный ~ погрузки; **Zeit-** график времени; **Zugbildungs-** ~ формирования поездов

Plane *(LKW)* брезент

Plane-Spriegel-LKW грузовик с тентом

Planfeststellungsverfahren 📖 *(jur., BRD)* порядок констатации законности проекта по развитию или расширению <транспортной> инфраструктуры с учётом интересов, затронутых реализацией данного проекта

Planung планирование; **kostenoptimale** ~ <der **Beförderung, von Routen>** ~ <перевозок, маршрутов> с оптимальным учётом стоимости; **Flughafen-** ~ строительства (расширения) аэропорта; **Generalverkehrs-** генеральное ~

транспорта; **Güterverkehrs-** ~ грузового транспорта; **Infrastruktur-** ~ инфраструктуры; **Kapazitäts-** ~ мощностей; **Netz-** сетевое; **Parkraum-** ~ полезной площади для автостоянок; **Projekt-** ~ проекта; **Reihenfolge-** *(LKW)* ~ очерёдности (порядка следования) грузовиков; **Routen-** ~ маршрутов; **Stadtverkehrs-** ~ городского движения; **Strecken-** *s.* *Routen-*; **Touren-** *s.* *Routen-*; **Transportraum-** *(Fahrzeug)* ~ использования грузовместимости <транспортного средства>; **Trassen-** ~ трасс; **Verkehrs-** ~ движения, ~ транспорта, ~ перевозок

Planwagen *(LKW)* крытый фургон

Plattform платформа; **Lade-** *(LKW)* грузовая; **Lösch-** *(Schiff.)* разгрузочная; **Öl-** нефтяная

Plattformwagen 1. *(Eis.)* вагон-платформа; 2. *(LKW-Anhänger)* <низкорамный> прицеп-платформа

Platz 1. *(Fläche)* площадь *(f.)*, площадка; 2. *(Ort, Punkt, Stelle)* пункт, место; 3. *(Pass., in einem Verkehrsmittel)* место; **Anker-** *(Schiff.)* якорная стоянка; **Flug-** аэродром, аэропорт; **Güterumschlag-** *(Packhof)* грузовой двор; **Helling-** *(Werft)* стапельное (эллинговое) место; **Kailiege-** *(Schiff)* место швартовки у причала; **Lande-** *(Flug.)* 1. посадочное место, место посадки (приземления) <самолёта>; 2. посадочная площадка; **Liege-** 1. *(Pass.)* спальное место, место для лежания <пассажиров>; 2. *(Schiff im Hafen)* место стоянки (швартовки) <судна>, береговой причал, якорная стоянка; **Lösch-**

(Schiff.) место выгрузки (разгрузки); **Park-** *(Kfz.)* автостоянка, площадь *(f.)* (место) для стоянки автомобилей; **Quarantäne-** карантинное место; **Rast-** привал, площадка для отдыха <на автостраде>; **Schlaf-** *(Pass.)* спальное место; **Sitz-** *(Pass.)* место для сидения <пассажиров>; **Steh-** *(Pass.)* место для стояния <пассажиров>; **Stell-** *(Kfz., Container)* <авто>стоянка, место для стоянки <автомобилей, контейнеров>, *(Sammelstelle)* сборный пункт; **Umschlag-** 1. *(Plattform für Stückgut)* перегрузочная площадка; 2. *(Ort)* перегрузочный (перевалочный) пункт, пункт (место) перегрузки (перевалки); **Verlade-** грузовой двор, погрузочная площадка

Platz- *(in Zus.)*; **-anzeiger** указатель *(m.)* мест; **-auslastung** *(Flug., Pass.)* загрузка пассажирских кресел; **-belegungsgrad** *(Pass.)* коэффициент использования мест, *(Eis. auch)* коэффициент использования вместимости пассажирского вагона, *(Binnsch. auch)* коэффициент использования пассажировместимости речных судов;

Platzkarte || *(Pass.)* плацкартный билет, плацкарта; ~ **für den Schlafwagen** *(Bettkarte)* ~ для спальнего места; ~ **für einen Sitzplatz** ~ для сидячего места; **eine** ~ **reservieren** оформлять/оформить броню на плацкарту;

Platzkilometer || место-километр; **verfügbare** ~ *(Kapazität)* эксплуатируемый объём -ов;

Platz‖meile место-миля; **-reservierung** бронирование

(резервирование) мест

Plombe пломба; **beschädigte** ~ повреждённая; **unversehrte** ~ неповреждённая; **Container-** контейнерная; **Zoll-** таможенная; **eine** ~ **entfernen** снимать/снять -у; **<etw.> mit einer** ~ **versehen** накладывать/наложить -у <на что-л.>

Pönale *(jur.)* пеня, штраф за просрочку, неустойка; **eine** ~ **verhängen** назначать/назначить -ю

Pönalversicherung страхование от уплаты пени

Police *s. Versicherungspolice*

Politik политика; **Außenhandels-** внешнеторговая, ~ в области внешней торговли; **Befrachtungs-** *(Schiff.)* фрахтовая; **Charter-** *(Schiff., Flug.)* фрахтовая; **Fracht-** фрахтовая; **Infrastruktur-** ~ в области развития инфраструктуры; **Preis-** ценовая; **Raumordnungs-** ~ заселения и землепользования; **Tarif-** тарифная, ~ в области тарифов; **Umwelt-** ~ в области защиты окружающей среды; **Verkehrs-** ~ в области транспорта; **Verkehrsordnungs-** $\square$ ~ регулирования транспортного сектора; **Verkehrswirtschafts-** ~ в области транспортного хозяйства; **Zoll-** таможенная

Polizei *(BRD)* полиция; **Verkehrs-** *(Straßenverkehr)* дорожная, *(RF)* дорожно-патрульная служба (ДПС), *(ehem.)* государственная автомобильная инспекция (ГАИ)

polizeilich *(in Zus.)* полицейск||ий/ая/ое/ие; **-es Kennzeichen** *(Kfz.)* <государственный> номерной знак <автомобиля>; **<ein Kfz.>** ~

anmelden оформлять/оформить автомобиль

Poller пал, *(Schiff.)* швартовный пал

Portal- портальн||ый/ая/ое/ые; **-kran** -ый кран; **-stapler** -ый погрузчик

Post почта

Post- *(in Zus.)* почтов||ый/ая/ое/ые; **-adresse** -ый адрес

Posten *(hier Ware)* партия <товара>, *(Importposten)* статья импорта

postenweise партиями, частями

Post||sendung почтов||ое отправление; **-verkehr** -ое сообщение

Präferenz- *(in Zus.)* преференциальн||ый/ая/ое/ые

präferenzielle Einfuhr льготный импорт (-ый ввоз) <товаров>, импорт (ввоз) на льготных условиях

Präferenz||route преференциальн||ый (предпочтительный, преимущественный) маршрут; **-strecke** *s. route*; **-tarif** -ый (льготный) тариф; **-zollsatz** -ая (льготная) ставка таможенной пошлины

Prämie *(Vers.)* страховая премия (-ая плата)

Prämientarif премиальный тариф

Prahm *(Schleppkahn)* <буксирная> баржа

Prallluftschiff *(Flug.)* жёсткий дирижабль

Preis *(s. auch Gebühr, Geld, Entgelt, Tarif)* цена; **ausgehandelter** ~ конвенционная; **fester** ~ твёрдая; **freibleibender** ~ ~, изменяемая без уведомления; **freier** ~ свободная;

gleitender ~ скользящая, колеблющаяся; **kalkulierter** ~ калькулированная, калькуляционная; **marktgerechter** ~ ~, отражающая конъюнктуру рынка; **staatlich festgesetzter** ~ государственная; **tatsächlicher** ~ фактическая; **überhöhter** ~ завышенная; **vergleichbarer** ~ сопоставимая; **vertraglich vereinbarter** ~ договорная; **wettbewerbsfähiger** ~ конкурентоспособная; ~ **frei Haus** ~ включая стоимость _(f.)_ доставки на дом;

Preis, Angebots- цена ‖ предложения; **Ausfuhr-** экспортная; **Beförderungs-** ~ (стоимость _(f.)_) перевозок, тариф на транспортные услуги, _(Pass. auch)_ ~ (стоимость _(f.)_) проезда (проездного билета), _(Güterv. auch)_ транспортный (грузовой) тариф, фрахт; **Brutto-** ~ брутто; **cif-**~ ~ сиф; **Dumping-** демпинговая; **Einfuhr-** импортная; **Einzelhandels-** розничная; **Export-** _s. Ausfuhr-_; **Fahr-** _(Pass.)_ ~ (стоимость _(f.)_) проезда (проездного билета); **Flug-** ~ (стоимость _(f.)_) авиабилета (авиаперевозки); **fob-**~ ~ фоб; **Großhandels-** оптовая; **Import-** _s. Einfuhr-_; **Kilometer-** стоимость _(f.)_ одного километра пробега; **Listen-** прейскурантная, ~ по прейскуранту; **Markt-** рыночная; **Netto-** ~ нетто; **Netz-** стоимость _(f.)_ пользования транспортной (железнодорожной) сетью; **Pauschal-** паушальная; **Selbstkosten-** ~ по себестоимости; **Sonder-** специальная; **Transport-** _s. Beförderungs-_; **Trassen-** стоимость _(f.)_ трассы; **Zonen-** поясная; **Zonendurchschnitts-** среднепоясная; **freie** ~ **und**

Tarifbildung свободное установление цен и тарифов;

einen Preis ‖ **aushandeln** договариваться/договориться о цен‖е; ~ **bilden** устанавливать/ установить -у; ~ **erhöhen** повышать/повысить -у; **Preise** _(Pl.)_ **freigeben** освобождать/освободить -ы; ~ **senken** снижать/снизить -у; ~ **zahlen** платить/заплатить -у

Preis- _(in Zus.)_ ценов‖ой/ая/ое/ые; **-abschlag** скидка с цены; **-angabe** указание цены; **-angebot** сметная документация, предложение цены; **-bildung** установление цены, ценообразование; **-bindung** замораживание цен и тарифов, установление твёрдых цен; **-erhöhung** повышение цен/ы

preisfrei цена франко

Preis‖freigabe отпуск цен; **-kalkulation** калькуляция стоимости <транспортных услуг>; **-limit** ограничение стоимости; **-nachlass** _s. -abschlag_; **-politik** ценовая политика; **-senkung** снижение цены;

Preissystem ‖ система цен; **Brutto-** ~ брутто; **Netto-** ~ нетто>;

Preiszone ценовая зона

Pre-trip-Information _(Pass.)_ информация (сведения _(Pl.)_) перед отправлением

Primage примаж

Prinzip принцип; **Bestimmungsland-** ~ страны назначения, _(Zoll.)_ ~ взимания налога с оборота импорта в стране импортёра (в стране назначения); **Deklarations-** ~ подачи декларации; **Haftungs-** _(jur.)_ ~ ответственности; **Markt-** рыночный; **Nationalitäts-**📖

(Steuer) ~ взимания транспортных налогов и сборов в стране регистрации <транспортного средства>; **Reißverschluss-** _(Kfz.)_ ~ поочередного вхождения автомобилей в транспортный поток; **Territorialitäts-** 📖 _(Steuer)_ ~ взимания транспортных налогов и сборов в стране пользования транспортной инфраструктурой; **Ursprungsland-** ~ страны происхождения, _(Zoll.)_ ~ взимания налога с оборота импорта в стране экспортёра (в стране происхождения); **Verursacher-** 1. _(jur.)_ ~ компенсации ущерба за счёт виновного; 2. _(kfm.)_ ~ соотнесения расходов к местам их возникновения; **Vorsorge-** _(jur.)_ ~ избежания ущерба

Pritsche _(LKW)_ платформа; **Lade-** бортовая

Pritschen- _(in Zus.)_; **-fahrzeug** _(LKW)_ грузовой автомобиль с бортовой платформой; **~-Sattelanhänger** полуприцеп с бортовой платформой

privat частн‖ый/ая/ое/ые; **-es Eigentum** -ая собственность; **-er Reeder** _(Pers.)_ -ый (индивидуальный) судовладелец; **-er Schiffseigner** _s. Reeder_; **-e Wirtschaft** -ое хозяйство

Privat- _(in Zus.)_ частн‖ый/ая/ое/ые; **-bahn** _(Eis.)_ -ая железная дорога; **-eigentum** -ая собственность; **-güterwagen** частновладельческий грузовой вагон; **-hafen** -ый порт

Privatisierung приватизация

Privat‖kunde частн‖ый клиент; **-reisender** _(Pers)_ турист; **-schiffer** _(Pers., Binnsch., s. auch Partikulier)_ -ый (индивидуальный) владелец судна <внутреннего плавания>;

-straße дорога -ого пользования; **-unternehmen** -ое предприятие; **-unternehmer** _(Pers.)_ -ый предприниматель; **-waggon** -ый вагон; **-wirtschaft** -ое хозяйство

Probe- _(in Zus.)_ пробн‖ый/ая/ое/ые, испытательн‖ый/ая/ое/ые; **-fahrt** -ая поездка, -ый (испытательный) пробег, ходовое испытание <транспортного средства>; **-lieferung** -ая поставка

Produktionsort место производства

Produzent производитель _(m.)_ <товаров>

produzierendes Gewerbe производство

Profil I _(Charakteristik)_ профиль _(m.)_; **innovatives** ~ иновационный; **wettbewerbsfähiges** ~ конкурентоспособный; **Angebots-** ~ услуг; **Leistungs-** ~ _s. Angebots-_; **Tätigkeits-** ~ деятельности; **Unternehmens-** ~ <деятельности> предприятрия;

Profil II _(Abmessungen)_ габарит; **Lade-** ~ груза, ~ погрузки;

Profil III _(Relief)_ рельефный рисунок; **Reifen-** рисунок протектора покрышки

Proforma проформа; **Konnossement-** _(See.)_ ~ коносамента; **Charter-** ~ чартера; **~-Rechnung** ~-счёт

Prognose, Verkehrs- прогноз структуры движения

prognostiziert прогнозируем‖ый/ая/ое/ые, ожидаем‖ый/ая/ое/ые; **-es Verkehrsaufkommen** -ый объём перевозок (дорожного движения), _(Verkehrsfluss)_ -ый транспортный поток; **-e Verkehrsbelastung** -ая транспортная нагрузка, _(Güterv._

auch) -ая грузонапряжённость

Programm программа; **Föderales ~ *(RF)*** Федеральная; **Bonus-** *(Flug.)* ~ премирования часто летающих пассажиров; **Infrastruktur- ~** развития (расширения) инфраструктуры; **Straßenbau- ~** развития (расширения) дорожного строительства; **Verkehrswege- ~** развития (расширения) путей сообщения; **Vielflieger-** *s. Bonus-*

Progressivtarif прогрессивный тариф

Prohibitivzoll оградительная (покровительственная, протекционистская) пошлина, запретительный <таможенный> тариф

Projekt проект; **Infrastruktur- ~** по развитию (расширению, модернизации) инфраструктуры; **Verkehrs- ~** по развитию (расширению, модернизации) транспортного сектора

Projekt- *(in Zus.)* проектн‖ый/ая/ое/ые; **-dokumentation** -ая документация; **-finanzierung** финансирование -а; **-kalkulation** -ая калькуляция; **-kosten** *(Pl.)* стоимость *(f.)* проекта; **-planung** планирование проекта; **-realisierung** реализация (осуществление) проекта

prompt *(Adv., Handelsklausel)* немедленно, промпт

Protektionismus протекционизм

protektionistischer Einfuhrzoll покровительственная (протекционистская) импортная пошлина

Protokoll протокол, акт; **Abnahme- ~** приёмки; **Beschlagnahme- ~** конфискации; **Gutachter- ~** освидетельствования; **Schadens-** 1. *(Vers., Feststellung)* акт об установлении причинённого ущерба; **2.** *(kfm., Verlust)* акт об убытках; **Übergabe-Übernahme-~** приёмо-сдаточный, ~ сдачи-приёмки

Provision вознаграждение; **Agenten-** агентское; **Charter-** брокерская комиссия, ~ за операцию фрахтования; **Spediteur-** экспедиторское; **Vermittlungs-** комиссионное, комиссионный сбор; **Versicherungs-** страховое; **Vertretungs-** *s. Agenten-*; **franko ~** франко комиссионные

prozentualer Anteil удельный вес <в процентах>

Prozess *(s. auch Vorgang)* процесс; **Beförderungs-** транспортный, перевозочный, ~ перевозки, ~ транспортировки; **Umschlag-** перегрузочный, подъёмно-транспортный

Prüf- испытательн‖ый/ая/ое/ые; **-last** *(techn.)* -ая нагрузка; **-plakette** *(Kfz.)* талон о прохождении технического осмотра

Prüfung 1. *(Kontrolle)* проверка; **2.** *(Examen)* экзамен; **Flugfähigkeits-** проверка лётной годности <самолёта>; **Führerschein-** экзамен на право управления транспортным средством, экзамен на получение водительского удостоверения (водительских прав); **Seefähigkeits-** проверка мореходного состояния <судна>; **Verkehrssicherheits-** проверка безопасности <дорожного> движения

Prüfungsantrag заявка на экспертизу

Public-Private-Partnership концепция партнёрства

государственных и частных структур

Pumpe насос; **Benzin-** бензиновый; **Kraftstoff-** топливный

pünktlich в срок; **-e Lieferung** поставка ~; ~ **liefern** поставлять/ поставить <товар> ~

Punkt пункт *(s. auch Stelle, Ort)*; **Anschluss-** ~ примыкания; **Ausgangs-** ~ (место) отправления, отправной; **Bestimmungs-** ~ (место) назначения; **End-** конечный; **Entlade-** разгрузочный, ~ (место) выгрузки (разгрузки); **Grenz<kontroll>-** пограничный, погран-, контрольно-пропускной (КПП); **Halte-** ~ (место) остановки, остановочный, *(Schienv.)* станция, *(ÖPNV)* остановка, *(Kfz.)* стоянка; **Knoten-** узел, узловой; **Kreuzungs-** ~ (точка) пересечения; **Übergabe-** *(Eis.)* стыковой; **Überholungs-** *(Eis.)* обгонный; **Umlade-** перегрузочный, перевалочный, ~ перегрузки, ~ перевалки; **Umschlag-** *s. Umlade-*

Q

Qualität качество; **Bedienungs-** ~ (удобство) обслуживания <транспортом>; **Beförderungs-** ~ перевозок; **Service-** ~ услуг; **Trassierungs-** ~ трассирования; **Verkehrs-** ~ транспортных услуг; **Waren-** ~ товара

Qualitäts- *(in Zus.)* качественн‖ый/ая/ое/ые; **-kennzeichen** знак качества; **-kennziffern** *(Pl.)* показатели качества; **-kontrolle** контроль *(m.)* качества; **-nachweis** сертификат о качестве; **-parameter** *s. -kennziffern*; **-sicherungssystem** система обеспечения качества; **-standard** стандарт качества; ~ **und Mengengutachten** акт экспертизы качества и количества; **-ware** –ый товар; **-zertifikat** сертификат качества (о качестве); **-zeugnis** *s. -zertifikat*

Quarantäne карантин; **die** ~ **aufheben** снимать/снять ~; **unter** ~ **stehen** находиться под -ом; **<über etw.>** ~ **verhängen** подвергать/ подвергнуть <что-л.> -у

Quarantäne- *(in Zus.)* карантинн‖ый/ая/ое/ые; **-anmeldung** -ая декларация; **-aufsicht** -ый надзор; **-behörde** -ые власти *(Pl.)*; **-bewilligung** -ое разрешение на импорт; **-boje** -ый буй; **-boot** -ый катер; **-flagge** -ый флаг; **-gebühr** -ый сбор; **-geld** *s. -gebühr*; **-hafen** -ый порт; **-platz** -ое место; **-schein** -ое свидетельство; **-station** -ый пункт; **-untersuchung** -ый досмотр; **-vorschriften** *(Pl.)* -ые правила; **-zeit** -ый период, -ый срок; **-zertifikat** -ый сертификат; **-zeugnis** *s. zertifikat*

Quellverkehr/e перевозки *(Pl.)* в районе зарождения транспортного потока

Quer- *(in Zus.)* поперечн‖ый/ая/ое/ые; **-beschleunigung** *(techn.)* ускорение -ого движения, -ое ускорение; **-finanzierung** перекрёстное финансирование; **-ruder** *(Flug.)* элерон; **-straße** -ая (пересекающая) дорога, -ая улица; **-verbindung** -ая связь

Quittung *(s. auch Beleg, Dokument, Nachweis, Papier, Bestätigung)*

расписка, квитанция; **amtliche ~** официальная расписка; **doppelte ~** двойная; **Kai-** доковая расписка; **Steuermanns- (M/R)** _(Schiff.)_ штурманская расписка; **Übergabe-** _(Gepäck)_ квитанция на сдачу (по сдаче) багажа <на хранение>; **Zoll-** таможенная квитанция, квитанция об уплате таможенной пошлины

Quote квота; **Ausfuhr-** экспортная; **Einfuhr-** импортная; **Export-** _s._ _Ausfuhr-_; **Import-** _s. Einfuhr-_

R

Rabatt скидка; **Direkt-** прямая; **Fracht- ~** с фрахта, _(Schiff. auch)_ рабатт; **Schadenfreiheits-** _(Kfz., Vers.)_ **~** <со страхования автомобиля> за предотвращение ущерба; **Sonder-** специальная; **Stundungs-** _(Fracht)_ отсроченная **~** <с фрахта>; **einen ~ gewähren** предоставлять/предоставить -у

Rad I _(Teil eines Fahrzeuges)_ колесо; **Bug-** _(Flug.)_ носовое; **Hinter-** заднее; **Lenk-** _(Kfz.)_ рулевое; **Reserve-** запасное; **Sicherheitslenk-** _(Kfz.)_ <травмо>безопасное рулевое; **Steuer-** _(Schiff.)_ штурвальное, штурвал; **Vorder-** переднее;

Rad II _(Fahrzeug)_; **Fahr-** велосипед; **Motor-** мотоцикл

Rad- _(in Zus.)_ **1.** _(Teil eines Fahrzeuges)_ колёсн‖ый/ая/ое/ые; **2.** _(Fahrrad)_ велосипедн‖ый/ая/ое/ые; **-antrieb** привод колеса

Radar радар, радиолокатор

Radar- _(in Zus.)_ радиолокационн‖ый/ая/ое/ые; **-ortung** радиолокация; **-station** -ая станция; **-system** -ая система

Rad‖dampfer колёсный пароход; **-fahrer** _(Pers.)_ велосипедист

Radial- _(in Zus.)_ радиальн‖ый/ая/ое/ые; **-linie** -ая линия; **-straße** -ая дорога, -ая улица

Radio радиоприёмник; **Auto-** автомобильный

Rad‖satz _(Schienv.)_ колёсная пара; **~Schiene-Technik** техника передвижения транспортного средства как по железной, так и по автотанспортной дороге; **-schlepper** _(Schiff)_ колёсный буксир; **-spur** след от колёс; <kurzer, langer> **-stand** _(Kfz.)_ <короткая, длинная> **~** база автомобиля; **-weg** велосипедная дорога (-ая дорожка); **-zugmaschine** колёсный тягач

Rädergetriebe колёсная передача

räumlich территориальн‖ый/ая/ое/ые, пространственн‖ый/ая/ое/ые; **-e Entflechtung** –ое рассредоточение; **-e Verkehrsverlagerung** перенесение транспортных потоков на другие трассы

Rahmen- _(in Zus.)_ рамн‖ый/ая/ое/ые; **-konstruktion** -ая конструкция <автомобиля>; **-kraftwagen** автомобиль _(m.)_ -ой конструкции

rahmenlos безрамн‖ый/ая/ое/ые

Rampe рампа, платформа, эстакада, _(Auffahrt)_ наклонный въезд; **Bug-** _(Schiff, Flugzeug)_ передняя (носовая) платформа; **Heck-** _(Schiff, Flugzeug)_ задняя (хвостовая) платформа; **Belade-** погрузочная;

Lade- *s.* *Belade-*; **RoRo-~** *(Schiff.,* *Eis.)* платформа для горизонтальной погрузки-выгрузки <груза>; **Schnell-** платформа для скоростной отправки; **Seiten-** боковая <погрузочная> платформа; **Verlade-** *s. Belade-*

Rampenwartezeit время простоя <грузового автомобиля> на погрузочной платформе

Randstreifen *(Straße)* обочина <дороги>; краевая полоса

Rangehäfen *(Pl.)* порты с едиными фрахтовыми ставками

Rangier- *(in Zus.)* маневров‖ый/ая/ое/ые; **-bahnhof** сортировочная станция; **-betrieb** сортировка <вагонов>; **-dienst** -ая служба

rangieren *(Schienv.)* маневрировать, формировать/сформировать (составлять/составить) <поезда>, сортировать/рассортировать <вагоны>, переставлять/переставить <вагоны> на другой путь

Rangieren *(Subst.)* маневрирование, маневровое передвижение, совершение манёвра

Rangierer *(Pers., Kfz.)* водитель-перегонщик <автомобилей>; *(Pers., Eis.)* работник маневровой бригады *(umg. auch)* сцепщик

Rangier‖fahrt маневров‖ое движение, движение -ого состава; **-fläche** площадка для маневрирования <вагонов>; **-gleis** -ый (сортировочный) путь; **-lokomotive** -ый локомотив; **-lokomotivpark** -ый локомотивный парк; **-station** *s.-bahnhof*; **-zug** -ый поезд

Raser *(Pers., umg.)* водитель *(m.)*, безответственно возящий автомобиль *(m.)* недозволенной скоростью

Raserei *(Prozess, Kfz., umg.)* безответственное вождение автомобиля недозволенной скоростью

Rast- *(in Zus.)*; **-hof** *(Kfz.)* мотель *(m.)* (гостиница) на автостраде; **-platz** привал, площадка для отдыха <на автостраде>; **-stätte** ресторан <на автостраде>; **rollende -stätte** *(Autoreisezug)* поезд для автотуристов

Rate *(s. auch Frachtrate)* ставка <тарифа, фрахта>; **doppelte ~** двойная; **vertraglich vereinbarte ~** договорная; **Charter-** чартерная; **Fracht-** фрахтовая, тарифная, ~ фрахта <за перевозку груза>, фрахтовый индекс, грузовой тариф; **Grenz-** лимитная; **Höchst-** максимальная, максимальный тариф; **Mindest-** минимальная, минимальный тариф; **Tarif-** тарифная; **Zeitcharter-** тайм-чартерная

Ratenzahlung рассрочка, уплата в рассрочку; **-en** *(Pl.)* **leisten** рассрочивать/рассрочить <платёж>

rationelle Verkehrsart рациональный вид транспорта

Raum 1. *(Räumlichkeit, s. auch Halle)* помещение, *(kleiner Raum auch)* камера; **2.** *(Gebiet)* пространство, зона, район, территория; **3.** *(Rauminhalt)* объём, ёмкость *(f.)*, вместимость *(f.)*; **ländlicher ~** сельский район; **Agglomerations-** 🕮 *s. Ballungs-*; **Ballungs-** густонаселённый район, регион скопления <чего-л.>; **Fahrgast-** _(Schienv., Flug.)_ пассажирский салон, _(Aufenthaltsraum)_ пассажирское помещение; **Fracht-** 1. _(Laderaum, Schiff.)_ грузовое помещение, _(Güterv., Flug.)_ грузовой отсек; _(Gepäck, Flug.)_ багажное отделение; **2.** _(Kapazität)_ грузовместимость, загрузочная (габаритная) мощность, _(Schiff. auch)_ тоннаж <судна>; **Gepäck-** _(Schiff.)_ багажное помещение, _(Bahnhof, Flughafen)_ багажное отделение, _(Bus, Flugzeug)_ багажный отсек; **Innen-** <eines **Fahrzeuges**> 1. _(Pass.)_ салон, пассажирское помещение; **2.** _(Frachtkapazität)_ внутреннее пространство; **Koffer-** _(PKW)_ багажник; **Kühl-** холодильная камера; **Lade-** 1. _(Kammer)_ грузовое помещение <кузова, вагона>, _(Schiff.)_ <грузовой> трюм, _(Flug.)_ грузовая кабина <самолёта>; **2.** _(Kapazität)_ погрузочная (габаритная) мощность, грузовместимость, грузоёмкость, грузоподъёмность _(f.)_, _(LKW auch)_ ёмкость кузова, _(Eis. auch)_ ёмкость вагона, _(Schiff. auch)_ тоннаж <судна>; **Lager-** 1. _(Kammer)_ складское помещение; **2.** _(Kapazität)_ складская ёмкость (-ая мощность), ёмкость склада; **Lagernutz-** полезный объём склада; **Luft-** воздушное пространство; **Park-** _(Kfz.)_ зона (полезная площадь) для автостоянок; **Schiffsfracht-** 1. _(Kammer)_ <грузовой> трюм, 2. _(Kapazität)_ тоннаж судна; **Schiffslade-** _s._ _Schiffsfracht-_; **Stapel-** _(Lager)_ полезный объём склада; **Stau-** 1. _(Kammer)_ грузовое помещение, _(Schiff.)_ трюм; 2. _(Gebiet)_ зона сосредоточения; **3.**

(Kapazität) грузовместимость, объём <помещения, багажника>; **Transport-** _(Fahrzeugkapazität, Güterv.)_ грузовместимость (погрузочная ёмкость) транспортного средства; **Verbund-** _(ÖPNV)_ территория действия тарифного союза, территория действия единого тарифа <на общественный транспорт>; **Verkehrs-** _(Gebiet)_ транспортное пространство; **Warte-** _(ÖPNV)_ зал ожидания; **Wirtschafts-** экономическая зона (-ое пространство)

Raum- _(in Zus.)_; **-ausnutzung** <eines **PKW, eines LKW, eines Schiffes**> использование объёма <багажника, кузова, трюмов>; **-charter** чартер-партия, _(Schiff. auch)_ чартер на фрахтование определённого тоннажа; **-frachtvertrag** договор-чартер; **-gehalt** вместимость _(f.)_ <чего-л.>; **-gewicht** <eines **Gutes**> объёмный вес <груза>; **-inhalt** _(Transportbehältnis)_ ёмкость _(f.)_, объём, вместимость _(f.)_, кубатура, _(Schiff.)_ тоннаж; **-meter** <складочный> кубический метр; **-ordnung** региональное (территориальное) планирование, планирование системы заселения и землепользования;

Raumordnungs‖plan _(jur., BRD)_ план ‖ заселения и землепользования; **-politik** политика ~; **-verfahren**⊞ порядок ~;

Raumtonne _(Schiff.)_ обмерная тонна

Raupe _(hier Fahrzeug)_ гусеница

Raupen- _(in Zus.)_ гусеничн‖ый/ая/ое/ые; **-antrieb** -ый ход, привод гусеницы; **-fahrzeug**

транспортное средство на -ом
ходу, -ый автомобиль; **-schlepper**
-ый тягач

Realisierung **<eines Projektes>**
реализация (осуществление)
проекта

Receipt *(s. auch Empfangsschein)*
квитанция о приёмке (принятии)
<чего-л.>

rechnergestützt
компьютеризированн‖ый/ая/ое/ые;
-es Betriebsleitsystem -ая система
правления железнодорожными
транспортными потоками; **-e
Zugüberwachung** -ая система
контроля за движением поездов
(правления поездами)

Rechnung *(kfm.)* счёт; ~ **des
Spediteurs** ~ экспедитора; ~ **des
Versicherers** ~ страховщика;
Faktura- ~-фактура; **Fracht-**
(freight invoice) ~ за фрахт, **Fracht-
Transport-~** ~ за перевозку
(провоз) груза; **Handels-** торговый;
Proforma- проформа-~; **Tally-**
тальманский; **Versand-** ~ на
отправленный груз; **Waren-** ~
товара; **Zoll-** таможенный; **eine** ~
ausstellen выставлять/выставить ~,
составлять/составить ~; **<etw.> in
Rechnung stellen** фактурировать
<что-л.>

Rechnungs- *(in Zus.)*
фактурн‖ый/ая/ое/ые; **-betrag** -ая
стоимость; **-eingangsbuch** -ая
книга; **-legungsdokument** учётный
документ

Recht *(jur.)* **1.** *(kodifiziertes)* право; **2.**
(Berechtigung) право <чего-л., на
что-л.>; **ausländisches** ~
иностранное; **internationales** ~
международное; **öffentliches** ~
публичное; **ziviles** ~ гражданское;
~ **auf Freizügigkeit** ~ на свободу
перемещения; ~ **auf
uneingeschränkten Güter- und
Kapitalverkehr** *(EU)* ~ свободного
перемещения грузов и капитала;

Recht, Arbeits- трудовое;
Ausnahme- исключительное;
Beförderungs- ~ на осуществление
перевозок; **Eigentums-** ~
собственности; **Flaggen-** *(See.)*
Закон о флаге; **Fracht-** ~ фрахта; ~,
регулирующее перевозки;
правовые нормы *(Pl.)* перевозок
грузов; **Gefahrgut-** **1.**
(Rechtsvorschriften) нормативная
база по перевозке опасного груза;
2. *(Berechtigung)* ~ на
осуществление перевозок с
опасным грузом; **Großvater-**
(Gewohnheitsrecht im Luftverkehr)
обычное ~ на получение
разрешений на взлёт и посадку в
аэропортах; **Hafen-** портовое;
Handels- торговое, коммерческое;
Havarieverfahrens- аварийное;
Hoheits- *(jur.)* суверенное;
Konnossements- *(See.)*
коносаментное; **Luft-** воздушное;
Niederlassungs- *(für Unternehmen)*
~ получения места регистрации,
(für Personen) ~ получения места
жительства; **Nutzungs-** ~
пользования <чем-л.>;
Personenbeförderungs- **1.**
(Berechtigung) ~ на осуществление
пассажирских перевозок; **2.**
(Rechtsvorschriften) правовые
нормы, регулирующие перевозки
пассажиров; **Pfändungs-** ~
наложения ареста на имущество;
Pfand- залоговое; **See-** морское;
Seefracht- *(Rechtsvorschriften)*
правовые нормы *(Pl.)* перевозок
грузов морским путём, морское
фрахтовое законодательство;
Seehandels- морское торговое;
Steuer- налоговое; **Transport-** **1.**
транспортное; **2.** ~ на

осуществление перевозок;
Umwelt- экологическое;
Verbraucher- потребительское;
Verkehrs- _s. Transport-_; **Vorfahrts-**
~ преимущественного проезда, ~
проезда первым; **Wirtschafts-**
хозяйственное; **Zoll-** таможенное;
(Rechtsvorschriften) правовые
положения, регулирующие
таможенное дело; **Zugangs-** ~
доступа

Rechte _(Pl.)_ права; **Strecken- und
Lande-** _(Flug.)_ ~ <авиакомпаний>
на получение разрешения на
обслуживание определенных
рейсов, а также на взлёт и посадку
<в аэропортах>; **Sonderziehungs-**
специальные ~ заимствования
(СПЗ)

rechts право; **nach** ~ направо; **von** ~
справа, с правой стороны;
Überholen von ~ объезд справа; ~
fahren ехать справа (правой
стороной)

Rechts- _(in Zus.) Hom._ **I** _(Richtung)_
прав‖ый/ая/ое/ые; **-abbiegen**
(Subst.) -ый поворот; **-abbieger**
(Pers.) водители _(Pl.)_ автомобилей,
поворачивающие направо;
-fahrordnung правостороннее
движение; **-kurve** -ый поворот;
-lenkung -ое (правостороннее)
рулевое управление; **-verkehr**
правостороннее движение

Rechts- _(in Zus.) Hom._ **II** _(jur.)_
правов‖ой/ая/ое/ие; **-akt**
законодательный акт; **-grundlage**
-ая основа; **-ordnung**
правопорядок; **-vorgang**
юридический акт; **-vorschriften**
_(Pl.)_ -ые предписания

Reduzierung снижение, уменьшение,
сокращение; ~ **der Abgasbelastung**
~ нагрузки, вызванной выбросом
отработанных газов; ~ **des**

Fahrpreises снижение
(уменьшение) стоимости проезда;
~ **der Fahrzeit** сокращение
времени движения (проезда); ~ **der
Geschwindigkeit** снижение
(уменьшение) скорости; ~
Schadstoffaustoßes снижение
(уменьшение) выброса вредных
веществ; **Lärm-** уменьшение шума

Reede _(Schiff.)_ рейд; **Hafen-** ~ порта;
auf ~ **liegen** стоять на -е

Reede- _(in Zus., Schiff.)_
рейдов‖ый/ая/ое/ые; **-gebühr** -ый
сбор; **-kai** -ый причал; **-schlepper**
-ый буксир

Reeder _(Schiff., Pers.)_ судовладелец,
владелец судоходной компании;
privater ~ частный;
Korrespondent- ~-корреспондент;
Linien- рейсовой, владелец
рейсовой судоходной компании;
Parten- _(Binnsch.)_ совладелец
судна, компаньон судовладельца

Reederei _(Schiff.)_ пароходство,
судоходство; ~ **der**
Trockengutschifffahrt
сухогрузное; **Binnen-** внутреннее,
речное; **Container-** контейнерное;
Fähr<schiff>- паромное; **Groß-**
крупное; **Küsten-** прибрежное,
каботажное; **Linien-** рейсовое,
линейное; **Misch-** смежное; **See-**
морское, морская пароходная
компания

Reederei- _(in Zus.)_
пароходн‖ый/ая/ое/ые,
судоходн‖ый/ая/ое/ые,
судовладельческ‖ий/ая/ое/ие;
-unternehmen _(Schiff.)_ -ая
компания; **-verband** _(Binnsch.)_
-ий/ый союз; **-verbund** _s._ _-verband_;
-vereinigung объединение
судовладельческих компаний

Reedervereinigung, Internationale

Международная ассоциация судовладельцев

reelle Tara фактический вес тары

Reexpedierung <von Bahnfracht> реэкспедирование <железнодорожного груза>

Reexpeditionsagent *(Pers., Eis.)* агент по реэкспедированию <железнодорожного груза>

Reexport реэкспорт, обратный вывоз, экспорт импортированных товаров

Reexport- *(in Zus.)* реэкспортн‖ый/ая/ое/ые; **-geschäft** -ая сделка, -ая операция; **-kontrolle** контроль *(m.)* над реэкспортом

Referenztarif⊞ рекомендованный тариф

Reform реформа; ~ **des Verkehrswesens** ~ транспортного сектора; **Bahn-** ~ железных дорог; **Bahnstruktur-**⊞ *(BRD)* ~ по реструктуризации <Германских> железных дорог; **Transportrechts-** *(EU)* ~ транспортного права; **Zoll-** ~ таможенного управления; **Zollrechts-** ~ таможенного права

Regel- *(in Zus.)* **1.** *(geplant)* расчётн‖ый/ая/ое/ые; **2.** *(üblich)* нормальн‖ый/ая/ое/ые; **-belastung 1.** *(techn. zugelassene)* расчётная нагрузка; **2.** *(durchschnittliche)* нормальная (средняя) нагрузка; **-betrieb** нормальная эксплуатация; **-geschwindigkeit** расчётная скорость; **-leistung** расчётная мощность

regelmäßige Streckenbedienung регулярные интервалы *(Pl.)* обслуживания маршрутов

regeln, den Verkehr управлять транспортом (уличным движением)

Regeln *(Pl., s. auch Bestimmungen, Ordnung, Vorschriften)* правила *(Pl.)*; **allgemeine** ~ общие; **Haager** ~ *(See.)* Гаагские; **Hamburger** ~ *(See.)* Гамбургские; **Charter-** условия чартера; **Instrumentenflug-** ~ проведения полёта по инструментам (приборам); **Sichtflug-** ~ проведения полёта по видимости; **Verkehrs-** ~ *(Straßenverkehr)* ~ дорожного движения (ПДД), *(Beförderung)* ~ перевозок; **Wettbewerbs-** ~ конкуренции; **York-Antwerpen-**~ *(See.)* Йорк-Антверпенские; ~ **einhalten** соблюдать/соблюсти ~; ~ **verletzen** нарушать/нарушить ~

Regel‖spur *(in Zus., Schienv.)* нормальная колея, колея нормальной ширины; **-tarif** общий (стандартный) тариф

Regelung урегулирование; **vertragliche** ~ договорное

Regelzug *(Eis.)* очередной поезд

regennasse Fahrbahn мокрая от дождя дорога

regional региональн‖ый/ая/ое/ые, внутриобластн‖ой/ая/ое/ые; **-er Güterverkehr** -ые грузовые перевозки; **-es Netz** -ая сеть; **-er Personenverkehr** -ые пассажирские перевозки; **-er Verkehrsmarkt** -ый (местный) транспортный рынок; **-es Verkehrsnetz** междугородная транспортная сеть (-ая сеть путей сообщения)

Regional- *(in Zus., s. auch Nahverkehrs-, Vorort-)* региональн‖ый/ая/ое/ые; **-bahn** -ая железная дорога; **-bahnhof** -ый вокзал; **-express** *(Eis.)* -ый скоростной поезд; **-fahrplan** график местного движения; **-fluglinie** местная авиалиния; **-flugplatz** местный аэропорт; **-kilometertarif** пригородный покилометровый тариф; **-kursbuch** -ый железнодорожный справочник; **-linie** -ая (пригородная) линия; **-luftverkehr** местные авиаперевозки; **-netz** -ая сеть; **-verbindung** _s. -linie;_ **-verkehr** _(s. auch Nahverkehr)_ -ые (внутриобластные) перевозки, пригородный транспорт; **-verkehrsknoten** узел пригородного сообщения **-verkehrslinie** _s. -linie;_ **-verkehrsplanung** -ое планирование движения (транспорта, перевозок); **-verkehrstarif** -ый (пригородный) тариф; **-zonentarif** пригородный зональный тариф; **-zug** пригородный поезд, поезд местного сообщения

Register I _(Verzeichnis)_ реестр; **nationales** ~ государственный; **offenes** ~ _(Schiff.)_ открытый; **Handels-** торговый; **Kraftfahrzeug-** автомобильный; **Schifffahrts-** _s._ _Schiffs-;_ **Schiffs-** судовой, регистровая книга; **Seeschiffs-** морской; **Zweit-** _(Schiff.)_ второй; **Eintragung in ein** ~ внесение в ~; **in ein** ~ **eintragen** вносить/внести <что.л.> в ~; **aus einem** ~ **löschen** зачёркивать/зачеркнуть <что-л.> из -а;

Register II _(Behörde)_ регистр; **Binnenschifffahrts-** _(RF)_ Российский речной; **Klassifikations-** классификационный; **Lloyd's** ~ **of Shipping** _(Schiff.)_ ~ судоходства Ллойда; **Schiffs-** ~ судов, ~ судоходства

Register- _(in Zus.)_ регистров‖ый/ая/ое/ые; **-brief** _(Schiffszertifikat)_ судовой сертификат (-ое свидетельство); **-tonnage** _(Schiff.)_ -ый тоннаж;

Register‖tonne _(Schiff.)_ регистровая тонна; **Brutto-** брутто-~; **Netto-** нетто-~

registrieren регистрировать/ зарегистрировать <что-л.>, вносить/внести <что-л.> в реестр

Registrier- _(in Zus.)_ регистров‖ый/ая/ое/ые; **-hafen** порт регистрации; **-nummer** номер регистрации, _(Zoll.)_ таможенный код; **-pass** _(Schiffszertifikat)_ судовой сертификат

Registrierung регистрация, оформление регистрации; **Schiffs-** ~ судна

Registrierungs- _(in Zus.)_ регистрационн‖ый/ая/ое/ые; **-antrag** заявление о внесении <чего-л.> в реестр; **-behörde** -ое ведомство, _(RF)_ -ая палата; **-gebühr/en** -ый сбор, сбор на оформление (регистрацию) <чего-л.>

reglementierter Tarif регулированный тариф

Regresskosten _(Pl.)_ расходы по регрессным искам

regulär регулярн‖ый/ая/ое/ые; **-e Beförderung** -ая перевозка; **-e Route** -ая линия, -ый маршрут; **-er Standort** <eines Kfz.> -ое местоположение, -ое местонахождение <транспортного средства>; **-er Verkehr** -ое сообщение, -ые перевозки

Regulierung 📖 регулирование; **ordnungspolitische** ~ система -я рыночных отношений; **staatliche** ~ государственное; ~ **des Handels** ~ торговли; ~ **des Verkehrsmarktes** ~ транспортного рынка; **Markt-** ~ рынка; **Mengen-** количественное; **Null-** нулевое; **Tarif-** ~ тарифов; **Verkehrs-** ~ движения, ~ транспорта, ~ перевозок; **Methoden der** ~ методы -я

reibungsloser **Verkehrsfluss** беспрепятственный транспортный поток

Reichweite дальность *(f.)* (радиус) действия, запас хода; **maximale** ~ **<eines Transportmittels>** предельная дальность действия <транспортного средства>

Reifen *(Kfz.)* шина; **Auto-** автомобильная; **Fahrrad-** ~ велосипедная; **Ganzjahres-** всесезонная; **Sommer-** ~ с летним рисунком протектора; **Winter-** ~ с зимним рисунком протектора; **einen** ~ **abfahren** изнашивать/износить -у; **einen** ~ **aufpumpen** накачивать/накачить -у; **einen** ~ **wechseln** сменять/ сменить -у

Reifen- *(in Zus.)* шинн‖ый/ая/ое/ые; **-abnutzung** *(Abrieb)* износ шины; **-ausbesserung** ремонт шины; **<zulässige>** **-belastung** <допустимая> нагрузка на шину; **-druck** давление в шинах; **-druckprüfer** -ый нанометр; **-industrie** -ая промышленность; **-panne** прокол <шины>; **-profil** рисунок протектора покрышки; **-spur** след от колёс; **-wechsel** замена шины; **-werk** -ый завод; **-werkstatt** шиномонтаж

Reihenfolge очерёдность *(f.)*; ~ **der Abfertigung** *(Güter)* ~ оформления груза, *(Pass.)* ~ оформления (регистрации) пассажиров

Reihenfolgeplanung *(LKW)* планирование очерёдности (порядка следования) грузовиков

Reimport реимпорт

rein чист‖ый/ая/ое/ые; **-e Bill of Lading** *(See.)* -ый коносамент; **-es Bordkonnossement** *(See.)* -ый коносамент на борту; **-er Charter** -ый чартер; **-es Konnossement** *(See.)* -ый коносамент

Reise *(Pass.)* поездка, путешествие; ~ ~ **per Bahn** ~ поездом; ~ **per Flugzeug** самолётом; ~ **per PKW** автомобильная поездка; ~ **per Schiff** ~ на судне;

Reise, An- und Ab- приезд и отъезд <туристов>; **Auslands-** ~ за границу; **Bahn-** *s.* ~ *per Bahn*; **Dienst-** служебная поездка, командировка; **Fern-** поездка на дальнее расстояние; **Geschäfts-** деловая поездка, бизнес-тур; **Gruppen-** групповая <туристическая> поездка; **Individual-** индивидуальная <туристическая> поездка (-ое путешествие); **Pauschal-** <групповая> поездка по путёвке; **Rück-** обратная поездка; **Schiffs-** *s.* ~ *per Schiff*; **Zug-** *s.* ~ *per Bahn*

Reise- *(in Zus.)* пассажирск‖ий/ая/ое/ые, *(bei Fahrzeugen auch)* рейсов‖ый/ая/ое/ые; **-büro** бюро *(n., indkl.)* путешествий, туристическое агентство; **-bus** туристский (экскурсионный) автобус; **-charter** рейсовый чартер; **-chartertonnage** рейсовый тоннаж; **-dokumente** *(Pl.)* проездные документы; **-fluggeschwindigkeit** крейсерская скорость <самолёта>; **-flughöhe** средняя высота полёта; **-flugzeug** пассажирский самолёт; **-freiheit** *(für Personen)* свободное передвижение населения; **-gepäck** пассажирский багаж; **-gepäckversicherung** страхование багажа; **-geschwindigkeit** <средняя> скорость сообщения (движения); **-häufigkeit** *(Mobilitätskoeffizient)* коэффициент подвижности <населения>; **-informationssystem** система предоставления информации по путешествию; **-intensität** интенсивность *(f.)* осуществления поездок (путешествий); **-komfort** комфорт (удобство) в поездке, удобство поездки (езды); **-kosten** *(Pl., allg.)* путевые (дорожные) расходы (-ые издержки), проездные *(Pl., Dienstreise)* коммандировочные расходы (-ые издержки); **-kostenerstattung** компенсация путевых расходов (-ых издержек); **-markt** рынок туристических путешествий; **-mittler** *(Pers.)* агент туристического бюро, *(umg.)* турагент

reisen путешествовать

Reisender *(Pers.)* путешественник, *(in Verkehrsmitteln)* пассажир; **Bahn-** железнодорожный пассажир; **Bus-** пассажир автобуса; **Dienst-** командированный *(Subst)*; **Einzel-** индивидуальный турист (-ый путешественник); **Fern-** пассажир дальнего следования; **Flug-** авиационный пассажир (авиа-); **Freizeit-** турист (путешественник) на досуге; **Geschäfts-** лицо, находящееся в деловой поездке; **Gruppen-** групповой турист; **Handels-** коммивояжёр; **Individual-** *s. Einzel-*; **Privat-** турист; **Transit-** транзитный пассажир; **Zug-** *s. Bahn-*

Reisepass ‖ паспорт; **internationaler**

~ заграничный, загран-;

Reise‖route маршрут, путь *(m.)* следования <транспорта>; **-rücktrittsversicherung** страхование <туриста> на случай расторжения контракта с туристическим агентством (бюро *(n., indkl.)*); **-scheck** дорожный чек; **-service** обслуживание пассажиров на транспорте; **-spesen** *(Pl.)* проездные *(Subst.)*; **-verkehr** 1. *(Personenverkehr)* пассажирское сообщение (-ое движение); 2. *(Urlauberverkehr)* туризм, туристические перевозки <в период отпусков>; **-verkehrskaufmann** *(Pers.)* экономист по туристическому делу, турагент; **-versicherung** путевое страхование; **-voucher** путёвка; **-weg** маршрут <следования>; <**mittlere**> **-weite** <среднее> расстояние следования пассажиров;

Reisezeit ‖ время в пути, продолжительность *(f.)* поездки; **Tür-zu-Tür-~** продолжительность *(f.)* поездки от двери до двери;

Reise‖ziel пункт (место) назначения поездки (путешествия); **-zug** пассажирский поезд;

Reisezug‖kilometer пассажирск‖ий поездо-километр; **-lokomotive** -ий локомотив; **-paar** пара -их поездов, **-wagen** -ий вагон; **-wagenpark** -ий парк вагонов;

Reisezweck цель *(f.)* поездки

Reißverschlussprinzip *(Straßenverkehr)* принцип поочередного вхождения <автомобилей> в транспортный поток

Reklamationen *(jur.)* претензии *(Pl.)* <клиентов>; **frei von ~** свободно от претензий

Rekonstruktion реконструкция; **technische** ~ техническая; ~ **des Verkehrsnetzes** ~ транспортной сети; **die** ~ <**von etw.**> **durchführen** проводить/провести -ю <чего-л.>

Rekonstruktionsmaßnahmen *(Pl.)* меры по реконструкции

Rekta- *(in Zus.)*; **-indossement** *(Indossement mit Rektaklausel)* ограниченный индоссамент; **-klausel** оговорка «нет приказу»; **-konnossement** *(See.)* именной коносамент

Relaisstellwerk *(Eis.)* релейная централизация

Reling *(Schiff.)* поручень *(m.)* <судна>

Rembours *(Fin.)* рамбурс, возмещение (покрытие) расходов через посредничество банка

Remission <**von Waren**> возвращение (возврат) нереализованных товаров

Rentabilität рентабельность *(f.)*, окупаемость *(f.)*; ~ **von Transporten** ~ перевозок; ~ **der Verkehrsbedienung** ~ транспортного обслуживания; **Export-** <экономическая> рентабельность экспорта

Reparatur ремонт; **laufende** ~ текущий; **Container-** контейнеров; **Fahrzeug-** транспортного средства, *(Fuhrpark auch)* ~ подвижного состава, *(Kfz. auch)* ~ автомобилей, авто-; **Schiffs-** судо-; **Waggon-** ~ вагонов; **eine** ~ **durchführen** проводить/провести ~

Reparatur- *(in Zus.)* ремонтн‖ый/ая/ое/ые; **-arbeiten** *(Pl.)* -ые работы; **-dienst** станция технического обслуживания; **-gewerbe** *(Kfz.)* авторемонтное производство, *(Schienv.)* вагоноремонтное производство; **-hafen** -ый порт, *(natürl.)* -ая гавань; **-kai** *(Schiff.)* судоремонтный причал; **-kosten** *(Pl.)* 1. *(Aufwendungen)* расходы на ремонт, 2. *(Preis)* стоимость *(f.)* ремонта; **-plan** план -ых работ; **-schiff** -ое судно; ~ **und Wartungspersonal** ~-о- обслуживающий персонал; **-werk** -ый завод; **-werkstatt** -ая мастерская, -ый завод; **-zug** *(Schienv.)* -ый поезд

reparieren ремонтировать/ отремонтировать <что-л.>

Reserve- *(in Zus.)* запасн‖ой/ая/ое/ые, резервн‖ый/ая/ое/ые; **-fahrzeug** резервное (дежурное) транспортное средство; **-lokomotive** запасной (дежурный) локомотив; **-rad** запасное колесо

reservieren *(Pass.)* бронировать/ забронировать <что-л.>, оформлять/оформить броню <на что-л.>; **einen Platz im Flugzeug** ~ бронировать/забронировать место в самолёте; **eine Platzkarte** ~ бронировать/забронировать плацкарту

Reservierung 1. *(Prozess)* резервирование, бронирование; 2. *(Ergebnis)* броня; **bestätigte** ~ подтверждённая броня; **gültige** ~ действительная броня; **Parkraum-** резервирование мест для стоянки автомобилей; **Platz-** бронирование (резервирование) мест; **eine** ~ **annullieren** снимать/снять броню; **eine** ~ **bestätigen** подтверждать/ подтвердить броню; **eine vornehmen** оформлять/оформить броню

Reservierungs- *(in Zus.)*; **-bestätigung** подтверждение брони; **-system** система резервирования (бронирования) <мест>

Restaurantwagen *(Eis.)* вагон-ресторан

Restladung *(Güterv.)* догрузка

Restriktionen *(Pl.)* ограничения; ~ **für den Straßenverkehr** ~ в уличном движении; **Ausfuhr-** ~ вывоза, ~ экспорта; **Einfuhr-** ~ ввоза, ~ импорта; **Handels-** торговые, ~ в области торговли

Restrukturierung <eines **Unternehmens**> структурное преобразование <предприятия>

retour *(Adv., s. auch Rück-)* возвратно, обратно, ретур

Retourenabwicklung менеджмент возврата <поставленных товаров>

Retour- *(in Zus.)* обратн||ый/ая/ое/ые; **-fracht 1.** *(zu beförderndes Gut)* -ый (возвращённый) груз; **2.** *(Gebühr)* -ый фрахт; **-sendung** возвратная доставка, возвращение (возврат) товара, отсылка назад; **-tarif** -ый тариф

Rettungs- *(in Zus.)* спасательн||ый/ая/ное/ые; **-aktion** -ая операция; **-arbeiten** *(Pl.)* аварийно-спасательные работы; **-ausrüstung** аварийно-спасательное оборудование; **-boje** -ый буй; **-boot** -ая лодка, -ая шлюпка; **-dienst** -ая служба; **-einsatz** *s.* -aktion; **-eisbrecher** аварийно- спасательный ледокол; **-fahrzeug** *(Schiff.)* -ая шлюпка; **-floß** -ый плот; **-flugzeug** аварийно-спасательный самолёт, самолёт поисково-спасательной службы; **-gerät** *s.* -ausrüstung; **-glocke** -ый

колокол; **-hubschrauber** вертолёт поисково-спасательной службы; **-insel** *s.* -floß; **-leine** -ый трос, -ый линь; **-mittel** *(Pl.)* -ые средства; **-ring** -ый круг; **-schiff** -ое судно, судно-спасатель; **-signal** сигнал бедствия; **-station** -ая станция; **-stelle** -ая служба, -ая станция; **-weste** -ый жилет

Reugeld *(Schiff.)* отступные деньги

Reversivverkehr возвратное движение; **Zeichen für den** ~ знак -ого -я

Revisionsattest *(Schiff)* свидетельство о классификации <судна>

Richtgeschwindigkeit рекомендованная скорость

Richtung направление; **entgegengesetzte** ~ противоположное, обратное; **gleiche** ~ попутное; **Fahrt-** ~ движения <транспорта>, *(Schiff. auch)* курс; **Verkehrs-** ~ перевозок

Richtungs- *(in Zus.)*; **-änderung** изменение (перемена) направления; **-anzeiger** маршрутный указатель, указатель (сигнал) поворота; **-fahrbahn** проезжая часть <автомагистрали> в одно направление <с разделительной полосой>; **-gleis** путь *(m.)* в одном направлении; **-schild** рейсовый (маршрутный) указатель, рейсоуказатель; **-tarif** тариф, действующий в одном направлении

Ring *(Straße, Schienenweg)* кольцо <дорог>; **Außen-** внешнее; **Autobahn-** кольцевая автодорога; **Innen**<stadt>- внутреннее ~ <городской дороги>; **Stadt-** внутригородское

Ring- *(in Zus.)* кольцев||ой/ая/ое/ые;

-linie -ая линия; **~Radial-System** радиально-кольцевая система; **-straße** -ая дорога, -ая улица; **-verkehr** -ое движение, *(Güterv.)* -ые перевозки; **-zug** поезд -ого сообщения

Risiko риск; **~ des Spediteurs** *(carriers risk)* ~ экспедитора; **Abnehmer-** ~ заказчика, ~ покупателя; **Absatz-** ~, связанный со сбытом товаров; **Ausfuhr-** ~, связанный с осуществлением экспортных операций; **Beförderungs-** ~, связанный с перевозкой <пассажиров, груза>; **Export-** *s. Ausfuhr*; **Fracht-** фрахтовый; **Hafen-** портовый; **Handels-** торговый; **Sicherheits-** ~ для безопасности <движения>; **Transport-** транспортный; ~, связанный с транспортировкой (перевозкой) груза; **Unfall-** вероятность *(f.)* аварий; **Währungs-** валютный; **~ gegen alle Risiken** *(Pl.)* страхование от (против) всех -ов

Road-to-Sea-Konzept⊞ концепция по перенесению автомобильных грузовых перевозок на судна прибрежнего плавания

Roadtrailer⊞ автомобильный (дорожный) трейлер

Roh- *(in Zus.)*; **-gewicht** полная масса <груза>; **-gut** **1.** *(Schüttgut)* навалочный; **2.** *(Rohstoff)* сырьё

Rohstoff сырьё

Rohstoff- *(in Zus.)* сырьев‖ой/ая/ое/ые; **-basis** -ая база; **-einsparung** экономия сырья; **-export** экспорт сырья; **-handel** торговля сырьём; **-import** импорт сырья; **-lieferant** поставщик сырья

RoLa *(KV, Eis., rollende Landstraße,*

s. auch Huckepackverkehr) контрейлерные перевозки

RoLa- *(in Zus.)* контрейлерн‖ый/ая/ое/ые; **~Konzept** концепция -ых перевозок; **~Shuttle** маршрутный -ый поезд; **~Verbindung** маршрут -ых перевозок; **~Verfahren** способ -ых перевозок; **~Verkehr** -ые перевозки

Roll- *(in Zus.)*; **-anlage** *(techn.)* передвижное устройство; **-bahn** *(Flug.)* рулёжная (взлётно-посадочная) полоса (-ая дорожка); **-container** контейнер на роликах (на катках)

rollend *(hier)* подвижн‖ой/ая/ое/ые; **-e Ladung** груз, перевозимый по суше; **-e Landstraße**⊞ *(s. auch RoLa)* контрейлерные перевозки; **-es Material** *(Eis.)* -ой состав, железнодорожная -ая единица; **-e Raststätte** *(Autoreisezug)* поезд для автотуристов

Roll‖feld *(Flug.)* лётное поле, взлётно-посадочная площадка; **bahnamtliche -fuhr**⊞ *(Eis.)* доставка железнодорожного груза автомобильным транспортом;

Rollfuhr‖dienst *(Eis.)* служба доставки железнодорожного груза автотранспортом <на дом>; **-unternehmen** автотранспортное предприятие; **-unternehmer** *(Pers.)* автотранспортный <грузо>перевозчик; **-versicherungsschein** **(RVS)** автогужевой страховой полис <на перевозимый груз>, страховой полис на перевозимый по суше груз; **-vertrag** договор на перевозку железнодорожного груза автотранспортом;

Roll‖gang *(Schiff.)* рольганг;

-geld 📖 _(LKW)_ плата за доставку железнодорожного груза автотранспортом; **-geschwindigkeit** _(Flug.)_ скорость _(f.)_ руления <самолёта>; **~-on-Roll-off** _(s. auch RoRo)_ рол-он-рол-оф; горизонтальная погрузка и разгрузка <транспортного средства>; **-strecke** _(Flug.)_ маршрут руления <самолёта>; **~-Trailer** _(LKW)_ ролло-трейлер

RoRo _(Roll-on-Roll-off)_ ро-ро, горизонтальная погрузка-выгрузка (погрузка и разгрузка)

RoRo- _(in Zus.)_ ро-ро, трейлерно-контрейлерн‖ый/ая/ое/ые; **~-Container** контейнер типа ро-ро; **~-Fähre** паром с горизонтальной погрузкой-выгрузкой; **~-Konzept** концепция горизонтальной погрузки-выгрузки; **~-Rampe** платформа для горизонтальной погрузки-выгрузки; **~-Schiff** судно типа ро-ро; **~-System** трейлерно-контрейлерная (ролкерная) система; **~-Terminal** ро-ро-терминал; **~-Trailer** ро-ро-трейлер; **~-Verbindung** маршрут перевозок ро-ро, маршрут трейлерно-контрейлерных перевозок; **~-Verfahren** 📖 способ погрузки рол-он-рол-оф, способ по горизонтальной погрузке-выгрузке; **~-Verkehr/e** трейлерно-контрейлерные перевозки, перевозки (транспорт) ро-ро

Route маршрут; **feste** ~ регулярный, _(ÖPNV auch)_ регулярная линия; **internationale** ~ международный рейс (-ая линия); **reguläre** ~ _s. feste;_ ~ **im Linienverkehr** ~ в линейном (рейсовом) сообщении;

Route, Beförderungs- маршрут ‖ движения <грузов, пассажиров>;

Binnen- внутренний рейс; **Fähr-** ~ следования парома; **Fahrt-** ~ (путь _(m.)_) движения (следования транспорта), _(Schiff. auch)_ ~ плавания <судна>; **Flug-** путь _(m.)_ воздушного сообщения, рейс; **Fracht-** ~ следования транспорта, ~ перевозки (движения) <груза>; **Inlands-** _s. Binnen-;_ **Nord-Süd-~** северо-южная связь; **Ost-West-~** восточно-западная связь; **Reise-** _(Pass.)_ ~ (путь _(m.)_ следования) пассажирского транспорта; **Schifffahrts-** ~ плавания (движения) судна, навигационная (морская) линия; **Transport-** _s. Fracht-;_ **Vorrang-** приоритетный, преференциальный; **Warenbeförderungs-** ~ движения товара

Routenplanung планирование маршрутов

Routing-Order _(LKW)_ установленный маршрут <для перевозки опасного груза>

Ruder _(Flug., Schiff.)_ руль _(m.);_ **Bug-** носовой; **Heck-** _(Schiff.)_ кормовой; **Höhen-** _(Flug.)_ ~ высоты; **Quer-** _(Flug.)_ элерон; **Seiten-** _(Flug.)_ ~ направления

Ruderantrieb _(Schiff.)_ рулевой привод

Rück- _(in Zus.)_ **1.** _(zurück)_ обратн‖ый/ая/ое/ые; **2.** _(rückgängig)_ возвратн‖ый/ая/ое/ые; **-auftrag** встречный заказ; **-bau** _(Straße)_ сужение проезжей части; **-beförderung** _(Fracht)_ обратная доставка <груза>

Rückenwind попутный ветер

Rück‖erstattung <von Fahrgeld, von Zoll> возврат <стоимости проезда, таможенной пошлины>; **-erstattungskasse** _(Pass.)_ касса возврата; **-fahrkarte** обратный билет; **-fahrt** обратный проезд (-ая поездка); **-fahrtarif** обратный тариф; **-flug** обратный полёт; **-fracht** **1.** *(zu beförderndes Gut)* обратный груз (-ый фрахт); **2.** *(Gebühr)* обратный фрахт, фрахт за обратную перевозку; **-führung** <von **Containern, Waggons**> возврат (возвратная перевозка) <вагонов, контейнеров>; **-führungsgüter** груз, подлежащий возврату; **-gabe** <von **Gütern, einer Lizenz**> возвращение (возврат) <грузов, лицензии>;

Rückgang ‖ сокращение, уменьшение, снижение; ~ **des Exports** сокращение экспорта (вывоза); ~ **des Imports** сокращение импорта (ввоза); ~ **des Verkehrsaufkommens** ~ объёмов перевозок

rückgängig machen аннулировать <что-л.>; **ein Angebot** ~ предложение; **eine Lizenz** ~ лицензию

Rück‖kaufverpackung залоговая тара; **-ladung** *(Güterv.)* обратный груз (-ый фрахт)

rückläufiges Verkehrsaufkommen сокращающийся объём перевозок (дорожного движения), *(Verkehrsfluss)* сокращающийся транспортный поток

Rück‖lieferung возвращение (возврат) товара, возвратная доставка (-ая поставка), отсылка назад; **-reise** обратная поездка; **-schein** свидетельство (квитанция) о возврате товара, *(kfm.)* счёт на возвращаемый товар; **-sendgut** подлежащий возврату груз; **-sendung** *s.* **-lieferung**

rücksichtsloses Fahrverhalten

(Straßenverkehr) безответственное вождение автомобиля <недозволенной скоростью>

Rück‖spiegel зеркало заднего вида; **-stau** *(Straßenverkehr)* обратный затор <в уличном движении>; **-tarif** обратный тариф; **-transport** обратная перевозка; **-transportversicherung** *(Pass.)* страхование, гарантирующее бесплатную обратную перевозку пассажира <в случае его заболевания или аварии>; **-verlagerung von Verkehr** обратное перемещение транспортных потоков <с одного носителя транспорта на другой>

rückwärts fahren двигаться задним ходом

Rückwärts- *(in Zus.)*; **-fahrt** движение задним ходом; **-gang** *(hier Kfz.-Getriebe)* задний (обратный) ход, передача заднего хода; **-geschwindigkeit** скорость *(f.)* движения задним ходом

Rück‖ware 1. *(zurückgesandte)* товар возврата; **2.** *(reimportierte)* предмет реимпорта; **-zoll** *(Zollrückvergütung)* возврат пошлин; **-zollschein** таможенное свидетельство на возврат пошлин

Ruf вызов; **City-~** городская радионавигационная служба; **Taxi-~** такси

Ruf- *(in Zus.)* вызовн‖ой/ая/ое/ые; **-bus** -ой автобус; **-taxi** -ое такси *(indkl.)*

Ruhelast статическая нагрузка

ruhender Verkehr *(Kfz.)* «не движущийся» транспорт, транспортные средства на стоянке, паркование транспорта на улицах

Ruhezeit/en _(für den Fahrer)_ время отдыха <для водителя>

ruhiges Wetter тихая погода

ruinöser Wettbewerb разорительная конкуренция

Rumpf <eines Flugzeugs> фюзеляж <самолёта>

Rund- _(in Zus.)_ кругов‖ой/ая/ое/ые; **-fahrt** -ое движение, движение по кругу; **-strecke** кольцевая трасса (-ая линия)

Rush hour часы пик

$$S$$

sachgemäß надлежащ‖ий/ая/ее/ие; **-e Behandlung der Fracht** -ее обращение с грузом; **-e Lagerung** -ее складирование; **-e Verpackung** -ая упаковка, -ая тара

Sachkunde- _(in Zus.)_; **-nachweis** сертификат <ТПП> о сдаче экзамена по ведению <транспортного> предприятия; **-prüfung** _(IHK)_ экзамен <ТПП> по ведению <транспортного> предприятия

Sachschaden материальный ущерб

Sachverständigengutachten экспертное заключение

Sack- _(in Zus.)_ мешочн‖ый/ая/ое/ые; **-gasse** тупик; **-gut** груз в мешках (в -ой упаковке); **-ladung** _s._ **-gut**

Säule колонка; **Lenk-** рулевая; **Steuer-** _(Schiff., Flug.)_ штурвальная; **Tank-** топливораздаточная, бензовая,

Zapf- _s._ **Tank-**

Saison сезон

Saison- _(in Zus.)_ сезонн‖ый/ая/ое/ые; **-kennzeichen** _(Kfz.)_ -ый (временный) номерной знак; **-tarif** -ый тариф; **-verkehr** -ое движение; **-zoll** -ая таможенная пошлина

Salzwasser _(Seewasser)_ солёная вода

Sammel- _(in Zus.)_ сборн‖ый/ая/ое/ые, _(Dokument auch)_ сводн‖ый/ая/ое/ые; **-anmeldung** совокупная заявка; **-auftrag** сборный заказ; **~Ausfuhrgenehmigung** сводное разрешение на вывоз; **-avis** сводное авизо _(indkl.)_; **-beleg** сводный документ; **-container** сборный (групповой) контейнер; **-fahrschein** _(Pass.)_ групповой проездной билет; **-frachtbrief** сводная (групповая) накладная, _(See.)_ -ый коносамент; **-geschäft** операция по перевозке -ого груза; **-güterzug** сборный <грузовой> поезд; **-gut** сборный груз;

Sammelgut‖abfertigung отправка сборн‖ого груз‖а; **-spediteur** _(Pers.)_ экспедитор по отправлению -ого -а; **-spedition** экспедиция по перевозке -ого -а; **-ströme** _(Pl.)_ транспортные потоки -ого -а; **-transport** _(Beförderung)_ перевозка -ого -а, сборная отгрузка; **-umschlag** перегрузка -ого -а; **-unternehmen** предприятие перевозки -ого -а; **-verkehr/e** сборные грузовые перевозки, перевозки -ого -а; **-wagen** _(Eis.)_ сборный (сводный) вагон, вагон для перевозки -ого -а;

Sammel‖karte _s._ **-fahrschein**; **-konnossement** _(See.)_ сборн‖ый (сводный) коносамент; **-kurswagen** _(Eis.)_ вагон для перевозки -ого

груза, -о-раздаточный вагон;
-ladung -ый груз, -ый фрахт;
-ladungsverkehr⌸ *s.* *-gutverkehr*;
-lagerung совместное хранение на складе, совместное складирование;
-stelle 1. *(für Güter)* -ый пункт, пункт централизованного хранения, контроля и реализации грузов; **2.** *(für Waggons)* место накопления вагонов; **-taxi** *(ÖPNV)* маршрутное такси *(indkl.)*; **-transport** -ая отгрузка, -ые перевозки; **-verpackung** групповая упаковка (-ая тара); **-versand** -ая отгрузка, -ая отправка; **-verzeichnis** -ая (сводная) ведомость; **-zollanmeldung** -ая таможенная декларация

Sanierung санация, обновление, восстановление; ~ **der Bahn** ~ железной дороги; ~ **von Straßen** ~ дорог

Sanitäts- санитарн‖ый/ая/ое/ые;
-tagebuch *(See.)* -ый журнал; **-vorschriften** *(Pl.)* -ые правила

Sanktion санкция

Satelliten- *(in Zus.)* спутников‖ый/ая/ое/ые;
-fernerkundung обследование земли с космоса

satelliten‖gesteuerte Transporte *(Pl.)* перевозки со спутниковой навигацией; **-gestützte Sendungsverfolgung** сопровождение <перевозимого> груза с помощью радиолокационной системы

Satelliten‖kommunikation спутников‖ая коммуникация (-ая связь); **-navigation** -ая навигация; **-navigationssystem** космическая навигационная система; **-ortung** определение местонахождения транспортного средства при помощи -ой навигационной системы

Sattel- *(in Zus.)* седельн‖ый/ая/ое/ые;

Sattelanhänger *(LKW)* <седельный> полуприцеп; **volumenoptimierter** ~ ~ оптимальной грузоподъёмности; **Pritschen-** ~ с бортовой платформой; **Spezial-** специализированный;

Sattel‖auflieger *s.* *-anhänger*; **-last** нагрузка на седельно-сцепное устройство; **-schlepper** седельный тягач;

Sattelzug ‖ *(LKW)* автопоезд <в составе седельного тягача с полуприцепом и прицепа>; **-fahrer** *(Pers.)* водитель *(m.)* автопоезда; **-maschine** *s.* *-schlepper*

S-Bahn *(ÖPNV)* электричка, *(Vorortbahn auch)* пригородный поезд

S-Bahn- *(in Zus.)*; **-gleis** путь *(m.)* электричк‖и; **-haltestelle** станция -и; **-hof** станция -и

Schaden 1. *(s. auch Beschädigung)* повреждение, вред; **2.** *(kfm., jur.)* ущерб; **Havarie-** **1.** *(See.)* аварийное повреждение; **2.** *(kfm.)* ущерб от аварии; **Personen-** вред, причинённый третьему лицу; **Sach-** материальный ущерб; **Transport-** повреждение груза при перевозке; **Umwelt-** экологический ущерб; ущерб, нанесённый окружающей среде; **Unfall-** ущерб от аварии, ущерб от дорожно-транспортного происшествия; **Verpackungs-** повреждение упаковки (тары)

Schaden- *(in Zus.)*; **-abwendung** предотвращение ущерба;

Schadenersatz ‖ возмещение

ущерба; **Antrag auf** ~ заявка о возмещении ущерба; ~ **leisten** возмещать/возместить ущерб, выплачивать/выплатить компенсацию <за причинённый ущерб>;

Schadenersatz‖forderung требование о возмещении ущерба; **-pflicht** обязанность *(f.)* возмещения ущерба;

Schaden‖feststellung определение (установление) <размера> ущерба; **-freiheitsklasse** *(Kfz., Vers.)* категория скидки <со страхования автомобиля> за предотвращение ущерба; **-freiheitsrabatt** *(Kfz., Vers.)* скидка <со страхования автомобиля> за предотвращение ущерба;

Schadens- *(in Zus.)*; **-anzeige** извещение о наступлении страхового случая, **-aufmachung** исчисление ущерба, *(See. auch)* диспаша; **-bescheinigung** свидетельство о повреждении <груза>; **-ermittlung** *s. Schadenfeststellung*;

Schadensfall ‖ случай нанесения ущерба; **im** ~ в случае нанесения ущерба;

Schadens‖fallerklärung *(Vers.)* заявление о гибели страхового имущества; **-haftung** ответственность *(f.)* за причинение ущерба, *(für Güter auch)* ответственность за сохранность *(f.)* груза; **-höhe** размер ущерба (убытков); **-nachweis** *(Dokument)* справка о причинённом ущербе, *(für Güter auch)* свидетельство о повреждении товара; **-protokoll 1.** *(Vers., Feststellung)* акт об установлении причинённого ущерба; **2.** *(kfm., Verlusterklärung)* акт об убытках; **-ursache** причниа,

приведшая к причинению ущерба; **-verhütung** предотвращение ущерба (вреда, убытков); **-versicherung** страхование <имущества> от убытков

schadhaft повреждённ‖ый/ая/ое/ые, *(Fahrzeug auch)* неисправн‖ый/ая/ое/ые

Schadstoff вредное вещество

schadstoffarmes Fahrzeug транспортное средство с низким выбросом вредных веществ

Schadstoff- *(in Zus.)*; **-art** вид вредн‖ых веществ; **-ausstoß** выброс -ых веществ; **-belastung** нагрузка воздуха -ыми веществами; **-emission** *s. -ausstoß*; **-gehalt** содержание (концентрация) -ых веществ; **-grenzwert** предел допустимого выброса -ых веществ, *(Kfz. auch)* предельно допустимые показатели токсичности отработанных газов (ОГ); **-konzentration** *s. -gehalt*; **-reduzierung** снижение содержания -ых веществ

Schadwagen *(Schienv.)* повреждённый вагон

Schaffner *(Pers.)* кондуктор

Schalter 1. *(Ausgabe- od. Annahmestelle)* пункт, окошко, <билетная> касса; **2.** *(techn.)* переключатель *(m.)*; **Abfertigungs-** окно приёма и отправки; **Fahrkarten-** билетная касса, *(Eis. auch)* железнодорожная касса; **Gepäck-** окошко багажного отделения, камера хранения; **Gepäckannahme-** пункт приёма <багажа>; **Ticket-** билетная касса, *(Flug. auch)* авиакасса

Schalt- *(in Zus.)*; **-getriebe** ступенчатая коробка передач;

-warte диспетчерский пост

Schauermann *(Pers., See.)* докер

Schauverpackung выставочная упаковка (-ая тара)

Scheduling *(Eis.)* расписание движения <поездов>, *(Flug.)* расписание рейсов

Scheibe I *(techn.)* диск; **Brems-** тормозной; **Kupplungs-** ~ сцепления;

Scheibe II *(Fensterglas im Fahrzeug)* стекло; **Front-** лобовое; **Heck-** заднее; **Seiten-** боковое;

Scheibe III *(Anzeiger)* **Park-** указатель *(m.)* времени стоянки автомобиля

Scheiben- *(in Zus.)*; **-bremse** дисковый тормоз; **-waschanlage** стеклоомыватель *(m.)*; **-wischer** стеклоочиститель

Schein *(s. auch Beleg, Bescheinigung, Dokument, Nachweis, Papier, Quittung, Zertifikat, Zeugnis)* ведомость *(f.)*, квитанция, расписка, талон, свидетельство, сертификат; **Abfertigungs-** *(für Güter)* свидетельство об отгрузке <груза>, квитанция о приёме <груза> к отправке, декларация при отправке <груза>; **Ablieferungs-** *(für Ware)* свидетельство о сдаче <товара>, *(für Gepäck)* квитанция на сдачу багажа на хранение; **Annahme-** квитанция о (расписка в) приёме <груза, товара>; **Aufbewahrungs-** *(für Gepäck)* багажный билет; **Aufgabe-** квитанция об (расписка в) отправке <груза>; **Ausgabe-** расходный документ (-ый талон); **Auslieferungs-** наряд на выдачу (расписка в выдаче) <груза>; **Bahnrollfuhrversicherungs-~**

страховое свидетельство на перевозку железнодорожного груза автотранспортом; **Begleit-** сопроводительный документ, *(Eis., Binnsch. auch)* дорожная ведомость; **Berechtigungs-** удостоверение, пропуск; **Beschädigungs-** **1.** *(kfm.)* свидетельство об ущербе; **2.** *(techn.)* свидетельство о повреждении <товара>; **Bestell-** наряд-заказ; **Docklager-** *(Schiff.)* доковая расписка (-ый варрант); **Docübernahme-** *(Schiff.)* доковая расписка о принятии <груза>; **Durchgangs-** пропуск; **Einfuhrzoll-** импортное (ввозное) таможенное свидетельство; **Eingangs-** приходный документ, справка (свидетельство) о поступлении (о приходе) <груза>; **Einlagerungs-** *(Zoll.)* декларация о грузе, подлежащем хранению в приписных складах; **Einlieferungs-** свидетельство (квитанция) о принятии (приёмке) <груза>, приёмная квитанция, расписка в получении <груза>, протокол приёмки <груза>; **Empfangs-** *s.* **Einlieferungs-**; **Entnahme-** расходный документ; **Expressgut-** накладная на груз особой срочности; **Fahr-** *(Pass.)* <проездной> билет; **Fahrzeug-** технический паспорт (техпаспорт) автомобиля, документы *(Pl.)* на автомобиль *(m.)*; **Flug-** **1.** *(Ticket)* авиационный билет, авиабилет; **2.** *(Pilotenschein)* удостоверение на право управления самолётом; **Frachtempfangs-** свидетельство (квитанция) о принятии (приёмке) груза, протокол приёмки груза, грузовая квитанция; **Freifahrt-** *(Pass.)* бесплатный билет; **Führer-** водительское удостоверение, удостоверение на право управления транспортным средством; **Gepäck-** багажная квитанция (-ый билет, -ый талон); **Hinterlegungs-** расписка в принятии <товара> на хранение; **Inhaberlager-** складское свидетельство на предъявителя; **Kaiempfangs-** квитанция о принятии груза на причал, квитанция причального склада о принятии груза; **Lade-** погрузочная ведомость, свидетельство о погрузке <груза>, *(Frachtbrief)* погрузочная (транспортная) накладная, *(See.)* коносамент; **Lager-** складское свидетельство (-ая расписка, -ая накладная); **Lagerempfangs-** квитанция о принятии товара на склад; **Liefer-** деливери-ордер, товарная (товарно-транспортная, приёмо-сдаточная) накладная, расписка в выдаче товара; **Luftfrachtversicherungs-** полис воздушного страхования; **Namenslade-** *(See.)* именной коносамент; **Namenslager-** именное складское свидетельство; **Orderlade-** *(See.)* ордерный коносамент; **Orderlager-** *(Warrant)* ордерное складское свидетельство, складской варрант; **Park-** *(PKW)* талон парковки, квитанция об уплате сбора за стоянку; **Passier-** пропускное свидетельство, пропуск; **Quarantäne-** карантинное свидетельство; **Rollfuhrversicherungs-** **(RVS)** *(LKW)* автогужевой страховой полис <на перевозимый груз>; **Rück-** свидетельство (квитанция) о возврате товара, *(kfm.)* счёт на возвращаемый товар; **Rückzoll-** таможенное свидетельство на возврат пошлин; **Schiffsempfangs-** квитанция о принятии <груза> на борт судна; **Schiffslade-** *(See.)*

коносамент; **Seeversicherungs-** полис морского страхования; **Spediteurlager-** складское свидетельство (-ой варрант) экспедитора; **Spediteurempfangs-** экспедиторское (экспедиционное) свидетельство о получении <груза>; **Speditions-** экспедиторское (экспедиционное) свидетельство; **Speditionsversicherungs-** **(SVS)** страховое свидетельство на перевозимый груз; **Straßengüterversicherungs-** полис автотранспортного страхования; **Tally-** *(See.)* тальманская расписка; **Transport-** транспортная накладная (-ый документ); **Transport-Speditions-** *(FIATA)* экспедиторское (экспедиционное) свидетельство о транспортировке, образец ФИАТА; **Transportversicherungs-** сертификат о транспортном страховании; **Übergangs-** временное свидетельство; **Übernahme-** *(s. auch Einlieferungs-)* приёмо-сдаточная накладная, погрузочный ордер; **Umladungs-** перегрузочная квитанция, свидетельство о перегрузке <товара>; **Verlade-** *s. Lade-;* **Versand-** отгрузочная (отправочная) накладная (-ая ведомость); **Versicherungs-** *(s. auch Versicherungspolice)* страховой сертификат (-ой полис, -ое свидетельство); **Warenannahme-** <des Spediteurs> <экспедиторское> свидетельство о получении <груза>; **Warenausgabe-** ордер на выдачу (расписка в вы даче) <товара>; **Warenbegleit-** товаросопроводительный (товарораспорядительный) документ, товарная накладная (-ый пропуск); **Wareneingangs-** приходная накладная; накладная на поступление <товара>; **Warenempfangs-** <des Spediteurs> s. *Warenannahme-*; **Warenlagerungs-** товароскладочная квитанция; **Warenliefer-** s. *Liefer-*; **Warenversand-** <des Spediteurs> экспедиторское свидетельство об отправке <товара>; **Wiedereinfuhr-** свидетельство о реиморте <груза>; **Wiege-** весовая квитанция; **Zoll-** квитанция об уплате таможенной пошлины; **Zollausfuhr-** вывозное таможенное свидетельство; **Zollbegleit-** таможенное свидетельство (-ая накладная); **Zollbeschlagnahme-** свидетельство о таможенной конфискации; **Zolldurchfuhr-** транзитно-таможенное свидетельство; **Zolleinfuhr-** ввозное таможенное свидетельство; **Zollfrei-** свидетельство об освобождении от пошлины, таможенный пропуск; **Zolllager-** складской таможенный документ; **Zollpassier-** таможенный пропуск; **Zollrückgabe-** сертификат таможни на право обратного получения импортной пошлины; **Zulassungs-** *(Kfz.)* свидетельство о допушении транспортного средства <к дорожному движению>, *(TÜV)* талон о прохождении техосмотра <автомобиля>; **Zwischen-** s. *Übergangs-*

Scheinwerfer *(techn.)* фара, фара-прожектор

Schengener Abkommen Шенгенское соглашение

Schichtdispatcher *(Pers.)* сменный диспетчер

Schiedsgericht *(jur.)* арбитражный суд

Schiene *(s. auch Gleis)* рельс; **Bahn-** железнодорожный; **Straßenbahn-** трамвайный; **Strom-** контактный

Schienen- рельсов‖ый/ая/ое/ые, *(Eis. auch)* железнодорожн‖ый/ая/ое/ые; **-anbindung** приключение к железной дороге; **-beförderung** железнодорожная перевозка, перевозка по железной дороге (по железнодорожным линиям, поездом); **-bus** рельсовый автобус, автомотриса; **-drehgestell** поворотная тележка <вагона>; **-drehkran** поворотный кран на рельсовом ходу; **-ersatzverkehr** перевозки нерельсовым транспортом при отмене рельсового движения; **-fahrzeug** -ое транспортное средство, -ый подвижной состав; **-fahrzeugbau** строительство -ого подвижного состава

schienenfrei безрельсов‖ый/ая/ое/ые

schienengebunden рельсов‖ый/ая/ое/ые; **-es Fahrzeug** -ое транспортное средство; **-er Nahverkehr** местный -ый транспорт, *(Eis.)* пригородный железнодорожный транспорт; **-e Technik** -ая <транспортная> техника; **-er Verkehr** -ый транспорт, -ое сообщение, *(Eis. auch)* железнодорожный транспорт (-ые перевозки)

Schienengüter‖fernverkehr *(Eis.)* железнодорожн‖ый грузовой транспорт (-ые перевозки груза) на дальние расстояния, дальние грузовые перевозки -ым транспортом; **-nahverkehr** *(Eis.)* местные грузовые перевозки -ым транспортом, местный -ый грузовой транспорт; **-verkehr** *(Eis.)*

-ый грузовой транспорт;

Schienen‖infrastruktur рельсов‖ая инфраструктура, _(Eis.)_ железнодорожная инфраструктура; **-kreuzung** пересечение -ых путей; **-liberalisierung** _(Eis.)_ открытие железнодорожных путей третьим (иностранным) пользователям; **-nahverkehr** местный -ый транспорт, _(Eis.)_ пригородный железнодорожный транспорт; **-netz** -ая сеть, _(Eis.),_ железнодорожная сеть; **-personenfernverkehr** _(Eis.)_ пассажирские железнодорожные перевозки на дальние расстояния; **-personennahverkehr** местные (пригородные) пассажирские железнодорожные перевозки; **-verbindung** _(Eis.)_ железнодорожное сообщение (-ая связь);

Schienenverkehr ‖ рельсовый транспорт (-ое сообщение), _(Eis. auch)_ железнодорожный транспорт (-ые перевозки); **Hochgeschwindigkeits-** высокоскоростной;

Schienenverkehrsknotenpunkt _(Eis.)_ железнодорожный транспортный узел;

Schienenweg ‖ рельсовый путь, _(Pl.)_ рельсовые пути, _(Eis.)_ железнодорожный путь; **auf dem ~** _(Eis.)_ по железной дороге

Schiene-Straße- _(in Zus.)_ железнодорожно-автомобильн‖ый/ая/ое/ые; **~Umschlag** перегрузка (перевалка) груза с железной дороги на автотранспорт и наоборот; **~Verkehr** _(s. auch kombinierter Verkehr)_ комбинированный -ый транспорт, смешанные (комбинированные)

-ые перевозки; **~Wagen** автомобиль _(m.)_ на комбинированном ходу

Schiff судно; **beladenes ~** погруженное, ~ в грузу; **deckloses ~** беспалубное; **eindeckiges ~** однопалубное; **einkommendes ~** прибывающее <в порт>, возвращающееся из рейса; **einlaufendes ~** _s. einkommendes_; **erstes ~** головное; **flachgehendes ~** мелкоходное, мелкосидящее; **fluss- und kanalgängiges ~** <специальное> морское ~ для плавания на реке и канале; **havariertes ~** потерпевшее аварию; **klassifiziertes ~** классифицированное; **konventionelles ~** стандартное, обычное; **seetüchtiges ~** мореходное; **selbstfahrendes ~** самоходное; **unbeladenes ~** непогруженное, незафрахтованное; **~ mit Ladung** погруженное; **~ ohne Ladung** разгруженное;

Schiff, Ausflugs- прогулочный пароход (-ый теплоход); **Autotransport-** автотранспортное ‖ судно; **Begleit-** ~-база, плавбаза; **Binnen-** речное, ~ внутреннего плавания; **Bulk-** балкер, балк-кэрриер; ~, предназначенное для перевозок массового груза; **Bunker-** бункерное, _(umg.)_ бункеровщик; **Charter-** чартерное, _(Güterv. auch)_ зафрахтованное; **Container-** контейнерное, _(umg.)_ контейнеровоз; **Dampf-** пароход; **Fähr-** паромное, паромный теплоход, паром; **Fahrgast-** пассажирское, пассажирский теплоход (-ий пароход); **Fang-** рыболовное, рыболовный траулер; **Fluss-See-~** ~ комбинированного река-море-плавания; **Forschungs-** научно-исследовательское; **Fracht-**

грузовое, товарное, транспортное, грузовой пароход; **Gastank**-газовозно-наливное, *(umg.)* газовоз; **Gefriergut**-рефрижераторное, ~-рефрижератор; **Güter-** *s. Fracht-*; **Handels-** торговое, гражданское; **Hebe-** судоподъёмное, судно-док; **Hochgeschwindigkeits**-высокоскоростное; **Hochleistungs**-высокоэффективное; **Hochsee**-морское, ~ морского плавания; **Holztransport-** лесовозное, *(umg.)* лесовоз; **Kabotage-** каботажное, прибрежное, ~ прибрежного плавания, *(umg.)* каботажник; **Kombi-** ~ различного назначения, ~ комбинированного плавания, грузопассажирское; **Kreuzfahrt**-круизное, круизер; **Kühl-** *s. Gefriergut-*; **Küsten<motor>**-прибрежное, каботажное, ~ прибрежнего плавания, каботажный теплоход, *(umg.)* каботажник; **Liberty-** ~ типа Либерти; **Linien-** линейное, рейсовое; **LoLo-~** ~ типа "лифт-он-лифт-оф"; **Luft-** *(Flug.)* воздушный корабль; **Mehrzweck-** *(s. auch Kombi-)* многоцелевое, универсальное, ~ многоцелевого (различного) назначения; **Militär**-военный корабль; **Motor<güter>**-<грузовой> теплоход; **Multifunktions-** *s. Mehrzweck-*; **ОВО-~** ~ типа ОБО, навалочно-наливное; **Paletten-** ~ для перевозки груза на поддонах; **Passagier**-пассажирское, пассажриский теплоход; **Reparatur-** ремонтное; **Rettungs**-спасательное, ~-спасатель; **RoRo-~** ~ типа ро-ро, ~ с горизонтальной погрузкой и выгрузкой; **Schlepp**-буксирное, буксир; **Schub-** *(Binnsch.)* буксир, буксир-толкач, лихтеровоз; **Schüttgut-** насыпное,

навалочное, ~ для перевозки навалочного (насыпного, массового, сыпучего) груза, балкер, балк-кэрриер; **Schwester**-однотипное, серийное; **Segel**-парусное; **Spezial-** специальное, ~ специального назначения; **Stahlbeton**-железнобетонное; **Standard-** типовое; **Stückgut-** ~ для перевозки штучного (генерального) груза; **Tank**-наливное, танкер, *(für Öl)* нефтеналивное, *(umg.)* нефтевоз; **Trailer-** трейлерное, *(umg.)* трейлеровоз; **Tramp-** трамповое, *(umg.)* трамп; **Transport**-транспортное; **Trockenfracht**-сухогрузное; **Übersee-** океанское, ~ дальнего плавания; **Universal-** *(s. auch Mehrzweck-)* универсальное; **Versorgungs**-снабженческо-приёмное; **Vielzweck-** *s. Mehrzweck-*; **Zollwach**-таможенное; **Zubringer-** *(Feeder)* фидерное, *(umg.)* фидер;

an Bord eines Schiff‖es на борту судн‖а; **frei <ab>** ~ франко судно; **per** ~ *(Güterv.)* на -е, *(Pass.)* теплоходом;

Anmietung eines Schiff‖es фрахтование судн‖а; **Ausklarierung eines -es** кларирование -а <при выходе из порта>, очистка -а от налогов и сборов; **Auslaufen eines -es** выход -а из порта; **Durchschleusen eines -es** шлюзование -а;

ein Schiff ‖ anheuern фрахтовать/зафрахтовать ‖ судно; ~ **befrachten** загружать/загрузить ~, фрахтовать/зафрахтовать ~; ~ **chartern** нанимать/нанять ~; ~ **entladen** разгружать/разгрузить ~, выгружать/выгрузить ~; ~ **festmachen** швартовать/пришвартовать ~, причаливать/

причалить ~; ~ **inspizieren** инспектировать/проинспектировать ~; ~ **löschen** *s. entladen*; ~ **losmachen** отшвартовывать/отшвартовать ~; ~ **mieten** *s. anheuern*; ~ **überprüfen** *s. inspizieren*; ~ **versichern** страховать/застраховать ~; ~ **zu Wasser lassen** спускать/спустить ~ на воду

Schiff- *(in Zus., s. auch Schiffs-)* судов‖ой/ая/ое/ые

schiffbar судоходн‖ый/ая/ое/ые; **-e Gewässer** *(Pl.)* -ые <водные> пути; **-e Wasserstraße** -ый <водный> путь; **-er Wasserstand** -ый уровень воды

Schiffbarkeit судоходность *(f.)*

Schiffbau судостроение, кораблестроение;

Schiffbauer *(Pers.)* судостроитель, кораблестроитель *(m.)*, *(umg. auch)* корабельщик;

Schiffbau‖gesellschaft судостроительн‖ая компания; **-industrie** -ая промышленность; **-ingenieur** *(Pers.)* инженер-судостроитель; **-werft** -ая верфь, судоверфь; **-unternehmen** -ое предприятие;

Schiffbruch ‖ авария судна, кораблекрушение; ~ **erleiden** терпеть/потерпеть аварию судна;

Schiffbrüchiger *(Pers.)* потерпевший *(Subst.)* кораблекрушение

Schiffer *(Pers.)* шкипер, работник судна

Schiffer- *(in Zus.)*; **Europäische -organisation** Европейская организация шипчандлеров; **-betriebsverband**

профессиональный союз шкиперов; **-börse** *(See.)* <фрахтовая> биржа морского груза; **-patent** *(Binnsch.)* разрешение на ведение речных судов

Schifffahrt *(s. auch Seefahrt)* судоходство; **gewerbliche** ~ коммерческое; **internationale** ~ международное (заграничное) плавание; **kombinierte** ~ смешанное плавание, река-море-плавание; **zivile** ~ гражданское;

Schifffahrt, Bedarfs- трамповое ‖ судоходство; **Binnen-** внутреннее, речное, ~ (плавание) по внутренним водным путям, *(Verkehr)* речное сообщение; **Container-** контейнерное; **Dampf-** пароходство; **Euro-** ~ внутри ЕС; **Fähr-** паромное; **Fahrgast-** пассажирское; **Fracht-** грузовое; **Gelegenheits-** *s. Bedarfs-*; **Handels-** коммерческое; **Hochsee-** *s. See-*; **Inlands-** внутреннее, внутреннее плавание; **Kabotage-** каботажное; **Küsten-** прибрежное, береговое; **Linien-** линейное, рейсовое; **Luft-** воздухоплавание; **Partikulier-** *(Binnsch.)* индивидуальное речное; **Personen-** *s. Fahrgast-*; **Schlepp-** буксирное; **Schub-** судовождение методом толкания; **See-** морское, морское плавание, мореплавание; **Shortsea-** морское ~ на короткие дистанции; **Sport-** спортивное; **Tank-** наливное; **Tramp-** трамповое; **Übersee-** трансокеанское, трансокеанское (дальнее) плавание; **Werk-** заводское

Schifffahrts- *(in Zus.)* судоходн‖ый/ая/ое/ые; **-abgabe** судовой сбор; **-abkommen** соглашение (конвенция) о судоходстве; **-aufsicht** надзор над судоходством; **-börse** фрахтовая биржа; **-direktion** *(BRD)* Дирекция судоходства и водных путей; **-gericht** суд по делам судоходства; **-gesellschaft** -ая (пароходная) компания, пароходство; **-kammer** палата судоходства; **-kanal** -ый канал; **-kaufmann** *(Pers.)* экономист по судоходству; **-konferenz** -ая линейная конференция, соглашение между -ыми компаниями; **-kongress** конгресс -ых компаний; **-linie** -ая (навигационная, морская) линия; **-markt** -ый рынок; **-periode** навигационный период, период навигации; **-register** судовой реестр; **-route** *(s. auch -linie)* маршрут плавания (движения) судна; **-schleuse** -ый (транспортный) шлюз; **-straße** *(s. auch -route)* -ый путь, *(See.)* морской путь, *(Binnsch.)* речной (водный) путь, речная магистраль; **-tarif** *(See.)* морской <грузовой> тариф, *(Binnsch.)* речной <грузовой> тариф; **-unternehmen** *s. -gesellschaft*; **-unternehmer** *(Pers.)* судовладелец, владелец -ой компании; **-vertrag** договор о судоходстве; **-weg** *s. -straße*; **-versicherung** морское страхование

Schiffs- *(in Zus.)* судов‖ой/ая/ое/ые; **-abfertigung** 1. *(Ladevorgang)* обработка (приём и отправка) судна; 2. *(Zoll.)* таможенная очистка судна; **-abstand** расстояние (интервал) между судами; **-agent** *(Pers.)* -ой агент, *(See. auch)* морской агент, *(Binnsch. auch)* пароходный агент; **-agentur** -ое агентство, *(See. auch)* морское агентство; **-anker** -ой якорь; **-anlegestelle** причал, -ая пристань; **-anmeldung** регистрация судна; **-antrieb** -ой двигатель; **-arbeiten** *(Pl.)* судоремонтные

работы; **-arrest** арест судна (на судно); **-ausrüstung** -ое оборудование; **-bergungsklausel** *(Vers.)* оговорка об участии страховщика в расходах по спасению судна; **-besatzung** экипаж судна, плавсостав; **-besichtigung** освидетельствование судна; **-bestand** состав флота (плавсредств); **-brief** -ой сертификат, -ое свидетельство; **-brücke** -ой мостик, трап; **-buch** -ая книга; **-bug** нос судна; **-charakteristik** характеристика судна; **-container** -ой контейнер; **-deck** палуба <судна>;

Schiffseigner ‖ *(Pers.)* судовладелец, владелец судоходной компании, *(umg.)* корабельщик; **privater** ~ индивидуальный;

Schiffseigner‖gesellschaft судовладельческая компания; **-haftung** *(jur.)* ответственность *(f.)* судовладельца;

Schiffs‖einsatzplan <коммерческий> график движения судна; **-einsatztage** *(Pl.)* судо-сутки; **-empfangsschein** квитанция о принятии <груза> на борт судна; **-ersatzrechtsklausel** *(jur.)* оговорка о праве замены судна другим; **-fahrplan** график (расписание) движения судов; **-fahrt** поездка на судне; **-flagge** флаг судна; **-fracht** 1. *(Ladung)* судовой (морской) груз; 2. *(Gebühr)* водный фрахт;

Schiffsfracht‖brief *(See.)* судовой (морской) коносамент, морская накладная, *(Binnsch.)* речная (водная) накладная; **-führer** *(Pers.)* судоводитель *(m.)*, *(See.)* морской перевозчик, перевозчик (фрахтовщик) морского груза, *(Binnsch.)* перевозчик

(фрахтовщик) речного груза;
-raum 1. *(Kammer)* <грузовой>
трюм; **2.** *(Kapazität)* тоннаж судна;
-verkehr *(See.)* перевозки груза
морским путём (по коносаментам),
(Binnsch.) перевозки груза речным
(водным) путём;

Schiffs‖führer *(Pers.)* судоводитель
(m.); **-führung** судовождение,
управление судном (кораблём);
-funk судов‖ая радиосвязь;
-funklizenz лицензия -ой
радиостанции; **-funkstation** -ая
радиостанция; **-gebühr** -ой
(корабельный, тоннажный) сбор;
-geschwindigkeit скорость *(f.)* хода
<судна>; **-gesundheitsbuch**
санитарный журнал;
-gesundheitserklärung санитарное
-ое свидетельство; **-gewicht** масса
судна; **-gut** -ой груз; **-havarie**
авария судна, *(See. auch)* морская
авария; **-hebewerk** судоподъёмник;
-heck кормовая часть,
ахтерштевень *(m.)*; **-inspektion**
инспекция (проверка) судна;
-instandhaltung судоремонт,
судоремонтное производство;
-kabine кабина на судне;
-kapazität провозная способность
судна, *(Güter auch)* тоннаж судна;
-kapitän *(Pers.)* капитан
(командир) судна; **-klarmeldung**
<письменное> уведомление о
готовности судна к погрузке;
-klasse класс судна; **-klassifikation**
классификация судов;
-konnossement *(See.)* s. *-frachtbrief*;
-konzession -ая лицензия; **-kran** -ой
кран; **-laderaum** s. *-frachtraum*;
-ladeschein s. *-frachtbrief*; **-ladung**
-ой груз, *(See. auch)* морской груз,
морское карго *(indkl.)*; **-lieferant**
(Pers.) шипчандлер, -ой
поставщик; **-liegegeld** демередж;
-liegeplatz место стоянки судна,
якорная стоянка судна;

-liniendienste *(Pl.)* линейное
судоходство; **-lizenz** -ая лицензия;
-makler *(Pers.)* -ой маклер, маклер
по фрахтованию <морских,
речных> судов; **-manifest** -ой
манифест; **-messbrief** мерительное
свидетельство; **-miete 1.**
(Anmietung) фрахтование (наём)
судна; **2.** *(Gebühr)* плата за наём
судна; **-mieter** *(Pers., s. auch*
Charterer) арендатор <судна>;
-offizier *(Pers.)* -ой офицер;
-papier/e -ые документы; **-passage**
переправа (переезд) на судне;
-patent диплом капитана; **-personal**
-ой персонал, экипаж, плавсостав;
-police *(Vers.)* -ой полис; **-prototyp**
головное судно; **-raum** тоннаж
<судна>;

Schiffsregister ‖ 1. *(Dokument)*
судов‖ой (морской) реестр,
регистровая книга; **2.** *(Behörde)*
регистр судов (судоходства);
Internationales ~ Международный
-ой реестр; **Lloyd's-~** регистр
судоходства Ллойда; **nationales** ~
государственный -ой реестр;
offenes ~ открытый -ой реестр;
Staatliches ~ Государственный -ой
регистр; **Eintragung ins** ~ внесение
в реестр; **Löschung aus dem** ~
вычеркивание из -ого реестра;

Schiffs‖registrierung регистрация
судна; **-reise** поездка
(путешествие) на судне; **-reling**
поручень *(m.)* судна; **-reparatur**
судоремонт; **-rolle** судовая роль;
-rumpf корпус судна; **-schleuse**
судовой шлюз; **-sicherheit**
безопасность *(f.)* на судне;
-sicherheitskonvention
Международная конвенция по
охране человеческой жизни на
море; **-sicherheitsverordnung**
(BRD) Правила по безопасности
плавания морских судов;

-sicherheitszertifikat свидетельство о безопасности судна; **-simulator** судоводительский тренажёр; **-tagebuch** судовой (вахтенный) журнал, судовая книга; **-taufe** церемония присвоения названия судну; **-technik** судовая техника (-ое оборудование); **-tonnage** тоннаж судна, *(See. auch)* морской тоннаж; **-transport** перевозка на судне (водным путём), *(Binnsch. auch)* речной (водный) транспорт (-ая перевозка), *(See auch)* морской транспорт (-ая перевозка); **-typ** тип судна; **-umlauf** *(Hafen)* судооборот <порта>; **-unglück** авария судна, кораблекрушение, *(See. auch)* морская авария, морская катастрофа; **-verbindung** судоходное сообщение, маршрут плавания (движения судна), *(See. auch)* морская линия;

Schiffsverkehr ‖ движение судов, судоходное (пароходное) сообщение, *(Binnsch. auch)* водные (речные) перевозки, *(See. auch)* морские перевозки; **direkter** ~ перевозки прямого водного сообщения;

Schiffs‖vermieter *(Pers., s. auch Vercharterer, Reeder)* судовладелец, сдающий в аренду судно; **-vermittlung** агентирование судна; **-versicherung** страхование судна; **-verzeichnis 1.** *(Frachtliste)* декларация на судовой груз, **2.** *(Auflistung der Schiffe)* перечень *(m.)* (список) судов; **-werft** судоверфь *(f.)*, *(Bau)* судостроительная верфь, *(Reparatur)* судоремонтная верфь; **-zertifikat** судовой сертификат (-ое свидетельство), *(See. auch)* морское свидетельство <о регистрации судна>; **-zettel**

погрузочный ордер

Schild *(Anzeiger)* указатель *(m.)*, *(kleines Schild)* табличка, *(Zeichen)* знак, *(Gepäckanhänger)* <багажный> ярлик, *(Warenetikett)* этикетка, *(Aushängeschild)* вывеска; **Nummern-** *(Kfz.)* номерной знак; **Richtungs-** рейсовый (маршрутный) указатель, рейсоуказатель; **Straßen-** указатель (табличка) с названием улицы; **Verkehrs-** дорожный знак

Schlaf- *(in Zus.)* спальн‖ый/ая/ое/ые; **-kabine** -ая кабина, кабина со -ыми местами; **-koje** *(Schiff.)* -ое место; **-platz** -ое место; **-sessel** сиденье с регулируемой спинкой; **-wagen** *(Eis.)* -ый вагон;

Schlafwagen‖abteil спальн‖ое купе *(indkl.)*; **Internationale -gesellschaft** Международное общество -ых вагонов; **-verbindung** маршрут поездов со -ыми вагонами; **-zug** поезд со -ыми вагонами; **-zuschlag** доплата за проезд в -ом вагоне

Schlagseite *(Schiff.)* крен, *(Prozess auch)* кренение

Schlauch *(techn.)* шланг; **Benzin-** бензиновый; **Brems-** тормозной **Tank-** заправочный

schlecht плох‖ой/ая/ое/ые; **-e Sicht** -ая видимость; **-es Wetter** -ая погода

Schlepp- *(in Zus.)* буксирн‖ый/ая/ое/ые, буксировочн‖ый/ая/ое/ые; **-achse** *(Kfz.)* дополнительный поддерживающий <неведущий> мост; **-arbeiten** *(Pl., Schiff.)* буксировочные работы; **-barkasse** -ый катер; **-betrieb** *(Schiff.)* буксирный режим; **-boot** -ое судно, буксир; **-dampfer** -ый теплоход, -ый пароход, паровой буксир

schleppen буксировать <что-л.>

Schleppen *(Subst.)* буксировка, *(Prozess)* буксирование

Schlepper 1. *(Kfz.)* тягач; **2.** *(Schiff)* буксир; **Dampf-** паровой буксир; **Diesel-** дизельный тягач; **Flugzeug-** самолётный тягач; **Gastanker-** буксир-газовоз; **Hochsee-** морской буксир; **Rad-** колёсный буксир; **Raupen-** гусеничный тягач; **Reede-** рейдовый буксир; **Sattel-** седельный тягач; **Schmalspur-** тягач с узкой колеёй колёс

Schlepp‖fahrzeug 1. *(Kfz.)* тягач, трактор; **2.** *(Eis.)* прицепная тележка; **-flotte** *(Schiff.)* лихтерный (буксирный) флот; **-gebühr** *(Schiff.)* буксирный сбор, плата за буксировку; **-geschwindigkeit** *(Schiff.)* скорость *(f.)* буксировки; **-kahn** лихтер, лихтерное судно, буксирная баржа; **-schiff** буксирное судно, буксир; **-schifffahrt** буксирное судоходство; **-verkehr** *(Schiff.)* перевозки на буксире, *(Betriebsart)* буксировка; **-vertrag** *(Schiff.)* договор (контракт) буксировки; **-vorrichtung 1.** *(Kfz.)* тягово-сцепное устройство; **2.** *(Schiff.)* буксирное устройство

Schleuse шлюз; **Bus-** ~ для автобусов; **Fluss-** речной; **Gezeiten-** приливный; **Hafen-** портовый; **Kanal-** канальный; **Schifffahrts-** судоходный, транспортный; **Schiffs-** судовой; **See-** морской; **Verkehrs-** транспортный

schleusen шлюзовать <что-л.>

Schleusen *(Subst.)* шлюзование

Schleusen- *(in Zus.)* шлюзн‖ый/ая/ое/ые; **-anlage** -ое устройство, сооружения *(Pl.)* для шлюзования; **-bau** шлюзостроение;

-geld шлюзовой сбор; **-kammer** -ая камера; **-kanal** -ый канал; **-länge** длина шлюза; **-meister** *(Pers.)* -ый мастер, смотритель *(m.)* шлюза

Schleusung eines Schiffes шлюзование судна

Schleusungswartezeit *(Schiff.)* время ожидания шлюзования

Schlüsselverbindung ключевая связь

Schmalspur *(Schienv.)* узкая колея

Schmalspur- *(in Zus.)* узкоколейн‖ый/ая/ое/ые; **-bahn** -ая железная дорога; **-schlepper** *(Kfz.)* тягач с узкой колеёй колёс; **-wagen** *(Schienv.)* -ый вагон; **-waggon** *s.* **-wagen**

Schmierstoff/e смазочный материал; **Einsparung von -en** экономия смазочных материалов

Schmuggel контрабанда

Schmuggel- *(in Zus.)*; **-bekämpfung** борьба с контрабандой; **-ware** товар контрабанды

Schmuggler *(Pers.)* контрабандист

Schmutzwasser загрязнённая вода

schnell ‖ fahrend быстроходн‖ый/ая/ое/ые, движущ‖ий/ая/ее/ие(ся) большой скоростью; ~ **laufend** *s.* ~ *fahrend*

Schnell- *(in Zus., s. auch Express-)* скоростн‖ой/ая/ое/ые; **-bahn 1.** *(Eis.)* -ой (скорый) поезд, поезд большой скорости; **2.** *(ÖPNV)* электричка; **-boot** -ой (быстроходный) катер; **-bus** -ой автобус, экспресс-автобус; **-buslinie** -ая автобусная линия, линия с движением экспресс-автобусов; **-busnetz** сеть *(f.)* -ых автобусных линий; **-fähre** -ой (быстроходный) паром; **-fahrlok**

-ой локомотив; **-fahrspur** -ая полоса, полоса -ого движения; **-fahrstrecke** участок <дороги> для -ого (скорого) движения; **-gut** -ой (срочный) груз, груз большой скорости; **-katamaran** *(Schiff)* -ой катамаран; **-linie** -ая (срочная) линия; **-rampe** платформа для -ой отправки; **-straße** -ая дорога, -ая автомагистраль, -ая трасса, дорога для -ого движения, -ой проезд; **-transporter** *(Kfz.)* автомобиль *(m.)* для перевозки мелкопартионного груза; **-triebwagen** скорый моторный вагон; **-umschlag** экспрессная перегрузка (-ая перевалка); **-umschlaganlage** устройство для -ой (экспрессной) перегрузки (-ой перевалки); **-verbindung** линия -ого движения; **-verkehr/e** -ое сообщение, -ое движение <транспорта>, скорые перевозки; **-zug** -ой (скорый) поезд, поезд большой скорости;

Schnellzug‖betrieb *(Eis.)* движение скоростн‖ых (скорых) поезд‖ов; **-fahrstrecke** участок с обращением -ых -ов; **-netz** сеть *(f.)* <движения> -ых -ов; **-verbindung** линия скорых поездов, сообщение -ыми -ами

Schnitt- *(in Zus.)*; **-punkt** точка (пункт) пересечения; **-stelle** *s. -punkt*; **-stellenmanagement** управление точками (пунктами) пересечения; **-tarif**[▯] *(Eis.)* суммарный тариф по указателям маршрутных тарифов

schonender Umgang mit der Fracht бережное обращение с грузом

Schranke 1. *(Schlagbaum)* шлагбаум; **2.** *(Barriere)* барьер; **Bahn-** железнодорожный шлагбаум; **Handels-** торговый барьер, *(Pl.)* торговые ограничения; **Tarif-** тарифный барьер; **Zoll-** таможенный барьер

Schrankenwärter дежурный *(Subst.)* по переезду

schriftlicher Vertrag письменный договор

Schrittgeschwindigkeit скорость *(f.)* пешехода

Schub- *(in Zus.)* толкаем‖ый/ая/ое/ые; **-betrieb** *(Schiff., s. auch Schlepp-)* режим толкания (принудительного холостого хода); **-boot** буксир, буксир-толкач, лихтеровоз; **-einheit** -ый состав; **-fahrzeug** *s. -boot*; **-flotte** лихтерный флот; **-leichter** -ая баржа, несамоходное (буксируемое) судно; **-schiff** *s. -boot*; **-schifffahrt** судовождение методом толкания; **-system** *s. -verband*; **-umkehr** *(Flug.)* реверсирование тяги <самолёта>; **-verband** -ый (барже-буксирный) состав, лихтеровозная система

Schüler- *(in Zus.)* ученическ‖ий/ая/ое/ие; **-fahrschein** *(ÖPNV)* -ий <проездной> билет, билет со скидкой для обучающихся; **-karte** *s. fahrschein*; **-tarif** тариф для обучающихся; **<freigestellter> -verkehr** *(Pass.)* <бесплатные> перевозки обучающихся <к месту учёбы>, <бесплатный> -ий транспорт

Schütt- *(in Zus.)* насыпн‖ой/ая/ое/ые, навалочн‖ый/ая/ое/ые; **-dichte** *(Güter)* плотность *(f.)* –ого груза; **-gewicht** насыпной вес; **-gut** -ой/ый (сыпучий) груз;

Schüttgut‖anlage устройство для перевалки насыпн‖ого (навалочн‖ого) груз‖а; **-beförderung** перевозка груза навалом (насыпью); **-fahrer** *(Pers.)* водитель *(m.)* -ого -а; **-fahrzeug**

(LKW) автомобиль _(m.)_ для перевозки -ого -а; **-frachter** _(Schiff)_ -ое судно, ~ для перевозки -ого (сыпучего, массового) -а, балкер, балк-кэрриер; **-ladung** _s._ _-gut_; **-lager** склад для -ого -а, навалочный склад; **-lieferung** поставка навалом (насыпью, россыпью); **-schiff** _s._ _-frachter_; **-transport** перевозка навалом (насыпью, россыпью); **-umschlag** перевалка -ого -а; **-verkehr** перевозки –ого -а; **-verladung** погрузка навалом; **-wagen** _(Eis.)_ вагон для перевозки –ого -а

Schulbus _(ÖPNV)_ школьный автобус

Schutzzoll покровительственная (протекционистская, оградительная) пошлина, запретительный <таможенный> тариф

schwach befahrene Straße малоезжая дорога

Schwachlast- _(in   Zus.)_ малонагруженн‖ый/ая/ое/ые; **-strecke** -ый маршрут; **-verkehr** транспорт (перевозки) низкой нагрузки; **-zeit** период (время) низкой нагрузки транспорта

Schwarzes Meer Чёрное море

Schwarz- _(in Zus.)_; **-fahrer** _(übertr., Pers.)_ безбилетный пассажир; **-fahrt** безбилетный проезд

Schwebe- _(in Zus.)_; **-bahn** подвесная дорога, поезд на воздушной подушке; **-fahrzeug** _(Kfz.)_ автомобиль _(m.)_ на воздушной подушке

Schwenk- _(in   Zus.)_ поворотн‖ый/ая/ое/ые; **-bereich** _(beim Fahrzeug)_ поле поворота; **-lader** погрузчик с -ой стрелой

schwerer LKW тяжеловесный грузовик, грузовик (грузовой автомобиль) большой грузоподъёмности

Schwer- _(in   Zus.)_ тяжеловесн‖ый/ая/ое/ые; **-gut** -ый груз;

Schwergut‖behälter большегрузный контейнер; **-container** _s._ _-behälter_; **-fahrzeug** _(LKW)_ автомобиль для перевозки тяжеловесн‖ого груз‖а, грузовик большой грузоподъёмности; **-kran** кран для перегрузки (перевалки) -ого -а; **-transport** перевозка -ого (неделимого) -а; **-transporter** _(LKW)_ тяжеловес, тяжеловесный грузовой поезд; **-verkehr** перевозки -ого -а; **-zuschlag** доплата (надбавка) за перевозку -ого -а;

Schwerlast‖anhänger большегрузный прицеп, прицеп-тяжеловес; **-fahrzeug** _s._ _Schwergutfahrzeug_; **-flugzeug** большегрузный самолёт; **-sattelauflieger** полуприцеп-тяжеловес; **-spedition** специализированная экспедиция по перевозке тяжеловесного груза; **-technik** тяжеловесное оборудование; **-trailer** тяжеловесный (большегрузный) трейлер; **-verkehr** _s._ _Schwergutverkehr_; **-zug** 1. _(LKW)_ тяжеловес, автопоезд большой грузоподъёмности; 2. _(Eis.)_ тяжеловесный грузовой поезд;

Schwer‖stapler _(Kfz.)_ <авто>погрузчик большой грузоподъёмности; **-transport** перевозка тяжеловесного груза; **-verkehrsabgabe** плата (сбор) за перевозку тяжеловесного груза

Schwesterschiff однотипное (серийное) судно

Schwimm- *(in Zus.)* плавуч‖ий/ая/ее/ие; **-dock** -ий док

schwimmen плыть (плавать)

schwimmend‖e Ladung *(See.)* морской груз (-ое карго), *(Binnsch.)* груз, перевозимый водным транспортом; **-e Landstraße**📖 *(KV, See.)* система смешанных наземно-морских перевозок, комбинированные перевозки грузовиков на морских судах

schwimmfähiges Fahrzeug *(Kfz.)* автомобиль-амфибия

Schwimm‖fahrzeug плавуч‖ее средство, плавсредство; **-kai** *(multi-point floating quay)* многоточечный рейдовый -ий причал (МРПП); <mobiler> **-kran** <мобильный> -ий кран, плавкран; **-weste** спасательный жилет

Sechssitzer *(Kfz.)* шестиместный автомобиль

See *(m.)* Hom. **I** *(Binnengewässer)* озеро; **Stau-** водохранилище

See *(f.)* Hom. **II** *(Meer)* море; **Barents-** Баренцево; **Bering-** Берингово; **Nord-** Северное; **Ost-** Балтийское; **Süd-** Южное

See- *(in Zus.)* морск‖ой/ая/ое/ые; **-arbitrage** -ой арбитраж; **-brief** -ое (судовое) свидетельство, судовой сертификат; **-brücke** -ой мост, -ой пирс; **-carrier** *(Pers.)* перевозчик (экспедитор) -ого груза; **-diplom** -ой диплом; **-fähigkeit** мореходность *(f.)* <судна>; **-fähigkeitsprüfung** проверка мореходного состояния <судна>; **-fähigkeitszeugnis** сертификат о мореходности <судна>; <zivile> **-fahrt** *(s. auch Schifffahrt)* <гражданское> -ое судоходство, -ое плавание; **-fahrtsagent** *(Pers.)*

-ой агент; **-fahrtsamt** служба -ого пароходства; **-fahrtsbuch** мореходная книга; **-fracht** **1.** *(Ladung)* -ое карго *(indkl.)*, -ой (судовой) груз; **2.** *(Gebühr)* -ой фрахт;

Seefracht‖brief морск‖ой коносамент, -ая (водная) накладная; **-gesetz** закон о -ой перевозке груза; **-makler** *(Pers.)* -ой агент; **-ordnung** положение о -ой перевозке груза; **-rate** ставка -ого фрахта; **-recht** *(jur.)* -ое фрахтовое законодательство, правовые нормы *(Pl.)* перевозок груза -им путём; **-spediteur** *(Pers.)* экспедитор -ого груза, -ой перевозчик; **-spedition** экспедиция по перевозке -ого груза; **-tarif** тариф на -ие грузовые перевозки; **-umschlag** перегрузка (перевалка) -ого груза; **-verkehr/e** -ие грузовые перевозки, перевозки груза -им путём (по коносаментам); **-versicherung** страхование -ого груза (-ого фрахта); **-vertrag**📖 договор -ой перевозки (на перевозку груза -им путём)

seegängig *(s. auch seetüchtig)* мореходн‖ый/ая/ое/ые

See‖gebiet морск‖ая зона; **-gericht** -ой суд; **-gesetzbuch** *(jur.)* Кодекс торгового мореплавания; **-grenze** -ая граница; **-güter** -ой груз; **-hafen** -ой порт, *(nur Pass.)* -ой вокзал;

Seehafen‖ausnahmetarif *(Eis., BRD)* льготный железнодорожный тариф для германских морск‖их портов; **-betriebsordnung** правила *(Pl.)* о режиме -их портов; **-durchfuhrtarif** тариф за транзит через -ой порт; **-klassifikation** классификация -их портов; **-spediteur** *(Pers.)* экспедитор -ого порта; **~Speditions-Tarif**

экспедиторский тариф, принятый в -их портах;

See‖handel морск‖ая торговля; **-handelsrecht** -ое торговое право; <**große, partikuläre**> **-havarie** <общая, частная> -ая авария, авария судна в -их перевозках; **-kanal** -ой канал; **-karte** -ая навигационная карта; **-kaskoversicherung** -ое страхование каско *(indkl.)*; **-konnossement** *s. Seefrachtbrief*; **-kran** -ой <плавучий> кран

seemäßige Verpackung морская упаковка (-ая тара); упаковка, пригодная для перевозки морским путём

See‖mann *(Pers.)* моряк; **-mannspass** паспорт моряка; **-meile** морская миля; **-navigation** морская навигация;

Seenot‖flugzeug аварийно-спасательный гидро-самолёт; **-rettungsdienst** аварийно-спасательная служба;

See‖passagevertrag договор на перевозку пассажиров морск‖им путём; **-recht** -ое право; **-rechtskonvention** Конвенция по -ому праву; **-reederei** -ое судоходство, -ое пароходство, -ая пароходная компания; **-schifffahrt** -ое судоходство, -ое плавание, мореплавание;

Seeschifffahrtskomitee, Internationales Международный комитет по вопросам морского права и судоходства;

Seeschifffahrts‖linie морск‖ая линия; **Internationale -organisation** Международная организация -ого судоходства; **-straße** -ой (внешний водный) путь; **-straßenordnung** Правила плавания по -им путям;

-tarif -ой <грузовой> тариф;

See‖schiffkonnossement морск‖ой коносамент, -ая (океанская) накладная; **-schiffsregister** -ой реестр; **-schleuse** -ой шлюз; **-spedition** *s. -frachtspedition*; **-transport** -ой транспорт, -ая перевозка

seetüchtig мореходн‖ый/ая/ое/ые; **-es Binnenschiff** судно смешанного <морского и внутреннего> плавания; **-es Schiff** -ое судно; **-e Tonnage** океанский тоннаж; **-e Verpackung** морская упаковка (-ая тара); **-er Zustand** -ое состояние <судна>

Seetüchtigkeit мореходность *(f.)*, мореходное состояние <судна>

see- und flußgängige Einheit *(Schiff.)* судно река-море плавания

See‖verkehr *(s. auch Schifffahrt)* морск‖ой транспорт, -ое сообщение, -ие перевозки; **-verlader** отправитель *(m.)* -ого фрахта; **-versicherung** -ое страхование; **-versicherungsschein** полис -ого страхования

seewärtiger Containerverkehr морские контейнерные перевозки (-ое -ое судоходство)

Seeweg ‖ морск‖ой путь; **Beförderung von Gütern auf dem ~** -ая перевозка груза, перевозка груза -им путём (по коносаментам), передвижение груза по морю;

See‖zeichen морск‖ой знак, навигационный <предостерегательный> знак; **-zollgrenze** -ая таможенная граница; **-zollhafen** -ой таможенный порт

Segel парус

Segel- *(in Zus.)* парусн‖ый/ая/ое/ые; **-boot** -ая шлюпка; **-jacht** -ая яхта; **-liste** список (перечень *(m.)*) трамповых судов; **-motorboot** -о-моторное судно

segeln плавать/плыть под парусами

Segeln *(Subst.)* плавание под парусами

Segel‖schiff парусн‖ое судно, *(umg. auch)* парусник; **-schiffsflotte** -ый флот

Seilbahn канатная дорога; **Stand-** фуникулёр

Seiten- *(in Zus.)* боков‖ой/ая/ое/ые; **-airbag** *(Kfz.)* -ая подушка безопасности; **-bordwand** *(LKW)* -ой борт <платформы>; **-leitwerk** *(Flug.)* вертикальное оперение; **-rampe** -ая <погрузочная> платформа; **-ruder** *(Flug.)* руль *(m.)* направления; **-scheibe** *(Fahrzeug)* -ое стекло; **-spiegel** *(Fahrzeug)* -ое зеркало; **-straße** -ая (второстепенная) дорога, -ая улица; **-streifen** *(Randstreifen)* краевая полоса, *(Hilfsspur)* побочная полоса; **-wagen** *(Kfz.)* -ой прицеп; **-wind** -ой ветер

Sektor сектор; **Dienstleistungs-** сфера обслуживания; **Transport-** транспортный, транспортная сфера (-ый комплекс); **Verkehrs-** *s. Transport-*

Selbst- *(in Zus.)* само-; **-abfertigung** <eines Transportmittels> автоматическая погрузка и разгрузка <транспортного средства>; **-bedienungstankstelle** автозаправочная станция самообслуживания; **-eintritt** <des Spediteurs> *(jur.)* принятие на себя экспедитором обязанности перевозчика; **-entlader** *(techn., LKW)* автомобиль-самосвал,

(techn., Eis.) саморазгружающийся вагон; **-entladevorrichtung** устройство для автоматической разгрузки, *(LKW auch)* опрокидной кузов, *(Eis. auch)* вагоноопрокидователь *(m.)*; **-entladewagen** *(Eis.)* саморазгружающийся вагон

selbstfahrend самоходн‖ый/ая/ое/ые; **-er Kran** -ый кран; **-e Ladeeinheit** -ая погрузочная единица; **-es Schiff** -ое судно; **-e Transporteinheit** -ая транспортная единица; **-er Unternehmer** *(Pers., jur.)* транспортёр-предприниматель *(m.)*

Selbst‖fahrer *(Pers., Taxi)* водитель *(m.)*, управляющий принадлежащим ему такси *(n., indkl.)*; **-kosten** *(Pl.)* <im Transport> себестоимость *(f.)* <перевозок>; **-kostenpreis** цена по себестоимости; **-lader** *(techn.)* самоходный погрузчик, автоматическое загрузочное приспособление

selbsttätig автоматическ‖ий/ая/ое/ие; **-e Kupplung** автосцепное устройство, *(Kfz. auch)* автосцепление, *(Schienv. auch)* автосцепка; **-es Stellwerk** *(Eis.)* -ая централизация; **-e Steuerung** -ое управление

selektives Entladen выборочная разгрузка

Semicontainer открытый контейнер, полуконтейнер

Sendung 1. *(Prozess)* отправление (отправка) <груза, товара>; **2.** *(Gut)* партия <груза, товара>; **Bahn-** партия <груза>, перевозимая железной дорогой; **Einzel-** отдельная партия <перевозимого> груза; **Massen-** партия массового груза (-ого товара); **Post-** почтовое отправление; **Retour-** *(Prozess)* возвращение (возврат) товара, возвратная доставка, отсылка назад; **Rück-** *s. Retour-*; **Waren-** ~ товара; **Wert-** ценная отправка

Sendungsverfolgung сопровождение <перевозимого> груза; **satellitengestützte** ~ ~ с помощью радиолокационной системы

senken, den Zoll снижать/снизить пошлину

Senkung von Zöllen снижение пошлин

sensibles Gut чувствительный груз

Sensor, automatischer *(techn.)* автоматический датчик

Serie серия

Serien- *(in Zus.)* серийн‖ый/ая/ое/ые; **-ausstattung** *(Anlagen)* -ое оборудование, *(Fahrzeug)* -ое оснащение, *(Schiff)* -ая оснастка, *(Fahrzeuginnenraum)* -ая отделка; **-container** -ый контейнер; **-fahrzeug** *(Kfz.)* автомобиль *(m.)* -ого производства; **-fertigung** -ое производство; **-nummer** номер серии

Service 1. *(Prozess)* обслуживание; **2.** *(Dienstleistung)* сервисные услуги *(Pl.)*; **Fahrgast-** *(Pass.)* обслуживание пассажиров на транспорте; **Fahrzeug-** техническое обслуживание транспортных средств; **Hafen-** портовые услуги; **Reise-** *s. Fahrgast-*

Service- *(in Zus.)* сервисн‖ый/ая/ое/ые; **-konzept** концепция обслуживания; **-leistungen** *(Pl.)* -ые услуги; **-personal** обслуживающий персонал; **-qualität** качество учлуг; **-station** *(Schienv.)* станция

технического обслуживания, *(Kfz.)* -ый автоцентр, база технического обслуживания; **-zentrum** *(Kfz.)* -ый (технический) автоцентр

Servolenkung *(Kfz.)* система автоматического рулевого управления

short ton *(See.)* короткая (малая) тонна

Shuttle 1. *(Pass., s. auch Zubringer, Bus, Personenzug)* автобус (поезд) для доставки <пассажиров> к месту дальнейшего следования; **2.** *(Güterv.)* маршрутный поезд (-ое судно); **City-~**⌷ пригородное маршрутное такси *(indkl.)*; **Euro-~**⌷ *(Schiff., EU)* маршрутное контейнерное судно; **RoLa-~** *(Eis.)* <маршрутный> контрейлерный поезд

Shuttle- *(in Zus.)*; **-dienst** служба доставки <пассажиров> к месту дальнейшего следования; **-verbindung 1.** *(Pass.)* связь *(f.)* для доставки пассажиров к месту дальнейшего следования; **2.** *(Güterv.)* маршрутная связь

sicher безопасн‖ый/ая/ое/ве; **-e Beförderung** -ая перевозка; **-er Verkehrsweg** -ый путь сообщения

Sicherheit безопасность *(f.)*; **technische** ~ техническая; **Betriebs-** ~ в эксплуатации, *(im Verkehr auch)* ~ в движении, *(bei Fahrzeugen auch)* исправность *(f.)*) <транспортного средства>; **Fahrzeug-** ~ (исправность *(f.)*) транспортного средства; **Flug-** ~ полёта; **Schiffs-** ~ на судне; **Straßenverkehrs-** ~ дорожного движения; **Transport-** ~ перевозок; **Verkehrs-** 1. *(des Verkehrsflusses)* ~ <дорожного> движения; **2.** *(von Beförderungen)* ~ перевозок

Sicherheits- *(in Zus.)*; **-abstand** расстояние безопасност‖и; **-anforderungen** *(Pl.)* требования к -и; **-bestimmungen** *(Pl.)* правила -и; **-fahrschaltung** *(techn.)* автостоп; **-faktor** *s.* *-koeffizient* ;

Sicherheitsgurt ‖ *(Pass.)* ремень *(m.)* безопасности; **den ~ anlegen** пристёгивать/пристегнуть ~; **den ~ lösen** отстёгивать/отстегнуть ~;

Sicherheits‖inspektion инспекция техники безопасност‖и; **-koeffizient** коэффициент -и; **-kontrolle** контроль *(m.)* -и; **-leistung** *(Zoll.)* гарантия под исполнение обязательств по уплате таможенных сборов; **-lenkrad** *(Kfz.)* <травмо>безопасное рулевое колесо

sicherheitsrelevantes Gut груз, требующий особого обращения

Sicherheits‖risiko риск для безопасност‖и <движения>; **-standard** стандарт -и; **-streifen** *(Trennlinie)* разделительная полоса на дороге, *(Randstreifen)* обочина <дороги>; **-system im Straßenverkehr** система -и дорожного движения; **-technik** техника -и; **-vorrichtung** предохранительное устройство; **-vorschriften** *(Pl.)* правила <техники> -и; **-zertifikat** сертификат (свидетельство) о -и

Sicherung *(Prozess, s. auch Sicherheit)* обеспечение безопасности

Sicherungsgurt *(für Ladung)* пристяжной ремень, ремень для закрепления <груза>

Sicht видимость *(f.)*; **klare ~** хорошая; **schlechte ~** плохая

sichtbarer Mangel внешнеустановленное повреждение <груза>

Sicht- *(in Zus.)*; **-flug** полёт по видимост‖и; **-flugregeln** правила проведения полёта по -и; **-luke** смотровой люк; **-verhältnisse** *(Pl.)* условия -и; **-weite** дальность *(f.)* -и

Siegel *(hier Zoll.)* таможенная печать

Signal сигнал; **Abfahrts-** ~ отправления; **Bahn-** железнодорожный; **Einfahrts-** входный; **Hafenverkehrs-** ~, регулирующий передвижение судов по акватории порта; **Halte-** ~ остановки; **Not-** ~ бедствия; **Rettungs-** *s. Not-*; **Stopp-** стоп-~; **Verkehrs-** ~, регулирующий движение <транспорта>; **Warn-** предупредительный

Signal- *(in Zus.)* сигнальн‖ый/ая/ое/ые; **-anlage** -ая установка, -ое устройство; **-flagge** -ый флаг; **-technik** техника сигнализации; **~ und Zugsicherungssystem** *(Eis.)* система сигнализации и управления транспортными потоками на железных дорогах

Simulator *(techn.)* тренажёр; **Fahr-** ~ для обучения управлению, авто-; **Flug-** полётный; **Schiffs-** судоводительский

sinken *(intrans.)* 1. *(rückläufig sein)* уменшаться/уменшиться, снижаться/снизиться; 2. *(Flug., Höhe verringern)* снижаться/снизиться; 3. *(Schiff., untergehen)* тонуть/утонуть

Sink- *(in Zus.)*; **-flug** полёт со снижением высоты; **-geschwindigkeit** скорость *(f.)* снижения высоты <полёта>

Sitz *(Pass.)* сиденье, место

Sitz- *(in Zus.)*; **-aufteilung**

расположение сидени‖й; **-kilometer** место-километр; **-ladefaktor** коэффициент использования пассажировместимости <транспортного средства>; **-platz** место для -я; **-platzanzahl** число мест для -я; **-wagen** _(Eis.)_ вагон с местами для -я

Skipper _(Pers., Binnsch.)_ шкипер

Slipway _(Schiffbau)_ стапель

Slot _(Flug., Landerecht)_ право на осуществление определённого количества взлётов и посадок <авиакомпаниями>

Slot- _(in Zus., Flug.)_; **-entzug** лишение права на осуществление определённого количества взлётов и посадок; **-handel** торговля концессиями, дающими право на осуществление определённого количества взлётов и посадок; **-vergabe** размещение концессий, дающих право на осуществление определённого количества взлётов и посадок

SMGS-Abkommen _(Eis.)_ Соглашение о прямом международном железнодорожном сообщении (СМГС)

Smog смог

sofortig немедленн‖ый/ая/ое/ые, незамедлительн‖ый/ая/ое/ые; **-e Lieferung** -ая (срочная) поставка; **-e Zahlung** -ый платёж

solidarische Haftung _(jur.)_ солидарная ответственность

Soll- _(in Zus.)_ расчётн‖ый/ая/ое/ые; **-geschwindigkeit** -ая скорость; **-leistung** -ая (заданная) мощность, -ая производительность; **-maß** номинальный размер

Sommer- _(in Zus.)_ летн‖ий/яя/ее/ие; **-fahrplan** -ее расписание <автобусов, поездов, судов>; **-flugplan** -ее расписание полётов; **-reifen** шина с -им рисунком протектора; **-saison** -ее время года

Sonder- _(in Zus., s. auch Spezial-)_ специальн‖ый/ая/ое/ые; **-ausführung** -ое исполнение; **-ausstattung** _(von Anlagen)_ -ое оборудование, _(von Fahrzeugen)_ -ое оснащение, _(Schiff)_ -ая оснастка, _(Fahrzeuginnenraum)_ -ая отделка; **-fahrplan** -ый (исключительный) график (-ый режим) движения; **-fahrschein** _(ÖPNV)_ -ый <проездной> билет; **-fahrt** -ый рейс; внеплановая поездка, _(Bus)_ заказной автобус; **-fracht** -ый груз; **-frachtrate** _(s. auch -tarif)_ -ая (преференциальная) фрахтовая ставка; **-gebühr** -ый сбор; **-genehmigung** разрешение в порядке исключения; **-preis** -ая цена; **-rabatt** -ая скидка; **-spur** _(ÖPNV, Kfz.)_ приоритетная полоса; **-tarif** -ый (преференциальный, исключительный) тариф; **-verkehr** внеплановый (заказной) транспорт (-ые перевозки); **-verpackung** -ая упаковка, -ая тара, спецупаковка; **-ziehungsrechte** _(Pl.)_ -ые права заимствования (СПЗ); **-zoll** -ая <таможенная> пошлина; **-zug** внеплановый (заказной, дополнительный) поезд

Sonntagsfahrverbot _(LKW)_ запрещение движения <грузовиков> по воскресеньям, запрет на осуществление <грузовых> перевозок по воскресеньям (в выходные дни)

sorgfältiger Umgang mit der Fracht бережное обращение с грузом

Sorrtau _(Schiff.)_ причальный канат

Sorten- *(in Zus.)*; **-verzeichnis** *(Güter)* бордеро *(n., indkl.)*; **-zettel** *s.* *-verzeichnis*

Sortieranlage *(techn.)* сортировочное устройство

sortieren *(Güterv.)* сортировать/рассортировать <груз>

sparen экономить/сэкономить <что-л.>

Speckgürtel *(umg. für Umland einer Stadt)* пригород

Spediteur 📖 *(Pers.)* экспедитор; **internationaler** ~ ~ в международных перевозках, ~ в международном сообщении; **Abfertigungs-** 📖 ~-отправитель *(m.)*, ~ по отправке <груза>; **Adress-** ~-получатель *(m.)*; **Auslands-** *s. internationaler*; **Bahn-** железнодорожный, ~ железнодорожного груза; **Empfangs-** 📖 ~-получатель *(m.)*; **Export-** ~-экспортёр; **Hafen-** портовый; **Haupt-** главный; **Import-** ~-импортёр; **Korrespondenz-** ~-корреспондент; **Kraftverkehrs-** автомобильный, автотранспортный; **Lagerhalter-** ~, постоянно держащий товар клиента на собственном складе; **Linien-** ~ в маршрутном сообщении, *(im Selbsteintritt)* линейный перевозчик; **LKW-~** *s. Kraftverkehrs-*; **Luftfracht-** ~ авиационного груза; **Luftverkehrs-** воздушный перевозчик, авиаперевозчик; **Möbel-** перевозчик мебели; **Sammelgut-** ~ по отправлению сборного груза; **Seefracht-** ~ морского груза, морской перевозчик; **Seehafen-** ~ морского порта; **Straßengüterverkehrs-** *s. Kraftverkehrs-*; **Unter-** суб-;

Versand- 📖 ~-отправитель; **Zoll-** таможенный агент (-ый перевозчик); **Zwischen-** промежуточный;

Lager<empfangs>schein ‖ *des Spediteurs* складская расписка экспедитор‖а; **Rechnung** ~ счёт -а; **Selbsteintritt** ~ *(jur.)* принятие на себя -ом обязанности перевозчика

Spediteur- *(in Zus., s. auch Speditions-)* экспедиторск‖ий/ая/ое/ие; **-anzeige** -ое извещение; **<allgemeine> -bedingungen** *(Pl.)* <общие> -ие (отправительские) условия; **-bescheinigung** расписка экспедитора, *(See.)* -ий коносамент; **-borderau** бордеро *(n., indkl.)* (расписка) экспедитора; **-dienstleistungen** *(Pl.)* -ие услуги; **-empfangsschein** -ое свидетельство о получении груза; **-haftpflichtversicherung** гарантийное страхование груза, перевозимого экспедитором; **-konnossement** *(See.)* -ий коносамент; **-lagerschein** складское свидетельство экспедитора, *(See. auch)* складской варрант экспедитора; **-provision** -ое вознаграждение; **-sammelgutverkehr** -ая перевозка сборного груза; **-übernahmebescheinigung** -ое свидетельство о приёмке (принятии) груза, погрузочный ордер экспедитора; **-verband** союз экспедиторов; **-versandbescheinigung** -ое свидетельство о транспортировке, **~-Versand-Dokumente** *(Pl.)* отгрузочные документы экспедитора; **-verschuldenshaftung** *(jur.)* ответственность *(f.)* экспедитора за сохранность *(f.)* груза; **-versicherung** 1.

(Versicherung des Spediteurs) -ое страхование, страхование экспедитора; **2.** *(Versicherung des Gutes, abgeschlossen im Auftrage des Versenders)* страхование перевозимого груза; **-vorschrift/en** -ая инструкция

Spedition экпедиция; **internationale ~** международная; **Bahn-** железнодорожная; **Binnenschifffahrts- ~** по речному судоходству; **Gefahrgut- ~** по перевозке опасного груза; **Luftfracht- ~** по перевозке авиационного (воздушного) груза; **Luftverkehrs-** воздушная; **Sammelgut- ~** по перевозке сборного груза; **Schwerlast- ~** по перевозке тяжеловесного груза; **Seefracht- ~** по перевозке морского груза; **Straßengüterverkehrs-** автотранспортная, автодорожная; **Zustell- ~** подвозки

speditionell экспедиторск‖ий/ая/ое/ие, экспедиционн‖ый/ая/ое/ые; **-e Abwicklung** экспедиторская обработка; **-e Leistungen** *(Pl.)* экспедиторские услуги; **-es Versandlager** экспедиционный склад <отправления>; **-es Warenpapier** экспедиционный (товарораспорядительный) документ

Speditions- *(in Zus., s. auch Spediteur-)* экспедиционн‖ый/ая/ое/ые; **-abteilung** -ый отдел; **-auftrag** -ое поручение; **-buch** журнал экспедитора; **-dienst** экспедиторская служба; **-dienstleistungen** *(Pl.)* экспедиторские услуги; **-empfangsschein** -ое свидетельство о получении груза; **-firma** экспедиторская фирма (-ое

агенство); **-geschäft** транспортно-экспедиционная операция (-ая сделка); **-gewerbe** транспортно-экспедиционное дело; **-gut** -ый товар; **-kaufmann** *(Pers.)* экспедитор-экономист; **-kosten** *(Pl.)* стоимость *(f.)* экспедиторских услуг; **-markt** рынок экспедиторских услуг; **-nahverkehr** региональные экспедиторские автодорожные (автогужевые) перевозки; **-schein** -ое (экспедиторское) свидетельство; **-tarif** тариф на транспортно-экспедиционные услуги; **-tätigkeit** экспедиторская деятельность; **-unternehmen** <транспортно>-экспедиционное (экспедиторское) предприятие; **-verband** транспортно-экспедиторская ассоциация; **-verkehr** экспедиторские автодорожные (автогужевые) перевозки; **-versicherung** *s.* *Spediteurs-*; **-versicherungsschein (SVS)** экспедиторский страховой полис, страховое свидетельство на перевозимый груз; **-vertrag**📖 транспортно-экспедиционный (экспедиторский) договор (-ый контракт)

Speicher *(Hafenlager)* портовый склад

Speisewagen *(Eis.)* вагон-ресторан

sperren перекрывать/перекрыть <что-л.>; **eine Durchfahrt ~** закрывать/закрыть проезд; **eine Straße ~** перекрывать/перекрыть дорогу

Sperr- *(in Zus.);* **-fläche** *(Straße)* участок проезжей части, на которую въезд запрещён; **-gut** *s.* *sperriges Gut*

sperriges Gut негабаритный

(громоздкий, объёмный, крупногабаритный) груз; **-e Ladung** *s. Gut*

Sperrlinie ‖ сплошная <разделительная> линия; **doppelte** ~ сдвоенная <разделительная> линия; **einseitige** ~ сплошная и прерывистая <разделительные> линии;

Sperr‖papier *(Teil des Frachtbriefs)* дубликат накладной, предназначенный для грузоотправителя; **-strecke** закрытый <для движения транспорта> участок дороги

Sperrung закрытие, перекрытие; ~ **einer Durchfahrt** ~ проезда; ~ **einer Straße** перекрытие (заграждение) дороги; **Teil-** частичное (неполное) перекрытие <дороги>; **Voll-** полное перекрытие <дороги>

Sperrzoll запретительная <таможенная> пошлина

Spesen *(Pl., Fahrkosten)* <паушальная> плата за проезд, стоимость *(f.)* проезда; *(Transportkosten)* транспортные издержки (-ые расходы)

Spezial- *(in Zus., s. auch Sonder-)* специальн‖ый/ая/ое/ые; **-anhänger** *(LKW)* -ый (специализированный) прицеп; **-aufbau** *(LKW)* -ый кузов <грузовика>; **-bus** -ый автобус; **-carrier** *(Pers.)* фрахтовщик (экспедитор) -ого груза; **-container** -ый (специализированный) контейнер; **-fahrzeug** -ое транспортное средство, *(Kfz. auch)* -ый автомобиль, автомобиль -ого назначения; **-flugzeug** самолёт -ого назначения; **-gut** -ый груз; **-hafen** специализированный порт, порт необщего пользования; **~LKW** -ый грузовой автомобиль; **-palette**

специализированный поддон; **-sattelanhänger** *(LKW)* -ый (специализированный) полуприцеп; **-schiff** -ое судно, судно -ого назначения; **-tarif** -ый (преференциальный, исключительный) тариф, *(ermäßigt auch)* льготный тариф; **-transport** перевозка -ого груза; **-transporter** *s.* ~*LKW*; **-verpackung** -ая упаковка, -ая тара; **-wagen** *(Schienv.)* -ый вагон; **-waggon** *s.* -*wagen*

Spezifikation спецификация; **Export-** экспортная; **Versand-** отгрузочная

spezifisch специфическ‖ий/ая/ое/ие; **-e Ladefläche** <eines Waggons, LKW> удельная площадь <вагона, кузова>; **-er Zoll** -ая таможенная пошлина

Spiegel зеркало; **Rück-** ~ заднего вида; **Seiten-** боковое

Spielstraße улица, закрытая для проезда транспорта и предназначенная для игр детей

Spitzen- *(in Zus., s. auch maximal, Höchst-)* максимальн‖ый/ая/ое/ые, пиков‖ый/ая/ое/ые; **-belastung** -ая нагрузка; **-geschwindigkeit** максимальная (предельная) скорость; **-kapazität** максимальная (предельная) мощность (-ая производительность); **-leistung** *s.* -*kapazität*; **-verkehr** *(Verkehr zu Hauptzeiten)* движение <транспорта> в часы пик, *(Passagieraufkommen auch)* пиковый пассажиропоток

Sport- *(in Zus.)* спортивн‖ый/ая/ое/ые; **-boot** -ая лодка; **-hafen** порт для -ых лодок; **-schifffahrt** -ое судоходство; **-wagen** *(PKW)* -ый <двухместный> автомобиль

Spur 1. *(Gleis)* колея; 2. *(Fahrbahn)* полоса <движения>, ряд; 3. *(Reifenabdruck)* след; **Abbiege-** полоса для поворота автомобилей; **Beschleunigungs-** полоса разгона (ускорения); **Breit-** *(Schienv.)* широкая колея; **Brems-** след при торможении; **Bus-** *(ÖPNV)* приоритетная полоса для автобусов <общественного транспорта>; **Einfädelungs-** *(Straße)* полоса вхождения <автомобилей> в транспортный поток; **Fahr-** 1. *(Straße)* ряд, полоса движения; 2. *(Schienv.)* колея; **Halte-** стояночная полоса; **Hauptfahr-** основная полоса движения; **Kreisfahr-** кольцевая полоса движения; **Kriech-** *(Langsamfahrspur für LKW)* полоса малоскоростного движения; **Lade-** *(LKW)* полоса для погрузки и разгрузки <грузовика>; **Langsamfahr-** *s. Kriech-*; **LKW-~** полоса для грузовиков; **Nachfolge-** *(Flug.)* спутный <аэродинамический> след; **Nebenfahr-** побочная полоса <дороги>; **Normal-** *(Schienv.)* нормальная колея, колея нормальной ширины, *(Eis. auch)* западно-европейская колея; **Park-** полоса стоянки; **Rad-** след от колёс; **Regel-** *s. Normal-*; **Reifen-** *s. Rad-*; **Schmal-** *(Schienv.)* узкая колея; **Sonder-** *(ÖPNV, Kfz.)* приоритетная полоса; **Stand-** *(Kfz.)* полоса для вынужденной (экстренной) остановки; **Überhol-** *(Kfz.)* полоса обгона, *(Schienv.)* обгонный путь; **Voll-** *(Eis.)* s. *Normal-*; **Vorrang-** *s. Sonder-*

Spur- *(in Zus.)*; **-änderung** изменение колеи; **-bahn** колея для колёс; **-breite** 1. *(Fahrzeug)* габаритная ширина кузова; 2. *(Gleis)* ширина колеи; **-bus** *(ÖPNV)* бимодальный автобус

spurgeführt‖er Bus *s. Spurbus*; **-er Verkehr** *(Straße)* движение по полосам

Spur‖haltung *(Kfz.)* продольная устойчивость <автомобиля>; **-treue** *(Kfz.)* боковая устойчивость <автомобиля>; **-verhalten** *s. -haltung*; **-wechsel** *(Kfz.)* переход в другой ряд, смена полосы движения, *(Eis.)* изменение колеи; **-wechselsätze** *(Pl., Eis.)* раздвижные колёсные пары; **-weite** *(Gleis)* ширина колеи, *(Fahrzeug)* колея колёс

staatlich государственн‖ый/ая/ое/ые; **-e Behörde** -ое учреждение; **-es Eigentum** -ая собственность; **-e Regulierung** -ое регулирование; **-es Schiffsregister** -ый судовой регистр; **-e Tarifregulierung** -ое регулирование тарифов;

staatlich festgesetzter Preis государственная цена

Stadt- *(in Zus.)* городск‖ой/ая/ое/ые; **-autobahn** -ая автомобильная магистраль; **-bahn** -ая железная дорога, электричка; **-bahnhof** -ой вокзал; **-bahnnetz** сеть *(f.)* электрички; **-bezirk** -ой район; **-bus** -ой автобус; **-fahrt** езда в -их условиях; **-plan** план города; **-rand** пригородная зона; **-ring** внутреннее (внутригородское) кольцо, внутренняя кольцевая автодорога; **-straße** -ая дорога; **-verkehr** -ой (местный) транспорт, -ое сообщение, -ое движение; **-verkehrsplanung** планирование -ого движения

stadtverträglicher Verkehr городское движение, не препятствующее качеству жизни населения

städtisch городск‖ой/ая/ое/ые; **-e Behörde** -ие власти *(Pl.)*; **-er Hafen** -ой порт; **-er Kraftverkehr** -ой автотранспорт; **-er Linienverkehr** -ое маршрутное сообщение; **-er Nahverkehr** <общественный> -ой транспорт

ständige Tarifkommission *(Güterv.)* постоянная тарифная комиссия

Staffel *(hier Tariftabelle)* ступенчатый указатель; **Entfernungs-** ~ тарифа по расстоянию; **Gewichts-** ~ тарифа по весу; **Mengen-** ~ количественного тарифа; **Tarif-** тарифная таблица; **Wert-** ~ стоимостного тарифа

staffelloser Tarif одноставочный (недифференцированный, бесступенчатый) тариф

Staffeltarif многоставочный (дифференцированный, ступенчатый) тариф

Stahlbetonschiff железнобетонное судно

Stamm- *(in Zus.)*; **-haus** головное предприятие; **-kunde** постоянный клиент; **-strecke** <eines **Verkehrsmittels**> *(ÖPNV)* регулярный маршрут <автобуса, трамвая, электрички>

Stand- *(in Zus., hier Wartezeiten)* стояночн‖ый/ая/ое/ые

Standard стандарт; **internationaler** ~ международный; **technischer** ~ технический; **EU-~** ~ ЕС; **Euro-** европейский (евро-); **Qualitäts-** ~ качества; **Sicherheits-** ~ безопасности

Standard- *(in Zus.)* стандартн‖ый/ая/ое/ые; **-abmessungen** *(Pl.)* -ый габарит; **-ausführung** -ая конструкция, -ое исполнение; **-ausstattung** -ое

оборудование, *(bei Fahrzeugen)* -ое оснащение, *(von Schiffen)* -ая оснастка, *(Fahrzeuginnenraum)* -ая отделка; **-container** -ый контейнер; **-fracht** разрядный фрахт; **-gut** разрядный груз

Standardisierung стандартизация; **Internationale Organisation für** ~ **(ISO)** Международная организация по -и (МОС)

Standard‖lademaß стандартн‖ый габарит; **-palette** -ый (универсальный) поддон; **-schiff** типовое судно; **-tarif** -ый тариф; **-verpackung** -ая упаковка, -ая тара

Stand‖gebühr плата (штраф) за простой <вагона, контейнера, грузовика>; **-geld** *s.* *-gebühr*; **-heizung** *(Kfz.)* стояночн‖ое отопление; **-licht** *(Kfz.)* -ый свет;

Standort ‖ местоположение, местонахождение, **angenommener** ~ предположенное; **regulärer** ~ регулярное; **vorübergehender** ~ временное; ~ **eines LKW** ~ грузовика; **Flughafen-** ~ аэропорта;

Standort‖bescheinigung *(LKW)* свидетельство о регулярном местоположении <грузовика>; **-bestimmung** <von **LKW, Schiffen**> дислокация <грузовиков, судов>; **-entscheidung** решение о местоположении <чего-л.>;

Stand‖platz площадка, место стоянки; **-seilbahn** фуникулёр; **-spur** полоса для вынужденной (экстренной) остановки; **-streifen** *s.* *-spur;*

Standzeit/en <eines **Fahrzeuges**> ‖ простой/и, время стоянки <транспортного средства>, *(Pl.)* простои, времена простоя, *(Schiff. auch)* стояночное (сталийное) время; **technisch bedingte** ~

технические; ~ **zum Be- und Entladen** грузовые; ~ **auf Unterwegsbahnhöfen** ~ вагонов (поезда) на промежуточных станциях; **Container-** ~ контейнера; **LKW-** ~ грузовика, ~ автотранспорта; **Terminal-** ~ на терминале; **Wagen-** *(Eis.)* ~ вагона, *(LKW)* ~ грузовика

stapelfähig *(in Zus.)* штабелируем‖ый/ая/ое/ые; **-es Gut** -ый груз; **-e Verpackung** -ая тара, -ая упаковка

Stapel- *(in Zus.)*; **-gut** штабелируемый груз; груз, уложенный (складируемый) в штабелях; **-kran** кран-штабелёр; **-lagerung** складирование в штабелях; **-lauf** *(Schiff.)* спуск судна <со стапелья>

stapeln укладывать/уложить <что-л.> в штабель *(m.)*

Stapel‖raum *(Lager)* полезный объём склада; **-system** система складирования; **-wagen** *(Kfz.)* s. *Stapler*; **-ware** s. *-gut*

Stapler *(Fahrzeug)* <авто>погрузчик, штабелёр; **Container-** контейнерный; **Diesel-** дизельный; **Gabel-** вилочный; **Hub-** штабелеукладчик, автопогрузчик; **Portal-** портальный; **Schwer-** ~ большой грузоподъёмности; **Tor-** s. *Portal-*

stark befahrene Straße улица (дорога) с интенсивным (оживлённым) движением (с большой нагрузкой)

starr жёстк‖ий/ая/ое/ие; **-e Verbindung** -ое соединение; **-e Verpackung** -ая упаковка, -ая тара

Start *(Flugzeug)* взлёт <самолёта>

Start- *(in Zus., Flug.)* стартов‖ый/ая/ое/ые, взлётн‖ый/ая/ое/ые; **-bahn** взлётная полоса (-ая дорожка)

starten 1. *(intrans., Flugzeug)* взлетать/взлететь, вылетать/вылететь; 2. *(intrans., Passagiere)* вылетать/вылететь; 3. *(trans., einen Motor starten)* заводить/завести <двигатель>

Start‖erlaubnis *(Flug.)* разрешение на взлёт <самолёта>; **-genehmigung** s. *-erlaubnis*; **-geschwindigkeit** взлётн‖ая (стартовая) скорость; **-masse** -ая (стартовая) масса; **-regime** -ый режим, -ое положение; **-schub** -ая (стартовая) тяга;

Start- und Lande‖bahn *(Flug.)* взлётн‖о-посадочная полоса; **-genehmigung** разрешение на взлёт и посадку <самолёта>; **-kapazitäten** <eines Flughafens> *(Pl.)* -ые и посадочные мощности <аэропорта>; **-verbot** запрет на взлёт и посадку <самолётов>;

Start‖vorbereitung подготовка самолёта к взлёту; **-zeit** время взлёта

Station I *(Schienv., Haltepunkt, s. auch Bahnhof)* станция; ~ **des Empfängers** *(Güterv.)* ~ получателя, ~ покупателя; ~ **des Versenders** *(Güterv.)* ~ отправителя, ~ продавца; **Abgangs-** ~ отправления; **Bahn-** железнодорожная; **Belade-** *(Güterv.)* ~ погрузки, погрузочный пункт; **Berg-** *(Seilbahn)* верхняя (горная) концевая ~ <канатной дороги>; **Empfangs-** *(Güterv.)* приёмная, ~ прибытия, ~ приёма; **End-** конечная; **Grenz-** пограничная; **Rangier-** сортировочная; **Tal-** *(Seilbahn)* нижняя (подгорная) концевая ~

\<канатной дороги\>; **Überholungs-** ~ обгона; **Verlade-** *(Güterv.)* ~ (пункт) погрузки; **Versand-** *(Güterv.)* ~ (пункт) отгрузки (отправления);

Station II *(Einrichtung zur Beobachtung bzw. Wartung, s. auch Punkt)* станция, пост, пункт; **Flugwetter-** авиационно-метеорологическая станция; **Funk-** радиостанция; **Quarantäne-** карантинный пункт; **Radar-** радиолокационная станция; **Rettungs-** спасательная станция; **Schiffsfunk-** судовая радиостанция; **Service-** *(Eis.)* станция технического обслуживания, *(Kfz.)* сервисный автоцентр, база технического обслуживания

Statistik статистика; **Außenhandels-** внешнеторговая; **Güterverkehrs-** ~ грузовых перевозок; **Unfall-** ~ аварий; **Verkehrs-** транспортная; **Verkehrsunfall-** ~ дорожно-транспортных происшествий

Stau затор, скопление \<транспортных средств\>, *(umg.)* пробка; **Dauer-** постоянное скопление; **Rück-** обратный затор \<в уличном движении\>

Stau- *(in Zus.)*; **-anlage** *(Infrastruktur, Binnsch.)* подпорное гидротехническое сооружение

stau‖bedingte Kosten *(Pl.)* расходы, связанные с задержкой транспортного средства в заторе; **-behinderter Verkehr** препятственное заторами движение (-ый заторами транспорт)

Staudamm плотина

stauen 1. *(Schiff., Güter einladen)* грузить/погрузить груз, размещать/

размесить груз в трюме; **2.** *(Wasserlauf)* запруживать/ запрудить воду

Stauen *(Subst.)* **1.** штивка, стивидорные работы *(Pl.)*; **2.** *(Wasserlauf)* запруживание; ~ **von Fracht** штивка груза, укладка груза в трюмы

Stauer *(Pers.)* стивидор

Stauer- *(in Zus.)* стивидорн‖ый/ая/ое/ые; **-firma** *(Schiff.)* -ая фирма; **-lohn** плата за -ые работы

Stau‖faktor *(Schiff.)* объём, занимаемый тонной определённого груза в трюме; **-folgekosten** *(Pl.)* расходы, связанные с задержкой транспортного средства в заторе; **-maß** s. *-faktor*; **-meldung** извещение о заторах; **-plan** *(Schiff.)* план размещения груза на судне (в трюме), карго-план; **-raum 1.** *(Kammer)* грузовое помещение, *(Schiff)* трюм; **2.** *(Kapazität)* грузовместимость *(f.)*, объём \<помещения, багажника\>; **3.** *(Gebiet)* зона сосредоточени; **-see** водохранилище;

Stau- und Trimm- ‖ *(in Zus., See.)* стивидорн‖ый/ая/ое/ые; **-arbeiten** *(Pl.)* -ые работы; **-dienste** *(Pl.)* -ые услуги; **-kosten** *(Pl.)* стоимость *(f.)* штивки; **-ordnung** порядок штивки (размещения груза на судне); **-tarif** -ый тариф;

Stauwarnung *(Kfz.)* предупреждение о заторах (пробках)

Stehplatz *(in einem Verkehrsmittel)* место для стояния (для проезда стоя)

steigen *(intrans.)* **1.** *(zunehmen)*

увеличиваться/увеличиться, повышаться/повыситься; **2.** *(Flug., an Höhe gewinnen)* повышаться/повыситься

Steig- *(in Zus.)*; **-flug** полёт с набором высоты; **-fluggeschwindigkeit** скорость *(f.)* набора высоты <полёта>

Stelle *s. Ort, Platz, Punkt*

Stell- *(in Zus.)*; **-fläche** площадь *(f.)* стоянки; **-platz** *(Kfz., Container)* стоянка, место для стоянки <автомобилей, контейнеров>, *(Sammelstelle)* сборный пункт

Stellwerk *(Eis.)* централизация, пост централизации; **automatisches ~** автоматическая ‖ централизация; **elektronisches ~** электронная; **mechanisches ~** механическая; **selbsttätiges ~** *s. automatisches*; **Computer-** компьютерная; **Relais-** релейная

Steuer *Hom.* **I** *(n., techn., Kfz.)* руль *(m.)*, рулевое колесо, *(Schiff)* штурвал

Steuer *Hom.* **II** *(f., Abgabe)* налог; **direkte ~** прямой; **emissionsabhängige ~ ~,** установленный в зависимости от токсичности отработанных газов; **emissionsbezogene ~** *s. emissionsabhängige*; **emissionsunabhängige ~ ~,** не зависящий от токсичности отработанных газов; **indirekte ~** косвенный; **kommunale ~** коммунальный, местный;

Steuer, Ausfuhr- налог ‖ на экспортные (экспортируемые) товары; **Beförderungs-** транспортный, ~ на перевозки; **Benzin-** ~ на бензин; **Einfuhr-** импортный, ~ на импортный товар; **Einfuhrumsatz-** ~ с оборота

импорта; **Einkommens-** подоходный; **Gemeinde-** *s. kommunale*; **Gewerbe-** промысловый; **Gewinn-** ~ с прибыли; **Import-** *s. Einfuhr-*; **Kraftfahrzeug-** автомобильный, ~ на владельцев автомобиля; **Mehrwert-** ~ на добавленную стоимость; **Mineralöl-** ~ на нефтяное топливо; **Transport-** *s. Beförderungs-*; **Umsatz-** ~ с оборота; **Verbrauchs-** ~ на предметы потребления; **Waren-** акцизный; **Waren- und Dienstleistungs-** ~ на товары и услуги; **<etw.> mit einer ~ belegen** облагать/обложить <что-л.> -ом; **eine ~ erheben** взимать ~; **einer ~ unterliegen** подлежать налогообложению

Steuer- *(in Zus.) Hom.* **I** *(techn.)* рулев‖ой/ая/ое/ое

Steuer- *(in Zus.) Hom.* **II** *(Abgabe)* налогов‖ый/ая/ое/ое

Steuer‖antrieb рулевой привод (-ое управление); **-aufkommen** поступление налогов

steuer‖befreit освобождённ‖ый/ая/ое/ые от уплаты налогов; **-begünstigt** пользующ‖ий/ая/ее/ие(ся) налоговыми льготами

Steuer‖behörde налоговое управление (-ая инспекция); **-blatt** вестник (бюллетень *(m.)*) налоговых положений;

Steuerbord *(Schiff.)* прав‖ый борт; **von ~** с -ого борта

steuerbords на правом борту

Steuer‖einnahmen *(Pl.)* налоговые доходы; **-gesetz** Налоговый кодекс; **-gesetzgebung** налоговое законодательство;

-harmonisierung *(EU)* гармонизация налогообложения <ЕС>; **-klasse** налоговый класс (-ый разряд); **-knüppel** *(Flug.)* штурвал; **-mann** *(Pers., Schiff.)* штурман, рулевой, *(Binnsch. auch)* шкипер; **-mannsquittung** штурманская расписка

steuern **1.** *(etw. regulieren)* регулировать <что-л.>; **2.** *(ein Fahrzeug führen)* управлять <транспортным средством>

steuerpflichtig облагаем‖ый/ая/ое/ые налогом, подлежащ‖ий/ая/ее/ие налогообложению

Steuer‖rad *(Schiff.)* штурвал, штурвальное колесо; **-recht** налоговое право; **-satz** налоговая ставка; **-säule** *(Flug., Schiff.)* рулевая (штурвальная) колонка; **-system** **1.** *(techn.)* система управления; **2.** *(Abgaben)* система налогообложения

Steuerung **1.** *(Regulierung)* регулирование; **2.** *(techn. Vorrichtung)* управление, система (аппаратура, механизм) управления; **automatische** ~ автоматическое управление; **manuelle** ~ ручное управление

Steuerungssystem система управления

Steuer‖vergünstigungen *(Pl.)* налоговые льготы; **-wagen** *(Schienv.)* вагон с кабиной управления

Steward *(Pers., Schiff., Flug.)* стюард, бортпроводник; **Chef-** старший

Stewardess *(Pers., Schiff., Flug.)* стюардесса, бортпроводница

Stich- *(in Zus., hier)* тупиков‖ый/ая/ое/ые; **-gleis** *(Eis.)* -ый путь; **-kanal** *(Binnsch.)* -ый канал

Stichprobenkontrolle *(Zoll.)* таможенный контроль (-ый досмотр) <груза, багажа> на выборку

Stiller Ozean Тихий океан

stilllegen **1.** *(Fahrzeuge)* прекратить эксплуатацию транспортного средства, *(zeitweise)* законсервировать транспортное средство; **2.** *(Strecke)* закрывать/закрыть участок дороги для движения

Stilllegung **1.** *(Fahrzeug)* прекращение эксплуатации транспортного средства, *(zeitweise)* законсервирование транспортного средства; **2.** *(Strecke)* закрытие участка дороги (трассы) для движения

Stillstand простой; **Wagen-** *(Eis.)* ~ вагона, *(LKW)* ~ грузовика; ~ **des Fahrzeugparks** ~ подвижного состава

Stillstandszeit срок (время) простоя <транспортного средства>

Störung нарушение; **Fahrplan-** ~ в выполнении расписания; **Verkehrs-** помеха уличному движению, нарушение движения транспорта

Stopp **1.** *(Halt)* простой, стоянка; **2.** *(Unterbrechung, Beendigung)* приостановление, прекращение; **Beförderungs-** прекращение перевозок; **Liefer-** прекращение поставок; **Zahlungs-** прекращение платежей; **Zwischen-** стоянка по пути следования

stoppen *(ein Kfz. anhalten)* приостанавливать/приостановить <автомобиль>, *(Verkehr sperren)* задерживать/задержать (приостановлять/приостановить) движение

Stoppsignal стоп-сигнал

stornieren, einen Vertrag отзывать/отозвать договор

Stornierung аннулирование; ~ **eines Auftrages** ~ заказа; ~ **eines Vertrages** ~ договора

Stoßverkehr *(Verkehr zu Hauptzeiten)* движение <транспорта> в часы пик, *(Passagieraufkommen auch)* пиковый пассажиропоток

Strafe штраф; **Vertrags-** штрафная санкция, пеня; **Zoll-** таможенный; **eine ~ zahlen** платить/заплатить ~

strafrechtliche Haftung *(jur.)* уголовная ответственность

Straße <автомобильная> дорога, *(Stadtstraße auch)* улица, *(Landstraße auch)* шоссе *(n., indkl.)*; **einspurige** ~ однорядная ‖ дорога; **gebührenpflichtige** ~ платная; **gerade** ~ прямая; **gleichrangige** ~ равнозначная; **innerörtliche** ~ городская, ~ (улица) внутри населённого пункта; **kommunale** ~ коммунальная, коммунальная улица; ~, находящаяся в ведении местных органов власти; **kurvenreiche** ~ извилистая; **mautpflichtige** ~ *s.* *gebührenpflichtige*; **mehrspurige** ~ многорядная, многорядная магистраль; **öffentliche** ~ ~ общего пользования; **schwach befahrene** ~ малоезжая; **stark befahrene** ~ ~ с интенсивным (оживлённым) движением, ~ с большой нагрузкой; **überörtliche** ~ междугородная; **unbefahrbare** ~ непроезжая; **untergeordnete** ~ второстепенная; **verkehrsarme** ~ тихая улица; **viel befahrene** ~ *s.* *stark befahrene*; ~ **für den örtlichen**

Verkehr ~ местного сообщения;

Straße, Anlieger- <подъездная> дорога ‖ для жителей одного микрорайона (для местного движения); **Bau-** ~ на строительной площадке; **Binnenwasser-** внутренний водный (речной) путь; **Bundes-** ~ федерального назначения (общегосударственного значения); **Chaussee-** шоссейная, шоссе; **Dorf-** просёлочная, ~ местного значения; **Durchgangs-** транзитная, сквозная; **Einbahn-** ~ одностороннего движения, **Entlastungs-** разгрузочная; **Europa-** ~ общеевропейского значения; **Fahr-** проезжая; **Fern-** магистральная, шоссейная, автомагистраль *(f.)*, ~ общегосударственного значения; **Gemeinde-** *s. kommunale*; **Handels-** торговый путь; **Haupt<verkehrs>-** главная, магистральная, главная улица, *(im Schnellverkehr)* автомагистраль *(f.)*, автотрасса; **Hoch-** эстакадная; **Industrie-** <внутри>заводская; **Land-** внегородская, шоссейная, шоссе; **Maut-** платная; **Neben-** боковая, второстепенная, боковая улица; **Orts-** коммунальная; **Ortsverbindungs-** ~, связывающая населённые пункты; **Privat-** ~ частного пользования; **Quer-** поперечная, пересекающая; **Radial-** радиальная, радиальная улица; **Ring-** кольцевая, кольцевая улица; **Schifffahrts-** судоходный путь, *(See.)* морской путь, *(Binnsch.)* речная (водная) магистраль, *(Route)* маршрут плавания (движения судна); **Schnell-** скоростная, скоростная автомагистраль (-ая трасса), ~ скоростного движения, скоростной проезд; **Seeschifffahrts-** внешний водный путь; **Seiten-** *s. Neben-*;

Spiel- улица, закрытая для проезда транспорта и предназначенная для игр детей; **Stadt-** городская; **Transit-** транзитная; **Ufer-** набережная; **Umfahrungs-** объездная, кольцевая окружная, обходный путь, объезд; *(Ortsumgehung)* ~, не проходящая через населённый пункт; **Umgehungs-** *s. Umfahrungs-*; **Verbindungs-** ~, связывающая населённые пункты; **Vorfahrts-** главная; **Wasser-** водный путь; **Werk-** <внутри>заводская; **Wirtschafts-** внутрихозяйственная; **Wohngebiets-** улица внутри (в пределах) микрорайона; **Zoll-** *(Schiff.)* таможенный фарватер; **Zubringer-** подъездная, подъездной путь; **Zufahrts-** *s. Zubringer-*; **Zugangs-** *s. Zubringer-*;

Beförderung auf der ‖ **Straße** автодорожная перевозка, перевозка (транспортировка) <груза> по автомагистрали (грузовиком, на грузовых автомобилях); **Entlastung von -n** разгрузка дорог от транспорта; **Sperrung einer** ~ перекрытие (заграждение) дороги; **Unbefahrbarkeit von -n** бездорожье; **Unterhaltung von -n** содержание дорог; **eine ~ sperren** перекрывать/перекрыть дорогу; **eine** ~ **umbenennen** переименовывать/переименовать улицу

Straßen- *(in Zus.)* дорожн‖ый/ая/ое/ые; **-anbindung** приключение (привязка) к <автомобильной> дороге; **-anschluss** *s. -anbindung*; **-ausbau** расширение дорог; **-ausbesserung** ремонт дорог

Straßenbahn трамвай

Straßenbahn- *(in Zus.)* трамвайн‖ый/ая/ое/ые; **-anbindung** приключение (привязка) к -ым линиям; **-anhänger** прицепной вагон трамвая; **-betriebshof** *s. -depot*; **-depot** -ое депо *(indkl.)*; **-fahrer** *(Pers.)* водитель *(m.)* трамвая; **-gleis** -ый путь; **-haltestelle** -ая остановка, остановка трамвая; **-linie** -ая линия, маршрут трамвая; **-netz** сеть *(f.)* -ых линий; **-park** -ый парк; **-reparaturbetrieb** -о-ремонтный завод; **-schiene** -ый рельс; **-strecke** -ые пути *(Pl.)*; **-trasse** -ая трасса; **-triebwagen** моторный -ый вагон; **-verbindung** -ая линия; **-verkehr** движение трамваев; **-wagen** -ый вагон; **-weiche** -ая стрелка; **-wendeschleife** -ый круг; **-zug** -ый поезд

Straßenbau ‖ дорожное строительство; **föderaler** ~ *(RF)* федеральное; **kommunaler** ~ коммунальное; ~ **durch den Bund** *(BRD)* федерально;

Straßenbau‖amt *(BRD)* Ведомство дорожн‖ого строительства; **-arbeiten** *(Pl.)* -о-строительные работы; **-arbeiter** *(Pers.)* дорожник-строитель *(m.)*; **-programm** программа развития (расширения) -ого строительства;

Straßen‖belag дорожн‖ое покрытие, <твёрдое> покрытие дороги; **-belastung** загруженность *(f.)* <автомобильной> дороги <транспортом>, интенсивность *(f.)* движения на дороге; **-beleuchtung** уличное освещение; **-benutzungsabgabe** -ый (шоссейный) сбор <за пользование транспортной инфраструктурой>;

Straßenbenutzungsgebühr ‖ дорожн‖ый (шоссейный) сбор <за пользование транспортной инфраструктурой>; **verkehrslastabhängige** ~ -ый сбор, зависящий от транспортной нагрузки; **verkehrslastunabhängige** ~ -ый сбор, не зависящий от транспортной нагрузки;

Straßen‖breite ширина дороги; **-brücke** автодорожный мост; **-decke** дорожное покрытие; **-dienst** дорожная служба; **-einmündung** примыкание дороги; **-fahrzeug** автодорожное транспортное средство, автомобиль _(m.)_; **-führung** _s. Streckenführung_

straßengebunden‖es **Fahrzeug** транспортное средство, не приспособленное к движению по бездорожью; **-er** **Verkehr** автомобильный транспорт (-ые перевозки)

Straßen‖glätte гололедица на дорогах; **-graben** кювет; **-güterfernverkehr** дальние грузовые перевозки автомобильным транспортом, автомобильный грузовой транспорт (автомобильные перевозки груза) на дальние расстояния; **-güternahverkehr** местные грузовые перевозки автомобильным транспортом, местный автомобильный грузовой транспорт; **-güterspediteur** _(Pers.)_ грузовой автодорожный (автотранспортный) экспедитор;

Straßengüterverkehr ‖ _(auch Güterkraftverkehr)_ автомобильный (автодорожный) грузовой транспорт, автомобильные перевозки груза, грузовые автоперевозки; **internationaler** ~ международные перевозки груза автомобильным транспортом; **Beförderungsbestimmungen für**

den ~ правила _(Pl.)_ перевозок груза автомобильным транспортом;

Straßengüterverkehrs‖spediteur _(Pers.)_ автомобильный (автотранспортный) экспедитор (перевозчик) <груза>; **-spedition** автотранспортная (автодорожная) экспедиция <на грузовиках>; **-vertrag** договор автомобильной перевозки груза;;

Straßengüterversicherungsschein полис автотранспортного страхования;

Straßen‖infrastruktur дорожн‖ая инфраструктура; **-kapazität** провозная способность (-ая мощность) дорог; **-karte** -ая карта, карта автомобильных дорог; **-kategorie** категория (класс) дорог; **-klasse** _s. -kategorie_; **-klassifikation** классификация дорог; **-kongress** конгресс автомобильного транспорта; **-kontrolle** -ый контроль; **-kontrollpunkt** -ый контрольно-пропускной пункт; **-kreuzung** пересечение дорог, перекрёсток; **-lage** _(Kfz.)_ устойчивость _(f.)_ <автомобиля> при движении; **-meister** _(Pers.)_ начальник -о-ремонтной службы; **-meisterei** ремонтная -ая служба; **-mündung** конец улицы; **-name** название улицы; **-netz** -ая сеть, сеть <автомобильных> дорог, **-netzdichte** плотность _(f.)_ -ой сети (сети автомобильных дорог); **-niveau** уровень _(m.)_ улицы; **-pflaster** мостовая; **-rand** обочина <проезжей части> дороги; **-rückbau** сужение проезжей части; **-sanierung** восстановление дорог; **-schild** указатель _(m.)_ (табличка) с названием улицы; **-sperre** уличное заграждение, заграждение на дороге; **-sperrung** заграждение улицы, приостановление (перекрытие) движения (транспорта) по дороге; **-transport** *(Güterv.)* перевозка <груза> автотранспортом; **-transporteur** автомобильный перевозчик; **-tunnel** -ый (автотранспортный) туннель; **-überführung** проезд (путепровод) над пересекаемой дорогой; **-übergang** путепровод; **-unterführung** проезд (путепровод) под пересекаемой дорогой; ~ **und Verkehrswesen** планирование, строительство и эксплуатация дорог; ~ **und Wegenetz** автогужевые дороги, сеть *(f.)* шоссейных и грунтовых дорог; **Europäischer -verband** Европейская федерация дорог; **-verbindungen** *(Pl.)* сеть *(f.)* дорог, -ые маршруты; **-verhältnisse** *(Pl.)* -ые условия;

Straßenverkehr ‖ уличное (дорожное) движение; **Restriktionen** *(Pl.)* **für den** ~ ограничения в уличном движении; **Sicherheitssystem im** ~ система безопасности дорожного движения;

Straßenverkehrs‖anlagen *(Pl.)* сооружения автомобильного транспорта; **-aufkommen** объём уличного движения; **-aufsicht** надзор за автотранспортом; **-behörde** орган управления уличным движением; **-genossenschaft** *(BRD)* Товарищество предприятий автодорожного транспорта; **-gesetzgebung** дорожное законодательство; **-markt** рынок автомобильного транспорта; **-ordnung (StVO)** правила *(Pl.)* дорожного (уличного) движения (ПДД), **-sicherheit** безопасность *(f.)* дорожного движения; **-verbindung/en** линия/и

автомобильного движения; **-zulassungsordnung** положение о выдаче прав водителям автомобилей и о допушении транспортного средства к уличному движению, порядок допуска транспортного средства к эксплуатации;

Straßen‖wacht дорожн‖ая охрана; **-wesen** планирование, строительство и содержание дорог; **-wetterdienst** -о-метеорологическая служба; **-winterdienst** служба зимнего содержания дорог; **-zoll** *s* *-benutzungsabgabe*; **-zufahrt** автомобильный подход; **-zugang** *s.* *-zufahrt*; **-zugmaschine** автомобиль-тягач; **-zustand** состояние дорог; **-zustandsbericht** информация о состоянии дорог

Strategie стратегия; **Verkehrs-** ~ в области транспорта

Strecke *(s. auch Straße, Linie, Trasse)* **1.** *(Infrastruktur)* трасса, *(Schienv., Flug. auch)* путь *(m.)*; **2.** *(Streckenabschnitt)* участок <дороги, трассы>; **3.** *(Streckenführung)* *(Eis., Flug.)* трасса, *(ÖPNV, Schiff.)* маршрут, линия; **4.** *(Entfernung)* расстояние, дистанция; **ausgelastete** ~ загруженная трасса (-ый маршрут); **befahrbare** ~ проезжий участок дороги; **durchfahrene** ~ *(Entfernung)* пройденное расстояние (-ый путь), *(Laufleistung)* пробег; **eingleisige** ~ **1.** *(Abschnitt)* однопутный участок <дороги>; **2.** *(Linie)* однопутная линия; **elektrifizierte** ~ электрифицированный участок <дороги> (-ая трасса); **entmischte** 📖 ~ участок с рассредоточенными транспортными потоками; **gerade**

~ прямой путь (-ой участок); **interkontinentale** ~ межконтинентальная трасса; **kurvenreiche** ~ извилистый участок (-ый путь); **mehrgleisige** ~ **1.** *(Abschnitt)* многоколейный путь, многоколейная (многопутная) дорога; **2.** *(Linie)* многопутная линия; **nicht ausgelastete** ~ недогруженная трасса (-ый маршрут); **nicht befahrbare** ~ непроезжий участок дороги; **überlastete** ~ перегруженная трасса (-ый маршрут); **unbefahrbare** ~ *s. nicht befahrbare*; **zweigleisige** ~ **1.** *(Abschnitt)* двухпутный участок <дороги>; **2.** *(Linie)* двухпутная линия;

Strecke, Abfuhr- *(Güterv.)* путь отвоза; **Anfahr-** *(LKW)* нулевой пробег; **Anfuhr-** *(Güterv.)* путь подвоза; **Anschluss-** примыкающая линия; **Ausbau-** расширенный участок <дороги> (-ая трасса); **Bahn-** железнодорожный путь, участок железнодорожного пути; **Betriebs-** эксплуатационный путь; **Binnen-** *(Flug.)* внутренний рейс; **Durchgangs-** транзитный путь (-ая линия), линия сквозного сообщения; **Fahr-** путь (маршрут) следования транспорта; **Fern-** дальний путь сообщения; **Flug- 1.** *(Luftweg)* путь воздушного сообщения, **2.** *(Linie)* рейс, маршрут полёта; **3.** *(Entfernung)* дальность *(f.)* полёта; **Gleis-** участок <рельсовой> пути; **Haupt-** магистраль *(f.)*, магистральная линия, столбовая дорога, *(Eis. auch)* железнодорожная магистраль; **Hochgeschwindigkeits-** высокоскоростная дорога (-ая линия, -ая трасса); **Inlands-** внутренний рейс; **Kurz-** короткое расстояние (-ая дистанция); **Lang-** дальнее расстояние, длинная

дистанция; **Mittel-** среднее расстояние (-яя дальность, -яя дистанция); **Neben-** подъездной путь; **Neubau-** трасса-новостройка; **Nutz-** *(LKW)* пробег <грузового автомобиля>; **Parallel- 1.** *(Teilstück)* параллельный путь (-ый участок); **2.** *(Linie)* параллельный маршрут (-ая линия); **Präferenz-** преференциальный (предпочтительный, преимущественный) маршрут; **Roll-** *(Flug.)* маршрут руления <самолёта>; **Rund-** кольцевая трасса (-ая линия); **Schnellfahrt-** участок <дороги> для скорого (скоростного) движения; **Schwachlast-** малонагруженный маршрут; **Sperr-** закрытый <для движения транспорта> участок дороги; **Stamm- <eines Verkehrsmittels>** *(ÖPNV)* регулярный маршрут <автобуса, трамвая, электрички>; **Straßenbahn-** трамвайные пути *(Pl.)*; **Teil-** участок пути, секция маршрута; **Transit-** транзитный путь (-ый маршрут, -ая линия); **Transport-** транспортный путь, путь движения (сообщения, следования транспорта); **Tunnel-** туннельный (подземный) участок трассы, секция туннеля; **Umgehungs-** объезд, *(Kfz. auch)* объездная (окружная) дорога, *(Eis. auch)* обходный путь; **Verkehrs-** транспортный путь, путь сообщения; **Weg-** участок пути; **Weit-** *s. Lang-*; **Zubringer-** подъездная трасса;

Neubau einer || Strecke новостройка участка дороги (трассы); **Stilllegung einer** ~ закрытие участка дороги (трассы) для движения; **Verlängerung einer** ~ удлинение трассы; **eine** ~ **stilllegen** закрывать/закрыть участок дороги для движения

Strecken- *(in Zus.)*; **-abschnitt** участок дороги; **-anzeiger** *(ÖPNV)* указатель *(m.)* маршрутов; **-auslastung** загрузка (загруженность *(f.)*) линий (маршрутов), *(im Güterv. auch)* грузонапряжённость *(f.)* трасс (транспорта); **-bedienung** обслуживание маршрутов (трасс) транспортом; **<regelmäßige> -bedienung** регулярные интервалы обслуживания маршрутов; **-belastung** нагрузка дороги (трассы); **-dienst** *(Eis.)* служба пути; **-fahrplan** маршрутное расписание; **-fracht** *(Gebühr)* фрахт за определённое расстояние; **-führung** ведение трассы (линии), маршрут

streckengebundener Verkehr маршрутное движение

Strecken‖geschäft 1. *(Direkt)* прямая сделка (-ая операция); **2.** *(Transit)* транзитная операция; **-geschwindigkeit** техническая скорость; **-kapazität** провозная способность (-ая мощность) линии (пути, трассы); **-karte** маршрутная карта; **-kategorie** категория трассы; **-kilometer** километр эксплуатационной длины; **-länge** длина трассы (пути); **-netz** сеть *(f.)* маршрутов (линий), *(Straße auch)* дорожная сеть; **-neubau** новостройка трасс; **-plan** план участка <дороги, пути>; **-planung** планирование маршрутов; **-tarif**[□] участковый тариф; **~- und Landerechte** *(Pl., Flug.)* права <авиакомпаний> на получение разрешения на обслуживание определенных рейсов, а также на взлёт и посадку в аэропортах; **-verkehr** маршрутное движение

(-ое сообщение, -ые перевозки), перевозки по маршрутам

Strömung течение; **~ eines Flusses ~** реки; **Meeres-** морское

Strömungs- *(in Zus.)*; **-geschwindigkeit 1.** *(Wasserlauf)* скорость *(f.)* течения реки; **2.** *(sich bewegende Mengen)* скорость *(f.)* <транспортного> потока; **-schatten eines Flugzeugs** *(techn.)* спутный <аэродинамический> след самолёта

Strom *Hom.* **I 1.** *(Wasserlauf)* река; **2.** *(sich bewegende Menge, s. auch Aufkommen)* поток/и; **Container-** контейнеропоток; **Fahrzeug-** поток автомобилей; **Fußgänger-** поток пешеходов; **Güter-** грузовой поток (грузо-); **Güter- und Passagierströme** *(Pl.)* грузовые и пассажирские потоки; **Pendler-** маятниковый пассажиропоток; **Sammelgut-** *(Pl.)* транспортные потоки сборного груза; **Verkehrs-** транспортный поток

Strom *Hom.* **II** *(elektr.)* ток; **Fahr-** тяговый

Strom- *(in Zus.)*; **-abnehmer** *(O-Bus, Straßenbahn)* токоприёмник; **-schiene** контактный рельс; **-system** система тока

Stück *(s. auch Einheit)* единица; **Fracht-** ~ груза, грузовое место; **Gepäck-** место багажа; **Pack-** *s. Gepäck-*; **Transport-** ~ транспортируемого (перевозимого) груза; **Versand-** штучный груз в отправке

Stück- *(in Zus.)* штучн‖ый/ая/ое/ые;

Stückgut ‖ штучный (генеральный, индивидуальный) груз, штучный товар, *(Kleingut auch)* мелький груз; **konventionelles ~** обычный,

стандартный; **unverpacktes** ~
бестарный; **verpacktes** ~ тарно-
штучный груз; **Massen-** массовый;

Stückgut‖aufkommen объём
перевозок штучн‖ого груз‖а;
-beförderung перевозка -ого -а;
-behälter *s. -container*; **-container**
контейнер для <перевозки> -ого -а;
-fahrer *(Pers.)* водитель *(m.)* -ого
-а; **-fahrzeug** *(LKW)* автомобиль
(m.) для <перевозки> -ого -а;
-fracht тариф на перевозку -ого -а;
-frachter *(Schiff)* судно для
<перевозки> -ого -а, пакетовоз;
-hafen порт для <перегрузки> -ого
-а; **-halle** крытый перрон (-ый
пакгауз) для <перегрузки> -ого -а;
-identifikationssystem
<компьютеризованная> система
идентификации -ого -а;
-kurswagen *(Eis.)* сборно-
раздаточный вагон; **-ladung**
штучный груз; **-lager** склад для
<хранения> -ого -а; **-sammelstelle**
пункт сбора -ого -а; **-schiff** судно
для перевозки -ого -а, **-tarif** тариф
на перевозку -ого -а; **-transport**
перевозка -ого -а; **-umschlag**
перегрузка -ого -а; **-verkehr/e**
перевозки -ого -а; **-versand**
отгрузка (отправка) -ого -а;
<geschlossener> -wagen *(Eis.)*
<крытый> вагон для <перевозки>
-ого -а;

Stück‖ladung *s.* **-gut**; **-liste**
спецификация, перечень *(m.)*
предметов; **-ware** штучный товар;
-zoll поштучный таможенный
тариф

stürmisches Wetter штормовая
погода

Stützmaterial *(Verpackung)*
крепежный материал

stufenloser Tarif бесступенчатый
(недифференцированный,

одноставочный) тариф

Stufentarif ступенчатый
(дифференцированный) тариф

Stunde 1. *(Zeiteinheit)* час; **2.**
(Unterrichtseinheit) урок, занятие;
Fahr- *(Fahrschule)* занятие по
вождению; **Fahrzeug-** *(Kfz.)*
автомобиле-час; **Tonnenkilometer-**
тонно-километр-час; **Kilometer
pro** ~ километр/а/ов в час

Stunden- *(in Zus.)*
<по>часов‖ой/ая/ое/ые; **-leistung**
часовая производительность;
<fester> -takt <твёрдый>
почасовой интервал; **-tarif**
почасовой тариф

Stundung <von Zollgebühren>
отсрочка (рассрочка) уплаты
таможенной пошлины

Stundungsrabatt отсроченная скидка
<с чего-л.>

Sturzgut *(s. auch Schüttgut)* сыпучий
(насыпной) груз

Subcontractor *(jur.)* субподрядчик

substitutierbare Ware заменяемый
товар

Subvention субсидия, дотация;
Export- экспортная субсидия

Südchinesisches Meer Южно-
китайское море

Südsee Южное море

Süßwasser пресная вода

Supercargo *(Flugzeug)* суперкарго *(n.
indkl.)*, крупногабаритный
(тяжеловесный) самолёт

System система; **automatisiertes** ~
автоматизированная; **autonomes** ~
автономная; **EDV-gestütztes** ~
компьютеризированная;
einheitliches ~ единая;

harmonisiertes ~ гармонизированная, *(EU auch)* номенклатура гармонизированной -ы; **integriertes** ~ интегрированная; **intelligentes** ~ интеллигентная; **intermodales** ~ межмодальная; **multimodales** ~ мультимодальная; **verkehrstechnologisches** ~ транспортно-технологическая; ~ **zur Bezeichnung und Kodierung von Waren** ~ по наименованию и кодированию товаров;

System, Absatz- система ‖ сбыта; **Abstandhalte-** *(Fahrzeug)* ~ автоматического поддержания расстояния безопасности; **Antiblockier-** *(Kfz.)* антивоблокировочая тормозная; **Autopilot-** ~ автопилота; **Bodennavigations-** *(Flug.)* наземная навигационная; **Bruttopreis-** ~ цен брутто; **Charter-** чартерная; **Container-** контейнерная; **Containertransport-** транспортная ~ для перевозки контейнеров; **Enteisungs-** *(Flug.)* противообеденительная; **Fähr-** паромная; **Fahrplan-** <единая> ~ графика (режима) движения; **Fahrzeugidentifikations-** ~ идентификации транспортного средства; **Flugleit-** ~ управления полётами; **Frachtabrechnungs-** ~ проведения расчётов фрахта; **Frachtinformations-** радиолокационная ~ для наблюдения за прохождением груза; **Frachtleit-** ~ управления грузовыми перевозками; **Funk-** радиопроводная ~ связи, *(Schiff)* судовая радиостанция; **Geschwindigkeitsregelungs-** ~ регулирования скоростью; **Hochgeschwindigkeits-** ~ высокоскоростных дорог; **Informations-** информационная, ~ информации, ~ информационных

служб; **Informationsverarbeitungs-** ~ электронной обработки данных; **Instrumentenlande-** *(Flug.)* инструментальная посадочная; **Kontingentierungs-** ~ контингентирования; **Kosten-Informations-** *(LKW, BRD)* информационная ~, служащая автотранспортным предприятиям ориентиром для составления калькуляции; **Lager-** ~ складирования, ~ складского хозяйства; **Lande-** *(Flug.)* посадочная; **Leichter-** *(Binnsch.)* лихтеровозная; **Leit-** направляющая, <автоматическая> ~ управления <движением>; **Luftverkehrskontroll-** ~ контроля за воздушным транспортом; **Mikrowellen-Lande-** *(Flug.)* микроволновая посадочная; **Navigations-** навигационная; **Nettopreis-** ~ цен нетто; **Optimierungs-** ~ оптимизации; **Paletten-** пакетная, ~ перевозки груза на поддонах; **Park-** ~ паркования; **Parkleit-**☐ <автоматическая> ~ управления местами стоянки; **Parkraum-** ~ пользования площадью для стоянки автомобилей; **Parkraumnutzungs-** ~ управления местами стоянки; **Preis-** ~ цен; **Qualitätssicherungs-** ~ обеспечения качества; **Radar-** радиолокационная; **Reiseinformations-** ~ предоставления информации по путешествию; **Reservierungs-** ~ резервирования <мест>; **Ring-Radial-~** радиально-кольцевая; **RoRo-~** ролкерная, трейлерно-контрейлерная; **Rückhalte-** *(im PKW)* ~ укладки и натяжения ремней безопасности; **Satellitennavigations-** космическая навигационная; **Schub-** *(Binnsch.)*

толкаемый состав; **Sicherheits-** **<im Straßenverkehr>** ~ безопасности <дорожного движения>; **Signal- und Zugsicherungs-** _(Eis.)_ ~ сигнализации и управления транспортными потоками на железных дорогах; **Stapel-** ~ складирования; **Steuer-** 1. _(techn.)_ ~ управления; **2.** _(Abgaben)_ ~ налогообложения; **Steuerungs-** ~ управления; **Strom-** ~ тока; **Stückgutidentifikations-** ~ идентификации штучного груза; **Tarif-** тарифная; **Tarif- und Fahrplan-** тарифно-маршрутная, ~ тарифов и расписаний; **Telematik- <für die automatische Beobachtung des Verkehrsverhaltens>** ~ телематики <для автоматического наблюдения транспортной ситуации>; **Terminalkontroll-** ~ надзора над эксплуатацией терминала; **Transport-** транспортная, ~ управления транспортом; **Transportmittelidentifikations- <компьютеризованная>** ~ идентификации транспортного средства; **Verkehrs-** 🕮 _s._ _Transport-_; **Verkehrsbegleitungs-** ~ постоянного наблюдения за <дорожным> движением; **Verkehrsinformations- <автоматическая>** ~ подачи (предоставления) информации о транспортной обстановке; **Verkehrskontroll-** ~ надзора над движением транспорта; **Verkehrsleit- <автоматическая>** ~ управления уличным движением; **Verkehrsmanagement-** транспортного управления (-ого менеджмента); **Vertriebs-** ~ сбыта, ~ распределения; **Europäisches Währungs-** Европейская валютная; **Wasserstraßen<verbund>-** _(Binnsch.)_ ~ водных путей;

Wegeleit- _(Kfz.)_ <автоматическая> ~ управления уличным движением; **Wertklassen-** _(für Güter)_ ~ стоимостной классификации <грузов>; **Wirtschafts-** экономическая; **Zoll-** таможенная; **<automatisches> Zugsicherungs-** <автоматическая> ~ безопасности поездов

T

Tachometer _(Kfz.)_ спидометр, спидограф

täglich суточн‖ый/ая/ое/ые; **-e durchschnittliche Beladung** _(Eis.)_ средняя -ая погрузка; **-er Durchschnittsverkehr** средняя -ая нагрузка от транспорта; **-es Fahrgastaufkommen** -ый пассажиропоток, -ый поток пассажиров; **-e Fahrleistung** -ый пробег; **-e Laufleistung** _(Eis.)_ -ый пробег

Tätigkeit eines Havariekommissars _(Schiffssachverständiger)_ сюрвейерская деятельность

Tätigkeitsprofil профиль _(m.)_ деятельности <предприятия>

Tagebuch _(hier Schiff.)_ журнал; **Funk-** <судовой> радиотелеграфный; **Sanitäts-** санитарный; **Schiffs-** судовой, вахтенный

Tages- _(in Zus.)_ **1.** _(täglich)_ суточн‖ый/ая/ое/ые; **2.** _(am Tage)_ дневн‖ой/ая/ое/ые; **-belastung** суточная нагрузка; **-entladeplan** суточный план выгрузки;

-fahrleistung *(Fahrzeug)* суточный пробег; **-fahrplan** дневной график движения; **-fahrt** *(Kurzreise)* однодневная поездка (-ая путёвка); **-karte** *(ÖPNV)* дневной билет; **-tarif** дневной тариф; **-wagen** вагон дневного сообщения; **-verkehr** перевозки в дневное время; **-zugverbindung** маршрут дневного поезда

Tagfahrt дневная поездка (-ая езда)

Takt интервал, такт; **fester ~** твёрдый, жёсткий; **Minuten-** поминутный; **Stunden-** почасовой; **Zug-** интервал следования поездов

Takt- *(in Zus.)*; **-dichte** плотность *(f.)* интервалов, частота движения <по твёрдым интервалам>; <integraler> **-fahrplan** 🕮 <интегральный> график движения по твёрдому (жёсткому) интервалу; **-verkehr** движение по твёрдому (жёсткому) графику

Talfahrt движение под уклон, спуск

Talgo<zug> *(Eis., span. Neigezug)* поезд типа Тальго, специальный поезд с гибкой подвеской кузова вагонов

Tallierung *(Schiff.)* подсчёт <количества> груза, деятельность *(f.)* таллимана

Tally- *(in Zus., Schiff.)* тальманск‖ий/ая/ое/ие; **-bericht** -ая расписка; **-firma** -ая фирма; **-liste** *s.* *-bericht*; **-manifest** *s.* *-bericht*; **-mann** *(Pers.)* таллиман, тальман; **-rechnung** -ий счёт; **-schein** *s.* *-bericht*

Talon талон

Talstation *(Seilbahn)* нижняя (подгорная) концевая станция <канатной дороги>

Tangentialverbindung тангенциальная связь

Tank *(Behälter)* бак, цистерна; **Ballast-** балластный бак; **Benzin-** бензиновый бак, бензобак; **Druck-** напорный бак; **Kraftstoff-** топливный бак; **Wasser- ~** для воды

Tank- *(in Zus.)*; **-anhänger** прицеп-цистерна; **-auflieger** полуприцеп-цистерна; **-container** контейнер-цистерна

tanken *(Kraftstoff auffüllen)* заправляться/заправиться <бензином>

Tanker *(Schiff.)* танкер, наливное судно; **Gas-** газовозное судно, *(umg.)* газовоз; **Öl-** нефтеналивное судно, *(umg.)* нефтевоз

Tanker- *(in Zus., Schiff.)* танкерн‖ый/ая/ое/ые; **-flotte** -ый (наливной) флот; **-frachtrate** фрахтовая ставка на танкеры (на наливной тоннаж); **-frachtraum** -ый (наливной) тоннаж; **-kapazität** *s.* *-frachtraum*; **-markt** -ый рынок; **-tonnage** *s.* *-kapazität*

Tank‖fahrzeug *(LKW)* автомобиль-цистерна; автоцистерна, *(für Kraftstoff auch)* топливозаправщик (бензо-); **-ladung** наливной груз; **-lager** склад для наливного груза, *(für Kraftstoff)* топливохранилище, *(für Benzin)* бензохранилище, *(für Öl)* нефтебаза; **-säule** топливораздаточная колонка, *(für Benzin)* бензоколонка; **-schiff** *s.* *Tanker*; **-schifffahrt** наливное судоходство; **-schlauch** заправочный шланг; **-stelle** <авто>заправочная станция (-ый пункт); **-wagen** 1. *(LKW)* *s.* *-fahrzeug*; 2. *(Eis.)* вагон-цистерна, нефтеналивной вагон, топливозаправщик; **-wart** *(Pers.)* заправщик; **-zug** *(LKW)* автопоезд для перевозки жидкого груза в цистернах

Tara 1. *(s. auch Verpackung)* тара; **2.** *(Verpackungsgewicht)* вес тары; **reelle** ~ фактический вес тары; **usuelle** ~ узотара; **verifizierte** ~ проверенный вес тары; **Brutto-** тара брутто, брутто-тара; **Netto-** тара нетто, нетто-тара; **Über-** сверхтара; **Uso-** *s. usuelle*

Tara-Ordnung порядок использования тары

Tarif *(s. auch Entgelt, Gebühr, Geld, Preis)* тариф; **allgemeiner** ~ общий, средний; **ausgehandelter** ~ конвенционный; **autonomer** ~ автономный; **bilateraler** ~ двусторонний; **doppelter** ~ двойной; **einheitlicher** ~ единый, общий, средний; **ermäßigter** ~ льготный, пониженный; **fester** ~ твёрдый, жёсткий; **gemeinsamer** ~ общий, единый; **gemischter** ~ смешанный; **internationaler** ~ международный; **pauschaler** ~ паушальный; **reglementierter** ~ регулированный; **staffelloser** ~ недифференцированный, бесступенчатый, одноставочный; **stufenloser** ~ *s. staffelloser*; **vertraglich vereinbarter** ~ договорный; **vorgeschriebener** ~ установленный; **wettbewerbsfähiger** ~ конкурентоспособный;

Tarif ‖ **für Expressbeförderung** тариф ‖ на срочные перевозки; ~ **für Jugendliche** молодёжный; ~ **für den Güterfernverkehr mit Kraftfahrzeugen** ~ на дальние грузовые перевозки автотранспортом; ~ **für den kombinierten Verkehr** ~ на

смешанные перевозки; ~ **laut Frachtanzeiger** схемный; **laut Frachttafel errechneter** ~ табличный;

Tarif, Als-ob-~ 📖 «как будто»-‖тариф; **Ausflugs-** экскурсионный; **Ausfuhr-** экспортный; **Ausgleichs-** компенсационный; **Ausnahme-** исключительный, льготный, ставка исключительного -а, *(Bahntarif für Transporte von und zu Seehäfen, BRD)* льготный железнодорожный ~ для немецких морских портов; **Außenzoll-** *(EU)* внешний ~ <ЕС>; **Bahn-** железнодорожный; **Basis-** основной, основная ставка -а; **Beförderungs-** цена (стоимость *(f.)*) перевозок, *(Güterv. auch)* транспортный, грузовой, ~ на транспортные услуги, фрахт, *(Pass. auch)* цена (стоимость *(f.)*) проезда (проездного билета); **Binnen-** внутренний; **Binnenschifffahrts-** речной, ~ внутреннего водного транспорта; **Binnenzoll-** внутренний таможенный; **Brutto-** брутто-~; **Bus-** автобусный; **Container-** контейнерный; **Degressiv-** дегрессивный; **Dienstleistungs-** ~ на услуги, ~ на предоставление услуг; **Direkt-** прямой; **Durchfahrts-** транзитный; **Durchfracht-** транзитный грузовой; **Durchfuhr-** *s. Durchfahrts-*; **Durchgangs-** *s. Durchfahrts-*; **Durchschnitts-** средний, средняя тарифная ставка; **Eil-** срочный; **Einfuhr-** импортный; **Einheits-** *s. einheitlicher*; **Einheitszoll-** единый (общий) таможенный; **Einzelfracht-** ~ для индивидуального груза; **Eisenbahn-** *s. Bahn-*; **Ehegatten-** супружеский; **Entfernungs-** поясной, покилометровый; **Export-** *s. Ausfuhr-*; **Express-** *s. Eil-*;

Expressgut- ~ на перевозку срочного груза; **Fahrtgebiets-** *(Schiff.)* побассейновый; **Familien-** семейный; **Fernverkehrs-** ~ дальнего сообщения; **Fracht-** *(s. auch Frachtrate)* грузовой, фрахтовый, фрахтовая (тарифная) ставка, фрахтовый индекс; **Ganzzug-** ~ на перевозку груза в отправительских маршрутных поездах; **Gebrauchszoll-** общий таможенный; **Gebühren-** ~ (ставка) сбора; **General-** генеральный; **Gepäck-** багажный, ~ на багаж, ~ на перевозку багажа; **Grund-** *s. Basis-*; **Gruppen-** 1. *(Güterv.)* объединённый; 2. *(Pass.)* групповой; **Güter<beförderungs>-** грузовой, ~ на перевозку груза; **Güterkraftverkehrs-** ~ на грузовые перевозки автотранспортом; **Gutarten-** предметный; **Hafen-** портовый; **Haus-zu-Haus-~** ~ на перевозку от двери <грузоотправителя> до двери <грузополучателя>; **Import-** *s. Einfuhr-*; **Inlands-** внутренний; **Kai-** причальный; **Kilometer-** покилометровый; **Kombi-** комбинированный; **Konventional-** конвенционный; **Kraftverkehrs-** автомобильный; **Lager-** ~ складского хранения, **Linien-** маршрутный, *(Schiff. auch)* ~ линейного судоходства; **Luftfracht-** авиационный грузовой; **Luftverkehrs-** авиационный, ~ воздушного сообщения; **Margen-** ~ с верхним и нижним пределом; **Massengüter-** ~ для массового груза, ~ для перевозки больших партий груза; **Maximal-** максимальный, *(mit Obergrenze)* ~ с верхним пределом; **Mehrsatz-** многоставочный; **Mindest-** минимальный, *(mit Untergrenze)* ~ с нижним пределом;

Mischzoll- смешанная пошлина, смешанный таможенный; **Nacht-** ночной; **Nahverkehrs-** ~ на ближние перевозки, пригородный; **Netto-** нетто-~; **Normal-** стандартный, нормальный, полный; **Null-** нулевой; **Orts-** местный; **Pauschal-** паушальный; **Personenbeförderungs-** *(Pass.)* пассажирский, ~ на перевозку пассажиров; **Personenkraftverkehrs-** пассажирский автомобильный; **Präferenz-** предпочтительный, преимущественный, преференциальный; **Prämien-** премиальный; **Progressiv-** прогрессивный; **Referenz-**⌑ рекомендованный; **Regel-** общий, стандартный; **Regional<verkehrs>-** региональный, пригородный; **Retour-** обратный; **Richtungs-** ~, действующий в одном направлении; **Rück<fahr>-** *s. Retour-*; **Saison-** сезонный; **Schifffahrts-** *(See.)* морской <грузовой>, *(Binnsch.)* речной <грузовой>; **Schnitt-**⌑ *(Eis.)* суммарный ~ по указателям маршрутных –ов; **Schüler-** ~ для обучающихся; **Seefracht-** ~ на морские грузовые перевозки; **Seehafenausnahme-** *(Eis., BRD)* льготный железнодорожный ~ для германских морских портов; **Seehafendurchfuhr-** ~ за транзит через морской порт; **Seehafen-Speditions-~** экспедиторский ~, принятый в морских портах; **Seeschifffahrts-** морской <грузовой>; **Sonder-** специальный, преференциальный, исключительный; ~, предоставленный для определённых товаров, *(ermäßigt auch)* льготный; **Speditions-** ~ на транспортно-экспедиционные услуги; **Spezial-** _s._ _Sonder-_; **Staffel-** многоставочный, ступенчатый, дифференцированный; **Standard-** _s._ _Normal-_; **Stau- und Trimm-** стивидорный; **Strecken-**⊞ участковый; **Stückgut-** ~ на перевозку штучного груза; **Stufen-** дифференцированный, ступенчатый; **Stunden-** почасовой; **Tages-** дневной; **Taxi-** таксомоторный; **Teil-** тарифная ставка на определённый участок дороги; **Tonnen-** потонный; **Transit-** _s._ _Durchfuhr-_; **Transport-** транспортный, ~ на транспортные услуги, _(Güterv. auch)_ ~ на перевозку <груза>; **Verbands-** _(Eis.)_ ~, согласованный между железными дорогами <разных стран>; **Verrechnungs-** _(kfm.)_ расчётный, расчётная тарифная ставка; **Versicherungs-** страховой, страховая стоимость; **Vertrags-** _s. vertraglich vereinbarter_; **Vorort-** пригородный; **Vorzugs-** преференциальный, льготный; **Wagenladungs-** _(Eis.)_ повагонный; **Wert-** стоимостный, тарификация грузов по их ценности; **Wettbewerbs-** конкурентный; **Zeit-**⊞ повременный; **Zeitcharter-** тайм-чартерный, ~ на тайм-чартер; **Zoll<einheits>-** <единый> таможенный; **Zonen-**⊞ поясной, зональный, ~ для отдельных зон; **Zweisatz-~** двухставочный; **Zwischen-** промежуточный;

einen Tarif ‖ bilden устанавливать/установить ~; ~ **einhalten** соблюдать/соблюсти ~; ~ **erhöhen** повышать/повысить ~; ~ **festlegen** _s._ ~ _bilden_; ~ **senken** снижать/снизить ~

Tarif- _(in Zus.)_ тарифн‖ый/ая/ое/ые; **-abkommen** -ое соглашение;

-änderung модификация (изменение) тарифов

tarifär тарифн‖ый/ая/ое/ые; **-e Barriere** -ый барьер; **-e Handelsschranke** -ый торговый барьер

Tarif‖anzeiger тарифн‖ый указатель; **-art** вид тарифа; **-aufhebungsgesetz** _(Güterv., EU)_ закон об отмене <твёрдых> тарифов (об устранении тарифов на грузовые перевозки); **-bestimmungen** _(Pl.)_ -ая инструкция, -ые предписания; **-bildung** тарификация, установление (формирование) тарифа; **-bindung** замораживание тарифов; **-entfernung** -ое расстояние; **-erhöhung** повышение тарифа; **-ermäßigung** -ые льготы, скидка с тарифа

Tarifeur _(Pers.)_ тарификатор

Tarif‖gebiet тарифн‖ая зона; **-gemeinschaft**⊞ -ый союз, -ое сообщество; **-höhe** уровень _(m.)_ -ых ставок; **-hoheit** _(jur.)_ -ый суверенитет

tarifieren _(Tarif für eine Ladung festlegen)_ применять/применить определённый тариф на перевозку груза

Tarifierung <einer Ladung> тарификация <груза>

Tarif‖kilometer тарифо-километр; <ständige> **-kommission** <постоянная> тарифная комиссия; **-liberalisierung** либерализация тарифов

tariflich тарифн‖ый/ая/ое/ые

Tarif‖niveau уровень _(m.)_ тарифн‖ых ставок; **-ordnung 1.** _(Verordnung)_ -ая инструкция; **2.** _(Pl., Regeln)_ -ые правила, правила установления тарифов; **-pflicht** обязанность *(f.)* соблюдения тарифа, обязанность применения установленного тарифа; **-politik** -ая политика, политика в области тарифов; **-rate** *(s. auch –satz)* тарифная ставка; **<staatliche>** **-regulierung** <государственное> регулирование тарифов;

Tarifsatz ‖ *(s. auch Frachtrate, Frachtsatz, Rate)* тарифная ставка; **einheitlicher** ~ единая, общая; **internationaler** ~ международная; **vertraglich vereinbarter** ~ договорный <таможенный> тариф; **voller** ~ полная; **Durchschnitts-** средняя; **Einheits-** *s. einheitlicher*; **Eisenbahn-** ставка железнодорожного тарифа; **Gesamt-** ставка общего тарифа, *(ohne Unterteilung)* полная; **Zoll-** таможенный тариф, ставка таможенной пошлины;

Tarif‖schranke тарифн‖ый барьер; **-senkung** снижение тарифа; **-staffel** ступенчатый -ый указатель; **-struktur** -ая структура; **-system** -ая система; **-tonne** -ая тонна; **-tonnenkilometer** тарифо-тонно-километр; **-überwachung** контроль *(m.)* над соблюдением тарифов; **<einheitliches>** **~ und Fahrplansystem** <единая> система тарифов и расписаний, -о-маршрутная система; **~ und Verkehrsanzeiger** -о-маршрутный указатель; **-verbund** -ый союз; **-vergünstigungen** *(Pl.)* -ые льготы; **-vertrag** -ый договор, -ый контракт; **-vertragsordnung** правила применения соглашения о провозных тарифах; **-vorschriften** *(Pl.)* *s. -bestimmungen*; **-zoll** -ая пошлина; **-zone**⌗ -ая зона; **-zwang** *s. -pflicht*

tatsächlich фактическ‖ий/ая/ое/ие; **-e Kosten** *(Pl.)* -ая стоимость, -ие расходы; **-er Preis** -ая цена

Tauch- *(in Zus.)*; **-kran** водолазный кран; **-tiefe** *(Schiff.)* глубина погружения

Tausch *(Umtausch)* замена <чего-л.>

Tausch- *(in Zus.)*; **-handel** *(AH)* бартерная торговля, бартер; **-palette** заменимый поддон

Taxi такси *(n. indkl.)*; **Funk-** ~ с радиопереговорным устройством; **Großraum-** микроавтобус; **Güter-** грузовое, грузо-; **Kurier-** ~ дипсвязи; **Linien-** маршрутное; **Nacht-** ночное; **Ruf-** вызовное; **Sammel-** *s. Linien-*; **Wasser-** водное; **mit dem** ~ **fahren** ехать (ездить) на такси

Taxi- *(in Zus.)* таксомоторн‖ый/ая/ое/ые; **-besitzer** *(Pers.)* владелец такси; **-fahrer** *(Pers.)* водитель *(m.)* такси, таксист; **-fahrgast** *(Pers.)* пассажир такси; **-genossenschaft** союз таксистов; **-haltepunkt** стоянка такси; **-innung** *s. -genossenschaft*; **-kilometertarif** -ый покилометровый тариф; **-konzession** лицензия на право вождения такси; **-ruf** вызов такси; **-stand** *s. -haltepunkt*; **-tarif** -ый тариф; **-unternehmen** -ое предприятие; **-verkehr** -ый транспорт, -ые перевозки *(Pl.)*, движение такси; **-zentrale** <диспетчерская> служба по вывозу такси

Taxometer тахограф

Technik техника; **bewegliche** ~ подвижная; **schienengebundene** ~ рельсовая <транспортная>; **Antriebs-** ~ привода; **Eisenbahn-** железнодорожная;

Eisenbahnsicherungs- железнодорожная ~ сигнализации, централизации и блокировки (СЦБ), железнодорожная автоматика и телемеханика; **Flug-** авиационная, авиа-; **Hafen-** портовая; **Kran-** крановое оборудование; **Navigations-** навигационная, навигационное оборудование; **Neige-**📖 *(Schienv.)* рельсовая ~ с гибкой подвеской кузова; **Rad-Schiene-~** *(Fahrzeug)* ~ передвижения транспортного средства как по железной, так и по автотранспортной дороге; **Schiffs-** судовая, судовое оборудование; **Schwerlast-** тяжеловесное оборудование; **Sicherheits-** ~ безопасности; **Signal-** ~ сигнализации; **Trailerzug-** способ перевозки в трейлерных поездах (на трейлерах); **Umlade-** перегрузочное (перевалочное) оборудование; **Umschlag-** *s.* *Umlade-*; **Umwelt-** ~ защиты окружающей среды; **Verkehrs-** транспортная; **Verkehrsleit-** ~ управления транспортом; **Weichen- und Signal-** ~ стрелок и сигнализации

Techniker *(Pers.)* техник; **Flugzeug-** авиа-

technisch техническ‖ий/ая/ое/ие; **-е Ausstattung** -ое оснащение; **-е Charakterisitk** -ая характеристика; **-е Daten** *(Pl.)* -ие данные; **-е Dokumentation** -ая документация; **-е Durchsicht** *(Kfz.)* -ий досмотр, техосмотр <автомобиля>; **-er Fahrzeugbrief** *(Kfz.)* -ий паспорт автомобиля; **-е Flotte** -ий флот; **-е Kennziffern** *(Pl.)* -ие показатели; **-е Kontrolle** -ий контроль; **-е Lieferbedingungen** *(Pl.)* -ие условия поставки; **-е Rekonstruktion** -ая реконструкция;

-е Sicherheit -ая безопасность; **-er Standard** -ий стандарт; ~ **bedingte Standzeiten** *(Pl.)* -ие простои; **-е Überwachung** -ий надзор, контроль *(m.)* -ого состояния <чего-л.>; **-er Überwachungsverein (TÜV)** *(BRD)* Общество -ого надзора; **-е Untersuchung** *s. Durchsicht*; **-е Vorschriften** -ие предписания, -ие правила; **-er Wagen** *(Schienv.)* служебно-технический вагон; **-er Zustand** -ое состояние

Technologie технология; **innovative** ~ инновационная; **moderne** ~ современная; **veraltete** ~ устаревшая; ~ **im Fahrzeugbau 1.** *(Kfz.)* ~ автомобильного строительства; **2.** *(Schienv.)* ~ строительства рельсового подвижного состава; **Verkehrs-** транспортная

technologisch технологическ‖ий/ая/ое/ие; **-е Kette** -ая цепь; ~ **bedingte Transporte** *(Pl.)* -ие перевозки; ~ **bedingter Verkehr** *s. Transporte*

Teil/e часть/и <чего-л.>; **Ersatz-** *(Pl.)* запасная/ые, сменные детали, *(Kfz. auch)* автозапчасти

Teil- *(in Zus.)* частичн‖ый/ая/ое/ые; **-auslastung** -ая (неполная) загрузка, неполное использование грузоподъёмности; **-befrachtung** *(Schiff., Flug.)* фрахтование части судна (самолёта); **-beschädigung** -ое повреждение, *(Unfall auch)* частная авария; **-charter** *(Schiff., Flug.)* чартер на фрахтование части судна (самолёта); **-entfernung** -ое расстояние; **-frachtrate** тарифная (фрахтовая) ставка на определённый участок дороги; **-kasko<versicherung>** неполное страхование каско *(n., indkl.)*;

-ladung 1. *(Prozess)* -ая (неполная) погрузка; **2.** *(Ladung)* партия товара, -о заполняющая транспортную ёмкость; **-ladungsverkehr/e** сборные грузовые перевозки *(Pl.)*; **-ladungsverzeichnis** *(Güter)* бордеро *(n., indkl.)*; **-lieferung** -ая поставка; **-sendung/en 1.** *(Ladung)* отдельные партии груза; **2.** *(Prozess)* поставка частями; **-sperrung** *(Straße)* -ое (неполное) перекрытие <дороги>; **-strecke** участок пути, секция маршрута; **-streckenverkehr/e** движение по <отдельным> участкам пути (по секциям маршрута); **-tarif** *s.* *-frachtrate*; **-verladung** -ая (неполная) погрузка <грузовика, вагона>; **-verlust** -ая утрата <груза>; **-versand** -ая (неполная) отгрузка (-ая отправка) <груза>

Telebusdienst *(BRD)* автобусная служба для инвалидов

Telematik телематика; **Verkehrs-**⌖ транспортная

Telematik- *(in Zus.)*; **-organisation** организация телематики; **-system** <für die automatische Beobachtung des Verkehrsverhaltens> система телематики <для автоматического наблюдения транспортной ситуации>

Temperatur температура

temperatur‖beständiges Gut термостойкий груз; **-empfindliches Gut** температурочувствительный груз; **-geführter Transport** перевозки, требующие непрерывного обеспечения определённой температурой <для перевозимого груза>; **-reguliertes Lager** склад с регулируемой температурой; **-unempfindliches Gut** *s. -beständiges Gut*

Tempo *(s. auch Geschwindigkeit)* скорость *(f.)*

Tempo- *(in Zus.)*; **-limit** ограничение скорости; **~-30-Zone** *(Wohngebiet)* зона <микрорайон> с установленной скоростью 30 км/ч

Termin *(s. auch Frist, Zeit)* дата, срок

Terminal терминал, *(kleine Umschlaganlage auch)* перевалочная база; **Abgangs-** терминал ‖ отправления, ~ отправки, ~ отгрузки; **Abflug-** *(Pass.)* ~ вылета; **Ankunfts-** *(Flug., Pass.)* ~ прилёта; **Ausgangs-** *s. Abgangs-*; **Bahn-** *(Eis.)* железнодорожный; **City-**⌖ *(Güterv.)* городской фрахтовый; **Container-**⌖ контейнерный, *(Schiff. auch)* контейнерный причал; **Empfangs-** ~ приёма; **Fähr-** паромный причал; **Forstprodukten-** ~ лесных продуктов; **Fracht-** грузовой, фрахтовый; **Frucht-** ~ фруктов и овощей; **Güter-** *s. Fracht-*; **High-Tech-~** наукоёмкий; **Kombi-** многопрофильный; **Lager-** складской; **Luftfracht-** ~ авиацинного груза; **Mehrzweck-** *s. Kombi-*; **Passagier-** пассажирский; **RoRo-~** ро-ро-~; **Transit-** транзитный; **Transport-** транспортный; **Umschlag-** перегрузочный, *(für Schütt- und Flüssiggut)* перевалочный; **Universal-** универсальный; **Versand-** ~ отгрузки, ~ отправки, ~ отправления; **Vielzweck-** *s. Kombi-*; **Ziel-** ~ назначения; **Zoll-** ~ таможенной очистки;

Bedienung von Terminal‖s обслуживание терминал‖ов;

Engpass eines -s нехватка мощностей -а, узкое место в -е; **Verladung ab ~** погрузка на -е

Terminal- _(in Zus.)_ терминальн‖ый/ая/ое/ые; **-aufenthalte** _(Pl.)_ простои на терминале; **-betreiber** <частный> оператор терминала; **-kontrollsystem** система надзора над эксплуатацией терминала; **-kosten** _(Pl.)_ -ые расходы; **-netzwerk** сеть _(f.)_ терминалов; **-standzeiten** _s._ _-aufenthalte_; **-trailer** -ый трейлер

termingerecht в срок; **-es Entladen** разгрузка ~

Terminlieferung срочная поставка

Territorialitätsprinzip [📖] _(für Steuern und Abgaben)_ принцип взимания транспортных налогов и сборов в стране пользования транспортной инфраструктурой

Territorium территория; **ein ~ durchqueren** проезжать/проехать территорию

Testflieger _(Pers.)_ лётчик-испытатель

Thermo- _(in Zus.)_ изотермическ‖ий/ая/ое/ие; **-fahrzeug** _(Kfz.)_ автомобиль _(m.)_ с -им кузовом; **-folie** _(Verpackung)_ термоусадочная плёнка; **-transport** _(Güterv.)_ перевозка температурочувствительного груза; **-transportwagen** _(Eis.)_ -ий вагон, изовагон, вагон-термос

Ticket _(Pass., s. auch Fahrschein)_ <проездной> билет; **Flug-** авиационный, авиа-; **Kurzstrecken-** _(ÖPNV)_ ~ на краткую дистанцию

Ticketschalter _(Pass.)_ билетная касса, _(Flug. auch)_ авиакасса

Tiefe _(Schiff.)_ глубина; **Tauch-** ~ погружения; **Wasser-** _(Fahrrinne)_ ~ фарватера; **Navigations-** навигационная

Tief- _(in Zus.)_; **-gang** _(Schiff.)_ марка погружения <судна>; **-garage** подземная автостоянка; **-kühlgut** замороженный груз; **-kühllager** склад с глубокой заморозкой; **-kühlware** замороженный товар; **-lader** _(LKW)_ прицеп-тяжеловес, большегрузный прицеп; **-ladeanhänger** _(LKW)_ низкорамный прицеп; **-ladewagen** _(LKW)_ низкорамный грузовик, автомобиль _(m.)_ с низкой погрузочной высотой

tierärztliche Abfertigung ветеринарная операция

TIR-Fracht груз, прибывающий по TIR

Tochter- _(in Zus.)_ дочерн‖ий/яя/ее/ие; **-gesellschaft** -яя компания; **-niederlassung** -ее предприятие, -яя компания; **-unternehmen** _(jur.)_ _s._ _-niederlassung_

Tonnage _(Schiff.)_ тоннаж <судна>; **einfache ~** простой; **freie ~** свободный; **gängige ~** _s._ _einfache_; **seetüchtige ~** океанский; **~ im Zeitcharter** тайм-чартерный;

Tonnage, Brutto- брутто-~; **Bruttoregister-** брутто-регистровый; **Charter-** чартерный; **Fracht-** фрахтовый; **Gelegenheits-** трамповый; **Gesamt-** общий; **Leer-** порожний; **Linien-** линейный; **Netto-** нетто-~; **Nettoregister-** нетто-регистровый; **Register-** регистровый; **Reisecharter-** рейсовый; **Schiffs-** ~ судна, _(See. auch)_ морской; **Tanker-** танкерный, наливной; **Tramp-** трамповый; **Trocken-** сухогрузный; **Zeitcharter-** тайм-чартерный; **Befrachtung von** ~ фрахтование -а; **Bereitstellung von** ~ предоставление -а

Tonnage- *(in Zus.)* тоннажн‖ый/ая/ое/ые; **-angebot** предложение тоннажа; **-bedarf** потребность *(f.)* в тоннаже; **-bereitstellung** предоставление тоннажа; **-gebühr** -ый сбор; **-kapazität** тоннаж (грузовместимость *(f.)*) судна; **-überhang** превышение предложения тоннажа над спросом; **-zuwachs** пополнение флота тоннажем

Tonne тонна; **metrische** ~ метро-; ~ **pro Kilometer** ~ на один километр; ~ **pro Luke** *(Schiff.)* ~ на люк; **Deadweight-**~ *(Schiff.)* дедвейт-~; **Einheits-** условная; **Fahrzeug-** *(Kfz.)* автомобиле-~; **Fracht-** фрахтовая; **Gewichts-** весовая; **Handels-** торговая; **Maß-** кубическая; **Raum-** *(Schiff.)* обмерная; **Register-** *(Schiff.)* регистровая; **Tarif-** тарифная; **Tragfähigkeits-** *(Schiff.)* дедвейт-~; **Fracht pro** ~ *(Gebühr)* фрахт за -у груза

Tonnen- *(in Zus.)* потонн‖ый/ая/ое/ые, тонно-; **-geld** *(Schiff., Tonnagegebühr)* судовой (корабельный, тоннажный) сбор;

Tonnenkilometer ‖ тонно-километр; **verfügbare** ~ *(Kapazität)* эксплуатируемый объём -ов; **Brutto-** ~ брутто; **Netto-** ~ нетто; **Tarif-** тарифо-~; **-stunde** ~-час;

Tonnentarif потонный тариф

Tor- портальн‖ый/ая/ое/ые; **-kran** -ый кран; **-stapler** -ый штабелёр

Tot- *(in Zus.)* мёртв‖ый/ая/ое/ые; **-fracht** *(Schiff.)* -ый фрахт; **-last** *(Schiff)* -ый вес, дедвейт,

собственный вес (-ая масса), *(Verpackungsgewicht)* вес тары, *(Leergewicht des Transportbehältnisses)* вес порожняка

Tour 1. *(Route)* рейс; 2. *(Reise)* поездка, путешествие, экскурсия

Touren- *(in Zus.)* маршрутн‖ый/ая/ое/ые; **-plan** -ая карта; **-planung** планирование маршрутов

Touristen- *(in Zus.)* туристск‖ий/ая/ое/ие, туристическ‖ий/ая/ое/ие; **-bus** туристский автобус; **-visum** туристическая виза

Touristikzug туристский поезд

Tower *(Flug.)* авиадиспетчерская служба

Träger *(Pers., für Lasten)* грузчик, *(für Gepäck)* носильщик

Trägerlohn *(Vergütung für Gepäckträger)* оплата носильщика, *(Vergütung für Lastentransporteur)* оплата грузчика; **2.** *(Hafentransportgebühr)* сбор за передвижение груза по порту

Traffic management *s.* *Verkehrsmanagement*

Trag- *(in Zus.)*; **-achse** *(Fahrzeug)* поддерживающий неведущий мост (-ая ось); **-fähigkeit** грузоподъёмность *(f.)*, полезная (допустимая) нагрузка; **-fähigkeitstonne** *(Schiff.)* дедвейт тонна; **-fläche** опорная (несущая) поверхность, *(Flugzeug auch)* крыло, *(Schiff auch)* подводное крыло; **-flächenboot** судно на подводных крыльях; **-last** 1. *(Belastung)* нагрузка; 2. *(Kapazität)* грузоподъёмность *(f.)*; **-weite** *(Fahrzeug, s. auch Laufweite)* запас хода

Trailer *(LKW)* трейлер; **Kühl**-рефрижераторный, реф-; **Mafi**-~ мафи-~; **Road**-~ дорожный, автомобильный; **Roll**-~ ролло-~; **RoRo**-~ ро-ро-~; **Schwerlast**-большегрузный, тяжеловесный; **Terminal**- терминальный

Trailer- *(in Zus.)* трейлерн‖ый/ая/ое/ые; **-schiff** -ое судно, *(umg.)* трейлеровоз; **-stellplatz** -ая площадка, место стоянки трейлеров; **-umschlag** -ая перегрузка; **-zug** -ый поезд; **-zugtechnik** способ перевозки <груза> в -ых поездах (на трейлерах); **-zugverkehr** -ые перевозки, перевозки <груза> на трейлерах

Trajekt *(Eis., in Zus.)* железнодорожн‖ый/ая/ое/ые; **-fähre** -ый паром; **-verkehr** -ое паромное сообщение, -ые паромные перевозки

Traktion *(Schienv.)* тяга; **Bahn**-железнодорожная; **Dampf**-паровая; **Diesel**- тепловозная; **Doppel**- двойная; **Dreifach**-тройная; **Elektro**- электрическая; **Mehrfach**- многократная

Tram *s. Straßenbahn*

Tramp- *(in Zus., See.)* трампов‖ый/ая/ое/ые

trampen *(umg., per Anhalter fahren)* ехать/поехать автостопом

Tramp‖frachtrate трампов‖ая ставка <фрахта>; **-gut** -ый груз; **-hafen** -ый порт; **-markt** -ый рынок; **-schiff** -ое судно, *(umg.)* трамп; **-schifffahrt** -ое судоходство; **-tonnage** -ый тоннаж; **-verkehr** -ое (нерегулярное) сообщение, -ые (нерегулярные) перевозки

transarktische Lufttransporte *(Pl.)* трансарктические авиаперевозки

Transatlantik- *(in Zus.)* трансатлантическ‖ий/ая/ое/ие; **-flug** -ий рейс; **-linie** -ая линия

Transeuropäische Verkehrsnetze *(Trans-European Transportation Network)* Трансевропейские транспортные сети

Transeuropa-Express *(Eis., Güterv.)* Трансевропейский грузовой поезд большой скорости, *(Eis., Pass.)* Трансевропейский пассажирский поезд-экспресс

Transferzahlung переводной (трансфертный) платёж

Transit транзит, <транзитный> провоз, транзитные перевозки; **via** ~ транзитом; **Güter**- ~ грузов

Transit- *(in Zus., s. auch Durchfuhr-)* транзитн‖ый/ая/ое/ые; **-ausfuhr** -ый экспорт; **-bahn** -ая дорога; **-bereich** <auf dem Flughafen> -ый сектор <в аэропорту>; **-dokumente** *(Pl.)* -ые документы; **-entfernung** -ое расстояние; **-erklärung** заявление к транзиту; **-flughafen** -ый (промежуточный) аэропорт; **-fracht 1.** *(Gut)* -ый груз; **2.** *(Gebühr)* -ый фрахт; **-gebühr** -ая пошлина, сбор за -ый провоз, -ый фрахт; **-geschäft** -ая операция; **-gut** -ый груз; **-hafen** -ый порт; **-handel** -ая торговля; **-lager** -ый склад; **-land** -ая страна, страна транзита; **-lieferung** -ая поставка, поставка транзитом; **-linie** -ая линия, -ый маршрут; **-partie** -ая партия груза; **-reisender** *(Pers.)* -ый пассажир; **-straße** -ая дорога; **-strecke** -ая линия, -ый путь, -ый маршрут, -ая дорога; **-tarif** -ый тариф; **-terminal**

-ый терминал; **-umschlag** -ый оборот; **-verbot** запрещение транзита (транзитного провоза);

Transitverkehr/e ‖ транзитн‖ое (сквозное) сообщение, -ые перевозки *(Pl.)*; ~ **auf der Straße** -ый автотранспорт; **Abkommen über den** ~ соглашение о -ых перевозках; **Belastung durch den** ~ нагрузка, вызванная -ыми перевозками;

Transit‖visum транзитн‖ая виза; **-zoll** -ая пошлина; **-zug** -ый (сквозной) поезд

Transport *(s. auch Beförderung, Verkehr)* транспорт, провоз, *(Prozess auch)* перевозка, транспортировка, *(Verkehre)* перевозки; **genehmigter** ~ разрешённая перевозка; **temperaturgeführter** ~ перевозки, требующие непрерывного обеспечения определённой температурой <для перевозимого груза>; **unbegleiteter** ~ несопровождаемая перевозка <груза>, перевозка груза без сопровождения проводников; ~ **von Gütern** перевозка (провоз, транспортировка) груза; ~ **von Passagieren** перевозка (провоз, транспортировка) пассажиров, пассажирский транспорт; ~ **unter Zollverschluss** перевозка под таможенными печатями и пломбами;

Transport, An- und Ab- прибытие и отправка <груза>, подвоз и отвоз; **Auto<mobil>-** *(Beförderung von Kraftfahrzeugen)* перевозка автомобилей; **Bahn-** железнодорожный транспорт (-ая перевозка, -ая отгрузка), перевозка <груза> поездом (по железной дороге, по железнодорожным

линиям); **Container-** контейнерный транспорт (-ая перевозка), перевозка в контейнерах; **Eil-** срочная перевозка; **Fern-** транспорт дальнего следования, перевозка на дальнее расстояние; **Gas-** газовозный транспорт, перевозка (транспортировка) газа; **Gefahrgut-** перевозка опасного груза; **Gefrier-** рефрижераторный транспорт; **Gegen-** встречная перевозка; **Geld-** перевозка денег и ценностей; **Gepäck-** перевозка багажа; **Groß-** крупнотоннажная перевозка; **Güter-** *s.* ~ *von Gütern*; **Haus-zu-Haus-**~ перевозка <груза> от дома (двери) отправителя (грузоотправителя, производителя) до дома (двери) получателя (грузополучателя, потребителя); **Hin- und Rück-**~ перевозка (провоз) туда и обратно; **Klein-** *(Pl.)* мелкопартионные перевозки, перевозка мелкого груза; **Kommissions-** транспорт, работающий на комиссионных началах; **Kühl-** *s. Gefrier-*; **Land-** наземный (сухопутный) транспорт, сухопутные перевозки; **Luft-** воздушный (авиационный) транспорт (-ая перевозка), перевозка <груза> воздушным транспортом (-ым путём); **Massen-** перевозка больших партий грузов; **Mehrfach-** *(Pl.)* повторные (излишние) перевозки; **Möbel-** перевозка мебели; **Personen-** *s.* ~ *von Passagieren*; **Rück-** обратная перевозка; **Sammelgut-** перевозка сборного груза; **Schiffs-** перевозка на судне (водным путём), *(Binnsch. auch)* речной (водный) транспорт (-ая перевозка), *(See. auch)* морской транспорт (-ая перевозка); **Schüttgut-** перевозка груза навалом (насыпью, россыпью); **Schwer<gut>-** перевозка

тяжеловесного (неделимого) груза;
See- морской транспорт (-ая
перевозка); **Spezial-** перевозка
специального груза; **Straßen-**
(Güterv.) перевозка <груза>
автотранспортом; **Stückgut-**
перевозка штучного груза;
Thermo- перевозка
температурочувствительного
груза; **Trockenfracht-** сухогрузный
транспорт, перевозка сухогруза;
Umleitungs- кружная перевозка;
Waren- перевозка (перемещение)
товаров, товарная перевозка;
Wasser- *(Binnsch.)* водный
транспорт (-ая перевозка),
перевозка водным путём;

Transport/e ‖ **anbieten** предлагать/
предложить ‖ перевозки; ~ **bündeln**
группировать ~, фокусировать ~; ~
durchführen проводить/провести
~, осуществлять/осуществить ~;
eine Ladung für den ~ vorbereiten
подготавливать/подготовить груз к
перевозке (транспортировке)

Transport- *(in Zus.)*
транспортн‖ый/ая/ое/ые; **-ablauf**
процесс перевозок, перевозочная
операция; **-abteilung** <eines
Unternehmens> -ый отдел
<предприятия>; **-agent** *(Pers.)* -ый
агент, -ый посредник; **-agentur** -ое
агентство, трансагентство;
<**maßgeschneidertes**> **-angebot**
предложение -ых услуг,
<максимально учитывающих
потребности клиентов>; **-arbeit**
работа по перевозке; **-arbeiter**
(Pers.) работник -ого сектора;
-aufkommen объём
(интенсивность *(f.)*) перевозок,
(Ströme) -ый поток; **-aufschlag**
(LKW) автогужевая надбавкаб
автогужнадбавка; **-auftrag** -ое
поручение, заявка на перевозку;
-aufwand трудоёмкость *(f.)* -ых

операций, трата на -ые услуги;
-ausrüstungen *(Pl.)* подъёмно-
транспортные средства; **-bedarf**
потребность *(f.)* в перевозках,
спрос на перевозки;
-bedarfsanmeldung, 1. *(Prozess)*
оформление заявки на подачу
подвижного состава; **2.** *(Dokument)*
заявка на подачу подвижного
состава; **-bedarfsermittlung**
определение потребности в
перевозках

**transportbegleitender
Informationsfluss** транспортно-
сопроводительный поток
информации

Transport‖behälter транспортн‖ая
ёмкость, -ый сосуд, контейнер;
-berechtigung право на
осуществление перевозок;
-beschädigung повреждение
<груза> при перевозке;
-bestimmungen *(Pl.)* **1.** *(für
bestimmte Verkehrsträger)* -ые
правила, правила перевозок; **2.** *(für
einen konkreten Beförderungsfall)*
правила перевозки <чего-л., кого-
л.>; **-dienstleistungen** *(Pl.)* -ые
(перевозочные) услуги;
-dienstmanagement менеджмент
-ых служб; **-dokument** -ый
(перевозочный, -о-
сопроводительный) документ, -ая
накладная, документ на перевозку
(на перевозимый груз);
-dokumentation -ая документация;
<**selbstfahrende**> **-einheit**
<самоходная> -ая единица,
единица перевозок; **-entfernung**
-ое расстояние

Transporter *(LKW)* грузовой
автомобиль, грузовик, *(Flug.)*
грузовой (транспортный) самолёт;
Auto- автомобилевоз; **Großraum-**
(LKW) большегрузный автомобиль
(-ый автопоезд), *(Flug.)*

большегрузный самолёт; **Klein-** *(LKW)* грузовик малой грузоподъёмности; *(Pass.)* микроавтобус; **Schnell-** *(LKW)* автомобиль для срочной перевозки мелкопартионного груза; **Schwergut-** *(LKW)* тяжеловес, тяжеловесный <грузовой> поезд; **Spezial-** *(LKW)* специальный грузовой автомобиль

Transporteur *(Pers.)* перевозчик; **ausländischer** ~ иностранный; **Fracht-** грузовой

transportfähig годн‖ый/ая/ое/ые к перевозке, удобн‖ый/ая/ое/ые для перевозки, транспортабельн‖ый/ая/ое/ые

Transport‖fähigkeit пропускная (провозная) способность, транспортабельность *(f.)*; **-fahrzeug** грузовое транспортн‖ое средство; **-faktor** -ый фактор, коэффициент перевозимости; **-flotte** -ый флот; **-flugzeug** -ый (грузовой) самолёт; <**moderne**> **-formen** *(Pl.)* <современные> формы перевозок; **-gemeinschaft** -ое объединение;

Transportgenehmigung ‖ лицензия на право осуществления перевозок; **internationale** ~ лицензия на право осуществления международных перевозок; ~ **für Drittlandverkehre** лицензия на право осуществления международных перевозок стран ЕС с третьими странами;

Transport‖genossenschaft транспортн‖ое товарищество; **-gerät** подъёмно-транспортное средство; **-geschäft 1.** *(Vorgang)* сделка на перевозку; **2.** *(Gewerbe)* -ое предпринимательство; **-geschwindigkeit** скорость *(f.)* перевозок, *(Zustellung)* скорость доставки; **-gesellschaft** -ая фирма,

-ое агентство, -ое предприятие; **-gewerbe** -ое дело; **-gut** перевозимый (транспортируемый, перевозный) груз

transportieren *(s. auch befördern)* транспортировать, перевозить/ перевезти <что-л.>; **einen Container** ~ ~ контейнер; **Fracht** ~ ~ груз; <**etw.**> **auf Paletten** ~ транспортировать <груз> на поддонах

Transport‖industrie транспортн‖ая промышленность; **-inspektion** -ая инспекция; **-intensität** *(Güterv.)* транспортоёмкость;

Transportkapazität ‖ транспортная (перевозочная, перегрузочная) мощность, провозная способность, *(Fuhrpark)* ёмкость подвижного состава; **Bereitstellung von** ~ предоставление (подача) транспорта (транспортного средства);

Transport‖karre транспортн‖ая тележка; <**integrierte, kombinierte**> **-kette** <интегрированная, смешанная> -ая цепь, -ая линия; **-koeffizient** *(ökon., Güterv.)* коэффициент перевозимости <груза>; **Internationales** **-komitee** Международный -ый комитет; <**kombiniertes**> **-konnossement** *(See.)* <комбинированный> -ый коносамент; **-kontingent** -ый контингент; **-koordinierung** координирование перевозок; **-kosten** *(Pl.)* **1.** *(Aufwendungen)* -ые расходы, расходы по отправке; расходы, связанные с транспортом; **2.** *(Preis)* -ый тариф, фрахт, стоимость *(f.)* -ых услуг; **-kostenkomponente** *(Bestandteil der Preiskalkulation für ein Produkt/eine Leistung)* -ая составляющая в цене продукции; **-lager** -ый склад; **-logistik** -ая логистика; **-luftschiff** грузовой воздушный корабль; **-management** управление -ыми процессами, менеджмент в области транспорта; **-markierung** -ая маркировка; **-maschine** *(Flugzeug)* -ый (грузовой) самолёт; **-mengen** *(Pl.)* объёмы грузовых перевозок; **-mittel** -ое средство, средство транспорта (передвижения);

Transportmittel‖ identifikationssystem <компьютеризованная> система идентификации транспортн‖ого средства; **-versicherung** страхование -ого средства;

Transport‖optimierung оптимизация перевозок; **-palette** транспортн‖ый поддон; **-papier/e** *s. -dokument*; **-polizei** -ая (железнодорожная) полиция; **-preis** цена (стоимость *(f.)*) перевозки, -ый тариф, тариф за перевозку <груза>, фрахт; **-raum** грузовместимость *(f.)* (погрузочная ёмкость) -ого средства; **-raumplanung** планирование использования грузовместимости <-ого средства>; **-recht** -ое право, право на осуществление перевозок;

Transportrechts‖änderungsgesetz Закон об изменении транспортн‖ого права; **-reform** реформа -ого права; **-reformgesetz** *(EU)* Закон о реформе -ого права;

Transport‖risiko транспортн‖ый риск; риск, связанный с транспортировкой (с перевозкой) груза; **-route** маршрут следования транспорта, *(Güterv.)* маршрут перевозки (движения) <груза>; **-schaden** *(Güterv.)* повреждение груза при перевозке (транспортировке);

Transportschein ‖ транспортн‖ая накладная, -ый документ; **allgemeiner** ~ универсальный -ый документ;

Transport‖schiff транспортн‖ое <грузовое> судно; **-sektor** -ый сектор, -ый комплекс, -ая сфера; **-selbstkosten** *(Pl.)* себестоимость *(f.)* перевозок

transportsichere **Verpackung** надёжная при транспортировке упаковка

Transport‖sicherheit безопасность *(f.)* перевозок; **-soll** норма перевозок; **~-Speditionsschein** *(FIATA)* экспедиторское (экспедиционное) свидетельство о транспортировке; **-steuer** транспортн‖ый налог, налог на перевозки; **-strecke** -ый путь, путь движения (сообщения, следования транспорта); **-stück** единица транспортируемого (перевозимого) груза; **-system** -ая система, система управления транспортом; **-systemdienste** *(Pl.)* -о- логистические услуги; **-tätigkeiten** *(Pl.)* перевозочные работы; **-tarif** -ый тариф, тариф на -ые услуги (на перевозку груза); **-technologie** технология транспорта (транспортировки); **-terminal** -ый терминал; **~** **und** **Speditionsleistungen** *(Pl.)* -о- экспедиторские услуги; **~** **und** **Speditionstätigkeit** -о- экспедиторская деятельность; **-unternehmen** -ое предприятие, -ое агентство; **-unternehmer** *(Pers.)* предприниматель в области транспорта, владелец -о- экспедиторской фирмы, -ый агент; **-urkunde** -ый документ; **<Allgemeine>** **-vereinbarung**

<генеральное> соглашение по <грузовым> перевозкам; **-verfahren** способ транспортировки (перевозки); **-verlust** потеря <груза> при перевозке (транспортировке); **-verpackung** -ая (отправительская) тара, -ая упаковка; **-versicherung** -ое страхование; **-versicherungsschein** сертификат о -ом страховании; **-vertrag** -ый договор, -ый контракт, договор (контракт) перевозки (на перевозку, о перевозке) груза; **-volumen** объём перевозок; **-vorschriften** *(Pl.)* -ые инструкции, -ые правила; **-wagen** *(Karre)* тележка, *(LKW)* -ый автомобиль; **-weg** путь *(m)* (маршрут) перевозки, маршрут движения <товара>;

Transportweite || дальность *(f.)* перевозки, транспортная дистанция; **geringe** ~ короткая; **große** ~ большая; **mittlere** ~ средняя;

Transportwirtschaft транспортное хозяйство (-ое дело), *(Straßengüterverkehr* *auch)* дорожное хозяйство

Transrapid *(Magnetschwebebahn, BRD)* магнитная железная дорога

Transtainer трансейнер

Transtainerbrücke транстейнерный мост

Trasse *(s. auch Strecke)* трасса; **oberirdische** ~ наземная; **unterirdische** ~ подземная; **Bahn-** железнодорожная; **Fern-** ~ дальнего следования; **Hochgeschwindigkeits-** высокоскоростная; **Nord-Süd-~** северо-южная; **Ost-West-~** восточно-западная; **Straßenbahn-** трамвайная; **Durchlassfähigkeit einer** ~ пропускная (провозная) способность (-ая мощность) трассы, пропускаемость трассы

Trassen- *(in Zus.)*; **-entgelt** *(Eis.)* <покилометровая> плата за пользование железнодорожной сетью; **-führung** маршрут (ведение) трассы; **-kapazität** пропускная (провозная) мощность трассы; **-nutzung** пользование трассой; **-planung** планирование трасс; **-preis** стоимость *(f.)* трассы; **-vergabe** выдача трасс

Trassierung *(Prozess)* трассирование, прокладка трассы; **ebenerdige** ~ наземное трассирование; **unterirdische** ~ подземное трассирование

Trassierungsqualität качество трассирования

Tratte *(Fin.)* тратта; **Dokumenten-** документированная, документарная

Trattenavis *(Fin.)* извещение о выставлении тратты

Trawler *(Schiff.)* траулер; рыболовное судно

Treibstoff *(s. auch Kraftstoff)* горючее *(Subst.)*, горючий материал, топливо

Treibstoff- *(in Zus.)* топливн||ый/ая/ое/ые; **-behälter** -ый бак

treibstoffsparend с низким расходом горючего

Treibstoffverbrauch расход горючего

Trennlinie *(Sperrlinie, Straße)* разделительная линия; **durchgängige** ~ сплошная

Trennmaterial *(Verpackung)* сепарационный материал

Trieb- *(in Zus., Schienv.)* тягов‖ый/ая/ое/ые;

Triebfahrzeug ‖ *(Schienv.)* тягов‖ая <подвижная> единица, ходовая вагонная тележка; *(Eis.)* локомотив, -e *(Pl.)* -ый подвижной состав; **elektrisches** ~ электровоз; **gegliedertes** ~ сочленённая -ая единица; **Gelenk-** *s. gegliedertes*; **Mehrsystem-** -ая единица, работающая на нескольких системах тока;

Triebfahrzeug‖dienst служба тяги; **-park** *(s. auch Fahzeugpark)* парк подвижного состава, *(Eis. auch)* локомотивный парк, парк локомотивов;

Trieb‖gewicht сцепной вес; **-kopf** *(Eis.)* моторная головная часть <поезда>;

Triebwagen ‖ *(Schienv.)* моторный вагон, моторвагон; **elektrischer** ~ моторный электровагон; **Diesel-** дизельный, дизельная автомотриса; **Gelenk-** сочленённый; **Güter-** грузовой; **Schnell-** скорый; **Straßenbahn-** моторный трамвайный вагон;

Triebwagenbetrieb ‖ **1.** *(Fahrbetrieb)* моторвагонн‖ая тяга; **2.** *(Nutzung)* эксплуатация моторных вагонов; **-einheit** -ая <поездная> единица, -ая секция; **-kilometer** -о-километр; **-verkehr** -ое сообщение;

Triebwerk ‖ *(Flug., s. auch Motor)* двигатель *(m.)*; **treibstoffsparendes** ~ ~ с низким расходом горючего; **Düsen-** реактивный; **Flugzeug-** авиационный;

Triebzug ‖ *(Schienv.)*

моторвагонный поезд; **elektrischer** ~ электропоезд; **Diesel-** дизельный поезд, дизель-поезд

trimmen *(Schiff.) s. stauen*

Trimmen *(Subst.)* <von Fracht auf einem Schiff> штивка <груза на судне>

Trimm- *(in Zus.)*; **-kosten** *(Pl., Schiff.)* стоимость *(f.)* штивки; **-ordnung** порядок штивки (размещения груза на судне)

Trocken- *(in Zus.)* сух‖ой/ая/ое/ые; **-dock** -ой док; **-fracht** -ой груз, сухогруз;

Trockenfrachtbeförderung ‖ сухогрузн‖ый транспорт, перевозка сухогруза; **-container** -ый контейнер;

Trocken‖frachter *(Schiff.)* сухогрузное судно;

Trockenfracht‖schiff *s. -frachter*; **-transport** *s. -beförderung*; **-verkehr** сухогрузный транспорт;

Trocken‖gut *s. -fracht*; **-ladung** *s. -fracht*; **-tonnage** *(Schiff.)* сухогрузный тоннаж

Troglänge *(Schiffshebewerk)* длина ванны

Trommelbremse барабанный тормоз

Truck *(LKW)* автопоезд <большой грузоподъёмности>

Trucker *(Pers.)* водитель *(m.)* автопоезда

Truck-Load *(LKW)* полная нагрузка автомобиля

Tür-zu-Tür *(s. auch Haus-zu-Haus)* от двери до двери; **~-Reisezeit** *(Pass.)* подолжительность *(f.)* поездки ~; **~-Verkehr/e** перевозки *(Pl.)* ~

TÜV-Marke *(Kfz., BRD)* талон о прохождении техосмотра

Tugmaster *(LKW)* тугмастер

Tunnel туннель *(m.)*; **Auto-** автомобильный; **Eisenbahn-** железнодорожный; **Euro-~** Евро-; **Fußgänger-** пешеходный; **Kanal-** канальный; **Straßen<verkehrs>-** автотранспортный, дорожный; **S-Bahn-~** ~ электрички; **U-Bahn-~** ~ метрополитена

Tunnel- *(in Zus.)* туннельн‖ый/ая/ое/ые **-abschnitt -ый** (подземный) участок <дороги>; **-ausfahrt** выезд из туннеля; **-bahn** подземная железная дорога; **-bau** строительство туннелей; **-brand** пожар в туннеле; **-einfahrt** въезд в туннель; **-fahrt** проезд через туннель; **-strecke -ый** (подземный) участок трассы, секция туннеля; **-verbindung -ая** (подземная) связь; **-verkehr** подземный транспорт; **-zufahrt** подход к туннелю

Turmkran башенный кран

Typ *(hier Fahrzeug)* тип <транспортного средства>

Typen- типово‖ой/ая/ое/ые; **-nummer** *(Fahrzeug)* номер типа <вагона>; **-reihe -ой** ряд

U-Bahn *(Untergrundbahn)* метрополитен, метро

U-Bahn- *(in Zus.)*; **-betriebshof** депо *(n. indkl.)* метрополитен‖а; **-depot** *s.*

-betriebshof; **-führer** *(Pers.)* машинист -a; **-linie** линия -a; **-netz** сеть *(f.)* <линий> -a; **-netzplan** схема <линий> -a; **-station** станция -a; **-tunnel** туннель *(m.)* -a; **-zug** поезд -a

Überangebot **<an Schiffsfrachtraum>** превышение предложения <тоннажа> над спросом

überbuchen *(Flug.)* продавать/продать больше авиабилетов, чем есть свободные места <в самолёте>

überdachter Parkplatz *(für Kfz.)* крытая автостоянка

Übereinkommen *(s. auch Abkommen, Vereinbarung)* соглашение, конвенция; **Europäisches ~ über die Arbeit des im internationalen Straßengüterverkehr beschäftigten Fahrpersonals** Европейское соглашение об условиях работы водителей автотранспортных предприятий; **Europäisches ~ über die internationale Beförderung gefährlicher Güter <auf der Schiene, auf der Straße, auf dem Rhein>** Европейское соглашение о международной перевозке опасного груза <железной дорогой, автомобильным транспортом, по реке Рейн>; **Europäisches ~ über die großen Binnenwasserstraßen von internationaler Bedeutung** Европейская конвенция об основных магистралях внутренних водных путей; **Europäisches ~ über die Hauptstraßen des Internationalen Verkehrs** Европейская конвенция об основных магистралях международного транспорта; **Europäisches ~ über die großen**

internationalen Linien des Eisenbahnverkehrs Европейская конвенция об основных магистралях международного железнодорожного сообщения; **Europäisches ~ über die gemeinschaftliche Nutzung von Güterwagen** Европейское соглашение о совместном использовании товарных вагонов; **Internationales ~ über die Beförderung von Expressgut per Bahn** Международное соглашение о железнодорожной перевозке срочного груза; **Internationales ~ über die gegenseitige Benutzung der Güterwagen <im internationalen Schienengüterverkehr>** Международное соглашение о взаимном пользовании товарными вагонами; **Internationales ~ über den Eisenbahnfrachtverkehr** Международное соглашение (-ая конвенция) о перевозке груза железной дорогой; **Internationales ~ über den Eisenbahnpersonen- und Gepäckverkehr** Международная конвенция о железнодорожной перевозке пассажиров и багажа; **Internationales ~ über die gemeinsame Nutzung von Personen- und Gepäckwagen** Международное соглашение о взаимном пользовании пассажирскими и багажными вагонами; **Internationales ~ über die Nutzung von Privatwagen** _(Eis.)_ Международное соглашение об эксплуатации частновладельческих вагонов; **Internationales ~ über den kombinierten Verkehr** Конвенция о международных смешанных перевозках грузов; **~ über den Beförderungsvertrag im**

internationalen **Straßengüterverkehr** Конвенция о договоре международной дорожной перевозки груза; **~ über den internationalen Eisenbahnverkehr** Соглашение о международных железнодорожных грузовых перевозках (о международном грузовом железнодорожном сообщении)

überfahren 1. _(Signal, Schild, Ampel ignorieren)_ проезжать/проехать <сигнал, дорожный знак, красный светофор>; **2.** _(jmdn. verletzen)_ переезжать/переехать <кого-л.>; **~ werden** попадать/попасть под транспортное средство

Überfahrt переезд, _(Schiffspassage auch)_ переправа

überfliegen _(trans.)_ **1.** _(eine Grenze überqueren)_ перелетать/перелететь <через что-л.>, пересекать/пересечь <что-л.>; **2.** _(über etw. hinwegfliegen)_ пролетать/пролететь <над чем-л.>

Überfrachtung <eines Transportmittels> погрузка <транспортного средства> сверх нормы

überfrieren _(Straße)_ покрываться/покрыться льдом

überfrierende Nässe гололедица

überfrorene Fahrbahn покрытая льдом дорога

überführen _(hier Kfz.)_ перегонять/перегнать автомобиль _(m.)_

Überführung 1. _(Prozess, Kfz.)_ перегон автомобиля; **2.** _(Weg, s. auch Übergang)_ переход, _(Brücke auch)_ путепровод, мост; **Eisenbahn-** железнодорожный мост; **Fußgänger-** <наземный> пешеходный переход <над проезжей частью>; **Straßen-** проезд (путепровод) над пересекаемой дорогой

Überführungs- *(in Zus.)*; **-fahrt** *(Kfz.)* перегон автомобиля; **-kennzeichen** номерной знак для перегоняемого автомобиля

Übergabe <**von Fracht, Ware**> сдача (передача) <груза, товара>; ~ **durch den Verkäufer an den Käufer** ~ продавцом покупателю

Übergabe- *(in Zus.)* приёмо-сдаточн‖ый/ая/ое/ые; **-dokument** -ый документ; **-quittung** *(Gepäck)* квитанция по сдаче (на сдачу) багажа <на хранение>; **-stelle** *(Eis.)* стыковой (передаточный) пункт, пункт передачи; **~Übernahme-Dokument** -ый документ; **~Übernahme-Protokoll** -ый акт, акт (протокол) сдачи-приёмки; **~Übernahme-Übersicht** -ая ведомость; **-verkehr** *(Eis.)* передаточное движение <в узле>

Übergang 1. *(Infrastruktur, s. auch Überführung)* переход, *(für Fahrzeuge auch)* переезд, **2.** *(Prozess)* пересечение <дорог>; **niveaugleicher** ~ пересечение дорог в одном уровне, *(Schienv.)* переезд (переход) на уровне рельсов; **Bahn-** железнодорожный переход (-ый переезд); **Gefahr-** *(jur.)* переход риска; **Grenz-** пограничный переход (-ый пункт); **Straßen-** путепровод

Übergangs- *(in Zus.)* переходн‖ый/ая/ое/ые; **-bahnhof** стыковая станция, *(Pass. auch)* пересадочная станция;

Übergangsfähigkeit ‖ пригодность *(f.)* <чего-л.>; ~ **von Zügen** ~ поездов к работе на разных системах тока; ~ **von Waggons** ~

вагонов к движению на разных железных дорогах;

Übergangs‖gleis *(Schienv.)* переходный путь; **-schein** временное свидетельство; **-stelle** *(Schienv.)* место перехода, пункт стыкования; **-verkehr** *(Pass.)* пересадочное сообщение

Übergepäck излишний <пассажирский> (сверхнормативный) багаж, оплачиваемый багаж

Übergewicht перевес <багажа, груза>, *(Ladegewicht auch)* избыточная масса

überhöht превышенн‖ый/ая/ое/ые, завышенн‖ый/ая/ое/ые; **-e Geschwindigkeit** превышенная скорость <транспортного средства>; **-er Preis** завышенная цена

überholen *Hom.* **I** *(im Verkehrsfluss vorbeifahren)* обгонять/обогнать (объезжать/ объехать) транспортное средство

überholen *Hom.* **II** *(ein Fahrzeug instandsetzen)* ремонтировать/ отремонтировать транспортное средство

Überholen *(Subst.) Hom.* **I** обгон; **beim** ~ при обгоне

Überholen *(Subst.) Hom.* **II** ремонт

Überhol- *(in Zus.)* обгонн‖ый/ая/ое/ые; **-geschwindigkeit** скорость *(f.)* <автомобиля> при обгоне; **-manöver** обгон; **-spur** *(Kfz.)* полоса обгона, *(Eis.)* -ый путь

Überholungs- *(in Zus.)* обгонн‖ый/ая/ое/ые; **-bahnhof** станция обгона, разъезд; **-gleis** -ый путь; **-punkt** -ый пункт; **-station** *s.*

-bahnhof, **-stelle** *s.* *-punkt*

Überhol‖verbot запрещение обгона; **-verkehr** движение с частыми обгонами; **-vorgang** процесс обгона

überirdischer Verkehr наземный транспорт (-ые перевозки)

Überkapazitäten *(Pl.)* излишние (неиспользованные, недогруженные) мощности

Überland- *(in Zus.)* междугородн‖ый/ая/ое/ые; **-bus** -ый автобус; **-kraftverkehr** -ое автомобильное сообщение; **-verkehr** -ое (дальнее) сообщение, -ые перевозки *(Pl.)*

überlastet перегруженн‖ый/ая/ое/ые, нагруженн‖ый/ая/ое/ые сверх нормы; **-e Linie** -ая линия; **-e Strecke** -ая трасса, -ый маршрут

überlastet *(Part.)* перегружен/а/о/ы

Überlastung перегрузка, избыточная нагрузка, нагрузка сверх нормы; ~ **des Straßennetzes** перегрузка дорожной сети; ~ **eines Transportmittels** перегрузка транспортного средства

Überliegezeit *(Schiff.)* излишний простой судна

Übernahme *(s. auch Annahme)* принятие, приём, приёмка; ~ **eines Auftrages** принятие заказа; ~ **einer Lieferung** приём (приёмка) товара; **Fracht-** <сдача->приёмка груза, принятие груза к перевозке; **Gefahr-** *(jur.)* принятие на себя риска; **Güter-** *s.* **Fracht-**

Übernahme- *(in Zus.)* приёмо-сдаточн‖ый/ая/ое/ые; **-bedingungen** *(Pl.)* условия сдачи-приёмки <груза>; **-bescheinigung** -ая накладная, погрузочный ордер,

свидетельство (квитанция) о принятии (приёмке) <груза>, приёмная квитанция; **-dokument** -ый документ; **-konnossement** *(See.)* коносамент на груз, принятый к перевозке; **-protokoll** протокол (акт) сдачи-приёмки <груза>; **-schein** *s.* *-bescheinigung*

übernehmen принимать/принять <что-л.>; **eine Ladung** ~ ~ груз; **eine Exportgarantie** ~ брать/взять на себя экспортную гарантию; **die Haftung** <für etw.> ~ *(jur.)* брать/ взять на себя ответственность *(f.)* <за что-л.>

überörtliche Straße междугородная дорога

überprüfen *(allg. Kontrolle)* проверять/проверить <что-л.>, *(techn. Kontrolle)* инспектировать/ проинспектировать <что-л.>

überqueren 1. *(zu Fuß)* переходить/ перейти <что-л.>; **2.** *(mit einem Fahrzeug)* переезжать/переехать <что-л.>, *(Grenze passieren auch)* пересекать/ пересечь границу

Überquerung <der Grenze> пересечение <границы>

überregional межрегиональн‖ый/ая/ое/ые; **-es Netz** -ая <транспортная> сеть; **-er Verkehr** -ый транспорт, -ые перевозки

Überschall- *(in Zus.)* сверхзвуков‖ой/ая/ое/ые; **-flugzeug** самолёт -ой скорости; **-geschwindigkeit** *(Flug.)* -ая скорость

überschreiten 1. *(Grenze)* пересекать/пересечь <границу>; **2.** *(Frist)* просрачивать/просрочить срок <доставки, поставки, платежа>; **3.** *(Limits)* превышать/превысить <скорость, контингенты>

Überschreitung 1. *(Grenze)* пересечение <границы>; **2.** *(Frist)* просрочка срока <доставки, поставки, платежа>; **3.** *(Limits)* превышение <скорости, контингентов>

Übersee- *(s. auch Hochsee-, See-, Ozean-)* океанск‖ий/ая/ое/ие; **-dampfer** -ий пароход; **-fähre** -ий паром; **-frachtbrief** -ая накладная; **-frachter** -ое грузовое судно; **-hafen** -ий порт; **-handel** трансокеанская торговля; **-linie** -ая (трансокеанская) линия; **-schiff** -ое судно, судно дальнего плавания; **-schifffahrt** -ое (трансокеанское) судоходство, дальнее (трансокеанское) плавание; **-verbindung** -ая связь, -ая линия; **-verkehr** трансокеанские перевозки (-ое сообщение), межконтинентальный транспорт

übersetzen *(hier Fährschifffahrt)* переезжать/переехать на пароме

Übertara сверхтара

übertragbar переводим‖ый/ая/ое/ые, с правом передачи; **-es Dokument** переводимый (ордерный) документ; **-er Fahrschein** проездной билет с правом передачи; **-e Genehmigung** разрешение (лицензия) с правом передачи

Übertragung eines Nutzungsrechts *(jur.)* передача права пользования

überwachen, den Verkehr наблюдать за движением <транспорта>

Überwachung контроль *(m.)*, надзор, *(Beobachtung)* наблюдение; **rechnergestützte** ~ компьютеризированный надзор;

technische ~ технический надзор, контроль технического состояния <чего-л.>; **zentrale** ~ центральный (централизованный) надзор; ~ **des Frachtführers** надзор фрахтовщика; ~ **des Verkehrs** надзор (контроль) над движением <транспорта>;

Überwachung, Flug- контроль воздушного движения, наблюдение за полётами; **Luftraum-** контроль воздушного пространства; **Tarif-** контроль над соблюдением тарифов; **Verkehrs- s.** ~ *des Verkehrs*; **Zoll-** таможенный надзор; **Zug-** *(Eis.)* система контроля за движением поездов; **Zuglauf-** *(Eis.)* диспетчерское регулирование движения поездов

Überwachungsverein, Technischer (TÜV) *(BRD)* Общество технического надзора

Überweg *(Fußgänger, s. auch Übergang)* <пешеходный> переход

überziehen, ein Kontingent превышать/превысить контингент

Überziehung eines Kontingents превышение контингента

übliche Verpackung стандартная упаковка (-ая тара)

Ufer берег; **Fluss-** ~ реки; **Hafen-** береговая линия порта

Ufer- *(in Zus.)* берегов‖ой/ая/ое/ые; **-anlagen** *(Pl.)* -ые сооружения; **-befestigungen** s. *-anlagen*; **-geld**⚓ *(Schiff.)* причальный сбор, причальные *(Subst.)*; **-straße** набережная *(Subst.)*; **-zone** -ая зона, *(Meer auch)* прибрежная зона, побережье

Ultraschalldefektoskop *(techn.)* ультразвуковой дефектоскоп

umachsen, Waggons *(Eis.)* переставлять/переставить вагоны на оси другой колеи

Umachsung <von Waggons> *(Eis.)* переставление <вагонов> на оси другой колеи

umbenennen переименовывать/ переименовать <что-л.>; **eine Straße ~ ~** улицу

Umbenennung einer Straße переименование улицы

umbuchen, ein Ticket *(Flug.)* перебронировать <билет>

Umbuchung eines Tickets перебронирование (переоформление) билета

umfáhren *Hom.* **I** *(intrans.)* **1.** *(einem Hindernis ausweichen)* объезжать/объехать <что-л., кого-л.>; **2.** *(um etw. einen Kreis beschreiben)* объезжать/ объехать <что-л.>

úmfahren *Hom.* **II** *(trans., jmdn./etw. rammen und dadurch umwerfen)* наезжать/наехать <на кого-л./что-л.>, сбивать/сбить <кого-л./что-л.>

Umfáhrung *(s. auch Umleitung)* **1.** *(Infrastruktur)* объезд, объездная (кольцевая окружная) дорога, обходный путь; *(Ortsumgehung)* дорога, не проходящая через населённый пункт; **2.** *(Prozess)* объезд

Umfahrungs- *(in Zus.)* объездн‖ый/ая/ое/ые; **-gleis** *(Eis.)* -ый (обходный) <железнодорожный> путь; **-straße** объездная (кольцевая окружная) дорога, объезд, *(Ortsumgehung)* дорога, не проходящая через населённый пункт

Umgang mit der Fracht обращение с грузом

umgeachster Waggon *(Eis.)* переставленный на оси другой колеи вагон

Umgehung 1. *s.* *Umfahrung*; **2.** *(jur.)* обход; **~ eines Gesetzes** обход закона; **~ eines Verbotes** обход запрета; **~ von Vorschriften** *(Pl.)* обход предписаний (инструкций)

Umgehungs- *(in Zus.)* обходн‖ый/ая/ое/ые; **-straße** *s.* *Umfahrungsstraße*; **-strecke** объезд, *(Straße)* объездная (окружная) дорога, *(Eis.)* -ый путь

Umlade- *(in Zus., s. auch Umladungs-, Umschlag-)* перегрузочн‖ый/ая/ое/ые, *(Schütt- und Flüssiggut auch)* перевалочн‖ый/ая/ое/ые; **-anlage** -ое устройство, -ое приспособление, *(umg.)* перегружатель *(m.)*; **-arbeiten** *(Pl.)* -ые работы; **-bühne** перегрузочная платформа; **-erklärung** заявление к перегрузке; **-fläche** -ая площадка; **-gebühr/en** сбор за перегрузку (перевалку) <груза>; **-gleis** -ый путь; **-gut** перегружаемый груз (-ый товар); **-hafen** -ый порт, *(natürl.)* -ая гавань; **-kapazität** -ая мощность, производительность *(f.)* перегрузки (перевалки); **-konnossement** *(See.)* перегрузочный коносамент; **-kosten** *(Pl.)* расходы на -ые операции, расходы по перегрузке (перевалке); **-kran** -ый кран

umladen перегружать/перегрузить <груз, контейнер>, *(Schütt- und Flüssiggut auch)* переваливать/ перевалить <что-л.>

Umladen *(Subst.)* перегрузка, *(Schütt- und Flüssiggut auch)* перевалка <чего-л.>

Umlade‖ort перегрузочн‖ый (перевалочн‖ый) пункт; пункт (место) перегрузки (перевалки); **-punkt** *s.* **-ort**; **-technik** -ое оборудование; **-vorrichtung** *s.* **-anlage**; **-waggon** <für Stückgüter> сборный вагон

Umladung перегрузка, *(Schütt- und Flüssiggut auch)* перевалка; **automatische** ~ автоматическая; ~ **von Hand** ручная; **Unterwegs-** ~ в пути следования

Umladungs- *(in Zus., s. auch Umlade-, Umschlag-)* перегрузочн‖ый/ая/ое/ые, *(Schütt- und Flüssiggut auch)* перевалочн‖ый/ая/ое/ые; **-avis** извещение о перегрузке (перевалке) <груза>; **-schein** перегрузочная квитанция, свидетельство о перегрузке <груза>

Umland пригород

Umland- *(in Zus.)* пригородн‖ый/ая/ое/ые; **-verbindung** -ая линия; **-verkehr** -ое сообщение, -ый транспорт, -ые перевозки

Umlauf оборот, *(Umlauffähigkeit von Behältnissen auch)* оборачиваемость *(f.)*; **Behälter-** ~ контейнеров, ~ кузовов; **Container-** ~ контейнеров; **Fahrzeug-** ~ транспортного средства; **Güter-** грузооборот, товарное обращение; **Paletten-** ~ поддонов; **Schiffs-** <eines Hafens> судооборот <порта>; **Wagen-** *(Eis.)* ~ вагонов; **Waren-** *s.* **Güter-**

Umlauf- *(in Zus.)* оборотн‖ый/ая/ое/ые; **-geschwindigkeit**▢ скорость *(f.)*

оборота; **-mittel** *(Pl.)* -ые средства; **-palette** -ый поддон; **-zeit**▢ *(Transportbehältnis)* время оборота

umleiten *(Verkehr)* изменять/ изменить направление транспорта (движения)

Umleitung *(zeitl. begrenzte abweichende Verkehrsführung)* **1.** *(Prozess)* объезд; **2.** *(Infrastruktur)* объезд, объездная дорога, *(ÖPNV)* обходный маршрут, *(Schienv.)* обходный путь

Umleitungs- *(in Zus., hier)* кружн‖ый/ая/ое/ые; **-transport** -ая перевозка; **-verkehr/e** -ые перевозки

Umlenkung von Verkehrsströmen изменение направления транспортных потоков

Umrüstung <eines Flugplatzes, eines Hafens> переоснащение <аэродрома, порта>

Umsatz *(kfm.)* оборот <реализации>

Umsatz- *(in Zus.)*; **-steuer** налог с оборота; **-volumen** объём товарооборота

Umschlag 1. *(Umladung)* погрузочно-разгрузочная операция, перегрузка, *(Schütt- und Flüssiggut auch)* перевалка; **2.** *(Umlauf)* оборот; ~ **über Zwischenlager** перегрузка (перевалка) <груза> через склад; **Container-** **1.** *(Umladung)* перегрузка контейнеров; **2.** *(Umlauf)* контейнерооборот; **Direkt-** прямая перегрузка (-ая перевалка); **Fracht-** **1.** *(Umladung)* перегрузка (перевалка) груза; **2.** *(Güteraufkommen)* грузооборот; **Gesamt<fracht>-** общий (суммарный) <грузо>оборот; **Güter-** *s.* **Fracht-**; **Hafen-** **1.**

(Umladung) перегрузка (перевалка) <груза> в порту; **2.** _(Güteraufkommen)_ грузооборот порта; **Kai-** перегрузка (перевалка) <груза> на (через) причал; **Lager-** оборачиваемость _(f.)_ складских запасов, грузооборот склада; **Luftfracht-** перегрузка авиационного груза; **Massengut-** перевалка массового груза; **Sammelgut-** перегрузка сборного груза; **Schiene-Straße-~** перегрузка (перевалка) груза с железной дороги на автотранспорт и наоборот; **Schnell-** экспрессная перегрузка (-ая перевалка); **Schüttgut-** перевалка навалочного (насыпного, сыпучего) груза; **Seefracht-** перегрузка (перевалка) морского груза; **Stückgut-** перегрузка штучного груза; **Trailer-** трейлерная перегрузка; **Transit-** транзитный оборот; **Waren-** **1.** _(Umladung)_ перегрузка (перевалка) товаров; **2.** _(Güteraufkommen)_ товарооборот, товарный обмен

Umschlag- _(in Zus., s. auch Umlade-)_ перегрузочн‖ый/ая/ое/ые, _(Schütt- und Flüssiggut auch)_ перевалочн‖ый/ая/ое/ые; **-anlage** -ое устройство, -ое приспособление, _(kleines Terminal auch)_ -ая база; **-ausrüstung** -ое оборудование; **-bahnhof** -ая станция, станция перегрузки (перевалки); **-betrieb** -ые операции _(Pl.)_; **-dauer** время (срок) перегрузки (перевалки)

umschlagen _(Güterv.)_ перегружать/ перегрузить <что-л.>, _(Schütt- und Flüssiggut auch)_ переваливать/ перевалить <что-л.>

Umschlag‖fracht перевозимый (перегружаемый, транспортируемый) груз; **-gebühr**

сбор за перегрузку (перевалку) <груза>; **-geschwindigkeit** **1.** _(Umladeprozess)_ скорость _(f.)_ перегрузки (перевалки) <груза>; **2.** _(Umlauf)_ скорость _(f.)_ обращения (оборота); **-gesellschaft** общество перегрузки груза; **-gut** _s._ _-fracht_; **-hafen** перегрузочн‖ый порт, _(natürl.)_ -ая гавань; **-halle** -ый пакгауз; **-kapazität** **1.** _(Umladung)_ -ая мощность, производительность _(f.)_ перегрузки (перевалки); **2.** _(Umlauf)_ мощность _(f.)_ оборота; **-lager** -ый склад, _(überdacht auch)_ -ый пакгауз; **-operation** -ая (подъёмно-транспортная) операция; **-platz** **1.** _(Ort)_ -ый пункт, пункт (место) перегрузки (перевалки); **2.** _(Plattform für Stückgut)_ -ая площадка; **-prozess** -ый (подъёмно-транспортный) процесс; **-technik** -ое оборудование; **-terminal** -ый терминал; **-transporte** _(Pl.)_ -ые перевозки; **-verkehr** -ое сообщение, перевозки _(Pl.)_ с перегрузкой (перевалкой) груза; **-vorgang** перегрузочная операция; **-vorrichtung** _s._ _-anlage_; **-zeit** время (продолжительность _(f.))_ перегрузки (перевалки); **-zentrum** -ый центр, центр для перегрузки (перевалки) <груза>

Umschließung _(s. auch Verpackung)_ упаковка

ümschreiben _(Frachtpapier)_ переоформлять/переоформить <транспортную накладную>

Ümschreiben _(Subst.)_ **eines Frachtbriefs** переоформление <транспортной> накладной

umspuren _(Eis.)_ переставлять/ переставить вагон на колею другой ширины

Umspuren _(Subst.)_ **von Waggons**

(Eis.) перестановка (переставление) вагонов на колею другой ширины

umstauen *(Schiff., Fracht umladen)* перегружать/перегрузить груз на судне

Umstauen *(Subst.)* <von Fracht> *(Schiff.)* перегрузка груза <на судне>

Umsteige- *(in Zus., Pass.)* пересадочн‖ый/ая/ое/ые; **-bahnhof** -ая станция; **-knoten** -ый узел

umsteigen *(Pass.)* делать/сделать пересадку

Umsteigen *(Pass.)* пересадка <пассажиров>

Umsteige‖parkplatz автостоянка для пересадок; **-verbindung** линия с пересадкой; **-verkehr** пересадочное сообщение, *(Verkehre)* перевозки *(Pl.)* с пересадкой; **-zeit/en** *(Pass.)* время (времена) пересадки

umstellen *(Eis.)* перецеплять/перецепить (переставлять/переставить) <вагоны>

Umstellgebühr *(Eis.)* плата за перестановку вагона на другой путь

Umstellung **1.** *(Ortsveränderung)* перестановка; **2.** *(Änderung von Systemen, Technologien)* переход <к чему-л.>; ~ **auf Containerverkehr** переход к контейнерным перевозкам, контейнеризация; ~ **auf EDV** компьютеризация; ~ **auf Ganzzugverkehr** переход к маршрутным перевозкам, маршрутизация; **Wagen-** *(Eis.)* перестановка (перецепление) вагона на другой путь

Umstellwagen *(Eis.)* перецепляемый вагон, транзитный вагон с переработкой

umverpacken *(Gut neu verpacken)* переупаковывать/переупаковать, перетаривать/перетарить <груз>

Umverpacken *(Subst.)* <von Frachtgut> переупаковка, перетарка <груза>, *(prozessbetont)* перетаривание

Umverpackung внешняя (отправительская) упаковка (-ая тара)

Umweg обход, *(Fahrzeug)* объезд

Umweg- *(in Zus.)*; **-karte** *(Pass.)* проездной билет по обходному маршруту; **-verkehr** сообщение по обходному маршруту

Umwelt окружающая среда

Umwelt- *(in Zus.)* экологическ‖ий/ая/ое/ие; **-belastung** нагрузка на окружающую среду

umweltfreundlich не загрязняющ‖ий/ая/ее/ие окружающую среду, благоприятн‖ый/ая/ое/ые для окружающей среды, экологически чист‖ый/ая/ое/ые; **-e Beförderungsarten** *(Pl.)* экологически чистые виды транспорта; **-er Fahrbetrieb** экологически чистый транспорт; **-e Verkehrspolitik** политика в области транспорта, максимально защищающая окружающую среду; **-er Verkehrsträger** экологически чистый носитель транспорта

Umwelt‖karte *(ÖPNV, BRD)* абонементный <месячный> проездной билет <на общественный транспорт>; **-normen** *(Pl.)* экологические нормы; **-politik** политика в области защиты окружающей среды; **-recht**

(jur.) экологическое право; **-schaden** экологический ущерб; ущерб, нанесённый окружающей среде; **-schutz** защита окружающей среды; **-technik** техника защиты окружающей среды; **-verschmutzung** загрязнение окружающей среды; **-verträglichkeit** удовлетворение требованиям защиты окружающей среды; **-verträglichkeitsprüfung <für Infrastrukturprojekte>** проверка соотвествия проектов <по развитию и расширению транспортной инфраструктуры> с экологическими и правовыми нормами

umziehen *(den Wohnort wechseln)* переезжать/переехать <на другое место жительства>

Umzug переезд

Umzugsverkehr перевозки *(Pl.)*, связанные с переездом на новое место жительства (работы)

unabhängiger Verein *(jur.)* независимая ассоциация (-ое объединение)

unangemessene Geschwindigkeit недозволенная (превышенная) скорость <транспортного средства>

Unbedenklichkeitszeugnis сертификат соответствия <товара>

unbefahrbar непроезж‖ий/ая/ее/ие; **-e Straße** -ая дорога; **-e Strecke** -ий участок <дороги>

Unbefahrbahrkeit <von Straßen und Wegen> бездорожье

unbegleitet несопровождаем‖ый/ая/ое/ые; **-er Transport** -ая перевозка <груза>, перевозка груза без сопровождения проводников; **-e**

Verkehre *(Pl.)* -ые перевозки

unbeladen *(Adj.)* без груза, порожн‖ий/яя/ее/ие; **-er Container** -ий контейнер; **-er LKW** -ий грузовик, -ий фургон; **-es Schiff** непогруженное (незафрахтованное) судно; **-er Waggon** -ий вагон, порожняк

unbeladen *(Adv.)* порожняком, без груза

unbeschränkte Haftung *(jur.)* неограниченная ответственность

unbeschrankter Bahnübergang *(Eis.)* <железнодорожный> переезд без шлагбаума; <железнодорожный> переезд, неограждённый шлагбаумом

unbewachter Parkplatz неохраняемая автостоянка

unentgeltliche Beförderung безвозмездная перевозка

Unfall *(s. auch Havarie, Unglück)* несчастный случай, авария; **Auffahr-** наезд; **Auto-** автомобильная, *(schweres Unglück)* автокатастрофа; **Bagatell-** мелкая авария; **Fahrrad-** дорожно-транспортное происшествие (ДТП) с участием велосипеда; **Gefahrgut-** авария с опасным грузом; **Verkehrs-** *(Straße)* дорожно-транспортное происшествие, несчастный случай на транспорте

Unfall- *(in Zus.)*; **-anzeige** *(Straße)* уведомление (заявление) о дорожно-транспортном происшествии (ДТП); **-folgekosten** *(Pl.)* расходы по ликвидации последствий аварии; **-folgen** *(Pl.)* последствия аварии (несчастного случая)

unfallfrei безаварийн‖ый/ая/ое/ые

Unfall‖gefahr угроза аварий, *(im Straßenverkehr auch)* опасность *(f.)* дорожно-транспортного происшествия (ДТП); **-geschehen** *(Straßenverkehr)* ситуация в отношении дорожно-транспортных происшествий; **-gutachten** акт о несчастном случае, акт о дорожно-транспортном происшествии; **-häufigkeit eines Verkehrsmittels** аварийность *(f.)* (частотность *(f.)* аварий) транспортного средства; **-hergang** происшествие аварии; **-kosten** *s. -folgekosten*; **-meldung** *s. -anzeige*; **-risiko** вероятность *(f.)* аварий; **-schaden** ущерб от аварии (от дорожно-транспортного происшествия); **-statistik** статистика аварий; **-stelle** место аварии (дорожно-транспортного происшествия); **-untersuchung** расследование аварии; **-ursache** причина аварии (дорожно-транспортного происшествия); **-verhütung** предохранение аварий (дорожно-транспортных происшествий); **-versicherung** *(für Pers.)* страхование от несчастных случаев, *(für Kfz.)* страхование <автомобиля> на случай аварии; **-wagen** *(Kfz.)* **1.** *(durch Unfall beschädigtes Fahrzeug)* разбитый автомобиль; **2.** *(durch früheren Unfall wertgemindertes Fahrzeug)* поддержанный автомобиль, восстановленный после аварии

unfrei *(Fracht zahlt Empfänger)* <фрахт> не оплачен, <фрахт> подлежит оплате грузополучателем

ungebrochener Verkehr⌂ *(Pass.)* пассажирские перевозки без пересадки, *(Güterv.)* грузовые перевозки без перегрузки (перевалки)

ungeeignete Verpackung ненадлежащая упаковка (-ая тара)

ungehindert беспрепятственн‖ый/ая/ое/ые; **-e Ausfuhr** -ый вывоз; **-e Einfuhr** -ый ввоз; **-er Verkehr** -ый транспорт

ungesicherter Bahnübergang *(Eis.)* неохраняемый переезд

ungleichartige Güter разнородный груз

Unglück *(s. auch Unfall, Havarie)* авария, *(schweres Unglück auch)* катастрофа; **Fähr-** авария парома; **Flugzeug-** авиационная катастрофа (авиа-); **Schiffs-** авария судна, кораблекрушение, *(See. auch)* морская авария; **Zug-** железнодорожная авария, крушение поезда

ungünstig неблагоприятн‖ый/ая/ое/ые, неудобн‖ый/ая/ое/ые; **-e Verkehrsinfrastruktur** неудобная транспортная инфраструктура; **-es Wetter** неблагоприятная погода

Union *(s. auch Verband, Vereinigung)* союз

Universal- *(in Zus., s. auch Mehrzweck-, Vielzweck-)* универсальн‖ый/ая/ое/ые; **-container** -ый контейнер; **-fahrzeug** -ое (многоцелевое) транспортное средство; **-güterwagen** -ый грузовой вагон; **-hafen** порт общего пользования (назначения); **-lader** *(Vorrichtung)* -ый автопогрузчик; **-lager** -ый склад; **-schiff** -ое судно, судно различного назначения; **-terminal** -ый терминал; **-umschlaganlage** -ое перегрузочное устройство

universelle Verpackung универсальная упаковка (-ая тара)

unlauterer Wettbewerb недобросовестная конкуренция

unmittelbare Haftung *(jur.)* непосредственная ответственность

unregelmäßige Beförderung *(Pass.)* нерегулярная перевозка; **-er Verkehr** нерегулярное сообщение (-ые перевозки)

unreines Konnossement *(See.)* нечистый (неисправный) коносамент, коносамент с оговоркой

unsachgemäß ненадлежащ‖ий/ая/ее/ие; **-e Lagerung** -ее складирование <груза>, -ее хранение <груза> на складе; **-e Verpackung** -ая упаковка, -ая тара

Untere Verkehrsbehörde *(BRD)* нижнее транспортное ведомство

Unter- *(in Zus.)* нижн‖ий/яя/ее/ие; **-auftragnehmer** *(Pers.)* субподрядчик; **-deck 1.** *(Schiff)* -яя палуба; **2.** *(LKW)* -ий этаж; **~-Deck-Verschiffung 1.** *(Verladeprozess)* отгрузка в трюм; **2.** *(Beförderungsprozess)* перевозка в трюме

unterentwickelte Verkehrsinfrastruktur недоразвитая транспортная инфраструктура

Unterführung туннель *(m.)* под полотном дороги, подземный переход (-ый переезд); **Fußgänger-** подземный пешеходный переход

untergeordnete Straße второстепенная дорога (-ая улица)

Untergrenze нижний предел; **Kapazitäts-** ~ мощности, *(Ladekapazität auch)* ~ грузовместимости

Untergrundbahn *s.* *U-Bahn*

Unterhaltung *(hier Instandhaltung)* техническое обслуживание, содержание, текущий ремонт <чего-л.>; ~ **von Straßen** содержание дорог; ~ **des Wagenparks** техническое обслуживание подвижного состава

Unterhaltungskosten *(Pl.)* расходы на содержание (на текущий ремонт) <чего-л.>

unterirdisch подземн‖ый/ая/ое/ые; **-e Trasse** -ая трасса; **-e Trassierung** -ое трассирование

Unterkapazitäten *(Pl.)* нехватка мощностей

Unterlagen *(Pl., s. auch Beleg, Bescheinigung, Dokument, Papier, Urkunde, Zertifikat)* документы

Unternehmen предприятие; **auftraggebendes** ~ ~-заказчик; **bankrottes** ~ обанкротившееся; **gemeinsames** ~ *(Joint Venture)* совместное; **kommunales** ~ коммунальное, местное; **wettbewerbsfähiges** ~ конкурентоспособное;

Unternehmen, Bahn- железнодорожное ‖ предприятие; **Befrachtungs-** фрахтовое; **Binnenschifffahrts-** ~ внутреннего водного транспорта; **Bus-** автобусное; **Dienstleistungs-** ~, работающее в сфере услуг, ~ бытового обслуживания; **Einwagen-** *(Kfz.)* транспортёр-единоличник, ~ с одним грузовиком (такси *(n., indkl.)*); **Einzel-** индивидуальное; **Franchise-** ~, работающее на основе франшизы; **Fuhr-** грузовое автотранспортное; **Gemeinschafts-** совместное; **Groß-** крупное; **Güterfernverkehrs-** транспортное;

~, выполняющее грузовые перевозки на дальние расстояния; **Handels-** торговое; **Klein-** малое, ~ малого бизнеса; **Kraftverkehrs-** автотранспортное, автохозяйство; **Luftfahrt-** авиационное, авиа-; **Mittelstands-** среднее, ~ среднего бизнеса; **Mutter-** головное; **Nahverkehrs-** ~ местного транспорта; **Partikulier-** *(Binnsch.)* <индивидуальное> судовладельческое; **Partner-** ~-партнёр; **Privat-** частное; **Reederei-** *(Schiff.)* пароходная (судоходная) компания; **Rollfuhr-** *(LKW)* автотранспортное; **Sammelgut-** ~ перевозки сборного груза; **Schiffbau-** судостроительное; **Speditions-** <транспортно>-экспедиционное, экспедиторское; **Taxi-** таксомоторное; **Tochter-** *(jur.)* дочернее, дочерняя компания; **Transport-** транспортное, транспортное агентство; **Verkehrs-** *s. Transport-*; **Vertriebs-** дилерская организация, общество по сбыту; **Zuliefer-** сторонний поставщик, субпоставщик, ~-поставщик, смежное;

ein Unternehmen || **auf die EU ausrichten** подстраивать/ подстроить || предприятие || к условиям ЕС; ~ **entflechten** разукрупнять/ разукрупнить ~; ~ **gründen** создавать/создать ~, *(jur. auch)* учреждать/учредить ~; ~ **leiten** руководить -ем, управлять -ем; ~ **liquidieren** ликвидировать ~; ~ **restrukturieren** реструктурировать ~

Unternehmens- *(in Zus.)*; **-ausgründung** выделение предприяти||я; **-bankrott** банкротство -я; **-entflechtung** разукрупнение -я; **-filiale** филиал -я; **-fusion** слияние -й, *(feindliche Übernahme)* поглошение -я; **-gründung** создание (учреждение) -я; **-liquidation** ликвидация -я; **-profil** профиль *(m.)* <деятельности> -я; **-restrukturierung** структурное преобразование -я, реструктуризация -я

Unternehmer *(Pers.)* предприниматель *(m.)*; **selbstfahrender** ~ транспортёр-~; ~ **des kombinierten Güterverkehrs** оператор смешанных перевозок; **Fuhr-** *(Kfz.)* владелец автопредприятия, автомобильный (автотранспортный) перевозчик; **Güterverkehrs-** грузоперевозчик, перевозчик груза; **Klein-** мелкий; **Kraftverkehrs-** *s. Fuhr-*; **Privat-** частный; **Rollfuhr-** *(Güterv.)* автотранспортный <грузо>перевозчик; **Schifffahrts-** судовладелец, владелец судоходной компании; **Transport-** ~ в области транспорта, владелец транспортно-экспедиторской фирмы, транспортный агент; **Verlade-** <грузо>отправитель *(m.)*, отправитель <груза>

unternehmerische Tätigkeit предпринимательская деятельность

Unternehmerverband союз предпринимателей

Unter||satz *(s. auch Palette)* поддон; **-seeboot** подводная лодка; **-spediteur** *(Pers.)* субэкспедитор

Untersuchung досмотр, осмотр; **technische** ~ технический осмотр, техосмотр; **Quarantäne-** карантинный досмотр; **Unfall-** расследование происшествия (аварии)

unterwegs befindliche Ladung груз в пути

Unterwegs- *(in Zus.)*; **-bahnhof** *(Eis.)* промежуточная станция; **-halt** остановка в пути следования; **-umladung** перегрузка (перевалка) <груза> в пути следования

unterzeichnen, einen Vertrag подписывать/подписать договор

unverbindliches Angebot *(kfm.)* предложение без обязательства

unverkäufliche Ware нереализуемый товар

unverkaufte Ware нереализованный товар

unverpackt бестарн‖ый/ая/ое/ые, без упаковки; **-es Gut** -ый груз; **-er Versand** -ая перевозка; **-e Ware** -ый товар

unversehrt неповреждённ‖ый/ая/ое/ые; **-er Behälter** -ая ёмкость; **-e Plombe** *(Zoll.)* -ая пломба; **-e Verpackung** -ая тара, -ая упаковка

Unversehrtheit сохранность *(f.)*; ~ **der <zu befördernden> Fracht** ~ <перевозимого> груза; ~ **der Verpackung** ~ упаковки, ~ тары

unversteuert не облагаем‖ый/ая/ое/ые налогом; **-e Leistungen** услуги, не облагаемые налогом; **-e Ware** товар, не облагаемый налогом

unverzollt *(Adj.)* беспошлинн‖ый/ая/ое/ые, не очищенн‖ый/ая/ое/ые от <таможенной> пошлины

unverzollt *(Part.)* не очищен/а/о/ы от <таможенной> пошлины

unverzüglich *(Adj.)* незамедлительн‖ый/ая/ое/ые,

немедленн‖ый/ая/ое/ые, срочн‖ый/ая/ое; **-e Lieferung** -ая поставка; **-e Zahlung** -ый платёж

unverzüglich *(Adv.)* незамедлительно, немедленно, срочно

unvollständige Lieferung неполная поставка

unvorhergesehene Fracht *(Gebühr)* непредвиденный фрахт

unzureichende Verpackung неудовлетворительная упаковка

urbane Ballungsräume *(Pl.)* густонаселённые городские районы

Urbanisierung урбанизация

Urkunde *(s. auch Beleg, Bescheinigung, Dokument, Papier, Unterlagen, Zertifikat)* документ, сертификат; **Beförderungs-** транспортный; **Transport-** *s. Beförderungs-*; **Versicherungs-** страховой; **Zoll-** таможенное свидетельство (-ая накладная)

Urlaubs- *(in Zus.)* отпускн‖ой/ая/ое/ые; **-fahrschein** -ой билет; **-verkehr** <пассажирские> перевозки *(Pl.)* в период отпусков

Ursprung <einer Ware> *(s. auch Herkunft)* происхождение <товара>

Ursprungs- *(in Zus.)*; **-land** страна происхождени‖я <товара>; **-landnachweis** свидетельство о стране -я; **-landprinzip** принцип страны -я, *(Zoll.)* принцип взимания налога с оборота импорта в стране экспортёра (в стране происхождения); **-ort** место -я; **-zeugnis** *(für Ware)* сертификат (свидетельство) о -и товара

Urverlader первоначальный

отправитель *(т.)* груза

usuelle Tara узотара

Usotara узотара

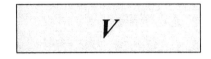

Valuation charge *(See., Gebühr)* дополнительный сбор, взимаемый по накладной

Vancarrier *(Terminal)* самоходный контейнерный мост

variabl‖e/er/es <kilometrische> Betriebskosten *(Pl.)* переменные <покилометровые> эксплуатационные расходы; **-e Kosten** *(Pl.)* переменные расходы

Veräußerung von Zollgut таможенный аукцион

veraltet устаревш‖ий/ая/ее/ие; **-e Anlagen** *(Pl.)* -ие сооружения; **-er Fahrzeugpark** -ий подвижной состав; **-es Konzept** -ая концепция; **-e Technologie** -ая технология

Verband I *(Interessenvertretung, s. auch Verein, Vereinigung)* союз;

Internationaler Verband ‖ Международный союз ‖ ~ **der Tarifeure** ~ тарификаторов; ~ **für den Kombinierten Verkehr** ~ компаний комбинированных (смешанных) перевозок; ~ **für öffentliches Verkehrswesen** ~ европейских предприятий общественного транспорта;

Internationaler Eisenbahner‖verband Международный союз

железнодорожников; **Internationaler Güterwagen-** *(Eis.)* Международное соглашение о заимном пользовании товарными вагонами; **Internationaler Straßen-** Международная федерация дорог; **Internationaler Transport-Versicherungs-** Международный союз транспортного страхования;

Nationaler Verband ‖ Национальный союз (-ая ассоциация); ~ **der Automobilindustrie** ~ автомобильной промышленности; ~ **der Deutschen Bahnindustrie** *(BRD)* ~ германской железнодорожной промышленности; ~ **der Deutschen Reeder** *(BRD)* ~ германских судовладельцев;

Verband ‖ **nicht bundeseigener Eisenbahnen** *(BRD)* Союз ‖ нефедеральных железных дорог; ~ **öffentlicher Binnenhäfen** *(BRD)* ~ общественных внутренних портов; ~ **öffentlicher Verkehrsbetriebe** *(BRD)* ~ германских предприятий общественного транспорта;

Verband, Bundes- Федеральный ‖ союз, Федеральное объединение; **Interessen-** объединение, основанное на общности интересов; **Reederei-** *(Binnsch.)* судовладельческий, пароходный; **Schifferbetriebs-** профессиональный ~ шкиперов; **Spediteur-** ~ экспедиторов; **Speditions-** транспортно-экспедиторская ассоциация; **Straßen-** Федерация дорог; **Transport-Versicherungs-** ~ транспортного страхования; **Unternehmer-** ~ предпринимателей; **Verkehrs-** транспортный, транспортное объединение; **Welt-**

международная федерация;

einem || Verband || beitreten вступать/вступить в || союз; **einen ~ gründen** основывать/основать ~; **sich zu einem ~ zusammenschließen** объединяться/ объединиться в ~;

Verband II _(Fahrzeuge)_ состав; **Schub-** _(Binnsch.)_ барже-буксирный, лихтеровозная система

Verbandstarif _(Eis.)_ тариф, согласованный между железными дорогами <разных стран>

Verbesserung der Trassierung _(Schienv.)_ повышение качества трассирования

verbindliches Angebot _(kfm.)_ твёрдое предложение

Verbindung соединение, связь _(f.)_, _(Verkehr, s. auch Linie)_ сообщение, рейс, линия; **direkte ~** прямое сообщение (-ая линия, -ой рейс); **feste ~** 1. _(zeitl., regulär)_ регулярная линия, _(Flug. auch)_ регулярный рейс; 2. _(techn., starr)_ жёсткое соединение; **grenzüberschreitende ~** международная линия (-ое сообщение, -ый рейс);

Verbindung, Autobahn- автомагистральная связь; **Bahn-** железнодорожное сообщение (-ая связь); **Blockzug-** _(Eis.)_ линия (связь) маршрутных поездов; **Bus-** автобусная связь (-ая линия); **Charter-** чартерная связь, _(Flug. auch)_ чартерный рейс; **Container-** контейнерная связь (-ая линия, маршрут -ого сообщения); **Direkt-** _s. direkte_; **Fähr-** паромное сообщение (-ая линия); **Fahr-** путь _(m.)_ следования <транспорта>, сообщение, транспортная связь; **Fern-** дальнее <железнодорожное, автомобильное> сообщение,

дальние пути сообщения (следования); **Flug-** авиационная связь, рейс <самолёта>; **Ganzzug-** _s. Blockzug-_; **Gleis-** соединение путей; **Hochgeschwindigkeits-** связь высокоскоростного сообщения, высокоскоростная <соединительная> линия; **Interkontinental-** межконтинентальная линия; **Linien-** маршрутная связь; **Linienflug-** маршрутный полёт; **Nacht-** ночной рейс; **Nord-Süd-~** северо-южная связь; **Ost-West-~** восточно-западная связь; **ÖPNV-~** линия общественного транспорта; **Orts-** местная (городская) связь (-ое соединение); **Quer-** поперечная связь; **Regional-** региональная (пригородная) линия; **RoLa-~** маршрут контрейлерных перевозок; **RoRo-~** маршрут перевозок ро-ро, маршрут трейлерно-контрейлерных перевозок; **Schienen-** _s. Bahn-_; **Schiffs-** судоходное сообщение, маршрут плавания (движения судна), _(See. auch)_ морская линия; **Schlafwagen-** маршрут поездов со спальными вагонами; **Schlüssel-** ключевая связь; **Schnell-** линия скоростного движения; **Schnellzug-** линия скоростных поездов, сообщение скорыми поездами; **Shuttle-** 1. _(Pass.)_ связь для доставки пассажиров к месту дальнейшего следования; 2. _(Güterv.)_ маршрутная связь; **Straßen-** автодорожный маршрут; **Straßenbahn-** трамвайная линия; **Straßenverkehrs-** линия автомобильного движения; **Tageszug-** маршрут дневного поезда; **Tangential-** тангенциальная связь; **Tunnel-** туннельная (подземная) связь;

Übersee- океанская линия (-ая связь); **Umland-** пригородная линия; **Umsteige-** линия с пересадкой; **Verkehrs-** транспортная связь, линия сообщения, маршрут следования транспорта; **Zug-** рейс поезда, железнодорожная связь (-ая линия)

Verbindungs- *(in Zus.)* соединительн‖ый/ая/ое/ые; **-gleis** *(Schienv.)* -ый путь; **-straße** <автомобильная> дорога, связывающая населённые пункты; **-weg/e** связь *(f.),* путь *(m.)* сообщения

verbleites Benzin этилированный бензин

Verbot запрет <на что-л.>, запрещение <чего-л.>; **-e und Beschränkungen** *(Pl.)* <**im Warenverkehr>** *(Zoll.)* запреты и ограничения в движении товаров; **Ausfuhr-** запрещение экспорта (вывоза), запрет на экспорт; **Beförderungs-** запрещение перевозки, запрет на перевозку (на транспортировку); **Beilade-** *(Werkverkehr)* запрещение погрузки дополнительного (чужого) груза, запрещение перевозки груза третьего лица <заводским транспортом>; **Drittlade-**▫ *s.* *Beilade-*; **Durchfuhr-** запрещение транзита (транзитного провоза); **Einfuhr-** запрещение импорта (ввоза), запрет на импорт; **Einreise-** запрещение въезда, запрет на въезд; **Export-** *s. Ausfuhr-*; **Fahr-** 1. *(Fahrzeug)* запрещение движения <транспортного средства>; 2. *(Fahrer)* запрещение управлять транспортным средством; **Halte-** запрещение остановки; **Handels-** запрет на торговлю; **Import-** *s.*

Einfuhr-; **Kabotage-** запрет на каботаж (на осуществление перевозок внутри страны иностранными фирмами); **Nachtfahr-** *(LKW)* запрещение движения <грузовиков> в ночное время; **Nachtflug-** запрещение ночных полётов (движения самолётов в ночное время); **Park-** запрещение стоянки; **Sonntagsfahr-** *(LKW)* запрещение движения <грузовиков> по воскресеньям; **Start- und Lande-** *(Flug.)* запрет на взлёт и посадку <самолётов>; **Transit-** *s.* *Durchfuhr-*; **Überhol-** запрещение обгона; **Wettbewerbs-** запрет на конкуренцию; **Zusammenlade-** запрет на совместную погрузку разнородного груза; **Zusammenlagerungs-** запрет на совместное хранение (складирование) разнородного груза;

Aufhebung ‖ eines Verbots отмена (снятие) запрет‖а; **Umgehung** ~ обход -а; **Verhängung** ~ объявление -а;

ein Verbot ‖ aufheben снимать/снять ‖ запрет; ~ **umgehen** обходить/обойти ~; ~ **verhängen** накладывать/наложить ~

Verbrauch <an Energie, an Kraftstoff> расход <энергии, топлива>

verbrauchen *(Güter)* потреблять/ потребить <что-л.>, *(Ressourcen)* расходовать/израсходовать <топливо>

Verbraucher *(Pers.)* потребитель *(m.);* **End-** конечный

Verbraucher- *(in Zus.)* потребительск‖ий/ая/ое/ие; **-recht** -ое право; **-schutz** защита прав потребителей; **-verpackung** -ая тара, -ая упаковка

Verbrauchs- *(in Zus.)* потребительск‖ий/ая/ое/ие; **-güter** *(Pl.)* -ие товары, товары широкого потребления; **-steuer** налог на предметы потребления

Verbrennungsmotor двигатель *(m.)* внутреннего сгорания

Verbringen von Ware ‖ **aus dem Zollgebiet** вывоз товара из таможенной территории; **~ in das Zollgebiet** ввоз товара на таможенную территорию

Verbund союз; **Reederei-** пароходный; **Tarif-** тарифный; **Verkehrs-**📖 транспортно-тарифный; **Wirtschafts-** экономический, отраслевой **~** предприятий; **Zoll-** таможенный

Verbundraum *(ÖPNV)* территория действия тарифного союза, территория действия единого тарифа <на обществнный транспорт>

Vercharterer *(Pers., Schiff., s. auch Reeder)* судовладелец, сдающий в аренду судно

verdeckter Mangel *(Schaden)* внешне не установленное повреждение <груза>

Veredelung *(Warenbehandlung)* обработка, переработка <груза>; **aktive ~** активная; **passive ~** пассивная; **Eigen-** *(Zoll., Drittlandverkehre)* **~** ввезённого груза за счёт юридического лица, зарегистрированного в стране импортёра; **Freigut-** *(Zoll., Wiederausfuhr)* вывоз оборудования в качестве замены временно ввезённого оборудования; **Güter-** переработка

груза; **Lohn-** *(Zoll., Drittlandverkehre)* **~** ввезённого груза за счёт юридического лица, зарегистрированного вне страны импортёра; **Material- ~** материлов, *(Rohstoffe auch)* переработка сырья; **Waren-** переработка товара; **Zollgut-** *(aktiv)* временный ввоз груза на обработку (переработку, ремонт) с последующим вывозом, *(passiv)* временный вывоз груза на обработку (переработку, ремонт) с последующим ввозом; **Abfertigung zur ~** *(Zollabfertigungsverfahren)* таможенная отчистка груза для временного ввоза, переработки и вывоза

Veredelungs- *(in Zus.)*; **-verfahren** способ переработки; *(Zoll.)* процедура таможенной отчистки груза для временного ввоза, переработки и вывоза;

Veredelungsverkehr📖 ‖ *(Zoll.)* реэкспорт (реимпорт) груза, прошедшего обработку (переработку) <по льготным таможенным тарифам>; **aktiver ~** временный ввоз груза на обработку (переработку) с последующим вывозом; **passiver ~** временный вывоз груза на обработку (переработку) с последующим ввозом

Verein *(jur., s. auch Verband, Vereinigung)* объединение; **eingetragener ~** зарегистрированное; **unabhängiger ~** независимое, независимая ассоциация; **~ Deutscher Luftfrachtmakler** *(BRD)* Союз германских авиационных брокеров; **einen ~ gründen** основывать/основать ~

vereinbaren согласовывать/ согласовать <что-л.>; **<etw.>**

vertraglich ~ ~ в договоре; **eine Lieferfrist** ~ ~ срок поставки; **Zahlungsbedingungen** *(Pl.)* ~ ~ условия платежа

Vereinbarung *(s. auch Abkommen, Übereinkommen)* соглашение; **allgemeine** ~ генеральное; **Beförderungs-** ~ по <пассажирским> перевозкам; **Handels-** торговое; **Liefer-** ~ о поставках; **Lizenz-** лицензионное; **Transport-** ~ по <грузовым> перевозкам

Vereinfachung der Zollabwicklung упрощение (облегчение) таможенного оформления (таможенной очистки)

Vereinheitlichung стандартизация, унификация стандартов; ~ **der Flugsicherung** стандартизация безопасности полётов

Vereinigung *(s. auch Verband, Verein)* объединение, ассоциация; **Europäische** ~ **der Eisenbahner** Европейская ассоциация железнодорожников; **Internationale Automobil-** Международный союз автомобильного транспорта; ~ **der Dispacheure** *(See.)* Ассоциация диспашёров; ~ **Europäischer Fluggesellschaften** Ассоциация европейских авиационных компаний; ~ **der deutschen Kraftwagenspediteure** *(BRD)* Объединение Германских грузовых автодорожных экспедиторов; ~ **der Straßengüterspediteure** Ассоциация автотранспортных перевозчиков; ~ **der Technischen Überwachungsvereine** *(BRD)* Ассоциация обществ технического надзора;

Vereinigung, Bundes- Федеральное

‖ объединение (-ая ассоциация); **Piloten-** *(Flug.)* ~ лётчиков; **Reeder-** ~ судовладельцев; **Reederei-** ~ судовладельческих компаний

vereiste Start- und Landebahn *(Flug.)* обледенелая взлётно-посадочная полоса

Vereisung *(Prozess)* обледенение

verfahren *Hom.* **I 1.** *(etw. beim Fahren verbrauchen)* тратить/истратить <чего-л.>; **2.** *(refl., sich verirren)* сбиваться/сбиться с пути, заблудиться

verfahren *Hom.* **II** *(etw. handhaben)* поступать/поступить <с чем-л.>

Verfahren 1. *(Art und Weise)* способ, порядок, режим, метод; **2.** *(gerichtlicher Akt)* судебное дело (-ое производство); **Abroll-** *(techn.)* метод обкатки; **Anhörungs-** *(jur.)* порядок заслушивания; **Ausfuhr-** экспортный режим, порядок осуществления экспортных операций; **Betriebs-** *(techn.)* способ эксплуатации; **Be- und Entlade-** метод погрузки-разгрузки; **Bußgeld-** *(jur.)* <судебное> производство о взимании штрафа; **Container-** *(techn.)* перевозка в контейнерах; **Einfuhr-** импортный режим, порядок осуществления импортных операций; **Export-** *s. Ausfuhr-*; **Genehmigungs-** *(jur.)* порядок (процедура) выдачи (получения) разрешения (лицензии), разрешительная процедура; **Huckepack-** *(techn.)* система контрейлерных перевозок; **Import-** *s. Einfuhr-*; **Lande-** *(Flug.)* способ посадки; **LoLo-~** 📖 *(techn., Schiff., Lift-on-Lift-off)* способ погрузки лифт-он-лифт-оф, способ по вертикальной погрузке-выгрузке <судна>; **Planfeststellungs-**📖 *(jur., BRD)* порядок констатации законности проекта по развитию или расширению <транспортной> инфраструктуры с учётом интересов, затронутых реализацией данного проекта; **Raumordnungs-**📖 *(jur., BRD)* порядок заселения и землепользования; **RoLa-~** *(techn., Rollende Landstraße)* способ контрейлерных перевозок; **RoRo-~**📖 *(techn., Schiff., Roll-on-Roll-off)* способ погрузки рол-он-рол-оф, способ по горизонтальной (быстрой) погрузке-выгрузке <судна>; **Transport-** способ транспортировки (перевозки); **Veredelungs-** 1. *(Produktion)* способ переработки <изделия>; 2. *(Zoll.)* процедура таможенной отчистки товаров для временного ввоза, переработки и вывоза; **Versand-** способ отгрузки (отправки) <груза>, *(Bedingungen auch)* условия *(Pl.)* по отправке <груза>; **Zoll-** таможенный режим, порядок (режим) отчистки <перевозимого груза> от таможенных пошлин; **Zollabfertigungs-** *(Güter)* порядок таможенной отчистки <перевозимого груза>, порядок отчистки <перевозимого груза> от таможенных пошлин; **Zollvormerk-** предварительное таможенное действие; **Zugbildungs-** *(techn.)* формирование и расформирование поездов; **Zulassungs-** *(jur.)* процедура допуска <транспортного средства> к эксплуатации

Verfallsdatum <einer Ware> срок годности <товара>

verfehlte Verkehrspolitik неудачная (неправильная) политика в области транспорта

Verflechtung переплетение, сплетение; **Verkehrs-** переплетение транспортных процессов; **Verkehrswege-** сплетение путей сообщения

verfliegen *(hier: etw. beim Fliegen verbrauchen)* тратиь/истратить <чего-л.>

verfrachten *(Schiff.)* **1.** *(Güter per Schiff befördern)* отгружать/отгрузить (отправлять/отправить) груз на судне; **2.** *(Güter zur Verfrachtung annehmen)* принимать/принять груз к перевозке морским путём

Verfrachter📖 *(Pers., See., s. auch Frachtführer, Carrier)* фрахтовщик, перевозчик морского груза, кэрриер

Verfrachtung von Gütern *(Schiff.)* фрахтование груза <на судне>

Verfrachtungsbedingungen, allgemeine Общие условия перевозок груза, Общий таможенный устав (-ый кодекс)

verfügbar *(Adj., hier Kapazität)* эксплуатируем‖ый/ая/ое/ые; **-e Platzkilometer** -ый объём место-километров; **-e Platzmeilen** -ый объём место-милов; **-e Tonnenkilometer** -ый объём тонно-километров

verfügen, über eine Ladung распоряжаться/распорядиться грузом

Verfügung 1. *(Verwendung)* распоряжение <чем-л.>; **2.** *(Dokument)* распоряжение <о чём-л.>; **~ über das Frachtgut**

распоряжение грузом

Verfügungsgewalt über das Frachtgut *(jur.)* право распоряжения грузом

Vergabe <von Aufträgen, Lizenzen> размещение (выдача) <заказов, лицензий>

Vergaser *(techn., Kfz.)* карбюратор

Vergünstigungen *(Pl., s. auch Ermäßigungen)* льготы; **Fracht-** фрахтовые; **Steuer-** налоговые; **Tarif-** тарифные; **Zoll-** таможенные

Vergütung плата, оплата, вознаграждение; **Werbe- und Abfertigungs-** *(Güterv.)* ~ за рекламу и отправку груза (товара)

verhängen *(jur.)* назначать/назначить <что-л.>, **eine Vertragsstrafe** ~ ~ штрафную санкцию, ~ пеню; **Zoll** ~ вводить/ ввести пошлину

verifizierte Tara проверенный вес тары

Verkäufer *(Pers.)* продавец; **Fahrkarten-** билетный кассир; **Waren-** ~ товара

Verkäuferland страна-поставщик, страна продавца

Verkauf продажа, реализация; **direkter** ~ ~ без посредника; **indirekter** ~ ~ через посредника; ~ **ab Lager** ~ со склада; ~ **auf Abruf** сбыт по требованию; **Direkt-** *s. direkter*; **Fahrschein-** продажа билетов

verkaufen продавать/продать <что-л.>, реализовывать/реализовать <что-л.>

Verkaufs- *(in Zus.)* продажн‖ый/ая/ое/ые; **-kommissionär** *(Pers.)* торговый

комиссионер (-ый агент), комиссионер (агент) по сбыту; **-preis** -ая цена; **-verpackung** потребительская тара (-ая упаковка)

Verkehr *(s. auch Beförderung, Transport)* сообщение, транспорт, движение, *(Verkehre)* перевозки *(Pl.)*, *(Beförderungsprozess auch)* перевозка, транспортировка; **begleitete -e** *(Pl.)* перевозки груза в сопровождении проводника; **bimodaler** ~ движение по различным видам транспорта, бимодальные перевозки; **binnenländischer** ~ внутренний транспорт (-ее сообщение, -ие перевозки), перевозки внутри страны; **durchgehender** ~ 1. *(Transit)* транзитное (сквозное) сообщение, транзитные перевозки; 2. *(ohne Unterbrechung)* прямое сообщение (-ые перевозки); **einbahniger** ~ одностороннее движение; **eingehender** ~ поступающий транспорт; **einspuriger** ~ *(Straße)* однорядное движение, *(Schienv.)* однопутное движение; **entmischter** ~ рассредоточенные транспортные потоки; **fahrplanmäßiger** ~ движение по расписанию; **fließender** ~ текущее движение, *(ungehindert)* беспрепятственное движение <транспорта>; **freier** ~ *(abgabenfrei)* свободные (не облагаемые сбором) перевозки; **gebrochener** ~ 🕮 1. *(in Bezug auf Beförderungsprozess)* ~ этапное сообщение, *(Pass. auch)* пассажирские перевозки с пересадкой, *(Güterv. auch)* грузовые перевозки с перегрузкой (перевалкой); 2. *(nur Güterv., in Bezug auf Frachtraten)* перевозки по ломанному тарифу; **gebündelter** ~ сплетённые транспортные потоки; **gemischter** ~ смешанный транспорт (-ые перевозки); **geordneter** ~ регулированный транспорт; **gewerblicher** ~ коммерческие перевозки; **grenzüberschreitender** ~ международное сообщение (-ое движение, -ые перевозки); **induzierter** ~ индуцированный транспорт; доля передвижений, вызванных изменением транспортной инфраструктуры; **innerstaatlicher** ~ внутренние перевозки *(Pl.)*, перевозки внутри страны; **innerstädtischer** ~ внутригородское сообщение (-ое движение, -ой транспорт); **interkontinentaler** ~ межконтинентальное сообщение (-ые перевозки); **internationaler** ~ *s. grenzüberschreitender*; **kombinierter** ~ *(Güterv.)* комбинированный (смешанный) <грузовой> транспорт (-ое сообщение, -ые перевозки); **konventioneller** ~ *(Güterv.)* традиционные <грузовые> перевозки; **maritimer** ~ морской транспорт (-ое сообщение, -ие перевозки); **mehrspuriger** ~ *(Straße)* многорядное движение, *(Schienv.)* многопутное (многоколейное) движение; **motorisierter** ~ моторизированный транспорт; **multimodaler** ~ мультимодальный транспорт (-ые перевозки), смешанные перевозки, перевозки с перегрузкой (перевалкой) на другой вид транспорта; **nicht entmischter** ~ не рассредоточенные транспортные потоки; **nicht kommerzieller** ~ некоммерческий транспорт; **nicht kostendeckender** ~ убыточный транспорт (-ые перевозки); **nicht motorisierter** ~ немоторизированный транспорт;

nicht öffentlicher ~ транспорт необщего пользования; **nicht staubehinderter** ~ непрепятственный заторами транспорт; **öffentlicher** ~ общественный транспорт, транспорт общего пользования; **örtlicher** ~ местное (городское) сообщение (-ое движение), городской транспорт, местные перевозки; **paariger** ~ парные перевозки; **regulärer** ~ регулярное сообщение (-ые перевозки); **ruhender** ~ *(Kfz.)* «не движущийся» транспорт, транспортные средства на стоянке, паркование транспортных средств на улицах; **satellitengesteuerter** ~ перевозки со спутниковой навигацией; **schienengebundener** ~ рельсовый транспорт (-ое сообщение), *(Eis. auch)* железнодорожный транспорт (-ые перевозки); **spurgeführter** ~ *(Straße)* движение транспорта по полосам; **stadtverträglicher** ~ городское движение, не препятствующее качеству жизни населения; **staubehinderter** ~ препятственное заторами движение (-ый заторами транспорт); **straßengebundener** ~ автомобильный транспорт (-ые перевозки); **streckengebundener** ~ маршрутное движение (-ое сообщение, -ые перевозки), перевозки по маршрутам; **technologisch bedingter** ~ технологические перевозки; **überirdischer** ~ наземный транспорт (-ые перевозки); **überregionaler** ~ межрегиональный транспорт (-ые перевозки); **unbegleiteter** ~ несопровождаемые перевозки; **ungebrochener** ~ *(Pass.)*

пассажирские перевозки без пересадки, *(Güterv.)* грузовые перевозки без перегрузки (перевалки); **ungehinderter** ~ беспрепятственный транспорт; **unregelmäßiger** ~ нерегулярное сообщение (-ые перевозки);

Verkehr, Abbiege- транспортный поток, поворачивающий <куда-л.> (меняющий направление движения); **Abhol-** *(Güterv.)* транспорт отвоза, *(Leergut)* транспорт, вызванный сбором порожней тары; **Anlieger-** *(Pass.)* движение, вызванное жителями одного микрорайона; **Anschluss-** 1. *(zeitl. abgestimmt)* сообщение при согласованном расписании движения; **2.** *(auf Zubringerstrecken)* сообщение по подъездным дорогам (на подъездных путях); **Anwohner-** *s. Anlieger-*; **Ausbildungs-** перевозки обучающихся к месту учёбы; **Ausflugs-** туристическое (экскурсионное) движение; **Auslands-** международное сообщение, заграничные перевозки; **Auto-** автомобильный транспорт (-ое движение); **Bahn-** железнодорожный транспорт (-ое сообщение, -ое движение), движение поездов; **Bahnfracht-** железнодорожные перевозки груза, перевозки груза по железной дороге; **Barge-** *(See.)* комбинированные перевозки лихтеров на морских судах; **Baustellen-** обслуживание строительных площадок транспортом, доставка материалов к строительным площадкам; **Bedarfs-** заказной транспорт; **Behälter-** *s. Container-*; **Binnen-** внутренний транспорт (-ее сообщение, -ие перевозки), перевозки (сообщение) внутри

страны; **Binnenfracht-** внутренние грузовые перевозки (-ие перевозки груза); **Binnenschiffs-** речной (внутренний водный) транспорт, речное сообщение (-ые перевозки); **Bus-** автобусное сообщение (-ое движение, -ые перевозки); **Charter-**⊞ чартерное сообщение (-ые перевозки), сообщение на основе договоров перевозки груза; **Container-** контейнерный транспорт (-ое сообщение, -ые перевозки); **Dienst-** 1. *(Dienstreiseverkehr)* служебное сообщение, служебная связь; 2. *(Werkverkehr)* хозяйственные перевозки; **Direkt-**⊞ 1. *(ohne Unterbrechung)* прямое сообщение (-ой транспорт, -ые перевозки), *(Pass. auch)* прямой рейс, перевозки без пересадки, *(Güterv. auch)* перевозки груза без перегрузки (перевалки); 2. *(im Transit)* транзитное (сквозное) сообщение, транзитные перевозки; **Drittland-** перевозки стран ЕС с третьими странами; **Durchfuhr-** транзитное (сквозное) сообщение, транзитные перевозки; **Durchgangs-**⊞ *s. Direkt-*; <täglicher> **Durchschnitts-** средняя <суточная> нагрузка от транспорта; **Eigen-** транспорт (перевозки) для собственных нужд; **Eilgut-** перевозки груза большой скорости; **Einbahn-** *s. einbahniger*; **Einkaufs-** *(Pass.)* движение, вызванное передвижением покупателей; **Eisenbahn-** *s. Bahn-*; **Entsorgungs-** перевозки по устранению отходов; **Erholungs-** туристическое движение (-ие поездки); **Ersatz-** *(Pass., für Schienv.)* транспорт на замену регулярных линий рельсового сообщения, перевозки нерельсовым транспортом при отмене рельсового движения; **Expressgut-** перевозки экспресс-груза; **Fähr-** паромное сообщение (-ое движение, -ые перевозки); **Fährboot-** *s. Fähr-;* **Fahrgast-** пассажирский транспорт (-ое сообщение, -ие перевозки); **Fahrrad-** велосипедное движение; **Fahrzeug-** движение транспортных средств, *(Kfz. auch)* автомобильное движение (-ое сообщение, -ый транспорт); **Feeder-** *(Schiff.)* фидерный транспорт (-ые перевозки); **Feierabend-** *(Pass.)* движение транспорта в часы пик; **Ferien-** *(Pass.)* отпускное движение (-ой транспорт), <пассажирские> перевозки в период отпусков; **Fern-** дальнее (междугородное) сообщение (-ие/ые перевозки), транспорт дальнего следования, перевозки на дальнее расстояние (на длинные дистанции); **Flächen-**⌑ *(Pass.)* транспорт (движение) в пределах малонаселённых территорий; **Flug-** воздушное сообщение (-ый транспорт, -ое движение, -ые перевозки), авиаперевозки, авиатранспорт; **Fracht-** грузовые перевозки (-ой транспорт, -ое сообщение), перевозки груза; **Frei-** *(hier Zoll.)* ввоз и вывоз груза без таможенного надзора; **Freizeit-** *s. Erholungs-;* **Fremden-** туризм, сфера обслуживания туристов; **Fußgänger-** пешеходное движение; **Ganzzug-** *(Eis.)* сообщение маршрутных (отправительских) поездов; **Gegen-** 1. *(Verkehrsfluss aus der Gegenrichtung)* встречное движение; 2. *(Güterv., gegenläufige Verkehrsströme)* встречные перевозки груза; **Gelegenheits-** нерегулярное сообщение (-ые перевозки), *(See. auch)* трамповое сообщение (-ые перевозки);

Gemeinde- внутрирайонное движение (-ый транспорт); **Grenz-** приграничное сообщение; **Güter-** грузовой транспорт (-ое сообщение, -ые перевозки); **Güterfern-** дальние грузовые перевозки, перевозки груза (грузовой транспорт) на дальние расстояния; **Güterkraft-** *(LKW)* грузовой автомобильный транспорт (-ой автотранспорт, -ые автоперевозки), автогужевые перевозки, автотранспортные перевозки груза; **Güternah-** местный грузовой транспорт, местные (ближные) грузовые перевозки, перевозки груза на короткие расстояния; **Güter- und Kapital-** свободное перемещение груза и капитала; **Hafen-** 1. *(Eis., LKW im Hafenbereich)* движение на территории порта, 2. *(Schiffe im Hafenbecken)* движение судов в порту; **Hafenhinterland-** *(Güterv.)* движение (транспорт, перевозки) между портом и прилегающими районами; **Haupt-** основной транспорт; **Haus-zu-Haus-~**⌑ *(Güterv.)* перевозки груза от дома отправителя до дома получателя (от двери до двери), передвижение от места производства до места потребления; **Hochgeschwindigkeits-**⌑ высокоскоростной транспорт (-ое сообщение, -ие перевозки); **Huckepack-**⌑ *(Güterv.)* контрейлерное сообщение (-ые перевозки), перевозки с перегрузкой целого транспортного средства; **Individual-** *(Pass.)* транспорт личного пользования, *(Kfz. auch)* поездки в личных автомобилях; **Inlands-** *s. Binnen-;* **Innenstadt-** *s. innerstädtischer;* **Intercity-** *(Eis., Pass.)* движение междугородных поездов;

Interkontinental- *s.*
interkontinentaler; **Interregio-** *(Eis.,*
Pass.) движение межрегиональных
поездов; **Just-in-time-~** перевозки
<груза> с поставкой с колёс;
Kabotage- каботажные перевозки;
Kanal- движение (перевозки) по
каналу; **Knotenpunkt-** транспорт
(движение) между узловыми
пунктами; **Kraft-** *(Kfz.)*
автомобильный транспорт (-ое
движение, -ое сообщение, -ые
перевозки), движение
автотранспорта; **Kreis-** кольцевое
движение; **Kreuzungs-**
перекрёстное движение;
Kurzstrecken- движение
(перевозки) на короткие дистанции
(на короткое расстояние);
<kombinierter> **Ladungs-**
(Güterv.) <комбинированные>
грузовые перевозки; **Längs-**
продольное движение; **Land-**
(Güterv.) сухопутные перевозки;
Langstrecken- движение
(перевозки) на длинные дистанции
(на дальнее расстояние); **Liefer-**
(Güterv.) распределительный
транспорт, доставка груза; **Linien-**
маршрутное (линейное, рейсовое)
сообщение, маршрутные
(регулярные) перевозки,
маршрутный транспорт;
Linienbus- маршрутное автобусное
движение (-ое сообщение); **Links-**
левостороннее движение; **LKW-~**
движение грузовиков, перевозки
груза на грузовых автомобилях;
Luft- *s.* *Flug-*; **Luftfracht-**
воздушные грузовые перевозки,
перевозки авиационного груза,
перевозки груза воздушным путём,
авиадоставка, транспортная
авиация; **Massen-** *(Pass., ÖPNV)*
транспорт общего пользования,
(Güterv.) массовые перевозки;
Massengüter- массовые грузовые

перевозки; **Mehr-** дополнительный
транспорт (-ые перевозки);
Mittelstrecken- движение
(перевозки) на средние дистанции;
Nacht- ночной транспорт (-ое
движение, -ое сообщение);
Nachtreise- *(Pass.)* ночное
пассажирское сообщение;
Nachtsprung- *(Eis.)* следование
ночных маршрутных поездов;
Nah- местный (пригородный)
транспорт (-ое сообщение),
местные (короткопробежные)
перевозки; **Neben-** транспорт на
второстепенных линиях; **Neu-**
новый транспорт; **Nord-Süd-~**
северо-южные транспортные
потоки (-ое движение транспорта);
Oberflächen- наземный транспорт;
ÖPNV-~ местный (городской)
общественный транспорт; **Orts-** *s.*
örtlicher; **Ostsee-** транспорт
(сообщение) между
прибалтийскими странами
(регионами); **Ost-West-~** восточно-
западные транспортные потоки
(-ое движение транспорта);
Paletten- *(Güterv.)* перевозки
(транспортировка) груза на
поддонах, пакетные перевозки;
Parallel- параллельные перевозки;
Parksuch- *(Pass.)* маневрёвое
движение в поиске свободного
места для стоянки автомобиля;
Passagier- *s. Fahrgast-*; **Pendel-**
(Pass.) челночное (маятниковое)
сообщение, маятниковые
перевозки, *(Route)* челночный
маршрут; **Pendler-** *(Pass.)*
транспорт, вызванный движением
<людей> к месту работы <и
обратно>; **Personen-** *s. Fahrgast-*;
Personenfern- пассажирский
транспорт (-ие перевозки)
дальнего следования;
Personenkraft- пассажирский
автомобильный транспорт,

автопассажирские перевозки; **Personennah-** местный пассажирский транспорт (-ое -ое сообщение); **PKW-~** автомобильное движение, перевозки пассажиров легковыми автомобилями; **Post-** почтовое сообщение; **Quell-** перевозки в районе зарождения транспортного потока; **Rechts-** правостороннее движение; **Regional-** _(s. auch Nah-)_ пригородный транспорт, внутриобластные (региональные) перевозки; **Reise-** **1.** _(Passagierverkehr)_ пассажирское сообщение (-ое движение); **2.** _(Urlauberverkehr)_ туризм, туристические перевозки; **Reversiv-** возвратное движение; **Ring-** кольцевое движение (-ые перевозки); **RoLa-~** _(Güterv.)_ контрейлерные перевозки; **RoRo-~** _(Güterv.)_ трейлерно-контрейлерные <контейнерные> перевозки; **Saison-** сезонное движение; **Sammelladungs-**🕮 _(Beförderung)_ перевозка сборного груза, сборная отгрузка, _(Verkehrströme)_ сборные грузовые перевозки, перевозки сборного груза; **Schienen-** _s._ _schienengebundener_; **Schienenersatz-** _(Pass.)_ _s. Ersatz-_; **Schiene-Straße-~** _(Güterv.)_ комбинированный железнодорожно-автомобильный транспорт, смешанные (комбинированные) железнодорожно-автомобильные перевозки; **Schiffs-** движение судов, судоходное (пароходное) сообщение, _(Binnsch. auch)_ водные перевозки, _(See. auch)_ морские перевозки; **Schiffsfracht-** _(See.)_ перевозки груза морским путём (по коносаментам), _(Binnsch.)_ перевозки груза речным (водным)

путём; **Schlepp-** _(Betriebsart)_ перевозки на буксире, буксировка; **Schnell-** скоростное движение <транспорта> (-ое сообщение), скорые перевозки; **Schüler-** _(Pass.)_ перевозки обучающихся <к месту учёбы>, ученический транспорт; **Schüttgut-** перевозки навалочного (насыпного) груза; **Schwachlast-** транспорт (перевозки) низкой нагрузки; **Schwer<gut>-** перевозки тяжеловесного груза; **See-** морской транспорт (-ое сообщение, -ие перевозки); **Seefracht-** морские грузовые перевозки, перевозки груза морским путём (по коносаментам); **Sonder-** внеплановый (заказной) транспорт (-ые перевозки); **Speditions-** экспедиторские автодорожные (автогужевые) перевозки; **Spitzen-** _(Verkehr zu Hauptzeiten)_ движение <транспорта> в часы пик, _(Passagieraufkommen)_ пиковый пассажиропоток; **Stadt-** городское сообщение (-ое движение, -ой транспорт), местный транспорт; **Stoß-** _s. Spitzen-_; **Straßen-** _(s. auch Kraft-)_ дорожное (уличное) движение, автотранспортное сообщение; **Straßenbahn-** движение трамваев; **Straßengüter-** автомобильный (автодорожный) грузовой транспорт, автомобильные перевозки груза, грузовые автоперевозки; **Strecken-** _s. streckengebundener_; **Stückgut-** перевозки штучного груза; **Takt-** движение по твёрдому (жёсткому) графику; **Taxi-** таксомоторные перевозки (-ый транспорт), движение такси _(n., indkl.)_; **Teilladungs-** _s. Sammelgut-_; **Teilstrecken-** _(Pl.)_ движение по <отдельным> участкам пути (по секциям маршрута); **Trailer<zug>-**🕮 _(Güterv.)_

трейлерные перевозки, перевозки груза на трейлерах; **Trajekt-** *(Eis.)* железнодорожное паромное сообщение (-ые -ые перевозки); **Tramp-**▣ трамповое сообщение (-ые перевозки); **Transit-** транзитное (сквозное) сообщение, транзитные перевозки; **Triebwagen-** моторвагонное сообщение; **Trockenfracht-** сухогрузный транспорт, перевозки сухогруза; **Tür-zu-Tür-~** *s. Haus-zu-Haus-~*; **Tunnel-** подземный транспорт; **Übergabe-** *(Eis., Güterv.)* передаточное движение <в узле>; **Übergangs-** *(Pass.)* пересадочное сообщение; **Überhol-** движение с частыми обгонами; **Überland-** междугородное (дальнее) сообщение (-ые перевозки); **Übersee-** трансокеанские перевозки (-ое сообщение), межконтинентальный транспорт; **Umland-** пригородное сообщение (-ый транспорт, -ые перевозки); **Umleitungs-** кружные перевозки; **Umschlag-** *(Güterv.)* перевозки с перегрузкой (перевалкой) груза, перегрузочное сообщение; **Umsteige-** *(Pass.)* пересадочное сообщение, перевозки с пересадкой пассажиров; **Umweg-** сообщение по обходному маршруту; **Umzugs-** перевозки, связанные с переездом на новое место жительства (работы); **Urlaubs-** *s. Ferien-*; **Veredelungs-**▣ реэкспорт (реимпорт) груза, прошедшего обработку (переработку) <по льготным таможенным тарифам>; **Versorgungs-** перевозки по снабжению; **Verteiler-**▣ распределительный транспорт; **Vertrags-** перевозки по договору; **Vorort-** *s. Umland-*;

Wagenladungs-▣ *(Eis.)* перевозки *(Pl.)* повагонного груза; **Waren-** *(kfm.)* товарооборот, товарный обмен; **Wechsel-** *s. gemischter*; **Weiterleitungs-** транспорт, связанный с переотправкой груза; **Werk-**▣ внутризаводской (промышленный) транспорт, перевозки груза собственным транспортом <предприятия>; **Werkfern-** дальние перевозки груза собственным транспортом предприятия; **Winter-** зимнее движение; **Wirtschafts-** хозяйственные перевозки (-ое движение); **Zahlungs-** *(kfm.)* платёжный оборот; **Ziel-** приток движения; **Zoll-** таможенные операции; **Zubringer-**▣ сообщение (движение) по подъездным дорогам (на подъездных путях); **Zug-** движение поездов; **Zustell-** *(Güterv.)* транспорт подвоза; **Zu- und Ablauf- im kombinierten ~** подвоз и отвоз груза в смешанных перевозках;

gefährlicher Eingriff in den ‖ Verkehr *(jur.)* опасное посягательство на транспорт; **Entmischung von schnellem und langsamem ~** рассредоточение транспортных потоков большой и малой скоростей;

Verkehr ‖ abwickeln осуществлять/осуществить перевозки; **den ~ behindern** препятствовать движению; **den ~ beschränken** ограничивать/ограничить транспорт (движение); **den ~ lenken** регулировать/урегулировать движение, управлять транспортными потоками; **den ~ regeln** управлять транспортом (уличным движением); **den ~ überwachen** наблюдать за движением <транспорта>; **~ verlagern** переносить/перенести транспортные потоки <с одного носителя транспорта на другой>; **~ vermeiden** *(unnötige Transporte)* избегать/избежать лишних перевозок, *(Verkehrsbelastung)* избегать/избежать излишней транспортной нагрузки; **~ vermindern** сокращать/сократить объём транспорта (перевозок); **~ vernetzen** соединять/соединить транспортные потоки в сети; **den ~ verteilen** рассредотачивать/рассредоточить транспорт

verkehren *(eine bestimmte Strecke befahren)* идти (ходить), *(zwischen zwei Punkten verkehren)* курсировать; **zwischen Knotenpunkten ~ ~** между узловыми пунктами

verkehrlich транспортн‖ый/ая/ое/ые; **-e Anbindung** -ое присоединение, примыкание к транспорту; **-e Belastung** -ая нагрузка, нагрузка от транспорта; **-e Erschließung** охват территории -ыми связями; **-e Verflechtung** переплетение -ых связей

Verkehrs- *(in Zus.)* транспортн‖ый/ая/ое/ые; **<zwischenstaatliches> -abkommen** <межгосударственное> -ое соглашение, соглашение о транспорте; **-abwanderung** переход перевозок <с одного вида транспорта на другой>; **-abwicklung** осуществление перевозок; **-achse** -ая ось; **-ader** -ая магистраль, -ая артерия, пути сообщения; **-ampel** светофор; **-amt** -ое ведомство; **-analyse** анализ -ых потоков; **-anbieter** производитель *(m.)* -ых услуг; **-anbindung** -ое

присоединение, примыкание к транспорту; **-angebot** предложение -ых услуг, *(ÖPNV auch)* объём -ого обслуживания; **-anlagen** *(Pl.)* -ые сооружения, -ые устройства; **-anteil** доля в перевозках; **-anzeiger** -ый указатель

verkehrsarme Straße тихая улица

Verkehrs‖art⌂ вид транспорта; **rationelle ~** рациональный; **umweltfreundliche ~** экологически чистый;

Verkehrsaufkommen⌂ ‖ объём перевозок, объём дорожного движения, *(Verkehrsfluss)* транспортный поток; **durchschnittliches ~** средний; **geringes ~** низкий; **hohes ~** высокий; **prognostiziertes ~** ожидаемый; **rückläufiges ~** сокращающийся; **tägliches ~** суточный; **zunehmendes ~** возрастающий; **Gesamt-** общий объём транспортных потоков;

Verkehrs‖aufteilung распределение транспортн‖ых потоков; **-auskunft** -о-информационная служба; **-ausschuss <der IHK>** *(BRD)* -ый комитет <при ТПП>; **-bau** *(Infrastrukturentwicklung)* -ое строительство, *(Objekt)* -ый объект; **-bedarf** потребность *(f.)* в -ых услугах;

Verkehrsbedienung⌂ **<eines Gebietes>** ‖ транспортное обслуживание <территории>, обслуживание <территории> транспортом; **durchgehende ~** непрерывное, сквозное; **gemeinwirtschaftliche ~** общественное, совокупность *(f.)* транспортных услуг с учётом общественных интересов;

Wirtschaftlichkeit der ~ экономичность *(f.)* (рентабельность*(f.)*) транспортного обслуживания

verkehrsbedingte Umweltbelastung/en нагрузка на окружающую среду, вызванная движением транспорта

Verkehrs‖bedingungen *(Pl.)* транспортн‖ые условия; **-bedarf** потребность *(f.)* в перевозках; **-bedürfnisse** *(Pl.)* потребности *(f.)* в перевозках; **-beeinflussung** регулирование -ых потоков; **-beeinflussungsanlage** устройство регулирования движения; **-begleitungssystem** система постоянного наблюдения за <дорожным> движением; **-behinderung** причинение помех уличному движению;

Verkehrsbehörde ‖ транспортное ведомство (-ая инспекция), отдел транспорта; **übergeordnete ~** *(BRD)* верхнее транспортное ведомство; **untergeordnete ~** *(BRD)* нижнее транспортное ведомство;

Verkehrsbelastung ‖ транспортная нагрузка, нагрузка от транспорта, интенсивность *(f.)* движения; **prognostizierte ~** ожидаемая; **Gesamt-** общая;

Verkehrs‖beobachtung наблюдение за <дорожным> движением; <klassischer> **-bereich** <традиционный> транспортный сектор (-ый комплекс)

verkehrsberuhigte Zone зона с заниженной транспортной нагрузкой

Verkehrs‖beruhigung ⌑ снижение транспортн‖ой нагрузки, снижение нагрузки от транспорта;

-beschränkung ограничение транспорта (движения); **-bestimmungen** *(Pl.)* правила <уличного> движения; **-betrieb** -ая организация, -ое предприятие; **öffentlicher -betrieb** муниципальное (коммунальное) предприятие общественного транспорта; **-bewegungen** *(Pl.)* -ые потоки

verkehrsbezogen транспортн‖ый/ая/ое/ые

Verkehrs‖daten *(Pl.)* транспортн‖ые данные, -ая характеристика; **-dichte** плотность *(f.)* (интенсивность *(f.)*) дорожного движения;

Verkehrsdienstleistungen ‖ *(Pl.)* транспортн‖ые (перевозочные) услуги; **Angebot von ~** предложение (оказание) -ых услуг; **Ausfuhr von ~** экспорт -ых услуг; **Bedarf an ~** потребность *(f.)* в -ых услугах; **Bereitstellung von ~** -ое обслуживание; **Nachfrage nach ~** спрос на -ые услуги; **~ anbieten** предлагать/предложить -ые услуги; **~ nachfragen** требовать/ востребовать -ых услуг;

Verkehrs‖dienstleistungsmarkt рынок транспортн‖ых услуг; **-drehscheibe** узел -ых потоков; **-durchlass** пропуск движения; **-effizienz** эффективность *(f.)* транспорта; **-einnahmen** *(Pl.)* -ые доходы, доходы от перевозок; **-engpass** недостаточная пропускаемость <трассы, дороги>; **-entflechtung** рассредоточение транспорта, -ая развязка; **-entlastung** 1. *(Entlastung der Infrastruktur von Verkehr)* разгрузка <трасс, дорог, линий> от транспорта, *(Güterv. auch)* снижение грузонапряжённости дорог; **2.** _(Verminderung des Verkehrs)_ разгрузка транспорта; **-entwicklung** развитие транспорта; **-entwicklungsplan** план развития -ого сектора; **-erziehung** обучение правилам -ого движения; **-fachwirt** _(Pers.)_ специалист-экономист -ого дела; **-faktor** -ый фактор; **-ferne 1.** _(Beförderungsweite)_ дальность _(f.)_ доставки; **2.** _(Entfernung der Verkehrsanbindung)_ отдалённость _(f.)_ <населённого пункта> от ближайшей станции <железной дороги>; **-finanzen** _(Pl.)_ финансовые средства на -ые нужды; **-finanzplanung** финансовое планирование движения (перевозок); **-fläche** -ая площадь, площадь движения, _(zum Rangieren auch)_ площадка для маневрирования; **-flughafen** гражданский аэропорт; **-flugzeug** пассажирский самолёт, самолёт гражданской авиации; **<reibungsloser>** **-fluss** <беспрепятственный> -ый поток, _(Güterv. auch)_ грузопоток

verkehrsfördernde Maßnahmen _(Pl.)_ меры по развитию транспортного сектора

Verkehrs‖frequenz частота перевозок; **-führung 1.** _(Verkehrsfluss)_ регулирование <дорожного> движения; **2.** _(Verkehrswege)_ трассирование транспортн‖ых путей; **-funk** радиовещание о -ой обстановке <на дорогах>; **-funktionen** _(Pl.)_ функции транспорта; **-gebiet** _(Gebiet der Verkehrsbedienung)_ обслуживаемая <общественным> транспортом территория; **-gefährdung** угроза безопасности движения; **-gemeinschaft** -о-тарифный союз; **-geographie** -ая география; **-gericht** -ый суд;

-geschwindigkeit скорость _(f.)_ движения; **-gesellschaft** -ое предприятие; **-gesetzgebung** -ое законодательство; **-gewerbe** перевозный промысел; **-gleis** _(Schienv.)_ тракционный путь; **-hafen** торговый порт; **-haushalt** _(ökon.)_ бюджет развития транспорта, _(ÖPNV auch)_ бюджет общественного транспорта; **-hilfsbetrieb** вспомогательное -ое предприятие; **-hindernis** препятствие на пути следования <транспорта>, помехи _(Pl.)_ <уличному> движению; **-infarkt** инфаркт движения; **-information** информация о -ой обстановке;

Verkehrsinformations‖dienst служба предоставления информации ‖ об актуальной транспортной обстановке; **-funkdienst** радиоканал для передачи информации ~; **-system** <автоматическая> система подачи (предоставления) информации ~;

Verkehrsinfrastruktur ‖ транспортная инфраструктура; **einheitliche** ~ единая; **entwickelte** ~ развитая; **günstige** ~ удобная; **historisch gewachsene** ~ исторически сложившаяся; **moderne** ~ современная; **ungünstige** ~ неудобная; **unterentwickelte** ~ недоразвитая; **vorhandene** ~ имеющаяся; **die** ~ **ausbauen** расширять/расширить -ую -у; **die** ~ **erweitern** _s. ausbauen_; **eine** ~ **schaffen** создавать/создать -ую -у;

Verkehrs‖innovation транспортн‖ая инновация, обновления _(Pl.)_ на транспорте; **-insel** _(ÖPNV)_ островок безопасности, место остановки для пешеходов; **-institut** институт

транспорта; **-integration** 📖
интеграция в -ом секторе;
-intensität интенсивность *(f.)*
движения (перевозок); **-investition**
инвестиции *(Pl.)* в -ый сектор;
-karte дорожная карта, карта путей
сообщения; **-kaufmann** *(Pers.)*
экономист по -ому делу;
-knoten<punkt> -ый
(перевозочный) узел, узел
сообщения; **-kollaps** *s. -infarkt*;
-kontrolle 1. *(allg., Überwachung)*
надзор над движением транспорта;
2. *(Kfz., auf der Straße)* дорожный
контроль; **3.** *(techn. Kontrolle von
Kfz.)* технический контроль
<автомобилей>; **-kontrollsystem**
система надзора над движением
транспорта; **-konzept** -ая
концепция; **-konzeption** концепция
по развитию транспорта; **-korridor**
-ый коридор; **-kosten** *(Pl.)* расходы
на транспорт; расходы, связанные
с транспортом; **-kreuz** -ый крест;
-lärm шум от движения
<транспорта>; шум, вызванный
движением транспорта; **-lage**
(Situation) -ая обстановка; **-last** *s.*
-belastung

verkehrslastabhängige Gebühren
(Pl.) сборы, зависящие от
транспортной нагрузки;
-unabhängige Gebühren *(Pl.)*
сборы, не зависящие от
транспортной нагрузки;
паушальный <транспортный> сбор

Verkehrsleistung/en ‖ **1.** *(Kapazität)*
транспортная (перевозочная,
перегрузочная) мощность, объём
перевозок, *(Pass. auch)*
пассажирооборот, *(Güterv. auch)*
грузооборот; **2.** *(Vorgang, Tätigkeit)*
транспортная (перевозочная)
операция; **3.** *(Dienstleistungen, nur
Pl.)* транспортные (перевозочные)
услуги; **rückläufige** ~

снижающийся (уменьшающийся)
объём перевозок; **steigende** ~
возрастающий (увеличивающийся)
объём перевозок;

Verkehrs‖leitsystem
<автоматическая> система
управления уличным движением;
-leittechnik техника управления
транспортом; **-liberalisierung**
либерализация транспортн‖ого
рынка; **-logistik** -ая логистика;
-management -ый менеджмент,
управление транспортом (-ыми
процессами); **<integrierte>**
-managementsysteme *(Pl.)*
<интегрированные> системы
управления транспортом;
-marketing -ый маркетинг,
маркетинг в области транспорта;

Verkehrsmarkt 📖 ‖ транспортный
рынок, рынок транспортных услуг;
internationaler ~ международный;
örtlicher ~ местный; **regionaler** ~
региональный; **ordnungspolitische**
Regulierung des **-s** система
регулирования рыночных
отношений на транспортном
рынке; **Zugang zum** ~ доступ к
транспортному рынку; **den** ~
analysieren анализировать/
проанализировать ~;
Dienstleistungen *(Pl.)* **auf dem** ~
anbieten предлагать/предложить
услуги на транспортном рынке;

Verkehrs‖marktordnung система
регулирования отношений на
транспортн‖ом рынке; **-maschine**
(Flugzeug) гражданский самолёт;
-meldung сообщение о -ой
обстановке <на дорогах>; **-menge**
s. *-aufkommen*;
-minderungsszenarien *(Pl.)*
сценарии по снижению -ой
нагрузки; **-minister** министр
транспорта; **-ministerium**

министерство транспорта; **Europäische -ministerkonferenz** Европейская конференция министров транспорта;

Verkehrsmittel ‖ **1.** *(Fahrzeug)* транспортное средство, средство транспорта (передвижения); **2.** *(Verkehrsart)* вид транспорта; **öffentliches** ~ общественный вид транспорта; **Haupt-** основной (главный) вид транспорта; **Massen-1.** *(ÖPNV)* средство транспорта общего пользования; **2.** *(Güterv.)* транспортное средство для грузовых перевозок; **Wahl der** ~ *(ÖPNV)* выбор вида транспорта; **ein** ~ **benutzen** пользоваться/ воспользоваться транспортом;

Verkehrs‖modell модель *(f.)* транспортных систем; **-nachfrage** спрос на транспорт; **-nachfrager** пользователь *(m.)* транспортом;

Verkehrsnetz ‖ транспортная сеть, сеть путей сообщения; **europäisches** ~ европейская; **nationales** ~ национальная, ~ внутри страны; **regionales** ~ междугородная; **Transeuropäische -e** ▥ *(Pl.)* Трансевропейские транспортные сети;

Verkehrsnetz‖betreiber оператор транспортн‖ой сет‖и; **-dichte** плотность *(f.)* -ой -и;

Verkehrs‖nutzer *(Pers.)* пользователь *(m.)* транспортом; **-ökologie** экология в области транспорта; **-ordnung 1.** *(hoheitliche Aufgabe)* регулирование транспортн‖ого сектора; **2.** *(StVO)* правила *(Pl.)* движения транспорта; **-ordnungspolitik**▥ политика регулирования -ого сектора; **-orientierung** ориентация на -ые

аспекты;

Verkehrsplanung ‖ планирование движения (транспорта, перевозок); **integrierte** ~ интегрированное; **operative** ~ оперативное; **transeuropäische** ~ трансевропейское; **General-** генеральное; **Regional-** региональное; **Stadt-** планирование городского движения ;

Verkehrspolitik ‖ транспортная политика, политика в области транспорта; **gelungene** ~ удачная; **umweltfreundliche** ~ ~, максимально зашищающая окружающую среду; **verfehlte** ~ неудачная, неправильная; **zukunftsweisende** ~ ~, ориентированная на будущее; **Entwicklung und Verwirklichung einer einheitlichen** ~ разработка и реализация общей политики в области транспорта; **Neuordnung der** ~ переориентация транспортной политики

verkehrspolitische Rahmenbedingungen *(Pl.)* общие транспортно-политические условия

Verkehrs‖polizei *(Straßenverkehr)* дорожная полиция, *(RF)* дорожно-патрульная служба (ДПС), *(ehem.)* государственная автомобильная инспекция (ГАИ); **-potenzial** транспортн‖ый потенциал; **-prognose** прогноз структуры ожидаемых перевозок; **-qualität** качество перевозок, качество -ых услуг; **-quelle** источник -ого потока; **-raum** -ое пространство; **-recht 1.** *(kodifiziertes Recht)* -ое право; **2.** *(Genehmigung)* право на осуществление перевозок; **-regeln** *(Pl., Straßenverkehr)* правила дорожного движения (ПДД), *(Beförderung auch)* правила перевозок; **-regulierung** регулирование движения (транспорта, перевозок); **-richtung** направление перевозок; **-relationen** *(Pl.)* -ые связи; **-schadengesetz** закон о возмещении ущерба при происшествиях на транспорте; **-schild** дорожный знак; **-schleuse** -ый шлюз

verkehrsschwache Zeiten *(Pl.)* часы (время) наименьшей нагрузки от транспорта

Verkehrsschwankungen ‖ *(Pl.)* неравномерность *(f.)* перевозок; **Grad der** ~ коэффициент неравномерности перевозок;

Verkehrs‖sektor транспортн‖ый сектор, -ая сфера, -ый комплекс; **-sicherheit 1.** *(des Verkehrsflusses)* безопасность *(f.)* <дорожного> движения; **2.** *(von Beförderungen)* безопасность *(f.)* перевозок; **-sicherheitsbehörde** ведомство (управление) безопасности движения; **-sicherheitsprüfung** проверка безопасности <дорожного> движения; **-signal** сигнал, регулирующий движение <транспорта>; **-situation** -ая обстановка; **-spitze** *(Rush Hour)* час пик, наибольшая -ая нагрузка, *(Pass. auch)* пиковый пассажиропоток; **-statistik** -ая статистика; **-stau** затор, *(umg.)* пробка; **-störung** помеха уличному движению, нарушение движения транспорта; **-strategie** стратегия в области транспорта; **-strecke** -ый путь, путь сообщения;

Verkehrsströme ‖ *(Pl.)* транспортн‖ые поток‖и; **Analyse der** ~ анализ -ых -ов, **Bündelung der** ~ сосредоточение -ых -ов;

Lenkung der ~ управление -ыми -ами;

Verkehrs‖strom транспортн‖ый поток, *(Güterv. auch)* грузопоток; **-struktur** -ая структура; **-sünder** *(Pers., umg.)* нарушитель *(m.)* правил дорожного движения (ПДД); **-sünderkartei** картотека нарушителей правил дорожного движения (ПДД); **-system**⌑ -ая система; **-technik** -ая техника; **-technologie** -ая технология

verkehrstechnologisches System транспортно-технологическая система

Verkehrs‖teilnehmer *(Pers.)* участник транспортн‖ого движения; **-teilung** *(modal split)* рапределение долей перевозок по носителям транспорта; **-telematik**⌑ -ая телематика; **-tote** *(Pl.)* погибщие в результате происшествий на транспорте, *(Straßenverkehr auch)* погибщие в результате автокатастроф, *(Flug. auch)* погибщие в результате авиакатастроф, *(Eis. auch)* погибщие в результате железнодорожных катастроф;

Verkehrsträger⌑ ‖ носитель *(m.)* (вид) транспорта; **betriebswirtschaftlich vorteilhafter** ~ экономически выгодный; **umweltfreundlicher** ~ экологически чистый; **Vernetzung der** ~ переплетение (соединение) видов (носителей) транспорта в сеть

verkehrsträgerübergreifend охватывающ‖ий/ая/ее/ие несколько носителей транспорта; **-es Konzept** концепция, -ая ~; **-es System** система, -ая ~

Verkehrs‖überwachung контроль *(m.)* (надзор) над движением <транспорта>; *(zentral auch)* диспетчерская централизация; **-übungsplatz** *(Kfz.)* площадка для практических занятий по вождению автомобиля; **-unfall** несчастный случай на транспорте, *(Straßenverkehr)* дорожно-транспортное происшествие (ДТП); **-unfallstatistik** статистика дорожно-транспортных происшествий; **-unternehmen** транспортное предприятие; **-verband** транспортное объединение (-ый союз); **-verbindung** транспортная связь, линия сообщения, маршрут следования транспорта; **-verbund** 📖 транспортно-тарифный союз; **-verbundraum** территория действия тарифного союза; **-verflechtung** переплетение (соединение) видов (носителей) транспорта; переплетение транспортных связей; **-verflechtungsmodell** модель *(f.)* переплетения транспортных процессов; **-verhältnisse** *(Pl., Straße)* дорожные условия;

Verkehrsverlagerung ‖ перенесение транспортных потоков, переход перевозок; **modale** ~ ~ на другие виды транспорта; **räumliche** ~ ~ на другие трассы; **zeitliche** ~ ~ на другое время дня; ~ **von der Schiene auf die Straße** ~ с железной дороги на автомобильный транспорт;

Verkehrs‖vermeidung избежание лишних перевозок (транспортных объёмов); **-verteilung** распределение транспортных потоков; **-verteuerung** удорожание транспорта

verkehrsverträglich с учётом нужд транспорта

Verkehrs‖verwaltung *(Behörde)* транспортн‖ое ведомство (-ое управление); **-volumen** объём перевозок; **-vorschriften** *(Pl.)* 1. *(StVO)* правила <дорожного> движения (ПДД); 2. *(Beförderungsvorschriften)* -ые инструкции; **-wachstum** рост транспорта (объёма перевозок); **-weg** -ый путь, путь сообщения (движения, следования транспорта); **-wege** пути сообщения;

Verkehrswege‖ausbau расширение пут‖ей сообщени‖я; **-investition** инвестиции *(Pl.)* в -и -я; **-karte** карта -ей -я, дорожная карта; **-plan** план -ей -я; **-planung** планировние -ей -я; **-programm** программа развития (расширения) -ей -я;

Verkehrswesen ‖ транспортный сектор; **Straßen- und** ~ планирование, строительство и эксплуатация дорог

verkehrswidrig *(Straßenverkehr)* противоречащ‖ий/ая/ое/ие правилам (нарушающ‖ий/ая/ое/ие правила) <дорожного> движения

Verkehrs‖widrigkeit *(jur.)* нарушение правил <дорожного> движения; **-wirtschaft** 1. *(Wirtschaftslehre)* экономика транспорта, 2. *(Unternehmen, Bereich)* транспортное хозяйство (-ое дело)

verkehrswirtschaftlich транспортно-хозяйственн‖ый/ая/ое/ые; **-e Entwicklungen** *(Pl.)* -ые процессы, развитие/я в транспортной экономике; **-e Tätigkeit** -ая деятельность

Verkehrs‖wirtschaftspolitik

политика в области транспортн‖ого хозяйства; **-wissenschaft** наука о транспорте; **-system** -ая система; **-zählung** подсчёт участников <дорожного> движения;

Verkehrszahlen ‖ *(Pl.)* данные об объёме транспорта (движения, перевозок); **fallende** ~ падающие объёмы перевозок; **steigende** ~ растущие объёмы перевозок;

Verkehrs‖zeichen *(Straße)* дорожный знак; **-zuwachs** рост транспорта; **-zweck** цель *(f.)* перевозки (транспортировки); **-zweig** отрасль *(f.)* транспорта

verkürzen сокращать/сократить <что-л.>; **einen Anfahrtsweg** ~ ~ путь *(m.)* подъезда (подвоза); **eine Entfernung** ~ ~ расстояние, ~ дистанцию; **eine Frist** ~ ~ срок

Verlade- *(in Zus., s. auch Belade-, Lade-, Versand-)* погрузочн‖ый/ая/ое/ые; **-anlage** -ое устройство, -ое приспособление, *(Vorrichtung am Verkehrsmittel)* грузовое устройство; **-anzeige** *(Dokument)* извещение (уведомление) о погрузке, *(Schiff. auch)* извещение о фрахтовании; **-arbeiten** *(Pl.)* -ые операции, -ые работы; **-auftrag** поручение (наряд) на погрузку <груза>; **-avis** s. **-anzeige**; **-bahnhof** *(Güterv.)* станция погрузки; **-bedingungen** *(Pl.)* условия погрузки; **-bereitschaft** готовность *(f.)* к погрузке (отгрузке)

verladebereit *(Adj.)* готов‖ый/ая/ое/ые к погрузке (отгрузке)

verladebereit *(Part.)* готов/а/о/ы к погрузке (отгрузке)

Verlade‖bestätigung расписка в погрузке, *(Schiff. auch)* подтверждение на фрахтование тоннажа; **-bestimmungen** *(Pl.)* погрузочн‖ые инструкции, правила погрузки, инструкции по погрузке; **-brücke** -ая платформа, *(Schiff.)* -ый настил, -ый мостик; **-datum** дата (день *(m.)*) погрузки; **-dauer** время (срок) погрузки; **-einheit** -ая (грузовая) единица; **-frist** срок погрузки; **-gebühr** сбор на погрузку; **-gewicht** -ый вес; **-gleis** -ый путь, -о-разгрузочный путь; **-gut** погружаемый груз; **-hafen** порт погрузки; **-kapazität** -ая (отгрузочная) мощность; **-kosten** *(Pl.)* 1. *(Aufwendungen)* расходы на погрузку; 2. *(Preis)* стоимость *(f.)* погрузки; **-kran** -ый кран

verladen 1. *(Ladung einladen)* грузить/погрузить <что-л.>, погружать/погрузить <что-л.>; 2. *(etw. versenden)* отгружать/отгрузить <что-л.>; **Fracht <auf einen LKW, auf einen Waggon>** ~ погружать/погрузить груз <на грузовик, на вагон>; **lose** ~ грузить/погрузить <груз> навалом

verladen *(Adj.)* погруженн‖ый/ая/ое/ые; **-es Gut** -ый груз

verladen *(Part.)* погружен/а/о/ы

Verladen *(Subst.)* погрузка

Verlade‖order *(Dokument)* погрузочн‖ый ордер, наряд на погрузку; **-ort** -ый пункт, пункт (место) погрузки, *(Schiff.)* место фрахтования; **-papier/e** -ый (грузовой, отгрузочный) документ, -ая накладная; **-pflicht** обязанность *(f.)* произведения -о-разгрузочных работ (-ых операций); **-platz** -ая площадка, грузовой двор

Verlader *(Pers.)* отправитель *(m.)*

<груза>; **industrieller** ~ промышленный; **Bahnfracht-** железнодорожный экспедитор; **Güter-** ~ груза, грузоотправитель; **Luftfracht-** авиационный экспедитор; **See-** ~ морского фрахта; **Ur-** первоначальный

Verlade‖rampe погрузочн‖ая платформа, -ая эстакада; **-schein** -ая ведомость, свидетельство о погрузке, _(Frachtbrief)_ -ая (транспортная) накладная, _(See.)_ коносамент; **-station** станция погрузки; **-station für Container** контейнеропогрузочный пункт, контейнерная грузовая станция (КГС); **-stelle** _s._ _-ort_; **-tauglichkeit** годность _(f.)_ товара к погрузке (к отгрузке); **-unternehmer** _s._ _Verlader_; **-vorrichtung** -ое (отгрузочное) устройство; **-vorschriften** _(Pl.)_ -ые инструкции, инструкции по погрузке, правила погрузки; **-zeitplan** календарный план погрузки; **-zentrum** _(Versand)_ отгрузочный (отправочный) центр, центр для отправки <груза>

Verladung _(s. auch Beladung, Laden)_ погрузка <чего-л.>; ~ **ab Terminal** ~ на терминале; ~ **auf Deck** _(Schiff)_ ~ на палубу; ~ **fob** _(Schiff)_ ~ на борт судна <с оплатой грузоотправителем>; ~ **fot** _(LKW)_ ~ на грузовик <с оплатой грузоотправителем>; ~ **fow** _(Eis.)_ ~ на вагон <с оплатой грузоотправителем>; ~ **unter Deck** _(Schiff)_ ~ в трюм <судна>; ~ **von Gütern** ~ (размещение) груза, _(Annahme zum Versand)_ приём груза к отправке;

Verladung, Direkt- 1. _(Versand ohne Umladung)_ прямая (непосредственная) отгрузка (перевозка) <груза>, _(Versand im Linienverkehr)_ маршрутная отгрузка <груза>; 2. _(Transit)_ транзитная отгрузка <груза>; **Fracht-** погрузка ‖ груза, размещение груза, _(Annahme zum Versand)_ приём груза к отправке; **Kran-** ~ с помощью крана; **Schütt<gut>-** ~ навалом; **Teil-** неполная (частичная) ~ <грузовика, вагона>; **Wieder-** 1. повторная; 2. _(Wiederversand)_ повторная отгрузка

verlängern 1. _(zeitl.)_ продлевать/ продлить <что-л.>; 2. _(räuml.)_ удлинять/удлинить <что-л.>

Verlängerung 1. _(zeitl.)_ продление <чего-л.>; 2. _(räuml.)_ удлинение <чего-л.>; ~ **einer Frist** продление срока; ~ **einer Strecke** удлинение трассы; ~ **einer Versicherung** продление договора страхования; **eines Vertrags** продление договора (контракта); ~ **eines Visums** продление визы

Verlängerungsfaktor _(Straße)_ фактор удлинения трассы

verlagern, Verkehr переносить/ перенести транспортные потоки <с одного носителя транспорта на другой>

Verlagerung von Verkehr перемещение транспортных потоков <с одного носителя транспорта на другой>, переход перевозок (транспорта)

verlaufen 1. _(Streckenführung)_ проходить/пройти; _(Wasserlauf)_ протекать/протечь; 2. _(refl., sich <zu Fuß> verirren)_ заблудиться

verleasen _(Transportmittel)_ сдавать/ сдать <транспортное средство> в лизинг

verletzen нарушать/нарушить <что-л.>; **eine Frist** ~ ~ срок; **ein Gesetz**

~ ~ закон; **Sicherheitsbestimmungen** *(Pl.)* ~ ~ правила безопасности; **einen Vertrag** ~ ~ договор; **Vorschriften** *(Pl.)* ~ ~ правила

Verletzung <von etw.> нарушение <чего-л.>

verlorengegangen *(Adj.)* потерянн‖ый/ая/ое/ые; **-e Fracht** -ый груз; **-es Gepäck** -ый багаж; **-e Ladung** *s. Fracht*

verlorengegangen *(Part.)* потерян‖ы/а/о/ы

Verlust 1. *(kaufm.)* убыток; **2.** *(physisch)* потеря, утрата; ~ **von Waren** потеря (утрата) груза; **teilweiser Fracht-** частичная потеря груза

Verlustzeiten *(Pl., Stillstandzeiten für Fahrzeuge)* времена стояния

Vermarktung freier Trassen⌂ коммерческое использование недогруженных трасс

vermeiden избегать/избежать <чего-л.>; **Verkehr** ~ *(unnötige Transporte)* ~ лишних перевозок, *(Verkehrsbelastung)* ~ излишней транспортной нагрузки

Vermerk отметка; **Annahme-** ~ о принятии (приёме) <груза>; **Ausfuhr-** ~ об экспортном товаре; **Eingangs-** ~ о поступлении <груза>; **Franko-** *(Lieferung bezahlt)* ~ об оплате провоза грузоотправителем; **Frei-** *s. Franko-;* **Konsulats-** консульская виза

vermieten сдавать/сдать (передавать/передать) <что-л.> в аренду (в наём)

Vermieter *(Pers.)* сдающий *(Subst.)* в аренду (в наём); **Schiffs-** *(s. auch Vercharterer, Reeder)* судовладелец, ~ судно

Vermietung <von Fahrzeugen, Containern>** прокат (сдача в наём) <транспортных средств, контейнеров>

vermindern сокращать/сократить <что-л.>; **die Verkehrsbelastung** ~ ~ нагрузку от транспорта (от перевозок)

Vermittler *(Pers.)* посредник, агент

Vermittlung посредничество, агентирование <чего-л.>

Vermittlungs- *(in Zus.)* посредническ‖ий/ая/ое/ие; **-agentur** -ая фирма, агентство; **-dienstleistungen** *(Pl.)* -ие услуги; **-gebühr** комиссионное вознаграждение (-ый сбор), комиссионные *(Subst.);* **-tätigkeit** -ая (агентская) деятельность; **-vertrag** договор о посредничестве

vermutete Verschuldenshaftung *(jur.)* предполагаемая ответственность за вину

vernetzen соединять/соединить <что-л.> в сеть *(f.),* связывать/связать <что-л.>

Vernetzung переплетение, соединение <чего-л.> в сеть *(f.);* <intelligente> ~ **von Straße und Schiene** <интеллигентное> ~ автомобильного и железнодорожного транспорта; ~ **von Verkehrssystemen**⌂⌂ ~ транспортных систем; ~ **von Verkehrsträgern** ~ видов (носителей) транспорта

Verordnung *(jur.)* Постановление; **Änderungs-** ~ об изменении действующего положения; **Ausführungs-** Инструкция о порядке приведения в действие нормативного акта, Общие положения о порядке исполнения; **Ausnahme-** чрезвычайное, особое; **Außenwirtschafts-** Положение о внешнеэкономической деятельности; **Durchführungs-** ~ о порядке исполнения; **Gefahrgut-** ~ о перевозке опасного груза, Правила перевозки опасного груза; **Gefahrgut-Ausnahme-** Особое ~ о перевозке опасного груза; **Gefahrgut-Beauftragten-** ~ о деятельности уполномоченного на осуществление перевозок опасного груза; **Gefahrgut-Kontroll-** ~ о надзоре над перевозками опасного груза; **Gefahrgut-Kosten-** ~ о стоимости мероприятий по перевозке опасного груза; **Höchstzahlen-** *(Güterv.)* ~ о количественном ограничении разрешений на осуществление дальних грузовых перевозок; **Magnetschwebebahn-** *(BRD)* ~ о магнитной железной дороге; **Schiffssicherheits-** *(BRD)* Правила по безопасности плавания морских судов; **Zollwert-** *(EU)* ~ <ЕС> о таможенной стоимости товара; **eine ~ erlassen** издавать/издать ~

verpacken упаковывать/упаковать, тарить/затарить <что-л.>, *(verschnüren auch)* перевязывать/перевязать <груз>

Verpacken *(Subst.)* <von Fracht> затарка <груза>

verpackt *(Adj.)* упакованн‖ый/ая/ое/ые; **-es Frachtgut** -ый груз, груз в таре, *(Stückgut auch)* тарно-штучный груз; **-e Ladung** *s. Frachtgut*; **-e Ware** -ый товар

verpackt *(Part.)* упакован/а/о/ы

Verpackung *(für Frachtgut)* упаковка,

тара <груза, товара>; **äußere ~** внешняя, отправительская; **bahnmäßige ~ ~**, пригодная для перевозки железной дорогой; **beschädigte ~** повреждённая; **faltbare ~** складная, сложенная; **feuchtedichte ~** влагонепроницаемая; **gebrauchte ~** использованная; **geeignete ~** надлежащая; **geschlossene ~** закрытая; **halbstarre ~** полужёсткая; **handelsübliche ~** торговая; **hermetisch abgeschlossene ~** герметическая; **innere ~** внутренняя; **luftdichte ~** *s. hermetisch abgeschlossene*; **mangelhafte ~** неудовлетворительная; **nicht ordnungsgemäße ~** ненадлежащая; **offene ~** открытая; **ordnungsgemäße ~** *s. geeignete*; **sachgemäße ~** *s. geeignete*; **seemäßige ~** морская; **~**, пригодная для перевозки морским путём; **seetüchtige ~** *s. seemäßige*; **stapelfähige ~** штабелируемая; **starre ~** жёсткая; **transportsichere ~ ~**, надёжная при транспортировке; **übliche ~** стандартная; **ungeeignete ~** ненадлежащая; **universelle ~** универсальная; **unsachgemäße ~** *s. ungeeignete*; **unversehrte ~** неповреждённая; **unzureichende ~** *s. mangelhafte*; **verschließbare ~** закрытая; **weiche ~** мягкая; **wiederverwendbare ~** многооборотная, возвратная, ~ многократного (многоразового, повторного) пользования; **~**, подлежащая возврату; **wiederverwendungsfähige ~** *s. wiederverwendbare*; **zerbrechliche ~** хрупкая; **zerlegbare ~** разборная; **zusammengelegte ~** сложенная; **zusammenlegbare ~** *s. faltbare*;

Verpackung ‖ aus kombinierten

Werkstoffen комбинированная ‖ упаковка (-ая тара); ~ **für Flüssigkeiten** заливная; ~ **für Konserven** консервная; ~ **für den innerbetrieblichen Transport** цеховая; ~ **mit Trageeinrichtung** переносная;

Verpackung, Ausfuhr- экспортная ‖ упаковка (-ая тара), ~ экспортных товаров; **Außen-** *s. äußere*; **Ausstellungs-** выставочная; **Dauer-** многократная, многооборотная, ~ многократного (повторного) использования; **Einfuhr-** импортная; **Einweg-** однократная, необоротная, разовая, ~ <одно>разового пользования; **Export-** *s. Ausfuhr-*; **Falt-** *s. faltbare*; **Gebrauchs-** потребительская; **Glas-** стеклянная; **Groß-** крупногабаритная; **Import-** *s. Einfuhr-*; **Industrie-** промышленная; **Kisten-** ящичная; **Klarsicht-** прозрачная; **Klein-** ~ малой ёмкости; **Konsumgüter-** *s. Gebrauchs-*; **Leergut-** порожняя; **Leih-** инвентарная, возвратная; **Mehrweg-** многооборотная, возвратная, ~ многократного (многоразового, повторного) пользования; ~, подлежащая возврату; **Mehrzweck-** универсальная; **Miet-** *s. Leih-*; **Rückkauf-** залоговая; **Sammel-** групповая, сборная; **Schau-** *s. Ausstellungs-*; **Sonder-** специальная, спецупаковка; **Spezial-** *s. Sonder-*; **Standard-** стандартная; **Transport-** транспортная, отправительская; **Um-** *s. äußere*; **Umschlag-** *s. Dauer-*; **Verbraucher-** *s. Gebrauchs-*; **Verkaufs-** *s. Gebrauchs-*; **Versand-** *s. äußere*; **Waren-** ~ товара; **Wegwerf-** *s. Einweg-*; **Wiederverwendungs-** *s. Dauer-*;

Haltbarkeit der ‖ **Verpackung** прочность *(f.)* упаковк‖и; **Unversehrtheit der** ~ сохранность *(f.)* -и

Verpackungs- *(in Zus.)* упаковочн‖ый/ая/ое/ые; **-abteilung** <eines Unternehmens> -ый отдел <предприятия>; **-band** -ая лента; **-einheit** -ая единица; **-gebühr** -ый сбор; **-gewicht** вес упаковки (тары); **-gruppe** класс упаковки; **-kosten** *(Pl.)* **1.** *(Aufwendungen)* расходы по упаковке, **2.** *(Preis)* стоимость *(f.)* упаковки; **-maß** размер упаковки; **-material** -ый материал, материал для упаковки, *(Abdichtmaterial)* прокладочный материал, *(Stützmaterial)* крепежный материал; **-schaden** повреждение упаковки (тары)

verpassen 1. *(sich verspäten)* опаздывать/опоздать <на что-л.>; **2.** *(zu weit fahren)* проезжать/ проехать <свою станцию>

verplomben *(ein Transportbehältnis verschließen)* пломбировать/ опломбировать <контейнер>

Verplombung наложение пломбы <на что-л.>

Verrechnungs- *(in Zus.)* расчётн‖ый/ая/ое/ые; **-einheit** -ая единица; **-tarif** *(kfm.)* -ый тариф, -ая тарифная ставка; **-wert** *(kfm., Zoll.)* -ая стоимость

verringern снижать/снизить <что-л.>; **das Verkehrsaufkommen** ~ ~ объём перевозок

Versand 1. *(Verladung)* отгрузка, отправка, отсылка; **2.** *(Beförderung)* перевозка <груза>; **3.** *(Abteilung im Unternehmen)* экспедиция, экспедиционный отдел; **unverpackter** ~ бестарная перевозка; **waggonweiser** ~ *(Eis.)*

повагонная отправка, отправка в вагонах; ~ **in losem Zustand** _s._ _unverpackter_;

Versand, Bahn- железнодорожная || отгрузка, железнодорожная || отправка; **Direkt-** 1. _(Versand ohne Umladung)_ прямая, непосредственная, _(Versand im Linienverkehr)_ маршрутная; **2.** _(Transit)_ транзитная отгрузка; **Fracht-** ~ груза; **Gefahrgut-** ~ опасного груза; **Gepäck-** отправка (отсылка) багажа; **Sammel-** сборная; **Stückgut-** ~ штучного груза; **Teil-** частичная; **Weiter-** переотправка; **Zoll<gut>-** таможенный транзит; **Abfertigung zum** ~ _(Zollabfertigungsverfahren)_ процедура таможенной отчистки товаров на осуществление таможенного транзита

Versand- _(in Zus.)_ отгрузочн||ый/ая/ое/ые; **-abfertigung** экспедиция <груза>, оформление (приготовление) <груза> к отправке; **-abteilung** экспедиция, экспедиционный отдел <предприятия>; **-anmeldung** извещение об отгрузке (отправке), заявление на отгрузку (отправку); **-annahmebuch** книга приёма груза к отправке; **-anweisung** ордер на отправку; **-anzeige** извещение (заявление-требование) об отгрузке (отправке); **-aufkommen** объём отгрузки; **-auftrag** -ое поручение, поручение на отгрузку; **-avis** _s._ -anzeige; **-bahnhof** -ая станция, станция отгрузки (отправки); **-bedingungen** _(Pl.)_ условия отгрузки (отправки, перевозки); **-bereitschaftsanzeige** извещение о готовности <груза> к отправке; **-bestätigung** квитанция об отгрузке (отправке); **-bestimmungen** _(Pl.)_ -ая

инструкция, инструкция о порядке отгрузки, правила отгрузки; **-buch** журнал отправленных грузов; **-datum** дата (день _(m.)_) отгрузки (отправки); **-disposition** распоряжение о порядке отгрузки; **-dokumente** _(Pl.)_ -ые (транспортные) документы, документы на отгрузку (отправку); **-einheit** -ая единица

versandfertig _(Adj.)_ готов||ый/ая/ое/ые к отправлению (к отправке); **<etw.>** ~ **machen** готовить/подготовить <что-л.> к отправке

versandfertig _(Part.)_ готов/а/о/ы к отправлению (к отправке)

Versand||gebühr сбор на отгрузку (отправку) <груза>; **-genehmigung** разрешение на отгрузку (отправку); **-geschäft** _(Handel)_ посылочная торговля; **-gewicht** отгрузочный вес, вес груза брутто (с упаковкой); **-gut** перевозимый (транспортируемый) груз; **-hafen** порт отгрузки; **-handel** _s._ -geschäft; **-haus** посылочная торговая фирма; **-kosten** _(Pl.)_ 1. _(Aufwendungen)_ расходы (издержки) по отгрузке (отправке, перевозке) <груза>; 2. _(Preis)_ стоимость _(f.)_ отгрузки (отправки); **-lager** экспедиционный склад, пакгауз отправления; **-liste** 1. _s._ -buch; 2. _s._ -nachweis; **-markierung** транспортная маркировка <груза>; **-menge** _(Güterv.)_ объём отправления грузов; **-nachweis** отгрузочная (отправочная) ведомость; **-order** ордер на отгрузку (отправку); **-ort** пункт (место) отгрузки (отправки, отправления); **-papiere** _(Pl.)_ _s._ -dokumente; **-partie** 1. _(zum Versand vorgesehene Partie)_ партия товара (груза), предназначенная к отправке; 2. _(versandte Partie)_ партия отгруженного товара (груза); **-rechnung** счёт на отправленный груз; **-schein** отгрузочная (отправочная) накладная (-ая ведомость), экспедиторское свидетельство; **-spediteur**[📖] *(Pers.)* экспедитор-отправитель *(m.)*; **-spezifikation** отгрузочная · (отправочная) спецификация; **-station** станция (пункт) отгрузки (отправления); **-stelle** *s. -ort, -station*; **-stück** штучный груз в отправке

versandt   *(Adj.)*
отправленн‖ый/ая/ое/ые, отгруженн‖ый/ая/ое/ые;   **-er** **Container** -ый контейнер;   **-e** **Fracht** -ый груз

versandt *(Part.)* отправлен/а/о/ы

Versand‖terminal терминал отгрузки (отправки, отправления) <груза>; **-verfahren** способ отгрузки (отправки), условия по отправке; **-verpackung** транспортная (отправительская) тара (-ая упаковка); **-vorschriften** *s. -bestimmungen*; **-zollstelle** таможня отправления

verschärfen усиливать/усилить <что-л.>; **die Import-Export-Beschränkungen** *(Pl.)* ~ ~ импортно-экспортные ограничения; **die Sicherheitsvorschriften** *(Pl.)* ~ ~ правила безопасности

Verschiebe- *(in Zus., hier Rangieren)* сортировочн‖ый/ая/ое/ые; **-bahnhof** -ая станция; **-gleis** *(Schienv.)* -ый путь

verschieben *(Schienv.)* перемещать/переместить, маневрировать <что-л.>; **Waggons** ~ ~ вагоны

Verschieben *(Subst., Schienv.)* маневровое передвижение <поездов>

verschiffen *(See.)* отправлять/отправить <что-л.> на судне (морским путём)

Verschiffen *(Subst., See.)* отправление <груза> на судне (морским путём)

Verschiffer *(Pers., s. auch Frachtführer, Verfrachter, Versender)* фрахтовщик (перевозчик) морского груза

Verschiffung 1. *(Verladeprozess)* отгрузка, погрузка <на судно>; 2. *(Beförderungsprozess)* перевозка (отправка) на судне, *(See. auch)* перевозка (отправка) морским путём, *(Binnsch. auch)* перевозка (отправка) водным путём; **An-Deck-~** 1. *(Verladung)* отгрузка на палубу; 2. *(Beförderung)* перевозка (отправка) на палубе; **Unter-Deck-~** 1. *(Verladung)* отгрузка в трюм; 2. *(Beförderung)* перевозка (отправка) в трюме; **Wieder-** повторная отправка (переотправка) <груза> водным путём; **Zahlung bei ~** платёж при погрузке груза <на борт судна>

Verschiffungs- *(in Zus.)* отгрузочн‖ый/ая/ое/ые; **-dokument/e** судовой -ый документ, расписка об отгрузке <груза> на борт судна; **-hafen** порт отгрузки (погрузки), выходной порт; **-ort** место погрузки <на судно>

verschließbare Verpackung закрытая упаковка (-ая тара)

verschließen, **zollamtlich** накладывать/наложить таможенные печати и пломбы <на что-л.>

Verschluss *(Zoll.)* **1.** *(Prozess)* наложение <таможенной> пломбы; **2.** *(Plombe)* таможенная пломба; **Zollraum-** *(Schiff.)* опломбирование трюма таможней; **Ware unter ~ halten** держать товар под замком

Verschlussgebühr *(Zoll.)* сбор на наложение пломб

Verschmutzung загрязнение; **Luft- ~** воздуха; **Umwelt- ~** окружающей среды; **Wasser- ~** воды

verschnüren перевязывать/ перевязать <что-л.>

Verschuldenshaftung *(jur.)* ответственность *(f.)* за вину; **vermutete ~** предполагаемая; **~ des Spediteurs** ответственность экспедитора за сохранность *(f.)* груза

versenden *(etw. abschicken)* отправлять/отправить <что-л.>, *(Güter auch)* отгружать/отгрузить <груз>, *(Postsachen)* отсылать/ отослать <посылку>

Versender⌂ *(Pers.)* отправитель *(m.)*, *(Spediteur auch)* экспедитор, *(Befrachter auch)* фрахтователь; **Fracht-** отправитель ‖ груза, грузо-; **Güter-** *s.* *Fracht-*; **Waren- ~** товара; **Adresse des -s** адрес -я; **Station des -s** *(Eis., Güterv.)* станция -я (продавца); **~ zahlt Zoll** ~ платит пошлину

Versendung <von Gütern> **1.** *(Versandprozess)* отправка, отправление, экспедиция, экспедирование <груза>; **2.** *(Beförderungsprozess)* перевозка <груза>

Versicherer *(Pers.)* страховщик; **Rechnung des -s** счёт -а

versichern страховать/застраховать <что-л., кого-л.>; **Fahrzeuge ~ ~** транспортные средства; **Fracht ~ ~** груз, ~ фрахт; **Passagiere ~ ~** пассажиров

versichert *(Adj.)* застрахованн‖ый/ая/ое/ые; **-es Fahrzeug** -ое транспортное средство; **-e Fracht** -ый груз, -ый фрахт; **-es Konnossement** -ый коносамент

versichert *(Part.)* застрахован/а/о/ы; **das Schiff ist ~** судно застраховано

Versicherter *(Versicherungsnehmer)* страхователь *(m.)*

Versicherung **1.** *(Absicherung)* страхование; **2.** *(Unternehmen)* страховая компания; **3.** *(Vertrag)* договор (контракт) страхования, страховой полис; **gesetzliche ~** окладное (обязательное) ‖ страхование; **~ auf Zeit** ~ на срок; **~ gegen alle Risiken** ~ от (против) всех рисков; **~ gegen Totalverlust** ~ от полной гибели;

Versicherung, Beschlagnahme- *(Güterv.)* страхование ‖ груза на случай <возможной> конфискации; **Binnentransport- ~** внутренних перевозок; **Deckladungs-** *(Schiff.)* ~ палубного груза; **Doppel-** двойное; **Fahrnis- ~** движимого имущества; **Flugzeug- ~** самолёта; **Flusskasko-** речное ~ каско *(n., indkl.)*; **Fracht- ~** груза, ~ карго *(n., indkl.)*; **General-** открытое; **Gepäck- ~** багажа; **Güter-** *s. Fracht*; **Gütertransport-** транспортное ~ груза; **Haftpflicht-** гарантийное, ~ от гражданской ответственности, ~ от ответственности за причинение вреда; **Insassenunfall- ~** пассажиров от несчастных случаев; **Kargo-** ~ карго *(n., indkl.)*; **Kasko-** ~ каско *(n., indkl.)*; **Kfz-Haftpflicht-** ~ владельца автомобиля от ответственности за причинение вреда (от обязанности возмещать причинённый ущерб); **Kfz-Kasko-** ~ автокаско *(n., indkl.)*, автомобильное ~ каско *(n., indkl.)*; **Kraftfahrzeug-** ~ автомобиля; **Landtransport-** наземное <транспортное>; **Luftfahrt-** авиационное, ~ воздушных перевозок; **Luftfahrtkasko-** воздушное ~ каско *(n., indkl.)*; **Luftfracht-** ~ авиационного груза; **Luftverkehrshaftpflicht-** воздушное ~ гражданской ответственности; **Personentransport-** ~ пассажиров; **Pflicht-** обязательное, окладное; **Pönal-** ~ от уплаты пени; **Reise-** путевое; **Reisegepäck-** ~ багажа; **Reiserücktritts-** ~ <туриста> на случай расторжения контракта с туристическим агентством; **Rücktransport-** *(für Personen)* ~, гарантирующее бесплатную обратную перевозку пассажира <в случае его заболевания или аварии>; **Schadens-** ~ <имущества> от убытков; **Schiffs-** ~ судна; **See-** морское; **Seefracht-** ~ морского груза (-ого фрахта); **Seekasko-** морское ~ каско *(n., indkl.)*; **Spediteurhaftpflicht-** гарантийное ~ груза, перевозимого экспедитором; **Spediteurs-** 1. *(Versicherung des Spediteurs)* экспедиторское, ~ экспедитора; 2. *(Versicherung des Gutes, abgeschlossen im Auftrage des Versenders)* ~ перевозимого груза; **Speditions-** *s.* *Spediteurs-*; **Teilkasko-** неполное ~ каско *(n., indkl.)*; **Transport-** транспортное; **Transportmittel-** ~ транспортного средства, ~ средства транспорта;

Unfall- *(für Personen)* страхование <лица> от несчастных случаев, *(für Fahrzeuge)* страхование <автомобиля> на случай аварии; **Vollkasko-** полное ~ каско *(n., indkl.)*; **Wertsachen-** адвалорное; **Zusatz-** дополнительное;

eine Versicherung || **abschließen** заключать/заключить || договор страхования; ~ **kündigen** расторгать/расторгнуть ~; ~ **verlängern** продлевать/продлить ~

Versicherungs- *(in Zus.)* страхов||ой/ая/ое/ые; **-agent** *(Pers.)* -ой агент; **-akt** -ой акт; **-antrag** -ое заявление; **-anzeige** -ое объявление; **-aufsichtsbehörde** -ая инспекция; <allgemeine> **-bedingungen** *(Pl.)* <общие> условия страхования; **-behörde** -ое ведомство, -ое учреждение; **-beitrag** -ой взнос, -ой платёж; **-bestimmungen** *(Pl.)* правила страхования; **-dokument** -ой документ; **-fall** -ой случай; **-geber** страховщик; **-gebühr** -ое вознаграждение; **-gegenstand** предмет (объект) страхования; **-gesellschaft** -ая компания; **-gut** страхуемое имущество; **-kosten** *(Pl.)* -ая стоимость; **-nehmer** страхователь *(m.)*; **-pflicht** обязанность *(f.)* страхования

versicherungspflichtig *(Adj.)* подлежащ||ий/ая/ее/ие обязательному страхованию

Versicherungs||**prämie** *s. -beitrag;*

Versicherungspolice || *(s. auch Versicherungsschein)* страховой полис (-ой сертификат); **befristete** ~ срочный; **gemischte** ~ смешанный; **offene** ~ открытый, генеральный, нетаксированный; ~ **mit festem Wert** таксированный; **Fracht-** фрахтовый; **General-** *s.*

offene; **Inhaber-** предъявительский; **Linien-** рейсовый; **Misch-** *s. gemischte*; **Namens-** именной; **Pauschal-** паушальный; **Zusatz-** дополнительный;

Versicherungsprovision страховое вознаграждение;

Versicherungsschein ‖ *(s. auch -police)* страховой полис (-ой сертификат, -ое свидетельство); **Bahnrollfuhr-** ~ на перевозку железнодорожного груза автотранспортом; ~ на груз, доставляемый клиенту автотранспортом железной дороги; **Luftfracht-~** полис воздушного страхования; **Rollfuhr-~** **(RVS)** *(LKW)* автогужевой страховой полис <на перевозимый груз>; **See-** полис морского страхования; **Speditions-~** **(SVS)** экспедиторский страховой полис (-ое свидетельство) на перевозимый груз; **Straßengüter-~** полис автотранспортного страхования; **Transport-** сертификат о транспортном страховании;

Versicherungs‖schutz страхов‖ая защита; **-tarif** -ой тариф, -ая стоимость; **-urkunde** -ой документ, -ой сертификат; **-vertrag** договор (контракт) страхования; **-vorschriften** *(Pl.) s. -bedingungen*

Versorgung снабжение <чем-л.>

Versorgungs- *(in Zus.)* снабженческ‖ий/ая/ое/ие; **-schiff** -о-приёмное судно, плавбаза; **-verkehr** перевозки по снабжению

verspätet просроченн‖ый/ая/ое/ые; **-e Lieferung** -ая поставка, поставка с задержкой; **-e Zahlung** -ый платёж

verstauen размещать/разместить <что-л.>; **Fracht auf einem Schiff** ~ ~ груз на судне; **Gepäck im**

Waggon ~ ~ багаж в вагоне

Verstauung <von Fracht> размещение <груза>

Verstoß нарушение; ~ **gegen die Sicherheitsvorschriften** *(Pl.)* ~ правил безопасности; ~ **gegen die Straßenverkehrsordnung** ~ правил дорожного движения; ~ **gegen die Verkehrsgesetzgebung** ~ транспортного законодательства

vertäuen *(Schiff.)* причаливать/ причалить (пришвартовывать/ пришвартовать) судно <к чему-л.>

Vertäuen eines Schiffes причаливание (пришвартовка) судна

Vertäuungsarbeiten *(Pl., Schiff.)* швартовные операции

Vertaktung von Zugverbindungen *(Schienv.)* согласование поездов, ходящих по твёрдому (жёсткому) интервалу (графику)

verteilen распределять/распределить <что-л.>; **Güter** ~ ~ груз; **Verkehr** ~ рассредотачивать/ рассредоточить транспорт

Verteiler- *(in Zus.)* рапределительн‖ый/ая/ое/ые; **-bahnhof** *(Güterv.)* -ая (сортировочная) <грузовая> станция; **-fahrten** *(Pl., Güterv.)* перевозки по грузораспределению, рейс для раздачи <штучного> груза; **-fahrzeug** *(LKW)* грузовик для развозки товара; **-flughafen** *(Güterv.)* аэропорт перегрузки груза; *(Pass.)* аэропорт пересадки пассажиров, транзитный аэропорт; **-lager** -ый склад; <**nahräumlicher**> **-verkehr**⁽ᵐ⁾ <пригородный, местный, внутриобластной> -ый транспорт; <**innerstädtisches**> **-zentrum** грузораспределительный центр <в черте города>

Verteilung распределение

Verteilungsverkehr   *s.*
Verteilerverkehr

Vertrag   договор,   контракт;
bilateraler   ~   двусторонний;
gegenseitiger   ~   *s.   bilateraler*;
gültiger   ~   действительный;
nichtiger ~ ~, утративший силу
schriftlicher ~ письменный;

Vertrag ‖ über den Austausch
gewerblicher   Rechte   der
Luftverkehrsgesellschaften
Соглашение   об   обмене
коммерческими   правами
авиакомпаний;   ~   **über die**
internationale Beförderung von
Gütern per Bahn Соглашение о
международном   грузовом
железнодорожном сообщении; ~
über Transitlieferungen договор о
транзитной   поставке;   ~ **über**
Warenlieferungen   договор   на
поставку   груза;   ~ **zugunsten**
Dritter договор в пользу третьего
лица;

Vertrag,   Ablade-   *(Binnsch.)*
договор (контракт) ‖ о погрузке
речного   судна;   **Agentur-**
агентский, **Ausfuhr-** ~ на экспорт
<товара>;   **Außenhandelskauf-**
внешнеторговый ~ купли-продажи
(о купле-продаже); **Bahnfracht-** ~
железнодорожной перевозки груза;
Beförderungs- транспортный, ~ на
перевозку,   ~   о   перевозке;
Befrachtungs-   *(Schiff.)*   ~
фрахтования, ~ о фрахтовании;
Binnenschifffahrts-Fracht-
речной перевозки груза; **Bugsier-**
(Schiff.) ~ буксировки; **Charter-** ~
фрахтования, ~ о фрахтовании,
~-чартер, чартер-партия; **CMR-~** ~
о <международной> перевозке
груза   автотранспортом;

Dienstleistungs-   ~   об   оказании
услуг;   **Einfuhr-**   ~   на   импорт
<товара>;   **Eisenbahn-Fracht-**   ~
железнодорожной перевозки груза;
Export- *s. Ausfuhr-*; **Fracht-**⊞
транспортный, ~ на перевозку
груза; **General-** генеральный;
Handels- торговый; **Heuer-** 1.
(Schiff) ~ по найму судна; 2.
(Schiffsbesatzung) ~ по найму
экипажа судна; **Import-** *s. Einfuhr*;
Kauf- ~ купли-продажи, ~ о
купле-продаже;   **Konsignations-**
консигнационный;   **Konzessions-**
концессионный;
Kraftwagenfracht-   ~
автомобильной перевозки груза, ~
на   перевозку   груза
автотранспортом;   **Lager-**   ~
складирования, ~ о передаче груза
на хранение; **Leasing-** ~ о лизинге;
Liefer- ~ поставки, ~ на поставку,
~   о   поставке;   **Lizenz-**
лицензионный;   **Luftfracht-**   ~
воздушной перевозки груза; **Miet-**
~ на аренду, ~ об аренде, ~ о
найме; **Nutzungs-** ~ о передаче
права   пользования;
Personenbeförderungs-   ~
перевозки (на перевозку, о
перевозке)   пассажиров;
Raumfracht-   *(See.)*   ~-чартер;
Rollfuhr-   ~   перевозки   (на
перевозку,   о   перевозке)
железнодорожного   груза
автотранспортом; **Schifffahrts-** ~ о
судоходстве; **Schlepp-** *s. Bugsier-*;
Seefracht-⊞ ~ морской перевозки
груза,   ~   на   перевозку   груза
морским   путём;   **Seepassage-**
(Pass.) ~ на перевозку пассажиров
морским   путём;   **Speditions-**⊞
транспортно-экспедиционный,
экспедиторский;
Straßengüterverkehrs-   ~
автомобильной перевозки груза;
Tarif- тарифный; **Transport-** *s.*

Beförderungs-; **Vermittlungs-** ~ о посредничестве; **Versicherungs-** ~ страхования; **Vertreter-** *s. Agentur-*; **Werk-** ~ подряда; **Wirtschafts-** хозяйственный; **Zoll-** таможенный;

gemäß ‖ **Vertrag** в соответствии с договор‖ом; **kraft -es** в силу -а; **laut** ~ *s. gemäß*;

einen Vertrag ‖ **abschließen** заключать/заключить ‖ договор (контракт); ~ **ändern** изменять/изменить ~; ~ **aufheben** отменять/отменить ~; ~ **ausfertigen** составлять/составить ~; ~ **erfüllen** соблюдать/соблюсти ~, выполнять/выполнить ~; ~ **kündigen** расторгать/расторгнуть ~; ~ **stornieren** отзывать/отозвать ~; ~ **unterzeichnen** подписывать/подписать ~; ~ **verlängern** продлевать/продлить ~; ~ **verletzen** нарушать/нарушить ~

vertraglich договорн‖ый/ая/ое/ые, по договору; **-e Beziehungen** *(Pl.)* -ые отношения; **-e Frist** -о обусловленный срок; **-e Haftung** -ая ответственность; **-e Regelung** -ое урегулирование;

vertraglich vereinbart‖er Preis договорн‖ая цена; ~ **-er Tarif** -ый тариф

vertraglich *(Adv.)* по договору; ~ **aushandeln** договариваться/договориться о <чём-л.> ‖ в договоре (контракте); ~ **regeln** регулировать/урегулировать <что-л.> ~; **vereinbaren** фиксировать/зафиксировать <что-л.> ~

Vertrags- *(in Zus.)* договорн‖ый/ая/ое/ые; **-abschluss** заключение договора; **-bedingungen** *(Pl.)* -ые условия, условия договора; **-beziehungen** *(Pl.)* -ые отношения; **-dauer** срок действия договора (контракта); **-frist** *s. -dauer*; **-klausel** оговорка в договоре (контракте); **-partner** сторона, контрагент, партнёр по договору; **-stornierung** аннулирование договора;

Vertragsstrafe ‖ *(jur.)* пеня, штрафная санкция; ~ **bei Abnahmeverweigerung** ~ за отказ от приёмки <груза>; ~ **bei Lieferverzug** ~ за задержку поставки; ~ **bei Zahlungsverzug** ~ за просрочку платежа; **eine** ~ **verhängen** назначать/назначить штрафную санкцию; **eine** ~ **zahlen** платить/заплатить пеню (штраф);

Vertrags‖tarif договорн‖ый тариф; **-verkehr** перевозки по договору; **-verlängerung** продление договора; **-verletzung** нарушение договора; **-werkstatt** -ая мастерская; **-zollsatz** -ый таможенный тариф

Vertreter *(Pers.)* представитель *(m.)*, агент

Vertretervertrag агентский договор

Vertretung представительство; **Handels-** торговое; **Interessen-** ~ интересов

Vertretungsprovision агентское вознаграждение

Vertrieb сбыт, реализация <товара>

Vertriebs- *(in Zus.)* сбытов‖ой/ая/ое/ые; **-abteilung** отдел сбыта; **-gesellschaft** дилерская организация, общество по сбыту; **-kosten** *(Pl.)* расходы на сбыт; **-netz** сеть *(f.)* сбыта; **-system** система сбыта (распределения); **-unternehmen** *s. -gesellschaft;*

Vertriebsweg ‖ канал (путь *(m.)*) сбыта (распределения); **direkter** ~ прямой; **indirekter** ~ ~ через посредника

Verursacherprinzip 1. *(jur., Schaden)* принцип компенсации ущерба за счёт виновного; **2.** *(kfm., Kosten)* принцип соотнесения расходов к местам их возникновения

Verwaltung 1. *(Prozess)* управление; **2.** *(Behörde)* управление; **zentrale ~** центральное; **Bahn-** железнодорожное; **Hafen-** администрация порта; **Haupt-** главное; **Lager-** складское; **Verkehrs-** транспортное, транспортное ведомство; **Zoll-** таможенное, *(Institution)* таможенное учреждение

Verwaltungsbehörde административные власти *(Pl.)*, администрация

Verwarnungsgeld административный штраф

verweigern отказываться/отказаться *(refl.)* <от чего-л.>, отказывать/ отказать <кому-л. в чём-л.>; **die Abnahme ~ ~** от приёмки, **~** в приёмке; **die Annahme ~** *s. Abnahme*; **die Einreise ~** запрещать/запретить въезд <в страну>; **ein Visum ~ ~** от оформления визы; **die Zollabfertigung ~ ~** от оформления таможенных формальностей

Verwendungsgut товар, ввозимый на таможенную территорию для конечного потребления

Verzeichnis *(s. auch Liste)* список, перечень *(m.)*, ведомость *(f.)*; **Außenhandelswaren-** *(international)* Международная стандартная торговая классификация (МСТК), *(RF)* Товарная номенклатура внешнеэкономической деятельности (ТНВЭД); **Gebühren-**

тарифный указатель, тарифы *(Pl.)*; **Internationales Gefahrgut-** Международный перечень опасных грузов; **Gestellungs-** *(Zoll.)* реестр товаров, подлежащих таможенному досмотру (контролю); **Güter-** номенклатура грузов; **einheitliches Güter-** единая система классификации и кодирования грузов; **Ladungs-** спецификация на груз; **Sammel-** сборная (сводная) ведомость; **Schiffs- 1.** *(Frachtliste)* декларация на судовой груз, **2.** *(Auflistung der Schiffe)* перечень (список) судов; **Sorten-** *(Güter)* бордеро *(n., indkl.)*; **Teilladungs-** *s. Sorten-*; **Waren-** список (перечень, номенклатура) товаров

verzögert *(Adj.)* просроченн||ый/ая/ое/ые; **-e Lieferung** -ая поставка; **-e Zahlung** -ый платеж

verzögert *(Part.)* просрочен/а/о/ы

verzollen 1. *(Zoll bezahlen)* платить/ заплатить (оплачивать/оплатить) таможенную пошлину, улаживать/ уладить таможенные формальности; **2.** *(mit Zoll belegen)* облагать/обложить <что-л.> таможенной пошлиной; **Ware ~** платить/заплатить (оплачивать/ оплатить) таможенную пошлину <на ввезённый товар>; **die Ware ist zu ~** *(feste Wendung)* товар подлежит таможенному обложению

verzollt *(Adj.)* очищенн||ый/ая/ое/ые от <таможенной> пошлины; **-e Fracht** --ый от <таможенной> пошлины груз; **-e Ware** -ый от <таможенной> пошлины товар

verzollt *(Part.)* очищен/а/о/ы от <таможенной> пошлины

Verzollung 1. *(Zahlung von Zoll)* таможенное декларирование, оплата (уплата) <таможенной> пошлины; **2.** *(Zollfestsetzung)* обложение таможенной пошлиной; **Vorzugs-** льготное обложение таможенной пошлиной, обложение таможенной пошлиной по льготной ставке

Verzug *(kfm.)* задержка, просрочка; **Abnahme-** ~ приёмки, ~ в принятии <груза, товара>; **Lade-** ~ погрузки, ~ отгрузки; **Liefer-** ~ поставки, ~ в доставке, поставка с задержкой; **Zahlungs-** ~ платежа; **Ware mit** ~ **liefern** поставлять/поставить товар с задержкой

Verzurrung und Separierung von Fracht *(Schiff.)* крепление и сепарация груза

Veterinär- *(in Zus.)* ветеринарн‖ый/ая/ое/ые; **-bescheinigung** -ое свидетельство, -ый серификат; **-zertifikat** *s.* *-bescheinigung*

Viehfrachtbrief накладная на перевозку скота

viel befahrene Straße улица (дорога) с интенсивным (оживлённым) движением (с большой нагрузкой)

Viel- *(in Zus., hier: häufig)* часто; **-fahrer** *(Pers., Pl.)* **1.** *(Eis., Bus)* клиенты, ~ пользующиеся поездом (автобусом), **2.** *(Individualverkehr)* автовладельцы, ~ пользующиеся своим автомобилем; **-flieger** *(Pers., Pl.)* клиенты, ~ пользующиеся самолётом; **-fliegerprogramm** программа премирования ~ летающих пассажиров

Vielzweck- *(in Zus.)* многоцелев‖ой/ая/ое/ые; **-container** –ой (универсальный) контейнер;

-fahrzeug -ое транспортное средство; **-schiff** -ое (универсальное) судно, судно различного назначения, **-terminal** многопрофильный терминал

vier- *(in Zus.)* четырёх-; **-rädriges Fahrzeug** -колёсное транспортное средство, транспортное средство на четырёх колёсах; **-sitziges Fahrzeug** *(PKW)* -местный автомобиль; **-spurige Straße** -рядная дорога

Vierzig-Fuß-Container сорокафутовый контейнер

Vignette виньетка; **Autobahn-** *(Kfz.)* ~ за пользование автострадой; **Euro-** *(LKW)* евро-, ~ <для грузовиков> в внутриевропейском транспорте

Visa- *(in Zus.)* визов‖ый/ая/ое/ые; **-abteilung** <einer Botschaft> -ый отдел <посольства>; **-antrag** заявление о выдаче визы; **-erteilung** оформление (выдача) визы; **-erteilung für Bahnfrachtbriefe** *(Eis.)* визировка накладных железной дорогой; **-formalitäten** *(Pl.)* формальности оформления визы; **-freiheit** *(Reiseverkehr)* отсутствие -ого режима

Visum виза; **einfaches** ~ обыкновенная <въездная-выездная>; **einmaliges** ~ одноразовая; **Ausreise-** выездная, ~ на выезд; **Einreise-** въездная, ~ на въезд; **Geschäftsreise-** деловая; **Jahres-** многократная годовая; **Mehrfach-** многократная; **Touristen-** туристическая; **Transit-** транзитная;

ein Visum ‖ **ausgeben** выдавать/выдать виз‖у; ~ **austellen** оформлять/оформить -у; ~

beantragen подавать/продать заявку на –у (об оформлении –ы); ~ **erhalten** получать/получить -у; ~ **verlängern** продлевать/продлить -у; ~ **verweigern** отказываться/ отказаться от оформления -ы

Visumspflicht визовая система

voll полн‖ый/ая/ое/ые; **-e Fahrt** *(Schiff.)* -ый ход; **-er Tarifsatz** -ая тарифная ставка

vollautomatisch полностью автоматизированн‖ый/ая/ое/ые; **-es Hochregallager** -ый склад с высокими стеллажами; **-er Zug** поезд с автоматическим управлением (с автопилотом)

Voll- *(in Zus.)* полн‖ый/ая/ое/ые; **-charter** генеральный чартер, *(Schiff. auch)* чартер с предоставлением всего судна <для перевозки груза>; **-kasko<versicherung>** -ое страхование каско *(n., indkl.)*

Vollmacht *(jur.)* доверенность *(f.)*

Voll‖sperrung полное перекрытие <дороги>; **-spur** *(Schienv.)* нормальная колея, колея нормальной ширины, *(Eis. auch)* западно-европейская колея

vollständige Lieferung полная (комплектная) поставка

Võllzug *(Schienv.)* полносоставный поезд

Volumen *(Umfang)* объём; **Absatz-** ~ сбыта; **Ausfuhr-** ~ экспорта, ~ вывоза; **Befrachtungs-** ~ фрахтования; **Einfuhr-** ~ импорта, ~ ввоза; **Export-** *s. Ausfuhr-*; **Handels-** ~ торговли; **Import-** *s. Einfuhr-*; **Lade-** погрузочный; **Lager-** ~ (ёмкость *(f.)*) склада; **Lagerungsgrund-** ~ складирования; **Transport-** ~

перевозок; **Umsatz-** ~ товарооборота; **Waren-** ~ товаров

voraus- *(in Zus., hier räuml.)* впереди; **-fahren** *(intrans., als Erster fahren)* ехать/поехать ~ <чего-л./кого-л.>; **-gehen** *(intrans., als Erster gehen)* идти/пойти ~ <кого-л.>

Voraus- *(in Zus., hier zeitl.)* авансов‖ый/ая/ое/ые; **-kasse** предоплата, платёж наличными до сдачи товара; **-lieferung** -ая (досрочная) поставка; **-zahlung (cbd)** предоплата

vorbei- *(in Zus.)* мимо <кого-л./чего-л.>; **-fahren** *(intrans.)* **1.** *(an jmdm./etw. vorüberfahren)* проезжать/проехать <мимо кого-л./чего-л.>, *(jmdm./etw. überholen)* обгонять/обогнать <кого-л./что-л.>; **2.** *(bei jmdm./etw. Halt machen)* заезжать/заехать <к кому-л./к чему-л. за чем-л.>; **-gehen** *(intrans.)* **1.** *(an jmdm./etw. vorübergehen)* проходить/пройти <мимо кого-л./чего-л.>; **2.** *(bei jmdm./etw. Halt machen)* заходить/зайти <к кому-л./к чему-л. за чем-л.>; **-kommen** *(intrans.)* **1.** *(passieren können)* проходить/пройти <мимо кого-л./чего-л.>, *(Fahrzeug)* проезжать/проехать <мимо кого-л./чего-л.>; **2.** *(bei jmdm./etw. Halt machen)* заходить/зайти <к кому-л./к чему-л. за чем-л.>, *(mit einem Fahrzeug)* заезжать/заехать <к кому-л./к чему-л. за чем-л.>

Vorder- *(in Zus.)* передн‖ий/яя/ее/ие; **-achse** *(Kfz.)* -ий мост, -яя ось <автомобиля>; **-rad** -ее колесо; **-radantrieb** привод на -ие колёса

Vordruck *(Formular)* бланк

vorfahren *(intrans.)* **1.** *(nach vorn fahren)* ехать/поехать вперёд, двигаться передним ходом, *(bis zu* *einer Begrenzung)* доезжать/ доехать <до чего-л.>; **2.** *(als Erster fahren)* ехать/поехать впереди <чего-л./кого-л.>

Vorfahrt право преимущественного проезда

Vorfahrts- *(in Zus.)*; **-recht** право преимущественного проезда, право проезда первым; **-straße** главная дорога

Vorfeldbus *(Flughafen)* автобус для перевозки пассажиров по территории аэропорта

Vorfracht *(Gebühr)* фрахт за перевозку <груза> до промежуточного порта

vorfristige Lieferung досрочная поставка

Vorgang операция, процесс; **Beförderungs-** транспортная операция, транспортный (перевозочный) процесс, процесс перевозки (транспортировки); **Befrachtungs-** фрахтовая (погрузочная) операция; **Be- und Entlade-** погрузочно-разгрузочная операция; **Geschäfts-** коммерческий акт; **Lade-** грузовая операция; **Rechts-** *(jur.)* юридический акт; **Überhol-** процесс обгона; **Umschlag-** перегрузочная операция

vorgeschrieben *(Adj., festgelegt)* установленн‖ый/ая/ое/ые; **-e Fahrtrichtung** -ое направление движения <транспорта>; **-e Fahrtroute** -ый маршрут <для перевозки опасного груза>; **-e Geschwindigkeit** -ая скорость; **-er Tarif** -ый тариф

vorgeschrieben *(Adv., festgelegt)* установлен/а/о/ы

Vorort- *(in Zus., s. auch Nahverkehrs-,*

Regional-) пригородн‖ый/ая/ое/ые; **-bahn** -ая железная дорога; **-bahnhof** -ый вокзал; **-bus-** -ый автобус; **-<kilometer>tarif** -ый <покилометровый> тариф; **-verkehr** -ое сообщение, -ый транспорт, -ые перевозки; **-zug** -ый поезд, *(elektrifiziert)* электричка

Vorrang- *(in Zus.)* приоритетн‖ый/ая/ое/ые; **-netze** *(Pl., Eis.)* -ые жедезнодорожные сети; **-route** -ый (преференциальный) маршрут; **-schaltung <an Ampeln>** *(ÖPNV)* -ый пропуск общественного транспорта <на светофорах>; **-spur <für Busse>** *(ÖPNV)* -ая полоса <для автобусов>

Vorrecht преимущественное право; **Lande-** *(Flug.)* ~ посадки

Vorrichtung *(techn., s. auch Anlage)* устройство, приспособление; **Abfüll-** **1.** *(für Flüssiggut)* ~ для разлива <чего-л.>, *(Brennstoff auch)* ~ для заправки; **2.** *(für Schüttgut)* ~ для расфасовки <чего-л.>; **Ablade-** разгрузочное; **Abschlepp-** ~ для буксировки; **Absenk- und Hebe-** *(Schiff.)* спуско-подъёмный комплекс; **Anlege-** *(Schiff.)* причальное; **Belade-** погрузочное; **Entlade-** разгрузочное, ~ для разгрузки (выгрузки); **Festmach-** *(Schiff.)* причальное; **Halte-** *(Schiff.)* швартовное; **Lade-** погрузочное, загрузочное, *(am Fahrzeug)* грузовое *(umg. auch)* погрузчик; **Lösch-** *(Schiff.)* s. *Entlade-*; **Schlepp-** **1.** *(Kfz.)* тягово-сцепное; **2.** *(Schiff.)* буксирное; **Selbstentlade-** ~ для автоматической разгрузки, *(Kfz. auch)* опрокидной кузов, *(Eis. auch)* вагоноопрокидователь *(m.)*; **Umlade-** перегрузочное, *(für Schütt- und Flüssiggut)* перевалочное, *(umg. auch)* перегружатель; **Umschlag-** *s.* *Umlade*; **Verlade-** погрузочное, отгрузочное

Vorschrift/en 1. *(Pl., Bestimmungen)* предписания, *(Regeln)* правила, режим, *(Ordnung)* положение; **2.** *(Instruktion, Betriebsanweisung)* инструкция, режим; **allgemeine** ~ общие правила; **behördliche** ~ официальные предписания, *(normativer Akt)* постановление/я; **gesetzliche** ~ законные предписания; **handelsrechtliche** ~ правовые предписания по торговле; **technische** ~ технические предписания (-ие правила); **zentrale** ~ центральные предписания (-ые правила); ~ **für den internationalen Güterverkehr** Инструкция по международным грузовым перевозкам;

Vorschrift/en, Abnahme- правила приёмки <груза>; **Arbeitsschutz-** инструкции (положения, правила) по технике безопасности (об охране труда); **Aufbewahrungs-** порядок хранения <груза>; **Aufmachungs-** *(Zoll.)* правила оформления (составления) торгового счёта; **Ausfuhr-** экспортные предписания, правила осуществления экспортных операций; **Beförderungs-** транспортные правила (-ая инструкция), правила перевозки <груза, пассажиров); **Betriebs-** производственная инструкция, *(für ein Flugzeug)* руководство по лётной эксплуатации; **Charter-** условия чартера; **Dienst-** служебная инструкция; **Einfuhr-** импортные предписания, правила осуществления импортных операций; **Entlade-** правила разгрузки (выгрузки); **Export-** *s.*

Ausfuhr; **Fahrdienst-** *(Eis.)* инструкция по движению поездов; **Gefahrgut-**⌂ правила перевозки опасного груза; **Geschwindigkeits-** скоростной режим; **Gesundheits-** санитарные правила; **Güterabfertigungs-** правила оформления груза <при отправлении>; **Güterbeförderungs-** правила перевозки груза; **Handels-** правила торговли; **Import-** *s.* *Einfuhr*; **Kennzeichnungs-** правила маркировки груза; **Lade-** *s.* *Verlade-*; **Lager-** порядок хранения <груза> на складе; **Lagerungs-** *s.* *Lager-*; **Lösch-** *(Schiff.)* правила разгрузки; **Park-** *(Kfz.)* правила стоянки автомобилей; **Quarantäne-** карантинные правила; **Rechts-** правовые предписания, законодательный акт; **Sanitäts-** санитарные правила; **Sicherheits-** правила безопасности; **Spediteur-** экспедиторская инструкция; **Tarif-** тарифная инструкция (-ые предписания); **Transport-** транспортная инструкция (-ые правила); **Verkehrs- 1.** *(StVO)* правила дорожного движения (ПДД); **2.** *(Beförderung)* транспортные инструкции; **Verlade-** инструкция по погрузке, погрузочная инструкция, правила погрузки; **Versand-** отгрузочная инструкция, инструкция о порядке отгрузки; **Versicherungs-** правила страхования; **Wagenbehandlungs-** *(Eis.)* инструкция по обработке вагонов <на станционных путях>; **Wagenübergabe-** *(Eis.)* инструкция по передаче вагонов; **Zoll-** таможенный режим (-ые правила, -ые предписания, -ая инструкция); **Umgehung von -en** *(Pl.)* обход предписаний (инструкций);

Vorschriften *(Pl.)* ‖ **einhalten**

соблюдать/соблюсти предписания; ~ **umgehen** обходить/обойти ~; ~ **verletzen** нарушать/нарушить ~ ‖

vorschriftsmäßig *(Adj.)* соответствующ‖ий/ая/ее/ие предписанию (правилам)

vorschriftsmäßig *(Adv.)* согласно предписанию (правилам)

Vorschuss *(kfm.)* аванс; ~ **auf die Fracht** ~ в счёт фрахта, ~ по фрахту

Vorsichtsmarkierung *(auf der Fracht)* предупредительная маркировка <на внешней упаковке>

Vorsorgeprinzip *(jur.)* принцип избежания ущерба

vorübergehend *(Adj.)* временн‖ый/ая/ое/ые; **-e Beschlagnahme** -ая конфискация <груза>; **-e Einfuhr** -ый ввоз; **-er Standort** <eines **LKW**> -ое местонахождение <грузовика>

vorübergehend *(Adv.)* временно; ~ **eingeführter Container** ~ ввезённый контейнер

vorwärts fahren двигаться передним ходом

Vorwärtsgang *(hier Kfz.)* передний ход, передача переднего хода

Vorzugs- *(in Zus.)* льготн‖ый/ая/ое/ые; **-bedingungen** *(Pl.)* -ые условия; **-konditionen** *s.* -bedingungen; **-tarif** -ый (преференциальный) тариф; **-verzollung** -ое обложение таможенной пошлиной, обложение таможенной пошлиной по -ой ставке; **-zollsatz** -ая (преференциальная) ставка таможенной пошлины

Voucher *(Reiseverkehr)* путёвка

W

Waage весы *(Pl.)*; **Auto-** автомобильные; **Gleis-** *(Eis.)* ~ для взвешивания вагонов; **Güter-** грузовые

Wachdienst *(hier: Schiff.)* вахтенная служба

Wachstumsmarkt развивающийся рынок

Währung валюта

Währungs- *(in Zus.)* валютн‖ый/ая/ое/ые; **-risiko** -ый риск; <**Europäisches**> **-system** <Европейская> -ая система

Wagen I *(Kfz., s. auch Fahrzeug)* автомобиль *(m.)*; **geschlossener** ~ *(LKW)* ~ с закрытым кузовом, крытый фургон; **offener** ~ *(PKW)* легковой ~ с открытым кузовом, *(LKW)* грузовой ~ с открытой <бортовой> платформой; **Anhänger-** прицеп, прицепная тележка, трейлер; **Autotransport-** автомобилевоз; **Bei-** боковой прицеп; **Camping-** ~ для туризма, караван; **Containerstapel-** контейнерный автопогрузчик (-ый штабелёр); **Dienst-** служебный; **Fahrschul-** учебный; **Gebraucht-** поддержанный; **Gelände-** *(PKW)* джип, *(umg. auch)* внедорожник; **Hub-** тележка с грузоподъёмным приспособлением; **Jahres-** *(PKW)* подержанный ~ со сроком эксплуатации не более одного года; **Kasten-** *(LKW)* ~-фургон, автофургон, крытый фургон; **Klein-** малолитражный; **Kombi- 1.** *(für Güter- und Passagierverkehr)* грузопассажирский; **2.** *(Güterv., für Schiene-Straße-Verkehr)* ~ на комбинированном ходу; **Lastkraft-** грузовой, грузовик; **Leer-** *(LKW)* порожний фургон; **Leih-** *s. Miet-;* **Luxusklasse-** ~-люкс; **Miet-** прокатный; **Mittelklasse-** ~ среднего класса; **Neu-** новый; **Pack-** ~-фургон; **Personen<kraft>-** **(PKW)** легковой; **Plan-** крытый фургон; **Plattform-** низкорамный прицеп-платформа; **Rahmenkraft-** ~ рамной конструкции; **Schiene-Straße-**~ ~ на комбинированном ходу; **Seiten-** боковой прицеп; **Sport-** *(PKW)* спортивный, двухместный; **Stapel-** *(Hubfahrzeug)* <авто>погрузчик, штабелёр; **Tieflade-** низкорамный грузовик, ~ с низкой погрузочной высотой; **Transport-** *(LKW)* транспортный, *(Karre)* тележка; **Unfall-** 1. *(durch Unfall beschädigtes Fahrzeug)* разбитый; 2. *(durch früheren Unfall wertgemindertes Fahrzeug)* поддержанный ~, восстановленный после аварии; **einen ~ fahren** управлять -ем, возить/везти ~;

Wagen II *(Schienv., s. auch Waggon)* вагон; **direkter ~** 1. *(durchgehend)* прямой, ~ прямого сообщения, *(Pass., ohne Umsteigen auch)* беспересадочный; 2. *(im Transit)* транзитный; **durchlaufender ~** *s. direkter;* **eingehender ~** прибывающий; **eingegangener ~** прибывший; **gedeckter ~** крытый; **geschlossener ~** *s gedeckter;* **offener ~** открытый <грузовой>, ~ открытого типа, полу-; **technischer ~** служебно-технический; **~ erster Klasse** мягкий, ~ бизнес-класса; **~ zweiter Klasse** жёсткий; **~ für den Huckpackverkehr** ~ для смешанных перевозок; **~ mit Spurwechselradsätzen** ~ с раздвижными колёсными парами;

Wagen, Abraum- породный ‖ вагон; **Anhänger-** прицепной; **Antriebs-** моторный; **Autotransport-** ~ для перевозки автомобилей; **Behälter-** ~-цистерна; **Bei-** *s. Anhänger-;* **Buffet-** ~-буфет; **Container-** ~ для перевозки контейнеров; **Doppelachs-** двухосный; **Doppelstock-** *(Pass.)* двухэтажный, *(Güterv.)* двухярусный; **Drehgestell-** тележечный; **Eilgut-** ~ с грузом большой скорости; **Einzel-** отдельный, одиночный; **Fährboot-** ~, используемый в паромном движении; **Flach-** ~-платформа; **Fremdgüter-** иностранный грузовой; **Gefäß-** ~-резервуар; **Gefahrgut-** ~ для перевозки опасного груза; **Gefriergut-** рефрижераторный, ~-рефрижератор; **Gelenk-** *(Schienv.)* сочленённый; **Gepäck-** багажный; **Großgüter-** большегрузный; **Großraum-** *(Güterv.)* большегрузный, *(Pass.)* некупейный; **Güter-** грузовой, товарный; **Hilfs-** вспомогательный, служебно-технический; **Hochbord-** полу-, грузовой ~ с высокими бортами; **Hub-** ~ с грузоподъёмным устройством; **Huckepackflach-** ~-платформа для перевозки контрейлеров; **Isolier-** изотермический, изо-, ~-термос; **Kasten-** крытый грузовой; **Kessel-** ~-цистерна; **Klub-** ~-клуб; **Küchen-** ~-кухня; **Kühl-** изотермический, ~-холодильник, *(umg. auch)* ~-ледник; **Kurs-** 1. *(Pass.)* беспересадочный ~ прямого сообщения; 2. *(Güterv.)* сборно-раздаточный; **Leer-** порожний, порожняк; **Leih-** *s. Miet-;* **Liege-** *(Pass.)* ~ с местами для лежания, купейный, *(offener Liegewagen, RF)* плацкартный; **Massengut-** ~ для

<перевозки> массового груза;
Mehrzweck- многоцелевой,
универсальный; **Miet<güter>-**
(gemieteter) арендованный
<грузовой>, *(vermieteter)*
переданный в аренду <грузовой>;
Motor- моторный, автомотриса;
Nahverkehrs- ~ местного
(пригородного) поезда;
Normalspur- ~ нормальной колеи;
Pack- багажный; **Paletten-** ~ для
перевозки груза на поддонах;
Personen- пассажирский,
Plattform- ~-платформа; **Reisezug-**
s. Personen-; **Restaurant-** *s. Speise-*;
Sammelgut- сборный, сводный, ~
для перевозки сборного груза;
Sammelkurs- сборно-раздаточный;
Schad- повреждённый; **Schlaf-**
спальный; **Schmalspur-**
узкоколейный; **Schüttgut-** ~ для
перевозки насыпного
(навалочного, сыпучего) груза;
Selbstentlade-
саморазгружающийся; **Sitz-** ~ с
местами для сидения; **Speise-**
~-ресторан; **Spezial-** специальный,
специализированный; **Steuer-** ~ с
кабиной управления; **Straßenbahn-**
трамвайный; **Stückgut-** ~ для
перевозки штучного груза;
Stückgutkurs- *(s. auch Kurs-)*
сборно-раздаточный; **Tages-** ~
дневного сообщения; **Tank-**
~-цистерна; *(für Brennstoffe auch)*
нефтеналивной,
топливозаправщик;
Thermotransport- *s. Isolier-*; **Trieb-**
моторный, мотор-; **Umstell-**
перецепляемый, транзитный ~ с
переработкой; **Werkstatt-**
~-мастерская;

Abfertigung ‖ **von Wagen** *(Pl.)*
отправка (отправление) вагон‖ов;
Auslastung ~ загрузка -ов;
Beistellen ~ прицепка -ов; **Beladen**
~ погрузка -ов; **Bereitstellung** ~

подача (предоставление) -ов;
Entladen ~ разгрузка -ов;
Laufverfolgung ~ сопровождение
-ов; **Rangieren** ~ маневрирование
(маневровое передвижение) -ов;
Umachsung ~ перестановка -ов на
оси другой колеи; **Umstellung** ~
перестановка (перецепление) -ов;

einen Wagen ‖ **abfertigen**
отправлять/отправить ‖ вагон; ~
auslasten загружать/загрузить ~; ~
beistellen прицеплять/прицепить ~;
~ **beladen** погружать/погрузить ~,
(mit Fracht) грузить/нагружать груз
на ~; ~ **bereitstellen** подавать/
подать ~, предоставлять/
предоставить ~; ~ **entladen**
разгружать/разгрузить ~; ~
rangieren сортировать/
рассортировать (переставлять/
переставить) ~ на другой путь; ~
umachsen переставлять/
переставить ~ на оси другой колеи;
~ **umstellen** переставлять/
переставить ~, перецеплять/
перецепить ~;

Wagen III *(Transport- oder
Gepäckkarre)* телега, <багажная>
тележка

Wagen- *(in Zus.)* **1.** *(Kfz.)*
автомобильн‖ый/ая/ое/ые; **2.**
(Schienv.) вагонн‖ый/ая/ое/ые;
-abteil *(Eis.)* купе *(n. indkl.)* вагона;
-achse *(Kfz.)* ось *(f.)* (мост)
автомобиля; *(Schienv.)* ось *(f.)*
вагона; **-achskilometer** *(Eis.)*
вагоно-осе-километр;
-anforderung заявка на автомобиль
(на вагон); **-aufbau** *(Kfz.)* кузов
автомобиля; **-ausbesserungsstelle**
(Eis.) вагоноремонтный пункт;
-auslastung загрузка гружёного
вагона; **-behandlungsvorschriften**
(Pl., Eis.) инструкция по обработке
вагонов <на станционных путях>;
<dynamische, statische> **-belastung**

(Eis.) <динамическая, статическая> нагрузка вагона; **-benutzung** эксплуатация автомобиля (вагона); **-bereitstellung** подача (предоставление) автомобиля (вагона); **-bestand** *(s. auch -park)* подвижной состав; **-bestellung** *s. -anforderung*; **-bewegung** передвижение автомобиля (вагона); **-disposition** распоряжение грузовиками (вагонами); **-drehgestell** *(Schienv.)* поворотная тележка вагона; **-eigenmasse** собственная масса (-ый вес) автомобиля (вагона), *(Schienv. auch)* масса снаряжённого вагона; **-einheit** *(Schienv.)* вагонная единица, *(LKW)* единица подвижного состава (гужевого парка); **<ebenerdiger> -einstieg** вагон <на уровне перрона>, *(ÖPNV)* вход в автобус (трамвай) <на уровне тротуара>; **-heber** *(techn.)* автомобильный (вагонный) домкрат; **-innenausbau** *(Schienv.)* внутреннее обустройство вагона; **-inventarpark** списочный (инвентарный) парк подвижного состава; **-kasten** *(LKW)* кузов, крытый фургон; **-kastenlänge** габаритная длина кузова **-kilometer** *(Eis.)* вагоно-километр; **-kipper** *(LKW)* автомобиль-самосвал; **-ladung**📖 **1.** *(Prozess, Eis.)* полная погрузка вагона, погрузка полного вагона, *(Prozess, LKW)* погрузка полного грузовика, полная погрузка кузова; **2.** *(Ladung, Eis.)* повагонный груз, *(Ladung, LKW)* полностью погруженный грузовик;

Wagenladungs‖gut *(Eis.)* повагонн‖ый груз; **-klasse** категория -ого груза; **-tarif** -ый тариф; **-verkehr**📖 перевозка -ого груза;

Wagen‖länge *(LKW, nutzbare Länge)* <полезная> длина платформы (кузова) грузового автомобиля; **-lastlauf** *(Eis.)* гружёный пробег (-ый рейс) вагона; **-lauf** *s. -laufleistung*; **<mittlere tägliche> -laufleistung** *(Eis.)* <среднесуточный> пробег вагона; **-leerlauf** *(Eis.)* порожний пробег (-ий рейс) вагона; **-miete** арендная плата за грузовик (вагон); **-papiere** *(Pl., Kfz.)* технический паспорт (техпаспорт) автомобиля, документы на автомобиль;

Wagenpark ‖ *(s. auch Fahrzeugpark)* подвижной состав, парк подвижного состава, *(Kfz. auch)* автомобильный парк, автопарк; *(Schienv. auch)* парк вагонов, вагонный парк; **in Betrieb befindlicher** ~ рабочий; **nicht in Betrieb befindlicher** ~ нерабочий; **inventarisierter** ~ инвентарный, списочный; **vorhandener** ~ наличный; **veralteter** ~ устаревший; **Gesamt-** общий;

Wagen‖pass *(Eis.)* паспорт вагона; **-reserve<park>** парк (состав) вагонов (грузовиков), находящихся в резерве; **-standgeld** плата (штраф) за простой вагона (грузовика); **-standsanzeiger** *(Eis., Pass.)* указатель *(m.)* места остановки вагона, *(Eis., Güterv.)* справка о подаче вагонов <под погрузку>; **-standzeiten** простои *(Pl.)* вагонов (грузовиков); **-stellungsanzeiger** *s. -standsanzeiger*; **-stillstand** простой вагона (грузовика); **-ströme** *(Pl., sich bewegende Menge von Wagen, Eis.)* вагонные потоки; **-übergabestelle** *(Eis.)* выставочный путь, пункт передачи вагонов <на подъездные пути>;

-übergabevorschrift *(Eis.)* инструкция по передаче вагонов; **-umlauf** *(Eis.)* оборот вагона; **<mittlere> -umlauflänge** *(Eis.)* <среднее> расстояние оборота вагона; **-umstellung** *(Eis.)* перестановка вагона <на другой путь>; **-zettel** *(Eis.)* вагонная ведомость

Waggon *(Schienv., s. auch Wagen)* вагон; **beladener** ~ погруженный; **beschädigter** ~ повреждённый; **entladener** ~ разгруженный; **geschlossener** ~ крытый; **offener** ~ открытый <грузовой>, ~ открытого типа, полу-; **umgeachster** ~ ~, переставленный на оси другой колеи; **unbeladener** ~ порожний, порожняк;

Waggon, Bau- строительный || вагон; **Breitspur-** ширококолейный; **Dienst-** служебно-технический; **Einzel-** отдельный, одиночный; **Eisenbahn-** железнодорожный; **Euro-** евро-; **Güter-** грузовой, товарный; **Kühl-** изотермический, рефрижераторный, ~-ледник, ~-холодильник, ~-рефрижератор; **Mehrzweck-** многоцелевой, универсальный; **Normalspur-** ~ нормальной колеи; **Privat-** частный; **Schmalspur-** узкоколейный; **Spezial-** специальный; **Umlade-** *(Stückgut)* сборный;

free on || **Waggon** франко || вагон; **Anmietung eines -s** аренда –а; **Eigenmasse eines -s** тара –а; **-s umachsen** переставлять/ переставить -ы на оси другой колеи

Waggon- *(in Zus.)* <по>вагонн‖ый/ая/ое/ые вагоно-; **-bau** наружное обустройство вагонов; **Internationale -bauvereinigung** Международная ассоциация вагоностроителей; **-bauwerk** вагоностроительный завод; **-fracht** вагонный груз; **-instandhaltung** вагоноремонтное производство; **-ladung** *s. -fracht*; **-leasing** наём (лизинг) вагонов; **-lieferung** повагонная поставка, поставка в вагонах; **-reparatur** ремонт вагонов; **-reparaturwerk** вагоноремонтный завод

waggonweise повагонн‖ый/ая/ое/ые; **-e Lieferung** -ая поставка, -ая доставка; **-er Versand** -ая отправка, отправка в вагонах

Wahl der Verkehrsmittel выбор видов транспорта

Ware *(s. auch Gut, Fracht)* товар; **anmeldepflichtige** ~ ~, подлежащий декларации (таможенной обработке); **durchgehende** ~ транзитный; **heimische** ~ отечественный; **hochwertige** ~ высококачественный; **importfähige** ~ пригодный для импорта; **minderwertige** ~ низкокачественный; **nicht wettbewerbsfähige** ~ не конкурентоспособный; **substituierbare** ~ заменяемый; **unverkäufliche** ~ нереализуемый; **unverkaufte** ~ нереализованный; **unverpackte** ~ бестарный; **unversteuerte** ~ не облагаемый налогом; **unverzollte** ~ не очищенный от <таможенной> пошлины; **verpackte** ~ упакованный, тарный; **verzollte** ~ очищенный от <таможенной> пошлины; **wettbewerbsfähige** ~ конкурентоспособный; **zollfreie** ~ беспошлинный; ~, освобождённый от пошлины; **zollpflichtige** ~ облагаемый пошлиной;

Ware || **des gehobenen Bedarfs** товар || повышенного спроса; ~ **des täglichen Bedarfs** ~ повседневного спроса; ~ **unter Zollverschluss** ~ под <таможенной> пломбой; **Inhaber der** ~ *(Pers.)* владелец -а;

Ware, Export- экспортный || товар; **Import-** импортный; **Inlands-** отечественный; **Kommissions-** комиссионный; **Konkurrenz-** конкурирующий; **Konsignations-** консигнационный; **Luxus-** ~ (предмет) роскоши; **Nichtgemeinschafts-** *(EU)* ~, происходящий из стран за пределами ЕС; **Non-Food-~** *(Pl.)* непродовольственный; **Partie-** уценённый; **Qualitäts-** качественный; **Rück-** 1. *(zurückgesandte)* ~ возврата; 2. *(im Reimport)* ~ (предмет) реимпорта; **Schmuggel-** ~ контрабанды; **Stapel-** штабелируемый; ~, уложенный (складируемый) в штабелях; **Stück-** штучный; **Tiefkühl-** замороженный;

Abruf der || **Ware** отзыв товар‖а; **Ausfuhr der** ~ экспорт (вывоз) -а; **Auslieferung der** ~ поставка -а; **Beschädigung der** ~ повреждение -а; **Bewahrung der** ~ **vor Verlust und Beschädigung** предохранение -а от гибели и повреждения; **Einfuhr der** ~ импорт (ввоз) -а; **Gestellung der** ~ *(Zoll.)* предъявление -а к таможенному досмотру (контролю); **Herkunft der** ~ происхождение –а; **Kodierung der** ~ кодирование –а; **Markierung der** ~ 1. *(Vorgang)* маркировка –а, нанесение маркировки <на упаковку> -а; 2. *(Zeichen)* маркировка (маркировочный знак) на -е; **System zur Bezeichnung und Kodierung von** ~ система по наименованию и кодированию -ов; **Übergabe der** ~ сдача (передача) -а; **Umpacken der** ~ перетарка -а; **Verlust der** ~ потеря (утрата) -а;

Ware || <beim **Zoll**> **anmelden** декларировать || товар <в таможне>; ~ **ausführen** экспортировать ~, вывозить/вывезти ~; ~ **ausstellen** выставлять/выставить ~ <на выставке>; ~ **bereitstellen** предоставлять/предоставить ~; ~ **deklarieren** декларировать ~, заявлять/заявить о -е; ~ **einführen** импортировать ~, ввозить/ввезти ~; ~ **unter Verschluss halten** держать ~ под замком; ~ **auf Kommission kaufen** покупать/купить ~ через комиссию; ~ **liefern** поставлять/поставить ~; ~ **markieren** маркировать/замаркировать ~, наносить/нанести маркировку на ~; ~ **in Kommission nehmen** принимать/принять ~ на комиссию; ~ **palettieren** укладывать/уложить ~ на поддоны; ~ **verkaufen** реализовывать/реализовать ~; ~ **verpacken** упаковывать/упаковать ~, тарить/затарить ~, *(verschnüren auch)* перевязывать/перевязать ~; ~ **verzollen** проводить/провести таможенную очистку -а, платить/заплатить таможенную пошлину за ~; ~ **für den Transport vorbereiten** подготавливать/подготовить ~ к транспортировке

Waren *(Pl.)* товары

Waren- *(in Zus.)* товар‖ый/ая/ое/ые; **-absender** *(Pers.)* отправитель *(m.)* товара (груза), грузоотправитель; **-ankunftsavis** *(arrival notification form)* извещение о поступлении товара; **-anlieferung** завоз товара; **-anmeldung** заявка на погрузку товара, *(Schiff. auch)* заявка на фрахтование товара; **-annahme** приём товара; **-annahmeschein** **<des Spediteurs>** <экспедиторское> свидетельство о получении товара; **-art** род товара; **-ausfuhr** экспорт (вывоз) товара; **-ausgabe** выдача товара; **-ausgabeschein** ордер на выдачу товара; **-ausgang** отбытие товара; **-beförderung** перевозка (перемещение) товара, -ая перевозка; **-beförderungsroute** маршрут движения товара; **-begleitdokumentation** товаросопроводительная документация; **-begleitpapier** -ый пропуск, -ая накладная, товаросопроводительный (товарораспорядительный) документ; **-begleitschein** _s._ _-begleitpapier_; **-behälter** контейнер для <перевозки> товара; **-behandlung** обработка товара; **-beschaffung** заготовка товара; **-bestand** -ые запасы _(Pl.)_; **-bewegung** передвижение (перемещение) товара, товародвижение; **-bezeichnung** наименование товара; **-defizit** -ый дефицит; **-einfuhr** импорт (ввоз) товара; **-eingang** поступление (прибытие) товара;

Wareneingangs‖bescheinigung подтверждение (свидетельство) о поступлении товара; **-buch** книга прибытия товара; **-schein** приходная накладная, накладная на поступление товара; **-zone** зона приёма (приёмки) товара;

Waren‖empfänger _(Pers.)_ товарополучатель (грузо-), получатель товара; **-empfangsschein <des Spediteurs>** _s._ _-annahmeschein_; **-export** _s._ _-ausfuhr_; **-fluss** товаропоток; **-gattung** _s._ _-art_; **-gruppe** товарная

группа; **-handel** торговля товарами; **-import** _s._ _-einfuhr_; **-konsument** потребитель _(m.)_ товаров; **-lager** товарный склад; **-lagerung** складирование (хранение) товара; **-lagerungsschein** товароскладочная квитанция; **-lieferschein** товарная (товарно-транспортная) накладная; **-lieferung** поставка товара; **-liste** список (перечень _(m.),_ номенклатура) товаров; **Gemeinsame -liste** _(EU)_ единый перечень экпортных товаров <ЕС>; **-palette** товарный поддон; **<speditionelles> -papier** <экспедиционный> товарораспорядительный документ; **-partie** партия товара; **-produzent** производитель _(m.)_ товара; **-qualität** качество товара; **-rechnung** счёт товара; **-rücksendung** возврат товара; **-sendung** _s._ _-partie_; **-steuer** акцизный налог; **-ströme** _(Pl.)_ _s._ _-fluss_; **-transport** _s._ _-beförderung_;

Warenübergabe ‖ сдача товара; ~ **durch den Verkäufer an den Käufer** ~ продавцом покупателю; **Formalitäten** _(Pl.)_ **der** ~ порядок -и -а; **Ort der** ~ место -и -а;

Waren‖umladung перегрузка (перевалка) товара; **-umlauf** товарное обращение; **-umsatz** товарный обмен, _(kfm.)_ товарооборот; **-umschlag** 1. _s._ _-umsatz_; 2. _s._ _-umladung_; **~ und Dienstleistungssteuer** налог на товары и услуги; **~-Ursprungszeugnis** свидетельство о происхождении <товара>, сертификат происхождения <товара>; **-veredelung** переработка товара; **-verkäufer** _(Pers.)_ продавец товара; **-verkauf** продажа (реализация) товара;

Warenverkehr ‖ товарный обмен, *(kfm.)* товарооборот; **freier** ~ свободное перемещение товаров, свободный товарооборот; **grenzüberschreitender** ~ международное перемещение товаров; *(kfm.)* международный (трансграничный) товарооборот; **Freizügigkeit des -s** свобода товарного обмена;

Waren‖verkehrsbescheinigung транспортный (товаросопроводительный, отгрузочный) документ, экспедиторское свидетельство о транспортировке товара; **-verlust** потеря товара, товарная потеря; **-verpackung** упаковка товара; **-versand** отправка (отгрузка) товара, *(Annahme zum Versand)* приём товара к отправке; **-versandmenge** объём отправления товара; **-versandschein** <**des Spediteurs**> <экспедиторское> свидетельство об отправке товара; **-versender** *(Pers.)* отправитель *(m.)* товара; <**innerstädtische**> **-verteilung** распределение товаров <в черте города>; **-verzeichnis** *s.-liste*; **Internationales -verzeichnis** Международная стандартная торговая классификация; **-volumen** объём товаров; **-zeichen** товарный знак, *(nicht registriert)* свободный (незарегистрированный) товарный знак

Warn- *(in Zus.)* предупредительн‖ый/ая/ое/ые; **-blinkanlage** предупреждающее светосигнальное устройство; **-blinklicht** -ый световой сигнал, -ый мигающий свет; **-dreieck** *(Kfz.)* -ый треугольник; **-flagge** сигнальный флаг; **-signal** -ый сигнал; **-zeichen** *(Straßenverkehr)* -ый дорожный знак

Warrant *(Dokument, Schiff.)* варрант, таможенная квитанция; **Dock-** доковый варрант (-ая расписка); **Lager-** складской варрант (-ая расписка)

Warschauer Abkommen Варшавская конвенция (-ое соглашение)

Warte- *(in Zus.)*; **-halle** зал ожидания; **-liste** *(Flug., Pass.)* список ожидания

warten 1. *(etw. erwarten)* ждать, ожидать <чего-л.>; **2.** *(etw. instand halten)* производить техосмотр, обслуживать, ремонтировать <что-л.>

Warte‖schleife *(Flug.)* время ожидания на воздухе;

Wartezeit/en ‖ *(Fahrzeuge und Transportbehältnisse)* время (времена) простоя, *(Pass.)* время ожидания; **Rampen-** ~ *(Güterv.)* время простоя на платформе; **Schleusungs-** *(Schiff.)* время ожидания шлюзования;

Wartezeitkosten *(Pl.)* расходы, связанные с простоем <транспортного средства>

Wartung eines Verkehrsmittels *(s. auch Instandhaltung)* техническое обслуживание транспортного средства, уход за транспортным средством; **laufende** ~ текущее ~

Wartungs- *(in Zus.)*; **-arbeiten** *(Pl.)* работы по техническому обслуживанию

wartungsarm не требующ‖ий/ая/ее/ие трудоёмкого технического обслуживания

Wartungsdienst служба технического сервиса

wartungs‖frei не требующ‖ий/ая/ее/ие (без

необходимости) текущего технического обслуживания; **-freundlich** удобн‖ый/ая/ое/ые для технического обслуживания

Wartungs‖kosten *(Pl.)* расходы (издержки) по техническому обслуживанию; **-personal** ремонтно-обслуживающий персонал; ~ **und Instandhaltungskosten** *(Pl.)* расходы на содержание и эксплуатацию оборудования (РСЭО); **-zeit** время обслуживания (ремонта)

Waschanlage моечное устройство, *(Kfz. auch)* мойка для автомобилей

Wasser вода; **Ab-** загрязнённая; **Ballast-** *(in Zus.)* балластная; **Brack-** солоноватая; **Fahr-** *(Schiff.)* фарватер; **Hoch-** 1. *(See., bei Flut)* высокая, полная, половодье; **2.** *(Fluss)* паводок; **Kiel-***(Schiff.)* спутный след; **Kühl-** *(Kfz.)* охлаждающая, охлаждающая жидкость; **Niedrig-** 1. *(See., bei Ebbe)* малая; **2.** *(Fluss)* межень; **Salz-** *(Seewasser)* солёная; **Schmutz-** *s. Abwasser*; **Süß-** пресная

Wasser- *(in Zus.)* водн‖ый/ая/ое/ые; **-fahrzeug** плавучее средство (плав-); **-flugzeug** гидро-самолёт, самолёт-амфибия; **-gefährdungsklasse** <im Gefahrgutverkehr> класс опасности загрязнения воды <вследствие аварии с опасным грузом>; <schiffbarer> **-stand** <судоходный> уровень *(m.)* воды; **-standsanzeiger** указатель *(m.)* уровня воды, водоуказатель; **-tank** бак для воды;

Wasserstraße ‖ водный путь; **äußere** ~ внешний, морской; **befahrbare** ~ судоходный; **künstliche** ~ искусственный; **natürliche** ~ естественный; **schiffbare** ~ *s. befahrbare*; **Binnen-** внутренний, речной путь; **Bundes-** *(BRD)* ~ федерального назначения; **Haupt-** *(Binnsch.)* водная (речная) магистраль, *(See.)* морская магистраль; **Neben-** второстепенный; **Unterhaltung der -n** *(Pl.)* содержание судоходных путей;

Wasserstraßen‖ausbau расширение водн‖ых пут‖ей; **-klassifikation** классификация -ых -ей; **-kreuz** узел -ых -ей; **-netz** сеть *(f.)* -ых -ей; **-verbundsystem** система -ых -ей;

Wasser‖taxi водн‖ое такси *(indkl.)*; **-tiefe** *(Fahrrinne)* глубина фарватера; **-transport** водный транспорт (-ая перевозка), перевозка -ым путём; **~ und Schifffahrtsdirektion** *(Binnsch., BRD)* Федеральное ведомство по речным и внутренним судоходным сообщениям; **-verdrängung** *(Schiff)* водоизмещение; **-verschmutzung** загрязнение воды; **-weg** *s. –straße*

Wechsel *Hom.* **I** *(Prozess)* смена; **Fahrer-** ~ (замена) водителей; **Fahrgast-** *(ÖPNV)* высадка и посадка пассажиров; **Fahrplan-** ~ (замена) расписаний <движения поездов, автобусов, судов>, ~ графика движения; **Fahrspur-** *(Kfz.)* ~ полосы движения; **Flugplan-** ~ (замена) расписаний <полётов>; **Reifen-** ~ шины; **Spur-** *(Kfz.)* переход в другой ряд, ~ полосы движения, *(Eis.)* изменение колеи

Wechsel *Hom.* **II** *(Fin.)* вексель *(m.)*; **gezogener** ~ переводный, тратта

Wechsel- *(in Zus.)*

сменн‖ый/ая/ое/ые, заменим‖ый/ая/ое/ые;

Wechselbehälter ‖ *(s. auch Behälter, Container)* сменный кузов; **Jumbo-** крупнотоннажный; **Kühl-** рефрижераторный;

Wechsel‖brücke *s.* *-behälter*; **-palette** заменимый поддон; **-verkehr** смешанные (комбинированные) перевозки (-ый транспорт)

Weg 1. путь *(m.)*, *(Straße auch)* дорога, *(Route auch)* маршрут; 2. *(übertr., Verfahren, Kanal)* путь, канал, способ; **Absatz-** путь (канал) сбыта; **Anfahrts-** 1. *(Fahrstrecke)* дорога на езду <до какого-л. места>, 2. *(Beschleunigungsstrecke)* путь разгона; **Beförderungs-** путь (маршрут) перевозки, маршрут движения <товара>; **Beschleunigungs-** путь разгона; **Binnenschifffahrts-** внутренний водный путь; **Brems-** тормозной путь, путь торможения; **Distributions-** канал распределения (дистрибуции) <товаров>; **Fahr-** 1. *(Fahrbahn)* <проезжая> дорога, проезжая часть дороги, гужевой путь; 2. *(Route)* маршрут <движения>; **Fahrrad-** велосипедная дорожка (-ая дорога); **Fuß-** *(Bürgersteig)* тротуар, пешеходная дорога; **Geh-** *s. Fuß-*; **Handels-** торговый путь (-ый канал); **Hauptschifffahrts-** *(Binnsch.)* магистральный водный путь, водная (речная) магистраль, *(See.)* магистральный морской путь; **Land-** сухопутье, сухопутная дорога; **Luft-** воздушный путь, путь воздушного сообщения; **Rad-** *s. Fahrrad-*; **Reise-** маршрут <следования>; **Schienen-** железнодорожный путь, *(Pl. auch)* рельсовые пути; **Schifffahrts-**

судоходный путь, *(See.)* морской путь, *(Binnsch.)* речной (водный) путь (-ая магистраль), *(Route)* маршрут плавания (движения судна); **Transport-** *s. Beförderungs-*; **Verbindungs-** связь *(f.)*, путь сообщения; **Verkehrs-** транспортный путь, путь сообщения (движения, следования транспорта); **Vertriebs-** канал (путь) сбыта (распределения); **Wasser-** *(Binnsch.)* водный (речной) путь, *(See.)* морской путь; **Wirtschafts-** внутрихозяйственная дорога; **Zufahrts-** подъездной путь (-ая дорога)

Weg/e- *(in Zus.)* дорожн‖ый/ая/ое/ые;

Wegebenutzungsabgabe ‖ дорожный сбор (-ая пошлина); ~ **je Güterwagenkilometer** ~ на вагоно-километр; ~ **je LKW-Kilometer** ~ на автомобиле-километр;

Wege‖beschaffenheit состояние дорог; **-geld** *(Kfz.)* дорожн‖ая пошлина; **-karte** -ая карта, карта дорог; **-kosten** *(Pl.)* -ые расходы; **-leitsystem** *(Kfz.)* <автоматическая> система управления уличным движением; **-markierung** маркировка пути; **-netz** -ая сеть, сеть путей сообщения

wegfahren 1. *(intrans.)* уезжать/ уехать <из какого-л. места>; 2. *(trans., etw. wegbringen)* увозить/увезти (отвозить/отвезти) <что-л. куда-л.>

Wegfahrsperre *(techn., Kfz.)* противоугонное устройство

wegfliegen *(intrans.)* улетать/улететь <из чего-л.>

Weggabelung развилка дорог

weggehen *(intrans.)* уходить/уйти <из чего-л.>

Weg‖strecke участок пути; **-weiser** путевой знак, дорожный указатель, указатель дороги

Wegwerfverpackung однократная (необоротная, разовая) упаковка (-ая тара), тара одноразового пользования

weich мягк‖ий/ая/ое/ие; **-e Landung** _(Flug.)_ -ая посадка; **-e Verpackung** -ая упаковка, -ая тара

Weiche _(techn., Schienv.)_ стрелка, стрелочный перевод; **Straßenbahn-** трамвайная стрелка

Weichen- und Signaltechnik техника стрелок и сигнализации

Weiter- _(in Zus.)_ дальнейш‖ий/ая/ее/ие; **-beförderung** -ая перевозка, _(Güter auch)_ переотправка <груза>

weiterfahren _(intrans.)_ ехать/поехать дальше, _(eine unterbrochene Reise fortsetzen)_ продолжать/продолжить поездку

Weiter‖fahrt продолжение пути, _(Reise auch)_ продолжение поездки

weiter‖fliegen _(intrans.)_ лететь/ полететь дальше, _(einen unterbrochenen Flug fortsetzen)_ продолжать/продолжить полёт; **-gehen** _(intrans.)_ идти/пойти дальше, _(den Weg zu Fuß fortsetzen)_ продолжать/продолжить ходьбу; **-laufen** _s._ _weitergehen_

Weiter‖leitungskoeffizient _(Güterv.)_ коэффициент повторности перевозок; **-leitungsverkehr** _(Güterv.)_ транспорт, связанный с переотправкой груза; **-versand von Frachtgut** переотправка груза

weiterversenden переотправлять/ переотправить <что-л.>

Weitstrecke _(s. auch Langstrecke)_ дальнее расстояние, длинная дистанция

Weitstreckenflugzeug дальний магистральный (сверхдальний) самолёт, самолёт дальнего следования

Welt- _(in Zus.)_ миров‖ой/ая/ое/ые; **-hafen** -ой порт; **-handel** -ая торговля; **-handelsflotte** -ой торговый флот; **-handelsordnung** Правила _(Pl.)_ международной торговли; **-handelsorganisation (WTO)** Международная торговая организация; **-luftfahrtorganisation (IATA)** Международная ассоциация воздушного транспорта; **-verband** Международная ассоциация (-ая федерация); **-verband der nationalen Speditionsverbände (FIATA)** Международная федерация национальных транспортно-экспедиторских ассоциаций (ФИАТА)

Wende- _(in Zus.)_ поворотн‖ый/ая/ое/ые; **-boje** -ый буй; **-kreis** -ый радиус; **-marke** -ый знак, -ый пункт

wenden _(Fahrzeug)_ разворачиваться/ развернуться

Wenden _(Subst.)_ производить/произвести разворот

Wendeschleife _(ÖPNV)_ поворотная петля, _(Tram auch)_ трамвайный круг

Werbe- und Abfertigungsvergütung плата за рекламу и отправку груза (товара)

Werft верфь _(f.);_ **Schiffbau-** судостроительная, судо-; **Schiffs-** _s._ _Schiffbauwerft;_ **Schiffsreparatur-** судоремонтная

Werft- _(in Zus.);_ **-arbeiter** _(Pers.)_

рабочий-судостроитель   *(m.)*;
-gelände территория верфи

Werk *(hier Produktionsstätte)* завод;
Auto<mobil>- автомобильный,
авто-; **Flugzeug-** авиационный,
авиа-; **Reifen-** шинный; **Reparatur-**
ремонтный;   **Schiffbau-**
судостроительный;   **Schiffshebe-**
судоподъёмник; **Schiffsreparatur-**
судоремонтный;   **Waggonbau-**
вагоностроительный;
Waggonausbesserungs-
вагоноремонтный;
Waggonreparatur-   *s.*
Waggonausbesserungs-; <frei> ab ~
франко ~; **Lieferung ab** ~ поставка
с -а

Werk- *(in Zus.)* заводск‖ой/ая/ое/ие;
-bahn *(Eis.)* <внутри>заводская
железная дорога; **-bahnhof** станция
<внутри>заводской железной
дороги;   **-fernverkehr** *(LKW)*
дальние   перевозки   груза
собственным   транспортом
<предприятия>; **-schifffahrt** -ое
судоходство

Werks- *(in Zus.)* заводск‖ой/ая/ое/ие;
-hafen -ой порт; **-lieferung** -ая
поставка

Werkstatt <ремонтная> мастерская;
Auto- авторемонтная, автосервис,
авторемонт;   **Fach-**
специализированная;   **Kfz-~** *s.*
Auto-; **Reifen-** *(Kfz.)* шиномонтаж;
Reparatur- ремонтная, ремонтный
завод; **Vertrags-** договорная

Werkstattwagen *(Schienv.)* вагон-
мастерская

Werk‖straße   <внутри>заводск‖ая
дорога;   **-verkehr**🔲   -ой
(промышленный)   транспорт,
перевозки <груза> собственным
транспортом   <предприятия>;
-vertrag договор (контракт)

подряда

Wert I *(Preis)* стоимость *(f.)*;
Ausfuhr-   экспортная,   ~
экспортного груза; **Deklarations-**
декларационная;   **Faktura-**
фактурная;   **Markt-** рыночная;
Verrechnungs-   *(kfm., Zoll.)*
расчётная; **Zoll-** таможенная; **vom**
~ с ценности; **den** ~ **bestimmen**
устанавливать/установить   ~,
опредлять/определить ~;

Wert/e II *(Kennziffern)* показатели
(Pl.);   **Abgas-** ~   состава
отработанных газов (ОГ); **Grenz-**
предельные   *(Pl.)*,   *(zulässiger*
Normwert,   nur   Sg.) предельная
величина

Wert-   *(in   Zus.)*
стоимостн‖ый/ая/ое/ые; **-angabe**
указание   стоимости;   **-fracht**
(Gebühr) фрахт, исчисляемый с
стоимости перевозимого груза;
-klasse -ый класс; **-klassensystem**
(Güter) система -ой классификации
<грузов>;   **-sachenversicherung**
адвалорное страхование; **-sendung**
ценная   отправка;   **-staffel**
ступенчатый указатель   <-ого>
тарифа;   **-tarif**   -ый   тариф,
тарификация грузов   по   их
стоимости

wertvolle Ladung ценный груз

Wertzoll адвалорная (стоимостная)
пошлина;

Wertzoll‖ordnung   порядок
обложения <груза> адвалорной
пошлиной; **-satz** ставка адвалорной
пошлины;

Wert‖zuschlag <auf die Fracht>
ценностная надбавка <к фрахту>;
-zuwachs добавленная стоимость

Wettbewerb конкуренция; **freier** ~
свободная;   **ruinöser**   ~

разорительная; **unlauterer** ~ недобросовестная; **zunehmender** ~ ужесточающая; **Gesetz gegen unlauteren** ~ Закон против недобросовестной -и

Wettbewerbs- *(in Zus.)*; **-beschränkung/en** ограничение конкуренции; **Gesetz gegen -en** Закон против ограничения свободной конкуренции

wettbewerbsfähig конкурентоспособн‖ый/ая/ое/ые; **-er Preis** -ая цена; **-es Profil** -ый профиль; **-er Tarif** -ый тариф; **-es Unternehmen** -ое предприятие; **-e Ware** -ый товар

Wettbewerbs‖fähigkeit конкурентоспособность *(f.)*; **-klausel** *(jur.)* оговорка о конкуренции; **-regeln** *(Pl.)* правила конкуренции; **-tarif** конкурентный тариф; **-verbot** запрет на конкуренцию

Wetter погода; **günstiges** ~ благоприятная; **nebliges** ~ туманная; **ruhiges** ~ тихая; **schlechtes** ~ плохая; **stürmisches** ~ штормовая; **ungünstiges** ~ неблагоприятная; **Flug-** лётная; **schlechtes Flug-** нелётная

Wieder- *(in Zus.)* повторн‖ый/ая/ое/ые; **-ausfuhr** реэкспорт; **-einfuhr** реимпорт; **-einfuhrschein** свидетельство о реиморте; **-verladung 1.** *(Einladen)* -ая погрузка, **2.** *(Versenden)* -ая отгрузка

wiederverpacken переупаковывать/ переупаковать <груз>

Wiederverpacken *(Subst.)* <von Fracht> переупаковка, перетарка <груза>, *(prozessbetont)* перетаривание

wiederverschiffen переотправлять/ переотправить <груз> водным путём

Wiederverschiffung <von Fracht> повторная отправка (переотправка) <груза> водным путём

wiederversenden переотправлять/ переотправить <груз>

wiederverwendbare Verpackung многооборотная (возвратная) упаковка (-ая тара), упаковка (-ая тара) многократного (многоразового, повторного) пользования

Wiederverwendungsverpackung многократная (многооборотная) упаковка (-ая тара), упаковка многократного (повторного) использования

Wiege- *(in Zus., Gewicht)* весов‖ой/ая/ое/ые; **-bescheinigung** -ая квитанция; **-buch** -ой журнал; **-einrichtung** -ое устройство; **-gebühr** -ой сбор; **-geld** *s. -gebühr*

wiegen *(hier Gewicht feststellen)* взвешивать/взвесить <что-л.>

Wiegen *(Subst.)* взвешивание <груза, контейнера, транспортного средства>

Wiegeschein *s. -bescheinigung*

Wind ветер; **ablandiger** ~ ~ с берега; **auflandiger** ~ ~ с моря, морской бриз; **böiger** ~ шквалистый; **Gegen-** встречный; **Rücken-** попутный; **Seiten-** боковой

Wind- *(in Zus.)* ветров‖ой/ая/ое/ые; **-stille** безветрие; **-verhältnisse** *(Pl.)* -ые условия

Winter- *(in Zus.)* зимн‖ий/яя/ее/ие; **-dienst** *(Straße)* служба -его содержания дорог; **-fahrplan** -ее расписание <автобусов, поездов, судов>; **-flugplan** -ее расписание полётов; **-hafen** зимовочная гавань; **-reifen** шина с -им рисунком протектора; **-saison** -ее время года; **-verkehr** -ее движение; **-zuschlag** *(Frachtrate)* надбавка <к фрахту> в -ее время года

Wirtschaft I *(Wirtschaftssystem, Wirtschaftslehre)* экономика; **freie ~** свободная; **gelenkte ~** урегулированная; **Außen-** внешняя; **Markt-** рыночная; **Verkehrs- ~** транспорта;

Wirtschaft II *(Wirtschaftsbereich, Unternehmen)* хозяйство; **gewerbliche ~** производство; **private ~** частное; **zivile ~** гражданское; **Hafen-** портовое; **Lager-** складское; **Privat-** *s. private*; **Transport-** транспортное, транспортное дело, *(Straßengüterverkehr auch)* дорожное; **Verkehrs-** *s. Transport-*

Wirtschaftlichkeit экономичность *(f.)*, рентабельность *(f.)*; **~ der Verkehrsbedienung ~** транспортного обслуживания

Wirtschaftlichkeitsfaktor *(kfm., Kosten-Nutzen-Index)* коэффициент общей экономической эффективности капитальных вложений, стоимость *(f.)* инвестиций

Wirtschafts- *(in Zus.)* экономическ||ий/ая/ое/ие, хозяйственн||ый/ая/ое/ые; **-beziehungen** *(Pl.)* экономические отношения; **<Europäische> -gemeinschaft** <Европейское> экономическое сообщество; **-gesetzgebung** хозяйственное законодательство; **<Europäischer> -raum** <Европейское> экономическое пространство, экономическая зона; **-recht**

хозяйственное право; **-sonderzone** зона свободного предпринимательства; **-straße** внутрихозяйственная дорога; **-subjekt** хозяйствующий субъект; **-system** экономическая система; **-union** экономический союз; **-verbund** экономический союз, отраслевой союз предприятий; **-verkehr** хозяйственные перевозки (-ое движение); **-vertrag** хозяйственный договор; **-weg** внутрихозяйственная дорога

witterungs‖empfindliches Gut погодочувствительный груз; **-unempfindliches Gut** атмосферостойкий груз

Wochenkarte *(Fahrschein, ÖPNV)* недельный проездной билет

Wohngebiet микрорайон, жилой квартал

Wohngebietsstraße улица внутри (в пределах) микрорайона

Wrack *(Kfz.)* разбитый автомобиль <не подлежащий ремонту>, *(Schiff)* разбитое судно

X/Y

Yacht *s. Jacht*

York-Antwerpen-Regeln *(Pl., jur., See.)* Йорк-Антверпенские правила

Z

Zähler *(techn.)* счётчик; **Kilometer-** ~ километров

Zählung подсчёт; **Fahrgast-** ~ пассажиров; **Verkehrs-** ~ участников дорожного движения

zahlbar ‖ **bei Lieferung** подлежит оплате при поставке (после поставки); ~ **nach Empfang der Ware** подлежит оплате по получении товара

zahlen *(eine Gebühr entrichten,)* платить/заплатить <сбор, штраф, пошлину>

Zahlender *(Pers.)* плательщик

Zahlung *(kfm.)* платёж, *(Bezahlung als Vorgang auch)* оплата, уплата; **bargeldlose** ~ безналичный ‖ платёж, *(umg.)* ~ по безналу; **sofortige** ~ немедленный; **unverzügliche** ~ *s.* sofortige; **verspätete** ~ просроченный;

Zahlung ‖ **bei Empfang der Ware** платёж ‖ против товара, подлежащий оплате по получении <товара>; ~ **bei Lieferung der Ware (cod)** ~ при поставке товара, подлежащий оплате по поставке <товара>; ~ **bei Verschiffung** ~ при погрузке груза <на борт судна>; ~ **gegen Akkreditiv** ~ против (посредством) аккредитива; ~ **gegen Dokumente** ~ против документов, *(Eis. auch)* раскредитование накладной; ~ **im Lastschriftverfahren** безакцептный, ~ по инкассо *(n., indkl.)*; ~ **im voraus** предоплата; ~ **in bar** ~ наличными; ~ **per Nachnahme** наложенный;

Zahlung, Abschlags- аванс, авансовый ‖ платёж; **An-** *s.* Abschlags-; **Ausgleichs-** денежная компенсация; **Bar-** ~ наличными; **Nach-** доплата; **Nicht-**~ неуплата; **Raten-** рассрочка, уплата в рассрочку; **Transfer-** переводной, трансфертный; **Voraus-** (cbd) предоплата; **Zu-** дополнительный;

die ‖ **Zahlung** ‖ **abwickeln** производить/произвести ‖ платёж; **die** ~ **einstellen** прекращать/прекратить ~; **-en erlassen** освобождать/освободить <кого-л.> от -ей; **mit der** ~ **in Verzug geraten** просрочивать/просрочить ~; **an -s statt nehmen** принимать/принять вместо -а; **in** ~ **nehmen** принимать/принять к -у

Zahlungs- *(in Zus.)* платёжн‖ый/ая/ое/ые; **-bedingungen** *(Pl.)* условия платежа; **die** ~ **einhalten** соблюдать/соблюсти ~; ~ **vereinbaren** согласовывать/согласовать ~;

Zahlungs‖beleg платёжн‖ый документ; **-eingang** поступление (приход) платежа; **-fähigkeit** платёжеспособность *(f.)*; **-frist** срок платежа; **-konditionen** *(Pl.)* s. **-bedingungen**; **-pflicht** обязанность *(f.)* произведения платежа; **-pflichtiger** *(Pers.)* плательщик; **-stopp** прекращение платежей; **-verkehr** -ый оборот, платежи *(Pl.)*; **-verzug** просрочка платежа; **-ziel** срок платежа

Zapfsäule *(techn., für Benzin)* бензовая колонка, бензоколонка

Zebrastreifen зебра

Zeichen знак; ~ **für den Reversivverkehr** ~ возвратного движения; **Bahn-** 1.

(Verkehrszeichen)
железнодорожный; **2.** *(Markierung auf dem Frachtgut)* маркировка железнодорожного груза; **Eintragungs-** регистрационный; **Gefahr-** предупредительный <дорожный>; **Güte-** ~ качества; **Hoheits-** опознавательный, эмблема государства; **Kenn-** *(Kfz.)* номерной ~ <автомобиля>; **Markierungs-** маркировочный, маркировка; **Nämlichkeits-** *(Zoll.)* идентификационный ~ на товаре, ~ идентификации на упаковке товара; **Nationalitäts-** ~ государственной принадлежности; **See-** морской, навигационный <предостерегательный>; **Verkehrs-** *(Straßenverkehr)* дорожный; **Waren-** товарный; **Warn-** *s.* *Gefahr-*; **Zusatz-** *(Verkehrszeichen)* дополнительный <дорожный>

Zeit 1. *(Zeitpunkt)* время, дата, день *(m.)*; **2.** *(Zeitspanne, s. auch Frist, Dauer)* время, продолжительность *(f.)*, срок, период; **fernöstliche** ~ дальневосточное время; **mitteleuropäische** ~ среднеевропейское время; **osteuropäische** ~ восточноевропейское время; **verkehrsschwache -en** *(Pl.)* часы (время) наименьшей нагрузки транспорта;

Zeit, Abfahrts- время ‖ отправления; **Abflug-** *(Flugzeug)* ~ взлёта, *(Pass.)* ~ вылета; **Abgangs-** *s.* *Abfahrts-*; **Abhol-** *(Güterv.)* ~ (сроки) отвоза <груза>; **Anfahrts-** ~ на езду; **Ankunfts-** ~ прибытия, *(Flug. auch)* ~ прилёта; **Ausfall-** *(Transportmittel)* внеэксплуатационный период; **Beförderungs-** ~ (срок, продолжительность) перевозки (транспортировки); **Befrachtungs-** *(Schiff.)* ~ (продолжительность) погрузки <судна>; **Beistell-** *(Eis.)* ~ подачи <вагона>; **Belade-** ~ (продолжительность) погрузки <транспортного средства>; **Durchlauf-** *(Güter, Container)* ~ перегрузки (перевалки) <груза, контейнера>, *(Zug, LKW)* ~ пребывания <поезда, грузовика>, *(Schiff.)* ~ стоянки <судна>; **Einsatz-** срок (период, продолжительность) эксплуатации, срок службы; **Entlade-** ~ (продолжительность) разгрузки <транспортного средства>; **Fahr-** ~ в пути (в движении), ~ движения, длительность *(f.)* (продолжительность) езды (проезда), *(Schienv., für Züge)* ~ следования (хода, прохождения) поездов; **Fahrgastwechsel-** *(ÖPNV)* ~ высадки и посадки пассажиров; **Flug-** ~ (продолжительность) полёта; **Gesamtfahr-** *(Fahrzeug)* общее ~ прохождения, *(Passagiere)* общая продолжительность езды; **Gesamtlauf-** <eines Transports> общее ~ прохождения; **Greenwich-** ~ мировое, ~ по Гринвичу; **Grenzaufenthalts-** ~ простоя на границе; **Hafenabfertigungs-** ~ на оформление портовых формальностей; **Halte-** ~ стоянки; **Hauptverkehrs-** часы пик, ~ (часы) наибольшей нагрузки транспорта; **Lade-** *s.* *Belade-*; **Lande-** *(Flug.)* ~ посадки; **Lauf-** *(Fahrzeug)* ~ пробега (хода), ~ в движении; **Lenk-** *(Kfz., für den Fahrer)* <максимально допустимое> время за рулём; **Liefer-** срок (продолжительность) поставки (доставки) <груза>; **Liege-** *(Schiff.)* стояночное, сталийное, ~ (период) стояния (стоянки) <судна>; **Nachfolge-** *(Eis.)* интервал попутного следования <поездов>; **Orts-** местное; **Park-** *(Kfz.)* ~ (срок, продолжительность) стоянки <автомобиля>; **Pazifik-** дальневосточное; **Quarantäne-** *(Schiff.)* карантинный период (-ый срок); **Reise-** *(s. auch Fahr-)* ~ в пути, продолжительность поездки; **Ruhe-** *(für den Fahrer)* ~ отдыха <для водителя>; **Schleusungswarte-** *(Schiff.)* ~ ожидания шлюзования; **Schwachlast-** ~ (период) низкой нагрузки транспорта; **Stand-** <eines **Fahrzeuges**> простой (простои) транспортного средства (подвижного состава), ~ (времена) простоя (стоянки), *(Schiff. auch)* стояночное, сталийное; **Start-** *(Flugzeug)* ~ взлёта; **Stillstands-** ~ (срок) простоя <транспортного средства>; **Umlauf-**^⊡ *(Transportbehältnis)* ~ оборота; **Umschlag-** *(Güter)* ~ (продолжительность) перегрузки (перевалки) <груза>; **Umsteige-** *(Pass.)* ~ пересадки; **Verlust-** *(Pl.)* времена стояния; **Warte-** *(Fahrzeuge, Transportbehältnisse)* ~ простоя, *(Pass.)* ~ ожидания; **Wartungs-** ~ технического обслуживания (ремонта); **Zugfolge-** *(Schienv., Pl.)* интервалы следования поездов; **Zustell-** *(Güter)* ~ (сроки) подвоза <груза>; **Versicherung auf** ~ страхование на срок

Zeit- *(in Zus.)* временн‖ый/ая/ое/ые; **-aufstellung** <für Lade- und **Löschtage**> *(Schiff.)* <тайм-чартерный> таймшит;

Zeitcharter ‖ тайм-чартер; **Frachtraum im** ~ тайм-чартерный тоннаж;

Zeitcharter‖flotte тайм-чартерн‖ый флот; **-geschäft** -ая сделка; **-index** -ый индекс; **-markt** -ый рынок; **-rate** -ая ставка; **-tarif** -ый тариф, тариф на тайм-чартер; **-tonnage** -ый тоннаж; **-zertifikat** *(Schiff.)* свидетельство о сдаче судна в тайм-чартер

zeitdefinierte Dienste *(Pl., garantierte Transport- und Lieferzeiten)* услуги с гарантированными сроками доставки

Zeit‖ersparnis экономия времени; **-fracht** *(Schiff.)* фрахт, исчисляемый в зависимости от времени фрахтования

zeitgemäßes Mobilitätskonzept современная концепция по повышению мобильности (подвижности)

Zeit‖genehmigung временное (срочное) разрешение, разрешение на определённый период; **-karte** *(ÖPNV)* сезонный (годовой, месячный, недельный) <абонементный> билет

zeitliche Verkehrsverlagerung перенесение транспортных потоков на другое время дня

zeitnahe Lieferung поставка с колёс

Zeitpunkt des Gefahrübergangs *(Incoterms)* момент перехода риска

zeitsensibles Gut груз, требующий незамедлительной доставки (перевозки)

Zeit‖tarif^⊡ повременный тариф; **-zone** пояс времени

zentral центральн‖ый/ая/ое/ые; **-e Frachtberechnung** -ый фрахтовый расчёт; **-er Umsteigeknoten** *(Pass.)* -ый пересадочный узел; **-e Verwaltung** -ое управление; **-e**

Verkehrsüberwachung диспетчерская централизация; **-e Vorschriften** *(Pl.)* -ые предписания, -ые правила

Zentral- *(in Zus.)* центральн‖ый/ая/ое/ые; **-amt** -ое управление; **-bahnhof** -ый вокзал

Zentrale *(leitende Stelle)* центральный пункт, главное отделение; **Dispatcher-** диспетчерский пункт (-ая служба); **Fahr-** служба движения; **Flugleit-** <наземная> служба управления полётами; **Mitfahr-** *(Individualverkehr)* фирма, организующая возможность *(f.)* участия в <автомобильных> поездках в качестве сопровождающего пассажира; **Taxi-** <диспетчерская> служба по вывозу такси *(n., indkl.)*

zentralisierter Güterverkehr централизованные перевозки

Zentrum центр; **Distributions-** <грузо>распределительный, ~ распределения <грузов>; **Güter-** грузовой; **Güterverkehrs-**⌂ грузораспределительный ~ <с широким спектром логистических услуг>, грузораспределительный терминал, ~ перегрузки и распределения грузов; **Güterverteil-**⌂ *s. Distributions-*; **Handelslogistik-**⌂ торгово-распределительный, торгово-распределительный терминал; **Logistik-** ~ логистики; **Service-** сервисный, технический, *(Kfz. auch)* авто-; **Umschlag-** перегрузочный, перевалочный, ~ для перегрузки (перевалки); **Verlade-** *(Versand)* отгрузочный, отправочный, ~ для отправки груза; **Verteiler-** *s. Distributions-*;

Zustell- ~ доставки груза

zerbrechlich хрупк‖ий/ая/ое/ие; **-es Gut** -ий груз; **-e Verpackung** -ая упаковка, -ая тара; **-e Ware** -ий товар

zerlegbar разборн‖ый/ая/ое/ые; **-er Container** -ый контейнер; **-e Verpackung** -ая упаковка

Zertifikat *(s. auch Beleg, Bescheinigung, Dokument, Nachweis, Papier, Unterlagen, Zeugnis)* сертификат, свидетельство; **gültiges** ~ действительный/ое; ~ **über die Rettungsausrüstung auf Schiffen** ~ на спасательное оборудование <на судах>; **Analyse-** *(Güter)* ~ о прохождении анализа; **Anker-** *(Schiff.)* ~ на якоря и цепи; **Ausfuhr-** экспортный/ое, вывозное свидетельство; **Brandschutz-** ~ о пожарной безопасности; **Eigentums-** ~ о праве собственности; **Einfuhr-** импортный/ое, ввозное свидетельство; **Export-** *s. Ausfuhr-*; **Gesundheits-** санитарный/ое; **Gewichts-** весовой/ое; **Havarie-** аварийный/ое, ~ об аварии; **Import-** *s. Einfuhr-*; **Löschungs-** *(Schiff.)* ~ о выгрузке судна; **Phytosanitär-** *(für den Versand von Produkten pflanzlichen Ursprungs)* фито-санитарный/ое; **Qualitäts-** сертификат качества (о качестве); **Quarantäne-** *(Schiff.)* карантинный сертификат; **Schiffs-** судовой/ое, *(See. auch)* морское свидетельство <о регистрации судна>; **Schiffssicherheits-** *(SOLAS-certificate)* ~ о безопасности судна; **Sicherheits-** ~ о безопасности; **Veterinär-** *(für den Versand von Produkten tierischen Ursprungs)* ветеринарный/ое; **Zeitcharter-** *(Schiff.)* ~ о сдаче судна в тайм-чартер

Zertifizierung сертификация; **eine ~ durchlaufen** проходить/пройти -ю

zertifizierungspflichtig подлежащ‖ий/ая/ее/ие сертификации

Zettel *(s. auch Bescheinigung, Liste, Schein)* лист, ведомость *(f.)*; **Buchungs-** букинг-нот; **Fahrten-** путевой лист *(umg. auch)* путёвка; **Fracht-** этикетка груза; **Gefahr-** маркировка опасного груза, этикетка на опасном грузе; **Gepäck-** багажная наклейка (-ый ярлик); **Klebe-** *(Frachtgut, Gepäck)* наклейка; **Lade-** накладная на погрузку; **Pack-** упаковочный лист; **Schiffs-** погрузочный ордер; **Sorten-** бордеро *(n., indkl.)*; **Wagen-** *(Eis.)* вагонная ведомость

Zeugnis *(s. auch Beleg, Bescheinigung, Dokument, Papier, Zertifikat)* свидетельство, сертификат; **~ für die Lademarke** *(Schiff.)* ~ о грузовой марке; **Flugfähigkeits-** сертификат лётной годности; **Fracht-** фрахтовый/ое; **Gesundheits-** санитарный/ое; **Ladegeschirr-** ~ об испытании грузовых средств судна; **Qualitäts-** сертификат качества (о качестве); **Quarantäne-** *(Schiff.)* карантинный/ое; **Seefähigkeits-** сертификат о мореходности <судна>; **Unbedenklichkeits-** сертификат соответствия <товара>; **Ursprungs-** <der Ware> сертификат о происхождении <товара>

Ziel цель *(f.)*; **Fahr-** *(Pass.)* ~ поездки; **Flug-** ~ полёта; **Reise-** пункт (место) назначения поездки (путешествия); **Zahlungs-** *(kfm.)* срок платежа

Ziel- *(in Zus.)*; **-bahnhof** станция ‖ назначения; **-hafen** порт ~; **-ort**

пункт (место) ~; **-terminal** терминал ~; **-verkehr** приток движения

Zisterne *(Transportbehälter)* цистерна

zivil *(hier)* гражданск‖ий/ая/ое/ие; **-es Flugzeug** -ий самолёт, самолёт -ой авиации; **-e Luftfahrt** -ая авиация; **-e Luftfahrtbehörde** *(BRD)* Ведомство -ой авиации; **-es Recht** -ое право; **-e Seeschifffahrt** -ое судоходство; **-e Wirtschaft** -ое хозяйство

Zivil- *(in Zus.)* гражданск‖ий/ая/ое/ие; **-flughafen** -ий аэропорт; **-luftfahrt** -ая авиация; **Europäische -luftfahrtkonferenz** Европейская конференция -ой авиации; **-recht** *s. ziviles Recht*

zivilrechtliche Haftung *(jur.)* гражданская ответственность

Zoll I *(Gebühr, s. auch Zollsatz)* <таможенная> пошлина; **gestaffelter ~** дифференцированная; **spezifischer ~** специфическая; **Abwehr-** запретительная, заградительная, запретительный <таможенный> тариф; **Antidumping-** противодемпинговая; **Ausfuhr-** экспортная, вывозная; **Ausgleichs-** компенсационная; **Binnen-** внутренняя; **Durchfuhr-** транзитная; **Durchgangs-** *s. Durchfuhr-*; **Einfuhr-** импортная, ввозная; **Export-** *s. Ausfuhr-*; **Finanz-** фискальная; **Gewichts-** ~ с веса; **Gleit-** колеблющаяся ставка пошлин; **Grenz-** пограничная; **Hafen-** портовая, *(allg. Abgabe)* портовый сбор; **Handels-** торговая; **Import-** *s. Einfuhr-*; **Inland-** внутренняя; **Kai-** причальный сбор, плата за причал; причальные *(Subst.)*; **Kampf-** реторсионная;

Maß- ~ с кубатуры; **Mehrfach-** сложный таможенный тариф; **Misch-** смешанная, комбинированная, смешаннный таможенный тариф; **Normal-** общий таможенный тариф; **Prohibitiv-** протекционистская, покровительственная, оградительная, запретительный <таможенный> тариф; **Rück-** возврат пошлин; **Saison-** сезонная; **Schutz-** *s. Abwehr-*; **Sonder-** специальная; **Sperr-** запретительная; **Stück-** поштучный таможенный тариф; **Tarif-** тарфиная; **Transit-** транзитная; **Wert-** адвалорная, стоимостная; **Zuschlag-** дополнительная;

Abbau von Zöllen *(Pl.)* устранение <таможенных> пошлин; **Aufhebung** || **eines Zolls** отмена || <таможенной> пошлины; **Erhebung** ~ взимание ~; **Erhöhung** ~ повышение ~; **Senkung** ~ снижение ~;

einen || **Zoll** || **abbauen** снижать/снизить <таможенную> пошлин||у; **einen ~ erheben** взимать -у; **den ~ erhöhen** повышать/повысить -у; **den ~ senken** снижать/снизить -у; **dem ~ unterliegen** подлежать таможенному обложению; **einen ~ verhängen** вводить/ввести -у; ~ **zahlen** платить/заплатить -у; <etw.> **mit ~ belegen** облагать/обложить <что-л.> -ой;

Zoll II *(Behörde)* таможня; **Ware beim ~ anmelden** декларировать товар в -е

Zoll- *(in Zus.)* таможенн||ый/ая/ое/ые;

Zollabfertigung оформление (выполнение) таможенн||ых формальностей, процедура -ой отчистки товаров, -ый досмотр, -ый осмотр, *(Güter, Fahrzeug auch)* -ая очистка (-ая обработка), *(umg.)* растаможивание <груза>;

Zollabfertigung || **nach vereinfachter Anmeldung** оформление таможенных формальностей || по упрощенной схеме; ~ **nach Aufzeichnung** ~ по документам; ~ **nach Gestellungsbefreiung** ~ после освобождения от обязанности предъявления <товара> к досмотру; ~ **zum Freiverkehr** *(zur freien Verfügung)* ~ для свободного обращения; ~ **zum Lager** *(zur Lagerung in einem Zolllager)* ~ для дальнейшего хранения на таможенном складе; ~ **zum Versand** *(zur Transitabfertigung in einem anderen Zolllager)* ~ на осуществление таможенного транзита; ~ **zur Umwandlung** *(Anwendung eines niedrigeren Zollsatzes auf Ware, die erst im umgewandelten Zustand als eingeführt gilt)* ~ по более низкой ставке пошлин после переработки; ~ **zur Veredelung** *(zur zollfreien Wiederausfuhr nach Veredelung)* ~ для временного ввоза, переработки и вывоза; ~ **zur Verwendung** *(Messegut, Muster)* ~ для временного пользования; **Begleitung der ~** проводка по таможне;

Zollabfertigungs||gebühr/en сбор/ы на право вывоза <товара> со склада таможни; **-hafen** таможенн||ый порт, порт -ой очистки; **-ordnung** порядок -ой регистрации, порядок отчистки товаров от -ых пошлин; **-verfahren** *(s. auch Abfertigung)* процедура -ой отчистки товаров (отчистки товаров от -ых пошлин);

Zoll||abgabe таможенн||ый сбор, -ая пошлина; **-agent** *(Pers.)* -ый агент, -ый брокер; **-agentur** -ое агентство **–abkommen** -ое соглашение, -ая конвенция; **Allgemeines ~~ und Handelsabkommen (GATT)** Генеральное соглашение по -ым тарифам и торговле (ГАТТ); **-abwicklung** -ое оформление;

Zollamt || *(Direktion)* таможенн||ое управление, *(Zollstelle auch)* таможня, -ый пункт; ~ **am Bahnhof** привокзальная таможня, отделение таможни на железнодорожной станции; **Grenz-** пограничная таможня; **Hafen-** таможня в порту; **Haupt-** главное -ое управление; **Neben-** дополнительная таможня, дополнительный -ый пункт

zollamtlich таможенн||ый/ая/ое/ые; **-e Behandlung** *s. Zollabfertigung*; **-e Genehmigung** разрешение таможни; **-e Güterabfertigung** -ая очистка, -ый досмотр, -ый осмотр <груза>

zollamtlich *(Adv.)*; ~ **abfertigen** очищать/очистить <что-л.> от таможенн||ых формальностей, выполнять/выполнить -ые формальности; ~ **verschließen** накладывать/наложить -ые печати и пломбы <на что-л.>

zollamtlich abgefertigt *(Part.)* очищен/а/о/ы от таможенных пошлин

Zollanmeldung || заявка на таможенн||ую проверку (извещение о -ой проверке) <груза>; ~ **für Einlagerung** заявление о принятии товара на склад; **Sammel-** сборная -ая декларация;

Zoll||arten *(Pl.)* виды таможенн||ых пошлин; **-aufkommen** поступление -ых сборов; **-aufschlag**

дополнительная -ая пошлина; **-aufschub** отсрочка (рассрочка) уплаты -ой пошлины; **-aufsichtstelle** пункт -ого досмотра; **-ausfuhrerklärung** -ая декларация на экспорт, *(Schiff. auch)* -ая декларация по отходу судна; **-ausfuhrschein** вывозное -ое свидетельство; **-ausgaben** *(kfm., Pl.)* -ые расходы; **-auskunft** справка (информация) -ого органа о -ых тарифах; **-ausschlüsse** *(Pl.)* части государственной территории, не входящие в -ые границы данной страны; **-ausschlussgebiet** зона беспошлинного ввоза товара; **-banderole** -ая бандероль; **-barriere** -ый барьер; **-beamter** *(Pers.)* служащий таможни; **-bediensteter** *s. -beamter*; **-bedürftiger** *(Pers.)* лицо, обязанное уплатить -ую пошлину; **-befreiung** освобождение от -ой пошлины; **-befreiungsschein** свидетельство об освобождении от –ой пошлины; **-befund** заключение о результатах -ого досмотра; **-begleitschein** -ое свидетельство, -ая накладная; **-begleitscheinheft für den internationalen Straßengüterverkehr** *(Carnet TIR)* книжка международной дорожной перевозки (МДП); **-begünstigung** -ые льготы; **-behandlung** *s. -abfertigung*; **-behörde** -ое управление, -ое учреждение; **-belastung** обложение -ыми пошлинами и сборами; **-bemessung** -ая оценка; **-beschau** -ый досмотр; **-bescheid** -ое извещение; **-bescheinigung** свидетельство о -ой очистке; **-beschlagnahme** -ая конфискация, *(zeitweilig)* задержание груза в таможне; **-beschlagnahmeschein** свидетельство о -ой конфискации;

-beschränkungen *(Pl.)* -ые ограничения; **-bestimmungen** *(Pl.)* -ые правила; -ая инструкция; -ый режим; **-beteiligter** *(Pers.)* податель *(m.)* -ой декларации; **-betrag** величина -ой пошлины; **-boot** -ый катер, -ое судно; **-bürgschaft** поручительство по задолженности -ым органам; **-code** -ый код, -ая номенклатура; **-deklarant** *(Pers.)* податель *(m.)* -ой декларации; **-deklaration** -ая декларация; **-delikt** -ое нарушение; **-depot** -ый склад; **-dienstanweisung** инструкция -ой службы; **-dienste** *(Pl., Dienstleistungen)* -ые услуги; **-dienststelle** -ая служба; **-direktion** -ое управление; **-disparitäten** *(Pl.)* различие между -ыми тарифами стран; **-dokumente** *(Pl.)* -ые документы; **-durchfuhrschein** транзитно-таможенное свидетельство; **-einfuhrschein** -ое ввозное свидетельство; **-einheitspapier** универсальный (стандартный) -ый документ; **-einheitstarif** единый -ый тариф; **-einkünfte** *(Pl.)* -ые доходы; **-einschlüsse** *(Pl.)* части государственной территории, входящие в -ые границы другой страны; **-erhebung** взимание -ой пошлины; **-erhöhung** повышение -ой пошлины; <**internationale**> **-erklärung** <международная> -ая декларация (образец МЖДМ); **-erlass** освобождение от -ых пошлин; **-ermäßigung** снижение (понижение) -ой пошлины; **-erstattung** возврат -ой пошлины; **-fahndung** борьба с контрабандой; **-fahndungsdienst** -ая противоконтрабандная служба, -ая служба розыска; **-faktura** -ый счёт; **-flughafen** аэропорт с таможней;

Zollformalitäten || *(Pl.)* таможенн‖ые формальности; ~ **für** die Aus- und Einfuhr erledigen оформлять/оформить -ую очистку на вывоз и ввоз <товара>;

Zoll‖formular бланк таможенн‖ой декларации; **-frachterklärung** грузовая -ая декларация (ГТД); **-frachtklausel** оговорка в транспортном страховании, регулирующая размер добавочной премии

zollfrei беспошлинн‖ый/ая/ое/ые, не облагаем‖ый/ая/ое/ые пошлиной, свободн‖ый/ая/ое/ые от таможенного обложения; **-e Einfuhr** беспошлинн‖ый ввоз; **-er Hafen** свободный <от таможенной пошлины> порт; **-e Ware** -ый товар; **-e Zone** зона франко; зона, свободная от таможенного обложения

zollfrei *(Adv.)* свободно от пошлин

Zoll‖freigebiet *s. zollfreie Zone*; **-freiheit** отсутствие таможенн‖ых пошлин; **-freilager** приписной -ый склад; **-freiliste** список товаров, свободных от -ого обложения; список товаров для беспошлинного ввоза; **-freimeldung** заявление на товары, свободные от -ого обложения; **-freischein** свидетельство об освобождении от пошлины, -ый пропуск; **-freistellung** *s. -schein*; **-freizone** *s. zollfreie Zone*; **-gebiet** -ая зона, -ая территория; **-gebühr** -ая пошлина, -ый сбор; **-gesetz** -ый кодекс, -ый устав; **-gesetzgebung** -ое законодательство; **-gewässer** акватория зоны -ого контроля; **-gewahrsam** -ый склад; **-gewicht** -ый вес; вес, подлежащий -ому обложению; **-grenze** -ая граница;

Zollgut || таможенн‖ый груз; **Abfertigung des -s** процедура -ой отчистки груза; **Veräußerung von**

~ -ый аукцион;

Zollgut‖lager таможенн‖ый склад; **-lagerung** хранение <груза> на -ом складе; **-veredelung** _(aktiv)_ временный ввоз товара на обработку (переработку, ремонт) с последующим вывозом, _(passiv)_ временный вывоз товара на обработку (переработку, ремонт) с последующим ввозом; **-versand** -ый транзит; **-versandverfahren** порядок -ой очистки груза;

Zoll‖hängigkeit <einer Ware> установление обязанности уплаты таможенн‖ой пошлины; **-hafen** -ый порт, порт -ой очистки; **-haftung** _(jur.)_ ответственность _(f.)_ за уплату -ой пошлины; **-harmonisierung** -ая гармонизация; **-hehlerei** _(jur.)_ утаивание груза (багажа) от обложения -ой пошлиной; **-hemmnis** -ый барьер; **-hinterziehung** _(jur.)_ уклонение от уплаты -ой пошлины; **-hof** –ая площадка; **-hoheit** _(jur.)_ -ый суверенитет; **-inhaltserklärung** _s. -frachterklärung_; **-inland** государственная территория страны, исключая части этой территории, не входящие в её -ые границы; **-kai** -ый причал, -ая пристань; **-kartell** картельное соглашение об условиях уплаты -ых пошлин; **-klarierung** _s. -abfertigung_; **-kodex** -ый кодекс; **-kontingent 1.** _(zollpflichtige Ware)_ контингент товаров, облагаемых -ой пошлиной; **2.** _(für Zollvergünstigungen)_ контингент товаров, на которые распространяются -ые льготы; **-kontrolle** -ый контроль, -ая проверка; **-konvention** -ая конвенция; **-lager** -ый склад; **-lagergut** товары, находящиеся на -ом складе; **-lagerschein** складской

-ый документ; **-landungsplatz** _(Schiff.)_ -ая пристань; **-liste** список (перечень _(m.)_) товаров, подлежащих -ому обложению; **-makler** _(Pers.)_ -ый агент, -ый брокер; **-manifest** -ый манифест; **-mitverschluss** совместное хранение грузов на -ом складе; **-nachforderung** дополнительное взимание -ой пошлины; **-nebengebühr** дополнительный -ый сбор; **-niederlage** _(Lager)_ хранение в <приписном> -ом складе; **-nummer** -ый код <экспортируемого товара>, -ая номенклатура; **-ordnung** -ый режим, порядок обложения -ой пошлиной, _(Regelwerk)_ -ый устав, -ый кодекс; **-ordnungswidrigkeit** _(jur.)_ нарушение -ого законодательства; **-paketkarte** -ая декларация на посылку; **-papiere** _(Pl.)_ -ые документы; **-passierschein** -ый пропуск; **-pflicht** обязанность _(f.)_ уплаты -ой пошлины

zollpflichtige Ware товар, облагаемый пошлиной

Zoll‖plombe таможенн‖ая пломба; **-politik** -ая политика; **-präferenz** _(Vergünstigungen)_ -ые льготы, льготные ставки -ых тарифов; **-quittung** -ая квитанция, квитанция об уплате -ой пошлины; **-räumlichkeiten** _(Pl.)_ -ые помещения; **-raumverschluss** _(Schiff.)_ опломбирование трюма <судна> таможней; **-rechnung** -ый счёт; **-recht** -ое право; правовые положения, регулирующие -ое дело; **-rechtsharmonisierung** гармонизация правовых положений -ого дела; **-rechtsreform** реформа -ого управления; **-reform** реформа -ого права; **-regelung** -ое регулирование; **-registriernummer**

-ый код; **-rückerstattung** возврат -ой пошлины; **-rückgabeschein** сертификат таможни на право обратного получения импортной пошлины; **-rückvergütung** возврат -ой пошлины;

Zollsatz ‖ таможенн‖ый тариф, ставка <-ой> пошлины; **ermäßigter** ~ льготная ставка -ой пошлины; **vertraglich vereinbarter** ~ договорный -ый тариф; **Ausnahme-** ставка исключительной -ой пошлины; **Einfuhr-** ставка импортной (ввозной) -ой пошлины; **Mehrfach-** сложный -ый тариф; **Präferenz-** преференциальная (льготная) ставка -ой пошлины; **Vertrags-** *s. vertraglich vereinbarter*; **Vorzugs-** *s. Präferenz-*; **Wert-** ставка адвалорной -ой пошлины;

Zoll‖schein квитанция об уплате таможенн‖ой пошлины; **-schranke** -ый барьер; **-schuld** -ый долг; **-schuldner** *(Pers.)* лицо, обязанное уплатить -ую пошлину; **-schuppen** -ый пакгауз, *(Flughafen)* -ый ангар; **-seegebiet** морская зона -ого контроля; **-senkung** снижение (уменьшение) -ых тарифов; **-siegel** -ая печать; **-spediteur** *(Pers.)* -ый перевозчик, -ый агент;

Zollstelle ‖ *(s. auch Zollamt)* таможня; **Bahnhofs-** привокзальная; **Bestimmungs-** ~ назначения; **Grenz-** пограничная; **Versand-** ~ отправления;

Zoll‖stempel таможенн‖ое клеймо; **-strafe** -ый штраф; **-straße** *(Schiff.)* -ый фарватер; **-stunden** *(Pl.)* время на -ый досмотр; **-system** -ая система;

Zolltarif ‖ *(s. auch Zollsatz)* таможенный тариф, таможенная <тарифная> ставка; **autonomer** ~

автономный/ая; **gemeinsamer** ~ единый/ая, общий/ая; **gemischter** ~ смешанный/ая; **integrierter** ~ **<der EU>** унифицированный таможенный тариф <стран ЕС>; **Ausfuhr-** экспортный/ая; **Außen-** *(EU)* внешний/яя ~ <ЕС>; **Binnen-** внутренний/яя; **Einheits-** единый/ая, общий/ая, средний/яя; **Deutscher Gebrauchs-** *(BRD)* Общий таможенный тариф ФРГ; **Misch-** *s. gemischter*;

Zolltarif‖angleichung выравнивание таможенн‖ых тарифов; **-auskunft** справка (информация) -ого органа о -ых тарифах; **-gesetz** закон о -ом тарифе, -ые тарифные правила; **-nomenklatur** -ая номенклатура; **-nummer** -ый тарифный номер, -ый код, -ая номенклатура, *(RF)* -ый тарифный номер <внешнеэкономической деятельности (ТНВЭД)>; **-satz** -ый тариф, ставка -ой пошлины;

Zoll‖terminal терминал таможенн‖ой очистки; **-übereinkommen** -ое соглашение, -ая конвенция; **-überwachung** -ый надзор; **-union**⌂ -ый союз; **-unterlagen** *(Pl.)* -ые документы; **-urkunde** -ое свидетельство, -ая накладная; **-verbund** *s. -union*;

Zollverfahren ‖ таможенн‖ый режим, -ая процедура, порядок (режим) отчистки от -ых пошлин; **vereinfachtes** ~ упрощённый порядок -ой отчистки; **Festlegung des -s** определение -ого режима;

Zoll‖vergehen таможенн‖ое нарушение; **-vergünstigungen** *(Pl.)* -ые льготы; **-verkehr** *(hier Prozedere)* -ые операции; **-versand** -ый транзит; **-versandgenehmigung** разрешение на транзит груза с -ого склада; **-versandgut** груз, перевозимый -ым транзитом;

Zollverschluss ‖ **1.** *(Prozess)* наложение таможенн‖ой пломбы; **2.** *(Plombe)* -ая пломба; **Beförderung unter** ~ перевозка под -ыми печатями и пломбами; **Lagerung unter** ~ хранение на -ом складе; **Transport unter** ~ *s. Beförderung*; **Ware unter** ~ товар (груз) под -ой пломбой;

Zollverschluss‖anerkenntnis свидетельство о допушении дорожного транспортного средства к перевозке груза под таможенн‖ыми печатями и пломбами; **-gebühr** сбор на наложение пломб; **-verletzung** срыв -ой пломбы;

Zoll‖vertrag таможенн‖ый договор, -ый контракт; **-verwaltung** -ое управление, -ое учреждение; **-vormerkverfahren** предварительное -ое действие; **-vorschriften** *(Pl.)* -ый режим, -ые правила, -ое предписание, -ая инструкция; **-wachschiff** -ое судно; **-wert** -ая стоимость; **-wertanmeldung** -ая декларация о стоимости товара; **-wertfeststellung** -ая оценка стоимости товара; **-wertverordnung** *(EU)* Постановление <ЕС> о -ой стоимости товара; **-zuschlag** надбавка к -ой пошлине

Zone зона; **autofreie** ~ свободная от автомобильного движения; **verkehrsberuhigte** ~ с заниженной транспортной нагрузкой; **Be- und Entlade-** ~ для разгрузки и погрузки, ~ для разгрузочно-погрузочных (перегрузочных) операций; **Dreimeilen-** *(See.)* трёхмильная <пограничная>, трёхмильная полоса; **Entfernungs-** пояс дальности; **Frei-** ~ франко; ~, свободная от таможенного обложения; **Freihandels-** ~ свободной (беспошлинной) торговли; **Fußgänger-** пешеходная; **Hafen-** портовая; **Kanal-** ~ канала; **Lade-** *s. Be- und Entlade-*; **Lager-** складская; **Lärmschutz-** *(Flug.)* ~ действия шумозащиты; **Liefer-** ~ доставки; **Nahverkehrs-** пригородная, *(ÖPNV)* ~ местного сообщения; **Park-** *(Kfz.)* ~ стоянки; **Parkraumbewirtschaftungs-** *(Kfz.)* ~ использования полезных площадей для автостоянок; **Parkverbots-** *(Kfz.)* ~ запрещённой стоянки; **Preis-** ценовая; **Tarif-**⌑ тарифная; **Tempo-30-**~ *(Wohngebiet)* ~ (микрорайон) с установленной скоростью 30 км/ч; **Ufer-** береговая, *(Meer auch)* прибрежная, побережье; **Wareneingangs-** ~ приёмки (приёма) товара; **Wirtschaftssonder-** ~ свободного предпринимательства; **Zeit-** пояс времени; **Zollfrei-** *s. Frei-*; **Zwölfmeilen-** *(See.)* двенадцатимильная, двенадцатимильная полоса

Zonen- *(in Zus.)* зональн‖ый/ая/ое/ые; **-durchschnittspreis** среднепоясная цена; **-preis** -ая (поясная) цена; **-tarif**⌑ *(ÖPNV)* -ый тариф, тариф для отдельных зон

Zubehör принадлежности *(Pl.)*, аксессуары *(Pl.)*; **Kfz-**~ автомобильные

Zubringer 1. *(Bus, s. auch Shuttle)* автобус для доставки пассажиров к месту дальнейшего следования, *(Eis.)* поезд местного сообщения; **2.** *(Zufahrtstraße zur Autobahn)* подъездная дорога <к автостраде>; **Flughafen-** *(Bus)* автобус для доставки пассажиров к аэропорту

Zubringer- *(in Zus.)*; **-dienst/e** служба привоза <груза, пассажиров> к месту дальнейшего следования (к станции, аэропорту); **-schiff** *(Feeder)* фидерное судно, *(umg.)* фидер; **-straße** подъездная дорога (-ой путь); **-strecke** подъездная трасса; **-verkehr**[⊞] сообщение (движение) по подъездным дорогам (на подъездных путях)

Zufahrt подъезд, подъездной путь

Zufahrts- *(in Zus.)* подъездн‖ой/ая/ое/ые; **-gleis** -ой путь; **-straße** -ая дорога, -ой путь; **-weg** *s.* *-straße*

Zug I *(Schienv.)* поезд; **direkter** ~ прямой, ~ прямого сообщения; **durchgehender** ~ проходящий, сквозной, прямой, ~ прямого сообщения; **elektrischer** ~ электро-; **fahrplanmäßiger** ~ очередной; ~, следующий по расписанию; **gemischter** ~ смешанный, грузопассажирский; **internationaler** ~ международный; **mehrsystemfähiger** ~ многосистемный; **vollautomatischer** ~ ~ с автопилотом, ~ с автоматическим управлением; **zuschlagpflichtiger** ~ с доплатой;

Zug, Anschluss- следующий (согласованный) ‖ поезд; **Arbeits-** рабочий; **Autoreise-**[⊞] ~ для автотуристов; **Bau- und Montage-** строительно-монтажный; **Block-** маршрутный; **Container-**[⊞] контейнерный; **Diesel<trieb>-** дизельный, дизель-~; **Direkt-** *s.* *direkter*; **Doppelstock-** ~ из двухэтажных (двухярусных) вагонов; **Durchgangs-** 1. *(durchgehender Zug)* проходящий,

сквозной, прямой, ~ прямого сообщения; **2.** *(Transitzug)* транзитный; **Eil-** ускоренный, скорый; **Eisenbahn-** железнодорожный; **Entlastungs-** *(Pass.)* дополнительный; **Express-** ~-экспресс; **Fern-** ~ дальнего следования (сообщения); **Fernschnell-** междугородный скорый (проходящий); **Ganz-** <отправительский> маршрутный; **Gegen-** встречный; **Gelenk-** сочленённый; **Gleisbau-** ремонтный; **Güter-** грузовой, товарный; **Halb-** секция моторвагонного -а; **Hochgeschwindigkeits-** высокоскоростной, турбо-; **Hotel-** поезд-отель; **Interregio-** *(Pass.)* межрегиональный; **Kühl-** рефрижераторный, ~-рефрижератор; **Kurz-** неполносоставный, неполновесный, *(ÖPNV auch)* секция моторвагонного -а; **Lang-** полносоставный; **Leer-** порожний, порожняковый; **Linien-** маршрутный; **Multiplex-** электро- с управлением по системе многих единиц; **Nacht-** ночной; **Nahverkehrs-** пригородный, ~ местного сообщения; **Neige-** специальный ~ с гибкой подвеской кузова вагонов; **Pendel-** ~ в челночном сообщении; **Personen-** пассажирский; **Rangier-** маневровый; **Regel-** очередной; **Regional-** пригородный, ~ местного сообщения; **Reise-** *s.* *Personen-*; **Reparatur-** ремонтный; **Ring-** ~ кольцевого сообщения; **Sammelgüter-** сборный грузовой; **Schlafwagen-** ~ со спальными вагонами; **Schnell-** скорый, скоростной, ~ большой скорости; **Schwerlast-** тяжеловесный грузовой; **Sonder-** внеплановый, дополнительный, заказной; **Straßenbahn-** трамвайный; **Talgo-** *s. Neige-*; **Touristik-** туристский; **Trailer-** трейлерный; **Transit-** транзитный, сквозной; **Trieb-** моторвагонный; **U-Bahn-** ~ метро<политена>; **Voll-** *s. Lang-*; **Vorort-** пригородный, электро- *(ÖPNV auch)* электричка;

einen ‖ **Zug** ‖ **auslasten** нагружать/нагрузить ‖ поезд; **mit dem** ~ **fahren** ехать (ездить) -ом; **den** ~ **verpassen** опаздывать/опоздать на ~; **Züge zusammenstellen und trennen** формировать и расформировать (разделять) -â *(Pl.)*;

Zug II *(LKW, Lastzug)* автопоезд; **Sattel-** седельный ~ (тягач); **Schwerlast-** тяжеловес, ~ большой грузоподъёмности; **Tank-** ~ для перевозки жидкого груза в цистернах;

Zug III *(Kraft)* тяга

Zug- *(in Zus.)* поездн‖ой/ая/ое/ые; **-abfahrt** отправление поезда; **-abfertiger** *(Pers.)* дежурный по прибытию и отправлению поездов; **-abfertigung** отправка поездов, приготовление поездов к отправке; **-abstand** *(zeitl.)* интервал между поездами

Zugang 1. *(örtl.)* подход; **2.** *(übertr.)* доступ <к чему-л.>; **Bahn-** железнодорожный подход; **Hafen-** выход к порту; **Markt-** доступ к рынку; **Straßen-** автомобильный подход; **Verkehrsmarkt-** доступ к транспортному рынку

Zugangs- *(in Zus.)*; **-recht** *(jur.)* право доступа; **-straße** подъездная дорога (-ой путь)

Zug‖anschluss согласованность *(f.)* расписаний поездов;

-ausgangspunkt пункт отправления поездов; <**automatische, induktive**> **-beeinflussung** <автоматическая, индуктивная> поездн‖ая регулировка; **-begleiter** *(Pers.)* проводник; **-begleiterin** *(Pers.)* проводница; **-besatzung** -ая бригада; **-betrieb 1.** *(Verkehrsverbindung)* движение поездов; **2.** *(Betriebsart)* тяга; **-bildung** составление (формирование и расформирование) поездов;

Zugbildungs‖bahnhof станция ‖ формирования и расформирования поездов; **-plan** план ~; **-verfahren** способ ~;

Zug‖dichte *(zeitl.)* интенсивность *(f.)* (плотность *(f.)*) движения поездов; **-einheit** железнодорожная <подвижная> единица; **mehrgliedrige -einheit** многозвенный поезд; **-ende** хвост поезда; **-entgleisung** сход поезда с рельсов; **-fahrplan** расписание (график движения) поездов; **-fahrt 1.** *(Fahrzeug)* рейс поезда; **2.** *(Pass., Reise)* поездка поездом; **-folge** следование поездов; **-folgestelle** раздельный пункт, блок-пост; **-folgezeit/en** интервалы *(Pl.)* следования поездов; **-führer** *(Pers.)* машинист локомотива; **-funk** поездная радиосвязь; <**zulässiges**> **-gewicht** допустимая полная масса <транспортного средства>;

Zugkilometer ‖ *(Eis.)* поездо-километр; ~ **im Güterverkehr** ~ грузового движения; ~ **im Reiseverkehr** пассажирский;

Zug‖kupplung, <**automatische**> <автоматическое> сцепление поездов; **-länge** длина поезда; **-laufleistung** пробег поезда; **-laufüberwachung** диспетчерское регулирование движения поездов;

Zugmaschine || *(LKW)* тягач; **Belade- und ~** ~-погрузчик; **Rad-** колёсный; **Sattel-** седельный; **Straßen-** автомобиль-~;

Zug||**netz** сеть *(f.)* поездов; **-paar** пара поездов; **-personal** *s.* *-besatzung*; **-reise** *(Pass.)* поездка поездом; **-reisender** *(Pers.)* железнодорожный пассажир; **-selbstabfertigung** автоматическая отправка поезда; **<automatische> -sicherung** <автоматическая> система безопасности поездов; **<automatisches> -sicherungssystem** <автоматическая> система безопасности поездов; **-spitze** голова поезда; **-takt** *(zeitl.)* <твёрдый> интервал следования -ов; **-trennung** разделение поездов; **-überwachung** контроль *(m.)* за движением поездов, правление поездами; **-unglück** железнодорожная авария (-ая катастрофа), крушение поезда; **-verbindung** железнодорожная связь, рейс поезда;

Zugverkehr || движение поездов; **durchlaufender ~** прямое железнодорожное сообщение

Zukunftsmarkt перспективный рынок

zukunftsweisende Verkehrspolitik политика в области транспорта, ориентированная на будущее

Zuladung *(Güterv.)* полезная нагрузка; **maximale ~** максимальная

zulässig допустим||ый/ая/ое/ые; **-e Belastung** *(Güterv.)* -ая нагрузка, *(Pass.)* -ое количество пассажиров; **-es Gesamtgewicht** -ый полный вес; **-ая** полная масса; **-е**

Geschwindigkeit -ая скорость; **-es Zuggewicht** -ая полная масса <транспортного средства>

zulässig *(Adv.)* допустимо

zulassen 1. *(ein Fahrzeug polizeilich anmelden)* оформлять/оформить автомобиль; **2.** *(etw. techn. zulassen)* допускать/допустить <что-л.> к эксплуатации

Zulassung 1. *(Prozess)* допуск к эксплуатации, выдача разрешения на эксплуатацию; **2.** *(Schein)* удостоверение о допуске к эксплуатации (о прохождении технического осмотра); **Fahrzeug- 1.** *(Prozess)* оформление транспортного средства; **2.** *(Schein)* свидетельство о допущении транспортного средства, талон о прохождении техосмотра

Zulassungs- *(in Zus.)*; **-bedingungen** *(Pl.)* условия доступа (приёмки), технические условия; **-behörde** *(Kfz.)* ведомство, регламентирующее порядок допуска <транспортных средств> к эксплуатации;

Zulassungsordnung || *(jur.)* правила *(Pl.)*, регламентирующие допуск к эксплуатации; **Straßenverkehrs-** порядок допуска транспортных средств к эксплуатации;

Zulassungs||**schein** *(Kfz.)* свидетельство о допущении транспортного средства <к дорожному движению>, *(TÜV)* талон о прохождении техосмотра <автомобиля>; **-verfahren** *(jur.)* процедура допуска <транспортных средств> к эксплуатации

Zulauftransporte <im KV> подвоз <смешанного> груза

Zulieferer *(Zulieferunternehmen)*

сторонний поставщик, предприятие-поставщик, субпоставщик, смежное предприятие

Zulieferindustrie предприятия-поставщики *(Pl.)*

Zulieferung поставка со стороны

Zulieferunternehmen *s. Zulieferer*

Zunahme увеличение, повышение, рост; ~ **des Angebots** рост предложения; ~ **der Einfuhr** увеличение импорта; ~ **der Flughöhe** повышение высоты полёта; ~ **der Geschwindigkeit** увеличение скорости, ускорение; ~ **des Güterstroms** рост грузопотока; ~ **der Nachfrage** рост спроса; ~ **des Verkehrsaufkommens** рост объёма перевозок

zunehmend возрастающ‖ий/ая/ее/ие; **-es Verkehrsaufkommen** -ий объём перевозок (дорожного движения), -ий транспортный поток; **-er Wettbewerb** ужесточающая конкуренция

zurückfahren 1. *(intrans., sich zurück zum Ausgangspunkt begeben)* ехать/поехать назад (обратно) <куда-л.>, возвращаться/ возвратиться <автомобилем, поездом> <куда-л.>; **2.** *(intrans., rückwärts fahren)* ехать/поехать назад, двигаться задним ходом; **3.** *(trans., etw./jmdn. zurückbringen)* отвозить/отвезти <что-л./кого-л. куда-л.>

zurückfliegen 1. *(intrans., sich zurück zum Ausgangspunkt begeben)* летать/ полетать назад (обратно) <куда-л.>, возвращаться/возвратиться <самолётом> <куда-л.>; **2.** *(trans., etw./jmdn. zurückbringen)* отвозить/отвезти <что-л./кого-л. куда-л.> самолётом

zurückgehen 1. *(intrans., sich zurück zum Ausgangspunkt begeben)* идти/пойти назад <куда-л.>, возвращаться/возвратиться, вернуться <куда-л.>; **2.** *(sich verringern)* снижаться/снизиться, сокращаться/ сократиться

zurückkommen *(s. auch ankommen)* возвращаться/возвратиться, вернуться <куда-л. чем-л.>

Zusammen- *(in Zus.)* совместн‖ый/ая/ое/ые

zusammengelegte Verpackung сложенная тара (-ая упаковка)

Zusammen‖ladeverbot запрет на совместн‖ую погрузку разнородного груза; **-ladung** <**von Fracht**> -ая погрузка <груза>; **-lagerung** <**von Fracht**> -ое складирование (хранение) <груза>; **-lagerungsverbot** запрет на -ое складирование (хранение) разнородного груза

zusammenlegbare Verpackung складная упаковка (-ая тара)

Zusammenstellen ‖ **von Gütern** комплектование <груза>; ~ **von Zügen** формирование (составление) поездов

Zusatz- *(in Zus.)* дополнительн‖ый/ая/ое/ые; **-gebühr/en** -ая пошлина; **-klausel** *(jur.)* -ая оговорка; **-kosten** *(Pl.)* -ые расходы; **-leistungen** *(Pl.)* -ые услуги; **-lieferung** -ая доставка; **-versicherung** -ое страхование; **-versicherungspolice** -ый страховой полис; **-zeichen** *(Verkehrszeichen)* -ый дорожный знак

Zuschlag *(auf Gebühren)* доплата, надбавка; **Eil-** ~ за скорость *(f.)*; **Entfernungs-** ~ за отдалённость *(f.)*; **Fracht-** ~ к фрахту, *(See.)*

примаж; **Gebühren-** надбавочный сбор; **Schlafwagen-** ~ за проезд в спальном вагоне; **Schwergut-** ~ за перевозку тяжеловесного груза; **Wert-** ценностная надбавка <к фрахту>; **Winter-** ~ <к фрахту> в зимнее время года; **Zoll-** ~ к таможенной пошлине

Zuschlag- *(in Zus., hier)* дополнительн‖ый/ая/ое/ые; **-fracht** *(Gebühr)* -ый фрахт; **-gebühr** -ый сбор; **-pflicht** *(Eis., Pass.)* обязанность *(f.)* -ой платы за проезд

zuschlagpflichtiger Zug поезд с доплатой

Zuschlag‖satz дополнительн‖ая ставка **-zoll** -ая <таможенная> пошлина

Zuschussbedarf *(ÖPNV)* потребность *(f.)* в дотациях (в дополнительном финансировании)

zusenden доставлять/доставить, присылать/прислать <что-л. куда-л.>

Zusendung доставка <чего-л.>

Zustand состояние; **fahrtüchtiger** ~ **1.** *(Fahrzeug)* исправное ~ <транспортного средства>; **2.** *(Person)* ~, годное к вождению автомобиля (к управлению автотранспортом); **seetüchtiger** ~ *(Schiff)* мореходное ~ <судна>; **technischer** ~ техническое; ~ **von Fahrzeugen** ~ подвижного состава; ~ **von Straßen** ~ дорог

zusteigen *(Pass.)* входить/войти (садиться/сесть) <в автобус, поезд> на промежуточной остановке (-ой станции)

Zustell- *(in Zus.)*; **-buch** *(für Kuriersendungen)* разносная книга; **-dienst** служба доставки

zustellen *(s. auch liefern)* доставлять/доставить <что-л. кому-л./куда-л.>, подвозить/подвезти <что-л. куда-л.>

Zusteller *(Pers.)* доставщик, поставщик

Zustell‖frist срок доставки (поставки); **-gebühr** сбор на (плата за) доставку; **-geschwindigkeit** скорость *(f.)* доставки; **-kosten** *(Pl.)* расходы по доставке; **-spedition** экспедиция подвозки

Zustellung *(s. auch Lieferung)* доставка, подвоз; ~ **direkt ins Haus** ~ на дом; ~ **durch Kurier** ~ с нарочными; ~ **per Bahn** ~ по железной дороге; ~ **per LKW** ~ по автотранспорту; **Eil-** срочная; **Fracht-** ~ груза

Zustell‖verkehr *(Güterv.)* транспорт подвоза; **-zeit** *(Güterv.)* время (срок) подвоза; **-zentrum** центр доставки <груза>

Zustimmung согласие, разрешение

zustimmungspflichtig требующ‖ий/ая/ее/ие <предварительного> согласия

Zu- und Ablaufverkehre *(Pl.)* **im KV** подвоз и отвоз груза в смешанных перевозках

Zuverlässigkeit надёжность *(f.)*; **Beförderungs-** ~ перевозок; **Betriebs-** эксплуатационная, ~ в эксплуатации; **Funktions-** ~ функционирования; **Liefer-** ~ поставок

Zuzahlung дополнительный платёж

Zwanzig-Fuß-Container двадцатифутовый контейнер

zwei- *(s. auch mehr-)* дву/х-; **-achsiges Fahrzeug** двухосное транспортное средство; **-bahnige Fahrbahn**

двурядная дорога **-gleisige Strecke** *(Schienv.)* двухпутная дорога (**-ый** участок дороги); **-rädriges Fahrzeug** двухколёсное транспортное средство, транспортное средство на двух колёсах

Zwei- *(in Zus.)* дву/х-; **-richtungsfahrzeug** *(Schienv.)* транспортное средство с двумя головными моторными частями; **-satztarif** двухставочный тариф; **-sitzer** *(Kfz.)* двухместный автомобиль

zwei‖sitziges Auto двухместный автомобтль; **-spurige Straße 1.** *(Anzahl der Fahrspuren)* двурядная дорога; **2.** *(Fahrtrichtung)* дорога с двухсторонним · движением; **-spurige Strecke** *s.* zweigleisig

zweite Klasse *(Pass., Eis.)* жёсткий вагон

Zweitregister *(Schiff.)* второй реестр

Zweiwege- *(in Zus.)* двухзаходн‖ый/ая/ое/ые; **-fahrzeug** автомобиль *(m.)* с устройством для движения по рельсовому пути, автомобиль на комбинированном ходу; **-palette** **-ый** поддон

Zwischen- *(in Zus.)* промежуточн‖ый/ая/ое/ые; **-aufenthalt** **-ая** остановка; **-beladung** <in der Leerrichtung> погрузка <в попутном направлении>; **-deck** *(Schiff.)* твиндек; **-händler** *(Pers.)* посредник; **-hafen** **-ый** порт; **-halt** **-ая** остановка; **-handel** посредническая торговля; **-lager** **-ый** (перевалочный) склад; склад для краткосрочного хранения; **-lagerung** **-ое** (временное) складирование; **-landung** *(Flug.)* **-ая** посадка, посадка в пути; **-schein** временное свидетельство; **-spediteur** *(Pers.)* **-ый** экспедитор

Zwischenstaatliches Komitee für Luftfahrt *(GUS)* Межгосударственный авиационный комитет (МАК)

Zwischen‖stopp стоянка по пути следования; **-tarif** промежуточный тариф

Zwölfmeilenzone *(See.)* двенадцатимильная <пограничная> зона (**-ая** полоса)

RUSSISCH-DEUTSCHES

WÖRTERBUCH

A

абонементн‖ый/ая/ое/ые *(hier ÖPNV)* Fahrschein- *(in Zus.)*; ~ **билет** Zeitkarte, Umweltkarte; ~ **книжка (книжечка)** -heft; ~ **тариф** Zeitkartentarif

аванс *(kfm.)* Vorauszahlung, Vorschuss; ~ **по фрахту** Anzahlung auf die Fracht

авансов‖ый/ая/ое/ые Voraus- *(in Zus.)*; ~ **платеж** -zahlung, -leistung, Anzahlung; ~ **поставка** -lieferung, vorfristige Lieferung

аварийно-спасательн‖ый/ая/ое/ые Rettungs- *(in Zus.)*; ~ **гидросамолет**; Seenotflugzeug; ~ **ледокол** -eisbrecher; ~ **обеспечение** Havarie- und Rettungsdienst; ~ **оборудование** -ausrüstung; ~ **работы** *(Pl.)* -arbeiten; ~ **служба** Seenotrettungsdienst

аварийность *(f.)* <транспортного средства> Unfallhäufigkeit <eines Verkehrsmittels>

аварийн‖ый/ая/ое/ые Havarie- *(in Zus.)*; ~ **агент** -agent; ~ **акт** -akte; ~ **вагон** *(Eis.)* Gefahrwagen; ~ **выход** Notausgang; ~ **документ/ы** -papiere; ~ **издержки** *(Pl.)* -kosten; ~ **инспекция** -inspektion; ~ **оговорка** *(jur.)* -klausel; ~ **отказ светофора** Ampelausfall; ~ **повреждение** -schaden; ~ **посадка** *(Flug.)* Notlandung; ~ **право** -recht; ~ **происшествие** *s. случай*; **радиосвязь** *(f.)* Notruf; ~ **расходы** *(Pl.) s. издержки*; ~ **свидетельство** -zertifikat; ~ **сертификат** *s. свидетельство*; ~ **случай** -fall

авария *(s. auch катастрофа)* Havarie, Unfall, -havarie, -unfall, Havarie-, Unfall- *(in Zus.)*; **автомобильная** ~ Autounfall, Autopanne; **мелкая** ~ Bagatellunfall; **морская** ~ Seehavarie; **общая** ~ große Seehavarie; **транспортная** ~ Verkehrsunfall; **частная** ~ partikuläre (besondere, kleine) Seehavarie; ~ **парома** Fährunglück; ~ **судна** Schiffshavarie (-unglück); ~ **в морских перевозках** *s. морская*; ~ **с опасным грузом** Gefahrgutunfall;

вероятность *(f.)* **авари‖й** Havarie‖risiko, Unfallrisiko (-wahrscheinlichkeit); **заключение об** -и -gutachten; **ликвидация последствий** -и -folgenbeseitigung; **место** -и -ort; **последствия** *(Pl.)* -и -folgen; **потерпевшее** -ю **судно** havariertes Schiff; **причина** -и -ursache; **происшествие** -и -hergang; **расследование** -и -untersuchung; **расходы** *(Pl.)* **от** -и -kosten; **сертификат об** -и *(See.)* Havariezertifikat; **статистика** -й -statistik; **страхование на случай** -и *(Kfz.)* -versicherung; **угроза** -й -gefahr; **ущерб от** -и *(kfm.)* -schaden; **частотность** *(f.)* -й -häufigkeit; **терпеть/потерпеть** -ю eine/einen ~ erleiden

авиа- *(in Zus., s. auch авиационный)* Flug-, Luft<fahrt>- *(in Zus.)*;

авиа‖билет Flugticket (-schein); **-груз** Luftfracht

авиагрузовая накладная Luftfrachtbrief; **-диспетчер** Fluglotse

авиадиспетчер *(Pers.)* Fluglotse

авиадиспетчерская служба Bodenleitstelle, Tower

авиа‖диспетчеры *(Pl.)* Flugsicherungspersonal; **-доставка**

<груза> Beförderung <der Fracht> per Luft; **-завод** Flugzeugwerk; **-касса** Ticketschalter; **-катастрофа** Flugzeugunglück (-absturz, -katastrophe); **-компания** Fluggesellschaft; **-конструктор** Flugzeugkonstrukteur; **-консорциум** Konsortium von Luftverkehrsunternehmen

авиакосмическ‖ий/ая/ое/ие Luft- und Raumfahrt- *(in Zus.)*; ~ **отрасль** *(f.)* Luft- und Raumfahrt; ~ **промышленность** *(f.)* –industrie

авиалайнер Flugzeug;

авиалиния ‖ Fluglinie *(auch in Zus.)*; **внутренняя** ~ Inland/s-, Regional-; **международная** ~ internationale; **местная** ~ *s. внутренняя*; **оператор частных -й** Luftfahrtbetreiber; **сеть** *(f.)* **-й** Flugliniennetz;

авиа‖метеослужба Flugwetterdienst; **-накладная** Luftfrachtbrief; **-парк** Flugzeugpark;

авиапассажир ‖ Fluggast, Flug<zeug>passagier; **информация для -ов** Fluginformation; **проверка -ов** Fluggastkontrolle;

авиаперевозка ‖ Beförderung per Flugzeug (auf dem Luftwege); **плата за -у** Luftfracht; **стоимость** *(f.)* **-и** Flugpreis, Luftfrachttarif;

авиа‖перевозки *(Pl.)* **1.** *(Frachtgut)* Luftfracht; **2.** *(Verkehrsträger)* Luftverkehr/e; **-перевозчик** Luftfrachtbeförderer (-führer, -spediteur); **-предприятие** Luftverkehrsunternehmen; **-происшествие** Zwischenfall (Unfall) im Luftverkehr; **-промышленность** *(f.)* Flugzeugindustrie (-bau), Luftfahrtindustrie; **-путешествие** Flugreise; **-рынок**

Luftverkehrsmarkt; **-сообщение** Luftverkehr (Flug-); **-техника** Flugtechnik; **-транспорт** Luftverkehr

авиатранспортный документ Luftfrachtdokument

авиа‖техник Flugzeugtechniker; **-трасса** Fluglinie (-route), Luftverkehrslinie;

авиафрахт ‖ Luftfracht, Luftfracht- *(in Zus.)*; **ценностная надбавка к -у** -zuschlag; **тариф на ~** -tarif

авиационно-грузовой тариф Luftfrachttarif

авиационно-метеорологическ‖ий/ая/ое/ие Flugwetter- *(in Zus.)*; ~ **служба** -dienst; ~ **станция** -station

авиационн‖ый/ая/ое/ые *(s. auch авиа-, воздушный)* Flug-, Luft<fahrt>- *(in Zus.)*; ~ **администрация** Luftfahrtbehörde; ~ **бензин** Flugbenzin; ~ **билет** Flugschein (-ticket); ~ **брокер** Luftfrachtmakler; ~ **выставка** Flugschau, Luftfahrtausstellung; ~ **груз** Luftfracht; ~ **двигатель** *(m.)* Flugzeugtriebwerk; ~ **диспетчер** *s. авиадиспетчер*; ~ **завод** Flugzeugwerk *s. авиазавод*; ~ **касса** *s. авиакасса*; ~ **катастрофа** *s. авиакатасрофа*; ~ **компания** *s. авиакомпания*; ~ **конструктор** *s. авиаконструктор*; ~ **линия** *s. авиалиния*; ~ **накладная** *s. авианакладная*; ~ **перевозка** *s. авиаперевозка*; ~ **перевозки** *(Pl.) s. авиаперевозки*; ~ **предприятие** *s. авмапредприятие*; ~ **промышленность** *(f.) s. авиапромышленность*; ~ **радиосвязь** *(f.)* Flugfunk; ~ **рынок** *s. авиарынок*; ~ **связь** *(f.)* Flugverbindung; ~ **страхование**

Luftverkehrsversicherung, Lufttransportversicherung; ~ **тариф** Luftverkehrstarif; ~ **техника** Flugtechnik; ~ **трасса** *s. авиатрасса*; ~ **экспедитор** Luftfrachtverlader (-beförderer)

авиация Luftfahrt, Flugwesen, -luftfahrt *(in Zus.)*; **военная** ~ Militär-; **гражданская** ~ Zivil-, allgemeine; **пассажирская** ~ Passagier-; **сельскохозяйственная** ~ Agrar-; **транспортная** ~ Luftfrachtverkehr

авизо *(n. indkl., s. auch извещение, объявление, уведомление)* Avis, Versandmitteilung, -avis *(in Zus.)*; **железнодорожное** ~ Bahn-; **сводное** ~ Sammel-

авто- I *(s. auch автомобильный)* Auto<mobil>-, Kfz- *(in Zus.)*;

авто- II *(s. auch автоматический)* automatisch/e/er/es, Automatik- *(in Zus.)*;

авто‖база Fahrzeugpark (-depot), Autohof; **-бан** Autobahn

автобус Bus, -bus, Bus- *(in Zus.)*; **бимодальный** ~ *(ÖPNV)* Spur-; **вызовной** ~ Ruf-; **городской** ~ Stadt-, City-; **двухэтажный** ~ Doppelstock-; **заказной** ~ Sonderfahrt, gecharterter Bus; **маршрутный** ~ Linien-; **междугородный** ~ Überland-; **ночной** ~ Nacht-; **пригородный** ~ Vorort-; **рейсовый** ~ Linien-; **рельсовый** ~ Schienen-; **специальный** ~ 1. *(techn. Ausstattung)* Spezial-; 2. *(für Bedarfsfahrten)* Sonder-; **сочлененный** ~ Gelenk-; **туристский** ~ Fernreise-, Touristen-; **школьный** ~ Schul-; **экскурсионный** ~ Reise-, Ausflugs-;

автобус ‖ **для доставки пассажиров к месту дальнейшего следования** Zubringer‖bus, Bus-Shuttle; ~ **для перевозки пассажиров по аэродрому** Flughafen-, Vorfeld-; ~ **с пониженной платформой** Niederflur-; ~ **с комбинированным приводом** Hybrid-; ~ **с электрическим приводом** *s. электро-*;

микро‖автобус Klein‖bus; **электро-** elektrisch angetriebener, Elektro-; **экспресс-**~ Express-;

водитель *(m.)* **автобус‖а** Bus‖fahrer; **линия** -а -linie; **маршрут** -а -strecke, -linie; **остановка** -а -haltestelle; **пассажир** -а -passagier, -reisender; **расписание** -ов -fahrplan; **шлюз для** -ов -schleuse; **эксплуатация** -ов -betrieb; **ехать (ездить)** -ом mit dem ~ fahren

автобусник *(Pers., umg.)* Busfahrer, Mitarbeiter eines Busunternehmens

автобусн‖ый/ая/ое/ые Bus- *(in Zus.)*; ~ **вокзал** -bahnhof; ~ **движение** -verkehr; **маршрутное** ~ **движение** -linienverkehr; ~ **депо** *(n. indkl.)* -betriebshof, -depot; ~ **линия** -linie, -verbindung; ~ **парк** -park, -bestand; ~ **перевозка** Beförderung per ~; ~ **перевозки** -verkehr; ~ **предприятие** -unternehmen, -betrieb; ~ **связь** *(f.)* -verbindung; ~ **служба для инвалидов** Telebusdienst; ~ **тариф** -tarif; **сеть** *(f.)* **-ых линий** -netz

авто‖вокзал Busbahnhof; **-городок** Verkehrsgarten

автогужев‖ой/ая/ое/ые Güterverkehrs- *(in Zus.)*; ~ **дороги** *(Pl.)* Straßen- und Wegenetz; ~ **перевозка** <смешанных грузов>

kombinierter Güterverkehr; ~ **повинность** *(f.)* Kraftfahrzeugpflichtleistung; ~ **страховой полис** Rollfuhrversicherungsschein (RVS)

авто‖гужнадбавка Transportaufschlag <für Kfz-Transporte>;

автодорога ‖ *(s. auch автомагистраль, дорога)* Straße *(auch in Zus.)*; **внешняя кольцевая** ~ Außenring-, Autobahnring, Umfahrungs-; **внутренняя кольцевая** ~ Innenring, <innerstädtische> Ring-; **кольцевая** ~ Ring-; **окружная** ~ Umgehungs-, Umfahrungs-;

автодорожник *(Pers., umg.)* Mitarbeiter im Straßenbau- und -unterhaltungsdienst

автодорожн‖ый/ая/ое/ые Straßen- *(in Zus.)*; ~ **маршруты** *(Pl.)* -verbindungen; ~ **мост** -brücke; ~ **накладная** LKW-Frachtbrief; ~ **перевозка** Beförderung auf der Straße (per LKW); ~ **контрольно-пропускной пункт** -kontrollpunkt; ~ **транспорт** -güterverkehr; ~ **транспортное средство** -fahrzeug; ~ **экспедиция** -güterverkehrsspedition

авто‖дром <для автошколы> Fahrschulgelände; -**завод** Automobilwerk

автозаправочная станция Tankstelle; ~ **самообслуживания** Selbstbedienungstankstelle

авто‖запчасти *(Pl.)* Kfz-Ersatzteile; -**инспекция** Kfz-Inspektion *(RF)*; -**канистра** Kanister; -**колонна** Fahrzeugkolonne; -**комбинат** Kraftverkehrskombinat (-unternehmen); -**косметика** Kfz-Pflegemittel;

автокран ‖ Auto<dreh>kran, -drehkran *(in Zus.)*; **подвижной поворотный** ~ mobiler; **портовый** ~ Hafen-;

авто‖краска Autolack (Fahrzeug-); -**линия** Kraftverkehrslinie;

автомагистраль ‖ *(f., s. auch автодорога)* Magistrale, Verkehrsstraße *(auch in Zus.)*; **главная** ~ Haupt-, Fern<verkehrs>straße; **скоростная** ~ Schnellstraße; **километр эксплуатационной длины** -ей *(Pl.)* Autobahnkilometer; **расширение** –ей Autobahnausbau; **строительство сети** -ей Autobahnbau

автомагистральная связь Autobahnverbindung

автомат Automat *(auch in Zus.)*; **билетный** ~ Fahrkarten-; **парковочный** ~ Parkschein-

автоматизированная система отправки воздушного груза automatisiertes Luftfrachtabfertigungsverfahren

автоматическ‖ий/ая/ое/ие *(s. auch авто-)* automatisch/e/er/es; ~ **броня** *(Tickets)* -e Buchung; ~ **датчик** *(techn.)* -er Sensor; ~ **камера хранения** Gepäckschließfach; ~ **отправка поезда** Zugselbstabfertigung; ~ **погрузка и разгрузка** <транспортного средства> Selbstabfertigung <eines Transportmittels>; ~ **загрузочное приспособление** Selbstlader, Selbstladevorrichtung; ~ **поездная регулировка** *(Eis.)* -e Zugbeeinflussung; ~ **система безопасности поездов** *(Eis.)* -e Zugsicherung; ~ **система складского хозяйства** -es Lagersystem; ~ **система**

управления местами стоянки -es Parkleitsystem; ~ **транспортные системы** *(Pl.)* -e (fahrerlose) Transportsysteme; ~ **смена колесных пар** *(Eis.)* -e Spurwechsel<technik>; ~ **сцепление поездов** -e Zugkupplung; ~ **управление** -e Steuerung, *(Flug auch)* Autopilot; ~ **управление транспортным средством** führerloser <Fahrzeug>Betrieb; ~ **бухгалтерский учет** *(buchh.)* -e Buchung; ~ **централизация** *(Eis.)* -es Stellwerk

авто‖машина Kraftfahrzeug, Kfz, Kraftwagen, Auto; **-механик** Kfz-Mechaniker, Automechaniker

автомобиль *(m., s. auch грузовик)* Kraftfahrzeug, Kfz, Auto, -fahrzeug, -wagen, Fahrzeug-, Auto-, Kfz- *(in Zus.)*; **большегрузный** ~ Spezial-, Schwerlast-, Großraumtransporter, Schwerlaster; **военный** ~ Militärfahrzeug; **грузовой** ~ Lastkraftwagen (LKW), Transporter; **грузовой** ~ **с** <**открытой**> **бортовой платформой** Pritschen-; **грузопассажирский** ~ Kombi-; **гусеничный** ~ Raupenfahrzeug; **двухместный** ~ zweisitziges; **двухместный спортивный** ~ Sportwagen; **дежурный** ~ Reserve-, Bereitschafts-; **дизельный** ~ dieselgetriebenes; **легковой** ~ Personenkraftwagen (PKW); **легковой** ~ **с открытым кузовом** offener PKW, Coupé; **малолитражный** ~ Kleinwagen; **многоместный** ~ mehrsitziges; **многоцелевой** ~ Mehrzweckfahrzeug; **нагруженный** ~ beladenes; **неисправный** ~ defektes, schadhaftes, nicht betriebssicheres; **новый** ~ Neuwagen; **одиночный** ~ Einzel-; **перегоняемый** ~ Überführungs-; **поврежденный** ~ *s. неисправный*;

погруженный ~ *s. нагруженный*; **поддержанный** ~ Gebrauchtwagen, gebrauchtes Fahrzeug; **порожний** ~ leeres, unbeladenes; **прокатный** ~ Mietwagen (Leih-); **разбитый** ~ Unfall-, Autowrack; **резервный** ~ Reserve-; **служебный** ~ Dienst-; **специальный** ~ Spezialfahrzeug; **специальный грузовой** ~ Spezialtransporter, Spezial-LKW; **тяжеловесный грузовой** ~ schwerer LKW; **учебный** ~ Fahrschulwagen; **четырехместный** ~ viersitziges; **электрический** ~ Elektrofahrzeug;

автомобиль ‖ **большой грузоподъемности** schwerer LKW; ~ **малой грузоподъемности** leichter LKW; ~ **особо большой грузоподемности** Schwerlastfahrzeug; ~ **среднего класса** Mittelklassewagen; ~ **рамной конструкции** Rahmenfahrzeug; ~ **многоцелевого назначения** Mehrzweckfahrzeug; ~ **промышленного назначения (пользования)** Nutzfahrzeug; ~ **специального назначения** *s. специальный*; ~ **серийного производства** Serienfahrzeug; ~ **высокой проходимости** geländegängiges; **~, не приспособленный к движению по бездорожью** straßengebundenes;

автомобиль ‖ **для буксировки** <**неисправных транспортных средств**> Abschleppfahrzeug; ~ **для обслуживания строительных работ** Baustellenfahrzeug; ~ **для перевозки груза на поддонах** Palettenfahrzeug; ~ **для перевозки мелкопартионного груза** Liefer-, Schnelltransporter; ~ **для перевозки навалочного груза** Schüttgutfahrzeug; ~ **для перевозки наливного груза** Behälterfahrzeug; ~ **для перевозки опасного груза**

Gefahrgutfahrzeug; ~ для **перевозки тяжеловесного груза** Schwerlastfahrzeug; ~ для **перевозки штучного груза** Stückgutfahrzeug; ~ для **междугородных перевозок** Fernverkehrsfahrzeug; ~ **на воздушной подушке** Luftkissenfahrzeug; ~ **на комбинированном ходу** Kombifahrzeug, Schiene-Straße-Fahrzeug; **~ с низкой погрузочной высотой** Tiefladewagen; **~ с бензиновым двигателем** benzingetriebenes; **~ с изломом осей с целью управления** Gelenkfahrzeug; **~ с кондиционированием воздуха** ~ mit Klimaanlage, klimatisierter/es; **~ с кузовом купе** Coupé; **~ с закрытым кузовом** geschlossenes; **~ с изотермическим кузовом** Thermo-, Kühl-; **~ с устройством для движения по рельсовому пути** Zweiwegefahrzeug; **~ со всеми ведущими колесами** Allrad-;

автомобиль‖-амфибия Amphibienfahrzeug; **~-контейнеровоз** Containerfahrzeug; **~-люкс** Luxusklasse-; **~-прицеп** Anhänger-; **~-рефрижератор** Kühl-; **~-самосвал** Kipper, Selbstentlader; **~-тягач** Straßenzugmaschine; **~-фургон** Liefer-, Kastenwagen; **~-цистерна** Tank-;

аккумулятор автомобил‖я Kfz-Batterie, Autobatterie; **багажник -я** Kofferraum; **база -я** Radstand; **водитель -я** Fahrzeugführer, Autofahrer; **выхлоп -я** Fahrzeugauspuff; **генератор -я** Lichtmaschine; **грузовместимость** *(f.)* **-я** Ladekapazität (-fähigkeit); **дверь** *(f.)* **-я** Autotür; **двигатель** *(m.)* **-я** Fahrzeugmotor (Auto-);

<профессиональная> диагностика -ей Fahrzeugdurchsicht; **документ/ы на ~** Fahrzeugpapier/e (-schein); **испытание -я на столкновение с неподвижным препятствием** Crash-Test; **капот -я** Motorhaube; **карбюратор -я** Vergaser; **колонна -ей** Fahrzeugkolonne; **технический контроль -ей** Fahrzeugkontrolle; **крыло -я** Kotflügel; **кузов -я** Wagenaufbau; **маневренность** *(f.)* **-я** Lenkbarkeit eines Kraftfahrzeugs; **мойка для -ей** Autowaschanlage; **мост -я** *s.* **ось**; **полная нагрузка -я** Truck-Load; **наем -я** Anmietung eines Kfz. (Mietwagens); **налог на владельцев -я** Kfz-Steuer; **техническое обслуживание -я** Kfz-Instandhaltung; **ось** *(f.)* **-я** Fahrzeugachse; **оформление -я** Kfz-Zulassung; **паспорт -я** Kfz-Brief (-Schein); **перегон -я** Überführungsfahrt; **подача -я** *s. предоставление*; **поток -ей** Fahrzeugaufkommen (-strom); **предоставление -я** Fahrzeugbereitstellung; **прокат -ей** Autovermietung; **распоряжение -ей** Fahrzeugdisposition; **регистрация -я** Kfz-Anmeldung; **ремонт -ей** Kfz-Reparatur (-Instandsetzung); **руль** *(m.)* **-я** Lenkrad; **салон -я** Fahrgastinnenraum; **содержание -я в исправности** Kfz-Instandhaltung; **техническое состояние -я** technischer Zustand; **стиль** *(m.)* **вождения (управления) -ем** Fahrverhalten (-stil) <des Fahrers>; **страхование -я** Kfz-Versicherung; **страхование владельца -я за причинение вреда (от обязанности возмещать причиненный ущерб)** Kfz-Haftpflichtversicherung; **сцепление -я** Fahrzeugkupplung; **тормоз -я** Bremse; **угон -я** Kfz-Diebstahl; **устойчивость** *(f.)* **-я при**

движении Straßenlage eines Fahrzeugs; **моечное устройство для -ей** *s. мойка*; **фара -я** Scheinwerfer; **шасси** *(n. indkl.)* **-я** Fahrgestell; **эксплуатация -я** Benutzung eines Kfz.;

брать/взять || **автомобиль** || **в аренду** ein Kraftfahrzeug || mieten; **брать/взять ~ в лизинг** ~ leasen; **возить/везти** ~ ~ führen; **выгружать/выгрузить** ~ ~ abladen, entladen; **грузить/ погрузить** ~ ~ beladen; **допускать/ допустить ~ к эксплуатации** *(techn.)* ~ zum Betrieb zulassen; **заправлять/заправить** ~ ~ betanken; **инспектировать/ проинспектировать** ~ ~ überprüfen, ~ inspizieren; **нагружать/нагрузить** ~ ~ auslasten; **обгонять/обогнать** ~ ~ überholen; **останавливать/ остановить** ~ ~ anhalten, ~ stoppen; **оформлять/оформить** ~ ~ polizeilich anmelden (zulassen); **перегонять/перегнать** ~ ~ überführen; **подготавливать/ подготовить ~ к отправке** ~ abfertigen; **прекращать/ прекратить эксплуатацию -я** ~ stilllegen, ~ aus dem Verkehr ziehen; **приостанавливать/ приостановить** ~ ~ <vorübergehend> anhalten, ~ stoppen; **припарковывать/ припарковать** ~ ~ parken; **проверять/проверить** ~ ~ kontrollieren, ~ überprüfen; **разгружать/разгрузить** ~ *s. выгружать/выгрузить*; **снимать/ снять ~ в аренду** *s. брать/взять ~ в аренду*; **ставить/поставить ~ на** <**авто**>**стоянку** ~ abstellen, ~ parken; **страховать/застраховать** ~ ~ versichern; **управлять -ем** ~ führen

автомобиле- *(in Zus., Kfz.)* Auto-,

Fahrzeug- *(in Zus.)*; **-воз** -transporter;

автомобиле-день || *(m.)* Fahrzeug<kalender>tag; **~ в простое** organisatorisch bedingter Ausfalltag; **~ в работе** tatsächlicher Einsatztag; **~ в ремонте** reparaturbedingter Ausfalltag; **~ в хозяйстве** theoretisch möglicher Einsatztag;

автомобиле||-километр Fahrzeug||kilometer, LKW-Kilometer; **-строение** -bau, Automobilbau; **~-тонна** -tonne; **~-тонно-день** arbeitender Laderaum *(Fahrzeugtage : Nutzlast)*; **~-час** -stunde

автомобилизация *(Prozess)* Motorisierung; **степень** *(f.)* **-и** Motorisierungsgrad

автомобилист *(Pers.)* Kraftfahrer; **союз -ов** Automobil-Club

автомобильн||ый/ая/ое/ые Auto<mobil>-, Fahrzeug-, Kfz-, PKW- *(in Zus.)*; **~ авария** Autounfall (-panne); **~ весы** *(Pl.)* Kfz-Waage; **~ движение** -verkehr; **~ домкрат** Wagenheber; **~ дорога** <Fernverkehrs>Straße; **~ завод** -werk; **~ инспекция** *(RF)* Kfz-Inspektion; **~ катастрофа** schwerer Verkehrsunfall; **~ линия** Kraftverkehrslinie; **~ магистраль** *(f.)* Fernverkehrsstraße; **~ налог** Kfz-Steuer; **~ налог, зависящий от токсичности отработанних газов** emissionsbezogene Kfz-Steuer; **~ парк** -park, Wagenpark, Fuhrpark; **~ паром** Autofähre; **~ перевозки** *(Pl.)* **грузов** Straßengüterverkehr, straßengebundener Güterverkehr, Kraftwagenfrachtverkehr; **~ грузовые перевозки** *(Pl.)* *s. перевозки грузов*; **~ перевозчик 1.** *(Transportunternehmer im Straßenverkehr)*

Kraftverkehrsunternehmer; **2.**
(Spediteur im Straßenverkehr)
Straßengüterverkehrsspediteur; ~
подход Straßenzugang (-zufahrt); ~
поезд Lastzug, LKW mit
Anhängern; ~ **поездка 1.** Autofahrt;
2. Reise mit dem PKW; ~
принадлежности *(Pl.)* Kfz-
Zubehör; ~ **прицеп** -anhänger; ~
промышленность *(f.)* -industrie; ~
радиоприемник Autoradio; ~
реестр Kfz-Register; ~
страхование каско Kfz-
Kaskoversicherung;

автомобильный ‖ **тариф**
Kraftverkehrstarif; ~ **грузовой**
тариф Güterkraftverkehrstarif; ~
конвенционный тариф
Konventionaltarif, <autonomer>
Vertragszollsatz; ~ **пассажирский**
тариф Personenkraftverkehrstarif;

автомобильный ‖ **транспорт**
Kfz.-Verkehr, Straßenverkehr; ~
грузовой транспорт на ближние
расстояния
Straßengüternahverkehr; ~ **грузовой**
транспорт на дальние
расстояния
Straßengüterfernverkehr;

автомобильный ‖ **трейлер** 📖
Roadtrailer; ~ **туннель** *(m.)*
Autotunnel; ~ **шина** Autoreifen; ~
экспедитор *(Pers.)*
Kraftverkehrsspediteur; ~
электрооборудование Autoelektrik

автомотриса *(Eis.)* Schienenbus,
Dieseltriebwagen

автономн‖ый/ая/ое/ые
autonom/e/er/es; ~ **тариф** -er Tarif; ~
таможенный тариф -er Zolltarif

автопарк Kfz-Park, Fahrzeugpark

автопассажирские перевозки *(Pl.)*
Personenkraftverkehr

автоперевозки ‖ *(Pl.)*
Straßenverkehr; **грузовые** ~
Straßengüterverkehr;
международные ~ internationaler,
grenzüberschreitender; **лицензия на**
осуществление международных
-ок Transportgenehmigung für den
internationalen ~;

авто‖пилот Autopilot;

автопогрузчик ‖ <Hub>Stapler,
-stapler *(in Zus.)*; **вилочный** ~
Gabel-; **дизельный** ~ Diesel-;
контейнерный ~ Container-;
портальный ~ Portal-, Tor-;
самоходный ~ Selbstlader;
универсальный ~ Universal-; ~
большой грузоподъемности
Schwer<gut>-;

автопоезд ‖ Lastzug, Sattelzug,
LKW mit Anhänger, -lastzug *(in*
Zus.); **многочленный** ~
mehrgliedriger; ~ **большой**
грузовместимости Schwer-,
Großraum-, Truck; ~ **для грузовых**
междугородных перевозок Fern-;
~ **для перевозок жидкого груза**
<в цистернах> Tank-; **водитель -а**
Sattelzugfahrer, Trucker;

авто‖предприятие Fuhrbetrieb;
-прицеп Huckepackfahrzeug;
-промышленность *(f.)*
Automobilbau (-industrie),
Kraftfahrzeugindustrie; **-ремонт 1.**
(Ort) Kfz-Werkstatt; **2.** *(Prozess)*
Kfz-Instandhaltung (-Reparatur)

авторемонтн‖ый/ая/ое/ые Kfz-
Reparatur-, Kfz-Instandsetzungs- *(in*
Zus.); ~ **завод** -werk; ~ **мастерская**
-werkstatt; ~ **предприятие** -betrieb;
~ **производство** *s. авторемонт*

авто‖рефрижератор *(LKW)*
Kühlwagen; **-салон** Autosalon;
-сервис Kfz-Reparaturwerkstatt,
Servicestation; **-слесарь** *(Pers., m.)*

Kfz-Schlosser, Autoschlosser; -**сообщение** Kraftverkehr;

автостоп || **1.** *(techn.)* Sicherheitsfahrschaltung; **2.** <**ехать/поехать**> -**ом** per Anhalter fahren, *(umg.)* trampen;

автостоянка || *(s. auch стоянка)* Parkplatz, Parkbereich *(auch in Zus.)*; **бесплатная** ~ gebührenfreier; **крытая** ~ überdachter; **охраняемая** ~ bewachter; **платная** ~ gebührenpflichtiger; **подземная** ~ Tiefgarage; ~ **для жителей одного микрорайона** Anwohner- (Anlieger-); ~ **для клиентов** <**определенного магазина**> Kunden-; ~ **для пересадок** *(ÖPNV)* Umsteige-; **полезная площадь для** -**ок** Parkraum

автострада || Autobahn, Autobahn- *(in Zus.)*; **подъездная** ~ -zubringer; **виньетка за пользование** -**ой** -vignette; **въезд на** -**у** -auffahrt; **дорога к** -**е** -zufahrt; **крест автострад** -kreuz; **мост на** -**е** -brücke; **мотель** *(m.)* **на** -**е** -rasthof, Motel; **плата за пользование** -**ой** -gebühr/en; **площадка для отдыха у** -**ы** -rastplatz; **правила** *(Pl.)* **движения по** -**е** -ordnung; **приключение к** -**е** *s. примыкание*; **примыкание подъездной дороги к** -**е** -anschluss; **разветвление** -**ы** *s. крест автострад*; **ресторан и заправочная станция на** -**е** -raststätte; **сбор за пользование** -**ой** *s. плата за пользование*; **съезд с** -**а** –ausfahrt; **телефон вызова помощи на** -**е** <**в экстренном случае**> Notrufsäule; **участок** -**ы** -abschnitt;

авто||**сцепка** *(Eis., techn.)* selbsttätige Kupplung; -**сцепление** *(Kfz., techn.)* selbsttätige Kupplung; -**сцепное устройство** *s.*

автосцепка; -**тариф** Kraftverkehrstarif;

автотранспорт || **1.** *(Verkehrsart)* Kraftverkehr, Straßenverkehr, Straßenverkehrs- *(in Zus.)*; **2.** *(Fahrzeug)* Kraftfahrzeug/e; **международный** ~ internationaler Straßenverkehr; **транзитный** ~ Transitverkehr auf der Straße; **трансграничный** ~ grenzüberschreitender Kraftverkehr; ~ **личного пользования** Individualverkehr; ~ **общего пользования** öffentlicher Kraftverkehr; **доставка по** -**у** Zustellung per LKW; **надзор за** -**ом** Straßenverkehrsaufsicht; **поставка по** -**у** Lieferung per LKW; **простой** -**а** Stillstandszeit <eines Kfz>; **предоставлять/предоставить** ~ ein Kfz bereitstellen (zur Verfügung stellen);

автотранспортник *(Pers., umg.)* Mitarbeiter im Kraftverkehrsgewerbe

автотранспортн||**ый/ая/ое/ые** Auto-, Straßenverkehrs- *(in Zus.)*; ~ **паром** Autofähre; ~ **перевозчик 1.** *(Transportunternehmer im Straßenverkehr)* Güterverkehrsunternehmer (Rollfuhr-, Kraftverkehrs-); **2.** *(Spediteur im Straßenverkehr)* Straßengüterverkehrsspediteur; ~ **предприятие** Transportunternehmen (Rollfuhr-, Kraftverkehrs-); ~ **сообщение** Straßenverkehr; ~ **страхование** Straßengüterversicherung; ~ **страхование от гражданской ответственности** Kfz-Haftpflichtversicherung; ~ **судно** Autotransportschiff; ~ **туннель** *(m.)* Straßen<verkehrs>tunnel; ~ **экспедитор** Straßengüterverkehrsspediteur; ~ **экспедиция**

Straßengüterverkehrsspedition

авто‖трасса Fernverkehrsstraße <für den Schnellverkehr>; **-тренажер** Fahrsimulator; **-фургон** *(LKW)* Kastenwagen; **-химия** Kfz-Pflegemittel;

автохозяйство ‖ 1. *(eigenständiges Transportunternehmen)* Kraftverkehrsbetrieb (-unternehmen); **2.** *(Transportabteilung eines Unternehmens)* Fahrbereitschaft; **грузовое** ~ Güterverkehrsunternehmen, Fuhrbetrieb;

авто‖центр, сервисный Kfz-Service; **-цистерна** Tankwagen (-laster, -fahrzeug); **-школа** Fahrschule; **-экспресс** Expressbus (Schnell-)

агент *(Pers., s. auch брокер, маклер)* Vertreter, Vermittler, Agent, Spediteur, -agent, -makler *(in Zus.)*; **аварийный** ~ Havarieagent; **морской** ~ *(See.)* Schiffs-; **пароходный** ~ *(Binnsch.)* Schiffs-; **страховой** ~ Versicherungs-; **судовой** ~ Schiffs-; **таможенный** ~ Zollagent (-spediteur); **торговый** ~ Kommissionär; **транспортный** ~ Transport-, Transportunternehmer; **фрахтовый** ~⌶ Befrachtungs-, Fracht-, Lade-;

агент ‖ туристического бюро *(n., indkl.)* Reise‖agent, -makler; ~ **погрузки** Befrachtungs-, Lade-; ~ **по авиационным перевозкам** Luftfracht-; ~ **по маршрутным перевозкам**⌶ Linien-; ~ **по сбыту** Absatzmittler, Verkaufskommissionär; ~ **по реэкспедированию <груза>** *(Eis.)* Reexpeditionsagent; ~ **по импортным сделкам** Einfuhr-, Importkommissionär; ~ **по**

экспортным сделкам Ausfuhr-, Exportkommissionär

агентирование Vermittlung; ~ **транспортных средств** ~ von Transportmitteln; ~ **судов** ~ von Schiffen

агентск‖ий/ая/ое/ие Vertreter-, Vermittlungs-, Makler- *(in Zus.)*; ~ **вознаграждение** -provision; ~ **деятельность** *(f.)* -tätigkeit; ~ **договор** -vertrag, Agenturvertrag; ~ **услуги** *(Pl.)* Agenturdienste (-dienstleistungen)

агентство Agentur *(auch in Zus.)*; **морское** ~ *(See.)* Schiffs-; **судовое** ~ *s. морское*; **таможенное** ~ Zoll-; **торговое** ~ Handels-; **транспортное** ~ Transport-, **туристическое** ~ Reise-, Reiseveranstalter; ~ **маршрутных перевозок** Linien-

адвалорн‖ый/ая/ое/ые Wert- *(in Zus.)*, ad valorem, vom Warenwert; ~ **пошлина** -zoll; ~ **страхование** -sachenversicherung

аддендум Nachtrag

административн‖ый/ая/ое/ые behördlich‖e/er/es, Verwaltungs- *(in Zus.)*; ~ **акт** -akt; ~ **власти** *(Pl.)* -behörde; ~ **распоряжение** -akt; ~ **решение** *s. акт*; ~ **штраф** *(jur.)* Verwarnungsgeld

администрация Behörde/n, Verwaltung, -verwaltung *(in Zus.)*; **городская** ~ Stadt-; **коммунальная** ~ kommunale, Gemeindeverwaltung; **местная** ~ lokale, örtliche; **муниципальная** ~ *s. коммунальная*; ~ **порта** Hafen-

адрес Adresse, Anschrift *(auch in Zus.)*; **почтовый** ~ Post-; **юридический** ~ Sitz einer Firma; ~ **отправителя** ~ des Versenders

(Absenders); ~ **получателя** ~ des Empfängers (Adressaten)

адресат⊞ Empfänger, Adressat, *(Flug. auch)* Consignee

акваплан *(Kfz.)* Aquaplaning; **кататься/покататься <автомобилем> на -е** durch ~ ins Schleudern geraten

акватория 1. Wasserfläche, Becken, -becken *(in Zus.)*; **2.** Start- und Landefläche für Wasserflugzeuge; ~ **порта** Hafen-, Hafengewässer; **закрытая** ~ *(Hafen)* geschlossenes Becken; **открытая** ~ *(Hafen)* offenes Becken; ~ **зоны таможенного контроля** Zollgewässer

акведук Kanalbrücke

аккредитив *(kfm.)* Akkreditiv; **платеж против (посредством) -а** Zahlung gegen ~

аккумулятор *(Kfz., techn.)* Autobatterie; **зарядка -а** Aufladen einer ~; **заряжать/зарядить** ~ eine ~ aufladen

акселератор *(Kfz., techn.)* Gas<pedal>

аксессуары *(Pl.)* Zubehör

акт Akt/e, Protokoll, Vorgang *(auch in Zus.)*; **аварийный** ~ Havarieakte; **административный** ~ Verwaltungsakt; **законодательный** ~ *(jur.)* Rechtsvorschrift; **коммерческий** ~ Geschäftsvorgang; **нормативный** ~ *(jur.)* Rechtsakt; **приемо-сдаточный** ~ Übergabe-Übernahme-Protokoll; **страховой** ~ Versicherungsakt (-vorgang); **юридический** ~ Rechtsvorgang; ~ **освидетельствования** Gutachterprotokoll; ~ **сдачи-приемки** Übergabe-Übernahme-

Protokoll; ~ **экспертизы качества и количества** Qualitäts- und Mengengutachten; ~ **о несчастном случае** Unfallgutachten; ~ **об убытках** *(kfm., Verlust)* Schadensprotokoll; ~ **об установлении причиненного ущерба** *(Feststellung)* Schadensprotokoll

активная обработка (переработка) <товара> *(Zoll.)* aktive Veredelung <einer Ware>

акцепт *(kfm.)* Akzept; **поставка с предъявлением -а** Lieferung gegen ~

акциза *(Zoll)* Akzise

амортизационный срок Abschreibungsfrist (-zeitraum)

амортизация *(kfm.)* Abschreibung, Amortisation, Abschreibungs-, Amortisations- *(in Zus.)*; **дегрессивная** ~ degressive; **линейная** ~ lineare; **ускоренная** ~ beschleunigte; ~ **за износ** ~ für Abnutzung; **способ -и** -art; **срок -и** -dauer

анализ Analyse, Analyse- *(in Zus.)*; ~ **крови на содержание алкоголя** Blutalkoholtest; ~ **транспортных потоков** ~ der Verkehrsströme; ~ **транспортного рынка** ~ des Verkehrsmarktes; **сертификат о прохождении -а** *(Güter)* -zertifikat

ангар *(Flug.)* Hangar; **таможенный** ~ Zollschuppen

анкетирование пассажиров Fahrgastbefragung, *(Flug.)* Passagierbefragung

аннулирование Annullierung, Stornierung *(auch in Zus.)*; ~ **договора** Vertrags-; ~ **заказа** Auftrags-

аннулировать <что-л.> <etw.> rückgängig machen, annullieren; ~ **лицензию** eine Lizenz; ~ **предложение** ein Angebot; ~ **разрешение** eine Genehmigung

антивоблокировочная тормозная система *(Kfz., techn.)* Antiblockiersystem (ABS)

аппарат централизации стрелок и и сигналов *(Eis.)* Stellwerk

аппаратный журнал *(Eis.)* Betriebsbuch (-journal)

аппаратура, бортовая <радио>электронная Bordelektronik

арбитраж *(jur.)* Arbitrage *(auch in Zus.)*; **морской** ~ See-; **фрахтовый** ~ Frachten-

арбитражный суд *(jur.)* Arbitragegericht (Schieds-)

аренда 1. *(Entgelt)* Miete; 2. *(Prozess, s. auch наем)* Anmieten; ~ **автомобиля** ~ eines Kfz.; ~ **вагона** ~ eines Waggons; ~ **грузовика** ~ eines LKW; ~ **контейнера** ~ eines Containers; **договор на -у (об -е)** Mietvertrag; **плата за -у** Miete, Mietgebühr; **плата за -у подъемного крана** Krangeld; **брать/взять в -у** <etw.> mieten; **сдавать/сдать в -у** <etw.> vermieten; **снимать/снять в -у** *s. брать/взять в -у*

арендатор Mieter; ~ **судна** Schiffsmieter

арендная плата Miete, Mietgebühr, -miete *(in Zus.)*; ~ **за вагон** Wagen-; ~ **за контейнер** Container-

арендованный вагон *(Eis.)* Mietwagen (-waggon), Leihwagen

арендовать <что-л.> <etw.> mieten

арест *(hier jur., s. auch конфискация)* Arrest, Beschlagnahme, -arrest, -beschlagnahme *(in Zus.)*; ~ <перевозимого> **груза** Ladungs-; ~ **судна** ~ Schiffs-; **накладывать/ наложить** ~ <на что-л.> den/die ~ <von etw.> verfügen, anordnen; **снимать/снять** ~ <с чего-л.> ~ den/die aufheben

артерия, транспортная Verkehrsader

ассоциация Assoziation, Vereinigung; **Европейская** ~ Europäische; **Международная** ~ Internationale; **Национальная** ~ Nationale; **транспортно-экспедиторская** ~ Speditionsverband; **Федеральная** ~ *(RF)* Föderale, *(BRD)* Bundesvereinigung; ~ **диспашеров** *(See.)* ~ der Dispacheure; ~ **международных автотранспортных перевозчиков** ~ der internationalen Transporteure; ~ **предприятий автодорожного транспорта** Straßenverkehrsgenossenschaft

асфальтирование <дорог> Asphaltieren <von Straßen>

атлантийский порт Atlantikhafen

Атлантический океан Atlantik, Atlantischer Ozean

атмосферостойкий груз witterungsunempfindliche Fracht (-es Gut)

атомный ледокол Atomeisbrecher

аукцион, таможенный Veräußerung von Zollgut

ахтерштевень *(m.)* Schiffsheck

аэро- *(in Zus.)*; **-бус** Airbus; **-вокзал** Busbahnhof für Flughafenzubringer; **-дром** Flugfeld (-platz), Landeplatz;

аэропорт || Flughafen, -flughafen,

Flughafen- *(in Zus.)*; внутренний ~ Binnen-; гражданский ~ Verkehrs-, Zivil-; грузовой ~ Fracht-; международный ~ internationaler; местный ~ Regional-, örtlicher; пассажирский ~ Passagier-; промежуточный ~ *s. транзитный*; транзитный ~ Transit-;

аэропорт ‖ вылета Abgangs‖flughafen; ~ назначения Bestimmungs-; ~ перегрузки груза *(Güterv.)* Verteiler-; ~ пересадки пассажиров *(Pass.)* Verteiler-; ~ прилета Ankunfts-;

аэропорт с таможней Zollflughafen;

франко аэропорт frachtfrei Flughafen;

дирекция аэропорт‖а Flughafen‖direktion; здание -а -gebäude; инфраструктура -а -infrastruktur; пожарная команда -а -feuerwehr; частная компания по эксплуатации -а -betreibergesellschaft; взлетные и посадочные мощности *(Pl.)* -а Start- und Landekapazitäten eines -s; планирование строительства (расширения) -а -planung; прибытие в ~ Ankunft auf dem ~; приключение <дороги, железной дороги> к -у -anbindung;

аэро‖радионавигация Flugfunknavigation

Б

багаж Gepäck, -gepäck, Gepäck- *(in Zus.)*; громоздкий ~ sperriges, Sperrgut; излишний <пассажирский> ~ Über-; оплачиваемый ~ *s. излишний*; несопровождаемый ~ unbegleitetes, aufgegebenes, Fracht-; пассажирский ~ Reise-; поврежденный ~ beschädigtes; полученный ~ empfangenes; потерянный ~ verlorengegangenes; сверхнормативный ~ *s. излишний*; сданный ~ *s. несопровождаемый*; сопровождаемый ~ Begleit-;

весы *(Pl.)* для взвешивания багаж‖а Gepäck‖waage; выдача -а -ausgabe; таможенный досмотр -а -kontrolle <durch den Zoll>; доставка -а -beförderung; место -а -stück; отправка -а -versand; оформление -а *(Flug.)* ~-Check-in; перевозка -а -transport, -beförderung; прием -а <к отправке> -annahme <zum Versand>, *(Flug.)* ~-Check-in; бесплатный провоз -а kostenlose -beförderung; сдача -а -aufgabe; страхование -а -versicherung; тариф на ~ -tarif; хранение -а -aufbewahrung;

взвешивать/взвесить ‖ багаж Gepäck ‖ wiegen; выдавать/ выдать ~ ~ ausgeben; отправлять/ отправить ~ ~ abschicken, ~ absenden, ~ versenden; получать/ получить ~ ~ erhalten; принимать/принять ~ ~ in Empfang nehmen, ~ annehmen, ~ übernehmen; размещать/ разместить ~ <в вагоне> ~ <im Waggon> verstauen; сдавать/сдать ~ ~ aufgeben

багажник Stauraum für Gepäck; ~ автомобиля *(PKW)* Kofferraum; ~ *(Fahrrad)* Gepäckträger; ~ на крыше *(PKW)* Dachgepäckträger; грузовместимость *(f.)* -а *(PKW)* Stauraum (Lade-)

багажн‖ый/ая/ое/ые Gepäck- *(in Zus.)*; ~ **билет** -<aufbewahrungs>schein; ~ **бирка** -anhänger; ~ **вагон** -wagen, Packwagen; ~ **квитанция** -schein; ~ **конвейер** -band; ~ **наклейка** -zettel, -aufkleber; **окошко** -ого **отделения** -schalter; ~ **отделение** *(Bahnhof, Flughafen)* -raum; ~ **отсек** *(Bus, Flugzeug)* -raum; ~ **полка** -ablage; ~ **помещение** *(in Gebäuden)* -raum; ~ **решетка** Dachgepäckträger; ~ **талон** -schein, -abschnitt; ~ **тариф** -tarif; ~ **тележка** -karren

база 1. *(Lager)* Basis, Stützpunkt, kleines Terminal, -terminal *(in Zus.)*; 2. *(techn., Kfz.)* Radstand; **длинная** ~ langer Radstand; **короткая** ~ kurzer Radstand; **нефтяная** ~ Öl-; **овощная** ~ Gemüse-; **перевалочная** ~ Umschlag-; **сырьевая** ~ Rohstoff-; **топливная** ~ Kraftstoff-, Treibstoff-; ~ **автомобиля** Radstand eines Kfz; ~ **хранения** Lager

базис поставки Lieferbasis

бак *(Kfz.)* Tank, Behälter *(auch in Zus.)*; **балластный** ~ Ballast-; **бензиновый** ~ Benzin-; **напорный** ~ Druck-; **топливный** ~ Kraftstoff-; ~ **для воды** Wasser-

балкер *(Schiff.)* Bulkcarrier, Schüttgutschiff (-frachter)

балк-кэрриер *s. балкер*

балласт *(Schiff.)* Ballast; **постоянный** ~ Totlast

балластн‖ый/ая/ое/ые Ballast- *(in Zus.)*; ~ **бак** -tank, -behälter; ~ **вода** *(Schiff.)* -wasser; ~ **постель** *(f., Eis.)* Gleisbett; ~ **пробег** *(Schiff.)* -fahrt

Балтийское море Ostsee

бандероль,   таможенная

Zollabanderole

банк Bank *(auch in Zus.)*; **внешнеторговый** ~ Außenhandels-; **коммерческий** ~ Geschäfts-

банкротство <предприятия> Bankrott <eines Unternehmens>

барабанный тормоз *(Fahrzeug)* Trommelbremse

баратрия *(Schiff.)* Baratterie

Баренцево море Barentssee

баржа *(Schiff.)* Barkasse, Barge, Schute, Prahm; **буксирная** ~ Lastkahn (Schlepp-), <Schub>Leichter; **грузовая** ~ Lastkahn

баркас *(Schiff.)* Barkasse

бартер Barter

бартерн‖ый/ая/ое/ые *(kfm.)* Tausch-, Barter- *(in Zus.)*; ~ **операция** -geschäft; ~ **сделка** *s. операция*; ~ **торговля** -handel

барьер Schranke, Barriere *(auch in Zus.)*; **заградительный** ~ *(Kfz.)* Leitplanke; **нетарифный** ~⌑ *(AH)* nichttarifäre (nicht zollbedingte) Handelsschranke (-es -hemmnis); **таможенный** ~ Zoll-, Zollhemmnis; **тарифный** ~ *(AH)* tarifäre (tarifbedingte, zollbedingte) Handelsschranke (-es -hemmnis); **торговый** ~ Handels-, Handelshemmnis; ~ **доступа к рынку** Markteintrittsbarriere; ~ **мобильности** Mobilitätsbarriere; **устранение** -ов Abbau von Beschränkungen (Schranken); **создавать/создать** ~ eine ~ errichten; **устранять/устранить** ~ eine ~ abbauen (beseitigen)

бассейн Becken *(auch in Zus.)*; **портовый** ~ Hafen-; **смежный** ~

<kombiniertes> Hafen- für die See- und Binnenschifffahrt

башенный кран Turmkran

башмак, тормозной *(techn., Eis.)* Bremsschuh

бегство с места дорожно-транспортного происшествия Fahrerflucht

бедствие Unglück, Notfall; **сигнал -я** 1. Notflagge; 2. Rettungssignal

без ohne <etw.>, -frei *(in Zus.)*; ~ **необходимости текущего обслуживания** wartungs-; ~ **тары** in bulk, lose, ohne Verpackung; ~ **упаковки** *s.* ~ *тары*

без- ohne <etw.>, -frei *(in Zus.)*

безаварийн‖ый/ая/ое/ые unfallfrei/e/er/es

безакцептный платеж *(kfm.)* Zahlung im Lastschriftverfahren

безбилетн‖ый/ая/ое/ые ohne gültigen Fahrausweis; ~ **пассажир** Fahrgast (Reisender) ~, *(umg.)* Schwarzfahrer, *(Schiff., Flug.)* blinder Passagier; ~ **проезд** Fahrt ~, *(umg.)* Schwarzfahrt

безветрие Windstille

безвозмездная перевозка unentgeltliche Beförderung (-er Transport)

бездокументный груз Fracht ohne Begleitpapiere

бездорожье Unbefahrbarkeit <von Straßen und Wegen>

безналичн‖ый/ая/ое/ые bargeldlos/e/er/es; ~ **билет** -е Fahrkarte, -er Fahrschein; ~ **платеж** *(kfm.)* -e Zahlung

безопасность *(f.)* Sicherheit, -sicherheit, Sicherheits- *(in Zus.)*;

пожарная ~ Brandschutz; **техническая** ~ technische; ~ <**дорожного**> **движения** <Straßen>Verkehrs-, Transport-, Beförderungs-; ~ **перевозок** Verkehrs-, *(Güterv. auch)* Transport-, *(Pass. auch)* Beförderungs-; ~ **полета** Flug-; ~ **транспортных средств** Fahrzeug-; ~ **в движении** Betriebs-, Einsatz-; ~ **в эксплуатации** *s.* ~ *в движении*; ~ **на судне** Schiffs-;

ведомство безопасност‖и движения Verkehrssicherheitsbehörde; **инспекция по технике -и** Sicherheits‖inspektion; **инструкция/и по -и** -bestimmungen, -vorschriften; **интервал -и** -abstand; **контроль** *(m.)* -и -kontrolle; **коэффициент -и** -faktor, -koeffizient; **надзор за -ю судоходства** Binnenschifffahrtsinspektion; **обеспечение -и полета** Flugsicherung; **островок -и** *(Straßenverkehr)* Verkehrsinsel; **подушка -и** *(Kfz.)* Airbag; **правила** *(Pl.)* -и *s. инструкция*; **расстояние -и** *s. интервал*; **ремень** *(m.)* -и -gurt; **риск для -и** -risiko; **стандарт -и** -standard; **техника -и** -technik; **требования** *(Pl.)* **к -и** -anforderungen; **требования** *(Pl.)* **к технике -и** Anforderungen an die -technik; **угроза -и движения** Verkehrsgefährdung

безопасн‖ый/ая/ое/ые sicher‖e/er/es; ~ **перевозка** -е Beförderung; ~ **путь** *(m.)* **сообщения** -er Verkehrsweg

безответственное вождение автомобиля недозволенной скоростью *(Straßenverkehr)* rücksichtsloses Fahrverhalten, *(umg.)* Raserei

безрельсов‖ый/ая/ое/ые
schienenfrei/e/er/es

безубыточн‖ый/ая/ое/ые
kostendeckend/e/er/es

бензин Benzin, -benzin, Benzin- *(in Zus.)*; **авиационный** ~ Flug-; **неэтилированный** ~ unverbleites, bleifreies; **этилированный** ~ verbleites; **канистра для** -а -kanister; **налог на** ~ -steuer; **расход** -а -verbrauch; **экономия** -а -einsparung; **тратить/истратить много** -а viel ~ verbrauchen (verfahren); **экономить/ сэкономить** ~ sparen

бензинов‖ый/ая/ое/ые Benzin- *(in Zus.)*; ~ **бак** -tank; ~ **двигатель** *(m.)* -motor; ~ **насос** -pumpe; ~ **шланг** -schlauch

бензо‖бак Benzintank; **-заправочный пункт** Tankstelle; **-заправщик** Tanklaster, Tankwagen; **-колонка** Tanksäule (Zapf-); **-мер** Benzinuhr

бербоуд-чартер *(Schiff.)* Bareboat-Charter, Charter ohne Besatzung

берег Ufer, Küste; **на** -у am Ufer, an der Küste; **ветер с** -а ablandiger Wind; **приставать/пристать к** -у *(Schiff)* anlanden

берегов‖ой/ая/ое/ые 1. Ufer-, Küsten-; 2. Kai- *(in Zus.)*; ~ **зона** Uferzone; ~ **линия порта** Hafenufer; ~ **охрана** Küstenwache; ~ **плавание** *s.* *судоходство*; ~ **причал** Anlegestelle (-platz), Liegeplatz; ~ **работы** *(Pl.)* Kaiarbeiten; ~ **сооружения** *(Pl.)* Uferbefestigungen (Küsten-); ~ **и судовая ставка** Frachtrate in der Küstenschifffahrt; ~ **судоходство** Küstenschifffahrt

бережное обращение с грузом sorgfältiger (pfleglicher, schonender) Umgang mit der Fracht

Берингово море Beringsee

беспалубное судно deckloses Schiff

беспеrevalочн‖ый/ая/ое/ые ohne Umladen; ~ **перевозки** *(Pl.)* ungebrochene/er Verkehr/e, Direktverkehre ~; ~ **смешанные железнодорожно-автомобильные перевозки** *(Pl.)* Huckepackverkehr/e von der Straße auf die Schiene <und umgekehrt>

бесперегрузочные перевозки *(Pl.)* *s.* *безперевалочные перевозки*

беспересадочн‖ый/ая/ое/ые *(Pass.)* durchgehend/e/er/es; ~ **вагон** *(Eis.)* durchlaufender Kurswagen; ~ **перевозка** -е Beförderung

бесплатн‖ый/ая/ое/ые kostenlos/e/er/es, gebührenfrei/e/er/es, free of charge, Frei- *(in Zus.)*; ~ **автостоянка** –er Parkplatz, -es Parkhaus; ~ **билет** -fahrschein; ~ **перевозки** *(Pl.)* **школьников** freigestellter Schülerverkehr; ~ **проезд** -fahrt; ~ **ресурсы** *(Pl.)* -e Güter; ~ **стоянка** *s.* ~ *автостоянка*; ~ **ученический транспорт** *s.* ~ *перевозки школьников*

беспосадочный перелет (полет) Non-Stop-Flug, Direktflug

беспошлинн‖ый/ая/ое/ые *(Zoll.)* Frei- *(in Zus.)*, zollfrei/e/er/es (abgaben-, gebühren-); ~ **ввоз** -е Einfuhr; ~ **вывоз** -е Ausfuhr; ~ **груз** -gut; ~ **товар** -е Ware, -gut; **торговля** -handel

беспрепятственн‖ый/ая/ое/ые ungehindert/e/er/es; ~ **ввоз** -е Einfuhr; ~ **вывоз** -е Ausfuhr; ~ **движение транспорта** -er (fließender) Verkehr; ~ транспортный поток reibungsloser Verkehrsfluss

бесступенчатый тариф stufenloser (staffelloser) Tarif, Entfernungstarif

бестарн‖ый/ая/ое/ые unverpackt/e/er/es, in losem Zustand; ~ груз -e Fracht (-es Gut); ~ штучный груз Stückgut, Stückfracht; ~ перевозка Transport (Versand) von losem Gut

бизнес Geschäft, Geschäfts- *(in Zus.)*; ~-класс *(Flug.)* Business-Class; ~-тур -reise

билет I *(Fahrausweis)* Fahrkarte, Fahrschein *(auch in Zus., Flug.)* Flugticket *(auch in Zus.)*; авиационный ~ Flugticket, Flugschein; безналичный ~ bargeldlos‖e/er/es; комбинированный ~ на проезд и вход kombinierte Fahr- und Eintrittskarte, Kombikarte; обратный ~ Rück-; плацкартный ~ Platzkarte; пригородный ~ Vorortkarte (Nahverkehrs-); проездной ~ Fahrkarte, Fahrausweis, Fahrschein; семейный ~ Familienkarte;

билет ‖ для льготного пользования железнодорожным транспортом *(Eis.)* Bahncard *(BRD)*; ~ для проезда в оба конца Hin- und Rück-; ~ для проезда в общественном транспорте ÖPNV-Fahrschein; ~ со скидкой для школьников Schülerkarte; ~ туда и обратно *s.* ~ *для проезда в оба конца*;

авиабилет *s. авиационный билет*;

продажа билет‖ов Verkauf von Fahrkarten (Tickets); компостировать/ прокомпостировать ~ *(ÖPNV)* eine/einen ~ entwerten; покупать/купить ~ ein/eine/einen ~ lösen (kaufen); покупать/купить ~ в проезде eine/einen nachlösen; пробивать/пробить ~ *(ÖPNV, umg.)* eine/einen ~ entwerten;

билет II *(sonstige Dokumente)*; багажный ~ Gepäck<aufbewahrungs>schein; комбинированный ~ на проезд и вход kombinierte Fahr- und Eintrittskarte, Kombikarte

билетн‖ый/ая/ое/ые Fahrkarten-, Ticket- *(in Zus.)*; ~ автомат -automat; ~ касса -schalter; ~ кассир -verkäufer

бимодальн‖ый/ая/ое/ые bimodal/e/er/es; ~ автобус *(ÖPNV)* Spurbus; ~ перевозки *(Pl.)* -e Verkehre; ~ транспортное средство⌨ -es Fahrzeug

биплан *(Flug.)* Doppeldecker

биржа Börse *(auch in Zus.)*; фрахтовая ~ *(Güterv.)* Frachten-; ~ морского груза *(See.)* Frachten-, Schifffahrts-; ~ шкиперов *(Binnsch.)* Schiffer-

бирка, багажная *(Gepäck)* Gepäckanhänger

благополучная посадка *(Flug.)* weiche Landung

благоприятная погода günstiges Wetter

бланк Formular *(auch in Zus.)*; стандартный ~ Einheits-, Standard-; ~ таможенной декларации Zoll-

ближнемагистральный самолет Kurzstreckenflugzeug

ближние грузовые перевозки *(Pl.)* Güternahverkehr

блокада, торговая Handelssperre

блокиратор Parkkralle <für Falschparker>

блокирование <дороги> Sperrung <einer Straße, einer Strecke>

блокировать/заблокировать <дорогу> <eine Straße> <ab>sperren (blockieren)

блок-пост *(Eis.)* Zugfolgestelle

боков‖ой/ая/ое/ые Seiten- *(in Zus.)*; ~ **борт** –bordwand; ~ **ветер** -wind; ~ **дорога** -straße, Nebenstraße; ~ **зеркало** *(Kfz.)* -spiegel; ~ <**погрузочная**> платформа -rampe, -klappe; ~ **подушка безопасности** *(Kfz.)* -airbag; ~ **прицеп** *(Kfz.)* -wagen, Beiwagen; ~ **стекло** -scheibe; ~ **устойчивость** *(f., Kfz.)* Spurtreue

большегрузн‖ый/ая/ое/ые Groß<güter>-, Schwer<last>- *(in Zus.)*; ~ **автомобиль** *(m., LKW)* Großraumtransporter (Schwerlast-), Schwerlaster; ~ **вагон** *(Eis.)* Großgüterwagen, Großraumwagen; ~ **контейнер** Groß<raum>container, Schwergutbehälter; ~ **прицеп** Schwerlastanhänger, Tieflader; ~ **самолет** Großflugzeug (Schwerlast-, Transport-); ~ **теплоход** Großfrachtschiff; ~ **трейлер** Schwerlasttrailer

больш‖ой/ая/ое/ие groß/e/er/es; ~ **загрузка** -e Auslastung; ~ **каботаж** *(Güterv.)* -e Kabotage; ~ **контейнер** mittlerer Container *(2,5-6t)*; ~ **расстояние перевозки** -e Transportweite (Beförderungs-); ~ **тонна** long ton, Langtonne

бордеро *(n., indkl.)* Bordereau, Frachtkarte, Sortenzettel, Sortenverzeichnis; ~ **экспедитора** Spediteurborderau

борт *(Schiff., LKW)* Bord<wand> *(auch in Zus.)*; **боковой** ~ Seiten-; **грузовой** ~ с подъемником Lade-; **грузоподъемный** ~ Lade-; **левый** ~ *(Schiff)* Backbord; **правый** ~ *(Schiff)* Steuerbord;

свободно на ‖ борт судна *s.* *франко*; **франко** ~ frei an ~, free on board (fob); **бортом** längsseits

вдоль борт‖а längsseits, Längsseite Schiff; **на -у** an‖ Bord; **на левом -у** backbord/s; **на правом -у** steuerbord/s; **с левого -a** von Backbord; **с правого -a** von Steuerbord;

с доставкой на борт судна *s.* *франко*

борт- *(Flug., Schiff.)* Bord- *(in Zus.)*; **-инженер** -ingenieur, **-механик** -mechaniker

бортов‖ой/ая/ое/ые *(Schiff., Flug.)* Bord- *(in Zus.)*; ~ <**радио**>электронная аппаратура -elektronik; ~ **журнал** -buch; ~ **компьютер** -computer; ~ **коносамент** *(See.)* -konossement, An-~-Konnossement; ~ **навигация** -navigation; ~ **питание** -verpflegung; ~ **платформа** Ladepritsche; ~ **радиосвязь** *(f.)* -funk; ~ **самописец** *(Flug.)* Flugschreiber

борт‖подъемник Ladebordwand; **-проводник** *(Flug., Schiff.)* Steward/ess

борьба с контрабандой Zollfahndung

боцман *(Pers., Schiff.)* Bootsmann

бочка Fass

бочковая сухая тара Fässer für Trockenware

брать/взять <что-л.> <etw.>

nehmen; ~ **курс** <на какую-л. цель> Kurs <auf ein Ziel> ~; ~ **транспортное средство в аренду (в лизинг)** ein Fahrzeug mieten (leasen); ~ **на себя гарантию (ответственность** _(f.))_ <за что-л.> _(jur.)_ die Haftung <für etw.> übernehmen

брезент _(LKW)_ Plane

бригада Besatzung, Personal _(auch in Zus.)_; **маневровая** ~ Rangierpersonal; **поездная** ~ Zug-

брокер _(Pers., s. auch маклер, агент)_ Agent, Makler, Broker _(auch in Zus.)_; **судовой** ~ Schiffs-; **таможенный** ~ Zoll-; **фрахтовый** ~ Fracht-, Befrachtungs-

брокерск‖ий/ая/ое/ие Makler- _(in Zus.)_; ~ **деятельность** _(f.)_ -tätigkeit; ~ **комиссия** Charterprovision, Befrachtungsgebühr/en

бронирование _(Prozess, s. auch броня)_ Buchung, Reservierung _(auch in Zus.)_; ~ **мест** Platz-; ~ **полета** Flug-; **переподтверждение** -я Buchungsbestätigung

бронировать/забронировать <что-л.> <etw.> reservieren; ~ **место в самолете** einen Platz im Flugzeug ~

броня _(s. auch бронирование)_ Buchung, Reservierung; **автоматическая** ~ automatische; **действительная** ~ gültige; **подтвержденная** ~ bestätigte; **предварительная** ~ Vorbuchung; **оформлять/оформить** -ю <etw.> buchen, reservieren; **подтверждать/ подтвердить** -ю eine ~ bestätigen; **снимать/снять** -ю eine ~ annullieren

брутто brutto; **вес** ~ Bruttogewicht

брутто- Brutto- _(in Zus.)_; ~**вес** _s. вес брутто_

брутто-регистров‖ый/ая/ое/ые _(Schiff.)_ Bruttoregister- _(in Zus.)_; ~ **единица** Bruttoraumzahl (BRZ); ~ **тонна (БРТ)** -tonne (BRT); ~ **тоннаж** -tonnage

брутто‖-тара ‖Bruttotara; ~**тариф** -tarif; ~**тоннаж** _(Schiff.)_ -tonnage; ~**тонно-километр** -tonnenkilometer; ~**цена** -preis

буй Boje _(auch in Zus.)_; **карантинный** ~ Quarantäne-; **поворотный** ~ Wende-; **спасательный** ~ Rettungs-

букинг-нот _(kfm., Bestätigung eines Beförderungsvertrages)_ Buchungsnote (-zettel)

букса, осевая _(Eis.)_ Achsbuchse

буксир Schleppboot, Schlepper, -schlepper, Schlepp- _(in Zus.)_; **колесный** ~ Rad-; **морской** ~ Hochsee-; **паровой** ~ Dampf-; **рейдовый** ~ Reede-; ~**газовоз** Gastanker-; ~**толкач** Schubboot; **судно-**~ -schiff

буксирн‖ый/ая/ое/ые Schlepp- _(in Zus.)_; ~ **баржа** -kahn, Lastkahn, <Schub>Leichter, Prahm; ~ **катер** -barkasse; ~ **пароход** -dampfer; ~ **режим** -betrieb; ~ **сбор** _(Schiff.)_ -gebühr; ~ **судно** -schiff; ~ **теплоход** -boot, Schlepper; ~ **устройство** _(Schiff.)_ -vorrichtung, _(Kfz.)_ Abschleppvorrichtung; ~ **флот** -flotte

буксирование _(Prozess)_ Schleppen <von Kfz, Schiffen>

буксировать <что-л.> <etw.> schleppen, abschleppen

буксировка _(Prozess)_ **1.** _(Kfz.)_ Abschleppen, Abschlepp- _(in Zus.)_; **2.** _(Schiff.)_ Schleppverkehr, Schlepp- _(in Zus.)_; **договор** -и _(Schiff.)_ -vertrag, Bugsiervertrag; **скорость**

(f.) **-и** *(Schiff.)* -geschwindigkeit; **судовождение методом -и** -schifffahrt; **автомобиль** *(m.)* **для -и неисправных транспортных средств** *(Kfz.)* -wagen; **устройство для -и** -vorrichtung; **плата за -у** *(Schiff.)* -lohn, Schlepperentgelt

буксировочн‖ый/ая/ое/ые Bugsier-, Schlepp- *(in Zus.)*; ~ **пароход** -dampfer, -kahn; ~ **работы** *(Pl.)* -arbeiten; ~ **трос** <Ab>Schleppseil

буксируемый груз Schleppfracht (-gut)

бункер Schiffsbunker

бункеровать <груз> Güter bunkern (einlagern, lagern)

бункеровка *(Prozess)* Bunkern, <Ein>Lagern, Lagerung

бункеровщик Bunkerschiff

бухта Bucht, natürlicher Hafen

быстрая доставка <груза> schnelle Anlieferung <von Fracht>

быстроходн‖ый/ая/ое/ые schnell laufend/e/er/es, schnell fahrend/e/er/es, Schnell- *(in Zus.)*; ~ **катер** -boot; ~ **паром** -fähre, -fährschiff; ~ **пароход** -dampfer

бюджет *(Finanzen)* Haushalt *(auch in Zus.)*; ~ **транспорта** Verkehrs-; ~ **общественного транспорта** Verkehrs- im ÖPNV

бюллетень *(m.)* Bulletin; **официальный** ~ *(BRD)* Amtsblatt; ~ **федеральных законов** *(BRD)* Bundesgesetzblatt

бюро *(n., indkl.)* Büro, Kontor *(auch in Zus.)*; **экспедиционное** ~ Frachtfirma, Frachtkontor; **путешествий** *(Pass.)* Reise-

В

вагон *(Schienv.)* Waggon, Wagen, -wagen, Wagen- *(in Zus.)*; **аварийнный** ~ Gefahr-; **арендованный** ~ Miet-, Leih-; **багажный** ~ Gepäck-, Pack-; **беспересадочный** ~ *(Pass.)* durchlaufender, Kurs-; **большегрузный** ~ Großgüter-, Großraum-; **вспомогательный** ~ technischer, Hilfs-, Dienst-; **грузовой** ~ Güter-; **грузовой моторный** ~ Gütertrieb-; **грузовой ~ с высокими бортами** Hochbord-; **двухосный** ~ Doppelachs-; **двухэтажный** ~ Doppelstock-; **двухэтажный ~ для перевозки автомобилей** Auto-; **двухярусный** ~ Doppelstock- *(für Güter)*; **дизельный моторный** ~ Dieseltrieb-; **евро-** *(Güter)* Eurowaggon; **железнодорожный** ~ Eisenbahn-; **жесткий** ~ Reisezugzweiter Klasse; **изотермический** ~ Isolier-, Kühl-; **иностранный** ~ Fremdgüter-; **крытый грузовой** ~ Kasten-; gedeckter Güter-; **купейный** ~ Liege-; **моторный** ~ Trieb-, Antriebs-; **моторный трамвайный** ~ Straßenbahntrieb-; **мягкий** ~ Reisezug- erster Klasse; **некупейный** ~ *(Reisezug)* Großraum-; **некурящий** ~ Nichtraucher-; **нефтеналивной** ~ Tank-, Kessel-; **низкорамный** ~ Plattform-; **одиночный** ~ Einzel-; **отдельный** ~ *s.* одиночный; **открытый грузовой** ~ offener Güter-; **пассажирский** ~ Reisezug-, Personen-; **переданный в аренду** ~ Mietgüter-; **перецепляемый** ~ Umstell-; **плацкартный** ~ *(RF)* offener Liege-; **поврежденный** ~ beschädigter, Schad-; **погруженный**

~ beladener; **породный** ~ Abraum-; **порожний** ~ leerer, unbeladener, Leer-; **почтовый** ~ Post-; **прибывающий** ~ eingehender; **прибывший** ~ eingegangener; **пригородный** ~ Nahverkehrs-; **прицепной** ~ Anhänger-, Bei-; **прямой** ~ *s. беспересадочный*; **раздаточный** ~ Stückgutkurs-; **рефрижераторный** ~ Gefrier-, Kühl-; **саморазгружающийся** ~ Selbstentlade-; **сборный** ~ Umlade-für Stückgüter, Sammelgut-; **сборно-раздаточный** ~ Sammelgutkurs-, Stückgutkurs-; **сводный** ~ *s. сборный*; **скорый моторный** ~ Schnelltrieb-; **служебно-технический** ~ *s. вспомогательный*; **сочлененный <моторный>** ~ Gelenk<trieb>-; **спальный** ~ Schlaf-; **специальный** ~ Spezial-; **строительный** ~ Bau-; **тележечный** ~ Drehgestell-; **товарный** ~ Güter-; **трамвайный** ~ Straßenbahn-; **транзитный** ~ durchlaufender; **транзитный** ~ **с переработкой** Umstell-; **тяжеловесный** ~ Schwerlast-; **тяжелогрузный** ~ *s. тяжеловесный*; **узкоколейный** ~ Schmalspur-; **универсальный** ~ Mehrzweck-; **частновладельческий грузовой** ~ Privatgüter-; **частный** ~ Privat-; **ширококолейный** ~ Breitspur-;

вагон ‖ **бизнес-класса** Wagen erster Klasse; ~ **нормальной колеи** Normalspur‖wagen; ~ **местного (пригородного) поезда** Nahverkehrs-; ~ **дневного сообщения** Tages-; ~ **прямого сообщения** direkter Wagen; ~ **открытого типа** offener Wagen;

вагон ‖ **для перевозки автомобилей** Autotransport‖wagen; ~ **для перевозки грузов на поддонах** Paletten-; ~ **для перевозки массового груза** Massengut-; ~ **для перевозки сборного груза** Sammelgut-; ~ **для перевозки опасного груза** Gefahrgut-; ~ **для перевозки сыпучего груза** Schüttgut-; ~ **для перевозки штучного груза** Stückgut-; ~ **для перевозки контейнеров** Container-; ~ **для смешанных перевозок** Wagen für den Huckepackverkehr; ~ **с высокими бортами** Hochbord-; ~ **с кабиной управления** Steuer-; ~ **с кондиционированием воздуха** klimatisierter; ~ **с местами для лежания** Liege-; ~ **с раздвижными колесными парами** Wagen mit Spurwechselradsätzen; ~ **с грузоподъемным устройством** Hub-;

франко вагон frachtfrei Waggon, free on rail (for);

вагон‖-буфет Buffet‖wagen; ~**-клуб** Klub-; ~**-кухня** Küchen-; ~**-ледник** Gefrier-, Kühl-; ~**-мастерская** Werkstatt-; ~**-платформа** Flach-, Plattformgüter-; ~**-резервуар** Gefäß-; ~**-ресторан** Speise-, Restaurant-; ~**-рефрижератор** *s. -ледник*; ~**-термос** *s. изо-*; ~**-холодильник** *s. -ледник*; ~**-цистерна** Tank-, Kessel-, Zisterne;

изо‖вагон Isolier‖wagen; **мотор-** Trieb-; **полу-** Hochbord-, offener Güter-; **электро-** elektrischer Trieb-;

вагон, ‖ **используемый в паромном движении** Fährboot‖wagen; ~ **переставленный на оси другой колеи** umgeachster;

собственный вес вагон‖а Wagen‖eigenmasse; **габарит -а**

Abmessungen eines Wagens; **грузовместимость** *(f.)* **-а** *s. емкость*; **емкость** *(f.)* **-а** Ladekapazität eines Wagens; **загрузка** -а -auslastung; **загрузка груженого** -а Auslastung eines beladenen Wagens; **заявка на** ~ -bestellung, -anforderung; **купе** *(n., indkl.)* **-а** -abteil, Abteil im Waggon; **лизинг** -ов -leasing; **собственная масса** -а *s. собственный вес*; **масса снаряженного** -а *s. собственный вес*; **<динамическая, статическая> нагрузка** -а <dynamische, statische> -belastung; **наем** -а Mieten (Anmietung) eines Wagens; **оборот** -ов -umlauf; **внутреннее обустройство** -ов -innenausbau; **наружное обустройство** -ов Waggonbau; **ось** *(f.)* **-а** -achse; **парк** -ов -bestand, -park; **паспорт** -а -pass; **передвижение** -ов -bewegung; **переставление** -а на оси другой колеи Umachsung eines Wagens; **перестановка** -а -umstellung; **плата за простой** -а -standgeld; **арендная плата за** ~ -miete, Waggonmiete; **подача** -ов -bereitstellung; **полная погрузка** -а -ladung; **поставка в** -ах Waggonlieferung; **предоставление** -ов *s. подача*; **прицепка** -ов Zustellen, Beistellen von Waggons;

пробег вагона || *(Güterv.)* || Laufleistung eines Wagens; **груженый** ~ Wagenlastlauf *(in Wagenachskilometern)*; **порожний** ~ Wagenleerlauf *(in Wagenachskilometern)*; **среднесуточный** ~ mittlere tägliche;

простой вагон||**а** Wagen||stillstand<zeit>; **распоряжение** -ов -disposition; **среднее расстояние оборота** -а *(Güterv.)* mittlere -umlauflänge;

груженый рейс -а *s. груженый пробег*; **порожний рейс** -а *s. порожний пробег*; **<безотцепочный> ремонт** -а -ausbesserung <im Zug>; **сопровождение** -а Laufverfolgung eines Wagens; **сортировка** -ов Rangierbetrieb; **справка о подаче вагонов** <под погрузку> -stellungsanzeiger, -standsanzeiger; **тара** -а *s. собственная масса*; **поворотная тележка** -а -drehgestell; **штраф за простой** -а *s. плата за простой*; **эксплуатация** -ов -benutzung;

в вагонах *(Pl.)* waggonweise;

выгружать/выгрузить || **вагон** einen Wagen (Waggon) || abladen (entladen); **грузить/нагрузить** ~ ~ beladen; **грузить/погрузить груз на** ~ Güter auf ~ laden; **переставлять/переставить** ~ **на оси другой колеи** ~ umachsen; **переставлять/переставить** ~ **на другой путь** ~ <auf ein anderes Gleis> umstellen; **перецеплять/перецепить** ~ *s. переставлять/переставить*; **погружать/погрузить** ~ *s. грузить/погрузить*; **предоставлять/предоставить** ~ ~ bereitstellen, ~ zur Verfügung stellen; **разгружать/разгрузить** ~ *s. выгружать/выгрузить*; **сортировать/рассортировать** -ы *(Pl.)* Waggons rangieren

вагонетка Lore

вагонн||**ый/ая/ое/ые** *(Eis.)* Wagen-, Waggon- *(in Zus.)*; ~ **ведомость** *(f.)* Wagenzettel; ~ **груз** Wagenladungsgut (-fracht), Waggonfracht (-ladung); ~ **домкрат** Wagenheber; ~ **единица** Wageneinheit; ~ **парк** -park, -bestand; ~ **потоки** *(Pl., sich bewegende Menge von Wagen)*

Wagenströme; ~ **фрахт** _s. груз_

вагоно- _(Schienv.)_ Wagen- _(in Zus.)_; **-километр** Güterwagenkilometer; **-опрокидователь** _(m., techn.)_ -kipper; **~осе-километр** -achskilometer

вагоноремонтн‖ый/ая/ое/ые Waggonreparatur-, Waggonausbesserungs- _(in Zus.)_; ~ **завод** -werk; ~ **предприятие** -betrieb; ~ **производство** _s. ремонт вагонов_; ~ **пункт** -stelle

вагоностроительный завод Waggonbauwerk

валютн‖ый/ая/ое/ые 1. Währungs- _(in Zus.)_; **2.** _(konvertierbare Währung)_ Valuta-, Devisen-; ~ **декларация** Devisenerklärung; ~ **лицензия** _(Lizenz für Operationen mit frei konvertierbarer Währung)_ Valutalizenz; ~ **ограничения** _(Pl.)_ Devisenbeschränkungen; ~ **риск** Währungsrisiko; ~ **система** Währungssystem; ~ **счет** Konto für ausländische Währung

ванна _(hier Schiffshebewerk)_ Trog; **длина -ы** Troglänge

варрант Warrant, Lagerschein _(auch in Zus.)_; **доковый** ~ Dock-; **складской** ~ Order-

Варшавская конвенция (-ое соглашение) Warschauer <Luftverkehrs>Abkommen

вахтенн‖ый/ая/ое/ые _(Schiff.)_ Wach- _(in Zus.)_; ~ **журнал** Schiffstagebuch, Logbuch; ~ **служба** -dienst <der Schiffswache>

вводить/ввести пошлину Zoll erheben (verhängen)

ввоз _(s. auch импорт)_ Einfuhr, Import, -einfuhr, -import, Einfuhr-, Import- _(in Zus.)_; **беспошлинный** ~ abgabenfreie/er, zollfreie/er; **беспрепятственный** ~ ungehinderte/er; **временный** ~ vorübergehende/er, _(Zoll. auch)_ ~ zur Veredelung, Veredelungsverkehr; **временный** ~ **товара на обработку (переработку) с последующим вывозом** _(aktiv)_ Zollgutveredelung; **льготный** ~ begünstigte/er, präferenzielle/er; **свободный** ~ freie/er; ~ **товаров** Waren-; ~ **товаров на таможенную территорию** _(Zoll.)_ Verbringung von Ware in das Zollgebiet; ~ **без участия посредника** händlerfreie/er, direkte/er; ~ **и вывоз товаров без таможенного надзора** Freiverkehr; ~ **с участием посредника** indirekte/er;

запрет ввоз‖а Einfuhr‖verbot, Import‖verbot; **запрещение -а** _s. запрет_; **контингентирование -а** -kontingentierung; **лицензия на** ~ -lizenz; **объем -а** -volumen; **ограничение -а** -beschränkung; **порт -а** -hafen; **путь** _(m.)_ **-а** -strecke, Anfuhrstrecke; **разрешение на** ~ <**груза**> -genehmigung, -erlaubnis; **рост -а** Importwachstum (-zunahme); **сокращение -а** Importrückgang

ввозить/ввезти <**товар**> <Ware> einführen (importieren)

ввозн‖ый/ая/ое/ые Einfuhr-, Import- _(in Zus.)_; ~ **лицензия** -lizenz, -genehmigung; ~ **пошлина** -zoll, -abgabe; ~ **сбор** -gebühr; ~ **свидетельство** -zertifikat; ~ **сертификат** _s. свидетельство_; ~ **торговля** Importhandel

ввозящая страна Einfuhrland (Import-)

вдоль борта <**судна**> längsseits, Längsseite Schiff

ведение трассы Streckenführung

ведомое колесо *(techn.)* angetriebenes Rad

ведомость *(f., s. auch документ/ы, квитанция, расписка)* Liste, Schein, Nachweis, Verzeichnis *(auch in Zus.)*; **вагонная** ~ *(Eis.)* Wagenzettel; **грузовая** ~ Frachtliste; **дорожная** ~ *(Eis., Binnsch.)* Frachtkarte, Begleitschein; **комплектовочная** ~ Packliste, Komplettierungsliste; **отгрузочная** ~ *s. отправочная*; **отправочная** ~ Versandnachweis (-schein, -liste); **официальная** ~ behördliche Bescheinigung; **пассажирская** ~ Passagierliste; **перевозочная** ~ Transportschein, Beförderungnachweis; **погрузочная** ~ Ladeschein (-liste); **приемо-сдаточная** ~ Übergabe-Übernahme-Übersicht; **сводная** ~ Sammelverzeichnis; **сводная загрузочная** ~ Beladenachweis; **упаковочная** ~ Packliste (-zettel)

ведомство *(s. auch орган, власти (Pl.), управление)* Behörde *(auch in Zus.)* **верхнее** <**транспортное**> ~ obere, übergeordnete <Verkehrs->; **налоговое** ~ Steuer-; **нижнее** <**транспортное**> ~ untere, untergeordnete, örtliche <Verkehrs->; **регистрационное** ~ Registrierungs-; **транспортное** ~ Verkehrs-, Verkehrsverwaltung; **транспортное** ~ **Земли** *(BRD)* Landesverkehrs-; **Федеральное** ~ *(BRD)* Bundes-, Bundesanstalt (-amt), *(RF)* Föderale Behörde (-es Amt);

ведомство ‖ **гражданской авиации** *(BRD)* Zivile Luftfahrt‖behörde; ~ **безопасности движения** Verkehrssicherheits-; ~ **безопасности воздушных**

сообщений Flugsicherheits-; ~ **дорожного строительства** *(BRD)* Straßenbau-; ~, **выдающее лицензию** Genehmigungs-; ~, **регламентирующее порядок допуска** <**транспортных средств к эксплуатации**> <Kfz->Zulassungs-

ведущее колесо *(techn.)* Antriebsrad

вездеход Mehrwegefahrzeug

везти (возить) <**что-л.**> <etw.> führen; ~ **документы** Dokumente mit sich ~; ~ **машину** ein Fahrzeug ~

велосипед Fahrrad, Fahrrad- *(in Zus.)*; **движение** -ов -verkehr; **дорожно-транспортное происшествие (ДТП) с участием** -a -unfall

велосипедист *(Pers.)* Radfahrer

велосипедн‖ый/ая/ое/ые <Fahr>Rad- *(in Zus.)*; ~ **генератор** -dynamo; ~ **дорога** -weg; ~ **дорожка** *s. дорога*; ~ **руль** *(m.)* -lenker; ~ **шина** -schlauch

вероятность *(f.)* **аварий** Unfallrisiko (Havarie-)

вертикально-подьемный мост Hubbrücke

вертикальн‖ый/ая/ое/ые Vertikal- *(in Zus.)*; ~ **оперение** <**самолета**> Seitenleitwerk (-flosse) <eines Flugzeugs>; ~ **погрузка и выгрузка** <**груза**>▣ *(Güterumschlag)* LoLo-Verfahren

вертолет Hubschrauber *(auch in Zus.)*; ~ **поисково-спасательной службы** Rettungs-

вертолетная площадка Hubschrauberlandeplatz

верфь *(f.)* Werft, -werft, Werft- *(in Zus.)*; **судоремонтная** ~

Schiffsreparatur-; **судостроительная** ~ Schiffsbau-, Schiffs-; **судо-** *s. судостроительная*; **территория -и** -gelände

верхн‖ий/яя/ее/ие obere/er/es, Ober- *(in Zus.)*; ~ **транспортное ведомство** -е (übergeordnete) Verkehrsbehörde; ~ **палуба** *(Schiff.)* -deck; ~ **полка** *(Flugzeug)* -es Gepäckfach; ~ **предел** -grenze; ~ **концевая станция** <канатной **дороги>** *(Seilbahn)* Bergstation; ~ **этаж** *(Kfz.)* -deck

вес *(s. auch масса)* Gewicht *(auch in Zus.)*; **допустимый** ~ zulässiges; **коносаментный** ~ Konnossements-; **максимальный** ~ Maximal-, Höchst-; **мертвый** ~ Totlast, Deadweight; **минимальный** ~ Mindest-; **насыпной** ~ Schütt-; **общий** ~ Gesamt-; **общий допустимый** ~ zulässiges Gesamt-; **объемный** ~ Raum-; **отгружаемый** ~ Versand-; **отгруженный** ~ *s. отгружаемый*; **отгрузочный** ~ Lade-, Verlade-; **погрузочный** ~ *s. отгрузочный*; **предельный** ~ *s. максимальный*; **предельный** ~ **взлета** maximale Abflugmasse (-es Startgewicht) <eines Flugzeugs>; **проверенный** ~ **тары** verifizierte Tara; **разгрузочный** ~ Ablade-, Entlade-; **собственный** ~ Eigen-, *(Schiff. auch)* Totlast; **сцепной** ~ Trieb-; **таможенный** ~ Zoll-; **тарифный** ~ frachtpflichtige Menge; **удельный** ~ Anteil; **фактический** ~ **тары** reelle Tara; **чистый** ~ Netto-;

вес ‖ багажа Gewicht des Gepäcks; ~ **брутто** Brutto‖gewicht, Versand-; ~ **порожнего вагона** Eigen- eines Waggons; ~ **взлета** Abflugmasse <eines Flugzeuges>; ~ **груза** Fracht-, Lade-; ~ **грузовика** Eigen- eines

LKW; ~ **контейнера** Eigen- eines Containers; ~**нетто** Netto-, Nutzlast; ~ **грузового поезда** *(Eis.)* Güterzuglast; ~ **порожняка** Totlast; ~ **упаковки** <тары> Verpackungs-, Eigen-; ~ **с упаковкой** Versand-; ~, **подлежащий таможенному обложению** *s. таможенный*; **таможенная пошлина с** -а Gewichtszoll

весов‖ой/ая/ое/ые 1. Gewichts-; 2. Wiege- *(in Zus.)*; ~ **журнал** Wiegebuch; ~ **квитанция** -bescheinigung, -schein; ~ **ограничения** *(Pl.)* <груза> Gewichtsbeschränkungen (-limit); ~ **сбор** Wiegegebühr (-geld); ~ **свидетельство** Gewichtszertifikat; ~ **сертификат** *s. свидетельство*; ~ **тонна** Gewichtstonne; ~ **устройство** Wiegevorrichtung; ~ **фрахт** Gewichtsfracht

Вестник федерального законодательства *(BRD)* Bundesgesetzblatt

весы *(Pl.)* Waage *(auch in Zus.)*; **автомобильные** ~ Auto-; **грузовые** ~ Güter-; ~ **для взвешивания багажа** Gepäck-; ~ **для взвешивания** <пустых и разгруженных> **вагонов** *(Eis.)* Gleis-

ветер Wind *(auch in Zus.)*; **боковой** ~ Seiten-; **встречный** ~ Gegen-; **попутный** ~ Rücken-; **шквалистый** ~ böiger; ~ **с берега** ablandiger; ~ **с моря** auflandiger

ветеринарно-санитарный пункт Veterinär- und Sanitätsstation

ветеринарн‖ый/ая/ое/ые Veterinär- *(in Zus.)*; ~ **операция** tierärztliche Abfertigung; ~ **свидетельство** -bescheinigung, -schein, -zertifikat, *(Schiff. auch)*

Schiffsgesundheitserklärung

ветровые условия *(Pl.)* Windverhältnisse

вечерний рейс Abendverbindung (-flug)

взаимоотношение с клиентурой Kundenbeziehungen

взвешивание *(Prozess)* Wiegen; ~ **груза** ~ der Ladung; ~ **контейнера** ~ eines Containers; ~ **транспортного средства** ~ eines Fahrzeugs

взвешивать/взвесить <что-л.> <etw.> wiegen, abwiegen

взимание <**сбора, пошлины**> Erhebung <einer Gebühr, von Zoll>; **дополнительное** ~ **таможенной пошлины** Zollnachforderung

взимать <**пошлину, сбор/ы**> <Zoll, Gebühr/en> erheben

взлет <**самолета**> Abflug, Start <eines Flugzeuges>, Abflug-, Start- *(in Zus.)*; **предельный вес** -а maximale Abflugmasse; **время** -а -zeit; **подготовка самолета к** -у Startvorbereitung; **приказ** <**командира корабля**> **к** -у Startbefehl; **разрешение на** ~ Starterlaubnis

взлетать/взлететь <**из какого-л. аэропорта**> *(Flugzeug)* <von einem Flughafen> starten, abfliegen

взлетно-посадочная полоса (площадка) (ВПП) *(Flug.)* Start- und Landebahn, Rollfeld

взлетн‖ый/ая/ое/ые *(Flug.)* Start- *(in Zus.)*; ~ **дорожка** -bahn; ~ **масса** -gewicht; ~ **и посадочные мощности** *(Pl.)* **аэропорта** ~- und Landekapazitäten eines Flughafens; ~ **положение** *s. режим*; ~ **полоса** *s. дорожка*; ~ **режим** -regime; ~

скорость *(f.)* -geschwindigkeit; ~ **тяга** -schub

взятие проб и образцов *(Zoll.)* Entnahme von Mustern und Proben

виадук Straßenüberführung

вид/ы Art/en *(auch in Zus.)*; ~ **вредных веществ** Schadstoff-; ~ **грузов** Güter-; ~ **перевозок** Beförderungs-; ~ **таможенных пошлин** Zoll-; ~ **расходов** *(kfm.)* Kosten-; ~ **тарифа** Tarif-; ~ **транспорта** Transport-, Verkehrsträger; ~ **фрахтования** Befrachtungs-; ~ **эксплуатации** Betriebs-

видимость *(f.)* Sicht, Sicht- *(in Zus.)*; **плохая** ~ schlechte; **хорошая** ~ gute, klare; **дальность** *(f.)* -и -weite; **полет по** -и -flug; **условия** *(Pl.)* -и -verhältnisse

виза Visum, -visum, Visa- *(in Zus.)*; **деловая** ~ Geschäftsreise-; **консульская** ~ Konsulatsvermerk; **многократная** ~ Mehrfach-, Multiple entry visa; **многократная годовая** ~ Jahres-; **обыкновенная въездная-выездная** ~ <einfaches> Ein- und Ausreise-; **одноразовая** ~ einmaliges; **транзитная** ~ Transit-; **туристическая** ~ Touristen-; ~ **на въезд** Einreise-; ~ **на выезд** Ausreise-; **выдача** -ы -ausgabe; **заявление о выдаче** -ы -antrag; **отказ от оформления** -ы Verweigerung der -erteilung; **оформление** -ы -erteilung; **продление** -ы -verlängerung;

выдавать/выдать виз‖у ein Visum ‖ erteilen; **давать/дать заявление об оформлении** -ы ~ beantragen; **отказываться/отказаться от оформления** -ы ~ verweigern; **получать/получить** -у ~ erhalten; **продлевать/продлить** -у ~

verlängern

визировка накладных железной дорогой _(Eis.)_ Visaerteilung für Bahnfrachtbriefe

визов‖ый/ая/ое/ые Visa-, Visums- _(in Zus.)_; ~ **отдел** <посольства> -abteilung <einer Botschaft>; ~ **система** -pflicht

вилочный автопогрузчик Gabelstapler

виньетка за пользование автострадой Autobahnvignette

включая фрахт до места назначения frachtfrei <Bestimmungsort>

влагонепрониціаемая тара (упаковка) feuchtedichte Verpackung

владелец Besitzer, Inhaber, _(Kfz. auch)_ Halter, -besitzer, -inhaber, -halter, -eigentümer, -eigner _(in Zus.)_; **индивидуальный** ~ **судна внутреннего плавания** _(Binnsch.)_ Partikulier, Kleinschiffer; **частный** ~ Privateigentümer; ~ **автомобиля** Fahrzeughalter; ~ **автопредприятия** Fuhrunternehmer; ~ **груза** Frachteigentümer; ~ **рейсовой судоходной компании** _(Schiff.)_ Linienreeder; ~ **судоходной компании** Schiffseigner, Reeder, Schifffahrtsunternehmer; ~ **лицензии** Genehmigungsinhaber; ~ **лодки** Bootseigentümer; ~ **склада** Lagerinhaber, Lagerhalter; ~ **каботажных судов** Küstenschiffseigner; ~ **такси** _(n., indkl.)_ Taxibesitzer; ~ **товара** Inhaber einer Ware; ~ **транспортного средства** Fahrzeughalter; ~ **транспортно-экспедиторской фирмы** Frächter, Transportunternehmer;

ответственность _(f.)_ **-а автомобиля** _(jur.)_ Haftung des Fahrzeughalters

власти _(Pl., s. auch ведомство, орган)_ Behörde/n _(auch in Zus.)_; **административные** ~ Verwaltungs-; **городские** ~ städtische; **карантинные** ~ Quarantäne-; **коммунальные** ~ kommunale, Gemeindeverwaltung; **портовые** ~ Hafen-

вместимость _(f.)_ Fassungsvermögen, Rauminhalt; **чистая** ~ <судна> _(Schiff.)_ Nettoraumgehalt; ~ **пассажирского вагона** _(Eis., Pass.)_ Platzbelegung eines Waggons; ~ **кузова** _(LKW)_ Raumgehalt eines LKW

внавалку in bulk, lose

вне <чего-л.> außerhalb <von etw.>, außer- _(in Zus.)_

внегородская дорога Landstraße

внедорожник _(Kfz.)_ Geländewagen

внепланов‖ый/ая/ое/ые Sonder- _(in Zus.)_; ~ **поезд** -zug; ~ **поездка** -fahrt

внерейсовый полет Bedarfsflug

внесение в <автомобильный, судовой, торговый> **реестр** Eintragung ins <Kfz-, Schiffs-, Handels->Register; **заявление о внесении** <чего-л.> **в реестр** Registrierungsantrag

внетерриториальные воды _(Pl.)_ internationale Gewässer

внешнеторгов‖ый/ая/ое/ые Außenhandels- _(in Zus.)_; ~ **банк** -bank; ~ **груз** -fracht, -gut; ~ **договор** -<kauf>vertrag; ~ **документация** -unterlagen, -dokumentation; ~ **контракт** _s. договор_; ~ **операция** -geschäft,

-operation; ~ **организация** -organisation; ~ **политика** -politik; ~ **статистика** -statistik

внешнеэкономическая деятельность Außenhandelstätigkeit; Товарная **номенклатура** -ой -и (ТНВЭД) *(RF)* Außenhandelswarenverzeichnis

внешн‖ий/яя/ее/ие Außen- *(in Zus.)*, äußere/er/es; ~ **граница** ЕС EU-~-grenze; ~ **кольцевая** <**авто**>**дорога** *s. кольцо*; ~ **кольцо** -ring, Autobahnring, Umfahrungsstraße; ~ **перевозки** *(Pl.)* -handelstransporte; ~ **водный путь** Seeschifffahrtsstraße; ~ **рейс** internationaler Flug (-e Route, Strecke); ~ **рынок** -markt, Auslandsmarkt, Exportmarkt; ~ **спрос** Auslandsnachfrage; ~ **тара** -verpackung, -e Verpackung, Versandverpackung (Transport-, Um-); ~ **тариф** <ЕС> -zolltarif <der EU>; ~ **торговля** -handel; ~ **упаковка** *s. тара*; ~ **экономика** -wirtschaft

внеэксплуатационный **период** *(Transportmittel)* Ausfallzeit

вносить/внести <**что-л.**> **в реестр** <etw.> in ein Register eintragen

внутренн‖ий/яя/ее/ие   **1.** inner‖e/er/es, Innen-, Binnen- *(in Zus.)*; **2.** Inland/s-; ~ **авиалиния** Inlandsfluglinie (Regional-); ~ **аэропорт** Inlandflughafen; ~ **воды** *(Pl.)* Binnengewässer; ~ **граница** Binnengrenze; ~ **кольцевая** <**авто**>**дорога** *s. кольцо*; ~ **кольцо** innerer Stadtring, Innen<stadt>ring (-straße); ~ **нагрузка** <**контейнера**> Innenbelastung <eines Containers>; ~ **обустройство** <**вагонов**> *(Schienv.)* <Wagen>Innenausbau; ~ **объем** <**контейнера**> Nettorauminhalt

<eines Containers>; ~ **операция** interner Betriebsablauf; ~ **пароходство** Binnenschifffahrt; ~ **перевозки** *(Pl.)* Binnentransporte (Inlands-); ~ **контейнерные перевозки** *(Pl.)* Inlandscontainertransporte; ~ **плавание** *s. пароходство*; ~ **порт** Binnenhafen; ~ **пошлина** Binnenzoll; ~ **пространство** *(Güterv.)* Innenraum, innerer Frachtraum; ~ **водный путь** Binnenwasserstraße; ~ **транспортные пути** *(Pl.)* Binnenverkehrswege; ~ **рейс** Binnenflug, Inlandsflug (-route, -strecke); ~ **рынок** <ЕС> Inlandsmarkt, heimischer (inländischer) Markt, <EU->Binnenmarkt; ~ **сообщение** Binnenverkehr (Inlands-); ~ **воздушное сообщение** Binnenflugverkehr, Inlandsflugverkehr (-luftverkehr); ~ **спрос** *(vwl.)* Binnennachfrage; ~ <**таможенная**> **ставка** Binnenzolltarif; ~ **судоходство** Binnenschifffahrt; ~ **тара** innere Verpackung, Verkaufsverpackung (Verbraucher-, Konsum-, Gebrauchs-); ~ **тариф** Binnentarif (Inlands-); ~ **торговля** Binnenhandel; ~ **транспорт** Binnenverkehr; ~ **трассы воздушного сообщения** *(Pl.)* Inlandsfluglinien (Binnen-); ~ **упаковка** *s. тара*

внутри <**чего-л.**> innerhalb <von etw.>, inner- *(in Zus.)*; ~ **страны** im Inland

внутригородск‖ой/ая/ое/ие Innenstadt- *(in Zus.)*, innerstädtisch/e/er/es; ~ **перевозки** *(Pl.)* -verkehr; ~ **сообщение** *s. перевозки*; ~ **транспорт** *s. перевозки* внутризаводск‖ой/ая/ое/ие Werk-, Industrie- *(in Zus.)*; ~ дорога -straße; ~ **железная дорога** -bahn; ~ **транспорт**⏢ -verkehr; **станция -ой железной дороги** Werkbahnhof (Betriebs-)

внутри‖областные перевозки *(Pl.)* Regionalverkehr/e; **-узловые перевозки** *(Pl., Eis.)* Beförderung innerhalb eines Knotens; **-хозяйственная дорога** Wirtschaftsweg (-straße)

вода Wasser -wasser, Wasser- *(in Zus.)*; **балластная** ~ *(Schiff.)* Ballast-; **высокая** ~ *(See., bei Flut)* Hoch-; **загрязненная** ~ Ab-, Schmutz-; **малая** ~ *(See., bei Ebbe)* Niedrig-; **охлаждающая** ~ *(Kfz.)* Kühl-; **полная** ~ *s. высокая*; **пресная** ~ Süß-; **соленая** ~ *(Seewasser)* Salz-; **солоноватая** ~ Brack-; **бак для -ы** -tank; **загрязнение -ы** –verschmutzung

водитель *(m., Pers.)* Fahrer, Fahrzeugführer, -fahrer, Fahrer- *(in Zus.)*; **временный** ~ Aushilfs-; **штатный** ~ ständiger, festangestellter; ~ **автобуса** Bus-; ~ **автомобиля** Fahrzeugführer, Auto-; ~ **автопоезда** Sattelzug-, Trucker; ~ **опасного груза** Gefahrgut-; ~ **штучного и навалочного груза** Stück- und Schüttgut-; ~ **грузовика** LKW-~; ~ **такси** *(n., indkl.)* Taxi-; ~ **трамвая** Straßenbahn-; ~ **транспорта** *(ÖPNV)* Fahrer; **~-напарник** *(LKW)* Bei-; **~-перегонщик** *(LKW)* Rangier-; **~-профессионал** Berufskraft-; **~, безответственно возящий автомобиль** <недозволенной **скоростью**> rücksichtsloser, *(umg.)* Raser, **-и,** *(Pl.)* **автомобилей меняющие направление движения (поворачивающие направо/ налево)** Abbieger;

кабина водител‖я Fahrer‖haus, -kabine, -stand; **место -я** -sitz; **ответственность** *(f., jur.)* -я Haftung des -s; **площадка -я** -stand, Führerstand; **сиденье -я** *s. место*; **смена -ей** -wechsel; **штат -ей** *(Bus, Bahn; ÖPNV)* Fahrpersonal

водительск‖ий/ая/ое/ие Fahrer– *(in Zus.)*; ~ **права** *(Pl.)* Fahrerlaubnis, Führerschein;

водительское удостоверение ‖ Fahrerlaubnis, Führerschein; ~ **международного образца** internationale/er; **категория -ого -я** Führerschein‖klasse; **лишение -ого -я** -entzug; **оформление -ого -я** Ausstellung einer/eines ~; **приобретение -ого -я** -erwerb; **лишать** <кого-л.> **-ого -я** <jmdm.> den/die ~ entziehen; **оформлять/ оформить** ~ eine/einen ~ ausstellen; **получать/получить** ~ eine/einen ~ erwerben; **приобретать/ приобрести** ~ *s. получать/ получить*

водить/вести <кого-л./что-л.> <jmdn./etw. an der Hand> führen

водн‖ый/ая/ое/ые Wasser- *(in Zus.)*; ~ **магистраль** *(f.)* Hauptwasserweg (-schifffahrtsstraße); ~ **накладная** Seefrachtbrief, Konnossement; ~ **перевозка** Schifftransport (-verkehr);

водный путь ‖ *(m.)* Wasserweg, Wasserstraße *(auch in Zus.)*; **внешний** ~ äußer‖e/er; **внутренний** ~ Binnen-; **второстепенный** ~ Neben-; **естественный** ~ natürliche/er; **искуственный** ~ künstliche/er; **магистральный** ~ Haupt-, Großschifffahrtsweg; **морской** ~ Seeweg, Schifffahrtsstraße; **речной** ~ *s. внутренний*; **судоходный** ~

schiffbare/er; ~ **федерального назначения** *(BRD)* Bundes-; **переотправка (повторная отправка) груза -ым -ем** Wiederverschiffung von Fracht; **расширение -ых -ей** Ausbau der Wasserstraßen;

водн‖ые пути *(Pl.)* Gewässer; ~ **такси** *(n., indkl.)* Wassertaxi; ~ **транспорт** Wassertransport; ~ **фрахт** Schiffsfracht (-ladung)

водо- Wasser- *(in Zus.)*

водоем <schiffbares> Gewässer

водоизмещение *(Schiff.)* Wasserverdrängung

водо‖лазный кран Tauchkran; **-стойкий товар (груз)** feuchtigkeitsunempfindliche Ware (-es Gut)

водоуказатель *(m.)* Wasserstandsanzeiger

водохранилище Stausee

водочувствительный груз feuchtigkeitsempfindliche Ware (-es Gut)

воды *(Pl.)* Gewässer *(auch in Zus.)*; **внутренние** ~ Binnen-; **международные морские** ~ Hoheits-, internationale; **портовые** ~ Hafen-; **прибрежные морские** ~ Küsten-; **территориальные** ~ *s. международные морские*

военн‖ый/ая/ое/ые Militär- *(in Zus.)*; ~ **авиация** -flugwesen; ~ **автомобиль** *(m.)* -fahrzeug; ~ **аэропорт** -flughafen; ~ **самолет** -flugzeug; ~ **судостроение** -schiffbau

вождение <автомобиля> Führen <eines Kfz.>, Fahr- *(in Zus.)*; **культура -а** -kultur; **опыт -я** -praxis; **занятие по -ю** -stunde;

инструктор по -ю *(Pers.)* -lehrer; **неспособность** *(f.)* <водителя> к -ю -untauglichkeit <des Fahrzeugführers>; **пригодность** *(f.)* <водителя> к -ю -tüchtigkeit, -tauglichkeit <des Fahrzeugführers>; **стиль** *(m.)* -я -weise, -stil; **экзамен по -ю** -prüfung

возврат **1.** *(Kompensation)* <Rück>Erstattung, -rückerstattung, -rückvergütung, <Rück>Erstattungs-, Rück- *(in Zus.)*; **2.** *(zurück zum Ausgangspunkt)* Rückführung, Rückgabe; ~ **груза** Rückführung von Fracht; ~ **денег** Rückerstattung (-führung) von Geld; ~ **лицензии** Lizenzrückgabe (Konzessions-); ~ **поставки** Erstattungslieferung; ~ **пошлины** Zollrückvergütung (-erstattung), Rückzoll; ~ **стоимости проезда** Fahrgeldrückerstattung; ~ **товара** <назад> Rücksendung der Ware; ~ **нереализованных товаров** Remission; **касса -а** Erstattungskasse; **квитанция о -е пошлины** Zollrückschein; **таможенное свидетельство на** ~ **пошлин** *s. квитанция о -е пошлины*; **товар -а** Rückware

возвратн‖ый/ая/ое/ые *(s. auch обратный)* Rück-, Wieder-, Um<kehr>-, Mehrweg-, Mehrfach-, Reversiv- *(in Zus.)*; ~ **движение** Reversivverkehr;

знак ‖ возвратного движения Zeichen für den Reversiv‖verkehr; **полоса** ~ -fahrspur; **светофор** ~ -ampel;

возвратн‖ая доставка Rücksendung; ~ **перевозка** Rückführung; ~ · **поддон** Mehrwegpalette; ~ **тара** wiederverwendbare Verpackung, Mehrwegverpackung (Dauer-, Umschlag-, Leih-); ~ **упаковка** *s.*

тара

возвращаться/возвратиться <чем-
л., на чем-л.> zurückkommen, *(mit
einem Fahrzeug auch)* zurückfahren;
~ **на машине** mit dem Auto ~; ~ **на
судне** mit dem Schiff ~; ~ **с поездки**
von einer Reise ~; ~ **поездом** mit
dem Zug ~; ~ **самолетом** mit dem
Flugzeug ~, zurückfliegen

возвращение *(hier)* Rückgabe; ~
товара <назад> Rücksendung <der
Ware>; ~ **грузов** ~ von Gütern; ~
лицензии ~ einer Konzession, ~
einer Lizenz; ~ **нереализованных
товаров** Remission <von Waren>

воздействие шума Lärmbelastung

воздухоплавание Luftschifffahrt

воздушн‖ый/ая/ое/ые *(hier s. auch
авиационный)* Luft-, Flug- *(in Zus.)*;
~ **движение** -verkehr; ~
законодательство
Luftverkehrsgesetzgebung; ~
каботаж Luftkabotage; ~ **кодекс**
(RF) Luftverkehrsgesetz; ~ **корабль**
(m.) Flugzeug, Luftschiff; ~
коридор Luftkorridor; ~ **крест**
Luftkreuz; ~ **линия**
Luftverkehrslinie; ~ **мост** Luftbrücke
(-korridor); ~ **навигация**
Flugnavigation; ~ **пират** *(Pers.)*
Luftpirat, Flugzeugentführer; ~
перевозка Lufttransport
(-beförderung);

воздушные перевозки ‖ *(Pl.)*
Luftverkehr/e; **грузовые** ~
Luftfrachtverkehr/e; **пассажирские**
~ Passagierflugverkehr;

воздушн‖ый перевозчик
Luftfrachtbeförderer (-frachtführer,
-verkehrsspediteur); ~ **право** *(jur.)*
Luftverkehrsrecht; ~ **пространство**
Luftraum; ~ **путь** *(m.)* Luftweg; ~
радиосвязь *(f.)* Flugfunk; ~
контактная сеть Oberleitungsnetz;

воздушное сообщение ‖
Flugverkehr (-betrieb), Luftverkehr
(auch in Zus.); **внутреннее** ~
Inlands-, Binnen-; **международное**
~ internationaler; **местное** ~
Regional-; **ограниченное** ~
eingeschränkter; **регулярное** ~ *s.*
рейсовое; **рейсовое** ~ Linien-,
regulärer; **чартерное** ~ Charter-; ~
на основе договоров *s.*
чартерное;

воздушн‖ая фрахтовая ставка
Luftfrachtrate; ~ **страхование**
Lufttransportversicherung; ~
**страхование от гражданской
ответственности** Luftverkehrs-
Haftpflichtversicherung; ~
страхование каско Luftfahrt-
Kaskoversicherung; ~ **транспорт**
Luftverkehr (Flug-); ~ **трасса**
Luftverkehrsstrasse; ~ **экспедиция**
Luftfrachtspedition (Luftverkehrs-);
трасса -ого сообщения *s. трасса*;
экспедиция -ым транспортом *s.*
экспедиция

возить (везти) <что-л.> <etw.>
führen; ~ **автомобиль** *(m.)* ein Kfz
~; ~ **с собой документы**
Dokumente (Papiere) mitführen

возмещать/возместить ущерб *(jur.)*
Schadenersatz leisten

возмещение Kompensation,
Erstattung, Ersatz; ~ **расходов**
Kostenerstattung; ~ **расходов через
посредничество банка** *(kfm.)*
Rembours; ~ **ущерба** *(jur.)*
Schadenersatz;

заявка о возмещении ущерба
Antrag auf Schadenersatz

вознаграждение Gebühr, Courtage,
Komission, Provision, -gebühr,
-provision *(in Zus.)*; **агентское** ~
Agenten-, Makler-; **комиссионное** ~
Vermittlungs-; **страховое** ~

Versicherungs-; **экспедиторское** ~ Spediteurs-; ~ **за операцию фрахтования** Charter-

возрастающий объем перевозок zunehmendes Transportaufkommen

вокзал *(Pass.)* Bahnhof, -bahnhof, Bahnhofs- *(in Zus.)*, *(Schiff. auch)* Hafen, -hafen *(in Zus.)*; **автобусный** ~ Bus-; **аэро-** Bus- *(für Zubringerbusse zu den Flughäfen)*; **главный** ~ Haupt-; **городской** ~ Stadt-; **грузопассажирский** ~ Kombi-; **железнодорожный** ~ Fern-; **морской** ~ Seehafen; **пассажирский** ~ Personen-; **пригородный** ~ Vorort-, Nahverkehrs-; **региональный** ~ Regional-; **речной** ~ Flusshafen, Binnenhafen; **центральный** ~ Haupt-, Zentral-; **дежурный по -у** *(Pers.)* Fahrdienstleiter; **здание -а** -gebäude; **мощность** *(f.)* <**пассажирского**> **-а** -kapazität; **крытый перрон -а** -halle

вольн‖ый/ая/ое/ые Frei- *(in Zus.)*; ~ **гавань** *(f.)* natürlicher Hafen; ~ **порт** -hafen; ~ **склад** -lager *(Lager im Freihafengebiet)*; ~ **торговля** -handel

ворота, погрузочные *(Pl.)* Ladeporte (-luke)

восстановление дорог Sanierung (Rekonstruktion) von Straßen

восточноевропейское время osteuropäische Zeit

восточно-западн‖ый/ая/ое/ые Ost-West- *(in Zus.)*; ~ **транспортные потоки** *(Pl.)* ~-Verkehre; ~ **связь** *(f.)* ~-Verbindung, ~-Route; ~ **торговля** ~-Handel; ~ **трасса** ~-Trasse, ~-Verbindung

восьмирядная дорога achtspurige

Straße

вперед vorwärts, nach vorn

впрыск топлива *(Kfz., Flug.)* Kraftstoffeinspritzung

вред, причиненный третьему лицу *(jur.)* Personenschaden

вредное вещество Schadstoff, Schadstoff- *(in Zus.)*; **виды** *(Pl.)* **вредн‖ых веществ** -arten; **выброс -ых веществ** -emission -ausstoß; **концентрация -ых веществ** -konzentration, -gehalt; **нагрузка воздуха -ыми веществами** -belastung; **предел допустимого выброса -ых веществ** zulässiger -grenzwert; **снижение содержания -ых веществ** <**в воздухе**> -reduzierung; **содержание -ых веществ** <**в воздухе**> -gehalt <der Luft>

времена стояния *(Pl.)* Verlustzeiten

временн‖ый/ая/ое/ые zeitweilig/e/er/es, vorübergehend/e/er/es, Zwischen- *(in Zus.)*; ~ **ввоз -е** Einfuhr; ~ **ввоз товара на обработку (переработку) с последующим вывозом** *(Zoll.)* aktiver Veredelungsverkehr; ~ **водитель** *(Pers.)* Aushilfsfahrer (Zeit-); ~ **вывоз -е** Ausfuhr; ~ **вывоз товара на обработку (переработку) с последующим ввозом** *(Zoll.)* passiver Veredelungsverkehr; ~ **номерной знак** *(Kfz.)* Saisonkennzeichen; ~ **местоположение** <**транспортного средства**> -er Standort <eines LKW>; ~ **персонал** Aushilfspersonal; ~ **расписание** Behelfsfahrplan; ~ **свидетельство** -schein, Übergangsschein; ~ **складирование** -lagerung; ~ **съезд с дороги** Behelfsausfahrt; **-о**

прекратить эксплуатацию <транспортного средства> <ein Kfz> ~ stilllegen

время Zeit *(auch in Zus. s. auch период, продолжительность, срок)*; восточноевропейское ~ osteuropäische; дальневосточное ~ fernöstliche, Pazifik-~; зимнее ~ года Winter-; летнее ~ года Sommer-; местное ~ Orts-; мировое ~ Welt-, Greenwich-~; проездное ~ *(Kfz.)* Fahr-; среднеевропейское ~ mitteleuropäische; сталийное ~ *(Schiff.)* Liege-; стояночное ~ Stand-, *(Schiff.)* Liege-;

время ‖ взлета *(Flug.)* Abflug‖zeit, Start-; ~ движения Fahr-; ~ езды *(Pass.)* Fahr-; ~ наибольшей (высокой) нагрузки транспорта Hauptverkehrs-; ~ наименьшей (низкой) нагрузки транспорта Schwachlast-, verkehrsarme, verkehrsschwache; ~ оборота🕮 Umschlag-, Umlauf-; ~ обслуживания Wartungs-, Unterhaltungs-, Instandhaltungs-; ~ ожидания *(Pass.)* Warte-; ~ ожидания на воздухе *(Flug.)* Warteschleife; ~ ожидания шлюзования *(Schiff.)* Schleusungswarte-; ~ отвоза <груза> *(Güterv.)* Abhol-; ~ отдыха <для водителя> Ruhe- <für den Fahrer>; ~ отправления Abfahrts-; ~ перевалки Umschlag-; ~ пересадки *(Pass.)* Umsteige-; ~ погрузки Belade-, Lade-, Verlade-; ~ погрузки судна в порту *(Schiff.)* Hafenlade-; ~ подачи <вагонов> *(Transportmittel od. -behältnis)* Beistell-; ~ подвоза *(Güterv.)* Zustell-; ~ полета Flug-; ~ посадки *(Flug.)* Lande-; ~ посадки и высадки пассажиров *(ÖPNV)* Fahrgastwechsel-; ~ пребывания

Aufenthalts-, *(Güterv. auch)* Durchlauf-; ~ пребывания судна в порту Hafenaufenthalts-, Hafendurchlauf-; ~ прибытия Ankunfts-; ~ прилета *(Flug.)* Ankunfts-; ~ пробега *(Fahrzeug)* Lauf-; ~ простоя *(Fahrzeug und Transportbehältnis)* Stillstands-, Ruhe-, Warte-; ~ простоя на границе *(Kfz, Eis.)* Grenzaufenthalts-; ~ простоя на платформе *(Kfz, Eis.)* Rampenwarte-; ~ прохождения заказов *(kfm.)* Dauer der Auftragsabwicklung; ~ прохождения <товарных> поездов *(Eis.)* Fahr- von <Güter>Zügen; ~ разгрузки Umschlag-, Entlade-, *(Schiff. auch)* Lösch-; ~ регистрации <пассажиров> *(Flug.)* Zeitpunkt des Check-In; ~ ремонта Reparatur-, Instandsetzungs-; ~ следования *s.* ~ хода; ~ стояния *(Schiff.)* Liege-; ~ стоянки Park-, Halte-, Stand-; ~ стоянки судна в порту Hafenaufenthalts-, Hafendurchlauf-; ~ хода Fahr-, Lauf-; ~ шлюзования *(Schiff.)* Schleusungs-; ~ эксплуатации <грузовика, вагона, судна, контейнера> Einsatz- <eines LKW, Waggons, Schiffs, Containers>;

время ‖ в движении *s.* ~ пробега; ~ в пути Fahr‖zeit (Reise-); <максимально допустимое> ~ за рулем *(Kfz., für den Fahrer)* Lenk-; ~ на таможенный досмотр Zollstunden; ~ на оформление портовых формальностей Hafenabfertigungs-; ~ по Гринвичу Greenwich-~;

пояс времени Zeitzone; экономия времени Zeitersparnis

все‖европейские перевозки *(Pl.)* europaweite Verkehre; -российские

перевозки *(Pl.)* russlandweite Verkehre; **-сезонная шина** *(Kfz.)* Ganzjahresreifen

вследствие <чего-л.> infolge von, auf Grund, wegen

вспомогательн‖ый/ая/ое/ые Hilfs-, Behelfs- *(in Zus.)*; ~ **вагон** -wagen, -waggon; ~ **платформа** Behelfsbahnsteig; ~ **транспортное предприятие** Verkehrshilfsbetrieb; ~ **предприятие, обслуживающее чего-л.** Nebenbetrieb; ~ **производство** Hilfsbetrieb, Nebenproduktion; ~ **путь** *(m.)* Behelfsgleis

встречн‖ый/ая/ое/ые Gegen- *(in Zus.)*; ~ **ветер** -wind; ~ **движение** -verkehr; ~ **заказ** Rückauftrag; ~ **направление** -richtung; ~ **перевозки** *(Pl.)* <грузов> -verkehre; ~ **поезд** -zug; ~ **полоса дороги** -fahrbahn; ~ **поставка** -lieferung; ~ **торговля** -handel

второй реестр *(Schiff.)* Zweitregister

второстепенн‖ый/ая/ое/ые Neben- *(in Zus.)*; ~ **дорога** -straße, Seitenstraße, untergeordnete Straße; ~ **водный путь** -wasserstraße

вход Eingang, Einstieg, Zugang; ~ **и выход на уровне перрона** ebenerdiger Ein- und Ausstieg

входить/войти **1.** *(zu Fuß)* <в здание> <in ein Gebäude> hineingehen; **2.** *(Fahrzeug)* <в автобус, поезд> <in einen Bus, Zug> einsteigen; **3.** *(Fahrzeug, ÖPNV)* <на промежуточной остановке (станции)> <unterwegs> zusteigen; **4.** *(Schiff.)* <в порт> <in einen Hafen> einlaufen; **5.** *(Straßenverkehr)* **в транспортный поток** sich in den Verkehrsstrom einfädeln

входный сигнал *(Eis.)* Einfahrtssignal

въезд **1.** *(Verkehrsbau)* Einfahrt, Auffahrt, Zufahrt, -einfahrt, -auffahrt, -zufahrt, Auffahrts-, Zufahrts- *(in Zus.)*; **2.** *(Prozess)* Einfahrt; **3.** *(Reiseverkehr)* Einreise, Einreise- *(in Zus.)*; **наклонный** ~ Zufahrtsrampe; ~ **в населенный пункт** Ortseinfahrt; ~ **в страну** Einreise <in ein Land>; ~ **в туннель** *(m.)* Tunneleinfahrt; ~ **на автостраду** Autobahnzufahrt; ~ **не загораживать!** Einfahrt freihalten!; **виза на** ~ Einreisevisum; **документы** *(Pl.)* **на** ~ Einreiseunterlagen; **запрет на** ~ Einreiseverbot; **запрещение -а** *s.* *запрет*; **разрешение на** ~ Einreisegenehmigung (-erlaubnis); **запрещать/запретить** ~ **die** Einreise verweigern; **просить/попросить разрешение на** ~ die Einreise beantragen; **разрешать/разрешить** ~ die Einreise bewilligen (genehmigen)

въездная-выездная виза Ein- und Ausreisevisum

въезжать/въехать <куда-л.> **1.** hineinfahren, hereinfahren; **2.** *(Reiseverkehr)* einreisen; ~ **в страну** in ein Land einreisen; ~ **в туннель** *(m.)* in einen Tunnel einfahren; ~ **во двор** in einen Hof hineinfahren (herein-); ~ **на стоянку** auf einen Parkplatz fahren, <ein Kfz.> einparken

выбор носителей транспорта Wahl der Verkehrsträger

выборочная выгрузка (разгрузка) selektives Entladen

выброс вредных веществ *(s. auch эмиссия)* Schadstoffemission (-ausstoß)

вывоз *(s. auch экспорт)* Ausfuhr, Export, -ausfuhr, -export, Ausfuhr-, Export- *(in Zus.)*; **беспошлинный** ~ abgabenfreie/er, zollfreie/er; **беспрепятственный** ~ ungehinderte/er; **временный** ~ vorübergehende/er, *(Zoll. auch)* Veredelung, Veredelungsverkehr; **временный** ~ **товара на обработку (переработку) с последующим ввозом** *(passiv)* Zollgutveredelung; **льготный** ~ begünstigte/er; **свободный** ~ freie/er; ~ **машин (оборудования) в качестве замены временно ввезенной машины (-ого оборудования)** *(Zoll.)* Freigutveredelung; ~ **товаров** Waren-; ~ **товаров из таможенной территории** *(Zoll.)* Verbringung von Ware aus dem Zollgebiet; ~ **без участия посредника** händlerfreie/er, direkte/er; ~ **с участием посредника** indirekte/er; **ввоз и** ~ **товаров без таможенного надзора** Freiverkehr; **запрет** -а -verbot; **запрещение** -а *s. запрет*; **контингентирование** -а -kontingentierung; **лицензия на** ~ -lizenz; **объем** -а -volumen; **ограничение** -а -beschränkung; **порт** -а -hafen; **путь** *(m.)* -а -strecke; **разрешение на** ~ <**груза**> -genehmigung, -erlaubnis; **рост** -а Exportzuwachs; **сокращение** -а Exportrückgang; **стоимость** *(f.)* -а Ausfuhrkosten (Entsende-, Versand-)

вывозить/вывезти <**товар**> <Ware> ausführen, exportieren

вывозн‖ой/ая/ое/ые Ausfuhr-, Export- *(in Zus.)*; ~ **пошлина** -zoll; ~ **сбор** -gebühr; ~ **свидетельство** -zertifikat; ~ **сертификат** *s. свидетельство*; ~ **торговля** -handel

вывозящая страна Ausfuhrland

(Export-)

выгода Nutzen, Vorteil

выгружаемый груз Löschgut (-fracht)

выгружать/выгрузить <**что-л. из чего-л.**> *(s. auch разгружать/разгрузить)* <etw. aus einem Transportbehältnis> ausladen, *(Schiff. auch)* löschen; ~ **груз** Fracht<gut> ~; ~ **контейнер** einen Container ~; ~ **лихтер** *(Schiff.)* einen Leichter ~; ~ **товар** Ware ~; ~ **фрахт из трюмов судна** *(Schiff.)* Ladung

выгружен‖а/о/ы *(Part., Fracht)* ausgeladen, abgeladen, *(Schiffsfracht)* gelöscht

выгруженн‖ый/ая/ое/ые abgeladen/e/er/es, ausgeladen/e/er/es, *(Schiff.)* gelöscht/e/er/es; ~ **контейнер** -er Container; ~ **груз** -e Ladung; ~ **масса** Löschgewicht

выгрузка *(s. auch разгрузка)* Entladen, Ausladen, Entladung, Entlade-, Ablade- *(in Zus.)*, *(Schiff. auch)* Löschen, Lösch- *(in Zus.)*; **выборочная** ~ selektive/es **свободная** ~ freie/es; ~ **товара из трюмов судна** *(Schiff.)* Löschen der Ladung; ~ **в срок** termingerechte/es; **погрузка и** ~ **через пирс** *(Schiff.)* Be- und Entladung via Kai;

выгрузка ‖ оплачивается грузополучателем Entladung zahlt Empfänger; **погрузка и** ~ **оплачиваются фрахтователем** Ver- und Entladung zahlt Befrachter;

книга выгрузк‖и Entlade‖buch; **место** -и -ort, Abladeort, *(Schiff. auch)* Löschplatz; **план** -и -plan; **плата за** -у -gebühr/en; **порт** -и -hafen, Basishafen (Landungs-); **приспособление для** -и

-vorrichtung; **продолжительность** *(f.)* -и -dauer; **пункт** -и *s. место*; **работы** *(Pl.)* **по** -е -arbeiten; **разрешение на** -у -erlaubnis, *(Schiff. auch)* Löschpermiss; **расходы** *(Pl.)* по -е -kosten; **сбор за** -у *s. плата за* -у; **свидетельство о** -е Ladungsschein; **срок** -и *s. продолжительность*; **станция** -и -bahnhof, -station; **устройство для** -и *s. приспособление*;

выгрузчик▭ *(Pers.)* Entlader, Ablader

выдавать/выдать <что-л.> <etw.> ausgeben, *(Dokument auch)* erteilen; ~ **багаж** Gepäck; ~ **визу** ein Visum; ~ **лицензию** eine Lizenz; ~ **разрешение** eine Genehmigung; ~ **справку** eine Bescheinigung ~, etw. bescheinigen; ~ **удостоверение** einen Berechtigungsschein (Führer-)

выдача Ausgabe, *(Dokumente auch)* Erteilung *(auch in Zus.)*; ~ **багажа** Gepäckausgabe; ~ **визы** Visaerteilung; ~ **груза** Frachtausgabe; ~ **документов** Ausgabe der Papiere; ~ **лицензии** Erteilung einer Lizenz; ~ **паспорта** Passausgabe; ~ **разрешения** Erteilung einer Genehmigung; ~ **товара** Warenausgabe; ~ **товаров со склада** Lagerausgang; **наряд на** -у Auslieferungsschein; **ордер на** -у **товара** Warenausgabeschein; **порт** -и Auslieferungshafen; **разрешение .ла** -у Freigabe; **расписка в** -е **товара** Lieferschein

выделение 1. *(Prozess allg.)* Auslagerung *(auch in Zus.)*; 2. *(jur.)* Ausgründung; ~ **предприятия** Unternehmensausgründung; ~ **транспортных задач** <из **предприятий**> Auslagerung von Verkehrsfunktionen

выезд 1. *(Verkehrsbau)* Ausfahrt,

-ausfahrt, -ausgang, Ausfahrts- *(in Zus.)*; 2. *(Prozess)* Ausfahrt; 3. *(Reiseverkehr)* Ausreise, Ausreise- *(in Zus.)*; ~ **из населенного пункта** Ortsausgang; ~ **из страны** Ausreise <aus einem Land>; ~ **из туннеля** Tunnelausfahrt; ~ **на автостраду** Autobahnanschluss<stelle>, Autobahnauffahrt; **виза на** ~ Ausreisevisum; **документы** *(Pl.)* **на** ~ Ausreiseunterlagen

выезжать/выехать 1. *(räuml.)* <из чего-л.> hinausfahren (heraus-) mit einem Fahrzeug herauskommen; 2. *(zeitl.)* <из какого-л. мечта> <von einem Ort> losfahren; 3. *(Reiseverkehr)* ausreisen; 4. <кому-л. навстречу> <jmdm.> entgegenkommen; ~ **в Германию** nach Deutschland ausreisen; ~ **из города** einen Ausflug machen; ~ **из дома** von zu Hause losfahren; ~ **из страны** aus einem Land ausreisen; ~ **из туннеля** aus einem Tunnel hinausfahren (heraus-); ~ **на улицу** auf eine Straße hinausfahren (heraus-)

вызов Ruf *(auch in Zus.)*; **экстренный** ~ Not-; ~ **такси** *(n., indkl.)* Taxi-

вызовн‖ой/ая/ое/ые Ruf- *(in Zus.)*; ~ **автобус** -bus; ~ **такси** *(n., indkl.)* -taxi

выключать/выключить <что-л.> <etw.> abschalten, ausschalten; ~ **двигатель** *(m.)* den Motor abstellen; ~ **светофор** eine Ampel ausschalten

вылет *(Flug. s. auch отбытие)* Abflug <eines Flugzeuges>, Abflug- *(in Zus.)*; **аэропорт** -а Abgangsflughafen; **время** -а -zeit; **дата** -а -datum, -zeit; **день** *(m.)* -а -tag; **зал** -а -halle; **место** -а -ort; **терминал** -а -terminal; **частота** -а -dichte, -frequenz, -häufigkeit

вылетать/вылететь <из какого-л. места> <von einem Ort> abfliegen, wegfliegen, losfliegen

вынужденн‖ый/ая/ое/ые erzwungen/e/er/es, Not- *(in Zus.)*; ~ **остановка** <транспортного средства> betriebsbedingter Halt <eines Verkehrsmittels>; ~ **посадка** <самолета> -landung <eines Flugzeugs>

выплата страхового возмещения Auszahlung der Versicherungssumme

выплачивать/выплатить <что-л.> <etw.> auszahlen; ~ **возмещение** eine Entschädigung zahlen; ~ **компенсацию** Schadenersatz leisten; ~ **страховую сумму** die Versicherungssumme ~

выполнение **1.** *(Durchführung)* Abfertigung; **2.** *(jur.)* Einhaltung, Erfüllung; ~ **договора** Erfüllung eines Vertrages; ~ **режима движения** Einhaltung des Fahrplanes; ~ **таможенных формальностей** zollamtliche Abfertigung

выполнять/выполнить <что-л.> **1.** <etw.> erfüllen, einhalten; **2.** <etw.> ausführen, erledigen, abwickeln; ~ **договор** einen Vertrag erfüllen; ~ **контракт** *s.* ~ *договор*; ~ **таможенную очистку** <на вывоз и ввоз> die zollamtliche Abfertigung erledigen; ~ **работы** *(Pl.)* Arbeiten ausführen

выравнивание таможенных тарифов Zolltarifangleichung

выруливание *(Prozess)* Ausparken, Ausscheren; ~ **автомобиля** eines Kfz.; ~ **самолета** eines Flugzeugs

выруливать/вырулить <транспортное средство> <ein

Fahrzeug> ausparken, ausscheren

выручка Erlös *(kfm., auch in Zus.)*; ~ **от реализации** Umsatz-; ~ **от экспорта** Export-

высадка и посадка пассажиров Fahrgastwechsel

высаживать/высадить пассажиров Passagiere (Fahrgäste) absetzen, *(Schiff auch)* Passagiere anlanden

высвобождение персонала Personalfreisetzungen (-abbau)

высоко- hoch- *(in Zus.)*; **-качественный товар (груз)** -wertige Ware (-es Gut)

высокоскоростн‖ой/ая/ое/ые Hochgeschwindigkeits- *(in Zus.)*; ~ **движение** -verkehr, High Speed Traffic (HST); ~ **дорога** -straße; ~ **линия** -strecke, -linie; ~ **паром** -fähre, -fährschiff; ~ **поезд** -zug; ~ **связь** *(f.)* -verbindung; ~ **сеть** *(f.)* -netz; ~ **сообщение** s. *движение*; ~ **судно** -schiff; ~ **транспорт** *s. движение*; ~ **железнодорожный транспорт** -schienenverkehr; ~ **трасса** -trasse; **связь** *(f.)* **-ого сообщения** -verbindung; **трасса -ого сообщения** -trasse

высокоэффективное судно Hochleistungsschiff

высота Höhe *(auch in Zus.)*; **габаритная ~** <транспортного средства> Fahrzeug-; **габаритная ~ проезда** Durchfahrts-; **погрузочная ~** Lade-; ~ **полета** Flug-; **средняя ~ полета** Reiseflug-; **полет с набором -ы** Steigflug; **полет со снижением -ы** Sinkflug; **руль -ы** *(Flug.)* Höhenruder

высотомер *(Flug.)* Höhenmesser

выставка Ausstellung *(auch in Zus.)*; **авиационная ~** Flugschau,

Luftfahrt-; **автомобильная** ~ Auto<mobil>-

выставлять/выставить <что-л.> **1.** *(etw. zur Schau stellen)* ausstellen; **2.** *(ein Dokument ausfertigen)* ausstellen; ~ **транспортный документ** ein Transportpapier; ~ **коносамент** *(See.)* ein Konnossement; ~ **коносамент по приказу** *(See.)* ein Konnossement an Order; ~ **накладную** einen Frachtbrief; ~ **разрешение** eine Genehmigung; ~ **сертификат** ein Zertifikat, einen Schein, eine Bescheinigung; ~ **счет** eine Rechnung; ~ **удостоверение** einen Führerschein (Berechtigungs-)

выставочн‖ый/ая/ое/ые Ausstellungs- *(in Zus.)*; ~ **зал** -halle; ~ **путь** *(m., Eis.)* Wagenübergabestelle; ~ **тара** -verpackung; ~ **упаковка** *s. тара*

высылать/выслать <что-л.> <etw.> abschicken, absenden, expedieren, losschicken, verschicken, versenden; ~ **документ/ы** Dokument/e; ~ **контейнер** einen Container

высылка *(s. auch отгрузка, отправка)* Versand; **свидетельство -и** Versandschein, Lagerauftrag

выхлоп <**автомобиля**> Auspuff <eines Kfz.>

выхлопной газ Abgas

выход 1. *(Verkehrsbau)* Ausgang *(auch in Zus.)*, *(Flug. auch)* Gate; **2.** *(Verkehrsmittel)* Ausstieg *(auch in Zus.)*; **3.** *(Prozess)* Hinausgehen, Aussteigen, *(Schiff.)* Auslaufen; **аварийный** ~ Notausgang (-ausstieg); **запасный** ~ *s. аварийный*; **прямой** ~ <**к портам**> direkter Hafenzugang; ~ <**судна**> **из порта 1.** *(Prozess)* Auslaufen <eines Schiffes> aus dem Hafen; **2.**

(Verkehrsbau) Hafenausfahrt; ~ **к порту** Hafenzugang; ~ **на рынок** Markteintritt (-erschließung); **вход и** ~ **на уровне перрона** ebenerdiger Ein- und Ausstieg; **люк аварийного -а** *(Flug.)* Notausstieg

выходить/выйти 1. *(zu Fuß)* <**из здания**> <aus einem Gebäude> hinausgehen (herauskommen); **2.** *(zeitl.)* <**из дома**> <von zu Hause> losgehen; **3.** *(Fahrzeug, ÖPNV)* <**из автобуса, поезда**> <aus einem Bus, Zug> aussteigen; **4.** *(Schiff.)* <**из порта**> <aus einem Hafen> auslaufen

выходной порт Abgangshafen (Entsende-, Versand-, Verschiffungs-)

вычеркивание <**чего-л.**> **из реестра** Löschung <von etw.> aus einem Register

вышестоящий орган власти übergeordnete Behörde

вышка, диспетчерская Kontrollturm

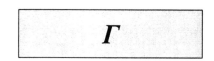

Гаагские правила *(Pl., See.)* Haager Regeln

габарит 1. *(Güter)* Maß, Abmessungen *(auch in Zus.)*; **2.** *(Transportmittel)* Außenmaß, Ladeprofil, Abmessungen, -maß, -profil, -abmessungen *(in Zus.)*; **погрузочный** ~ Ladeöffnung; **стандартный** ~ Standard-; ~ **вагона** *(Eis.)* Abmessungen eines Waggons; ~ **груза** Fracht-; ~ **упаковочной единицы** Maß der

Verpackungseinheit; ~ **кузова** *(LKW)* Fahrzeug-; ~ **погрузки** *(Frachtraum)* Lademaß (-profil)

габаритн‖ый/ая/ое/ые <Lade>Maß- *(in Zus.)*; ~ **высота** <транспортного средства> Fahrzeughöhe; ~ **высота проезда** Durchfahrtshöhe; ~ **груз** -gut; ~ **длина** Fahrzeuglänge; ~ **мощность** *(f.)* projektierte Leistung, Ladekapazität; ~ **ограничения** *(Pl.)* <груза> Lade<maß>beschränkungen; ~ **ширина** <кузова> *(Kfz.)* Fahrzeugbreite (Spur-)

гавань *(f., s. auch* **порт)** <natürlicher> Hafen<platz>, -hafen *(in Zus.)*; **вольная** ~ Frei-; **зимовочная** ~ Winter-; **каботажная** ~ Küstenschifffahrts-, Kabotage-; **паромная** ~ Fähr-; **пассажирская** ~ Passagier-, Fahrgast-; **перевалочная** ~ *s. перегрузочная*; **перегрузочная** ~ Umschlag-; **ремонтная** ~ Reparatur-; **речная** ~ Fluss-; **рыбачья** ~ Fischerei-; **свободная** ~ *s. вольная*; **торговая** ~ Handels-

газовоз Gastanker; **буксир-~** Gastankerschlepper

газовозно-наливное судно *s. газовоз*

газовозный транспорт Gastransport/e

газовый двигатель Gasmotor

Гамбургские правила *(Pl., See.)* Hamburger Regeln

гараж Garage, Parkhaus

гарантийн‖ый/ая/ое/ые Garantie- *(in Zus.)*; ~ **оговорка** *(jur.)* -klausel; ~ **письмо** Bürgschaft; ~ **страхование** Haftpflichtversicherung; ~ **страхование груза, перевозимого**

экспедитором Spediteurs-Haftpflichtversicherung

гарантированн‖ый/ая/ое/ые garantiert/e/er/es; ~ **срок поставки** -e Beförderungszeit; ~ **фрахт** -e Fracht

гарантия *(jur., s. auch поручительство)* Garantie, Haftungsübernahme, -garantie *(in Zus.)*; **коносаментные -и** *(Pl., See.)* Konnossement-; **экспортная** ~ Export-; ~ **поставки** Liefer-; ~ **под исполнение обязательств по уплате таможенных пошлин** *(Zoll.)* Sicherheitsleistung; **брать/взять на себя -ю** <за что-л.> die Haftung <für etw.> übernehmen; **принимать/принять на себя -ю** *s. брать/взять на себя -ю*

гармонизация Harmonisierung *(auch in Zus.)*; **таможенная** ~ Zoll-; ~ **налогообложения** <ЕС> ~ des <EU->Steuerrechts; ~ **правовых положений таможенного дела** Zollrechts-; ~ **правил стран-членов ЕС** europäische; ~ **системы экспортного контроля** ~ von Exportkontrollen; ~ **допустимой максимальной скорости движения** Geschwindigkeits-

генеральн‖ый/ая/ое/ые generell/e/er/es, General- *(in Zus.)*; ~ **груз** Stückgut, Einheitsladung; ~ **доверенность** *(f., jur.)* -vollmacht, Handlungsvollmacht; ~ **договор** -vertrag; ~ **лицензия** -lizenz; ~ **оговорка** *(jur.)* -klausel; ~ **план транспорта** -verkehrsplan; ~ **планирование транспорта** Gesamtverkehrsplanung; ~ **полис** -police; ~ **поставщик** -lieferant; ~ **соглашение по перевозкам** Allgemeine Transportvereinbarung; ~ **соглашение по тарифам и**

пошлинам GATT-Abkommen; ~ чартер Vollcharter (Ganz-)

генератор *(techn.)* Lichtmaschine; велосипедный ~ Fahrraddynamo; ~ автомобиля ~ eines Kfz.

географическое положение geographische Lage

география, транспортная Verkehrsgeographie

Германские железные дороги Deutsche Bahn AG

Германское речное пароходство *(BRD)* Deutsche Binnenreederei

герметическая тара (упаковка) luftdichte (hermetisch abgeschlossene) Verpackung

гибель *(f.)* <товара> Verlust <der Ware>; предохранение товара от повреждений и -и Bewahrung der Ware vor Beschädigung und ~; причина -и <транспортного средства> Unglücksursache, *(Flug. auch)* Absturzursache, *(Schiff. auch)* Ursache des Untergangs; страхование товара от полной -и Versicherung der Ware gegen Totalverlust

гидравлический привод hydraulischer Antrieb

гидротехнические сооружения *(Pl.)* hydrotechnische Anlagen

главн‖ый/ая/ое/ые Haupt- *(in Zus.)*; ~ вид транспорта -verkehrsmittel; ~ вокзал -bahnhof; ~ диспетчер *(Pers.)* -dispatcher; ~ дорога -<verkehrs>straße, Vorfahrtsstraße; ~ коридоры *(Pl.)* -<verkehrs>korridore; ~ отделение -abteilung, Zentrale; ~ поставщик -lieferant; ~ привод -antrieb; ~ проезд -durchfahrt, -durchgang; ~ проход -durchgang; ~ улица

-straße; ~ таможенное управление -zollamt, Oberzolldirektion

глубина Tiefe *(hier Schiff., auch in Zus.)*; навигационная ~ Navigations-; ~ погружения Tauch-; ~ фарватера Wasser-

глубокая заморозка Tiefkühlung (Gefrier-)

глушить/заглушить двигатель *(m.)* *(Kfz.)* einen Motor abwürgen

год, фрахтовый Frachtjahr

годность *(f.)* Tauglichkeit *(auch in Zus.)*; летная ~ Flugfähigkeit; ~ к вождению (управлению) транспортным средством Fahr-<des Fahrzeugführers>; ~ <товара> к отгрузке Verlade- <einer Ware>; ~ <транспортного средства> к перевозке детских колясок Kinderwagen- <eines Verkehrsmittels>; ~ к плаванию *(Schiff.)* Fahrtüchtigkeit; срок -и <товара> Haltbarkeitsdauer <einer Ware>

годн‖ый/ая/ое/ые tauglich/e/er/es, fähig/e/er/es; ~ к перевалке краном kranbar; ~ к перевозке transportfähig; ~ к управлению автотранспортом fahrtauglich

годов‖ой/ая/ое/ые jährlich/e/er/es, Jahres- *(in Zus.)*; ~ проездной билет *(ÖPNV)* -karte; ~ сетевой билет *(ÖPNV)* -netzkarte; ~ грузооборот *(Güterv.)* -е Güterbeförderungsleistung; ~ оборот *(kfm.)* -umsatz; ~ объем реализации *s. оборот*; ~ пассажирооборот *(Pass.)* -е Personenbeförderungsleistung; ~ пробег *(Fahrzeug)* -fahrleistung; ~ техосмотр *(Kfz.)* -durchsicht

голова поезда *(Eis.)* Zugspitze

головное предприятие

Mutterunternehmen, Stammhaus

головное судно Schiffsprototyp, erstes Schiff einer Serie

гололедица **<на дорогах>** Straßenglätte, überfrierende Nässe; **осторожно гололед!** *(feste Wendung)* Vorsicht Glätte!

горизонтальная погрузка и разгрузка <груза> RoRo-Verfahren

горизонтальн‖ый/ая/ое/ые Horizontal- *(in Zus.)*; ~ **оперение <самолета>** Höhenleitwerk <eines Flugzeugs>; ~ **погрузка и выгрузка <груза>**▯ *(Güterumschlag)* RoRo-Verfahren

горловина станции *(Eis.)* Gleisengpass

город, портовый Hafenstadt

городск‖ой/ая/ое/ие Stadt- *(in Zus.)*, städtisch/e/er/es; ~ **автобус** -bus; ~ **администрация** -verwaltung; ~ **власти** *(Pl.)* kommunale Verwaltung; ~ **вокзал** -bahnhof; ~ **дорога** -straße, innerörtliche Straße; ~ **железная дорога** -bahn, S-Bahn; ~ **инфраструктура** -e Infrastruktur; ~ **логистика**▯ City-Logistik; ~ **автомобильная <скоростная> магистраль** -autobahn; ~ **перевозки** *(Pl.)* -linienverkehr; ~ **порт** -er Hafen; ~ **район** -bezirk; ~ **маршрутное сообщение** -er Linienverkehr; ~ **фрахтовый терминал** City-Terminal; ~ **транспорт** -verkehr; -er Nahverkehr; **движение в -их условиях** -fahrt

горючее *(Subst., горючий материал)* Treibstoff, Kraftstoff/e, Treibstoff-, Kraftstoff- *(in Zus.)*; **расход -его** -verbrauch; **экономия -его** -einsparung; **с низким расходом**

-его -sparend/e/er/es; **заправлять/ заправить транспортное средство (самолет) -им** ein Fahrzeug (Flugzeug) mit ~ betanken

государственн‖ый/ая/ое/ые staatlich/e/er/es, Staats- *(in Zus.)*; ~ **автомобильная инспекция (ГАИ)** *(Verkehrspolizei der RF)* -e Automobilinspektion; ~ **речная судоходная инспекция (ГРСИ)** *(RF)* -e Inspektion für Binnenschifffahrt; ~ **таможенный комитет (ГТК)** *(RF)* -es Zollkomitee; ~ **внутренний порт** ~ öffentlicher Binnenhafen; ~ **судовой регистр** *(Behörde)* -es Schiffsregister; ~ **регулирование** -e Regulierung; ~ **регулирование тарифов** -e Tarifregulierung; ~ **судовой реестр** *(Verzeichnis)* nationales Schiffsregister; ~ **собственность** *(f.)* -es Eigentum, -eigentum; ~ **территория** Hoheitsgebiet <eines Staates>; ~ **бассейновые управления водных путей и судоходства (ГБУВПиС)** *(RF)* -e Hafenverwaltung für Binnenwasserstraßen und -schifffahrt; ~ **учреждение** -e Behörde; ~ **цена** ~ festgesetzter Preis

готовность *(f.)* Bereitschaft *(auch in Zus.)*; **эксплуатационная** ~ Betriebs-; ~ **к выгрузке судна** *(Schiff.)* Lösch-; ~ **к отгрузке** Versand-; ~ **к отправке <груза>** s. ~ **к отгрузке**; ~ **к погрузке** Lade-, Verlade-; ~ **к поставке** Liefer-; ~ **к приему <груза>** Empfangs-, Übernahme-

гражданск‖ий/ая/ое/ие zivil/e/er/es, Zivil- *(in Zus.)*; ~ **авиация** -luftfahrt; ~ **аэропорт** -flughafen; ~ **кодекс** *(BRD)* Bürgerliches Gesetzbuch, *(RF)* -gesetzbuch; ~ **ответственность** *(f., jur.)* zivilrechtliche Haftung; ~ **право**

(BRD) bürgerliches Recht, -recht, *(RF)* -recht; ~ **самолет** *(Pass.)* Passagierflugzeug, *(Güterv.)* Frachtflugzeug; ~ **судно** Handelsschiff; ~ **судостроение** -er Schiffbau; ~ **судоходство** -e Seefahrt

граница Grenze, -grenze, Grenz- *(in Zus.)*; **внешняя** ~ <ЕС> Außen- <der EU>; **внутренняя** ~ Binnen-; **морская** ~ See-; **морская таможенная** ~ Seezoll-; **таможенная** ~ Zoll-;

франко граница frachtfrei Grenze, ex frontier;

время простоя на границ‖е Grenz‖aufenthaltszeit/en; **каботаж внутри границ ЕС** EU-Kabotage; **пересечение -ы** -überquerung; **простой на -е** -aufenthalt; **за -е** im Ausland; **за -у** ins Ausland;

закрывать/закрыть границ‖у eine Grenze ‖ schließen; **открывать/открыть -у** ~ öffnen; **пересекать/пересечь -у** ~ überqueren, überschreiten, passieren

график движения Fahrplan *(auch in Zus.)*; **единый** ~ einheitlicher; **интегральный** ~ integraler; **исключительный** ~ Sonder-; **коммерческий** ~ <судна> Schiffseinsatzplan; **параллельный** ~ Parallel-; **специальный** ~ Sonder-; ~ **поездов** Zug-; ~ **судов** Schiffs-; ~ **по твердому (жесткому) интервалу**⌂ Takt-

гребной винт Schiffsschraube

громоздк‖ий/ая/ое/ые sperrig/e/er/es, Sperr- *(in Zus.)*; ~ **багаж** –es Gepäck<stück>; ~ **груз** *(Fracht)* -gut

грубо-неосторожн‖ый/ая/ое/ые *(jur., s. auch неосторожный)* grob fahrlässig/e/er/es

гружен‖ый/ая/ое/ые Last-, Ladungs- *(in Zus.)*; ~ **пробег** <в километрах> *(Eis.)* Lastlauf; *(LKW)* Laststrecke (-kilometer), Ladungsfahrt; ~ **рейс вагона** *(Eis.)* Wagenlastlauf

груз/ы *(s. auch* **фрахт, товар***)* <Ladungs>Gut, Fracht, Ladung, -gut, -fracht, Güter-, Fracht- *(in Zus.)*; **авиационный** ~ Luftfracht; **атмосферостойкий** ~ witterungsunempfindliche/es; **бездокументный** ~ ohne Begleitpapiere; **беспошлинный** ~ Freigut; **бестарный** ~ unverpackte/es, ~ in losem Zustand; **бестарный штучный** ~ Stück-, unverpackte/es; **буксируемый** ~ *(Schiff.)* Schlepp-; **вагонный** ~ *(Eis.)* Wagenladungs-; **внешнеторговый** ~ Außenhandels-; **водостойкий** ~ feuchtigkeitsunempfindliche/es; **водочувствительный** ~ feuchtigkeitsempfindliche/es; **выгружаемый** ~ Entlade-, *(Schiff.)* Lösch-; **габаритный** ~ Maßgut; **генеральный** ~ Stück-, Einheitsladung; **годный к перегрузке краном** ~ kranbare/es; **громоздкий** ~ Sperr-, sperrige/es; **дальнепробежный** ~ Fern-; **длиномерный** ~ Langgut, ~ mit Überlänge; **добавочный** ~ Beiladung; **дополнительный** ~ *s.* *добавочный;* **железнодорожный** ~ Bahn-; **жидкий** ~ Flüssig-, flüssige/es; **заменяемый** ~ substituierbare/es, Austausch-; **замороженный** ~ Gefrier-, Tiefkühl-; **импортный** ~ Import-, Einfuhr-; **индивидуальный** ~ Stück-, Einzelfrachtstück, Stücklast; **коммерческий** ~ Nutzladung; **контейнерный** ~ Container-, Containerladung; **корабельный** ~ Schiffsfracht (-ladung);

короткопробежный ~
Kurzstrecken-; **крупногабаритный**
~ *s. громоздкий*; **легковесный** ~
Leicht-; **легковоспламеняющийся**
~ leicht entflammbare/es, leicht
entzündbare/es; **малогабаритный** ~
mit geringem Lademaß; **массовый** ~
Massen<bedarfs>gut; **массовый**
насыпной ~ Massenschüttgut;
массовый **штучный** ~
Massenstückgut; **мелкий** ~ Stück-;
местный ~ Ortsfracht; **морской** ~
Seefracht; **навалочный** ~ Rohgut,
(Freilade-, Schütt-, Massen-), lose/es;
наливной ~ Flüssiggut, Tankladung;
насыпной ~ Schüttgut<ladung>;
невостребованный ~ nicht
abgeholte/es, nicht in Empfang
genommene/es; **негабаритный** ~
mit Lademaßüberschreitungen,
Sperr-; **неделимый** ~ nicht teilbare
Ladung; **непогруженный** ~
nichtverladene/es;
несопровождаемый ~
unbegleitete/es; **обратный** ~ Rück-,
Rückladung; **объемный** ~ Sperr-;
обычный ~ konventionelle/es;
обычный **штучный** ~
konventionelle/es Stück-;
огнеопасный ~ feuergefährliche/es;
огнестойкий ~ feuerbeständige/es;
однородный ~ gleichartige/es,
homogene/es; **опасный** ~⊞
Gefahrgut, gefährliche/es;
отправленный ~ versandte/es,
versendete/es, abgefertigte Fracht;
палубный ~ *(Schiff.)* Decksfracht;
перевалочный ~ *s. перевозимый*;
перевозимый ~ Transportgut
(Beförderungs-, Umschlag-, Lade-,
Versand-, Fracht-); **перевозный** ~
beförderte/es, Cargo;
перегружаемый ~ Umladegut;
повагонный ~⊞ *(Eis.)*
Wagenladung<sgut>;
поврежденный ~ beschädigte/es;
погодочувствительный ~

witterungsempfindliche/es;
погружаемый ~ Verladegut;
погруженный навалом ~ lose
verladene/es; **погруженный на**
судно ~ *(Schiff.)* gestaute/es;
подъемный ~ Ladegewicht;
полезный ~ Nutzlast, Lademasse;
полученный ~ empfangene/es
потерянный ~ verlorengegangene
Ladung (-e Fracht, -es Gut);
почтовый ~ Postfracht (-ladung);
поштучный ~ Stück-, Stückladung;
прибывающий ~ auflaufende/es,
eingehende/es; **пригодный к**
хранению ~ lagerfähige/es;
разнородный ~
verschiedenartige/es, heterogene/es;
разрядный ~ Standard-, Massen-;
растаможенный ~ zollamtlich
abgefertigte/es; **речной** ~
Flussfracht; **сборный** ~ Sammel-;
складской ~ Lagergut;
скоропортящийся ~
leichtverderbliche/es; **скоростной** ~
Eil-, Schnell-; **смешанный** ~
gemischte/es; **сопровождаемый** ~
Begleit-; **специальный** ~ Spezial-,
Sonder-; **срочный** ~ *s. скоростной*;
стандартный ~ *s. обычный*;
стандартный **штучный** ~ *s.*
обычный штучный; **судовой** ~
Schiffs-, Schiffsladung; **сухой** ~
Trocken-; **сыпучий** ~
Schüttgut<ladung>, Sturzgut;
таможенный ~ Zollgut; **тарно-**
штучный ~ Stückgut<ladung>,
verpackte/es; **тарный** ~
verpackte/es;
температурочувствительный ~
temperaturempfindliche/es;
термостойкий ~
temperaturunempfindliche/es;
традиционный ~ konventionelle/es;
трамповый ~ Tramp-,
Gelegenheits-; **транзитный** ~
Transit-, Durchgangs-, Durchfuhr-;
транспортируемый ~ Transportgut
(Beförderungs-, Umschlag-, Lade-);

тяжеловесный ~ Schwergut; **упакованный** ~ *s. тарный*; **хрупкий** ~ <leicht>zerbrechliche/es; **чартерный** ~ Charterladung; **чувствительный** ~ sensible/es; **штабелированный** ~ gestapelte/es; **штабелируемый** ~ Stapelgut, stapelbare/es; **штучный** ~ Stück-; **экспортный** ~ Export-, Ausfuhr-; **ярмарочный** ~ Messegut;

груз ‖ **большой скорости** Eil‖gut (-fracht); ~ **малой скорости** Frachtgut <mit gewöhnlicher Beförderung>, *(Eis. auch)* Bahnfracht; ~ **особой срочности** Express-;

груз ‖ **в кипах** Ballen‖gut; ~ **в контейнерах** Container-, containerisierte Ladung; ~ **в мешках (в мешочной упаковке)** Sack-, abgesackte/es; ~ **в пути** unterwegs befindliche; ~ **в таре** verpackte/es; ~ **на поддонах** Palettenladung; ~ **по коносаменту** *(See.)* Konnossementsfracht; ~ **под таможенной пломбой** ~ unter Zollverschluss; **экспресс-**~ Express-;

груз, ‖ **облагаемый пошлиной** zollpflichtige ‖ Fracht (-es Gut); ~ **перевозимый водным транспортом** schwimmende Ladung; ~ **перевозимый таможенным транзитом** Zollversandgut; ~ **перевозимый по суше** rollende Ladung; ~ **погружаемый только на палубу** *(Schiff.)* gefährliche Deckfracht; ~ **подлежащий возврату** Rücksendegut; ~ **прибывающий по TIR** TIR-Fracht; ~ **пригодный для перевозки** transportfähige/es; ~ **принимаемый к перевозке на особых условиях** bedingungsweise zur Beförderung zugelassene/es; ~ **складируемый в штабелях** Stapelgut; ~ **требующий особого**

обращения sicherheitsrelevante/es; ~ **требующий охлаждения** Kühlgut, temperaturgeführte/es; ~ **требующий незамедлительной перевозки** zeitsensible/es; ~ **удобный для перевозки** *s.* ~ *пригодный*; ~ **уложенный в штабелях** *s.* ~ *складируемый*; ~ **упакованный на поддонах** palettierte/es;

без груз‖**а** *(Fahrzeug, Behälter)* unbeladen/e/er/es;

авиадоставка груза Beförderung der Fracht auf dem Luftweg;

арест груз‖**а** Ladungsarrest; **вес -а** Ladegewicht (Fracht-); **взвешивание -а** Wiegen der Fracht (Ladung); **вид -а** Güterart; **возврат -а** Rückführung (Rückgabe) von ~; **возвращение -а** *s. возврат*; **выдача -а** Frachtausgabe; **габарит -а** Frachtmaß (-abmessungen); **гибель** *(f.)* **-а** Frachtverlust; **движение -ов** Frachtbewegung (Güter-); **декларация -а** Frachtdeklaration, *(Schiff.)* Frachtverzeichnis; **договор перевозки -а** Frachtvertrag; **документы** *(Pl.)* **на перевозимый** ~ **(на перевозку -а)** Frachtpapiere; **досмотр -а** Frachtkontrolle; **доставка -а** Frachtzustellung; **доставка -а на дом** Frei-Haus-Lieferung; **единица -а** Frachtstück (-einheit), Kollo; **единица перевозимого -а** Transportstück (Versand-); **завоз -а** Frachtanlieferung; **задержание -а** *s. арест*; **затарка -а** Verpacken von ~; **категория повагонных -ов** *(Eis.)* Wagenladungsklasse; **километр пробега с -ом** Lastkilometer; **класс -ов** Güterklasse; **книга прибытия -ов** Gütereingangsbuch; **комплектование -а** Zusammenstellen der Fracht

(Ladung); контракт перевозки -а
s. договор перевозки; кража -а
Frachtdiebstahl (Ladungs-);
крепление -а Ladungssicherung;
крепление и сепарация -а _(Schiff.)_
Verzurrung und Separierung der
Fracht (Ladung); кубатура -а
Frachtkubatur, Güterabmessung;
логистика перегрузки
(рапределения) -ов Frachtlogistik
(Distributions-); маркировка -а
Frachtmarkierung; масса -а
Lademasse, Frachtgewicht;
наименование -а
Frachtbezeichnung (Güter-);
накладная на ~ Ladeliste;
номенклатура -ов
Frachtverzeichnis (Ladungs-); номер
-а Frachtnummer; обработка -а
Warenbehandlung (-veredelung);
обращение с -ом Umgang mit der
Fracht (Ladung); освобождение -а
Frachtfreigabe; отвоз -а
Güterabfuhr; отгрузка -а
Frachtversand (Güter-);
отправитель -а⌸ _(Pers.)_ Absender,
Güterversender; отправка -а
Frachtabfertigung (Güter-); партия
-а Warenpartie; отдельная партия
<перевозимого> -а Einzelsendung;
перевалка -а Frachtumschlag
(Güter-); перевозка -а
Frachtbeförderung (Güter-);
перегрузка -а _s. перевалка_;
передача -а Frachtübergabe;
переотправка -а Weiterversand der
Fracht (Ladung); переработка -а
Güterveredelung; перетаривание -а
Umverpacken (Wiederverpacken,
Neuverpacken) von Fracht;
перетарка -а _s. перетаривание_;
перечень _(т.)_ отправленного -а
Frachtliste (-verzeichnis);
повреждение -а
Frachtbeschädigung; погрузка -а
Frachtverladung (Güter-); подсчет
количества -а _(Schiff.)_ Tallierung;

получатель _(т.)_ -а
Frachtempfänger (Ladungs-); порча
-а Frachtverderb; порядок
размещения -а на судне _(Schiff.)_
Frachtverstauung, Trimmen; потеря
-а Frachtverlust (Ladungs-); поток
-ов Güterstrom (-fluss); прибытие
и отбытие -а Frachtein- und
-ausgang; прием -а <к отправке>
Frachtannahme (-versand),
Güterannahme (-versand), Verladung
von Fracht (Gütern); принятие -а к
перевозке Frachtübernahme;
пробег с -ом _(LKW)_ Ladungsfahrt;
размещение -а Frachtverladung;
размещение -а на судне _(Schiff.)_
Stauen; растарка –а Auspacken von
Fracht; растаможивание -а _(umg.)_
Entzollung der Fracht (Ladung),
Erledigung von Zollformalitäten;
расходы, связанные с
перевалкой и транспортировкой
-а Logistikkosten; розыск -а
Frachtnachforschung (-ermittlung);
сбор за складирование
(хранение) -а Lagerkosten
(-gebühr), Aufbewahrungsgebühr;
свидетельство о получении -а
Frachtempfangsschein; сдача-
приемка -а Frachtübernahme
(Ladungs-); сепарация -ов
getrennte Lagerung von Gütern;
склад -ов Güterlager;
складирование -а Güterlagerung;
служба привоза -а _(Güterv.)_
Zubringerdienst; сопровождение -а
с помощью радиолокационной
системы Sendungsverfolgung;
состав -ов Güterstruktur;
состояние -а Güterbeschaffenheit;
сохранность _(f.)_ -а Unversehrtheit
der Fracht; спецификация на ~
Ladungsverzeichnis; стоимость _(f.)_
-а Frachtkosten; страхование -а
Frachtversicherung (Ladungs-);
структура -ов _s. состав_; счет за
перевозку (провоз) -а
Frachttransportrechnung; терминал

авиационного -a
Luftfrachtterminal;

утрата груза || Frachtverlust
(Ladungs-); **полная** ~ Totalverlust
der Fracht (Ladung); **частичная** ~
Teilverlust der Fracht (Ladung);

характеристика груз||**a**
Güterbeschaffenheit (-charakteristik);
хищение -a Frachtraub; **хранение**
-a *s. складирование*; **хранение** -a
на таможенном складе
Zollgutlagerung; **центр доставки** -a
<Güter>Zustellzentrum;

экспедирование -a
Frachtabfertigung (-versand),
Güterabfertigung (-versand);
этикетирование -a Labeln
(Etikettieren) von Fracht; **этикетка**
-a Frachtzettel;

выгружать/выгрузить || **груз**
Fracht<gut> (Güter) || ausladen
(abladen, entladen), *(Schiff. auch)*
Ladung löschen; **закладывать/**
заложить ~ **на хранение** ~
einlagern; **отгружать/отгрузить** ~
~ versenden, ~ abschicken;
перевозить/перевезти ~ ~
befördern; **погружать/погрузить** ~
~ aufladen, ~ verladen; **поднимать/**
поднять ~**, заключенный в строп**
(Schiff.) ~ hieven; **принимать/**
принять ~ ~ in Empfang nehmen, ~
annehmen; **разгружать/разгрузить**
~ *s. выгружать/выгрузить*;
сортировать/рассортировать ~ ~
sortieren; **страховать/**
застраховать ~ ~ versichern;
транспортировать ~ ~ befördern, ~
transportieren; **укладывать/**
уложить ~ **в штабель** *(т.)* ~
stapeln; **хранить/сохранить** ~ **на**
складе ~ <ein>lagern

грузить/нагрузить (/**загрузить**)
транспортное средство <**чем-л.**>
ein Transportmittel <mit etw.>

beladen, *(Schiff. auch)* befrachten

грузить/погрузить <**что-л. на что-**
л.> <etw. auf/in ein Transportmittel>
laden, <etw.> aufladen, einladen,
verladen; ~ **груз** Fracht verladen,
(Schiff. auch) Güter einschiffen; ~ **на**
вагон einen Waggon beladen,
<etw.> auf einen Waggon laden; ~
на грузовик einen LKW beladen,
<etw.> auf einen LKW laden; ~ **на**
контейнер einen Container beladen,
<etw.> in einen Container einladen; ~
на судно ein Schiff befrachten

грузо- Güter-, Fracht- *(in Zus.)*

грузовик *(s. auch автомобиль)*
Lastkraftwagen, LKW, Nutzfahrzeug,
~-LKW, -fahrzeug; LKW- *(in Zus.)*;
многочленный ~ mehrgliedriger/es;
низкорамный ~ Tieflade-;

грузовик || **большой**
грузоподъемности schwerer LKW
(-es Nutzfahrzeug); ~ **малой**
грузоподъемности leichter/es,
Kleintransporter;

грузовик с тентом
Plane-Spriegel-LKW;

франко грузовик free on truck (fot)

грузовик||-**рефрижератор**
Kühlwagen;

вес грузовик||**a** Eigengewicht eines
LKW; **водитель** *(т.)* -a
LKW||-Fahrer; **движение** -ов
~-Verkehr; **запрещение движения**
-ов ~-Fahrverbot; **концессия на** ~
~-Konzession; **кузов** -a ~-Aufbau;
приоритетный маршрут для -ов
~-Vorrangroute; **плата за простой**
-a ~-Standgeld; **полоса для** -ов
~-Spur; **полуприцеп** -a
~-Sattelauflieger; **прицеп** -a
~-Anhänger; **пробег** -a
~-Laufleistung, ~-Fahrleistung;
промежуточная стоянка для -ов

Auffangparkplatz für ~; удостоверение на право управления -ом ~-Führerschein; штраф за простой -а _s. плата за простой_; экспедиция на -ах Straßengüterverkehrsspedition;

выгружать/выгрузить груз с грузовик‖а _(Ladung)_ Güter aus einem ‖ LKW ‖ ausladen, Güter vom ~ abladen; грузить/нагрузить груз на ~ Güter auf einen ~ aufladen; перегружать/перегрузить груз на ~ Güter in einen ~ umladen; погружать/погрузить ~ einen ~ beladen; разгружать/разгрузить ~ 1. _(Fahrzeug)_ einen ~ entladen; 2. _s. выгружать/выгрузить_

грузо‖владелец _(Pers.)_ Frachteigentümer (-eigner)

грузовместимость _(f.)_ Fassungsvermögen, Ladekapazität (-fähigkeit, -fläche, -inhalt), Staukapazität (-fläche, -raum), -kapazität _(in Zus.)_; ~ автомобиля _(Kfz.)_ ~ eines Fahrzeugs; ~ багажника _(PKW)_ Stauraum eines Kofferraums; ~ вагона _(Eis.)_ ~ eines Waggons; ~ контейнера ~ eines Containers; ~ кузова ~ (Laderaum) eines LKW; ~ помещения Fassungsvermögen eines Raumes; ~ судна _(Schiff.)_ Tonnagekapazität; ~ транспортного средства ~ eines Transportmittels; верхний предел -и Kapazitätsobergrenze

грузов‖ой/ая/ое/ые Güter-, Fracht- _(in Zus.)_; ~ автомобиль _(m.)_ Lastkraftwagen, LKW, Nutzfahrzeug, Transporter; ~ автомобиль _(m.)_ с бортовой платформой _(LKW)_ Pritschenfahrzeug; ~ автохозяйство Güterverkehrsunternehmen, Fuhrbetrieb; ~ аэропорт Frachtflughafen; ~ баржа _(Binnsch.)_

Lastkahn, Ladebarkasse; ~ борт с подьемником Ladebordwand; ~ вагон _(Eis.)_ Güterwagen (-waggon); ~ моторный вагон _(Eis.)_ Gütertriebwagen; ~ вагон с высокими бортами _(Eis.)_ Hochbordwagen; ~ ведомость _(f.)_ Frachtliste; ~ весы _(Pl.)_ Güterwaage; ~ двор Güterumschlagplatz, (Verlade-), Frachthof; ~ таможенная декларация (ГТД) Zollfrachterklärung; ~ документ/ы Frachtpapier/e; ~ единица Ladeeinheit (Ladungs-); ~ кабина <самолета> _(Flug.)_ Frachtraum (Lade-) <eines Flugzeuges>; ~ катер Katamaranfrachtschiff; ~ квитанция Frachtempfangsschein; ~ книга Ladebuch (Fracht-); ~ контейнер Frachtcontainer; ~ воздушный корабль _(Flug.)_ Transportluftschiff; ~ локомотив Güterzuglokomotive (-lok); ~ люк _(Schiff.)_ Ladeluke (Fracht-); ~ манифест Frachtmanifest; ~ марка _(Schiff.)_ Lademarke; ~ место Frachtstück; ~ оборот –umschlag, Ladungsumschlag; ~ операции _(Pl.)_ Güterabfertigung; ~ отсек _(Flug.)_ Frachtraum; ~ пакгауз Frachthalle; ~ паровоз _s. локомотив_; ~ паром Güterfähre; ~ пароход Frachtschiff, Frachter; ~ платформа _(LKW)_ Ladefläche;

грузовые перевозки ‖ _(Pl.)_ Güter<kraft>verkehr/e (Ladungs-); ближние ~ Güternahverkehr; внутриобластные ~ regionaler Güterverkehr; воздушные ~ Luftfrachtverkehr; дальние ~ Güterfernverkehr; международные ~ internationaler Güterfernverkehr; местные ~ _s. ближние_; морские ~ Seefrachtverkehr; транзитные ~ Gütertransitverkehr

грузов‖ой перевозчик Güterbeförderer, Frachtführer

(-transporteur); ~ **поддон** Frachtpalette; ~ **поезд** Güterzug; ~ **помещение** *(LKW, Eis.)* Laderaum (Fracht-); ~ **порт** Frachthafen; ~ **поток** Güterstrom; ~ **автотранспортное предприятие** Fuhrunternehmen; ~ **прицеп** LKW-Anhänger; ~ **причал** Frachtkai (Lade-), Anlegestelle, Liegeplatz <für Frachtschiffe>; ~ **простои** *(Pl.)* Standzeiten zum Be- und Entladen; ~ **пул** Frachtpool; ~ **рейс** Frachtfahrt; ~ **самолет** Frachtflugzeug (Transport-); ~ **сбор** *(Schiff.)* Ladegebühr <für die Benutzung der Kaianlagen>; ~ **свидетельство** Frachtzertifikat; ~ **сертификат** *s. свидетельство*; ~ **железнодорожная сеть <в рамках транспортной системы EC>** *(Eis.)* Cargo Rail Net <der EU>; ~ **сообщение** Güterverkehr (Fracht-); ~ **станция** Güterbahnhof; ~ **стрела** Ladebaum; ~ **судно** Frachtschiff, Frachter; ~ **такси** *(n. indkl.)* Gütertaxi; ~ **тариф** Gütertarif (Fracht-, Transport-); ~ **теплоход** Motorgüterschiff; ~ **терминал** Güterterminal (Fracht-); ~ **тоннаж** *(Schiff.)* Frachtguttonnage, Frachtraum; ~ **транспорт** Güterverkehr (Fracht-); ~ **транспортное средство** Nutzfahrzeug; ~ **трюм** *(Schiff.)* Laderaum; ~ **транспортный узел** *(KV)* Güterverkehrszentrum; ~ **устройство <судна>** *(Schiff.)* Ladegeschirr; ~ **центр** Güterzentrum

грузозахватное устройство *(Schiff.)* Löschanlage <zum Be- und Entladen>

грузо‖напряженность *(f., Güterv.)* <дорог> Güterbeförderungsdichte, (-verkehrsdichte), Streckenbelastung (Linien-, Betriebs-); **снижение -и** <дорог> Verkehrsentlastung <von Straßen>;

грузообмен Güterumschlag (-austausch, -bewegung)

грузооборот ‖ Güterumlauf, (-beförderungsleistung), Frachtumschlag (-umsatz), Transportumschlag, -umschlag *(in Zus.)*; **годовой** ~ jährliche/er; **общий** ~ Gesamt-; **суммарный** ~ *s. общий*; **суточный** ~ tägliche/er; ~ **порта** Hafen-; ~ **склада** Lager-; ~ **терминала** Terminal-; **рост** -**а** Zunahme des -s; **снижение** -**а** Abnahme des -s;

грузоотправитель ‖ *(m.)* Frachtabsender (-versender), Auslieferer, Verlader, Verladeunternehmer *(Flug. auch)* Consigner, *(Schiff. auch)* Befrachter, Belader; **дубликат накладной, предназначенный для** -**я** *(Frachtbriefduplikat)* Sperrpapier

грузопассажирск‖ий/ая/ое/ие kombinierte/er/es, Kombi- *(in Zus.)*; ~ **автомобиль** *(m.)* -fahrzeug, -wagen; ~ **вокзал** -bahnhof; ~ **поезд** *(Eis.)* gemischter Zug; ~ **судно** -schiff, Fahrgastfrachter

грузо‖перевозчик *(Pers.)* Gütertransportunternehmer; -**подъемник** *(techn.)* Lastenaufzug;

грузоподъемность ‖ *(f.)* **1.** *(Rauminhalt)* Ladekapazität (-fähigkeit, -raum); **2.** *(Gewicht)* Traglast, Nutzmasse, Hubgewicht; **использование** -**и** Auslastung (Ausnutzung) der/des ~

грузоподъемн‖ый/ая/ое/ые Lade-, Hub- *(in Zus.)*; ~ **борт** Ladebordwand; ~ **кран** -kran; ~ **устройство** -vorrichtung

грузополучатель ‖ *(m.)* Frachtempfänger (Ladungs-), Destinator, *(Flug. auch)* Consignee; **выгрузка оплачивается** -**ем**

Entladung zahlt ~;

грузопоток ‖ Güterstrom; **двусторонний** ~ gegenläufiger; **односторонний** ~ einläufiger; **рост -а** Zunahme des -s; **снижение -а** Abnahme des -s; **координировать -и** *(Pl.)* Güterströme koordinieren (bündeln);

грузоприемщик Frachtführer, *(Schiff. auch)* Verfrachter

грузораздельн‖ый/ая/ое/ые *(hier Abgrenzung von Verteilungsbereichen im Güterv.)* Grenz- *(in Zus.)*; ~ **линия** -linie; ~ **пункт** -punkt

грузораспределительный центр^ Güterverteilzentrum (Distributions-); ~ **с широким спектром логистических услуг** Güterverkehrszentrum

грузо‖такси *(n. indkl.)* Gütertaxi; **-ъемкость** *(f.)* <**транспортного средства**> Ladefähigkeit (-kapazität, -raum) <eines Transportmittels>

грузчик *(Pers.)* **1.** *(Güterumschlag)* <Ver>Ladearbeiter; **2.** Lastträger, **оплата -а** Trägerlohn

группировать перевозки *(Pl.)* Transporte bündeln

группов‖ой/ая/ое/ые *(s. auch сборный, сводный)* Gruppen-, Sammel- *(in Zus.)*; ~ **проездной билет** -fahrschein; ~ **контейнер** Sammelcontainer; ~ **накладная** Sammelfrachtbrief; ~ **туристическая поездка** Gruppenreise (Pauschal-); ~ **тара** Sammelverpackung; ~ **упаковка** *s. тара*

группы, товарные *(Pl.)* Warengruppen

гужев‖ой/ая/ое/ые Fahr-, Fuhr- *(in*

Zus.); ~ **парк** Fuhrpark; ~ **путь** *(m.)* Fahrweg

гусеница *(techn.)* Raupe; **привод -ы** Raupenantrieb

гусеничный *(techn.)* Raupen- *(in Zus.)*; ~ **автомобиль** *(m.)* -fahrzeug, -wagen; ~ **тягач** -schlepper; ~ **ход** *s. привод гусеницы*

густонаселенный <**городской**> **район** <urbaner> Ballungsraum

давать/дать заявление об оформлении визы *(Pass.)* ein Visum beantragen

давление *(hier techn.)* Druck *(auch in Zus.)*; **тормозное** ~ Brems-; ~ **на ось** *(f.)* Achs-; ~ **в шинах** Reifen-

дальневосточное время fernöstliche Zeit (Pazifik-~)

дальнейшая перевозка <**груза, пассажиров**> *(Güterv.)* Weitertransport (-beförderung) <von Fracht, *(Pass.)* Weiterbeförderung von Passagieren (Fahrgästen)

дальне- *(in Zus.)* Fern-, Weit-; **-пробежный груз** Fernfracht<gut>

дальн‖ий/яя/ее/ие Fern-, Weit- *(in Zus.)*; ~ **перевозки** *(Pl.)* **груза** Güterfernverkehr; ~ **перевозки** *(Pl.)* **груза собственным транспортом** <**предприятия**> Werkfernverkehr; ~ **грузовые перевозки** *s. дальние перевозки груза*; ~ **грузовые перевозки автомобильным транспортом** Straßengüterfernverkehr; ~

плавание   *(Schiff.)*   1.
Überseeschifffahrt; 2. große Fahrt; ~
путь *(m.)* сообщения Fernstrecke
(-trasse); ~ расстояние Langstrecke
(Weit-); ~ рейс Fernfahrt, *(Pass.)*
Fernreise; ~ магистральный
самолет Langstreckenflugzeug; ~
сообщение Fernverkehr;

поезд дальн‖его следования
Fern‖<reise>zug; полет на ~
расстояние *s. магистральный
самолет*; самолет -его действия
Langstreckenflugzeug; транспорт
-его следования -verkehr; фара
-его света *(Fahrzeug)* -licht

дальность *(f.)* Weite, Entfernung,
-weite *(in Zus.)*; максимальная ~
Maximalreich-, maximale Reich-;
максимальная ~ пробега *(Eis.,
Kfz.)* Maximallauf-; минимальная
~ Mindestreich-, minimale Reich-;
минимальная ~ пробега *(Eis.,
Kfz.)* Mindestlauf-; предельная ~ *s.
максимальная*; ~ видимости Sicht-;
~ действия Reich-; ~ доставки
Verkehrsferne; ~ перевозки
Transport-, Beförderungs-; ~ полета
Flug-, Flugentfernung (-strecke);
пояс -и Entfernungsstufe (-zone)

данные *(Pl.)* Daten *(auch in Zus.)*;
летные ~ Flug-; технические ~
technische; транспортные ~
Verkehrs-, Verkehrszahlen;
экономические ~ Wirtschafts-; ~ о
происхождении товара
Herkunftsangabe <einer Ware>; ~ об
объеме дорожного движения
(Verkehrsaufkommen) Verkehrs-;
устройство <для> регистрации
-ых Datenschreiber

дата *(s. auch срок)* Datum *(auch in
Zus.)*; ~ вылета Abflug-; ~ выхода
<судна> ~ des Auslaufens <eines
Schiffes>; ~ захода <судна> ~ des
Einlaufens <eines Schiffes>; ~

отгрузки Verlade-; ~ отплытия
<судна> ~ *s. ~ выхода*; ~
отправления *(Pass.)* Abfahrts-,
(Güter) Versand-; ~ отъезда
Abfahrts-, Abreise-; ~ поездки
Reise-; ~ поставки Liefer-; ~
прибытия Ankunfts-, Anreise-; ~
приезда Anreise-; ~ прилета
(Flug.) Ankunfts-; ~ приема
Empfangs-; ~ принятия *s. ~
приема*; ~ прихода *(Schiff.)*
Ankunfts-

датчик, автоматический *(techn.)*
automatischer Sender

двадцатифутовый контейнер
Zwanzig-Fuß-Container

двенадцатимильн‖ый/ая/ое/ые
(Schiff.) Zwölfmeilen- *(in Zus.)*; ~
<пограничная> зона -zone; ~
полоса *s. зона*

дверь *(f.)* <автомобиля> *(Kfz.)*
<Auto>Tür, Klappe *(auch in Zus.)*;
задняя ~ Heck-, hintere Tür;
передняя ~ Vordertür, vordere Tür

двигатель *(m.)* Motor, Antrieb,
-motor, Motor- *(in Zus.)*, *(Flug.
auch)* Triebwerk, -triebwerk,
Triebwerks- *(in Zus.)*;
авиационный ~ Flugzeug-;
бензиновый ~ Benzin-; газовый ~
Gas-; дизельный ~ Diesel-,
Dieselantrieb; кормовой ~ *(Schiff.)*
Heck-; реактивный ~ *(Flug.)*
Düsen-; судовой ~ Schiffs-,
Schiffsantrieb; хвостовой ~ *(Flug.)*
Heck-; ~ автомобиля Kfz-~; ~
внутреннего сгорания
Verbrennungs-; ~ задней
установки *(Kfz.)* Heck-; ~ с
низким расходом горючего
kraftstoffsparender/es (treibstoff-);
мощность *(f.)* -я -leistung;

выключать/выключить ‖
двигатель ein Triebwerk (einen

Motor) ausschalten (abstellen); глушить/заглушить ~ einen Motor abwürgen; заводить/завести ~ einen Motor anlassen (starten); запускать/запустить ~ ein <Flugzeug>Triebwerk anlassen

двигаться/двинуться sich bewegen, _(Kfz.)_ fahren; ~ задним ходом im Rückwärtsgang, rückwärts, zurückfahren (-setzen); ~ передним ходом im Vorwärtsgang, vorwärts; ~ со скоростью sich mit einer <bestimmten> Geschwindigkeit fortbewegen

движение I _(s. auch перевозка, перевозки, сообщение, транспорт)_ Verkehr, -verkehr, Verkehrs- _(in Zus.)_; автобусное ~ Bus-; автомобильное ~ Kfz-~, Auto-, PKW-~; возвратное ~ Reversiv-; воздушное ~ Luft-, Flug-; встречное ~ Gegen-; высокоскоростное ~ High Speed Traffic (HST), Hochgeschwindigkeits-; двухстороннее ~ zweibahniger; дорожное ~ Straßen-; железнодорожное ~ <Eisen>Bahn-; зимнее ~ Winter-; кольцевое ~ Ring-; круглосуточное ~ Vierundzwanzig-Stunden-~; круговое ~ Kreis-, kreisförmiger; левостороннее ~ Links-; малоскоростное ~ Langsam-; маневревое ~ в поиске свободного места для стоянки автомобиля⌖ Parksuch-; маршрутное автобусное ~ Buslinien-; маршрутное пригородное ~ streckengebundener Regional-; местное ~ örtlicher, Nah-, Regional-; многорядное ~ mehrspuriger, vielspuriger; ночное ~ Nacht-; однорядное ~ einspuriger; одностороннее ~ Einbahn-; паромное ~ Fähr-; передаточное ~

(Eis.) Übergabe-; перекрестное ~ Kreuzungs-; пешеходное ~ Fußgänger-; правостороннее ~ Rechts-; сезонное ~ Saison-; сквозное ~ Durchgangs-, Transit-; сквозное ~ по каналу _(Schiff.)_ Kanaldurchgangs-; скоростное ~ <транспорта> Schnell-; текущее ~ fließender; транзитное ~ _s. сквозное_; туристическое ~ Ausflugs-, Erholungs-, Reise-; уличное ~ Straßen-, хозяйственное ~ Wirtschafts-; экскурсионное ~ _s. туристическое_;

движение || автобусов _s. автобусное_; ~ велосипедов <Fahr>Rad||verkehr; ~ грузовиков LKW-~; ~ метрополитена U-Bahn-~; ~ поездов Zug-; ~ межрегиональных поездов _(Eis.)_ Interregio-; ~ поездов на подъездных путях _(Eis.)_ Anschluss-; ~ самолетов Flug-; ~ судов Schiffs-; ~ судов в порту Hafen-; ~ такси _(n. indkl.)_ Taxi-; ~ трамваев Straßenbahn-; ~ транспорта в час пик Spitzen-, Rush-hour-~; ~ местного транспорта Zubringer-; ~ транспортных средств Fahrzeug-; ~ электричек S-Bahn-~;

движение <транспорта> || в пределах малонаселенных территорий Flächen||verkehr; ~ в часы пик Spitzen-, Stoß-; ~ между портом и прилегающими районами Hafenhinterland-; ~ между узловыми пунктами⌖ Knotenpunkt-; ~ на длинные дистанции Fern<strecken>-; ~ на короткие дистанции Kurzstrecken-; ~ на строительных площадках Baustellen-; ~ на территории порта _(LKW, Eis.)_ Hafen-; ~ по различным видам транспорта multimodaler; ~ по жесткому (твердому) графику Takt-; ~ по подъездным дорогам Zubringer-, Anschluss-; ~ по полосам spurgeführter; ~ по расписанию fahrplanmäßiger; ~ по отдельным секциям маршрута Teilstrecken-; ~ по устранению отходов Entsorgungs-; ~ с частыми обгонами Überhol-; ~, вызванное жителями одного микрорайона Anlieger-;

безопасность *(f.)* движени‖я Verkehrs‖sicherheit; дорога для скоростного -я Schnellstraße; закрытие -я транспорта *s. прекращение*; запор в уличном -и -stau; запрещение -я -verbot; интенсивность *(f.)* <дорожного> -я *(Kfz)* -dichte, -belastung, Straßenbelastung; инфаркт -я -infarkt, -kollaps; ограничение -я -beschränkung; ограничения *(Pl.)* уличного -я Restriktionen für den Straßen-; перекрытие -я <по дороге> -sperrung, Straßensperrung; планирование -я транспорта -planung; площадь *(f.)* -я -fläche; правила *(Pl.)* дорожного -я (ПДД) Straßenverkehrsordnung; правила *(Pl.)* -я транспорта -ordnung/en; прекращение -я <транспорта> -sperre, Einstellung des -s; приостановление -я по дороге *s. перекрытие*; приток -я Ziel-, Zu- und Ablauf-; пропуск -я -durchlass, -durchgang; путь *(m.)* -я -strecke, Transportweg; регулирование -я 1. *(Prozess)* -regulierung; 2. *(Trassierung)* -führung; скорость *(f.)* -я -geschwindigkeit;

задерживать/задержать ‖ движение den Verkehr ‖ anhalten (stoppen); регулировать/урегулировать <уличное> ~ den <Straßen>~ regeln (lenken);

движение II Fahrt, -fahrt, Fahr/t- *(in Zus.)*, маневровое ~ *(Schienv.)* Rangier-; ~ маневрового состава *s. маневровое*; ~ задним ходом Rückwärts-, ~ im Rückwärtsgang; ~ передним ходом Vorwärts-, ~ im Vorwärtsgang; ~ в городских условиях Stadt-; ~ на подъем Berg-, Steigungs-; ~ по кругу Rund-; ~ под уклон Tal-, Neigungs-;

время движени‖я (в -и) Fahrzeit (Fahrt-, Lauf-);

график движения ‖ Fahrplan; график местного движения Regional-; ~ по твердому (жесткому) интервалу Takt-;

динамика движени‖я Fahrdynamik; запрещение -я Durchfahrverbot; изменение направления -я Fahrtrichtungsänderung; abweichende Linienführung; маршрут -я Fahrtroute, Transportweg; маршрут -я судна Schifffahrtslinie (-route, -weg); маршрут -я товара Warentransportweg, Frachtroute; направление -я Fahrtrichtung; полоса -я Fahrspur; расписание -я (в -и) Fahrplan, *(Flug. auch)* Flugplan, Scheduling; режим -я Fahrplan (-weise); служба -я Fahrzentrale, *(Eis. auch)* Fahrdienst; ускорение поперечного -я *(ÖPNV)* Querbeschleunigung; ускорение продольнего -я *(ÖPNV)* Längsbeschleunigung; условия *(Pl.)* -я Fahrbedingungen; устойчивость *(f.)* <автомобиля> при -и *(Kfz.)* Fahreigenschaften, Straßenlage; цикл -я Fahrzyklus; частота -я Fahrtdichte (Takt-);

движение III *(Schienv.)*, <Fahr>Betrieb, -betrieb, Betriebs- *(in Zus.)*; двухпутное ~ zweigleisiger;

однопутное ~ eingleisiger; ~ **поездов** Zug-; ~ **маршрутных поездов** Ganzzug-; ~ **ночных поездов** Nachtzug-; ~ **пригородных поездов** Regionalzug-; ~ **скорых поездов** Schnellzug-; ~ **на смешанной тяге** _(techn.)_ gemischter; **безопасность** _(f.)_ **в -и** -sicherheit, Einsatzsicherheit

движимое имущество bewegliches Gut

двойн‖ой/ая/ое/ые Doppel- _(in Zus.)_, doppelt/e/er/es; ~ **квитанция** -quittung; ~ **расписка** -beleg, -quittung; ~ **складочное свидетельство** -er Warrant; -er Lagerschein; ~ **фрахтовая ставка** -frachtrate, Dualrate; ~ **страхование** -versicherung; ~ **таможенный тариф** _(Zoll.)_ -tarif; ~ **тяга** _(techn.)_ -traktion

двор, грузовой Frachthof, Verladeplatz (Güterumschlag-)

дворник _(hier techn., umg.)_ Scheibenwischer

дву/х- zwei- _(in Zus.)_

двухзаходный поддон Zweiwegepalette

двухколейн‖ый/ая/ое/ые _(Schienv.)_ zweispurig/e/er/es; ~ **путь** -es Gleis; ~ **транспортное средство** -es Fahrzeug

двух‖колесное транспортное средство zweirädriges Fahrzeug; **-местный автомобиль** _(Kfz.)_ Zweisitzer; **-моторный самолет** zweimotoriges Flugzeug

двухосн‖ый/ая/ое/ые zweiachsig/e/er/es, (doppel-), Doppelachs- _(in Zus.)_; ~ **вагон** -wagen; ~ **транспортное средство** -es Fahrzeug

двухпутн‖ый/ая/ое/ые _(Schienv.)_ zweigleisig/e/er/es, zweispurig/e/er/es; ~ **движение** -er Fahrbetrieb; ~ **<железнодорожная> линия** -e <Bahn>Strecke, Gleispaar

двух‖рядная дорога zweispurige Straße; **-ставочный тариф** Zweisatz-Tarif

двухсторонн‖ий/яя/ее/ие bilateral/e/er/es, zweiseitig/e/er/es; ~ **движение** zweiseitiger Verkehr; ~ **договор (контракт)** -er Vertrag; ~ **контингент** bilaterales Kontingent; ~ **грузовый поток** gegenläufiger Güterstrom; ~ **соглашение о грузовых перевозках** -es Güterverkehrsabkommen; ~ **тариф** bilateraler Tarif

двухэтажн‖ый/ая/ое/ые Doppelstock-, Doppeldeck- _(in Zus.)_; ~ **автобус** -bus; ~ **вагон** _(Eis., Pass.)_ -wagen; ~ **поезд** -zug

двухярусн‖ый/ая/ое/ые Doppelstock- _(in Zus.)_; ~ **автомобиль** _(m., LKW)_ Autotransporter; ~ **вагон** _(Eis. Güterv.)_ -wagen

дегрессивн‖ый/ая/ое/ые degressiv/e/er/es, Degressiv- _(in Zus.)_; ~ **амортизация** _(kfm.)_ -e Abschreibung (Amortisation); ~ **тариф** -tarif

дедвейт _(Schiff.)_ deadweight, Tragfähigkeit; **~тонна** Tragfähigkeitstonne

дежурн‖ый/ая/ое/ые I 1. _(Fahrzeug)_ in Bereitschaft stehend/e/er/es, Reserve- _(in Zus.)_; 2. _(Pers.)_ diensthabend/e/er/es; ~ **автомобиль** _(m.)_ Reservewagen, Bereitschaftsfahrzeug; ~ **диспетчер** _(Pers.)_ diensthabender Dispatcher; ~ **локомотив** Reservelok<omotive> (Bereitschafts-)

дежурный/ая II *(Subst., Pers.)*
Diensthabende/er; ~ **по вокзалу**
Fahrdienstleiter; ~ **по парку**
Fuhrparkleiter; ~ **по переезду**
Schrankenwärter; ~ **по прибытию и**
отправлению   поездов
Zugabfertiger/in; ~ **по станции** *s.* ~
по вокзалу

действительн‖ый/ая/ое/ые
gültig/e/er/es; ~ **броня** -e Buchung,
Reservierung; ~ **букинг-нот** -e
Buchungsnote; ~ **договор** -er
Vertrag; ~ **документ** -es Dokument;
~ **ковернот** *(Vers., Deckungszusage)*
-e Covernote; ~ **коносамент** *(See.)*
-es Konnossement; ~ **лицензия** -e
Lizenz; ~ **накладная** -er
Lieferschein, -er Begleitschein, -er
Frachtbrief; ~ **свидетельство** -er
Nachweis, -e Bescheinigung, -er
Schein; ~ **сертификат** -es Zertifikat,
-er   Schein,   -e   Urkunde; ~
техпаспорт   *(Kfz.)*   -e
Fahrzeugpapiere; ~ **удостоверение**
-er Berechtigungsschein

действующий флот aktive Flotte

дек *(Schiff.)* Deck *(auch in Zus.)*;
основной ~ Haupt-; **твин-**
Zwischen-

декларант *(Pers.)* Deklarant,
Deklarierender

декларационная стоимость *(Zoll.)*
Deklarationswert

декларация Erklärung, Deklaration
(auch in Zus.); **валютная** ~
Devisen-; **грузовая таможенная** ~
(ГТД) Zollinhalts-; **импортная** ~
Einfuhr-, Import-; **карантинная** ~
Quarantäneanmeldung; **сборная** ~
Sammelzoll-;

таможенная   декларация   ‖
Zoll‖deklaration; ~ **на посылку**
-paketkarte; ~ **на экспорт** -ausfuhr;
~   **о   стоимости   товара**
-wertanmeldung; ~ **по отходу судна**
(Schiff.) -ausfuhr;

экспортная   декларация
Ausfuhrdeklaration (Export-);

декларация ‖ судового груза
(Schiff.)   Schiffs‖deklaration
(Fracht-),   Frachtverzeichnis; ~
отправителя   *(Teil   der*
Zollerklärung) Absendererklärung; ~
товаров Waren-; ~ **на судовой**
груз *s.* ~ *судового груза*; ~ **о**
грузах, подлежащих хранению в
приписных   складах
Einlagerungsschein für Zolllager; ~
об опасных грузах Gefahrgut-; ~
при   отправке   груза
Abfertigungsschein;

бланк таможенной деклараци‖и
Zollformular; **товар, подлежащий**
-и   deklarierungspflichtige
(anmeldepflichtige) Ware

декларирование <товара> *(Prozess)*
Deklarierung   <einer   Ware>;
таможенное ~ Verzollung; **место**
-я и проведения таможенного
контроля *(Zoll.)* Abfertigungsort

декларировать   товар Ware
deklarieren (zollamtlich anmelden)

делать/сделать <что-л.> <etw.> tun,
machen, erledigen; ~ **заявку на**
получение разрешения eine
Genehmigung   beantragen;
остановку <где-л.> *(Pass.)*
<irgendwo> anhalten; ein Ziel
anfahren, einen Abstecher machen; ~
пересадку *(Pass.)* umsteigen; ~
предложение *(kfm.)* ein Angebot
unterbreiten (machen)

деление   лицензий⊞   *(LKW)*
Konzessionssplitting

деливери-ордер *(kfm.)* Lieferschein,
Auslieferungsauftrag

дело *(s. auch предпринимательство,*

хозяйство, *hier)* Gewerbe, -gewerbe, -wesen, -wirtschaft *(in Zus.)*; **железнодорожное** ~ Eisenbahnwesen; **консигнационное** ~ Lagerhaltergeschäft; **складское** ~ Lager-; **страховое** ~ Versicherungs-; **торговое** ~ Handelsgewerbe, Handel; **транспортное** ~ Verkehrs-, Transport-; **транспортно-экспедиционное** ~ Speditions-

делов‖ой/ая/ое/ые Geschäfts- *(in Zus.)*; ~ **виза** -<reise>visum; ~ **деятельность** *(f.)* -tätigkeit; ~ **документация** -unterlagen; ~ **отношения** *(Pl.)* -beziehungen; ~ **партнер** -partner; ~ **поездка** -reise; ~ **связи** *(Pl.) s. отношения*

демередж 1. *(Schiff.)* Schiffsliegegeld (Überliege-), Liegegebühr; **2.** *(Eis.)* <Wagen>Standgeld; **расчет по -у 1.** *(Prozess)* Berechnung von ~; **2.** *(Dokument)* Rechnung über ~

демпинг Dumping

демпингов‖ый/ая/ое/ые Dumping- *(in Zus.)*, ~ **фрахт** -fracht; ~ **цена** -preis

денежн‖ый/ая/ое/ые Geld- *(in Zus.)*; ~ **компенсация** Ausgleichszahlung; ~ **штраф** -strafe, Bußgeld

день *s. дата*

деньги, отступные *(Schiff.)* Reugeld

Департамент Departement; ~ **морского транспорта (ДМТ)** *(RF)* ~ für Seeverkehr; ~ **речного транспорта (ДРТ)** *(RF)* ~ für Binnenschifffahrt

депо *(n. indkl.)* Depot, Betriebshof *(auch in Zus.)*; **автобусное** ~ Bus-; **железнодорожное** ~ Eisenbahn-; **контейнерное** ~ Container-; **трамвайное** ~ Straßenbahn-; ~ **метрополитена** U-Bahn-~; **пригородных поездов** S-Bahn-~

дерегулирование 📖 Deregulierung; **последствия** **-я** Deregulierungseffekte

держатель *(m.)* **коносамента** *(Pers., See.)* Konnossementsinhaber

держать <что-л.> <etw.> halten; ~ **товар на складе** eine Ware auf Lager ~; ~ **товар под** <таможенным> **замком** <eine Ware> unter <Zoll>Verschluss ~

деталь, сменная Ersatzteil

детский автогородок Verkehrsgarten

дефектоскоп *(techn.)* Defektoskop *(auch in Zus.)*; **магнитный** ~ Magnet-; **ультразвуковой** ~ Ultraschall-

дефицит Engpass, Defizit *(auch in Zus.)*; **товарный** ~ Waren-, Güter-; ~ **поставок** Lieferengpass

деятельность *(f.)* Tätigkeit, -tätigkeit, Tätigkeits- *(in Zus.)*; **агентская** ~ Makler-, Agenten-; **брокерская** ~ Makler-; **внешнеэкономическая** ~ Außenhandels-; **деловая** ~ Geschäfts-, kaufmännische; **заготовительная** ~ Beschaffungs-; **коммерческая** ~ *s. деловая*; **маклерская** ~ *s. брокерская*; **подрядная** ~ unternehmerische ~ auf Vertragsbasis; **посредническая** ~ Mittler-, Vermittlungs-; **предпринимательская** ~ unternehmerische; **сбытовая** ~ Absatz-; **страховая** ~ Versicherungs-; **сюрвейерская** ~ eines Schiffssachverständigen (Havariekommissars); **торговая** ~ Handels-; **транспортно-хозяйственная** ~ verkehrswirtschaftliche; **транспортно-экспедиторская** ~ Transport- und Speditions-; **транспортно-эксплутационная** ~ Transportbetriebs-; **фрахтовая** ~

Befrachtungs-; **шипчандлерская** ~ Belieferung von Schiffen; **экспедиторская** ~ Speditions-; **экспортная** ~ Export-; ~ **таллимана** *(Schiff.)* Tallierung; **профиль** *(m.)* **-и** <**предприятия**> -profil (Angebotspalette) <eines Unternehmens>

джип *(Kfz.)* Jeep, Geländewagen

диаграммный диск спидографа Fahrtenscheibe

дизель *(m.)* **1.** *(Kraftstoff)* Diesel; **2.** *(umg., Fahrzeug)* Diesel; **~-электроход** Fahrzeug mit Hybridantrieb

дизельн‖ый/ая/ое/ые Diesel- *(in Zus.)*; ~ **автомобиль** *(m.)* dieselgetriebenes Kfz., -fahrzeug, *(umg. auch)* Diesel; ~ **автопогрузчик** -stapler; ~ **моторный вагон** -triebwagen; ~ **двигатель** *(m.)* -motor; ~ **погрузчик** *s.* **автопогрузчик**; ~ **поезд** -triebzug; ~ **привод** -antrieb; ~ **тяга** -traktion, -betrieb, -antrieb; ~ **тягач** -schlepper; ~ **тяговая единица** -lokomotive, -lok

дилерская организация Vertriebsunternehmen (-organisation)

димайз-чартер *(Schiff.)* Demise-Charter

динамика движения Fahrdynamik

динамическ‖ий/ая/ое/ие dynamisch/e/er/es; ~ **иформация для пассажиров** -e Fahrgastinformation; ~ **нагрузка вагона** -e Wagenbelastung; ~ **свойства** *(Pl.)* <**автомобиля**> Fahreigenschaften <eines Kfz.>

диплом Diplom *(auch in Zus.)*; **морской** ~ See-; ~ **капитана** Schiffspatent

директор, коммерческий *(Pers.)* kaufmännischer Direktor

дирекция аэропорта Flughafendirektion

дирижабль, жесткий *(Flug.)* Prallluftschiff

диск Scheibe *(auch in Zus.)*; **колесный** ~ **сцепления** Kupplungs-

дисковый тормоз *(Fahrzeug)* Scheibenbremse

дислокация <**транспортных средств**> Standort <eines Kfz>; **программа -и** *(Kfz.)* Programm zur Standortbestimmung

диспач *(See.)* Eilgeld <für beschleunigte Entladung eines Schiffes>; **расчет по -у 1.** *(Prozess)* Berechnung des -s; **2.** *(Dokument)* Rechnung über ~

диспаша *(See.)* Dispache, Schadensaufmachung

диспашер *(Sachverständiger für Schadensfeststellung bei großen Seehavarien)* Dispacheur

диспетчер *(Pers.)* Dispatcher *(auch in Zus.)*; **главный** ~ Haupt-; **дежурный** ~ diensthabender; **поездной** ~ *(Eis.)* Fahrdienstleiter; **сменный** ~ Schicht-

диспетчеризация Einführung eines Dispatchersystems (-dienstes)

диспетчерск‖ий/ая/ое/ие Dispatcher-Leit- *(in Zus.)*; ~ **вышка** Kontrollturm; ~ **пост** Schaltwarte; ~ **пункт** Dispatcherleitstelle (-zentrale); ~ **регулирование движения поездов** *(Schienv.)* Zuglaufüberwachung; ~ **служба** *s.* **пункт**; ~ **служба по вывозу такси** *(n., indkl.)* Taxizentrale; ~ **централизация** Zentrale

Verkehrsüberwachung

дисплей *(techn.)* Display

диспозиция Disposition

дистанционный указатель Fernstreckenanzeiger

дистанция *(s. auch расстояние)* Strecke, Entfernung, -strecke *(in Zus.)*; **длинная** ~ Lang-, Weit-; **короткая** ~ Kurz-

дистрибуция *(s. auch рапределение, сбыт)* Distribution; **канал -и** Distributionskanal (-weg)

дифференциальный тариф Staffeltarif (Differential-), Tarif mit Entfernungsstaffeln

дифференцированн‖ый/ая/ое/ые *(hier)* gestaffelt/e/er/es, Staffel-, Stufen- *(in Zus.)*; ~ **таможенная пошлина** -er Zoll; ~ **тариф** -er Tarif, -tarif

длина Länge *(auch in Zus.)*; **габаритная** ~ Fahrzeug-; **полезная** ~ **платформы (кузова) грузового автомобиля** *(Kfz.)* Wagenkasten-; **полезная** ~ **грузового вагона** *(Eis.)* nutzbare Wagen-; ~ **ванны** *(Schiffshebewerk)* Trog-; ~ **дока** *(Schiffbau)* Dock-; ~ **поезда** Zug-; ~ **пути** Strecken-; ~ **трассы** *s.* ~ *пути*; ~ **шлюза** Schleusen-; ~ **эксплуатации** Betriebs-

длинн‖ый/ая/ое/ые lang/e/er/es, Lang- *(in Zus.)*; ~ **база автомобиля** *(Kfz.)* -er Radstand; ~ **дистанция** -strecke; ~ **тонна** long ton (l.tn.), -tonne

длиномерный груз Fracht mit Überlänge, Langgut

длительность *(f.)* **езды** Fahrzeit

дневник, путевой Fahrtenbuch

дневн‖ой/ая/ое/ые Tages- *(in Zus.)*; ~

билет *(ÖPNV)* -karte; ~ **график движения** -fahrplan; ~ **<уличное> движение** -verkehr; ~ **езда** *s. поездка*; ~ **поездка** Tagfahrt; ~ **рейс на железной дороге** -zugverbindung; ~ **сообщение** -verkehr, -verbindung; ~ **тариф** -tarif; ~ **транспорт** *s. движение*

дноуглубительные работы *(Pl.)* Arbeiten zur Vertiefung <des Hafenbeckens>

добавленная стоимость *(vwl.)* Mehrwert, Wertzuwachs; **налог на -ую стоимость (НДС)** Mehrwertsteuer

добавочн‖ый/ая/ое/ые zusätzlich/e/er/es, Zusatz-, Bei- *(in Zus.)*; ~ **груз** *(Fracht)* -ladung; ~ **погрузка** *(Prozess)* -ladung

доверенность, генеральная *(jur.)* Generalvollmacht

доверитель *(m., jur. Pers.)* Kommittent

доводить/довести <что-л.> до конкретных механизмов реализации <etw.> operationalisieren

договариваться/договориться <о заключении договора> <einen Vertrag> aushandeln, <etw. vertraglich> vereinbaren

договаривающиеся стороны *(Pl., jur.)* vertragschließende Seiten

договор *(s. auch контракт)* Vertrag, -vertrag, Vertrags- *(in Zus.)*; **агентский** ~ Vertreter-, Agentur-; **внешнеторговый** ~ **<купли-продажи>** ~ Außenhandels<kauf>-; **генеральный** ~ General-; **двусторонний** ~ zweiseitiger, bilateraler; **действительный** ~ gültiger; **консигнационный** ~ Konsignations-; **концессионный** ~

Konzessions-; **лицензионный ~** Lizenz-; **письменный ~** schriftlicher; **таможенный** ~ Zoll-; **тарифный** ~ Tarif-; **торговый** ~ Handels-; **транспортный ~** Transport-, Beförderungs-; **транспортно-экспедиционный ~**[Ш] Speditions-; **утративший силу** ~ nichtiger; **хозяйственный** ~ Wirtschafts-;

договор || **буксировки** Bugsier||vertrag, Schlepp-, Befrachtungs-; ~ **купли-продажи** Kauf-; ~ **перевозки** Transport-, Beförderungs-;

договор перевозки груза || Fracht||vertrag (Transport-); ~ **в прямом смешанном сообщении** Fracht- im kombinierten Verkehr; ~ **по внутренним водным путям** Binnenschifffahrtsfracht-;

договор || **автомобильной перевозки груза** Straßengüterverkehrs||vertrag (Kraftwagenfracht-); ~ **воздушной перевозки груза** Luftfracht-; ~ **грузовой перевозки** *s. ~ перевозки груза*; ~ **железнодорожной перевозки груза** Eisenbahnfracht-; ~ **морской перевозки груза <по коносаментам>**[Ш] Seefracht-, Charterpartie- (C/P); ~ **речной перевозки груза** Binnenschifffahrtsfracht-;

договор || **перевозки пассажиров** Personenbeförderungs||vertrag; ~ **подряда** Werk-; ~ **поставки** Liefer-; ~ **транзитной поставки** ~ über Transitlieferungen; ~ **проката** Leih-; ~ **складирования** Lager-; ~ **страхования** Versicherungs-; ~ **морского страхования** Seeversicherungs-; ~ **субподряда** ~ über Unterauftragnehmerschaft; ~ **фрахтования**[Ш] *(Schiff.)* Fracht-,

Befrachtungs-, *(Flug. auch)* Charter-; **~-чартер** *(Schiff., Flug.)* Charter-;

договор || **в пользу третьего лица** Vertrag zugunsten Dritter; ~ **на аренду** Miet||vertrag; ~ **на импорт** Import-;

договор на перевозку || **груза** Transport||vertrag; ~ **груза автотранспортом** Kraftwagenfracht-; ~ **железнодорожного груза автотранспортом** *(Eis.)* Rollfuhr-; ~ **груза морским путем**[Ш] Seefracht-; ~ **пассажиров** <Personen>Beförderungs-; ~ **пассажиров морским путем** Seepassage-;

договор || **на поставку <груза>** Liefer||vertrag (Warenlieferungs-); ~ **на экспорт** Export-; ~ **о конкуренции** vertragliche Wettbewerbsabrede; ~ **о лизинге** Leasing-; ~ **о перевозке** *s. ~ на перевозку*; ~ **о международной перевозке груза автотранспортом** CMR-~; ~ **о передаче груза на хранение** Lager-; ~ **о передаче права пользования** Nutzungs-; ~ **о погрузке речного судна** *s. ~ об отгрузке*; ~ **о посредничестве** Vermittlungs-, Vertreter-; ~ **о поставке <груза>** Liefer-; ~ **о транзитной поставке** ~ über Transitlieferung; ~ **о судоходстве** Schifffahrts-; ~ **о фрахтовании** *s. ~ фрахтования*; ~ **об аренде** Miet-; ~ **об оказании услуг** Dienstleistungs-; ~ **об отгрузке** *(Binnsch.)* Ablade-; ~ **по найму <судна, экипажа>** *(Schiff.)* Heuer-;

в силу договор||**а** kraft Vertrages; **в соответствии с -ом** laut Vertrag, vertragsgemäß;

аннулирование договор||**а**

Vertrags‖stornierung; **заключение -a** -abschluss; **нарушение -a** -verletzung; **оговорка в -e** -klausel; **партнер по -y** -partner; **продление -a** -verlängerung; **пункт -a** *s. оговорка*; **расторжение -a** -kündigung; **соблюдение -a** -einhaltung, -erfüllung; **срок действия -a** -dauer; **условия** *(Pl.)* **-a** -bedingungen;

аннулировать ‖ **договор** einen Vertrag ‖ annullieren; **выполнять/ выполнить** ~ ~ erfüllen, ~ einhalten; **заключать/заключить** ~ ~ <ab>schließen; **изменять/ изменить** ~ ~ ändern; **нарушать/ нарушить** ~ ~ verletzen; **отзывать/ отозвать** ~ ~ stornieren; **отменять/ отменить** ~ ~ aufheben; **подписывать/подписать** ~ unterzeichnen, ~ paraphieren; **расторгать/расторгнуть** ~ ~ kündigen; **согласовывать/ согласовать** <что-л.> **в -e** <etw.> vertraglich vereinbaren, **регулировать/урегулировать в -e** <etw.> vertraglich regeln

договорно-правовая основа vertragsrechtliche Grundlage

договорн‖ый/ая/ое/ые vertraglich/e/er/es, Vertrags- *(in Zus.)*; ~ **мастерская** -werkstatt; ~ **ответственность** *(f.)* -e Haftung; ~ **отношения** *(Pl.)* -beziehungen; ~ **пошлина** -gebühr, ~ vereinbarte Gebühr; ~ **ставка** ~ vereinbarte Rate (-er Satz); ~ **<таможенный> тариф** -tarif, -zollsatz; ~ **урегулирование -e** Regelung; ~ **условия** *(Pl.)* -bedingungen; ~ **цена** ~ vereinbarter Preis, -preis

догрузка *(Güterv.)* Restladung

доезжать/доехать 1. *(zielbetont, das Ziel erreichend)* <mit einem Fahrzeug> ankommen; 2. <bis zu einer bestimmten Begrenzung> vorfahren; ~ **до шлагбаума** bis zur Schranke vorfahren; **Как Вы доехали?** *(feste Wendung)* Wie war die Fahrt (Reise)?

док *(Schiff.)* Dock, -dock, Dock- *(in Zus.)*; **плавучий** ~ Schwimm-; **сухой** ~ Trocken-; **судно-**~ Hebeschiff; **длина -a** -länge; **ширина -a** -breite

докер *(Pers.)* Docker, Hafenarbeiter, Schauermann

доков‖ый/ая/ое/ые Dock- *(in Zus.)*; ~ **варрант** -schein, -lagerschein; ~ **порт** -hafen; ~ **расписка** *s. варрант*; ~ **расписка о принятии груза** -übernahmeschein; ~ **сбор** -gebühr; ~ **складское свидетельство** -lagerschein

документ/ы I. *(s. auch ведомость, квитанция, расписка)* Dokument/e, Papier/e *(auch in Zus.)*; **аварийный** ~ Havarie-; **авиатранспортный** ~ Luftfracht-, Luftbeförderungs-; **грузовой** ~ Fracht-, Verlade-; **действительный** ~ gültige/es; 🕮 **единый таможенный** <Zoll>Einheitspapier; **именной товарораспорядительный** ~ Namenswarenpapier/e; **импортный** ~ Einfuhr-; **непереводимый** ~ nichtübertragbare/es; **оборотный** ~ begebbare/es; **ордерный** ~ Order-; **отгрузочный** ~ Versand-, Verlade-, *(Schiff. auch)* Verschiffungs-; **переводимый** ~ auf Dritte übertragbare/es; **перевозочный** ~ Transport-, Beförderungs-; **платежный** ~ Zahlungs-; **погрузочный** ~ Lade-, Verlade-; **подлинный** ~ Original-; **предъявительский** ~ Inhaberpapier/e; **приемо-сдаточный** ~ Übergabe-Übernahme-Dokument; **проездной** ~

(Pass.) Reiseunterlagen (Beförderungs-); **разгрузочный** ~ Ablade-, Entlade-; **складской таможенный** ~ Zolllagerschein; **стандартный таможенный** ~ *s. единый*; **страховой** ~ Versicherungs-, Versicherungsurkunde (-police); **судовой** ~ Schiffs-, Verschiffungs-; **таможенный** ~ Zoll-; **товарораспорядительный** ~ Dispositionspapier/e (Waren-, Warenbegleit-); **товаросопроводительный** ~ *s. товарораспорядительный*; **торговый** ~ Handels-; **транзитный** ~ Transit-; **транспортно-сопроводительный** ~ *s. транспортный*; **транспортный** ~ Transport-, Versand-, Beförderungs-, Fracht<begleit>-; **универсальный таможенный** ~ *s. единый*; **экспедиционный товарораспорядительный (товаросопроводительный)** ~ speditionelles Warenpapier, Warenbegleit-; **экспортный** ~ Ausfuhr-, Export-;

документ/ы || **отплытия** Verschiffungs||dokument/e (-papier/e); ~ **комбинированной перевозки** ~ des kombinierten Ladungsverkehrs (KLV); ~ **смешанной перевозки** *s.* ~ *комбинированной перевозки*; ~ **на автомобиль** *(m.)* Fahrzeug-; ~ **на выезд** Ausreiseunterlagen; ~ **на перевозимый груз** *s.* ~ *на перевозку <груза>*; ~ **на отправку** Versand-; ~ **на перевозку <груза>** Fracht-, Transport-; ~ **на поставку** Liefer-; ~ **на право владения лодки** Bootsführerschein; ~ **на предъявителя** Inhaberpapier/e;

выдача документ||ов Ausgabe || von Dokumenten (Papieren); **номер грузового -а** Frachtpapiernummer;

отказ от оформления -ов Verweigerung der Erteilung ~; **оформление -ов** Ausstellung, Ausfertigung ~; **платеж по -у (против -ов)** *(kfm.)* Zahlung gegen Dokumente; **продление -ов** Verlängerung ~;

возить/везти || **документ с собой** ein Dokument || mitführen; **выставлять/выставить** ~ ein ~ ausstellen; **оформлять/оформить** ~ ein ~ ausfertigen

документ II Beleg, Bescheinigung, Schein *(auch in Zus.)*; **действительный** ~ gültige/er; **комплектационный** ~ *(Lager)* Kommissionsbeleg; **отгрузочный** ~ Versandbescheinigung (Verlade-, Warenverkehrs-), Versandschein; **платежный** ~ Zahlungsbeleg; **приходный** ~ 1. *(Lager)* Eingangsbeleg; 2. *(buchh.)* Einzahlungsbeleg (-schein); **расходный** ~ 1. *(Lager)* Ausgabeschein (Entnahme-); 2. *(buchh.)* Auszahlungsbeleg (-schein); **сводный** ~ Sammelbeleg; **складской** ~ Lagerschein; **складской таможенный** ~ Zolllagerschein; **сопроводительный** ~ Begleitschein; **страховой** ~ Versicherungsschein; **товарораспорядительный** ~ Warenbegleitschein (-verkehrsbescheinigung); **товаросопроводительный** ~ *s. товарораспорядительный*; **транспортный** ~ Transportschein, Warenverkehrsbescheinigung; **универсальный транспортный** ~ Allgemeiner Transportschein; **учетный** ~ Rechnungsbeleg (Buchungs-);

документ || **на автомобиль** *(m.)* Fahrzeugschein; ~ **на**

предъявителя *(hier)* Abholerausweis; ~ о принятии <груза> Abnahmeurkunde; ~ об освобождении <капитана судна> от ответственности *(Schiff.)* Schadloshaltungsbrief;

выставлять/выставить ‖ документ einen Schein (eine Bescheinigung) ‖ ausstellen; оформлять/оформить ~ ein/eine ~ ausfertigen

документальное оформление железнодорожной отгрузки *(Eis.)* Abfertigung zum Bahnversand

документарная тратта *(Fin.)* Dokumententratte

документация Dokumentation *(auch in Zus.)*; внешнеторговая ~ Außenhandels-; деловая ~ Geschäftsunterlagen; импортная ~ Einfuhr-, Import-; лицензионная ~ Lizenz-; нормативная ~ Normativ-; плановая ~ Planungs-; проектная ~ Projekt-; проектно-сметная ~ Projekt- und Preis-; складская ~ Lager-; сметная ~ Preiskalkulation (-angebot); сопроводительная ~ Ein- und Ausfuhr-; техническая ~ technische; товарораспорядительная ~ *s. товаросопроводительная*; товаросопроводительная ~ Warenbegleit-; транспортная ~ Transport-; экспортная ~ Ausfuhr-, Export-

документированная тратта *s. документарная тратта*

долг, таможенный Zollschuld

долгосрочный чартер *(Schiff., Flug.)* Langzeitcharter

долевой коносамент *(See.)* Beteiligungskonnossement (Anteils-), Konnossementanteilsschein

долетать/долететь *(zielbetont, das Ziel erreichend)* <mit dem Flugzeug> ankommen, eintreffen

должностная инструкция Dienstanweisung

доля Anteil, Grad *(auch in Zus.)*; ~ перевозок[□] Beförderungsanteil, Modal Share; ~ грузовых перевозок на поддонах Palettierungsgrad; ~ на рынке Marktanteil

домкрат *(techn.)* Wagenheber, Hebebock; автомобильный ~ Kfz-~; вагонный ~ *(Eis.)* Wagenheber

доплата *(kfm.)* Zuschlag, Nachzahlung *(auch in Zus.)*; тарифная ~ Nachtrag; ~ за перевозку тяжеловесного груза Schwergut-; ~ за проезд в спальном вагоне Schlafwagen-; ~ за скорость *(f.)* Eil-; ~ к фрахту Fracht-; поезд с -ой zuschlagpflichtiger Zug

доплачивать/доплатить <что-л.> <etw.> nachzahlen

доплывать/доплыть *(zielbetont, das Ziel erreichend)* <mit dem Schiff> ankommen, eintreffen

дополнительн‖ый/ая/ое/ые zusätzlich/e/er/es, Zusatz- *(in Zus.)*; ~ взимание таможенной пошлины Zollnachforderung; ~ груз *(Güterv.)* Beiladung, -e Ladung; ~ доставка -lieferung, Nachlieferung; ~ дорожный знак *(Verkehrszeichen)* -zeichen; ~ мост *(techn.)* Schleppachse; ~ оговорка *(jur.)* -klausel, Nebenabrede; ~ перевозки *(Pl.)* Mehrverkehr; ~ плата <за провоз> -gebühr/en, Mehrfrachtgebühr/en; ~ платеж Zuzahlung; ~ поезд Entlastungszug (Sonder-); ~ страховой полис -versicherungsschein, -police; ~

поставка *s. доставка*; ~ пошлина Zuschlaggebühr (-zoll), Zollaufschlag; ~ таможенный пункт Nebenzollamt; ~ расходы *(Pl.)* –kosten, Nebenkosten; ~ сбор Gebührenzuschlag im Frachtverkehr, Nebenentgelt; ~ таможенный сбор Zollnebengebühr/en; ~ сбор к проездной плате Nachlösegebühr; ~ сбор, взимаемый по накладной *(Schiff.)* Valuation charge; ~ страхование -versicherung; ~ стрелка для поворота *(Straßenverkehr)* Abbiegepfeil; ~ таможня *s. таможенный пункт*; ~ транспорт *s. перевозки*; ~ услуги *(Pl.)* -leistungen; ~ фрахт Mehrfracht (Zuschlag-)

допуск Zulassung, Zulassungs- *(in Zus.)*; ~ к эксплуатации ~ zum Betrieb; ~ на общий транспортный рынок ~ für den allgemeinen Verkehrsmarkt; правила *(Pl.)* -а к эксплуатации -ordnung; процедура -а к эксплуатации -verfahren; удостоверение о -е к эксплуатации -schein; условия *(Pl.)* -а -bedingungen, -voraussetzungen

допускаем||ый/ая/ое/ые   *s.* *допустим||ый/ая/ое/ые*

допустим||ый/ая/ое/ые zulässig/e/er/es; ~ вес -es Gewicht; ~ количество пассажиров *(Pass.)* -е -е Fahrgastzahl (Passagier-, Personen-); ~ нагрузка -е Belastung; ~ скорость *(f.)* -е Geschwindigkeit

допущение Zulassung, Zulassungs- *(in Zus.)*; свидетельство о -и <транспортного средства> *(Kfz.)* -schein, -plakette

дорога I *(Straßenverkehr)* 1. *(s. auch автодорога, улица)* Straße,

<Fahr>Weg, -straße, -weg, Straßen-, Wege- *(in Zus.)*; 2. *(s. auch путь, участок)* Strecke, -strecke, Strecken- *(in Zus.)*; автогужевые -и *(Pl.)* Straßen- und Wegenetz; автомобильная ~ Straße; автомобильная ~, связывающая населенные пункты Verbindungsstraße; боковая ~ Nebenstraße (Seiten-); велосипедная ~ Radweg; внегородская ~ Landstraße; внутризаводская ~ Industriestraße (Werk-); внутрихозяйственная ~ Wirtschaftsweg (-straße); восьмирядная ~ achtspurige Straße; второстепенная ~ untergeordnete Straße, Seitenstraße (Neben-), Nebenstrecke; высокоскоростная ~ Hochgeschwindigkeitsstraße; главная ~ Vorfahrtsstraße (Haupt-, Hauptverkehrs-); городская ~ innerörtliche Straße, Stadtstraße; двухрядная ~ zweispurige Straße; извилистая ~ kurvenreiche Straße; кольцевая ~ Autobahnring, Ringstraße (Umgehungs-, Umfahrungs-); коммунальная ~ kommunale (öffentliche) Straße, Ortsstraße (Gemeinde-); магистральная ~ Fernstraße (Fernverkehrs-, Haupt-, Hauptverkehrs-), Magistrale; малоезжая ~ schwach (wenig) befahrene Straße; многорядная ~ vielspurige Straße; мокрая от дождя ~ regennasse Fahrbahn; непроезжая ~ unbefahrbare Straße; объездная ~ Umfahrungsstraße (Umgehungs-), Umleitungsstrecke; однорядная ~ einspurige Straße; окружная ~ *s. объездная*; поперечная ~ *s. пересекающая*; пересекающая ~ Querstraße; пешеходная ~ Fußweg (Geh-); платная ~ gebührenpflichtige Straße (-e Strecke), Mautstraße;

подъездная ~ Zufahrtsstraße (-weg), Zugangsstraße (Zubringer-); подъездная ~ для жителей одного микрорайона Anliegerstraße; подъездная ~ к автостраде Autobahnzubringer; покрытая льдом ~ überfrorene Straße; проселочная ~ Dorfstraße; прямая ~ gerade Straße; равнозначная ~ gleichrangige Straße; разгрузочная ~ Entlastungsstraße; сквозная ~ Durchgangsstraße (-weg); скользкая ~ glatte Fahrbahn (-e Straße); скоростная ~ Schnellstraße; сухопутная ~ Landweg; транзитная ~ Durchgangsstraße, Transitstraße (-strecke); четырехрядная ~ vierspurige Straße; шоссейная ~ Chaussee, Landstraße (Fern-); эстакадная ~ Hochstraße;

дорога || одностороннего движения Einbahn||straße; ~ скоростного движения Schnell-; ~ местного значения Straße für den örtlichen Verkehr, Orts-, Dorf-; ~ общегосударственного значения Bundes-, Fern-; общеевропейского значения Europa-; ~ федерального значения Bundes-; ~ общего пользования öffentliche Straße; ~ частного пользования Privat- (-weg); ~ местного сообщения *s.* ~ *местного значения*;

дорога || внутри населенного пункта innerörtliche Straße; ~ для скоростного движения Schnellstraße; ~ на езду до <какого-л. места> Anfahrtsweg (-strecke); ~ на строительной площадке Baustraße; ~ с интенсивным (оживленным) движением stark (viel) befahrene Straße; ~ с большой нагрузкой dichtbefahrene Straße (Strecke);

асфальтирование || дорог Asphaltierung von Straßen; восстановление ~ Straßen||sanierung, Rekonstruktion von Straßen; гололедица на -ах -glätte; заграждение на -е -sperre; загруженность *(f.)* -и транспортом -belastung, Streckenbelastung; изнашивание ~ -abnutzung; интенсивность *(f.)* движения на -е *s. загруженность*; карта <автомобильных> ~ -karte; категория ~ -klasse; класс ~ *s. категория*; классификация ~ -klassifikation; перекрытие -и *s. заграждение*; пересечение ~ -kreuzung; плата за пользование -ой -benutzungsgebühr/en, Mautgebühr/en; покрытие -и -belag, -decke; привязка к автомобильной -е -anschluss, -anbindung; приключение к автомобильной -е *s. привязка*; примыкание -и -einmündung; проезд под (над) пересекаемой -ой -unterführung, -überführung; протяженность *(f.)* -и Streckenlänge; развилка ~ Weggabelung; разгрузка ~ от транспорта Verkehrsentlastung; ремонт ~ -ausbesserung; сеть *(f.)* <автомобильных> ~ -netz; сеть *(f.)* шоссейных и грунтовых ~ ~- und Wegenetz; содержание ~ Unterhaltung von Straßen; состояние ~ -zustand, -beschaffenheit; провозная (пропускная) способность *(f.)* ~ Streckenkapazität, Durchlassfähigkeit von Straßen; съезд с -и -abfahrt, -ausfahrt; указатель *(m.)* -и Wegweiser; участок -и -abschnitt, Streckenabschnitt; ширина -и -breite;

перекрывать/перекрыть || дорог||у <для движения> eine Straße || <für den Verkehr>

<ab>sperren; **ремонтировать/ отремонтировать -у** ~ ausbessern, ~ reparieren; **расширять/ расширить -у** ~ verbreitern; **сбиваться/сбиться с -и** sich verfahren; **строить/построить -у** ~ bauen; **сужать/сузить -у** ~ <zu>rückbauen;

дорога II *(Schienv.)* Bahn *(auch in Zus.)*; **высокоскоростная** ~ Hochgeschwindigkeits-; **городская железная** ~ Stadt-, Vorort-; **железная** ~ Eisen-; **<внутри>заводская железная** ~ Industrie-, Werk-; **магнитная <рельсовая>** ~ Magnet-; **столбовая** ~ Generallinie, Hauptstrecke; **узкоколейная железная** ~ Schmalspur-; **ширококолейная железная** ~ Breitspur-; ~ **отправления** Versand-; **приключение к железной -е** Bahnanschluss

дорога III *(nicht schienengebundene Bahn)* Bahn; **канатная** ~ Seil-; **подвесная** ~ Schwebe-; **подвесная магнитная** ~ Magnetschwebe-

дорожка Weg *(auch in Zus.)*, *(Flug.)* -bahn *(in Zus.)*; **велосипедная** ~ Rad-; **взлетная** ~ *(Flug.)* Start-; **пешеходная** ~ Fuß-, Geh-; **посадочная** ~ *(Flug.)* Lande-; **рулевая** ~ *(Flug.)* Roll-

дорожник *(umg., Pers.)* Mitarbeiter des Verkehrsgewerbes (Transportwesens); **~-строитель** Straßenbauer

дорожно- Straßen- *(in Zus.)*

дорожно‖-метеорологическая служба Straßenwetterdienst; **~-патрульная служба (ДПС)** *(RF)* Verkehrspolizei;

дорожно-ремонтн‖ый/ая/ое/ые Straßen<unterhaltungs>- *(in Zus.)*; ~

пункт Stützpunkt des -dienstes; ~ **служба** -dienst; **начальник -ой службы** *(Pers.)* Straßenmeister;

дорожно- строительн‖ый/ая/ое/ые Straßenbau- *(in Zus.)*; ~ **машина** -maschine; ~ **работы** *(Pl.)* -arbeiten; ~ **техника** –technik;

дорожно-транспортное происшетсвие (ДТП) ‖ Verkehrsunfall, Unfall- *(in Zus.)*; **заявление о** ~ -meldung, -anzeige; **протокол о** ~ -protokoll; **уведомление о** ~ *s. заявление*

дорожн‖ый/ая/ое/ые Straßen- *(in Zus.)*; ~ **ведомость** *(f., Eis., Binnsch.)* Frachtkarte, Begleitschein; ~ **движение** -verkehr; ~ **законодательство** -verkehrsrecht; ~ **знак** Verkehrszeichen (-schild); **предупредительный** ~ **знак** *(Kfz.)* Gefahrzeichen; ~ **инфраструктура** -infrastrukur; ~ **карта** -karte, Verkehrs<wege>karte; ~ **контроль** *(m.)* Verkehrskontrolle; ~ **охрана** -wacht; ~ **покрытие** -belag, -decke; ~ **полиция** Verkehrspolizei; ~ **пошлина** *s. сбор*; ~ **расходы** *(Pl.)* Reisekosten, (Wege-); ~ **сбор** -zoll, -benutzungsabgabe, -benutzungsgebühr, Mautgebühr, Wegegeld; ~ **сеть** *(f.)* -netz, Streckennetz (Verkehrs-, Wege-); ~ **ситуация** Fahrsituation (Verkehrs-); ~ **служба** -dienst; **<коммунальное> строительство** <kommunaler> -bau; ~ **трейлер** *(LKW)* Roadtrailer; ~ **указатель** *(m.)* Wegweiser; ~ **условия** *(Pl.)* -verhältnisse, Verkehrsverhältnisse; ~ **хозяйство** Verkehrswirtschaft (Transport-); ~ **чек** Reisescheck

досмотр Kontrolle, Untersuchung *(auch in Zus.)*; **карантинный** ~

Quarantäneuntersuchung;
таможенный ~ Zollabfertigung
(-kontrolle, -beschau); ~ **груза**
Frachtkontrolle; ~ **пассажиров** <**в**
аэропорту> Fluggastkontrolle,
Passagierkontrolle <auf dem
Fughafen>

досрочная **поставка**
Vorauslieferung; vorfristige
Lieferung

доставка *(s. auch поставка, подвоз)*
Anlieferung, Lieferung, Zustellung,
-lieferung, -zustellung, Liefer-,
Anlieferungs-, Zustell- *(in Zus.)*;
быстрая ~ schnelle; **возвратная** ~
Rücksendung; **дополнительная** ~
Nachlieferung (Zusatz-);
незамедлительная ~
unverzügliche, sofortige; **обратная**
~ Rückbeförderung; **прямая** ~⌑
im Direktverkehr; **срочная** ~
Eilzustellung; **транзитная** ~ im
Direktverkehr, Streckengeschäft;

доставка || **багажа**
Gepäck||beförderung; ~ **груза**
Frachtzustellung; ~ **груза железной**
дорогой Bahn-, Anlieferung per
Bahn; ~ **железнодорожного груза**
автомобильным транспортом⌑
bahnamtliche Rollfuhr; ~ **груза к**
строительным площадкам
Baustellenverkehr; ~ **груза на дом**
(**к получателю**) Frei-Haus-
Lieferung; ~ **груза по**
автотранспорту ~ per LKW; ~
груза с нарочными Zustellung
durch Kurier; ~ **пассажиров к**
аэропорту *(Pass.)*
Flughafentransfer; ~ «**причал–**
причал» Pier-zu-Pier-Lieferung;

франко доставка frachtfrei
geliefert, free delivered;

дальность *(f.)* **доставк||и**
Verkehrsferne (-entfernung); **зона -и**

Lieferzone (-bereich), Zustellbereich;
маршрут доставок Zustelltour,
Tourenplan; **плата за -у**
Zustellgebühr/en, Fuhrgeld,
Transportentgelt, *(Pass.)*
Beförderungsentgelt; **плата за -у**
железнодорожного груза на дом
(Eis.) Rollgeld; **покупка товара за**
наличные с -ой своим
транспортом Barzahlung mit
Selbstabholung (cash and carry,
c&c); **препятствия** *(Pl.)* **в -е**
груза⌑ Ablieferungshindernisse;
продолжительность *(f.)* **-и**
Beförderungszeit (Anlieferungs-),
Transportdauer; **просрочка в -е**
<**товара**> Überschreitung des
Zustelltermins <eines Frachtgutes>;
путь *(m.)* **-и** Lieferroute; **расходы**
(Pl.) **по -е** -kosten; **сбор за -у** <**на**
дом> *s. плата*; **скорость** *(f.)* **-и**
-geschwindigkeit; **служба -и**
(Güterv.) Zustelldienst; *(Pass.)*
Zubringerdienst (Shuttle-); **срок -и**
Liefertermin (-frist, -zeit), Zustellfrist
(-zeit); **центр -и груза**
Zustellzentrum

доставлять/доставить <**что-л.**>
<etw.> abliefern, anliefern, zustellen,
zusenden, überbringen, aushändigen

доставщик Lieferer, Lieferant,
Zusteller

доступ Zugang, Zugangs-, Zulassungs-
(in Zus.); ~ **к транспортному**
рынку ~ zum Verkehrsmarkt;
право -а *(jur.)* -recht; **условия** *(Pl.)*
-а -bedingungen

дотация Subvention *(auch in Zus.)*;
экспортная ~ Export-;
потребность *(f.)* **в -ях**
Zuschussbedarf

доходить/дойти 1. *(zielbetont, das*
Ziel erreichend) <zu Fuß>
ankommen; **2.** <bis zu einer
bestimmten Begrenzung> gehen; ~

до разделительной линии bis zu einer Sperrlinie vortreten

доходы *(Pl., kfm.)* Einnahmen, Erlös/e *(auch in Zus.)*; налоговые ~ Steuer-; таможенные ~ Zoll-; транспортные ~ Verkehrs-; ~ от перевозок *s. транспортные*; ~ от провозных плат *(Pass.)* Fahrgeld-; ~ от экспорта Export-

дочернее предприятие *(jur.)* Tochterunternehmen (-gesellschaft)

дрезина *(Eis.)* Draisine

дубликат <накладной> Duplikat <eines Frachtbriefes>; ~ накладной, предназначенный для грузоотправителя *(Frachtbriefduplikat)* Sperrpapier; выписывать/выписать ~ ein ~ ausstellen

E

евро- Euro- *(in Zus.)*; -вагон *(Eis.)* – waggon; -виньетка <для грузовиков> -vignette <für LKW>; -палета -palette

Европейск‖ий/ая/ое/ие Europäisch/e/er/es;

Европейская ассоциация ‖ Europäisch‖e Assoziation (Vereinigung, Interessenvertretung), -er Verband; ~ железнодорожников -е Vereinigung der Eisenbahner; ~ институтов транспорта -е Gesellschaft der Verkehrsinstitute; ~ компаний, сдающих в аренду легковые и грузовые автомобили -е Interessenvertretung

der PKW- und LKW-Vermieter; ~ перевозок денег и ценностей -е Vereinigung für Geldtransporte; ~ перевозчиков мебели -er Verband der Möbelspediteure; ~ авиационных предприятий местных перевозок -е Organisation der im Regionalluftverkehr tätigen Luftverkehrsunternehmen; ~ свободной торговли (ЕАСТ) -е Freihandelsassoziation;

Европейск‖ий товарный код Europäisch‖e Artikelnummer (EAN); ~ экономическая комиссия -е Komission;

Европейская конвенция ‖ Europäisches Übereinkommen; ~ об основных магистралях внутренних водных путей ~ über die großen Binnenwasserstraßen von internationaler Bedeutung; ~ об основных магистралях международного железнодорожного сообщения ~ über die großen internationalen Linien des Eisenbahnverkehrs; ~ об основных магистралях международного транспорта ~ über die Hauptstraßen des Internationalen Verkehrs;

Европейская конференция ‖ министров транспорта Europäisch‖e Verkehrsministerkonferenz (CEMT); ~ по расписаниям движения грузовых поездов в международном сообщении -е Fahrplankonferenz im Schienengüterverkehr; ~ по расписаниям движения пассажирских поездов в международном сообщении -е Fahrplankonferenz im Schienenpersonenverkehr;

Европейск‖ая организация

шипчандлеров Europäisch‖e Schifferorganisation; **Общий** ~ **парк европоддонов** -er Palettenpool; ~ **экономическое пространство** -er Wirtschaftsraum; ~ **валютная система** -es Währungssystem (EWS);

Европейское соглашение ‖ Europäisches Übereinkommen; ~ **о совместном использовании товарных вагонов** ~ über die gemeinschaftliche Nutzung von Güterwagen; ~ **о международной перевозке опасного груза железной дорогой** ~ über die internationale Beförderung gefährlicher Güter auf der Schiene; ~ **о международной перевозке опасного груза по реке Рейн** ~ über den Transport gefährlicher Güter auf dem Rhein; ~ **о международной перевозке опасного груза автомобильным транспортом** ~ über die internationale Beförderung gefährlicher Güter auf der Straße; ~ **об условиях работы водителей автотранспортных предприятий** ~ über die Arbeit des im internationalen Straßengüterverkehr beschäftigten Fahrpersonals;

Европейск‖ое экономическое сообщество Europäisch‖e Wirtschaftsgemeinschaft; ~ **союз** -e Union; ~ **стандарт** -e Norm, Eurostandard; ~ **федерация дорог** -er Straßenverband

евро‖поддон *(veraltet) s. европалета*; **-стандарт** Euronorm, Europäische Norm;

ЕвроСтар *(Kanaltunnelzug)* EuroStar;

евротуннель *(m.)* <**под проливом Ла-Манш**> Eurotunnel <unter dem Ärmelkanal>

единица Einheit *(auch in Zus.)*; **брутто-регистровая** ~ *(Schiff.)* Bruttoraumzahl (BRZ); **вагонная** ~ Wagen-; **грузовая** ~ Lade-, Ladungs-; **железнодорожная подвижная** ~ *(Eis.)* Fahrzeug-, rollendes Material; **контейнерная** ~ Container-; **моторвагонная** <**поездная**> ~ *(Schienv.)* Triebwagen-; **моторная** ~ <**подвижного состава**> Motorfahrzeug-; **несамоходная транспортная** ~ nicht selbstfahrende Transport-; **нетто-регистровая** ~ *(Schiff.)* Nettoraumzahl (NRZ); **отгрузочная** ~ Versand-; **перевозочная** ~ Beförderungs-; **погрузочная** ~ Lade-, Verlade-; **расчетная** ~ *(kfm.)* Verrechnungs-; **самоходная транспортная** ~ selbstfahrende Transport-; **транспортная** ~ Transport-, Beförderungs-, Verkehrs-; **тяговая** ~ *(Schienv.)* Antriebs-; **тяговая** ~ **без прицепа** *(Schienv.)* Einzelfahrzeug <ohne Anhänger>; **упаковочная** ~ Verpackungs-;

единица ‖ **груза** Güter‖einheit (Beförderungs-), Kollo, Frachtstück; ~ **перевозимого груза** Transport-, Versandstück; ~ **подвижного состава** *(Kfz., Eis.)* <Einzel>Fahrzeug (Transport-)

единоличный судовладелец *(Binnsch., Pers.)* Partikulier

един‖ый/ая/ое/ые 1. Einheits- *(in Zus.)*, einheitlich/e/er/es; **2.** gemeinsam/e/er/es; ~ **проездной билет** *(ÖPNV)* Monatskarte für alle öffentlichen Verkehrsmittel; ~ **график движения** einheitlicher Fahrplan; ~ **таможенный документ** <Zoll>Einheitspapier; ~ <**транспортная**> **инфраструктура** einheitliche

<Verkehrs>Infrastruktur; ~ **коносамент** *(See.)* einheitliches Konnossement; ~ **перечень** *(m.)* **экспортных товаров ЕС** ~ Gemeinsame Warenliste <der EU>; ~ **рынок <ЕС>** Gemeinsamer Markt, <EU->Binnenmarkt; ~ **система режима движения** einheitliches Fahrplansystem; ~ **система тарифов и расписаний** einheitliches Tarif- und Fahrplansystem; ~ **тарифно-маршрутная система** *s. система тарифов и расписаний*; ~ **тарифная ставка** Einheitstarifsatz; ~ **тариф** 1. *(Pass.)* pauschaler (staffelloser) Tarif, Einheitstarif; 2. *(Güterv.)* feste Frachtrate; ~ **таможенный тариф <ЕС>** gemeinsamer Zolltarif <der EU>, Zolleinheitstarif

езда *(Pass., s. auch поездка)* Fahrt, -fahrt, Fahr- *(in Zus.)*; **дневная** ~ Tag-; **ночная** ~ Nacht-; ~ **без пассажиров или грузов** Frei-, Leer-; **время** -ы -zeit, Fahrtdauer; **длительность** *(f.)* -ы *s. время*; **дорога на** -у <до какого-л. места> Anfahrtsweg (-strecke); **информация на ходу** -ы *(Pass.)* On-trip-Information; **комфортабельность** *(f.)* -ы -komfort; **продолжительность** *(f.)* -ы *s. время*; **скорость** *(f.)* -ы -geschwindigkeit; **удобство** -ы *s. комфортабельность*

емкость *(f.)* I Kapazität, Rauminhalt, Fassungsvermögen, Volumen, -kapazität, -raum, -vermögen, -volumen *(in Zus.)*; **погрузочная** ~ Lade-, Transport-; **складская** ~ Lager-, Speicher-; **средняя погрузочная** ~ mittler||e/er/es Lade-; **транспортная** ~ eines Transportbehälters; ~ **вагона** ~ eines Waggons; ~ **контейнера** ~ eines Containers; ~ **кузова** ~ eines LKW;

~ **подвижного состава** Transportkapazität des Fuhrparks; ~ **склада** Lagervolumen (-kapazität); ~ **станции** *(Güterv.)* Bahnhofskapazität;

емкость *(f.)* II Behälter, Behältnis *(auch in Zus.)*; **неповрежденная** ~ unversehrter/es; **поврежденная** ~ beschädigter/es; **погрузочная** ~ *s. транспортная*; **транспортная** ~ Transport-

естественн||ый/ая/ое/ые natürlich/e/er/es; ~ **канал** -er Kanal; ~ **водный путь** -e Wasserstraße, -er Wasserweg

ехать (ездить) fahren; ~ **левой стороной (слева)** links ~; ~ **правой стороной (справа)** rechts ~; ~ **автобусом** mit dem Bus ~; ~ **поездом** mit dem Zug ~; ~ **на такси** *(n., indkl.)* mit dem Taxi ~; **ездить от места жительства на работу и обратно** <zwischen Wohn- und Arbeitsort> pendeln

ехать/поехать <куда-л.> <irgendwohin> fahren, losfahren; ~ **вверх** nach oben <eine Erhebung> hinauffahren; ~ **вверх по реке** *(Schiff.)* stromaufwärts fahren; ~ **вместе** <с кем-л.> <mit jmdm.> mitfahren; ~ **вниз** nach unten, <eine Neigung> hinunterfahren; ~ **вниз по реке** *(Schiff.)* stromabwärts fahren; ~ **впереди** <кого-л./чего-л.> <jmdm./etw.> vorausfahren, als Erster ~; ~ **в плотную** <друг за другом> *(Kfz., den Abstand zum Vordermann verkürzen)* auffahren; ~ **дальше** weiterfahren; ~ **назад** zurückfahren; ~ **обратно** *s. назад*; ~ **туда и обратно** hin- und zurückfahren

Ж

жалоба *(jur.)* Klage, Beschwerde, Reklamation

ждать/подождать <чего-л.> <auf etw.> warten

железная дорога Eisenbahn, Bahn, -bahn, Bahn- *(in Zus.)*; **внутризаводская** ~ Industrie-, Werk-; **городская** ~ Stadt-; **двухпутная** ~ Gleispaar; **заводская** ~ *s. внутризаводская*; **магистральная** ~ Fern-; **наземная** ~ oberirdische, Hoch-; **негосударственные** ~ *(Pl.)* ~ nicht bundeseigene Eisenbahnen; **подземная** ~ Tunnel-; **портовая** ~ Hafen-; **пригородная** ~ Vorort-; **примыкающая** ~ Anschluss-; **региональная** ~ Regional-; **скоростная** ~ Schnell-; **узкоколейная** ~ Schmalspur-; **частная** ~ Privat-; **ширококолейная** ~ Breitspur-; **электрическая** ~ *(Regionalverkehr)* Schnell-, Stadt-, S-~;

железная дорога ‖ **второстепенного значения** Neben‖bahn; ~ **нормальной колеи** Normalspur-;

франко железная дорога frachtfrei ab Bahnhof (ex rail);

Федеральное ведомство железн‖ых дорог *(BRD)* Eisenbahnbundesamt; **доставка по -ой -е** Bahn‖lieferung; **Закон о реструктуризации германских -ых дорог** *(BRD)* Bundesbahnneuordnungsgesetz; **Общий закон о -ых -ах** Allgemeines Eisenbahngesetz; **Министерство -ых дорог РФ** Ministerium für Eisenbahnwesen der RF; **перевозки** *(Pl.)* **по -ой -е** Schienenverkehr (-transporte); **поездка по -ой -е** -fahrt, -reise, Zugfahrt; **полотно -ой -и** -körper, Gleisbett; **поставка по -ой -е** *s. доставка*; **приключение к -ой -е** -anbindung, Schienenanbindung; **примыкание к -ой -е** *s. приключение*; **провоз по -ой -е** -fracht; **проезд по -ой -е** -fahrt; **дневной рейс на -ой -е** Tageszugverbindung; **реформа -ых дорог** ⌂ -reform; **сеть** *(f.)* **-ых дорог** -netz, Gleisnetz; **станция внутризаводской -ой -и** Werkbahnhof;

транспортировать груз по железной дороге Fracht auf dem Schienenweg (per Bahn) transportieren (befördern)

железнобетонное судно Stahlbetonschiff

железнодорожник *(umg.)* Eisenbahner; **Международный союз -ов** Internationaler Eisenbahnerverband (IEV)

железнодорожн‖ый/ая/ое/ые Bahn-, Eisenbahn- *(in Zus.)*; ~ **авизо** *(n., indkl., Dokument)* -avis; ~ **автоматика и телемеханика** -sicherungstechnik; ~ **вагон** -waggon; <**подъездная**> ~ **ветка** Gleisanschluss; ~ **вокзал** Bahnhof; ~ **груз** Bahnfracht; ~ **движение** -betrieb, -verkehr; ~ **дело** -wesen; ~ **депо** *(n., indkl.)* -betriebshof, -depot; ~ **знак** Bahnzeichen; ~ **зона** Bahnbereich (-gelände); ~ **инфраструктура** Schieneninfrastruktur; ~ **касса** Fahrkartenschalter; ~ **катастрофа** -unglück, -katastrophe, Zugunglück; ~ **компания** -gesellschaft; ~ **контейнер** Bahncontainer, bahneigener Container; ~ коридор -korridor; ~ крест -kreuz; ~ купе *(n. indkl.)* -abteil; ~ линия -linie, -strecke; ~ магистраль *(f.) s. линия*; ~ мост Eisenbahnbrücke, -überführung; ~ накладная Bahnfrachtbrief (-ladeschein); ~ отгрузка Bahnversand (-fracht); ~ отправка Bahnsendung; ~ пакгауз Güterschuppen <auf dem Bahngelände>; ~ паром Eisenbahnfähre (-fährschiff), Trajektfähre; ~ пассажир *(Pers.)* Bahnreisender; ~ перевозка <груза> Bahnfracht; ~ перевозки *(Pl.)* <груза> Schienengüterverkehr/e (-fahrzeugverkehr); ~ перевозчик *(Pers.)* Bahnfrachtbeförderer (-spediteur); ~ переезд <без шлагбаума, со шлагбаумом> <unbeschrankter, beschrankter> Bahnübergang; ~ переход *s переезд*; ~ перрон Bahnsteig; ~ платформа *s. перрон*; ~ подвижная единица Fahrzeugeinheit, rollendes Material; ~ подвижной состав Bahnfahrzeuge; ~ подход Bahnzugang (-zufahrt); ~ поезд <Eisenbahn>Zug; ~ полиция Bahnpolizei; ~ поставка Bahnlieferung, Lieferung per ~; ~ предприятие -unternehmen; ~ промышленность *(f.)* Bahnindustrie; ~ путь *(m.)* -gleis, -linie, -schiene, Schienenweg; ~ путь *(m.)* сообщения -linie; подъездной ~ путь *(m.) s. ветка*; ~ рельс -schiene; ~ связь *(f.)* -verbindung, -anbindung, -anschluss; ~ сеть *(f.)* -netz; ~ сигнал Bahnsignal; ~ склад Bahnlager, Güterschuppen; ~ сообщение -verkehr, -verbindung; ~ паромное сообщение Trajektverkehr; ~ справочник Kursbuch; ~ станция Bahnstation; ~ тариф -tarif; ~ грузовой тариф -gütertarif; ~

провозной тариф -frachtsatz; ~ терминал Bahnterminal; ~ техника -technik; ~ техника сигнализации, централизации и блокировки (СЦБ) -sicherungstechnik; ~ туннель *(m.)* -tunnel; ~ транспорт -verkehr; ~ трасса -trasse; ~ тяга Bahntraktion; ~ уведомление *(Dokument)* -<versand>avis; ~ <транспортный> узел Eisenbahnknotenpunkt; ~ управление -verwaltung; ~ устройство Bahnanlage; ~ шлагбаум -schranke; ~ шпала -schwelle; ~ экспедиция Bahnspedition

жестк‖ий/ая/ое/ие 1. *(Materialdichte)* hart/e/er/es, fest/e/er/es, Fest- *(in Zus.)*; 2. *(unbeweglich)* starr/e/er/es; ~ вагон Reisezugwagen zweiter Klasse; ~ купейный вагон Schlafwagen zweiter Klasse, Liegewagen; ~ дирижабль *(m., Flug.)* Prallluftschiff; ~ соединение feste (unbewegliche) Verbindung; ~ тара feste (starre) Verpackung; ~ тариф -tarif; ~ упаковка *s. тара*

жидкий груз Flüssigfracht (-gut), flüssige Güter

жидкость Flüssigkeit *(auch in Zus.)*; охлаждающая ~ *(techn.)* Kühl-; противообледенительная ~ *(Kfz., Flug.)* Enteisungs-; тормозная ~ *(Fahrzeug)* Brems-

жилет, спасательный Rettungsweste (Schwimm-)

житель *(m.)* Einwohner, Bewohner; ~ <микро>района Anlieger

журнал *(s. auch книга)* Journal, -journal, -buch *(in Zus.)*; аппаратный ~ *(Eis.)* Betriebsjournal; бортовой ~ Bordbuch; вахтенный ~ *s. судовой*; весовой ~ Wiegebuch; машинный

~ Maschinenbuch; **радиотелеграфный** ~ *(Schiff.)* Funktagebuch; **рейсовый** ~ Fahrtenbuch, Fahrtenschreiber; **санитарный** ~ *(Schiff.)* Schiffsgesundheitstagebuch, Sanitätstagebuch; **судовой** ~ *(Schiff.)* Logbuch (Bord-, Schiffstage-), *(Flug.)* Bordbuch; ~ **отправленных грузов** Versandbuch (-liste); ~ **дежурств** Dienstbuch; ~ **поездного диспетчера** *(Eis.)* Auftragsbuch des Fahrdienstleiters

З

за границей (рубежом) im Ausland

заблудиться *(refl.)* sich verirren, sich verlaufen

забортный трап *(Schiff.)* Gangway

завершать/завершить поездку eine Reise (Fahrt) beenden

завод Werk *(auch in Zus.)*; **авиационный** ~ Flugzeug-; **автомобильный** ~ Auto-; **авторемонтный** ~ Fahrzeug-Reparatur-; **вагоноремонтный** ~ Waggonreparatur-; **вагоностроительный** ~ Waggonbaubetrieb; **судоремонтный** ~ Schiffsreparaturwerft; **судостроительный** ~ Schiffsbauwerft; **трамвайноремонтный** ~ Straßenbahnreparatur-; **шинный** ~ Reifen-;

завод изготовителя Herstellerwerk;

франко завод frachtfrei Herstellerwerk (ex works, exw);

поставка с завода Lieferung ab Werk, ex works

заводить/завести двигатель *(m.)* einen Motor (ein Triebwerk) anlassen (starten)

заводск||ой/ая/ое/ие Werk- *(in Zus.)*; ~ **железная дорога** -bahn, Industriebahn; ~ **порт** -hafen; ~ **поставка** -lieferung; ~ **судоходство** -schifffahrt

завоз груза (товара) Frachtanlieferung (Waren-)

завышенная цена überhöhter Preis

заготовительная деятельность Beschaffungstätigkeit

заготовка Beschaffung *(auch in Zus.)*; ~ **обратного груза** ~ von Rückladung; ~ **товара** Waren-

заградительн||ый/ая/ое/ые Abwehr-, Schutz-, Sperr- *(in Zus.)*; ~ **барьер** *(Kfz.)* Leitplanke; ~ **таможенная пошлина** -zoll

заграждение Sperre, Sperrung *(auch in Zus.)*; **уличное** ~ Straßen-; ~ **на дороге** *s. уличное;* ~ **на шоссе** *(n., indkl.)* ~ einer Fernstraße

загран- *(in Zus.)* ausländisch/e/er/es

заграничн||ый/ая/ое/ые *(s. auch международный)* ausländisch/e/er/es; ~ **паспорт** internationaler Pass, Reisepass; ~ **перевозки** *(Pl.)* internationale/er Verkehr/e; ~ **плавание** internationale Schifffahrt

загран||паспорт *s. заграничный паспорт;* **-перевозки** *s. заграничные перевозки;* **-плавание** *s. заграничное плавание*

загружаемый материал Ladegut

(Aufgabe-, Einsatz-, Füll-)

загружать/загрузить <что-л. чем-л.> <etw. mit etw.> beladen

загруженность *(f.)* Auslastung, Belastung *(auch in Zus.)*; **максимальная** ~ maximale; ~ <**автомобильной**> **дороги транспортом** Straßenbelastung; ~ **линии** Strecken-; ~ **судна** *(Schiff.)* Gesamtbefrachtung

загруженн‖ый/ая/ое/ые ausgelastet/e/er/es; ~ **маршрут** -e Strecke; ~ **трасса** *s. маршрут*

загрузка 1. *(Intensität)* Auslastung, Auslastungsgrad *(auch in Zus.)*; **2.** *(Prozess)* Beladung *(auch in Zus.)*; **большая** ~ hohe Auslastung; **максимальная** ~ Maximalauslastung, Verkehrsspitze; **минимальная** ~ Mindestauslastung; **неполная** ~ **1.** *(Kapazität)* Nichtauslastung; **2.** *(Ladung)* Teilbeladung; **низкая** ~ geringe Auslastung; **полная** ~ **1.** *(Kapazität)* volle Auslastung; **2.** *(Ladung)* Komplettladung; **средняя** ~ mittlere Auslastung; **средняя суточная** ~ Tagesauslastung, täglicher Durchschnittsverkehr;

загрузка ‖ **вагона** *(Eis.)* Wagenauslastung; ~ **пассажирских кресел** *(Flug., Pass.)* Platzauslastung; ~ **подвижного состава** Auslastung des Fuhrparks (Fahrzeug-); ~ **поездов** *(Pl.)* Zugauslastung; ~ **сети** Netzauslastung; ~ **транспортных средств** Fahrzeugauslastung; ~ **трассы** Streckenauslastung; ~ **в оба конца** Hin- und Rückbeladung; ~ **в два яруса** Doppelstockbeladung;

коэффициент загрузки Ladefaktor

загрузочн‖ый/ая/ое/ые Lade-, Belade- *(in Zus.)*; ~ **люк** Ladeluke; ~

мощность *(f.)* Ladekapazität, Frachtraum; ~ **приспособление** -einrichtung, -vorrichtung; ~ **устройство** *s. приспособление*

загрязнение Verschmutzung *(auch in Zus.)*; ~ **воды** Wasser-; ~ **воздуха** <**отработанными газами**> Luft-, Abgasbelastung der Luft; ~ **окружающей среды** Umwelt-

загрязненная вода Abwasser (Schmutz-)

заданная мощность (производительность) *(techn.)* Sollkapazität (-leistung), Regelleistung

задержание груза Ladungsarrest

задерживать/задержать движение den Verkehr anhalten (stoppen)

задержка Verzug *(auch in Zus.)*; **поставка с** -**ой** Liefer-; **поставлять/поставить товар с** -**ой** Ware mit ~ <an>liefern

задн‖ий/яя/ее/ие 1. hinter/e/er/es, Hinter- *(in Zus.)*; **2.** Rück- *(in Zus.)*; ~ **дверь** *(f.)* <**грузового автомобиля**> *(Kfz.)* -e Ladeklappe, Hintertür (Heck-); ~ **колесо** Hinterrad; ~ **мост** <**автомобиля**> Hinterachse; ~ **ось** *(f.) s. мост*; ~ <**погрузочная**> **платформа** *(LKW)* Heckrampe (-klappe); ~ **подвеска оси** *(Kfz.)* -e Achsenaufhängung; ~ **привод** *(Kfz.)* Heckantrieb; ~ **стекло** *(Kfz.)* Heckscheibe; ~ **фара** Rückscheinwerfer; ~ **ход** *(Kfz.)* Rückwärtsgang; <**ехать (ездить)**> -**им ходом** im Rückwärtsgang (rückwärts) <fahren>; **двигатель** *(m.)* -**ей установки** *(Kfz.)* Heckmotor; **зеркало** -**его вида** Rückspiegel

заезжать/заехать <к кому-л./чему-л. за чем-л.> <bei jmdm./an einem

Ort> kurz vorbeifahren, einen Abstecher <mit einem Fahrzeug> machen

заказ *(kfm.)* Auftrag, Bestellung, -auftrag, Auftrags- *(in Zus.)*; **встречный** ~ Rück-; **сборный** ~ Sammel-; **экспортный** ~ Export-; ~ **на поставку** Liefer-; ~ **на чартер** Charter-; **наряд-заказ** Bestellschein;

на заказ auf Bestellung

аннулирование **заказ**‖**а** Auftrags‖stornierung; **время прохождения** -а Dauer der -abwicklung; **исполнение** -а -abwicklung; **исполнитель** *(m.)* -а Auftragnehmer; **книга** -ов -buch; **подача** -а Aufgabe einer Bestellung; **подтверждение** -а -bestätigung; **положение с** -ами -lage; **портфель** *(m.)* -ов -bestand, -lage, -buch; **поступление** -а -eingang; **принятие** -а -annahme, Annahme eines -s (einer Bestellung); **размещение** -а -vergabe; **реализация** -а -durchlauf; **способ** -ов Bestellverfahren; **срок** -а Bestellfrist

заказн‖ой/ая/ое/ые *(hier)* Sonder- *(in Zus.)*; ~ **автобус** *(Bus)* -fahrt; ~ **поезд** -zug

заказчик Auftraggeber, Besteller; **обязанности** *(Pl.)* -а Pflicht des –s; **ответственность** -а *(jur.)* Haftung des Auftraggebers; **потребности** *(Pl.)* -ов Bedürfnisse der ~, Kundenbedürfnisse; **права** *(Pl.)* -а Rechte des -s; **риск** -а *(jur.)* Risiko des Auftraggebers, Abnehmerrisiko

закладывать/заложить <груз> на **хранение** <Fracht> einlagern

заключать/заключить **договор** **(контракт)** einen Vertrag <ab>schließen

заключение I *(jur., Prozess)* Abschluss *(auch in Zus.)*; ~ **договора (контракта)** Vertrags-; ~ **чартера** Charter-;

заключение II *(Dokument)* Gutachten *(auch in Zus.)*; **экспертное** ~ Sachverständigen-; ~ **о результатах таможенного досмотра** Zollbefund; ~ **об аварии** Havarie-;

закон *(s. auch кодекс)* Gesetz *(auch in Zus.)*; **Общий** ~ **о железных дорогах** *(BRD)* Allgemeines Eisenbahn-; **Федеральный** ~ Bundes-, *(RF)* föderales; **Федеральный** ~ **о налоге на собственников автомобилей** Kraftfahrzeugsteuer-; **Федеральный** ~ **о снижении шума от воздушного движения** *(BRD)* Fluglärm-;

Закон ‖ **о взимании сбора за пользование автострадой** Autobahnbenutzungsgebühren‖gesetz ; ~ **о возмещении ущерба при происшествиях на транспорте** Verkehrsschaden-; ~ **о Германских железных дорогах** *(BRD)* Bundesbahn-; ~ **о федеральных дорогах** *(BRD)* Bundesfernstraßen-; ~ **о воздушных перевозках** Luftverkehrs-; ~ **о грузовых автомобильных перевозках** Güterkraftverkehrs-; ~ **о морской перевозке груза** Seefracht-; ~ **о перевозке опасного груза** ~ über die Beförderung gefährlicher Güter; ~ **о перевозке пассажиров** Personenbeförderungs-; ~ **о правилах воздушных перевозок** Luftverkehrs-; ~ **о реструктуризации германских железных дорог** *(BRD)* Bundesbahnneuordnungs-; ~ **о реформе транспортного права** *(BRD)* Transportrechtsänderungs-; ~

о таможенном тарифе *(RF)* Zoll-; ~ о **финансировании коммунального транспортного сектора** *(BRD)* Gemeindeverkehrsfinanzierungs-; ~ о **флаге** *(See.)* Flaggenrecht; ~ **об изменении транспортного права** Transportrechtsänderung-; ~ **об отмене твердых тарифов** *(Güterv., EU)* Tarifaufhebungs-; ~ об **устранении тарифов на грузовые перевозки** *s.* ~ *об отмене твердых тарифов*; ~ **против недобросовестной конкуренции** ~ gegen unlauteren Wettbewerb; ~ **против ограничений свободной конкуренции** ~ gegen Wettbewerbsbeschränkungen;

нарушение закон‖а Verletzung ‖ eines Gesetzes **обход** -а Umgehung ~; **отмена** -а Abschaffung ~; **принятие** -а Annahme ~; **соблюдение** -а Einhaltung ~, Befolgung ~

законодательн‖ый/ая/ое/ые gesetzgebend/e/er/es, Rechts- *(in Zus.)*; ~ **акт** -vorschrift; ~ **база** -grundlage

законодательство Gesetzgebung *(auch in Zus.)*; **воздушное** ~ Luftverkehrs-; **дорожное** ~ Straßenverkehrs-; **земельное** ~ *(BRD)* Länder-; **коммунальное** ~ der Kommunen, ~ auf kommunaler Ebene; **морское** ~ Seerecht; **морское фрахтовое** ~ Seefrachtrecht; **муниципальное** ~ *s. коммунальное*; **налоговое** ~ Steuer-; **таможенное** ~ Zoll-; **торговое** ~ Handels-; **транспортное** ~ Verkehrs-, Transport-; **хозяйственное** ~ Wirtschafts-; **федеральное** ~ *(BRD)* Bundes-, *(RF)* föderale; **унификация транспортного** -а Unifizierung der Verkehrs-

законсервировать транспортное средство ein Fahrzeug zeitweise stilllegen

закругление пути *(Schienv.)* Kurve

закрывать/закрыть <что-л.> <etw.> schließen, <ab>sperren; ~ **границу** eine Grenze schließen; ~ **проезд** eine Durchfahrt <ab>sperren; ~ **участок дороги для движения** eine Strecke stilllegen

закрылка *(Flug.)* Klappe <eines Flugzeugs>; **посадочная** ~ Landeklappe

закрытие Sperrung, Sperre *(auch in Zus.)*; ~ **движения транспорта** Beförderungssperre (Transport-); ~ **дороги** <для транспорта> Straßen-; ~ **улицы** *s.* ~ *дороги*; ~ **участка дороги для движения** Stilllegung einer Strecke

закрыт‖ый/ая/ое/ые geschlossen/e/er/es; ~ **акватория порта** -es Hafenbecken; ~ **исполнение** <вагона, автомобиля> -e Bauweise <eines Waggons, Kfz.>; ~ **сети** *(Pl.)* -e Netze; ~ **склад** überdachtes Lager; ~ **тара** -e Verpackung; ~ **упаковка** *s. тара*; ~ <для движения транспорта> **участок дороги** gesperrte Straße, Sperrstrecke

зал Halle, Saal, -halle *(in Zus.)*; **выставочный** ~ Ausstellungs-; **операционный** ~ **аэропорта** Abfertigungs- <eines Flughafens>; ~ **вылета** *(Flug.)* Abflug-; ~ **первого класса** <в аэропорту> *(Flug.)* VIP-Lounge; ~ **прилета** *(Flug.)* Ankunfts-; ~ **ожидания** <Fahrgast>Warte-, Wartesaal; ~ **регистрации** *(Flug.)* Abfertigungs-

залив Meerbusen

залог Pfand

залогов‖ый/ая/ое/ые Pfand- *(in Zus.)*; ~ **право** *(jur.)* -recht; ~ **тара** -leergut, -behälter, Rückkaufverpackung; ~ **упаковка** *s.* *тара*

замена Ersatz, Substitution, Wechsel, -wechsel, Ersatz- *(in Zus.)*; ~ **расписаний** Fahrplan-; ~ **расписаний полетов** Flugplan-; ~ **шины** *(Kfz.)* Reifen-; **инвестиция на -у** -investition; **поставка для -ы** -lieferung; **транспорт на -у регулярных линий рельсового сообщения** <Schienen> Ersatzverkehr; **транспортное средство для -ы** -fahrzeug

заменимый поддон Tauschpalette (Austausch-, Wechsel-)

заменяемый груз substituierbare Fracht (-es Gut)

замещение Substitution

замораживание *(hier)* Bindung *(auch in Zus.)*; ~ **тарифов** Tarif-; ~ **цен** Preis-

замороженный груз Tiefkühlgut (Gefrier-)

заморозка, глубокая Tiefkühlung (Gefrier-)

заморск‖ий/ая/ое/ие *s.* *трансокеанский*

занесение <чего-л. во что-л.> Eintragung <von etw.>; **декларативное** ~ deklaratorische; **конститутивное** ~ konstitutive; ~ **судна в судовой реестр** ~ eines Schiffes ins Schiffsregister; ~ **фирмы в торговый реестр** ~ eines Unternehmens ins Handelsregister

заниматься/заняться <etw.> betreiben; ~ **контрабандой** Schmuggel ~, schmuggeln; ~ **промыслом** ein Gewerbe ~

занятие по вождению Fahrstunde

западно-европейская колея *(Eis., 1435 mm-Spur)* Normalspur (Voll-)

запаздывать/запоздать с платежом *(kfm.)* mit einer Zahlung im Rückstand sein

запас/ы 1. *(Lager.)* Bestand, Reserve, Vorrat, -bestand, -reserve, -vorrat, Bestands- *(in Zus.)*; 2. *(kfm.)* Rücklage, Fonds *(auch in Zus.)*; **железный** ~ Sicherheitsreserve; **максимальный** ~ Höchstbestand; **складские** ~ *(Pl.)* Lagerbestand; **товарные** ~ *(Pl.)* Warenbestand; ~ **топлива** Treibstoffvorrat (-reserve), Kraftstoffvorrat (-reserve); ~ **хода** <транспортного средства> Reichweite (Lauf-, Trag-) <eines Transportmittels>; **изменение объема -ов** -veränderung; **контроль** *(m.)* -ов -kontrolle; **снижение -ов** Abbau von Reserven (Vorräten)

запасн‖ой/ая/ое/ые *s.* *запасн‖ый/ая/ое/ые*

запасн‖ый/ая/ое/ые 1. Reserve-, Ersatz-; 2. Not- *(in Zus.)*; ~ **выход** Notausgang; ~ **колесо** Ersatzrad (-rad); ~ **платформа** Behelfsbahnsteig; ~ **путь** *(m.)* Abstellgleis; ~ **часть** *(f.)* Ersatzteil

заправка топливом Betankung, Kraftstoffübernahme

заправлять/заправить <транспортное средство> **топливом** <ein Kfz.> betanken

заправочн‖ый/ая/ое/ые Tank- *(in Zus.)*; ~ **пункт** <kleine> -stelle; ~ **станция** -stelle; ~ **тара** Kraftstoffbehälter; ~ **шланг** -schlauch

заправщик *(Pers.)* Tankwart

запрашивать/запросить <etw.> erbitten, einholen, beantragen; ~ **концессию** eine Konzession beantragen; ~ **лицензию** eine Lizenz beantragen; ~ **предложение** ein Angebot einholen

запрет _(s. auch запрещение)_ Verbot _(auch in Zus.)_; ~ **обратного действия** _(jur.)_ Rückwirkungs-; ~ **импорта** Import-; ~ **перевозки грузов третьего лица** Drittlade-, Beilade-; ~ **погрузки дополнительных (чужих) грузов** Beilade-; ~ **транзита** Transit-; ~ **экспорта** Export-; **-ы** _(Pl.)_ **и ограничения** _(Pl.)_ **в движении товаров** -e und Beschränkungen <im Warenverkehr>;

запрет || **на взлет и посадку** <**самолета**> _(Flug.)_ Start- und Lande||verbot; ~ **на въезд** Einreise-; ~ **на выезд** Ausreise-; ~ **на импорт** _s._ ~ _импорта_; ~ **на каботаж** Kabotage-; ~ **на конкуренцию** Wettbewerbs-; ~ **на торговлю** Handels-, Handelssperre; ~ **на экспорт** _s._ ~ _экспорта_;

обход запрет||**а** Umgehung eines Verbot||s; **объявление** -**а** Verhängung eines -s; **отмена** -**я** Aufhebung (Abschaffung) eines -s; **снятие** -**а** _s._ _отмена_; **обходить/обойти** ~ ein ~ umgehen; **объявлять/объявить** ~ ein ~ verhängen; **снимать/снять** ~ ein ~ aufheben

запретительн||**ый/ая/ое/ые** Prohibitiv-, Sperr-, Abwehr-, Schutz- _(in Zus.)_; ~ **пошлина** -zoll; ~ **тариф** -tarif

запрещать/запретить <**что-л.**> <etw.> verbieten, verweigern; ~ **въезд в страну** die Einreise <in ein Land>; ~ **разрешение на провоз** die Transitgenehmigung verweigern

запрещен/а/о/ы _(Part.)_ verboten; **остановка** -**а!** _(feste Wendung)_ Halten ~!; **стоянка** -**а!** _(feste Wendung)_ Parken ~!

запрещение _(s. auch запрет)_ Verbot _(auch in Zus.)_; ~ **ввоза** Einfuhr-; ~ **въезда** Einreise-; ~ **вывоза** Ausfuhr-; ~ **выезда** Ausreise-; ~ **движения** Fahr-, Durchfahrts-, Verkehrs-; ~ **движения грузовых автомобилей в ночное время** _(LKW)_ Nachtfahr-; ~ **движения грузовых автомобилей во время праздничных и воскресных дней** _(LKW)_ Sonn- und Feiertagsfahr-; ~ **движения грузовиков** LKW-Fahr-; ~ **движения самолетов в ночное время** Nachtflug-; ~ **обгона** Überhol-; ~ **остановки** Halte-; ~ **совместной погрузки** Zusammenlade-; ~ **ночных полетов** Nachtflug-; ~ **транзитного провоза** _(LKW)_ Durchfahr-, Transit-, Durchfuhr-; ~ **совместного складирования** Zusammenlagerungs-; ~ **стоянки** Park-; ~ **транзита** _s._ ~ _транзитного провоза_; ~ **совместного хранения** _s._ ~ _совместного складирования_; ~ **управлять транспортным средством** Fahr-;

запрещение || **на совместную погрузку** <**разнородных грузов**> Zusammenlade-; ~ **на совместное хранение (складирование)** <**разнородных грузов**> Zusammenlagerungs-

запрос Anfrage; **направлять/ направить** <**кому-либо**> ~ eine ~ <an jmdn.> richten; **посылать/ послать** <**кому-либо**> ~ <jmdm.> eine ~ zusenden

запуск двигателей _(Flug.)_ Anlassen der <Flugzeug>Triebwerke

запускать/запустить <что-л.>
<etw.> starten, in Gang setzen; ~
машину eine Maschine (Anlage) ~
(hochfahren, anfahren); ~ **двигатели**
(Flug.) Triebwerke anlassen

запчасть *(f.)* <к автомобилям>
<Kfz.->Ersatzteil

заработная плата Lohn, Gehalt,
(Schiff. auch) Heuer

зарегистрированн||ый/ая/ое/ые
eingetragen||er/e/es; ~ **объединение**
-er Verein (e.V.); ~ **пассажиры**
(Flug.) abgefertigte Passagiere

зарплата *(umg.)* s. *заработная*
плата

зарубежн||ый/ая/ое/ые Auslands- *(in*
Zus.); ~ **рынок** -markt, Außenmarkt;
~ **филиал** <предприятия,
компании> -niederlassung

заруливать/зарулить *(Kfz.,*
Fahrzeugführer) losfahren

зарядка аккумулятора *(Kfz.)*
Aufladen einer Batterie

заряжать/зарядить аккумулятор
(Kfz.) eine <Auto>Batterie aufladen

засвидетельствование,
официальное *(jur.)* amtliche
Beglaubigung

застрахован/а/о/ы *(Part.)* versichert

затарка груза *(Prozess)* Einpacken,
Wiederverpacken <von Frachtgut>

затор <в уличном движении>
<Verkehrs>Stau, -stau, Stau- *(in*
Zus.); **обратный** ~ Rück-;
извещение о -ах -meldung;
предупреждение о -ах -warnung;
расходы, *(Pl.)* **связанные с**
задержкой транспортного
средства в -е -folgekosten

затраты *(Pl.)* s. *издержки*

зафрахтованное судно Charterschiff

заход *(Flug.)* Anflug *(auch in Zus.)*,
(Schiff.) Anlaufen, Anlauf-, Anlege-
(in Zus.); ~ <самолета> на посадку
Lande- <eines Flugzeugs>; **дата** -а
(Schiff.) -datum; **порт** -а
anzulaufender Hafen, Anlegehafen

заходить/зайти <к кому-л./чему-л.
за чем-л.> <bei jmdm./an einem
Ort> kurz vorbeigehen, einen
Abstecher <zu Fuß> machen; ~ **в**
порт *(Schiff.)* einen Hafen anlaufen

зачеркивать/зачеркнуть <что-л.>
из реестра <etw.> aus einem
Register löschen

защита Schutz *(auch in Zus.)*;
страховая ~ Versicherungs-; ~
прав потребителей Verbraucher-;
~ **окружающей среды** Umwelt-; ~
от шума Lärm-

заявка *(s. auch заявление)* **1.**
(Dokument zur Geltendmachung
eines Anspruchs) Anmeldung,
Antrag, Gesuch, Erklärung *(auch in*
Zus.); **2.** *(Dokument zur Anforderung*
von etw.) Anforderung *(auch in Zus.)*,
Bestellung, Bestellliste; **3.** *(Anzeige)*
Anmeldung; **импортная** ~
Importanmeldung (Einfuhr-);
совокупная ~ Sammelanmeldung;
таможенная ~ **на проверку**
экспортируемого товара
Zollanmeldung; **экспортная** ~
Exportanmeldung (Ausfuhr-);

заявка || **на вагон**
Wagenanforderung; ~ **на импорт** *s.*
импортная; ~ **на лицензию**
Lizenzantrag; ~ **на перевозку 1.**
(Auftragserteilung zur
Frachtbeförderung)
Transportauftrag; **2.** *(Anforderung*
von Transportkapazität)
Transportbedarfsanmeldung; ~ **на**
подачу транспорта *s.* ~ *на*

перевозку; ~ **на таможенную проверку** <экспортируемого товара> Zoll-; ~ **на транспортные средства** *(Pl.)* Bestellung von Fahrzeugen; ~ **на фрахтование** Fracht-, Waren-; ~ **на экспертизу** Prüfungsantrag (-gesuch); ~ **на экспорт** *s. экспортная*; ~ **о возмещении ущерба** Antrag auf Schadenersatz; ~ **о допущении** Zulassungsantrag; **подавать/подать -у** einen Antrag stellen, <etw.> anmelden, anfordern

заявление *(s. auch заявка, извещение)* **1.** *(offizielle Mitteilung)* Anzeige, Erklärung, Meldung *(auch in Zus.)*; **2.** *(Dokument zur Beantragung von etw.)* Antrag, Gesuch *(auch in Zus.)*; **импортерское** ~ Einfuhrerklärung; **страховое** ~ Versicherungsantrag; ~ **к перегрузке** Umladeerklärung; ~ **к транзиту** Transiterklärung (Durchgangs-, Durchfuhr-); ~ **на предоставление лицензии** Lizenzantrag; ~ **на товары, свободные от таможенного обложения** Zollfreimeldung; ~ **о внесении** <чего-л.> **в реестр** Registrierungsantrag; ~ **о выдаче визы** Visaantrag; ~ **о гибели страхового имущества** Schadensfallerklärung (-meldung); ~ **о принятии товаров на склад** Zollanmeldung für Einlagerung; ~ **о дорожно-транспортном происшествии** (ДТП) Unfallmeldung (-anzeige); ~ **об оформлении визы** *s.* ~ *о выдаче визы*; ~ **об убытках** *(Vers.)* Schadensmeldung;

заявление-требование об отправке Versandanzeige, Avis;

обязанность *(f.)* **заявления** Anzeigepflicht (Melde-)

заявлять/заявить <о чем-л.> <etw.> erklären; ~ **о товаре** Ware deklarieren

звено, транспортное Glied in der Transportkette

здание аэропорта Flughafengebäude

зебра *(Fußgängerüberweg)* Zebrastreifen

земельное законодательство *(BRD)* Ländergesetzgebung

зеркало Spiegel *(auch in Zus.)*; **боковое** ~ *(Kfz.)* Seiten-; ~ **заднего вида** *(Kfz, Schienv.)* Rück-

зимн‖ий/яя/ее/ие Winter- *(in Zus.)*; ~ **время** *(n.)* года -zeit, -saison; ~ **движение** -verkehr; ~ **расписание** -fahrplan, -flugplan; **надбавка к фрахту в** ~ **время года** -zuschlag; **служба -его содержания дорог** -dienst

зимовочная гавань Winterhafen

знак Zeichen *(auch in Zus.)*; **дорожный** ~ Verkehrs-; **железнодорожный** ~ Bahn-; **идентификационный** ~ <товара> *(Zoll.)* Nämlichkeits-; **маркировочный** ~ Markierungs-; **морской навигационный** ~ See-; **незарегистрированный** ~ freies, ungeschütztes; **номерной** ~ *(Kfz.)* Fahrzeugkenn-, polizeiliches Kenn-, Nummernschild; **опознавательный** ~ *(Kfz.)* <polizeiliches> Kenn-, *(Flug.)* Hoheits-; **поворотный** ~ Wende-; **предупредительный дорожный** ~ *(Kfz.)* Gefahr-; **предупредительный мигающий** ~ Warnblink-; **путевой километровый** ~ Kilometerstein; **регистрационный** ~ *(Flug.)* Eintragungs-, Registrierungs-; **свободный** ~ *s. незарегистрированный*; **товарный**

~ Waren-; ~ <для> перегоняемого автомобиля *(Kfz.)* Überführungskenn-; ~ возвратного движения Verkehrs- für den Reversivverkehr; ~ идентификации <товара> *s. идентификационный*; ~ качества Güte-; ~ государственной принадлежности Nationalitäts-

зона Zone, Gebiet, Bereich *(auch in Zus.)*; береговая ~ Uferzone, Küstenbereich; двенадцатимильная <пограничная> ~ *(Schiff.)* Zwölfmeilenzone; железнодорожная ~ Bahngelände (-bereich); морская ~ Seegebiet; морская ~ таможенного контроля Zollseegebiet; оптимальная ~ перевозок optimale Beförderungsgrenze; пешеходная ~ Fußgängerzone; пограничная ~ Grenzgebiet; портовая ~ Hafengelände (-gebiet); портовая ~ франко *(Zoll.)* Hafenfreizone; прибрежная ~ *s. береговая*; пригородная ~ Stadtrand, Vororte *(Pl.)*; складская ~ Lagerzone (-bereich); специальная морская ~ *(Schiff.)* Seezone; таможенная ~ Zollgebiet; тарифная ~ⓐ Tarifzone (-gebiet); трехмильная <пограничная> ~ *(Schiff.)* Dreimeilenzone; ценовая ~ Preiszone; экономическая ~ Wirtschaftsraum;

зона ‖ беспошлинного ввоза <товаров> Zollausschlussgebiet; ~ действия шумозащиты Lärmschutzzone; ~ доставки Lieferzone; ~ использования полезных площадей для автостоянок Parkraumbewirtschaftungszone; ~ канала Kanalzone; ~ обслуживания Versorgungsbereich (-gebiet); ~ обслуживания общественным транспортом *(ÖPNV)* Fahrgebiet; ~ разгрузочно-погрузочных (перегрузочных) операций Be- und Entladezone (-bereich); ~ остановки Haltestellenbereich; ~ отправки Abfertigungszone (-bereich); ~ предоставления летной информацией Fluginformationsgebiet; ~ свободного предпринимательства Wirtschaftssonderzone; ~ приема <товара> Wareneingangszone (-bereich); ~ пути Gleisbereich; ~ регистрации *(Flug.)* Abfertigungszone (-bereich); ~ складирования *s. складская*; ~ местного сообщения Nahverkehrszone; ~ сосредоточения транспорта Verkehrsballungsgebiet; ~ стоянки Parkzone (-bereich); ~ стоянки транспорта Containerstell- und -lagerplätze; ~ запрещенной стоянки Parkverbotszone; ~ свободной торовли Freihandelszone; ~ тяготения <города> Einzugsbereich (-gebiet) <einer Stadt>;

зона ‖ для разгрузки-погрузки Be- und Entladezone (-bereich); ~ с заниженной транспортной нагрузкой verkehrsberuhigte Zone; ~ с установленной скоростью 30 км/ч *(Wohngebiet)* Tempo-30-Zone;

зона франко zollfreie Zone, <Zoll>Freigebiet;

зона, свободная ‖ от автомобильного движения autofreie Zone; ~ от таможенного обложения *s. ~ франко*

зональный тарифⓐ Zonentarif

И

идти/пойти <куда-л.> <irgendwohin> gehen; ~ **вверх** hochgehen, <eine Erhebung> hinaufgehen; ~ **вместе <с кем-л.>** <mit jmdm.> mitgehen; ~ **вниз** nach unten gehen, hinuntergehen; ~ **впереди** <кого-л./чего-л.> <jmdm./etw.> vorausgehen (voran-), als Erster ~; ~ **дальше** weitergehen; ~ **наверх** *s. вверх*; ~ **назад** zurückgehen, <zu Fuß> zurückkommen; ~ **обратно** *s. назад*

идти (ходить) gehen

избегать/избежать <чего-л.> <etw.> vermeiden; ~ **излишней транспортной нагрузки** *(Belastung)* Verkehr; ~ **лишних перевозок** unnötige Transporte

избежание лишних перевозок (излишней транспортной нагрузки) Verkehrsvermeidung

избыточн‖ый/ая/ое/ые Mehr-, Über- *(in Zus.)*; ~ **масса** Übergewicht; ~ **нагрузка** Mehrbelastung

извещение *(s. auch авизо, заявление, объявление, уведомление)* **1.** *(Prozess)* Anmeldung, Anzeige, Avisierung, Benachrichtigung; *(auch in Zus.)*; **2.** *(jur. Handlung)* Anzeige, Meldung, Mitteilung *(auch in Zus.)*; **3.** *(Dokument)* Anmeldung, Anzeige, Avis, Bescheid *(auch in Zus.)*; **импортное** ~ Einfuhranmeldung; **таможенное** ~ Zollbescheid; **экспедиторское** ~ Spediteursanzeige (-meldung); **экспортное** ~ Ausfuhranmeldung, Exportanzeige;

извещение ‖ на таможенную проверку <экспортируемого товара> *s.* экспортное; ~ **о возникновении препятствий в перевозке груза** Mitteilung über das Auftreten von Beförderungshindernissen; ~ **о выставлении тратты** *(Fin.)* Trattenavis; ~ **о готовности <груза>** к отправке Meldung zur Versandbereitschaft, Versandbereitschaftsanzeige; ~ **о готовности <груза> к приемке** Meldung zur Abnahmebereitschaft; ~ **о заторах** Staumeldung; ~ **о наступлении страхового случая** Schadensanzeige (-meldung); ~ **о перевалке <груза>** Umladungsavis (Umlade-); ~ **о погрузке <груза>** *s.* ~ *об отгрузке*; ~ **о получении <груза>** Empfangsanzeige (-meldung); ~ **о поставке <груза>** Lieferanzeige (-meldung); ~ **о прибытии <груза>** *s.* ~ *о получении*; ~ **о фрахтовании <груза>** *(Schiff.)* Verladeanzeige; ~ **об отгрузке** Verladeanzeige (-avis); ~ **об отправке <груза>** Versandanzeige, Abgangsaviso

извилист‖ый/ая/ое/ые kurvenreich/e/er/es; ~ **дорога** −e Straße; ~ **путь** *(m.)* −e Strecke; ~ **участок <дороги>** *s. путь*

изготовитель *(m.)* Hersteller, -hersteller, Hersteller- *(in Zus.)*; ~ **автомобилей** Fahrzeug-, Fahrzeugbauer; ~ **грузовиков** LKW-~; ~ **мотоциклов** Motorrad-; ~ **самолетов** Flugzeug-; **завод -я** -werk; **предприятие -я** -betrieb

издержки *(Pl., kfm., s. auch расходы)* Kosten *(auch in Zus.)*; **аварийные** ~ Havarie-; **складские** ~ Lager<haltungs>-; **транспортные** ~ Transport-, Verkehrs-, Spesen; ~ **на складирование** *s.* складские; ~ **по техническому обслуживанию** Wartungs-; ~ **по отгрузке <груза>**

Entsende-, Versand-; ~ **по отправке** **<груза>** _s._ ~ _по отгрузке_; ~ **по перевозке** **<груза>** Transport-, Beförderungs-

излишн‖ий/яя/ее/ие Über- _(in Zus.)_, überflüssig/e/er/es; ~ **пассажирский багаж** -gepäck; ~ **парк <автомобилей, вагонов>** -schuss <an Fahrzeugen, Waggons>; ~ **повторные перевозки** _(Pl.)_ <unnötige> Mehrfachtransporte; ~ **плата за провоз** -frachtgebühr/en; ~ **простои** _(Pl.)_ **судна** _(Schiff.)_ -liegezeiten

изменение Änderung, Veränderung, -änderung _(in Zus.)_; ~ **колеи** _(Schienv.)_ Spur-, Spurwechsel; ~ **направления движения** <Fahrt>Richtungs-; abweichende Linienführung; ~ **направления транспортных потоков** Umlenkung (Umleitung) von Verkehrsströmen; ~ **расписаний (в расписании) движения <поездов, автобусов>** _(Zug, Bus)_ Fahrplan-; ~ **расписаний (в расписании) полетов** Flugplan-; ~ **тарифов** Tarif-

изменять/изменить <что-л.> <etw.> <ver>ändern, modifizieren; ~ **договор** einen Vertrag; ~ **направление транспорта (движения)** <den> Verkehr umleiten

изнашивание _(Prozess)_ Abnutzung, Verschleiß; ~ **дорог** Straßenabnutzung; ~ **<автомобильных> шин** _(Kfz.)_ Reifenabnutzung

износ _(Resultat)_ Abnutzung, Verschleiß _(auch in Zus.)_; ~ **товаров** Güterverzehr; ~ **шины** _(Kfz.)_ Reifen-

изовагон _s. изотермический вагон_

изотермическ‖ий/ая/ое/ие Isolier-,

Thermo-, Kühl- _(in Zus.)_; ~ **вагон** -wagen, -waggon; ~ **контейнер** -container; ~ **кузов** _(LKW)_ -behälter

изучать/изучить <что-л.> <etw.> erforschen, analysieren; ~ **потребности** _(Pl.)_ **заказчиков** die Bedürfnisse der Auftraggeber (Kunden) ~; ~ **рынок** den Markt ~; ~ **спрос** die Nachfrage ~

изучение транспортного рынка Untersuchung des Verkehrsmarktes

изъятие _(s. auch лишение)_ Wegnahme, Beschlagnahme, Einzug <von etw.>

именн‖ой/ая/ое/ые Namens- _(in Zus.)_; ~ **товарораспорядительный документ** -warenpapier; ~ **коносамент** _(See.)_ nominelles Konnossement, -konnossement, -ladeschein, Rektakonnossement; ~ **страховой полис** _(Vers.)_ -police; ~ **складское свидетельство** -lagerschein

иметь с собой <документы> <Dokumente, Papiere> mitführen

имеющаяся <транспортная> инфраструктура vorhandene <Verkehrs>Infrastruktur

импорт _(s. auch ввоз)_ Import, Einfuhr, -import, -einfuhr, Import-, Einfuhr- _(in Zus.)_; **косвенный** ~ indirekte/er; **лицензируемый** ~ genehmigungsbedürftige/er; **нелицензируемый** ~ genehmigungsfreie/er; **непосредственный** ~ direkte/er; **непрямой** ~ _s. косвенный_; **прямой** ~ _s. непосредственный_; **транзитный** ~ Transiteinfuhr; ~ **товаров** Waren-; ~ **сырья** Rohstoff-; ~ **на льготных условиях** begünstigte/er;

договор на ‖ импорт

Import||vertrag; **запрет** -a **(на ~)** -verbot; **запрещение** -a *s. запрет*; **заявка** **на** ~ -anmeldung; **коммерсант, занимающийся** -ом *(Pers.)* Importkaufmann; **контингент** **на** ~ -kontingent; **контингентирование** -a -kontingentierung; **контракт на** ~ *s. договор*; **контроль** *(m.)* **над** -ом -kontrolle; **лицензия на** ~ -lizenz; **налог** **с** **оборота** -a Einfuhrumsatzsteuer; **объем** -a -volumen; **ограничение** -a -beschränkung; **разрешение** -a -genehmigung; **рост объемов** -a Importzuwachs; **сокращение** -a Importrückgang; **статья** -a Einfuhrposten; **увеличение** -a *s. рост*; **уменьшение** -a *s. сокращение*; **финансирование** -a -finanzierung; **отпускная цена по** **-у** -abgabepreis; **пригодный для** -a **товар** importfähige Ware

импортер *(Pers.)* Importeur, -importeur, Import-, Einfuhr- *(in Zus.)*; **прямой** ~ Direkt-; **страна-~** -land; **фирма-~** Importfirma; **экспедитор-~** -spediteur; **потери** *(Pl.)* **-a** Verluste des -s

импортерское **заявление** Einfuhrerklärung

импортировать **<товар>** <Ware> importieren, einführen

импортируем||ый/ая/ое/ые Import- *(in Zus.)*; ~ **товар** -ware; **налог на** ~ **товар** -steuer

импортирующ||ий/ая/ее/ие importierend/e/er/es, Import- *(in Zus.)*; ~ **страна** -land; ~ **фирма** -firma

импортно-экспортн||ый/ая/ое/ые Import-Export- *(in Zus.)*; ~ **контора** ~-Firma; ~ **операция** ~-Geschäft; ~ **сделка** *s. операция*; ~ **фирма**; *s.*

контора

импортн||ый/ая/ое/ые Import-, Einfuhr- *(in Zus.)*; ~ **груз** -gut, -fracht; ~ **декларация** -deklaration, -anmeldung; ~ **документ/ы** -papier/e, Einfuhrschein; ~ <**сопроводительная**> ~ **документация** -papiere, -begleitdokumentation; ~ **заявка** -anmeldung; ~ **извещение** *s. заявка*; ~ **издержки** *(Pl.)* -kosten; ~ **калькуляция** Importkalkulation; ~ **квота** -quote; ~ **коносамент** *(See.)* -konnossement; ~ **контейнер** -container; ~ **контингент** -kontingent; ~ **контроль** *(m.)* -kontrolle; ~ **лицензия** -genehmigung, -lizenz, -erlaubnis; ~ **маклер** *(Pers.)* Importmakler; ~ **налог** -steuer, -abgabe; ~ **ограничение** -beschränkung; ~ **пошлина** -zoll, -abgabe; ~ **предписания** *(Pl.)* -vorschriften; ~ **расходы** *(Pl.)* -kosten; ~ **режим** -verfahren; ~ **сбор** -gebühr, -abgabe; ~ **свидетельство** *s. сертификат*; ~ **сделка** Importgeschäft; ~ **сертификат** -bescheinigung, -zertifikat; ~ **тара** -verpackung; ~ **тариф** -tarif, -zoll; ~ **товар** -ware; ~ **торговля** -handel; ~ **упаковка** *s. тара*; ~ **цена** -preis

имущество, движимое bewegliches Gut

инвентар Inventar

инвентарн||ый/ая/ое/ые inventarisiert/e/er/es, Inventar- *(in Zus.)*; ~ **парк вагонов** *(Eis.)* -er Wagenpark, Wageninventarpark; ~ **парк локомотивов** *(Eis.)* -er Triebfahrzeugpark; ~ **тара** Fremdverpackung (Leih-); ~ **упаковка** *s. тара*

инвестиция/и Investition/en *(auch in Zus.)*; ~ **в** **транспортную**

инфраструктуру
Verkehrsinfrastruktur-; ~ **в пути
сообщения** Verkehrswege-; ~ **в
транспортный сектор** Verkehrs-;
~ **в транспортное строительство**
Verkehrsbau-; ~ **на замену** Ersatz-;
~ **на расширение** Erweiterungs-; ~
на реконструкцию Erneuerungs-;

программа инвестици‖й
Investitionsprogramm;
финансирование -й Finanzierung
von -en; **осуществлять/
осуществить** ~ -en tätigen;
проводить/провести ~ *s.
осуществлять/осуществить*

индекс/ы Index *(auch in Zus.)*;
складские ~ *(Pl.)* Lagerkennzahlen;
тайм-чартерный ~ Zeitcharter-;
тарифный ~ Transportpreis;
фрахтовый ~ Fracht-, Frachtrate
(-tarif)

индивидуальн‖ый/ая/ое/ые Einzel-,
Individual- *(in Zus.)*; ~ **<проездной>
билет** *(ÖPNV)* Einzelfahrkarte
(-fahrschein); ~ **владелец судна
внутреннего плавания** *(Pers.,
Binnsch.)* Partikulier, Kleinschiffer; ~
груз Einzelfrachtstück, Stückgut; ~
контейнер Einzelcontainer; ~
пассажир -reisender; ~
туристическая поездка
Individualreise; ~ **предприятие**
kleines Privatunternehmen,
Familienbetrieb; ~
судовладельческое предприятие
(Binnsch.) Partikulierunternehmen; ~
привод *(techn.)* Einzelantrieb; ~
путешествие Individualreise; ~
судовладелец *(Pers., Binnsch.)*
<privater> Schiffseigner; ~ **речное
судоходство** *(Binnsch.)*
Partikulierschifffahrt; ~ **транспорт**
Individualverkehr

Индийский океан Indischer Ozean

индоссамент *(Dokument)*

Indossement, Indosso, Giro,
Begebungsvermerk; **ограниченный**
~ Rektaindossement

индоссант **<коносамента>** *(Pers.)*
Indossant, Girant <eines
Konnossements>

индоссация коносамента *(See.)*
Indossierung eines Konnossements

индоссо *(s. auch индоссамент)*
Indosso, Indossement

индуктивн‖ый/ая/ое/ые *(techn.)*
induktiv/e/er/es, Induktions- *(in
Zus.)*; ~ **поездная
авторегулировка** *(Eis.)* -e
Zugbeeinflussung; ~ **петля** **<на
проезжей части>** *(Straße)* -schleife
<auf der Fahrbahn>

индуцированный транспорт
induzierter Verkehr

инженер-судостроитель *(m., Pers.)*
Schiffbauingenieur

инженерно-технический персонал
ingenieur-technisches Personal

инкассо *(n., indkl., kfm.)* Inkasso

инкотермс Incoterms

инновационная технология
Innovationstechnologie

**инновация на транспорте (в
транспортном секторе)**
Verkehrsinnovation

иногородная торговля Fernhandel

иностранн‖ый/ая/ое/ые
ausländisch/e/er/es; ~ **вагон** *(Eis.)*
Fremdgüterwagen; ~ **компания** -е
Firma, -es Unternehmen; ~
перевозчик -er Transporteur, -er
Frachtführer; ~ **право** -es Recht; ~
флаг *(Schiff.)* -e Flagge

**инспектировать/
проинспектировать** **<что-л.>**

\<etw.\> überprüfen, inspizieren; ~ **автомобиль** *(m.)* ein Kfz ~; ~ **самолет** ein Flugzeug ~; ~ **судно** ein Schiff ~

инспектор, карантинный Hygiene- und Quarantäneinspektor

инспекция Inspektion *(auch in Zus.)*; **аварийная** ~ Havarie-; **автомобильная** ~ Kraftfahrzeug-; **Государственная автомобильная** ~ **(ГАИ)** *(RF)* Automobil-, Verkehrspolizei; **транспортная** ~ *(RF)* Transport-; ~ **российского речного регистра** *(RF)* Aufsichtsbehörde für das Binnenschifffahrtsregister; ~ **судна** Schiffs-; ~ **по технике безопасности** Sicherheits-

институт Institut *(auch in Zus.)*; **научно-исследовательский** ~ Forschungs-; ~ **транспорта** Verkehrs-

инструктор по вождению *(Pers.)* Fahrlehrer

инструкция/и *(s. auch порядок, правила, режим, положение)*; Instruktion, Anleitung, Anweisung, Unterweisung, Anordnung, Bestimmung/en, Vorschrift/en *(auch in Zus.)*; **должностная** ~ Dienstanweisung; **исполнительная** ~ Durchführungsbestimmung; **отгрузочная** ~ *s. отправочная*; **отправочная** ~ Versandvorschrift/en (-bestimmungen, -instruktion); **погрузочная** ~ Verladevorschrift/en (-bestimmungen); **производственная** ~ Betriebsvorschrift; **складская** ~ Lagerordnung; **служебная** ~ Dienstvorschriften (-anweisung); **таможенная** ~ Zollvorschrift/en (-bestimmungen, -ordnung); **тарифная** ~ Tarifvorschriften

(-bestimmungen, -ordnung); **транспортная** ~ Beförderungsbestimmungen (Transport-), Beförderungsvorschriften (Transport-, Verkehrs-); **экспедиторская** ~ Spediteursvorschrift/en;

инструкция ‖ **отгрузки** *s. отправочная*; ~ **приема груза к отправке** Abfertigungsvorschrift/en für den Güterverkehr; ~ **проведения в действие нормативного акта** Ausführungsverordnung; ~ **таможенной службы** Zolldienstanweisung;

инструкция ‖ **для капитана** *(Schiff.)* Kapitänsanweisung; ~ **о порядке исполнения** *s. исполнительная*; ~ **о порядке приведения в действие нормативного акта** *(jur.)* Ausführungsverordnung; ~ **по безопасности** Sicherheitsbestimmungen (-vorschriften); ~ **по движению поездов** Fahrdienstvorschriften; ~ **по обработке вагонов** \<на станционных путях\> *(Eis.)* Wagenbehandlungsvorschriften; ~ **по передаче вагонов** *(Eis.)* Wagenübergabevorschrift; ~ **по погрузке** *s. погрузочная*; ~ **по страхованию груза** Versicherungsbestimmungen (-vorschriften); ~ **по технике безопасности** Arbeitsschutzbestimmungen (-vorschriften); ~ **по упаковке и маркировке** Verpackungs- und Signierungsvorschrift

инструмент Instrument *(auch in Zus.)*; **навигационный** ~ Navigations-

инструментальн‖ый/ая/ое/ые

Instrumenten- *(in Zus.)*; ~ производство Gerätebau; ~ посадочная система *(Flug.)* -landesystem

интегральный график движения <транспорта> с твердыми интервалами integraler Taktfahrplan

интеграция Integration; <Европейская> ~ в транспортном секторе[▥] <Europäische> Verkehrsintegration

интегрированн‖ый/ая/ое/ые integriert/e/er/es; ~ транспортный менеджмент -es Verkehrsmanagement; ~ планирование транспорта -e Verkehrsplanung; ~ транспортная система -es Verkehrssystem; ~ управление транспортом *s. транспортный менеджмент*; ~ транспортная цепь -e Transportkette

интеллигентн‖ый/ая/ое/ые intelligent/e/er/es; ~ транспортные системы *(Pl.)* -e Transportsysteme; ~ соединение автомобильного и железнодорожного транспорта -e Vernetzung von Straße und Schiene

интенсивность *(f.)* Dichte, Intensität *(auch in Zus.)*; ~ дорожного движения *(Kfz.)* Verkehrs-, Straßenbelastung; ~ движения поездов *(Schienv.)* Zugdichte; ~ движения на дороге *s. ~ дорожного движения*; ~ осуществления поездок *(Pass.)* Reiseintensität; ~ осуществления путешествий *s. ~ осуществления поездок*; ~ перевозок Transport-, Verkehrs-

интервал Intervall, Takt, -takt, Takt- *(in Zus.)*; минимальный ~ Mindestabstand; поминутный ~

Minuten-; почасовой ~ Stunden-; регулярные -ы *(Pl.)* обслуживания маршрутов regelmäßige Streckenbedienung; твердый ~ fester/es;

интервал ‖ безопасности Sicherheitsabstand; ~ обслуживания *(ÖPNV)* Bedienungshäufigkeit; -ы *(Pl.)* следования поездов Zugfolgezeiten; ~ попутного следования поездов *(Eis.)* Nachfolgezeit; ~ между поездами *(Eis.)* Zug-, Zugabstand; ~ между судами Schiffsabstand; график движения по твердому (жесткому) -у[▥] -fahrplan; плотность -ов -dichte

инфаркт движения Verkehrsinfarkt (-kollaps)

информационная служба Informationsdienst

информация Information, -information, Informations- *(in Zus.)*; летная ~ Flug- <für die Besatzung>; ~ для авиапассажиров Flug- <für die Passagiere>; ~ для пассажиров Fahrgast-; ~ на ходу езды *(Pass.)* On-trip-~; ~ о транспортной обстановке Verkehrs-; ~ о состоянии дорог Straßenzustandsbericht; ~ перед отправлением *(Pass.)* Pre-trip-~; подача (предоставление) -и <о транспортной обстановке> в реальном масштабе времени Echtzeit- <zur Verkehrslage>; <транспортно-сопроводительный> поток -и <transportbegleitender> -fluss; система подачи -и о транспортной обстановке Verkehrsinformationssystem

инфраструктура Infrastruktur, -infrastruktur, Infrastruktur- *(in Zus.)*;

городская ~ städtische; дорожная ~ Straßen-; единая ~ einheitliche; железнодорожная ~ (*Eis.*) Schienen-; имеющаяся ~ vorhandene; исторически сложившаяся ~ historisch gewachsene; коммунальная ~ kommunale; недоразвитая ~ unterentwickelte; неудобная ~ ungünstige; портовая ~ Hafen-; развитая ~ entwickelte; рельсовая ~ Schienen-; сетевая ~ Netz-; современная ~ moderne; транспортная ~ Verkehrs-; удобная ~ günstige; ~ аэропорта Flughafen-; ~ транспортных сетей <Verkehrs>Netz-;

планирование инфраструктур‖ы Infrastruktur‖planung; политика в области развития (расширения, модернизации) -ы -politik; программа развития -ы -programm; проект по развитию (расширению, модернизации) -ы -projekt; расходы (*Pl.*) на развитие -ы -kosten; степень (*f.*) развития транспортной -ы Ausbaugrad der Verkehrs-; строительство транспортной -ы Bau von Verkehrs-;

модернизировать инфраструктур‖у die Infrastruktur ‖ modernisieren; развивать/ развить -у ~ entwickeln; расширять/расширить -у ~ erweitern (ausbauen); создавать/ создать -у eine ~ schaffen

исключение Ausnahme, Ausnahme-, Sonder- (*in Zus.*); разрешение в порядке -я -genehmigung, -erlaubnis

исключительн‖ый/ая/ое/ые Sonder-, Ausnahme- (*in Zus.*); ~ график (режим) движения <поездов> (*Eis.*) Sonderfahrplan; ~

таможенная пошлина Ausnahmezollsatz; ~ право -recht; ~ тариф -tarif

искусственн‖ый/ая/ое/ые künstlich/e/er/es; ~ канал -er Kanal; ~ водный путь -e Wasserstraße, -er Wasserweg

исполнение 1. (*Prozess*) Abwicklung, Erfüllung; 2. (*Ausstattung*) Ausführung; специальное ~ Sonderausführung; стандартное ~ Standardausführung; ~ заказов (*kfm.*) Auftragsabwicklung

исполнитель (*m.*) <заказа> Auftragnehmer; обязанности (*Pl.*) -я Pflicht des -s; ответственность (*f.*) -я (*jur.*) Haftung des –s; права (*Pl.*) -я Rechte des -s; риск -я Risiko des -s

исполнительная инструкция Durchführungsbestimmung

использование <чего-л.> 1. (*Verwendung*) Nutzung, Benutzung (*auch in Zus.*); 2. (*Effektivität, s. auch нагрузка*) Auslastung, Ausnutzung, Nutzung <von etw.> (*auch in Zus.*); коммерческое ~⌸ Vermarktung, kommerzielle Nutzung; максимальное ~ Höchstauslastung; минимальное ~ Mindestauslastung; хозяйственное ~ wirtschaftliche Nutzung;

использование ‖ грузоподъемности <транспортного средства> (*Güterv.*) Fahrzeugauslastung; ~ объема <багажника> (*PKW*) Raumnutzung <des Kofferraums>; ~ автомобильного парка Fahrzeugeinsatz (-auslastung, -nutzung); ~ помещения Raumnutzung; ~ пути (*Eis.*) Gleisbenutzung

исправное состояние

<автомобиля> *(Kfz.)* fahrtüchtiger Zustand, Fahrtüchtigkeit <eines Fahrzeuges>

исправность *(f.)* <автомобиля> Unversehrtheit, Betriebssicherheit <eines Fahrzeuges>

испытание Test, -test, Test- *(in Zus.)*; **ходовое** ~ -fahrt (Probe-), -lauf (Probe-); ~ <автомобиля> **на столкновение с неподвижным препятствием** *(Kfz.)* Crash-; ~ **на токсичность** *(f.)* **отработанных газов (ОГ)** Abgas-

испытательн‖ый/ая/ое/ые Test- *(in Zus.)*; ~ **нагрузка** Prüflast; ~ **пробег** *(LKW, Schienv.)* -fahrt, –lauf, Probefahrt (-lauf); ~ **эксплуатация** -betrieb

исследование транспортного рынка Untersuchung des Verkehrsmarktes

исследовать рынок den Markt analysieren (untersuchen, erforschen)

исторически сложившаяся <транспортная> **ифраструктура** historisch gewachsene <Verkehrs>Infrastruktur

источник транспортного потока Verkehrsquelle

исчерпать/исчерпнуть контингент ein Kontingent ausschöpfen

исчисление Ermittlung, Berechnung *(auch in Zus.)*; ~ **ущерба** *(Vers.)* Schadensermittlung (-aufmachung); ~ **фрахта** Frachtberechnung; ~ **фрахта по весу или размеру** Gewichts- oder Maßfracht

---

Й

Йорк-Антверпенские Правила *(Pl., See.)* York-Antwerpen-Regeln (Y.A.R.)

К

кабина Kabine *(auch in Zus.)*; **грузовая** ~ <самолета> *(Flug.)* Frachtraum (Lade-); **спальная** ~ Schlaf-; ~ **водителя** Fahrer-; ~ **летчиков** *(Flug.)* Cockpit; ~ **машиниста** *(Schienv.)* Führerstand; ~ **пилота** *(Flug.)* s. ~ *летчиков*; ~ **управления** Steuerzentrale, Führerstand; ~ **на судне** Schiffs-; ~ **со спальным местом** s. *спальная*; **разгерметизация** -ы *(Flug.)* Luftdruckabfall in der ~; **вагон с -ой управления** *(Eis.)* Steuerwagen

каботаж Kabotage, -kabotage, Kabotage- *(in Zus.)*; **большой** ~ große; **воздушный** ~ Luft-; **малый** ~ kleine; **запрет на** ~ -verbot; **отмена** -а Abschaffung (Aufhebung) der ~; **отсутствие** -а -freiheit; ~ **внутри границ ЕС** EU-~; **отменять/отменить** ~ die ~ aufheben

каботажник *(Schiff., umg.)* Kabotageschiff, Küstenfahrer

каботажн‖ый/ая/ое/ые Kabotage- *(in Zus.)*; ~ **гавань** *(f.)* natürlicher Küstenschifffahrtshafen; ~ **линия** Küstenschifffahrtslinie; ~ **пароходство** -reederei, -schifffahrt; ~ **перевозки** *(Pl.)* -verkehre; ~

плавание -schifffahrt; ~ **порт**
-hafen; ~ **судно** -schiff; ~
судоходство *s. пароходство*; ~
теплоход Küstenmotorschiff,
-schiff; **лицензия на право
осуществления -ых перевозок**
-genehmigung

кабриолет *(PKW)* Cabriolet

календарный план Zeitplan *(auch in
Zus.)*; **погрузки** Verlade-

калькулированная цена kalkulierter
Preis, Kalkulationspreis

калькуляционная цена *s.
калькулированная цена*

калькуляция *(kfm.)* Kalkulation
(auch in Zus.); **импортная** ~
Import-; **проектная** ~ Projekt-;
смешанная ~ Misch-; **экспортная**
~ Export-; ~ **стоимости**
<**транспортных услуг**> Preis- <für
Transportdienstleistungen>;
разбивать/разбить -ю по статьям
eine ~ <nach Kostenarten>
aufschlüsseln; **составлять/
составить -ю** eine ~ erstellen

камера Kammer *(auch in Zus.)*;
автоматическая ~ **хранения**
Gepäckschließfach; **холодильная** ~
Kühl-, Kühlraum; **шлюзная** ~
(Schiff.) Schleusen-; ~ **хранения**
Gepäckaufbewahrung; **окошко -ы
хранения** Gepäckschalter

канал 1. *(Wasserweg)* Kanal, -kanal,
Kanal- *(in Zus.)*; **2.** *(techn., ökon.)*
Kanal *(auch in Zus.)*; **естественный**
~ natürlicher; **искусственный** ~
künstlicher; **морской** ~ See-;
судоходный ~ Schifffahrts-;
тупиковый ~ Stich-; **шлюзный** ~
Schleusen-; **мост-~** -brücke;

канал ‖ **дистрибуции**
(Güterverteilung)
Distributions‖kanal; ~ **логистики**
Logistik-; ~ **распределения**
<**товаров**> *s.* ~ *дистрибуции*; ~
сбыта <**без посредника, через
порседника**> <direkter, indirekter>
Absatz-, Vertriebs-; **движение по -у**
-durchgangsverkehr; **зона -а** -zone;
сквозные перевозки *(Pl.)* **по -у**
-verkehr; **порт на судоходном -е**
-hafen; **сбор за проход через** ~
-gebühr; **сеть** *(f.)* **-ов** -netz

канальн‖ый/ая/ое/ые Kanal- *(in
Zus.)*; ~ **лоцман** *(Pers.)* -lotse; ~
плавание -fahrt; ~ **сбор** -gebühr/en,
-abgabe, -geld; ~ **туннель** *(m.)*
-tunnel; ~ **шлюз** -schleuse

канат Halteseil, *(Kfz. auch)*
Abschleppseil

канатная дорога Seilbahn

канистра Kanister *(auch in Zus.)*; ~
для бензина Benzin-, Kraftstoff-

канцелинг *(Schiff.)* Stornierung,
Aufhebung, Kündigung

капитальные вложения *(Pl., Fin.)*
Investitionen

капитан *(Pers.)* Kapitän *(auch in
Zus.)*; ~ **первого ранга** ~ zur See; ~
порта Hafen-; ~ **судна** Schiffs-;
диплом -а Schiffspatent;
инструкция для -а
Kapitänsanweisung

капитанский коносамент *(See.)*
Kapitänskonnossement

капот <**автомобиля**> *(Kfz.)*
Motorhaube

карантин Quarantäne; **находиться
под -ом** unter ~ stehen;
объявлять/объявить ~ verhängen;
подвергать/подвергнуть -у unter
~ stellen; **снимать/снять** ~ die ~
aufheben

карантинно-санитарн‖ый/ая/ое/ые
Quarantäne- und Hygiene- *(in Zus.)*;

~ **контроль** *(m.)* -kontrolle; ~ **служба** *(Schiff.)* -inspektion

карантинн‖ый/ая/ое/ые Quarantäne- *(in Zus.)*; ~ **буй** -boje; ~ **власти** *(Pl.)* -behörde; ~ **декларация** -anmeldung; ~ **досмотр** -untersuchung; ~ **испектор** *(Pers.)* Hygieneinspektor; ~ **катер** -boot; ~ **место** -platz; ~ **надзор** -aufsicht, -überwachung; ~ **период** -zeit; ~ **порт** -hafen; ~ **правила** *(Pl.)* Hygienevorschriften, -vorschriften; ~ **пункт** -station; ~ **разрешение на импорт** -bewilligung; ~ **сбор** -geld, -gebühr; ~ **свидетельство** -schein, -zertifikat, -zeugnis; ~ **сертификат** *s. свидетельство*; ~ **срок** *s. период*; ~ **станция** -station; ~ **флаг** -flagge

карбюратор *(Kfz., techn.)* Vergaser

карго *(n., indkl.)* Kargo, Ladung; **морское** ~ schwimmende Ladung, Schiffsladung; **смешанное** ~ gemischte Ladung; **~-манифест** Kargomanifest; **~-план** *(Schiff.)* Ladeplan (Stau-); **супер-** *(Großraumtransportflugzeug)* Superkargo; **страхование** ~ Kargoversicherung (Fracht-)

карта Karte *(auch in Zus.)*; **дорожная** ~ Wege-, Verkehrs-, Verkehrswege-; **маршрутная** ~ Strecken-, Tourenplan; **морская** ~ See-; **навигационная** ~ Navigations-; ~ **автомобильных дорог** Straßen-, Autoatlas; ~ **путей сообщения** Verkehrs-

картельн‖ый/ая/ое/ые Kartell- *(in Zus.)*; ~ **соглашение об условиях уплаты таможенных пошлин** Zoll-; ~ **фрахтовая ставка** *(Schiff.)* Konferenzfrachtrate (-frachtsatz)

картонная коробка Karton

картотека Kartei *(auch in Zus.)*; ~ **клиентов** Kunden-; ~

нарушителей правил уличного движения Verkehrssünder-; ~ **покупателей** *s.* ~ *клиентов*; ~ **поставщиков** Lieferanten-

карточка *(s. auch карта)* Karte *(auch in Zus.)*; **сопроводительная** ~ <к грузу> Fracht<begleit>-; ~ **пользователя** Benutzerausweis

каско *(n., indkl., s. auch страхование)* Kasko, Kaskoversicherung *(auch in Zus.)*; **автомобильное страхование** ~ Kfz-~; **воздушное страхование** ~ Luftfahrt-; **морское страхование** ~ See-; **речное страхование** ~ Fluss-; **страхование авто-** Kfz-~

касса Kasse, Schalter *(auch in Zus.)*; **авиационная** ~ *(Flug.)* Ticketschalter; **билетная** ~ Fahrkartenschalter; **железнодорожная** ~ *(Eis.)* Fahrkartenschalter; ~ **возврата** Rückerstattungskasse

кассир *(Pers.)* Fahrkartenverkäufer

катализатор <для нейтрализации отработанныхся газов> *(Kfz., techn.)* Katalysator

каталический нейтрализатор Katalysator *(Kfz., techn., auch in Zus.)*; **трехкомпонентный** ~ Drei-Wege-~

каталог Katalog *(auch in Zus.)*; **официальный** ~ **дорожных знаков** *(BRD, Straßenverkehr)* Amtlicher Beschilderungs-; ~ **штрафных санкций** Bußgeld-

катамаран *(Schiff.)* Katamaran; **паром-~** Katamaran-Fähre

катание на лодке *(Pass.)* Bootsfahrt

катастрофа *(s. auch авария)* Katastrophe, Unglück *(auch in Zus.)*; **авиационная** ~ Flugzeug-;

автомобильная ~ Verkehrsunfall, (Auto-); железнодорожная ~ Zug-, Eisenbahn-

кататься/покататься <автомобилем> на акваплане *(Kfz.)* durch Aquaplaning ins Schleudern geraten

категория *(s. auch класс)* Kategorie, Klasse *(auch in Zus.)*; ~ повагонных грузов *(Eis.)* Wagenladungsklasse; ~ дороги Straßen-; ~ скидок <со страхования автомобиля> за предотвращение ущерба *(Kfz., Vers.)* Schadenfreiheitsklasse/n; ~ транспортного средства Fahrzeug-; ~ трассы Strecken-; ~ водительского удостоверения Führerscheinklasse

катер Boot, Barkasse, Katamaran, -boot *(in Zus.)*; буксирный ~ Schlepp-; быстроходный ~ Schnell-, Schnellkatamaran; грузовой ~ Katamaranfrachtschiff; карантинный ~ Quarantäne-; лоцманский ~ Lotsen-; скоростной ~ *s. быстроходный*; таможенный ~ Zoll-; челночный ~ Pendler-

качественный товар Qualiätsware

качество Qualität, -qualität, Qualitäts- *(in Zus.)*; ходовые -а *(Pl.)* <автомобиля> Fahreigenschaften <eines Kfz.>; ~ обслуживания Bedienungs-; ~ перевозок Beförderungs-, Verkehrs-; ~ товара Waren-; ~ трассирования *(Schienv.)* Trassierungs-; ~ транспортных услуг Verkehrs-;

знак качеств‖а Qualitäts‖kennzeichen, Gütezeichen; контроль *(m.)* -а -kontrolle; показатели *(Pl.)* -а -kennziffern, -parameter; сертификат -а

-zeugnis, -urkunde, -zertifikat, -nachweis; система обеспечения -а -sicherungssystem; стандарт -а -standard

каюта *(Schiff.)* Kajüte

квитанция *(s. auch ведомость, документ/ы, расписка)* Quittung, Schein *(auch in Zus.)*; багажная ~ Gepäckschein (-abschnitt); весовая ~ Wiegeschein; грузовая ~ Frachtempfangsschein; двойная ~ Doppelquittung; корабельная ~ Schiffsempfangsschein; отправочная ~ Versand-, Versandbescheinigung; перегрузочная ~ Zolldurchfuhrschein (Umladungs-); почтовая ~ Postquittung (Versand-); приемная ~ Empfangs-, Einlieferungsschein (Annahme-, Übernahme-); складская ~ Lagerschein; сопроводительная багажная ~ Gepäckbegleitschein; таможенная ~ Zoll-, Warrant; товаробагажная ~ Expressgutkarte; товароскладочная ~ Warenlagerungsschein; транзитно-таможенная ~ Zolldurchfuhrschein (Umladungs-);

квитанция ‖ таллимана *(Schiff.)* Tallyschein; ~ штурмана *(Schiff.)* Steuermannsquittung;

квитанция ‖ на выдачу багажа *s. багажная*; ~ на сдачу багажа на хранение Ablieferungsschein, ~ на порожнюю тару Leergutbeleg; ~ на принятый товар <Schiffs>Empfangsschein; Übergabequittung; ~ о возврате (возвращении) пошлины Zollrückgabeschein; Aufgabeschein; ~ о перемещении материала Umlagerungsschein; ~ о поставке товара Lieferschein; ~ о приеме груза (товара) *s. приемная*; ~ о приеме груза (товара) к отправке Abfertigungsschein; ~ о приеме груза на борт судна Schiffsempfangsschein; ~ о приеме груза на причал Kaiempfangsschein; ~ о приеме контейнера Containerabnahmebescheinigung; ~ о приеме <товара> на склад Lagerempfangsschein; ~ о принятии груза *s.* ~ *о приеме груза*; ~ о сдаче <товара> Ablieferungsschein; ~ об отправке груза *s. отправочная*; ~ об уплате таможенной пошлины *s. таможенная*; ~ об уплате сбора за стоянку Parkschein; ~ об уплате сборов Gebührenbescheinigung; ~ по воздушным грузовым перевозкам Luftfrachtquittung; ~ по приему *s. приемная*; ~ по сдаче <багажа на хранение> Ablieferungsschein, Übergabequittung

квота Quote *(auch in Zus.)*; **импортная** ~ Import-, Einfuhr-; **экспортная** ~ Export-, Ausfuhr-

квотативный принцип Quotenprinzip

килевой сбор за стоянку <судна> в порту *(Schiff.)* Kielgeld

километр Kilometer, -kilometer, Kilometer- *(in Zus.)*; **автомобиле-~** LKW-~, Fahrzeug-; **брутто-тонно-~** Bruttotonnen-; **вагоно-~** Güterwagen-; **вагоно-осе-~** Güterwagenachs-; **место-~** *(Schienv., Pass.)* Platz-, Sitz-; **мотор-вагонно-~** *(Schienv.)* Triebwagen-; **нетто-тонно-~** Nettotonnen-; **пассажиро-~** *(Schienv., Kfz.)* Personen-, *(Flug.)* Passagier-; **пассажиро-вагоно-~** *(Eis.)* Personenwagen-; **пассажиро-поездо-~** Reisezug-; **пассажирский**

поездо-~ *s.* пассажиро-поездо-~; **погонный** ~ *(Eis.)* Gleis-; **поездо-~** Zug-; **полезный** ~ Nutz-; **тарифо-~** Tarif-; **тарифо-тонно-~** Tariftonnen-; **тонно-~** Tonnen-; **тонно-~** **брутто** Bruttotonnen-; **тонно-~** **нетто** Nettotonnen-; **тонно-~-час** Tonnenkilometerstunde;

километр ‖ **эксплуатационной длины** Strecken‖kilometer; ~ **эксплуатационной длины автомагистралей** Autobahn-; ~ **полета** Flug-; ~ **пробега** Fahr-, Lauf-; ~ **пробега с грузом** Last-, Nutz-; ~ **порожнего пробега** Leer-; ~ **пути** Fahr-; **~/а/ов в час** ~ pro Stunde (km/h);

пробег в километр‖ах Fahrleistung (Lauf-) in -n, -leistung; **груженый пробег в -ах** Last-, Nutz-; **стоимость** *(f.)* **одного -а пробега** -preis; **счетчик -ов** -zähler

километраж Kilometerstand

кладь, ручная *(Flug., Pass.)* Handgepäck

кларирование *(Schiff.)* Klarierung, -klarierung, Klarierungs- *(in Zus.)*; ~ <судна> при входе в порт Ein-; ~ <судна> при выходе из порта Aus-; **свидетельство о -и** -brief

кларировать судно <ein Schiff> klarieren

класс *(s. auch категория)* Klasse *(auch in Zus.)*; **налоговый** ~ Steuer-; **первый** ~ *(Flug.)* First Class (F); **экономический** ~ *(Flug.)* Economy-Class (Y); ~ **грузов** Güter-; ~ **дороги** Straßen-; ~ **опасности груза** *(Güterv.)* Gefahrgut-; ~ **опасности загрязнения воды** <вследствие аварии с опасным грузом> Wassergefährdungs- <im

Gefahrgutverkehr>; ~ **судна** Schiffs-, Boots-; ~ **упаковки** *(Gefahrgut)* Verpackungsgruppe; **бизнес-~** *(Flug.)* Business-Class (C)

классификационн/ый/ая/ое/ые *(Schiff.)* Klassifikations- *(in Zus.)*; ~ **общество** -gesellschaft; ~ **регистр** -register

классификация Klassifikation *(auch in Zus.)*; **стоимостная** ~ Wert-; ~ **дорог** Straßen-; ~ **морских портов** Seehafen-; ~ **водных путей** Wasserstraßen-; ~ **судов** Schiffs-; **код -и** Klassifizierungscode; **свидетельство о -и судна** *(Schiff.)* Klassifikationsattest (Revisions-)

классифицированное судно klassifiziertes Schiff

клеймильный сбор Eichgebühr (Stempel-)

клеймо, таможенное Zollstempel

клиент *(s. auch покупатель)* Kunde, -kunde, Kunden- *(in Zus.)*; **корпоративный** ~ Firmen-; **основной** ~ Haupt-; **постоянный** ~ Stamm-; **частный** ~ Privat-; **автостоянка для -ов <определенного магазина>** -parkplatz; **картотека -ов** -kartei; **обслуживание -ов** -dienst; **потребности** *(Pl.)* -ов -bedürfnisse; **претензии** *(Pl., jur.)* -ов -reklamation/en; **привлечение -ов** -akquise, -akquisition; **требования** *(Pl.)* -ов -forderungen

клиентура Klientel, Kundschaft, Kundenkreis; **взаимоотношение с -ой** Kundenbeziehungen

книга *(s. auch журнал)* Buch *(auch in Zus.)*; **грузовая** ~ Lade-, Fracht-; **мореходная** ~ Seefahrts-; **путевая** ~ *(Kfz.)* Fahrten-; **разносная** ~ *(Kuriersendungen)* Zustell-;

регистровая ~ Schiffsregister; **судовая** ~ Schiffstage-; **фактурная** ~ *(kfm.)* Rechnungseingangs-; **эксплуатационная** ~ *(Eis.)* Betriebs-;

книга ‖ **выгрузки** Entlade‖buch; ~ **заказов** Auftrags-; ~ **отправлений** Auslieferungs-, Auslieferungsliste; ~ **поставок** Liefer-; ~ **прибытия груза** Gütereingangs-; ~ **прибытия товара** Wareneingangs-; ~ **приема груза к отправке** Versandannahme-

книжка *(hier)* Büchlein, Heft, -heft *(in Zus.)*; **абонементная** ~ *(ÖPNV)* Fahrschein-; **таможенная сопроводительная** ~ Zollbegleitschein- für den internationalen Straßengüterverkehr; ~ **международной дорожной перевозки (МДП)** Carnet TIR

ковернот *(Vers.)* Deckungszusage; **действительный** ~ gültige; **открытый** ~ offene

код Code *(auch in Zus.)*; **таможенный** ~ Zoll<registrier>-; **Европейский товарный** ~ Europäische Artikelnummer (EAN); **цифровой** ~ Nummern-; ~ **классификации** Klassifizierungs-

Кодекс *(s. auch закон)* Kodex, Gesetz, Gesetzbuch *(auch in Zus.)*; **воздушный** ~ *(RF)* Luftverkehrsgesetz; **гражданский** ~ *(BRD)* Bürgerliches Gesetzbuch, *(RF)* Zivilgesetzbuch; **налоговый** ~ *(BRD)* Steuergesetz, *(RF)* Steuerkodex; **таможенный** ~ *(BRD)* Zollgesetz, *(RF)* Zollkodex; **торговый** ~ Handelsgesetzbuch; ~ **внутреннего водного транспорта** Binnenschifffahrtsgesetz; ~ **торгового мореплавания (КТМ)** *(RF)* Gesetz über die Hochseeschifffahrt, Seegesetzbuch

кодирование товаров Kodierung von Waren

кодированный контейнер kodierter Behälter (Container)

кодификация железнодорожных линий Bahnstreckenkodifizierung

козловой кран Bockkran

кокпит *(Flug.)* Cockpit

колебания *(Pl.)* перевозок Verkehrsschwankungen

колеблющ||ий/яя/ее/ие(ся) gleitend/e/er/es, Gleit- *(in Zus.)*; ~ поставка пошлин -zoll; ~ таможенный тариф *s.* ~ *поставка пошлин*; ~ цена -preis

колесн||ый/ая/ое/ые Rad- *(in Zus.)*; ~ буксир *(Schiff.)* -schlepper, -dampfer; ~ пара *(Schienv.)* -satz; ~ пароход *(Schiff.)* -dampfer; ~ передача -getriebe; ~ тягач *(Kfz.)* -schlepper, -zugmaschine

колесо Rad, -rad, Rad- *(in Zus.)*; ведомое ~ angetriebenes; ведущее ~ Antriebs-; заднее ~ Hinter-; запасное ~ Ersatz-, Reserve-; носовое ~ *(Flug.)* Bug-; переднее ~ Vorder-; рулевое ~ Lenk-; рулевое <травмо>безопасное ~ *(Kfz.)* Sicherheitslenk-; штурвальное ~ *(Schiff.)* Steuer-;

колея для || колес *(Eis.)* Spurbahn (-breite); перевозка «с ~»⌺ Just-in-Time-Beförderung; подкачка ~ Aufpumpen der Reifen; поставка с ~ Just-in-Time-Lieferung; привод -а -antrieb; привод на все -а *(Kfz.)* Allradantrieb; привод на задние -а *(Kfz.)* Hinterradantrieb; привод на передние -а *(Kfz.)* Frontantrieb (Vorderrad-); след от ~ -spur, Reifenspur

колея *(Schienv.)* Spur, Gleis, -spur,

Spur- *(in Zus.)*; западно-европейская ~ Normal-, Voll- *(1435 mm)*; нормальная ~ *s.* *западно-европейская*; узкая ~ Schmal- *(<1000 mm)*; широкая ~ Breit- *(1524 mm)*;

колея нормальной ширины Normalspur (Regel-);

железная дорога нормальной коле||и *(Eis.)* Normalspurbahn; изменение -и Spur||änderung; подвижная единица узкой -и Schmalspurfahrzeug; подвижная единица широкой -и Breitspurfahrzeug; станция примыкания железных дорог разной ширины -и Anschlussbahnhof für Bahnen mit anderer -weite; ширина -и -weite; ~ для колес -bahn, -breite

количественн||ый/ая/ое/ые Mengen- *(in Zus.)*; ~ регулирование -regulierung; ~ тариф -tarif

количество Anzahl, Menge; допустимое ~ zulässige; ~ пассажиров Fahrgastzahlen, *(Flug.)* Passagierzahlen; указание -а Mengenangabe

коллико *(Verpackungseinheit)* Collico

колодка, тормозная *(Eis.)* Bremsklotz

колодочный тормоз *(Fahrzeug)* Backenbremse

колокол, спасательный Rettungsglocke

колонка Säule *(auch in Zus.)*; бензовая ~ Tank-, Zapf-; рулевая ~ Lenk-; топливораздаточная ~ Tank-; штурвальная ~ *(Schiff., Flug.)* Steuer-

колонна автомобилей Fahrzeugkolonne

кольцев‖ой/ая/ое/ые Ring- *(in Zus.)*; ~ движение -verkehr; ~ дорога -straße; внешняя ~ дорога äußere -straße, Autobahnring; внутренняя ~ дорога innere -straße, Stadtring; ~ линия -linie; ~ перевозки *(Pl., Güterv.)* -verkehr; ~ полоса <движения> Kreisfahrspur; радиально-~ система ~-Radial-System; ~ трасса Rundstrecke; ~ улица -straße; поезд -ого сообщения *(Schienv.)* -zug

кольцо Ring *(auch in Zus.)*; внешнее ~ äußerer, Außen-, Autobahn-; внутреннее ~ innerer, Innen-, Stadt-

команда *(hier Schiff.)* Besatzung Crew; наем -ы Anheuern einer ~

командир Kapitän *(auch in Zus.)*; ~ воздушного корабля Flug-; ~ судна Schiffs-

командированный/ая *(Pers.)* Dienstreisende/er

командировка Dienstreise

командировочные расходы *(Pl., kfm.)* Dienstreisekosten

комбинация <различных> видов транспорта Kombination von Verkehrsarten

комбинированн‖ый/ая/ое/ые kombiniert/e/er/es, Kombi- *(in Zus.)*; ~ билет на проезд и вход -е *(Pass.)* Fahr- und Eintrittskarte, -karte; ~ транспортный коносамент *(See.)* -es Transportkonnossement; ~ транспортная накладная -er Frachtbrief; ~ ось *(f.)* Mehrfachachse; ~ перевозки *(Pl.)* -er Ladungsverkehr, -verkehr; ~ грузовые перевозки⁽ᵐᵐ⁾ *(Pl.)* -er Güterverkehr; ~ перевозки грузовиков на морских судах Transport von LKWs per Seeschiff, Schwimmende Landstraße; ~

перевозки *(Pl.)* лихтеров на морских судах *(Schiff.)* Barge-Verkehr; ~ пошлина Mischzoll; ~ тяговый привод⁽ᵐᵐ⁾ -er Antrieb, Hybridantrieb; ~ склад -es Lager; ~ тара -e Verpackung; ~ тариф -tarif; ~ транспорт -er Verkehr, -verkehr

комиссионер *(Pers.)* Kommissionär; торговый ~ Verkaufskommissionär

комиссионн‖ый/ая/ое/ые Kommissions- *(in Zus.)*; ~ вознаграждение -gebühr/en, Vermittlungsprovision, Courtage, Kommission; ~ сбор *s.* вознаграждение; ~ товар -ware; на -ых началах *(Pl.)* auf -basis

комиссионные *(Subst., Pl., kfm.)* Provision; франко ~ frachtfrei ~; выплачивать/выплатить ~ zahlen

комиссия I Komission, Ausschuss; Европейская <экономическая> ~ Europäische Komission; <постоянная> тарифная ~ <ständige> Tarifkomission;

комиссия II *(kfm.)* Kommissionsgebühr; брокерская ~ Befrachtungsgebühr/en, Charterprovision; покупать/купить товар через -ю eine Ware in Kommission kaufen; принимать/принять товар на -ю eine Ware in Kommission nehmen

комитент *(jur., Pers.)* Kommittent

Комитет по антимонопольной политике *(RF)* Kartellamt

коммерсант *(Pers.)* Kaufmann *(auch in Zus.)*; ~, занимающийся импортом Import-; ~, занимающийся экспортом Export-

коммерческ‖ий/ая/ое/ие kommerziell/e/er/es, kaufmännisch/e/er/es, gewerblich/e/er/es, Geschäfts- *(in Zus.)*; ~ **акт** -vorgang; ~ **график** **<движения судов>** *(Schiff.)* Schiffseinsatzplan; ~ **груз** Nutzladung; ~ **деятельность** *(f.)* -tätigkeit; ~ **директор** *(Pers.)* -führer, kaufmännischer Direktor; ~ **использование**⏷ **<чего-л.>** kommerzielle Nutzung, Vermarktung <von etw.>; ~ **обслуживание судна пароходством** *(Schiff.)* Bereederung; ~ **операция** *s. акт*; ~ **отправитель** *(Pers.)* gewerblicher Absender (Entsender, Versender); ~ **перевозки** *(Pl.)* gewerblicher Verkehr; ~ **порт** Handelshafen; ~ **право** Handelsrecht; ~ **суд** Handelsgericht; ~ **судоходство** Handelsschifffahrt; ~ **речное судоходство** gewerbliche Binnenschifffahrt; ~ **счет** -konto

коммивояжер *(jur., Pers.)* Handelsreisender

коммунальн‖ый/ая/ое/ые kommunal/e/er/es, Gemeinde- *(in Zus.)*; ~ **администрация** -e Verwaltung, -verwaltung, -e Behörde; ~ **власти** *(Pl.)* *s. администрация*; ~ **дорога** -e Straße, -straße, Ortsstraße; ~ **законодательство** -e Gesetzgebung; ~ **транспортная инфраструктура** -e Verkehrsinfrastruktur; ~ **налог** -e Steuer; ~ **порт** -er Hafen; ~ **транспортное предприятие** -es Verkehrsunternehmen; ~ **предприятие общественного транспорта** öffentlicher Verkehrsbetrieb; ~ **дорожное строительство** -er Straßenbau; **Закон о финансировании** -ого **транспортного сектора** -verkehrsfinanzierungsgesetz

коммуникация, спутниковая Satellitenkommunikation

компания Gesellschaft, Unternehmen *(auch in Zus.)*; **авиационная** ~ Luftverkehrs-, Fluggesellschaft; **железнодорожная** ~ Bahn-; **паромная** ~ Fähr-; **пароходная** ~ Binnenschifffahrts-, <Binnen>Reederei; **портовая** ~ Hafengesellschaft; **страховая** ~ Versicherungs-; **судовладельческая** ~ Schiffseignergesellschaft; **судостроительная** ~ Schiffbau-; **судоходная** ~ Schifffahrts-, Reederei<unternehmen>; **частная** ~ **по эксплуатации <аэропорта>** <Flughafen>Betreibergesellschaft; **экспортная** ~ Export-; **~, работающая в сфере услуг** Dienstleistungsunternehmen

компаньон *(jur., Pers.)* <Geschäfts>Partner; ~ **судовладельца** *(Binnsch.)* Partenreeder

компенсация *(jur.)* Kompensation, Abfindung, Schadenersatz, -erstattung *(in Zus.)*; **денежная** ~ Ausgleichszahlung; **паушальная** ~ pauschale Abfindung, **покилометровая** ~ **за пользование частным автомобилем в служебных целях** *(Steuern, BRD)* Kilometerpauschale; **предельная** ~ maximale/er; ~ **путевых издержек (расходов)** Reisekosten-; **выплачивать/выплатить** -ю eine Abfindung <aus>zahlen

компенсационн‖ый/ая/ое/ые Kompensations-, Ausgleichs- *(in Zus.)*; ~ **пошлина** -zoll; ~ **сделка** -geschäft; ~ **тариф** -tarif

комплекс Komplex *(auch in Zus.)*; **спуско-подъемный** ~ *(Schiff.)* Absenk- und Hebevorrichtung; **транспортный** ~ Transport-,

Transportbereich (-sektor); **эллинговый** ~ *(Schiff.)* Helling-

комплексное управление транспортными процессами Gesamtverkehrsmanagement

комплектационн‖ый/ая/ое/ые Kommissions- *(in Zus.)*; ~ **документ** -beleg; ~ **склад** -lager

комплектн‖ый/ая/ое/ые komplett/e/er/es, Komplett- *(in Zus.)*; ~ **поставка** -lieferung; ~ **предложение** -angebot

комплектование груза Zusammenstellen (Komplettieren) von Fracht

комплектовочн‖ый/ая/ое/ые Komplettierungs- *(in Zus.)*; ~ **ведомость** *(f.)* -liste, Packliste; ~ **склад** -lager; ~ **спецификация** *s. ведомость*

компостер *(ÖPNV, techn.)* Fahrscheinentwerter

компостировать/ прокомпостировать билет *(ÖPNV)* einen Fahrschein entwerten

компьютер, бортовой Bordcomputer (Fahrt-)

компьютеризация *(Prozess)* Computerisierung

компьютеризированная система контроля за движением поездов *(Eis.)* rechnergestützte Zugüberwachung

компьютерн‖ый/ая/ое/ые Computer- *(in Zus.)*, EDV-gestützt/e/er/es; ~ **система оптимизации** -es Optimierungssystem; **централизация** *(Eis.)* -stellwerk

комфорт *(Pass.)* Komfort *(auch in Zus.)*; ~ **в поездке** Reise-, Fahr-; ~ **в полете** Flug-

комфортабельность *(f.)* Komfort *(auch in Zus.)*; ~ **езды** Fahr-; ~ **поездки** Reise-; ~ **полета** Flug-

конвейер, багажный Gepäckband

конвенционн‖ый/ая/ое/ые ausgehandelt/e/er/es; ~ **тариф** -er Tarif, Konventionaltarif; ~ **цена** -er Preis

конвенция *(s. auch соглашение)* Konvention, Abkommen, Übereinkommen, -abkommen *(in Zus.)*; **Бернская** ~ *(Eis.)* CIM-COTIF-~; **Варшавская** ~ Warschauer Luftverkehrs-; **Европейская** ~ Europäische/es; **Международная** ~ Internationale/es; **таможенная** ~ Zoll-, Zollkonvention;

Конвенция ‖ о договоре международной дорожной перевозки груза Übereinkommen über den Beförderungsvertrag im internationalen Straßengüterverkehr; ~ **о международных смешанных перевозках груза** Übereinkommen über den grenzüberschreitenden kombinierten Verkehr; ~ **по морскому праву** Seerechtskonvention

конгресс Kongress *(auch in Zus)*; ~ **железных дорог** Eisenbahn-; ~ **судоходных компаний** Schifffahrts-; ~ **автомобильного транспорта** Straßen-

конденсационный след <самолета> *(Flug.)* Kondensstreifen

кондиционер Klimaanlage

кондуктор *(ÖPNV, Pers.)* Schaffner

конец Ende; **населенного пункта** Ortsausgang; ~ **улицы** Straßenmündung

конечн‖ый/ая/ое/ые End- *(in Zus.)*; ~ **остановка** -haltestelle; ~ **получатель** *(m., Pers.)* -abnehmer, -empfänger, -kunde; ~ **потребитель** *(m., Pers.)* -verbraucher; ~ **пункт** -punkt, -haltepunkt; ~ **станция** -station

конкурентный тариф Wettbewerbstarif

конкурентоспособность *(f.)* Wettbewerbsfähigkeit; ~ **товара** ~ einer Ware; ~ **услуг** ~ von Dienstleistungen

конкурентоспособн‖ый/ая/ое/ые wettbewerbsfähig/e/er/es (konkurrenz-); ~ **предприятие** -es Unternehmen; ~ **профиль** *(m.)* услуг -es Angebotsprofil; ~ **тариф** -er Tarif; ~ **товар** -e Ware; ~ **цена** -er Preis

конкуренция Wettbewerb, Konkurrenz, Wettbewerbs- *(in Zus.)*; **недобросовестная** ~ unlautere/er; **разорительная** ~ ruinöse/r; **свободная** ~ freie/r; **ужесточающая** ~ zunehmende/er; **договор о** -и vertragliche -abrede; **Закон против ограничения свободной** -и Gesetz gegen -beschränkungen; **запрет на** -ю -verbot; **оговорка о** -и -klausel; **ограничение** -и -beschränkung; **правила** *(Pl.)* -и -regeln

конкурирующий товар Konkurrenzware

коносамент ⌑ *(See., s. auch накладная, ордер, квитанция, свидетельство)* Konnossement, Seefrachtbrief (Schiffs-), Ladeschein, -konnossement, Konnossements- *(in Zus.)*; **бортовой** ~ Bord-, An-Bord-~, shipped bill of lading; **действительный** ~ gültiger/es; **долевой** ~ Beteiligungs-, Anteils-, Konnossementanteilsschein; **единый** ~ einheitlicher/es; **застрахованный** ~ versicherter/es; **именной** ~ nominelles Konnossement, Rekta-, Namens-; **импортный** ~ Import-, Einfuhr-; **капитанский** ~ Kapitäns-; **комбинированный транспортный** ~ kombiniertes Transport-; **краткий** ~ Kurz-; **морской** ~ See-, Schiffs-; **небортовой** ~ Kai-; **неисправный** ~ *s. нечистый*; **нечистый** ~ unreines Konnossement, foul bill of lading; **оборотный** ~ begebbares Konnossement; **ордерный** ~ Order-; **перевалочный** ~ Umlade-, Umschlag-; **погруженный на груз** ~ *s. бортовой*; **подлинный** ~ Original-; **портовый** ~ Hafen-; **предъявителский** ~ Inhaber-; **простой** ~ Empfangs-; **прямой** ~ direktes Konnossement; **рейсовый** ~ Linien-; **сборный** ~ Sammel-; **сводный** ~ *s. сборный*; **сквозной** ~ direktes Konnossement, Durchgangs-, Durchfracht-; **складской** ~ Lagerhalter-~, Custody-~; **чартерный** ~ Charter<partie>-~; **чистый** ~ reines Konnossement, Bill of Lading; **чистый** ~ **на борту** reines Bord-; **экспедиторский** ~ Spediteurs-; **экспортный** ~ Export-, Ausfuhr-;

коносамент ‖ на груз, принятый к перевозке Übernahme‖konnossement; ~ **на палубный груз** An-Deck-Konnossement; ~ **на предъявителя** Inhaber-; ~ **на товар** Waren-; ~ **при речных перевозках** Frachtbrief in der Binnenschifffahrt; ~ **с индоссаментом** indossiertes Konnossement; ~ **с передаточной надписью** *s.* ~ *с индоссаментом*; ~ **с оговоркой** *s. нечистый*;

груз по коносамент‖у

Konnossements‖fracht; **держатель** *(Pers.)* -а -inhaber; **Договор морской перевозки** по -ам Seefrachtvertrag; **индоссант** *(Pers.)* -а Indossant (Girant) eines -s; **индоссация** -а Indossierung eines -s; **перевозка грузов** по -ам -beförderung, Seefrachtverkehr; **проформа** -а Konnossement-Proforma;

выставлять/выставить ein Konnossement/einen Seefrachtbrief‖ ausstellen; **выставлять/ выставить** ~ **к приказу** ~ an Order ausstellen

коносаментн‖ый/ая/ое/ые *(Pl.)* Konnossement/s- *(in Zus.)*; ~ **вес** -gewicht; ~ **гарантии** *(Pl.)* -garantien; ~ **обеспечение** -garantie, Absicherung eines Konnossements; ~ **оговорка/и** *(jur.)* -klausel/n; ~ **право** -recht; ~ **сбор** -gebühr

консервная тара (упаковка) Verpackung für Konserven

консигнант *(jur., Pers.)* Konsignant

консигнатар *(jur., Pers.)* Konsignatar

консигнационн‖ый/ая/ое/ые Konsignations- *(in Zus.)*; ~ **дело** -geschäft; ~ **договор** -vertrag; ~ **операция** -geschäft, Lagerhaltergeschäft; ~ **сделка** *s. операция*; ~ **склад** -lager; ~ **товар** -ware

конструктивная скорость <technisch mögliche> Höchstgeschwindigkeit

конструкция 1. *(Bauweise, Funktionsprinzip)* Konstruktion; **2.** *(Prozess)* Konstruktion, Ausführung, -ausführung *(in Zus.)*; **специальная** ~ Sonder-; **стандартная** ~ Standard-; **способ** -**и** <транспортного средства>

Bauweise <eines Verkehrsmittels>

консульск‖ий/ая/ое/ие Konsulats- *(in Zus.)*; ~ **виза** -vermerk; ~ **легализация** -bestätigung; ~ **отдел** Konsularabteilung; ~ **сбор** -gebühr/en; ~ **служба** Konsulardienst; ~ **фактура** -faktura

контактн‖ый/ая/ое/ые *(hier techn.)* Strom- *(in Zus.)*, stromführend/e/er/es; ~ **провод** -leitung; ~ **релсь** *(Schienv.)* -e Schiene, -schiene

контейнер Container, Frachtbehälter (Transport-), -container, Container- *(in Zus.)*; **большегрузный** ~ Groß-, Großraum-, Schwerlast-; **большой** ~ mittlerer *(2,5 - 6 t)*; **временно ввезенный** ~ vorübergehend eingeführter; **грузовой** ~ Fracht-, Frachtbehälter; **групповой** ~ Sammel-; **двадцатифутовый** ~ Zwanzig-Fuß-~; **железнодорожный** ~ <Eisen>Bahn-; **изотермический** ~ Kühl-, Kühlbehälter; **импортный** ~ Import-; **инидивидуальный** ~ Einzel-; **кодированный** ~ kodierter; **крупногабаритный** ~ Groß-, Großraum-; **крупнотоннажный** ~ *s. крупногабаритный*; **линейный** ~ Linien-; **малотоннажный** ~ Klein- *(< 2,5 t)*; **межмодальный** ~ intermodaler; **неотгруженный** ~ nicht versandter; **неразгруженный** ~ nicht entladener; **отгруженный** ~ entladener; **открытый** ~ Halb-; **палубный** ~ Decks-; **погруженный** ~ beladener; **порожний** ~ unbeladener, Leer-; **разборный** ~ zerlegbarer; **растаможенный** ~ zollamtlich abgefertigter; **рельсовый** ~ *s. железнодорожный*; **рефрижераторный** ~ *s. изотермический*; **сборный** ~ Sammel-; **серийный** ~ Serien-; **складной** ~ zusammenklappbarer,

Falt-; **сорокафутовый** ~ Vierzig-Fuß-~; **специализированный** ~ Spezial-, Spezialbehälter; **специальный** ~ Spezial-, Einzweck-, Spezialbehälter; **среднетоннажный** ~ mittlerer *(2,5 - 6 t)*; **стандартный** ~ Standard-, Standardbehälter; **судовой** ~ Schiffs-; **сухогрузный** ~ Trockenfracht-; **универсальный** ~ Mehrzweck-, Vielzweck-; **экспортный** ~ Export-;

контейнер средней емкости mittlerer Container;

контейнер ‖ **для перевозки массового груза** Massengut‖container; ~ **для перевозки штучного груза** Stückgut-; ~ **для смешанных перевозок** multimodaler Container; ~ **для неполной погрузки** LCL-Container; ~ **для товаров** Warenbehälter; ~ **на катках (на роликах)** Roll-, pa-Container; ~ **с платформой** Abroll-;

контейнер‖-рефрижератор Kühl‖container; **~-цистерна** Tank-;

полуконтейнер Halbcontainer;

аренда контейнер‖а Anmieten ‖ eines Containers; **вагон для перевозки** -ов Containerwaggon, -wagen; **вес** -а Eigengewicht ~; **взвешивание** -а Wiegen ~; **времена** *(Pl.)* **простоя** -а Containerstandzeiten; **грузовместимость** *(f.)* -а Ladekapazität ~; **квитанция о приеме** -а Containerabnahmebescheinigung; **лизинг** -ов Leasing ~; **маршрут перевозки** -ов Containerzuglinie; **место стоянки для** -ов Containerstellfläche; **внутренняя нагрузка** -ов Innenbelastung ~; **оборачиваемость** *(f.)* -ов

Containerumschlag; **текущее обслуживание** -ов Containerwartung; **внутренний объем** -а Nettorauminhalt ~; **отправка** -ов Containerabfertigung; **перевалка** -ов Containerumschlag; **перевозка в** -ах Containerbeförderung (-transport, -verfahren); **передвижение** -ов Containerbewegungen; **плата за аренду** -а Containermiete (-gebühr/en); **платформа для перевозки** -ов Containerpackstation; **платформа-поддон для перевозки** -ов Containerpalette; **погрузка** -а Containerbeladung; **неполная погрузка** -а[📖] Less than Container Load (LCL), Containerteilladung; **полная погрузка** -а[📖] Full Container Load (FCL), Containerkomplettladung; **частичная погрузка** -а *s. неполная погрузка*; **подача** -ов **прицеп для перевозки** -ов Containeranhänger (-bereitstellung); **простой** -а *s. времена простоя*; **ремонт** -а Containerreparatur; **транспортная система для перевозки** -ов Containertransportsystem; **сопровождение** -а Laufverfolgung ~; **станция погрузки** -ов Containerpackstation; **центр для перевалки** -ов Containerumschlagzentrum;

выгружать/выгрузить ‖ **контейнер** einen Container‖ entladen, abladen, ausladen; **высылать/выслать** ~ ~ losschicken; **грузить/нагружать** ~ ~ beladen, ~ verladen; **отправлять/отправить** ~ ~ versenden, ~ absenden; **перевозить/перевезти** ~ ~ befördern, ~ transportieren; **перегружать/перегрузить** ~ ~ umladen, ~ umschlagen; **погружать/погрузить** ~ einen ~ beladen, ~

verladen; **подвозить/подвезти** ~ ~ heranfahren, ~ zustellen; **предоставлять/предоставить** ~ **<для отправления грузов>** einen ~ <zum Versand> bereitstellen; **разгружать/разгрузить** ~ *s. выгружать/выгрузить*; **сдавать/ сдать** ~ **в аренду** ~ vermieten; **снимать/снять** ~ **в аренду** ~ mieten; **страховать/застраховать** ~ ~ versichern; **транспортировать** ~ ~ transportieren

контейнеризация *(Prozess)* Umstellung auf Containerverkehr

контейнерн‖ый/ая/ое/ые Container- *(in Zus.)*; ~ **автопогрузчик** -stapler; ~ **груз** -ladung; ~ **депо** *(n., indkl.)* -depot; ~ **единица** -einheit; ~ **кран** -kran; **<регулярная>** ~ **линия** <fahrplanmäßige> -linie; ~ **манифест** -manifest; ~ **мост** -brücke; ~ **мост с бегом на поворотах** kurvengängige -brücke; ~ **накладная** -frachtbrief; ~ **парк** -park, -bestand; ~ **пароходство** -reederei; ~ **перевозка** -transport

контейнерные перевозки ‖ *(Pl.)* Containerverkehr (-transport); **внутренние** ~ Inlands-; **международные** ~ grenzüberschreitender, internationaler; **морские** ~ seewärtiger; **объем** **-ых** **-ок** Containerfrachtaufkommen

контейнерн‖ая **платформа** Container‖tragwagen; ~ **пломба** -plombe; ~ **площадка** -stellplatz; ~ **погрузчик** -stapler; ~ **поезд** -zug; ~ **маршрутный поезд**⌑ -ganzzug; ~ **порт** -hafen; ~ **причал** -liegeplatz, -terminal; ~ **связь** *(f.)* -verbindung; ~ **система** -system; ~ **склад** -lager; ~ **служба** -dienst; **рейсовая** ~ **служба** -liniendienst; ~ **сообщение** -verkehr; ~ **грузовая** **станция** **(КГС)**

-bahnhof; ~ **судно** -schiff; **маршрутное** ~ **судно** *(EU)* Euro-Shuttle; ~ **судоходство** -schifffahrt; ~ **тариф** -tarif; ~ **терминал**⌑ -terminal; ~ **транспорт** -transport, -verkehr; ~ **штабелер** -stapelwagen

контейнеровоз *(LKW)* Containerfahrzeug, *(Schiff.)* Containerschiff; **автомобиль-~** Containerfahrzeug; **полуприцеп-~** Containerauflieger; **прицеп-~** Containeranhänger

контейнерооборот Containerumlauf (Behälter-)

контейнеропогрузочный **пункт** Containerverladestation

контейнеропоток Containerstrom

контингент Kontingent *(auch in Zus.)*; **двустороний** ~ bilaterales; **импортный** ~ Import-, Einfuhr-; **транспортный** ~ Transport-; **экспортный** ~ Export-, Ausfuhr-;

контингент ‖ **ЕС** Gemeinschafts‖kontingent; ~ **лицензий** Genehmigungs-; ~ **товаров,** **на** **которые** **распространяются** **таможенные** **льготы** *(Vergünstigungen)* Zoll-; ~ **товаров, облагаемых пошлиной** Zoll-; ~ **на импорт** *s. импортный*; ~ **на экспорт** *s. экспортный*; **~,** **установленный** **Европейской** **конференцией** **министров** **транспорта** СЕМТ-~;

определение **контингент‖ов** Festlegung ‖ von Kontingenten; **превышение** **-ов** Überziehung ~;

исчерпать/исчерпнуть ‖ **контингент** ein Kontingent ‖ ausschöpfen; **определять/ определить** ~ ~ festlegen, <etw.> kontingentieren; **превышать/ превысить** ~ ~ überziehen;

устанавливать/установить ~ _s_
определять/определить

контингентирование _(Prozess)_
Kontingentierung, -kontingentierung,
Kontingentierungs- _(in Zus.)_; ~
импорта Import-; ~ **лицензий** 📖 ~
von Genehmigungen; ~ **перевозок** ~
von Beförderungsleistungen
(Transportleistungen); ~ **экспорта**
Export-; **система -я** -system

континентальный шельф
Festlandsockel

контора Firma, Kontor _(auch in Zus.)_;
импортно-экспортная ~ Import-
Export-~; **фрахтовая** ~ Fracht-

контрабанда Schmuggel, Schmuggel-
(in Zus.); **борьба с -ой**
-bekämpfung, Zollfahndung; **товар**
-ы -ware; **заниматься/заняться**
-ой ~ treiben; **провозить/провезти**
-ой schmuggeln

контрабандист _(Pers.)_ Schmuggler

контрагент _(jur. Pers.)_ Partner; ~ **по**
торговым сделкам Handelspartner

контракт _(s. auch договор)_ Vertrag; ~
купли-продажи Kaufvertrag

контрейлер _(LKW)_
Huckepackfahrzeug; **платформа**
для перевозки -ов
Huckepackflachwagen

контрейлерн‖ый/ая/ое/ые
Huckepack-, _(BRD auch)_ RoLa-~ _(in_
Zus.); ~ **перевозки** _(Pl.)_ -verkehr/e;
<**маршрутный**> ~ **поезд** _(Eis.)_
RoLa-Shuttle; ~ **сообщение** 📖 _s._
перевозки; **концепция -ых**
перевозок ~-Konzept; **коридоры**
_(Pl.)_ **для -ых перевозок** -korridore;
маршрут -ых перевозок
~-Verbindung; **система -ых**
перевозок -verfahren

контролер _(Pers.)_ Kontrolleur

контроль _(m., s. auch надзор,_
проверка) Kontrolle _(auch in Zus.)_;
дорожный ~ Straßen-, Verkehrs-;
импортный ~ Import-;
отправочный ~ Ausgangs-;
паспортный ~ Pass-;
пограничный ~ Grenz-;
приемочный ~ Abnahme-,
Annahme-; **санитарно-**
карантинный ~ Hygiene- und
Quarantäne-; **таможенный** ~ Zoll-;
технический ~ technische;
экспортный ~ Export-;

контроль ‖ автомобилей
Fahrzeug‖kontrolle, Verkehrs-; ~
припаркованных автомобилей
Kontrolle des ruhenden Verkehrs; ~
безопасности Sicherheits-; ~
движения поездов
Zugüberwachung; ~ **воздушного**
движения Überwachung des
Luftraums, Flugüberwachung
(Luftverkehrs-); ~ **движения**
транспорта Verkehrsüberwachung;
~ **запасов** Bestands-; ~ **складских**
запасов Lagerbestands-; ~
качества Qualitäts-; ~ **воздушного**
пространства
Luftraumüberwachung; ~ **скорости**
Geschwindigkeits-; ~ **технического**
состояния technische; ~ **за**
движением транспорта _s._ ~
движения транспорта; ~ **за**
полетами _s._ ~ _воздушного_
движения; ~ **на выборку**
Stichproben-; ~ **над импортом** _s._
импортный; ~ **над реэкспортом**
Reexport-; ~ **над соблюдением**
тарифов Tarif-; ~ **над экспортом**
s. экспортный; **проводить/**
провести ~ eine Kontrolle
durchführen, <etw.> kontrollieren

контрольно-пропускной пункт
(КПП) Grenzübergangsstelle
(-kontrollpunkt)

контрольный пункт Kontrollpunkt

конференция, линейная *(Schiff.)* Linienkonferenz (Fracht-)

конфискация *(jur., s. auch арест)* Konfiszierung (Einziehung) <von etw., durch eine Behörde>, Beschlagnahme, -beschlagnahme, Beschlagnahme- *(in Zus.)*; **таможенная** ~ Zoll-; ~ **груза** ~ von Fracht; ~ **имущества** ~ von Eigentum; **протокол** -и -protokoll; **случай** -и -fall; **страхование** <груза> на случай возможной -и -versicherung

конфисковывать/конфисковать <груз> <Fracht> einziehen, konfiszieren

концентрация вредных веществ Schadstoffkonzentration (-gehalt)

концентрированная поставка gebündelte Lieferung

концепция Konzeption, Konzept, -konzept *(in Zus.)*; **сетевая** ~ Netz-; **современная** ~ moderne/s, zeitgemäße/s; **транспортная** ~ Transport-, Verkehrs-; **устаревшая** ~ veraltete/s;

концепция ‖ **хозяйственного использования полезных площадей для автостоянок** Parkraumbewirtschaftungs‖konzept; ~ **логистики** Logistik-; ~ **обслуживания** Dienstleistungs-, Service-; ~ **контрейлерных перевозок** Huckepack-, RoLa-~; ~ **горизонтальной погрузки и выгрузки** <судна> RoRo-~; ~ **поставок** Liefer-;

концепция ‖ **по логистике** Logistik‖konzept; ~ **по перенесению автодорожных грузовых перевозок на внутренние водные пути** Road-to-Sea-~; ~ **по повышению мобильности (подвижности)** Mobilitäts-; ~ **по развитию транспорта** Verkehrsentwicklungs-; ~, **охватывающая несколько носителей транспорта** verkehrsträgerübergreifende/es

концессионн‖ый/ая/ое/ые Konzessions- *(in Zus.)*; ~ **договор** -vertrag; ~ **сбор** -gebühr, -steuer

концессия *(s. auch лицензия, разрешение)* Lizenz, Konzession

конъюнктура транспортного рынка Konjunktur des Verkehrsmarktes

кооператив частных судовладельцев *(Binnsch.)* Partikuliergenossenschaft

кооперативная форма собственности gemischte Eigentumsform

кооперация Kooperation; **устанавливать/установить** -ю eine ~ anbahnen

координатор по расписанию полетов *(Pers.)* Flugplankoordinator

координирование Koordinierung *(auch in Zus.)*; ~ **перевозок** Transport-; ~ **грузовых потоков** ~ von Güterströmen; ~ **эксплуатации воздушного пространства** Luftraum-

координировать грузовые потоки *(Pl.)* Güterströme koordinieren (bündeln)

копия Kopie; ~ **в трех экземпляров** ~ in dreifacher Ausfertigung

корабельн‖ый/ая/ое/ые Schiffs- *(in Zus.)*; ~ **груз** -ladung, -fracht; ~ **квитанция** -empfangsschein; ~ **сбор** Tonnagegebühr/en, Tonnengeld; ~ **якорь** *(m.)* -anker

корабельщик *(Pers.)* Schiffer

кораблекрушение Schiffbruch;
потерпевш‖ий/ая/ие *(Pers.)* ~
Schiffbrüchige/er; **терпеть/**
потерпеть ~ ~ erleiden

корабль *(m., s. auch паром, пароход,*
судно) Schiff, -schiff, Schiffs- *(in*
Zus.); **воздушный** ~ Luft-,
Flugzeug; **грузовой воздушный** ~
Transportluft-, Transportflugzeug;
крупнотоннажный воздушный ~
Großluft-, Großflugzeug; **корпус -а**
-rumpf; **нос -я** -bug; **управление**
-ем -führung; **экипаж -я** -besatzung

коридор Korridor *(auch in Zus.)*;
воздушный ~ Luft-; **главные -ы**
(Pl.) Haupt-; **железнодорожный** ~
Bahn-; **транспортный** ~ Verkehrs-;
~ **автотранспортных перевозок**
Kraftverkehrs-; ~
железнодорожных перевозок *s.*
железнодорожный; **-ы** *(Pl.)*
контрейлерных перевозок
Huckepack-

кормов‖ой/ая/ое/ые Heck- *(in Zus.)*;
~ **двигатель** *(m., Schiff.)* -motor; ~
<погрузочная> платформа
-rampe, -klappe; ~ **руль** *(m., Schiff.)*
-ruder; ~ **часть** *(f.)* -teil

коробка Karton; **картонная** ~
Kartonverpackung

коробка передач *(Kfz.)*
Gangschaltung; **ступенчатая** ~
Schaltgetriebe

коротк‖ий/ая/ое/ие *(räuml.)*
kurz/e/er/es, Kurz- *(in Zus.)*; ~ **база**
автомобиля *(Kfz.)* -er Radstand; ~
дистанция -strecke; ~ **расстояние**
s. дистанция; ~ **расстояние**
перевозки geringe
Beförderungsweite (Transportweite);
~ **тонна** short ton (sh.tn.), –tonne

короткопробежн‖ый/ая/ое/ые
Kurzstrecken- *(in Zus.)*; ~ **груз**
-fracht; ~ **перевозка** –transport; ~

перевозки *(Pl.)* -transporte,
-verkehr/e, Nahverkehr

корпоративный клиент
Firmenkunde

корпус Rumpf *(auch in Zus.)*; ~
корабля Schiffs-; ~ **самолета**
Flugzeug-; ~ **судна** *s.* ~ *корабля*

косвенн‖ый/ая/ое/ые *(s. auch*
прямой) indirekt/e/er/es; ~ **ввоз** -e
Einfuhr, -er Import; ~ **вывоз** -e
Ausfuhr, -er Export; ~ **импорт** *s.*
ввоз; ~ **налог** -e Steuer; ~ **сбор** -e
Gebühr; ~ **сбыт** -er Absatz; ~
экспорт *s. вывоз*

космическая навигационная
система Satellitennavigationssystem

коэффициент Koeffizient, Faktor
(auch in Zus.); **эксплуатационный**
~ Ausnutzungsgrad; ~ **безопасности**
Sicherheits-; ~ **вместимости**
<пассажирского вагона>
Platzbelegungsgrad <eines
Reisezugwagens>; ~
грузовместимости *(Güterv.)*
Ausnutzungsgrad des Laderaums
(beladener Raum : Gesamtinhalt des
Laderaums); ~ **<динамической,**
статической> грузоподъемности
(Güterv.) Ausnutzungsgrad (-quote)
der <dynamischen, statischen>
Nutzmasse <eines
Fahrzeuges>*(Gütertransportmenge :*
Nutzmasse); ~ **загрузки** Ladefaktor;
~ **затрат и выпуска** Input-Output-
Koeffizient; ~ **использования**
Ausnutzungsgrad (Nutzungs-); ~
мест *(Pass.)* Platzbelegungsgrad; ~
эксплуатационной нагрузки и
собственного веса транспортного
средства Nutzlast-Totlast-
Verhältnis; ~ **неравномерности**
перевозок *(räuml. od. zeitl.)* Grad
der Verkehrsschwankungen; ~
неравномерности поставок
Diskontinuität der Anlieferung; ~

автомобильного парка Einsatz-
<technisch   einsatzbereiter
Fahrzeuge>;   ~
пассажировместимости
транспортного средства *(Pass.)*
Platzbelegungsgrad   in   der
Fahrgastschifffahrt;   ~
пассажировместимости
транспортного   средства
Sitzladefaktor;   ~ перевозимости
<грузов, пассажиров> Transport-,
Beförderungs-;   ~ повторности
перевозок   Weiterleitungs-;   ~
подвижности   населения
Mobilitäts-,   Reisehäufigkeit;   ~
пробега *(Kfz., Eis.)* Fahrleistung,
Ausnutzungsgrad der Nutzfahrweite;
~ порожнего пробега грузовых
вагонов *(Eis.)* Leerlauffaktor; ~
простоев   Ausnutzungsgrad   der
Stillstands- und Wartezeiten;   ~
ремонта Instandhaltungsrichtwert; ~
тары Eigenmasse-, Eigengewichts-;
~ транспортоемкости Koeffizient
der   Transportintensität; ~
удлинения   трассы   *(Strecke)*
Verlängerungsfaktor;   ~
экономической   эффективности
<капитальных   вложений>
Kosten-Nutzen-Index   (KNI),
Wirtschaftlichkeitsfaktor   von
Investitionen

краевая полоса Randstreifen

кража груза Frachtdiebstahl

кран Kran, -kran, Kran- *(in Zus.)*;
башенный ~ Turm-; водолазный ~
Tauch-; грузоподъемный ~ Lade-,
Hub-;   козловой   ~   Bock-;
контейнерный   ~   Container-;
морской   <плавучий>   ~
Schwimm-;   мостовой ~ Lauf-,
Vancarrier;   несамоходный   ~
mitfahrender;   перегрузочный   ~
Umlade-;   передвижной
<подъемный, мостовой> ~ Lauf-,
Mobil-, Fahr-; плавучий   ~

Schwimm-; поворотный авто- <на
рельсовом   ходу>   Autodreh-;
погрузочный ~ Lade-, Verlade-;
подъемный ~ *s. грузоподъемный*;
портальный   ~   Portal-,   Tor-;
портовый ~ Hafen-; причальный
~   Kai-;   рельсовый   ~   для
перевалки   контейнеров
Containerkranbahn; самоходный ~
selbstfahrender,   Mobil-;
стапельный ~ Helling-; судовой ~
Schiffs-;   эллинговый   ~   *s.*
стапельный; ~-штабелер Stapel-; ~
для перевалки тяжеловесных
грузов Schwergut-;

подъемная   мощность   кран‖ов
Kran‖kapazität; плата за аренду -а
-gebühr/en;   плата   (сбор)   за
пользование -ом *s. плата за*
аренду; погрузка с помощью -а
-verladung

кранов‖ый/ая/ое/ые Kran- *(in Zus.)*;
~   оборудование   -technik;   ~
операция   Güterabfertigung
(-umschlag) per Kran

краска, несмываемая *(Markierung)*
wasserfeste Farbe

краткий   коносамент   *(See.)*
Kurzkonnossement

краткосрочное   хранение
Zwischenlagerung

кратчайшее расстояние kürzeste
Entfernung

кредит, экспортный Exportkredit

крейсерская скорость <самолета>
Reisefluggeschwindigkeit

крен Neigung, Kränkung, *(Schiff.)*
Schlagseite

кренение *(Prozess) s. крен*

крепежный материал *(Verpackung)*
Füllmaterial (Stütz-)

крепкая проезжая часть feste Fahrbahn

крепление 1. *(Prozess)* Befestigen; 2. *(Vorrichtung)* Befestigung, Halterung; ~ груза Ladungssicherung; ~ и сепарация <груза> *(Schiff.)* Verzurrung und Separierung <von Fracht>

крест Kreuz *(auch in Zus.)*; воздушный ~ Luft-; железнодорожный ~ <Eisen>Bahn-; транспортный ~ Verkehrs-; ~ автострад Autobahn-

круг Kreis *(auch in Zus.)*; поворотный ~ <Verkehrs>Drehscheibe; спасательный ~ *(Schiff.)* Rettungsring; трамвайный ~ Straßenbahn<wende>schleife; ~ покупателей Kundenkreis; движение по -у Rundfahrt

круглогодов‖ой/ая/ое/ые ganzjährig/e/er/es; ~ навигация *(Schiff.)* -e Navigation; ~ судоходство -e Schifffahrt

круглосуточн‖ый/ая/ое/ые durchgängig/e/er/es, 24-Stunden- *(in Zus.)*; ~ движение -er Verkehr; ~ воздушное сообщение -er Flugverkehr, ~-Flugverkehr; ~ судоходство -e Schifffahrt

круговое движение 1. Fahrt im Kreis; 2. Kreisverkehr

кружн‖ыйая/ое/ые Umleitungs- *(in Zus.)*; ~ перевозка -transport; ~ перевозки *(Pl.)* -verkehr/e

круиз *(Schiff., Pass.)* Kreuzfahrt

круизер Kreuzfahrtschiff

круизное судно *s. круизер*

крупногабаритн‖ый/ая/ое/ые groß/e/er/es, sperrig/e/er/es, Groß- *(in Zus.)*; ~ груз Sperrgut; ~ контейнер

-er Container, -container; ~ партия <грузов> großvolumige Warenpartie; ~ самолет Super-Cargo, -flugzeug; ~ тара -verpackung

крупное пароходство Großreederei

крупнотоннажн‖ый/ая/ое/ые groß/e/er/es, Groß- *(in Zus.)*; ~ контейнер -<raum>container, -er Wechselbehälter; ~ кузов *s. контейнер*; ~ паром -fähre, -fährschiff; ~ перевозки *(Pl.)* -transporte, -verkehr/e; ~ судно *(Schiff.)* -raumfrachter

крушение поезда Zugunglück

крыло Flügel, Tragfläche, -flügel, Flügel- *(in Zus.)*; подводное ~ *(Schiff.)* Tragfläche; ~ кузова <автомобиля> *(Kfz.)* Kot-; ~ самолета *(Flug.)* Tragfläche; размах -a -spanne

крыт‖ый/ая/ое/ые geschlossen/e/er/es, gedeckt/e/er/es, überdacht/e/er/es; ~ грузовой вагон *(Eis.)* -er Güterwagen; ~ перрон вокзала Bahnhofshalle; ~ перрон для штучного груза Stückguthalle; ~ склад geschlossenes Lager; ~ стоянка Parkhaus, überdachter Parkplatz; ~ фургон *(LKW)* Kastenwagen (Plan-); ~ эллинг *(Schiff.)* überdachte Helling

кубатура <груза> 1. *(Rauminhalt)* <Fracht>Kubatur; 2. *(Maß)* Gütermaße (-abmessungen); пошлина с -ы Maßzoll

кубическая тонна Maßtonne

кузов 1. *(LKW)* Wagenkasten (-aufbau), Fahrzeugkarosserie; 2. *(Transportbehältnis)* Behälter, Behältnis, -behälter *(in Zus.)*; изотермический ~ Kühl-; крупнотоннажный сменный ~

Jumbo-Wechsel-; **опрокидной** ~ Selbstentladevorrichtung <eines LKW>; **рефрижераторный сменный** ~ Kühlwechsel-; **сменный** ~ Wechsel-, Wechselbrücke; ~ **грузовика** LKW-Aufbau; ~ **транспортного средства** Fahrzeugaufbau;

автомобиль *(m.)* **с кузов‖ом купе** *(PKW)* Coupé; **габарит** -а Fahrzeugmaße (-abmessungen); **грузовместимость** *(f.)* -а Laderaum; **длина** -а Wagen<kasten>länge; **емкость** *(f.)* -а *s.* **вместимость**; **габаритная ширина** -а *(LKW)* Fahrzeugbreite (Spur-)

купе *(n., indkl.)* Abteil *(auch in Zus.)*; **железнодорожное** ~ Eisenbahn-; **спальное** ~ Schlafwagen-; ~ **вагона** *(Eis.)* Wagen-

купейный вагон *(Eis.)* Schlafwagen, (Liege-)

купля-продажа *(kfm.)* Kauf, Kauf- *(in Zus.)*; <**внешнеторговый**> **договор купли-продажи** -vertrag <im Außenhandel>

купон <**посадочного талона**> *(Flug.)* Coupon <der Bordkarte>

курс *(Schiff., Flug.)* Kurs; **указатель** *(m.)* -а *(ÖPNV)* Fahrtrichtungsanzeiger; **брать/взять** ~ <**на какую-л. цель**> ~ <auf ein Ziel> nehmen; **отклоняться/ отклониться от** −а vom ~ abkommen (abweichen); **придерживать** ~ ~ halten

курсировать <**между узловыми пунктами**> *(Schienv.)* <zwischen Knotenpunkten> verkehren

куртаж Courtage, Vermittlungsgebühr

курьер *(Pers.)* Kurier

курьерск‖ий/ая/ое/ие Kurier- *(in Zus.)*; ~ **перевозки** *(Pl.)* -fahrten; ~ **поезд** Fernschnellzug; ~ **служба** -dienst

кэрриер *(See., Flug.)* Carrier

кювет Straßengraben

лаг <Schiffs>Bord

лайнер Flugzeug

левостороннее движение (рулевое управление) Linksverkehr

лев‖ый/ая/ое/ые linke/er/es, Links- *(in Zus.)*; ~ **борт** *(Schiff.)* Backbord; **на** -**ом борту** backbords; **с** -**ого борта** von backbord; ~ **поворот 1.** *(Streckenführung)* -kurve; **2.** *(Prozess)* -abbiegen; ~ **полоса** -е Fahrspur; ~ **ряд** *s.* **полоса**; **ехать (ездить)** -**ой стороной (слева)** links fahren

легализация, консульская *(jur.)* Konsulatsbestätigung

легковесный груз Leichtgut (-fracht)

легковой автомобиль Personenkraftwagen (PKW)

легковоспламеняющийся груз leichtentflammbare (-entzündbare) Fracht (-es Gut)

ледокол Eisbrecher *(auch in Zus.)*; **аварийно-спасательный** ~ Rettungs-; **атомный** ~ Atom-; **линейный** ~ Linien-; **портовый** ~ Hafen-

ледокольная проводка судов Begleitung von Schiffen durch

Eisbrecher

лежачий полицейский *(umg.)* Drempel

лента Band *(auch in Zus.)*; **металлическая** ~ Metall-; **пластиковая** ~ Kunststoff-; **перевязывать/перевязать** <товар> -ой <Ware> verschnüren

лесовоз Holztransportschiff

летать/полетать fliegen; ~ **туда и обратно** hin- und zurückfliegen

лететь (летать) <куда-л.> <irgendwohin> fliegen, <ein Ziel> anfliegen; ~ **дальше** weiterfliegen

летн‖ий/яя/ее/ие Sommer- *(in Zus.)*; ~ **время** *(n.)* года -zeit, -saison; ~ **движение** -verkehr; ~ **расписание** -fahrplan, -flugplan

лётн‖ый/ая/ое/ые Flug- *(in Zus.)*; ~ **годность** *(f.)* -fähigkeit; ~ **данные** *(Pl.)* -daten; ~ **информация** -information; ~ **персонал** -personal, fliegendes Personal; ~ **погода** -wetter; ~ **поле** -feld; ~ **происшествие** -vorkommnis

летчик *(Pers., Flug.)* Pilot; **~-испытатель** Testpilot (-flieger); **кабина -ов** Cockpit; **объединение -ов** Pilotenvereinigung

либерализация⁽ᴸᴸ⁾ Liberalisierung *(auch in Zus.)*; ~ <транспортного> **рынка** ~ des <Verkehrs>Marktes; ~ **тарифов** Tarif-; ~ **цен** Preis-

лизинг *(Fin.)* Leasing, -leasing, Leasing- *(in Zus.)*; ~ **авиалайнеров** Flugzeug-; ~ **вагонов** *(Eis.)* Waggon-; ~ **контейнеров** Container-; ~ **самолетов** *s.* ~ *авиалайнеров*; ~ **транспортного средства** ~ eines Transportmittels; **договор о -е** -vertrag; **брать/взять** <транспортное средство> в ~ <ein

Transportmittel> leasen; **сдавать/ сдать** <транспортное средство> в ~ <ein Transportmittel> verleasen

лизингов‖ый/ая/ое/ые Leasing- *(in Zus.)*; ~ **сбор** -gebühr/en; ~ **ставка** -rate; **на -ой основе** auf -basis

ликвидация Liquidation, Beseitigung *(auch in Zus.)*; ~ **последствий аварии** Unfallfolgen-; ~ **предприятия** *(jur.)* Liquidation eines Unternehmens

лимит Limit; **отменять/отменить** ~ ein ~ aufheben; **устанавливать/ установить** ~ ein ~ festlegen

лимитная ставка Höchstsatz (-rate)

линейн‖ый/ая/ое/ые *(s. auch маршрутный, рейсовый)* Linien- *(in Zus.)*; ~ **амортизация** *(kfm.)* lineare Abschreibung (Amortisation); ~ **контейнер** -container; ~ **конференция** *(Schiff.)* -konferenz, Frachtkonferenz; ~ **ледокол** Eisbrecher im -verkehr; ~ **накладная** Frachtbrief für den -verkehr; ~ **перевозка** -fahrt, *(Schiff.)* Beförderung in der -schifffahrt; ~ **перевозчик** *(Pers.)* -frachtführer, -spediteur im Selbsteintritt; ~ **пробег** *(Fahrzeug)* Laufleistung (Fahrleistung) im -betrieb; ~ **расписание** -fahrplan; ~ **служба** -dienst; ~ **сообщение** -verkehr; ~ **фрахтовая ставка** -frachtrate; ~ **судно** -schiff; ~ **судоходство** -schifffahrt, Schiffsliniendienste; ~ **тариф** -tarif; ~ **тоннаж** *(Schiff.)* -tonnage; ~ **транспорт** -verkehr; ~ **флот** -flotte; ~ **чартер** *(Schiff.)* -charter

линия *(s. auch маршрут, рейс, связь)* Linie, Strecke, Verbindung, -linie *(in Zus.)*; **авиационная** ~ Flug-, Luftverkehrs-; **автобусная** ~ Bus-; **автомобильная** ~ Kraftverkehrs-;

береговая ~ **порта** Hafenufer; **воздушная** ~ *s.* *авиационная*; **высокоскоростная** ~ Hochgeschwindigkeits-; **грузораздельная** ~ Grenz- des Verteilungsbereiches <für einzelne Gutarten>; **двухпутная** ~ zweigleisige <Bahn>Strecke; **железнодорожная** ~ Bahn-; **каботажная** ~ Küstenschifffahrts-; **кольцевая** ~ Ring-; **контейнерная** ~ Container-; **магистральная** ~ Hauptstrecke, *(Eis. auch)* Hauptbahn; **международная** ~ internationale; **межконтинентальная** ~ Interkontinental-, Interkontinentalstrecke; **межобластная** ~ interregionale; **межрегиональная** ~ *s.* *межобластная*; **местная** ~ Nahverkehrs-, Nahverkehrsstrecke; **морская** ~ Schifffahrts-; **навигационная** ~ *s.* *морская*; **ночная** ~ Nacht-; **однопутная** ~ eingleisige <Bahn>Strecke; **параллельная** ~ Parallelstrecke; **паромная** ~ Fähr-; **перегруженная** ~ überlastete; **пригородная** ~ Vorort-, Umland-, Nahverkehrs-; **примыкающая** ~ Anschlussstrecke, *(Eis. auch)* Anschlussbahn; **прямая** ~ direkte, Direkt-, Direktroute (-verbindung); **радиальная** ~ Radial-; **разделительная** ~ *(Straße)* Sperr-, Trenn-; **региональная** ~ *s.* *пригородная*; **регулярная** ~ feste (reguläre) Route, Strecke im Linienverkehr; **сдвоенная** <**разделительная**> ~ doppelte <Sperr>Linie; **скоростная** ~ Hochgeschwindigkeitsstrecke (Schnell-); **соединительная** ~ Verbindungsstrecke; **сплошная** <**разделительная**> ~ durchgängige <Sperr>Linie (Trenn-); **сплошная и прерывистая** <**разделительные**> **-и** *(Pl.)* einseitige <Sperr>Linie; **срочная** ~ *(Schiff.)* Schnell-,

Express-; **судоходная** ~ Schifffahrts-; **сухопутная** ~ Landweg; **трамвайная** ~ Straßenbahn-, Tram-; **транзитная** ~ Transit-, Durchgangs-; **трансатлантическая** ~ Transatlantik-; **трансокеанская** <**судоходная**> ~ Übersee-; **транспортная** ~ Transportkette;

линия ‖ **автобуса** *s.* *автобусная*; ~ **автомобильного движения** Straßenverkehrsverbindung; ~ **скоростного движения** Schnellverbindung; ~ **метро**<**политена**> U-Bahn-‖Linie (-Verbindung); ~ **маршрутных поездов** *(Eis.)* Blockzugverbindung; ~ **скоростных поездов** Schnellzugverbindung; ~ **сообщения** Verkehrsverbindung; ~ **междугородного сообщения** Fern<verkehrs>verbindung; ~ **сквозного сообщения** *s.* *транзитная*; ~ **грузовых судов** Frachterverbindung; ~ **трамвая** *s.* *трамвайная*; ~ **общественного транспорта** Nahverkehrslinie (-verbindung); ~ **троллейбуса** O-Bus-~, O-Bus-Verbindung; ~ **трубопровода** Rohrstrang (-leitung); ~ **с движением автоэкспрессов** Schnellbuslinie (-verbindung); ~ **с пересадкой** Umsteigeverbindung;

загруженность *(f.)* **лини‖и** Strecken‖auslastung; **мощность** *(f.)* **-и** -kapazität; **обслуживание -и** -bedienung, Bedienung einer Linie

линь, спасательный Rettungsleine

лист Zettel *(auch in Zus.)*; **путевой** ~ Fahrten-; **упаковочный** ~ Pack-

лихтер *(Schiff.)* Leichter, Schleppkahn (Last-, Schub-), Leichter-, Schlepp- *(in Zus.)*; **комбинированные перевозки** *(Pl.)* **-ов на морских**

судах Barge-Verkehr; **арендная плата за** ~ -gebühr/en; **подача -ов** Bereitstellung von -n; **разгружать/ разгрузить** ~ ableichtern

лихтерн‖ый/ая/ое/ые *(Schiff.)* Leichter-, Schub-, Schlepp- *(in Zus.)*; ~ **судно** Schleppkahn, Schubkahn (-leichter); ~ **флот** -flotte

лихтеровоз *(Schiff.)* Schubleichter

лихтеровозная система *(Schiff.)* Schubverband

лицензиар *(Pers., jur.)* Lizenzgeber (Franchise-)

лицензиат *(Pers., jur.)* Lizenznehmer (Franchise-)

лицензионн‖ый/ая/ое/ые Lizenz- *(in Zus.)* lizenzpflichtig/e/er/es; ~ **договор** -vertrag; ~ **документация** -unterlagen; ~ **контракт** *s. договор*; ~ **сбор** -gebühr/en; ~ **соглашение** -vereinbarung

лицензирование Lizensierung, Erteilung von Lizenzen; **орган -я** Lizensierungsbehörde; **служба -я** *s. орган*; **подлежащ‖ий/ая/ее/ие/ -ю** lizenzpflichtig/e/er/es (genehmigungs-), genehmigungsbedürftig/e/er/es

лицензируем‖ый/ая/ое/ые genehmigungsbedürftig/e/er/es; ~ **импорт** -er Import, -e Einfuhr; ~ **экспорт** -er Export, -e Ausfuhr

лицензия *(s. auch концессия, разрешение)* Lizenz, Genehmigung, -lizenz, -genehmigung, Lizenz-, Genehmigungs- *(in Zus.)*; **валютная** ~ für Operationen mit frei konvertierbaren Währungen; **ввозная** ~ Einfuhr-; **вывозная** ~ Ausfuhr-; **генеральная** ~ General-; **действительная** ~ gültige; **импортная** ~ Import-; **одноразовая экспортная** ~

Einzelausfuhrgenehmigung; **предъявительская** ~ <**на перевозки**> Inhabergenehmigung; **судовая** ~ Schiffslizenz; **экспортная** ~ Export-; ~ **судовой радиостанции** Schiffsfunklizenz;

лицензия ‖ на ввоз *s. импортная*; ~ **на вывоз** *s. вывозная*; ~ **на грузовик** LKW-Konzession; ~ **на импорт** *s. импортная*; ~ **на право вождения такси** *(n., indkl.)* Taxikonzession; ~ **на право осуществления международных автоперевозок** Konzession für den internationalen Güterkraftverkehr; ~ **на право осуществления перевозок**▢ Transportgenehmigung (Beförderungs-); ~ **на право осуществления дальних грузовых перевозок** Güterfernverkehrsgenehmigung; ~ **на право осуществления каботажных перевозок** Kabotagegenehmigung; ~ **на право осуществления маршрутных (линейных) перевозок** Liniengenehmigung (-konzession); ~ **на право осуществления пассажирских перевозок** Personenbeförderungsgenehmigung; ~ **на такси** *(n., indkl.) s.* ~ *на право вождения такси*; ~ **на экспорт** *s. экспортная*;

владелец лицензи‖и *(Pers.)* Lizenz‖inhaber (Genehmigungs-); **ведомство, выдающее -ю** -behörde; **возврат -и** -rückgabe; **выдача -и** -erteilung; **деление -и**▢ Konzessionssplitting; **заявка на -ю** Lizenzantrag; **заявление на предоставление лицензии** *s. заявка*; **контингент -й** -kontingent; **номер -и** -nummer; **обязанность** *(f.)* **наличия (приобретения) -и** -pflicht; **порядок выдачи -й**▢ Konzessionierung; **приобретение -и**

Lizenzerwerb; **процедура получения -и** -verfahren; **размещение -й** Lizenzvergabe; **торговля -ями** Lizenzhandel (Konzessions-);

аннулировать лицензи‖ю eine Lizenz (Genehmigung) ‖ annullieren; **выдавать/выдать -ю** ~ erteilen; **запрашивать/запросить -ю** ~ beantragen; **лишать/лишить <кого-л.> -и** <jmdm.> die ~ entziehen; **оформлять/оформить -ю** ~ ausstellen; **предоставлять/ предоставить -ю** ~ erteilen; **приобретать/приобрести -ю** ~ erwerben; **приостанавливать/ приостановить -ю** ~ zeitweilig aussetzen

лицо Person; **третье** ~ *(jur.)* Dritte/er; **уполномоченное** ~ *(jur.)* berechtigte, bevollmächtigte, Bevollmächtigte/er; **физическое** ~ *(jur.)* natürliche; **юридическое** ~ *(jur.)* juristische; **~, имеющее право на получение <груза>** empfangsberechtigte; **~, находящееся в деловой командировке** Geschäftsreisende/er; **~, обязанное уплатить таможенную пошлину** Zollbedürftige/er, Zollpflichtige/er; **~, провожающее водителя <транспортного средства>** Beifahrer; **~, работающее за пределами места жительства** Berufspendler

личн‖ый/ая/ое/ые persönlich/e/er/es; **~ ответственность** *(f., jur.)* -e Haftung; **~ состав** <Betriebs>Personal, *(Schiff. auch)* Mannschaft

лишать/лишить <кого-л. чего-л.> <jmdm. etw.> entziehen; **~ лицензии** die Lizenz ~; **~ разрешения** die Genehmigung ~; ~

водительского удостоверения den Führerschein (die Fahrerlaubnis) ~

лишение Entzug *(auch in Zus.)*; **~ концессии** Konzessions-, Genehmigungs-; **~ лицензии** Lizenz-; **~ прав водителя** Fahrerlaubnis-, Führerschein-; **~ водительского удостоверения** s. ~ *прав водителя*

лобовое стекло *(Kfz.)* Frontscheibe

логистика⌑ Logistik, -logistik, Logistik- *(in Zus.)*; **городская ~**⌑ City-~; **транспортная ~** Transport-, Verkehrs-; **~ опасного груза** Gefahrgut-; **~ перегрузки <грузов>** Fracht-; **~ распределения <грузов>** Distributions-; **канал -и** -kanal; **концепция -и** –konzeption, -konzept; **сектор -и** -branche; **узел -и** -knoten; **услуги** *(Pl.)* **-и** -dienstleistungen; **центр -и** -zentrum

логистическ‖ий/ая/ое/ие Logistik- *(in Zus.)*; **~ склад** -lager; **~ услуги** *(Pl.)* -dienstleistungen; **~ центр**⌑ -zentrum; **~ цепь** *(f.)* -kette

лодка Boot, -boot, Boots- *(in Zus.)*; **моторная ~** Motor-; **паромная ~** Fähr-; **подводная ~** Untersee-; **спасательная ~** Rettungs-; **спортивная ~** Sport-; **владелец -и** *(Pers.)* -eigentümer; **документ на право вождения -и** -führerschein; **катание на -е** -fahrt; **экипаж -и** -besatzung

лодочная пристань Bootsanlegestelle (-hafen)

локомотив *(Eis.)* Lokomotive, Lok, Triebfahrzeug, -lokomotive, -lok, Lok- *(in Zus.)*; **грузовой ~** Güterzug-; **дежурный ~** Bereitschafts-, Reserve-; **маневровый ~** Rangier-;

пассажирский ~ Reisezug-; **скоростной** ~ Schnellfahr-; **товарный** ~ _s. грузовой_; **машинист** -а _(Pers.)_ –führer, Fahrzeugführer, Zugführer; **поездка** -а -fahrt;

пробег локомотива ‖ Lok‖laufleistung; **вспомогательный** ~ -hilfsleistung; **линейный** ~ -laufleistung im Streckendienst; **межремонтный** ~ -laufperiode; **общий** ~ -gesamtlaufleistung; **одиночный** ~ -leerfahrt; **среднесуточный** ~ mittlere tägliche -laufleistung; **условный** ~ örtliche; ~ **во главе поездов** -laufleistung vor dem Zug

локомотивный парк _(Eis.)_ Triebfahrzeugpark (-bestand)

ломанный тариф gebrochener Tarif

лоток, погрузочный Laderutsche

лоцман _(Pers., Schiff.)_ Lotse; **канальный** ~ Kanal-; **портовый** ~ Hafenlotse; **обязанность** _(f.)_ **брать на борт** -а Lotsenzwang

лоцманск‖ий/ая/ое/ие _(Schiff.)_ Lotsen- _(in Zus.)_; ~ **катер** -boot; ~ **проводка** -begleitung; ~ **сбор/ы** -gebühr/en; ~ **служба** -dienst; ~ **управление** -amt

лошадиная сила _(Motorleistung)_ Pferdestärke

лумп-сум-фрахт _(Gebühr)_ Frachtpauschale

льготн‖ый/ая/ое/ые ermäßigt/e/er/es, begünstigt/e/er/es, Vorzugs- _(in Zus.)_; ~ **билет** ermäßigte Fahrkarte; ~ **ввоз** begünstigte (präferenzielle) Einfuhr; ~ **обложение таможенной пошлиной** -verzollung; ~ **тарифная ставка** -tarif<satz>, Ausnahmetarif<satz>; ~ **фрахтовая ставка** -frachtrate, -frachtsatz; ~

ставка таможенной пошлины -zollsatz, Zollpräferenz; ~ **ставка таможенных тарифов** _s. ставка таможенной пошлины_; ~ **тариф** -tarif, Ausnahmetarif; ~ **условия** _(Pl.)_ -bedingungen, -konditionen; ~ **хранение** Lagerung zu -bedingungen; **по -ым тарифам** tarifäre (tarifarische) Begünstigung

льготы _(Pl.)_ Vergünstigungen, Ermäßigung _(auch in Zus.)_; **налоговые** ~ Steuer-; **таможенные** ~ Zoll-, Zollpräferenz; **тарифные** ~ Tarif-; **фрахтовые** ~ Fracht-; ~ **по амортизационным срокам** ~ aus Abschreibungen

люк Luke _(auch in Zus.)_; **грузовой** ~ Lade-; **загрузочный** ~ _s. грузовой_; **смотровой** ~ Sicht-; ~ **аварийного выхода** _(Flug.)_ Notausstieg; **метротонна на** ~ metrische Tonne pro ~

M

магистраль _(f.)_ Magistrale, Hauptlinie, Hauptstrecke, -magistrale, -linie, -strecke _(auch in Zus.)_, _(Kfz. auch)_ <Haupt>Straße, _(Eis. auch)_ Fernbahn; **авто**-Fernverkehrs-; **водная** ~ _(Binnsch.)_ <Haupt>Schifffahrtsweg, Großschifffahrtsweg, <Haupt>Wasserweg; **главная** <**транспортная**> ~ Haupt<verkehrs>-; **городская автомобильная (скоростная)** ~ Stadtautobahn; **железнодорожная** ~ <Eisen>Bahn-; **многорядная** ~ mehrspurige Magistrale; **речная** ~ _s. водная_; **скоростная** ~

Schnellstrecke; **транспортная** ~ Verkehrsader

магистральн‖ый/ая/ое/ые Haupt- *(in Zus.)*; ~ **дорога** Magistrale, -<verkehrs>straße, Fern<verkehrs>straße; ~ **железная дорога** *(Eis.)* -strecke, Fernverkehrsstrecke; ~ **линия** -strecke, -linie; ~ **водный путь** -schifffahrtsweg, -wasserweg, Großschifffahrtsweg; ~ **самолет** Fernstreckenflugzeug

магнитн‖ый/ая/ое/ые Magnet- *(in Zus.)*; ~ <рельсовая> **дорога** -bahn; ~ **скоростной поезд** -schnellbahn; **дорога на -ой подвеске** -schwebebahn

маклер *(Pers., s. auch агент, брокер)* Makler *(auch in Zus.)*; **импортный** ~ Einfuhr-; **морской** ~ See-; **судовой** ~ Schiffs-; **фрахтовый** ~ Lade-, Befrachtungs-, Frachten-; **экспортный** ~ Ausfuhr-; ~ **по фрахтованию** *s. фрахтовый*; ~ **по фрахтованию судов в линейном судоходстве** *(Schiff.)* Linien-; ~ **по фрахтованию речных судов** *(Binnsch.)* Kahn-

маклерская деятельность Maklertätigkeit

максимально допустим‖ый/ая/ое/ые höchstzulässig/e/er/es; ~ **полезная нагрузка** -e Nutzmasse, -e Zuladung; ~ **погрузка речного судна** *(Binnsch.)* -e Abladetiefe; ~ **скорость** *(f.)* zulässige Höchstgeschwindigkeit

максимальн‖ый/ая/ое/ые maximal/e/er/es, Maximal-, Höchst- *(in Zus.)*; ~ **вес** -gewicht; ~ **дальность** *(f.)* **пробега** -laufweite; ~ **загрузка** -auslastung; ~ **использование**

грузоподъемности *s. загрузка*; ~ **масса** -last; ~ **мощность** *(f.)* -leistung; ~ **нагрузка** -belastung; ~ **производительность** *(f.)* *s. мощность*; ~ **скорость** *(f.)* -geschwindigkeit; ~ **ставка** -satz, -rate; ~ **фрахтовая ставка** -frachtsatz; ~ **тариф** -tarif; ~ **фрахт** *(Gebühr)* Maximalfracht

мало- gering/e/er/es, klein/e/er/es, Klein- *(in Zus.)*

малогабаритн‖ый/ая/ое/ые mit geringem Lademaß; ~ **груз** Fracht<gut> ~; ~ **ящик** Collico ~

мало‖езжая дорога schwach (wenig) befahrene Straße; **-литражный автомобиль** Kleinwagen; **-нагруженный маршрут** *(Eis.)* Schwachlaststrecke; **-скоростное движение транспорта** Langsamverkehr; **-токсичные отработанные газы** *(Pl., Kfz.)* schadstoffarme Abgase; **-тоннажный контейнер** Kleincontainer *(< 2,5 t)*

мал‖ый/ая/ое/ые klein/e/er/es, Klein- *(in Zus.)*; ~ **каботаж** -e Kabotage; ~ **плавание** *(Schiff.)* -e Fahrt; ~ **предприятие** -unternehmen, -betrieb; ~ **приграничное сообщение** -er Grenzverkehr; ~ **тонна** short ton

маневренность *(f.)* **автомобиля** Lenkbarkeit eines Kfz.

маневрирование *(Schienv.)* Rangieren

маневрировать <что-л.> *(Schienv.)* <etw.> rangieren

маневров‖ый/ая/ое/ые *(Schienv.)* Rangier- *(in Zus.)*; ~ **бригада** -personal; ~ **движение** -fahrt; ~ **движение в поиске свободного места для стоянки** <автомобиля>

(Kfz.) Parksuchverkehr; ~ **локомотив** –lokomotive, -lok; ~ **парк локомотивов** -lokomotivpark; ~ **передвижение** Rangieren, Verschieben; ~ **поезд** -zug; ~ **путь** *(m.)* -gleis

манифест Manifest *(auch in Zus.)*; **грузовой** ~ Fracht-; **контейнерный** ~ Container-; **судовой** ~ Ladungs-, Schiffs-; **таможенный** ~ Zoll-; **фрахтовый** ~ Fracht-; **карго-**~ Kargo-

манометр, шинный *(Kfz., techn.)* Reifendruckprüfer

марка Marke *(auch in Zus.)*; **грузовая** ~ *(Schiff.)* Lade-; ~ **погружения судна** *(Schiff.)* Tiefgang

маркетинг Marketing *(auch in Zus.)*; ~ **сбыта** Absatz-; ~ **снабжения** Beschaffungs-; ~ **в области транспорта** Verkehrs-

маркированный участок проезжей части markierte Fläche <auf der Fahrbahn>

маркировать/замаркировать <товар> <eine Ware> markieren (labeln)

маркировка 1. *(Prozess)* Markierung, Kennzeichnung, -markierung, Markierungs- *(in Zus.)*; **2.** *(Zeichen)* Markierung, Kennzeichen, -markierung; **предупредительная** ~ <на внешней упаковке> Vorsichts-; **транспортная** ~ <грузов> Versand-, Transport-; **экспортная** ~ Export-; ~ **груза** Frachtgut-, *(Prozess)* Frachtgutkennzeichnung, *(Zeichen)* Frachtzeichen; ~ **железнодорожного груза** Bahnfracht-, Bahnzeichen; ~ **опасного груза** Gefahrgut-, Gefahrzettel; ~ **пути** Wege-; ~

товара Waren-, ~ einer Ware; ~, **указывающая страну происхождения** <товара> Herkunftsangabe (-kennung); **нанесение** -и Auftragen einer ~; **обязанность** *(f.)* -и -pflicht; **правила** *(Pl.)* -и -vorschriften; **наносить/нанести** -у eine ~ anbringen (auftragen)

маркировочный знак Markierungszeichen

маршрут *(s. auch линия, рейс, связь)* Linie, <Reise>Route, Strecke, Verbindung *(auch in Zus.)*; **автодорожные** -ы *(Pl.)* Straßenverbindungen; **загруженный** ~ ausgelastete Strecke; **малонагруженный** ~ *(Eis.)* Schwachlaststrecke (-verbindung); **недогруженный** ~ nicht ausgelastete Strecke; **ночной** ~ Nachtlinie; **обходный** ~ Umgehungsstrecke (Umleitungs-); **отправительский** ~ *(Eis.)* Ganzzuglinie (-verbindung); **перегруженный** ~ überlastete Strecke; **предпочтительный** ~ Vorrangroute; **преференциальный** ~ *s. предпочтительный*; **приоритетный** ~ *s. предпочтительный*; **регулярный** ~ *(ÖPNV)* Stammstrecke; **совместимые** -ы *(Pl., Eis.)* gleichzeitig zulässige Fahrstrecken; **транзитный** ~ Transit-; **установленный** ~ для перевозки <опасного груза> vorgeschriebener Fahrweg (-e Fahrtroute) <für Gefahrguttransporte>; **челночный** ~ *(Strecke)* Pendelverkehr;

маршрут || **автобуса** Buslinie; ~ **движения** Fahrtroute, Transportweg; ~ **движения судна** *s.* ~ **плавания**; ~ **движения товара** Warenbeförderungsroute (Fracht-), Warentransportweg (-strecke); ~

доставок Auslieferungsroute, Liefertour, Tourenplan; ~ **парома** Fähr-route (-linie); ~ **перевозки** Frachtroute (Fahrt-), Transportweg; ~ **контрейлерных перевозок** RoLa-Verbindung; ~ **перевозок контейнеров** *(Schiff.)* Containerverbindung, *(Eis.)* Containerzuglinie; ~ **перевозок ро-ро** RoRo-Verbindung; ~ **плавания** Schifffahrtsroute (-linie, -verbindung, -weg); ~ **поездов со спальными вагонами** *(Eis.)* Schlafwagenverbindung; ~ **дневных поездов** *(Eis.)* Tageszugverbindung; ~ **ночных поездов** *(Eis.)* Nachtzugverbindung; ~ **полета** Flugstrecke (-route); ~ **руления** <**самолета**> *(Flug.)* Rollstrecke <eines Flugzeugs>; ~ **следования** *(Pass.)* Fahrtroute, Reiseroute (-weg); ~ **следования** <**груза**> <Güter>Beförderungsroute (-weg); ~ **следования транспорта** Fahrstrecke, Verkehrsverbindung, Transportroute; ~ **контейнерного сообщения** *s.* ~ *перевозок контейнеров*; ~ **трамвая** Straßenbahnlinie; ~ **трассы** Streckenführung; ~ **в линейном (рейсовом) сообщении** Route im Linienverkehr;

обслуживание маршрут‖ов <**транспортом**> Streckenbedienung; **определение -а для перевозки** <**опасного груза**> Fahrwegbestimmung (Routen-) <für die Gefahrgutbeförderung>; **планирование -ов** Routenplanung (Strecken-, Touren-); **секция -а** Teilstrecke; **сеть** *(f.)* **-ов** Streckennetz (Linien-); **указатель** *(m.)* **-а/ов** Linienanzeiger (Strecken-, Fahrtrichtungs-); **по -у** Streckenführung;

обслуживать/обслужить ‖ маршрут Strecken bedienen;

совершать ~ **ein Ziel** <im Linienverkehr> anfahren (anfliegen, anlaufen)

маршрутизация *(Eis., Prozess)* Ganzzugbildung

маршрутн‖ый/ая/ое/ые *(s. auch линейный, рейсовый)* streckengebunden/e/er/es, Linien-, Strecken- *(in Zus.)*; ~ **автобус** Linienbus; ~ **автобусное движение** Linienbusverkehr; ~ **пригородное движение** -er Regionalverkehr; ~ **карта** Tourenplan, Streckenkarte; ~ **отгрузка** Direktverladung (-versand); ~ **перевозка** Linienfahrt; ~ **перевозки** *(Pl.)* -transporte, -verkehr/e; ~ <**отправительский**> **поезд** *(Eis.)* Linienzug (Ganz-, Block-); ~ **расписание** -fahrplan; ~ **связь** *(f.)* Linienverbindung (Shuttle-); ~ **сообщение** -verkehr; **городское** ~ **сообщение** städtischer Linienverkehr; ~ **фрахтовая ставка** Linienfrachtrate; ~ **контейнерное судно** *(EU)* Euro-Shuttle; ~ **такси** *(n., indkl.)* Linientaxi (Sammel-); **пригородное** ~ **такси** *(n., indkl.)* City-Shuttle; ~ **тариф** -tarif; ~ **транспорт** *s. сообщение*; ~ **указатель** *(m., ÖPNV)* -anzeige/er, Richtungsanzeiger

масло, автомобильное *(Kfz.)* Motoröl

масса *(s. auch вес)* Masse, Gewicht *(auch in Zus.)*; **взлетная** ~ *(Flug.)* Startgewicht; **выгруженная** ~ *(Schiff.)* Löschgewicht; **избыточная** ~ Übergewicht; **максимальная** ~ Höchst-; **полная** ~ Nutz-, Roh-; **посадочная** ~ *(Flug.)* Landegewicht; **собственная** ~ Eigen-, Leergewicht, Totlast;

масса ‖ груза Fracht‖gewicht, Lade-, Lademasse; ~ **буксируемого**

груза Anhängelast; ~ **снаряженного транспортного средства** Eigen-, Eigenmasse, Leereines Fahrzeugs; ~ **судна** Schiffs-

массов‖ый/ая/ое/ые Massen- _(in Zus.)_; ~ **груз** -<bedarfs>güter; ~ **навалочный груз** -schüttgut; ~ **насыпной груз** -schüttgut; ~ **штучный груз** -stückgut; ~ **грузовые перевозки** _(Pl.)_ -<bedarfs>gütertransporte, -güterverkehr; ~ **пассажирские перевозки** _(Pl.)_ -beförderung von Reisenden (Fahrgästen); ~ **производство** -fertigung, -produktion; ~ **столкновение** <транспортных средств> -karambolage; **перевалка -ых грузов** -güterumschlag; **транспортные средства для -ых перевозок** _(ÖPNV)_ -verkehrsmittel

мастер, шлюзный _(Pers.)_ Schleusenmeister

мастерская _(Subst.)_ Werkstatt, -werkstatt, Werkstatt- _(in Zus.)_; **авторемонтная** ~ Kfz-Reparatur-; **договорная** ~ Vertrags-; **ремонтная** ~ Reparatur-; **специализированная** ~ Fach-; **вагон-**~ _(Eis.)_ -wagen

материал Material _(auch in Zus.)_; **горючий** ~ Kraftstoff, Treibstoff; **загружаемый** ~ Ladegut (Aufgabe-, Einsatz-, Füll-); **крепежный** ~ _(Verpackung)_ Stütz- und Füll-; **прокладочный** ~ _(Verpackung)_ Abdicht-; **сепарационный** ~ Trenn-; **смазочный** ~ Schmierstoff; **упаковочный** ~ Verpackungs-; ~ **для упаковки** _s. упаковочный_

материальн‖ый/ая/ое/ые materiell/e/er/es; ~ **ответственность** _(f., jur.)_ -e Haftung; ~ **ущерб** -er Schaden, Sachschaden

мафи-трейлер _(LKW)_ Mafi-Trailer

мачта, причальная _(Schiff.)_ Ankermast, _(Luftschiff)_ Landemast

машинист _(Pers., Schienv.)_ Fahrzeugführer, -führer, Führer- _(in Zus.)_; ~ **локомотива** Lok-, Fahrzeug-; ~ **метрополитена** U-Bahn-; ~ **электрички** S-Bahn-; **кабина -а** <метрополитена, электрички> -stand <der U-Bahn, S-Bahn>; **место -а** Fahrersitz

машинный журнал _(Schiff.)_ Maschinenbuch

маятников‖ый/ая/ое/ые 1. Pendler- _(in Zus.)_; 2. Pendel- _(in Zus.)_; ~ **пассажиропоток** _(Pass.)_ Pendlerstrom; ~ **перевозка/и** Pendelverkehr

маячный сбор _(Schiff.)_ Leuchtturmgebühr/en, Leuchtgeld

медленный ход _(Schiff.)_ langsame Fahrt

меж- inter-, zwischen- _(in Zus.)_

межгородская <транспортная> **сеть** regionales Verkehrsnetz

межгосударственн‖ый/ая/ое/ые zwischenstaatlich/e/er/es; ~ **соглашение о транспорте** -es Verkehrsabkommen; ~ **авиационный комитет (МАК)** _(GUS)_ -es Komitee für Luftfahrt

между- _s. меж-_

междугородн‖ый/ая/ое/ые zwischen <zwei> Städten, Überland-, Fern- _(in Zus.)_; ~ **автобус** Überlandbus; ~ **перевозка** Ferntransport; ~ **перевозки** _(Pl.)_ -verkehr; ~ **поезд-экспресс** _(BRD)_ Intercity-Express (ICE); ~ **скорый поезд** _(BRD)_ Intercity-Zug (IC); ~ **автомобильное сообщение** Überlandkraftverkehr; ~

маршрутное   сообщение
-linienverkehr

международн‖ый/ая/ое/ые *(s. auch*
заграничный,   трансграничный)
international/e/er/es; ~ **авиалиния**
-e Fluglinie; ~ **авиаперевозки** *(Pl.)*
-er   Luftfrachtverkehr;   ~
автоперевозки   *(Pl.)*   -er
Straßengüterverkehr;   ~
автотранспорт   -er
Straßengüterverkehr (Güterkraft-);

Международная   ассоциация ‖
internationale   Assoziation,
Vereinigung;   ~   **гражданских**
аэропортов   -e   Vereinigung   der
Zivilflughäfen;   ~
вагоностроителей   -e
Waggonbauvereinigung; ~ **частных**
владельцев товарных вагонов -e
Union   von   Verbänden   der
Privatgüterwagenbesitzer;   ~
изотовителей   мотоциклов   -e
Interessenvertretung   der
Motorradhersteller; ~ **сухогрузных**
судовладельческих компаний -er
Verband   der   Reedereien   der
Trockengutschifffahrt;   ~
операторов   газовозных-
наливных судов и терминалов
-er Verband der Gastankschiff- und
Terminalbetreiber; ~ **перевозчиков**
мебели   Weltverband   der
Möbelspediteure;   ~   **морских**
портов   и   гаваней   -e
Interessenorganisation der Seehäfen;
~   **судовладельцев**   -e
Reedervereinigung; ~ **внутреннего**
судоходства -e Binnenschifffahrts-
Union; ~ **речного транспорта** -e
Assoziation der Binnenschifffahrt; ~
эксплуатантов   воздушного
транспорта International   Air
Transport Association (IATA); ~ **по**
координации морских грузовых
операций   -e
Koordinierungsvereinigung   für
Schiffsfrachten; ~ **по упрощению**

условий   для   ускоренной
отправки авиационного груза в
аэропортах -er Interessenverband
für   die   Vereinfachung   der
Abfertigungsbedingungen   für
Luftfracht auf den Flughäfen;

международный   ‖   аэропорт
internationaler Flughafen; ~ **бюро**
(n.,   indkl.)   **железнодорожной**
документации   -es
Dokumentationszentrum   der
Eisenbahn; ~ **бюро** *(n., indkl.)* **по**
контейнерам -es Containerzentrum;
~ **морские воды** *(Pl.)* -e Gewässer;
~   **выставка**   -e   Ausstellung;   ~
движение   –er
(grenzüberschreitender) Verkehr; ~
таможенная   декларация
(образец МЖДМ) -e Zollerklärung;

Международный   комитет   ‖
international‖es   Komitee;   ~
железнодорожного   транспорта
(МКЖТ)   -es   Komitee   für
Eisenbahnverkehr; ~ **по вопросам**
морского права и судоходства -es
Seeschifffahrtskomitee;

Международный транспортный
комитет -es Transportkomitee;

Международная   конвенция   ‖
international‖es   Abkommen
(Übereinkommen), -e Konvention; ~
о железнодорожной перевозке
грузов -es Übereinkommen über den
Eisenbahnfrachtverkehr (CIM); ~ **о**
железнодорожной   перевозке
пассажиров   и   багажа   -es
Übereinkommen   über   den
Eisenbahnpersonen-   und
Gepäckverkehr;   ~   **по   охране**
человеческой жизни на море -e
Schiffssicherheitskonvention;

Международн‖ая   конференция
по единым железнодорожным
техническим   стандартам
International‖e   Konferenz   für   die

Technische Einheit im Eisenbahnwesen; ~ линия -e Linie, -e Strecke; ~ накладная -er Frachtbrief; ~ транзитная накладная -er Frachtbrief für den Transitverkehr; ~ накладная по перевозкам грузов автотранспортом CMR-Frachtbrief; ~ общество спальных вагонов -e Schlafwagengesellschaft;

Международное объединение || international‖er Verband, -e <Interessen>Vereinigung; ~ конгресса железных дорог -e Eisenbahn-Kongressvereinigung; ~ европейских предприятий городского транспорта -e Interessenvereinigung der europäischen Unternehmen des öffentlichen Personennahverkehrs; ~ наливного судоходства -e Tankschifffahrtsvereinigung;

Международн‖ая организация international‖e Organisation; ~ торговая организация Welthandelsorganisation (WHO);

Международная организация || гражданской авиации International‖e Organisation für Zivilluftfahrt; ~ перевозок фуникулером -e Organisation für das Seilbahnwesen; ~ морского судоходства ООН -e Seeschifffahrtsorganisation der UNO; ~ по стандартизации (МОС); -e Standardisierungsorganisation (ISO);

Международн‖ая палата судовладельческих союзов Weltverband der nationalen Reedereiverbände; ~ палата судоходства International‖e Schifffahrtskammer; ~ торговая палата (МТП) -e Handelskammer; ~ перевозка grenzüberschreitender Transport; ~ перевозки *(Pl.)* -e

(grenzüberschreitende) Transporte (Verkehre); ~ перевозки грузов автомобильным транспортом *s. автоперевозки*; ~ комбинированные перевозки -er/e Kombiverkehr/e; ~ контейнерные перевозки -er/e Containerverkehr/e; ~ перечень *(m.)* опасных грузов <, перевозимых морским путем> -es Gefahrgutverzeichnis <für den Seeverkehr>; ~ плавание -e Schifffahrt; ~ скоростной поезд, проходящий между европейскими городами *(EU)* Euro-City (EC); ~ положения *(Pl.)* о фрахтовой ставке на воздушные грузовые перевозки -er Luftfrachttarif; ~ порт -er Hafen; ~ право *(jur.)* -es Recht, Völkerrecht; ~ торговое право -es Handelsrecht; ~ воздушное пространство -er Luftraum; ~ судовой реестр -es Schifffahrtsregister; ~ рейс -e Linie; ~ рынок транспорта -er Verkehrsmarkt; ~ экспедиционное свидетельство -er Speditionsschein; ~ сертификат для капитанов и штурманов *(Schiff.)* -es Kapitäns- und Steuermannspatent; ~ гармонизированная система по наименованию и кодированию товаров -es Harmonisiertes System <zur Bezeichnung und Kodierung von Waren>;

Международный совет || international‖er Rat, -e Vereinigung (Interessenvertretung); ~ <ассоциаций> аэропортов -es Koordinierungsgremium der Flughafenverbände; ~ европейских авиационных экспедиторов -e Interessenvertretung der Luftfrachtverlader;

Международное соглашение ||

international‖es Abkommen (Übereinkommen); ~ **о перевозке груза железной дорогой** ~ über den Eisenbahnfrachtverkehr; ~ **о железнодорожной перевозке срочного груза** ~ über die Beförderung von Expressgut <per Bahn>; ~ **о взаимном пользовании пассажирскими и багажными вагонами** ~ über die gemeinsame Nutzung von Personen- und Gepäckwagen; ~ **о взаимном пользовании товарными вагонами** ~ über die gegenseitige Benutzung von Güterwagen im grenzüberschreitenden Schienengüterverkehr; ~ **об эксплуатации частновладельческих вагонов** ~ über die Nutzung von Privatwagen; ~ **по железнодорожным грузовым перевозкам** ~ über den Eisenbahnfrachtverkehr (CIM);

международное сообщение internationaler/e Verkehr/e;

Международный союз ‖ international‖e Gemeinschaft (Vereinigung), -er <Interessen>Verband; ~ **профессиональных водителей** -er Verband der Berufskraftfahrer; ~ **железнодорожников** -er Eisenbahnerverband (IEV); ~ **железных дорог (МСЖД)** -er Eisenbahnverband; ~ **компаний комбинированных (смешанных) перевозок** -e Vereinigung der Gesellschaften des Kombinierten Verkehrs (UIRR); ~ **речных пароходств** -e Binnenschifffahrtsunion; ~ **предприятий автотранспортных перевозок** Weltverband der Unternehmen des Straßengüterverkehrs; ~ **европейских предприятий общественного транспорта**

(МОСТ) -er Verband für öffentliches Verkehrswesen; ~ **авиационного страхования** -e Vereinigung der Flugzeugversicherer; ~ **морского страхования** -e Vereinigung der Schifffahrtsversicherer; ~ **транспортного страхования** -er Transportversicherungverband; ~ **страховщиков перевозок** -er Verband der Transportversicherer; ~ **тарификаторов** -er Verband der Tarifeure; ~ **автомобильного транспорта (МСАТ)** -er Ständiger Verband der Straßenkongresse (AIPCR);

международн‖ая тарифная ставка international‖e/er Tarifrate, -er Tarifsatz; ~ **фрахтовая ставка** -e Frachtrate; ~ **стандарт** -er Standard; ~ **тариф** -er Tarif; ~ **железнодорожный грузовой тариф** -er Eisenbahn-Gütertarif; ~ **железнодорожный транзитный тариф (МТТ)** -er Bahntransittarif; ~ **пассажирский тариф** -er Personenverkehrstarif; ~ **фрахтовый тариф** -er Frachttarif, -satz; ~ **торговля** -er Handel; ~ **грузовой транспорт** -er Güterverkehr; ~ **удостоверение** -er Berechtigungsschein (Führer-), -e Fahrerlaubnis; ~ **коммерческие условия** *(Pl., ИНКОТЕРМС)* Incoterms; ~ **устав для частных вагонов** *(Eis.)* -e Ordnung für Privatwagen;

Международная Федерация ‖ international‖e Vereinigung, Weltverband; ~ **ассоциаций авиадиспетчеров** Weltverband des Flugsicherungspersonals; ~ **национальных транспортно-экспедиторских ассоциаций (ФИАТА)** -e Vereinigung der nationalen Speditionsverbände (FIATA); ~ **дорог** -er

Straßenverband; ~ **чартерных авиационных компаний** Weltverband der Charterfluggesellschaften; ~ **летчиков авиакомпаний** -e Berufsvereinigung der Piloten; ~ **объединений судовладельческих компаний** Weltverband der Reedereivereinigungen; ~ **независимых автотранспортных предприятий** Weltverband der unabhängigen Kraftverkehrsunternehmen; ~ **работников транспортного сектора** -e Transportarbeiter-Föderation;

Международн‖ый валютный фонд (МВФ) international‖er Währungsfond; ~ **экспедиция** -e Spedition; ~ **ярмарка** -e Messe;

Конвенция о международн‖ых смешанных перевозках грузов Übereinkommen über den international‖en kombinierten Verkehr; **поезд в прямом** -ом **сообщении** Direktzug im grenzüberschreitenden Bahnverkehr; **Соглашение о** -ом **грузовом железнодорожном сообщении (COTIF)** *(Eis.)* COTIF-Abkommen, Berner Konvention

межень *(Fluss)* Niedrigwasser

межконтинентальн‖ый/ая/ое/ые interkontinental/e/er/es, überseeisch/e/er/es, Interkontinental-, Übersee- *(in Zus.)*; ~ **линия** -e Strecke, -verbindung; ~ **перевозки** *(Pl.)* -e Verkehr/e (Transporte), -verkehr; ~ **маршрутные перевозки** *(Pl.)* -er Linienverkehr, -strecken, -verbindungen; ~ **сообщение** *s. перевозки*; ~ **регулярное сообщение** -er Linienverkehr; ~ **транспорт** *s. перевозки*; ~ **трасса** -e Strecke

межмодальность⌐ *(f.)* Intermodalität

межмодальн‖ый/ая/ое/ые intermodal/e/er/es; ~ **контейнер** -er Frachtbehälter; ~ **расширение Трансевропейских транспортных сетей** *(Pl.)* -er Ausbau der Transeuropäischen Verkehrsnetze; ~ **информационная система** -es Informationssystem; ~ **перевозочный узел**⌐ -e Drehscheibe

межобластн‖ой/ая/ое/ые *(RF)* s. *межрегиональн‖ый/ая/ое/ые*

межрегиональн‖ый/ая/ое/ые überregional/e/er/es, zwischen <zwei> Regionen; ~ **линия** -e Linie, -e Strecke; ~ **перевозки** *(Pl.)* -e/er Verkehr/e; ~ **поезд** *(Eis.)* –er Zug, *(BRD auch)* Interregio-Zug (IR-Zug); ~ **сеть** *(f.)* **путей сообщения** -es Verkehrsnetz, *(Eis., BRD auch)* Interregionetz; ~ **транспортная сеть** *s. сеть путей сообщения*; ~ **транспорт** -er Verkehr; **движение** -ых **поездов** *(Eis.)* –er Zugverkehr, *(BRD auch)* Interregioverkehr

межремонтный пробег *(Eis.)* Laufperiode, *(Kfz.)* Fahrperiode

мелк‖ий/ая/ое/ие klein/e/er/es, Klein- *(in Zus.)*; ~ **авария** Bagatellunfall; ~ **покупатель** *(m.)* Einzelkäufer; ~ **предприниматель** *(m.)* -unternehmer, Einzelunternehmer

мелко- Klein- *(in Zus.)*

мелководный порт Niedrigwasserhafen

мелкопартионность *(f.)* <груза> Kleinmengen <von Fracht, Ware>

мелко‖партионные перевозки *(Pl.)* Kleintransporte; **-сидящее судно** flachgehendes Schiff; **-ходное судно** *s. мелкосидящее*

менеджмент *(s. auch управление)* Management *(auch in Zus.)*; ~ **возврата** <**поставленных товаров**> *(Güterv.)* Retourenabwicklung; ~ **транспортных служб** Transportdienst-; ~ **точек пересечения** Schnittstellen-; ~ **в области транспорта** Transport-, Verkehrs-

мера/ы Maßnahme/n *(auch in Zus.)*; ~ **предосторожности** Vorsichts-; ~ **по модернизации** Modernisierungs-; ~ **по развитию транспортного сектора** Verkehrsentwicklungs-, verkehrsfördernde; ~ **по реконструкции** Rekonstruktions-; **принимать/принять -ы** ~ ergreifen; **проводить/провести -ы** ~ durchführen

мерительное свидетельство <Schiffs>Messbrief

мертвый Leer-, Tot- *(in Zus.)*; ~ **вес** -gewicht, Totlast; ~ **фрахт** *(Schiff.)* fracht, Fautfracht

местн‖ый/ая/ое/ые örtlich/e/er/es, regional/e/er/es, Orts-, Regional- *(in Zus.)*; ~ **авиалиния** Inlandfluglinie (Regional-); ~ **аэропорт** -er Flughafen, Inlandflughafen; ~ **администрация** -e Behörde/n; ~ **время** *(n.)* Ortszeit; ~ **груз** Ortsfracht; ~ **движение** *s. сообщение, транспорт*; ~ **житель** *(m., Pers., hier)* Anlieger; ~ **линия** Nahverkehrslinie (Regional-); ~ **налог** kommunale Steuer; ~ **грузовые перевозки** *(Pl.)* Güternahverkehr; ~ **грузовые перевозки** *(Pl.)* **автомобильным транспортом** Straßengüternahverkehr; ~ **пассажирские перевозки** *(Pl.)* Personennahverkehr; ~

пассажирские железнодорожные перевозки *(Pl.)* Schienenpersonennahverkehr; ~ **право** Ortsrecht; ~ **транспортный рынок** -er Verkehrsmarkt; ~ **сообщение** Nahverkehr (Regional-); ~ **тариф** ortsüblicher Tarif, Ortstarif (Lokal-, Nahverkehrs-), *(Güterv. auch)* Ortsfracht; ~ **транспорт** *s. сообщение*; ~ **автомобильный грузовой транспорт** Straßengüternahverkehr; ~ **железнодорожный транспорт** Schienennahverkehr; ~ **пассажирский транспорт** Personennahverkehr; ~ **цена** ortsüblicher Preis; ~ **грузораспределительный центр** -es Güterverteilzentrum

место 1. *(s. auch пункт)* Ort, Platz, Stelle, Punkt *(auch in Zus.)*; 2. *(Pass.)* Platz, Sitzplatz *(auch in Zus.)*; 3. *(Güter auch)* Stück *(auch in Zus.)*; **грузовое** ~ Frachtstück; **карантинное** ~ Quarantäneplatz; **посадочное** ~ *(Flug.)* Landeplatz; **свободное** ~ *(Pass.)* freier Platz (Sitzplatz); **свободное ~ на стоянке** *(Kfz.)* Parklücke; **спальное** ~ *(Pass.)* Liegeplatz (Schlaf-), Schlafkoje; **стапельное** ~ *(Schiff.)* Helling; **узкое** ~ Engpass

место ‖ аварии Havarieort; ~ **багажа** Gepäckstück; ~ **водителя** *(Kfz.)* Fahrersitz; ~ **возникновения** Ursprungsort; ~ **возникновения затрат** *(kfm.)* Kostenstelle; ~ **выгрузки** Entladeort (-punkt), *(Schiff.)* Löschplatz; ~ **декларирования и проведения таможенного контроля** *(Zoll.)* Abfertigungsort; ~ **жительства** Wohnort (Niederlassungs-); ~ **машиниста** *(Schienv.)* Fahrersitz, Führerstand; ~ **назначения** Bestimmungsort; ~ **назначения поездки (путешествия)** Reiseziel;

~ **накопления вагонов** *(Eis.)* Wagensammelstelle; ~ **несчастного случая** Unfallstelle; ~ **ожидания** *(LKW)* Warteposition; ~ **остановки** Haltepunkt; ~ **отгрузки** Beladeort (-punkt), Verladeort (-punkt), Ladeort; ~ **отплытия** *(Schiff.)* Abgangsort; ~ **отправки** Versandort; ~ **отправления** Abgangsort; ~ **перевалки** *(Schüttgut)* s. ~ *перегрузки*; ~ **перегрузки** Umschlagort (Umlade-, Be- und Entlade-), Umschlagpunkt; ~ **пересечения** Kreuzungspunkt; ~ **перехода** Übergangsstelle; ~ **погрузки** s. ~ *отгрузки*; ~ **подготовки к отправлению** Abfertigungsstelle; ~ **посадки** *(Flug.)* Landeort (-platz); ~ **посадки на судно** *(Pass., Schiff.)* Einschiffungsort; ~ **поставки** Lieferort; ~ **потребления** Ort des Verbrauchs (Verzehrs); ~ **прибытия** Ankunftsort; ~ **приземления** *(Flug.)* s. ~ *посадки*; ~ **прилета** *(Flug.)* s. ~ *прибытия*; ~ **примыкания** *(Eis.)* Anschlusspunkt; ~ **производства** Produktionsort; ~ **дорожно-транспортного происшествия (ДТП)** s. ~ *несчастного случая*; ~ **разгрузки** s. ~ *выгрузки*; ~ **сдачи товара** Ort der Warenübergabe; ~ **скрещения** *(Schienv.)* s. ~ *пересечения*; ~ **стоянки** 1. *(Verkehrsmittel)* Parkplatz, Stellfläche, Standplatz, *(Schiff. auch)* Liegeplatz; 2. *(Pass.)* Stehplatz; ~ **стоянки контейнеров** Containerstellfläche; ~ **стоянки судна** Schiffsliegeplatz; ~ **швартовки** s. ~ *стоянки судна*;

место ‖ **для лежания** *(Pass.)* Liegeplatz; ~ **для сидения** *(Pass.)* Sitzplatz; ~ **для стояния** *(Pass.)* Stehplatz; ~ **для стоянки** *(Kfz.)* Parkplatz; ~-**километр** *(Pass.)* Platzkilometer, (Sitz-);

бронирование мест *(Pass.)* Platzreservierung; **коэффициент использования мест** *(Pass.)* Platzbelegungsgrad; **резервирование мест** s. *бронирование*; **указатель** *(m.)* **мест** Platzanzeiger

местонахождение *(s. auch местоположение)* Standort

местоположение Standort, Standort- *(in Zus.)*; **временное** ~ vorübergehender; **предположенное** ~ angenommener; **регулярное** ~ regulärer; ~ **транспортного средства** ~ eines Fahrzeugs; **решение о** -**и** <чего-л.> -entscheidung; **свидетельство о регулярном** -**и** <транспортного средства> *(LKW)* -bescheinigung

месячный <проездной> **билет** *(ÖPNV)* Monatskarte

металлическая лента Metallband; **перевязывать/перевязать** <товар> -**ой** -**ой** <Ware> mit einem ~ verschnüren

метод/ы Methode/n, Verfahren, -verfahren *(in Zus.)*; **косвенные** -**ы** *(Pl.)* indirekte; **прямые** -**ы** *(Pl.)* direkte; ~ **обкатки** Abroll-; ~ **погрузки-разгрузки** <груза, транспортного средства> Be- und Entladeverfahren; ~ **регулирования транспорта** ~ der Regulierung des Verkehrsmarktes; ~ **судовождения** *(Schiff.)* Navigations-

метр Meter *(auch in Zus.)*; **погонный** ~ laufender; **складочный кубический** ~ Raum-

метрический центнер *(100 kg)* Doppelzentner

метро<политен> Untergrundbahn, U-Bahn, U-Bahn- *(in Zus.)*; **движение** -**а** ~-Verkehr, ~-Betrieb;

депо *(n., indkl.)* -a ~-Depot, ~-Betriebshof; линия -a ~-Linie; машинист -a *(Pers.)* Triebwagenführer <der U-Bahn>; поезд -a ~-Zug; приключение к сети -a ~-Anbindung; сеть *(f.)* <линий> -a ~-Netz; станция -a ~-Station; туннель *(m.)* -a ~-Tunnel

метротонна <на люк> *(Schiff.)* metrische Tonne <pro Luke>

механизм, распределительный 1. *(Logistik)* Verteilermechanismus (Verteilungs-, Distributions-); 2. *(techn.)* Steuermechanismus, Steuerung

механическая централизация *(Eis.)* mechanisches Stellwerk

мешок Sack; груз в -ах Sackgut; накладывать/наложить груз в мешки Fracht in Säcke abfüllen (absacken)

микроавтобус *(Kfz.)* Kleinbus (-transporter), Großraumtaxi

микроволновая посадочная система *(Flug.)* Mikrowellen-Landesystem

микрорайон Wohngebiet

миля, морская *(See.)* Seemeile

минимальн‖ый/ая/ое/ые minimal/e/er/es; Mindest- *(in Zus.)*; ~ вес -gewicht; ~ дальность *(f.)* пробега -laufweite; ~ загрузка -auslastung; ~ интервал *(zeitl.)* -abstand; ~ использование грузоподъемности *s. загрузка*; ~ мощность *(f.)* -leistung; ~ нагрузка -belastung, Niedrigstbelastung; ~ расстояние *(räuml.)* -abstand; ~ скорость *(f.)* -geschwindigkeit; ~ ставка -satz, -rate; ~ фрахтовая ставка -frachtsatz; ~ тариф -tarif; ~ фрахт *(Güterv., Gebühr)* -fracht

Министерство Ministerium; соответствующее ~ zuständiges; Федеральное ~ *(BRD)* Bundes-, *(RF)* Föderales; ~ путей сообщения РФ *(RF)* ~ für Eisenbahnwesen; ~ транспорта ~ für Verkehr, Verkehrs-, Transport-; ~ транспорта и коммуникации РБ *(Belarus)* ~ für Verkehr und Kommunikation

министр транспорта *(Pers.)* Verkehrsminister

минтранс *(Abk.)* Verkehrsministerium (Transport-)

миров‖ой/ая/ое/ые Welt- *(in Zus.)*; ~ время *(n.)* -zeit, Greenwich-Zeit; ~ порт -hafen; ~ фрахтовый тариф -frachttarif; ~ торговля -handel; ~ торговый флот -handelsflotte

много- viel-, mehr- *(in Zus.)*; -двигательное транспортное средство mehrmotoriges Fahrzeug; -звенный поезд *(Eis.)* mehrgliedrige Zugeinheit; -колейное транспортное средство mehrgleisiges (-spuriges) Fahrzeug;

многократн‖ый/ая/ое/ые mehrmalig/e/er/es, Mehrfach- *(in Zus.)*; ~ виза *(Pass.)* -visum (Multiple entry visa), Visum für die -e Ein- und Ausreise; ~ пользование -e Verwendung, -verwendung, Wiederverwendung; ~ тара Mehrwegverpackung, (Wieder-), wiederverwendbare Verpackung; ~ тяга *(techn.)* -traktion; ~ упаковка *s. тара*

много‖местное транспортное средство mehr‖sitziges Fahrzeug; -моторное транспортное средство *s. многодвигательное транспортное средство*; -оборотная упаковка *s. многократная упаковка*; -осное

транспортное средство -achsiges Verkehrsmittel; **-профильный терминал** Kombiterminal (Allzweck-, Vielzweck-); **-путная железная дорога** *(Eis.)* -gleisige (-spurige) Bahnstrecke; **-разовая упаковка** *s. многократная упаковка*

многорядн‖ый/ая/ое/ые mehrspurig/e/er/es; ~ **движение** -er Verkehr; ~ **дорога** -e Straße; ~ **магистраль** *(f.)* -e Magistrale

многосистемн‖ый/ая/ое/ые mehrsystemfähig/e/er/es, Mehrsystem- *(in Zus.)*; ~ **поезд** -er Zug; ~ **электровоз** -e Lokomotive, -e Lok, -lok

много‖ставочный тариф Mehrsatz-Tarif; **-точечный рейдовый плавучий причал (МРПП)** *(Schiff.)* Schwimmkai, multi-point floating quay; **-целевое транспортное средство** Mehrzweckfahrzeug; **-частотный электроподвижной состав** Mehrfrequenzfahrzeuge

многочленн‖ый/ая/ое/ые mehrgliedrig/e/er/es; ~ **автопоезд** *(LKW)* Sattelzug; ~ **грузовик** -es Nutzfahrzeug; ~ **поезд** -er Zug; ~ **транспортная единица** -e Fahrzeugeinheit

мобильность 📖 *(f.)* Mobilität, Mobilitäts- *(in Zus.)*; ~ **барьер** -и -barriere; **концепция по повышению** -и modernes (zeitgemäßes) -konzept; **уровень** *(m.)* -и -grad

модель *(f.)* Modell *(auch in Zus.)*; ~ **выдачи концессий** Konzessions-; ~ **перевозок** Verkehrs-; ~ **переплетения транспортных процессов** Verkehrsverflechtungs-; ~ **транспортных систем** *s.* ~ *перевозок*; ~ **развязки транспортных потоков** Verkehrsentflechtungs-; ~ **управления** <**аэропорта**> **частным оператором** <Flughafen>Betreiber-

модернизация Modernisierung, Modernisierungs- *(in Zus.)*; **меры по** -и -maßnahmen; **программа** -и -programm; **проводить/провести** -ю <**чего-л.**> <etw.> modernisieren

модернизировать <**что-л.**> <etw.> modernisieren

модификация тарифов Tarifänderung

моечное устройство для автомобилей *s. мойка*

может быть поставлен/а/о (могут быть поставлены) *(feste Wendung)* ist/sind lieferbar

мойка для автомобилей Autowaschanlage

мокрая дорога regennasse Fahrbahn

мол, портовый Hafenmole (-damm)

молодежный тариф Tarif für Jugendliche

момент перехода риска *(jur.)* Zeitpunkt (Moment) des Gefahr<en>übergangs

монопольный поставщик Alleinlieferant

море Meer, See *(f.)* *(auch in Zus.)*; **Балтийское** ~ Ostsee; **Баренцево** ~ Barentssee; **Берингово** ~ Bering-; **Полярное** ~ Nordmeer, Eismeer; **Северное** ~ Nordsee; **Средиземное** ~ Mittelmeer; **Черное** ~ Schwarzes Meer; **Южное** ~ Südsee; **Южно-китайское** ~ Südchinesisches Meer; **ветер с -я** auflandiger Wind

мореплавание Hochseeschifffahrt

мореходность *(f.)* Seetüchtigkeit; **сертификат о -и <судна>** Seefähigkeitszeugnis <eines Schiffs>

мореходн‖ый/ая/ое/ые seetüchtig/e/er/es, Seefahrts- *(in Zus.)*; ~ **книга** -buch; ~ **состояние** -er Zustand, Seetüchtigkeit; ~ **судно** -es Schiff

морск‖ой/ая/ое/ие See- *(in Zus.)*; ~ **авария** -havarie; ~ **агент** *(Pers.)* Schiffsagent; ~ **агентство** Schiffsagentur; ~ **арбитраж** *(jur.)* -arbitrage; ~ **бриз** -brise; ~ **буксир** *(Schiff.)* Hochseeschlepper (-schubboot); ~ **вокзал** -hafen; ~ **граница** -grenze; ~ **груз** Schiffsfracht (-ladung); ~ **диплом** -diplom; ~ **законодательство** -recht; ~ **фрахтовое законодательство** *(jur.)* -frachtrecht; ~ **навигационный знак** -zeichen; ~ **зона** -gebiet; ~ **канал** -kanal; ~ **карго** *(n., indkl.)* Schiffsladung, schwimmende Ladung; ~ **навигационная карта** -<navigations>karte; ~ **арбитражная комиссия <при ТПП> (МАК РФ)** -schiedsgericht <bei der IHK der RF>; ~ **коносамент** -frachtbrief, Schiffsfrachtbrief, Konnossement; ~ **<плавучий> кран** Schwimmkran; ~ **линия** Schifffahrtslinie (-route); ~ **маклер** *(Pers.)* -makler; ~ **миля** -meile; ~ **мост** -brücke; ~ **навигация** -navigation; ~ **накладная** *s. коносамент*; ~ **паром** -fähre, Hochseefähre (-fährschiff); ~ **пароход** Hochseedampfer (-schiff); **пароходство** *s. судоходство*; ~ **перевозка <груза>** -transport <von Fracht>; ~ **перевозки** *(Pl.)* -verkehr; ~ **грузовые перевозки** *(Pl.)* -frachtverkehr/e; ~ **контейнерные перевозки** *(Pl.)* seewärtige/er Containerverkehr/e; ~ **перевозчик**

(Pers.) -frachtführer, –carrier, Schiffsfrachtbeförderer; ~ **пирс** -brücke; ~ **плавание** *s. судоходство*; ~ **порт** -hafen; ~ **таможенный порт** -zollhafen; ~ **право** *(jur.)* -recht; ~ **торговое право** *(jur.)* -handelsrecht; ~ **<водный> путь** *(m.)* -weg, Schifffahrtsstraße; ~ **реестр** -schiffsregister; ~ **свидетельство** -brief, Schiffszertifikat; ~ **служба** Schiffsdienst; ~ **сообщение** -verkehr; ~ **страхование** -versicherung; ~ **страхование каско** *(n., indkl.)* -kaskoversicherung; ~ **судно** –schiff; ~ **грузовое судно** Hochseefrachter; ~ **паромное судно** *s. паром*; ~ **судоходство** -schifffahrt, -reederei; ~ **судоходство на короткие дистанции** Shortsea-Schifffahrt; ~ **тара** seetüchtige Verpackung; ~ **тариф** –schifffahrtstarif; ~ **течение** Meeresströmung; ~ **тоннаж** Schiffstonnage; ~ **торговля** -handel; ~ **транспорт** -<schiffs>verkehr, -transport; ~ **узел** *(Geschwindigkeit)* Knoten; ~ **упаковка** *s. тара*; ~ **<торговый> флот** –flotte, Hochseeflotte (Handels-); ~ **фрахт** -fracht; ~ **фрахтовщик** *s. перевозчик*; ~ **шлюз** -schleuse

моряк *(Pers.)* Seemann; **паспорт -а** Seemannspass, Seefahrtsbuch

мост I *(Verkehrsbau)* Brücke *(auch in Zus.)*; **автодорожный** ~ Straßen-, Straßenüberführung; **вертикально-подъемный** ~ Hub-; **воздушный** ~ Luft-, Luftkorridor; **железнодорожный** ~ <Eisen>Bahn-; **контейнерный** ~ **<с бегом на поворотах>** <kurvengängige> Container-; **морской** ~ See-; **перегрузочный** ~ Verlade-; **пешеходный** ~ Fußgänger-, Fußgängerüberführung; **транстейнерный** ~ Transtainer-;

~-канал Kanal-; ~ на автостраде Autobahn-, Autobahnüberführung

мост II <автомобиля> *(techn., Fahrzeug, s. auch ось)* <Wagen>Achse, -achse *(in Zus.)*; **дополнительный** ~ Schlepp-; **задний** ~ Hinter-; **передний** ~ Vorder-; **поддерживающий неведущий** ~ Schlepp-, Trag-

мостик *(s. auch мост I)* **1.** *(Verkehrsbau)* kleine Brücke; **2.** *(Schiff.)* Brücke; **3.** *(Umschlagvorrichtung)* Bühne, -bühne, -brücke *(in Zus.)*; **перегрузочный** ~ Verlade-, Umlade-; **погрузочный** ~ Belade-; **ходовой** ~ *(Schiff.)* Navigations-

мостовая *(Subst.)* Straßenpflaster

мостовой кран Laufkran, Vancarrier

мостовой перегружатель Ladebrücke

мотель *(m.)* <на автостраде> Motel, Autobahnrasthof

мотор *(Kfz., techn., s. auch двигатель)* Motor; ~-**вагон** Triebwagen; ~-**вагонно-километр** Triebwagenkilometer

моторвагон *s. мотор-вагон*

моторвагонн‖**ый/ая/ое/ые** *(Schienv.)* Triebwagen- *(in Zus.)*; ~ <поездная> **единица** -einheit; ~ **поезд** -zug; ~ <поездная> **секция** *s. единица*; ~ **сообщение** -verkehr; ~ **тяга** -<fahr>betrieb

моторизация *(Prozess)* Motorisierung; **уровень** *(m.)* -и **1.** *(individuelle Ausstattung mit Kfz.)* Motorisierungsgrad; **2.** *(Intensität des Kfz.-Verkehrs)* Fahrzeugdichte

моторизированный транспорт личного пользования motorisierter Individualverkehr

моторн‖**ый/ая/ое/ые** Motor- *(in Zus.)*;

моторный вагон ‖ *(Schienv.)* Triebwagen, Antriebswagen, -triebwagen *(in Zus.)*; **дизельный** ~ Diesel-; **скорый** ~ Schnell-; **сочлененный** ~ Gelenk-; **трамвайный** ~ Straßenbahn-; **эксплуатация** -ых -ов Triebwagenbetrieb;

моторн‖**ая единица** <подвижного состава> Triebfahrzeug; ~ **лодка** Motor‖boot; ~ **тележка** *s. вагон*; ~ **теплоход** -schiff; ~ **грузовой теплоход** -frachtschiff; ~ **головная часть** *(Schienv.)* Triebkopf; ~ **электровагон** elektrischer Triebwagen; ~ **яхта** -jacht

мотоцикл Moped, Motorrad *(auch in Zus.)*; **изотовитель** *(m.)* -ов -hersteller

мотоциклист *(Pers.)* Motorradfahrer

мощность/и *(f.)* Kapazität/en, Leistung, -kapazität/en, -leistung, Kapazitäts- *(in Zus.)*; **взлетные и посадочные** *(Pl.)* <аэропорта> Start- und Landekapazitäten <eines Flughafens>; **габаритная** ~ technisch festgelegte (projektierte), Ladekapazität; **загрузочная** ~ Frachtkapazität (Lade-); **заданная** ~ *s. расчетная*; **максимальная** ~ Maximal-, Höchst-; **минимальная** ~ Mindest-; **недогруженные** ~ *(Pl.)* Überkapazitäten; **перевалочная** ~ Umladekapazität, Umschlag-; **перевозочная** ~ Beförderungs-, Transport-, Verkehrs-; **перегрузочная** ~ *s. перевозочная*; **погрузочная** ~ Verladekapazität (Belade-, Lade-); **подъемная** ~ <кранов> Hubleistung (Kran-); **полезная** ~ Nutzleistung; **провозная** ~ Durchlasskapazität (Durchfahr-,

Verkehrs-); **пропускная** ~ *s. провозная*; **пусковая** ~ Anlaufleistung (Anfahr-); **разгрузочная** ~ Entladekapazität; **расчетная** ~ Regelleistung (Soll-); **регистрационная ~ отправки** *(Pass.)* Abfertigungskapazität; **складская** ~ Lagerkapazität; **транспортная** ~ Transport-; **экспедиционная ~ отправки** *(Güterv.)* Abfertigungskapazität; **эксплуатационная** ~ Betriebsleistung (Nutz-);

мощность || <пассажирского> вокзала *(Pass.)* Bahnhofskapazität; ~ **двигателя** Motorleistung (Triebwerks-); ~ **линий** Streckenkapazität; ~ **порта** Hafenkapazität; ~ **терминала** ~ eines Terminals; ~ **трассы** *s.* ~ *линии*; ~ **по отгрузке** Verladekapazität;

нехватка мощност||ей Kapazitäts||engpässe; **планирование -ей** -planung; **предел –и** -grenze

мультимодальн||ый/ая/ое/ые multimodal/e/er/es; ~ **перевозки**📖 *(Pl.)* -er Verkehr; ~ **транспортная система** -es Verkehrssystem; ~ **транспортные услуги** *(Pl.)* -e Verkehrsdienstleistungen

муниципальн||ый/ая/ое/ые *s. коммунальный*

мыс Landzunge, Kap

мягк||ий/ая/ое/ие weich/e/er/es; ~ **вагон** *(Eis.)* Reisezugwagen erster Klasse; ~ **посадка** *(Flug.)* -e Landung; ~ **тара** -e Verpackung; ~ **упаковка** *s. тара*

Н

набережная <зона> 1. *(Stadt)* Uferstraße; **2.** *(Verkehrsbau)* Kai; **франко** ~ frachtfrei Kai (ex quay)

наблюдение *(Prozess)* Beobachtung, Überwachung *(auch in Zus.)*; ~ **за <дорожным, уличным> движением** Verkehrs-; ~ **за полетами** Flugüberwachung; ~ **за развитием рынка** Marktbeobachtung

навалом *(Adv.)* lose; **погруженный** ~ **груз** ~ verladene Fracht (-es Gut); **погрузка** ~ Schüttverladung

навалочн||ый/ая/ое/ые lose/er/es, lose verladen/e/er/es, Schüttgut- *(in Zus.)*; ~ **груз** Schüttgut (Freilade-, Roh-); ~ **склад** -lager; ~ **судно** -schiff, -frachter

навигационно-гидрографическое обеспечение плавания *(Schiff.)* Navigations- und Seewetterdienst

навигационн||ый/ая/ое/ые Navigations- *(in Zus.)*; ~ **глубина** -tiefe; ~ **инструмент** -instrument; ~ **карта** -karte; ~ **линия** Schifffahrtslinie (-route); ~ **оборудование** -geräte; ~ **обслуживание** -dienst, -unterstützung; ~ **ошибка** -fehler; ~ **период** -periode, Schifffahrtsperiode; ~ **препятствие** -hindernis; ~ **прибор** -instrument; ~ **сбор** -gebühr/en;

навигационная система || Navigationssystem; **космическая (спутниковая)** ~ Satelliten-, satellitengestütztes; **наземная** ~ **система** Erd-;

навигационн||ая служба

Navigationa‖dienst; ~ **техника** -technik

навигация Navigation, -navigation, Navigations- *(in Zus.)*; **бортовая** ~ Bord-; **воздушная** ~ Flug-; **круглогодовая** ~ ganzjährige; **морская** ~ See-; **спутниковая** ~ Satelliten-; ~ **транспортных средств** Fahrzeug-; **начало -и** *(Schiff.)* Beginn der -periode; **перевозки** *(Pl.)* **со спутниковой -ей** satellitengesteuerte Transporte

нагружать/нагрузить <что-л. на что-л.> <etw. auf etw.> laden, aufladen, verladen; ~ **груз в вагон** Ladung (Fracht) auf einen Waggon ~

нагруженн‖ый/ая/ое/ые *(Adj.)* beladen/e/er/es *(s. auch погруженный)*

нагрузка I *(Traglast)* Belastung *(auch in Zus.)*; **внутренняя** ~ <контейнера> Innen- <eines Containers>; **динамическая** ~ **вагона** *(Eis.)* dynamische ~ eines Waggons; **допускаемая** ~ zulässige; **допустимая** *s. допускаемая*; **избыточная** ~ Mehr-; **испытательная** ~ Prüflast; **максимальная** ~ Höchst-, Maximal-, Maximallast; **максимально допустимая** ~ höchstzulässige; **минимальная** ~ Niedrigst-, Mindest-; **наибольшая** ~ *s. максимальная*; **наименьшая** ~ *s. минимальная*; **пиковая** ~ <транспорта> Spitzen-, Spitzenverkehr (Stoß-); **полезная** ~ Nutzlast, Zuladung; **полная** ~ volle; **постоянная** ~ Dauer-; **предельная** ~ Grenz-; **расчетная** ~ Regel-; **регулируемая** ~ *s. расчетная*; **сверхнормативная** ~ *s. избыточная*; **средняя** ~ durchschnittliche; **статическая** ~ **вагона** *(Eis.)* statische ~ eines

Waggons, Ruhelast; **транспортная** ~ Verkehrs-; **удельная** ~ Einheitsgewicht; **частичная** ~ *s. неполная*; **шумовая** ~ Lärm-, Lärmsituation; **эксплуатационная** ~ Nutzlast (Betriebs-, Gebrauchs-);

нагрузка ‖ **вагона** *(Eis.)* Wagenlast; ~ **воздуха вредными веществами** Schadstoff‖belastung <der Luft>; ~ **воздуха отработанными газами (ОГ)** Abgas- <der Luft>; ~ <дорожной, железнодорожной> **сети** Belastung des <Straßen-, Strecken->Netzes;

нагрузка ‖ **на ось** *(f.)* Achslast, Achsendruck; ~ **на окружающую среду** Umwelt‖belastung; ~ **на сдельно-сцепное устройство** *(LKW)* Sattellast; ~ **на шину** *(Kfz.)* Reifen-; ~ **от воздушного движения** Fluglärm-; ~ **от транспорта** *s. транспортная*;

нагрузка, вызванная ‖ **выбросом вредных веществ** Abgas-; ~ **движением** <транспорта> Verkehrslärm-; ~ **транзитными перевозками** Belastung durch den Transitverkehr; ~ **шумом** Lärm-;

дорога с большой нагрузк‖ой stark befahrene Straße; **работа под -ой** Lastlauf; **транспорт низкой -и** Schwachlastverkehr; **снижение -и от транспорта** Verkehrsberuhigung;

нагрузка II *(Prozess)* Laden, Aufladen, Verladen

надбавка *(kfm.)* Aufschlag, Zuschlag, -zuschlag *(in Zus.)*; **покилометровая** ~ Kilometergeld; **стоимостная** ~ *s. ценностная*; **ценностная** ~ Wert-;

надбавка ‖ **за отдаленность** *(f.)* Entfernungs‖zuschlag; ~ **за скорость** *(f.)* Eil-; ~ **к авиафрахту**

Luftfracht-; ~ к таможенной пошлине Zoll-; ~ к фрахту *s.* ~ *на фрахт*; ~ к фрахту в зимнее время года *(Güterv.)* Winter-; ~ на риск *(Güterv.)* Gefahren-, Gefahrenzulage; ~ на фрахт Fracht-

надбавочный сбор Gebührenzuschlag (-aufschlag)

надежная при транспортировке упаковка (тара) transportsichere Verpackung

надежность *(f.)* Zuverlässigkeit *(auch in Zus.)*; **эксплуатационная** ~ Betriebs-; ~ **перевозок** Transport-, Beförderungs-; ~ **поставок** Liefer-; ~ **функционирования** Funktions-; ~ **в эксплуатации** Betriebs-

надзор *(s. auch контроль, проверка)* Aufsicht, Überwachung, -aufsicht, -inspektion, -überwachung *(in Zus.)*; **карантинный** ~ Quarantäne-, Hygieneaufsicht (-inspektion); **пожарный** ~ Brandinspektion; **портовый** ~ Hafenaufsicht (-inspektion); **промысловый** ~ Gewerbeaufsicht; **таможенный** ~ Zoll-; **технический** ~ technische; **транспортный** ~ Verkehrs-;

надзор ‖ **фрахтовщика** Überwachung des Frachtführers; ~ **за автотранспортом** *s. транспортный*; ~ **за безопасностью** <**речного**> **судоходства** Binnenschifffahrtsinspektion; ~ **над судоходством** Schifffahrtsdirektion (-behörde);

система надзора Kontrollsystem

надлежащ‖**ий/ая/ее/ие** sachgemäß/e/er/es, ordnungsgemäß/e/er/es; **обращение с грузом** -e Behandlung (-er Umgang mit) der Fracht; ~ **складирование** -e Lagerung; ~

тара -e (geeignete) Verpackung; ~ **упаковка** *s. тара*; ~ **хранение** *s. складирование*

наезд *(Kfz.)* **1.** *(Prozess)* Auffahren <auf etw.>; **2.** *(Resultat)* Auffahrunfall

наезжать/наехать 1. <**на что-л.**> *(Hindernis)* <auf etw> auffahren; **2.** <**на кого-л.**> *(Pers.)* <jmdn.> anfahren, ümfahren; ~ **на препятствие** auf ein Hindernis ~; ~ **на пешехода** einen Fußgänger ~

наем *(Prozess, s. auch аренда)* Mieten, Anmieten, Anmietung, *(Schiff., Flug. auch)* Chartern; ~ **автомобиля** ~ eines Kraftfahrzeugs (Mietwagens); ~ **вагона** ~ eines Waggons; ~ **команды** *(Schiff.)* Anheuern einer Besatzung; ~ **судна** ~ eines Schiffes; ~ **экипажа** *s.* ~ *команды*;

договор по найм‖**у** *(Schiff.)* Heuer‖vertrag; **плата за** ~ **судна** *(Schiff.)* Schiffsmiete; **сдача в** ~ Vermietung; **сдающий** *(Subst.)* **в** ~ Vermieter; **условия** *(Pl.)* **найма** <**экипажа**> *(Schiff.)* -bedingungen

назад rückwärts, zurück, Rück- *(in Zus.)*; **отсылка** <**товара**> ~ -sendung, -versand <der Ware>

название улицы Straßenname; **табличка с -ем -ы** Straßenschild

наземн‖**ый/ая/ое/ые** ebenerdig/e/er/es, oberirdisch/e/er/es, über der Erde befindlich/e/er/es, Boden-, Erd- *(in Zus.)*; ~ **железная дорога** -e Bahn, Hochbahn; ~ **обслуживание** <**пассажиров, багажа**> *(Flug.)* Bodenabfertigung <von Passagieren, Gepäck>; ~ **пешеходный переход** Fußgängerüberführung (-überweg); ~ **обслуживающий персонал** *(Flug.)* Bodenpersonal; ~ **навигационная**

система Erdnavigationssystem; ~ **служба управления полетами** Flugleitzentrale; ~ **страхование** Landtransportversicherung; ~ **транспорт** -er Verkehr, Oberflächenverkehr, Landtransport; ~ **трасса** -e Trasse (Strecke); ~ **трассирование** _(Prozess)_ -e Trassierung (Streckenführung)

назначать/назначить штрафную санкцию _(jur.)_ eine Vertragsstrafe verhängen

назначение Bestimmung, Destination, Ziel, Zweck, Bestimmungs-, Ziel- _(in Zus.)_; **многоцелевое** ~ Mehrzweckverwendung; **специальное** ~ Spezialverwendung; **универсальное** ~ _s. многоцелевое_;

аэропорт назначени‖я Bestimmungs‖flughafen; **место -я** -ort; **порт -я** -hafen, Ankunftshafen; **пункт -я** -punkt, -ort; **станция -я** -bahnhof, Ankunftsbahnhof; **страна -я** -land; **судно различного -я** Multifunktionsschiff (Vielzweck-); **таможня -я** -zollstelle; **терминал -я** -terminal; **цель** _(f.)_ **-я** _s. пункт_;

франко станция назначения frachtfrei Bestimmungsbahnhof

наибольшая нагрузка Höchstbelastung (Maximal-)

наименование Bezeichnung _(auch in Zus.)_; ~ **груза** Fracht-; ~ **товаров** Waren-

наименьшая нагрузка Niedrigstbelastung (Mindest-)

накладка, тормозная _(techn.)_ Bremsbacke

накладная _(Subst.)_ **1.** _(Güterv. allg. s. auch квитанция, коносамент, ордер, свидетельство)_ Frachtbrief, Ladeschein, -frachtbrief _(in Zus.)_; **2.** _(See.)_ Konnossement, Frachtbrief,

-frachtbrief; **3.** _(Verteilungsverkehr)_ Lieferschein (Begleit-); **авиагрузовая** ~ Luft-; **авиационная** ~ s. _авиагрузовая_; **автодорожная** ~ LKW-~; **автдорожная международная** ~ CMR-~; **водная** ~ _(Binnsch.)_ Schiffs-, Schiffsladeschein; **групповая** ~ Sammel-; **действительная** ~ gültiger (-es Konnossement); **железнодорожная** ~ Bahn-; **комбинированная транспортная** ~ kombinierter Frachtbrief; **контейнерная** ~ Container-; **линейная** ~ Frachtbrief für den Linienverkehr; **международная** ~ internationaler; **международная** ~ **по перевозке груза автотранспортом** CMR-~; **международная транзитная** ~ Frachtbrief für den internationalen Verkehr; **морская** ~ See-, Konnossement; **океанская** ~ Übersee-, Konnossement; **отгрузочная** ~ Versandschein; **отправочная** ~ s. _отгрузочная_; **погрузочная** ~ Verladeschein, Ladeliste; **подлинная** ~ Original-, Original des Lieferscheins; **приемо-сдаточная** ~ Lieferschein (Übernahme-); **приходная** ~ Wareneingangsschein; **прямая** ~ direkter; **речная** ~ s. _водная_; **сводная** ~ s. _групповая_; **складская** ~ Lagerempfangsschein; **таможенная** ~ Zollbegleitschein; **товарная** ~ Lieferschein, Warenbegleitschein (-papier); **товарно-транспортная** ~ Warenlieferschein; **транспортная** ~ <международного сообщения> <internationaler> Frachtbrief, Transportschein (Lade-);

накладная ‖ воздушного сообщения Luft‖frachtbrief; ~ **на груз** Ladeliste; ~ **на груз особой срочности** Expressgutschein; ~ **на**

перевозку скота Vieh-; ~ **на погрузку** Ladeliste (-zettel); ~ **на поступление товара** Wareneingangsschein;

визировка накладн‖ых железной дорогой *(Eis.)* Visaerteilung für Bahnfrachtbriefe; **дубликат -ой** Duplikat ‖ eines Frachtbriefs (Konnossements); **дубликат -ой, предназначенный для грузоотправителя** Sperrpapier (-duplikat); **переоформление -ой** Übertragung (Umschreiben) ~; **подготовка –ой** Vorbereitung ~; **раскредитование –ой** Zahlung gegen Dokumente;

выставлять/выставить накладн‖ую ein Konnossement, einen Frachtbrief (Ladeschein) ‖ ausstellen; **прилагать/приложить -ую <к чему-л.>** ~ beifügen; **переоформлять/переоформить -ую** ~ umschreiben

накладные расходы *(Pl., kfm.)* Gemeinkosten

накладывать/наложить <что-л.> 1. *(Frachtgut)* <etw.> laden, füllen, <auf>stapeln; **2.** *(Kennzeichnung)* <etw.> auflegen, aufdrücken; **3.** *(jur.)* <etw.> verhängen, verfügen, anordnen; ~ **арест <на перевозимый>** груз Ladungsarrest verhängen (anordnen); ~ **груз в мешки** Frachtgut in Säcke abfüllen (absacken); ~ **неустойку** *(jur.)* eine Vertragsstrafe verhängen (anordnen); ~ **таможенные печати и пломбы** *(Pl.)* <на что-л.> <etw.> zollamtlich verschließen; ~ **пломбу <на что-л.>** <etw.> mit einer Plombe versehen (verplomben)

наклеивать/наклеить этикетку на товар eine Ware labeln (etikettieren)

наклейка, багажная Gepäckzettel (-aufkleber)

наклонный въезд Auffahrt, Zufahrt, Zufahrtsrampe

наливн‖ой/ая/ое/ые Flüssig-, Tank- *(in Zus.)*; ~ **груз** Flüssiggut (-fracht), Tankladung; ~ **судно** Flüssiggutschiff (-frachter), Tankschiff, Tanker; ~ **судоходство** Tankerschifffahrt; ~ **тоннаж** Tankertonnage (-flotte, -frachtraum, -kapazität); **фрахтовая ставка на ~ тоннаж** Tanker-Frachtrate; ~ **флот** Tankerflotte

наливом *(Adv.)* in flüssigem Zustand; **перевозка** ~ Beförderung von Flüssiggut (-fracht)

наличие порожнего подвижного состава *(Schienv.)* Leerwagenbestand

наличный парк вагонов *(Schienv.)* Gesamtwagenbestand, vorhandener Wagenbestand

наличные *(Subst., Pl., kfm.)* Kasse, cash; **платеж -ыми** Barzahlung

налог *(s. auch пошлина, сбор/ы)* Steuer, -steuer, Steuer- *(in Zus.)*; **автомобильный** ~ Kfz-~; **имортный** ~ Import-; **коммунальный** ~ Kommunal-, Gemeinde-; **косвенный** ~ indirekte; **местный** ~ *s. коммунальный*; **подоходный** ~ Einkommens-; **портовый** ~ Hafentaxe; **промысловый** ~ Gewerbe-; **прямой** ~ direkte; **транспортный** ~ Transport-, Beförderungs-; **экспортный** ~ Ausfuhr-;

налог ‖ **на бензин** Benzin‖steuer; ~ **на владельцев автомобиля** *s. автомобильный*; ~ **на перевозки** *(Pl.)* *s. транспортный*; ~ **на предметы потребления** Verbrauchs-; ~ **на добавленную**

стоимость Mehrwert-; ~ на импортные (импортируемые) товары *s. импортный*; ~ на экспортные (экспортируемые) товары *s. экспортный*; ~ на нефтяное топливо Mineralöl-; ~ с оборота Umsatz- (USt.); ~ с оборота импорта Einfuhrumsatz- (EUSt); ~ с прибыли Gewinn- (GSt);

налог, ‖ зависящий от токсичности отработанних газов emissionsbezogene Kfz-‖Steuer; ~ установленный в зависимости от токсичности отработанных газов (ОГ) emissionsbezogene Kfz-~;

поступление налог‖ов Steuer‖einnahmen, -aufkommen; уклонение от уплаты -ов *(jur.)* -hinterziehung;

не облагаем‖ый/ая/ое/ые налог‖ом steuer‖frei; облагаем‖ый/ая/ое/ые -ом -pflichtig; освобожденн‖ый/ая/ое/ые от уплаты -ов -befreit; подлежащ‖ий/ая/ее/ие обложению -ом *s. облагаемый -ом*; пользующ‖ий/ая/ее/ие(ся) -ыми льготами -begünstigt;

облагать/обложить <что-л.> налогом <etw.> mit einer Steuer belegen

налогов‖ый/ая/ое/ые steuerlich/e/er/es, Steuer- *(in Zus.)*; ~ ведомство -behörde; ~ доходы *(Pl.)* -einnahmen; ~ законодательство -gesetzgebung; ~ инспекция -behörde, *(BRD)* Finanzamt; ~ класс <транспортного средства> -klasse <eines Kfz.>; ~ кодекс -gesetz; ~ льготы *(Pl.)* -vergünstigungen; ~ обложение Besteuerung; ~ право -recht; ~ разряд *s. класс*; ~ управление *s. ведомство*

налогообложение Besteuerung, Steuer- *(in Zus.)*; гармонизация -я Harmonisierung des -systems; система -я -system; подлежащ‖ий/ая/ее/ие -ю steuerpflichtig/e/er/es, der ~ unterliegend

наложение пломбы Verplombung, <Zoll>Verschluss; сбор за ~ Verschlussgebühr/en

наложенным платежом per Nachnahme, Nachnahme- *(in Zus.)*; поставка ~ -lieferung

нанесение <чего-л.> Auftragen (Aufbringen) <von etw.>; ~ маркировки <на товар> ~ einer Kennzeichnung (Markierung) <auf eine Ware>; ~ ущерба *(jur.)* Beibringung (Verursachung) eines Schadens

нанимать/нанять <кого-л./что-л.> *(hier Schiff.)* <jmdn./etw.> chartern, anheuern; ~ судно ein Schiff; ~ экипаж die Besatzung

наниматься/наняться на судне auf einem Schiff anheuern

наносить/нанести маркировку <на товар> eine Markierung <auf die Ware> auftragen (aufbringen)

напорный бак *(techn.)* Druckbehälter (-tank)

направление Richtung, -richtung, Richtungs- *(in Zus.)*; встречное ~ Gegen-; обратное ~ entgegengesetzte; попутное ~ gleiche, Fahrt-, Transport-; противоположное ~ entgegengesetzte; установленное ~ vorgeschriebene Fahrt-;

направление ‖ движения <транспорта> Fahrt‖richtung; ~ перевозок Verkehrs-;

в одном направлени‖и in einer ‖ Richtung; **в попутном -и** auf dem Wege liegend, in Transportrichtung; **в противоположном -и** in entgegengesetzter ~;

изменение направлени‖я <движения> Richtungs‖änderung; *(ÖPNV)* abweichende Linienführung; **перемена -я** *s. изменение*; **проезжая часть в одном -и** *(Kfz.)* -fahrbahn; **путь** *(m.)* **в одном -и** *(Schienv.)* -gleis; **руль** *(m.)* **-я** *(Flug.)* Seitenruder; **тариф, действующий в одном -и** –tarif; **указание -я** -angabe;

напряжение в рельсах *(Schienv.)* Gleisbeanspruchung

наружное обустройство вагонов Waggonbau

нарушать/нарушить <что-л.> *(Regeln etc.)* <etw.> missachten, verletzen, gegen <etw.> verstoßen, <etw.> nicht einhalten; ~ **ограничение скорости** die Geschwindigkeitsbegrenzung ~; ~ **правила** *(Pl.)* **дорожного движения** **(ПДД)** die Straßenverkehrsordnung ~; ~ **срок поставки** die Lieferfrist ~; ~ **условия** *(Pl.)* **платежа** die Zahlungsbedingungen ~

нарушение 1. *(allg.)* Verletzung, Missachtung, -verletzung *(in Zus.)*; 2. *(jur.)* Verstoß, Vergehen, Delikt, -verstoß, -vergehen, -delikt *(in Zus.)*; **таможенное** ~ Zollvergehen (-ordnungswidrigkeit), Verstoß gegen die Zollgesetzgebung; ~ **движения транспорта** Verkehrsstörung; ~ **договора** Vertragsverletzung; ~ **закона** Verletzung eines Gesetzes, Gesetzesverstoß; ~ **налогового законодательства** Steuervergehen, Verstoß gegen die Steuergesetzgebung; ~

таможенного законодательства *s. таможенное*; ~ **транспортного законодательства** Verkehrsdelikt (-widrigkeit), Verstoß gegen die Verkehrsgesetzgebung; ~ **контракта** *s. ~ договора*; ~ **права преимущественного проезда** Vorfahrtsverletzung, Missachtung der Vorfahrt; ~ **правил безопасности** Verletzung (Nichtbeachtung, Missachtung) von Sicherheitsbestimmungen; ~ **правил дорожного движения (ПДД)** Verkehrsdelikt (-widrigkeit), Verstoß gegen die Straßenverkehrsordnung; ~ **противопожарного режима** Verletzung (Nichtbeachtung, Missachtung) von Brandschutzbestimmungen; ~ **срока платежа** Verletzung der Zahlungsfrist; ~ **срока поставок** Verletzung (Nichteinhaltung) der Lieferfristen; ~ **условий договора (контракта)** Verletzung der Vertragsbedingungen; ~ **в выполнении расписания** Fahrplanstörung

нарушитель правил дорожного движения (ПДД) *(Pers., jur.)* Verkehrssünder; **картотека -ей** Verkehrssünderkartei

наряд *(Dokument)* Order, Schein, *(auch in Zus.)*; ~ **на выдачу** Auslieferungsschein; ~ **на погрузку** Verladeorder (-auftrag); ~**заказ** Bestellschein

населенный пункт Ortschaft

насос *(techn., hier Kfz.)* Pumpe *(auch in Zus.)*; **бензиновый** ~ Benzin-; **топливный** ~ Kraftstoff-

настил *(s. auch мост)* Brücke *(auch in Zus.)*; **переходный** ~ *(Eis.)* Lauf-; **погрузочный** ~ *(techn.)* Lade-, Verlade-

насыпн‖ой/ая/ое/ые Schütt<gut>- _(in Zus.)_; ~ вес -gewicht; ~ груз -ladung, -fracht; ~ судно -frachtschiff, -frachter

насыпью _(Adv.)_ in bulk, lose; перевозка <груза> ~ lose Beförderung von Schüttgut

насыщенный <транспортный> рынок gesättigter <Verkehrs>Markt

наталкиваться/натолкнуться <на препятствие> _(Fahrzeug)_ <auf ein Hindernis> auffahren

наука о транспорте Verkehrswissenschaft

наукоемкий терминал High-Tech-Terminal

научно-исследовательск‖ий/ая/ое/ие Forschungs- _(in Zus.)_; ~ институт -institut; ~ судно -schiff; ~ центр -zentrum, -anstalt

находиться под карантином unter Quarantäne stehen

Национальн‖ый/ая/ое/ые national/e/er/es; ~ ассоциация -er Verband; ~ союз -er Verband, -e Vereinigung

начало населенного пункта Ortseingang

начальник _(Pers.)_ Leiter, Vorgesetzte/er; ~ порта Hafenmeister; ~ дорожно-ремонтной службы Straßenmeister; ~ службы движения Fahrdienstleiter

начальница _(Pers.)_ Leiterin, Vorgesetzte

Не бросать! _(feste Wendung, Güterv.)_ Nicht werfen!

Не кантовать! _(feste Wendung, Güterv.)_ Nicht kanten!

не нуждающ‖ий/ая/ее/ие(ся) в утверждении erlaubnisfrei/e/er/es

не облагаем‖ый/ая/ое/ые -frei/e/er/es, -befreit/e/er/es _(in Zus.)_; ~ налогом steuer-; ~ пошлиной abgaben-; ~ таможенной пошлиной zoll-; ~ сбором gebühren-

не очищенный от <таможенной> пошлины груз unverzolltes Gut

не рассредоточенные транспортные потоки большой и малой скоростей nichtentmischter Verkehr

не требующ‖ий/ая/ее/ие согласия erlaubnisfrei/e/er/es

неблагоприятная погода ungünstiges Wetter

небортовой коносамент _(See.)_ Kaikonnossement

неведущий мост _(techn., Kfz., Eis.)_ Tragachse (Schlepp-)

невидимая торговля unsichtbarer Handel

невостребованный груз nicht abgeholte (nicht in Empfang genommene) Fracht (-e Ladung, -es Gut)

негабаритный груз Fracht<gut> mit Lademaßüberschreitungen, Sperrgut, sperrige Fracht

негосударственные железные дороги _(Pl.)_ nicht staatliche Eisenbahnen, _(BRD)_ nicht bundeseigene Eisenbahnen

неделимый груз nicht teilbare Ladung

недельный <проездной> билет _(ÖPNV)_ Wochenkarte

недифференцированный тариф

stufenloser (staffelloser) Tarif

недобросовестная конкуренция
unlauterer Wettbewerb

недогруженн‖ый/ая/ое/ые nicht
ausgelastet/e/er/es; ~ **маршрут** -e
Strecke; ~ **мощности** _(Pl.)_
Überkapazitäten; ~ **трасса** _s._
маршрут

недогрузка Nichtauslastung

недозволенная скорость
unangemessene Geschwindigkeit

недоразвитая <транспортная>
ифраструктура unterentwickelte
<Verkehrs>Infrastruktur

недостаточн‖ый/ая/ое/ые
unzureichend/e/er/es; ~ **мощность**
_(f.)_ -e Kapazität; ~
пассажировместимость _(f.)_ -e
Personenbeförderungskapazität
(Fahrgast-); ~ **пропускаемость** _(f.)_
Kapazitätsengpass, -e
Durchlassfähigkeit; ~ **упаковка** -e
Verpackung

недостача выручки от реализации
проездных билетов _(Pass.)_
Fahrgeldausfälle

независим‖ый/ая/ое/ые **1.** _(allg.)_
unabhängig/e/er/es; **2.** _(techn.)_
Eigen-, Einzel- _(in Zus.)_; ~
объединение -er Verein; ~ **ось** _(f.,_
Kfz., techn.) Einzelachse; ~ **привод**
(Kfz., techn.) Eigenantrieb

незамедлительная доставка
<груза> unverzügliche (sofortige)
Anlieferung <der Fracht>

незамерзающий порт eisfreier Hafen

незарегистрированный товарный
знак freies (ungeschütztes)
Warenzeichen

незафрахтованное судно
unbeladenes Schiff

неисправн‖ый/ая/ое/ые **1.** _(techn.)_
schadhaft/e/er/es, defekt/e/er/es, nicht
betriebssicher/e/er/es; **2.** _(bei_
Dokumenten) unrein/e/er/es; ~
автомобиль _(m.)_ -es Fahrzeug; ~
коносамент -es _(Schiff.)_
Konnossement; ~ **состояние**
(Fahrzeug) Fahruntüchtigkeit

неконкурентоспособный товар
nicht wettbewerbsfähige Ware

некупейный вагон _(Eis., Pass.)_
Großraumwagen

некурящ‖ий/ая/ое/ые Nichtraucher-
(in Zus.); ~ **вагон** _(Eis.)_ –wagen; ~
рейс -flug

нелетная погода unzureichendes
(schlechtes) Flugwetter

нелицензируем‖ый/ая/ое/ые
genehmigungsfrei/e/er/es,
lizenzfrei/e/er/es; ~ **импорт** -er
Import, -e Einfuhr; ~ **экспорт** -er
Export, -e Ausfuhr

немедленно _(Adv., Handelsklausel)_
prompt

немедленн‖ый/ая/ое/ые
unverzüglich/e/er/es, sofortig/e/er/es;
~ **платеж** -e Zahlung; ~ **поставка** -e
Lieferung

немоторизированный транспорт
личного пользования nicht
motorisierter Individualverkehr

ненадлежащ‖ий/ая/ее/ие
ungeeignet/e/er/es,
unsachgemäß/e/er/es; ~ **обращение**
с грузом -e Behandlung der Ware,
-er Umgang mit der Ware; ~
складирование -e Lagerung; ~
тара -e Verpackung; ~ **упаковка** _s._
тара; ~ **хранение** _s. складирование_

необоротная тара (упаковка)
Einwegverpackung (Wegwerf-)

неогражденный железнодорожный

переезд unbeschrankter Bahnübergang

неограниченная ответственность *(jur.)* unbeschränkte Haftung

неоднородное складирование Artikel-Mehrfach-Lagerung

неосторожн‖ый/ая/ое/ые unvorsichtig/e/er/es, *(jur.)* fahrlässig/e/er/es; ~ **обращение с грузом** -er Umgang mit der Fracht; ~ **поведение в дорожном движении** -es Verhalten im Straßenverkehr

неотгруженный контейнер nicht versandter Container

неохраняемый железнодорожный переезд ungesicherter Bahnübergang

непереводимый документ nichtübertragbares Dokument

неповрежденн‖ый/ая/ое/ые unversehrt/e/er/es; ~ <**транспортная**> **емкость** -es Transportbehältnis; ~ **пломба** -e Plombe; ~ **тара** -e Verpackung

непогруженн‖ый/ая/ое/ые 1. *(Transportmittel)* unbeladen/e/er/es; 2. *(Fracht)* nicht verladen/e/er/es; ~ **груз** -es Gut; ~ **судно** -es Schiff

неполн‖ый/ая/ое/ые unvollständig/e/er/es, Teil- *(in Zus.)*; ~ **загрузка** 1. *(Kapazität)* -e Auslastung, -auslastung; 2. *(Prozess)* -beladung; ~ **использование грузоподъемности** Minderauslastung <von Transportkapazitäten>; ~ **нагрузка** -<be>ladung; ~ **отгрузка** -versand, -er Versand; ~ **перекрытие** <**дороги**> *(Straße)* -sperrung; ~ **погрузка вагона** *(Eis.)* -<ver>ladung, offene Ladung; ~ **погрузка контейнера** Containerteilladung, Less than Container Load (LCL); ~ **поставка**

-lieferung, -e Lieferung; ~ **тарифная ставка** -tarifsatz; ~ **страхование каско** -kaskoversicherung

непосредственн‖ый/ая/ое/ые unmittelbar/e/er/es, direkt/e/er/es, Direkt- *(in Zus.)*; ~ **импорт** direkter Import, -import; ~ **ответственность** *(f., jur.)* unmittelbare Haftung; ~ **перевозка** -versand; ~ **потребитель** *(m., Pers.)* -abnehmer; ~ **сбыт** direkter Absatz, -vertrieb; ~ **экспорт** direkter Export, -export

неправильная политика в области транспорта verfehlte Verkehrspolitik

непредвиденный фрахт *(Gebühr)* unvorhergesehene Fracht

непрепятственный заторами транспорт nicht staubehinderter Verkehr

непрерывн‖ый/ая/ое/ые durchgehend/e/er/es, Dauer- *(in Zus.)*; ~ **сквозное обслуживание транспортом** -e Verkehrsbedienung; ~ **режим** -er Fahrbetrieb; ~ **эксплуатация** -er Betrieb, -betrieb

непринятие <**груза**> Nichtabnahme <der Fracht>

непродовольственные товары *(Pl.)* Non-Food-Waren

непроезжая дорога unbefahrbare Straße

непрям‖ой/ая/ое/ые indirekt/e/er/es; ~ **ввоз** -er Import, -e Einfuhr; ~ **вывоз** -er Export, -e Ausfuhr; ~ **импорт** *s. ввоз*; ~ **экспорт** *s. вывоз*

нерабочий парк транспортых средств (автомобилей, вагонов, локомотивов) nicht in Betrieb befindlicher Fahrzeugpark (Kfz-, Wagen-, Triebfahrzeug-,

Lokomotivpark)

неравномерность *(f.)* Diskontinuität, Ungleichmäßigkeit, -schwankungen *(in Zus.)*; ~ **перевозок** Verkehrs-, Beförderungs- *(auf einzelnen Strecken od. zeitlich)*; ~ **поставок** Diskontinuität in der Anlieferung

нереализованный товар nicht verkaufte Ware

нереализуемый товар unverkäufliche Ware

нерегулярн‖ый/ая/ое/ые irregulär/e/er/e, unregelmäßig/e/er/e *(im Charterverkehr)*; ~ **перевозки** *(Pl.)* Gelegenheitsverkehre, bedarfsgebundene Verkehre; ~ **воздушное сообщение** Charterflugverkehr

несамоходн‖ый/ая/ое/ые mitfahrend/e/er/es, nicht selbstfahrend/e/er/es *(in Zus.)*; ~ **погрузочная единица** -e Ladeeinheit; ~ **кран** -er Kran; ~ **судно** Lastkahn (Schlepp-), Leichter

несмываемая краска wasserfeste Farbe

несопровождаем‖ый/ая/ое/ые unbegleitet/e/er/es; ~ **багаж** -es (aufgegebenes) Gepäck; ~ **груз** -e Fracht; ~ **перевозки** *(Pl.)* -e Transporte, -er Verkehr

неспособность *(f.)* **к вождению транспортного средства** Fahruntauglichkeit <einer Person>

нести <полную> ответственность <за что-л.> *(jur.)* für etw. <voll> haften, die <volle> Haftung <für etw.> haben

несущая поверхность *(Flug., Schiff.)* Tragfläche

несчастный случай Unglücksfall, Unfall, Unfall- *(in Zus.)*; **акт о -ом**

-e *(Vers.)* -gutachten; **страхование от -ых -ев** -versicherung

нетаксированный <страховой> полис Generalpolice, offene Versicherungspolice

нетарифн‖ый/ая/ое/ые nichttarifär/e/er/es; ~ **барьер** -e Schranke; ~ **торговые барьеры**⌂ *(Pl.)* -e Handelsschranken (-e -hemmnisse)

нетранспортные экспедиторские услуги *(Pl.)* nichttransportliche Speditionsdienstleistungen

нетто Netto; **вес** ~ Nettogewicht

нетто- Netto- *(in Zus.)*; **~-вес** *s.* **вес нетто**

нетто-регистров‖ый/ая/ое/ые *(Schiff.)* Nettoregister- *(in Zus.)*; ~ **единица** Nettoraumzahl (NRZ); ~ **тонна (НРТ)** -tonne (NRT); ~ **тоннаж** -tonnage;

нетто‖-тара -tara; **~-тариф** -tarif; **~-тоннаж** *(Schiff.)* -tonnage; **~-тонно-километр** -tonnenkilometer; **~-цена** -preis

неудачная политика в области транспорта verfehlte Verkehrspolitik

неудобная <транспортная> ифраструктура ungünstige <Verkehrs>Infrastruktur

неудовлетворительная тара (упаковка) mangelhafte (unzureichende) Verpackung

неуплата Nichtzahlung

неустойка *(jur., s. auch* **пеня, санкция, штраф)** Vertragsstrafe; **накладывать/наложить** -у eine ~ verhängen; **платить/заплатить** -у <eine> ~ zahlen

нефактурированная поставка

(kfm.) Lieferung ohne Vorlage der Verrechnungsdokumente

нефте- Öl- *(in Zus.)*; **-база** -tanklager; **-воз** -tanker

нефтеналивн‖ой/ая/ое/ые Öl-, Tank- *(in Zus.)*; ~ **вагон** -wagen, Kesselwagen; ~ **судно** -schiff, Öltanker; ~ **транспорт** -transport/e

нефтерудовоз Erz-Öl-Frachter

нефтян‖ой/ая/ое/ые Öl- *(in Zus.)*; ~ **платформа** -plattform; ~ **порт** -hafen; ~ **топливо** Mineralöl

нехватка мощностей Kapazitätsengpass

нечистый коносамент *(See.)* unreines Konnossement

неэксплуатируемый парк <автомобилей, вагонов, локомотивов> nicht in Betrieb befindlicher Fahrzeugpark (Kfz-; Wagen-; Triebfahrzeug-, Lokomotiv-Park)

неэтилированный бензин unverbleites (bleifreies) Benzin

нижестоящий орган власти nachgeordnete Behörde

нижн‖ий/яя/ее/ие unter/e/er/es, Unter- *(in Zus.)*; ~ **транспортное ведомство** -е (untergeordnete, örtliche) Verkehrsbehörde; ~ **палуба** *(Schiff.)* -deck; ~ **предел** -grenze; ~ **концевая станция <канатной дороги>** *(Seilbahn)* Talstation; ~ **этаж** *(Kfz.)* -deck

низк‖ий/ая/ое/ие gering/e/er/es; ~ **выброс вредных веществ** -er Schadstoffausstoß; ~ **загрузка** -е Auslastung; **с -им выбросом вредных веществ** schadstoffarm/e/er/es

низкокачественный товар (груз) minderwertige Ware (-es Gut)

низкорамн‖ый/ая/ое/ые Tieflade- *(in Zus.)*; ~ **вагон** *(Eis.)* Plattformwagen; ~ **грузовик** *(LKW)* -wagen; ~ **прицеп** *(LKW)* -anhänger; ~ **прицеп-платформа** *(LKW)* -anhänger, -wagen

новостройка трасс Streckenneubau

нов‖ый/ая/ое/ые neu/e/er/es, Neu- *(in Zus.)*; ~ **автомобиль** *(m., Kfz.)* -wagen; ~ **транспорт** -verkehr

номенклатура *(s. auch перечень, список)* Nomenklatura, Verzeichnis *(auch in Zus.)*; **таможенная ~ <внешнеэкономической деятельности>** **(ТНВЭД)** Zolltarifnomenklatur (-nummer); ~ **грузов** Güter-, Waren-; ~ **гармонизированной системы (НГС) ЕС** Harmonisierungssystem der EU

номер Nummer *(auch in Zus.)*; **таможенный тарифный ~** Zolltarif-; **тарифный ~** Tarif-; **товарный** ~ Code-; ~ **груза** Fracht-; ~ **грузового документа** Frachtpapier-; ~ **лицензии** Lizenz-; ~ **полета** Flug-; ~ **регистрации** Registrier-; ~ **рейса** *s. ~ рейса*; ~ **серии** Serien-; ~ **типа <вагона>** *(Eis.)* Typen-; ~ **шасси** *(n., indkl., Kfz.)* Fahrgestell-

номерной знак Nummernschild, polizeiliches Kennzeichen, Fahrzeugkennzeichen; **временный** ~ Saisonkennzeichen; **сезонный ~** *s. временный*

номинальный размер Sollmaß

норма/ы Norm/en *(auch in Zus.)*; **правовые ~** Rechts-; **экологические ~** Umwelt-; ~ **перевозок** Transportsoll; ~ **расхода топлива и смазочных**

материалов   <на автотранспорте> Kraftstoff- und Schmierstoffverbrauchs- <für Kfz>; ~ токсичности отработанных газов Abgas-; погрузка сверх -ы Überfrachtung

нормальн‖ый/ая/ое/ые   Normal-, Standard- *(in Zus.)*; ~ колея *(Schiebv.)* Vollspur; ~ поддон -palette; ~ тариф –tarif, Regeltarif; ~ эксплуатация Regelbetrieb

нормативн‖ый/ая/ое/ые   *(jur.)* Rechts- *(in Zus.)*; ~ акт -akt; ~ база -grundlagen; ~ документация Normativdokumentation, -lage, -vorschriften; ~ документация по перевозке опасных грузов -vorschriften   für   die Gefahrgutbeförderung

нос <корабля, судна, самолета> Bug <eines Schiffes, Flugzeuges>

носильщик *(Pers.)* Träger; оплата -а Trägerlohn

носитель   *(m.)*   транспорта▣ Verkehrsträger (-art)

носов‖ой/ая/ое/ые *(Flug., Schiff.)* Bug- *(in Zus.)*; ~ гребной винт *(Schiff.)* -schraube, Schiffsschraube; ~ колесо *(Flug.)* -rad; ~ <погрузочная>   платформа -rampe, -<lade>klappe; ~ руль *(m., Flug.)* -ruder; ~ часть *(f.)* -teil

нотис о готовности к выгрузке судна   *(Schiff.)* Löschbereitschaftsanzeige

ночн‖ой/ая/ое/ые *(s. auch дневной)* Nacht- *(in Zus.)*; ~ автобус -bus; ~ график движения -fahrplan; ~ <уличное> движение -verkehr; ~ езда *s. поездка*; ~ линия -linie; ~ маршрут *s. линия*; ~ поезд -zug; ~ маршрутный поезд *(Eis.)* Zug im -sprung; ~ поездка -fahrt, -reise; ~

полет   -flug;   ~   рейс -<flug>verbindung; ~ сообщение -verkehr, -verbindung; ~ воздушное сообщение   -flugbetrieb, -flugverbindung; ~ пассажирское сообщение -reiseverkehr; ~ такси *(n., indkl.)* -taxi; ~ тариф -tarif; ~ транспорт *s. движение*

нуждающ‖ий/ая/ее/ие(ся)   в утверждении erlaubnispflichtig/e/er/es (-bedürftig/e/er/es)

нулев‖ой/ая/ое/ые Null- *(in Zus.)*; ~ пробег *(LKW)* Anfahrstrecke vom und   zum   Einsatzort;   ~ регулирование -regulierung; ~ тариф -tarif

O

обанкротившееся   предприятие bankrotter Betrieb (-es Unternehmen)

обгон   *(Prozess)*   Überholen, Überholmanöver, Überhol- *(in Zus.)*; при -е beim ~; движение с частыми -ами   -verkehr; запрещение -а -verbot; полоса -а -spur;   процесс   -а   -vorgang; скорость   *(f.)*   при   -е -geschwindigkeit;   станция   -а Überholungsbahnhof (-station)

обгонн‖ый/ая/ое/ые   *(Schienv.)* Überhol- *(in Zus.)*; ~ пункт -stelle, -punkt; ~ путь *(m.)* -spur, -gleis

обгонять/обогнать 1. <что-л./кого-л.> <etw./jmdn.> überholen; 2. <друг   друга>   aneinander vorbeifahren; ~ автомобиль *(m.)* ein Kfz. überholen

обеспечение *(Prozess)* Bereitstellung, Sicherstellung, Gewährleistung; **аварийно-спасательное** ~ Havarie- und Rettungsdienst; **коносаментное** ~ *(See.)* Konnossementsgarantie; **навигационно-гидрографическое** ~ <плавания> Navigations- und Seewetterdienst; **транспортное** ~ **1.** Bereitstellung von Transportkapazität; **2.** Besorgung der Beförderung, Erfüllung der Beförderungspflicht, Bereitstellung von Verkehrsdienstleistungen; ~ **безопасности полета** Gewährleistung der Flugsicherheit; ~ **транспортных средств** Bereitstellung von Transportraum (Beförderungskapazität)

обеспечивать/обеспечить <что-л./кого-л. чем-л.> <etw./jmdn. mit etw.> versorgen, <etw.> sicherstellen, bereitstellen

обкатывать/обкатать **автомобиль** *(m.)* ein Kfz. einfahren

облагаем‖ый/ая/ое/ые -pflichtig/e/er/es *(in Zus.)*; ~ **налогом** steuer-; ~ **пошлиной** abgaben-; ~ **таможенной пошлиной** zoll-; ~ **сбором** gebühren-

облагать/обложить <что-л. чем-л.> <etw. mit etw.> belegen; ~ **налогом** mit einer Steuer ~; ~ **пошлиной** mit Zoll (Abgaben) ~; ~ **сбором** mit einer Gebühr ~

облегчение **таможенного оформления** Erleichterung der Zollabfertigung

обледенелая **взлетно-посадочная полоса** *(Flug.)* vereiste Start- und Landebahn

обледенение *(Prozess, techn.)* Vereisung

обложение Belegung <mit etw.>; ~ <таможенными> **пошлинами и сборами** Erhebung von Zöllen und Gebühren, Zoll- und Abgabenbelastung; **льготное** ~ **таможенной пошлиной** Vorzugsverzollung; ~ **грузового автомобиля пошлинами и сборами** LKW-Abgabenlast; ~ **таможенной пошлиной по льготной ставке** Vorzugsverzollung

обмен, **товарный** Warenaustausch (-verkehr)

обмерная **тонна** Raumtonne

обновление *(Prozess)* Erneuerung, Modernisierung, Verjüngung; ~ **подвижного состава** ~ des Wagenparks (Fahrzeug-); ~ **флота** *(Schiff., LKW)* ~ der Flotte; **-я** *(Pl.)* **на транспорте** Verkehrsinnovation/en

обновлять/обновить **подвижной состав** den Wagenpark erneuern (verjüngen)

обозначение Bestimmung, Bezeichnung; ~ **грани проезжей части** Fahrbahnbegrenzung; ~ **происхождения** <товара> Herkunftsangabe <der Ware>

оборачиваемость *(f.)* Umschlag *(auch in Zus.)*; ~ **складских запасов (товаров на складе)** Lager-; ~ **контейнеров** Behälter-, Container-; ~ **поддонов** Paletten-

оборот **1.** *(Ware, Güter)* Umschlag, Umlauf, -umschlag, -umlauf, Umschlag- *(in Zus.)*; **2.** *(kfm.)* Umsatz, -umsatz, Umsatz- *(in Zus.)*; **годовой** ~ Jahresumsatz; **грузовой** ~ Güterumschlag (Transport-); **контейнерный** ~ Containerumlauf (Behälter-); **пассажирский** ~ Personenbeförderungsleistung;

платежный ~ *(kfm.)* Zahlungsverkehr; **судовой** ~ <порта> Schiffsumlauf <eines Hafens>; **товарный** ~ Warenumschlag (-verkehr); **транзитный** ~ Transitumschlag;

оборот ‖ **капитала** Kapitalumlauf; ~ **поддонов** Palettenumlauf; ~ **порта** Hafenumschlag; ~ **склада** Lagerumschlag; ~ **транспортного средства** Fahrzeugumlauf; ~ **терминала** Umschlag eines Terminals

грузо‖оборот *s. грузовой*; **контейнеро-** *s. контейнерный*; **пассажиро-** *s. пассажирский*; **судо-** *s. судовой*; **товаро-** *s. товарный*

время оборот‖а⌸ Umschlagzeit (Umlauf-); **налог с -а** Umsatzsteuer; **налог с -а импорта** Einfuhrumsatzsteuer; **продолжительность** *(f.)* **-а** Umschlagdauer; **расстояние -а вагона** *(Eis.)* Wagenumlauf; **скорость** *(f.)* **-а**⌸ Umschlaggeschwindigkeit

оборотн‖ый/ая/ое/ые **1.** *(Verpackungsmaterial, Transportbehältnisse)* Umlauf-, Mehrweg- *(in Zus.)*; **2.** *(Dokumente)* begebbar/e/er/es; ~ **документ** -es Dokument (Papier); ~ **коносамент** *(See.)* -es Konnossement; ~ **поддон** -palette; ~ **средства** *(Pl.)* <предприятия> *(kfm.)* Umlaufmittel <eines Unternehmens>; ~ **тара** -verpackung, Dauerverpackung (Wiederverwendungs-, Umschlag-); ~ **упаковка** *s. тара*

оборудование Ausrüstung, Technik *(auch in Zus.)*; **аварийно-спасательное** ~ Rettungs-;

крановое ~ Kran-; **навигационное** ~ Navigations-; **перегрузочное** ~ Umschlag-, Umlade-; **погрузочно-разгрузочное** ~ Be- und Entlade-; **серийное** ~ Serienausstattung (Standard-); **специальное** ~ Sonderausstattung; **стандартное** ~ *s. серийное*; **судовое** ~ Schiffs-; **тяжеловесное** ~ Schwerlast-; **яхтенное** ~ Jacht-;

оборудование ‖ **порта** Hafen‖ausrüstung, -technik; ~ **причала** Kai-; **расходы** *(Pl.)* **на содержание и эксплуатацию -я (РСЭО)** Wartungs- und Instandhaltungskosten

обочина Straßenrand, Randstreifen; **на -е** am ~

обработка 1. *(Verwaltung, Logistik)* Abfertigung, Abwicklung, -abfertigung *(in Zus.)*; **2.** *(Fertigungsprozesse)* Behandlung, Veredelung, -behandlung *(in Zus.)*; **активная** ~ <товара> aktive Veredelung; **пассивная** ~ <товара> passive Veredelung; **таможенная** ~ Zollabfertigung, zollamtliche Behandlung; **экспедиторская** ~ speditionelle Abwicklung; ~ **грузов (товаров)** Warenbehandlung (-veredelung); ~ **судна** Schiffsabfertigung

обратн‖ый/ая/ое/ые Rück- *(in Zus., s. auch возвратный)*; ~ **билет** -fahrkarte; ~ **груз** -fracht, -ladung; ~ **доставка** -beförderung; ~ **запор** <в уличном движении> -stau; ~ **направление** entgegengesetzte Richtung, Gegenrichtung; ~ **пассажиропоток** Fahrgaststrom des Gegenverkehrs; ~ **перевозка** *(Güterv.)* -transport, -fuhre, -fracht; ~ **поездка** *(Pass.)* -fahrt, -reise; ~ **полет** *(Pass.)* -flug; ~ **проезд** -fahrt; ~ **тариф** *(Pass.)* -<fahr>tarif; ~

фрахт *(Güterv.)* -ladung, Retourfracht; **движущ‖ий/ая/ее/ие(ся)** -о rückläufig/e/er/es, sich zurückbewegend/e/er/es

обращение I <Güter-, Fracht->Umschlag, Umschlag- *(in Zus.)*; **товарное** ~ Waren-; **скорость** *(f.)* -я -geschwindigkeit;

обращение II <с грузом> Frachtbehandlung, Umgang mit der Fracht; **бережное** ~ sorgfältige/er, schonende/er, pflegliche/er; **грубонеосторожное** ~ grob fahrlässige/er; **надлежащее** ~ geeignete/er, sachgemäße/er; **ненадлежащее** ~ ungeeignete/er, unsachgemäße/er; **неосторожное** ~ *s. грубонеосторожное*;

обследование земли с космоса Satellitenfernerkundung

обслуживание 1. *(allg.)* Bedienung, Service, -bedienung, -service, -dienst *(in Zus.)*; **2.** Abfertigung *(auch in Zus.)*; **3.** *(techn., bei Fahrzeugen, Transportbehältnissen)* Wartung, Instandhaltung, Unterhaltung, Service *(auch in Zus.)*; **коммерческое** ~ **судна пароходством** *(Schiff.)* Abfertigung eines Schiffes durch die Reederei, Bereederung; **навигационное** ~ *(See.)* Navigationsdienst; **наземное** ~ <грузов, пассажиров> *(Flug.)* Abfertigung <von Fracht, Passagieren> am Boden; **ремонтное** ~ Instandhaltungsleistungen (-wesen); **текущее** ~ laufende Wartung (Instandhaltung); **техническое** ~ technische Wartung (-er Service); **техническое** ~ **автомобилей** Pannenhilfe; **транспортное** ~ <территории> Verkehrsbedienung <eines Gebietes>; **транспортно-**

экспедиторское ~ Transport- und Speditionsbedienung;

обслуживание ‖ **клиентов** Bedienung von Kunden, Kundendienst; ~ **контейнеров** Containerwartung; ~ **маршрутов транспортом** Streckenbedienung; ~ **пассажиров** Fahrgastabfertigung; ~ **пассажиров на транспорте** Fahrgastservice (Reise-); ~ **территории местным транспортом** Flächenbedienung (Nahverkehrs-); ~ **транспортного средства** Wartung eines Verkehrsmittels; ~ **стройплощадок** Baustellenverkehr; ~ **терминалов** Bedienung von Terminals; ~ **трасс транспортом** *s.* ~ *маршрутов*; ~ **без посредников** Direktbedienung;

время обслуживани‖я Wartungszeit, (Instandhaltungs-); **интервал** -я *(ÖPNV)* Bedienungshäufigkeit; **качество** -я <транспортом> Bedienungsqualität; **концепция** -я Dienstleistungskonzept (Service-); **сфера** -я Dienstleistungssektor; **станция технического** -я Servicestation; **территория** -я Einzugsgebiet; **территория** -я **транспортом** Fahrgebiet; **удобство** -я *s. качество*

обслуживать/обслужить <кого-л./что-л.> **1.** <jmdn./etw.> bedienen; **2.** <jmdn./etw.> abfertigen; **3.** *(techn., bei Fahrzeugen, Transportbehältnissen)* <etw.> warten, instand halten, unterhalten; ~ **клиентов** Kunden bedienen; ~ **маршруты** <транспортом> Strecken bedienen; ~ **пассажиров** Passagiere abfertigen; ~ **транспортный флот** den Fuhrpark warten

обслуживающий персонал

Servicepersonal (Fahr-, Betriebs-)

обстановка, транспортная (на транспорте) Verkehrssituation

обстоятельства *(Pl.)* **непреодолимой силы** *(jur.)* Umstände höherer Gewalt

обустройство Ausbau *(auch in Zus.)*; **внутреннее ~ вагонов** Waggoninnen-; **наружное ~ вагонов** Waggonbau

обучение Ausbildung, Schulung *(auch in Zus.)*; **~ вождению** Fahr<schul>ausbildung (-unterricht); **~ правилам транспортного движения** Verkehrserziehung; **проходить/пройти ~** eine ~ durchlaufen, absolvieren

обход I *(räuml., Fußgänger s. auch объезд)*; **1.** *(längerer Weg)* Umweg; **2.** *(Prozess)* Umgehen, Umlaufen;

обход II *(jur., Ignorierung)* Umgehung; **~ закона ~** eines Gesetzes; **~ запрета ~** eines Verbots; **~ предписаний ~** von Vorschriften

обходить/обойти <что-л.> I <etw.> umgehen, umlaufen

обходить/обойти <что-л.> II *(jur.)* <etw.> umgehen

обходн‖ый/ая/ое/ые Umgehungs-, Umfahrungs-, Umleitungs- *(in Zus.)*; **~ маршрут** -strecke, -weg; **~ путь** *(m.)* -weg, -strecke, -straße; **~ железнодорожный путь** *(Eis.)* Umfahrungsgleis

общественн‖ый/ая/ое/ые öffentlich/e/er/es; **~ вид транспорта** -es Verkehrsmittel; **~ городской транспорт** -er Personennahverkehr

общество Gesellschaft *(auch in Zus.)*; **акционерное ~** Aktien-; **Германское акционерное ~ страхования и перестрахования**

внешнеторговых грузов *(BRD)* Deutsche Auslands- und Rückversicherungs-Aktien-; **Германское акционерное ~ дорожного строительства** *(BRD)* Deutsche Straßenbau-AG; **Германское транспортное ~ с ограниченной ответственностью** *(BRD)* Transfracht Deutsche Transport- mbH; **классификационное ~** *(Schiff.)* Klassifikations-; **Международное ~** Internationale; **страховое ~** Versicherungs-; **транспортное ~** Verkehrs-;

Общество ‖ изучения проблем комбинированных <смешанных> перевозок *(BRD)* Studiengesellschaft für den Kombinierten Verkehr; **~ германских страховых компаний, страхующих автотранспортные предприятия** *(BRD)* Versicherungsverband der deutschen Kraftverkehrs-AG; **~ технического надзора** *(BRD)* Technischer Überwachungsverein (TÜV); **~ вспомогательных предприятий, обслуживающих федеральные автострады** *(BRD)* **~ für** Nebenbetriebe der Bundesautobahnen mbH;

общество ‖ по сбыту Vertriebsgesellschaft; **~ с ограниченной ответственностью** *(BRD)* Gesellschaft mit beschränkter Haftung

общесудовая и вахтенная служба Schiffs- und Wachdienst

общ‖ий/ая/ее/ие 1. gesamt/e/er/es, Gesamt- *(in Zus.)*; **2.** allgemein/e/er/es; **~ вес** -gewicht; **грузооборот** -güterumschlag, -transportumschlag; **~ доверенность** *(f., jur.)* Generalvollmacht; **~**

загруженность *(f.)* **судна** *(Schiff.)* -befrachtung; ~ **закон о железных дорогах** Allgemeines Eisenbahngesetz; ~ **экспортная лицензия** allgemeine Ausfuhrgenehmigung; ~ **объем перевозок** -transportaufkommen; ~ **парк вагонов** *(Schienv.)* -wagenbestand, vorhandener Wagenpark; ~ **европейский парк европалет** Europäischer Palettenpool; ~ **транспортная политика** einheitliche Verkehrspolitik; ~ **положения** *(Pl.)* **страхования** Allgemeine Versicherungsbedingungen; ~ **положения** *(Pl.)* **о порядке исполнения нормативного акта** Ausführungsverordnung; ~ **постановление о порядке исполнения** Allgemeine Durchführungsbestimmung; ~ **правила** *(Pl.)* allgemeine Regeln (Vorschriften); ~ **<линейный> пробег** *(Fahrzeug)* -laufleistung, -fahrleistung; ~ **протяженность** *(f.)* **<трассы>** -strecke; ~ **накладные расходы** *(Pl., kfm.)* Gemeinkosten; ~ **рынок** *(EU)* Gemeinsamer Markt; ~ **тариф** Regeltarif (Normal-, Einheits-, Pauschal-), allgemeiner Tarif; ~ **таможенный тариф** Gebrauchszoll; ~ **тоннаж** *(Schiff.)* -tonnage;

общие условия || *(Pl.)* allgemeine Bedingungen; ~ **транспортно-политические** verkehrspolitische Rahmen||bedingungen; ~ **экспедиторские** Allgemeine Spediteur-; ~ **заключения сделок** Allgemeine Geschäfts-; ~ **перевозок грузов речными судами** *(Binnsch.)* Allgemeine Zollordnung; ~ **поставок** Allgemeine Liefer-; ~ **ЕС по отправке грузов** gemeinschaftliches Versandverfahren der EU;

общий || **таможенный устав** Allgemeine Verfrachtungsbedingungen; ~ **фрахт** *(Gebühr)* Gesamtfracht

объединение Gemeinschaft, Verein, Vereinigung, Interessenverband, -gemeinschaft, -verein, -vereinigung *(in Zus.)*; **Европейское** ~ europäische/er; **зарегистрированное** ~ eingetragener Verein; **Международное** ~ internationale/er; **независимое** ~ unabhängige/er; **профессиональное** ~ Berufsvereinigung (-verband), *(Handwerksunternehmen)* Innung; **транспортное** ~ Verkehrsverband, Transportgemeinschaft; **Федеральное** ~ *(RF)* Föderale Vereinigung (-verband), *(BRD)* Bundesvereinigung (-verband); **центральное** ~ zentrale Arbeitsgemeinschaft

Объединение || **европейских чартерных авиакомпаний** Vereinigung der europäischen Charterfluggesellschaften; ~ **ассоциаций судовладельцев, зарегистрированных в странах ЕС** *(Schiff.)* Interessenvertretung der in EU-Mitgliedstaaten ansässigen Reeder; ~ **европейских изготовителей железнодорожного оборудования** *(Eis.)* Vereinigung der europäischen Hersteller von Eisenbahnausrüstungen; ~ **судовладельческих компаний** Reedereivereinigung; ~ **летчиков** *(Flug.)* Pilotenvereinigung; ~ **отправителей** *(Warenversand)* Ladegemeinschaft; ~ **германских автодорожных перевозчиков** *(LKW)* Arbeitsgemeinschaft Deutscher Kraftwagenspediteure; ~ **пассажирских перевозчиков** *(BRD)* Arbeitsgemeinschaft

Personenverkehr; ~ **перевозчиков мебели** *(BRD)* Arbeitsgemeinschaft Möbeltransport; ~ **перевозчиков, осуществляющих перевозки груза на близкое расстояние** *(BRD)* Arbeitsgemeinschaft Güternahverkehr; ~ **перевозчиков, осуществляющих перевозки груза на дальнее расстояние** *(BRD)* Arbeitsgemeinschaft Güterfernverkehr; ~ **получателей** *(Warenempfang)* Ladegemeinschaft; ~ **германских авиационных предприятий** *(BRD)* Arbeitsgemeinschaft Deutscher Luftfahrt-Unternehmen; ~ **германских автотранспортных предприятий** *(BRD, LKW)* Arbeitsgemeinschaft Kraftwagenspedition; ~ **предприятий западноевропейской судостроительной промышленности** Interessenvereinigung der westeuropäischen Schiffbauindustrie; ~ **представителей авиационных компаний, прилетающих в германские аэропорта** Zusammenschluss der Vertreter der die Bundesrepublik anfliegenden Fluggesellschaften e.V.; ~ **германских грузовых автодорожных экспедиторов** *(BRD)* Vereinigung der deutschen Kraftwagenspediteure;

Объединение || **по совместному использованию палет** *(EU)* Gemeinsamer Palettenpool; ~ **по эксплуатации германских аэропортов** *(BRD)* Arbeitsgemeinschaft Deutscher Verkehrsflughäfen; ~ **по совместной эксплуатации грузовых вагонов** Europäische Güterwagengemeinschaft (EUROP);

вступать/вступить в ||

объединение einer Gemeinschaft (Vereinigung)/einem Interessenverband || beitreten; **объединяться/объединиться** sich zu einer/einem ~ zusammenschließen; **основывать/ основать** ~ eine/einen ~ gründen

объединенный тариф Gruppentarif

объезд *(s. auch обход)*; **1.** *(Infrastruktur)* Umfahrung, Umfahrungsstraße (-strecke), Umgehungsstraße (-strecke); **2.** *(zeitl. begrenzte abweichende Verkehrsführung)* Umleitung; **3.** *(Prozess)* Umfahrung, Umfahren; ~ **слева** Überholen von links; ~ **справа** Überholen von rechts

объездная дорога Umfahrungsstraße (-strecke), Umgehungsstraße, Umleitungsstrecke

объезжать/объехать <кого-л./что-л.> **1.** *(einem Hindernis ausweichen)*, <etw.> umfahren; **2.** *(mit einem Fahrzeug einen Kreis beschreiben)* <um etw.> herumfahren, <etw.> umfahren; ~ **грузовик** den LKW ~; ~ **озеро** den See ~

объекты, транспортные *(Pl.)* Verkehrsbauten

объем 1. Aufkommen, Volumen, Menge, Umfang, -aufkommen, -menge *(in Zus.)*; **2.** Rauminhalt; **внутренний** ~ <контейнера> Nettorauminhalt <eines Containers>; **возрастающий** ~ zunehmendes Aukommen (-e Menge); **общий** ~ Gesamt-; **ожидаемый** ~ prognostiziertes Aufkommen (-e Menge); **погрузоучный** ~ Laderaum (-kapazität, -volumen); **полезный** ~ Nutzraum (-inhalt); **полезный** ~ **склада** Stapelraum (Lagernutz-); **сокращающийся** ~ rückläufiges Aufkommen (-e

Menge); **эксплуатируемый** ~ verfügbare Kapazität

объем ‖ **ввоза** *s.* ~ *импорта*; ~ **вывоза** *s.* ~ *экспорта*; ~ **перевозимого груза** Ladungs‖aufkommen; ~ **дорожного (уличного) движения** Straßenverkehrs-; ~ **импорта** Einfuhrvolumen (Import-); ~ **отправления** <**груза, товара**> <Güter-, Waren->Versandmenge; ~ **пассажиров** Personenverkehrs-, Personenbeförderungsmenge, *(Flug., Schiff. auch)* Passagier-, *(ÖPNV auch)* Fahrgast-, Fahrgastzahlen; ~ **перевозок** Verkehrs-, Transportvolumen, Beförderungsleistung; ~ **перевозок груза** Güterverkehrs-, Fracht-, Transport-, Transportmenge; ~ **грузовых перевозок** *s.* ~ *перевозок груза*; ~ **комбинированных грузовых перевозок** Verkehrs- im kombinierten Güterverkehr; ~ **контейнерных перевозок** Containerfracht-; ~ **пассажирских перевозок** *s.* ~ *пассажиров*; ~ **поставок** Lieferumfang (-menge, -höhe); ~ **реализации транспортных услуг** Umfang von Transportdienstleistungen; ~ **сбыта** Absatzvolumen; ~ **склада** Lagervolumen; ~ **складирования** Lagerungsgrundvolumen; ~ **товаров** Warenvolumen; ~ **товарооборота** Umsatzvolumen; ~ **торговли** Handels-; ~ **фрахтования** *(Schiff.)* Befrachtungsumfang (-volumen); ~ **экспорта** Ausfuhrvolumen (Export-);

объем, занимаемый тонной определенного груза в трюме *(Schiff.)* Staufaktor (-maß);

рост объем‖а Zunahme ‖ des Aufkommens (Volumens), ~ der Menge; **снижение -а** Abnahme ~

объемный I вес <**груза**> Ladegewicht <eines Gutes>

объемный II груз Sperrgut

объявление *(s. auch авизо, извещение, уведомление)* **1.** *(Prozess)* Ansage, Durchsage, Ankündigung; *(auch in Zus.)*; **2.** *(visuelle Kenntlichmachung)* Anzeige *(auch in Zus.)*; **3.** *(jur.)* Anzeige *(auch in Zus.)*; **страховое** ~ Versicherungsanzeige; ~ **запрета** Verhängung eines Verbotes; ~ **остановок (станций) на табло (дисплей)** *(ÖPNV)* Haltestellenanzeige (Stations-) <in einem Verkehrsmittel>; ~ **остановок (станций)** <**по радиосвязи**> *(ÖPNV)* Haltestellenansage (Stations-); ~ **поезда** Ankündigung eines Zuges; ~ **регистрации** *(Flug.)* Ankündigung des Check-In

объявленная цена (стоимость) Wertangabe

объявлять/объявить <**что-л., о чем-л.**> **1.** *(allg.)* <etw.> ansagen, erklären, verkünden, ankündigen; **2.** *(Zoll.)* <etw.> deklarieren; ~ **запрет** ein Verbot verhängen; ~ **карантин** Quarantäne verhängen; ~ **рейс** einen Flug ausrufen (ansagen); ~ **стоимость** *(f.)* **товара** den Warenwert deklarieren

обыкновенная <**въездная-выездная**> **виза** einfaches <Ein- und Ausreise>Visum

обычный груз konventionelle Ladung

обязанность *(f., hier jur.)* Pflicht *(auch in Zus.)*; ~ **ведения дела** Betriebs-; ~ **возмещения ущерба** Schadenersatz-; ~ **выполнения перевозок** Beförderungs-; ~ **выполнения режима движения** Fahrplan-; ~ **заявления** Anzeige-,

Melde-; ~ маркировки Kennzeichnungs-; ~ наличия (приобретения) концессии Konzessions-; ~ обеспечения транспортом (перевозками) *s. ~ выполнения перевозок*; ~ дополнительной платы за проезд *(Eis., Pass.)* Zuschlag-; ~ получения разрешения (утверждения) Erlaubnis-; ~ предъявления <товара> к таможенному досмотру (контролю) *(Zoll.)* Gestellungs-; ~ применения установленного тарифа Tarif-; ~ проведения погрузочно-разгрузочных работ Verlade-; ~ произведения платежа Zahlungs-; ~ своевременной прописки <лица> Melde- <einer Person>; ~ к регистрации Registrierungs-, Anmelde-; ~ соблюдения расписания Fahrplan-; ~ соблюдения тарифа *s.* ~ *применения установленного тарифа*; ~ страхования Versicherungs-; ~ уплаты таможенной пошлины Zoll-, Zollhängigkeit <einer Ware>; ~ хранения Aufbewahrungs-;

обязанность || **брать/взять на борт лоцмана** *(Schiff.)* Lotsenzwang; ~ **возить/везти с собой документы** Mitführungs- für Dokumente; ~ **иметь разрешение (лицензию)** Genehmigungs-; ~ **принимать/принять** <**товар, заказ**> *(Ware, Auftrag)* Abnahme-, Annahme-; ~ **пристегивыть/ пристегнуть ремень** *(m.)* **безопасности** *(Pass.)* Anschnall-; ~ **производить/произвести процедуру сдачи-приемки** Abnahme-, Annahme-, Übernahme-; ~ **производить/произвести погрузочно-разгрузочные работы** *(Pl.)* Verlade-; ~ **сообщать/ сообщить о случившемся**

Anzeige-

обязательное страхование Pflichtversicherung, gesetzliche (obligatorische) Versicherung

обязательство *(jur.)* Pflicht, Verpflichtung

овощная база Gemüseterminal

огне- feuer- *(in Zus.)*; **-опасный груз** -gefährliche Fracht (-es Gut); **-стойкий груз** -beständige Fracht (-es Gut); **-упорный груз** *s. огнестойкий*

оговорка/и *(jur., s. auch статья)* Klausel/n *(auch in Zus.)*; **аварийная** ~ Havarie-; **гарантийная** ~ Garantie-; **генеральная** ~ General-; **дополнительная** ~ Zusatz-, Nebenabrede; **коносаментная** ~ *(See.)* Konnossement-; **транзитная** ~ Transit-;

оговорка/и || «**не приказу**» Rektaklausel, Nicht-an-Order-||Klausel ~ «**приказу**» ~ An-Order-~;

оговорка/и || **в договоре** Vertrags||klausel; ~ **в контракте** *s.* ~ *в договоре*; ~ **в транспортном страховании, регулирующая размер добавочной премии** Zollfracht-; ~ **о конкуренции** Wettbewerbs-; ~ **о минимальной партии** Mindestmengen-; ~ **о порядке оплаты фрахта** Fracht-; ~ **о праве замены судна другим** Schiffsersatzrechts-; ~ **о расходах** Kosten-; ~ **о портовых расходах** Hafenkosten-; ~ **о режиме наибольшего благоприятствования** Meistbegünstigungs-; ~ **о всех рисках** *(See.)* Gefahren-; ~ **о форс-мажоре** Höhere-Gewalt-Klausel; ~ **об освобождении от ответственности**

Haftungsbefreiungs-; ~ **об ответственности за простой судна** *(See.)* Kaiwartezeit-; ~ **об отгрузке** Ablade-; ~ **об участии страховщика в расходах по спасению судна** *(See.)* Bergungs-;

коносамент с оговоркой *(See.)* unreines Konnossement

оградительная <таможенная> пошлина Prohibitivzoll (Schutz-, Sperr-, Abwehr-)

огражденный железнодорожный переезд beschrankter Bahnübergang

ограничение/я Beschränkung/en, Restriktion/en, -beschränkungen *(in Zus.)*; **валютные** ~ Devisen-; **весовые** ~ **<груза>** Gewichts-; **габаритные** ~ **<груза>** Lade<maß>-, Abmessungs-; **импортные** ~ Import-; **количественные** ~ mengenmäßige; **таможенные** ~ Zoll-; **торговые** ~ Handels-, Handelsschranke; **транзитные** ~ Durchfuhr-, Transit-; **экспортные** ~ Export-;

ограничение/я || **ввоза** *s. импортные*; ~ **вывоза** *s. экспортные*; ~ **вывоза при наличии товарного дефицита** Export||beschränkung/en für knappe Güter; ~ **конкуренции** Wettbewerbs-; ~ **транзитного провоза** *s. транзитные*; ~ **скорости** Geschwindigkeits-, Tempo-Limit; ~ **транспорта** Verkehrs-, Verkehrseinschränkungen; ~ **экспорта** *s. экспортные*;

ограничение/я || **в уличном движении** Beschränkung/en || für den Straßenverkehr; ~ **в области торговли** *s. торговые*; ~ **на импорт** *s. импортные*; ~ **на экспорт** *s. экспортные*; отмена -й

Aufhebung, Abschaffung von -en

ограниченн||ый/ая/ое/ые beschränkt/e/er/es; ~ **индоссамент** Rektaindossament; ~ **ответственность** *(f., jur.)* -e Haftung; ~ **погрузка речного судна** *(Binnsch.)* -e Abladetiefe; ~ **воздушное сообщение** *(Flug.)* eingeschränkter Flugbetrieb; **Общество с -ой –ю (ООО)** *(jur.)* Gesellschaft mit -er Haftung (GmbH)

ограничивать/ограничить <что-л. чем-л.> <etw. durch etw.> beschränken; ~ **ввоз** die Einfuhr ~; ~ **вывоз** die Ausfuhr ~; ~ **скорость** *(f.)* die Geschwindigkeit ~

одиночн||ый/ая/ое/ые einzeln/e/er/es, Einzel- *(in Zus.)*; ~ **автомобиль** *(m.)* *(LKW)* -fahrzeug <ohne Anhänger>; ~ **вагон** *(Schienv.)* -wagen; ~ **пробег <локомотива>** *(Eis.)* <Lok>Leerfahrt

одно- *(in Zus.)* ein-, Ein- *(in Zus.)*; **-двигательное транспортное средство** *s.* одномоторное;

однодневн||ый/ая/ое/ые Tages- *(in Zus.)*; ~ **поездка** *(Reise)* -fahrt; ~ **путевка** *s. поездка*

одноколейн||ый/ая/ое/ые *(Schienv.)* einspurig/e/er/es; ~ **путь** *(m.)* -es Gleis; ~ **транспортное средство** -es Fahrzeug

однократн||ый/ая/ое/ые einmalig/e/er/es, Einfach- *(in Zus.)*; ~ **виза** *(Pass.)* -visum, Visum für die -e Ein- und Ausreise; ~ **пользование** -e Verwendung; ~ **тара** Einwegverpackung (Wegwerf-); ~ **тяга** *(techn.)* -traktion; ~ **упаковка** *s. тара*

одно||моторное транспортное средство ein||motoriges Fahrzeug; **-осное транспортное средство**

-achsiges Fahrzeug; **-палубное судно** -deckiges Schiff;

однопутн‖ый/ая/ое/ые eingleisig/e/er/es, einspurig/e/er/es; ~ **движение** -er Fahrbetrieb; ~ **<железнодорожная> линия** -e Bahnstrecke

одноразов‖ый/ая/ое/ые *s. разовый*

однородн‖ый/ая/ое/ые gleichartig/e/er/es, homogen/e/er/es; ~ **груз** -e Fracht, -es Gut; ~ **складирование** artikelreine Lagerung

однорядн‖ый/ая/ое/ые einspurig/e/er/es; ~ **движение** -er Verkehr; ~ **дорога** -e Straße

одноставочный тариф stufenloser (staffelloser) Tarif, Einheitstarif

односторонн‖ий/ая/ее/ие einseitig/e/er/es, auf einer Seite; ~ **движение** Einbahnverkehr; ~ **грузовой поток** einläufiger Güterstrom

однотипное судно Schwesterschiff

ожидаем‖ый/ая/ое/ые prognostiziert/e/er/es; ~ **грузонапряженность** *(f.)* -es Gütertransportaufkommen; ~ **транспортная нагрузка** -es Verkehrsaufkommen (Beförderungs-, Transport-); ~ **объем перевозок** *s. транспортная нагрузка*

ожидание *(Prozess)* Warten, Erwartung, Warte- *(in Zus.)*; ~ **шлюзования** *(Schiff.)* Schleusungswartezeit; **время -я** *(Pass.)* -zeit; **зал -я** -saal, -halle; **место -я** *(LKW)* -position; **позиция -я** *s. место*; **список -я** *(Flug., Pass.)* -liste

оздоровительный ремонт *(Eis.)* Bedarfsausbesserung <von rollendem Material>

озерн‖ый/ая/ое/ые Binnen<see>- *(in Zus.)*; ~ **паром** -fähre, -fährschiff; ~ **порт** -hafen

оказание <транспортных, экспедиторских> услуг Angebot (Erbringung) von <Transport-, Speditions->Dienstleistungen; **договор об -и услуг** Dienstleistungsvertrag

океан Ozean; **Атлантический** ~ Atlantischer, Atlantik; **Индийский** ~ Indischer; **Тихий** ~ Stiller, Pazifik

океанск‖ий/ая/ое/ие Übersee-, Hochsee-, Ozean- *(in Zus.)*; ~ **накладная** Überseefrachtbrief (-konnossement); ~ **паром** -fähre, -fährschiff; ~ **пароход** -dampfer; ~ **связь** *(f.)* Überseeverbindung; ~ **<грузовое> судно** -schiff, -frachter; ~ **тоннаж** seegängige Tonnage

окладное страхование Pflichtversicherung, gesetzliche (obligatorische) Versicherung

околоаварийная <транспортная> ситуация *(Kfz.)* Beinahecrash

окошко Schalter *(auch in Zus.)*; ~ **багажного отделения** Gepäck-; ~ **камеры хранения** ~ der Gepäckaufbewahrung

окружающая среда Umwelt

окружная дорога Umgehungsstraße (-strecke), Umfahrungsstraße

окупаемость *(f., kfm.)* Rentabilität

опаздывать/опоздать sich verspäten, Verspätung haben

опасность *(f.)* Gefahr, Risiko -gefahr, Gefahr- *(in Zus.)*; ~ **несчастного случая** Unfall-; **предотвращение -и** *(jur.)* -abwendung

опасн‖ый/ая/ое/ые gefährlich/e/er/es;

~ груз⌸ Gefahrgut; ~ груз, погружаемый только на палубу *(Schiff.)* -e Deckfracht; ~ посягательство на транспорт *(jur.)* -er Eingriff in den Verkehr, Verkehrsgefährdung

оператор Betreiber, -betreiber, Betreiber- *(in Zus.)*; ~ **частных авиалиний** Luftfahrt-; ~ **смешанной перевозки** KV-Operateur, Frachtführer im kombinierten Verkehr; ~ **порта** Hafen-; ~ **рельсовых путей** *(Eis.)* Gleis-; ~ **транспортной сети** Verkehrsnetz-; ~ **крытой стоянки** Parkhaus-; ~ **терминала** Terminal-; **предприятие-~**⌸ -gesellschaft; **модель** *(f.)* **управления** <чем-л.> **частным** -ом -modell

операционный зал <аэропорта> *(Flug.)* Abfertigungshalle <eines Flughafens>

операция/и *(s. auch* **работы***)* Operation, Vorgang, Ablauf, Geschäft, *(Pl. auch)* Arbeiten *(auch in Zus.)*; **бартерная** ~ Bartergeschäft, Tauschhandel; **ветеринарная** ~ tierärztliche Abfertigung; **внешнеторговая** ~ Außenhandelsgeschäft; **внутренняя** ~ interner Betriebsablauf; **грузовая** ~ Güterabfertigung, Ladevorgang; **коммерческая** ~ kaufmännischer Vorgang; **консигнационная** ~ Konsignationsgeschäft (Lagerhalter-); **крановая** ~ Güterabfertigung (-umschlag) per Kran; **перевозочная** ~⌸ Transportablauf (-leistung), Beförderungsleistung; **перегрузочная** ~ Umschlagbetrieb; **пограничная** ~ Grenzabfertigung; **погрузочно-разгрузочная** ~ Be- und Entladevorgang (-arbeiten), Umschlag, Abfertigung <von Gütern>; **подъемно-транспортная** ~ Umschlagoperation; **прямая** ~ Direktgeschäft (Strecken-); **разгрузочная** ~ Entladevorgang (-arbeiten), *(Schiff. auch)* Löschvorgang (-arbeiten); **реэкспортная** ~ Reexportgeschäft; **санитарная** ~ amtsärztliche Abfertigung; **складские** ~ *(Pl.)* Lagerablauf (-arbeiten); **спасательная** ~ Rettungsaktion (-einsatz); **таможенная** ~ Zollabfertigung; **таможенные** ~ *(Pl.)* Zollverkehr; **торговая** ~ Handelsgeschäft; **транзитная** ~ Transitgeschäft (Strecken-, Direkt-); **транспортная** ~ Transportvorgang; **транспортно-экспедиторская** ~ Speditionsvorgang (-geschäft); **фрахтовая** ~ *(Schiff.)* Befrachtungsarbeiten (-vorgang); **швартовные** ~ *(Pl., Schiff.)* Haltearbeiten (Festmach-, Vertäuungs-); **экспедиторская** ~ Speditionsablauf (-leistung); **экспортная** ~ Exportgeschäft; **экспортно-импортная** ~ Export-Import-Geschäft;

операция/и ‖ **по перевозке сборного груза** <speditionelles> Sammelgeschäft; ~ **по быстрой погрузке-выгрузке** <судна> (ро-ро) Roll-on-roll-off-Verfahren

оперение *(Flug.)* Leitwerk *(auch in Zus.)*; **вертикальное** ~ Seiten-, Seitenflosse; **горизонтальное** ~ Höhen-; **хвостовое** ~ Heck-

оплата 1. *(Prozess)* Bezahlung, Zahlung, *(bei Personal auch)* Entlohnung; 2. *(Entgelt)* Lohn; ~ **грузчика** Trägerlohn; ~ **носильщика** *s.* ~ *грузчика*; ~ **персонала** Entlohnung des Personals; ~ **по получении** <товара> zahlbar bei Erhalt; ~ **после поставки** <товара> zahlbar nach Lieferung; ~ **при поставке** <**товара**> zahlbar bei Lieferung; **подлежащий/ая/ее/ие/** -e entgeltpflichtig/e/er/es (gebühren-)

оплачен/а/о/ы *(Part.)* frachtfrei, freigemacht, Gebühr bezahlt; ~ **вперед** Fracht im voraus bezahlt; **фрахт не** ~ nicht freigemachtes (unfreies) Gut; **фрахт** ~ Fracht bezahlt

оплачиваемый багаж Übergepäck; **тариф на** ~ Übergepäcktarif

оплачивать/оплатить <**что-л., за что-л.**> <etw., für etw.> bezahlen; ~ **сбор** <etw.> freimachen, eine Gebühr entrichten

опломбирование <**транспортной емкости**> **таможней** *(Prozess)* Verplombung (Verschluss) <eines Transportbehältnisses> durch den Zoll, Zollraumverschluss

опоздание Verspätung

опознавательный знак *(Kfz.)* polizeiliches Kennzeichen, Nummernschild; *(Flug.)* Hoheitszeichen

опорная поверхность *(Flug., Schiff. techn.)* Tragfläche

определение Bestimmung, Festlegung *(auch in Zus.)*; ~ **контингентов** ~ von Kontingenten; ~ **маршрута для перевозки** <**опасного груза**> Fahrwegbestimmung <für Gefahrgut>; ~ **местонахождения транспортного средства** Fahrzeugortung; ~ **потребности в перевозках** Transportbedarfsermittlung; ~ **таможенного режима** ~ des Zollverfahrens; ~ <**размера**> **ущерба** Schadenermittlung (-feststellung)

опрокидной кузов *(LKW)* Selbstentladevorrichtung

опрокидываться/опрокинуться <**килем вверх**> *(Schiff.)* kentern

опрос пассажиров Fahrgastbefragung, *(Flug.)* Passagierbefragung

оптимальная скорость optimale Geschwindigkeit

оптимизация Optimierung *(auch in Zus.)*; ~ **движения** Verkehrs-; ~ **перевозок** Transport-; ~ **транспортной сети** Netz-; **система компьютерной** -и EDV-gestütztes Optimierungssystem

оптовик *(Pers., umg.)* Großhändler

оптов‖ый/ая/ое/ые Großhandels- *(in Zus.)*, en gros; ~ **покупатель** *(m., Pers.)* -kunde, -käufer; ~ **поставка** -lieferung; ~ **поставщик** *(Pers.)* -lieferant; ~ **торговец** *(Pers.)* Großhändler; ~ **торговля** Großhandel; ~ **цена** -preis

орган *(s. auch* ведомство, управление, *hier)* Behörde *(auch in Zus.)*; **таможенный** ~ Zoll-; ~ **лицензирования** Lizensierungs-; ~ **управления уличным движением** Straßenverkehrs-

организация 1. Organisation *(auch in Zus.)*; 2. Unternehmen *(auch in Zus.)*; **внешнеторговая** ~ Außenhandels-; **дилерская** ~ Vertriebs-; **международная** ~ internationale Organisation; **транспортная** ~ Verkehrsunternehmen (-betrieb);

организация ‖ **сбыта** Absatz‖organisation (Vertriebs-); ~ **экономического сотрудничества и развития (ОЭСР)** Organisation für wirtschaftliche Zusammenarbeit und Entwicklung (OECD); ~ **телематики** Telematik-

ордер *(s. auch квитанция, коносамент, накладная, свидетельство)* **1.** Anweisung, Order *(auch in Zus.)*; **2.** Schein, Bescheinigung *(auch in Zus.)*; **погрузочный** ~ Verladeorder, Ladeschein (Übernahme-), Schiffszettel; **погрузочный** ~ **экспедитора** Spediteurübernahmebescheinigung, forwarders certificate of receipt; **фрахтовый** ~ Befrachtungsschein, Charterauftrag; ~ **на выдачу товара** Warenausgabeschein; ~ **на отправку** Versandanweisung (-bescheinigung)

ордерн‖ый/ая/ое/ые Order- *(in Zus.)*; ~ **документ/ы** -papier/e, -dokument; ~ **коносамент** *(See.)* -konnossement, -lagerschein, -ladeschein; ~ **складское свидетельство** -lagerschein, Warrant

ориентация на спрос Nachfrageorientierung

ориентированные на спрос транспортные услуги *(Pl.)* nachfrageorientierte Verkehrsdienstleistungen

осваивать/освоить рынок einen Markt erschließen

освещение, уличное Straßenbeleuchtung

освидетельствование судна *(jur.)* Schiffsbesichtigung

освобождать/освободить цены *(Pl.)* Preise freigeben

освобождение *(Prozess)* Befreiung, Freigabe *(auch in Zus.)*; ~ **груза** Frachtfreigabe; ~ **от обязанности предъявления** <**товара**> **к таможенному досмотру (контролю)** *(Zoll.)*

Gestellungsbefreiung; ~ **от ответственности** *(jur.)* Haftungsbefreiung; ~ **от таможенной пошлины** Zollbefreiung (-erlass)

освобожденн‖ый/ая/ое/ые от уплаты налогов (пошлины) steuerbefreit/e/er/es (zollfrei/e/er/es)

освоение Erschließung *(auch in Zus.)*; ~ **рынка** Markt-; ~ **территории транспортными связами** verkehrliche ~ <eines Gebietes>

осев‖ой/ая/ое/ые Achs- *(in Zus.)*

осе-километр Achskilometer *(auch in Zus.)*; **премия за пробег в -ах** -geld; **пробег в -ах** Fahrleistung (Laufleistung) in -n

осмотр, технический <**автомобиля**> technische Durchsicht <eines Kfz>

оснастка <**судна**> *(s. auch оснащение)* Ausstattung <eines Schiffes>

оснащение <**транспортного средства**> Ausstattung <eines Fahrzeuges> *(auch in Zus.)*; **серийное** ~ Serien-; **специальное** ~ Sonder-; **стандартное** ~ Standard-; **техническое** ~ technische; ~ <**вокзалов, транспортных средств**> **с учетом нужд инвалидов** behindertengerechte ~ <von Bahnhöfen, Verkehrsmitteln>

основа Grundlage *(auch in Zus.)*; **договорно-правовая** ~ vertragsrechtliche; **правовая** ~ Rechts-; **создавать/создать -у** <**для чего-л.**> die ~ <für etw.> schaffen

основание ответственности *(jur.)* Haftungsgrund

основн‖ой/ая/ое/ые **1.** Basis-, Grund-; **2.** Haupt- *(in Zus.)*; ~ **дек**

(Schiff.) Hauptdeck; ~ **клиент** *(Pers.)* Hauptkunde, A-Kunde; ~ **покупатель** *(m., Pers.) s. клиент;* ~ **страховой полис** *(Vers.)* Grundpolice (Hauptversicherungs-); ~ **полоса движения** Hauptfahrspur; ~ **потребитель** *(m., Pers.)* Hauptabnehmer; ~ **<железнодорожный> пробег** *(Eis.)* Hauptlauf; ~ **проезжая часть** Hauptfahrbahn; ~ **рынок сбыта** Hauptabsatzmarkt; ~ **сбор/ы** Grundgebühr/en; ~ **склад** Hauptlager; ~ **ставка** Basis<fracht>satz; ~ **тариф** Basistarif (Grund-); ~ **транспорт** Hauptverkehr

Особое постановление о перевозке опасных грузов Gefahrgut-Ausnahmeverordnung

остановка 1. *(Stopp)* Halt, -halt *(in Zus.);* **2.** *(ÖPNV)* Haltestelle, -haltestelle, Halte<stellen>- *(in Zus.);* **вынужденная** ~ betriebsbedingter Halt; **конечная** ~ Endhaltestelle; **промежуточная** ~ Zwischenhalt; **экстренная** ~ *s. вынужденная;*

остановка ‖ автобуса Bus‖haltestelle; ~ **трамвая** Straßenbahn-; ~ **троллейбуса** O-Bus-Haltestelle; ~ **в пути следования** Unterwegshalt; ~ **по требованию** Bedarfs-;

остановка ‖ запрещена *(feste Wendung)* Halten verboten!; ~ **перенесена <на ...>** die Haltestelle wurde <um/nach ...> verlegt;

запрещение остановк‖и Halteverbot; **зона -и** Haltestellenbereich; **место -и** *s. пункт;* **объявление остановок <по радиосвязи>** Haltestellenansage; **объявление остановок на табло** *(n., indkl.)* Haltestellenanzeige; **полоса для**

экстренной (вынужденной) -и Standspur; **пункт -и** Haltepunkt (-stelle); **сигнал -и** Haltesignal; **указатель** *(m.)* **остановок** Haltestellenanzeige;

входить/войти на остановк‖е an der Haltestelle ‖ einsteigen (zusteigen); **выходить/выйти на -е** ~ aussteigen; **делать/сделать -у <где-л.>** *(Pass.)* <irgendwo> anhalten; ein Ziel anfahren, einen Abstecher machen; **делать/сделать пересадку на -е** ~ umsteigen; **проезжать/проехать свою -у** seine Haltestelle verpassen, zu weit fahren; **садиться/сесть <в автобус> на -е** ~ <in den Bus> einsteigen

остановочный пункт *(Eis.)* Haltepunkt

остегивать/остегнуть ремень *(m.)* einen <Sicherheits>Gurt lösen

островок безопасности Verkehrsinsel

осуществление проекта Projektrealisierung

осуществлять/осуществить <что-л.> <etw.> vornehmen, ausführen, tätigen; ~ **инвестиции** *(Pl.)* Investition/en; ~ **перевозки** *(Pl.)* <Güter>Transporte

ось *(f.)* **1.** *(techn., Fahrzeug)* Achse, -achse, Achs- *(in Zus.);* **2.** *(räuml.)* Achse, -achse, Achs- *(in Zus.);* **дополнительная** ~ Schlepp-; **задняя** ~ Hinter-; **комбинированная** ~ Mehrfach-; **независимая** ~ Einzel-; **передняя** ~ Vorder-; **поддерживающая неведущая** ~ Schlepp-, Trag-; **транспортная** ~ Verkehrs-; ~ **автомобиля** *(Kfz.)* Fahrzeug-; ~ **вагона** *(Eis.)* Wagen-;

давление на ‖ ось Achs‖druck;

допустимая нагрузка на ~ zulässige/er -last (-druck); **подвеска -и** -aufhängung; **поломка -и** -bruch; **привод спаренных -ей** Doppelachsantrieb; **расстояние между -ами** -abstand; **автомобиль** _(m.)_ **с изломом -ей с целью управления** Gelenkfahrzeug

отбытие _(s. auch отъезд, вылет, отплытие)_ **1.** _(Pass.)_ ~ **пассажиров** Abfahrt, Abreise; **2.** _(Güterv.)_ ~ **товара** Warenausgang

ответственность _(f., hier jur.)_ Haftung, -haftung, Haftungs- _(in Zus.)_; **гражданская** ~ zivilrechtliche; **договорная** ~ vertragliche; **личная** ~ persönliche; **материальная** ~ materielle; **неограниченная** ~ unbeschränkte; **непосредственная** ~ unmittelbare; **ограниченная** ~ beschränkte; **предполагаемая** ~ **за вину** vermutete Verschuldens-; **солидарная** ~ solidarische; **уголовная** ~ strafrechtliche

ответственность ‖ **владельца автомобиля** Haftung ‖ des Fahrzeughalters; ~ **водителя** ~ des Fahrzeugführers; ~ **отправителя** ~ des Absenders, Versenders; ~ **перевозчика** ~ des Frachtführers; ~ **предпринимателя** ~ des Unternehmers; ~ **судовладельца** Schiffseigner-; ~ **фрахтовщика** _s._ ~ _перевозчика_; ~ **экспедитора** ~ des Spediteurs;

ответственность ‖ **за вину** Verschuldens‖haftung; ~ **за причинение вреда** Haftpflicht; ~ **за уплату таможенной пошлины** Zoll-; ~ **за сохранность** _(f.)_ **груза** ~ für die Unversehrtheit des Gutes; ~ **по отношению к третьему лицу** ~ gegenüber Dritten;

Общество с ограниченной -ю (ООО) Gesellschaft mit beschränkter ~ (GmbH); **освобождение от -и** Haftungs‖befreiung; **основание -и** -grund; **предел -и** -grenze; **принцип -и** -prinzip; **срок действия -и** -frist; **страхование -и за причинение вреда** Haftpflichtversicherung; **страхование от гражданской -и** _s. страхование -и за причинение вреда_;

брать/взять на себя ответственность <за что-л.> die ‖ Verantwortung ‖ <für etw.> übernehmen; **нести полную** ~ <за что-л.> die volle ~ <für etw.> haben, <für etw.> voll haften

отвоз Abtransport, Abfuhr, Abholung _(Güterv., auch in Zus.)_; ~ **груза** Güterabfuhr; **подвоз и** ~ **груза в смешанных перевозках** Zu- und Ablaufverkehre im KV; **время -а** Abholzeit/en; **путь** _(m.)_ **-а** Abfuhrstrecke; **транспорт -а** Abholverkehr

отвозить/отвезти <кого-л./что-л. из какого-то места> _(mit einem Fahrzeug)_ <jmdn./etw. von einem Ort> wegbringen (-fahren), zurückbringen (-fahren), _(nur Güter)_ <etw.> abtransportieren; ~ **на самолете** <jmdn./etw.> zurückfliegen

отгружаемый вес Versandgewicht

отгружать/отгрузить <что-л. из/с чего-л.> <etw.> verladen, versenden

отгружен/а/о/ы _(Part., Fracht)_ verladen, versandt, _(Schiff. auch)_ verschifft

отгруженн‖ый/ая/ое/ые 1. Lade- _(in Zus.)_; **2.** versandt/e/er/es, _(Schiff. auch)_ verschifft/e/er/es; ~ **вес** -gewicht, -masse; ~ **контейнер** -er Container

отгрузка *(s. auch высылка, отправка, погрузка)* Versand, Verladung, Verladen, Abtransport, *(LKW auch)* Abfuhr, -versand, -verladung, Versand-, Verlade-, Ablade-, Abfuhr- *(in Zus.)*; **железнодорожная** ~ Bahn-; **маршрутная** ~ *(Linienverkehr)* Direkt-; **неполная** ~ Teil-; **прямая** ~ *(ohne Umladung)* Direkt-; **сборная** ~ Sammel-; **транзитная** ~ Transitversand; **частичная** ~ *s. неполная*; **экспортная** ~ Export-;

отгрузка ‖ **груза** Fracht‖versand; ~ **опасного груза** Gefahrgut-; ~ **товара** Waren-; ~ **водным путем** Versand per Schiff, Verschiffung;

годность *(f.)* <товара> к **отгрузк‖е** Verlade‖tauglichkeit; **дата** -и -datum, Versanddatum; **договор об** -е Versandvertrag, *(Binnsch)* Abladevertrag; **издержки** *(Pl.)* **по** -е Versandkosten (Entsende-); **инструкция о порядке** -и -vorschriften, -bestimmungen, Versandvorschriften; **место** -и -ort; **мощность** *(f.)* **по** -е -kapazität; **оговорка об** -е *(Binnsch.)* Abladeklausel; **порт** -и -hafen, Verschiffungshafen (Basis-, Lade-, Versand-); **просрочка в** -е Ladeversäumnis; **пункт** -и -ort, -stelle; **разрешение на** -у -erlaubnis, Versanderlaubnis; **расходы** *(Pl.)* **на** -у (**по** -е) *s. издержки*; **сбор за** -у -gebühr/en, Versandgebühren; **свидетельство об** -е Abfertigungsschein; **способ** -и Versandverfahren; **срок** -и -termin, -frist, Versanddtermin; **станция** -и -bahnhof, Abgangsbahnhof (Versand-); **терминал** -и -terminal, Ausgangsterminal (Versand-); **условия** *(Pl.)* -и -bedingungen, Versandbedingungen

отгрузочн‖ый/ая/ое/ые Versand-,

Verlade- *(in Zus.)*; ~ **ведомость** *(f.)* -nachweis, -schein; ~ **вес** -gewicht; ~ **документ/ы** -dokument/e, -papier/e; ~ **единица** -einheit; ~ **инструкция/и** -vorschrift/en, -bestimmungen; ~ **накладная** *s. ведомость*; ~ **поручение** -auftrag; ~ **спецификация** -spezifikation; ~ **станция** -bahnhof; ~ **центр** -zentrum

отдаленность *(f.)* Ferne, Entfernung, -ferne *(in Zus.)*; ~ <**населенного пункта**> **от ближайшей станции** <**железной дороги**> *(Eis.)* Verkehrs-; **надбавка за** ~ Entfernungszuschlag

отдел Abteilung *(auch in Zus.)*; **визовый** ~ <**посольства**> Visa- <einer Botschaft>; **консульский** ~ <**посольства**> Konsular- <einer Botschaft>; **справочный** ~ Informationsdienst, Auskunft; **транспортный** ~ <**предприятия**> Transport- <eines Unternehmens>; **упаковочный** ~ <**предприятия**> Verpackungs- <eines Unternehmens>; **экспортный** ~ <**предприятия**> Export- <eines Unternehmens>; ~ **сбыта** Absatz-, Versand-

отделение Abteilung *(auch in Zus.)*; **багажное** ~ Gepäckaufbewahrung; **главное** ~ Haupt-, Zentrale; ~ **таможни на железнодорожной станции** Zollamt am Bahnhof

отделка Ausstattung <eines Innenraums> *(auch in Zus.)*; **серийная** ~ Serien-; **специальная** ~ Sonder-

отдельн‖ый/ая/ое/ые Einzel- *(in Zus.)*; ~ **вагон** *(Eis.)* -waggon, -wagen; ~ **партия** <**перевозимого**> **груза** -sendung

отечественн‖ый/ая/ое/ые

heimisch/e/er/es, Inlands- *(in Zus.)*; ~ **рынок** -er Markt, -markt; ~ **товар** -e Ware, -ware, Ware eigener Produktion

отзыв Abruf; **поставка** <**товара**> **по** -**у** Lieferung auf ~

отзывать/отозвать **договор** *(jur.)* einen Vertrag stornieren

отказ 1. Verweigerung, Ablehnung *(auch in Zus.)*; **2.** *(techn.)* Versagen, Ausfall *(auch in Zus.)*; ~ **двигателя самолёта** *(Flug.)* Triebwerksausfall; ~ **светофора** Ampelausfall; ~ **тормоза** Bremsversagen; ~ **от оформления документов** Verweigerung der Dokumentenerteilung; ~ **от** <**коммерческого**> **предложения** Ablehnung eines Angebots; ~ **от приёмки** <**товара**> Annahmeverweigerung <von Ware>

отказывать/отказать <**в чём-л.**> <etw.> ablehnen, verweigern

отказываться/отказаться <**от чего-л.**> <etw.> ablehnen, verweigern; ~ **от оформления визы** die Visaerteilung ~; ~ **от предложения** ein Angebot ablehnen; ~ **от предоплаты** eine Vorauszahlung verweigern; ~ **от приёмки товара** die Abnahme <von Ware>

отклоняться/отклониться от курса *(Schiff., Flug.)* vom Kurs abkommen (abweichen)

открывать/открыть <**что-л.**> <etw.> öffnen, freigeben; ~ **границу** eine Grenze öffnen; ~ **новую высокоскоростную трассу** eine neue Hochgeschwindigkeitsstrasse <für den Verkehr> freigeben

открытие дверей <**транспортного средства**> **в экстренном случае** *(Pass.)* Notöffnung <eines

Fahrzeugs>

открыт‖ый/ая/ое/ые offen/e/er/es; ~ **акватория порта** -es Hafenbecken; ~ **грузовой вагон** -er Güterwagen; ~ **исполнение** <**автомобиля, вагона**> -e Bauart <eines Kraftfahrzeugs, eines Waggons>; ~ **ковернот** *(Vers.)* Covernote, -e Deckungszusage; ~ **контейнер** -er Container, Halbcontainer; ~ **полис** *(Vers.)* Generalpolice; ~ **реестр** *(Schiff.)* -es Register; ~ **склад** -es Lager, -er Lagerplatz, Freilager; ~ **таможенный склад** -es Zolllager; ~ **страхование** Generalversicherung; ~ **тара** -e Verpackung; ~ **упаковка** s. **тара**; ~ **чартер** -er Charter; **автомобиль** *(m.)* **с -ым кузовом (с -ой бортовой платформой)** -er LKW; **вагон -ого типа** -er Güterwagen

отлив Ebbe

отмена *(jur.)* Abschaffung, Aufhebung; ~ **закона** ~ eines Gesetzes; ~ **запрета** ~ eines Verbotes; ~ **каботажа** ~ der Kabotage; ~ **лимита** ~ eines Limits; ~ **ограничений** *(Pl.)* ~ von Beschränkungen, Restriktionen; ~ **пошлины** ~ eines Zolls

отменять/отменить <**что-л.**> <etw.> abschaffen, aufheben; ~ **таможенные барьеры** *(Pl.)* Zollbarrieren ~; ~ **договор** einen Vertrag aufheben; ~ **каботаж** die Kabotage ~; ~ **контракт** s. **договор**; ~ **лимит** ein Limit ~; ~ **пошлину** den Zoll, Abgabe/n ~; ~ **рейс** einen Flug aussetzen; ~ **сбор/ы** (eine) Gebühr/en ~

отметка Vermerk *(auch in Zus.)*; ~ **о поступлении груза (товра)** Frachteingangs-, Wareneingangs-; ~ **о принятии груза (товара)** Eingangs-; ~ **об оплате провоза**

грузоотправителем Franko-, Frei-; ~ **об экспортном товаре** Ausfuhr-

отношения *(Pl., s. auch связи)* Beziehungen *(auch in Zus.)*; **деловые** ~ Geschäfts-; **договорные** ~ Vertrags-, vertragliche; **рыночные** ~ Markt-; **торговые** ~ Handels-, Warenverkehr; **экономические** ~ Wirtschafts-

отопление, стояночное *(techn., Kfz.)* Standheizung

отплывать/отплыть <**из какого-л. порта**> *(Schiff.)* <aus einem Hafen> abfahren, losfahren, ablegen

отплытие *(Schiff. s. auch отбытие)* Abfahrt, Abgang, Auslaufen, Abfahrts-, Abgangs-, Auslauf- *(in Zus.)*; **время -я** -zeit; **дата -я** -datum, -zeit; **день** *(m.)* **-я** -tag; **документ -я** Verschiffungsdokument; **место -я** -ort; **порт -я** -hafen; **частота -я** -dichte, -frequenz, -häufigkeit

отправитель ⌸ *(m., Pers.)* Absender, Versender, Verlader *(auch in Zus.)*; **коммерческий** ~ Absender, Versender; **первоначальный** ~ Urverlader; **промышленный** ~ industrieller Verlader; ~ **багажа** Gepäckabsender (-versender); ~ **груза** Güterversender (-verlader), Frachtversender (-verlader); ~ **товара** Warenversender; ~ **фрахта** *s.* ~ *груза*; ~ **морского фрахта** ⌸ Seeverlader; **экспедитор-~** Abfertigungsspediteur (Versand-); **адрес -я** Adresse des Versenders (Absenders); **объединение -ей** Ladegemeinschaft <im Warenversand>; **ответственность** *(f., jur.)* **-я** Absenderhaftung; **разнарядка -я** Absenderanweisung; **станция -я** Bahnhof des Versenders (Versender-)

отправительск‖ий/ая/ое/ие Versand- *(in Zus.)*; ~ **маршрут** *(Eis.)* Ganzzuglinie; ~ **поезд** Ganzzug; ~ **тара** -verpackung, Umverpackung (Außen-, Transport-); ~ **упаковка** *s. тара*; ~ **условия** *(Pl.)* -bedingungen, Spediteurbedingungen

отправка *(s. auch высылка, отгрузка, отправление, погрузка)* Abfertigung, Versand, Versendung, Versenden, Absenden, -abfertigung, Abfertigungs-, Versand- *(in Zus.)*; **автоматическая** ~ Selbst-; **повагонная** ~ *(Eis.)* Wagenladungsversand, waggonweiser Versand; **повторная** ~ Wiederversand (Weiter-); **скоростная** ~ Schnell-, Eil-, Eilversand; **ценная** ~ Wertsendung

отправка ‖ багажа Gepäck-; ~ **груза** Fracht-; ~ **авиационного груза** Luftfracht-; ~ **массового груза** Massengut-; ~ **наливного груза** Flüssiggut-; ~ **опасного груза** Gefahrgut-; ~ **сборного груза** Sammelgut-; ~ **скоростного груза** Eilgut-; ~ **штучного груза** Stückgut-; ~ **груза водным путем** Verschiffung von Fracht; ~ **груза большой скоростью** *s.* ~ *скоростного груза*; ~ **контейнеров** Container-; ~ **поезда** Zug-; ~ **самолета** Flugzeug- ~ **судна** Schiffs-; ~ **товара** Waren-;

декларация при отправк‖е груза Versand‖schein (Abfertigungs-); **документ/ы на -у** -papier/e; **задачи** *(Pl.)* **по -е** -aufgaben; **заявление-требование об -е** -anzeige, -avis; **зона -и** -bereich; **извещение об -е** -anzeige, Abgangsaviso; **издержки** *(Pl.)* **по -е** -kosten; **квитанция об -е груза** -schein, -bescheinigung; <**экспедиционные**> **мощности** *(Pl.)* **-и** -kapazitäten,

Abfertigungskapazitäten; **ордер на -у** -order; **оформление к -е** -abfertigung; **плата за -у** -gebühren, Expeditionsgebühr/en; **подготовка <груза> к -е** Vorbereitung zur -abfertigung; **подготовка <самолета, поезда> к -е** Abfertigung <eines Zuges, Flugzeugs>; **право на -у грузов** *(jur.)* -befugnis; **прибытие и ~ грузов** An- und Abtransport (An- und Abfuhr) von Gütern; **приготовление к -е** *s.* подготовка; **прием <груза> к -е** Annahme <der Fracht> zum Versand; **пункт -и** -ort; **разрешение на -у** -genehmigung; **расписка в -е** -schein, Aufgabeschein; **расходы** *(Pl.)* **на -у (по -е)** *s.* издержки; **сбор на -у** -gebühr/en; **<экспедиторское> свидетельство об -е груза (товара)** Warenversandschein; **терминал -и** -terminal; **условия** *(Pl.)* **<для> -и** -bedingungen; **экспедитор по -е** *(Pers.)* -spediteur

отправление *(Prozess, s. auch отправка)* **1.** *(Fahrzeuge)* Abfahrt, -abfahrt, Abfahrts-, Abgangs- *(in Zus.)*; **2.** *(Güterv.)* Versand, Versenden, Absenden, -versand, Versand- *(in Zus.)*; **3.** *(Pass.)* Abreise, -abreise, Abreise- *(in Zus.)*; **почтовое ~** Postsendung; **~ поезда** *(Eis.)* Zugabfahrt; **время -я** -zeit; **дата -я** -datum; **дежурный** *(Pers.)* **по прибытию и -ю <грузовых> поездов** Zugabfertiger; **декларация -я** Absendererklärung; **книга -й** Versandbuch, Auslieferungsliste; **место -я** -ort; **объем -я <грузов>** <Güter>Versandmenge; **пакгауз -я** Versandschuppen (-lager), *(Zoll. auch)* Zolllager; **плотность** *(f.)* **-я** Abfahrtsdichte; **порт -я** Versandhafen (Abgangs-, Verlade-); **пункт -я** *s.* место; **путь** *(m.)* **-я** *(Eis.)* Abfahrtsgleis (Versand-);

сигнал -я Abfahrtssignal; **станция -я** Versandbahnhof (Abgangs-, Verlade-); **страна -я** Abgangsland; **таможня -я** Versandzollstelle; **терминал -я** Versandterminal (Abgangs-, Verlade-); **частота -я** Abfahrtshäufigkeit (-dichte); **информация перед -ем** *(Pass.)* Pre-trip-Information

отправленный груз versandte (verschickte) Ware (-e Fracht); **счет на ~** Versandrechnung

отправлять/отправить 1. <что-л.> *(Güterv.)* <etw.> abfertigen, abschicken, versenden, versandfertig machen; verfrachten; **2. <кого-л.>** *(Pass.)* <jmdn.> abfertigen; **~ багаж** Gepäck ~; **~ груз** Fracht ~; **~ контейнер** einen Container ~; **~ пассажиров** Passagiere ~, Fahrgäste ~; **~ товар** Ware ~

отправляться/отправиться <куда-л. на чем-л.> <mit etw.> wegfahren, abfahren, wegfliegen abfliegen; **~ машиной** mit dem Auto wegfahren; **~ поездом** mit dem Zug wegfahren; **~ самолетом** mit dem Flugzeug wegfliegen; **~ в путь** sich auf den Weg machen, <zu einer Reise> aufbrechen; **~ на судне** mit dem Schiff wegfahren

отправной пункт Ausgangspunkt

отправочн‖ый/ая/ое/ые Versand- *(in Zus.)*; **~ ведомость** *(f.)* -nachweis, -schein; **~ инструкция/и** -vorschrift/en, -bestimmungen; **~ квитанция** -schein; **~ контроль** *(m.)* Ausgangskontrolle; **~ накладная** *s.* ведомость; **~ спецификация** -spezifikation; **~ центр** -zentrum, Verladezentrum

отпуск цен Preisfreigabe

отпускн‖ой/ая/ое/ые Urlaubs-, Ferien- *(in Zus.)*; **~ билет** -fahrkarte,

-fahrschein; ~ **транспорт** -verkehr

отработанные газы (ОГ) *(Pl.)* Abgase, Schadstoffe, Abgas-, Schadstoff- *(in Zus.)*; **нагрузка -ыми -ами** -belastung; **снижение -ых -ов** -reduzierung; **эмиссия -ых -ов** -emission

отраслев‖ой/ая/ое/ые Branchen-, Zweig- *(in Zus.)*; ~ **объединение** <**предприятий**> -verband <von Unternehmen>; ~ **союз** *s. объединение*; ~ **ярмарка** -messe

отрасль *(f.)* Zweig, Branche, -branche *(in Zus.)*; **авиакосмическая** ~ Luft- und Raumfahrt; **судостроительная** ~ Schiffbau-; **транспортная** ~ Verkehrs-

отруливать/отрулить *(Kfz.)* losfahren

отсек, багажный *(Reisebus, Flugzeug)* Gepäckraum

отсрочка уплаты <**таможенной пошлины**> Stundung <von Zollgebühren>

отсроченная скидка <**с фрахта**> Stundungsrabatt <für Fracht>

отстегивать/отстегнуть ремень безопасности den Sicherheitsgurt lösen

отстегиваться/отстегнуться sich abschnallen

отступные деньги *(Schiff.)* Reugeld

отсутствие Fehlen <von etw.>, *(hier)* -freiheit *(in Zus.)*; ~ **каботажа** Kabotage-; ~ **паспортного режима** Pass-

отсылать/отослать <**посылку**> <ein Päckchen> abschicken, versenden

отсылка <**товара**> **назад** Rücksendung (-versand) <der Ware>

отход *(Prozess, Schiff., s. auch отплытие)* Abfahrt, Auslaufen

отходить/отойти <**от какого-л. места**> sich entfernen; **1.** *(zu Fuß)* weggehen, ein wenig zurückgehen; **2.** *(Schiff.)* ablegen; **3.** *(Eis.)* abfahren

отшвартовка *(Prozess)* Losmachen <eines Schiffes>

отшвартовывать/отшвартовать <**судно**> <ein Schiff> losmachen

отъезд *(Eis., Kfz., s. auch отбытие)* Abfahrt, Abreise, Abfahrts-, Abreise- *(in Zus.)*; **вокзал -а** -bahnhof; **время -а** -zeit; **дата -а** -datum; **день** *(m.)* **-а** -tag; **место -а** -ort; **частота -а** Abfahrtsdichte (-frequenz, -häufigkeit)

офицер, судовой *(Pers.)* Schiffsoffizier

официальн‖ый/ая/ое/ые offiziell/e/er/es, amtlich/e/er/es, behördlich/e/er/es, von Amts wegen; ~ **бюллетень** *(m., BRD)* Amtsblatt; ~ **ведомость** *(f.)* -e Bescheinigung; ~ **засвидетельствование** *(jur.)* -e Beglaubigung; ~ **каталог дорожных знаков** *(BRD)* -er Beschilderungskatalog; ~ **предписание** -e Vorschrift/en; ~ **разрешение** -e Genehmigung; ~ **расписка** amtlicher Beleg; ~ **свидетельство** *s. ведомость*

оформление 1. *(Prozess, allg.)* Erledigung von Formalitäten, Abfertigung, -abfertigung *(in Zus.)*; **2.** *(Dokumente)* Ausfertigung, Ausstellung; **документальное** ~ **отгрузки** *(Frachtpapiere)* Versand-; **таможенное** ~ zollamtliche Abfertigung (Behandlung); ~ **автомобиля** Anmeldung eines Kfz; ~ **багажа** Gepäck-, *(Flug. auch)* Check-in des Gepäcks; ~ **проездных**

билетов Passagier-, Fahrgast-; ~ **груза к отправке** *(Frachtgut)* Versand- von Fracht; ~ **документов** Ausfertigung (Austellung) von Papieren (Dokumenten); ~ **заявки на подачу подвижного состава** Transportbedarfsanmeldung; ~ **железнодорожных отправок** Bahn-, bahnseitige Abfertigung; ~ **паспорта** Ausfertigung (Ausstellung) eines Passes; ~ **разнарядки** Ausfertigung einer Anweisung (Order); ~ **регистрации** Vornahme einer Registrierung; ~ **торгового счета** *(kfm., Zoll.)* Aufmachung der Handelsrechung; ~ **транспортного средства** *s.* ~ *автомобиля*; **сбор за** ~ Ausfertigungsgebühr (Bearbeitungs-, Registrierungs-)

оформлять/оформить <**что-л.**> **1.** *(Dokumente)* ausstellen, ausfertigen, rechtsgültig machen; **2.** *(Güter)* abfertigen; **3.** *(Fahrzeuge)* registrieren, anmelden, zulassen; ~ **автомобиль** *(m.)* ein Kfz anmelden (polizeilich zulassen); ~ **броню** *(Pass.)* eine Buchung (Reservierung) vornehmen; ~ **визу** *(Pass.)* ein Visum ausstellen; ~ **документы** Dokumente (Papiere, Unterlagen) ausfertigen; ~ **дубликат** ein Duplikat ausfertigen; ~ **коносамент** ein Konnossement (einen Seefrachtbrief) ausstellen; ~ **лицензию** eine Lizenz anmelden; ~ **накладную** einen Frachtbrief ausfertigen; ~ **таможенную очистку** <**etw.**> zollamtlich behandeln (abfertigen); ~ **паспорт** einen Pass ausstellen; ~ **технический паспорт** <**автомобиля**> Fahrzeugpapiere ausfertigen; ~ **страховой полис** eine Versicherungspolice (einen Versicherungsschein) ausfertigen; ~ **свидетельство** eine Bescheinigung (einen Nachweis, eine Urkunde) ausstellen; ~ **сертификат** ein Zertifikat (eine Bescheinigung, eine Bestätigung, ein Zeugnis, einen Nachweis) ausstellen; ~ **транспортное средство** *s.* *автомобиль*

охват территории транспортными связями verkehrliche Erschließung eines Gebietes

охлаждающая вода (жидкость) *(techn.)* Kühlwasser (-flüssigkeit)

охрана Wache, -wache, -wacht *(auch in Zus.)*; **береговая** ~ Küsten-; **дорожная** ~ Straßenwacht

охраняемая <**авто**>**стоянка** bewachter Parkplatz (-es Parkhaus)

очередной поезд *(Eis.)* fahrplanmäßiger Zug, Regelzug

очистка *(Prozess)* Abfertigung, -abfertigung *(in Zus.)*; **таможенная** ~ zollamtliche, Zoll-; ~ **судна** Schiffs-; ~ **экспортных товаров** Export-; ~ **на вывоз и ввоз** ~ bei der Ein- und Ausfuhr; **производить/происвести** -**у** abfertigen, *(Schiff. auch)* einklarieren

очищать/очистить <**что-л.**> **от таможенных формальностей** <**etw.**> zollamtlich behandeln (abfertigen); ~ **груз** Fracht; ~ **прибывший на судне груз** *(Schiff.)* Fracht einklarieren

очищен/а/о/ы от <**таможенной**> **пошлины** *(Part.)* zollamtlich abgefertigt

очищенн‖ый/ая/ое/ые от <**таможенной**> **пошлины** verzollt/e/er/es, zollamtlich abgefertigte/er/es

ошибка, навигационная *(Schiff., Flug.)* Navigationsfehler

ошибочная поставка Fehllieferung (Falsch-)

П

паводок *(Fluss)* Hochwasser; **угроза паводка** Hochwassergefahr

падение Rückgang, Abnahme

пакгауз Packhaus, Lagerhaus, Lagerhalle, Schuppen, -lager, -halle, -schuppen *(in Zus.)*; **грузовой** ~ Frachthalle (-lager); **железнодорожный** ~ *(Eis.)* Güterschuppen; **перегрузочный** ~ Umladehalle (Umschlag-); **портовый** ~ ~ im Hafen, Kaischuppen (-lager); **таможенный** ~ Zollschuppen (-lager, -speicher); ~ **отправления** Versandhalle (-lager)

пакетирование <**груза**> **на поддонах** *(Prozess)* Palettierung <von Warensendungen>

пакетн‖ый/ая/ое/ые Paletten- *(in Zus.)*; ~ **перевозки** *(Pl.)* -transporte, -verkehr; ~ **система** -system

пакетовоз *(Schiff.)* Stückgutfrachter

пал Poller; **швартовный пал** *(Schiff.)* Poller am Kai

палата Kammer, Behörde *(auch in Zus.)*; **Международная** ~ **судоходства** Internationale Schifffahrtskammer; **Международная торговая** ~ **(МТП)** Internationale Handelskammer; **Регистрационная** ~ Registrierungsbehörde; **Торговая** ~ Handelskammer; **Торгово-промышленная** ~ **(ТПП)** Industrie- und Handelskammer (IHK)

палета *(s. auch поддон)* Palette *(auch in Zus.)*; **евро-** Euro-

палуба *(Schiff.)* Deck *(auch in Zus.)*; **верхняя** ~ Ober-; **нижняя** ~ Unter-; **пассажирская** ~ Fahrgast-; **на -е** an (auf) ~; **перевозка на -е** *(Transport)* An-~-Verschiffung; **погрузка на -е** *(Befrachtung)* An-~-Verschiffung

палубн‖ый/ая/ое/ые Deck- *(in Zus.)*; ~ **груз** -fracht; ~ **контейнер** -container; **страхование** -ого -а -ladungsversicherung

пандус Fähranleger

пара Paar; **колесная** ~ Radsatz; ~ **поездов** <Reise>Zugpaar

параллельн‖ый/ая/ое/ые parallel/e/er/es, Parallel- *(in Zus.)*; ~ **график движения** -fahrplan; ~ **линия** -strecke; ~ **перевозки** *(Pl.)* -verkehr/e; ~ **участок** -strecke, -er Streckenabschnitt

параметры транспортного средства *(Pl.)* Fahrzeugdaten

паритет, фрахтовый Frachtparität

парк I *(Fahrzeuge)* Fahrzeugpark, Fahrzeugbestand, -park, -bestand *(in Zus.)*; **автобусный** ~ Bus-; **автомобильный** ~ Fuhrpark, Fahrzeug-, Kfz-~; **вагонный** ~ *(Schienv.)* Wagen-; **гужевой** ~ *(LKW)* Fuhrpark, Fahrzeug-; **излишний** ~ Überschussbestand <an Fahrzeugen>, überschüssiger Fahrzeug-; **инвентарный** ~ <**вагонов, локомотивов**> inventarisierter Wagenpark (Triebfahrzeug-); **контейнерный** ~ Container-; **локомотивный** ~ *(Eis.)* Triebfahrzeug-, Lokomotiv-; **маневровый** ~ **локомотивов** Rangierlokomotiv-; **наличный** ~ vorhandener; **нерабочий** ~ nicht in Betrieb befindlicher;

неэксплуатируемый ~ *s. нерабочий*; общий ~ vorhandener, Gesamt-; Общий европейский ~ европалет Europäischer Palettenpool; паровозный ~ *s. локомотивный*; пассажирский ~ вагонов Reisezugwagen-; потребный ~ erforderlicher; рабочий ~ in Betrieb befindlicher; самолетный ~ Flugzeug-; списочный ~ Inventar-; трамвайный ~ Straßenbahn-; устаревший ~ veralteter; эксплуатируемый ~ in Betrieb befindlicher;

авиапарк Flugzeugpark;

парк ‖ вагонов *(Schienv.)* Wagen‖park (-bestand); ~ грузовых вагонов Güterwagen-; ~ вагонов, находящихся в резерве Wagenreserve-; ~ локомотивов *(Eis.) s. локомотивный*; ~ подвижного состава *(Kfz.)* Fuhrpark, Fahrzeug-; ~ поддонов Palettenpool; ~ гужевых средств *s. гужевой*; ~ транспортных средств Transportmittel-, Fahrzeug-; дежурный по –у *(Pers.)* Fuhrparkleiter;

парк II Depot, Betriebsgelände, Betriebshof, -depot, -hof *(in Zus.)*; автобусный ~ Bus-; паровозный ~ Lokomotivdepot; трамвайный ~ Straßenbahn-;

парк путей III *(Eis.)* Gleisfeld

паркование *(Prozess)* Parken

парковочный автомат Parkscheinautomat

парн‖ый/ая/ое/ые paarig/e/er/es; ~ грузопоток –er Güterstrom; ~ перевозки *(Pl.)* -er Verkehr; ~ транспортные потоки *(Pl.)* -e Verkehrsströme

паровоз Dampflokomotive, -lokomotive, -lok *(in Zus.)*; грузовой ~ Güterzug-; пассажирский ~ Reisezug-; товарный ~ *s. грузовой*

паровозн‖ый/ая/ое/ые Lokomotiv- *(in Zus.)*; ~ депо *(n., indkl.)* -schuppen; ~ парк 1. *(Fahrzeuge)* -park, -bestand; 2. *(Betriebsgelände)* -depot

паровозостроение Lokomotivbau

паров‖ой/ая/ое/ые Dampf- *(in Zus.)*; ~ буксир -schleppschiff, -schlepper; ~ привод -betrieb, -antrieb; ~ тяга *(Schienv., Schiff.)* -betrieb, -antrieb, -traktion

паром *(s. auch корабль, пароход, судно)* Fähre, Fährschiff, -fähre, Fähr- *(in Zus.)*; автомобильный ~ Auto-; автотранспортный ~ *s. автомобильный*; быстроходный ~ *s. скоростной*; высокоскоростной ~ Hochgeschwindigkeits-; грузовой ~ Güter-; железнодорожный ~ Eisenbahn-, Trajekt-; крупнотоннажный ~ Groß-; морской ~ See-; озерный ~ Binnensee-; океанский ~ Hochsee-, Übersee-; пассажирский ~ Personen-; портовый ~ Hafen-; речной ~ Fluss-; скоростной ~ Schnell-;

паром ‖ пассажиро-трейлерно-железнодорожных перевозок Passagier-Trailer-Eisenbahn-‖Fähre; ~ с входом/выходом в оба конца Doppel-End-~; ~ с горизонтальной погрузкой и разгрузкой RoRo-~; ~-катамаран Katamaran-~;

авария паром‖а Fähr‖unglück; маршрут -а -route; эксплуатация -а -betrieb

паромн‖ый/ая/ое/ые Fähr- *(in Zus.)*; ~ гавань *(f., natürlicher)* -hafen; ~

движение s. сообщение; ~ **компания** -gesellschaft; ~ **линия** -linie; ~ **лодка** -boot; ~ **пароходство** -reederei; ~ **перевозки** *(Pl.)* -verkehr/e, -transporte; ~ **предприятие** -unternehmen, -betrieb; ~ **причал** -anlegestelle, -anleger; ~ **система** -system; ~ **сообщение** -verkehr, *(Eis.)* Trajektverkehr; ~ **судно** -schiff; **морское** ~ **судно** Hochseefährschiff; ~ **судоходство** -schifffahrt; ~ **теплоход** s. судно; ~ **терминал** -terminal; ~ **устройства** *(Pl.)* -anlagen; **вагон, используемый в -ом движении** *(Eis.)* -bootwagen

пароход *(s. auch теплоход)* Dampfer, Dampfschiff, -dampfer *(in Zus.)*; **буксирный** ~ Schlepp-, Bugsier-, Schleppboot, Schlepper; **быстроходный** ~ Schnell-, Schnellboot; **грузовой** ~ Fracht-, Frachtschiff, Frachter; **колесный** ~ Rad-; **морской** ~ Hochsee-; **океанский** ~ Ozean-, Übersee-; **пассажирский** ~ Fahrgast-, Passagier-, Fahrgastschiff; **прогулочный** ~ Ausflugs-, Ausflugsschiff; **речной** ~ Fluss-; **-ом** per Schiff

пароходн‖ый/ая/ое/ые Dampfer-, Schiffs-, Schifffahrts- *(in Zus.)*; ~ **агент** *(Pers.)* Reeder, Schiffsmakler; ~ **компания** Reederei, Reedereiunternehmen, Schifffahrtsgesellschaft; ~ **пристань** *(f.)* Dampferanlegestelle; ~ **сообщение** -verkehr, Dampfschifffahrt; ~ **союз** Reedereiverband; ~ **судно** Dampfer, Dampfschiff

пароходство *(s. auch плавание, судоходство)* **1.** *(Betriebsart)* Dampfschifffahrt; **2.** *(Unternehmen)* Schifffahrtsgesellschaft, Reederei -reederei *(auch in Zus.)*; **внутреннее** ~ Binnen-, Inlands-; **каботажное** ~ Küsten-; **контейнерное** ~ Container-; **крупное** ~ Groß-; **морское** ~ <Hoch>See-; **паромное** ~ Fähr-; **прибрежное** ~ s. *каботажное*; **рейсовое** ~ Linien-; **речное** ~ Fluss-; **смежное** ~ See- und Binnen-; **сухогрузное** ~ Reederei der Trockengutschifffahrt

партия Partie, Posten *(auch in Zus.)*; **крупногабаритная** ~ großvolumige/er; **отдельная** ~ <перевозимого> груза Einzel-; **транзитная** ~ Transit-; ~ **груза** Fracht-; ~ **массового груза** Massensendung; ~ **груза, предназначенная к отправке** *(zum Versand vorgesehene Partie)* Versand-; ~ **товара** Waren-; ~ **отгруженного товара** *(versandte Partie)* Versand-; **чартер-~** *(Schiff.)* Charterpartie; **партиями** postenweise, in Partien

партнер/ы Partner, -partner, Partner- *(in Zus.)*; **деловой** ~ Geschäfts-; **торговый** ~ Handels-; ~ **по договору** Vertrags-; **предприятие-~** -unternehmen

парус Segel; **плавание под -ами** Segeln

парусник *(umg.)* Segelschiff (-boot)

парусно-моторное судно Segelmotorboot

парусн‖ый/ая/ое/ые Segel- *(in Zus.)*; ~ **судно** -schiff; ~ **флот** -schiffsflotte; ~ **шлюпка** -boot; ~ **яхта** -jacht

паспорт Pass, Personaldokument, -pass, Pass- *(in Zus.)*; **заграничный** ~ Reise-; **технический** ~ <автомобиля> Fahrzeugbrief; ~ **автомашины** Kfz-Brief, Fahrzeugschein; ~ **вагона** *(Schienv.)*

Wagen-; ~ **моряка** Seemanns-, Seefahrtbuch; ~ **сделки** *(Zoll- und Transportunterlagen im grenzüberschreitenden Straßengüterverkehr mit der RF)* Geschäftsbrief;

выдача паспорт‖а Pass‖ausgabe; **контроль** *(m.)* -ов -kontrolle; **оформление** -а Ausstellung (Ausfertigung) eines -es; **положение** о -ах -ordnung; **проверка** -ов *s.* *контроль*

паспортно-визовый режим Pass- und Visaordnung

паспортн‖ый/ая/ое/ые Pass- *(in Zus.)*; ~ **контроль** *(m.)* -kontrolle; ~ **проверка** *s.* *контроль*; ~ **режим** ~-und Meldeordnung; ~ **сбор** -gebühr/en; ~ **система** -pflicht

пассажир *(Pers.)* Passagier, Fahrgast, Reisender, <Fahrzeug>Insasse, -passagier, -fahrgast, -reisender, Passagier-, Fahrgast- *(in Zus.)*; **безбилетный** ~ ohne gültigen Fahrausweis, *(umg.)* Schwarzfahrer, *(Schiff., Flug.)* blinder Passagier; **железнодорожный** ~ Bahnreisender; **зарегистрированные** ~ *(Pl., Flug.)* abgefertigte -e; **индивидуальный** ~ Einzelreisender; **перевозные** ~ *(Pl.)* beförderte -e; **транзитный** ~ Transitreisender, *(Flug. auch)* Transitpassagier;

авиапассажир Flugpassagier (-gast, -reisender);

пассажир ‖ автобуса Busfahrgast, *(im Fernverkehr)* Busreisender; ~ **поезда** Zugfahrgast *(im Fernverkehr)* Zugreisender; ~ **дальнего следования** Fernreisender; ~ **самолета** *s.* *авиапассажир*; ~ **судна** Schiffspassagier (-reisender); ~

такси *(n., indkl.)* Taxifahrgast;

анкетирование пассажир‖ов Fahrgastbefragung, *(Flug., Schiff.)* Passagierbefragung; **время высадки и посадки** -ов Fahrgastwechselzeit; **высадка и посадка** -ов Fahrgastwechsel *(Schiff. auch)* Einschiffung; **договор о перевозке** -ов Personenbeförderungsvertrag; **досмотр** -ов <в аэропорту> -kontrolle <auf dem Flughafen>, Fluggastkontrolle; **Закон о перевозке** -ов Personenbeförderungsgesetz; <**динамическая**> **информация для** -ов <dynamische> Fahrgastinformation, *(Flug.)* Information für Flugreisende; **количество** -ов –zahlen; **контракт о перевозке** -ов *s.* *договор*; **обслуживание** -ов -abfertigung, Betreuung der -e; **обслуживание** -ов **на транспорте** Fahrgastservice (Reise-); **объем** -ов *s.* *количество*; **опрос** -ов *s.* *анкетирование*; **перевозка** -ов -verkehr, -beförderung, Personenverkehr (-beförderung); **подсчет** -ов Fahrgastzählung; **посадка** -ов Einstieg der -e, *(Flug. auch)* Boarding; **поток** -ов -strom, -aufkommen; **проверка** -ов *s.* *досмотр*; **программа премирования часто летающих** -ов Vielfliegerprogramm; **расстояние следования** -ов Reiseweite; **регистрация** -ов *(Flug.)* Passagierabfertigung, Check-in; **страхование** -ов **1.** *(Pass. allg.)* Personentransport-Versicherung (Reise-); **2.** *(Kfz.)* Fahrzeuginsassenversicherung; **тариф на перевозку** -ов Personenbeförderungtarif;

обслуживать/обслужить пассажир‖ов Passagiere (Fahrgäste)

abfertigen; **перевозить/перевезти
-ов** ~ befördern; **страховать/
застраховать -ов** ~ versichern

пассажиро- _(Pass.)_ Passagier-,
Fahrgast-, Personen- _(in Zus.)_;

пассажиро‖-вагоно-километр
(Eis.) Personenwagenkilometer;
-вместимость _(f.)_ <транспортного
средства> Fahrgastkapazität
(Personenbeförderungs-) <eines
Verkehrsmittels>, _(Flug.)_
Passagierbeförderungskapazität;
~-километр Personenkilometer,
(Flug. auch) Passagierkilometer;

пассажирооборот ‖
Personenbeförderungsleistung; _(auch
in Zus.)_; **годовой** ~ jährliche;
общий ~ Gesamt-; **суммарный** ~ _s._
общий; **суточный** ~ tägliche; ~
аэропорта ~ eines Flughafens; **рост
-а** Zunahme der ~; **снижение -а**
Abnahme der ~;

пассажиро‖поездка ausgeführte
Fahrt; **~-поездо-километр**
Reisezugkilometer, Zugkilometer im
Personenverkehr;

пассажиропоток ‖ _(s. auch
пассажирооборот)_
Passagieraufkommen, Fahrgastfluss
(-strom); **маятниковый** ~
Pendlerstrom; **обратный** ~
Fahrgaststrom des Gegenverkehrs;
пиковый ~ Spitzenverkehr (Stoß-);
среднесуточный ~
durchschnittlicher/es täglicher/es,
Tagesdurchschnittspersonenverkehr;
рост -а Zunahme der/des -s;
снижение -а Abnahme der/des -s;
структура -ов Fahrgaststruktur

пассажирск‖ий/ая/ое/ие Passagier-,
Fahrgast-, Personen- _(in Zus.)_; ~
авиация Zivilluftfahrt (Passagier-);
~ **аэропорт** Passagierflughafen; ~
багаж Reisegepäck; ~ **вагон** _(Eis.)_

Personenwagen (Reisezug-); ~
ведомость _(f., Flug.)_ Passagierliste;
~ **вокзал** Personenbahnhof; ~
гавань _(f., natürlicher)_
Passagierhafen (Fahrgast-); ~
движение _s. сообщение_; ~
локомотив _(Eis.)_
Reisezuglokomotive; ~ **оборот**
Personenbeförderungsleistung; ~
палуба Fahrgastdeck; ~ **парк
вагонов** _(Eis.)_ Reisezugwagenpark,
(-bestand); ~ **паровоз** _s. локомотив_;
~ **паром** Passagierfähre; ~ **пароход**
Passagierschiff (-dampfer),
Fahrgastschiff (-dampfer);

пассажирские перевозки ‖ _(Pl.)_
Personenverkehr (-beförderung),
Passagierverkehr;
внутриобластные ~ regionaler;
железнодорожные ~ **на дальние
расстояния**
Schienenpersonenfernverkehr;
пригородные железнодорожные
~ Schienenpersonennahverkehr; ~
дальнего следования,
Personenfernverkehr; ~ **без
пересадки** ungebrochener; ~ **в
период отпуска** Urlauberverkehr; ~
·**с пересадкой** gebrochener;

пассажирск‖ий поезд Personenzug
(Reise-); ~ **поездо-километр**
Reisezugkilometer; ~ **помещение**
Fahrgastraum, Innenraum <eines
Fahrzeuges>; ~ **порт** Passagierhafen
(Fahrgast-); ~ **поток**
Passagieraufkommen (Fahrgast-),
Fahrgaststrom; ~ **пристань** _(f.)_
Haltepunkt für Ausflugsdampfer; ~
причал Fahrgastkai, Anlegeplatz
<zum Festmachen> für
Fahrgastschiffe; ~ **салон**
Fahrgastraum, _(Flug.)_ Salon; ~
самолет _(Flug.)_ Passagierflugzeug,
(-maschine); ~ **свидетельство**
Personenbeförderungsschein
(-nachweis); ~ **сообщение -verkehr**,
Reiseverkehr; ~ **станция** Haltepunkt

für Personenzüge; ~ **судно** Passagierschiff, (Fahrgast-); ~ **судоходство** -schifffahrt; ~ **тариф** Passagiertarif (Personen<beförderungs>-); ~ **автомобильный тариф** Personenkraftverkehrstarif; ~ **теплоход** _s. пароход_; ~ **терминал** Passagierterminal;

пассажирский транспорт || Passagierverkehr (Personen-); ~ **в пределах малонаселенных территорий** Flächenverkehr; ~ **между узловыми пунктами** Knotenpunktverkehr

пассивная обработка (переработка) <товара> _(Zoll.)_ passive Veredelung <einer Ware>

паушальн||ый/ая/ое/ые Pauschal- _(in Zus.)_; ~ **покилометровая компенсация транспортных расходов** _(Steuer)_ Kilometerpauschale; ~ **полис** _(Vers.)_ -police; ~ **фрахтовая ставка** -tarifsatz, Globalfrachtsatz; ~ **тариф** -tarif; ~ **фрахт** -fracht; ~ **чартер** -charter

педаль _(m., techn., Kfz.)_ Pedal; ~ **акселератора** Gas-; ~ **газа** _s._ ~ _акселератора_; ~ **сцепления** Kupplungs-; ~ **тормоза** Brems-

пеня _(jur., s. auch неустойка, санкция, штраф)_ Pönale, <Vertrags>Strafe; ~ **за просрочку платежа** ~ bei Zahlungsverzug; **страхование от уплаты -и** Pönalversicherung

первоначальный отправитель <грузов> Urverlader

первый класс _(Flug., Pass.)_ First Class (F)

перебронирование Umbuchung

перебронировать <билет> <ein

Ticket> umbuchen

перевалка _(Güterv., Schütt- oder Flüssiggut, s. auch перегрузка)_ Umschlag, Umladen, Umladung, _(Schiff. auch)_ Umstauen, -umschlag, Umschlag- _(in Zus.)_; **прямая** ~ Direkt-; **ручная** ~ Umladung von Hand; **транзитная** ~ Transit-; **трейлерная** ~ Trailer-; **экспрессная** ~ Schnell-;

перевалка || **груза** Güter-, Fracht-; ~ **авиационного груза** Luftfracht-; ~ **массового груза** Massengut-; ~ **морского груза** Seefracht-; ~ **навалочного груза** Schüttgut-; ~ **наливного груза** Flüssiggut-; ~ **опасного груза** Gefahrgut-; ~ **сборного груза** Sammelgut-; **сыпучего груза** _s._ ~ _навалочного груза_; ~ **штучного груза** Stückgut-; ~ **складских запасов** Lager-, Umschlag von Lagerbeständen; ~ **контейнеров** Container-; ~ **товаров** Waren-;

перевалка || **в порту** Hafen||umschlag; ~ **в пути следования** Unterwegsumladung; ~ **в срок** termingerechtes Be- und Entladen; ~ **на причале** Kai-; ~ **на складе** Lager-; ~ **по прямому варианту** _s. прямая_; ~ **с судна на железную дорогу** bahnseitige Abfertigung; ~ **через склад** ~ über Zwischenlager;

время перевалк||и Umschlag||dauer (-zeit); **извещение о -е** _(Dokument)_ Umladungsavis; **место -и** Be- und Entladeort; **перевозка без -ок** Direktverkehr; **продолжительность** _(f.)_ **-и** _s. время_; **производительность** _(f.)_ **-и** -kapazität; **пункт -и** -punkt, -stelle; **расходы** _(Pl.)_ **по -е** -kosten; **сбор за -у** -gebühr/en; **свидетельство о -е** Umladungsschein; **устройство для**

-и -anlage; **устройство для экспрессной -и** Schnellumschlaganlage

перевалочн‖ый/ая/ое/ые Umschlag-*(in Zus.)*; ~ **база** kleines -terminal; ~ **гавань** *(f., natürl.)* -hafen; ~ **груз** -gut; ~ **коносамент** *(See.)* Umladekonnossement; ~ **мощность** *(f.)* -kapazität; ~ **порт** *(künstl.)* -hafen; ~ **приспособление** -einrichtung, -vorrichtung; ~ **пункт** -punkt, -stelle, -platz; ~ **пункт внутри города** innerstädtische -stelle (-er -punkt, -er platz); ~ **путь** *(m.)* -gleis; ~ **работы** *(Pl.)* -arbeiten; ~ **склад** -lager, Zwischenlager; ~ **терминал** -terminal; ~ **устройство** *s. приспособление*; ~ **центр** -zentrum

перевертываться/перевернуться *(Boot)* kentern

перевес Übergewicht

переводимый <на третьего> документ <auf Dritte> übertragbares Dokument (Papier)

переводной платеж *(kfm.)* Transferzahlung

перевозимый груз Frachtgut (Transport-, Beförderungs-, Lade-, Versand-, Umschlag-), Umschlagfracht; **документ/ы на** ~ Beförderungsdokument/e, Transportpapier/e

перевозить/перевезти <что-л./кого-л.> *(s. auch транспортировать)* <etw./jmdn.> befördern, transportieren; ~ **груз** Fracht ~, Güter ~; ~ **контейнер** Container ~; ~ **пассажиров** Passagiere ~

перевозка⌂ *(s. auch движение, перевозки, сообщение, транспорт)* Beförderung, Transport, Transportieren, -beförderung, -transport, Beförderungs-, Transport-*(in Zus.)*; **авиационная** ~ Beförderung (Transport) per Luft; **автобусная** ~ Busbeförderung, Beförderung per Bus; **автогужевая** ~ Straßengütertransport; **автодорожная** ~ *s. автогужевая*; **автомобильная** ~ Beförderung mit Kraftfahrzeugen; **автопассажирская** ~ Personenbeförderung mit Kraftfahrzeugen; **автотранспортная** ~ Güterkraftverkehr; **безвозмездная** ~ unentgeltliche Beförderung (-er Transport); **безопасная** ~ sichere Beförderung; **беспересадочная** ~ *(Pass.)* durchgehende Beförderung; **бестарная** ~ Transport in losem (unverpacktem) Zustand; **водная** ~ *(Binnsch.)* Schiffstransport, Beförderung per Schiff; **возвратная** ~ Rückführung, Rückführungstransport; **воздушная** ~ *s. авиационная*; **городская** ~ ~ innerhalb der Stadt; **дальнейшая** ~ Weiter-; **железнодорожная** ~ Bahntransport, Beförderung per Bahn (auf der Schiene); **контейнерная** ~ Containertransport, Beförderung per Container; **короткопробежная** ~ Nahtransport; **кружная** ~ Umleitungstransport; **линейная** ~ Linienfahrt, *(Schiff. auch)* Beförderung per Linienschiff; **маршрутная** ~ *s. линейная*; **маятниковая** ~ Beförderung im Pendelverkehr; **междугородная** ~ Ferntransport; **международная** ~ grenzüberschreitender Transport; **морская** ~ Seetransport, Beförderung auf dem (per) Seeweg; **непосредственная** ~ Direktversand; **нерегулярная** ~ unregelmäßige Beförderung, Gelegenheitsverkehr; **обратная** ~ Rücktransport (-fuhre, -fracht); **платная** ~ gebührenpflichtige (entgelt-)

Beförderung (-er Transport); **повторная** ~ *(Güterv.)* Weiterleitungstransport; **подлежащая оплате** ~ *s. платная*; **регулярная** ~ reguläre Beförderung, Beförderung im Linienverkehr; **речная** ~ Binnenschifffahrtstransport, Beförderung per Binnenschiff; **срочная** ~ Eilbeförderung (Express-); **сухопутная** ~ Landtransport, Beförderung auf dem Landweg; **товарная** ~ Waren-; **транзитная** ~ Transitbeförderung, Durchgangsverkehr; **экспедиторская** ~ **сборного груза** Speditionssammelgutverkehr;

перевозка ‖ **багажа** Gepäck‖beförderung (-transport); ~ **груза** Fracht-, Beförderung (Transport) von Gütern (Fracht); ~ **авиационного груза** Luftfracht-; ~ **массового груза** Massengüter-; ~ **мелкого груза** Kleintransport; ~ **навалочного груза** Schüttgut-; ~ **наливного груза** Flüssiggut-; ~ **опасного груза** Gefahrgut-; ~ **повагонного груза** *(Eis.)* Wagenladungsverkehr; ~ **сборного груза**[📖] Sammelgut-, Sammelgutversand; ~ **скоропортящегося груза** Beförderung von Frischeprodukten; ~ **смешанного груза** Beförderung von gemischtem Gut, ~ **специального груза** Spezialtransport; ~ **сыпучего груза** Schüttgut-; ~ **тяжеловесного груза** Schwergut-; ~ **штучного груза** Stückgut-, Stückgutversand;

перевозка груза ‖ **туда и обратно** Hin- und Rück‖transport (-beförderung) von Fracht; ~ **автотранспортом** ~ per LKW; ~ **грузовиком** *s.* ~ *автотранспортом*; ~ **днем** ~ am

Tage; ~ **железной дорогой** ~ per Bahn; ~ **сухопутной дорогой** ~ auf dem Landweg; ~ **навалом** ~ von Schüttgut, ~ von losem Gut; ~ **насыпью** *s.* ~ *навалом*; ~ **ночью** ~ in der Nacht, ~ im Nachtverkehr; ~ **поездом** *s.* ~ *железной дорогой*; ~ **водным путем** *(Binnsch.)* ~ per Binnenschiff; ~ **воздушным путем** ~ auf dem Luftweg; ~ **морским путем** ~ auf dem Seeweg; ~ **большой скоростью** Eilgutbeförderung; ~ **малой скоростью** gewöhnliche Frachtgutbeförderung; ~ **открытым транспортом** ~ im offenen Durchgang;

перевозка груза ‖ **без сопровождения проводников** unbegleiteter Transport; ~ **в контейнерах** Beförderung (Transport) ‖ in Containern, Containertransport (-beförderung -verfahren); ~ **в попутном направлении** *(Güterv.)* ~ unter Vermeidung von Leerfahrten; ~ **в оба направления** *s.* ~ *в попутном направлении*; ~ **в сопровождении проводников (отправителя, получателя)** begleiteter Transport; ~ **на грузовиках** LKW-Transport, ~ per LKW; ~ **на палубе** An-Deck-Verschiffung; ~ **на поддонах** ~ auf Paletten; ~ **на судне** Schiffstransport; ~ **по автомагистрали** ~ auf der Straße, ~ per LKW; ~ **по железной дороге** ~ per Bahn, ~ auf der Schiene; ~ **по коносаментам** *(See.)* Konnossementsbeförderung; ~ **по железнодорожным линиям** ~ per Bahn im Linienverkehr; ~ **по предъявлению** ~ auf Abruf; ~ **по воздушному пути** *s.* ~ *воздушным путем*; ~ **по морскому пути** *s.* ~ *морским путем*; ~ **по реке** *s.* ~ *водным путем*; ~ **под**

таможенными печатями и пломбами ~ unter Zollverschluss; ~ с колес Just-in-Time-Beförderung;

перевозка || строительных материалов Baustofftransport; ~ мебели Möbeltransport; ~ обучающихся к месту учебы Ausbildungsverkehr (Schüler-); ~ пассажиров Personenbeförderung (Fahrgast-, Passagier-); ~ товаров Waren-;

дальность *(f.)* перевозк||и Transport||entfernung, *(Pass.)* Beförderungs||weite; договор -и -vertrag, Frachtvertrag; маршрут -и -weg, -route, Fahrtroute; пакетирование -и *(Prozess)* Palettierung von Warensendungen; правила *(Pl.)* -и груза Güterbeförderungsbestimmungen; правила *(Pl.)* -и пассажиров Personenbeförderungsordnung; право на -у Beförderungsanspruch; продолжительность *(f.)* -и *(Güterv.)* -dauer, -zeit, Anlieferungszeit, *(Pass.)* Beförderungsdauer (-zeit); путь *(m.)* -и *s. маршрут*; расстояние -и *s. дальность*; служба спешной (срочной) -и Expressdienst; способ -и -verfahren; срок -и *s. продолжительность*; стоимость *(f.)* -и *(Güterv.)* Transportpreis, *(Pass.)* Beförderungsentgelt (-preis), Fahrgeld; цена -и *s. стоимость*;

договор на перевозк||у *s. договор*; документ/ы на -у Transportpapier/e; заявка на -у 1. *(Prozess)* Transportbedarfsanmeldung; 2. *(Dokument)* Transportauftrag, издержки *(Pl.)* по -е груза *(Güterv.)* Transportkosten (Entsende-, Versand-); издержки *(Pl.)* по -е пассажиров *(Pass.)* Beförderungskosten; операция по

-е Beförderungsvorgang, *(Güterv. auch)* Transportvorgang; плата за -у *s. стоимость*; повреждение <груза> при -е Transportbeschädigung; работа по -е Transportarbeit; расходы *(Pl.)* по -е *s. издержки*; сделка на -у *(Güterv.)* Transportgeschäft (Kargo-), *(Pass.)* Beförderungsgeschäft; ставка за -у груза Frachtrate; тариф за -у груза *s. стоимость*

перевозки *(Pl., s. auch движение, перевозка, сообщение, транспорт)* Verkehr/e, -verkehr/e, Verkehrs- *(in Zus.)*; *(Güterv. auch)* Transporte; автомобильные ~ Straßen-, straßengebundene/er; автомобильные грузовые ~ Güterkraft-; беспереваločные ~ ungebrochene/er, Direkt- ohne Umladen; бесперегрузочные ~ *s. беспереваločные*; бесплатные ~ школьников freigestellter Schüler-; бимодальные ~ bimodale/er; ближние грузовые ~ Güternah-; всеевропейские ~ europaweite/er; всероссийские ~ russlandweite/er; внутренние ~ Binnen-, innerstaatliche/er; внутригородские ~ Innenstadt-, innerstädtische/er; внутриобластные ~ Regional-; внутриузловые ~ *(Eis.)* ~ innerhalb eines Knotens; воздушные ~ Luft-; воздушные грузовые ~ Luftfracht-; встречные ~ Gegen-, gegenläufige/er; грузовые ~ Güter-, Ladungs-, Fracht-, Gütertransport/e; грузовые ~ без перевалки ungebrochene/er Güter-; грузовые ~ с перевалкой gebrochene/er Güter-; дальние ~ Fern-; дальние ~ <груза> собственным транспортом Werkfern-; дальние грузовые ~ Güterfern-; дополнительные ~ Mehr-, железнодорожные ~

<Eisen>Bahn-, Schienen-; **железнодорожные пассажирские ~ на ближние расстояния** Schienenpersonennah-; **железнодорожные пассажирские ~ на дальние расстояния** Schienenpersonenfern-; **заграничные** ~ internationale/er, grenzüberschreitende/er; **излишние** ~ <unnötige> Mehrfachtransporte; **каботажные** ~ Kabotage-; **кольцевые** ~ Ring-; **комбинированные** <грузовые> ~ kombinierte/er Ladungs-; **комбинированные** ~ грузовиков **на морских судах** Schwimmende Landstraße; **комбинированные ~ лихтеров на морских судах** *(Schiff.)* Barge-; **коммерческие** ~ gewerbliche/er; **контейнерные** ~ Container-; **контрейлерные** ~ Huckepack-, Rollende Landstraße (RoLa); **кружные** ~ Umleitungs-; **крупнотоннажные** ~ Großtransporte; **курьерские** ~ Kurierfahrten; **маршрутные** ~ Linien-; **массовые грузовые** ~ Massengüter-; **массовые пассажирские** ~ Massenbeförderung von Reisenden; **маятниковые** ~ *(Pass.)* Pendler-; **междугородные** ~ Fern-, Überland- *(zwischen Städten)*; **международные** ~ *s. заграничные*; **межконтинентальные** ~ interkontinentale/er; **межрегиональные** ~ überregionale/er; **мелкопартионные** ~ Kleintransporte; **местные грузовые** ~ regionale/er Güter-, Ladungs-; **местные железнодорожные пассажирские** ~ Schienenpersonennah-; **местные пассажирские** ~ Personennah-; **морские** ~ See-; **морские грузовые** ~ Seefracht-; **морские**

контейнерные ~ seewärtige/er Container-; **мультимодальные** ~ multimodale/er; **нерегулярные** ~ Gelegenheits-, bedarfsgebundene/er; **несопровождаемые** ~ unbegleitete/er; **пакетные** ~ Paletten-; **параллельные** ~ Parallel-; **парные** ~ paarige/er; **паромные** ~ Fähr-; **пассажирские** ~ Personen-, Fahrgast-, Passagier-; **пассажирские** ~ **без пересадки** ungebrochene/er Personen-; **пассажирские** ~ **в период отпуска** Urlauber-; **пассажирские** ~ **с пересадкой** gebrochene/er Personen-; **перегрузочные** ~ kombinierte/er; **повторные** ~ *s. излишние*; **пригородные** ~ Vorort-; **пригородные железнодорожные пассажирские** ~ Schienenpersonennah-; **прямые** ~ direkte/er; **региональные** ~ *s. внутриобластные*; **региональные экспедиторские автодорожные (автогужевые)** ~ Speditionsnah-; **регулярные** ~ Linien-; **сборные грузовые** ~ Sammelgut-, Sammelguttransporte; **свободные** ~ Frei-; **скоростные** ~ Eilgut-, Eilguttransport/e, Schnell-; **скорые** ~ *s. скоростные*; **смешанные** ~ gemischte/er, multimodale/er, Wechsel-; **смешанные железнодорожно-автомобильные** ~ Schiene-Straße-~; **сопровождаемые** ~ begleitete/er; **сухопутные** ~ Land-, Landtransport/e; **таксомоторные** ~ Taxi-; **технологические** ~ technologisch bedingte Transporte; **традиционные грузовые** ~ traditionelle/er Wagenladungs-; **трамповые** ~ *(Schiff.)* Tramp-; **транзитные** ~ Transit-, Durchgangs-; **трансокеанские** ~ Übersee-; **трейлерно-контрейлерные** ~ RoRo-~;

трейлерные ~ Trailer-; туристские ~ Reise-; фидерные ~ *(Schiff.)* Feeder-; хозяйственные ~ Wirtschafts-, Wirtschaftstransport/e; централизованные ~ zentralisierte/er; чартерные ~ Charter-;

перевозки || груза *s. грузовые*; ~ массового груза Massengütertransporte; ~ морского груза See||verkehr/e; ~ опасного груза Gefahrgut-, Gefahrguttransporte; ~ повагонного груза *(Eis.)* Wagenladungs-; ~ сыпучего груза Schüttgut-, Schüttguttransporte; ~ термочувствительного груза Kühltransporte; ~ тяжеловесного груза Schwerlast-, Schwerlasttransporte; ~ штучного груза Stückgut-, Stückguttransporte; ~ груза прямого сообщения Direkt-; ~ груза прямого водного сообщения direkte/er Schiffs-; ~ грузов, вызванные чрезмерным географическим разделением труда Gütertourismus; ~ денег и ценностей Geldtransporte; ~ домашнего имущества при переезде Umzugs-; ~ больших партий грузов Massenbedarfstransporte; ~ сухогруза Trockenfrachttransporte; ~ экспресс-груза Expressgut-;

перевозки || без перевалок *s. беспереваломные*; ~ без сопровождения проводника *s. несопровождаемые*; ~ в дневное время Tages-; ~ в ночное время Nacht-; ~ внутри страны *s. внутренние*; ~ в отправительских маршрутных поездах Ganzzug-; ~ в районе зарождения транспортного потока Quell-; ~ в сопровождении проводника *s. сопровождаемые*; ~ на буксире

(Schiff.) Schlepp-; ~ на досуге Freizeit-; ~ на основе договоров Vertrags-, Charter-; ~ на поддонах Palettentransporte; ~ на близкие расстояния *s. ближние грузовые*; ~ на дальние расстояния (дистанции) *s. дальние грузовые*; ~ на короткие расстояния (дистанции) *s. ближние грузовые*; ~ на средние расстояния (дистанции) Mittelstrecken-; ~ на трейлерах *s. трейлерные*; ~ от двери до двери Haus-zu-Haus-~; ~ от дома отправителя до дома получателя *s. ~ от двери до двери*; ~ по договору *s. ~ на основе договоров*; ~ по каналу Kanal-; ~ по снабжению Versorgungs-; ~ по ломанному тарифу gebrochene/er; ~ по устранению отходов Entsorgungs-; ~ с третьими странами Drittland-; ~ со спутниковой навигацией satellitengesteuerte/er;

безопасность *(f.)* перевоз||ок Verkehrs||sicherheit, *(Güterv. auch)* Transportsicherheit, *(Pass. auch)* Beförderungssicherheit; вид -ок *(Güterv.)* Transportart, *(Pass.)* Beförderungsart; договор -и *(Güterv.)* Transportvertrag, *(Pass.)* Beförderungsvertrag; доля -ок Beförderungsanteil (Modal Share); доходы *(Pl.)* от -ок -einnahmen; интенсивность *(f.)* -ок -aufkommen *(Güterv. auch)* Transportaufkommen; качество -ок -qualität; колебания *(Pl.)* -ок -schwankungen; координирование -ок *(Pass.)* Fahrplankoordinierung; *(Güterv.)* Transportkoordinierung; лицензия на право осуществления -ок Transportgenehmigung; лицензия на право осуществления международных автомобильных -ок Transportgenehmigung für den internationalen Straßengüterverkehr; **лицензия** **на** **право** **осуществления** **пассажирских** **-ок** Personenbeförderungsschein; **маршрут** **-ок** **ро-ро** RoRo-Verbindung; **модель** *(f.)* **-ок** -modell; **надежность** *(f.)* **-ок** Beförderungszuverlässigkeit, *(Güterv. auch)* Transportzuverlässigkeit; **налог на ~** Beförderungssteuer; **направление** **-ок** -richtung; **неравномерность** *(f.)* **-ок** -schwankungen, *(Pass., Strecken oder Zeit)* Beförderungsschwankungen; **норма** **-ок** Transportsoll; **<ожидаемый>** **объем** **-ок**▯ **<prognostiziertes>** -aufkommen, *(Pass. auch)* Beförderungsleistung *(Güterv. auch)* Transportaufkommen (-leistung); **объемы** *(Pl.)* **грузовых** **-ок** Transportmengen; **оператор** **<смешанной>** **-и** *(Güterv.)* KV-Operateur; **определение** **потребности** **в** **-ах** Transportbedarfsanmeldung; **оптимизация** **-ок** Transportoptimierung; **осуществление -ок** -abwicklung; **периодичность** *(f.)* **-ок** Periodizität von Transporten (Fahrten); **план -ок** -plan, *(Pass. auch)* Beförderungsplan; **планирование** **-ок** -planung; **плотность** *(f.)* **-ок** -dichte; **повторность** *(f.)* **-ок** Weiterleitung von Transporten; **потребность** *(f.)* **в** **-ах** Beförderungsbedarf, *(Güterv. auch)* Transportbedarf; **право** **на** **осуществление** **-ок** Transportberechtigung; **прекращение -ок** Einstellung der Beförderung; **процесс -ок** -ablauf, *(Güterv.)* Transportablauf (-abwicklung); **размер -ок** *s. объем*; **распределение** **-ок** -aufteilung; **рентабельность** *(f.)* **-ок**

Wirtschaftlichkeit (Rentabilität) von Transporten (Beförderungsleistungen); **риск, связанный** **с** **-ой** *(Pass.)* Beförderungsrisiko, *(Güterv.)* Transportrisiko; **себестоимость** *(f.)* **-ок** Transportselbstkosten; **система** **смешанных** **наземно-морских -ок** *(Güterv.)* Schwimmende Landstraße; **скорость** *(f.)* **-ок** *(Pass.)* Beförderungsgeschwindigkeit, *(Güterv.)* Transportgeschwindigkeit; **Генеральное** **соглашение** **по -ам** Allgemeine Transportvereinbarung; **тариф** **на** **~** **грузов** Güterverkehrstarif; **тариф** **на** **~** **пассажиров** Personenverkehrstarif; **условия** *(Pl.)* **-ок** Beförderungsbedingungen; **<современные>** **формы** *(Pl.)* **-ок** **<moderne>** Transportformen; **частота** **-ок** -frequenz, Beförderungsfrequenz, Taktdichte;

годн‖ый/ая/ое/ые **к** **перевозке** transportfähig/e/er/es; **удобн‖ый/ая/ое/ые** **для** **-и** *s. годный;*

группировать ‖ **перевозки** Verkehr/e (Transporte) ‖ bündeln; **избегать** **-ок** **~** vermeiden; **осуществлять/осуществить** **~** **~** vornehmen, ausführen; **предлагать/предложить** **~** **~** anbieten; **проводить/провести** **~** **~** vornehmen, **~** durchführen; **фокусировать** **~** *s. группировать*

перевозн‖ый/ая/ое/ые befördert/e/er/es, Transport- *(in Zus.)*; **~ груз** -gut; -es Gut, Frachtgut, Cargo; **~ объем груза** -aufkommen, Güteraufkommen; **~** **пассажиры** *(Pl.)* Passagieraufkommen; **~** **промысел** -gewerbe, Fuhrgewerbe

перевозочн‖ый/ая/ое/ые Transport-, Beförderungs- *(in Zus.)*; **~**

ведомость *(f.)* -nachweis; ~ **документ/ы** -dokument/e; ~ **единица** -einheit; ~ **мощность** *(f.)* ⌨ -kapazität, -leistung; ~ **операция** -ablauf, -leistung; ~ **приспособление** Umschlaganlage, Umladevorrichtung; ~ **процесс** -prozess; ~ **работы** *(Pl.)* -tätigkeiten, -arbeiten; ~ **узел** Verkehrsdrehscheibe; ~ **услуги** *(Pl.)* -<dienst>leistungen; ~ **устройство** *s. приспособление*

перевозчик *(s. auch фрахтовщик, экспедитор)* **1.** Transporteur, Beförderer, Frachtführer, Verfrachter; **2.** Spediteur <im Selbsteintritt>, -spediteur *(in Zus.)*; **автомобильный** ~ <Straßen>Güterverkehrs-; Kraftverkehrs-, Rollfuhr-; **автотранспортный** ~ *s. автомобильный*; **воздушный** ~ Luftverkehrs-; **грузовой** ~ Güterbeförderer (Fracht-), Güter-, Fracht-; **железнодорожный** ~ Bahnfrachtbeförderer, Bahn-; **иностранный** ~ ausländischer; **линейный** ~ Linien-; **морской** ~ See-, Seecarrier, Schiffsfrachtbeförderer; **таможенный** ~ Zoll-;

перевозчик ‖ **морского груза** ⌨ *s. морской*; ~ **сборного груза** Sammelgut‖spediteur; ~ **мебели** Möbel-; ~ **смешанных перевозок** Unternehmer des kombinierten Güterverkehrs;

франко ‖ **перевозчик** free carrier (fca);

ответственность *(f., jur.)* **перевозчик**‖**а** Haftung des Spediteurs; **союз** -ов Fuhrgewerbeinnung; **производить/ произвести расчеты** *(Pl.)* **с** -ами die Rechnungslegung mit den

Spediteuren abwickeln

перевязывать/перевязать <товар лентой> <Ware mit einem Band> verschnüren

перегон автомобиля *(Kfz.)* Überführungsfahrt

перегоняемый автомобиль *(Kfz.)* Überführungsfahrzeug

перегонять/перегнать автомобиль *(m.)* ein Fahrzeug überführen

перегружаемый товар (груз) Umladegut

перегружатель *(m.)* Umladevorrichtung; **мостовой** ~ Ladebrücke

перегружать/перегрузить 1. <что-л. куда-л.> *(Güterumschlag)* <etw.> umladen, umschlagen, *(Schiff. auch)* <etw.> umstauen; **2.** <что-л. чем-л.> *(Übergewicht)* <etw. mit etw.> überladen, überfrachten; ~ **груз** Fracht umladen (umschlagen); ~ **контейнер** einen Container umladen (umschlagen); ~ **самолет** ein Flugzeug überladen (überfrachten); ~ **транспортное средство** ein Fahrzeug (Transportmittel) überladen (überfrachten)

перегруженн‖**ый/ая/ое/ые** überlastet/e/er/es; ~ **маршрут** -e Strecke; ~ **трасса** *s. маршрут*

перегрузка I *(Güterv., Stückgut, s. auch перевалка)* Umschlag, Umladen, Umladung, *(Schiff. auch)* Umstauen, -umschlag, Umschlag-, Umlade- *(in Zus.)*; **промежуточная** ~ Zwischen-, dazwischenliegende/er/es; **прямая** ~ Direkt-; **ручная** ~ ~ von Hand; **экспрессная** ~ Schnell-;

перегрузка ‖ **груза** Fracht‖umschlag; ~ **массового**

груза Massengut-; ~ морского груза Seefracht-; ~ навалочного груза Schüttgut-; ~ наливного груза Flüssiggut-; ~ опасного груза Gefahrgut-; ~ сборного груза Sammelgut-; ~ штучного груза Stückgut-; ~ складских запасов Lager-, Umschlag von Lagerbeständen; ~ контейнеров Container-; ~ товаров Waren-; ~ товаров на складе *s.* ~ *складских запасов*;

перегрузка || в порту Hafen||umschlag; ~ в пути следования Unterwegsumladung; ~ в срок termingerechtes Be- und Entladen; ~ на причале Kai-; ~ на складе Lager-; ~ на судне Umstauen <von Fracht auf einem Schiff>; ~ по прямому варианту *s. прямая*; ~ с железной дороги на автотранспорт <и наоборот> Schiene-Straße-Umschlag; ~ с судна на железную дорогу bahnseitige Abfertigung; ~ через склад Umladung (Umladen, Umschlag) über Zwischenlager;

аэропорт перегрузк||и *(Flug.)* Verteilerflughafen; время -и Umschlag||dauer (-zeit), Umlade||zeit; заявление к -е Umladeerklärung; извещение о -е *(Dokument)* Umladungsavis; логистика -и Frachtlogistik; место -и Be- und Entladeort; продолжительность *(f.)* -и *s. время*; производительность *(f.)* -и -kapazität; пункт -и -stelle, -punkt; расходы *(Pl.)* по -е -kosten; сбор за -у -gebühr/en; свидетельство о -е Umladungsschein; устройство для -и Umschlaganlage; устройство для экспрессной -и Schnellumschlaganlage;

перегрузка II *(Fahrzeug)* Überlastung, Überladung; ~

перевозочных средств ~ von Transportmitteln

перегрузочн||ый/ая/ое/ые Umschlag- *(in Zus.)*; ~ квитанция Umladungsschein, Zolldurchfuhrschein; ~ кран Umladekran; ~ мост<ик> -brücke, Verladebrücke; ~ мощность *(f.)* -kapazität, Transportkapazität (-leistung), Beförderungskapazität (-leistung); ~ оборудование -technik; ~ операции *(Pl.)* -betrieb; ~ пакгауз -schuppen, -halle, -lager; ~ перевозки *(Pl.)* -transporte; kombinierte Verkehre; ~ платформа -bühne; ~ площадка -platz, -fläche; ~ порт -hafen; ~ приспособление -vorrichtung, -einrichtung, -anlage, Umladevorrichtung; ~ пункт -punkt, -stelle; ~ путь *(m.)* -gleis; ~ работы *(Pl.)* -arbeiten, Umladearbeiten; ~ сообщение -verkehr; ~ станция -bahnhof; ~ устройство *s. приспособление*; ~ центр -zentrum

передавать/передать <что-л.> в аренду <etw.> vermieten

переданн||ый/ая/ое/ые в аренду Miet-, Leih- *(in Zus.)*; ~ автомобиль *(m., Kfz.)* -wagen; ~ вагон *(Eis.)* -güterwagen

передаточн||ый/ая/ое/ые Übergabe- *(in Zus.)*; ~ движение -verkehr; ~ пункт *(Eis.)* -stelle

передача I *(Prozess)* Übertragung, Übergabe, -übergabe *(in Zus.)*; ~ груза Fracht-; ~ груза на перевозку Fracht- zur Beförderung (zum Transport); ~ груза на хранение Fracht- zur <Ein>Lagerung; ~ права пользования *(jur.)* Übertragung des Nutzungsrechts;

передача II *(Kfz., techn.)* Getriebe, Gang *(auch in Zus.)*; колесная ~

Rädergetriebe; ~ **заднего хода** Rückwärtsgang; ~ **переднего хода** Vorwärtsgang; **коробка передач** Gangschaltung; **ступенчатая коробка передач** Stufenschaltung

передвигать<ся>/передвинуть<ся> <sich> fortbewegen

передвигающ‖ий/ая/ее/ие<ся> **по рельсам** schienengebunden‖e/er/es; ~ **транспорт** -er Verkehr; ~ **транспортное средство** -es Fahrzeug

передвижение *(Prozess)* Bewegung, Beförderung, Transport, -bewegung *(in Zus.)*; **маневровое** ~ *(Eis.)* Rangieren, Verschieben; **свободное** ~ Freizügigkeit, Bewegungsfreiheit (Reise-); ~ **автомобиля** *(Kfz.)* Fahrzeug-; ~ **вагонов** *(Eis.)* Wagen-; ~ **контейнеров** Container-; ~ **товаров** Waren-; ~ **на велосипеде** ~ per Fahrrad, nichtmotorisierter Individualverkehr; ~ **от мест производства до мест потребления** Beförderung vom Ort der Fertigung zum Ort des Verbrauchs; ~ **от продавца к покупателю** Beförderung vom Verkäufer zum Kunden; ~ **пешком** Beförderung zu Fuß; ~ **по воздуху** Beförderung per Luftverkehr (auf dem Luftweg); ~ **по морю** Beförderung per Seeverkehr (auf dem Seeweg); ~ **по суше** Beförderung per Landverkehr (auf dem Landweg); **средство** -**я** Transportmittel (Fortbewegungs-)

передвижн‖ой/ая/ое/ые mobil/e/er/es; ~ **<мостовой, подъемный> кран** -er Kran, Laufkran (Fahr-); ~ **устройство** *(techn.)* Rollanlage

передн‖ий/яя/ее/ие vordere/er/es, Vorder- *(in Zus.)*; ~ **колесо** -rad; ~ **мост <автомобиля>** *(Kfz.)* -achse;

~ **ось** *(f.)* **<автомобиля>** *s. мост*; **<погрузочная> платформа** -е <Lade>Rampe, *(Schiff. auch)* Bugrampe (-klappe); ~ **подвеска оси** *(Kfz.)* -е Achsaufhängung; ~ **подушка безопасности** Airbag; ~ **стекло** Frontscheibe; ~ **фара** -er Scheinwerfer; ~ **ход** *(Kfz.)* Vorwärtsgang **<ехать (ездить)>** -**им ходом** im Vorwärtsgang, vorwärts <fahren>

переезд 1. Übergang, Überweg, *(mit einem Fahrzeug)* Überfahrt, *(Schiff. auch)* Passage; 2. Umzug; **железнодорожный** ~ <Eisen>Bahnübergang; ~ **в другой город** Umzug in eine andere Stadt; ~ **на судне** Schiffspassage; **дежурный по** -**у** *(Eis., Pers.)* Schrankenwärter

переезжать/переехать 1. **<через что-л.>** hin- und herfahren, hinüberfahren, *(Fähre auch)* übersetzen, *(Schiff. auch)* passieren; 2. **<что-л.>** *(ignorieren, nicht wahrnehmen)* <etw.> überfahren; 3. **<кого-л.>** *(jmdn. verletzen)* <jmdn.> überfahren; 4. **<куда-л.>** <irgendwohin> umziehen; ~ **велосипедиста** einen Fahrradfahrer überfahren; ~ **дорожный знак** ein Verkehrszeichen überfahren; ~ **красный светофор** eine rote Ampel überfahren; ~ **на другой берег** <an das andere Ufer> übersetzen; ~ **на новую квартиру** in eine andere Wohnung umziehen

переименование улицы Umbenennung einer Straße

переименовывать/переименовать **<улицу>** <eine Straße> umbenennen

переключатель *(m., techn.)* Schalter

переключать/переключить **<что-л.>** <etw.> umschalten; ~ **передачу**

(Kfz.) den Gang einlegen, in einen Gang schalten; ~ **светофор** eine ~ umschalten

перекрестн‖ый/ая/ое/ые Kreuzungs- *(in Zus.)*; ~ **движение** -verkehr; ~ **финансирование** Querfinanzierung

перекресток *(Straße, s. auch скрещение)* Kreuzung; **регулируемый светофором** ~ ampelgeregelte

перекрывать/перекрыть дорогу для движения eine Straße für den Verkehr <ab>sperren

перекрытие Sperrung <einer Straße> *(auch in Zus.)*; **неполное ~ дороги** Teil- einer Straße; **полное ~ дороги** Voll- einer Straße; **частичное ~** *s. неполное*; ~ **движения (транспорта) по дороге** ~ einer Straße, Straßen-

перекурильщики *(umg., Kfz.)* Starterkabel

перелет Flug *(s. auch полет)*; **беспосадочный ~** Non-Stop-~

перелетать/перелететь 1. <что-л.> <etw.> überfliegen; **2. <над чем-л.>** <über etw.> hinwegfliegen; ~ **границу** die Grenze überfliegen; ~ **над территорией <через территорию>** über ein Gebiet (Territorium) hinwegfliegen

перемена направления движения <транспортного средства> <Fahrt>Richtungsänderung <eines Fahrzeuges>

переменные расходы *(Pl., kfm.)* variable Kosten

перемещать/переместить <груз> <Fracht> befördern (transportieren)

перемещение Verlagerung, *(hier auch)* Verkehr; **свободное ~ <лиц внутри ЕС>** freier Reiseverkehr <innerhalb der EU>; **свободное ~ товаров <внутри ЕС>** freier Warenverkehr <innerhalb der EU>; ~ **персонала** Personalumsetzungen; ~ **производства** Verlagerung der Produktion; ~ **товаров** Warenbewegung (-beförderung, -transport, -verkehr)

перенесение транспортных потоков Verlagerung von Verkehr, Verkehrsverlagerung; ~ **на другие виды транспорта** modale; ~ **на другое время** zeitliche; ~ **на другие трассы транспорта** räumliche

переносить/перенести <что-л.> 1. *(räuml.)* <etw.> verlagern; **2.** *(zeitl.)* <etw.> verschieben; ~ **остановку** eine Haltestelle verlegen; ~ **поездку** eine Reise (Fahrt) verschieben; ~ **транспортные потоки** *(Pl.)* Verkehr/e verlagern; ~ **судно из национального в открытый судовой реестр** <ein Schiff> ausflaggen

переносная тара (упаковка) Verpackung mit Tragevorrichtung

переориентация транспортной политики Neuordnung der Verkehrspolitik

переоснащение <аэродрома, порта> Umrüstung <eines Flugplatzes, Hafens>

переотправка груза Weiterversand (-beförderung) von Fracht; ~ **водным путем** Wiederverschiffung von Fracht

переотправлять/переотправить груз Fracht weiterversenden (erneut versenden); ~ **водным путем** Fracht wiederverschiffen

переоформление <чего-л.> Umschreiben <von etw.>; ~

авиабилета *(Flug.)* Umbuchung eines Tickets; ~ **накладных** ~ (Übertragung) eines Frachtbriefes (Lieferscheins), *(Eis.)* Reexpedierung

переоформлять/переоформить <**документы, накладную**> <Dokumente, einen Frachtbrief> umschreiben, übertragen, reexpedieren

переплетение Verflechtung, Vernetzung *(auch in Zus.)*; ~ **транспортных систем (процессов, связей)** $\square$ Verkehrs-

переподтверждение бронирования *(Pass.)* Buchungsbestätigung

переправа на судне (корабле) Schiffspassage

переправляться/переправиться <**что-л. (через что-л.)**> *(intrans.)* <mit dem Schiff> übersetzen, <etw.> passieren

перерабатывать/переработать груз Güter (Fracht) weiterveredeln

переработка Veredelung <von Gütern, Waren> *(auch in Zus.)*; **активная** ~ aktive; **пассивная** ~ passive; ~ **материалов и сырья** Material- und Rohstoff-; ~ **ввезенного товара за счет юридического лица, зарегистрированного в стране импортера** *(bei Drittlandverkehren)* Eigen-; ~ **ввезенного товара за счет юридического лица, зарегистрированного вне страны импортера** *(bei Drittlandverkehren)* Lohn-

перераспределять/ перераспределить груз Fracht umstauen (umladen, umverteilen)

пересадка *(Pass.)* Umsteigen, Umsteige- *(in Zus.)*; **аэропорт -и** *(Flug.)* -flughafen,

Verteilerflughafen; **время -и** -zeit/en; **линия с -ой** -linie; **остановка с -ой** -haltestelle; **пункт -и** -punkt; **станция с -ой** -bahnhof; **делать/сделать -у** umsteigen

пересадочн‖ый/ая/ое/ые Umsteige-, *(in Zus.)*; ~ **пункт** -punkt; ~ **сообщение** -verkehr; ~ **станция** -bahnhof, Übergangsbahnhof; ~ **узел** -knoten<punkt>

пересекать/пересечь <**что-л.**> <etw.> überqueren, überschreiten, passieren; ~ **границу** eine Grenze ~

пересекающая дорога (улица) Querstraße

пересекающ‖ий/ая/ее/ие границу *(s. auch международный, транзитный)* grenzüberschreitend/e/er/es

пересечение 1. *(Prozess)* Überquerung, Überschreitung, Passieren; **2.** *(Verkehrsbau)* Kreuzung *(auch in Zus.)*; ~ **границы** Überquerung der Grenze; ~ **дорог 1.** Überquerung einer Straße; **2.** Straßen-; ~ **железных дорог** <**в одном уровне**> <niveaugleicher> Bahnübergang; ~ **рельсовых путей** *(Eis.)* Gleis-, Schienen-;

менеджмент точек пересечени‖я Schnittstellenmanagement; **место -я** *s. точка*; **пункт -я границы** Grenzübergangsstelle; **пункт -я железнодорожных линий (путей)** Bahnkreuz; **точка -я** <**дорог**> Kreuzungspunkt, Schnittpunkt (-stelle)

переставление *(räuml.)* Umstellung *(auch in Zus.)*; ~ **вагонов на оси другой колеи** *(Eis.)* Wagen-, Wagenumachsung (-umspurung); ~ **вагонов на другой путь** *(Eis.)* Rangieren von Waggons

переставлять/переставить <что-л. куда-л.> <etw.> umstellen, umsetzen; ~ **вагоны на оси другой колеи** *(Eis.)* Waggons umachsen (umspuren); ~ **вагоны на другой путь** *(Eis.)* Waggons rangieren

перестановка вагона *s.* *переставление*

перетаривание <груза, товара> *(Prozess)* Wiederverpacken, Umverpacken, Neuverpacken <von Frachtgut, Waren>

перетаривать/перетарить <что-л.> <etw.> umverpacken, neu verpacken

перетарка *s. перетаривание*

переулок kleine Nebenstraße, Gasse

переупаковка <груза, товара> *s. перетаривание*

переупаковывать/переупаковать <товар> <Ware> umverpacken, wiederverpacken, neuverpacken

переход Übergang, Überweg *(auch in Zus.)*; **железнодорожный** ~ <Eisen>Bahnübergang; **наземный** <пешеходный> ~ Fußgänger-; **пешеходный** ~ Fußgänger-; **пограничный** ~ Grenzübergang; **подземный** <пешеходный> ~ Fußgängerunterführung; **посадочный** ~ *(Flug.)* Ankunftsgate; ~ **перевозок с одного вида транспорта на другой** Verkehrsabwanderung; ~ **риска** <с продавца на покупателя> *(jur.)* Gefahr<en>übergang <vom Verkäufer auf den Käufer>; ~ **в другой ряд** <Fahr>Spurwechsel; **место -а** Übergangsstelle; **пункт -а** *s. место*

переходить/перейти <через что-л.> hinübergehen, <etw.> überqueren; ~ **границу** eine Grenze überschreiten;

~ **дорогу** eine Straße überqueren

переходн||ый/ая/ое/ые Übergangs- *(in Zus.)*; ~ **настил** *(Eis.)* Laufbrücke; ~ **путь** *(Eis.)* -gleis

перецепляемый вагон *(Eis.)* Umstellwagen (-waggon)

перецеплять/перецепить вагоны *(Eis.)* Waggons umstellen

перечень *(m., s. auch ведомость, номенклатура, список)* Liste, Verzeichnis *(auch in Zus.)*; **единый** ~ **экспортных товаров** <ЕС> Gemeinsame Warenliste <der EU>; ~ **предметов** Stückliste; ~ **отправленного груза** Frachtliste (Versand-); ~ **судов** Schiffsverzeichnis; ~ **трамповых судов** *(Schiff., Trampverkehr)* Segelliste; ~ **товаров** Waren-; ~ **импортных товаров** Importverzeichnis; ~ **экспортных товаров** Exportverzeichnis

перешивать/перешить путь <на другую колею> *(m., Eis.)* umspuren, die Spurbreite ändern

перешивка пути <на другую колею> *(Eis.)* Umspurung, Änderung der Spurbreite

перешнуровка тента с TIR *(LKW)* Neuverschluss einer TIR-Plane

период *(s. auch время, продолжительность, срок)* Periode, Zeitraum, Zeit *(auch in Zus.)*; **внеэксплуатационный** ~ *(Transportmittel)* Ausfallzeit; **карантинный** ~ Quarantänezeit; **навигационный** ~ Navigationsperiode (Schifffahrts-); **плановый** ~ Planungsperiode (-zeitraum);

период || **большой нагрузки транспорта** Hauptverkehrs||zeit; ~ **низкой нагрузки транспорта**

Schwachlast-, verkehrsarme Zeit; ~ **стоянки** <**судна**> *(Schiff.)* Liege-; ~ **эксплуатации** *(Kfz., Waggon, Schiff, Container)* Einsatz-

периодичность *(f.)* <**перевозок**> Periodizität von Transporten

перрон *(Schienv.)* Bahnsteig, *(Flug.)* Flugsteig

персонал Personal, -personal, Personal- *(in Zus.)*; **временный** ~ Zeit-, Aushilfs-; **инженерно-технический** ~ ingenieur-technisches; **летный** ~ Flug-, fliegendes; **наземный** ~ *(Flug.)* Boden-; **обслуживающий** ~ Betriebs-, Service-, Fahr-; **поездной** ~ *(Eis.)* Zug-, Fahr-; **ремонтно-обслуживающий** ~ Reparatur- und Wartungs-; **сопровождающий** ~ Begleit-; **судовой** ~ Schiffs-, Fahr-; **штатный** ~ ständiges, festangestelltes;

аттестация персонал‖а Personal‖evaluierung; **высвобождение** -**а** -freisetzung; **квалификация** -**а** Qualifikation des Personals; **обучение** -**а** Ausbildung (Qualifizierung) des Personals; **оплата** -**а** Entlohnung des Personals; **перемещение** -**а** -umsetzung; **прием** -**а** <**на работу**> -einstellung; **сокращение** -**а** -kürzung; **увольнение** -**а** -entlassungen

перспективный рынок perspektivischer Markt, Zukunftsmarkt

петля *(techn.)* Schleife *(auch in Zus.)*; **индуктивная** ~ <**на проезжей части**> Induktions- <auf der Fahrbahn>; **поворотная** ~ *(ÖPNV)* Wende- <für Bus oder Tram>

печать, таможенная Zollsiegel

пешеход *(Pers.)* Fußgänger; **поток** -**ов** Fußgängerstrom; **скорость** *(f.)* -**а** Schrittgeschwindigkeit

пешеходн‖ый/ая/ое/ые Fußgänger- *(in Zus.)*; ~ **движение** -verkehr; ~ **дорога (дорожка)** Gehweg (Fuß-); ~ **зона** -zone; ~ **мост** -brücke; **наземный** ~ **переход** -überweg, -überführung; **подземный** ~ **переход** -unterführung; ~ **туннель** *(m.)* -tunnel

пиков‖ый/ая/ое/ые Spitzen- *(in Zus.)*; ~ **мощность** *(f.)* -leistung, -kapazität; ~ **нагрузка** -belastung, -verkehr, Stoßverkehr; ~ **пассажиропоток** *(Pass.)* -verkehr, Stoßverkehr

пилот *(Pers.)* Pilot; **кабина** -**а** Cockpit

пират, воздушный *(Pers.)* Luftpirat, Flugzeugentführer

пирс *(s. auch причал)* Pier, Kai; **морской** ~ Seebrücke; **портовый** ~ Hafenbrücke; **выгрузка и погрузка через** ~ Be- und Entladung via ~

письменный договор (контракт) schriftlicher Vertrag

письмо, гарантийное *(kfm.)* Bürgschaft

питание, бортовое *(Schiff., Flug.)* Bordverpflegung

плавание *(s. auch пароходство, судоходство)* Schifffahrt, -schifffahrt; Schifffahrts- *(in Zus.)*; **береговое** ~ Küsten-; **внутреннее** ~ Binnen-, Inlands-; **дальнее** ~ Übersee-, große Fahrt; **заграничное** ~ internationale, grenzüberschreitende; **каботажное** ~ Kabotage-, Küsten-; **канальное** ~ Kanal-; **малое** ~ kleine Fahrt; **международное** ~ *s. заграничное*; **морское** ~ <Hoch>See-; **паромное** ~ Fähr-; **прибрежное** ~ *s.*

каботажное; **смешанное** ~ kombinierte <Binnen- und Hochsee>-; **трансокеанское** ~ Übersee-; ~ **река-море-** _s. смешанное_; ~ **под парусами** Segeln; ~ **под чужим флагом** Beförderung unter fremder Flagge;

годность _(f.)_ **к плавани‖ю** Fahrtüchtigkeit; **маршрут -я** <судна> Schifffahrts‖linie, -route, -weg; **продолжительность** _(f.)_ **-я судна** Einsatzdauer eines Schiffes; **район -я** Fahrtgebiet; **свидетельство о годности судна к -ю** Seefähigkeitszeugnis; **свидетельство о праве -я под** <государственным> **флагом** Flaggenattest; **условия** _(Pl.)_ **безопасного -я** <судна> Bedingungen für die Seefähigkeit <eines Schiffes>

плав- _(in Zus.)_ **1.** Schwimm- _(in Zus.)_; **2.** Schiffs- _(in Zus.)_; **-база** Begleitschiff; **-кран** Schwimmkran; **-состав** Schiffsbesatzung; **-средства** _(Pl.)_ Schiffsbestand; **-средство** Wasserfahrzeug

плавуч‖ий/ая/ее/ие Schwimm- _(in Zus.)_; ~ **док** -dock; ~ **кран** -kran; ~ **причал** schwimmende Anlegestelle; ~ **транспортное средство** -fahrzeug, Wasserfahrzeug

план Plan _(auch in Zus.)_; **генеральный** ~ **транспорта** Generalverkehrs-; **календарный** ~ Zeit-; **Федеральный транспортной инфраструктуры** _(BRD)_ Bundesverkehrswege-;

план ‖ выгрузки Entlade-; ~ **города** Stadt-; ~ **заселения и землепользования** _(BRD)_ Raumordnungs-; ~ **застройки** Bebauungs-; ~ **использования площадей** Flächennutzungs-; ~ **обращения с опасным грузом в**

экстренном случае _(Gefahrgut)_ Notfall-; ~ **перевозок** Verkehrs-, Beförderungs-; ~ **погрузки** Verlade<zeit>-, Belade-; ~ **пользования площадью** _s._ ~ _использования площади_; ~ **путей сообщения** Verkehrswege-; ~ **ремонтных работ** Reparatur-; ~ **развития транспортного сектора** Verkehrsentwicklungs-; ~ **размещения груза на судне** _(Schiff.)_ Stau-; ~ **участка** <дороги, пути> Strecken-; ~ **формирования поездов** _(Eis.)_ Zugbildungs-; **карго-** ~ Lade-, _(Schiff. auch)_ Stau-

планирование Planung _(auch in Zus.)_; **генеральное** ~ **транспорта** Generalverkehrs-; **интегрированное** ~ **транспорта** integrierte Verkehrs-; **региональное** ~ Regional-; **сетевое** ~ Netz-; **территориальное** ~ Raum-; **финансовое** ~ Finanz-; **финансовое** ~ **движения** Verkehrsfinanz-;

планирование ‖ городского движения Stadtverkehrs‖planung; ~ **движения транспорта** Verkehrs-; ~ **заселения и землепользования** _(BRD)_ Raumordnungs-; ~ **инфраструктуры** Infrastruktur-; ~ **использования грузоподъемности** Transportraum-; ~ **маршрутов** Touren-, Routen-; ~ **мощностей** Kapazitäts-; ~ **очередности грузовиков** _(LKW)_ Reihenfolge-; ~ **перевозок** _(Pl., Güterv.)_ Verkehrs-; ~ **полезной площади для автостоянок** Parkraum-; ~ **порядка следования грузовиков** _s._ ~ _очередности_; ~ **проекта** Projekt-; ~ **путей сообщения** Verkehrswege-; ~ **ремонтных работ** Reparatur-; ~ **расширения аэропорта** _(Erweiterungsbau)_ Flughafen-; ~ **строительства аэропорта**

(Neubau) Flughafen-; ~ **трасс** Trassen-, Strecken-; ~ **участка дороги (пути)** *s.* ~ *трасс*; ~ **<перевозок, маршрутов>** с **оптимальным учетом стоимости** kostenoptimale ~ <der Beförderung, von Routen>

планово-убыточный тариф planmäßig unter den Transportselbstkosten festgesetzter Tarif

планов‖ый/ая/ое/ые 1. Planungs- *(in Zus.)*; **2.** planmäßig/e/er/es; ~ **документация** -unterlagen; ~ **период** -periode, -zeitraum; ~ **ремонт** -e Instandhaltung

пластиковая лента Kunststoffband; **перевязывать/перевязать товар -ой -ой** Ware mit einem ~ verschnüren

плата Gebühr/en, Entgelt -gebühr/en, -entgelt, -geld *(in Zus.)*;

арендная плата ‖ Miete, Mietgebühr/en, -miete *(in Zus.)*; ~ **за автомобиль** *(m., Kfz.)* Wagen-; ~ **за вагон** *(Eis.)* Wagen-; ~ **за контейнер** Container-; ~ **за лихтер** *(Schiff.)* Leichtergebühr/en;

дополнительная ‖ плата Zusatzgebühr/en, Zuzahlung; **дополнительная** ~ **за провоз** Mehrfrachtgebühr/en; **заработная** ~ Lohn, Gehalt; **излишняя** ~ **за провоз** Überfrachtgebühr/en; **покилометровая** ~ Kilometergeld; **провозная** ~ *(Güterv.)* Frachtgeld, Transportentgelt (-gebühr, -preis), *(Pass.)* Fahrgeld (-preis), Beförderungsentgelt; **страховая** ~ Versicherungsbeitrag (-prämie);

плата ‖ за авиаперевозку Luftfracht; ~ **за аренду <автомобиля, вагона контейнера>** *s.* *арендная*; ~ **за**

аренду подъемного крана Krangeld; ~ **за буксировку** *(Schiff.)* Schlepplohn, Schlepperentgelt; ~ **за выгрузку** Abladegebühr/en (Entlade-), *(Schiff. auch)* Löschgebühr (-geld); ~ **за доставку** Zustellgebühr/en, Fuhrgeld, Beförderungsentgelt; ~ **за доставку железнодорожного груза на дом**[⌂] *(Eis.)* Rollgeld; ~ **за наем судна** Schiffsmiete; ~ **за отправку** Expeditionsgebühr/en; ~ **за перевозку** *(Güterv.)* Frachtgebühr/en, Transportentgelt, *(Pass.)* Fahrgeld (-preis), Beförderungsentgelt; ~ **за перевозку тяжеловесного груза** *(LKW)* Schwerverkehrsabgabe; ~ **за перевозку груза большой скоростью** Eilfracht (Express-, Schnell-); ~ **за перестановку на другой <железнодорожный> путь** *(Eis.)* Umstellgebühr/en; ~ **за погрузку** Ladegebühr/en (-geld);

плата за пользование ‖ <Be>Nutzungsgebühr/en; ~ **автострадой** Autobahn-; ~ **дорогами** Straßen-; ~ **краном** Krangeld; ~ **рельсовым путем** Gleis-; ~ **железнодорожной сетью** *(Eis.)* Trassen-;

плата ‖ за пошлину Abgabe/n, <Zoll>Gebühr/en; ~ **за причал** Kaigebühr/en (-abgaben, -geld); ~ **за провоз** *s.* ~ *за перевозку*; ~ **за проезд** *(Pass.)* Fahrgeld (-preis), Beförderungsentgelt; ~ **за простой <вагона, грузовика>** *(Eis., Kfz.)* <Wagen>Standgeld; ~ **за стивидорные работы** *(Pl., Schiff.)* Stauerlohn; ~ **за разгрузку** *s.* ~ *за выгрузку*; ~ **за рекламу и отправку груза (товара)** Werbe- und Abfertigungsvergütung; ~ **за розыск** Nachforschungsgebühr/en; ~ **за спасение груза <судна>**

(*Schiff.*) Bergegeld; ~ **за стоянку** Parkgebühr/en; ~ **за транспортные услуги** *(Pl., Güterv.)* Transportentgelt; *(Pass.)* Beförderungsentgelt; ~ **за хранение** <**груза на складе**> Lagergebühr/en (-geld, -miete)

платеж/и *(kfm., s. auch уплата)* Zahlung/en, Zahlungsleistung, -zahlung, Zahlungs- *(in Zus.)*; **авансовый** ~ An-, Voraus-, Vorleistung; **безакцептный** ~ im Lastschriftverfahren; **безналичный** ~ bargeldlose; **дополнительный** ~ Zu-; **наложенный** ~ Zahlung per Nachnahme; **немедленный** ~ unverzügliche; **переводный** ~ Transfer-; **трансфертный** ~ *s. переводный*;

платеж || **наличными** Bar||zahlung; ~ **наличными до сдачи товара** Voraus-, Vorauskasse; ~ **наличными против документов** Bar- gegen Dokumente, cash against documents (cad); ~ **по безналичному расчету** bargeldlose; ~ **по безналу** *(umg.) s.* ~ *по безналичному расчету*; ~ **по инкассо** ~ im Lastschriftverfahren; ~ **по наличному расчету** *s. платеж наличными*; ~ **посредством аккредитива** ~ gegen Akkreditiv; ~ **при погрузке** <**на борт судна**> ~ bei Verschiffung; ~ **при поставке** ~ bei Lieferung, cash on delivery (cod); ~ **против аккредитива** ~ gegen Dokumentenakkreditiv (L/C); ~ **против документов** ~ gegen Dokumentenvorlage; ~ **против товара** ~ bei Empfang der Ware;

обязанность *(f.)* **произведения платеж**||**а** Zahlungs||pflicht; **поступление** -a -eingang; **прекращение** -a -stopp, Einstellung der ~; **просрочка** -a -verzug; **срок** -a -frist, -ziel; **условия** *(Pl.)* -a

-bedingungen;

запаздывать/запоздать с платеж||**ом** mit einer || Zahlung || im Rückstand sein; **посылать/послать наложенным** -ом eine ~ per Nachnahme schicken; **прекращать/ прекратить** -и *(Pl.)* die -en einstellen; **принимать/принять вместо** -a an -s statt nehmen; **принимать/принять к** -y <etw.> in ~ nehmen; **производить/ произвести** ~ eine ~ abwickeln (leisten, vornehmen, ausführen); **просрочивать/просрочить** ~ mit einer ~ in Verzug geraten; **рассрочивать/рассрочить** ~ eine ~ auf Raten leisten

платежеспособность *(f., kfm.)* Zahlungsfähigkeit

платежн||**ый/ая/ое/ые** *(kfm.)* Zahlungs- *(in Zus.)*; ~ **документ** -beleg, -dokument; ~ **оборот** -verkehr

плательщик *(Pers.)* Zahlungspflichtiger, Zahlender

платить/заплатить <что-л. за что-л.> <etw.> zahlen, <etw. für etw.> bezahlen, eine Zahlung leisten; ~ **неустойку** eine Vertragsstrafe || zahlen; ~ **пошлину** eine Abgabe ~, <Zoll>Gebühr/en ~; ~ <**штрафную**> **санкцию** Sanktionen ~, eine Vertragsstrafe ~; ~ **сбор** eine Gebühr ~; ~ **тариф** einen Tarif ~; ~ **штраф** eine Strafe ~; ~ **за доставку** für die Anlieferung ~

платн||**ый/ая/ое/ые** gebührenpflichtig/e/er/es (kosten-); ~ **автостоянка** -er Parkplatz, -es Parkhaus; ~ **дорога** -e Straße; ~ **перевозка** -e Beförderung; ~ **стоянка** *s. автостоянка*; ~ **участок дороги** -er Straßenabschnitt

платформа 1. *(Schienv.)* Bahnsteig *(auch in Zus.)*; **2.** *(Umschlaganlage)* Laderampe (Verlade-), Ladebühne, -rampe, -bühne *(in Zus.)*; **боковая погрузочная** ~ *(LKW)* Seitenrampe; **бортовая** ~ Ladepritsche; **вспомогательная** ~ Behelfsbahnsteig; **грузовая** ~ *(LKW)* Ladefläche; **железнодорожная** ~ *(Eis.)* Bahnsteig; **задняя погрузочная** ~ Heckrampe; **запасная** ~ *s. вспомогательная*; **контейнерная** ~ *(Eis.)* Containertragwagen; **кормовая** ~ *s. задняя погрузочная*; **нефтяная** ~ Ölplattform; **носовая** ~ Bugrampe; **перегрузочная** ~ Umladebühne; *(Fahrzeug)* **передняя погрузочная** ~ *s. носовая*; **погрузочная** ~ 1. Verladerampe, Laderampe (-brücke, -bühne); 2. *(LKW)* Ladefläche; **подъемная** ~ Hebebühne; **разгрузочная** ~ Entladeplattform, (-bühne), *(Schiff. auch)* Löschplattform;

платформа ‖ **для скоростной отправки** Schnellrampe; ~ **<-поддон> для перевозки контейнеров** Containerpackstation; ~ **для перевозки контрейлеров** *(Eis.)* Huckepackflachwagen; ~ **для горизонтальной погрузки и выгрузки** RoRo-Rampe;

вагон-‖платформа *(Eis.)* Plattformwagen; **низкорамный прицеп-~** *(Kfz.)* Plattformwagen;

<полезная> длина платформ‖ы <грузового автомобиля> *(Kfz.)* **<nutzbare>** Wagenlänge; **контейнер с -ой** Abrollcontainer

плацкарта *(Eis.)* Platzkarte; ~ **для сидячего места** ~ für einen Sitzplatz; ~ **для спального места** ~ für einen Schlafwagenplatz, Bettkarte; **оформлять/оформить**

броню на -у eine ~ reservieren

плацкартный ‖ **билет** *(Eis.)* Platzkarte; ~ **вагон** *(Eis.)* offener Liegewagen

пленка, термоусадочная *(Verpackung)* Thermofolie

плита проезжей части Fahrbahnplatte

пломба Plombe *(auch in Zus.)*; **контейнерная** ~ Container-; **неповрежденная** ~ unversehrte; **поврежденная** ~ beschädigte; **таможенная** ~ Zoll-, Zollverschluss; **наложение -ы** Verplombung; **срыв таможенной -ы** Zollverschlussverletzung; **накладывать/наложить -у <на что-л.>** <etw.> verplomben, mit einer ~ versehen; **снимать/снять -у** eine ~ entfernen; **хранить/сохранить товар под -ой** Ware unter Zollverschluss lagern

пломбировать/опломбировать <транспортное средство> <ein Transportmittel> verplomben, mit einer Plombe versehen

пломбировка *(Prozess)* Plombieren, Plombierung

плоский поддон Flachpalette

плот, спасательный Rettungsfloß (-insel)

плотина Staudamm

плотность *(f., s. auch частота)* Dichte *(auch in Zus.)*; ~ **навалочного груза** Schütt-; ~ **движения поездов** Zug-; ~ **дорожного движения** Verkehrs-; ~ **интервалов** Takt-; ~ **машин <на дороге>** *(Kfz.)* Fahrzeug-; ~ **отплытия** *(Schiff.)* Abfahrts-; ~ **отправления** Abfahrts-; ~ **перевозок** Beförderungs-,

Transport-, Verkehrs-; ~ дорожной сети Straßennetz-; ~ железнодорожной сети Eisenbahnnetz-; ~ транспортной сети Verkehrsnetz-; ~ сети автомобильных дорог _s._ ~ _дорожной сети_; ~ сети путей сообщения _s._ ~ _транспортной сети_

плохая погода schlechtes Wetter

площадка _(s. auch площадь)_ Fläche, Platz _(auch in Zus.)_; вертолетная ~ Hubschrauberlandeplatz; взлетно-посадочная ~ _(Flug.)_ Rollfeld, Lande-; контейнерная ~ Containerstell-; перегрузочная ~ Umlade-, Umschlag-; погрузочная ~ Lade-, Ladebühne; разгрузочная ~ Entlade-, Entladeplattform (-bühne); таможенная ~ Zollhof; трейлерная ~ Trailerstell-;

площадка || водителя Fahrerplatz, Führerstand; ~ для практических занятий по вождению автомобиля Verkehrsübungsplatz; ~ для маневрирования <транспортных средств> Verkehrsfläche, Rangier-; ~ для отдыха <у автострады> <Autobahn>Rastplatz

площадь _(f., s. auch площадка)_ Fläche, Platz _(auch in Zus.)_; перегрузочная ~ Umlade-; погрузочная ~ _(Güterv.)_ Ladefläche; полезная ~ Nutzfläche; полезная ~ для автостоянок Park-, Parkraum; причальная ~ Kaifläche; складская ~ Lager-; транспортная ~ Verkehrsfläche; удельная ~ _(Eis., LKW)_ spezifische Ladefläche; ~ движения _s. транспортная_; ~ грузового помещения _(LKW)_ Ladefläche; ~ складирования _s. складская_; ~ стоянки Stell-

плыть (плавать) _(Schiff.)_ <куда-л.> <irgendwohin> fahren, schwimmen; ~ под парусами segeln; ~ под иностранным (чужим) флагом unter ausländischer (fremder) Flagge fahren

побассейновый тариф _(Schiff.)_ Fahrtgebietstarif

побочн||ый/ая/ое/ые Neben-, Seiten- _(in Zus.)_; ~ полоса Nebenfahrspur, Seitenstreifen; ~ проезжая часть Nebenfahrbahn; ~ проход Nebendurchgang (-durchfahrt), _(Schiff.)_ Nebenpassage

повагонн||ый/ая/ое/ые _(Eis.)_ waggonweise/er/es, Wagenladungs- _(in Zus.)_; ~ груз 🕮 -gut; ~ отправка -er Versand; ~ поставка -e Lieferung, Waggonlieferung; ~ тариф -tarif; ~ фрахт -fracht; категория -ых грузов -klasse; перевозки _(Pl.)_ -ых грузов -verkehr/e

поверхность _(f.)_ Oberfläche, -fläche _(in Zus.)_; несущая ~ Trag-; опорная ~ _s. несущая_; ~ пути _(Eis.)_ Gleis-

повинность, автогужевая Kraftfahrzeugpflichtleistung

повозка Fuhre, Fuhrwerk

поворачиваемость _(f.)_ <автомобиля> Kurvenverhalten <eines Kfz.>

поворачивать/повернуть _(Fahrzeug)_ abbiegen; ~ налево nach links; ~ направо nach rechts

поворот 1. _(Streckenführung)_ Kurve, Straßenkrümmung (-biegung), -kurve _(in Zus.)_; 2. _(Prozess)_ Abbiegen _(auch in Zus.)_; левый ~ Links-; правый ~ Rechts-; поле -а _(Fahrzeug)_ Schwenkbereich; полоса для -а Abbiegespur; сигнал -а

Fahrtrichtungsanzeiger; **указатель** *(m.)* **-a** *s. сигнал*

поворотн‖ый/ая/ое/ые Dreh-, Wende- *(in Zus.)*; ~ **автокран <на рельсовом ходу>** <schiengängiger> Autodrehkran; ~ **буй** Wendeboje; ~ **знак** Wendemarke; ~ **круг** Drehscheibe; ~ **круг для перегрузки с одного вида транспорта на другой** intermodale <Verkehrs>Drehscheibe; ~ **круг для разгрузки и погрузки контейнеров** Containerdrehscheibe; ~ **петля** *(ÖPNV)* Wendeschleife; ~ **пункт** *s. знак*; ~ **радиус** *(Kfz.)* Wendekreis; ~ **тележка <вагона>** <Wagen>Drehgestell

повреждать/повредить <груз при транспортировке> <Fracht beim Transport> beschädigen

повреждение Beschädigung, Schaden, -beschädigung,-schaden, Schadens- *(in Zus.)*; **аварийное** ~ Havarieschaden; **внешне не установленное** ~ verdeckter (versteckter) Mangel; **внешнеустановленное** ~ äußerlich sichtbare/er; **частичное** ~ Teilbeschädigung;

повреждение ‖ груза Frachtbeschädigung; ~ **груза вследствие недостаточной упаковки** Verpackungsschaden; ~ **товара** Beschädigung der Ware; ~ **при перевозке (транспортировке)** Transportschaden;

предохранение товара от повреждени‖й и гибели Bewahrung der Ware vor Verlust und Beschädigung; **свидетельство о -и <груза>** -bescheinigung, -nachweis, -beleg; **установление -я <груза>** Festellung der Frachtbeschädigung; **свободно от -я** unbeschädigt, free of

damage (fod).

поврежденн‖ый/ая/ое/ые beschädigt/e/er/es, defekt/e/er/es; ~ **автомобиль** *(m.)* -es Kfz; ~ **багаж** beschädigtes Gepäck; ~ **вагон** -er Waggon, Schadwagen; ~ **груз** beschädigte Fracht; ~ **емкость** *(f.)* -er Behälter, -es Behältnis; ~ **контейнер** beschädigter Container; ~ **пломба** *(Zoll.)* beschädigte Plombe; ~ **тара** beschädigte Verpackung; ~ **упаковка** *s. тара*; ~ **фургон** -er LKW

повременный тариф🕮 Zeittarif

повторность *(f.)* **<перевозок>** Weiterleitung <von Transporten>; **коэффициент** **-и перевозок** Weiterleitungskoeffizient

повторн‖ый/ая/ое/ые wiederholt/e/er/es, Wieder- *(in Zus.)*; ~ **отправка <груза>** -versenden <von Fracht>; ~ **отправка груза водным путем** -verschiffung <von Fracht>; ~ **перевозка** Weiterleitungtransport; ~ **перевозки** *(Pl.)* <unnötige> Mehrfachtransporte; ~ **погрузка** -verladung

повышать/повысить <что-л.> <etw.> erhöhen; ~ **пошлину** Abgabe/en, Gebühr/en, Zoll; ~ **сбор** *s. пошлину*; ~ **тариф** Tarif; ~ **цену** Preis

повышаться/повыситься zunehmen, sich erhöhen, steigen

повышение *(Prozess)* Erhöhung, Zunahme, -erhöhung *(in Zus.)*; ~ **высоты полета** Zunahme der Flughöhe; ~ **складских запасов** Zunahme des Lagerbestandes; ~ **качества трассирования** *(Eis.)* Verbesserung der Trassierung; ~ **пошлины** Abgaben-, Gebühren-, Zoll-; ~ **расходов** Kosten-; ~ **сбора**

Gebühren-; ~ **скорости** Beschleunigung, ~ der Geschwindigkeit; ~ **стоимости проезда** Fahrpreis-; ~ **тарифа** Tarif-; ~ **цены** Preis-

погибшие *(Subst., Pl.)* в результате автокатастроф (происшествий на транспорте) Verkehrstote *(Pl.)*

поглощение предприятия Unternehmensfusion

погода Wetter *(auch in Zus.)*; **благоприятная** ~ günstiges; **летная** ~ Flug-; **неблагоприятная** ~ ungünstiges; **нелетная** ~ unzureichendes (schlechtes) Flug-; **плохая** ~ schlechtes; **тихая** ~ ruhiges; **туманная** ~ nebliges; **штормовая** ~ stürmisches

погодочувствительный груз witterungsempfindliche Fracht (-es Gut)

погонн||ый/ая/ое/ые laufend/e/er/es; ~ **километр** *(Eis.)* Gleiskilometer; ~ **метр** –er Meter

пограничн||ый/ая/ое/ые Grenz- *(in Zus.)*; ~ **зона** -gebiet; ~ **контроль** *(m.)* -kontrolle; ~ **операция** -abfertigung; ~ **переход** -übergang; ~ **пошлина** -zoll; ~ **пункт** -übergangsstelle; ~ **станция** -station, -bahnhof; ~ **таможня** -zollamt

погран- Grenz- *(in Zus.)*; -**пункт** -übergang, -übergangsstelle; -**станция** -bahnhof

погружаемый груз Verladegut

погружать/погрузить <что-л. на что-л.> 1. *(Güter)* verladen; 2. *(Transportmittel)* beladen; befrachten; ~ **вагон** *(Eis.)* einen Wagen (Waggon) beladen; ~ **груз** Fracht verladen; ~ **грузовик** einen LKW beladen; ~ **контейнер 1.** einen Container beladen; 2. einen

Container verladen; ~ **самолет** ein Flugzeug beladen (befrachten); ~ **судно** ein Schiff befrachten

погруженн||ый/ая/ое/ые 1. *(Güter)* verladen/e/er/es; **2.** *(Transportmittel)* beladen/e/er/es, mit Ladung, *(Schiff. auch)* befrachtet/e/er/es; ~ **автомобиль** *(m.)* beladenes Kraftfahrzeug (-er LKW); ~ **вагон** beladener Wagen (-er Waggon); ~ **груз** verladenes <Fracht>Gut; ~ **навалом груз** lose verladenes <Fracht>Gut; ~ **коносамент на груз** *(See.)* Bordkonnossement; ~ **контейнер 1.** *(als Fracht)* verladener Container; **2.** *(als Behältnis)* beladener Container; ~ **судно** beladenes Schiff; ~ **фургон** beladener LKW; ~ **на судно груз** *(Schiff.)* gestautes <Fracht>Gut

погрузка *(Prozess, s. auch отгрузка, отправка)* **1.** *(Güter)* Verladung, -verladung, -ladung, Verlade-, Lade- *(in Zus.)*; **2.** *(Transportmittel)* Beladung, -beladung, Belade- *(in Zus.)*, *(Schiff.)* Befrachtung, -befrachtung, Befrachtungs- *(in Zus.)*; **автоматическая** ~ и **разгрузка** <транспортного средства> Selbstabfertigung <eines Transportmittels>; **вертикальная** ~ и **выгрузка** LoLo-Verfahren; **горизонтальная** ~ и **разгрузка** RoRo-Verfahren; **добавочная** ~ Beiladen, zusätzliche Ladung; **максимально допустимая** ~ maximale Beladung (Zuladung), *(Binnsch.)* maximale Abladetiefe; **неполная** ~ Teilladung; (-verladung); **неполная** ~ **контейнера** Less than Container Load (LCL), Containerteilladung; **ограниченная** ~ eingeschränkte Beladung, *(Binnsch.)* beschränkte Abladetiefe; **повторная** ~ Wiederverladung; **полная** ~

Komplettladung; **полная** ~ **контейнера**⊡ Full Container Load (FCL), Containerkomplettladung; **ручная** ~ manuelle Verladung, Verladung von Hand; **совместная** ~ **<груза>** Zusammenladung <von Fracht>; **средняя суточная** ~ durchschnittliche tägliche; **суточная** ~ tägliche; **частичная** ~ *s. непольная*;

погрузка ‖ **груза** Frachtverladung; ~ **сыпучего груза** Schüttgut<ver>ladung; ~ **сыпучего груза навалом** *(Schiff.)* Bulkladung; ~ **штучного груза** Stückgut<ver>ladung; ~ **полного грузовика** *(LKW)* Wagenladung; ~ **контейнера 1.** *(als Fracht)* Containerverladung; **2.** *(als Transportbehältnis)* Containerbeladung; ~ **навалом** Schüttverladung;

погрузка ‖ **в попутном направлении** Zwischenbeladung in der Leerrichtung; ~ **в трюме** *(Schiff.)* Verladung unter Deck; ~ **на борт судна и разгрузка с борта судна** free on board/free off board (fob/fob); ~ **на палубе** *(Transport)* An-Deck-Verschiffung; ~ **на палубу** *(Verladung)* An-Deck-Verschiffung; ~ **на судно** Verschiffung, Einklarierung; ~ **на судно с доставкой на борт** <Verladung> free on bord (fob); ~ **с помощью крана** Kranverladung; ~ **сверх нормы** Überfrachtung; ~ **и выгрузка через пирс** *(Schiff.)* Be- und Entladung via Kai;

погрузка ‖ **оплачивается фрахтователем** free in (fi), Beladung zahlt Befrachter; ~ **и выгрузка оплачиваются фрахтователем** free in and out (fio), Beladung und Entladung zahlt Befrachter; ~**, выгрузка и укладка**

груза **в трюме оплачивается фрахтователем** free in and out and stowed (fios), Beladung, Entladung und Stauen zahlt Befrachter;

агент погрузк‖и Ladeagent, *(Schiff.)* Befrachtungsagent; **время -и** Ladezeit (Belade-), *(Schiff.)* Befrachtungszeit; **габарит -и** *(Eis.)* Ladeprofil (-maß); **готовность** *(f.)* к **-е** Ladebereitschaft (Verlade-); **договор о -е** *(Binnsch.)* Abladevertrag; **зона -и** Ladezone (-bereich); **инструкция по -е** Ladevorschriften (Verlade-), Verladebestimmungen; **контейнер для неполной -и** LCL-Container; **место -и** Verladestelle (-ort); **накладная на -у** Ladeliste (-zettel); **наряд на -у** Verladeorder (-auftrag); **календарный план -и маршрутов** Verladezeitplan (Belade-); **плата за -у** Ladegebühr/en (Verlade-), Ladegeld, *(Schiff. auch)* Befrachtungsgebühren; **полоса для -и** Ladespur; **порт -и** Ladehafen (Verlade-, Basis-, Verschiffungs-); **поручение на -у** Verladeauftrag; **правила** *(Pl.)* **-и** *s. инструкция*; **проведение -и** Ladevorgang, Frachtabwicklung; **продолжительность** *(f.)* **-и** Beladedauer (Verlade-), *(Schiff.)* Befrachtungsdauer; **просрочка -и (в -е)** Ladeversäumnis; **пункт -и** *s. место*; **путь** *(m., Eis.)* **-и** Ladegleis (Verlade-); **расписка в -е** Verladebestätigung; **расходы** *(Pl.)* **на -у (по -е)** Ladekosten (Verlade-); **сбор/ы за -у** *s. плата*; **свидетельство о -е** Ladeschein; **способ -и лифт-он-лифт-оф** LoLo-Verfahren; **способ горизонтальной (быстрой) -и и выгрузки** RoRo-Verfahren; **срок <бесплатной> -и** <gebührenfreie> Ladezeit; **станция -и** *(Eis.)* Beladestation (-bahnhof), Verladestation (-bahnhof);

стоимость *(f.)* -и Ladegeld, Verladekosten; **условия** *(Pl.)* -и Ladebedingungen (Verlade-), *(Schiff.)* Befrachtungsbedingungen; **с -ой на терминале** Verladung ab Terminal; **производить/ произвести -у** <etw.> verladen, beladen

**погрузочно-
разгрузочн‖ый/ая/ое/ые** Be- und Entlade- *(in Zus.)*; ~ **оборудование** -technik, Ladeausrüstung; ~ **операции** *(Pl.)* -arbeiten; ~ **путь** *(m.)* -gleis; ~ **работы** *(Pl.) s. операции*; ~ **средства** *(Pl.)* -mittel

погрузочн‖ый/ая/ое/ые *(s. auch фрахтов‖ый/ая/ое/ые)* Lade-, Belade-, Verlade- *(in Zus.)*; ~ **вагонетка** *(Eis.)* Lore, Beladewagen; ~ **ведомость** *(f.)* Ladeliste (-schein); ~ **ворота** *(Pl.)* Ladepforte (-luke); ~ **высота** *(LKW)* Ladehöhe; ~ **габарит** Ladeöffnung; ~ **документы** *(Pl.)* -papiere; ~ **единица** -einheit; ~ **емкость** *(f.)* Laderaum (-kapazität, -volumen), Transportraum; ~ **инструкция** -vorschriften, Verladebestimmungen; ~ **кран** Ladekran (Verlade-); ~ **лоток** Laderutsche; ~ **мощность** *(f.)* -kapazität; ~ **мостик** Beladebrücke (Lade-); ~ **накладная** Verladeschein, Ladeliste; ~ **настил** *s. мостик*; ~ **объем** *s. емкость*; ~ **операции** *(Pl.)* -arbeiten; ~ **ордер** Verladeorder, Ladeschein (Übernahme-), Schiffszettel; ~ **ордер экспедитора** Spediteurübernahmebescheinigung (forwarders certificate of receipt); ~ **платформа** 1. *(Bauwerk)* -rampe, -brücke, Ladebühne; 2. *(LKW)* Ladefläche; ~ **площадка** Ladebühne (-fläche, -platz); ~ **площадь** *(f., Güterv.)* Ladefläche; ~ **пространство** Laderaum; ~ **пункт** -stelle, -ort; ~ **путь** *(m.)* -gleis; ~

работы *(Pl.) s. операции*; ~ **рампа** -rampe; ~ **тележка** Karre, Transportwagen; ~ **устройство** Ladegeschirr (-gerät); ~ **эстакада** -rampe

погрузчик *(techn.)* Ladevorrichtung, Belader, Stapler, -stapler-lader *(in Zus.)*; **вилочный** **авто-**Gabelstapler; **дизельный** ~ Dieselstapler; **портальный** ~ Portalstapler (Tor-); **самоходный** ~ Selbstlader; ~ **с поворотной стрелой** Schwenklader

подавать/подать заявку <на что-л.> einen Antrag <für (auf) etw.> stellen, <etw.> anmelden, anfordern

податель *(Pers.)* **таможенной декларации** Zolldeklarant

подача *(hier)* Bereitstellung *(auch in Zus.)*; ~ **вагонов** Wagen-; ~ **информации** <о транспортной обстановке> в реальном времени Echtzeitinformation <zur Verkehrslage>; ~ **заказа** Aufgabe einer Bestellung; ~ **контейнеров** Container-; ~ **лихтеров** *(Schiff.)* ~ von Leichtern; ~ **тоннажа** ~ von <Schiffs>Tonnage; **время -и** Beistellzeit

подвергать/подвергнуть <что-л./кого-л.> **карантину** <etw./jmdn.> unter Quarantäne stellen, Quarantäne verhängen

подвеска оси *(Kfz., Schienv.)* Achsaufhängung; **задняя** ~ hintere; **передняя** ~ vordere

подвесная дорога Schwebebahn

подвижн‖ой/ая/ое/ые beweglich/e/er/es;

подвижная **единица** ‖ Fahrzeugeinheit, -fahrzeug *(in Zus.)*; **сочлененная** ~ gegliedertes Triebfahrzeug; **тяговая** ~ Trieb-; ~

большой мощности Hochleistungs-; ~, **работающая на нескольких системах тока** Mehrsystem-;

подвижной состав ‖ Fahrzeuge, Fahrzeugpark (Fuhr-, Wagen-), Fahrzeugflotte, -fahrzeuge, -fahrzeugpark, Fahrzeug- _(in Zus.)_, _(Eis. auch)_ rollendes Material; **железнодорожный** ~ Schienen-, Bahnfahrzeuge; **многочастотный электро-~** Mehrfrequenzfahrzeuge; **рабочий** ~ in Betrieb befindliche/er; **рельсовый** ~ _s. железнодорожный_; **скоростной** ~ Hochgeschwindigkeitsfahrzeuge; **универсальный** ~ Mehrzweckfahrzeuge; **устаревший** ~ veraltete/er; ~, **работающий на нескольких системах тока** Mehrstromfahrzeuge; ~ **для перевозки тяжеловесных грузов** Schwerlastfahrzeuge;

единица подвижн‖ого состав‖а Fahrzeug‖einheit, Transportfahrzeug; **емкость** _(f.)_ **-ого -а** Transportkapazität des -s (der Fahrzeuge); **загрузка -ого -а** Auslastung des -s (der Fahrzeuge); **обновление -ого -а** Erneuerung (Verjüngung) des -s (der Fahrzeuge); **парк -ого -а** Fahrzeugpark (Fuhr-, Wagen-), -flotte; **простой -ого -а** Stillstand des -s (der Fahrzeuge); **распоряжение -ого -а** -disposition; **расходы** _(Pl.)_ **на содержание -ого -а** ~-Instandhaltungskosten; **ремонт -ого -а** Fuhrparkreparatur; **состояние -ого -а** Zustand des -s (der Fahrzeuge); **управление -ым -ом** Flottenmanagement; **эксплуатация -ого -а** -einsatz

подвижная техника bewegliche Technik

подвижность _(f.)_ Mobilität,

Flexibilität; **коэффициент -и населения** Mobilitätskoeffizient

подводн‖ый/ая/ое/ые Untersee- _(in Zus.)_; ~ **крыло** _(Schiff.)_ Tragflügel; ~ **лодка** -boot

подвоз _(s. auch доставка, поставка)_ Antransport, Anfuhr; ~ **груза** Güteranfuhr; ~ **и отвоз груза в смешанных перевозках** Zu- und Ablaufverkehre im KV; **время -а** Zustellzeit/en; **путь** _(m.)_ **-а** Anfuhrstrecke; **транспорт -а** Zustellverkehr; **экспедиция -а** Zustellspedition

подвозить/подвезти 1. <что-л. к чему-л.> _(Güterv.)_ <etw.> heranfahren, zustellen, anliefern; **2. <кого-л. к чему-л.>** _(Zubringerverkehr)_ <jmdn.> hinfahren (heran-); ~ **груз** Fracht zustellen; ~ **контейнер** einen Container anliefern; ~ **пассажиров** Passagiere hinfahren

подвозка _s. подвоз_

подгорная концевая станция <канатной дороги> Talstation <einer Seilbahn>

подготавливать/подготовить <автомобиль, вагон, груз, товар> <ein Kfz, einen Waggon, Fracht, Ware> bereitstellen, vorbereiten; ~ **к отправке** <etw.> für den Versand ~, <etw.> versandfertig machen; ~ **к таможенной отчистке** <etw.> zur zollamtlichen Behandlung ~; ~ **к перевозке** _s. ~ к транспортировке_; ~ **к передаче** <etw.> zur Übergabe ~; ~ **к приемке** <etw.> zur Abnahme ~; ~ **к растаможиванию** <etw.> zur Verzollung ~; ~ **к транспортировке** <etw.> für den Transport ~

подготовка _(Prozess)_ Vorbereitung, -vorbereitung, -abfertigung _(in Zus.)_;

~ груза к транспортировке Transport-; ~ накладных ~ eines Frachtbriefs; ~ поезда к отправке Zug-; ~ самолета к взлету и посадке *(Flug.)* Start- und Landevorbereitung; ~ самолета к отправке Flugzeug-; ~ товара к отправке ~ zum Versand, Versandabfertigung

поддержанный автомобиль *(Kfz.)* Gebrauchtwagen

поддерживать/поддержать деловые связи *(Pl.)* Geschäftbeziehungen unterhalten

поддерживающий неведущий мост *(Kfz., Schienv.)* Schleppachse (Trag-)

поддон *(s. auch* палета*)* Untersatz, Palette, -palette, Paletten- *(in Zus.)*; возвратный ~ Mehrweg-, Umlauf-; грузовой ~ Fracht-; двухзаходный ~ Zweiwege-; евро- Euro-; заменимый ~ Tausch-, Austausch-, Wechsel-; нормальный ~ Normal-; оборотный ~ *s.* возвратный; плоский ~ Flach-; решетчатый секционный ~ Gitterbox-; секционный ~ Box-; складской ~ Lager-; специализированный ~ Spezial-; стандартный ~ Standard-; товарный ~ Waren-; транспортный ~ Transport-; универсальный ~ *s.* стандартный; ящичный ~ Box-;

поддон || многократного применения (пользования) Mehrweg||palette, wiederverwendbare Palette; ~ однократного применения (пользования) Einweg-, verlorene Palette; ~ для перевозки контейнеров Container-;

автомобиль *(m.)* для перевозки груза на поддон||ах *(LKW)* Paletten||fahrzeug; вагон для

перевозки груза на -ах *(Eis.)* -wagen; груз на -ах -ladung; доля грузовых перевозок на -ах Palettierungsgrad; оборачиваемость *(f.)* -ов -umlauf; оборот -ов *s.* оборачиваемость; пакетирование груза на -ах *(Prozess)* Palettierung <von Gütern>; парк -ов -pool; перевозка на -ах -verkehr, Beförderung auf Paletten; применение -ов для перевозки груза *s.* пакетирование; система перевозки груза на -ах -system; склад -ов -depot; судно для перевозки груза на -ах -schiff; транспортировка на -ах *s.* перевозка; укладка груза на -ах *s.* пакетирование; укладывать/ уложить товар на -ы Ware palettieren

подземн||ый/ая/ое/ые unterirdisch/e/er/es, unter der Erde befindlich/e/er/es, *(Verkehrsbau)* Tunnel- *(in Zus.)*; ~ автостоянка Tiefgarage; ~ железная дорога -bahn; ~ пешеходный переход Fußgängerunterführung (-tunnel); ~ связь *(f.)* -verbindung; ~ транспорт -verkehr; ~ трасса -strecke; ~ трассирование -e Trassierung (Streckenführung)

подкачка колес *(Kfz.)* Aufpumpen von Reifen

подкрановый путь Krahnbahn

подлежать <чему-л.> <etw.> unterliegen; ~ налогообложению der Steuer ~, steuerpflichtig sein; ~ таможенному обложению dem Zoll ~, zollpflichtig sein

подлежащ||ий/ая/ее/ие <чему-л.> -pflichtig/e/er/es *(in Zus.)*; ~ декларированию anmelde-, deklarierungs-; ~ лицензированию lizenz-, konzessions-, genehmigungs-; ~

налогообложению steuer-; ~ **таможенной обработке** zoll-; ~ **оплате** entgelt-, gebühren-, abgaben-; ~ **оплате по получении** Zahlung bei Empfang <der Ware>; ~ **оплате по поставке** Zahlung bei Lieferung <der Ware>; ~ **регистрации** melde-, anmelde-; ~ **сертификации** zertifizierungs-; ~ **страхованию** versicherungs-

подлетать/подлететь <к **аэропорту>** <einen Flughafen> anfliegen

подлинн‖ый/ая/ое/ые Original- *(in Zus.)*; ~ **документ** -dokument, -papier; ~ **коносамент** *(See.)* -konnossement; ~ **накладная** -frachtbrief

поднимать/поднять **груз, заключенный в строп** *(Schiff.)* Fracht an/von Bord hieven

подниматься/подняться *(intrans.)* heraufkommen (-steigen, -gehen, -fahren)

подоходный **налог** Einkommenssteuer

подписывать/подписать **договор (контракт)** einen Vertrag unterzeichnen (paraphieren)

подплывать/подплыть <к **порту>** <einen Hafen> anfahren, mit einem Schiff herankommen, anlegen, einlaufen

подряд *(jur.)* Werkleistung; **договор -а** Werkvertrag

подрядная **деятельность** unternehmerische Tätigkeit auf Auftragsbasis

подрядчик *(s. auch исполнитель)* Auftragnehmer

подстраивать/подстроить <**предприятия>** к **условиям ЕС**

<ein Unternehmen> auf die EU ausrichten

подсчет Zählung *(auch in Zus.)*; ~ **количества** **груза** Ladungskontrolle, *(Schiff.)* Tallierung; ~ **пассажиров** Fahrgast-, Passagier-; ~ **участников** **дорожного движения** Verkehrs-

подтверждать/подтвердить <что-л.> <etw.> bestätigen; ~ **броню** eine Buchung (Reservierung) ~; ~ **получение** den Empfang ~; ~ **прием** *s.* **получение**

подтверждение **1.** *(Prozess)* Bestätigung *(auch in Zus.)*; **2.** *(Dokument)* Bestätigung, Bescheinigung, -bestätigung *(in Zus.)*; ~ **заказа** Auftrags-; ~ **получения** <товара> Empfangs-; ~ **на фрахтование тоннажа** *(Schiff.)* Fracht-; ~ **о поступлении товара** Wareneingangs-, Wareneingangsbescheinigung (-schein)

подтвержденная **броня** bestätigte Buchung (Reservierung)

подушка **безопасности** *(PKW)* Airbag; **боковая** ~ Seiten-~; **передняя** ~ Fahrer- <und Beifahrer>-~

подход *(hier)* Zugang, Zufahrt *(auch in Zus.)*; **автомобильный** ~ Straßen-; **железнодорожный** ~ Bahn-

подходить/подойти **1.** *(Fußgänger)* näherkommen, herankommen; **2.** *(Schienv.)* <к **платформе>** in einen Bahnhof einfahren

подъезд **1.** *(Verkehrsbau)* Auffahrt, Zufahrt *(auch in Zus.)*; **2.** *(Prozess)* Anfahrt; ~ **к туннелю** Tunnelzufahrt

подъездн‖ой/ая/ое/ые Zufahrts-, Anschluss- *(in Zus.)*; ~ **дорога** Zufahrtsstraße (Zubringer-,

Zugangs-); ~ дорога для жителей одного микрорайона Anliegerstraße; ~ дорога к автостраде Autobahnzubringer; ~ путь *(m.)* **1.** *(Eis.)* Zufahrtsgleis (Anschluss-, Zugangs-, Anfahrts-, Neben-), Anschlussbahn, Nebenstrecke, Gleisanschluss; **2.** *(Kfz.)* Zufahrtsweg (Anfahrts-); ~ трасса Zubringerstrecke

подъезжать/подъехать <к месту назначения> <ein Bestimmungsziel> anfahren, sich mit einem Fahrzeug nähern, heranfahren

подъем **1.** *(Streckenführung)* Steigung; **2.** *(Prozess)* Anheben, Anhebung, Hub, *(Schiff. auch)* Hochhieven <von Fracht>; ~ груза Anheben von Fracht; движение на ~ Bergfahrt (Steigungs-); скорость *(f.)* **-a** Hubgeschwindigkeit

подъемно-транспортн‖ый/ая/ое/ые *(Lager)* Hub- und Transport- *(in Zus.)*; ~ операция -prozess, Umschlagoperation; ~ средства *(Pl.)* -ausrüstungen (-gerät)

подъемн‖ый/ая/ое/ые Hub- *(in Zus.)*; ~ груз -gewicht, Ladegewicht; ~ кран -kran, Ladekran; ~ мощность *(f.)* крана -kapazität, Krankapazität; ~ платформа Hebebühne; ~ сила *(Flug.)* Auftrieb

поезд I *(Schienv.)* Zug, -zug, Zug- *(in Zus.)*; внеплановый ~ außerplanmäßiger, Sonder-; встречный ~ Gegen-; высокоскоростной ~ Hochgeschwindigkeits-; грузовой ~ Güter-; грузовой ~ большой скорости Eilgüter-; грузопассажирский ~ gemischter; дизельный ~ Dieseltrieb-; дополнительный ~ Entlastungs-, Sonder-; двухэтажный ~ *(Pass.)* Doppelstock-; двухярусный ~

(Güterv.) Doppelstock-; железнодорожный ~ Eisenbahn-; заказной ~ *(Charter)* Sonder-; контейнерный ~ Container-; контейнерный маршрутный ~ 🔲 Containerganz-; курьерский ~ Fernschnell-; магнитный скоростной ~ Magnetschnellbahn; маневровый ~ Rangier-; маршрутный ~ Ganz-, Block-, Linien-; междугородный ~ *(zwischen Städten)* Fern-; междугородный скорый (проходящий) ~ Fernschnell-, *(BRD)* Inter-City, IC-~; межрегиональный ~ *(zwischen Regionen)* Fern-, *(BRD)* Interregio; многозвенный ~ mehrgliedrige -einheit; многосистемный ~ mehrsystemfähiger; многочленный ~ *s. многозвенный*; моторвагонный ~ Trieb-; неполновесный ~ Kurz-; неполносоставный ~ *s. неполновесный*; ночной ~ Nacht-; ночной маршрутный ~ 🔲 im Nachtsprung; отправительский ~ Ganz-; очередной ~ fahrplanmäßiger, Regel-; пассажирский ~ Personen-, Reise-; полносоставный ~ Voll-, Lang-; порожний <товарный> Leer<wagen>-; порожняковый ~ *s. порожний*; почтово-багажный ~ Post<güter>-; пригородный ~ Nahverkehrs-, Regional-, Vorort-, Zubringer-; проходящий ~ durchgehender, Durchgangs-; рабочий ~ Arbeits-; региональный ~ Regional-; региональный скоростной ~ Regionalexpress; ремонтный ~ Eisenbahnbau-, Gleisbau-, Reparatur-; сборный <грузовой> ~ Sammel<güter>-; сквозной ~ *s. транзитный*; сквозной грузовой ~ durchgehender Güter-,

Durchgangsgüter-; **скоростной** ~ *s.*
скорый; **скорый** ~ Schnell-;
следующий ~ Anschluss-;
смешанный ~ gemischter;
согласованный ~ *s. следующий*;
сочлененный ~ Gelenk-;
специальный ~ **с гибкой**
подвеской кузова вагонов Neige-;
строительно-монтажный ~ Bau-
und Montage-; **товарный** ~ Güter-;
трамвайный ~ Straßenbahn-;
транзитный ~ Transit-,
Durchgangs-, Direkt-; **трейлерный**
~ Trailer-; **туристский** ~ Touristik-;
тяжеловесный **<грузовой>** ~
Schwerlast<güter>-; **узкоколейный**
~ Schmalspur-; **ускоренный** ~
beschleunigter, Eil-;
ширококолейный ~ Breitspur-;

поезд ‖ **метрополитена**
U-Bahn-Zug; ~ **большой скорости**
s. скорый; ~ **дальнего следования**
(сообщения) Fern<reise>-‖zug; ~
кольцевого сообщения Ring-; ~
местного **сообщения** *s.*
пригородный; ~ **прямого**
сообщения *s. транзитный*; ~ **типа**
Тальго Neige-, Talgo-;

поезд ‖ **в прямом**
международном **сообщении**
internationaler Direkt‖zug; ~ **в**
челночном сообщении Pendel-; ~
для автотуристов⌂ Auto<reise>-;
~ **из двухэтажных (двухярусных)**
вагонов *s. двухэтажный*; ~ **на**
воздушной **подушке**
Schwebebahn; ~ **с автопилотом**
vollautomatischer; ~ **с выходом на**
уровне перрона Niederflur-; ~ **с**
доплатой zuschlagpflichtiger; ~ **с**
пониженной платформой *s.* ~ *с*
выходом на уровне перрона; ~ **с**
автоматическим управлением *s.*
~ *с автопилотом*; ~ **со спальными**
вагонами Schlafwagen-; ~,
следующий **по** **расписанию**

fahrplanmäßiger;

поезд‖-отель *(m.)* Hotel‖zug;
~-рефрижератор Kühl-;
~-экспресс Express-;

дизель-‖поезд Diesel<trieb>-‖zug;
турбо- Hochgeschwindigkeits-;
электро- elektrischer Trieb-;

время прохождения поезд‖ов
(Güterv.) Zug‖fahrzeit; **голова** -а
-spitze; **график движения** -ов
-fahrplan; **движение** -ов -betrieb,
-verkehr; **длина** -а -länge;
интенсивность *(f.)* **движения** -ов
-dichte; **интервал следования** -ов
-abstand, -folgezeit/en; **интервал**
между -ами *s.* *интервал*
следования; **контроль** *(m.)*
движения -ов -überwachung;
крушение -а -unglück; **начальник**
-а *(Pers.)* -führer; **отправка** -а
-abfertigung; **автоматическая**
отправка -а *(Güterv.)*
-selbstabfertigung; **отправление** -а
-abfahrt; **пара** -ов -paar; **плотность**
(f.) **движения** -ов *s.*
интенсивность *движения*;
подготовка -а **к отправке**
-abfertigung; **поездка** -ом -fahrt,
-reise; **приготовление** -а **к**
отправке *s. подготовка к*
отправке; **пробег** -а -laufleistung;
пункт **отправления** -ов
-ausgangspunkt; **расписание** -ов *s.*
график *движения*;
<диспетчерское> регулирование
движения -ов -laufüberwachung;
рейс -а -verbindung, -strecke -fahrt;
секция **моторвагонного** -а
Halbzug (Kurz-); **следование** -ов
-folge; **согласованность** *(f.)*
расписаний -ов -anschluss;
составление -ов *s. формирование*;
станция **формирования** **и**
расформирования -ов
-bildungsbahnhof; **сход** -а **с рельсов**
-entgleisung; **<автоматическое>**

сцепление -ов <automatische> -kupplung; **формирование** -ов -bildung, -bildungsverfahren; **хвост** -a -ende;

ехать (ездить) поезд‖ом mit dem Zug (der Bahn) fahren; **нагружать/ нагрузить** ~ den Zug auslasten; **формировать/сформировать** -а *(Pl.)* Züge zusammenstellen (rangieren);

поезд II *(Kfz.)* Zug *(auch in Zus.)*; **автомобильный** ~ Last-, LKW mit Anhängern; **тяжеловесный** <**грузовой**> ~ Schwerlast-, Schwerlasttransporter; **авто-** *s. автомобильный*; **авто- большой грузоподъемности** *s. тяжеловесный*

поездка *(Pass., s. auch езда)* **1.** Fahrt, -fahrt, Fahrt-, *(in Zus.)*; **2.** Reise, Ausflug, Tour, -reise, Reise- *(in Zus.)*; **автомобильная** ~ Auto-, Reise mit dem PKW; **внеплановая** ~ Sonderfahrt; **групповая туристическая** ~ Gruppenreise; **деловая** ~ Geschäftsreise; **дневная** ~ Tagfahrt; **ежедневные** ~ *(Pl.)* **на собственном автомобиле** Alltagsfahrten; **индивидуальная туристическая** ~ Individualreise (Einzel-); **ночная** ~ Nachtfahrt; **обратная** ~ Rück-; **однодневная** ~ *(Reise)* Tagesfahrt; **прерванная** ~ -unterbrechung; **пробная** ~ Probefahrt; **разовая** ~ einfache (einmalige) Fahrt; **служебная** ~ Dienstreise; **экскурсионная** ~ Ausflug, Ausflugsfahrt;

поездка ‖ локомотива *(Eis.)* Lokomotivfahrt; ~ **в один конец** einfache Fahrt, Hinfahrt; ~ **за границу** Auslandsreise; ~ **на железной дороге** Bahn-; ~ **на машине** Auto-; ~ **на дальнее расстояние** Fern-; ~ **на судне**

Schiffsreise; ~ **по путевке** Pauschalreise; ~ **поездом** Zug-; ~ **туда и обратно** Hin- und Rück-;

дата поездк‖и Reisedatum (-termin); **интенсивность** *(f.)* **осуществления** -ок Reiseintensität; **комфорт в** -е *s. удобство*; **комфортабельность** *(f.)* -и *s. удобство*; **место назначения** -и *s. цель*; **продолжение** -и Weiter-; **продолжительность** *(f.)* -и -zeit, -dauer; **продолжительность** -и **от двери до двери** Tür-zu-Tür-Reisezeit; **стоимость** *(f.)* -и -kosten; **удобство** -и -komfort; **цель** *(f.)* -и -ziel, -zweck; **частота** -ок Fahrtenhäufigkeit;

возвращаться/возвратиться с поездк‖и von einer Reise (Fahrt) zurückkommen; **завершать/ завершить** -у eine ~ beenden; **переносить/перенести** -у eine ~ verschieben; **прерывать/прервать** -у eine ~ unterbrechen; **продолжать/продолжить** -у eine ~ fortsetzen, weiterfahren

поездн‖ой/ая/ое/ые Zug- *(in Zus.)*; **автоматическая** ~ **регулировка** automatische -beeinflussung; **индуктивная** ~ **авторегулировка** induktive -beeinflussung; ~ **бригада** -besatzung, -personal; ~ **диспетчер** *(Pers.)* Fahrdienstleiter; ~ **персонал** -personal, Fahrpersonal; ~ **радиосвязь** *(f.)* -funk

поездо-километр *(Eis.)* Zugkilometer *(auch in Zus.)*; **пассажирский** ~ Reise-, ~ **im** Reiseverkehr; ~ **грузового движения** Güter-, ~ im Güterverkehr

поезжать/поехать *(intrans.)* losfahren, sich auf den Weg machen

пожар в туннеле Tunnelbrand

пожарн‖ый/ая/ое/ые Brand-, Feuer-

(in Zus.); ~ **безопасность** _(f.)_ Brandschutz; ~ **команда аэропорта** Flughafenfeuerwehr; ~ **команда порта** Hafenfeuerwehr; ~ **машина** Löschfahrzeug, Feuerwehr; ~ **надзор** Brandinspektion (-aufsicht)

позиция ожидания _(Fahrzeug)_ Warteposition

поименный полис _(Vers.)_ Namenspolice

показател/и Kennziffer/n, Parameter _(auch in Zus.)_; **предельные** ~ Grenzwerte (Höchst-); **предельные** ~ **отработанных газов (ОГ)** Abgasgrenzwerte; **технические** ~ technische; **экономические** ~ betriebswirtschaftliche;

показатель/показатели ‖ **качества** Qualitätskennziffer/n (-parameter); ~ **средней суточной нагрузки** Faktor des täglichen Durchschnittsverkehrs; ~ **состава отработанных газов (ОГ)** Abgaswerte; ~ **уровня моторизации** Fahrzeugdichte, Motorisierungskennzahl

покилометров‖ый/ая/ое/ые Kilometer- _(in Zus.)_; ~ **надбавка** -geld; ~ **плата** _s._ _надбавка_; ~ **тариф** -tarif, Entfernungstarif

покровительственная <импортная, таможенная> пошлина Schutzzoll, protektionistischer Einfuhrzoll

покрытие 1. _(Oberfläche)_ Belag, -belag, -decke _(in Zus.)_; **2.** _(kfm.)_ Deckung, -deckung _(in Zus.)_; **дорожное** ~ Straßendecke (-belag); **твердое** ~ **дороги** feste Straßendecke (-er -belag); ~ **проезжей части** Fahrbahndecke (-belag); ~ **расходов** _(kfm.)_ Kostendeckung

покупатель _(m., s. auch клиент)_ Käufer, Kunde, -käufer, -kunde, Käufer-, Kunden- _(in Zus.)_; **мелкий** ~ Einzel-; **оптовый** ~ Groß<handels>kunde; **основной** ~ Hauptkunde; **картотека** -ей Kundenkartei; **круг** -ей Kundenkreis; **склад** -я Empfängerlager; **станция** -я Empfängerbahnhof (-station); **страна** -я Käuferland (Abnehmer-);

франко склад покупателя frachtfrei Lager des Käufers; **франко станция покупателя** frachtfrei Bahnhof des Käufers

покупателница Käuferin, Kundin

покупать/купить <что-л.> <etw.> kaufen; ~ **билет в проезде** eine Fahrkarte (einen Fahrschein) nachlösen; ~ **товар** Ware ~; ~ **товар через комиссию** Ware in Kommission nehmen

покупка Kauf, Einkauf; ~ **товара за наличные с доставкой своим транспортом** Barzahlung mit Selbstabholung (cash and carry, c&c)

покрываться/покрыться льдом _(intrans., Straße)_ überfrieren

покрытая льдом дорога überfrorene Straße

поле Feld _(auch in Zus.)_; **летное** ~ Flug-, Roll-; ~ **зрения** <водителя, машиниста> Sicht- <des Fahrzeugführers>, Fahrersicht; ~ **поворота** _(Fahrzeug)_ Schwenkbereich

полезн‖ый/ая/ое/ые nutzbar/e/er/es, Nutz- _(in Zus.)_; ~ **груз** -last, Lademasse; ~ **длина платформы (кузова) грузового автомобиля** _(Kfz.)_ -e Wagen<kasten>länge; ~ **длина платформы грузового вагона** _(Eis.)_ -e Wagenlänge; ~

километр -kilometer; ~ мощность
(f.) -leistung, -kapazität; ~ нагрузка
-last, Zuladung; ~ объем -raum,
-inhalt; ~ объем склада Stapelraum
(Lagernutz-); ~ площадь *(f.)* -fläche;
~ площадь для автостоянок
Parkraum; ~ погрузочная площадь
-ladefläche; ~ складская площадь
Lagernutzfläche

полет Flug, -flug, Flug- *(in Zus.)*;
беспосадочный ~ Non-Stop-~,
Direkt-; внерейсовый ~ Bedarfs-,
Charter-; ночной ~ Nacht-;
обратный ~ Rück-; рейсовый ~
Linien-; чартерный ~ Charter-;

полет || в оба конца Hin- und
Rück||flug; ~ на дальнее
расстояние Fern-, Langstrecken-; ~
на короткое расстояние
Kurzstrecken-; ~ по видимости
Sicht-; ~ по приборам
Instrumenten-; ~ с набором
высоты Steig-; ~ открытым
участком дороги Gabel-; ~ со
снижением высоты Sink-; ~ туда
и обратно *s.* ~ *в оба конца*;

безопасность *(f.)* полет||а
Flug||sicherheit; бронирование -а
-buchung; время -а -zeit; высота -а
-höhe; дальность *(f.)* -а -weite,
-strecke, -entfernung; километр -а
-kilometer; комфорт в -е -komfort;
комфортабельность *(f.)* -а *s.*
комфорт; маршрут -а -strecke;
наблюдение за -ами
-überwachung; номер -а -nummer;
обеспечение безопасности -а
Gewährleistung der -sicherung;
правила *(Pl.)* проведения -а по
видимости Sichtflugregeln;
правила *(Pl.)* проведения -а по
инструментам (приборам)
Instrumentenflugregeln;
продолжительность *(f.)* -а *s.*
время; расписание -ов -plan;
расстояние -а -entfernung, -weite;

система управления -ами
-leitsystem; скорость *(f.)* -а
-geschwindigkeit, *(Pass.)*
Reisefluggeschwindigkeit;
стоимость *(f.)* -а -kosten; цель *(f.)*
-а -ziel;

завершать/завершить || полет
einen Flug || beenden; переносить/
перенести ~ ~ verschieben;
прерывать/прервать ~ ~
unterbrechen; продолжать/
продолжить ~ ~ fortsetzen,
weiterfliegen

полетный тренажер Flugsimulator

полис *(Vers.)* Police,
Versicherungspolice (-schein),
-police *(in Zus.)*; автогужевой
страховой ~
Rollfuhrversicherungsschein (RVS);
генеральный ~ General-;
дополнительный ~ Zusatz-;
именной ~ Namens-;
нетаксированный <страховой> ~
offene; основной ~
Hauptversicherungs-; открытый ~
General-; паушальный ~ Pauschal-;
поименный ~ *s* *именной*;
предъявительский ~ Inhaber-;
рейсовый ~ Linien-; смешанный ~
gemischte, Misch-; срочный ~
Versicherungs- auf Zeit;
стандартный ~ Typen-, Muster-;
страховой ~ Versicherungs-;
судовой ~ Schiffs-;
таксированный <страховой> ~
mit festem Wert; фрахтовый ~
Fracht-; экспедиторский
страховой ~
Speditionsversicherungsschein
(SVS);

полис || автотранспортного
страхования
Straßengüter||versicherungsschein
(-police); ~ воздушного
страхования Luftfracht-; ~

морского страхования See-; ~ общего страхования General-; ~ речного страхования Fluss-; ~ страхования от рисков в порту Hafengefahrenpolice; ~ на предъявителя Inhaberpolice

политика Politik *(auch in Zus.)*; внешнеторговая ~ Außenhandels-; таможенная ~ Zoll-; тарифная ~ Tarif-; фрахтовая ~ *(Schiff.)* Befrachtungs-, Charter-; ценовая ~ Preis-;

политика ‖ заселения и землепользования Raumordnungs‖politik; ~ регулирования транспортного сектора📖 Verkehrsordnungs-; ~ в области защиты окружающей среды Umwelt-; ~ в области развития (расширения, модернизации) инфраструктуры Infrastruktur-; ~ в области тарифов Tarif-; ~ в области внешней торговли *s. внешнеторговая*;

политика в области транспорта ‖ Verkehrs‖politik; неправильная ~ verfehlte; неудачная ~ *s. неправильная*; удачная ~ gelungene; ~, максимально зашищающая окружающую среду umweltfreundliche; ~, ориентированная на будущее zukunftsweisende; переориентация -ой -и Neuordnung der ~;

политика в области транспортного хозяйства Verkehrswirtschaftpolitik

полиция Polizei *(auch in Zus.)*; дорожная ~ Verkehrs-; железнодорожная ~ Bahn-; транспортная ~ Transport-

полносоставный поезд *(Eis.)* Vollzug (Lang-)

полностью автоматизированный

склад с высокими стеллажами vollautomatisches Hochregallager

полн‖ый/ая/ое/ые 1. voll/e/er/es; 2. vollständig/e/er/es, Komplett- *(in Zus.)*; ~ вода *(See.)* Hochwasser *(bei Flut)*; ~ загрузка 1. *(Kapazität)* volle Auslastung; 2. *(Prozess)* -beladung; ~ использование грузоподъемности -e Auslastung <von Transportkapazitäten>; ~ масса volle Lademasse (-es -volumen), Rohgewicht; ~ масса транспортного средства Fahrzeuggesamtgewicht; ~ нагрузка 1. *(Fahrzeug, Transportbehältnis)* -<be>ladung; 2. *(Tragkraft)* volle Belastung; ~ отгрузка -versand; ~ перекрытие <дороги> *(Straße)* Vollsperrung; ~ погрузка -<ver>ladung; ~ погрузка контейнера📖 Containerkomplettladung, Full Container Load (FCL); ~ поставка vollständige (komplette) Lieferung; ~ привод *(techn., Kfz.)* Allachsantrieb (Allrad-); ~ тарифная ставка voller Tarifsatz, Gesamttarifsatz; ~ страхование каско Vollkaskoversicherung; ~ тариф Normaltarif; ~ ход *(Schiff.)* volle Fahrt

половодье *(Fluss)* Hochwasser

положение I Lage; географическое ~ geographische; ~ с заказами *(kfm.)* Auftragslage;

положение/я II *(s. auch инструкция, постановление)* Ordnung, Bestimmung/en *(auch in Zus.)*; правовые ~ *(Pl.)* Rechtsverordnung; ~ о выдаче прав водителям автомашин Straßenverkehrszulassungsordnung; ~ о внешнеэкономической деятельности Außenwirtschaftsverordnung; ~ о налогах и платежах Abgabenordnung; ~ о количественном ограничении разрешений на осуществление дальних грузовых перевозок *(Straßengüterverkehr)* Höchstzahlenverordnung; ~ о паспортах Passordnung (-vorschriften); ~ о морской перевозке Seefrachtordnung; ~ о сборах, налогах и пошлинах Gebührenordnung; ~ о портовых сборах Hafengebührenordnung; ~ об экспортных операциях Ausfuhrordnung; ~ об охране труда Arbeitsschutzbestimmungen

поломка оси *(Kfz., Schienv.)* Achsbruch

полоса 1. *(Verkehrsbau, s. auch ряд)* Streifen, Bahn, Spur *(auch in Zus.)*; 2. *(Territorium)* Zone, Gebiet *(auch in Zus.)*; взлетная ~ *(Flug.)* Startbahn; взлетно-посадочная ~ (ВПП) Start- und Landebahn, Rollfeld; двенадцатимильная <пограничная> ~ *(Schiff.)* Zwölfmeilenzone; кольцевая ~ <движения> Kreisfahrspur; краевая ~ Randstreifen; обледенелая ~ vereiste Bahn; левая ~ linke Fahrspur; побочная ~ Nebenfahrspur, Seitenstreifen; посадочная ~ *(Flug.)* Landebahn; правая ~ rechte Fahrspur; приоритетная ~ Sonderspur; приоритетная ~ для автобусов *(ÖPNV)* Sonderspur für Busverkehr, Busspur; разделительная ~ на дороге Sicherheitsstreifen <auf der Straße>; светящаяся ~ Leuchtstreifen; скоростная ~ Schnellfahrspur; средняя ~ mittlere Fahrspur; стояночная ~ Haltespur; трехмильная <пограничная> ~ *(Schiff.)* Dreimeilenzone;

полоса || вхождения в

транспортный поток Einfädelungsspur; ~ движения Fahrspur; ~ движения для транспортных средств низкой скоростью *s.* ~ *малоскоростного движения*; ~ возвратного движения Fahrspur für den Reversivverkehr; ~ малоскоростного движения *(LKW)* Fahrspur für langsam fahrende Fahrzeuge, Langsamfahrspur (Kriech-); ~ скоростного движения Schnellfahrspur; ~ дороги для разгрузки-погрузки Ladespur; ~ обгона Überholspur; ~ отвода железных дорог *(Eis.)* Bahngelände (-gebiet); ~ разгона *(Autobahn)* Beschleunigungsspur; ~ стоянки Parkspur; ~ для грузовиков LKW-Spur; ~ для экстренной остановки *(Autobahn)* Standspur (-streifen); ~ для поворота Abbiegespur; смена -ы движения Fahrspurwechsel; движение по -ам spurgeführter Verkehr

полотно *(hier techn.)* Bahn, -bahn, -körper *(in Zus.)*; дорожное ~ *s. ездовое*; ездовое ~ Fahrbahn; ~ железной дороги *(Eis.)* Bahnkörper, Gleiskörper (-bett); ~ с крепким покрытием feste Fahrbahn

полу- *(in Zus.)* halb/e/er/es, halb-, Halb- *(in Zus.)*; -вагон *(Eis.)* Hochbordwagen, offener Güterwagen;

полу||жесткая тара halb||starre Verpackung; ~~жесткая упаковка *s. тара*; ~~закрытый склад -geschlossenes Lager;

полуконтейнер Halbcontainer;

полуприцеп || *(LKW)* Sattelauflieger, -auflieger *(in Zus.)*; специализированный ~ Spezial-;

~-контейнеровоз Container-; ~-тяжеловес Schwerlast-; ~-цистерна Behälter-; ~ оптимальной грузоподъемности volumenoptimierter; ~ с бортовой платформой Pritschen-

получатель *(m., Pers.)* Empfänger, Abnehmer, Adressat, Destinator, -empfänger, -abnehmer, Empfänger-, Empfangs- *(in Zus.)*; конечный ~ Endabnehmer (-empfänger, -kunde); ~ груза Frachtempfänger (Waren-); страна-~ Empfängerland; экспедитор-~ ☐ Empfangsspediteur; адрес -я Adresse des Empfängers; объединение -ей *(Warenempfang)* Ladegemeinschaft; станция -я Bahnhof des Empfängers;

франко склад получател‖я frachtfrei Lager ‖ des Empfängers; франко станция -я frachtfrei Bahnhof ~

получать/получить <что-л.> <etw.> bekommen, erhalten; ~ багаж Gepäck ~; ~ визу ein Visum ~; ~ груз Fracht; ~ лицензию eine Lizenz erwerben; ~ разрешение eine Genehmigung ~; ~ водительское удостоверение den Führerschein (die Fahrerlaubnis) erwerben; ~ <товар> непосредственно от производителя <Ware> direkt vom Hersteller beziehen

получен/а/о/ы *(Part.)* empfangen, Empfang bestätigt

получение *(Prozess)* Empfang, Entgegennahme, Empfangs- *(in Zus.)*; извещение о -и <товара> -anzeige; подтверждение -я <товара> -bestätigung; расписка в -и груза -schein, <Güter>Abnahmebescheinigung; свидетельство о -и груза *s.*

расписка; экспедиторское (экспедиционное) свидетельство о -и груза Spediteurs-Empfangsschein (Speditions-~); подлежащий оплате по -и Zahlung bei Empfang <der Ware>; подтверждать/подтвердить ~ den ~ bestätigen; расписываться/ расписаться в -и <груза> den ~ <mit Unterschrift> bescheinigen

полученн‖ый/ая/ое/ые empfangen/e/er/es; ~ багаж -es Gepäck; ~ груз -e Fracht (-es Gut)

польза Nutzen

пользование <чем-л.> Nutzung, Benutzung, Verwendung <von etw.>, -nutzung, -verwendung, Nutzungs- *(in Zus.)*; многократное ~ mehrmalige, Wiederverwendung (Mehrweg-); многоразовое ~ *s. многкратное*; однократное ~ einmalige, Einmalverwendung (Einweg-); одноразовое ~ *s. однократное*; ~ прокатными автомобилями Mietwagennutzung; ~ автострадой Autobahnnutzung; ~ трассой Trassennutzung; право -я -recht; сбор за ~ -gebühr/en; частота -я <чем-л.> -frequenz

пользователь *(m., Pers.)* Nutzer, Benutzer, –nutzer, -benutzer, Nutzer-, Benutzer- *(in Zus.)*; ~ транспортом Verkehrsnutzer; карточка –я -ausweis

пользоваться/воспользоваться общественным транспортом öffentliche Verkehrsmittel benutzen

Полярное море Nordmeer (Eis-)

помеха Störung *(auch in Zus.)*; ~ уличному движению Verkehrs-

помехи *(Pl.)* Hindernis<se> *(auch in Zus.)*; ~ уличному движению Verkehrs-; ~, связанные с доставкой груза Ablieferungs-; ~, связанные с транспортировкой груза Beförderungs-

помещение Raum *(auch in Zus.)*; багажное ~ Gepäck-; грузовое ~ *(LKW, Eis.)* Fracht-, Lade-, Stau-; пассажирское ~ Fahrgast-, Innen- <eines Fahrzeuges>; складское ~ Lager-; таможенные -я *(Pl.)* Zollräumlichkeiten; грузовместимость *(f.)* -я Stau-, Staukapazität; использование -я Raumnutzung

поминутный <твердый> интервал <fester> Minutentakt

помощник водителя *(Pers., Kfz.)* Beifahrer

помывка транспортного средства Fahrzeugwäsche

понижение пошлин *s. снижение*

пониженный тариф ermäßigter Tarif

попадать/попасть в пробку *(umg.)* in einen Stau geraten

поперечн||ый/ая/ое/ые Quer- *(in Zus.)*; ~ дорога -straße; ~ связь *(f.)* -verbindung; ~ улица <пересекающая дорогу> *s. дорога*; ~ ускорение *(Fahrzeug)* -beschleunigung

пополнение флота тоннажем *(Schiff.)* Tonnagezugang (-zuwachs)

попутн||ый/ая/ое/ые in gleiche/er Richtung; ~ ветер Rückenwind; ~ направление gleiche Richtung, Transportrichtung

попутчик *(Pers.)* Mitfahrer

породный вагон *(Eis.)* Abraumwagen

порожн||ий/яя/ее/ие leer/e/er/es, unbeladen/e/er/es, Leer- *(in Zus.)*; ~ автомобиль *(m.)* -er LKW; ~ вагон *(Eis.)* -wagen; ~ контейнер -er

Container; ~ <товарный> поезд -zug; ~ пробег -strecke, -kilometer, *(LKW, ÖPNV auch)* -fahrt, *(Eis. auch)* -lauf, *(ÖPNV auch)* Aussetzfahrt; ~ рейс вагона *(Eis.)* Wagenleerlauf; ~ тара -gut; ~ тоннаж *(Schiff.)* -tonnage; ~ фургон -er LKW, -wagen

порожнем leer, unbeladen, ohne Ladung

порожняк Leertransport (-wagen, -gut); вес -а Totlast, Leergewicht; потребность *(f.)* в -е Bedarf an Transportraum

пороржняковый поезд Leerzug

порожняком leer, unbeladen, ohne Ladung

порт *(s. auch гавань)* <künstlich angelegter> Hafen, -hafen, Hafen- *(in Zus.)*; атлантийский ~ Atlantik-; внутренний ~ Binnen-; вольный ~ Frei-; выходной ~ Verschiffungs-, Versand-, Abgangs-, Entsende-; городской ~ städtischer; государственный внутренний ~ öffentlicher Binnen-; грузовой ~ Fracht-; доковый ~ Dock-; заводской ~ Werks-; карантинный ~ Quarantäne-; коммерческий ~ *s. торговый*; коммунальный ~ Gemeinde-; контейнерный ~ Container-; международный ~ internationaler; мелководный ~ Niedrigwasser-; мировой ~ Welt-; морской ~ See-; морской таможенный ~ Seezoll-; негосударственный ~ nicht öffentlicher; незамерзающий ~ eisfreier; нефтяной ~ Öl-; озерный ~ Binnen-; пассажирский ~ Passagier-, Fahrgast-; перевалочный ~ Umschlag- <für Schüttgut>; перегрузочный ~ Umschlag-, Umlade-; прибалтийский ~ Ostsee-;

промежуточный ~ Zwischen-; промышленный ~ Industrie-; речной ~ Binnen<schifffahrts>-, Fluss-; рудный ~ Erz-; рыбный ~ Fischerei-; свободный ~ *s. вольный*; специализированный ~ Spezial-; средиземноморский ~ Mittelmeer-; тихоокеанский ~ Pazifik-; торговый ~ Handels-, Verkehrs-; трамповый ~ Tramp-, Gelegenheits-; транзитный ~ Durchgangs-, Transit-; устьевой ~ Mündungs-, Binnen-; частный ~ privater, Privat-; яхтовый ~ Jacht-;

порт ‖ ввоза Import‖hafen, Einfuhr-; ~ беспошлинного ввоза и вывоза Frei-; ~ вывоза Export-, Ausfuhr-; ~ выгрузки Basis-, Entlade-, Lösch-, Landungs-; ~ выдачи Auslieferungs-; ~ захода anzulaufender, Anlauf-, Anlege-; ~ назначения Bestimmungs-, Ankunfts-, Ziel-; ~ общего назначения Universal-; ~ специального назначения *s. специализированный*; ~ отгрузки Verschiffungs-, Verlade-, Basis-; ~ отправления Abgangs-, Herkunfts-, Entsende-, Versand-; ~ таможенной очистки Zollabfertigungs-; ~ погрузки *s.* ~ *отгрузки*; ~ необщего пользования Spezial-; ~ общего пользования Universal-; ~ посадки <на судно> *(Pass.)* Einschiffungs-; ~ прибытия Ankunfts-, Eingangs-, Zollabfertigungs-; ~ приписки Heimat-; ~ разгрузки *s.* ~ *выгрузки*; ~ регистрации Registrier-;

порт ‖ в линейном судоходстве Linien‖hafen; ~ для массовых грузов Massengut-; ~ для навалочных грузов Schüttgut-; ~ для штучных грузов Stückgut-; ~ для спортивных лодок Sport-; ~ на судоходном канале Kanal-; ~ на свободной реке Fluss-; -ы *(Pl.)*

с едиными фрахтовыми ставками Rangehäfen;

администрация порт‖а Hafen‖verwaltung, -behörde, -amt; акватория -а -becken, -gewässer; береговая линия -а -ufer; время погрузки судна в -у -ladezeit; время пребывания (стоянки) судна в -у -aufenthaltszeit, -durchlaufzeit; выход из -а -ausfahrt; выход к -у -zugang; грузооборот -а -umschlag, -frachtumsatz; движение судов в -у -verkehr; движение между -ом и прилегающими районами -hinterlandverkehr/e; капитан -а *(Pers.)* -kapitän; пожарная команда -а -feuerwehr; мощность *(f.)* -а -kapazität; начальник -а *(Pers.)* -meister, Leiter des -s; оборудование -а -ausstattung; оператор -а -betreiber; оснащение -а *s. оборудование*; перевалка в -у -umschlag; полис страхования от рисков в -у *(Vers.)* -gefahrenpolice; постановление по -у *(Pl.)* -bestimmungen; пребывание судна в -у -aufenthalt; приключение к -у -anbindung; причал -а -kai; расширение -а -ausbau; рейд -а -reede; сбор за передвижение <груза> в -у -transportgebühr/en, Trägerlohn; сбор за стоянку судна в -у -liegegebühr/en; сигнал, регулирующий движение судов по акватории -а -verkehrssignal; пропускная способность *(f.)* -а -kapazität; стоянка <судна> в -у Liegen (Liegezeit) <eines Schiffes> im ~; судооборот -а Schiffsumlauf des -s; таможня в -у -zollamt; территория -а -gelände, -gebiet; управление -а *s. администрация*; эксплуатация -а –betrieb;

прилегающий к порту район Hafenhinterland;

входить/войти в ‖ порт in einen ‖ Hafen ‖ einlaufen; **выходить/ выйти из -а** aus einem ~ auslaufen; **заходить/зайти в** ~ einen ~ anlaufen; **стоять в -у** im ~ liegen

портальн‖ый/ая/ое/ые *(techn.)* Portal-, Tor- *(in Zus.)*; ~ **кран** -kran; ~ **погрузчик** -stapler; ~ **штабелер** *s. погрузчик*

портов‖ый/ая/ое/ые Hafen- *(in Zus.)*; ~ **автокран** -autokran; ~ **бассейн** -becken; ~ **власти** *(Pl.)* -behörden; ~ **воды** *(Pl.)* -gewässer; ~ **город** -stadt; ~ **железная дорога** -bahn; ~ **зона** -zone, -gelände, -gebiet; ~ **зона франко** *(Zoll.)* -freizone; ~ **инфраструктура** -infrastruktur; ~ **компания** -gesellschaft; ~ **коносамент** *(Dokument)* -konnossement; ~ **передвижной кран** -fahrkran; ~ **плавучий кран** -<schwimm>kran; ~ **поворотный кран** -drehkran; ~ **ледокол** -eisbrecher; ~ **лоцман** *(Pers.)* -lotse; ~ **мол** -damm, Mole; ~ **надзор** -aufsicht, -inspektion; ~ **налог** *(Fin.)* -taxe; ~ **пакгауз** Lagerhaus im ~, Kaischuppen (-lager); ~ **паром** -fähre; ~ **пошлина** -zoll; ~ **пирс** -brücke; ~ **право** *(jur.)* -recht; ~ **железнодорожные пути** *(Pl.)* -gleise; ~ **рабочий** *(Pers.)* -arbeiter; ~ **район** -bezirk; ~ **расходы** *(Pl.)* -kosten; ~ **риск** *(jur.)* -risiko; ~ **сбор/ы** -abgabe, -gebühr/en; ~ **склад** -lager, -speicher; ~ **служба** -dienst; ~ **сооружения** *(Pl.)* -anlagen; ~ **станция** -bahnhof; ~ **грузовое судоходство** -frachtschifffahrt; ~ **тариф** -tarif; ~ **техника** -technik; ~ **услуги** *(Pl.)* -dienstleistungen, -service; ~ **флот** -flotte; ~ **формальности** *(Pl.)* Abfertigungsformalitäten im Hafen; ~ **хозяйство 1.** *(Verkehrsbau)* -anlagen; **2.** *(Prozess)* -wirtschaft; ~ **шлюз** -schleuse; ~ **экспедитор**

-spediteur

порто-франко Freihafen

портфель *(m.)* **заказов 1.** Auftragsbestand (-lage); **2.** *(Dokument)* Auftragsbuch

поручение Auftrag *(auch in Zus.)*; **отгрузочное** ~ Versand-, Verlade-; **транспортное** ~ Transport-, Beförderungs-; **экспедиционное** ~ Speditions-; ~ **на отгрузку** *s. отгрузочное*; ~ **на погрузку** Lade-, Verlade-; ~ **на поставку** Liefer-

поручень *(m.)* <судна> <Schiffs>Reling; **на -е** an der ~

поручительство по задолженности таможенным органам Zollbürgschaft

порча груза Frachtverderb

порядок *(s. auch инструкции, правила, режим)* Verfahren, Ordnung *(auch in Zus.)*; **международный** ~ **таможенной очистки грузов** Zoll<gutversand>verfahren; **складской** ~ Lagerordnung; **право-** Rechtsordnung; ~ **выдачи (получения) концессий** Konzessionierung<sverfahren>; ~ **выдачи (получения) лицензий** Lizensierung<sverfahren>, Konzessionierung; ~ **выдачи (получения) разрешений** Genehmigungsverfahren; ~ **допуска транспортных средств к эксплуатации** Straßenverkehrszulassungsordnung; ~ **заселения и землепользования** *(BRD)* Raumordnungsverfahren; ~ **заслушивания** *(jur.)* Anhörungsverfahren; ~ **использования тары** Tara-Ordnung; ~ **обложения**

адвалорной пошлиной Wertzollordnung; ~ осуществления импортных операций Einfuhrverfahren (Import-); ~ осуществления экспортных операций Ausfuhrverfahren (Export-); ~ осуществления пассажирских перевозок Personenbeförderungsordnung; ~ очистки товаров от <таможенных> пошлин Zollabfertigungsverfahren, Zollordnung; ~ размещения автомобилей на стоянке Parkordnung; ~ размещения груза <на судне> *(Schiff.)* Befrachtungsvorschriften; ~ таможенной регистрации *s.* ~ *очистки товаров от <таможенных> пошлин*; ~ сдачи товара <покупателю> Formalitäten der Warenübergabe <an den Käufer>; ~ хранения <груза на складе> Aufbewahrungsvorschriften, Lagerordnung; ~ эксплуатации Betriebsordnung; в -е исключения *(jur.)* <behördliche> Ausnahme

посадка 1. *(Pass.)* Einsteigen, Einstieg <von Fahrgästen, Passagieren>; 2. *(Flugzeug)* Landung, -landung, Lande- *(in Zus.)*; 3. *(Schiff. auch)* Einschiffung <von Passagieren>; аварийная ~ Not-; благополучная ~ glatte (weiche) Landung; вынужденная ~ *s. аварийная*; мягкая ~ *s. благополучная*; промежуточная ~ Zwischen-;

посадка ‖ пассажиров Einsteigen der Passagiere (Fahrgäste), *(Schiff.)* Einschiffung, *(Flug.)* Boarding; ~ самолета Landung eines Flugzeugs; ~ в пути *s. промежуточная*;

время посадк‖и *(Flug., Pass.)* Boarding Time; запрет на -у -verbot; заход на -у Lande‖anflug;

место -и -platz; подготовка самолета на -у -vorbereitung; порт -и на судно Einschiffungshafen; преимущественное право -и *(Flug.)* -vorrecht; приказ <командира> на -у -befehl; разрешение на -у -erlaubnis; сбор на -у <самолета> -gebühr; способ -и *(Flug.)* -verfahren; совершать/совершить -у *(Flugzeug)* landen

посадочн‖ый/ая/ое/ые *(Flug.)* Lande- *(in Zus.)*; ~ дорожка -bahn, Anflugbahn; ~ закрылка *(techn.)* -klappe; ~ масса -gewicht; ~ место -platz; ~ переход *(Flughafen)* Ankunftsgate; ~ площадка *s. место*; ~ полоса *s. дорожка*; ~ режим *(techn.)* -regime; ~ система -system; ~ скорость *(f.)* -geschwindigkeit, Anfluggeschwindigkeit; ~ талон Bordkarte

послать/посылать <что-л.> наложенным платежом <etw.> per Nachnahme schicken

последствия *(Pl.)* Folgen; ~ аварии Unfallfolgen; ~ дерегулирования Deregulierungseffekte

посредник *(Pers.)* Mittler, Vermittler, Makler, Agent, Kommissionär, Händler; торговый ~ Handelsvermittler; транспортный ~ Transportagent; без -а ohne Vermittler, direkt/e/er/es; с помощью -а *s. через*; через -а durch (über) einen Vermittler, mit Hilfe eines Vermittlers, indirekt/e/er/es, mittelbar/e/er/es

посредническ‖ий/ая/ое/ие Mittler-, Vermittlungs- *(in Zus.)*; ~ деятельность *(f.)* -tätigkeit; ~ торговля Zwischenhandel; ~ услуги *(Pl.)* Vermittlungs<dienst>leistungen; ~ фирма -firma

посредничество Vermittlung; договор о -е Vermittlungsvertrag

пост, диспетчерский Schaltwarte

поставка *(s. auch доставка, подвоз)* Lieferung, Belieferung, Auslieferung, -lieferung, Liefer- *(in Zus.)*; авансовая ~ Voraus-; встречная ~ Gegen-; дополнительная ~ Nach-, Zusatz-; досрочная ~ vorfristige, Voraus-; железнодорожная ~ Bahn-; заводская ~ Werks-; комплектная ~ *s.* польная; концентрированная ~ gebündelte; немедленная ~ sofortige, unverzügliche, Sofort-; неполная ~ unvollständige; нефактурированная ~ ohne Vorlage der Verrechnungsdokumente; оптовая ~ Großhandels-, ~ en gros; ошибочная ~ Fehl-, Falsch-; повагонная ~ waggonweise, Waggon-; полная ~ Komplett-, komplette, vollständige; пробная ~ Probe-; просроченная ~ verspätete, verzögerte; прямая ~ Direkt-, ~ im Direktverkehr, unmittelbare; разовая ~ einmalige; складская ~ mittelbare, ~ im Lagergeschäft; сосредоточенные -и *(Pl.)* gebündelte Lieferungen; среднесуточная ~ durchschnittliche tägliche Liefermenge; срочная ~ Eil-, Termin-, sofortige, unverzügliche; транзитная ~ Transit-; ускоренная ~ beschleunigte; частичная ~ Teil-; экспортная ~ Export-;

поставка || груза Fracht||lieferung (Güter-); ~ товара Waren-; ~ иного товара в замен заказанного Aliud-, Austausch-; ~ навалом Schüttgut-; ~ von losem Gut; ~ наложенным платежом Nachnahme-; ~ оптом Großhandels-, ~ en gros; ~ партиями *(Pl.)* Teil-; ~

россыпью *s.* навалом; ~ транзитом *s.* транзитная;

поставка || без посредников Direkt||lieferung, Direktbelieferung; ~ без уплаты пошлины delivered duty unpaid (ddu); ~ в вагонах waggonweise, Waggon-; ~ в разобранном виде ~ in Montageeinheiten; ~ в собранном виде ~ in montiertem Zustand; ~ в срок termingerechte, pünktliche; ~ для замены Ersatz-; ~ на дом Frei-Haus-~; ~ по автотранспорту ~ per LKW; ~ по железной дороге ~ per Eisenbahn; ~ по отзыву ~ auf Abruf; ~ по требованию *s.* ~ по отзыву; ~ с завода ~ ab Werk (ex works); ~ с задержкой verspätete; ~ с колес Just-in-Time-~, zeitgenaue, zeitnahe; ~ с помощью посредников *s.* ~ через посредника; ~ с предъявлением акцепта ~ gegen Akzept; ~ с уплаты пошлины delivered duty paid (ddp); ~ со склада ~ ab Lager; ~ со стороны Fremd-, Zu-; ~ через посредника indirekte, mittelbare, ~ über Vermittler;

поставка || франко Frankolieferung, freie || Lieferung; ~ франко борт судна ~ frachtfrei an Bord des Schiffes, free on board (fob); ~ франко граница ~ frei Grenze, ex frontier; ~ франко причал ~ frei Kai, ex quay;

экспресс-поставка Expresslieferung;

базис поставк||и Liefer||basis; возврат -и Rücklieferung; гарантия -и -garantie; готовность *(f.)* к -e -bereitschaft; дата -и -datum; день *(m.)* -и -tag; дефицит -ок -engpass; договор -и (на -у, о -е) -vertrag; договор транзитной -и Vertrag über Transitlieferungen;

документы *(Pl.)* **на -у** -papiere; **заказ на -у** -auftrag; **извещение о -е** -meldung, -anzeige; **книга -ок** -buch; **концепция -ок** Belieferungskonzept; **место -и** -ort; **надежность** *(f.)* **-ок** -zuverlässigkeit, -treue; **неравномерность** *(f.)* **-ок** Diskontinuität in der Anlieferung; **объем -ок** -umfang, -menge, -höhe; **оплата при -е (после -и)** *s. платеж*; **платеж при -е** Zahlung bei ~ (cash on delivery, cod); **прекращение -ок** -stopp, Einstellung der ~; **препятствие в -е** -hindernis; **просрочка в -е** -verzug; **пункт -и** -ort; **разрешение на -у** -genehmigung; -erlaubnis; **свидетельство о -е** -nachweis; **соглашение о -ах** -abkommen; **сосредоточение -ок** Bündelung von Lieferungen; **срок -и** -frist, -termin; **общие условия** *(Pl.)* **-и** allgemeine -bedingungen; **подлежащий оплате по -е** *s. платеж*

поставлен/а/о/ы *(Part.)* geliefert

поставляемый товар (груз) Liefergut

поставлять/поставить <что-л.> <etw.> liefern, ausliefern; ~ **груз** Fracht ~; ~ **товар** Ware ~; ~ **в срок** termingerecht ~, fristgemäß ~, pünktlich ~; ~ **дополнительно** <etw.> nachliefern; ~ **с задержкой** mit Verzug ~; ~ **транзитом** im Direktverkehr ~

поставщик *(Pers.)* Lieferant, Zusteller, -lieferant *(in Zus.)*; **генеральный** ~ General-; **главный** ~ Haupt-; **монопольный** ~ Allein-; **оптовый** ~ Groß-; **сторонний** ~ Zulieferer, Zulieferbetrieb; **судовой** ~ Schiffs-; ~ **груза** Fracht-; ~ **сырья** Rohstoff-; ~ **товаров** Waren-;

предприятие‖-поставщик Zulieferbetrieb; **предприятия-~и** *(Pl.)* Zulieferindustrie; **страна-~** Verkäuferland; **суб-** *s.* **сторонний**; **фирма-~** Lieferfirma;

картотека поставщик‖ов Lieferantenkartei; **станция -а** Versenderbahnhof

постановка дорожных знаков *(Straße)* Beschilderung

постановление *(jur. s. auch положение)* Verordnung *(auch in Zus.)*; **особое** ~ Ausnahme-; ~ **о деятельности уполномоченного на осуществление перевозок опасного груза** Gefahrgutbeauftragten-; ~ **о магнитной железной дороге** Magnetschwebebahn-; ~ **о максимальном количестве грузовиков в дальних грузовых перевозках** *(LKW)* Höchstzahlen-; ~ **о надзоре над перевозками опасного груза** Gefahrgut-Kontroll-; ~ **о перевозке опасного груза** Gefahrgut-; ~ **ЕС о таможенной стоимости перевозимого груза** *(EU)* Zollwert-; ~ **о стоимости мероприятий по перевозке опасного груза** Gefahrgut-Kosten-; ~ **об изменении действующего положения** Änderungs-; ~ **по порту** Hafenbestimmungen

постановлять/постановить <что-л.> <etw.> anordnen, verfügen

постоянн‖ый/ая/ое/ые ständig/e/er/es, Dauer- *(in Zus.)*; ~ **балласт** *(Schiff.)* Totlast; ~ **клиент** Stammkunde; ~ **тарифная комиссия -е** Tarifkommission; ~ **нагрузка** *(techn.)* -belastung; ~ **пользователь местом стоянки** *(Pers.)* -parker; ~ **пропуск** -passierschein, -berechtigungsschein; ~ **расходы** *(Pl., kfm.)* Fixkosten, konstante Kosten; ~ скопление <транспортных средств> -stau

поступивший транспорт *(Hafen)* eingehender Verkehr

поступление Eintreffen, Eingang, -eingang, Eingangs- *(in Zus.)*; ~ заказа Auftrags-; ~ налогов *(vwl.)* Steuereinnahmen (-aufkommen); ~ платежа Zahlungs-; ~ таможенных сборов Zollaufkommen; ~ товара Waren-; ~ товара на склад Lager-;

накладная на || **поступление <товара>** <Waren>Eingangs||schein; **отметка о -и** -vermerk; **подтверждение о -и товара** Empfangsbestätigung; **свидетельство о -и товара** *s. подтверждение*

посылка 1. *(Versandgut)* Paket, Päckchen; 2. *(Prozess)* Zusendung; **таможенная декларация на -у** Zollpaketkarte

посылочн||ый/ая/ое/ые Versand- *(in Zus.)*; ~ **торговля** -handel, Distanzhandel (Paket-); ~ **торговая фирма** -haus

потенциал, транспортный Verkehrspotenzial

потерпевш||ий/ая/ие *(Subst., Pers.)* **кораблекрушение** Schiffbrüchige/er

потеря/и Verlust/e *(auch in Zus.)*; **материальная** ~ materieller; **товарная** ~ Waren-; ~ **проездного времени** Fahrzeit-; ~ **груза** Fracht-; ~ *(Pl.)* **импортера** -e des Importeurs; ~ *(Pl.)* **экспортера** -e des Exporteurs

потерянн||ый/ая/ое/ые verlorengegangen/e/er/es; ~ **багаж** -es Gepäck; ~ **груз** -e Fracht, -es <Fracht>Gut

поток *(übertr.)* Strom, Fluss *(auch in Zus.)*; **беспрепятственный транспортный** ~ reibungsloser Verkehrsfluss; **вагонные -и** *(Pl., Eis., sich bewegende Menge von Wagen)* Wagenströme; **грузовой** ~ Güterstrom; **пассажирский** ~ Fahrgaststrom (Passagier-); **транспортный** ~ Verkehrsfluss; **угловой** ~ Eckverkehr;

поток || **автомобилей** *(Kfz.)* Fahrzeug||strom; ~ **груза** *s. грузовой*; ~ <**транспортно-сопроводительный**> **информации** <transportbegleitender> Informationsfluss; ~ **пассажиров** *s. пассажирский*; ~ **пешеходов** Fußgänger-

потоки *(Pl., vwl.)* Ströme *(auch in Zus.)*; **грузовые** ~ Güter-; **пассажирские** ~ Fahrgast-, Passagier-; **транспортные** ~ Verkehrs-, Transport-; **транспортные** ~ **сборных грузов** Sammelgut-; **анализ транспортных -ов** Analyse der Verkehrs- (Transport-)

потонный тариф Tonnentarif

потребитель *(m., Pers.)* Verbraucher, Konsument, Abnehmer *(auch in Zus.)*; **конечный** ~ End-; **непосредственный** ~ Direkt-; **основной** ~ Hauptabnehmer; ~ **товаров** Warenkonsument; ~ <**транспортных**> **услуг** <Verkehrs>Leistungsnutzer; **защита прав -ей** Verbraucherschutz

потребительск||ий/ая/ое/ие Verbraucher-, Gebrauchs- *(in Zus.)*; ~ **право** *(jur.)* Verbraucherrecht; ~ **тара** -verpackung, Verkaufsverpackung; ~ **товар** Gebrauchsgut (Konsum-); ~ **упаковка** *s. тара*

потребление *(Prozess)* Verbrauch, Konsum; **налог на предметы -я** Verbrauchssteuer

потреблять/потребить <что-л.> <etw.> verbrauchen

потребность *(f.)* <в чем-л.> Bedarf <an (nach) etw.> *(auch in Zus.)*; **-и** *(Pl.)* **заказчиков** Kundenbedürfnisse; ~ **в дотациях** Zuschuss-; ~ **в перевозках** Transport-, Verkehrs-, Beförderungs-; ~ **в грузовых перевозках** Güterbeförderungs-; ~ в **пассажирских перевозках** Personenbeförderungs; ~ **в порожняке** ~ an Transportraum; ~ **в тоннаже** Tonnage-; ~ **в финансировании** Finanzierungs-; **определение -ей** Bedarfsermittlung

почасов‖ой/ая/ое/ые Stunden- *(in Zus.)*; ~ **интервал** -takt; ~ **тариф** -tarif

почтово-багажный поезд Postgüterzug

почтов‖ый/ая/ое/ые Post- *(in Zus.)*; ~ **адрес** -anschrift, -adresse; ~ **вагон** *(Eis.)* -wagen; ~ **груз** -fracht, -ladung; ~ **квитанция** -quittung, Versandquittung; ~ **отправление** -sendung; ~ **сообщение** -verkehr

пошлина *(s. auch налог, сбор/ы)* Abgabe/n, Gebühr/en, Zoll, -zoll, -gebühr/en, Zoll- *(in Zus.)*; **адвалорная** ~ Wertzoll; **ввозная** <таможенная> ~ Einfuhrzoll (-abgabe), Importzoll; **внутренняя** ~ Binnenzoll; **вывозная** ~ Ausfuhrzoll (-abgabe), Exportzoll; **дифференцированная** ~ gestaffelte/er; **договорная** ~ vertraglich ausgehandelte/er; **дополнительная** ~ Aufschlaggebühr/en, (Zuschlag-), Zollaufschlag; **дорожная** ~

Straßenbenutzungsgebühr/en (Maut-), Wegegeld (-benutzungsabgabe); **заградительная** ~ *s. запретительная*; **запретительная** ~ Abwehrzoll (Prohibitiv-, Sperr-); **импортная** ~ *s. ввозная*; **исключительная таможенная** ~ Ausnahmezollsatz; **комбинированная** ~ *s. смешанная*; **компенсационная** ~ Ausgleichszoll; **оградительная** ~ *s. запретительная*; **пограничная** ~ Grenzzoll; **покровительственная** ~ Schutzzoll; **покровительственная импортная** ~ protektionischer Einfuhrzoll; **портовая** ~ Hafengebühr/en; **протекционистская** ~ *s. покровительственная*; **противодемпинговая** ~ Antidumpingzoll; **реторсионная таможенная** ~ Kampfzoll; **сезонная таможенная** ~ Saisonzoll; **смешанная** ~ Mischzoll; **специальная** ~ Sonderzoll; **специфическая** ~ spezifische/er; **стоимостная** ~ *s. адвалорная*; **таможенная** ~ Zollgebühr/en; **таможенная фискальная** ~ Finanzzoll; **тарфиная** ~ Tarifzoll; **торговая** ~ Handelszoll; **транзитная** ~ Transitzoll, (Durchgangs-); **экспортная** ~ *s. вывозная*; ~ **с веса** Gewichtszoll; ~ **с кубатуры** Maßzoll;

виды *(Pl.)* **таможенных ‖ пошлин** Zoll‖arten; **возврат -ы** -rückvergütung, Rückzoll; **обложение -ой** Erhebung von Zoll; **льготное обложение -ой** Vorzugsverzollung; **обязанность** *(f.)* **уплаты** <таможенной> **-ы** -pflicht; **освобождение от -ы** -befreiung; **отмена -ы** Aufhebung (Abschaffung) von Zoll; **отсрочка**

таможенной -ы -aufschub, Stundung von -gebühren; **плата за -у** Entrichtung von -gebühren; **повышение -ы** Erhöhung von -gebühren; **таможенное свидетельство на возврат пошлин** Rückzollschein; **свидетельство об освобождении от пошлин** -freischein; **снижение -ы** Senkung von -gebühren; **колеблющяя ставка пошлин** Gleitzoll; **преференциальная ставка пошлин** ermäßigter Gebührensatz (Zoll-); **без пошлин** abgabenfrei/e/er/es (gebühren-, zoll-); **не облагаем‖ый/ая/ое/ые -ой** _s. без пошлин_; **не очищенн‖ый/ая/ое/ые от <таможенной> -ы** unverzollt/e/er/es; **облагаем‖ый/ая/ое/ые -ой** abgabenpflichtig/e/er/es (gebühren-, zoll-); **освобожденн‖ый/ая/ое/ые от -ы** _s. без пошлин_; **очищенн‖ый/ая/ое/ые от <таможенной> -ы** verzollt/e/er/es;

вводить/ввести пошлин‖у Abgaben (Gebühren, Zoll) ‖ einführen; **взимать -у** ~ erheben; **облагать/обложить -ой** mit ~ belegen; **освобождать/освободить от -ы** von ~ befreien; **отменять/отменить -у** ~ abschaffen, ~ aufheben; **платить/ заплатить -у** ~ entrichten, ~ zahlen; **повышать/повысить -у** ~ erhöhen; **снижать/снизить -у** ~ senken, ~ abbauen

поштучн‖ый/ая/ое/ые Stück- _(in Zus.)_; ~ **груз** -gut, -ladung, -fracht; ~ **таможенный тариф** -zoll; ~ **товар** -ware

пояс Zone _(auch in Zus.)_; ~ **времени** Zeit-; ~ **дальности** Entfernungs-, Entfernungsstufe

поясн‖ой/ая/ое/ые Zonen-, Entfernungs- _(in Zus.)_; ~ **тариф**□ -tarif; ~ **цена** -preis

права _(Pl., s. auch право)_ Rechte _(auch in Zus.)_; **водительские** ~ Führerschein, Fahrerlaubnis; **специальные** ~ **заимствования (СПЗ)** Sonderziehungs-; ~ **<авиакомпаний> на получение разрешений на обслуживание определенных рейсов, а также на взлет и посадку в аэропортах** _(Flug.)_ Strecken- und Lande-

правила _(Pl., jur., s. auch инструкции, порядок, режим)_ Regeln, Bestimmungen, Vorschriften, _(Sg.)_ Ordnung _(auch in Zus.)_; **Гаагские** ~ _(See.)_ Haager Regeln; **Гамбургские** ~ _(See.)_ Hamburger Regeln; **Йорк-Антверпенские** ~ _(See.)_ York-Antwerpen-Regeln; **карантинные** ~ Quarantänevorschriften; **общие** ~ allgemeine, allgemeingültige; **санитарные** ~ Gesundheitsvorschriften; **таможенные** ~ Zollbestimmungen (-vorschriften); **таможенные тарифные** ~ Zolltarifgesetz; **тарифные** ~ Tarifordnung, (Gebühren-); **торговые** ~ Handelsbestimmungen (-vorschriften); **транспортные** ~ Beförderungsbestimmungen (-vorschriften), Transportbestimmungen, Verkehrsvorschriften; **центральные** ~ zentrale;

правила ‖ безопасности Sicherheitsbestimmungen (-vorschriften); ~ **дорожного (уличного) движения (ПДД)** Straßenverkehrsordnung (StVO); ~ **движения транспорта** Verkehrsordnung/en; ~ **движения автомобильного транспорта**

Kraftverkehrsordnung (KVO); ~ **движения грузового транспорта** Güterverkehrsordnung (GVO); ~ **движения по автостраде** Autobahnordnung (AO); ~ **допуска к эксплуатации** Zulassungsordnung (ZO); ~ **конкуренции** Wettbewerbsregeln; ~ **маркировки** Kennzeichnungsvorschriften; ~ **осуществления импортных операций** Importvorschriften (Einfuhr-); ~ **осуществления экспортных операций** Exportvorschriften (Ausfuhr-); ~ **отгрузки** Ladevorschriften; ~ **оформления груза при отправлении** Güterabfertigungsvorschriften; ~ **оформления торгового счета** *(Zoll.)* Aufmachungsvorschriften; ~ **перевозок автомобилей автотранспортом** Autotransportordnung; ~ **перевозки <груза>** <Güter>Beförderungsbestimmungen (-vorschriften); ~ **перевозки груза автомобильным транспортом** Beförderungsbestimmungen für den Straßengüterkraftverkehr; ~ **железнодорожных перевозок** Eisenbahnverkehrsordnung (EVO); ~ **железнодорожных перевозок груза** Beförderungsbestimmungen für den Eisenbahngüterverkehr; ~ **международных грузовых перевозок** Beförderungsbestimmungen für den internationalen Güterverkehr; ~ **плавания по внутренним водным путям** Binnenschifffahrtsordnung; ~ **плавания по морским путям** Seeschifffahrtsstraßenordnung; ~ **погрузки** *s.* ~ *отгрузки*; ~ **погрузки опасного груза** Ladevorschriften für Gefahrgut; ~ **приемки** Abnahmevorschriften; ~

применения соглашения о провозных тарифах Tarifvertragsordnung; ~ **проведения полета по видимости** Sichtflugregeln; ~ **проведения полета по инструментам (приборам)** Instrumentenflugregeln; ~ **радиосвязи** *(Schiff., Flug.)* Funkbestimmungen; ~ **разгрузки** Entladevorschriften, *(Schiff. auch)* Löschvorschriften; ~ **сигнализации** Signalvorschriften; ~ **составления торгового счета** *s.* ~ *оформления*; ~ **стоянки автомобилей** Parkvorschriften; ~ **страхования** Versicherungsvorschriften; ~ **торговли** Handelsvorschriften; ~ **международной торговли** Welthandelsordnung; ~ **установления тарифов** Tarifordnung (TO); ~ **эксплуатации** Betriebsordnung (BO); ~ **коммерческой эксплуатации железных дорог** *s.* ~ *железнодорожных перевозок*;

правила ‖ **о режиме морских портов** *(BRD)* Seehafenbetriebsordnung; ~ **по безопасности плавания морских судов** *(BRD)* Schiffssicherheitsverordnung; ~ **по перевозке опасного груза** 📖 Gefahrgutvorschriften; **гармонизация правил стран-членов ЕС** *(EU)* Europäische Harmonisierung

право *(jur.)* **1.** *(Kodex)* Recht *(auch in Zus.)*; **2.** *(Berechtigung)* Recht *(auch in Zus.)*; **аварийное** ~ Havarieverfahrens-; **воздушное** ~ Luftverkehrs-; **гражданское** ~ Zivil-; **залоговое** ~ Pfand-; **иностранное** ~ ausländisches; **исключительное** ~ Ausnahme-; **коммерческое** ~ *s. торговое*; **коносаментное** ~ *(See.)*

Konnossements-; **международное** ~ internationales, Völker-; **международное торговое** ~ internationales Handels-; **местное** ~ Orts-; **морское** ~ See-; **морское торговое** ~ Seehandels-; **налоговое** ~ Steuer-; **обычное** ~ **на получение разрешений на взлет и посадку в аэропортах** *(Flug.)* Großvater-; **портовое** ~ Hafen-; **потребительское** ~ Verbraucher-; **преимущественное** ~ Vor-; **преимущественное** ~ **посадки** *(Flug.)* Landevor-; **публичное** ~ öffentliches; **суверенное** ~ Hoheits-; **таможенное** ~ Zoll-; **торговое** ~ Handels-; **транспортное** ~ Verkehrs-; **трудовое** ~ Arbeits-; **хозяйственное** ~ Wirtschafts-; **частное** ~ Privat-; **экологическое** ~ Umwelt-;

право || **доступа** Zugangs||recht; ~ **наложения ареста на имущество** Pfändungs-; ~ **осуществления перевозок** Beförderungs-; ~ **свободного перемещения груза и капитала** *(EU)* ~ auf uneingeschränkten Güter- und Kapitalverkehr; ~ **получения места жительства** *(für natürliche Personen)* Niederlassungs-; ~ **получения места регистрации** *(für Unternehmen)* Niederlassungs-; ~ **пользования** Nutzungs-; ~ **посадки** *(Flug.)* Lande-; ~ **преимущественного проезда** *(Straßenverkehr)* Vorfahrts-; ~ **распоряжения** <**грузом**> Verfügungs- (Verfügungsgewalt) <über die Ladung>; ~ **собственности** Eigentums-; **фрахта** Fracht-;

право || **на возмещение ущерба** Recht auf Schadenersatz, Schadenersatzanspruch; ~ **на осуществление определенного количества взлетов и посадок**

<**авиакомпаниями**> *(Flug.)* Landerechte *(Pl.)*, Slot; ~ **на осуществление перевозок** Beförderungs||recht, Transport-, Transportberechtigung; ~ **на осуществление перевозок опасного груза** Gefahrgut-; ~ **на осуществление пассажирских перевозок** Personenbeförderungs-; ~ **на отправку груза** <**по экспорту/импорту**> Abfertigungsbefugnis; ~ **на перевозку** Beförderungsanspruch; ~ **на посадку** *(Flug.)* s. ~ *посадки*; ~ **на свободу перемещения** ~ auf Freizügigkeit; ~, **регулирующее железнодорожные перевозки** Eisenbahnfracht-;

передача прав || **а пользования** Übertragung des Nutzungsrechts; **без -а передачи** nichtübertragbar/e/er/es; **с -ом передачи** übertragbar/e/er/es

правов || **ой/ая/ое/ые** Rechts- *(in Zus.)*; ~ **нормы** *(Pl.)* -bestimmungen, -normen; ~ **основа** -grundlage; ~ **положение** -vorschrift; ~ **предписание** s. *положение*

правонарушение на транспорте *(jur.)* Verkehrsdelikt

правопорядок *(jur.)* Rechtsordnung

правостороннее движение (рулевое управление) Rechtsverkehr

прав || **ый/ая/ое/ые** rechte/er/es, Rechts- *(in Zus.)*; ~ **борт** *(Schiff.)* Steuerbord; **на -ом борту** steuerbords; **с -ого борта** von steuerbord; ~ **поворот** 1. *(Streckenführung)* -kurve; 2. *(Prozess)* -abbiegen; ~ **полоса** -e Fahrspur; ~ **ряд** s. *полоса*; **ехать (ездить) -ой стороной (справа)** rechts fahren

пребывание Aufenthalt; **время -я**

Aufenthaltsdauer (-zeit), *(Güterv. auch)* Durchlaufzeit

превышать/превысить <что-л.> <etw.> übersteigen, überschreiten, überziehen; ~ **контингент** ein Kontingent überziehen; ~ <**допустимую**> **норму** die <zulässige> Norm überschreiten; ~ <**допустимую, установленную**> **скорость** *(f.)* die <zulässige> Geschwindigkeit überschreiten; **предложение превышает спрос** das Angebot übersteigt die Nachfrage; **спрос превышает предложение** die Nachfrage übersteigt das Angebot

превышение Überschreitung, Überziehung, -überschreitung, -überhang *(in Zus.)*; ~ **контингента** ~ eines Kontingents; ~ **предложения над спросом** Angebotsüberhang; ~ **предложения тоннажа над спросом** *(Schiff.)* Überangebot an Frachtraum, Kapazitätsüberhang (Tonnage-); ~ <**допустимой, установленной**> **скорости** Überschreitung der <zulässigen, vorgeschriebenen> Geschwindigkeit, Geschwindigkeitsüberschreitung; ~ **спроса над предложением** Nachfrageüberhang; ~ **экспорта над импортом** Exportüberschuss

превышенная скорость überhöhte Geschwindigkeit

предварительн‖ый/ая/ое/ые vorher, vorausgehende/er/es, Vor- *(in Zus.)*; ~ **броня** *(Pass.)* -buchung; ~ **таможенное действие** Zollvormerkverfahren

предел Grenze *(auch in Zus.)*; **верхний** ~ Ober-; **нижний** ~ Unter-; ~ **допустимого выброса вредных веществ** zulässiger Schadstoffgrenzwert; ~

грузовместимости *(Fahrzeuge im Güterv.)* Kapazitäts-; ~ **мощности** *(Anlagen)* Kapazitäts-; ~ **ответственности** *(jur.)* Haftungs-; ~ **пассажировместимости** *(Pass.)* Kapazitäts-; ~ **скорости** Geschwindigkeits-

предельно допустимые показатели *(Pl.)* **токсичности** <отработанных газов> zulässige Abgaswerte

предельн‖ый/ая/ое/ые maximal/e/er/es, Höchst-, Maximal- *(in Zus.)*; ~ **вес** -gewicht; ~ **вес взлета** -e Abflugmasse; ~ **дальность** *(f.)* **действия самолета** -e Reichweite eines Flugzeugs; ~ **компенсация** -e Abfindung (Schadenersatzsumme); ~ **нагрузка** Grenzbelastung (-last); ~ **показатели** *(Pl.)* **отработанных газов (ОГ)** Abgasgrenzwerte; ~ **скорость** *(f.)* -geschwindigkeit

предлагать/предложить <что-л.> <etw.> anbieten; ~ **перевозки** *(Pl.)* Transport<dienst>leistungen (Beförderungs-) ~; ~ **услуги на транспортном рынке** Dienstleistungen auf dem Verkehrsmarkt ~

предложение 1. *(allg.)* Vorschlag; **2** *(kfm.)* Angebot, -angebot, Angebots- *(in Zus.)*; **комплектное** ~ Komplett-; ~ **ограниченное сроком** befristetes Angebot; **свободное** ~ freibleibendes Angebot; **совокупное** ~ *(vwl.)* aggregiertes Angebot; **твердое** ~ verbindliches Angebot;

предложение ‖ <перевозимого> **груза** Ladungs‖angebot; ~ **тоннажа** Tonnage-, Angebot an Schiffs<fracht>raum; ~ **услуг** Dienstleistungs-; ~ **цены** Preis-; ~ **без обязательства** unverbindliches Angebot, freibleibendes Angebot;

рост -я Angebotszunahme; снижение -я Angebotsrückgang; цена -я Angebotspreis;

аннулировать ‖ предложение ein Angebot (einen Vorschlag) ‖ rückgängig machen; делать/сделать ~ ~ unterbreiten; запрашивать/запросить ~ ~ erbitten, ~ einholen; отказываться/отказаться от -я ~ ablehnen; принимать/принять ~ ~ annehmen; ~ превышает спрос das Angebot übersteigt die Nachfrage

предмет *(hier)* Artikel, -artikel, -ware, -gut *(in Zus.)*; ~ импорта Import-; ~ реимпорта Rückware; ~ потребления Verbrauchs-; ~ экспорта Export-, перечень *(m.)* -ов Stückliste

предметный тариф Gutartentarif

предоплата *(kfm.)* Vorauskasse, Vorauszahlung (cash before delivery, cbd); отказываться/отказаться от -ы die Vorauszahlung verweigern, Vorauskasse ablehnen; производить/произвести -у ~ leisten, mit ~ arbeiten; требовать/потребовать -ы <со своего клиента> <vom Kunden> ~ fordern; без -ы ohne ~, auf Ziel

предоставление *(Prozess)* Bereitstellung *(auch in Zus.)*; ~ вагонов *(Eis.)* Wagen-, ~ von Wagen; ~ информации <о транспортной обстановке> в реальном времени ~ von Echtzeitinformationen <zur Verkehrslage>; ~ контейнеров Container-, ~ von Containern; ~ тоннажа *(Schiff.)* ~ von Frachtraum (Tonnage); ~ транспорта ~ von Beförderungskapazität (Transport-); ~ транспортного средства ~ eines Transportmittels; ~ трассы ~ *(Eis., Flug.)* einer Trasse

предоставлять/предоставить <что-л.> 1. <etw.> bereitstellen, zur Verfügung stellen; 2. <etw.> anbieten, gewähren; ~ автотранспорт ein Kfz bereitstellen; ~ вагон *(Eis.)* einen Wagen (Waggon) bereitstellen; ~ контейнер einen Container bereitstellen; ~ лицензию eine Lizenz anbieten; ~ рабатт *(kfm., Schiff.)* s. скидку; ~ скидку *(kfm.)* einen Rabatt gewähren; ~ товар Ware bereitstellen; ~ транспортные средства *(Pl.)* Transportkapazitäten bereitstellen

предосторожность *(f.)* Vorsicht; меры -и Vorsichtsmaßnahmen

предотвращение *(hier jur.)* Verhütung, Abwendung *(auch in Zus.)*; ~ опасности Gefahr-; ~ ущерба Schadens-

предохранение товара от гибели и повреждений Bewahrung der Ware vor Verlust und Beschädigung

предохранительное устройство Sicherheitsvorrichtung

предписания *(Pl., jur., s. auch правила)* Vorschriften; импортные ~ Import-, Einfuhr-; официальные ~ behördliche; правовые ~ Rechts-; правовые ~ по торговле handelsrechtliche; таможенные ~ Zoll-; тарифные ~ Tarif-; технические ~ technische; экспортные ~ *(Pl.)* Export-, Ausfuhr-; обход -й Umgehung von ~

предполагаемая ответственность за вину *(jur.)* vermutete Verschuldenshaftung

предположенное местоположение <транспортного средства> *(LKW)* angenommener Standort <eines Kfz>

предпочтительн‖ый/ая/ое/ые   *s.*

преференциальный, приоритетный

предприниматель *(т., Pers.)*
Unternehmer, -unternehmer,
Unternehmer- *(in Zus.)*; **мелкий** ~
Klein-; **частный** ~ Privat-; ~ **в
области транспорта** Transport-;
ответственность *(f., jur.)* **-я**
Haftung des -s; **союз -ей** -verband

**предпринимательская
деятельность** unternehmerische
Tätigkeit

предпринимательство *(s. auch дело,
хозяйство)* Unternehmertum,
Geschäft, -geschäft *(in Zus.)*;
свободное ~ freies Unternehmertum;
транспортное ~ Verkehrs-,
Transport-

предприятие *(s. auch фирма)*
Unternehmen, Betrieb,
-unternehmen, Unternehmens- *(in
Zus.)*; **авиационное** ~ Luftfahrt-;
автобусное ~ Bus-;
авторемонтное ~ Kfz-
Reparaturbetrieb;
автотранспортное ~
Kraftverkehrs-; Transport-, Rollfuhr-;
вагоноремонтное ~
Waggonreparaturbetrieb;
вспомогательное транспортное ~
Verkehrshilfsbetrieb; **головное** ~
Stamm-, Mutter-; **грузовое
автотранспортное** ~ Fuhr-;
дочернее ~ Tochter-;
железнодорожное ~
Bahn<verkehrs>-; **индивидуальное**
~ Einzel-; **индивидуальное
судовладельческое** ~ *(Binnsch.)*
Partikulier-; **конкурентоспособное**
~ wettbewerbsfähiger/es; **малое** ~
Klein-; **мелкое** ~ *s. малое*;
муниципальное ~ **общественного
транспорта** öffentlicher Verkehrs-;
обанкротившееся ~ bankrotter/es;
паромное ~ Fähr-, Fährreederei;
промышленное ~ Industrie-;

совместное ~ **(СП)** Joint Venture,
Gemeinschafts-; **среднее** ~
Mittelstands-; **таксомоторное** ~
Taxi-; **торговое** ~ Handels-;
транспортное ~ Transport-,
Verkehrs-; **транспортное** ~,
**выполняющее грузовые
перевозки на дальние
расстояния** Güterfernverkehrs-;
транспортно-экспедиционное ~
Transport- und Speditions- *(im
Selbsteintritt)*; **фрахтовое** ~
Befrachtungs-; **частное** ~ Privat-;
экспедиторское ~ Speditions-;

предприятие ‖ **среднего бизнеса**
Mittelstands‖unternehmen; ~
изготовителя Herstellerbetrieb; ~
бытового обслуживания
Dienstleistungs-; ~ **перевозки
сборного груза** Sammelgut-; ~
внутреннего водного транспорта
Binnenschifffahrts-; ~ **местного
транспорта** Nahverkehrs-;

предприятие с одним грузовиком
(LKW) Einwagenunternehmen;

франко предприятие frachtfrei
Herstellerbetrieb, ex works;

предприятие‖-заказчик
auftraggebendes Unternehmen;
~-**оператор**⌨ Betreibergesellschaft;
~-**партнер** Partner‖unternehmen;
~-**поставщик** Zuliefer-;

**предприятие, работающее на
основе франшизы**
Franchiseunternehmen;

банкротство ‖ **предприятия**
Bankrott ‖ eines Unternehmens;
выделение -я Ausgründung ~;
ликвидация -я Liquidation ~;
поглощение -я *(feindliche
Übernahme)* Unternehmensfusion;
структурное преобразование -я
Restrukturierung ~; **профиль** *(т.)*
<**деятельности**> **-я**

Unternehmensprofil;
разукрупнение -я Entflechtung ~;
слияние -й *(Pl.)*
Unternehmensfusion; **создание -я**
Unternehmensgründung;
отраслевой союз -й *(Pl.)*
Branchenverband; **филиал -я** Filiale
~; **экономика -я** Betriebswirtschaft;

предприятие ‖ **банкротится/
обанкротится** ein Unternehmen ‖
geht in Konkurs; **ликвидировать** ~
~ liquidieren, ~ abwickeln;
перестраивать/перестроить ~ *s.
реструктурировать*;
подстраивать/подстроить ~ **к
условиям ЕС** ~ auf die EU
ausrichten; **преобразовывать/
преобразовать** ~ *s.
реструктурировать*;
реструктурировать ~ ~
restrukturieren; **создавать/создать**
~ ~ gründen; **учреждать/учредить**
~ *s. создавать/создать*

представитель *(Pers.)* Vertreter
(auch in Zus.); **торговый** ~
Handels-; ~ **компании**
Unternehmens-, ~ eines
Unternehmens; ~ **торговой фирмы**
s. торговый

представительство Vertretung *(auch
in Zus.)*; **торговое** ~ Handels-; ~
интересов Interessen-

предупредительн‖ый/ая/ое/ые
Vorsichts-, Warn- *(in Zus.)*; ~
дорожный знак *(Kfz.)*
Gefahrzeichen; ~ **маркировка <на
внешней упаковке>**
Vorsichtsmarkierung <auf der
Verpackung>; ~ **мигающий свет**
Warnblinklicht; ~ **сигнал**
Warnsignal (-anzeige); ~ **световой
сигнал** Warnblinksignal; ~
сигнализация Alarmanlage; ~
треугольник *(Kfz.)* Warndreieck

предупреждающее

светосигнальное устройство
(Kfz.) Warnblinkanlage

**предупреждение о заторах
(пробках)** Staumeldung

предъявитель *(m., Pers.)* Inhaber,
Inhaber- *(in Zus.)*; **коносамент на
-я** *(See.)* -konnossement;
<страховой> полис на -я -police;
свидетельство на -я -lagerschein

предъявительск‖ий/ая/ое/ие
Inhaber- *(in Zus.)*; ~ **документ**
-papier, -dokument, -schein; ~
коносамент *(See.)* -konnossement;
~ **лицензия <на перевозки>**
-genehmigung; ~ **полис** *(Vers.)*
-police

предъявление *(Prozess)* Vorweisen
<von etw.>; ~ **претензий** *(jur.)*
Beanstandung/en, Geltendmachung
von Reklamationsansprüchen; ~
**товара к таможенному досмотру
(контролю)** *(Zoll.)* Gestellung <von
Waren>;

обязанность *(f.)* **предъявлени‖я**
Gestellungs‖pflicht; **освобождение
от обязанности -я** -befreiung;
реестр -я -verzeichnis

**предъявлять/предъявить
претензии** *(Pl., jur.)*
Reklamation/en (Ansprüche) geltend
machen

преимущественн‖ый/ая/ое/ые
Präferenz- *(in Zus.)*; ~ **право**
Vorrecht; ~ **право посадки (на
посадку)** *(Flug.)* Landevorrecht; ~
проезд Vorfahrt; ~ **тариф** -tarif,
Vorzugstarif

прейскурант *(kfm.)* Preisliste
(-verzeichnis); **цена по -у**
Listenpreis

прейскурантная цена Listenpreis

прекращать/прекратить <что-л.>

<etw.> einstellen; ~ обслуживание маршрута die Bedienung einer Linie ~; ~ обслуживание трассы die Bedienung einer Strecke ~; ~ платеж/и die Zahlung/en ~; ~ эксплуатацию den Betrieb ~, <etw.> aus dem Verkehr ziehen

прекращение Einstellung, Stopp, -stopp *(in Zus.)*; ~ движения транспорта Transportsperre; ~ обслуживания мрашрута (трассы) ~ der Streckenbedienung; ~ перевозок ~ der Beförderung; ~ платежей ~ der Zahlungen, Zahlungs-; ~ поставок ~ der Lieferungen, Liefer-

премиальный тариф Prämientarif

премия Prämie *(auch in Zus.)*; страховая ~ Versicherungs-; ~ за пробег в километрах Kilometergeld; ~ за пробег в осекилометрах *(Eis.)* Achskilometergeld

преобладание автомобильного транспорта Autodominanz

препятственный заторами транспорт staubehinderter Verkehr

препятствие Hindernis *(auch in Zus.)*; навигационное ~ Navigations-; ~ в доставке Ⓜ Ablieferungs-, Zustell-; ~ в поставке Liefer-; ~ в транспортировке Beförderungs-, Transport-; ~ на пути следования транспорта Verkehrs-

препятствовать движению den Verkehr behindern

прерванная поездка Fahrtunterbrechung (Reise-)

прерывать/прервать <что-л.> <etw.> unterbrechen; ~ поездку eine Reise, eine Fahrt; ~ полет einen Flug

пресная вода Süßwasser

преступление, транспортное *(jur.)* Verkehrsstraftat

претензия/и *(jur.)* Beanstandung, Reklamation/en; ~ клиентов Kundenreklamation/en; предъявление -й *(jur., Prozess)* Beanstanden, Geltendmachung von Reklamationsansprüchen; свободно от -й beanstandungsfrei, free of claims (foc)

преференциальн‖ый/ая/ое/ые *(s. auch приоритетный)* Vorzugs-, Präferenz-, Sonder- *(in Zus.)*; ~ маршрут Vorrangroute; ~ фрахтовая ставка -frachtsatz; ~ ставка пошлин -zollsatz; ~ тариф -tarif

прибавка за ускоренную погрузку Eilgeld <bei schnellem Beladen>

прибалтийск‖ий/ая/ое/ие Ostsee- *(in Zus.)*; ~ порт -hafen; транспорт (сообщение) между -ими странами (регионами) -verkehr

приближаться/приблизиться <к чему-л.> sich <an etw.> annähern, näher kommen

прибор, навигационный Navigationsinstrument

прибрежн‖ый/ая/ое/ые Küsten-, Ufer- *(in Zus.)*; ~ зона Uferzone; ~ плавание Küstenschifffahrt, kleine Fahrt; ~ судно Küstenschiff; ~ судоходство *s. плавание*

прибывать/прибыть <в место назначения> <an einem Bestimmungsort> ankommen, eintreffen

прибывающ‖ий/ая/ее/ие *(Part.)* eingehend/e/er/es, *(Schiff. auch)* einlaufend/e/er/es, auflaufend/e/er/es; ~ вагон *(Eis.)* -er Wagen, -er Waggon; ~ груз -e Fracht; ~ судно -es Schiff

прибывш‖ий/ая/ее/ие *(Part.)* eingegangen/e/er/es, *(Schiff. auch)* eingelaufen/e/er/es, *(Eis. auch)* aufgelaufen/e/er/es; ~ **вагон** *(Eis.)* -er Wagen, -er Waggon; ~ **груз** -e Fracht; ~ **судно** -es Schiff

прибыль *(f., kfm.)* Gewinn, Rendite; **налог с -и** Gewinnsteuer

прибытие <чего-л., куда-л.> *(s. приезд, прилет, приплытие)* **1.** *(Pass.)* Eintreffen, Ankunft, Ankunfts- *(in Zus.)*; **2.** *(Güterv.)* Eingang, -eingang, Eingangs- *(in Zus.)*; ~ **груза** Fracht-; ~ **товара** Waren-; ~ **и отбытие** <груза> Güterein- und -ausgang; ~ **и отправка** <груза> An- und Abtransport <von Gütern>; ~ **в аэропорт** ~ auf dem Flughafen; ~ **в пункт назначения** ~ am Zielort; ~ **на вокзал** ~ auf dem Bahnhof;

время прибыти‖я Ankunfts‖zeit, Eingangs‖zeit; **дата -я** -datum; **дежурный по -ю и отправлению** <грузовых> **поездов** *(Pers.)* Zugabfertiger; **извещение о -и** <товара> Empfangsanzeige (-meldung); **книга -я** <товаров> Wareneingangsbuch; **место -я** -ort; **порт -я** -hafen, Zollabfertigungshafen; **пункт -я** -ort; **путь** *(m.)* **-я** *(Eis.)* Ankunftsgleis (Einfahr-); **станция -я** <поездов> *(Güterv.)* -bahnhof, -station; **стрелка -я** *(Eis.)* Einfahrweiche

приватизированная собственность privatisiertes Eigentum

приватизируемая собственность zu privatisierendes Eigentum

привлечение <новых> **клиентов** <Neu>Kundenakquisition (-akquise)

привод *(techn.)* Antrieb, Getriebe, -antrieb *(in Zus.)*; **гидравлический**

~ hydraulischer; **главный** ~ Haupt-; **гусеничный** ~ Raupen-; **дизельный** ~ Diesel-; **задний** ~ *(Kfz.)* Heck-; **индивидуальный** ~ Einzel-; **комбинированный тяговый** ~ 🕮 Hybrid-; **независимый** ~ Eigen-; **паровой** ~ Dampf-; **полный** ~ Allachs-, Allrad-; **рулевой** ~ **1.** *(Kfz.)* Lenk-, Steuer-; **2.** *(Schiff.)* Ruder-; **собственный** ~ *s. независимый*; **электрический** ~ elektrischer, Elektro-; **электромагнитный** ~ Magnet-;

привод ‖ **гусеницы** Raupen‖antrieb; ~ **колеса** Rad-; ~ **спаренных осей** Doppelachs-; ~ **транспортного средства** Fahrzeug-; ~ **на все колеса** *s. полный*; ~ **на задние колеса** Hinterrad-; ~ **на передние колеса** Front-, Vorderrad-;

техника привода Antriebstechnik

привоз <груза, пассажиров> Zuführung <von Gütern, Passagieren>; **служба -а** Zubringerdienst

привозить/привезти <кого-л./что-л. куда-л.> <jmdn./etw. mit einem Fahrzeug zu einem Ort> hinbringen, hinfahren, *(Güter auch)* anliefern, antransportieren; ~ **груз** Fracht; ~ **друга домой** einen Freund nach Hause; ~ **контейнер вниз** einen Container herunterbringen (-holen); ~ **поддон вверх (наверх)** eine Palette hochbringen, hochfahren; ~ **фрахт самолетом** Fracht mit dem Flugzeug hinfliegen

привокзальн‖ый/ая/ое/ые Bahnhofs- *(in Zus.)*; ~ **площадь** *(f.)* -vorplatz; ~ **таможня** Zollamt am Bahnhof

привязка *s. приключение*

пригодность, профессиональная fachliche Eignung

пригодн‖ый/ая/ое/ые geeignet/e/er/es, -fähig/e/er/es *(in Zus.)*; ~ **для импорта** import-; ~ **перевозки** transport-; ~ **для транспортировки** *s.* ~ *для перевозки*; ~ **для экспорта** export-; ~ **к хранению** lager-

пригород Umland <einer Stadt>, *(umg. auch)* Speckgürtel

пригородн‖ый/ая/ое/ые Regional-, Vorort- *(in Zus.)*; ~ **автобус** Nahverkehrsbus (Vorort-); ~ **билет** Fahrschein für den -verkehr, Nahverkehrsfahrkarte (-fahrschein); ~ **вагон** *(Eis.)* Waggon im Regionalverkehr; ~ **вокзал** -bahnhof; ~ **железная дорога** -bahn; ~ **зона** Nahverkehrszone (-bereich); ~ **линия** Nahverkehrslinie (-verbindung), Regionallinie (-verbindung); ~ **перевозки** *(Pl.)* –verkehr, Nahverkehr (Umland-); ~ **поезд** -zug, Nahverkehrszug; ~ **сообщение** *s. перевозки*; ~ **маршрутное такси** City-Shuttle; ~ **тариф** Nahverkehrstarif (Regionalverkehrs-); ~ **зональный тариф** Regionalzonentarif; ~ **покилометровый тариф** Regionalkilometertarif; ~ **транспорт** *s. перевозки*; ~ **железнодорожный тарнспорт** schienengebundener Regionalverkehr (Nah-)

приготовление <поезда, самолета> **к отправке** *(Prozess, s. auch подготовка)* Abfertigung <eines Zuges, Flugzeugs>

приграничн‖ый/ая/ое/ые Grenz- *(in Zus.)*; ~ **сообщение** -verkehr; **малое** ~ **сообщение** kleiner -verkehr; ~ **торговля** -handel

придерживать курс *(Schiff., Flug.)* Kurs halten

приезд *(Eis., Kfz., s. auch прибытие)* Ankunft, Anreise, Ankunfts-, Anreise- *(in Zus.)*; **вокзал** -а -bahnhof; **время** -а -zeit; **дата** -а -datum; **день** *(m.)* -а -tag; **место** -а -ort; **частота** -а -dichte, -frequenz, -häufigkeit

приезжать/приехать <в **место назначения**> *(Eis., Kfz.)* <am Bestimmungsort> ankommen, <mit einem Fahrzeug> herkommen, hinfahren, eintreffen

прием *(s. auch приемка, принятие)* Annahme, Empfang, Entgegennahme, Übernahme, -annahme, Empfangs- *(in Zus.)*; ~ **багажа** *(Pass.)* Gepäck-; ~ **груза** <к **отправке**> Fracht- <zur Abfertigung, zum Versand> Frachtverladung; ~ **персонала** <на **работу**> Personaleinstellung/en; ~ **товара** Waren-, ~ einer Lieferung;

дата прием‖а Empfangs‖datum; **день** *(m.)* -а *s. дата*; **зона** -а **товара** Wareneingangszone; **квитанция о** -е **груза** -schein, Einlieferungsschein (Annahme-); **квитанция о** -е **груза к отправке** Abfertigungsschein, **книга** -а <**груза к отправке**> Versandbuch; **пункт** -а -ort; **станция** -а <**поездов**> -bahnhof; **терминал** -а -terminal

приемка *(s. auch прием, принятие)* Annahme, Abnahme, Entgegennahme, Annahme-, Abnahme- *(in Zus.)*; **правила** *(Pl.)* -и -vorschriften; **просрочка** -и <**товара**> -verzug; **протокол** -и Abnahmeprotokoll, **протокол сдачи-приемки** Übergabe- Übernahmeprotokoll, Empfangsschein; **условия** *(Pl.)* -и

-bedingungen, Zulassungsbedingungen; **условия** *(Pl.)* **сдачи-приемки** Übergabe-Übernahmebedingungen; **отказ от** **-и** <**товара**> *(Ware)* -verweigerung

приемн‖ый/ая/ое/ые Empfangs-, Annahme-, Abfertigungs- *(in Zus.)*; ~ **квитанция** Empfangsbescheinigung (-schein), Annahmeschein; ~ **станция** *(Güterv.)* Empfangsbahnhof (-station), Abfertigungsbahnhof (-station)

приемо-сдаточн‖ый/ая/ое/ые Übergabe-Übernahme- *(in Zus.)*; ~ **акт** ~-Protokoll; ~ **ведомость** *(f.)* ~-Übersicht; ~ **документ** ~-Dokument; ~ **накладная** ~-schein, Lieferschein

приемочный **контроль** Empfangskontrolle (Abnahme-, Annahme-)

приемщик *(Pers.)* Entgegennehmender, Empfänger

приземление <**самолета**> Landung <eines Flugzeuges>; **место** **-я** Landungsplatz

приземляться/приземлиться *(refl., Flugzeug)* landen

приказ <**командира**> **на посадку** *(Flug.)* Landebefehl

приключение *(s. auch примыкание, hier)* Anbindung, Anschluss *(auch in Zus.)*; **транспортное** ~ Verkehrs-; ~ <**подъездной** **дороги**> **к** **автостраде** Autobahn-; ~ **к** **аэропорту** Flughafen-; ~ **к** **автомобильной дороге** Straßen-; ~ **к железной дороге** Schienen-, <Eisen>Bahn-; ~ **к трамвайным** **линиям** Straßenbahn-; ~ **к порту** Hafen-; ~ **к сети метро**<**политена**> U-Bahn-~; ~ **к сети электрички** S-Bahn-~; ~ **к местному транспорту**

Nahverkehrs-

прилагать/приложить <**накладную** **к** **чему-л.**> <den Frachtbrief> beifügen

прилегающий **к** **порту** **район** Hafenhinterland

прилет *(Flug., s. auch прибытие)* Ankunft, Ankunfts- *(in Zus.)*; **аэропорт** **-а** -flughafen; **время** **-а** -zeit; **дата** **-а** -datum; **день** *(m.)* -tag; **зал** **-а** -halle; **место** **-а** -ort; **терминал** **-а** -terminal; **частота** **-а** -dichte, -frequenz, -häufigkeit

прилетать/прилететь <**в аэропорт** **назначения**> *(Flug.)* <am Zielflughafen> ankommen, <mit einem Flugzeug> herkommen, hinfliegen, eintreffen

прилив Flut

приливный шлюз Gezeitenschleuse

примаж *(Gebühr)* Primage, Primgeld, Frachtzuschlag (-aufschlag)

применение Verwendung, Anwendung; ~ **поддонов для** **перевозки грузов** Palettierung von Gütern; ~ **установленного тарифа** Tarifeinhaltung, Tarifierung

применять/применить **определенный** **тариф** **на** **перевозку** **груза** eine Ladung tarifieren

примыкание *(s. auch приключение)* Anschluss, -anschluss, Anschluss- *(in Zus.)*; ~ **дороги** Straßeneinmündung; ~ **пути** Gleis-; **место** **-я** *(Eis.)* -stelle, -punkt; **пункт -я** *s. место*

примыкающ‖ий/ая/ее/ие *(Schienv.)* Anschluss- *(in Zus.)*; ~ **железная** **дорога** -bahn; ~ **линия** *(Linienführung)* -strecke; ~ **пункт** -punkt, -stelle; ~ **путь** *(m.)* -gleis; ~ **участок** *(Streckenabschnitt)* -strecke

принадлежности, автомобильные *(Pl.)* Kfz-Zubehör

принимать/принять <что-л.> **1.** *(Ware)* <etw.> annehmen, entgegennehmen, empfangen, in Empfang nehmen; **2.** *(Verpflichtung)* übernehmen; ~ **багаж** Gepäck empfangen; ~ <**на себя**> **гарантию** eine Garantie (Bürgschaft) übernehmen; ~ **груз** Fracht<gut> in Empfang nehmen; ~ **груз к перевозке** Güter verfrachten, eine Ladung übernehmen; ~ **меры** *(Pl.)* Maßnahmen ergreifen; ~ **предложение** ein Angebot annehmen; ~ **товар на комиссию** Ware in Kommission nehmen; ~ **товар на склад** Ware einlagern; ~ **вместо платежа** an Zahlungs statt nehmen; ~ **к платежу** in Zahlung nehmen

принцип Prinzip *(auch in Zus.)*; ~ **взимания налога с оборота импорта в стране назначения** *(Zoll.)* Bestimmungsland-; ~ **взимания налога с оборота импорта в стране происхождения** *(Zoll.)* Ursprungsland-; ~ **поочередного вхождения автомобилей в транспортный поток** *(Kfz.)* Reißverschluss-; ~ **действия рынка** Markt-; ~ **избежания ущерба** *(jur.)* Vorsorge-; ~ **компенсации ущерба за счет виновного** *(jur.)* Verursacher-; ~ **ответственности** *(jur.)* Haftungs-; ~ **подачи декларации** *(Zoll.)* Deklarations-

принятие *(s. auch прием, приемка)* Annahme, Übernahme, Empfang, -annahme, -übernahme, -empfang, Annahme-, Empfangs- *(in Zus.)*; ~ **груза** Güter-, Waren-; ~ **груза к перевозке** Fracht-; ~ **груза на склад** Einlagerung <von Fracht>; ~ **заказа** Annahme eines Auftrages; ~

закона *(jur.)* Annahme eines Gesetzes; ~ **на себя обязанности перевозчика** *(jur.)* Selbsteintritt des Spediteurs; ~ **на себя риска** *(jur.)* Haftungsübernahme (Gefahren-); ~ **товара** *s.* ~ *груза*;

дата приняти‖я Empfangs‖datum, Annahme‖datum; **день** *(m.)* -я -tag; **квитанция о -и груза (товара) на причал** *(Schiff.)* Kaiempfangsschein; **квитанция о -и груза (товара) на склад** Lagerempfangsschein; **расписка в -и груза (товара) на хранение** Hinterlegungsschein; **свидетельство о -и груза (товара)** -schein, Einlieferungsschein

приобретать/приобрести <что-л.> <etw.> anschaffen, erwerben

приобретение Anschaffung, Erwerb, -erwerb *(in Zus.)*; ~ **новых единиц подвижного состава** ~ neuer Fahrzeuge; ~ **концессии** Konzessions-; ~ **лицензии** Lizenz-; ~ **водительского удостоверения** Führerschein-

приоритетн‖ый/ая/ое/ые *(s. auch преференциальный)* Vorrang- *(in Zus.)*; ~ **маршрут** -route; ~ **полоса** -spur, Sonderspur; ~ **полоса для автобусов** общественного транспорта *(ÖPNV)* Busspur; ~ **пропуск общественного транспорта** <**на светофорах**> *(ÖPNV)* -schaltung <an Ampeln>; **железнодорожная сеть** *(Eis.)* -netz

приостановление движения <**транспорта**> **по дороге** Straßensperrung

приостанавливать/приостановить <что-л.> <etw.> anhalten, stoppen, unterbrechen, *(jur.)* <etw.> zeitweilig aussetzen, außer Kraft setzen; ~ **автомобиль** *(m.)* ein Fahrzeug anhalten; ~ **движение транспортного потока** den Verkehrsfluss stoppen; ~ **лицензию** eine Lizenz aussetzen

припаркованн‖ый/ая/ое/ые geparkt/e/er/es; ~ **на длительный срок автомобили** *(Pl.)* Langzeitparker; ~ **на краткий срок автомобили** *(Pl.)* Kurzzeitparker

приспарковывать/припарковать <**автомобиль**> <ein Kfz.> parken

приписной таможенный склад Zollfreilager, Zollniederlage

приплывать/приплыть <**в порт**> mit einem Schiff <im Hafen> ankommen (eintreffen)

приплытие *(Schiff., s. auch прибытие)* Eintreffen, Ankunft, Einlaufen, Ankunfts- *(in Zus.)*; **время -я** -zeit; **дата -я** -datum; **день** *(m.)* **-я** -tag; **место -я** -ort; **порт -я** -hafen; **частота -я** -dichte, -frequenz, -häufigkeit

присвоение класса судну Klassifizierung eines Schiffes

приспособление *(s. auch устройство)* Vorrichtung *(auch in Zus.)*; **автоматическое загрузочное** ~ Selbstlade-; **загрузочное** ~ Belade-, Auflade-, Lade-; **перевалочное** ~ Umschlag-, Umlade-; **перевозочное** ~ *s. перевалочное*; **перегрузочное** ~ *s. перевалочное*; **погрузочное** ~ Belade-, Verlade-, Ladegeschirr; **разгрузочное** ~ Entlade-, *(Schiff. auch)* Lösch-

приставание <**судна**> *(Prozess)* Anlanden <eines Schiffes>

приставать/пристать к берегу *(intrans., Schiff)* anlanden

пристань *(f. s. auch причал)*

Anlegestelle (-platz, -brücke), Landungsbrücke, Kai *(auch in Zus.)*; **лодочная** ~ Bootsanlegestelle, Bootshafen; **пароходная** ~ Dampferanlegestelle; **пассажирская** ~ Fahrgastkai; **речная** ~ Anlegestelle für Flussschiffe; **судовая** ~ Schiffsanlegestelle; **таможенная** ~ Zollkai (-landungsplatz); **яхтовая** ~ <kleiner> Jachthafen;

франко пристань frei Kai, free on quay (foq)

пристегивать/пристегнуть ремень *(m.)* einen <Sicherheits>Gurt anlegen

пристегиваться/пристегнуться *(Pass.)* sich anschnallen

пристяжной ремень *(m., Ladung)* Sicherungsgurt (Halte-)

присылать/прислать <**груз**> <Fracht> zustellen, zusenden

приток движения Zielverkehr

приход *(Schiff., s. auch приплытие)* Einlaufen

приходить/прийти *(intrans.)* <zu Fuß> ankommen, hingehen; ~ **в место назначения** am Bestimmungsort ankommen, den Bestimmungsort erreichen

приходн‖ый/ая/ое/ые Eingangs- *(in Zus.)*; ~ **документ** -schein, *(buchh.)* Einzahlungsbeleg; ~ **накладная** Wareneingangsschein

прицеп *(Kfz.)* Hänger, Anhänger, Anhängerwagen, -anhänger *(in Zus.)*; **автомобильный** ~ Kfz-~, PKW-~; **боковой** ~ *(Motorrad)* Seitenwagen (Bei-); **большегрузный** ~ *(LKW)* Schwerlast-, Tieflader; **грузовой** ~ LKW-; **низкорамный** ~ *(LKW)* Tieflade-; **специализированный** ~ *(LKW)* Spezial-; **специальный** ~ *s.*

специализированный;

<двухэтажный> ~ для перевозки автомобилей *(LKW)* Autotransport-; ~ для перевозки контейнров *(LKW)* Container-; ~-контейнеровоз *(LKW)* Container-; ~-платформа *(LKW)* Plattformwagen; ~-роспуск *(LKW)* Langmaterial-, Langholz-, Nachläufer; ~-тяжеловес *(LKW)* Schwerlast-, Tieflader; ~-цистерна *(LKW)* Tank-

прицепка вагонов *(Schienv.)* Beistellen (Zusetzen) von Waggons

прицепн‖ой/ая/ое/ые *(hier Schienv.)* Anhänger- *(in Zus.)*; ~ **вагон** -wagen, Beiwagen; ~ **тележка** Schleppfahrzeug

причал *(Schiff., s. auch пристань)* Kai, Anlegestelle, Liegeplatz, -kai, Kai- *(in Zus.)*; **береговой** ~ Liegeplatz, Anlegestelle (-platz); **грузовой** ~ Fracht-, Lade-, -liegeplatz; **контейнерный** ~ Containerliegeplatz (-terminal); **многоточечный рейдовый плавучий** ~ **(МРПП)** multi-point floating-Kai, Schwimm-; **паромный** ~ Fähranleger; **пассажирский** ~ Fahrgast-, Anlegestelle für Fahrgastschiffe; **плавучий** ~ schwimmende/er; **разгрузочный** ~ Lösch-; **судоремонтный** ~ <Schiff>Reparatur-; **таможенный** ~ Zoll-;

причал ‖ общего пользования Kai (Anlegestelle) ‖ für den öffentlichen Verkehr; ~ **не общего пользования** nicht öffentliche/er; ~ **порта** Hafenkai;

франко причал frei Kai, ex quay;

доставка «причал–причал» Pier-zu-Pier-Lieferung; **квитанция о принятии груза на ‖ причал**

Kai‖empfangsschein; **оборудование -а** -ausrüstung; **перевалка на -е** -umschlag; **плата за** ~ -gebühr/en, -geld; **сбор за перевалку на -е** -umschlaggebühr/en; **управляющий -ом** *(Pers.)* -meister

причаливание <судна> *(Prozess)* Festmachen, Vertäuen <eines Schiffes>

причаливать/причалить судно <к чему-л.> *(Schiff.)* anlanden, anlegen, festmachen, vertäuen

причальн‖ый/ая/ое/ые Kai- *(in Zus.)*; ~ **канат** Sorrtau; ~ **кран** -kran; ~ **мачта** *(Schiff.)* Ankermast, *(Luftschiff)* Landemast; ~ **площадь** *(f.)* -fläche; ~ **путь** *(m.)* -gleis; ~ **сбор** ▥ -abgaben, -gebühr/en, -geld, -spesen, -zoll, Ufergeld; ~ **склад** -lager; ~ **сооружения** *(Pl.)* -anlagen; ~ **тариф** -geld, -tarif; ~ **устройство** -anlage, Anlegevorrichtung (Festmach-); ~ **фронт** -mauer; ~ **хозяйство** -betrieb

причальные ▥ *(Subst., Pl.)* s. *причальный сбор*

причина Ursache *(auch in Zus.)*; ~ **аварии** Unfall-, Havarie-; ~ **гибели самолета** *(Flug.)* Absturz-; ~, **приведшая к причинению ущерба** Schadens-

причинение помех уличному движению Verkehrsbehinderung

пришвартовка s. *причаливание*

пришвартовывать/пришвартовать судно s. *причаливать/причалить*

проба тормоза Bremsprobe

пробег 1. Lauf, Fahrt, Tour, -lauf, -fahrt, Lauf-, Fahr- *(in Zus.)*; **2.** Laufleistung, Fahrleistung *(auch in Zus.)*; **3.** durchfahrene Strecke, Kilometerstand, -kilometer *(in Zus.)*;

балластный ~ *(Schiff.)* Ballastfahrt; вспомогательный ~ локомотива *(Eis.)* Lokhilfsleistung; годовой ~ Jahresfahrleistung;

груженый пробег || *(Eis.)* Lastlauf, *(LKW)* Laststrecke (-kilometer), Ladungsfahrt; ~ вагонов *(Eis.)* Wagenlastlauf *(in Wagenachskilometern)*; ~ в километрах Nutzkilometer (Fahr-);

испытательный || пробег *(Eis.)* Probelauf, *(Kfz.)* Probefahrt; линейный ~ локомотива *(Eis.)* Loklaufleistung im Streckendienst; межремонтный ~ *(Eis.)* Laufperiode, *(Kfz.)* Fahrperiode; нулевой ~ *(LKW)* Anfahrstrecke <vom und zum Einsatzort>; общий ~ *(Eis.)* Gesamtlaufleistung, *(Kfz.)* Gesamtfahrleistung; общий ~ локомотива *(Eis.)* Lokgesamtlaufleistung; общий линейный ~ *(Eis.)* Gesamtlaufleistung im Streckendienst; одиночный ~ локомотива *(Eis.)* Lokleerfahrt; основной железнодорожный ~ *(Eis.)* Hauptlauf; порожний ~ *(Eis.)* Leerlauf, *(LKW)* Leerstrecke (-kilometer, -fahrt), *(ÖPNV)* Aussetzfahrt; порожний ~ вагонов *(Eis.)* Wagenleerlauf *(in Wagenachskilometern)*; пробный ~ *s. испытательный*; производительный ~ *(LKW)* Nutzfahrt (Ladungs-, Besetzt-); среднесуточный ~ *(Eis.)* mittlere tägliche Laufleistung, *(Kfz.)* mittlere tägliche Fahrleistung; суточный ~ *(Eis.)* tägliche Laufleistung, *(Kfz.)* tägliche Fahrleistung; условный ~ локомотива *(Eis.)* örtliche Loklaufleistung; холостой ~ *s. порожний*;

пробег || грузового автомобиля *(LKW)* Fahrleistung, Nutzstrecke (-kilometer); ~ вагона *(Eis.)* Laufleistung <eines Güterwagens>; ~ локомотива *(Eis.)* Loklaufleistung; ~ локомотива во главе поездов *(Eis.)* Loklaufleistung vor dem Zug; ~ поезда *(Eis.)* Zuglaufleistung;

пробег || без груза Leerfahrt; ~ в единицу времени spezifische Laufleistung (Fahr-); ~ в километрах Fahrkilometer, Kilometerleistung; ~ с грузом *(LKW)* Ladungsfahrt;

время пробег||a *(Güterv.)* Laufzeit (Fahr-); дальность *(f.)* -a Laufweite; километр -a Laufkilometer (Fahr-); километр порожнего -a Leerkilometer; километр -a с грузом Lastkilometer (Nutz-); премия за ~ Kilometergeld; премия за ~ в осе-километрах Achskilometergeld; расстояние -a *(Kfz.)* Einsatzweite (-entfernung); скорость *(f.)* -a *(Flug.)* Abrollgeschwindigkeit; стоимость *(f.)* одного километра -a Kilometerpreis

пробивать/пробить билет *(umg., ÖPNV)* eine Fahrkarte (einen Fahrschein) entwerten

пробка *(umg., s. auch затор)* Verkehrsstau; попадать/попасть в -у in einen ~ geraten

пробн||ый/ая/ое/ые Probe- *(in Zus.)*; ~ поездка *(PKW)* -fahrt; ~ поставка -lieferung; ~ пробег *(LKW)* -fahrt, *(Schienv.)* -lauf

проверенный вес тары verifizierte Tara

проверка *(s. auch контроль, надзор)* Kontrolle, Prüfung, Überprüfung *(auch in Zus.)*; таможенная ~ Zollkontrolle; ~ безопасности дорожного движения Verkehrssicherheitskontrolle; ~

летной годности самолета Flugfähigkeitsprüfung; ~ **паспортов** Passkontrolle; ~ **пассажиров** <**в аэропорту**> Fluggastkontrolle; ~ **мореходного состояния судна** Seefähigkeitsprüfung; ~ **судна** Schiffsüberprüfung

проверять/проверить автомобиль *(m.)* ein Kraftfahrzeug überprüfen (kontrollieren)

проводить/провести <**что-л.**> <etw.> durchführen; ~ **контроль** *(m.)* Kontrolle/n ~; ~ **перевозки** *(Pl.)* Beförderungsdienstleistungen (Transporte) erbringen; ~ **проверку** *s.* ~ *контроль*; ~ **реконструкцию** eine Rekonstruktion ~, <etw.> erneuern; ~ **ремонт** eine Instandsetzung (Reparatur) ~

проводка Begleitung *(auch in Zus.)*; **ледокольная** ~ <**судов**> ~ von Schiffen durch Eisbrecher; **лоцманская** ~ <**судов**> Lotsen-; ~ **по таможне** ~ der Zollabfertigung

проводник *(Pers., Eis.)* Zugbegleiter, *(Pers., Flug.)* Flugbegleiter, Steward

проводница *(Pers., Eis.)* Zugbegleiterin; *(Pers., Flug.)* Flugbegleiterin, Stewardess

провожать/проводить <**кого-л./что-л.**> <jmdn./etw. begleiten>

провожающ‖ий/ая/ие *(Subst., Pers.)* Begleiter/in

провоз 1. *(Güterv.)* Transport, *(Pass.)* Beförderung; 2. *(Transit)* Durchfuhr; **бесплатный** ~ kostenlose Beförderung; **свободный** ~ Frachtfreiheit, freie Beförderung; **транзитный** ~ Durchfuhr, Transit;

провоз ‖ **груза** Durchfuhr (Beförderung) ‖ von Fracht<gut>; ~ **пассажиров** ~ von Passagieren;

провоз туда и обратно Hin- und Her-Beförderung, *(Güterv. auch)* Hin- und Herfracht;

франко провоз frachtfrei;

плата за ‖ **провоз** *(Güterv.)* Frachtgeld, Transportentgelt (-gebühr, -preis), *(Pass.)* Fahrgeld (-preis), Beförderungsentgelt; **расходы** *(Pl.)* **на** ~ Transportkosten, *(Transit)* Durchfuhrkosten; **сбор за** ~ Transitgebühr/en;

провоз ‖ **оплачен** frachtfrei, carriage paid; ~ **до аэропорта назначения оплачен** frei Bestimmungsflughafen; ~ **по железной дороге** ~ per Bahn, Bahnfracht

провозить/провезти <**что-л.**> **контрабандой** <etw.> schmuggeln

провозн‖ой/ая/ое/ые 1. *(allg.)* Transport-, Beförderungs-, Fahr- *(in Zus.)*; 2. *(Transit)* Durchlass-, Durchfuhr- *(in Zus.)*; ~ **мощность** *(f.)* Verkehrskapazität (Durchlass-); ~ **плата** *(Güterv.)* Frachtgeld, Transportentgelt (-gebühr, -preis), *(Pass.)* Fahrgeld (-preis), Beförderungsentgelt; ~ **способность** *(f.) s. мощность*; ~ **способность** *(f.)* **дорог** Straßenkapazität, Durchlasskapazität von Straßen; ~ **тариф** *(Güterv.)* Transporttarif (Fracht-), *(Pass.)* Beförderungstarif

провозоспособность *(f.)* *(Infrastruktur)* Durchlassfähigkeit, *(Fahrzeuge)* Transportkapazität

прогноз Prognose *(auch in Zus.)*; ~ **ожидаемых объемов перевозок** ~ des Verkehrsaufkommens, Verkehrs-; ~ **структуры движения** Verkehrs<struktur>-

программа Programm *(auch in Zus.)*; **Федеральная** ~ *(BRD)* ~ des

Bundes, Bundes-, *(RF)* Föderales; ~ **дислокации <автомобилей, судов>** ~ zur Standortbestimmung (Ortung) <von Kfz., Schiffen>; ~ **инвестиций** Investitions-; ~ **модернизации** Modernisierungs-; ~ **премирования часто летающих пассажиров** *(Flug.)* Vielflieger-, Bonus- für Vielflieger; ~ **развития транспортной инфраструктуры** Verkehrsinfrastruktur-; ~ **развития путей сообщения** Verkehrswege-

прогрессивный тариф Progressivtarif

прогулочный пароход Ausflugsdampfer (-kahn, -schiff)

продавать/продать <что-л.> <etw.> verkaufen; ~ **больше авиабилетов, чем есть свободные места <в самолете>** *(Flug.)* <einen Flug> überbuchen; ~ **товар со склада** eine Ware ab Lager ~

продавец *(Pers.)* Verkäufer, -verkäufer, Verkäufer- *(in Zus.)*; ~ **товара** Waren-; **страна -а** -land

продавщица *(Pers.)* Verkäuferin

продажа Verkauf *(auch in Zus.)*; ~ **<проездных> билетов** Fahrkarten-; ~ **товаров** Waren-; ~ **без посредника** Direkt-; ~ **со склада** ~ ab Lager; ~ **через посредика** ~ über einen Zwischenhändler

продлевать/продлить <что-л.> <etw.> verlängern; ~ **визу** ein Visum ~; ~ **договор** einen Vertrag ~; ~ **договор страхования** eine Versicherung; ~ **срок** eine Frist ~

продление *(zeitl.)* Verlängerung *(auch in Zus.)*; ~ **визы** Visa-; ~ **договора** Vertrags-; ~ **документов** ~ von Dokumenten; ~ **контракта** *s.* ~ *договора*; ~ **страхового полиса** ~ einer Versicherung; ~ **срока** ~ einer Frist

продовольственные товары *(Pl.)* Lebensmittel

продолжать/продолжить <что-л.> <etw.> fortsetzen; ~ **поездку** eine Reise (Fahrt) ~, weiterfahren; ~ **полет** einen Flug ~, weiterfliegen; ~ **ходьбу** weitergehen

продолжение пути (поездки) *(Pass.)* Weiterfahrt

продолжительность *(f., s. auch время, период, срок)* Dauer, Zeit *(auch in Zus.)*; ~ **выгрузки** Ablade-, Entlade-, *(Schiff. auch)* Lösch-; ~ **доставки** Beförderungs-, Transport-, Auslieferungs-, Liefer-; ~ **езды** Fahrt-, Beförderungs-; ~ **оборота** *s.* ~ *перевалки*; ~ **перевалки** Umschlag-; ~ **перевозки** Beförderungs-, Transport-; ~ **плавания <судна>** Einsatz- eines Schiffes; ~ **погрузки** Verlade-, Belade-, Befrachtungs-; ~ **поездки** *(Pass.)* Reise-; ~ **поездки от двери до двери** Tür-zu-Tür-Reise-; ~ **полета** Flug-; ~ **проезда** *s.* ~ *езды*; ~ **разгрузки** Umschlag-, Entlade-, *(Schiff. auch)* Lösch-; ~ **стоянки** Park-; ~ **транспортировки** *s.* ~ *перевозки*; ~ **хранения** Lager-, Aufbewahrungs-; ~ **эксплуатации** Betriebs-, Nutzungs-, Einsatz-, Lebensdauer

продолжительный режим работы Dauerbetrieb

продольн||ый/ая/ое/ые *(hier Fahrzeug)* Längs- *(in Zus.)*; ~ **движение** -verkehr; ~ **тяга** Lenkstange; ~ **ускорение** -beschleunigung; ~ **устойчивость** *(f.)* Spurhaltung (-verhalten); **ускорение -ого движения** *s. ускорение*

продукция, промышленная

Industrieproduktion

проезд 1. *(Prozess)* Fahrt, Durchfahrt, -fahrt, Fahr-, Fahrt-, Durchfahrts- *(in Zus.)*; **2.** *(Verkehrsbau)* <Verbindungs>Straße, *(Gebäude, Tor)* Durchfahrt, Durchfahrts- *(in Zus.)*; **безбилетный** ~ *(Pass.)* Schwarz-; **бесплатный** ~ *(Pass.)* Frei-; **главный** ~ Hauptdurch-, Hauptdurchgang); **обратный** ~ Rück-; **преимущественный** ~ Vor-; **скоростной** ~ Schnellstraße (-fahrbahn);

проезд ‖ **по железной дороге** Bahn‖fahrt; ~ **над пересекаемой дорогой** Straßenüberführung; ~ **под пересекаемой дорогой** Straßenunterführung; ~ **только для жителей этой улицы** Durch- nur für Anwohner (Anlieger); ~ **туда и обратно** Hin- und Rück-; ~ **через туннель** *(m.)* Tunnel-; ~ **запрещен!** *(feste Wendung)* Durch- verboten!;

время проезд‖а Fahrtzeit; **габаритная высота** -а Durchfahrtshöhe; **плата за** ~ *(Pass.)* Beförderungsgebühr (-preis, -entgelt); **право преимущественного** -а Vorfahrt<srecht>; **продолжительность** *(f.) s. время*; **разрешение на** ~ Durchfahrtsgenehmigung; **скорость** *(f.)* -а Durchfahrtsgeschwindigkeit; **стоимость** *(f.)* -а Fahrgeld (-preis), Fahrtkosten, Beförderungstarif (-gebühren); **цена** -а *s. стоимость*; **закрывать/закрыть** ~ **eine** Durchfahrt sperren

проездн‖ой/ая/ое/ые *(Pass.)* Beförderungs-, Fahr-, Fahrt- *(in Zus.)*;

проездной билет ‖ Fahrkarte, Fahrausweis, Fahrschein, Ticket, -fahrkarte, -karte, -fahrschein *(in*

Zus.); **абонементный** ~ Zeit-; **безналичный** ~ bargeldlose/er; **бесплатный** ~ Frei-, kostenlose/er; **годовой** ~ *(ÖPNV)* Jahreskarte; **годовой сетевой** ~ *(ÖPNV)* Jahresnetzkarte; **групповой** ~ Sammel-; **дневной** ~ *(ÖPNV)* Tageskarte; **единый** ~ *(ÖPNV)* Monatskarte; **индивидуальный** ~ *(für eine Person)* Einzel-; **льготный** ~ ermäßigte/er; **месячный** ~ *(ÖPNV) s. единый*; **недельный** ~ *(ÖPNV)* Wochenkarte; **отпускной** ~ Ferienfahrschein (Urlaubs-); **разовый** ~ *(für eine Fahrt)* Einzel-; **сезонный** ~ <Jahres>Zeitkarte; **сетевой** ~ *(ÖPNV)* Netzkarte; **специальный** ~ Sonder-; **ученический** ~ Schüler-; ~ **без права передачи** nichtübertragbare/er; ~ **на краткую дистанцию** *(ÖPNV)* Kurzstreckenticket; ~ **по обходному маршруту** Umwegfahrschein; ~ **с правом передачи** übertragbare/er;

проездн‖ое время *(n.)* Beförderungszeit (Fahr-); ~ **документы** *(Pl., Pass.)* Beförderungsunterlagen, Reisedokumente; ~ **расходы** *(Pl.)* <Dienst>Reisekosten (-spesen);

проездные *(Subst., Pl.) s. проездные расходы*

проезжать/проехать 1. <что-л.> *(beim Fahren ignorieren)* <etw.> überfahren, <etw.> verpassen, zu weit fahren; **2.** <вдоль (мимо) чего-л./кого-л.> *(etw./jmdn. passieren, an etw./jmdm. vorbeikommen)* vorbeifahren, entlangfahren; **3.** <что-л.> *(eine bestimmte Entfernung zurücklegen, ein Territorium durchqueren)* <etw.> durchfähren, abfahren; **4.** *(zeitl.)* eine Weile (eine bestimmte Zeit) fahren, umherfahren; **5.** *(zeitl., nicht anhalten)* dürchfahren,

(ÖPNV) ans Ziel gelangen, ohne umsteigen zu müssen; ~ всю дорогу den ganzen Weg abfahren; ~ целую неделю на поезде eine ganze Woche im Zug verbringen (mit dem Zug fahren); ~ всю ночь die ganze Nacht dūrchfahren; ~ свою остановку *(ÖPNV)* seine Haltestelle verpassen; ~ разделительную полосу eine Sperrlinie überfähren; ~ светофор eine Ampel überfähren; ~ свою станцию *(ÖPNV)* seine Station verpassen; ~ территорию ein Territorium durchfähren (durchqueren); ~ вдоль набережной am Ufer entlangfahren; ~ мимо здания an einem Gebäude vorbeifahren

проезж‖ий/ая/ее/ие befahrbar/e/er/es; ~ дорога -e Straße; ~ участок дороги -e Strecke;

проезжая часть ‖ Fahrbahn, -fahrbahn, Fahrbahn- *(in Zus.)*; основная ~ Haupt-; побочная ~ Neben-; ~ в одном направлении Richtungs-; ~ с разделительной полосой getrennte; обозначение границ -ей -и -begrenzung; плита покрытия -ей -и -platte; покрытие -ей -и -belag; разметка -ей -и -markierung; сужение -ей -и -einengung, Straßenrückbau; ширина -ей -и -breite

проект Projekt, -projekt, Projekt- *(in Zus.)*; ~ по развитию (расширению, модернизации) инфраструктуры Infrastruktur-; ~ по развитию (расширению, модернизации) транспортного сектора Verkehrs-; осуществление -a -realisierung; планирование -a -planung; реализация -a *s.* *осуществление*; стоимость *(f.)* -a -kosten; финансирование -a -finanzierung

проектно-сметная документация Projekt- und Preisdokumentation

проектн‖ый/ая/ое/ые Projekt- *(in Zus.)*; ~ документация -unterlagen, -dokumentation; ~ калькуляция -kalkulation

прозрачная тара (упаковка) Klarsichtverpackung

производитель *(m.)* Hersteller, Produzent, ˙Anbieter; ~ товаров Warenproduzent; ~ услуг Leistungserbringer (-anbieter), Dienstleister

производительность *(f.)* Kapazität, Leistung *(auch in Zus.)*; заданная ~ Regel-, Soll-; максимальная ~ maximale, Spitzen-; расчетная ~ *s.* *заданная*; часовая ~ Stunden-; ~ грузового вагона Güterwagen-; ~ перевалки Umschlag-

производительн‖ый/ая/ое/ые leistungsfähig/e/er/es *(in Zus.)*; ~ пробег *(Eis., LKW)* Nutzfahrt (Ladungs-, Besetzt-); ~ транспорт -er Fahrbetrieb

производить/произвести <что-л.> 1. <etw.>˙ ausführen, durchführen, leisten; 2. <etw.> erzeugen, produzieren; ~ <таможенную> очистку <чего-л.> <etw. zollamtlich> abfertigen, *(Schiff. auch)* einklarieren; ~ платеж *(kfm.)* eine Zahlung leisten; ~ погрузку die Frachtabwicklung durchführen, die Befrachtung abwickeln, Fracht verladen; ~ предоплату *(kfm.)* Vorauszahlung (Vorauskasse) leisten; ~ расчеты *(Pl., kfm.)* <с перевозчиками> die Rechnungslegung <mit den Spediteuren> vornehmen

производственная инструкция Betriebsvorschrift

производство **1.** Produktion, Herstellung, Fertigung, -produktion, -fertigung, Produktions- *(auch in Zus.)*; **2.** *(kfm.)* gewerbliche Wirtschaft; **авторемонтное** ~ Kfz-Reparatur (-Instandhaltung); **вагоноремонтное** ~ Waggonreparatur (-instandhaltung); **вспомогательное** ~ Hilfsproduktion (Neben-); **массовое** ~ Massenproduktion (-fertigung); **серийное** ~ Serienfertigung; **транспортное** ~ Transportleistung; ~ **товаров** Warenproduktion; ~ **транспортных средств** Fahrzeugbau; **место** **-a** -ort; **перемещение** **-a** -verlagerung; **себестоимость** *(f.)* **-a** Produktionsselbstkosten (Fertigungs-)

происхождение <товара> Herkunft, Ursprung <einer Ware>, Herkunfts-, Ursprungs- *(in Zus.)*; **данные** *(Pl.)* о -и -angabe; **обозначение** -я *s. данные*; **свидетельство** о -и Ursprungszeugnis; **сертификат** о -и *s. свидетельство*; **страна** -я -land

происшествие Vorfall, Vorkommnis; **аварийное** ~ Havariefall; **дорожно-транспортное** ~ (ДТП) Verkehrsunfall; **летное** ~ Flugvorkommnis; **чрезвычайное** ~ Katastrophenfall, aussergewöhnlicher Zwischenfall;

авиапроисшествие Zwischenfall (Unfall) im Flugverkehr (Luft-);

происшествие || **аварии** Unfallhergang (Havarie-); **расследование** -я Unfalluntersuchung

пройденн‖ый/ая/ое/ые zurückgelegt/e/er/es, durchfahren/e/er/es; ~ **путь** *(m.)* -e Strecke; ~ **расстояние** -e Entfernung

прокат Verleih, Vermietung *(auch in Zus.)*; ~ **автомобилей** Auto-; **договор** -а Mietvertrag

прокатный автомобиль Mietwagen (Leih-)

прокладка трассы *(Infrastruktur)* Trassierung

прокладочный материал *(Verpackung)* Abdichtmaterial

прокол шины *(Kfz.)* Reifenpanne (-schaden)

пролетать/пролететь **1.** *(räuml.)* <над чем-л.> <über etw.> hiwegfliegen; **2.** *(zeitl.)* eine bestimmte Zeitspanne fliegen; **3.** *(zeitl., non-stopp)* dürchfliegen; ~ до <до какой-л. цели> за восемь часов in acht Stunden <ein bestimmtes Ziel> per Flugzeug erreichen; ~ **над территорией** über ein Gebiet (Territorium) ~; ~ **через территорию** *s. над территорией*

промежуточн‖ый/ая/ое/ые Zwischen- *(in Zus.)*; ~ **аэропорт** Transitflughafen; ~ **остановка** -aufenthalt, -halt, -stopp *(Flug. auch)* Transitaufenthalt; ~ **перегрузка** <груза> dazwischenliegendes Umladen <von Fracht>; ~ **порт** -hafen; ~ **посадка** *(Flug.)* -landung; ~ **ремонт** *(Eis.)* -ausbesserung (-reparatur) <von rollendem Material>; ~ **склад** -lager; ~ **складирование** -lagerung; ~ **станция** *(Eis.)* Unterwegsbahnhof; ~ **стоянка для грузовиков** *(LKW)* Auffangparkplatz; ~ **тариф** -tarif; ~ **экспедитор** *(Pers.)* -spediteur

промысел Gewerbe, -gewerbe, -geschäft *(in Zus.)*; **перевозный** ~ Transport-, Fuhrgewerbe; **складской** ~ Lager-, **торговый** ~ Handels-, Handel; **заниматься** -ом ein ~ betreiben

промыслов‖ый/ая/ое/ые Gewerbe-
(in Zus.); ~ надзор -aufsicht; ~
налог -steuer

промышленность _(f.)_ Industrie _(auch
in Zus.)_; авиационная ~ Luftfahrt-;
авиакосмическая ~ Luft- und
Raumfahrt-; автомобильная ~
Kraftfahrzeug-, Fahrzeugbau;
железнодорожная ~ Bahn-;
судостроительная ~ Schiffbau-,
Schiffbau; транспортная ~
Transport-; шинная ~ Reifen-;
регионы _(Pl.)_ скопления -и
Agglomerationsräume,
Ballungsgebiete

промышленн‖ый/ая/ое/ые
industriell/e/er/es, Industrie- _(in
Zus.)_; ~ <грузо>отправитель _(m.)_
-er Verlader; ~ порт -hafen; ~
предприятие -unternehmen; ~
предприятия _(Pl.)_ produzierendes
Gewerbe; ~ продукция -produktion;
~ путь _(m., Eis.)_ -anschluss, -gleis,
Anschlussbahn; ~ стандарт -norm; ~
тара -verpackung; ~ товары _(Pl.)_
-güter; ~ транспорт^Ш Werkverkehr;
~ упаковка _s. тара_; ~ установки
_(Pl.)_ -anlagen, -e Anlagen

пропуск 1. _(Prozess)_ Abfertigung,
Durchlass<en>, Einlass<en>; 2.
(Dokument) Passierschein (Einlass-,
Durchgangs-), -schein _(in Zus.)_;
постоянный ~ Dauerpassier-;
приоритетный ~ общественного
транспорта <на светофорах>
Vorrangschaltung für öffentliche
Verkehrsmittel <an Ampeln>;
разовый ~ einmaliger Passier-;
таможенный ~ Zollfrei-;
таможенный ~ для автомашин
(Kfz.) Zollpassier-; товарный ~
Warenbegleit-;

пропуск ‖ движения
Verkehrsdurchlass; ~ для
пользования платной

автостоянкой Parkausweis
(Benutzer-); ~ на товар _s.
товарный_

пропускаемость _(f.)_ <трассы,
дороги> Durchlassfähigkeit
(Durchflusskapazität) <einer Trasse,
Straße>; недостаточная ~
Kapazitätsengpass

пропускать/пропустить <кого-
л./что-л.> _(hier)_ <jmdn./etw.>
durchlassen, passieren lassen

пропускн‖ой/ая/ое/ые Durchlass-,
Passier- _(in Zus.)_; ~ пункт _(Pforte)_
Einlass, Passierstelle; ~
свидетельство Passierschein; ~
способность _(f.)_ Durchlasskapazität
(Transport-, Verkehrs-),
Durchlassfähigkeit, Verkehrsleistung

проселочная дорога Dorfstraße,
Feldweg

просить/попросить <о чем-л.>
<etw.> erbitten; ~ предложение ein
Angebot einholen; ~ разрешение
eine Genehmigung beantragen

проследование <пассажиров>
(Pass.) Weiterfahrt

просроченная поставка verspätete
(verzögerte) Lieferung

просрочивать/просрочить
<платеж> _(kfm.)_ <mit einer
Zahlung> in Verzug geraten

просрочка _(kfm.)_ Verzug,
Versäumnis, Terminüberschreitung
(Frist-), -verzug, -versäumis _(in
Zus.)_; ~ платежа Zahlungs-; ~
погрузки Lade-; ~ поставки
Liefer-; ~ приемки Abnahme-; ~ в
доставке Liefer-, ~ bei der
Zustellung <von Fracht>; ~ в
отгрузке _s._ ~ _посгрузки_; ~ в
поставке _s._ ~ _поставки_; ~ в
принятии _s._ ~ _приемки_; штраф за
-у <платежа> _(Vertragsstrafe bei_

Zahlungsverzug) Pönale

прост‖ой/ая/ое/ые I _(Adj.)_ einfach/e/er/es; ~ **коносамент** _(See.)_ Empfangskonnossement; ~ **тоннаж** _(Schiff.)_ -e (gängige) Tonnage

простой/и II _(Subst., Fahrzeuge und Transportbehältnisse)_ Standzeiten (Halte-, Warte-), -standzeit/en, Stand- _(in Zus.)_; **грузовые** ~ Standzeiten zum Be- und Entladen; **излишние** ~ **судна** _(Schiff.)_ Überliegezeiten; **технические** ~ technisch bedingte/er;

простой/и ‖ **автотранспорта** Kfz-‖Standzeiten; ~ **вагона** _(Eis.)_ Wagenstandzeiten; ~ **контейнера** Containerstandzeiten; ~ **подвижного состава** Nichtauslastung des Fahrzeugparks (Fuhr-); ~ **транспортного средства** ~ (Stillstand) eines Transportmittels; ~ **на границе** Grenzaufenthaltszeit/en; ~ **на промежуточных станциях** _(Eis.)_ ~ auf Unterwegsbahnhöfen; ~ **на терминале** Terminalaufenthaltszeit/en;

время просто‖я Stand‖zeit; **плата за** ~ -gebühr/en, -geld; **плата за** ~ **вагона** _(Eis.)_ Wagenstandgeld; **плата за** ~ **грузовика** _(LKW)_ -geld; **расходы, связанные с** -**ем транспортного средства** Wartezeitkosten; **срок** -**я** _s. время_; **штраф за** ~ _s. плата_

пространство Raum _(auch in Zus.)_; **внутреннее** ~ Innen-, Fracht-; **воздушное** ~ Luft-; **Европейское экономическое** ~ Europäischer Wirtschafts-; **погрузочное** ~ Lade-; **<общественное> транспортное** ~ <öffentlicher> Verkehrs-

протекать/протечь _(Wasserlauf)_ verlaufen

протекционизм Protektionismus

протекционистская <таможенная> пошлина Schutzzoll, protektionistischer <Einfuhr>Zoll

противо- _(in Zus.)_ Anti-, Gegen- _(in Zus.)_; -**демпинговая пошлина** Antidumpingzoll; -**контрабандная служба** Zollfahndungsdienst;

противообледенительн‖ый/ая/ое/ые _(Flug.)_ Enteisungs- _(in Zus.)_; ~ **жидкость** _(f., auch Kfz.)_ -flüssigkeit; ~ **работы** _(Pl.)_ -arbeiten; ~ **система** -system; ~ **устройство** -anlage;

противопожарн‖ый/ая/ое/ые Brandschutz- _(in Zus.)_; ~ **режим** -bestimmungen; **правила** _(Pl.)_ -ой **безопасности** -vorschriften, -bestimmungen;

противо‖положенное направление Gegenrichtung, entgegengesetzte Richtung; -**тумманная фара** _(Kfz.)_ Nebelscheinwerfer; -**угонное устройство** _(Kfz.)_ Wegfahrsperre; -**шумная стена** Lärmschutzmauer

протокол Protokoll _(auch in Zus.)_; ~ **конфискации** _(Zoll.)_ Beschlagnahme-; ~ **приемки** Abnahme-, Empfangsschein; ~ **сдачи-приемки** Übergabe-Übernahme-~; ~ **о дорожно-транспортном происшествии** **(ДТП)** Unfall-

протяженность _(f.)_ Ausdehnung, Länge, Strecke, _(auch in Zus.)_; **общая** ~ Gesamt-; ~ **дороги** Entfernung <eines Weges>; ~ **пути** Streckenlänge; ~ **трассы** _s._ ~ _пути_

профессиональн‖ый/ая/ое/ые beruflich/e/er/es, professionell/e/er/es, Berufs- _(in Zus.)_; ~ **диагностика** **<автомобилей>** _(Kfz.)_

Fahrzeugdurchsicht; ~ **объединение** -verband, -vereinigung, Innung; ~ **пригодность** _(f.)_ fachliche Eignung; ~ **союз** Gewerkschaft

профиль _(m.)_ Profil _(auch in Zus.)_; **конкурентоспособный** ~ wettbewerbsfähiges; ~ **деятельности** <**предприятия**> Tätigkeits-, Unternehmens-; ~ **услуг** Angebots-, Leistungs-; **расширять/ расширить свой** ~ sein ~ erweitern

проформа _(Dokument)_ Proforma; ~ **коносамента** _(See.)_ Konnossement-~; ~ **чартера** Charter-~ (Charterform); **~-счет** ~-Rechnung

проход Durchgang, Durchfahrt, _(Schiff.)_ Passage, -durchfahrt, -passage _(in Zus.)_; **главный** ~ Haupt-; **побочный** ~ Neben-; ~ **запрещен!** _(feste Wendung)_ Durchgang (-fahrt) verboten!

проходить/пройти I _(intrans., Streckenführung)_ verlaufen;

проходить/пройти <**что-л.**> II <etw.> durchlaufen, absolvieren; ~ **обучение** eine Ausbildung; ~ **сертификацию** eine Zertifizierung; ~ **техосмотр** _(Kfz.)_ die technische Durchsicht

проходная станция _(Eis.)_ Durchgangsbahnhof (Durchfahrts-)

проходящий поезд _(Eis.)_ durchgehender Zug

прохождение _(Kfz., Prozess)_ Durchlaufen; ~ **техосмотра** ~ der technischen Durchsicht; **талон о -и техосмотра** Zulassung, Zulassungsschein (-plakette)

процедура Prozedur, Verfahren, -verfahren _(in Zus.)_; **таможенная** ~ Zoll<abfertigungs>-; ~ **допуска к эксплуатации** Zulassungs-;

процедура таможенной отчистки товаров || Zoll<abfertigungs>verfahren, Abfertigung des Zollgutes, Erledigung von Zollformalitäten, _(Schiff. auch)_ Klarierung; ~ **для временного ввоза, переработки и вывоза** _(zur zollfreien Wiederausfuhr nach Veredelung)_ ~ zur Veredelung; ~ **для свободного обращения** _(zur freien Verfügung)_ ~ zum Freiverkehr; ~ **для временного пользования** _(z.B. Messegut und Mustersendungen)_ ~ zur Verwendung; ~ **для таможенного транзита** _(zur Transitabfertigung in einem anderen Zoll.lager)_ ~ zum <Zollgut>Versand; ~ **для дальнейшего хранения на таможенном складе** _(zur Lagerung in einem öffentlichen oder privaten Zolllager)_ ~ zum Lager; ~ **по более низкой ставке после переработки** _(Anwendung eines niedrigeren Zollsatzes auf eine Ware, die erst im umgewandelten Zustand als eingeführt gilt)_ ~ zur Umwandlung; ~ **по упрощенной схеме** ~ nach vereinfachter Anmeldung; ~ **после освобождения от оплаты пошлин** <**на перевозимый груз**> ~ nach Gestellungsbefreiung;

процедура получения разрешения (лицензии) Genehmigungs-

процесс Prozess _(auch in Zus.)_; **перевозочный** ~ Beförderungs-, Transport-, Verkehrsablauf (-abwicklung); **транспортный** ~ Verkehrs-, Transport-; ~ **обгона** Überholvorgang; ~ **перевозок**; _s. перевозочный_; ~ **развития в транспортной экономике** verkehrswirtschaftlicher Entwicklungs-

прочность *(f.)* <упаковки> Haltbarkeit <der Verpackung>

прям‖ой/ая/ое/ые *(s. auch сквозной, транзитный, косвенный)* direkt/e/er/es, Direkt- *(in Zus.)*; ~ **вагон** *(Eis.)* durchlaufender Wagen, Kurswagen; ~ **ввоз** -er Import, -einfuhr, -import; ~ **вывоз** -er Export, -ausfuhr, -export; ~ **выход к портам** -er Hafenzugang; ~ **доставка**⌑ Lieferung im -verkehr; ~ **импорт** *s. ввоз*; ~ **импортер** -importeur; ~ **канал сбыта** -er Absatzkanal, -er Vertriebsweg; ~ **коносамент** *(See.)* Durchgangskonossement; ~ **линия** -e (durchgehende) Verbindung (Strecke), -verbindung, Durchgangsstrecke; ~ **паромная линия** -e (durchgehende) Fährverbindung; ~ **методы** *(Pl.)* **регулирования транспорта** -e Methoden der Regulierung des Verkehrsmarktes; ~ **накладная** durchgehender Frachtbrief; ~ **налог** -e Steuer; ~ **операция** -geschäft, Streckengeschäft (Transit-); ~ **отгрузка** -versand; ~ **перевозки** *(Pl.)* -e (durchgehende) Transporte, Verkehr/e, -verkehr; ~ **перегрузка** <груза> -umschlag <von Fracht>; ~ **поставка** -<be>lieferung; ~ **путь** *(m.)* gerade Strecke; ~ **рейс** *s. линия*; ~ **сбыт** -er Absatz; ~ **сделка** -geschäft (Durchfracht-); ~ **скидка** *(kfm.)* -er Rabatt, -rabatt; ~ **сообщение**⌑ 1. *(Verkehrsstrom)* durchgehender Verkehr, -verkehr; 2. *(Route)* -verbindung; ~ **железнодорожное сообщение** *(Eis.)* durchlaufender Zugverkehr; ~ **тариф** -er Tarif, -tarif, -frachtsatz; ~ **транспорт** *s. сообщение*; **участок** <дороги> gerade Strecke; ~ **экспорт** *s. вывоз*; **перевозки** -ого **сообщения** *s. сообщение*

пул, грузовой *(Güterv.)* Frachtpool

пульт управления <транспортным средством> Führerstand (Fahrer-) <eines Kfz.>

пункт *(s. auch место)* Punkt, Stelle, Ort *(auch in Zus.)*; **бензозаправочный** ~ Tankstelle; **вагоноремонтный** ~ *(Eis.)* Wagenausbesserungsstelle; **ветеринарно-санитарный** ~ Veterinär- und Sanitätsstation; **грузораздельный** ~ Grenzpunkt des Verteilungsbereichs *(für einzelne Gutarten)*; **диспетчерский** ~ Dispatcherzentrale, Leitstelle; **дополнительный таможенный** ~ Nebenzollamt; **дорожно-ремонтный** ~ Stützpunkt des Straßenunterhaltungsdienstes; **заправочный** ~ *s. бензозаправочный*; **карантинный** ~ Quarantänestation; **конечный** ~ Endpunkt (-haltepunkt); **контейнеропогрузочный** ~ Containerverladestation, (-umschlagplatz); **контрольный** ~ Kontrollpunkt; **контрольно-пропускной** ~ (КПП) Grenzkontrollpunkt (-übergangsstelle); **контрольно-пропускной автодорожный** ~ Straßenkontrollpunkt; **населенный** ~ Ortschaft; **обгонный** ~ *(Eis.)* Überholungs-; **остановочный** ~ Haltepunkt; **отгрузочный** ~ Versandort (Abgangs-); **отправной** ~ Ausgangspunkt; **перевалочный** ~ Umschlag-, Umlade-; **перегрузочный** ~ *s. перевалочный*; **передаточный** ~ *(Eis.)* Übergabe-; **поворотный** ~ Wendemarke; **пограничный** ~ Grenzübergang (-kontrollpunkt); **погрузочный** ~ Verlade-; **примыкающий** ~ Anschlussstelle; **пропускной** ~ *(Pforte)* Einlass, Passierstelle; **разгрузочный** ~ Entlade-;

раздельный ~ *(Eis.)* Zugfolgestelle; **сборный** ~ *(Lager)* Stellfläche; **стыковой** ~ *(Eis.)* *s.* *передаточный*; **узловой** ~ Knotenpunkt; **центральный** ~ Zentrale;

пункт || выгрузки Ablade||ort (-punkt, -stelle); ~ **договора (контракта)** Vertragsklausel; ~ **таможенного досмотра** Zollaufsichtsstelle (ZASt); ~ **назначения** Bestimmungsort (-punkt, -ziel); ~ **остановки** *s.* *остановочнвный*; ~ **отгрузки** *s.* *отгрузочный*; ~ **отправки** *s.* *отгрузочный*; ~ **отправления** Abgangs-, Abfahrts-; ~ **отправления поездов** *(Eis.)* Zugausgangspunkt; ~ **отправления судов** *(Schiff.)* Ort der Einschiffung; ~ **перевалки** *s.* *перевалочный*; ~ **перегрузки** *s.* *перевалочный*; ~ **передачи вагонов** <**на подъездные пути**> *(Eis.)* Wagenübergabe-; ~ **пересечения границы** *s.* *пограничный*; ~ **пересечения железнодорожных линий** <Eisen>Bahnkreuz; ~ **погрузки** *s.* *погрузочный*; ~ **поставки** Lieferort; ~ **прибытия** Ankunfts-; ~ **приема** <**багажа**> Gepäckannahme<schalter>, Empfangsort; ~ **примыкания** Anschlusspunkt (-stelle); ~ **примыкания другой колеи** *(Eis.)* Übergangsstelle zu einer anderen Spurweite; ~ **пропуска через государственную границу** *s.* *контрольно-пропускной*; ~ **сбора штучного груза** Stückgutsammelstelle; ~ **стыкования** *s.* *стыковой*; ~ **централизованного хранения, контроля и реализации грузов** Güter-Sammelstelle

пуск <**трассы**> **в ход** Inbetriebnahme <einer Strecke>

пусковая мощность *(Fahrzeug, techn.)* Anfahrleistung (Anlauf-)

путевка 1. *(ÖPNV, LKW, umg.)* Fahrtenzettel; **2.** *(Pass.)* Reisevoucher; **однодневная** ~ *(Reise)* Tagesfahrt; **поездка по -е** Pauschalreise

путев||ой/ая/ое/ые 1. Wege-, *(Eis. auch)* Gleis- *(in Zus.)*; **2.** Fahrt-, Reise- *(in Zus.)*; ~ **дневник** <**водителя**> Fahrtenbuch (Wege-); ~ **километровый знак** Wegweiser, Kilometerstein; ~ **книга** *s.* *дневник*; ~ **лист** Fahrtenzettel; ~ **работы** *(Pl.)* Gleisbauarbeiten; ~ **расходы** *(Pl.)* Reisekosten (Fahrt-, Wege-); ~ **страхование** Reiseversicherung; ~ **километровый указатель** *s.* *километровый знак*

путепровод Straßenübergang, Straßenüberführung; ~ **над пересекаемой дорогой** Straßenüberführung; ~ **под пересекаемой дорогой** Straßenunterführung

путешественник *(Pers.)* Reisender

путешественница *(Pers.)* Reisende

путешествие Reise, -reise, Reise- *(in Zus.)*; **индивидуальное** ~ Individual-; ~ **во время отпуска** Ferien-;

авиапутешествие Flugreise;

бюро *(n., indkl.)* **путешестви||й** Reise||büro; **интенсивность** *(f.)* **осуществления -й** -intensität; **место назначения -я** -ziel; **рынок туристических -й** -markt

путешествовать reisen

путь *(m.)* **1.** *(s. auch дорога)* Weg, Straße *(auch in Zus.)*; **2.** *(Schienv.)* Gleis, Schienen, Schienenweg (-strang), Bahn *(auch in Zus.)*; **3.** *(s.*

auch связь, линия) Strecke, Linie *(auch in Zus.)*; **безопасный** ~ **сообщения** sicherer Verkehrsweg;

водный путь ‖ Wasserstraße (-weg); **-ые -и** *(Pl.)* Gewässer; **внешний** ~ äußere Seeschifffahrtsstraße; **внутренний** ~ Binnenwasserstraße; **естественный** ~ natürliche/er; **искусственный** ~ künstliche/er; **магистральный** ~ Großschifffahrtsweg;

воздушный ‖ **путь** Luft<verkehrs>weg; **вспомогательный** ~ *(Eis.)* Behelfsgleis; **выставочный** ~ *(Eis.)* Wagenübergabestelle; **главный** ~ **сообщения** Hauptverkehrsader; **гужевой** ~ Fahrweg; **дальний** ~ **сообщения** Fernstrecke; **двухколейный** ~ zweispuriges Gleis; **железнодорожный** ~ **1.** <Eisen>Bahnlinie; **2.** <Eisen>Bahngleis (-schiene, -strecke), Schienenweg; **запасный** ~ Abstellgleis; **извилистый** ~ kurvenreiche Strecke; **маневровый** ~ Verschiebegleis (Rangier-); **морской** ~ Seeweg, Schifffahrtsstraße; **обходный** ~ Umgehung, Umfahrung, Umleitungsweg, Umfahrungsstraße (-strecke, -gleis), Umgehungsstraße (-strecke, -gleis); **одноколейный** ~ einspuriges Gleis; **перевалочный** ~ *s. перегрузочный*; **перегрузочный** ~ Umladegleis (Umschlag-); **переходный** ~ Übergangsgleis; **погрузочно-разргузочный** ~ Ladegleis (Be- und Entlade-); **погрузочный** ~ Ladegleis (Verlade-); **подкрановый** ~ Kranbahn; **подъездной** ~ **1.** *(Eis.)* Zufahrtsgleis (Anschluss-, Zugangs-, Anfahrts-, Neben-), Anschlussbahn, Nebenstrecke; **2.** *(Kfz.)* Zufahrtsweg (Anfahrts-); **примыкающий** ~ Anschlussgleis **причальный** ~

Kaigleis; **пройденный** ~ zurückgelegter (durchfahrener) Weg (-e Entfernung); **промышленный** ~ Industrieanschluss (-gleis), Anschlussbahn; **прямой** ~ gerade Strecke; **разгрузочный** ~ Entladegleis; **рельсовые** ~ *(Pl.)* Gleisanlagen; **речной** ~ *s. внутренний*; **сквозной** ~ Durchfahrtsgleis (Durchgangs-); **соединительный** ~ Verbindungsgleis; **сортировочный** ~ *s. маневровый*; **станционный** ~ Bahnhofsgleis; **судоходный** ~ schiffbare Wasserstraße, Schifffahrtsweg; **сухопутный** ~ Landweg; **торговый** ~ Handelsstraße (-weg); **тормозной** ~ Bremsweg; **тракционный** ~ Verkehrsgleis; **трамвайные** ~ *(Pl.)* Straßenbahnstrecke; **трамвайный** ~ Straßenbahngleis; **транзитный** ~ Transitstrecke (Durchgangs-); **транспортный** ~ **1.** *(Route)* Transportweg (-strecke), Verkehrsweg; **2.** *(Eis.)* Fördergleis; **тупиковый** ~ *(Eis.)* Stichgleis; **эксплуатационный** ~ **1.** Betriebsgleis; **2.** Betriebsstrecke;

путь ‖ **ввоза** Einfuhrstrecke; ~ **вывоза** Ausfuhrstrecke; ~ **движения** Transportweg (-strecke); ~ **магистральной железной дороги** Fernbahngleis; ~ **доставки** Lieferroute; ~ **федерального назначения** Bundesstraße; ~ **отвоза** Abfuhrstrecke; ~ **перевозки** Transportweg (-route); ~ **подвоза** Anfuhrstrecke; ~ **прибытия** Ankunftsgleis (Einfahr-); ~ **пробега** Laufweite (Fahr-); ~ **разгона** Beschleunigungsweg; ~ **сбыта** Absatzweg (Vertriebs-); ~ **следования** <транспорта> Fahrstrecke (-verbindung), Reiseroute (-weg), Beförderungsweg, Transportroute; ~ **сообщения**

Transportstrecke, Verkehrsweg (Verbindungs-, Transport-, Beförderungs-), Verkehrsader; ~ **автотранспортного сообщения** *(Güterv.)* Kraftverkehrsstrecke (-route); ~ **воздушного сообщения** Flugroute (-linie), Luft<verkehrs>weg; ~ **железнодорожного сообщения** Eisenbahnverkehrsweg; ~ **морского сообщения** See<verkehrs>weg; ~ **судна** Fahrtroute (Reise-) eines Schiffes; ~ **электрички** S-Bahn-Gleis; ~ **в одном направлении** Richtungsgleis; ~ **для грузовых поездов** *(Eis.)* Güterverkehrsgleis;

время в пут‖и Fahrzeit (Reise-); **длина -и** Streckenlänge; **закругление -и** *(Schienv.)* Kurve; **зона -и** Gleisbereich; **использование -и** Gleisbenutzung; **километр -и** Fahrkilometer; **маркировка -и** Wegemarkierung; **парк -ей** Gleisfeld; **перерсечение <рельсовых> -ей** Schienenkreuzung (Gleis-); **поверхность** *(f.)* **-ей** Gleisfläche; **посадка в -и** *(Flug.)* Zwischenlandung; **примыкание -и** Gleisanschluss; **продолжение -и** *(Pass.)* Weiterfahrt; **протяженность** *(f.)* **-и** *s. длина*; **расширение -ей** Ausbau der Strecken (des Streckennetzes); **служба -и** Streckendienst; **соединение -ей** Gleisstrecke; **строительство -ей** Gleisbau<arbeiten>; **указатель** *(m.)* **-и** Wegweiser; **участок -и** Teilstrecke; **отправляться/ отправиться в** ~ sich auf den Weg machen, <zu einer Reise> aufbrechen

Р

рабатт *(Schiff.)* <Fracht>Rabatt; **предоставлять/предоставить** ~ **einen** ~ **gewähren**

работа 1. *(menschl. Tätigkeit, s. auch работы, операция/и)* Arbeit; 2. *(techn.)* Funktion, Arbeit; ~ **по перевозке** Transportarbeit; ~ **под нагрузкой** Lastlauf

работник Arbeiter; ~ **транспортного сектора** Transportarbeiter

работники *(Pl.)* Mitarbeiter, Personal, -personal *(in Zus.)*; **складские** ~ Lager-; ~ **маневровой бригады** Rangier-

работы *(Pl., s. auch операции)* Arbeiten *(auch in Zus.)*; **аварийно-спасательные** ~ Rettungs-; **береговые** ~ Kai-; **буксировочные** ~ *(Schiff.)* Bugsier-, Schlepp-; **дноуглубительные** ~ *(Schiff.)* ~ zur Fahrrinnenvertiefung; **дорожно-строительные** ~ Straßenbau-; **перевалочные** ~ *s. перегрузочные*; **перевозочные** ~ Transport-; **перегрузочные** ~ Umlade-, Umschlag-; **погрузочные** ~ Lade-, Belade-, Verlade-; **погрузочно-разгрузочные** ~ Be- und Entlade-; **погрузочно-разгрузочно и складские** ~ Umschlag- und Lagerprozesse; **противооблединительные** ~ *(Flug.)* Enteisungs-; **путьевые** ~ *(Schienv.)* Gleisbau-; **разгрузочные** ~ Entlade-, *(Schiff. auch)* Lösch-; **ремонтные** ~ Reparatur-; **складские** ~ Lager-; **стивидорные** ~ *(Schiff.)* Stau- und Trimm-, Stauen; **судоремонтные** ~ Schiffsreparatur-; ~ **по выгрузке** *s. разгрузочные*;

работы ‖ по техническому обслуживанию Wartungs‖arbeiten (Instandhaltungs-); ~ по строительству и реконструкции Bau- und Sanierungs-;

выполнять/выполнить работы Arbeiten ausführen

рабоч‖ий/ая/ее/ие *(hier)* in Betrieb befindlich/e/er/es; ~ парк *(Kfz)* -er Fahrzeugpark (-bestand); ~ парк вагонов *(Eis.)* -er Wagenpark (-bestand); ~ поезд Arbeitszug;

рабочий *(Subst., Pers.)* Arbeiter *(auch in Zus.)*; портовый ~ Hafen-; складской ~ Lager-

равнозначная дорога gleichrangige Straße

радиально-кольцевая система Ring-Radial-System

радиальн‖ый/ая/ое/ые Radial- *(in Zus.)*; ~ линия -linie; ~ улица -straße, Ausfallstraße

радио- *(in Zus.)* Funk-, Radio- *(in Zus.)*; -вещание о транспортной обстановке Verkehrsfunk; -канал для передачи информации об актуальной транспортной обстановке Verkehrsinformationsfunkdienst;

радиолокационн‖ый/ая/ое/ые Radar- *(in Zus.)*; ~ система -system; ~ станция -station;

радио‖локация Radarortung (Funk-); -навигация Funknavigation; <автомобильный> -приемник Autoradio; -проводная система связи Funkverbindung;

радиосвязь *(f.)* Funkverbindung, Funk, -funk, Funk- *(in Zus.)*; аварийная ~ Notruf; авиационная ~ Flug-; бортовая ~ Bord-;

воздушная ~ *s.* авиационная; поездная ~ Zug-; самолетная ~ *(Flug.)* Bord-; судовая ~ Schiffs-; правила *(Pl.)* -и *(Schiff., Flug.)* -bestimmungen;

радиостанция, судовая Schiffsfunkstation;

радиотелеграфный журнал *(Schiff.)* Funktagebuch

радиус, поворотный *(Kfz.)* Wendekreis

разбег *s. разгон*

разбивать/разбить калькуляцию по статьям *(kfm.)* eine Kalkulation <nach Kostenarten> aufschlüsseln

разбит‖ый/ая/ое/ые stark beschädigt/e/er/es, *(Fahrzeuge auch)* -wrack *(in Zus.)*; ~ автомобиль *(m.)* Auto-, Unfallwagen; ~ самолет Flugzeug-; ~ судно Schiffs-

разборн‖ый/ая/ое/ые zerlegbar/e/er/es; ~ контейнер -er Container; ~ тара -e Verpackung; ~ упаковка *s. тара*

разветвление автострады Autobahnkreuz

развивающийся рынок sich entwickelnder Markt, Wachstumsmarkt

развилка дорог Weggabelung

развитая <транспортная> инфраструктура entwickelte <Verkehrs>Infrastruktur

развитие транспорта Verkehrsentwicklung; программа -я путей сообщения Verkehrswegeprogramm

разворачиваться/развернуться *(Kfz.)* wenden

разворот *(Kfz.)* Wenden

развязка, транспортная <räumliche> Verkehrsentflechtung

разгерметизация кабины _(Flug.)_ Luftdruckabfall in der Kabine

разгон _(Kfz.)_ Beschleunigen, Beschleunigung, Beschleunigungs- _(in Zus.)_; ~ **автомобиля** ~ eines Kfz.; ~ **самолета** ~ eines Flugzeuges; **полоса** **-a** _(Autobahnzufahrt)_ -spur; **путь** _(m.)_ **-a** -weg; **скорость** _(f.)_ **-a** -geschwindigkeit, Anfahrgeschwindigkeit; **способность** _(f.)_ **к -y** -vermögen

разгружать/разгрузить <транспортное средство> _(s. auch выгружать/выгрузить)_ <ein Transportmittel> ausladen, entladen, _(Schiff. auch)_ löschen

разгружен/а/о/ы _(Part., Transportmittel)_ entladen, abgeladen, ausgeladen, _(Schiff.)_ gelöscht

разгруженн‖ый/ая/ое/ые entladen/e/er/es, _(Schiff.)_ gelöscht/e/er/es; ~ **контейнер** -er Container; ~ **судно** -es Schiff, Schiff ohne Ladung

разгрузка I <товара> _(s. auch выгрузка)_ Entladen, Entladung, Abladen <von Ware>, Entlade-, Ablade- _(in Zus.)_, _(Schiff. auch)_ Löschen, Lösch- _(in Zus.)_; **автоматическая погрузка и** ~ <транспортного средства> Selbstabfertigung <eines Transportmittels>; **вертикальная погрузка и** ~ LoLo-Verfahren; **выборочная** ~ selektive/es; **горизонтальная погрузка и** ~ RoRo-Verfahren; **свободная** ~ freie/es; ~ **в срок** termingerechte/es;

время разгрузк‖и Entlade‖zeit; **зона -и** -zone, -bereich; **издержки** _(Pl.)_ **по -е** _s. расходы_; **место -и** -ort;

плата за -у -gebühr/en, -geld; **полоса для -и** _(Kfz.)_ -spur; **порт -и** -hafen, Basishafen; **правила** _(Pl.)_ **-и** -bestimmungen, -vorschriften; **продолжительность** _(f.)_ **-и** -dauer; **расходы** _(Pl.)_ **по -е** -kosten; **сбор за -у** _s. плата_; **терминал -и** -terminal;

разгрузка II Entlastung _(auch in Zus.)_; **транспортная** ~ Verkehrs-; ~ **дорог от транспорта** ~ von Straßen

разгрузочн‖ый/ая/ое/ые Entlade-, Ablade-, _(Schiff. auch)_ Lösch- _(in Zus.)_; ~ **вес** -gewicht; ~ **документ** -dokument, -papier; ~ **дорога** Entlastungsstraße; ~ **мощность** _(f.)_ -kapazität; **погрузочно-~ оборудование** Be- und Entladetechnik (-ausrüstung); ~ **операция** -vorgang; ~ **операции** _(Pl.)_ -arbeiten; ~ **платформа** -bühne, _(Schiff.)_ Löschplattform; ~ **площадка** _s. платформа_; ~ **приспособление** -vorrichtung, -einrichtung; ~ **причал** -kai; ~ **пункт** Entladestelle (-punkt, -ort); ~ **путь** _(m.)_ Entladegleis; ~ **работы** _(Pl.)_ _s. операции_; ~ **устройство** -vorrichtung, -gerät, Ladegeschirr

раздаточный вагон _(Eis.)_ Stückgutkurswagen

разделительн‖ый/ая/ое/ые Trenn-, Sperr- _(in Zus.)_; ~ **линия** _(Straße)_ -linie; **сдвоенная** ~ **линия** doppelte Sperrlinie; **сплошная** ~ **линия** durchgängige -linie; ~ **сплошная и прерывистая -ые линии** _(Pl.)_ einseitige -linie; ~ **полоса на дороге** Sicherheitsstreifen

раздельный пункт _(Eis.)_ Zugfolgestelle

разлив _(Flüssiggut)_ Abfüllen, Abfüllung, Abfüll- _(in Zus.)_; **устройство для -a** -anlage, -vorrichtung

различие между таможенными тарифами стран Zolldisparitäten

размах крыла <самолета> Flügelspanne <eines Flugzeugs>

размер/ы Maß/e, Größe, Abmessung/en *(auch in Zus.)*; **номинальный** ~ Soll-; **стандартный** ~ Standard-; ~ **перевозок** Transportvolumen; ~ **транспортного средства** Fahrzeugmaße (-abmessungen); ~ **упаковки** Verpackungsmaße

разметка проезжей части Fahrbahnmarkierung

размещать/разместить <что-л.> <etw.> plazieren, unterbringen, verteilen, disponieren; ~ **автомобиль** *(m.)* **на стоянке** ein Kfz. parken (abstellen); ~ **багаж** Gepäck verstauen; ~ **заказ** einen Auftrag vergeben

размещение *(Prozess)* Unterbringung, Verteilung, *(Güter)* Verladung; ~ **автомобиля на стоянке** *(Kfz.)* Einparken; ~ **груза** Güterverladung; ~ **груза на судне** *(Schiff.)* Stauen, Trimmen; ~ **заказов** Auftragsvergabe; ~ **концессий** Konzessionsvergabe; ~ **лицензий** Lizenzvergabe (Genehmigungs-)

разнарядка 1. *(Prozess)* Disposition, Zuteilen, Anweisen; **2.** *(Dokument)* Anweisung; ~ **отправителя** Absenderanweisung; **оформление -и** Ausfertigung einer Anweisung (Order)

разнородный груз verschiedenartige (heterogene) Güter (Fracht, Ware)

разносная книга Zustellungsbuch *(für Kurierdienste)*

разов‖ый/ая/ое/ые einmalig/e/er/es, Einzel-, Einweg- *(in Zus.)*; ~ **билет** -fahrkarte, -fahrschein; ~ **виза**

(Pass.) Einfachvisum, Visum für die -e Ein- und Ausreise; ~ **экспортная (вывозная) лицензия** Einzelausfuhrgenehmigung; ~ **поездка** einfache Fahrt; ~ **пользование** -e Verwendung (Nutzung); ~ **поставка** -e Lieferung; ~ **пропуск** -er Passierschein; ~ **разрешение** Einzelgenehmigung; ~ **тара** Einwegverpackung; ~ **упаковка** *s. тара*

разорительная конкуренция ruinöser Wettbewerb

разработка и реализация общей транспортной политики Entwicklung und Verwirklichung einer einheitlichen Verkehrspolitik

разрешение 📖 *(s. auch концессия, лицензия)* Erlaubnis, Genehmigung, -erlaubnis, -genehmigung, Genehmigungs- *(in Zus.)*; **временное** ~ *s. срочное*; **воздушно-правовое** ~ luftrechtliche; Flug-; **карантийное** ~ **на импорт** Quarantänebewilligung; **одноразовое** ~ Einzel-; **оффициальное** ~ behördliche; **сводное** ~ **на вывоз** Sammel-Ausfuhr-; **сводное** ~ **на вывоз с верхним пределом стоимости** Höchstbetragsausfuhr-; **срочное** ~ zeitweilige, Zeit-;

разрешение ‖ властей behördliche ‖ Genehmigung; ~ **таможни** zollamtliche; ~ **без права передачи** nicht übertragbare; ~ **в порядке исключения** Ausnahme‖genehmigung (Sonder-); ~ **на ввоз** Einfuhr-; ~ **на ведение речных судов** Schifferpatent; ~ **на взлет** <самолета> *(Flug.)* Starterlaubnis; ~ **на въезд** Einreise-; ~ **на вывоз** Ausfuhr-; ~ **на выгрузку** Entladeerlaubnis, *(Schiff.)*

Löscherlaubnis (-permiss); ~ **на выдачу** Freigabe-; ~ **на выход из порта** *(Schiff.)* Auslauf-; ~ **на заход в порт** *(Schiff.)* Anlauf-; ~ **на импорт** *s.* ~ *на ввоз*; ~ **на отгрузку** Versand-; ~ **на отправку** *s.* ~ *на отгрузку*; ~ **на международные перевозки** <груза> **с третьими странами** multilaterale Transportfür Drittlandverkehre; ~ **на посадку** <самолета> *(Flug.)* Landeerlaubnis; ~ **на поставку** <груза> Liefer-; ~ **на провоз** *s.* ~ *на транзит*; ~ **на проезд** Fahrt-, Durchfahrts-; ~ **на разгрузку** *s.* ~ *на выгрузку*; ~ **на транзит** <груза> Transit-, Durchfuhr-; ~ **на транзит** <груза> **с таможенного склада** Zollversand-; ~ **на эксплуатацию** Betriebserlaubnis, Zulassung; ~ **на экспорт** *s.* ~ *на вывоз*; ~ **с правом передачи** übertragbare;

ведомство, выдающее || **разрешение** Genehmigungs||behörde; **владелец** -я -inhaber; **порядок выдачи (получения)** -я -verfahren; **процедура получения** -я *s.* *порядок выдачи*; **срок действия** -я -dauer;

аннулировать || **разрешение** eine Genehmigung || annullieren (zurücknehmen); **выдавать/выдать** ~ ~ ausgeben, vergeben, erteilen; **делать/сделать заявку на получение** -я ~ beantragen; **конфисковывать/конфисковать** ~ ~ einziehen **лишать/лишить** <кого-л.> -я <jmdm.> die ~ entziehen; **получать/получить** ~ ~ erwerben; **просить/попросить** -я ~ einholen

разрешен/а/о/ы *(Part.)* genehmigt

разряд, налоговый Steuerklasse

разрядн||**ый/ая/ое/ые** *(hier)*

Standard- *(in Zus.)*; ~ **груз** -gut, -fracht; ~ **фрахт** -fracht<satz>

разукрупнение <предприятия> Entflechtung <eines Unternehmens>

разъезд *(Eis.)* Überholungsbahnhof, Ausweichstelle

район 1. *(Verwaltungseinheit)* Bezirk *(auch in Zus.)*; **2.** *(Territorium)* Raum, Gebiet, Gegend *(auch in Zus.)*; **городской** ~ Stadtbezirk; **густонаселенный** ~ Ballungsraum; **портовый** ~ Hafenbezirk (-gebiet); **прилегающий к городу** ~ Umland, *(umg.)* Speckgürtel; **прилегающий к порту** ~ Hafenhinterland; **сельский** ~ ländliche Gegend (-er Raum);

район || **обслуживания** Versorgungs||gebiet (Einzugs-); ~ **плавания** *(Schiff.)* Fahrt-; ~ **снабжения** *s.* ~ *обслуживания*;

микрорайон Wohngebiet

рамбурс *(kfm.)* Rembours

рамная конструкция <автомобиля> *(Kfz.)* Rahmenkonstruktion

рампа *(s. auch платформа)* Rampe *(auch in Zus.)*; **погрузочная** ~ Verlade-, Lade-, Belade-; ~ **для скоростной отправки** Schnell- <für Be- und Entladung>

раскредитование накладной *(kfm.)* Zahlung gegen Dokumente

распаковывать/распаковать <что-л.> <etw.> auspacken

расписание Fahrplan, Flugplan, -fahrplan, -flugplan, Fahrplan-, Flugplan- *(in Zus.)*; **временное** ~ Behelfs-; **зимнее** ~ Winter-; **летнее** ~ Sommer-; **линейное** ~ Linienfahrplan; **маршрутное** ~ Strecken-, Linien-;

расписание || автобусов Bus||fahrplan; ~ поездов Zug-; ~ полетов Flugplan; ~ рейсов *s.* ~ *полетов*;

замена расписани||й Fahrplan||wechsel; изменение -я (в -и) -änderung; нарушение в выполнении -я -störung; обязательство выполнения (соблюдения) -я *(ÖPNV)* -pflicht; смена -й *s. замена*; согласование -й <полетов, поездов> -koordinierung; согласованность *(f.)* -й поездов *(Eis.)* Zuganschluss; составление -я -erstellung; справка о -и -auskunft; вне -я außerhalb des -s; по -ю fahrplanmäßig

расписка *(s. auch ведомость, документы, квитанция)* Quittung, Bescheinigung, <Empfangs>Schein, Bestätigung, Beleg *(auch in Zus.)*; двойная ~ Doppelquittung; доковая ~ *(Schiff.)* Lagerschein, Dockschein (-warrant); доковая ~ о принятии груза *(Schiff.)* Dockübernahmeschein; официальная ~ amtliche/er; складская ~ <экспедитора> Lager<empfangs>schein <des Spediteurs>; тальманская ~ *(See.)* Tallybericht (-liste, -manifest, -schein); штурманская ~ *(See.)* Steuermannsquittung;

расписка || капитана о принятии груза на борт судна *(See.)* Bordbescheinigung; ~ экспедитора Spediteursbescheinigung (-borderau); ~ в выдаче товара Lieferschein; ~ в отправке товара Einlieferungsschein (Aufgabe-); ~ в погрузке Verladebestätigung; ~ в получении <товара> Empfangsbescheinigung (-bestätigung); ~ в приеме <товара> Annahmeschein

(Abnahme-); ~ в принятии товара на хранение Hinterlegungsschein; ~ о принятии груза на борт судна *(See.)* Bordbescheinigung

расписываться/расписаться в получении груза den Empfang der Fracht bescheinigen (bestätigen)

расположение сидений <на транспортном средстве> Sitzaufteilung <in einem Verkehrsmittel>

распоряжение Verfügung, Disposition, Order, -disposition, Verfügungs- *(in Zus.)*; свободное ~ freie Disposition; ~ грузовых автомобилей *s. ~ подвижного состава*; ~ вагонов *(Eis.)* Wagen-; ~ подвижного состава Fahrzeug-; ~ о грузе Verfügung über das Frachtgut; право -я *(jur.)* -gewalt, -recht; отдавать/отдать ~ eine ~ erteilen

распределение Distribution, Verteilung, -distribution, -verteilung, Distributions-, Vertriebs- *(in Zus.)*; ~ грузов Güter, Waren-; ~ грузов в черте города innerstädtische Güter-(Waren-); ~ перевозок Verkehrsaufteilung; ~ долей перевозок по носителям транспорта⌶ *(Modal Split)* Verkehrsaufteilung <auf die einzelnen Verkehrsträger>; ~ транспортных потоков *s. ~ перевозок*; ~ по рынкам сбыта ~ auf den Absatzmärkten;

канал распределени||я <товаров> Distributions||kanal, Vertriebs||kanal (-weg); логистика -я Distributionslogistik; расходы *(Pl.)* на ~ -kosten; центр -я -zentrum

распределительн||ый/ая/ое/ые Verteiler-, Verteilungs-, Distributions-, *(in Zus.)*; ~ механизм

1. *(Logistik)* -mechanismus; **2.** *(techn.)* Steuerungsmechanismus, Steuerung; ~ **склад** Verteilerlager; ~ **транспорт**📖 -verkehr, Lieferverkehr

распределять/распределить <**груз, товары**> <Fracht, Waren> verteilen

расследование   аварии (происшествия) Unfalluntersuchung

рассредоточение   *(Prozess)* Entmischung; ~ **носителей транспорта** ~ von Verkehrsarten (-trägern); ~ **транспортных потоков большой и малой скоростей**📖 ~ von schnellem und langsamem Verkehr

рассредоточенные транспортные потоки большой и малой скоростей *(Pl.)* entmischter Verkehr

рассрочивать/рассрочить <**платеж**> *(kfm.)* <eine Zahlung> auf Raten leisten

рассрочка *(kfm.)* Rate/n; **уплата в -у** Ratenzahlung

расстояние *(s. auch дистанция)* Entfernung, Abstand, Weite, -abstand, -entfernung, -weite, Entfernungs- *(in Zus.)*; **большое ~ перевозки** große Transportweite; **дальнее ~** Langstrecke/n, (Weit-); **короткое ~** Kurzstrecke/n; **короткое ~ перевозки** geringe Transportweite; **кратчайшее ~** kürzeste Entfernung; **минимальное ~** Mindestabstand; **пройденное ~** zurückgelegte (durchfahrene) Entfernung (Strecke); **среднее ~ оборота вагона** *(Eis.)* mittlere Umlauflänge; **среднее ~ перевозки** mittlere Transportweite; **среднее ~ следования пассажиров** *(Pass.)* mittlere Reiseweite; **тарифное ~**

tarifliche Entfernung, Tarifentfernung; **транзитное ~** Transitentfernung; **частичное ~** Teilentfernung;

расстояние || **безопасности** *(Kfz.)* Sicherheitsabstand; ~ **перевозки** Transportweite, Beförderungsweite (-entfernung); ~ **полета** Flugweite (-entfernung); ~ **пробега** *(Kfz.)* Einsatzweite; ~ **следования пассажиров** *(Pass.)* Reiseweite; ~ **между осами** *(Fahrzeug)* Achsenabstand; ~ **между судами** Schiffsabstand;

перевозки на дальние расстояни||**я** Fernverkehr (Langstrecken-); **перевозки на короткие -я** Kurzstreckenverkehr; **перевозки на средние -я** Mittelstreckenverkehr; **тариф по -ю** -tarif; **фрахт за определенное ~** *(Güterv.)* Streckenfracht

растаможенн||**ый/ая/ое/ые** zollamtlich abgefertigt/e/er/es; ~ **груз -е** Fracht; ~ **контейнер -er** Container

растаможивание <**груза**> Verzollung von Fracht<gut>, Erledigung von Zollformalitäten

растаможивать/растаможить <**груз**> <Fracht> verzollen

растарка <**груза**> *(Prozess)* Auspacken <von Frachtgut>

расторгать/расторгнуть договор *(jur.)* einen Vertrag kündigen

расторжение *(jur.)* Kündigung, Annullierung *(auch in Zus.)*; ~ **договора (контракта)** Vertrags -; ~ **чартера** Charterannullierung

расфасовка *(Schüttgut)* Abfüllen, Abfüllung, Abfüll- *(in Zus.)*; **устройство для -и** -anlage, -vorrichtung

расход Verbrauch *(auch in Zus.)*; ~ **бензина** Benzin-; ~ **горючего** Treibstoff-, Kraftstoff-; ~ **топлива** *(Diesel)* Kraftstoff-; **с низким -ом** sparsam im ~

расходный документ (талон) *(Lager)* Ausgabeschein (Entnahme-), *(buchh.)* Auszahlungsbeleg

расходовать/израсходовать <**что-л.**> <etw.> verbrauchen

расходы *(Pl., kfm., s. auch издержки)* Kosten, -kosten, Kosten- *(in Zus.)*; **аварийные** ~ Havarie-; **дополнительные** ~ Zusatz-, Neben-; **дорожные** ~ Reise-, Wege-; **импортные** ~ Import-, Einfuhr-; **командировочные** ~ Dienstreise-; **общие накладные** ~ Gemein-; **переменные** ~ variable; **переменные покилометровые** <**эксплуатационные**> ~ variable kilometrische <Betriebs>-; **портовые** ~ Hafen-; **постоянные** ~ konstante, Fix-; **проездные** ~ *s. дорожные*; **путевые** ~ *s. дорожные*; **складские** ~ Lager<haltungs>-; **таможенные** ~ Zoll-; **терминальные** ~ Terminal-; **транспортные** ~ Transport-, Verkehrs-, Fracht-; **эксплуатационные** ~ Betriebs-; **экспортные** ~ Export-, Ausfuhr-;

расходы || **на импорт** *s. импортные*; ~ **на инфраструктуру** Infrastruktur||kosten; ~ **на перегрузочные операции** Umlade-, Umschlag-; ~ **на погрузку** Verlade-; ~ **на провоз** Durchfuhr-; ~ **на распределение** Distributions-, Vertriebs-; ~ **на ремонт** Reparatur-; ~ **на текущий ремонт** Wartungs-, Unterhalts-; ~ **на сбыт** Absatz-, Vertriebs-; ~ **на складирование** *s. складские*; ~ **на содержание** <**подвижного состава**>

Unterhaltungs-, <Kfz->Instandhaltungs-; ~ **на содержание и эксплуатацию оборудования (РСЭО)** Wartungs- und Instandhaltungs-; ~ **на топливо** Kraftstoff-; ~ **на транспорт** Verkehrs- ~ **на экспорт** *s. экспортные*; ~ **от аварий** Unfall-; ~ **от движения транспорта** Verkehrs-; ~ **по выгрузке** Ablade-, Entlade-, *(Schiff.)* Lösch-; ~ **по доставке** Liefer-, Zustell-; ~ **по регрессным искам** *(jur.)* Regress-; ~ **по ликвидации последствий аварии** Unfallfolge-; ~ **по техническому обслуживанию** Wartungs-; ~ **по отгрузке** Versand-, Verlade-, Entsende-, Transport-, Abfuhr-; ~ **по отправке** *s.* ~ *по отгрузке*; ~ **по перевалке** *s.* ~ *по перегрузке*; ~ **по перевозке груза** *(Güterv.)* Transport-, Fracht-, Versand-; ~ **по перевозке пассажиров** *(Pass.)* Beförderungs-; ~ **по перегрузке** Umladungs-, Umlade-; ~ **по погрузке** Verlade-, Lade-, Befrachtungs-; ~ **по разгрузке** *s.* ~ *по выгрузке*; ~ **по складированию** *s. складские*; ~ **по упаковке** Verpackungs-; ~ **по фрахтованию** Befrachtungs-, Charter-; ~ **по хранению** Aufbewahrungs-;

расходы, связанные с || **задержкой транспортного средства в заторе** Staufolge||kosten, staubedingte; ~ **импортом** *s. импортные*; ~ **перевалкой и транспортировкой груза** Logistik-; ~ **простоем транспортного средства** Wartezeit-; ~ **транспортом** Verkehrs-; ~ **экспортом** *s. экспортные*;

вид расходов Kosten||art; **возмещение -ов** -erstattung, Rembours; **оговорка о -ах** *(jur.)*

-klausel; **повышение** **-ов** -steigerung, -zunahme; **покрытие** **-ов** -deckung; **смета** **-ов** -kalkulation; **снижение** **-ов** -degression, -senkung; **статья -ов** *s. вид*;

свободно от -ов free of charge

расчет **1.** *(Prozess)* Berechnung, Errechnung, Kalkulation, -berechnung, -kalkulation *(in Zus.)*; **2.** *(Prozess, kfm.)* Begleichung von Verbindlichkeiten, Bezahlung; **3.** *(Dokument)* Rechnung, Verrechnungsbeleg; ~ **стоимости проекта** Projektkalkulation; <**участковый**> ~ **фрахта** <gebrochene> Frachtrechnung; ~ **по демереджу** Berechnung von Standgeld; **производить/ произвести -ы** *(Pl.)* <**с перевозчиками**> die Rechnungslegung <mit den Spediteuren> abwickeln

расчетн‖ый/ая/ое/ые **1.** *(kfm.)* Verrechnungs-; **2.** *(techn.)* Regel-, Soll- *(in Zus.)*; ~ **единица** *(kfm.)* Verrechnungseinheit; ~ **мощность** *(f.)* Regelleistung (Soll-); ~ **нагрузка** Regelbelastung; ~ **производительность** *(f.)* *s. мощность*; ~ **скорость** *(f.)* Regelgeschwindigkeit (Soll-), errechnete (berechnete) Geschwindigkeit; ~ **тарифная ставка** Regeltarifsatz (Verrechnungs-); ~ **стоимость** *(f., Zoll.)* Verrechnungswert; ~ **таблица тарифных ставок** Frachtentafel; ~ **тариф** Regeltarif

расширение *(hier Verkehrsinfrastruktur)* Erweiterung, Ausbau, -ausbau *(in Zus.)*; ~ **порта** Hafen-; ~ **водных путей** ~ der Wasserstraßen; ~ **путей сообщения** Verkehrswege-; ~ **транспортной**

сети ~ des Verkehrsnetzes; ~ **сети автомагистралей** ~ des Autobahnnetzes; **инвестиции на** ~ Erweiterungsinvestition/en;

планирование **-я аэропорта** *(Erweiterungsbau)* Flughafenplanung

расширенный участок <**дороги, железной дороги, трассы**> *(Straße, Eis.)* Ausbaustrecke

расширять/расширить <**что-л.**> <etw.> erweitern; ~ **инфраструктуру** die Infrastruktur ~; ~ <**свой**> **профиль** <sein> Unternehmensprofil ~; ~ **железнодорожную сеть** das Schienennetz ~; ~ **сеть автомагистралей** das Autobahnnetz ~; ~ **экспорт** den Export ausweiten

рациональный вид транспорта rationelle Verkehrsart

реагировать на спрос auf eine Nachfrage reagieren

реактивн‖ый/ая/ое/ые *(hier Flug.)* Düsen- *(in Zus.)*; ~ **двигатель** *(m.)* -triebwerk; ~ **самолет** -flugzeug

реализация **1.** *(allg.)* Realisierung, Verwirklichung -realisierung *(in Zus.)*; **2.** *(kfm.)* Absatz, Umsatz, Verkauf, -umsatz, -verkauf, Umsatz- *(in Zus.)*; ~ **заказов** Auftragsdurchlauf (-abwicklung); ~ **проекта** Projektrealisierung; ~ **товаров** Warenumsatz; **выручка от -и** <**товаров и услуг**> Umsatzerlös (Verkaufs-)

реализовывать/реализовать товар <**на рынке**> Ware <auf dem Markt> verkaufen (absetzen)

реверсирование тяги <**самолета**> *(techn., Flug.)* Schubumkehr <eines Flugzeugs>

региональн‖ый/ая/ое/ые *(s. auch*

пригородный) regional/e/er/es, Regional- *(in Zus.)*; ~ **вокзал** -bahnhof; ~ **железная дорога** -bahn; ~ **линия** -linie, -verbindung; ~ **перевозки** *(Pl.)* -verkehr/e, -transporte; ~ **планирование** 1. *(Prozess)* -planung; 2. *(jur. Akt)* Raumordnung; ~ **поезд** -zug; ~ **скоростной поезд** *(Eis.)* -express; ~ **<транспортная> сеть** -<verkehrs>netz; ~ **железнодорожный справочник** -kursbuch

регионы *(Pl.)* **скопления <наеления, транспорта, промыщленности>** Agglomerationsräume (Ballungs-)

регистр *(Behörde, s. auch реестр)* Register *(auch in Zus.)*; **Государственный судовой** ~ Staatliches Schiffs-; **Российский речной** ~ *(RF)* Binnenschifffahrts-; ~ **судов** Schiffs-; ~ **судоходства Ллойда** Lloyd's-Schiffs-

регистрационн‖ый/ая/ое/ые Registrierungs- *(in Zus.)*; ~ **ведомство** -behörde; ~ **знак** -zeichen; ~ **мощности** *(Pl., Pass.)* Abfertigungskapazität/en; ~ **палата** *(RF)* -behörde <für Unternehmen>; ~ **сбор** -gebühr/en, Anmeldegebühren

регистрация *(Prozess)* Registrierung *(auch in Zus.)*; ~ **авиапассажиров** *(Flug.)* Passagierabfertigung, Check-in; ~ **автомобиля** Kfz-Anmeldung; ~ **судна** Schiffs-; **время -и** *(Flug.)* Zeitpunkt des Check-in; **зал -и** *(Flug.)* Abfertigungshalle; **зона -и** *(Flug.)* Abflugbereich; **номер -и** Registriernummer; **обязанность** *(f.)* **к -и** Anmeldepflicht; **оформление -и** *(Prozess)* Registrierung; **порт -и** Registrierhafen; **сбор за -ю** Registrierungsgebühr/en; **срок -и**

(Flug.) Check-in-Dauer; **стойка -и <авиапассажиров>** *(Flug.)* Check-in-Counter, *(Pl. auch)* Abfertigungsanlagen; **подлежащ‖ий/ая/ее/ие -и** meldepflichtig/e/er/es

регистрировать/зарегистрировать <что-л.> <etw.> registrieren

регистрироваться/ зарегистрироваться *(refl., Flug.)* einchecken

регистров‖ый/ая/ое/ые Register- *(in Zus.)*; ~ **книга** *(Dokument)* Schiffsregister; ~ **тонна** *(Schiff.)* -tonne; ~ **тоннаж** *(Schiff.)* -tonnage

регулирование 📖 *(Prozess)* Regulierung *(auch in Zus.)*; **государственное** ~ staatliche; **государственное** ~ **тарифов** staatliche Tarif-; **диспетчерское** ~ **движения поездов** *(Eis.)* Zuglaufüberwachung; **количественное** ~ Mengen-; **нулевое** ~ Null-; **таможенное** ~ Zoll-

регулирование ‖ уличного (дорожного) движения 1. *(Prozess)* Regulierung ‖ des Straßenverkehrs; 2. *(Trassierung)* Verkehrsführung; ~ **движения <транспорта>** Verkehrs-; ~ **полезной площади для автостоянок** Parkraumbewirtschaftung; ~ **транспортных потоков** Verkehrsbeeinflussung; ~ **транспортного рынка** ordnungspolitische ~ des Verkehrsmarktes; ~ **торговли** ~ des Handels; ~ **транспорта** *s.* ~ *движения*; **система -я рыночных отношений на транспортном рынке** Regulierungssystem des Verkehrsmarktes; **устройство -я <дорожного> движения**

Verkehrsanlage

регулированн‖ый/ая/ое/ые
reguliert/e/er/es, geregelt/e/er/es; ~
тариф reglementierter Tarif; ~
грузовой транспорт regulierter
Güterkraftverkehr

регулировать/урегулировать <что-л.> <etw.> regeln; ~ **<уличное>
движение** den <Straßen>Verkehr ~;
~ **в договоре** <etw.> vertraglich ~

**регулировка, автоматическая
поездная** *(Eis.)* automatische
Zugbeeinflussung

регулируемая нагрузка *(techn.)*
Regelbelastung

регулярн‖ый/ая/ое/ые
regulär/e/er/es; ~ **интервалы** *(Pl.)*
обслуживания маршрутов -e
Streckenbedienung; ~ **линия** -e
Route, -e Linie; ~ **контейнерная
линия** -e Containerlinie; ~
маршрут *(ÖPNV)* Stammstrecke; ~
**местоположение <транспортного
средства>** -er Standort <eines
LKW>; ~ **перевозки** *(Pl., im
Linienverkehr)* -e (fahrplanmäßige,
nicht bedarfsgebundene)
Beförderung; ~ **воздушное
сообщение** *(Linienverkehr)* -er
Luftverkehr

реестр *(Verzeichnis, s. auch регистр)*
Register *(auch in Zus.)*;
автомобильный ~ Kfz-~; **второй**
~ *(Schiff.)* Zweit-;
государственный ~ *(Schiff.)*
nationales; **морской** ~ Seeschiffs-;
открытый ~ *(Schiff.)* offenes;
судовой ~ Schiffs-; **торговый** ~
Handels-; **упаковочный** ~ *(Schiff.)*
Packliste; ~ **товаров, подлежащих
таможенному досмотру
(контролю)** *(Zoll.)*
Gestellungsverzeichnis;

внесение в ‖ реестр Eintragung in

ein ‖ Register; **вычеркивание из -а**
Löschung aus einem ~; **занесение в**
~ *s. внесение*; **заявление о
внесении** <чего-л.> **в** ~
Registrierungsantrag;

вносить/внести <что-л.> **в** ‖
реестр <etw.> in ein ‖ Register ‖
eintragen; **зачеркивать/
зачеркнуть** <что-л.> **из -а** <etw.>
aus einem ~ löschen

режим 1. *(techn.)* Betrieb, -betrieb,
Betriebs- *(in Zus.)*; **2.** *(Prozedere)*
Verfahren, Verfahrensweise,
-verfahren *(in Zus.)*; **3.** *(jur., s. auch
инструкции, порядок, правила)*
Ordnung, Bestimmungen,
Vorschrift/en *(auch in Zus.)*;
буксирный ~ *(Fahrzeug)*
Schleppbetrieb; **взлетный** ~
<самолета> *(Flug.)* Startregime
<eines Flugzeugs>; **импортный** ~
Importverfahren; **исключительный**
~ **движения** Sonderfahrplan;
непрерывный ~ **движения**
durchgehender Fahrbetrieb;
паспортно-визовый ~ Pass- und
Visaordnung; **паспортный** ~ Pass-
und Meldeordnung; **посадочный** ~
<самолета> *(Flug.)* Landeregime
<eines Flugzeugs>;
продолжительный ~ **работы**
Dauerbetrieb; **противопожарный** ~
Brandschutz<bestimmungen>;
скоростной ~ **1.**
Hochgeschwindigkeitsbetrieb; **2.**
(Straßenverkehr)
Geschwindigkeitsvorschriften
(-bestimmungen); **специальный** ~
движения Sonderfahrplan;
таможенный ~ Zollbestimmungen
(-vorschriften, -ordnung, -verfahren);
экспортный ~ Exportverfahren;

**режим ‖ наибольшего
благоприятствования** *(AH)*
Meistbegünstigung; ~ **движения 1.**
(Verkehrsbedienung) Fahrplan; **2.**

(techn.) Fahrweise (-betrieb); ~ **пассажирских перевозок** Fahrgastbetrieb; ~ **работы** Betriebsart; ~ **толкания** *(Binnsch.)* Schubbetrieb; ~ **управления транспортным средством** Lenkzeiten; ~ **принудительного холостого хода** *s.* ~ *толкания*; ~ **эксплуатации <транспортного средства>** Fahrweise <eines Verkehrsmittels>

резерв Reserve, Bestand; **складской** ~ Lagerbestand

резервирование мест Platzreservierung; ~ **для стоянки автомобилей** Parkraumreservierung; **система -я мест** <Platz>Reservierungssystem

резервный автомобиль Reservefahrzeug

реимпорт⌂ Reimport, Wiedereinfuhr, Reimport-, Wiedereinfuhr-, Rück- *(in Zus.)*; ~ **товаров, прошедших переработку** Veredelungsverkehr; **предмет -а -ware**; **свидетельство о -е** Wiedereinfuhrschein

рейд *(Schiff.)* Reede *(auch in Zus.)*; ~ **порта** Hafen-; **стоять на -е** auf ~ liegen

рейдов‖ый/ая/ое/ые *(Schiff.)* Reede- *(in Zus.)*; ~ **буксир** -schlepper; ~ **причал** -kai; ~ **сбор** -gebühr/en

рейс *(s. auch линия, маршрут, связь)* Linie, Route, Strecke, Verbindung *(auch in Zus.)*; **вечерний** ~ Spätverbindung (Abend-); **внешний** ~ *s. международный*; **внутренний** ~ Inlands-, Binnenstrecke, *(Flug. auch)* Inlandsflug; **грузовой** ~ Frachtfahrt; **дальний** ~ *(Flug.)* Fernstrecke (-streckenflug, -verbindung); **дневной** ~ Tagverbindung (-flug); **дневной** ~ **на железной дороге**

Tageszugverbindung; **груженый** ~ **вагона** *(Eis.)* Wagenlastlauf; **международный** ~ internationale, *(Flug. auch)* internationaler Flug; **некурящий** ~ Nichtraucherflug; **ночной** ~ Nachtverbindung (-flug); **порожний** ~ **вагона** *(Eis.)* Wagenleerlauf; **прямой** ~ direkte Verbindung, Direktverbindung, Durchgangsstrecke; **следующий** ~ *(Flug., Schiff.)* Anschlussverbindung; **согласованный** ~ *s. следующий*; **специальный** ~ Sonderfahrt; **трансатлантический** ~ Transatlantikflug; **утренний** ~ *(auch Flug.)* Frühverbindung; **холостой** ~ *(Eis.)* Leerfahrt; **чартерный** ~ Charterverbindung (-linie);

рейс ‖ **поезда** Zug‖verbindung (-fahrt); ~ **самолета** Flug-, Flugroute; ~ **для раздачи штучного груза** *(Güterv.)* Verteilerfahrt;

номер рейса Flugnummer;

объявлять/объявить ‖ **рейс** einen Flug ausrufen; **отменять/отменить** ~ einen Flug aussetzen; **совершать** ~ *(im Linienverkehr)* ein Ziel anfahren (bedienen); *(Flug.)* ein Ziel anfliegen; *(Schiff. auch)* einen Zielhafen anlaufen

рейсов‖ый/ая/ое/ые *(s. auch линейный, маршрутный)* Linien- *(in Zus.)*; ~ **автобус** -bus; ~ **журнал <водителя>** Fahrtenbuch (-schreiber); ~ **коносамент** *(See.)* -konnossement; ~ **пароходство** -reederei; ~ **полет** -flug; ~ **полис** *(Vers.)* -police; ~ **самолет** -flugzeug, -maschine; ~ **контейнерная служба** Container-Liniendienst; ~ **судно** -schiff; ~ **судовладелец** *(Pers.)* -reeder; ~ **судоходство** -schifffahrt; ~ **тариф** -tarif; ~ **тоннаж** Frachtraum (Tonnage) beim

Reisecharter; ~ **указатель** *(m., ÖPNV)* Richtungsschild (-anzeige); ~ **чартер** -charter, Reisecharter

рейсоуказатель *(m.)* <Fahrt>Richtungsanzeiger (-schild)

река Fluss

река-море-плавание kombinierte Binnen- und Hochsee-Schifffahrt

рекомендованн‖ый/ая/ое/ые empfohlen/e/er/es, Richt-, Referenz- *(in Zus.)*; ~ **скорость** *(f.)* -e Geschwindigkeit, Richtgeschwindigkeit; ~ **тариф**⌂ Referenztarif

реконструкция Rekonstruktion; **техническая** ~ technische; ~ **рельсовых путей** ~ der Gleisanlagen; ~ **транспортной сети** ~ des Verkehrsnetzes (Transport-); **инвестиция на** -ю Erneuerungsinvestition; **меры** *(Pl.)* **по** -и Rekonstruktionsmaßnahmen; **проводить/провести** -ю <чего-л.> <etw.> rekonstruieren, eine ~ durchführen

релейная централизация *(Eis.)* Relaisstellwerk

рельс Schiene/n, Gleis *(auch in Zus.)*; **железнодорожный** ~ <Eisen>Bahn-; **контактный** ~ Stromschiene; **трамвайный** ~ Straßenbahn-; **напряжение в** -ах Gleisbeanspruchung; **сход поезда с** -ов Zugentgleisung

рельсов‖ый/ая/ое/ые schienengebunden/e/er/es, Schienen-, Gleis- *(in Zus.)*; ~ **автобус** Schienenbus; ~ **инфраструктура** Schieneninfrastruktur; ~ **контейнер** <Eisen>Bahncontainer; ~ **кран для перевалки контейнеров** Containerkranbahn; ~ **подвижной состав** Schienenfahrzeugpark; ~

пути *(Pl.)* Gleisanlagen; ~ **сообщение** -er Verkehr, Schienenverkehr; ~ **техника** -e Technik; ~ **транспорт** *s. сообщение*; ~ **транспортное средство** -es Fahrzeug, Schienenfahrzeug

ремень *(m.)* Gurt, Riemen, -gurt *(in Zus.)*; **пристяжной** ~ *(Ladung)* Sicherungs-, Halte-; ~ **безопасности** *(Pass.)* Sicherheits-, Anschnall-, Halte-; ~ **для закрепления** <груза> *s. пристяжной*; **отстегивать/отстегнуть** ~ den ~ losschnallen; **пристегивать/пристегнуть** ~ den ~ anschnallen (anlegen)

ремесленное хозяйство gewerbliche Wirtschaft

ремонт Instandsetzung, Ausbesserung, Reparatur, -reparatur, -ausbesserung, Instandsetzungs- *(in Zus.)*; **безотцепочный** ~ **вагонов** *(Eis.)* Wagen- im Zug; **оздоровительный** ~ *(Eis.)* Bedarfs- <von rollendem Material>; **плановый** ~ planmäßige; **промежуточный** ~ *(Eis.)* Zwischen- <von rollendem Material>; **текущий** ~ <laufende> Instandhaltung, Unterhaltung;

ремонт ‖ автомобилей Kfz-‖Instandsetzung (-Reparatur); ~ **дорог** Straßenausbesserung; ~ **контейнеров** Containerreparatur; ~ **подвижного состава** ~ des Fahrzeugparks (Fuhrparks); ~ **тары** ~ der Verpackung; ~ **транспортного средства** Fahrzeug-~; ~ **шины** *(Kfz.)* Reifenausbesserung;

время ремонт‖а Instandsetzungs‖zeit; **коэффициент** -а -richtwert; **расходы** *(Pl.)* **на** ~ -kosten; **расходы** *(Pl.)* **на текущий** ~ Instandhaltungskosten

(Unterhaltungs-); **стоимость** _(f.)_ -a
s. расходы;

проводить/провести ремонт eine
Reparatur (Instandsetzung)
durchführen

ремонтировать/отремонтировать
<что-л.> <etw.> reparieren

ремонтно- _(in Zus.)_ Reparatur- und
Wartungs-; **-дорожная служба**
Straßenmeisterei,
Straßen<unterhaltungs>dienst;
-обслуживающий персонал
-personal

ремонтн‖ый/ая/ое/ые Reparatur- _(in
Zus.)_; ~ **гавань** _(f., natürlicher)_
-hafen; ~ **мастерская** -werkstatt; ~
поезд Gleisbauzug (Eisenbahnbau-);
~ **работы** _(Pl.)_ -arbeiten; ~ **судно**
-schiff; **план -ых работ** -plan

рентабельность _(f., kfm.)_
Wirtschaftlichkeit, Rentabilität,
-rentabilität _(in Zus.)_; ~
транспортного обслуживания ~
der Verkehrsbedienung; ~
перевозок ~ von Transporten
(Beförderungsleistungen); ~ **проекта**
Projekt-; ~ **экспорта** Export-

ресторан ‖ и заправочная станция
<на автостраде>
<Autobahn>Raststätte; **вагон-~**
(Eis.) Speisewagen

рестрикция _(s. auch ограничение)_
Restriktion

ресурсы, бесплатные _(Pl.)_ freie
Güter

**реторсионная таможенная
пошлина** Kampfzoll

реформа Reform _(auch in Zus.)_; ~
железных дорог Bahn-; ~
таможенного права Zoll<rechts>-;
~ **транспортного права**
Transportrechts-; ~ **транспортного**

сектора ~ des Verkehrswesens; ~ **по
реструктуризации Германских
железных дорог**▯ _(BRD)_
Bahnstruktur-

рефрижератор _(Eis.)_ Kühlwagen,
(Kfz.) Kühlfahrzeug, _(Schiff.)_
Kühlschiff, Kühl- _(in Zus.)_;
автомобиль-~ -fahrzeug, LKW;
вагон-~ -wagen, -waggon;
грузовик-~ _s. автомобиль_; **поезд-~**
-zug; **судно-~** -schiff, Gefrierschiff;
теплоход-~ _s. судно_

рефрижераторн‖ый/ая/ое/ые Kühl-,
Gefrier- _(in Zus.)_; ~ **вагон** -wagen,
-waggon; ~ **контейнер** -container; ~
сменный кузов
Kühlwechselbehälter; ~ **судно**
-schiff; ~ **транспорт** -transport/e; ~
трейлер Kühltrailer; ~ **установка**
-anlage

рефтрейлер _s. рефрижераторный
трейлер_

речник _(Pers., umg.)_ Binnenschiffer

речн‖ой/ая/ое/ые Fluss-,
Binnenschiffahrts- _(in Zus.)_; ~
вокзал _(Pass.)_ -hafen; ~ **гавань** _(f.,
natürlicher)_ -hafen; ~ **груз**
Flussfracht; ~ **судоходная
компания** Binnenreederei; ~
магистраль _(f.)_
<Haupt>Schifffahrtsweg,
Wasserweg; ~ **накладная**
Schiffsfrachtbrief (-ladeschein); ~
паром Flussfähre (-fährschiff); ~
пароход Flussdampfer; ~
пароходство Flussschifffahrt
(Binnen-); ~ **перевозка** <грузов>
-transport; ~ **перевозки** _(Pl.)_
<грузов> -frachtverkehr/e; ~ **порт**
(künstlich angelegter) -hafen; ~
пристань _(f.)_ Anlegestelle für
Flussschiffe; ~ **водный путь**
Binnenwasserstraße (-weg); ~ **сбор**
-gebühr/en; ~ **сообщение** -verkehr; ~
страхование каско

Flusskaskoversicherung; ~ **судно** Flussschiff (Binnen-); ~ **судоходство** Flussschifffahrt (Binnen-); ~ **тариф** Binnenschifffahrtstarif; ~ **транспорт** *s. сообщение*; ~ **участок** Flussabschnitt; ~ **флот** Binnenschifffahrtsflotte; ~ **фрахт** Flussfracht; ~ **шлюз** Flussschleuse (Stau-)

решение Entscheidung *(auch in Zus.)*; **административное** ~ *(jur.)* Verwaltungsakt; ~ **о местоположении** <чего-л.> Standort-

решетка, багажная Dachgepäckträger <für einen PKW>

решетчатый секционный поддон Gitterboxpalette

реэкспедирование <**железнодорожного груза**> *(Eis.)* Reexpedierung <von Bahnfracht>; **агент по -ю** Reexpeditionsagent

реэкспорт📖 Reexport, Wiederausfuhr; ~ **товаров, прошедших переработку** Veredelungsverkehr; **контроль** *(m.)* **над -ом** Reexportkontrolle

реэкспортная операция (сделка) Reexportgeschäft

риск Risiko, -risiko, Gefahren- *(in Zus.)*; **валютный** ~ Währungs-; **портовый** ~ Hafen-; **торговый** ~ Handels-, Absatz-; **транспортный** ~ Transport-; **фрахтовый** ~ Fracht-; ~ **заказчика** Abnehmer-; **экспедитора** ~ des Spediteurs; ~ **экспортера** ~ des Exporteurs; ~ **для безопасности** Sicherheits-; ~, **связанный с осуществлением экспортных операций** Ausfuhr-; ~, **связанный с перевозкой грузов (пассажиров)** Transport-;

момент перехода риск‖**а** *(jur.)* Moment des Gefahren‖übergangs; **надбавка на** ~ -zulage; **оговорка о всех -ах** *(jur.)* -klausel; **принятие на себя -а** -übernahme; **страхование против всех -ов** Versicherung gegen alle Risiken, A.A.R.-Versicherung

рисунок протектора <**покрышки**> *(Kfz., techn.)* Reifenprofil

род товара Warenart (-gattung, -sorte)

розничн‖**ый/ая/ое/ые** Einzelhandels- *(in Zus.)*; ~ **торговец** *(Pers.)* Einzelhändler; ~ **торговля** Einzelhandel; ~ **цена** -preis

розыск груза Frachtnachforschung (-ermittlung); **плата за** ~ Nachforschungsgebühr/en

ролкерная система RoRo-System

ролло-трейлер *(LKW)* Roll-Trailer

роль, судовая Schiffsrolle

рольганг *(Schiff.)* Rollgang

ро-ро RoRo- *(in Zus.)*; ~**-терминал** ~-Terminal; ~**-транспорт** ~-Verkehr; ~**-трейлер** ~-Trailer; **маршрут перевозки** ~ ~-Verbindung; **перевозки** ~ ~-Verkehr/e; **способ** ~📖 ~-Verfahren; **судно типа** ~ ~-Schiff

Российский речной регистр *(RF)* Binnenschifffahrtsregister

рост *(hier)* Anwachsen, Zunahme, Zuwachs, -zunahme, -zuwachs *(in Zus.)*; ~ **ввоза** Zunahme der Einfuhr, Importzuwachs; ~ **вывоза** Zunahme der Ausfuhr, Exportzuwachs; ~ **грузооборота** ~ des Güterumschlags; ~ **грузопотока** ~ des Güterstroms; ~ **доли индивидуального транспорта** ~ des Individualverkehrs, Individualisierung des Verkehrs; ~

объема импорта *s. ~ ввоза; ~* **объема перевозок** Verkehrs-; *~* **объема транспорта** *~* des Verkehrsstroms, Verkehrs-; *~* **объема экспорта** *s. ~ вывоза; ~* **пассажиропотока** *~* des Fahrgaststroms (Passagier-); *~* **предложения** Zunahme des Angebots; *~* **спроса** Zunahme der Nachfrage

рудный порт Erzhafen

рудовоз *(Schiff.)* Erzfrachter

рукав *(Flug., umg.)* Fluggastbrücke

руководить предприятием ein Unternehmen leiten

руководство по летной эксплуатации (РЛЭ) <самолета> *(techn.)* Betriebsvorschrift <für ein Flugzeug>

рулев‖ой/ая/ое/ые *(techn.)* Lenk-, Steuer- *(in Zus.); ~* **колесо** *(Schiff.)* Steuerrad; *~* **колонка** *(Kfz.)* Lenksäule; *~* **привод 1.** *(Kfz.)* Lenkantrieb; **2.** *(Schiff.)* Ruderantrieb; **система -ого управления** -system; *~* **управление** *s. привод*

рулевой *(Pers, Schiff.)* Steuermann

рулежная дорожка *(Flug.)* Rollbahn

руление <самолета> *(Flug., Prozess)* Rollen <eines Flugzeugs>, Roll- *(in Zus.);* **маршрут -я** -strecke; **скорость** *(f.)* **-я** -geschwindigkeit

руль *(m., Kfz.)* Lenkrad, *(Fahrrad)* Lenker; *(Schiff., Flug.)* Steuer, Ruder, -ruder *(in Zus.);* **кормовой** *~ (Schiff.)* Heck-; **носовой** *~ (Flug.)* Bug-; *~* **высоты** Höhen-; *~* **направления** *(Flug.)* Seiten-; **за -ем** am Steuer; <максимально допустимое> **время за -ем** Lenkzeit

ручн‖ой/ая/ое/ые Hand- *(in Zus.),* manuell/e/er/es; *~* **кладь** *(f., Pass., Flug.)* -gepäck; *~* **перевалка** *s. перегрузка; ~* **перегрузка** Umladung von Hand; *~* **погрузка** Verladung von Hand; *~* **тормоз** -bremse; *~* **управление -е** Steuerung, Steuerung von Hand

рыбачья гавань <natürlicher> Fischereihafen

рыбный порт <künstlich angelegter> Fischereihafen

рыболовн‖ый/ая/ое/ые Fischfang- *(in Zus.); ~* **судно** Fangschiff; *~* **траулер** -trawler; *~* **флот** -flotte

рынок Markt, -markt, Markt- *(in Zus.);* **внешний** *~* Außen-, Export-; **внутренний** *~* heimischer, Binnen-, Inlands-; **гармонизированный** *~* harmonisierter; **единый** *~ (EU)* Gemeinsamer, EU-Binnen-; **зарубежный** *~* ausländischer, Auslands-; **международный** *~* **транспорта** internationaler Verkehrs-; **насыщенный** *~* gesättigter; **общий** *~ s. единый;* **основной** *~* **сбыта** Hauptabsatz-; **отечественный** *~* heimischer; **перспективный** *~* perspektivischer, Zukunfts-; **развивающийся** *~* sich entwickelnder, Wachstums-; **судоходный** *~* Schifffahrts-; **тайм-чартерный** *~* Zeitcharter-; **танкерный** *~* Tanker-; **трамповый** *~ (Schiff.)* Tramp-; **транспортный** *~* Verkehrs-; **унифицированный** *~* einheitlicher, unifizierter; **фрахтовый** *~* Frachten-; **чартерный** *~* Charter-;

авиарынок Luftverkehrsmarkt;

рынок ‖ грузовых перевозок Güterverkehrs‖markt; *~* **туристических путешествий** Reise-; *~* **сбыта** Absatz-; *~* **сбыта**

для экспортных товаров Export-; ~ товаров и услуг Dienstleistungs- und Güter-; ~ **автомобильного транспорта** Kraftverkehrs-; ~ **воздушного транспорта** Luftverkehrs-; ~ **морского транспорта** Seeverkehrs-; ~ **транспортных услуг** ∫ Verkehrs-; ~ **экспедиторских услуг** Speditions-;

барьер доступа к рынк‖у Markt‖eintrittsbarriere; **выход на рынок** -eintritt, -erschließung; **доля на -е** -anteil; **доступ к -у** -zugang; **изучение -а** -forschung, -untersuchung; **исследование -а** *s. изучение*; **конъюнктура -а** Konjunktur des Marktes; **либерализация -а** Liberalisierung des Marktes; **наблюдение за развитием -а** -beobachtung; **освоение -а** -erschließung;

анализировать/ проанализировать ‖ рынок den Markt ‖ analysieren; **изучать/изучить** ~ ~ untersuchen; **исследовать** *s. изучать/изучить*; **осваивать/освоить** ~ ~ erschließen; **снабжать/снабдить** ~ ~ beliefern

рыночн‖ый/ая/ое/ые Markt- *(in Zus.)*; ~ **отношения** *(Pl.)* -beziehungen; ~ **стоимость** *(f.)* -wert; ~ **условия** *(Pl.)* -bedingungen; ~ **хозяйство** *s. экономика*; ~ **цена** -preis; ~ **экономика** -wirtschaft

ряд I Reihe, Serie; **типовой** ~ Typenreihe;

ряд II *(s. auch полоса)* <Fahr>Spur; **левый** ~ linke; **правый** ~ rechte; **средний** ~ mittlere; **переход в другой** ~ Spurwechsel

---

С

салон Salon *(auch in Zus.)*; **пассажирский** ~ Fahrgastraum, Fahrzeuginnenraum, *(Flug.)* Salon; ~ **автомобиля** *s. пассажирский*; ~ **по продаже автомобилей** Auto-, Autohaus

самолет Flugzeug, -flugzeug, Flugzeug- *(in Zus.)*; **ближнемагистральный** ~ Kurzstrecken-; **большегрузный** ~ Großraum-, Schwerlast-, Schwertransport-; **военный** ~ Militär-, Militärmaschine; **гидро-**~ Wasser-; **гражданский** ~ ziviles, Verkehrs-, Verkehrsmaschine; **грузовой** ~ Fracht-, Transport-, Frachtmaschine (Transport-); **дальний магистральный** ~ für große Reiseflugweiten, Fernstrecken-, Fernverkehrs-; **двухмоторный** ~ zweimotoriges; **крупногабаритный** ~ Super-Cargo, Groß-; **многоцелевой** ~ Mehrzweck-; **пассажирский** ~ Passagier-, Verkehrs-, Passagiermaschine; **реактивный** ~ Düsen-, Jet; **рейсовый** ~ Linien-, Linienmaschine; **сверхдальний** ~ *s. дальний магистральный*; **спасательный** ~ Rettungs-; **средний магистральный** ~ für mittlere Reiseflugweiten; **транспортный** ~ Fracht-, Transport-, Frachtmaschine (Transport-); **туристский** ~ Reise-; **тяжеловесный** ~ *s. крупногабаритный*;

самолет ‖ гражданской авиации *s. гражданский*; ~ **большой грузоподъемности** Großraum‖flugzeug; ~ **смешанного назначения** Mehrzweck-; ~

специального назначения Spezial-; ~ **сверхзвуковой скорости** Überschall-; ~ **поисково-спасательной службы** *s. спасательный*;

франко самолет frachtfrei Flugzeug;

самолет‖-амфибия Amphibienflugzeug, Wasser-; **~-аэробус** Airbus;

взлет самолет‖а Start eines Flugzeug‖s; **летная годность -а** Flugfähigkeit eines -s; **<предельная> дальность** *(f.)* **действия -а** maximale Reichweite eines -s; **движение -ов** Flugverkehr; **<посадочные> закрылки** *(Pl.)* **-а** Landeklappen eines -s; **заправка -а** Betankung eines -s; **заход -а** Landeanflug eines -s; **изготовитель** *(m.)* **-ов** -hersteller; **крыло -а** Tragfläche eines -s; **лизинг -ов** -leasing; **маршрут руления -а** Rollstrecke eines -s; **<взлетная посадочная> масса -а** <Start-, Lande->Gewicht eines -s; **место приземления -а** Landeplatz; **нос -а** -bug; **<вертикальное, горизонтальное, хвостовое> оперение -а** <Seiten-, Höhen-, Heck->Leitwerk eines -s; **отказ двигателя -а** Triebwerksausfall; **отправка -а** Abfertigung eines -s; **пассажир -а** Fluggast; **посадочная площадка -а** Landeplatz; **подготовка -а к взлету и посадке** Start- und Landevorbereitungen; **подготовка -а к отправке** -abfertigung; **посадка -а** Landung eines -s; **приземление -а** *s. посадка*; **причина гибели -а** Absturzursache; **разбег -а** Beschleunigung eines -s; **реверсирование тяги -а** Schubumkehr eines -s; **взлетный режим -а** Startregime eines -s;

посадочный режим -а Landeregime eines -s; **рейс -а** Flugverbindung (-route); **сбор на посадку -а** Landegebühr; **сваливание -а** *(Prozess)* Überziehen (Abkippen) eines -s; **скорость** *(f.)* **руления -а** Rollgeschwindigkeit eines -s; **взлетная скорость -а** Startgeschwindigkeit eines -s; **посадочная скорость -а** Landegeschwindigkeit (Anflug-) eines -s; **расчетная скорость -а** Regelgeschwindigkeit (Soll-); **стартовая скорость -а** *s. взлетная скорость*; **конденсационный след -а** Kondensstreifen eines -s; **спутный <аэродинамический> след -а** Nachlauf (Strömungsschatten) eines -s; **трассирующий след -а** *s. конденсационный след*; **руль** *(m.)* **высоты -а** Höhenruder eines -s; **страхование -а** -versicherung; **взлетная тяга -а** Startschub eines -s; **стартовая тяга -а** *s. взлетная тяга*; **угон -а** -entführung; **угонщик -а** *(Pers.)* -entführer, Luftpirat; **удостоверение на право управления -ом** Flugschein (-lizenz); **фюзеляж -а** -rumpf **хвост -а** -heck; **хвостовая часть -а** *s. хвост*; **штурвал -а** Steuerknüppel eines -s; **эксплуатация -ов** Flugbetrieb; **элерон -а** Querruder eines -s

бронировать/забронировать место в самолет‖е einen Platz im ‖ Flugzeug ‖ buchen; **выгружать/выгрузить** ~ ein ~ entladen; **заправлять/заправить** ~ ein ~ betanken; **перегружать/перегрузить** ~ ein ~ überladen, überfrachten; **погружать/погрузить** ~ ein ~ beladen, befrachten; **разгружать/разгрузить** ~ ein ~ entladen;

управлять –ом ein ~ fliegen

самолетн‖ый/ая/ое/ые Flugzeug- _(in Zus.)_; ~ парк -park, -bestand; ~ радиосвязь _(f.)_ Bordfunk; ~ тягач -schlepper

самолетостроение Flugzeugbau

самописец _(techn.)_ Aufzeichnungsgerät, -schreiber _(in Zus.)_; бортовой ~ Flug-; ~ скорости Fahrten-

саморазгружающийся вагон _(Eis.)_ Selbstentladewagen

самоходн‖ый/ая/ое/ые selbstfahrend/e/er/es, Selbst-, Mobil- _(in Zus.)_; ~ погрузочная единица -e Ladeeinheit; ~ транспортная единица -e Transporteinheit; ~ кран Mobilkran; ~ контейнерный мост -e Containerbrücke, Vancarrier; ~ погрузчик Selbstlader; ~ судно Schubschiff

санитарно-карантинн‖ый/ая/ое/ые Hygiene- und Quarantäne- _(in Zus.)_; ~ контроль _(m.)_ -kontrolle, Gesundheitskontrolle; ~ служба _(Schiff.)_ -inspektion

санитарн‖ый/ая/ое/ые Sanitäts-, Gesundheits-, Hygiene- _(in Zus.)_; ~ журнал _(Schiff.)_ Sanitätstagebuch, Schiffsgesundheitsbuch; ~ операция Durchführung der -kontrolle; ~ правила _(Pl.)_ -vorschriften; ~ сбор _(Schiff.)_ Hygieneabgabe; ~ <судовое> свидетельство _(Schiff.)_ Gesundheitszertifikat (-zeugnis, -attest), Schiffsgesundheitserklärung

санкция _(jur., s. auch неустойка, пеня, штраф)_ Sanktion; штрафная ~ <Vertrags>Strafe

сбивать/сбить <кого-л./что-л.> <jmdn./etw.> ūmfahren

сбиваться/сбиться с пути (дороги) _(refl.)_ sich verfahren (verirren)

сбор/ы I _(s. auch налог, пошлина)_ Gebühr/en, -gebühr/en, Gebühren- _(in Zus.)_; буксирный ~ Schlepp-; ввозный ~ Einfuhr-, Import-, Importabgabe; весовой ~ Wiege-, Wiegegeld; вывозной ~ Ausfuhr-, Export-, Exportabgabe; грузовой ~ _(Schiff.)_ Lade- _(für die Benutzung der Kaianlagen)_; доковый ~ _(Schiff.)_ Dock-; дополнительный ~ Neben-, Nebenentgelt, Zusatz-, -zuschlag <im Frachtverkehr>; дополнительный ~, взимаемый по накладной _(Schiff.)_ Valuation charge; дополнительный таможенный ~ Zollneben-; дорожный ~ Straßen-, Wege<benutzungs>-, Maut-, Straßenzoll; импортный ~ _s. ввозный_; канальный ~ Kanal-, Kanalgeld; карантинный ~ Quarantäne-, Quarantänegeld; килевой ~ за стоянку в порту _(Schiff.)_ Kielgeld; клеймильный ~ Stempel-, Eich-; комиссионный ~ Vermittlungs-; Kommission, Provision; коносаментный ~ _(See.)_ Konnossements-; консульский ~ Konsular-; концессионный ~ Konzessions-; Konzessionssteuer; корабельный ~ _(Schiff.)_ Tonnage-; Tonnengeld; косвенный ~ indirekte; лизинговый ~ Leasing-; лицензионный ~ Lizenz-; лоцманский ~ Lotsen-; маячный ~ Leuchtturm-, Leuchtgeld; навигационный ~ Navigations-; надбавочный ~ -zuschlag, -aufschlag; основной ~ Grund-; паспортный ~ Pass-; портовый ~ Hafen-, Hafengeld; причальный ~ Kai-, Kaiabgaben (-geld, -spesen, -zoll), Ufergeld; регистрационный ~ Anmelde-, Eintragungs-, Registrierungs-; рейдовый ~ Reede-; речной ~ Fluss-; санитарный ~ Hygieneabgabe;

специальный ~ Sonder-; страховой ~ Versicherungs-; судовой ~ Schiffs-, Tonnage-, Tonnengeld; таможенный ~ Zoll-; тоннажный ~ *s. судовой*; транзитный ~ Transit-; упаковочный ~ Verpackungs-; швартовный ~ *(Schiff.)* Festmach-, Vertäuungs-; шлюзовой ~ Schleusengeld; шоссейный ~ Straßen<nutzungs>-; экспортный ~ *s. вывозной*; якорный ~ Ankergeld;

сбор за ‖ ведение пожарного надзора за судами *(Schiff.)* Brandschutz‖gebühr; ~ вывоз товара со склада таможни Zollabfertigungs-; ~ выгрузку Ablade-, Entlade-, *(Schiff.)* Lösch-; ~ доставку <на дом> Zustell-; ~ наложение пломб *(Zoll.)* Verschluss-; ~ аварийно-спасательное обеспечение ~ für den Seenotrettungsdienst; ~ отгрузку Versand-; ~ оформление <справки> Ausfertigungs-, Registrierungs- <für eine Bescheinigung>; ~ перевалку груза на причале *(Schiff.)* Kaiumschlag-; ~ перевозку тяжеловесного груза *(LKW)* Schwerverkehrsabgabe; ~ перегрузку Umlade-, Umschlag-; ~ передвижение в порту Hafentransport-, Trägerlohn; ~ погрузку Lade-;

сбор за пользование ‖ Nutzungs‖gebühr; ~ автострадой Autobahn-, Maut-; ~ транспортной инфраструктуры 📖 <Verkehrs>Nutzungs-; ~ краном Krangeld

сбор за ‖ право вывоза товара со склада таможни Zollabfertigungs‖gebühr; ~ принятие груза у отправителя Abhol-; ~ лоцманскую проводку судов по внутренним

судоходным путям *(Binnsch.)* Lotsen-; ~ транзитный провоз *s. транзитный*; ~ проход через канал *s. канальный*; ~ разгрузку *s.* ~ *за выгрузку*; ~ регистрацию и проверку мореходного состояния судов ~ für die Registrierung und Überprüfung der Seetüchtigkeit von Schiffen; ~ стоянку Park-; ~ стоянку <судна> в порту Hafenliege-; ~ хранение <груза> на складе Lager-; ~ хранение <груза> на причальном складе *(Schiff.)* Kailager-;

сбор ‖ на посадку самолета *(Flug.)* Lande‖gebühr; ~ с владельцев транспортных средств Kfz-Steuer;

сбор, ‖ взимаемый в зависимости от мощности двигателя leistungsabhängige ‖ Gebühr; ~ взимаемый с пассажиров в аэропортах Flughafengebühr; ~ зависящий от транспортной нагрузки verkehrslastabhängige; ~ зависящий от экологической нагрузки окружающей среды emissionsabhängige; ~ не зависящий от транспортной нагрузки verkehrslastunabhängige;

квитанция об оплате сбор‖а Gebühren‖bescheinigung; отмена -а Abschaffung einer Gebühr; плата за ~ Entrichtung einer Gebühr; повышение -а -erhöhung; снижение -а -senkung; ставка -а -satz; установление -а -festsetzung; облагаем‖ый/ая/ое/ые -ом gebührenpflichtig/e/er/es;

взимать ‖ сбор eine Gebühr ‖ erheben; отменять/отменить ~ ~ abschaffen; платить/заплатить ~ ~ entrichten, zahlen; повышать/повысить ~ ~ erhöhen; снижать/снизить ~ ~ senken;

устанавливать/установить ~ ~ festsetzen;

сбор II *(Statistik)* данных по дорожному (уличному) движению Verkehrsdatenerhebung

сборно-раздаточный вагон *(Eis.)* Sammelgutkurswagen

сборн‖ый/ая/ое/ые *(s. auch сводный, групповой)* Sammel- *(in Zus.)*; ~ **вагон** *(Eis.)* -gutwagen, Umladewagen für Stückgüter; ~ **груз** -gut, -fracht, -ladung; ~ **таможенная декларация** -zollanmeldung; ~ **заказ** -auftrag; ~ **коносамент** *(See.)* -konnossement; ~ **контейнер** -container; ~ **отгрузка** -versand, -transport; ~ <**грузовые**> **перевозки** *(Pl.)* -transporte, -gutverkehr/e; ~ <**грузовой**> **поезд** -<güter>zug; ~ **пункт** Stellfläche *(für Container)*; ~ **фрахт** *s. груз*

сбыт *(s. auch дистрибуция)* Absatz, Vertrieb, Absatz-, Vertriebs- *(in Zus.)*; **косвенный** ~ indirekter; **непосредственный** ~ *s. прямой*; **прямой** ~ direkter; ~ **товаров и услуг** ~ von Waren und Dienstleistungen; **агент по -у** *(Pers.)* Absatzmittler; **канал -а** -kanal; **маркетинг -а** -marketing; **общество по -у** -gesellschaft; **организация -а** -organisation; **отдел -а** -abteilung; **путь** *(m.)* **-а** -weg; **расходы** *(Pl.)* **на ~** -kosten; **рынок -а** Absatzmarkt; **сеть** *(f.)* **-а** Vertriebsnetz; **система -а** -system; **цепь** *(f.)* **-а** -kette

сбытов‖ой/ая/ое/ые Absatz- *(in Zus.)*; ~ **деятельность** *(f.)* -tätigkeit; ~ **склад** -lager

сваливание самолета *(Prozess)* Überziehen (Abkippen) eines Flugzeuges

свежие продукты *(Pl.)* Frischeprodukte; **склад -их -ов** Frischelager

сверхдальний самолет Fernstreckenflugzeug

сверхзвуковая скорость Überschallgeschwindigkeit

сверхнормативн‖ый/ая/ое/ые eine Norm überschreitende/e/er/es, Über- *(in Zus.)*; ~ **багаж** -gepäck; ~ **нагрузка** *(techn.)* Mehrbelastung; ~ **хранение** <**груза**> Lagerung <von Frachtgut> mit Überschreitung der Lagerfrist

сверхтара Übertara

свет Licht *(auch in Zus.)*; **предипредительный мигающий** ~ Warnblink-; **стояночный** ~ Stand-; **тормозной** ~ Brems-; **фара ближнего -а** Abblend-; **фара дальнего -а** Fern-

светов‖ой/ая/ое/ые Licht- *(in Zus.)*; ~ **сигнал** -signal; ~ **табло** *(n., indkl.)* Tableau, Leuchttafel (Anzeige-)

светосигнальн‖ый/ая/ое/ые Lichtsignal- *(in Zus.)*; ~ **система** *(Flugfeld)* Befeuerungsanlagen; ~ **установка** *(Ampel)* -anlage

светофор Verkehrsampel, Lichtsignalanlage, -ampel, Ampel- *(in Zus.)*; ~ **возвратного движения** Reversiv-; ~ **для велосипедистов** Fahrrad-; ~ **с указателем поворота** Abbiege-; **аварийный отказ -а** -ausfall; **выключать/выключить** ~ eine ~ ausschalten; **переключать/ переключить** ~ eine ~ umschalten; **проезжать/проехать** ~ eine ~ überfahren

светящаяся полоса Leuchtstreifen

свидетельство *(s. auch сертификат, квитанция, ордер)* Schein, Nachweis, Pass, Zeugnis, Zertifikat *(auch in Zus.)*; **аварийное** ~ Havariezertifikat; **ввозное** ~ Importzertifikat, Einfuhrbescheinigung; **весовое** ~ Gewichtszertifikat; **ветеринарное** ~ *(Zertifikat für den Versand von Produkten tierischen Ursprungs)* Veterinärbescheinigung (-schein, zertifikat), *(Schiff. auch)* Schiffsgesundheitserklärung; **временное** ~ Übergangsschein (Zwischen-); **вывозное** ~ Exportzertifikat, Ausfuhrbescheinigung; **грузовое** ~ Frachtzertifikat; **двойное складочное** ~ doppelter Lagerschein (Warrant); **действительное** ~ gültig/e/er/es; **доковое складское** ~ *(Schiff.)* Docklagerschein (Order-); **именное складское** ~ Namenslagerschein; **импортное** ~ *s. ввозное*; **карантинное** ~ Quarantänezertifikat; **международное экспедиционное** ~ internationaler Speditionsschein (-e Versandbescheinigung); **мерительное** ~ *(Schiff.)* Messbrief; **морское** ~ *s. судовое*; **ордерное складское** ~ Orderlagerschein, Warrant; **официальное** ~ behördliche Bescheinigung; **пассажирское** ~ Personenbeförderungsschein (-nachweis); **пропускное** ~ Passierschein; **санитарное** ~ Gesundheitspass (-attest, -zeugnis, -zertifikat); **санитарное судовое** ~ Schiffsgesundheitserklärung; **складское** ~ Lagerschein, Warrant; **складское** ~ **на предъявителя** Inhaberlagerschein; **страховое** ~ Versicherungsschein (-police); **страховое** ~ **на перевозку железнодорожного груза автотранспортом** Bahn-Rollfuhr-Versicherungsschein; **судовое** ~ Schiffszertifikat, Registrierpass, Seebrief; **судовое санитарное** ~ *s.*

санитарное судовое; **таможенное** ~ Zollbegleitschein; **таможенное ввозное** ~ Zolleinfuhrschein; **таможенное вывозное** ~ Zollausfuhrschein; **таможенное** ~ **на возврат пошлин** Rückzollschein; **транзитное-таможенное** ~ Zolldurchfuhrschein; **фито-санитарное** ~ *(Zertifikat für den Versand von Produkten pflanzlichen Ursprungs)* Phytosanitärzertifikat;

экспедиторское свидетельство || Speditionsschein *(auch in Zus.)*; ~ **о получении груза** Warenannahmeschein <des Spediteurs>, Speditionsempfangsschein; ~ **о поступлении (приходе) груза** Eingangsbeleg <des Spediteurs>; ~ **о транспортировке** *(FIATA)* Transportspeditionsschein; ~ **об отправке груза** Versand-, Warenversandschein <des Spediteurs>;

экспедиционное || **свидетельство** *s. экспедиторское*; **экспортное** ~ *s. вывозное*;

свидетельство || **высылки** Versandschein; ~ **на спасательное оборудование** *(Schiff.)* Zertifikat über die Rettungsausrüstung; ~ **на предъявителя** Inhaberlagerschein; ~ **на якоря и цепи** *(Schiff.)* Ankerzertifikat; ~ **о пожарной безопасности** *(Schiff.)* Brandschutzzertifikat; ~ **о безопасности судна** Schiffssicherheitszertifikat *(SOLAS-certficate)*; ~ **о возврате товара** Rückschein; ~ **о выгрузке** Ladungsschein; ~ **о выгрузке судна** *(Schiff.)* Löschungszertifikat; ~ **о годности судна к плаванию** *(Schiff.)* Seefähigkeitszeugnis; ~ **о допушении транспортного**

средства <к дорожному движению> *(Kfz.)* Zulassungsschein; ~ о допушении дорожного транспортного средства к перевозке грузов под таможенными печатями и пломбами Zollverschlussanerkenntnis; ~ о качестве Qualitätszeugnis; ~ о кларировании судна *(Schiff.)* Klarierungsbrief; ~ о классификации судна *(Schiff.)* Klassifikationsattest (Revisions-); ~ о таможенной конфискации Zollbeschlagnahmeschein; ~ о грузовой марке *(Schiff.)* Zeugnis für die Lademarke; ~ о регулярном местоположении транспортного средства *(LKW)* Standortbescheinigung; ~ о таможенной очистке Zollbescheinigung; ~ о перегрузке <товара> Umladungsschein; ~ о повреждении <груза, товара> Schadensbescheinigung (-nachweis, -beleg); ~ о погрузке Verladeschein (Lade-); ~ о получении груза (товара) Warenempfangsschein (Fracht-); ~ о поставке груза (товара) Liefernachweis; ~ о поступлении груза (товара) Wareneingangsschein (-bescheinigung); ~ о праве плавания под <государственным> флагом *(Schiff.)* Flaggenattest; ~ о праве собственности на судно *(Schiff.)* Eigentumsnachweis (-zertifikat); ~ о принятии груза Abnahmebescheinigung, Einlieferungsschein; ~ о происхождении <товара> Herkunftsnachweis, Ursprungszeugnis <einer Ware>; ~ о прохождении сертификации Zertifizierungsurkunde; ~ о размере доли участия совладельца судна *(Binnsch.)* Partenbrief; ~ о реиморте

Wiedereinfuhrschein; ~ о сдаче судна в тайм-чартер *(Schiff.)* Zeitcharterzertifikat; ~ о сдаче товара Ablieferungsschein; ~ об испытании грузовых средств судна *(Schiff.)* Ladegeschirrzeugnis; ~ об освобождении от таможенных пошлин Zollbefreiungsschein (Zollfrei-), ~ об отгрузке Abfertigungsbescheinigung; ~ об ущербе *(Vers.)* Beschädigungsschein

свобода *(hier)* Freizügigkeit; ~ мореплавания Freiheit der Meere; ~ товарного обмена ~ des Warenverkehrs; ~ обмена услугами ~ des Dienstleistungsverkehrs; ~ оборота капитала ~ des Kapitalverkehrs; ~ платежного оборота ~ des Zahlungsverkehrs; ~ передвижения работников (людей) ~ des Personenverkehrs; ~ экономического развития ~ der wirtschaftlichen Entwicklung

свободно *(Adv., Incoterms, s. auch франко)* frei; ~ на борт судна *(frei Bord)* free on bord (fob); ~ от <всякого> повреждения *(unbeschädigt)* frei von <jeder> Beschädigung, free of damage (fod); ~ от претензий *(ohne Beanstandungen)* frei von Reklamationen, free of claims (F.O.C.); ~ от расходов *(frachtfrei)* free of charge (foc)

свободн‖ый/ая/ое/ые frei/e/er/es, Frei- *(in Zus.)*; ~ ввоз -e Einfuhr; ~ выбор -e <Aus>Wahl; ~ вывоз -e Ausfuhr; ~ выгрузка -es Entladen, *(Schiff.)* -es Löschen; ~ гавань *(f., natürlicher)* -hafen; ~ доставка -e Lieferung; ~ товарный знак -es Warenzeichen; ~ конкуренция -er Wettbewerb; ~ <торговый> обмен -handel, -verkehr; ~ место на стоянке *(Kfz.)* -er Stellplatz,

Parklücke; ~ **перевозки** *(Pl.)* -verkehr, ungehinderte/er Verkehr/e; ~ **передвижение** *(Pass.)* Freizügigkeit, Bewegungsfreiheit (Reise-); ~ **перемещение** **<товаров>** *s.* *товарооборот*; ~ **порт** *(künstlich angelegter)* -hafen; ~ **предложение** *(kfm.)* freibleibendes Angebot; ~ **провоз** Frachtfreiheit; ~ **разгрузка** *s.* *выгрузка*; ~ **распоряжение** -e Disposition; ~ **склад** -lager; ~ **стоянка** -er Parkplatz; ~ **товарооборот**⊞ -er Warenverkehr; ~ **тоннаж** *(Schiff.)* -e Tonnage; ~ **торговля** -handel; ~ **установление цен и тарифов** -e Preis- und Tarifbildung; ~ **цена** -er Preis; ~ **экономика** -e Wirtschaft

сводн‖ый/ая/ое/ые *(s. auch сборный, групповой)* Sammel- *(in Zus.)*; ~ **авизо** *(n., indkl.)* -avis; ~ **вагон** *(Eis.)* -gutwagen; ~ **ведомость** *(f.)* -verzeichnis; ~ **загрузочная ведомость** Beladenachweis; ~ **документ** -beleg; ~ **коносамент** *(See.)* -konnossement, -frachtbrief; ~ **накладная** -frachtbrief; ~ **разрешение на вывоз** ~-Ausfuhrgenehmigung; ~ **разрешение на вывоз с верхним пределом стоимости** Höchstbetragsausfuhrgenehmigung

связи *(Pl., s. auch отношения)* Verbindungen, Beziehungen *(auch in Zus.)*; **деловые** ~ Geschäftsbeziehungen;

поддерживать/поддержать ‖ **связи** Beziehungen ‖ unterhalten; **устанавливать/установить** ~ knüpfen

связь *(f.)* *(Verkehrsinfrastruktur, s. auch линия, маршрут, рейс, путь)* Verbindung, Anschluss, -verbindung *(in Zus.)*; **авиационная** ~ Flug-; **автобусная** ~ Bus-, Busanschluss;

автомагистральная ~ Autobahnanschluss; **восточно-западная** ~ Ost-West-Verbindung *(~-Route)*; **ключевая** ~ Schlüssel-; **железнодорожная** ~ *(Eis.)* Bahn-, Bahnanbindung (-anschluss); **контейнерная** ~ Container-; **маршрутная** ~ Linien-, Shuttle-~; **наземная** ~ ebenerdige; **океанская** ~ Übersee-; **подземная** ~ Tunnel-, unterirdische; **поперечная** ~ Quer-; **северо-южная** ~ Nord-Süd-Verbindung *(~-Route)*; **спутниковая** ~ *(Funk)* Satellitenkommunikation; **тангенциальная** ~ Tangential-; **транспортная** ~ Verkehrs-, Transport-, Verkehrsanbindung; **транспортные** ~ *(Pl.)* Verkehrsrelationen; **туннельная** ~ Tunnel-; **чартерная** ~ Charter-;

связь ‖ **маршрутных поездов** *(Eis.)* Ganzzug‖verbindung; ~ **присоединения** Anschluss-; ~ **высокоскоростного сообщения** Hochgeschwindigkeits-; ~ **общественного местного сообщения (транспорта)** öffentlicher Personennahverkehr *(ÖPNV)*; ~ **для доставки пассажиров к месту дальнейшего следования** Shuttle-Verbindung;

охват территории транспортными связ‖ами verkehrliche Erschließung <eines Territoriums>; **переплетение транспортных** -ей Verkehrsverflechtung; **радиопроводная система** -и Funkverbindung;

сдавать/сдать <что-л. куда-л.> <etw.> aufgeben, abgeben, weggeben; ~ **багаж** Gepäck aufgeben; ~ **транспортное средство в аренду** ein Fahrzeug vermieten; ~ **транспортное средство в лизинг** ein Fahrzeug verleasen

сданный багаж aufgegebenes Gepäck, Frachtgepäck

сдача *(hier)* Ablieferung, Aufgabe, Übergabe *(auch in Zus.)*; ~ **багажа** Gepäckaufgabe; ~ **товара продавцом покупателю** Warenübergabe durch den Verkäufer an den Käufer; ~ **в наем** Vermietung; **~-приемка груза** Frachtübernahme

квитанция на сдач‖у багажа на хранение *(Pass.)* Ablieferungsschein (Gepäckaufbewahrungs-); **квитанция о -е товара** *(Ware)* Ablieferungsschein; **место -и товара** Ort der Warenübergabe; **порядок -и товара** Formalitäten der Warenübergabe; **протокол -и-приемки** Übergabe-Übernahme-Schein (-Protokoll); **свидетельство о -е товара** *s. квитанция*; **условия** *(Pl.)* **-и-приемки** Übernahmebedingungen

сдающий в наем *(Pers.)* Vermieter <eines Kfz.>

сдвоенная разделительная линия *(Straße)* doppelte Sperrlinie

сделка Geschäft *(auch in Zus.)*; **бартерная** ~ Barter-, Tausch-; **импортная** ~ Import-; **компенсационная** ~ Kompensations-, Ausgleichs-; **консигнационная** ~ Konsignations-; **прямая** ~ Direkt-; **реэкспортная** ~ Reexport-; **тайм-чартерная** ~ Zeitcharter-; **торговая** ~ Handels-; **транзитная** ~ Transit-, Strecken-; **транспортно-экспедиторская** ~ Speditions-, Speditionsvorgang (-ablauf);

фрахтовая ~ Befrachtungs-, Cargo-; **чартерная** ~ Charter-; **экспортная** ~ Export-;

сделка ‖ **речного груза** Flussfracht‖geschäft; ~ **на перевозку <груза>** Transport-, Beförderungs-, Kargo-;

паспорт сделки *(RF, Gesamtheit der Zoll- und Transportunterlagen im grenzüberschreitenden Straßengüterverkehr)* Geschäftsbrief

себестоимость *(f., kfm.)* Selbstkosten *(auch in Zus.)*; ~ **перевозок** Transport-; ~ **производства** Produktions-, Fertigungs-; **цена по -и** Selbstkostenpreis

Северное море Nordsee

северо-южн‖ый/ая/ое/ые Nord-Süd- *(in Zus.)*; ~ **движение транспорта** ~-Verkehr; ~ **транспортные потоки** *(Pl.)* ~-Verkehre; ~ **связь** *(f.)* ~-Verbindung, ~-Route; ~ **трасса** ~-Trasse

седельн‖ый/ая/ое/ые *(LKW)* Sattel- *(in Zus.)*; ~ **полуприцеп** -auflieger; ~ **тягач** –zug<maschine>

сезонн‖ый/ая/ое/ые Saison- *(in Zus.)*; ~ **проездной билет** *(ÖPNV)* Zeitkarte; ~ **движение** -verkehr; ~ **номерной знак** *(Kfz.)* -kennzeichen; ~ **таможенная пошлина** -zoll; ~ **тариф** Zeittarif

сектор Bereich, Sektor *(auch in Zus.)*; **транзитный** ~ <**в аэропорту**> Transitbereich <auf einem Flughafen>; **транспортный** ~ Verkehrs-, Transport-; ~ **логистики** Logistikbranche

секционный поддон Boxpalette

секция 1. *(Verkehrsinfrastruktur)* Streckenabschnitt, -strecke *(in Zus.)*; 2. *(Fahrzeug)* Sektion, Einheit *(auch*

in Zus.); **моторвагонная
<поездная>** ~ Triebwageneinheit; ~
маршрута Teilstrecke; ~
моторвагонного поезда *s.
моторвагонная поездная*; ~
туннеля Tunnelstrecke, Tunnelstück

сельский район ländlicher Raum

семейн‖ый/ая/ое/ые Familien- *(in
Zus.)*; ~ **билет** -karte; ~ **тариф** -tarif

сепарационный материал
(Verpackung) Trennmaterial

сепарация грузов getrennte Lagerung
und Beförderung von Gütern

сервис Service, Kundendienst;
технический ~ technischer; **служба
технического -а** Wartungsdienst

сервисн‖ый/ая/ое/ые Service- *(in
Zus.)*; ~ **автоцентр** *(Kfz.)* -zentrum;
~ **услуги** *(Pl.)* -leistungen

серийн‖ый/ая/ое/ые Serien- *(in
Zus.)*; ~ **контейнер** -container; ~
оборудование *(techn., Anlagen)*
-ausstattung; ~ **оснастка** *(Schiff)*
-ausstattung; ~ **оснащение** *(techn.,
Fahrzeug)* -ausstattung; ~ **отделка**
(Fahrzeuginnenraum) -ausstattung; ~
производство -fertigung; ~ **судно**
Schwesterschiff; **автомобиль** *(m.)*
-ого производства *(Kfz.)* -fahrzeug

серия Serie; **номер -и** Seriennummer

сертификат *(s. auch свидетельство,
ведомость, квитанция)* Zertifikat,
Bescheinigung, Bestätigung,
Zeugnis, Nachweis, Pass *(auch in
Zus.)*; **аварийный** ~
Havariezertifikat; **ввозный** ~ *s.
импортный*; **весовой** ~
Gewichtszertifikat (-bescheinigung);
вывозной ~ *s. экспортный*;
грузовой ~ Frachtzertifikat;
действительный ~ gültige/er/es;
импортный ~ Importzertifikat
(-bescheinigung),

Einfuhrbescheinigung;
карантинный ~
Quarantänezertifikat
(-bescheinigung); **страховой** ~
Versicherungsschein (-police,
-urkunde); **судовой** ~
Schiffszertifikat, Registrierbrief;
транспортный ~
Beförderungsurkunde; **экспортный**
~ Exportzertifikat (-bescheinigung),
Ausfuhrbescheinigung;

сертификат ‖ летной годности
Flugfähigkeitszeugnis (-attest); ~
качества Qualitätszeugnis
(-nachweis, -urkunde, -zertifikat); ~
соответствия
Unbedenklichkeitszeugnis
(Entsprechungs-); ~ **таможни на
право получения импортной
пошлины** Zollrückgabeschein;

сертификат ‖ о качестве *s.* ~
качества; ~ **о мореходности**
(Schiff.) Seefähigkeitszeugnis; ~ **о
происхождении товара**
Ursprungszeugnis; ~ **о
прохождении анализа** *(Güter)*
Analysezertifikat; ~ **о сдаче
экзамена по ведению
транспортного предприятия**
(BRD) Sachkundenachweis <bei der
IHK>; ~ **о транспортном
страховании**
Transportversicherungsschein; ~ **об
аварии** *s. аварийный*;

свидетельство-сертификат
Zertifikatsnachweis;

**выставлять/выставить
сертификат** ein Zertifikat (ein
Zeugnis, eine Bescheinigung, eine
Bestätigung, einen Nachweis, einen
Pass) ausstellen

сертификация *(Prozess)*
Zertifizierung, Zertifizierungs- *(in
Zus.)*; **процесс -и** -prozess;
свидетельство о прохождении -и

-urkunde; **система -и ГОСТ-Р** GOST-R-~; **проходить/пройти -ю** die ~ durchlaufen; **подлежащ‖ий/ая/ее/ие -и** -pflichtig/e/er/es

сетев‖ой/ая/ое/ые Netz- *(in Zus.)*; ~ **проездной билет** -karte; ~ **инфраструктура** -infrastruktur; ~ **концепция** -konzept<ion>; ~ **планирование** -planung

сеть *(f.)* Netz, -netz; Netz- *(in Zus.)*; **высокоскоростная** ~ Hochgeschwindigkeits-; **дорожная** ~ Straßen-, Strecken-, Wege-; **железнодорожная** ~ Eisenbahn-, Schienen-; **закрытые -и** *(Pl.)* geschlossene Netze; **межгородская** ~ Regional-, regionales; **межрегиональная** <транспортная> ~ überregionales, *(Eis. auch)* Interregio-; **приоритетная железнодорожная** ~ *(Eis.)* Vorrang-; **региональная** ~ *s. межгородская*; **стержевая** <транспортная> ~ Kern-; **Трансевропейские транспортные -и**🖛 *(Pl.)* Transeuropäische Verkehrsnetze; **транспортная** ~ Verkehrs-; **центральная** <транспортная> ~ *s. стержневая*;

сеть ‖ авиалиний Fluglinien‖netz; ~ **движения скорых поездов** Schnellzug-; ~ **дорог** *s. дорожная*; ~ **дорог общегосударственного значения** Fernstraßen-; ~ **автомобильных дорог** *(Überlandverkehr)* Straßen-; ~ **железных дорог** *s. железнодорожная*; ~ **шоссейных и грунтовых дорог** Straßen- und Wege-; ~ **каналов** Kanal-; ~ **автобусных линий** Bus-; ~ **скоростных автобусных линий** Schnellbus-; ~ **трамвайных линий** Straßenbahn-; ~ **маршрутов** Linien-, Strecken-; ~

метрополитена U-Bahn-; ~ **воздушных перевозок** Luftverkehrs-; ~ **скоростных поездов** Schnellzug-; ~ **путей сообщения** Linien-, Verkehrs-; ~ **внутренних водных путей** Binnenschifffahrts-, Wasserstraßen-; ~ **дальних путей сообщения** Fernverkehrs-; ~ **комбинированных путей сообщения** Kombi<verkehrs>-; ~ **местных путей сообщения** Nahverkehrs-; ~ **сбыта** *(kfm.)* Vertriebs-; ~ **терминалов** Terminalnetzwerk; ~ **электрички** Stadtbahn-;

оператор транспортной сет‖и Verkehrsnetzbetreiber; **плата за пользование** <транспортной, железнодорожной> **-ю** Netz‖gebühr, *(Eis. auch)* Trassenentgelt; **плотность** *(f.)* **-и путей сообщения** Verkehrsnetzdichte; **расширение транспортной -и** Erweiterung des Verkehrsnetzes; **стоимость** *(f.)* **пользования** <транспортной, железнодорожной> **-ю** -preis; **эксплуатация** <транспортной> **-и** -betrieb

сигнал Signal *(auch in Zus.)*; **входный** ~ *(Eis.)* Einfahrts-; **железнодорожный** ~ <Eisen>Bahn-; **предупредительный** ~ Warn-; **предупредительный световой** ~ Warnblink-; **световой** ~ Licht-; ~ **бедствия** Not-, Rettungs-; ~ **остановки** Halte-; ~ **отправления** Abfahrts-; ~ **поворота** *(Fahrzeug)* Fahrtrichtungsanzeiger, ~ zum Abbiegen; **стоп-**~ Bremslicht; ~, **регулирующий движение транспорта** Verkehrs-; ~, **регулирующий передвижение судов по акватории порта** Hafenverkehrs-

сигнализация 1. *(Prozess)* Signalisierung; **2.** *(Vorrichtung)* Signal- *(in Zus.)*; **предупредительная** ~ Alarmanlage; **правила** *(Pl.)* **-и** -vorschriften; **техника -и** -technik

сигнальн‖ый/ая/ое/ые Signal- *(in Zus.)*; ~ **установка** -anlage; ~ **устройство** -anlage, -vorrichtung; ~ **флаг** -flagge, Warnflagge

сиденье Sitz, -sitz, Sitz- *(in Zus.)*; **специальное** ~ **для детей** *(PKW)* Kinder-; ~ **водителя (машиниста)** Fahrer-; **место для -я** -platz; **расположение -й** -<platz>aufteilung; **число мест для -я** -platzanzahl; ~ **с регулируемой спинкой** Schlafsessel

сила, лошадиная *(Motorleistung)* Pferdestärke (PS)

система System *(auch in Zus.)*; **автоматизированная** ~ **отправки воздушного груза** automatisiertes Luftfrachtabfertigungsverfahren;

автоматическая система ‖ безопасности поездов automatisches Zugsicherungs‖system; ~ **управления движением (транспортом)** Verkehrsleit-; ~ 🕮 **управления местами стоянки** automatisches Parkraumnutzungs-; ~ **складского хозяйства** automatisches Lager-;

автономная ‖ система autonomes System; **антивоблокировочная тормозная** ~ *(Kfz., techn.)* Antiblockier‖system (ABS); **визовая** ~ *(Pass.)* Visumspflicht; **Европейская валютная** ~ Europäisches Währungs- (EWS); **единая** ~ **режима движения** einheitliches Fahrplan-; **единая** ~ **тарифов и расписаний** einheitliches Tarif- und Fahrplan-; **инструментальная посадочная** ~ *(Flug.)* Instrumentenlande-; **интеллигентная** ~ intelligentes; **информационная радиолокационная** ~ **для наблюдения за прохождением груза** *(Güterv.)* Frachtinformations-; **компьютеризированная** ~ **контроля за движением поездов** *(Schienv.)* rechnergestütztes Zugüberwachungs-; **контейнерная** ~ Container-; **космическая навигационная** ~ Satellitennavigations-; **лихтеровозная** ~ *(Binnsch.)* Leichter-, Schubverband; **межмодальная информационная** ~ intermodales Informations-; **микроволновая посадочная** ~ *(Flug.)* Mikrowellen-Lande-; **мултимодальная транспортная** ~ multimodales Verkehrs-; **навигационная** ~ Navigations-; **наземная навигационная** ~ Erdnavigations-, terrestrisches Navigations-; **пакетная** ~ Paletten-; **паромная** ~ Fähr-; **паспортная** ~ *(Pass.)* Passpflicht; **противоблокирующая тормозная** ~ *s.* *антивоблокировочная тормозная*; **противообледенительная** ~ *(Flug.)* Enteisungs-; **радиально-колцевая** ~ Ring-Radial-~; **радиолокационная** ~ Radar-; **радиопроводная** ~ **связи** Funk-; **ролкерная** ~ RoRo-~; **светосигнальная** ~ *(Flugfeld)* Befeuerungsanlagen; **таможенная** ~ Zoll-; **тарифная** ~ Tarif-; **тарифно-маршрутная** ~ *(Pass.)* Tarif- und Fahrplan-; **транспортная** ~ Transport-, Verkehrs-; **транспортно-технологическая** ~ verkehrstechnologisches, System der Verkehrstechnologie; **чартерная** ~ Charter-; **экономическая** ~

Wirtschafts-;

система ‖ **автопилота**
Autopilot‖system; ~ **безопасности
дорожного движения** Sicherheits-
im Straßenverkehr; ~
**высокоскоростных <железных>
дорог** *(Straße, Schiene)*
Hochgeschwindigkeits-; ~
идентификации штучного груза
Stückgutidentifikations-; ~
**идентификации транспортного
средства** Fahrzeugidentifikations-; ~
стоимостной классификации
(Zoll.) Wertklassen-; ~
контингентирования
Kontingentierungs-; ~ **контроля за
воздушным транспортом**
Luftverkehrskontroll-; ~
транспортного менеджмента
Verkehrsmanagement-; ~
**постоянного наблюдения за
<дорожным> движением**
Verkehrsbegleitungs-; ~ **надзора
над движением транспорта**
Verkehrskontroll-; ~ **надзора над
эксплуатацией терминалов**
Terminalkontroll-; ~
налогообложения Steuer-; ~
обеспечения качества
Qualitätssicherungs-; ~
электронной обработки данных
Informationsverarbeitungs-; ~
компьютерной оптимизации
EDV-gestütztes Optimierungs-; ~
паркования Park-; ~ **перевозки
груза на поддонах** Paletten-; ~
**комбинированных
автотранспортно-морских
перевозок**▢ schwimmende
Landstraße; ~ **контрейлерных
перевозок**▢ Huckepackverfahren; ~
**подачи (предоставления)
информации о транспортной
обстановке** Verkehrsinformations-;
~ **автоматического поддержания
интервала безопасности**
(Fahrzeug) Abstandhalte-; ~

**пользования площадью для
стоянки автомобилей** Parkraum-;
~ **правления транспортными
потоками на железных дорогах**
(Eis.) Signal- und Zugsicherungs-; ~
**предоставления информации по
путешествию** *(Pass.)*
Reiseinformations-; ~ **проведения
расчетов** *(Güterv.)*
Frachtabrechnungs-; ~ **водных
путей** *(Binnsch.)*
Wasserstraßen<verbund>-; ~
**распределения грузов внутри
города** *(Güterv.)* City-Logistik; ~
**регулирования рыночных
отношений на транспортном
рынке** *(vwl.)* ordnungspolitische
Regulierung des Verkehrsmarktes; ~
регулирования скоростью
Geschwindigkeitsregelungs-; ~
резервирования <мест> *(Pass.)*
<Platz>Reservierungs-; ~ **сбыта**
Absatz-, Vertriebs-; ~
сертификации ГОСТ-Р GOST-R-
Zertifizierung; ~ **складирования**
Lager-; ~ **иформационных служб**
Informations-; ~ **телематики для
автоматического наблюдения
транспортной ситуации**
Telematik- für die automatische
Beobachtung des Verkehrsverhaltens;
~ **тока** *(techn.)* Strom-; ~ **укладки и
натяжения ремней безопасности**
(Sicherheitsgurt im PKW)
Rückhalte-; ~ **управления**
Steuerung, Steuerungs-;

система ‖ **автоматического
рулевого управления** *(Kfz.,
Servotronic)* Servolenkung; ~
транспортного менеджмента
Verkehrsmanagementsystem; ~
транспортного управления *s.
транспортного менеджмента;*

система управления ‖
<уличным> движением
Verkehrsleit‖system; ~ **местами
стоянки** Parkleit-; ~ **полетами**

Flugleit-;

система ‖ **цен брутто** Bruttopreis‖system; ~ **цен нетто** Nettopreis-; ~ **«от дома к дому»** Haus-zu-Haus-~; ~ **по наименованию и кодированию товаров** ~ zur Bezeichnung und Kodierung von Waren

системное управление транспортом Gesamtverkehrsmanagement

ситуация Situation *(auch in Zus.)*; **дорожная** ~ *(Straße)* Verkehrs-; **околоаварийная** <**транспортная**> ~ *(Kfz.)* Beinahecrash; ~ **в отношении ДТП** *(Straßenverkehr)* Unfallgeschehen

сквозн‖ой/ая/ое/ые *(s. auch транзитный, прямой)* Durchgangs-, Durchfahrts-, Transit- *(in Zus.)*; ~ **движение** *s.* **сообщение**; ~ **дорога** -straße; ~ **коносамент** *(See.)* Durchgangskonnossement; ~ **поезд** Durchgangszug (Transit-); ~ **грузовой поезд** Transitgüterzug; ~ **путь** *(m.)* Durchfahrtsgleis; ~ **сообщение** -verkehr

скидка *(kfm.)* Rabatt, <Preis>Nachlass, -rabatt *(in Zus.)*; **отсроченная** ~ <**с фрахта**> *(Fracht)* Stundungs-; **прямая** ~ Direkt-; **специальная** ~ Sonder-; **тарифная** ~ Tarifermäßigung (Fahrpreis-); ~ <**со страхования автомобиля**> **за предотвращение ущерба** *(Kfz., Vers.)* Schadenfreiheits-; ~ **с тарифа** *s.* **тарифная**; ~ **с фрахта** Fracht-; ~ **с цены** Preisnachlass; **предоставлять/предоставить -у** einen ~ gewähren

склад Lager, -lager, Lager- *(in Zus.)*; **вольный** ~ ~ im Freihafengebiet; **железнодорожный** ~ Bahn-,

Güterschuppen; **закрытый** ~ überdachtes, geschlossenes; **комбинированный** ~ kombiniertes, Kombi-; **комплектационный** ~ Kommissions-; **комплектовочный** ~ Komplettierungs-; **консигнационный** ~ Konsignations-; **контейнерный** ~ Container-, Behälter-; **крытый** ~ *s. закрытый*; **логистический** ~ Logistik-; **навалочный** ~ Schüttgut-; **основной** ~ Haupt-; **открытый** ~ *(nicht überdacht)* offenes, Frei-; **открытый таможенный** ~ offenes Zoll-; **перевалочный** ~ Umschlag-; **полузакрытый** ~ halbgeschlossenes; **портовый** ~ Hafen-, Hafenspeicher; **приписной таможенный** ~ *(Zoll.)* Kai-; Zollfrei-; **причальный** ~ *s. портовый*; **промежуточный** ~ Zwischen-; **распределительный** ~ Distributions-, Verteilungs-, Verteiler-; **рефрижераторный** ~ Kühl<gut>-; **сбытовой** ~ Absatz-; **свободный** ~ <Zoll>Frei-; **таможенный** ~ Zoll-, Zolldepot, Zollgewahrsam; **тарный** ~ Leergut-; **товарный** ~ Waren-, Fracht-; **топливный** ~ Kraftstoff-, Treibstoff-; **торговый** ~ Handels-; **транзитный** ~ Durchgangs-, Transit-; **транспортно-экспедиционный** ~ speditionelles Auslieferungs-; **транспортный** ~ Transport-; **универсальный** ~ Universal-; **фрахтовый** ~ Fracht-, Güterdepot; **экспедиционный** ~ speditionelles, Versand-, Abfertigungs-; **экспортный** ~ Export-;

склад ‖ **грузов** Güter‖lager, Waren-; ~ **поддонов** Palettendepot; ~ **покупателя** Empfangs-, Lager des Empfängers; ~ **общего пользования** *(allgemein* *zugänglich)* offenes; ~ поставщика Abgangs-, Lager des Lieferanten; ~ замороженных продуктов Tiefkühl-, Gefriergut-; ~ свежих продуктов Frische-, Frischgut-; ~ импортных товаров Import-; ~ комиссионных товаров Kommissions-; ~ экспортных товаров Export-;

склад || для навалочного груза Schüttgut||lager; ~ для наливного груза Tank-, Flüssiggut-; ~ для рефрижераторного груза Kühl<gut>-; ~ для сборного груза Sammelgut-; ~ для штучного груза Stückgut-; ~ для краткосрочного хранения Zwischen-; ~ под открытым небом Frei-, offener Lagerplatz; ~ с глубокой заморозкой Tiefkühl-, Gefriergut-; ~ с регулируемой температурой temperaturreguliertes;

франко || склад frachtfrei || Lager, ex stock; франко ~ покупателя ~ Lager des Empfängers; франко ~ поставщика ~ Lager des Verkäufers (Lieferanten); франко таможенный ~ ~ Zolllager, ex bond;

владелец *(Pers.)* склад||а Lager||inhaber; выдача товаров со -а –ausgang; грузооборот -а -umschlag; емкость *(f.)* -а -volumen; квитанция о принятии товара на ~ -empfangsschein; оборот -а *(kfm.)* -umschlag; объем -а *s. емкость*; полезный объем -а -nutzraum, Stapelraum; перевалка груза на -е -umschlag <von Gütern>; перевалка груза на причальном -е *(Schiff.)* Kailagerumschlag; перевалка груза через ~ Umschlag <von Gütern> über Zwischenlager; плата за хранение на -е -gebühr/en; порядок хранения груза на -е

-vorschriften; поставка <товаров> со -а Lieferung ab ~; поступление <товаров> на ~ -eingang; принятие <товаров> на ~ Einlagerung <von Ware>; продажа со склада Verkauf ab ~; сбор за хранение на -е *s. плата за*; сбор за хранение на причальном -е *(Schiff.)* Kailagergeld; состояние -а -bestand; управляющий -ом Lagerist, -halter; хранение <груза> на -е -haltung; хранение <груза> на таможенном -е Zollgutlagerung; штат -а -personal;

держать товар на склад||е eine Ware auf || Lager || halten; иметь товар на -е eine Ware auf ~ haben (vorrätig haben); принимать/ принять товар на ~ Ware einlagern; продавать/продать товар со -а Ware ab ~ verkaufen; хранить/сохранить товар на -е Ware lagern

складирование *(Prozess, s. auch хранение)* Lagerung, Lagerhaltung

складировать товар <на складе> Ware <ein>lagern

складн||ой/ая/ое/ые zusammenklappbar/e/er/es, Falt- *(in Zus.)*; ~ контейнер -container; ~ тара -verpackung; ~ упаковка *s. тара*

складочный кубический метр Raummeter

складск||ой/ая/ее/ие Lager- *(in Zus.)*; ~ варрант Orderlagerschein; ~ груз -gut; ~ дело -haltergeschäft; ~ документ -schein; ~ таможенный документ Zolllagerschein; ~ документация -dokumentation; ~ емкость *(f.)* -kapazität, -raum; ~ запасы *(Pl.)* -bestand; ~ зона -zone, -bereich; ~ издержки *(Pl.) s. расходы*; ~ индексы *(Pl.)*

-kennzahlen; ~ **инструкция** -ordnung; ~ **квитанция** *s. документ*; ~ **коносамент** *(See.)* -halter-Konnossement, Custody-Konnossement; ~ **мощности** *(Pl.)* -kapazitäten; ~ **накладная** -empfangsschein; ~ **операции** *(Pl.)* -abläufe, -arbeiten; ~ **площадь** *(f.)* -fläche; ~ **поддон** -palette; ~ **помещение** -raum; ~ **порядок** -ordnung; ~ **поставка** mittelbare Lieferung, im -geschäft; ~ **промысел** -geschäft, -gewerbe; ~ **работники** *(Pl.)* -personal; ~ **работы** *(Pl.) s. операции*; ~ **рабочий** *(Pers.)* -arbeiter; ~ **расписка** *s. документ*; ~ **расписка экспедитора** -schein des Spediteurs; ~ **расходы** *(Pl.)* -kosten, -haltungskosten; ~ **резерв** *s. запасы*; ~ **свидетельство** *s. документ*; ~ **свидетельство экспедитора** *s.* ~ *расписка экспедитора*; ~ **свидетельство на предъявителя** Inhaberlagerschein; ~ **состав** *s. запасы*; ~ **терминал** -terminal; ~ **хозяйство** -haltung, -wirtschaft

скользкая дорога glatte Fahrbahn

скользящая цена gleitender Preis, Gleitpreis

скопление <**транспортных средств**> Stau; **постоянное** ~ Dauerstau

скоропортящийся груз leichtverderbliche Fracht (-es Gut)

скоростн‖ой/ая/ое/ые *(s. auch скор‖ый/ая/ое/ые)* Schnell- *(in Zus.)*; ~ **автомагистраль** *(f.)* -autobahn; ~ **груз** -gut, Eilgut; ~ **движение** <**транспорта**> *(Kfz.)* -verkehr; ~ **дорога** -straße; ~ **железная дорога** *(Eis.)* -bahn; ~ **катер** *(Schiff.)* -katamaran; ~ **локомотив** -fahrlok; ~ **магистраль** *(f.) s. дорога*; ~ **отправка**

Eilversand (-abfertigung); ~ **паром** -fähre, -fährschiff; ~ **подвижной состав** Hochgeschwindigkeitsfahrzeuge; ~ **поезд** -zug, Eilzug; ~ **полоса** -fahrspur; ~ **проезд** –fahrbahn; ~ **режим** 1. *(jur., Straßenverkehr)* Geschwindigkeitsvorschriften (-bestimmungen); 2. *(techn.)* Hochgeschwindigkeitsbetrieb; ~ **сообщение** *(Eis.)* -verkehr; ~ **трасса** Hochgeschwindigkeitsstrecke; **дорога -ого движения** *s.* ~ *дорога*; **полоса -ого движения** -fahrspur

скорость *(f.)* Geschwindigkeit, -geschwindigkeit, Geschwindigkeits- *(in Zus.)*; **взлетная** ~ *(Flug.)* Start-; **допустимая** ~ zulässige, erlaubte; **конструктивная** ~ *(techn.)* Höchst-; **крейсерская** ~ Reiseflug-; **максимальная** ~ *s. предельная*; **минимальная** ~ Mindest-; **недозволенная** ~ unangemessene; **оптимальная** ~ optimale; **посадочная** ~ *(Flug.)* Anflug-, Lande-; **превышенная** ~ überhöhte; **предельная** ~ Höchst-, Spitzen-; **расчетная** ~ Regel-, Soll-, errechnete, berechnete; **рекомендованная** ~ empfohlene, Richt-; **сверхзвуковая** ~ Überschall-; **средняя** ~ Durchschnitts-, mittlere Fahr-, *(Pass. auch)* Reise-; **стартовая** ~ *s. взлетная*; **техническая** ~ Fahr-, Strecken-; **тормозная** ~ Brems-; **установленная** ~ vorgeschriebene; **ходовая** ~ Fahr-;

скорость ‖ буксировки *(Schiff.)* Schlepp‖geschwindigkeit, *(Kfz.)* Abschlepp-; ~ **движения** Verkehrs-, Fahr-; ~ **движения задним ходом** Rückwärtsfahr-; ~ **доставки** Zustell-, Liefer-; ~ **езды** *(Pass.)* Fahr-, Reise-; ~ **набора высоты** <**полета**> *(Flug.)* Steigflug-; ~

оборота⊞ Umschlag-; ~ обращения Umlauf-; ~ перевозок Beförderungs-, Transport-; ~ пешехода Schritt-; ~ подъема Hub-; ~ полета <Reise>Flug-; ~ пробега <самолета> *(Flug.)* Abroll-; ~ проезда Durchfahrts-; ~ сквозного прохода Durchgangs-; ~ разгона Anfahr-; ~ руления <самолета> *(Flug.)* Roll- <eines Flugzeugs>; ~ снижения высоты <полета> Sinkflug-; ~ сообщения *s.* ~ *движения*; ~ спуска Hub- <beim Absenken>; ~ течения реки *(Fluss)* Strömungs-; ~ хода Lauf-; ~ хода судна Schiffs-; ~ при обгоне Überhol-;

доплата за || скорость *s. надбавка*; контроль *(m.)* -и Geschwindigkeits||kontrolle; надбавка за ~ Eilzuschlag; ограничение -и -beschränkung, Tempo-Limit; повышение -и -zunahme, Beschleunigung; превышение <установленной> -и -überschreitung; предел -и Höchst-; самописец -и *(techn.)* Fahrtenschreiber; сокращение -и -reduzierung, <Ab>Bremsen; увеличение -и *s. повышение*; уменьшение -и *s. сокращение*; движущ||ий/ая/ее/ие(ся) с большой -ю schnell laufend/e/er/es (fahrend/e/er/es);

ограничивать/ограничить || скорость die Geschwindigkeit || beschränken; повышать/повысить ~ ~ steigern, <ein Fahrzeug> beschleunigen; превышать/ превысить <допустимую> ~ <zulässige> ~ überschreiten; снижать/снизить ~ ~ reduzieren (senken, drosseln), <ein Fahrzeug> abbremsen

скор||ый/ая/ое/ые *(s. auch скоростн||ой/ая/ое/ые)* Schnell- *(in*

Zus.); ~ моторный вагон -triebwagen; ~ перевозки *(Pl.)* -verkehr; ~ поезд -zug, Eilzug (Durchgangs-)

скрещение *(Schienv., s. auch перекресток)* Kreuzung, Kreuzungs- *(in Zus.)*; место -я *s. точка*; станция -я -bahnhof; точка -я -punkt

слева von links

след Spur *(auch in Zus.)*; конденсационный ~ *(Flug.)* Kondensstreifen; спутный <аэродинамический> ~ *(Flug.)* Nachfolge-, Strömungsschatten, *(Schiff.)* Kielwasser; трассирующий ~ *s. конденсационный*; ~ торможения Brems-; ~ от колес Rad-, Reifen-

следование *(Prozess)* **1.** *(zeitl., räuml.)* <Aufeinander>Folgen; **2.** Fahrt, Fahr- *(in Zus.)*; ~ поездов *(Schienv.)* Zugfolge; ~ ночных маршрутных поездов *(Eis.)* Nachtsprungverkehr/e; время -я -zeit; интервал/ы -я -takt, -abstand; маршрут -я -weg; путь *(m.)* -я <транспорта> **1.** *(Fahrt)* -verbindung, -strecke, -weg, Reiseroute; **2.** *(Infrastruktur)* Streckenführung, Trassierung

следовать/последовать <по определенному маршруту> <einer bestimmten Strecke (Linienführung)> folgen

следующ||ий/ая/ее/ие *(hier)* Anschluss- *(in Zus.)*; ~ поезд -zug; ~ рейс -flug, -verbindung

сложенная тара (упаковка) zusammengelegte Verpackung

сложный таможенный сбор Mehrfachzoll

служащий таможни *(Pers.)*

Zollbeamter

служба Dienst, Dienststelle, Amt, -dienst *(in Zus.)*; **аварийно-спасательная** ~ Seenotrettungs-; **авиадиспетчерская** ~ *(Flug.)* Bodenleitstelle, Tower; **авиаметеорологическая** ~ Flugwetter-; **авиационно-метеорологическая** ~ *s. авиаметеорологическая*; **автобусная** ~ **для инвалидов** Telebus- <für Behinderte>; **вахтенная** ~ *(Schiff.)* Wach-; **диспетчерская** ~ Leitstelle, Dispatcherzentrale; **дорожная** ~ Straßen-; **дорожно-метеорологическая** ~ Straßenwetter-; **дорожно-патрульная** ~ **(ДПС)** *(RF)* Verkehrspolizei; **дорожно-ремонтная** ~ Straßenmeisterei; **информационная** ~ Informations-; **консульская** ~ <посольства> Konsularabteilung <einer Botschaft>; **контейнерная** ~ Container-; **курьерская** ~ Kurier-; **линейная** ~ Linien-, Fahr-; **лоцманская** ~ *(Schiff.)* Lotsen-; **маневровая** ~ *(Schienv.)* Rangier-; **морская** ~ Seefahrtsamt; **навигационная** ~ *(Schiff.)* Navigations-; **наземная** ~ **управления полетами** Flugleitzentrale; **общесудовая и вахтенная** ~ Schiffs- und Wach-; **портовая** ~ Hafen-; **противоконтрабандная** ~ *s. таможенная* ~ *розыска*; **рейсовая контейнерная** ~ Container- <im Linienverkehr>; **санитарно-карантинная** ~ Hygiene- und Quarantäneinspektion; **спасательная** ~ Rettungs-, Rettungsstelle; **таможенная** ~ Zolldienststelle; **таможенная** ~ **розыска** Zollfahndungs-; **транспортная** ~ Transport-, Beförderungs-; **транспортно-**

информационная ~ Verkehrsauskunft; **фидерная** ~ *(Schiff.)* Feeder-; **экспедиторская** ~ Speditions-;

служба || **движения** *(Eis.)* Fahr||dienst, Fahrzentrale; ~ **дипсвязи** Kurier-; ~ **доставки** <грузов> *(Güterv.)* Zustell-; ~ **доставки железнодорожного груза автотранспортом** *(Eis.)* Rollfuhr-; ~ **доставки пассажиров** *(Pass.)* Zubringer-, Shuttle-; ~ **координирования эксплуатации воздушного пространства** Luftraumkoordinierungsstelle; ~ **лицензирования** Lizenzbehörde (Lizensierungs-); ~ **обеспечения безопасности полета** Flugsicherungs-; ~ **морского пароходства** *s. морская*; ~ **спешной (срочной) перевозки** Express-; ~ **технической помощи** Abschlepp-, Pannenhilfe; ~ **предоставления информации о транспортной обстановке** Verkehrsinformations-; ~ **привоза груза (пассажиров) к станции (аэропорту)** <Flughafen>Zubringer-; ~ **пути** *(Eis.)* Strecken-; ~ **авиационной радиосвязи** Flugfunk-; ~ **технического сервиса** Wartungs-; ~ **зимнего содержания дорог** Straßenwinter-; ~ **тяги** *(Schienv.)* Triebfahrzeug-; ~ **по вызову такси** Taxizentrale; **экспресс-**~ Express-;

начальник служб||ы движения Fahrdienstleiter; **сотрудники -ы движения** *(Pl.)* Fahr<dienst>personal; **срок -ы** Einsatzdauer (Betriebs-, Lebens-)

служебно-технический вагон *(Eis.)* technischer Wagen, Hilfswaggon (Dienst-)

служебн||ый/ая/ое/ые Dienst- *(in*

Zus.); ~ **автомобиль** _(m.)_ –wagen; ~ **инструкция** -anweisung, -vorschrift/en; ~ **поездка** -reise; ~ **сообщение** -verkehr

случай Fall _(auch in Zus.)_; **аварийный** ~ Not-, Havarie-; **несчастный** ~ Unglücks-, Un-; **страховой** ~ Versicherungs-; **экстренный** ~ Not-; ~ **конфискации** Beschlagnahme-; ~ **нанесения ущерба** _(Vers.)_ Schadens-

смазочный материал Schmierstoff; **экономия** -**ых** -**ов** Schmierstoffeinsparung

смежн‖ый/ая/ое/ые _(hier)_ See- und Binnen- _(in Zus.)_, ~ **бассейн** Hafenbecken für die -schifffahrt; ~ **пароходство** 1. _(Betriebsart)_ -schifffahrt; 2. _(Unternehmen)_ -schifffahrtsgesellschaft, -reederei

смена Wechsel _(auch in Zus.)_; ~ **поездной бригады** _(Eis.)_ Fahrpersonal-; ~ **водителей** Fahrer-, Fahrpersonal-; ~ **графика движения** Fahrplan-; ~ **полосы движения** Fahrspur-; ~ **расписаний** _s._ ~ _графика движения_; ~ **расписаний полетов** Flugplan-; ~ **шины** _(Kfz.)_ Reifen-

сменн‖ый/ая/ое/ые 1. Schicht- _(in Zus.)_; 2. Wechsel- _(in Zus.)_; ~ **деталь** _(f.)_ Ersatzteil; ~ **диспетчер** _(Pers.)_ Schichtdispatcher; ~ **кузов** Wechselbehälter (-brücke); **крупнотоннажный** ~ **кузов** Jumbo-Wechselbehälter; **рефрижераторный** ~ **кузов** Kühlwechselbehälter

сменять/сменить шину _(Kfz.)_ einen Reifen wechseln

смешанн‖ый/ая/ое/ые 1. Misch- _(in Zus.)_, gemischt/e/er/es, kombiniert/e/er/es; 2. Wechsel- _(in_

Zus.); ~ **груз** -e Ladung, -e Fracht; ~ **калькуляция** _(kfm.)_ Mischkalkulation; ~ **карго** _(n. indkl.)_ _s. груз_; ~ **перевозки** _(Pl.)_ с **перевалкой на другой вид транспорта** kombinierte Verkehre (Transporte), multimodale Wechselverkehre; ~ **железнодорожно-автомобильные перевозки** _(Pl.)_ Schiene-Straße-Verkehr/e; ~ **плавание** kombinierte Binnen- und Hochseeschifffahrt; ~ **поезд** _(Eis.)_ kombinierter Zug; ~ **страховой полис** -e Versicherungspolice, Mischpolice; ~ **пошлина** _s. таможенный тариф_; ~ **таможенная пошлина** _s. таможенный тариф_; ~ **таможенный тариф** Mischzoll<tarif>; ~ **форма собственности** gemischte Eigentumsform; ~ **транспортная цепь** kombinierte Transportkette

смог Smog

смотритель шлюза _(Pers.)_ Schleusenmeister

смотровой люк Sichtluke

снабжать/снабдить <кого-л./что-л. чем-л.> <etw.> beschaffen, besorgen; <jmdn./etw.> beliefern; ~ **рынок** den Markt beliefern

снабжение _(Prozess)_ Beschaffung, Versorgung, -beschaffung, -versorgung, Beschaffungs-, Versorgungs- _(in Zus.)_; ~ **товарами** Güterversorgung; **маркетинг** -**я** Beschaffungsmarketing; **перевозки** _(Pl.)_ **по** -**ю** Versorgungsverkehr; **район** -**я** Versorgungsgebiet (Einzugs-)

снабженческо-приемное судно Versorgungsschiff

снижать/снизить <что-л.> <etw.> verringern, vermindern, senken; ~

пошлину Zoll senken, Abgabe/n ~;
~ **сбор/ы** Gebühr/en ~; ~ **скорость**
(f.) die Geschwindigkeit ~, <ein
Fahrzeug> abbremsen; ~ **тариф**
einen Tarif senken; ~ **цену** einen
Preis senken

снижаться/снизиться zurückgehen,
sich verringern, sinken

снижение *(Prozess)* Reduzierung,
Rückgang, Verminderung, Senkung,
-reduzierung, -rückgang, -senkung
(in Zus.); ~ **времени движения**
Reduzierung der Fahrzeit; ~
выброса вредных веществ ~ des
Schadstoffausstoßes; ~ **высоты**
полета Verminderung der Flughöhe;
~ **грузонапряженности дорог**
Verkehrsentlastung; ~ **складских**
запасов ~ des Lagerbestandes; ~
транспортной нагрузки📖
Verkehrsberuhigung; ~ **нагрузки,**
вызванной выбросом
отработанных газов (ОГ)
Abgasreduzierung (Schadstoff-); ~
пассажиропотока Rückgang des
Fahrgastaufkommens; ~ **пошлин**
Zollsenkung (-ermäßigung); ~
предложения Angebotsrückgang; ~
расходов Kostensenkung
(-degression); ~ **скорости**
Geschwindigkeitsreduzierung; ~
содержания вредных веществ *s.*
~ *отработанных газов (ОГ)*; ~
спроса Nachfragerückgang; ~
стоимости проезда
Fahrpreisreduzierung (-senkung); ~
цены Preisreduzierung (-senkung); ~
шума Lärmreduzierung
(-minderung)

полет со **снижени‖ем высоты**
Sinkflug; **скорость** *(f., Flug.)* **-я**
высоты Sinkfluggeschwindigkeit

снимать/снять <что-л.> I <etw.>
aufheben, annullieren; ~ **арест** <с
груза, судна> den <Ladungs-,

Schiffs->Arrest aufheben; ~ **броню**
(Pass.) eine Buchung (Reservierung)
annullieren; ~ **запрет** ein Verbot ~; ~
карантин die Quarantäne aufheben;
~ **ограничение/я** Restriktion/en ~,
Beschränkung/en ~; ~ **пломбу** eine
Plombe entfernen;

снимать/снять II <**транспортное**
средство> в **аренду** <ein
Fahrzeug> mieten

снятие *(s. auch отмена)* Aufhebung,
Abschaffung

соблюдать/соблюсти <**что-л.**>
<etw.> einhalten; ~ **договор** einen
Vertrag; ~ **правила** *(Pl.)* Regeln,
Vorschriften; ~ **срок поставки**
einen Liefertermin (-e -frist); ~
тариф einen Tarif; ~ **условия** *(Pl.)*
платежа die Zahlungsbedingungen

соблюдение *(Prozess)* Einhaltung
(auch in Zus.); ~ **договора** ~ eines
Vertrages; ~ **закона** ~ (Befolgung)
eines Gesetzes; ~ **тарифов** ~ von
Tarifen; **обязанность** *(f.)* **-я**
расписания Fahrplanpflicht;
обязанность *(f.)* **-я тарифов**
Tarifpflicht

собственность *(f., jur.)* Eigentum,
-eigentum, Eigentums- *(in Zus.)*;
государственная ~ staatliches;
кооперативная ~
genossenschaftliches;
приватизированная ~
privatisiertes; **приватизируемая** ~
zu privatisierendes; **частная** ~
privates, Privat-; **право -и** -recht;
свидетельство о **праве -и**
-nachweis; **форма -и** -form

собственн‖ый/ая/ое/ые Eigen- *(in*
Zus.); ~ **вес** *s. масса*; ~ **масса**
-gewicht, Leergewicht, -masse,
Totlast; ~ **порожняя тара**
-leerverpackung; ~ **привод** *(techn.)*
-antrieb

совершать/совершить <что-л.>
<etw.> verrichten, vollziehen; ~ маршрут *(Linienverkehr)* ein Ziel anfahren (bedienen), *(Flug.)* ein Ziel anfliegen, *(Schiff. auch)* einen Zielhafen anlaufen; ~ посадку *(Flugzeug)* landen; ~ рейс *s.* ~ *маршрут*

совладелец **судна** *(Pers.)* Partenreeder

совместимые маршруты *(Pl., Eis.)* gleichzeitig zulässige Fahrstrecken

совмести‖ый/ая/ое/ые
gemeinsam/e/er/es, Gemeinschafts-, *(Güter auch)* Sammel- *(in Zus.)*; ~ погрузка <грузов> Zusammenladung <von Fracht>; ~ предприятие **(СП)** Gemeinschaftsunternehmen, Joint-Venture; ~ **складирование грузов** Sammellagerung (Zusammen-); ~ **хранение грузов** <на складе> *s. складирование*; ~ **хранение грузов на таможенном складе** Zollmitverschluss

совокупность *(f.)* **транспортных услуг с учетом общественных интересов** gemeinwirtschaftliche Verkehrsbedienung

совокупн‖ый/ая/ое/ые
gesamt/e/er/es; ~ <таможенная> **заявка** *(Zoll.)* Sammel<zoll>anmeldung; ~ **спрос** *(vwl.)* aggregierte Nachfrage

современн‖ый/ая/ое/ые
modern/e/er/es, zeitgemäß/e/er/es; ~ **транспортная инфраструктура** -e Verkehrsinfrastruktur; ~ **концепция по повышению мобильности (подвижности)** -es Mobilitätskonzept; ~ **технология** -e Technologie; ~ **формы** *(Pl.)* **перевозок** -e Transportformen

согласие Einverständnis; **не требующая/ее/ие/ий** -я erlaubnisfrei **требующая/ее/ие/ий** -я erlaubnispflichtig (-bedürftig)

согласование **расписаний** <полетов, поездов> Flugplankoordinierung (Fahrplan-)

согласованность *(f.)* **расписаний** *(zeitl.)* Anschluss<verbindung>

согласованн‖ый/ая/ое/ые
Anschluss- *(in Zus.)*; ~ **поезд** -zug; ~ **рейс** -flug

согласовывать/согласовать <что-л. в договоре> <etw. vertraglich> vereinbaren; ~ **срок поставки** die Lieferfrist (den -termin); ~ **условия** *(Pl.)* **платежа** Zahlungsmodalitäten (-konditionen)

соглашение *(s. auch конвенция)*
Abkommen, Vereinbarung, Übereinkommen, Übereinkunft, -abkommen, -vereinbarung *(in Zus.)*; **Варшавское** ~ Warschauer Abkommen (Luftverkehrs-);

Генеральное соглашение по ‖ перевозкам Allgemeine Transportvereinbarung; ~ **таможенным тарифам и торговле** *(EU)* GATT-Abkommen;

двустороннее соглашение о грузовых перервозках bilaterales Güterverkehrsabkommen;

Европейское соглашение ‖ Europäisches Abkommen (Übereinkommen); ~ **о совместном использовании товарных вагонов** ~ über die gemeinschaftliche Nutzung von Güterwagen; ~ **о международной перевозке опасного груза автотранспортом** ~ über die internationale Beförderung gefährlicher Güter auf der Straße; ~ **о международной перевозке**

опасного груза железной дорогой ~ über die internationale Beförderung gefährlicher Güter auf der Schiene; ~ **о международной перевозке опасного груза по реке Рейн** ~ über den Transport gefährlicher Güter auf dem Rhein; ~ **об условиях работы водителей автотранспортных предприятий** ~ über die Arbeit des im internationalen Straßengüterverkehr beschäftigten Fahrpersonals;

картельное || соглашение об условиях уплаты таможенных пошлин Zollkartell; **лицензионное** ~ Lizenzvereinbarung; **Межгосударственное** ~ Zwischenstaatliches Abkommen (-es Übereinkommen), Länderabkommen; **Международное** ~ Internationales Abkommen (-es Übereinkommen); **Международное транспортное** ~ Internationales Verkehrsabkommen;

Международное соглашение || о взаимном обслуживании авиарейсов *(Flug.)* Code-Sharing-Abkommen; ~ **о железнодорожной перевозке срочного груза** Internationales Übereinkommen || über die Beförderung von Expressgut <per Bahn>; ~ **о взаимном пользовании пассажирскими и багажными вагонами** ~ über die gemeinsame Nutzung von Personen- und Gepäckwagen; ~ **о взаимном пользовании товарными вагонами** ~ über die gegenseitige Benutzung von Güterwagen im internationalen Schienengüterverkehr; ~ **об эксплуатации частновладельческих вагонов** *(Eis.)* ~ über die Nutzung von Privatwagen; ~ **по железнодорожным грузовым перевозкам** ~ über den Eisenbahnfrachtverkehr *(CIM)*;

Таможенное || соглашение Zoll||abkommen; **Тарифное** ~ Tarif-; **Торговое** ~ Handels-; **Шенгенское** ~ Schengener Abkommen;

Соглашение || между судоходными компаниями Schifffahrtskonferenz; ~ **о транзитных перевозках** Abkommen || über den Transitverkehr; ~ **о поставках** Lieferabkommen; ~ **о воздушном сообщении** Luftverkehrsabkommen; ~ **о международном грузовом железнодорожном сообщении** *(EU)* ~ über den internationalen Schienengüterverkehr *(COTIF)*; ~ **о прямом международном железнодорожном сообщении (СМГС)** ~ über den internationalen Eisenbahngüterverkehr *(SMGS-Abkommen des ehemaligen Ostblocks)*; ~ **о судоходстве** Schifffahrtsabkommen; ~ **о тарифах при переездах и на перевозку мебели специальным транспортом** ~ über den Güterkraftverkehrstarif für den Umzugsverkehr und die Beförderung von Handelsmöbeln in besonders für die Möbelbeförderung eingerichteten Fahrzeugen *(GÜKUMT)*; ~ **о свободной торговле** Freihandelsabkommen

содействие экспорту Exportförderung

содержание 1. *(techn)* Unterhaltung, Unterhalt, *(Maschinen und Fahrzeuge auch)* Wartung; **2.** *(kfm.)* Unterhalt, Unterhalts- *(in Zus.)*; **3.** *(Zusammensetzung)* Inhalt, Gehalt, -gehalt *(in Zus.)*; **текущее** ~ laufender Unterhalt; ~ **<автомобиля, транспортного средства> в исправности** Instandhaltung <eines Kfz,

Transportmittels>; ~ **вредных веществ** Schadstoffkonzentration (-gehalt); ~ **дорог** Unterhaltung von Straßen; ~ **судоходных путей** Unterhalt der Wasserstraßen; **расходы** *(Pl.)* **на** ~ Instandhaltungskosten (Unterhaltungs-); **расходы** *(Pl.)* ~ **на персонала** Personalkosten; **расходы** *(Pl.)* **на** ~ **и эксплуатацию оборудования** *(РСЭО)* Wartungs- und Instandhaltungskosten

соединение Verbindung *(auch in Zus.)*; **жесткое** ~ feste, starre; ~ **путей** *(Eis.)* Gleis-

соединительн‖ый/ая/ое/ые Verbindungs- *(in Zus.)*; ~ **линия** -strecke; ~ **путь** *(m., Eis.)* -gleis

создавать/создать <что-л.> <etw.> schaffen; ~ **торговые барьеры** *(Pl.)* Handelshemmnisse (-schranken); ~ **единую транспортную инфраструктуру** eine einheitliche Verkehrsinfrastruktur; ~ **правовую основу** eine Rechtsgrundlage; ~ **условия** *(Pl.)* Bedingungen

создание предприятия Unternehmensgründung

сокращать/сократить <что-л.> <etw.> verkürzen; ~ **срок** *(zeitl.)* eine Frist ~; ~ **дистанцию** *(räuml.)* den Abstand ~, <auf den Vorausfahrenden> aufschließen

сокращаться/сократиться zurückgehen, sich verringern, abnehmen

сокращающ‖ий/ая/ее/ие(ся) rückläufig/e/er/es, sinkend/e/er/es; ~ **объем пассажиров** -es Passagieraufkommen, *(ÖPNV)* -es Fahrgastaufkommen; ~ **объем перевозок** -es Beförderungsaufkommen, *(Güterv.*

auch) -es Transportaufkommen; ~ **транспортный объем** -es Transportaufkommen (Verkehrs-)

сокращение *(Prozess)* Rückgang, Reduzierung, Verkürzung *(auch in Zus.)*; ~ **ввоза** Importrückgang; ~ **вывоза** Exportrückgang; ~ **времени движения** (продолжительности езды) *(Pass.)* Fahrzeitverkürzung; ~ **импорта** *s.* ~ *ввоза*; ~ **персонала** Personalkürzungen; ~ **стоимости проезда** Fahrpreisreduzierung; ~ **экспорта** *s.* ~ *вывоза*

соленая вода Salzwasser

солидарная ответственность *(jur.)* solidarische Haftung

солоноватая вода Brackwasser

сообщение I Mitteilung, Meldung; ~ **о транспортной обстановке** <на дорогах> Verkehrsmeldung/en;

сообщение II *(s. auch движение, перевозка, перевозки, транспорт)* Verkehr, -verkehr, Verkehrs- *(in Zus.)*; **авиационное** ~ *s.* **авиа-**; **автотранспортное** ~ *s.* **авто-**; **внутреннее** ~ Binnen-; **внутреннее воздушное** ~ Inlandflug-, Binnenflug-; **внутригородское** ~ innerstädtischer, Innenstadt-; **воздушное** ~ Luft-, Flug-; **воздушное** ~ **на основе договоров** Charterflug-, Luftcharter; **высокоскоростное** ~ ⌂ Hochgeschwindigkeits-; **городское** ~ Stadt-; **городское маршрутное** ~ städtischer Linien-; **грузовое** ~ Fracht-; **дальнее** ~ Fern-; **железнодорожное** ~ <Eisen>Bahn-; **железнодорожное паромное** ~ ⌂ *(Eis.)* Trajekt-; **контрейлерное** ~ ⌂ Huckepack-; **круглосуточное воздушное** ~ 24-Stunden-Flug-; **линейное** ~ Linien-, Strecken-; **малое приграничное** ~ kleiner

Grenz-; **маршрутное** ~ *s. линейное*; **междугородное автомобильное** ~ Überlandkraft-; **междугородное маршрутное** ~ Überlandlinien-; **междугородное** ~ internationaler; **межконтинентальное** ~ interkontinentaler; **местное** ~ örtlicher, regionaler, Orts-, Nah-; Regional-; **морское** ~ See-; **морское ~ на основе договоров** Seecharter; **моторвагонное** ~ Triebwagen-; **ночное** ~ Nacht-; **ночное воздушное** ~ Nachtflug-; **ограниченное воздушное** ~ eingeschränkter Flug-; **паромное** ~ Fähr-; **пароходное** ~ Dampfer-, Dampfschifffahrt; **пассажирское** ~ Passagier-, Personen-, Reise-; **перегрузочное** ~ Umschlag-; **пересадочное** ~ Übergangs-, Umsteige-; **почтовое** ~ Post-; **пригородное** ~ Umland-, Regional-; **приграничное** ~ Grenz-; **прямое** ~ direkter, durchgehender, Direkt-; **прямое железнодорожное** ~ durchlaufender Zug-; **регулярное воздушное** ~ regulärer Flug-, Linienflug-; **рельсовое** ~ schienengebundener; **речное** ~ Binnenschifffahrts-; **сквозное** ~ Durchgangs-, Durchfuhr-, Transit-; **скоростное** ~ Schnell-; **служебное** ~ Dienst-; **согласованное** ~ **движения** <**поездов**> *(Eis.)* Anschluss-; **судоходное** ~ Schifffahrts-, Schiffs-; **транзитное** ~ ⊞ Transit-, Direkt-; **трансокеанское** ~ Übersee-; **челночное транспортное** ~ Pendel-; ~ **скорыми поездами** *(Eis.)* Schnell-;

сообщение ‖ **между прибалтийскими странами (регионами)** Ostsee-; ~ **на основе договоров о перевозке грузов** Charter-; ~ **по внутренним водным путям** Binnenschifffahrts-;

~ **по обходному маршруту** Umweg-

авиа‖сообщение Luft‖verkehr (Flug-); **авто-** Straßen-;

линия сквозного сообщени‖я *(Eis.)* Transitstrecke (Durchgangs-); **путь** *(т.)* **-я** Verkehrsweg (-strecke, -ader), Verbindungsweg (Transport-, Beförderungs-); **скорость** *(f.)* **-я** Beförderungsgeschwindigkeit (Reise-, Transport-); **узел -я** Verkehrsknoten<punkt>

сообщество Gemeinschaft *(auch in Zus.)*; **тарифное** ~ ⊞ Tarif- **экономическое** ~ Wirtschafts-

сооружения *(Pl. hier)* Anlagen *(auch in Zus.)*; **береговые** ~ Uferbefestigungen; **гидротехнические** ~ hydrotechnische; **передвижные** ~ mobile; **портовые** ~ Hafen-; **причальные** ~ Kai-; **транспортные** ~ Verkehrsanlagen, (-bauten); **транспортно-технические** ~ verkehrstechnische; **устаревшие** ~ veraltete; **эллинговые** ~ *(Schiff.)* Hellingkomplex;

сооружения ‖ **автомобильного транспорта** Straßenverkehrs‖anlagen; ~ **для шлюзования** Schleusen-

соответствующее министерство zuständiges Ministerium

сопроводительн‖ый/ая/ое/ые Begleit- *(in Zus.)*; ~ **документ** -papier/e, Warenbegleitschein; ~ **карточка к грузу** Frachtbegleitkarte; ~ **багажная квитанция** *(Pass.)* Gepäckbegleitschein

сопровождаем‖ый/ая/ое/ые begleitet/e/er/es, Begleit- *(in Zus.)*; ~

багаж *(Zoll.)* -gut; ~ **груз** -gut, -e Fracht (-es Gut); ~ **перевозки** *(Pl.)* -e Transporte, -er Verkehr

сопроваждающ‖ий/ая/ие *(Subst., Pers.)* Begleiter/in; ~ **персонал** Begleitpersonal

сопровождение Begleitung <von etw.>, *(hier auch)* -verfolgung *(in Zus.)*; ~ **вагона** Lauf- <eines Waggons>; ~ **груза** Sendungs-, Fracht-; ~ **груза с помощью радиолокационной системы** satellitengestützte Sendungs- (Fracht-); ~ **контейнера** Lauf- <eines Containers>

сопротивление, тормозное *(Fahrzeug)* Bremswiderstand

сорокафутовый контейнер Vierzig-Fuß-Container

сортировать/рассортировать <что-л.> <etw.> sortieren; ~ **вагоны** *(Pl., Schienv.)* Waggons rangieren; ~ **груз** Güter ~

сортировка <вагонов> *(Schienv., Prozess)* Rangierbetrieb

сортировочн‖ый/ая/ое/ые 1. *(Güter)* Verteiler-, Verteilungs-, Sortier- *(in Zus.)*; 2. *(Eis.)* Verschiebe-, Rangier-; ~ **путь** *(m.)* Verschiebegleis (Rangier-); ~ **станция** 1. *(Güter)* Verteilerbahnhof; 2. *(Waggons)* Rangierbahnhof (-station), Verschiebebahnhof; ~ **устройство** Sortieranlage

сосредоточение *(Prozess)* Bündelung; ~ **поставок** ~ von Lieferungen; ~ **грузовых потоков** ~ von Güterströmen (Fracht-); ~ **транспортных потоков** ~ von Verkehrsströmen

сосредоточенные поставки *(Pl.)* gebündelte Lieferungen

состав Bestand, Zusammensetzung *(auch in Zus.)*; **личный** ~ <Betriebs>Personal; **подвижной** ~ Fahrzeuge, Fahrzeugpark (Fuhr-, Wagen-), Fahrzeugflotte; **складской** ~ Lagerbestand; **толкаемый** ~ *(Binnsch.)* Schubsystem (-verband, -einheit); ~ **грузов** Güterzusammensetzung; ~ **флота** Schiffsbestand (Flotten-)

составление расписания *(Prozess)* Fahrplanerstellung

составление торгового счета *(kfm., Zoll.)* Aufmachung der Handelsrechung

составлять/составить <что-л.> <etw.> erstellen; ~ **калькуляцию** *(kfm.)* eine Kalkulation; ~ **план** einen Plan; ~ **поезда** *(Pl., Eis.)* rangieren; ~ **расписание** einen Fahrplan; ~ **счет** *(kfm.)* eine Rechnung ausstellen

состояние *(hier)* Zustand, Beschaffenheit <einer Sache>; **исправное** ~ fahrtüchtiger, Fahrtüchtigkeit; **мореходное** ~ seetüchtiger, Seetüchtigkeit; **неисправное** ~ fahruntüchtiger, **техническое** ~ technischer;

состояние ‖ автомобиля Zustand ‖ eines Kfz; ~ **груза** ~ der Fracht; ~ **дорог** Straßenzustand (Wege-); ~ **подвижного состава** ~ des Fahrzeugparks (Fuhr-, Wagen-); ~ **склада** Lagerbestand; ~ **судна** ~ eines Schiffes; ~ **транспортных средств и емкостей** ~ von Beförderungsmitteln und Transportbehältnissen

сотрудники *(Pl.)* **службы движения** Fahr<dienst>personal

сотрудничество Kooperation, Zusammenarbeit; **устанавливать/ установить** ~ eine ~ anbahnen

сохранность *(f.)* Unversehrtheit; ~ <перевозимого> груза ~ der <zu befördernden> Fracht; ~ упаковки ~ der Verpackung; **ответственность** *(f.)* **за** ~ **груза** *(jur.)* Schadenshaftung (Verschuldens-)

сочлененн‖ый/ая/ое/ые *(techn.)* Gelenk- *(in Zus.)*; ~ **автобус** -bus; ~ **вагон** -wagen; ~ **моторный вагон** -triebwagen; ~ **тяговая единица** *s. моторный вагон*; ~ **подвижной состав** -fahrzeuge; ~ **поезд** -zug

союз Gemeinschaft, Verbund, <Interessen>Verband *(auch in Zus.)*; **Европейский** ~ Europäische Union; **Международный** ~ internationale/er; **Национальный** ~ nationale/er; **отраслевой** ~ <предприятий> Branchenverband; **пароходный** ~ Reederei-Verbund; **профессиональный** ~ Gewerkschaft; **судовладельческий** ~ Reederei-Verband; **таможенный** ~ 📖 Zollverbund (-union); **тарифный** ~ Tarifverbund; **транспортно-тарифный** ~ 📖 Verkehrsverbund, Transporttarifgemeinschaft; **Федеральный** ~ Bundesverband; **хозяйственный** ~ *s. экономический*; **экономический** ~ Wirtschaftsverbund (-gemeinschaft, -union);

Союз ‖ **автомобилистов** Automobil-Club; ~ **негосударственных железных дорог** *(BRD)* Verband ‖ Nichtbundeseigener Eisenbahnen; ~ **перевозчиков** *(Güterkraftverkehr)* Fuhrgewerbeinnung; ~ **общественных внутренних портов** ~ öffentlicher Binnenhäfen; ~ **предпринимателей** Unternehmerverband; ~ **таксистов** Taxiinnung (-genossenschaft); ~ **шкиперов** *(Binnsch.)*

Betriebsverband der Schiffer; ~ **экспедиторов** Spediteursverband; ~, **основанный на общности интересов** Interessenverband;

вступать/вступить в ‖ **союз** einer/einem ~ beitreten; **объединяться/ объединиться в** ~ sich zu einer/einem ~ zusammenschließen; **основывать/ основать** ~ eine/einen ~ gründen

спад *(Prozess)* Rückgang

спальн‖ый/ая/ое/ые *(Pass.)* Schlaf-, Liege- *(in Zus.)*; ~ **вагон** -wagen; ~ **кабина** *(LKW)* Schlafkabine; ~ **купе** *(n., indkl., Eis.)* -wagenabteil; ~ **место** -platz, *(Eis. auch)* Bettkarte

спасательн‖ый/ая/ое/ые Rettungs- *(in Zus.)*; ~ **буй** -boje; ~ **жилет** -weste; ~ **колокол** -glocke; ~ **круг** -ring; ~ **лодка** -boot; ~ **операция** -aktion, -einsatz; ~ **плот** -floß, -insel; ~ **самолет** -flugzeug; ~ **служба** -dienst, -stelle; ~ **средства** *(Pl.)* -mittel, -gerät; ~ **станция** -station; ~ **судно** -schiff; ~ **трос** -leine; ~ **шлюпка** *s. лодка*

специализированн‖ый/ая/ое/ые spezialisiert/e/er/es, Spezial- *(in Zus.)*; ~ **контейнер** -container, Einzweckcontainer; ~ **кузов грузовика** *(LKW)* -aufbau; ~ **мастерская** Fachwerkstatt; ~ **поддон** -palette; ~ **полуприцеп** *(LKW)* -auflieger; ~ **порт** -hafen; ~ **прицеп** *(Kfz.)* -anhänger; ~ **экспедиция** -e Spedition

специалист<-экономист> **транспортного дела** Verkehrsfachwirt/in

специальн‖ый/ая/ое/ые speziell/e/er/es, Spezial-, Sonder- *(in Zus.)*; ~ **автобус 1.** *(techn. Ausstattung)* Spezialbus; **2.** *(für Bedarfsfahrten)* Sonderbus; ~

автомобиль *(m.)* Spezialfahrzeug (-transporter); ~ **грузовой автомобиль** Spezial-LKW; ~ **проездной билет** Sonderfahrschein; ~ **вагон** *(Eis.)* Spezialwaggon (-wagen); ~ **график движения** Sonderfahrplan; ~ **груз** -fracht, -gut; ~ **морская зона** *(See.)* Hoheitsgewässer; ~ **исполнение** *(Auftragsabwicklung)* -e Bearbeitung, Sonderausführung; ~ **контейнер** Spezialcontainer (Einzweck-); ~ **конструкция** *(Bauweise)* -ausführung; ~ **грузовой воздушный корабль «Карго-лифтер»** *(Flug.)* Cargolifter; ~ **назначение** -e Verwendung; ~ **оборудование** -ausstattung <von Anlagen>; ~ **оснастка** -ausstattung <von Schiffen>; ~ **оснащение** -ausstattung <von Fahrzeugen>; ~ **отделка** -ausstattung <eines Fahrzeuginnenraums>; ~ **контейнерный поезд прямого сообщения «Карго-шпринтер»** *(Eis.)* Cargosprinter; ~ **<таможенная> пошлина** Sonderzoll; ~ **права заимствования (СПЗ)** Sonderziehungsrechte; ~ **прицеп** *(LKW)* Spezialanhänger; ~ **режим движения** *s. график движения*; ~ **рейс** Sonderfahrt; ~ **сбор** Sondergebühr/en (-abgabe); ~ **сиденье для детей** *(PKW)* Kindersitz; ~ **скидка** Sonderrabatt; ~ **судно** Spezialschiff; ~ **морское судно для плавания на реке/канале** fluss- und kanalgängiges Schiff; ~ **тариф** Sondertarif (-frachtsatz); ~ **тара** Spezialverpackung; ~ **транспортное средство** Spezialfahrzeug; **упаковка** *s. тара*; ~ **фуникулер** Standseilbahn, Cable Liner; ~ **цена** Sonderpreis;

автомобиль ‖ **специального**

назначения Spezial‖fahrzeug; **самолет** ~ -flugzeug

спецификация Spezifikation, Stückliste, -spezifikation *(in Zus.)*; **комплектовочная** ~ Packliste; **отгрузочная** ~ *s. отправочная*; **отправочная** ~ Versand-; **упаковочная** ~ *s. комплектовочная*; **экспортная** ~ Export-; ~ **на груз** Ladungsverzeichnis

специфическая таможенная пошлина spezifischer Zoll

спидограф *(Kfz., techn.)* Fahrtenschreiber; **цифровой** ~ digitaler

спидометр *(Kfz., techn.)* Tachometer

список *(s. ведомость, номенклатура, перечень)* Liste, Verzeichnis *(auch in Zus.)*; ~ **ожидания** *(Flug., Pass.)* Warteliste; ~ **товаров** Waren-; ~ **импортных товаров** Importwarenverzeichnis; ~ **экспортных товаров** Exportwarenverzeichnis; ~ **товаров, импорт которых ограничен** *(AH)* Negativliste im Import; ~ **товаров, экспорт которых ограничен** *(AH)* Negativliste im Export, Ausfuhrliste; ~ **товаров, предназначенных к импорту** *s. ~ импортных товаров*; ~ **товаров, предназначенных к экспорту** *s. ~ экспортных товаров*; ~ **товаров, свободных от таможенного обложения** Zollfreiliste

списочный парк <**автомобилей, вагонов**> *(Kfz., Eis.)* Inventarbestand

сплетенные транспортные потоки *(Pl.)* gebündelte Verkehre

сплошная линия *(Straße)* durchgängige Trennlinie, Sperrlinie;

сплошная и прерывистая <разделительные> линии einseitige Sperrlinie

спортивн‖ый/ая/ое/ые Sport- *(in Zus.)*; ~ **двухместный автомобиль** *(PKW)* -wagen, Zweisitzer; ~ **лодка** -boot; ~ **судоходство** -schiffahrt

способ Verfahren *(auch in Zus.)*; ~ **амортизации** *(kfm.)* Amortisations-; ~ **вождения** <**автомобиля**> Fahrweise (-stil); ~ **заказов** Bestell-; ~ **конструкции** *(Verkehrsmittel)* Bauweise; ~ **отгрузки** Versand-; ~ **перевозки** Beförderungs-, Transport-; ~ **перевозки на трейлерах** Trailerzug-; ~ **перевозки с вертикальной погрузкой и выгрузкой**⌑ *(Beförderung)* LoLo-~; ~ **перевозки с горизонтальной (быстрой) погрузкой и выгрузкой**⌑ *(Beförderung)* RoRo-~; ~ **погрузки лифт-он-лифт-оф** *(Umschlag)* LoLo-~; ~ **погрузки рол-он-рол-оф** *(Umschlag)* RoRo-~; ~ **посадки** *(Flug.)* Lande-; ~ **транспортировки** *s.* ~ *перевозки*; ~ **эксплуатации** Betriebsweise

способность *(f.)* Fähigkeit, -fähigkeit, -kapazität *(in Zus.)*; **провозная** ~ Durchlass-, Transport-, Verkehrs-; **пропускная** ~ <**дороги**> Durchlass- <einer Straße>; ~ **к вождению транспортного средства** Fahrtauglichkeit; ~ **к разгону (разбегу)** *(Kfz.)* Beschleunigungsvermögen

справа von rechts

справка Bescheinigung *(auch in Zus.)*; ~ **о подаче вагонов** <**под погрузку**> *(Eis., Güterv.)* Wagenstellungsanzeiger (Wagenstands-); ~ **о поступлении (приходе) груза** Eingangs-; ~ **о**

расписании Fahrplanauskunft; ~ <**таможенного органа**> **о таможенных тарифах** Zollauskunft; ~ **о причиненном ущербе** *(Vers.)* Schadensnachweis; **выдавать/выдать** ~ eine ~ erteilen, eine ~ ausgeben

справочник *(hier)* Fahrplanbuch; **железнодорожный** ~ *(Eis.)* Kursbuch; **региональный** ~ Regionalkursbuch

справочный отдел Auskunft, Informationsdienst

спрашивать/спросить <**о чем-л.**> <**etw.**> fragen, nachfragen; ~ **о предложении** ein Angebot erfragen (erbitten)

спрос <**на что-либо**> Nachfrage <nach etw.> *(auch in Zus.)*; **внешний** ~ Auslands-; **внутренний** ~ Binnen-; **совокупный** ~ aggregierte; **широкий** ~ Massen-; ~ **иностранных клиентов** *s. внешний*; ~ **на перевозки** *(Pl.)* ~ nach Beförderungsleistungen (Transporten); ~ **на тоннаж** *(Schiff.)* Tonnage-; ~ **на транспорт** Verkehrs-; ~ **на транспортные услуги** *(Pl.)* ~ nach Verkehrsdienstleistungen;

ориентация на ‖ **спрос** Nachfrage‖orientierung; **рост -а** Zunahme der ~, -zunahme; **снижение -а** Rückgang der ~, -rückgang; **товары** *(Pl.)* **повседневного -а** Waren des täglichen Bedarfs; **товары** *(Pl.)* **повышенного -а** Waren des gehobenen Bedarfs;

изучать/изучить ‖ **спрос** die ‖ Nachfrage ‖ erforschen (analysieren); **реагировать на** ~ auf eine ~ reagieren; **удовлетворять/ удовлетворить** ~ die ~ befriedigen;

~ превышает предложение die ~ übersteigt das Angebot

спуск 1. *(Streckenführung)* Neigung, Gefälle; **2.** *(Prozess)* Absenken, Herunterlassen, *(Schiff. auch)* Herunterhieven; ~ **груза** Absenken von Fracht; ~ **судна** Stapellauf, Zuwasserlassen eines Schiffes; **движение на** ~ Talfahrt (Neigungs-); **скорость** *(f.)* **-a** Absenkgeschwindigkeit

спускать/спустить судно на воду ein Schiff zu Wasser lassen

спускаться/спуститься
herunterkommen; *(zu Fuß)* heruntersteigen, *(mit einem Fahrzeug)* herunterfahren

спуско-подъемный комплекс *(Schiff.)* Absenk- und Hebevorrichtung

спутников‖ый/ая/ое/ые Satelliten- *(in Zus.)*; ~ **коммуникация** -kommunikation; ~ **навигация** -navigation; ~ **связь** *(f.)* *s. коммуникация*

спутный <**аэродинамический**> **след** *(Flug.)* Nachfolgespur, Nachlauf, Strömungsschatten, *(Schiff.)* Kielwasser

Средиземное море Mittelmeer

средиземноморский порт Mittelmeerhafen

средне- mittel-, durchschnittlich, Durchschnitts- *(in Zus.)*; **-европейское время** -europäische Zeit; **-поясная цена** Zonendurchschnittspreis (-tarif);

среднесуточн‖ый/ая/ое/ые durchschnittlich/e/er/es täglich/e/er/es; ~ **пассажиропоток** -es Passagieraufkommen, *(ÖPNV)* -es Fahrgast-; ~ **поставка** -e

Liefermenge; ~ **транспортный поток** -e Verkehrsmenge; ~ **пробег** *(Eis.)* -e Laufleistung, *(LKW)* -e Fahrleistung;

среднетоннажный контейнер mittlerer Container *(2,5 bis 6 t)*

средн‖ий/яя/ее/ие durchschnittlich/e/er/es, mittlere/er/es, Durchschnitts- *(in Zus.)*; ~ **высота полета** Reiseflughöhe; ~ **загрузка** -e Auslastung -auslastung; ~ **нагрузка** -e Belastung, -belastung; ~ **транспортная нагрузка** -verkehr; ~ **суточный пассажиропоток** durchschnittliches tägliches Passagieraufkommen (Fahrgast-); ~ **суточная погрузка** *(Eis.)* durchschnittliche tägliche Beladung; ~ **полоса** mittlere Fahrspur; ~ **предприятие** Mittelstandsunternehmen; ~ **расстояние оборота вагона** *(Eis.)* -e Wagenumlauflänge; ~ **расстояние перевозки** -e Transportweite (Beförderungs-); ~ **расстояние следования пассажиров** *(Pass.)* -e Reiseweite; ~ **ряд** *s. полоса*; ~ **магистральный самолет** Flugzeug für mittlere Reiseflugweiten; ~ **скорость** *(f.)* <**движения**> -geschwindigkeit, *(Pass. auch)* Reisegeschwindigkeit; ~ **тарифная ставка** -tarifsatz; ~ **тариф** Einheitstarif, staffelloser (allgemeiner) Tarif

средство/a Mittel, -mittel, -ausrüstungen *(in Zus.)*; **оборотные -a** *(Pl., kfm.)* <**предприятия**> Umlaufmittel <eines Unternehmens>; **погрузочно-разгрузочные** ~ Lademittel; **подъемно-транспортные -a** *(Pl.)* Transportausrüstungen (-gerät); **спасательные -a** *(Pl.)* Rettungsmittel (-gerät);

транспортное ~ Verkehrsmittel (Transport-); **финансовые** ~ Finanzmittel; ~ **передвижения** *(Pass.)* Verkehrsmittel; ~ **транспорта** *s. транспортное*

срок *(s. auch время, дата, период, продолжительность)* **1.** *(Zeitraum)* Frist, Dauer *(auch in Zus.)*; **2.** *(Zeitpunkt)* Termin *(auch in Zus.)*; **амортизационный** ~ *(kfm.)* Abschreibungsdauer; **гарантированный** ~ **поставки** garantierte Beförderungszeit; **договорно установленный** ~ *(jur.)* vertraglich vereinbarte Frist; **эксплуатационный** ~ Lebensdauer (Nutzungs-, Einsatz-);

срок || **выгрузки** <**транспортного средства**> **1.** *(Zeitraum)* Abladedauer (Entlade-), *(Schiff. auch)* Löschdauer; **2.** *(Zeitpunkt)* Abladetermin (-datum), Entladetermin (-datum), *(Schiff. auch)* Löschdatum; ~ **годности** <**товара**> **1.** *(Zeitraum)* Haltbarkeitsdauer <einer Ware>; **2.** *(Zeitpunkt)* Verfallsdatum; ~ **действия договора (контракта)** *(jur.)* Vertragsdauer; ~ **действия ответственности** *(jur.)* Haftungsdauer; ~ **действия разрешения** Genehmigungsfrist; ~ **доставки** <**грузов**> **1.** *(Zeitraum)* Lieferfrist (-dauer); **2.** *(Zeitpunkt)* Anlieferungstermin (Zustell-); ~ **исполнения заказа 1.** *(Zeitraum)* Bestellfrist; **2.** *(Zeitpunkt)* Erfüllungstermin, (Abwicklungs-); ~ **отгрузки** <**товара**> **1.** *(Zeitraum)* Verladedauer (Ablade-) <von Ware>; **2.** *(Zeitpunkt)* Verladetermin; ~ **перевозки** Beförderungsdauer (Transport-); ~ **платежа 1.** *(Zeitraum)* Zahlungsfrist (-ziel); **2.** *(Zeitpunkt)* Zahlungstermin; ~ **бесплатной погрузки** gebührenfreie Ladezeit; ~ **поставки**

1. *(Zeitraum)* Lieferfrist (-dauer); **2.** *(Zeitpunkt)* Liefertermin; ~ **пребывания** *(Pass.)* Aufenthaltsdauer; ~ **предъявления претензии** *(jur.)* Reklamationsfrist; ~ **прекращения погрузки** <**на терминале**> Ladeschluss <am Versandterminal>; ~ **простоя** <**транспортного средства**> Stillstandzeit (Stand-) <eines Transportmittels>; ~ **разгрузки** *s.* ~ *выгрузки*; ~ **регистрации** <**пассажиров**> *(Flug.)* Check-in-Dauer; ~ **службы** Einsatzdauer (Betriebs-); ~ **стоянки** *(Kfz.)* Parkdauer; ~ **транспортировки** Transportdauer; ~ **фрахтования** Charterperiode; ~ **хранения** <**грузов**> Aufbewahrungsfrist (Lager-); ~ **эксплуатации** Lebensdauer, (Nutzungs-, Betriebs-, Einsatz-);

в срок || termingerecht/e/er/es, pünktlich/e/er/es; **выгрузка** ~ -es Entladen, -es Abladen, -e Entladung, *(Schiff.)* -es Löschen; **доставка** ~ -e Anlieferung (Zustellung); **оплата** ~ -e Bezahlung; **перегрузка** ~ -es Be- und Entladen, -es Umladen; **погрузка** ~ -es Beladen, -e Beladung; **поставка** ~ -e Lieferung; **разгрузка** ~ *s. выгрузка*;

нарушать/нарушить || **срок** eine Frist || verletzen; **поставлять/поставить** <**что-л.**> **в** ~ <etw.> pünktlich (termingerecht) liefern; **продлевать/продлить** ~ ~ verlängern; **соблюдать/соблюсти** ~ ~ einhalten; **согласовывать/согласовать** ~ ~ vereinbaren, ~ abstimmen; **сокращать/сократить** ~ ~ verkürzen

срочность *(f.)* **1.** Fristigkeit; **2.** Dringlichkeit

срочн||ый/ая/ое/ые **1.** *(zum*

schnellstmöglichen Zeitpunkt) sofortig/e/er/es, Schnell-, Eil-, Express- _(in Zus.)_; **2.** _(innerhalb eines bestimmten Zeitraums)_ befristet/e/er/es; ~ **груз** -gut, -fracht; ~ **доставка** sofortige Zustellung (Lieferung), Expresszustellung (Eil-); ~ **линия** _(Schiff.)_ Expresslinie; ~ **перевозка** -beförderung; ~ <**страховой**> **полис** befristete Versicherungspolice (-er -schein), Versicherungspolice (-schein) auf Zeit; ~ **поставка** sofortige Lieferung, Expresslieferung (Eil-, Termin-); ~ **тариф 1.** <zeitlich> befristeter Tarif; **2.** Tarif für Expressbeförderung; ~ **чартер** prompter Charter

срыв таможенной пломбы Zollverschlussverletzung

ставить/поставить <**что-л. куда-л.**> <etw.> stellen; ~ **автомобиль** _(т.)_ **на стоянку** <ein Kfz.> <ein>parken; ~ **корабль на якорь** _(т., Schiff.)_ vor Anker gehen

ставка Rate, Satz _(auch in Zus.)_; **береговая и судовая** ~ Fracht- in der Küstenschifffahrt; **внутренняя** <**таможенная**> ~ Binnenzollsatz (Inlands-); **договорная** ~ vertraglich vereinbarte/er (ausgehandelte/er); **исключительная** ~ **пошлин** Ausnahmezollsatz; **колеблющаяся** ~ gleitende/er; **лизинговая** ~ Leasingrate; **лимитная** ~ Höchst-; **максимальная** ~ _s. лимитная_; **международная** ~ internationale/er; **минимальная** ~ Mindest-; **основная** ~ Basis-; **паушальная** ~ Pauschal-; **полная** ~ volle/er, Gesamt- _(ohne Unterteilung)_; **преференциальная** ~ Sonder-, Vorzugs-; **преференциальная** ~ **пошлин** Präferenzzollsatz; **расчетная** ~ Verrechnungs-; **средняя** ~ Durchschnitts-;

тарифная ~ Tarif-; **твердая** ~ feste/er, Fest-;

фрахтовая ставка || Frachtsatz (-rate, -tarif) _(auch in Zus.)_; **воздушная** ~ Luft-; **двойная** ~ Dual-, Doppel-; **единая** ~ Einheits-; **картельная** ~ _(Schiff.)_ Konferenzfrachtrate; **линейная** ~ Linien-; **льготная** ~ ermäßigte/er; **маршрутная** ~ Linien-; **основная** ~ Basistarif; **паушальная** ~ Pauschal-, Global-; **преференциальная** ~ Sonder-, Vorzugs-; **средняя** ~ Durchschnitts-; **тайм-чартерная** ~ Zeitcharter-; **трамповая** ~ _(Schiff.)_ Tramp-; ~ **на перевозку сухогрузов** ~ für Trockenladung; ~ **на танкеры** Tankerrate; ~ **на наливной тоннаж** _s._ ~ _на танкеры_;

чартерная ставка Charterrate;

ставка || **адвалорной пошлины** Wertzollsatz; ~ **ввозной** <**таможенной**> **пошлины** Einfuhrzollsatz; ~ **таможенной пошлины** Zollsatz; ~ **сбора** Gebührensatz; ~ **железнодорожного тарифа** Eisenbahntarif<satz>; ~ **исключительного тарифа** Ausnahme<fracht>tarif (Sonder-); ~ **общего тарифа** _s. полная тарифная_; ~ **фрахта** _s. фрахтовая_; ~ **морского фрахта** Seefracht-, Seefrachttarif; ~ **за (на) перевозку груза** Fracht-; ~ **за (на) перевозку срочного груза** Eilfracht-

сталийное время _(Schiff.)_ Liegezeit

стандарт Standard _(auch in Zus.)_; **евро-** _s. европейский_; **европейский** ~ Europäische Norm (Eurostandard); **международный** ~ internationaler; **промышленный** ~ Industrienorm; **технический** ~ technischer; **безопасности** ~ Sicherheits-; ~

качества Qualitäts-; **-ы** _(Pl.)_ **ЕС** EU-Standards (-Normen)

стандартизация Standardisierung; **Международная организация по -и (МОС)** Internationale Organisation für ~ (ISO)

стандартн‖ый/ая/ое/ые Standard- _(in Zus.)_; ~ **бланк** -formular; ~ **бланк автомобильного движения** Einheitsformular für den Straßengüterverkehr; ~ **величина** -größe, Regelgröße, -kennzahl; ~ **габарит** -<lade>maß, -abmessungen; ~ **груз** konventionelles Gut (-e Ladung); ~ **штучный груз** konventionelles Stückgut; ~ **таможенный документ** _(Zoll.)_ Einheitspapier; ~ **исполнение** _(Auftragsabwicklung)_ -ausführung; ~ **конструкция** _(Bauweise)_ -ausführung; ~ **контейнер** -container; ~ **оборудование** -ausrüstung; ~ **поддон** -palette; ~ **размер** -größe; ~ **судно** konventionelles Schiff; ~ **тара** -verpackung; ~ **тариф** Regeltarif; ~ **упаковка** _s. тара_

станционный путь Bahnhofsgleis

станция Station, Bahnhof, Haltepunkt _(auch in Zus.)_; **авиационно-метеорологическая** ~ Flugwetterstation; **автозаправочная** ~ Tankstelle; **верхняя концевая** ~ <**канатной дороги**> Bergstation <einer Seilbahn>; **грузовая** ~ Güterbahnhof; **железнодорожная** ~ Eisenbahnhaltepunkt, Bahnstation; **заправочная** ~ _s. автозаправочная_; **карантинная** ~ Quarantänestation; **конечная** ~ End-; **контейнерная грузовая** ~ **(КГС)** Containerbahnhof; **нижняя концевая** ~ <**канатной дороги**> Talstation <einer Seilbahn>;

отгрузочная ~ Verladebahnhof; **пассажирская** ~ Haltepunkt für Personenzüge; **перегрузочная** ~ Umladebahnhof (Umschlag-); **пересадочная** ~ Umsteigebahnhof (Übergangs-); **пограничная** ~ Grenzbahnhof (-station); **подгорная концевая** ~ <**канатной дороги**> _s. нижняя концевая_; **портовая** ~ Hafenbahnhof; **приемная** ~ Empfangsbahnhof (station); **промежуточная** ~ Unterwegsbahnhof (Zwischen-); **проходная** ~ Durchgangsbahnhof (-station); **радиолокационная** ~ Radarstation; **сортировочная** ~ Rangierbahnhof (Verteiler-, Verschiebe-); **спасательная** ~ Rettungsstation; **стыковая** ~ Übergangsbahnhof; **техническая** ~ Betriebsbahnhof (Abstell-); **товарная** ~ _s. грузовая_; **тупиковая** ~ Kopfbahnhof; **узловая** <**железнодорожная**> ~ Knotenbahnhof; **узловая** ~ **на пересечении двух направлений** Kreuzungsbahnhof;

станция ‖ **выгрузки** Entladebahnhof (-station); ~ **внутризаводской железной дороги** Werkbahnhof; ~ **метрополитена** _(ÖPNV)_ U-Bahn-Station; ~ **назначения** Zielbahnhof (Bestimmungs-); ~ **обгона** Überholungsbahnhof; ~ **технического обслуживания** Servicestation, Reparaturdienst; ~ **отгрузки** Verladestation, Versandbahnhof; ~ **отправителя** Bahnhof des Versenders (Versender-); ~ **отправления** Abgangsbahnhof (Absende-, Entsende-), _(Güter)_ _s. auch отгрузки_; ~ **перегрузки** _s. ~ перевалки_; ~ **перевалки** Umladebahnhof (Umschlag-); ~ **погрузки** Be- und Verladebahnhof

(-station); ~ **погрузки контейнеров** Containerpackstation; ~ **поездов дальнего следования** Fernbahnhof; ~ **пригородных поездов** Haltepunkt der Regionalbahn; ~ **покупателя** Bahnhof des Empfängers; ~ **получателя** *s.* ~ *покупателя*; ~ **поставщика** *s.* ~ *отправителя*; ~ **прибытия** Ankunftsbahnhof; ~ **приезда** *(Pass.)* Ankunftsbahnhof; ~ **приема** *s. приемная*; ~ **примыкания железных дорог разной ширины колеи** Anschlussbahnhof für Bahn mit anderer Spurweite; ~ **разгрузки** *s.* ~ *выгрузки*; ~ **скрещения** *s. узловая* ~ *на пересечении двух направлений*; ~ **стоянки вагонов** *s. техническая*; ~ **стыкования** *s. стыковая*; ~ **формирования и расформирования поездов** Zugbildungsbahnhof; ~ **электрички** Haltepunkt der Regionalbahn, S-Bahnhof;

франко станция || **назначения** frachtfrei || Bestimmungsbahnhof; ~ **отправления** ~ Abgangsbahnhof (Versand-); ~ **отправителя** ~ Bahnhof des Versenders; ~ **получателя** ~ Bahnhof des Empfängers;

горловина станци||**и** Gleisengpass; **дежурный по** **—и** *(Pers.)* Fahrdienstleiter; **емкость** *(f.)* **-и** *(Güterv.)* Bahnhofs||kapazität; **территория -и** Bahnhofs-;

входить/войти на станци||**и** an einer Station || einsteigen; **выходить/выйти на -и** ~ aussteigen; **делать/сделать пересадку на -и** ~ umsteigen; **садиться/сесть <на метро> на -и** ... an der Station ... <in die U-Bahn> einsteigen

стапель *(m., Schiffbau)* Helling, Slip,

Slipway; **спуск <судна> со -я** Stapellauf

стапельн||**ый/ая/ое/ые** *(Schiffbau)* Helling- *(in Zus.)*; ~ **кран** -kran; ~ **место** –platz; ~ **сооружения** *(Pl.)* -komplex ~ **устройство** *s. сооружения*

старший бортпроводник *(Flug., Schiff.)* Chefsteward

статистика Statistik *(auch in Zus.)*; **внешнеторговая** ~ Außenhandels-; **транспортная** ~ Verkehrs-; ~ **аварий** Unfall-; ~ **грузовых перевозок** Güterverkehrs-; ~ **пассажирских перевозок** Personenbeförderungs-, Reiseverkehrs-; ~ **дорожно-транспортных происшествий** Verkehrsunfall-

статическая нагрузка <вагона> *(Eis.)* statische Wagenbelastung, Ruhelast <eines Waggons>

статья 1. *(jur., s. auch оговорка)* Klausel *(auch in Zus.)*; **2.** *(Ware)* Posten *(auch in Zus.)*; ~ **договора** Vertragsklausel; ~ **импорта** Importposten; ~ **чартера** Charterklausel; ~ **экспорта** Exportposten

стекло Scheibe *(auch in Zus.)*; **боковое** ~ Seiten-; **заднее** ~ Heck-; **лобовое** ~ Front-; **переднее** ~ Vorder-

стекло||**омыватель** *(m., Kfz.)* Scheibenwaschanlage; -**очиститель** *(m., Kfz.)* Scheibenwischer

стеклянная тара (упаковка) Glasverpackung

степень *(f.) s. уровень*

стержневая транспортная (рельсовая) сеть Kernnetz <im Schienenverkehr>

стивидор *(Schiff.)* **1.** *(Pers.)* Stauer; **2.** Stauereifirma

стивидорн‖ый/ая/ое/ые *(Schiff.)* Stau- und Trimm-, Stauer<ei>- *(in Zus.)*; ~ **работы** *(Pl., Schiff.)* -arbeiten; ~ **тариф** –tarif, -kosten; ~ **услуги** *(Pl.)* –dienste, -dienstleistungen; ~ **фирма** -firma; **плата за** ~ **работы** *(Pl.)* Stauerlohn

стиль *(m.)* **вождения автомобилем** Fahrverhalten (-stil) <eines Fahrers>

стимулирование экспорта Exportförderung

стоимостн‖ый/ая/ое/ые Wert- *(in Zus.)*; ~ **классификация** -klasse; ~ **надбавка** -zuschlag; ~ **пошлина** -zoll; ~ **тариф** -tarif

стоимость *(f., kfm.)* Kosten, Preis, Wert, -kosten, -preis, -wert, Wert- *(in Zus.)*; **декларационная** ~ *(Zoll.)* Deklarationswert; **добавленная** ~ Mehrwert, Wertzuwachs; **расчетная** ~ *(Zoll.)* Verrechnungswert; **рыночная** ~ Marktwert; **страховая** ~ Versicherungswert; **таможенная** ~ Zollwert; **фактическая** ~ tatsächliche Kosten; **фактурная** ~ Rechnungsbetrag (Faktura-), Fakturawert; **экспортная** ~ *(Zoll.)* Ausfuhrwert;

стоимость ‖ авиабилета Flugpreis; ~ **авиаперевозки** Luftfrachttarif; ~ **проездного билета** Beförderungstarif (-gebühr/en, -preis), *(Pass. auch)* Fahrpreis, *(ÖPNV auch)* Fahrgeld, *(Güterv. auch)* Transporttarif (-gebühr/en, -preis); ~ **вывоза** Entsendekosten (Versand-); ~ **груза** Frachtkosten; ~ **экспортного груза** *s.* **экспортная**; ~ **одного километра пробега** Kilometerpreis; ~ **перевозок** Beförderungskosten (Transport-, Verkehrs-); ~ **грузовых перевозок** Gütertransportkosten; ~ **пассажирских перевозок** *(Pass.)* Beförderungskosten; ~ **погрузки и выгрузки** Ladegeld, Verladekosten; ~ **поездки** Reisekosten; ~ **полета** Flugkosten; ~ **пользования транспортной (железнодорожной) сетью** Netzpreis; ~ **проезда** *s.* ~ *проездного билета*; ~ **проекта** Projektkosten; ~ **ремонта** Reparaturkosten; ~ **товара** Warenwert; ~ **транспорта** Wegekosten; ~ **трассы** Trassenpreis; ~ **упаковки** Verpackungskosten; ~ **транспортных услуг** Transportkosten; ~ **экспедиторских услуг** Speditionskosten; ~ **фрахта** *s.* ~ *груза*; ~ **штивки** *(Schiff.)* Stau- und Trimmkosten;

стоимость ‖ и страхование Kosten und Versicherung, cost & insurance (ci); **~, страхование и фрахт** cost, insurance, freight (cif); **~, страхование, фрахт и комиссионные** Kosten, Versicherung, Fracht und Provision; cost, insurance, freight & commission, (cifc); **~, страхование, фрахт, комиссионные и проценты** Kosten, Versicherung, Fracht, Provision und Kreditkosten; cost, insurance, freight, commission & interest (cifci); ~ **и фрахт** Kosten und Fracht, cost & freight (caf);

указание стоимости Wertangabe;

объявлять/объявить ‖ стоимость einen Wert ‖ deklarieren; **устанавливать/установить** ~ einen ~ festlegen (bestimmen)

стойка регистрации <авиапассажиров> *(Flug.)* Check-in-Counter, *(Pl. auch)* Abfertigungsanlagen

столкновение <транспортных

средств> Zusammenstoß, Kollision, Karambolage <von Fahrzeugen>; **массовое** ~ Massenkarambolage

столбовая дорога *(Eis.)* Hauptlinie (-strecke), *(Straße)* Hauptstraße

стоп Stopp, Halt, -halt, Halte- *(in Zus.)*; **~-кран** *(Schienv.)* Hebel für Not-; **~-сигнал 1.** *(Verkehrsanlage)* -signal; **2.** *(Fahrzeug.)* Bremslicht

сторож стоянки *(Pers.)* Parkwächter

сторона *(jur.)* Vertragsseite (-partner); **договаривающие -ы** *(Pl., jur.)* vertragschließende Seiten

сторонний поставщик Zulieferer, Zulieferbetrieb

стояние <судна> Liegezeit <eines Schiffes>

стоянка 1. *(Prozess)* Parken, Stopp<en>; **2.** *(räuml, s. auch автостоянка.)* Parkplatz, Stellplatz, *(Schiff.)* Liegeplatz, -parkplatz, Park- *(in Zus.)*; **бесплатная** ~ gebührenfreier; **крытая** ~ -haus, überdachter; **охраняемая** ~ bewachter; **платная** ~ gebührenpflichtiger; **промежуточная** ~ **для грузовиков** *(LKW)* Auffang-; **свободная** ~ freier; **якорная** ~ *(Schiff.)* Liegeplatz;

стоянка || **судна** *s. якорная*; ~ **такси** *(n., indkl.)* Taxistand (-haltepunkt); ~ **по пути следования** Zwischenstopp;

время стоянк||**и** Park||zeit, -dauer, Standzeit; **запрещение -и** -verbot; **зона -и** -bereich, -zone; **зона -и контейнера** Containerstell- und -lagerplatz; **зона запрещенной -и** -verbotszone; **квитанция об уплате сбора за -у** -schein; **концепция хозяйственного использования полезной**

площади для -ок -raumbewirtschaftungskonzept; **место -и** -platz, <Ab>Stellfläche, *(Schiff.)* Liegeplatz; **плата за -у** -gebühr/en; **оператор -и** -platzbetreiber; **оператор крытой -и** -hausbetreiber; **площадь** *(f.)* -и -fläche, -platz; **полоса -и** -spur, -streifen; **порядок размещения автомобилей на -е** -ordnung; **продолжительность** *(f.)* -и *s. время*; **размещение автомобиля на -е** Einparken; **сбор за -у** *(Schiff.)* Hafenliegegebühr/en; **килевой сбор за -у в порту** *(Schiff.)* Kielgeld; **срок -и** *s. время*; **станция -и <вагонов>** *(Eis.)* Abstellbahnhof; **сторож -и** *(Pers.)* -wächter; **счетчик времени на -е** -uhr; **указатель** *(m.)* **времени -и** -scheibe; ~ **запрещена!** *(feste Wendung)* Parken verboten!; ~ **только для жителей этой улицы** Parken nur für Anwohner (Anlieger);

въезжать/въехать на стоянк||**у** auf einen Parkplatz || fahren, <ein Kfz.> einparken; **ставить/поставить автомобиль** *(m.)* **на -у** ein Kfz <ein>parken; **стоять на -е** auf einem ~ stehen; **съездить/съехать со -и** von einem ~ herunterfahren, <ein Kfz.> ausparken

стояночн||**ый/ая/ое/ые** *(Kfz.)* Stand- *(in Zus.)*; ~ **время** *(n., auch Eis.)* -zeit; ~ **отопление** -heizung; ~ **полоса** -spur; ~ **свет** -licht

стоять stehen, *(Schiff.)* liegen; ~ **в порту** im Hafen; ~ **на рейде** auf Reede; ~ **на стоянке** *(Kfz.)* auf einem Parkplatz, parken

страна Land *(auch in Zus.)*; **ввозящая** ~ Import-, Einfuhr-; **вывозящая** ~ Export-, Ausfuhr-; **импортирующая** ~ *s. ввозящая*;

транзитная ~ Transit-; **третья** ~ Dritt-; **экспортирующая** ~ *s. вывозящая*;

страна/ы Балтийского моря Ostseeanrainerstaat/en;

страна ‖ **назначения** Bestimmungs‖land; ~ **отправителя** Land des Versenders; ~ **отправления** Abgangs-; ~ **покупателя** Käufer-, Abnehmer-; ~ **поставщика** *s.* ~ *продавца*; ~ **продавца** Verkäufer-; ~ **происхождения** Herkunfts-, Ursprungs-; ~ **транзита** *s. транзитная*; **-ы** *(Pl.)* **удобного флага** *(See.)* Billigflaggenländer;

страна вне ЕС Drittland, Nicht-EU-Land;

страна‖-импортер *s. ввозящая*; **~-покупатель** *s.* ~ *покупателя*; **~-получатель** Empfänger-; **~-поставщик** *s.* ~ *продавца*; **~-экспортер** *s. вывозящая*;

внутри страны innerstaatlich/e/er/es;

въезжать/въехать в стран‖у in ein ‖ Land ‖ einreisen; **выезжать/выехать из -ы** aus einem ~ ausreisen; **переселяться/ переселиться в другую -у** in ein anderes ~ übersiedeln; **покидать/ покинуть -у** ein ~ verlassen

стратегия Strategie *(auch in Zus.)*; ~ **группировки и сосредоточения <транспортных потоков>** Bündelungs- <für Verkehrsströme>; ~ **в области транспорта** Verkehrs-

страхование Versicherung, -versicherung, Versicherungs- *(in Zus.)*; **авиационное** ~ Luftfahrt-; **автомобильное** ~ **каско (автокаско)** Kfz-Kasko-; **автотранспортное** ~ **от**

гражданской ответственности Kfz-Haftpflicht-; **адвалорное** ~ **Wertsachen-; воздушное** ~ **каско** Luftfahrtkasko-; **воздушное** ~ **от гражданской ответственности** Luftverkehrs-Haftpflicht-; **гарантийное** ~ Haftpflicht-; **гарантийное** ~ **груза, перевозимого экспедитором** Spediteurshaftpflicht-; **двойное** ~ Doppel-; **дополнительное** ~ Zusatz-; **морское** ~ See<transport>-, Seegüter-; **морское** ~ **каско** Seekasko-; **наземное** ~ Land<transport>-; **неполное** ~ **каско** Teilkasko-; **обязательное** ~ obligatorische, gesetzliche, Pflicht-; **окладное** ~ *s. обязательное*; **открытое** ~ General-; **полное** ~ **каско** Vollkasko-; **путевое** ~ Reise-; **речное** ~ **каско** Flusskasko-; **транспортное** ~ Transport-; **экспедиторское** ~ Spediteurs-;

страхование ‖ **автокаско** *(indkl.)* Auto-Kasko-‖versicherung; ~ **автомобиля** Kfz-~; ~ **автомобиля на случай аварии** *(Kfz.)* -versicherung; ~ **багажа** <Reise>Gepäck-; ~ **владельца автомобиля от ответственности за причинение вреда** Kfz-Haftpflicht-; ~ **груза** Fracht-, Waren-; ~ **палубного груза** *(Schiff.)* Deckladungs-; ~ **перевозимого груза** Gütertransport-; ~ **груза на случай возможной конфискации** Beschlagnahme-; ~ **движимого имущества** Fahrnis-; ~ **карго** *(indkl.)* Kargo-, Fracht-; ~ **каско** *(indkl.)* Kasko-; ~ **ответственности за причинение вреда** *s.* ~ *от гражданской ответственности*; ~ **пассажиров 1.** *(Pass. allg.)* Personentransport-, Reise-; **2.** *(Kfz.)* Fahrzeuginsassen-; ~ **пассажиров от несчастных случаев** Insassenunfall-, Kfz-Unfall-; ~

внутренних перевозок Binnentransport-; ~ воздушных перевозок Luftfahrt-; ~ морских портов от гражданской ответственности Haftpflicht- der Seehäfen; ~ самолета Flugzeug-; ~ средства транспорта Transportmittel-; ~ судов Schiffs-; ~ туристов на случай расторжения контракта с туристическим агентством *(Pass.)* Reiserücktritts-; ~ фрахта Fracht-; ~ экспедитора *s. экспедиторское;*

страхование || от полной гибели ~ gegen Totalverlust; ~ от гражданской ответственности Haftpflicht-; ~ от несчастных случаев *(Pers.)* Unfall-; ~ <имущества> от убытков Schadens-; ~ от уплаты пени Pönal-; ~ против всех рисков ~ gegen alle Risiken (A.A.R.-~); ~, гарантирующее бесплатную обратную перевозку пассажира <в случае его заболевания или аварии> Rücktransport-;

стоимость *(f.)*, страхование и фрахт *(Incoterms)* Kosten, Versicherung, Fracht<gebühr>; cost, insurance, freight (cif);

договор страховани||я Versicherungs||vertrag; договор воздушного -я Luftversicherungsvertrag; договор морского -я Seeversicherungsvertrag; обязанность -я -pflicht; полис -я -police, -schein; правила *(Pl.)* -я -vorschriften, -bestimmungen; сумма -я -summe; <общие> условия -я <allgemeine> -bedingungen;

подлежащ||ий/ая/ее/ие/ -ю versicherungspflichtig/e/er/es;

заключать/заключить || договор

страхования eine Versicherung || abschließen; продлевать/продлить ~ ~ verlängern; расторгать/расторгнуть ~ ~ kündigen

страхователь *(m., Pers.)* Versicherungsnehmer, Versicherter

страховать/застраховать <кого-л./что-л. от чего-л.> <jmdn./etw. gegen etw.> versichern; ~ автомобиль *(m.)* ein Kfz.; ~ груз Fracht; ~ пассажиров Passagiere, Fahrgäste; ~ самолет ein Flugzeug; ~ транспортное средство ein Transportmittel; ~ судно ein Schiff; ~ фрахт *s. груз*

страхов||ой/ая/ое/ые Versicherungs- *(in Zus.)*; ~ агент *(Pers.)* -agent, -vertreter; ~ акт -akt, -vorgang; ~ вознаграждение -provision; ~ дело -gewerbe, -wirtschaft; ~ деятельность *(f.)* -tätigkeit; ~ документ -dokument, -urkunde, -police; ~ защита -schutz; ~ заявление -antrag; ~ компания -gesellschaft; ~ общество *s. компания;* ~ объявление -anzeige; ~ плата -beitrag, -prämie;

страховой полис || Versicherungs||police, -police; автогужевой ~ Rollfuhrversicherungsschein (RVS); генеральный ~ General-; дополнительный ~ Zusatz-; именной ~ Namens-; нетаксированный ~ offene; основной ~ Hauptversicherungs-; открытый ~ *s. генеральный;* паушальный ~ Pauschal-; поименный ~ *s именной;* предъявительский ~ Inhaber-; рейсовый ~ Linien-; смешанный ~ gemischte, Misch-; срочный ~ befristete, ~ auf Zeit; стандартный ~ Typen-, Muster-; судовой ~ Schiffs-; таксированный ~ mit festem Wert; **экспедиторский** ~ Speditionsversicherungsschein (SVS);

страхов||ая **премия** Versicherungs||prämie; ~ **сбор/ы** -gebühr/en; ~ **свидетельство** *s. полис*; ~ **свидетельство** **на** **перевозимый** **груз** *s. экспедиторский* ~ *полис*; ~ **свидетельство** **на** **перевозку** **железнодорожного** **груза** **автотранспортом** Bahn-Rollfuhr-Versicherungsschein (RVS); ~ **сертификат** *s. полис*; ~ **случай** -fall; ~ **стоимость** *(f.)* -kosten, -gebühr/en; ~ **сумма** -summe; ~ **талон** -schein; ~ **тариф** -tarif

страховщик *(Pers.)* Versicherer; **счет** **-а 1.** *(Bank)* Konto des -s; **2.** *(Dokument)* Rechnung des -s

стрела, грузовая Ladebaum

стрелка *(Schienv.)* Weiche *(auch in Zus.)*; ~ **прибытия** Einfahr-; ~, **не** **требующая** **текущего** **обслуживания** wartungsfreie

стрелочный перевод Weiche

строительно-монтажный **поезд** Bau- und Montagezug

строительный **вагон** Bauwagen (-waggon)

строительство Bau *(auch in Zus.)*; **дорожное** ~ Straßen-; **железнодорожное** ~ Eisenbahn-; **коммунальное** **дорожное** ~ kommunaler Straßen-; **транспортное** ~ Verkehrs-; **федеральное дорожное** ~ **1.** *(RF)* föderaler Straßen-; **2.** *(BRD)* Straßenbau durch den Bund;

строительство || **транспортной** **инфраструктуры** Bau von Verkehrsinfrastruktur; ~ **железнодорожного** **(рельсового)**

подвижного **состава** Schienenfahrzeug||bau; ~ **<железнодорожных>** **путей** Gleis-; ~ **сети автомагистралей** Autobahn-; ~ **туннелей** Tunnel-; **планирование** **-а** **аэропорта** *(Neubau)* Flughafenplanung

строп *(Schiff.)* Stropp, Halteleine; **поднимать/поднять** **груз,** **заключенный** **в** ~ <Fracht an/von Bord> hieven

структура Struktur *(auch in Zus.)*; **тарифная** ~ Tarif-; **транспортная** ~ Verkehrs-; ~ **<перевозимых>** **грузов** Güter-, Fracht-; ~ **пассажиропотоков** Passagier-, Fahrgast-; ~ **воздушного** **пространства** Luftraum-

структурное **преобразование** **<предприятия>** Restrukturierung <eines Unternehmens>

ступенчат||ый/ая/ое/ые Stufen-, Staffel- *(in Zus.)*; ~ **коробка** **передач** *(Kfz.)* Schaltgetriebe; ~ **тариф** –tarif;

ступенчатый **указатель** || *(m.)* <Tarif>Staffel, -staffel *(in Zus.)*; ~ **количественного** **тарифа** Mengen-; ~ **стоимостного тарифа** Wert-; ~ **тарифа по весу** Gewichts-; ~ **тарифа** **по** **расстоянию** Entfernungs-

стыковой **пункт** *(Eis.)* Übergabepunkt

стюард *(Schiff., Pers.)* Steward

стюардесса *(Schiff., Pers.)* Stewardess

субподрядчик Unterauftragnehmer, Subcontractor

субпоставщик Zulieferer, Zulieferbetrieb

субсидия/и Subvention/en; **экспортная** ~ Exportsubvention/en

(-erstattung)

субъект, хозяйствующий Wirtschaftssubjekt

субэкспедитор Unterspediteur

суверенитет *(jur.)* Hoheit *(auch in Zus.)*; **таможенный** ~ Zoll-; **тарифный** ~ Tarif-; ~ **над воздушным пространством** Luft-

суверенное право *(jur.)* Hoheitsrecht

суд *(jur.)* Gericht *(auch in Zus.)* **арбитражный** ~ Arbitrage-, Schieds-; **коммерческий** ~ Handels-; **морской** ~ See-; **транспортный** ~ Verkehrs-; **участковый** ~ *(BRD)* Amts-; ~ **первой (низшей) инстанции** *s. участковый*; ~ **по делам судоходства** Schifffahrts-

судебное производство о взимании штрафа <**за транспортное нарушение**> *(jur.)* Bußgeldverfahren

судно *(s. auch корабль, паром, пароход)* Schiff, -schiff, Schiffs- *(in Zus.)*; **автотранспортное** ~ Autotransport-; **беспалубное** ~ deckloses; **буксирное** ~ Schlepp-, Schlepper; **возвращающееся из рейса** ~ einlaufendes; **высокоскоростное** ~ Hochgeschwindigkeits-; **высокоэффективное** ~ Hochleistungs-; **газовозно-наливное** ~ Gastank-; **головное** ~ -prototyp, erstes ~ <einer Serie>; **гражданское** ~ Handels-, Fischerei-; **грузовое** ~ Fracht-, Transport-, Frachter; **грузопассажирское** ~ Kombi-, Fahrgastfrachter; **железнобетонное** ~ Stahlbeton-; **зафрахтованное** ~ Charter-; **каботажное** ~ Kabotage-, Küsten<motor>-; **классифицированное** ~

klassifiziertes; **контейнерное** ~ Container-; **круизное** ~ Kreuzfahrt-; **крупнотоннажное** ~ Großraumfrachter; **линейное** ~ Linien-; **лихтерное** ~ <Schub>Leichter, Lastkahn, (Schlepp-); **мелкосидящее** ~ *s. мелкоходное*; **мелкоходное** ~ flachgehendes; **многоцелевое** ~ Mehrzweck-, Vielzweck-; **мореходное** ~ seegängiges (-tüchtiges); **морское** ~ See-; **морское грузовое** ~ Hochseefrachter; **морское паромное** ~ Hochseefähr-; **морское пассажирское** ~ Hochseefahrgast-; **навалочное** ~ Schüttgut-; **наливное** ~ Flüssiggut-, Tank-, Tanker; **насыпное** ~ Schüttgutfracht-, Schüttgutfrachter; **незафрахтованное** ~ unbeladenes; **непогруженное** ~ *s. незафрахтованное*; **несамоходное** ~ *(ohne eigenen Antrieb)* Barkasse, Lastkahn, Leichter; **нефтеналивное** ~ Öltanker; **научно-исследовательское** ~ Forschungs-; **однопалубное** ~ eindeckiges; **однотипное** ~ Schwester-; **океанское** ~ Übersee-, Hochsee-; **паромное** ~ Fähr-; **пароходное** ~ Dampfer; **парусное** ~ Segel-; **парусно-моторное** ~ Segelmotorboot; **пассажирское** ~ Passagier-, Fahrgast-, Personen-; **погруженное** ~ beladenes; ~ **mit Ladung**; **потерпевшее аварию** ~ havariertes; **прибрежное** ~ *s. каботажное*; **прибывающее** <**в порт**> ~ <in einen Hafen> einlaufendes; **прибывшее** <**в порт**> ~ <in einen Hafen> eingelaufenes; **разбитое** ~ -wrack; **разгруженное** ~ entladenes, ~ ohne Ladung; **рейсовое** ~ Linien-; **ремонтное** ~ Reparatur-; **рефрижераторное** ~ Kühl-; **речное** ~ Binnen-; **рыболовное** ~ Fang-, Trawler;

самоходное ~ *(mit eigenem Antrieb)* selbstfahrend/e/er/es, Schub-, Schlepp-; **серийное** ~ *s. однотипное*; **снабженческо-приемное** ~ Versorgungs-; **спасательное** ~ Rettungs-; **специальное** ~ Spezial-; **специальное морское** ~ **для плавания на реке/канале** fluss- und kanalgängiges; **судоподъемное** ~ Hebe-; **стандартное** ~ Standard-, konventionelles; **сухогрузное** ~ Trockenfracht-, Trockenfrachter (Bulk-); **таможенное** ~ Zollwach-, Zollboot; **типовое** ~ *s. стандартное*; **товарное** ~ *s. грузовое*; **торговое** ~ Handels-; **трамповое** ~ Tramp-, Gelegenheits-, Bedarfs-; **транспортное** ~ Transport-, Fracht-, Frachter; **трейлерное** ~ Trailer-; **универсальное** ~ Universal-, Mehrzweck-, Vielzweck-, Multifunktions-;

судно || **различного назначения** *s. универсальное*; ~ **специального назначения** *s. специальное*; ~ **внутреннего плавания** Binnen||schiff; ~ **дальнего плавания** *s. океанское*; ~ **комбинированного <река-море-> плавания** Kombi-, Fluss-See-~, seegängiges Binnen-; ~ **морского плавания** *s. морское*; ~ **прибрежного плавания** *s. каботажное*; ~ **смешанного <морского и внутреннего> плавания** *s. ~ комбинированного плавания*; ~ **типа балк-кэрриер** Bulkfracht-, Bulkcarrier; ~ **типа Либерти** Liberty-~; ~ **типа ло-ло** LoLo-~; ~ **типа ОБО** OBO-~, Erz-Öl-Fracht-; ~ **типа ро-ро** RoRo-~; ~ **порожнем** unbeladenes;

судно || **в грузу** beladenes Schiff; ~ **для перевозки груза на поддонах** Paletten||schiff; ~ **для перевозки** **генерального груза** Stückgut-, Stückgutfrachter; ~ **для перевозки массового груза** Schüttgut-, Schüttgutfrachter; ~ **для перевозки наливного груза** Flüssiggutfrachter, Tanker; ~ **для перевозки штучного груза** *s.* ~ *для перевозки генерального груза*; ~ **для перевозки контейнеров** Container-; ~ **на подводных крыльях** Tragflächen-;

франко || **судно** frachtfrei Schiff (ex ship); ~ **борт судна** free on board (fob); ~ **вдоль борта судна** free alongside ship (fas);

судно||-база Begleit||schiff; **~-буксир** Schlepp-; **~-буксировщик** *s. ~-буксир*; **~-док** Hebe-; **~-рефрижератор** Kühl-; **~-спасатель** *(т.)* Rettungs-;

судно, || **готовое к плаванию** seeklares Schiff; ~ **предназначенное для перевозок массового груза** Massengutfracht||schiff, Massengutfrachter, Bulkcarrier; ~ **предоставленное для морской перевозки грузов** Charter-; gechartertes Schiff;

агентирование судов Vermietung von Schiffen; **арендатор судн||а** Schiffs||mieter; **арест -а** -beschlagnahme, -arrest; **безопасность** *(f.)* **на -е** -sicherheit; **владелец -а** *(Pers.)* -eigner, -eigentümer; **чистая вместимость -а** Nettoraumgehalt eines -s; **вход -а в порт** Einlaufen eines -s in den Hafen; **выход -а из порта** Auslaufen eines -s aus dem Hafen; **график движения судов** -fahrplan; **грузовместимость** *(f.)* **-а** Tonnagekapazität eines -s; **движение судов** -verkehr; **<таможенная> декларация по**

отходу -a Zollausfuhrerklärung; инспекция -a -inspektion; интервал между -ами *(zeitlich)* -abstand; кабина на -е -kabine; капитан -a -kapitän; кларирование -a при выходе из порта Ausklarierung eines -s; класс -a -klasse, Bootsklasse; классификация судов -klassifikation; командир -a s. *капитан*; корпус -a -rumpf; маршрут движения (плавания) -a Schifffahrtslinie (-route, -weg); масса -a -gewicht; марка погружения судна Tiefgang eines -s; место стоянки -a -liegeplatz; наем -a Befrachtung (Chartern) eines -s; нос -a -bug; обработка -a -abfertigung; освидетельствование -a -besichtigung; отправка -a -abfertigung; таможенная очистка -a zollamtliche -abfertigung; палуба -a -deck; пассажир -a -passagier, -reisender; перевозка на -е -transport; перегрузка <груза> на -е Umstauen <von Fracht> auf einem ~; переезд на -е *(Pass.)* -passage; переправа на -е *s. переезд*; перечень судов -verzeichnis; период стоянки судов -liegezeit <im Hafen>; план размещения груза на -е Stauen der Fracht <auf einem ~>; плата за наем -a -miete; погрузка на ~ Einklarierung eines -s; максимально допустимая (ограниченная) погрузка речного -a *(Binnsch.)* <beschränkte> Abladetiefe eines -s; поездка на -е -reise; поручень *(m.)* -a -reling; порядок размещения (штивки) груза на -е Trimmordnung; посадка на ~ Einschiffung; присвоение -у класса Zuerkennung einer Klasse an ein ~; приставание -a *(Prozess)* Anlanden eines -s; проверка -a *s. инспекция*; проверка мореходного состояния -a Seefähigkeitsprüfung

eines -s; <ледокольная, лоцманская> проводка судов <Eisbrecher-, Lotsen>Begleitung von -en; продолжительность *(f.)* плавания -a Einsatzdauer eines -s; простой -a Überliegezeit eines -s; путь *(m.)* -a Fahrtroute (Reise-) eines -s; размещение груза на -е Stauen, Trimmen; разрешение на ведение речных судов *(Binnsch.)* Schifferpatent; расстояние *(räuml.)* между -ами -abstand; регистр судов *(Behörde)* -register; регистрация -a *(Prozess)* -registrierung; свидетельство о классификации -a Klassifikationsattest (Revisions-); скорость *(f.)* хода -a -geschwindigkeit; совладелец -a Miteigentümer eines -s, *(Binnsch.)* Partenreeder; мореходное состояние -a seetüchtiger Zustand eines -s; спуск -a Stapellauf, Zuwasserlassen eines -s; стояние -a -liegezeit; страхование -a -versicherung; тип -a -patent; тоннаж -a Ladekapazität eines -s; трюм -a -raum; <письменное> уведомление о готовности -a к погрузке -klarmeldung; флаг -a -flagge; фрахтование -a Befrachtung <eines -s>; фрахтователь -a Befrachter eines Schiffes; фрахтовщик -a Seefrachtführer; характеристика -a -charakteristik; хвост -a -heck; церемония присвоения названия -у -taufe; экипаж -a –besatzung;

на борт/у судна an Bord eines Schiffes;

судно || застраховано das Schiff ist || versichert; ~ зафрахтовано ~ gechartert;

выгружать/выгрузить || судно ein Schiff || (Schiffsladung) löschen; грузить/ загрузить ~ <грузом> ~

<mit Fracht> beladen (befrachten), Güter einschiffen; **грузить/нагрузить** *s. грузить/ загрузить*; **инспектировать/ проинспектировать** ~ ~ überprüfen, inspizieren; **нанимать/ нанять** ~ ~ chartern; **переносить/ перенести ~ из национального в открытый судовой реестр** ~ ausflaggen; **погружать/погрузить <груз> на** ~ Ladung auf einem Schiff <ver>stauen; **производить/ произвести очистку -а** ~ einklarieren; **разгружать/ разгрузить** ~ ~ entladen; **спускать/ спустить ~ на воду** ~ zu Wasser lassen; **страховать/застраховать** ~ ~ versichern; **фрахтовать/ зафрахтовать** ~ ~ befrachten, ~ chartern

судо- *(in Zus.)* Schiffs- *(in Zus.)*; **-верфь** *(f.)* Schiffswerft;

судовладелец *(Pers.)* Schiffseigner, Reeder, Schifffahrtsunternehmer, -reeder *(in Zus.)*; **единоличный** ~ privater; **индивидуальный** ~ *s. единоличный*; **рейсовый** ~ Linien-; **частный ~, имеющий контракт с одним пароходством** *(Binnsch.)* Hauspartikulier; **~-единоличник** *(Binnsch.)* Partikulier, Einzelschiffer; **~-корреспондент** Korrespondent-; **компаньон -а** Parten-; **ответственность** *(f.)* **-a** *(jur.)* Schiffseignerhaftung

судовладельческ‖ий/ая/ое/ие Schiffseigner-, *(Binnsch. auch)* Partikulier- *(in Zus.)*; ~ **компания** -gesellschaft; **(индивидуальное)** ~ **предприятие** -unternehmen; ~ **союз** -verband

судоводитель *(m., Pers.)* Schiffsführer

судоводительский тренажер Schiffssimulator

судовождение Schiffsführung; ~ **методом буксировки** Schleppschifffahrt; ~ **методом толкания** Schubschifffahrt; **метод/ы -я** Navigationsmethode

судов‖ой/ая/ое/ые Schiffs- *(in Zus.)*; ~ **агент** *(Pers.)* -agent; ~ **агентство** -agentur; ~ **брокер** -makler; ~ **груз** -fracht, -ladung; ~ **<дизельный> двигатель** *(m.)* -<diesel>antrieb, -motor; ~ **документ/ы** -papier/e; ~ **журнал** -tagebuch, Bordbuch (Log-), Journal; ~ **книга** *s. журнал*; ~ **контейнер** -container; ~ **кран** -kran; ~ **лицензия** -lizenz, -konzession; ~ **маклер** *s. брокер*; ~ **манифест** -manifest, Ladungsmanifest; ~ **мостик** -brücke; ~ **оборудование** -ausrüstung, -technik; ~ **офицер** *(Pers.)* -offizier; ~ **персонал** -personal; ~ **полис** *(Vers.)* -police; ~ **поставщик** -lieferant; ~ **пристань** *(f.)* -anlegestelle, -anlegeplatz; ~ **радиосвязь** *(f.)* -funk; ~ **радиостанция** -funkstation; ~ **реестр** *(Verzeichnis)* -register; ~ **роль** *(f., Dokument)* -rolle; ~ **сбор** -gebühr/en, Tonnagegebühr/en, Tonnengeld; ~ **свидетельство** -zertifikat, -registrierpass, Seebrief; ~ **санитарное свидетельство** Schiffsgesundheitserklärung; ~ **сертификат** *s. свидетельство*; ~ **такелаж** -takelage; ~ **техника** -technik; ~ **фрахт** -fracht; ~ **шлюз** -schleuse; ~ **якорь** *(m.)* -anker

судо‖заход Einlaufen eines Schiffes; **-оборот <порта>** Schiffsumlauf <eines Hafens>; **-подъемник** Schiffshebewerk

судоподъемное судно Hebeschiff

судо‖рабочий *(Pers.)* Hafenarbeiter; **-ремонт** Schiffsreparatur

судоремонтн‖ый/ая/ое/ые

Schiffsreparatur- _(in Zus.)_; ~ **верфь** _(f.)_ -werft; ~ **причал** -kai, Liegeplatz für Schiffsreparaturen; ~ **работы** _(Pl.)_ -arbeiten

судостроение Schiffbau _(auch in Zus.)_; **военное** ~ militärischer, Militär-; **гражданское** ~ ziviler

судостроитель _(m.)_ Schiffbauer, Werftarbeiter; **инженер-**~ Schiffbauingenieur

судостроительн‖ый/ая/ое/ые Schiffbau- _(in Zus.)_; ~ **верфь** _(f.)_ -werft; ~ **завод** -betrieb; ~ **компания** -gesellschaft; ~ **отрасль** _(f.)_ -branche; ~ **промышленность** _(f.)_ -industrie

судо‖-сутки _(Pl.)_ Einsatztage eines Schiffes; **-ходность** _(f.)_ Schiffbarkeit

судоходн‖ый/ая/ое/ые schiffbar/e/er/es, Schifffahrts- _(in Zus.)_; ~ **канал** -kanal; ~ **компания** -gesellschaft, Reederei<unternehmen>; ~ **линейная конференция** -konferenz; ~ **линия** -linie; ~ **<водный> путь** _(m.)_ -straße, -weg, -e Wasserstraße; ~ **рынок** -markt; ~ **сообщение** -verbindung, Schiffsverkehr; ~ **уровень воды** -er Wasserstand; ~ **шлюз** Schiffsschleuse

судоходство _(s. auch пароходство, плавание)_ Schifffahrt, Schiffsverkehr, -schifffahrt, Schifffahrts- _(in Zus.)_; **береговое** ~ Küsten-; **внутреннее** ~ Binnen-, Inlands-; **гражданское** ~ zivile Schifffahrt (See-); **заводское** ~ Werk-; **индивидуальное речное** ~ _(Binnsch.)_ Partikulier-; **каботажное** ~ Kabotage-; **коммерческое** ~ gewerbliche, Handels-; **контейнерное** ~ Container-; **круглогодовое** ~ ganzjähriger

Schiffsverkehr; **круглосуточное** ~ durchgehender Schiffsverkehr, Rund-um-die-Uhr-Verkehr; **линейное** ~ Linien-, Schiffsliniendienste; **морское** ~ <Hoch>See-; **морское** ~ **на короткие дистанции** Shortsea-; **наливное** ~ Tank-; **паромное** ~ Fähr-; **пассажирское** ~ Passagier-, Personen-; **портовое грузовое** ~ Hafenfracht-; **прибрежное** ~ _s. береговое_; **рейсовое** ~ _s. линейное_; **речное** ~ Fluss-, Binnen-; **спортивное** ~ Sport-; **торговое** ~ Handels-; **трамповое** ~ Tramp-, Gelegenheits-, Bedarfs-; **трансокеанское** ~ Übersee-; ~ **внутри ЕС** Euro-; ~ **по внутренним водным путям** _s. речное_;

дирекция судоходств‖а Schifffahrts‖direktion, -behörde; **договор о** -**е** -vertrag; **Международная палата** -**а** Internationale -kammer; **надзор за безопасностью** -**а** -inspektion; **надзор над** -**ом** -aufsicht; **путь** _(m.)_ -**а** Fahrtroute (Reise-) eines Schiffes; **регистр** -**а** Лойда Lloyd's Shipping Register; **соглашение о** -**е** -abkommen; **суд по делам** -**а** -gericht; **управление** -**а** –behörde; **экономист по** -**у** _(Pers.)_ -kaufmann

сужение проезжей части Fahrbahneinengung, Straßenrückbau

сумма Summe _(auch in Zus.)_; **страховая** ~ Versicherungs-; **~, полученная по тратте** _(Fin.)_ gezogener Wechsel

суммарный грузооборот Gesamttransportumschlag (-güterumschlag)

суммарный тариф по указателям маршрутных тарифов📖 Schnitttarif суперкарго *(Flugzeug)* Supercargo

супружеский тариф *(Pass.)* Ehegattentarif

суточн‖ый/ая/ое/ые täglich/e/er/es; ~ нагрузка -e Belastung; ~ грузооборот -es Güteraufkommen (Fracht-); ~ пассажирооборот -es Passagieraufkommen (Fahrgast-); ~ план выгрузки -er Entladeplan, *(Schiff.)* -er Löschplan; ~ погрузка -e Beladung; ~ пробег *(Eis.)* -e Laufleistung, *(LKW)* -e Fahrleistung

сухогруз Trockenfracht; перевозки *(Pl.)* -a Trockenfrachtbeförderung

сухогрузн‖ый/ая/ое/ые Trockenfracht-, Trockengut- *(in Zus.)*; ~ контейнер -container; ~ пароходство Reederei der -schifffahrt; ~ судно -schiff, Trockenfrachter (Bulk-); ~ тоннаж Trockentonnage; ~ транспорт -transport/e, -beförderung

сух‖ой/ая/ое/ые Trocken- *(in Zus.)*; ~ груз -fracht; ~ док -dock

сухопутн‖ый/ая/ое/ые Land- *(in Zus.)*; ~ дорога -weg; ~ линия -verbindung; ~ перевозка -transport, Beförderung auf dem -weg; ~ перевозки *(Pl.)* -verkehr/e, -transporte; ~ путь *(m.) s.* дорога

сухопутье Landweg

суша Festland; по -е auf dem Landweg

сфера Sektor, Bereich *(auch in Zus.)*; транспортная ~ Verkehrs-, Transport-; ~ обслуживания Dienstleistungs-

схема, транспортная *(ÖPNV)* Liniennetz, Netzkarte (-plan)

схемный тариф Tarif laut Frachtanzeiger

сход поезда с рельсов *(Eis.)* Zugentgleisung

сходни *(Pl., Schiff., Pass.)* Landungssteg

сцепка *(Eis.)* Kupplung

сцепление *(techn.)* Kupplung, -kupplung, Kupplungs- *(in Zus.)*; ~ автомобиля Kfz-~; <автоматическое> ~ поездов <automatische> Zug-; диск -я -scheibe; педаль *(f.)* -я -pedal

сцепн‖ой/ая/ое/ые Kupplungs- *(in Zus.)*; ~ вес Triebgewicht; ~ устройство *(Kfz.)* –anlage, Kupplung

сцепщик *(Eis., Pers.)* Rangierer

счет 1. *(kfm., Dokument)* Rechnung, Faktura *(auch in Zus.)*; 2. *(Bank)* Konto *(auch in Zus.)*; банковский ~ Bankkonto; валютный ~ Konto für ausländische Währung; коммерческий ~ Geschäftskonto; тальманский ~ *(See.)* Tallyrechnung; таможенный ~ Zollfaktura (-rechnung); торговый ~ Handelsfaktura (-rechnung); фрахтовый ~ Frachtkonto;

счет ‖ страховщика Rechnung (Konto) ‖ des Versicherers; ~ экспедитора ~ des Spediteurs;

счет ‖ за перевозку (провоз) -a Fracht-Transportrechnung; ~ за фрахт *(freight invoice)* Frachtrechnung; ~ на отправленный груз Versandrechnung; ~ на возвращаемый товар Rückschein;

счет‖-фактура <Faktura>Rechnung; проформа-~ Proformarechnung;

оформление торгового счет‖a *(Zoll.)* Aufmachung der

Handelsrechung; **составление торгового -а** *s. оформление*;

выставлять/выставить ‖ **счет** eine Rechnung ‖ ausstellen; **составлять/ составить** ~ *s. выставлять выставить*

счетчик <Gebühren>Zähler, -zähler *(in Zus.)*; ~ **километров** *(Taxi)* Kilometer-; ~ **времени на стоянке** Parkuhr

съезд Ausfahrt, Abfahrt *(auch in Zus.)*; **временный** ~ zeitweilige, Behelfs-; ~ **с автострады** Autobahn-

съездить/съехать со стоянки von einem Parkplatz herunterfahren, <ein Kfz.> ausparken

сыпучий груз Schüttgut (Sturz-)

сырье *(n.)* Rohstoff/e, Rohgut, Rohstoff- *(in Zus.)*; **импорт -я** -import; **переработка -я** -veredelung; **поставщик -я** -lieferant; **торговля -ем** -handel; **экономия -я** -einsparung; **экспорт -я** -export

сырьевая база Rohstoffbasis

сюрвейерская деятельность Tätigkeit eines Schiffssachverständigen (Havariekommissars)

Т

таблица тарифов (провозной платы) *(Güterv.)* Frachttafel, Tarifstaffel (-tabelle)

табличка с названием улицы Straßenschild

табличный тариф laut Frachttafel errechneter Tarif

табло *(n., indkl.)* Anzeigetafel, Tableau

тайм-чартер Zeitcharter, Zeitcharter- *(in Zus.)*; **свидетельство о сдаче судна в** ~ -zertifikat; **тариф на** ~ -tarif

тайм-чартерн‖ый/ая/ое/ые Zeitcharter- *(in Zus.)*, im Zeitcharter; ~ **индекс** -index; ~ **рынок** -markt; ~ **сделка** -geschäft; ~ **ставка** -rate; ~ **таймшит** Aufstellung für Lade- und Löschtage im Zeitcharter; ~ **тариф** -tarif; ~ **тоннаж** -tonnage, Frachtraum im Zeitcharter; ~ **флот** -flotte

таймшит *(Schiff.)* Zeitaufstellung für Lade- und Löschtage

такелаж, судовой Schiffstakelage

такси *(n., indkl.)* Taxi, -taxi, Taxi- *(in Zus.)*; **водное** ~ Wasser-; **вызовное** ~ Ruf-; **грузовое** ~ Güter-; **маршрутное** ~ Linien-, Sammel-; **ночное** ~ Nacht-; **пригородное маршрутное** ~ City-Shuttle; ~ **дипсвязи** Kurier-; ~ **с радиопереговорным устройством** Funk-;

владелец ‖ **такси** *(Pers.)* Taxi‖besitzer; **водитель** *(m.)* ~ *(Pers.)* -fahrer; **вызов** ~ -ruf; **движение** ~ -verkehr; **концессия на** ~ -konzession; **лицензия на право вождения** ~ *s. концессия*; **пассажир** ~ -fahrgast; **служба по вызову** ~ -zentrale; **стоянка** ~ -haltepunkt, -stand; **ехать (ездить) на** ~ mit dem ~ fahren

таксированный <страховой> полис *(Vers.)* Versicherungspolice mit festem Wert

таксист *(Pers.)* Taxifahrer; **союз -ов**

Taxiinnung (-genossenschaft)

таксометр *(Taxi)* Taxometer, Fahrpreisanzeiger

таксомоторно- Taxi- *(in Zus.)*; **~-маршрутный тариф** Streckentarif für Linientaxi; **~-покилометровый тариф** -kilometertarif

таксомоторн‖ый/ая/ое/ые Taxi- *(in Zus.)*; ~ **перевозки** *(Pl.)* -verkehr, -beförderung; ~ **предприятие** -unternehmen, -betrieb; ~ **тариф** -tarif; ~ **транспорт** *s. перевозки*

такт *(s. auch интервал)* Takt

таллиман *(Pers., Schiff.)* Tallyman, Ladungskontrolleur; **деятельность** *(f.)* **-а** Tallierung; **квитанция -а** Tallyschein

талон Talon, Schein, -schein *(in Zus.)*; **багажный** ~ Gepäck-, Gepäckabschnitt; **посадочный** ~ *(Flug.)* Bordkarte; **расходный** ~ *(Lager)* Ausgabe-; **страховой** ~ Versicherungs-; ~ **парковки** Park-; ~ **о прохождении техосмотра** Kfz-Zulassungs-, Prüfplakette (Zulassungs-), *(BRD auch)* TÜV-Marke

тальманск‖ий/ая/ое/ие *(Schiff.)* Tally- *(in Zus.)*; ~ **расписка** -bericht, -liste, -manifest, -schein; ~ **счет** -rechnung

таможенн‖ый/ая/ое/ые Zoll- *(in Zus.)*; ~ **агент** *(Pers.)* -agent, -makler, -spediteur; ~ **ангар** -schuppen; ~ **аукцион** Veräußerung von -gut; ~ **бандероль** *(f.)* -banderole; ~ **барьер** -hemmnis, -schranke; ~ **брокер** *s.агент*; ~ **вес** -gewicht; ~ **гармонизация** -harmonisierung; ~ **граница** -grenze; ~ **груз** -gut, -fracht;

таможенная декларация ‖

Zoll‖deklaration, -erklärung; **грузовая** ~ **(ГТД)** *(Güterv.)* -inhaltserklärung; **сборная** ~ Sammelzollanmeldung; ~ **на посылку** -paketkarte; ~ **на экспорт** -ausfuhrerklärung; ~ **о стоимости товара** -wertanmeldung; ~ **по отходу судна** *(Schiff.)* -ausfuhrerklärung;

таможенн‖ое декларирование *(Prozess)* Verzollung; ~ **договор** Zoll‖vertrag; ~ **документ/ы** -papier/e, -unterlagen, -dokument/e; ~ **долг** -schuld; ~ **досмотр <багажа>** -abfertigung, -kontrolle, -beschau; ~ **доходы** *(Pl.)* -einkünfte; ~ **законодательство** -gesetzgebung, -recht; ~ **зона** -gebiet; ~ **извещение** -bescheid; ~ **инструкция/и** -vorschrift/en, -bestimmungen; ~ **катер** -boot, -fahrzeug; ~ **квитанция** -quittung, Warrant; ~ **клеймо** -siegel, -stempel; ~ **код** -<registrier>nummer; ~ **тарифный код** -tarifnummer; ~ **кодекс** -gesetz; ~ **конвенция** -konvention, -abkommen; ~ **контроль** *(m.)* -kontrolle; ~ **конфискация** -beschlagnahme; ~ **льготы** *(Pl.)* -vergünstigungen, -begünstigung; ~ **манифест** -manifest; ~ **надзор** -überwachung; ~ **накладная** -begleitschein; ~ **нарушение** -delikt, -vergehen; ~ **номенклатура <внешнеэкономической деятельности> (ТНВЭД)** *(RF)* Tarifnomenklatur, -tarifnummer; ~ **обработка** zollamtliche Abfertigung; ~ **ограничения** *(Pl.)* -beschränkungen; ~ **операция** *s. обработка*; ~ **операции** *(Pl.)* -verkehr; ~ **орган** -behörde; ~ **оформление** *s. обработка*; ~ **оценка стоимости товара** -wertfeststellung, -bemessung; ~ **очистка** *s. обработка*; ~ **пакгауз** -schuppen, -speicher; ~ **перевозчик**

-spediteur; ~ **печать** *(f.)* -siegel,
-verschluss; ~ **пломба** -plombe,
-verschluss; ~ **площадка** -hof; ~
политика -politik; ~ **помещения**
(Pl.) –räumlichkeiten;

таможенная пошлина ‖ Zoll,
Zollgebühr/en (-abgabe, -satz);
адвалорная ~ Wert‖zoll; **ввозная** ~
Einfuhr-, Import-, Importabgabe;
внутренняя ~ Binnen-; **вывозная**
~ Ausfuhr-, Export-, Exportabgabe;
дифференцированная ~
gestaffelter, Staffel-;
дополнительная ~ Zuschlag-,
Zollaufschlag; **заградительная** ~
Prohibitiv-, Abwehr-, Schutz-,
Sperr-; **запретительная** ~ *s.*
заградительная; **импортная** ~ *s.*
ввозная; **комбинированная** ~
Misch-; **компенсационная** ~
Ausgleichs-; **оградительная** ~ *s.*
заградительная; **пограничная** ~
Grenz-; **покровительственная** ~
protektionistischer; **портовая** ~
Hafen-; **протекционистская** ~ *s.*
оградительная; **реторсионная** ~
Kampf-; **сезонная** ~ Saison-;
смешанная ~ *s. комбинированная*;
специальная ~ Sonder-; **тарифная**
~ Tarif-; **торговая** ~ Handels-;
транзитная ~ Durchfuhr-, Transit-;
фискальная ~ Finanz-;
экспортная ~ *s. вывозная*; ~ **с веса**
Gewichts-;

таможенн‖ые правила *(Pl.)*
Zoll‖bestimmungen (-vorschriften); ~
тарифные правила *(Pl., jur.)*
-tarifgesetz; ~ **право** -recht; ~
предписание *s. правила*; ~
пристань *(f.)* -kai, -landungsplatz; ~
причал -kai; ~ **проверка** *s.*
контроль; ~ **пропуск** -freischein; ~
пропуск для автомашин *(Kfz.)*
-passierschein;

**таможенная процедура отчистки
товаров** ‖ zollamtliche Abfertigung

(Behandlung), Erledigung von
Zollformalitäten, Zollabfertigung,
(Schiff. auch) Klarierung; ~ **для
временного ввоза, переработки и
вывоза** *(zur zollfreien
Wiederausfuhr nach Veredelung)*
Zollabfertigung ‖ zur Veredelung; ~
для свободного обращения *(zur
freien Verfügung)* ~ zum Freiverkehr;
~ **для временного пользования**
*(z.B. Messegut und
Mustersendungen)* ~ zur
Verwendung; ~ **для таможенного
транзита** *(zur Transitabfertigung in
einem anderen Zolllager)* ~ zum
<Zollgut>Versand; ~ **для
дальнейшего хранения на
таможенном складе** *(zur Lagerung
in einem öffentlichen oder privaten
Zolllager)* ~ zum Lager; ~ **по
документам** ~ nach Aufzeichnung;
~ **по более низкой ставке после
переработки** *(Anwendung eines
niedrigeren Zollsatzes auf eine Ware,
die erst im umgewandelten Zustand
als eingeführt gilt)* ~ zur
Umwandlung; ~ **по упрощенной
схеме** ~ nach vereinfachter
Anmeldung; ~ **после освобождения
от оплаты пошлин** <**на
перевозимый груз**> ~ nach
Gestellungsbefreiung;

таможенн‖ые расходы *(Pl.)*
Zoll‖ausgaben; ~ **регулирование**
-regelung; ~ **режим** -ordnung,
-verfahren, -bestimmungen; ~ **сбор** *s.*
пошлина; **дополнительный** ~ **сбор**
-nebengebühr/en, -nebenabgabe;

таможенное свидетельство ‖
Zoll‖schein, -begleitschein; **ввозное**
~ -einfuhrschein; **вывозное** ~
-ausfuhrschein; **транзитное** ~
-durchfuhrschein; ~ **на возврат
пошлин** Rückzollschein;

таможенн‖ая система
Zoll‖system; ~ **склад** -<frei>lager,

-depot, -gewahrsam; ~ **служба**
-dienststelle; ~ **служба розыска**
-fahndung<sdienst>; ~ **соглашение**
-abkommen; ~ **союз**📖 -union,
-verbund; ~ **ставка** <**пошлин**>
-satz; ~ **стоимость** *(f.)* -wert; ~
суверенитет -hoheit; ~ **судно**
-wachschiff, -boot; ~ **счет** -faktura,
-rechnung;

таможенный тариф || Zolltarif
(-gebühr/en, -satz); **автономный** ~
autonome/er; **внутренний** ~
Binnen||zoll, Inlands-; **договорный**
~ vertraglich vereinbarter Zolltarif,
Vertrags-; **единый** ~ einheitlicher
(gemeinsamer)   Zolltarif,
Zolleinheitstarif; **запретительный**
~ Prohibitiv-, Schutz-, Sperr-,
Abwehr-; **колеблющийся** ~ Gleit-;
компенсационный ~ Ausgleichs-;
льготный ~ ermäßigter Zolltarif;
общий ~ Regel-, Normal-,
Gebrauchs-; **поштучный** ~ Stück-;
преференциальный ~ *s.*
льготный; **сложный** ~ Mehrfach-;
смешанный ~ gemischter Zolltarif,
Misch-; **средний** ~ Durchschnitts-;

таможенн||**ая территория**
Zoll||gebiet; ~ **транзит**
-<gut>versand; ~ **управление** -amt,
-verwaltung, -behörde; ~ **услуги**
(Pl.) -dienstleistungen, -dienste; ~
устав - Allgemeine -ordnung; ~
учреждение *s. управление*; ~
фраватер *(Schiff.)* -straße; ~
формальности *(Pl.)* -formalitäten;
~ **хранение** -lagerung; ~ **штраф**
(jur.) –strafe;

зона, свободная от таможенн||**ого
обложения** Zoll||freizone, zollfreie
Zone; **оформлять/оформить** -**ую
очистку** <**на вывоз и ввоз груза**>
-formalitäten <für die Aus- und
Einfuhr> erledigen

таможня *(Dienststelle)* Zoll, Zollamt

(-stelle), -zollamt, Zoll- *(in Zus.)*;
дополнительная ~ Neben-;
пограничная ~ Grenz-;
привокзальная ~ am Bahnhof; ~
назначения Bestimmungs-; ~
отправления Versand-; ~ **в порту**
Hafen-;

аэропорт с таможн||**ей**
Zoll||flughafen; **опломбирование
транспортного средства** -**ей**
-raumverschluss; **отделение** -**и на
железнодорожной станции** -amt
am Bahnhof; **проводка по** -**e**
Begleitung der -abfertigung;
разрешение -**и** -genehmigung;
сертификат -**и на право
обратного получения импортной
пошлины** -rückgabeschein;
служащий -**и** *(Pers.)* -beamter;
хранение <**груза**> **на** -**e** -lagerung

тангенциальная связь
Tangentialverbindung

танкер Tanker, Tankschiff;
фрахтовая ставка на -**ы** Tanker-
Frachtrate

танкерн||**ый/ая/ое/ые** Tanker- *(in
Zus., Schiff.)*; ~ **рынок** -markt; ~
тоннаж -tonnage, -flotte,
-frachtraum, -kapazität; ~ **флот** *s.*
тоннаж

тара *(s. auch упаковка)* Tara,
Verpackung, Leergut, -verpackung
(in Zus.); **бочковая сухая** ~ Fässer
für Trockenware; **возвратная** ~
wiederverwendbare
(-verwendungsfähige), Mehrweg-,
Wiederverwendungs-, Leih-,
Umschlag-, Dauer-; **залоговая** ~
Rückkauf-, Pfandleergut,
Pfandbehälter; **инвентарная** ~
Fremd-, Leih-; **необоротная** ~
Einweg-, Wegwerf-;
неповрежденная ~ unversehrte;
оборотная ~ *s. возвратная*;
поврежденная ~ beschädigte;

порожняя ~ Leergut; **собственная порожняя** ~ Eigenleergut; **чужая порожняя** ~ Fremdleergut; **порожняя поставщиков** Lieferantenleergut;

тара || **вагона** *(Eis.)* Eigenmasse eines Waggons; **брутто-~** Bruttotara; **нетто-~** Nettotara;

вес тар||**ы** Eigentara, Leergewicht der Verpackung; **проверенный вес -ы** verifizierte Tara; **фактический вес -ы** reelle Tara; **возврат -ы** Rückgabe (Rücknahme) von Verpackung; **коэффициент -ы** *(Eis.)* Eigenmassekoeffizient (Eigengewichts-); **ремонт -ы** Reparatur der Verpackung; **предоставлять/предоставить -у** Verpackung bereitstellen

тарить/затарить <что-л.> <etw.> verpacken

тариф *(s. auch* **фрахт***)* Tarif, Tarifsatz, -tarif, Tarif- *(in Zus.)*; **абонементный** ~ *(ÖPNV)* Zeitkarten-; **авиационный** ~ Luftverkehrs-; **авиационный грузовой** ~ Luftfracht-; **автобусный** ~ Bus-; **автомобильный** ~ Kraftverkehrs-; **автомобильный грузовой** ~ Güterkraftverkehrs-; **автомобильный конвенционный** ~ autonomer Konventional-; Vertragszollsatz; **автомобильный пассажирский** ~ Personenkraftverkehrs-; **автономный** ~ autonomer; **автономный таможенный** ~ autonomer Zoll-; **багажный** ~ Gepäck-; **бесступенчатый** ~ staffelloser, stufenloser; **бесступенчатый покилометровый** ~ *(Eis.)* Entfernungs-; **брутто-~** Brutto-; **внешний** <таможенный> ~

Außenzoll-; **внутренний** <таможенный> ~ Binnen<zoll>-, Inlands-; **грузовой** ~ Güter-, Transport-, Fracht-; **двойной таможенный** ~ doppelter Zoll-, Doppel-; **двусторонний** ~ bilateraler; **двухставочный** ~ Zweisatz-; **дегрессивный** ~ Degressiv-; **дифференциальный** ~ Staffel-, Differential-, ~ mit Entfernungsstaffeln; **дифференцированный** ~ *s. дифференциальный*; **дневной** ~ Tages-; **договорный** ~ vertraglich vereinbarter, Vertrags-; **договорный таможенный** ~ Vertragszoll-; **единый** ~ 1. einheitlicher, pauschaler, staffelloser, Einheits-, Linien-; 2. *(nur Güterv.)* feste Frachtrate; **единый таможенный** ~ ЕС gemeinsamer EU-Zoll-, Zolleinheits-; **железнодорожный** ~ <Eisen>Bahn-; **железнодорожный грузовой** ~ Eisenbahngüter-; **железнодорожный провозной** ~ *(Güterv.)* Eisenbahnfrachtsatz, *(Pass.)* <Personen>Beförderungs- der Bahn; **жесткий** ~ fester, Fest-; **запретительный** ~ Schutzzoll (Prohibitiv-, Sperr-); **зональный ~** Zonen-; **импортный** ~ Einfuhrzoll (Import-); **исключительный** ~ Ausnahme-, Sonder-, Spezial-; **колеблющийся** ~ Gleit<zoll>-; **комбинированный** ~ kombinierter, Verbands-, Kombi-; **компенсационный** <таможенный> ~ Ausgleichs-; **конвенционный** ~ ausgehandelter, Konventional-; **конкурентный** ~ Wettbewerbs-; **конкурентоспособный** ~ wettbewerbsfähiger; **контейнерный** ~ Container-; **линейный** ~ Linien-; **ломанный** ~ gebrochener Fracht-; **льготный** ~ ermäßigter, Präferenz-, Vorzugs-; **льготный**

железнодорожный ~ **для морских портов** *(BRD)* Seehafenausnahme-; **максимальный** ~ Höchst-, Maximal-; **маршрутный** ~ *s. линейный*; **международный** ~ internationaler, Verbands-; **местный** ~ örtlicher, ortsüblicher, Orts-, Lokal-, *(ÖPNV)* Nahverkehrs-, *(Güterv.)* Ortsfracht; **минимальный** ~ Mindest-; **мировой фрахтовый** ~ Weltfracht-; **многоставочный** ~ Mehrsatz-~; **молодежный** ~ für Jugendliche; **морской** ~ Seeschifffahrts-; **недифференцированный** ~ *s. бесступенчатый*; **нетто-**~ Netto-; **нормальный** ~ Normal-; **ночной** ~ Nacht-; **нулевой** ~ Null-; **обратный** ~ Rück<fahr>-, Retour-; **общий** ~ allgemeiner, Einheits-, Linien-, Normal-, Pauschal-, Regel-; **общий таможенный** ~ Normal-, Gebrauchszoll-; **объединенный** ~ Gruppen-; **одноставочный** ~ *s. бесступенчатый*; **основной** ~ Basis-, Grund-; **пассажирский** ~ Personenbeförderungs-, Personen-; **паушальный** ~ pauschaler, Pauschal-; **планово-убыточный** ~ planmäßig unter den Transportselbstkosten festgesetzter; **побассейновый** ~ *(See.)* Fahrtgebiets-; **повагонный** ~ *(Eis.)* Wagenladungs-; **повременный** ~⚻ Zeit-; **покилометровый** ~ Entfernungs-, Kilometer-; **полный** ~ *s. нормальный*; **пониженный** ~ *s. льготный*; **портовый** ~ Hafen-; **потонный** ~ Tonnen-; **почасовой** ~ Stunden-; **поштучный** ~ Stück-; **поштучный таможенный** ~ Stückzoll-; **поясной** ~⚻ Zonen-, Entfernungs-; **предметный** ~ Gutarten-; **предпочтительный** ~ *s. льготный*; **преимущественный** ~ *s. льготный*; **премиальный** ~ Prämien-; **преференциальный** ~ *s.*

льготный; **пригородный** ~ Nahverkehrs-, Regional-, Vorort-; **пригородный зональный** ~ Vorortzonen-; **пригородный покилометровый** ~ Vorortkilometer-; **причальный** ~ Kai-; **провозной** ~ *(Güterv.)* Transport-, Fracht-, *(Pass.)* <Personen>Beförderungs-; **прогрессивный** ~ Progressiv-; **промежуточный** ~ Zwischen-; **прямой** ~ direkter, Direkt-, Direktfrachtsatz; **расчетный** ~ Verrechnungs-; **регулированный** ~ reglementierter; **рейсовый** ~ *s. линейный*; **рекомендованный** ~⚻ Referenz-; **речной** ~ Binnenschifffahrts-; **сезонный** ~ Saison-; **семейный** ~ Familien-; **сложный таможенный** ~ Mehrfachzoll-; **смешанный** ~ gemischter, Misch-, Kombi-; **смешанный таможенный** ~ gemischter Zoll-, Mischzoll-; **специальный** ~ Sonder-, Spezial-; **средний** ~ allgemeiner, Durchschnitts-, Einheits-; **срочный** ~ Eil-; **стандартный** ~ Regel-; **стивидорный** ~ *(Schiff.)* Stau- und Trimm-; **стоимостный** ~ Wert-; **страховой** ~ Versicherungs-; **ступенчатый** ~ Stufen-, Staffel-; **суммарный** ~ **по указателям маршрутных тарифов**⚻ Schnitt-; **супружеский** ~ Ehegatten-; **схемный** ~ *(Güterv.)* laut Frachttafel (Frachtsatzanzeiger) errechneter; **табличный** ~ *s. схемный*; **тайм-чартерный** ~ Zeitcharter-; **таксомоторный** ~ Taxi-; **таксомоторный маршрутный** ~ Strecken- für Linientaxi; **таксомоторный покилометровый** ~ Taxikilometer-; **таможенный** ~ Zoll-; **транзитный** ~ Transit-, Durchfahrts-, Durchfuhr-, Durchgangs-; **транзитный** грузовой ~ Durchfracht-; транспортный ~ Beförderungs-, Transport-, Transportpreis (-kosten), Beförderungspreis (-kosten); **убыточный** ~ nicht kostendeckender; **унифицированный** ~ unifizierter, vereinheitlichter; **унифицированный <таможенный>** ~ _(EU)_ Integrierter Zoll-; **установленный** ~ festgesetzter; **участковый** ~ 📖 Strecken-; **фрахтовый** ~ Fracht-; **экскурсионный** ~ Ausflugs-; **экспедиторские -ы,** _(Pl.)_ **принятые в морских портах** Seehafen-Speditionstarife; **экспортный** ~ Exportzoll (Ausfuhr-);

тариф ‖ **дополнительных сборов** Nebengebühren‖tarif; ~ **воздушного сообщения** _s._ _авиационный_; ~ **дальнего сообщения** Fernverkehrs-; ~ **линейного судоходства** _(Schiff.)_ Linien-; ~ **внутреннего водного транспорта** _s._ _речной_; ~ **складского хранения** Lager-, Lagerfrachtsatz;

тариф ‖ **для индивидуального груза** Einzelfracht‖tarif; ~ **для массового груза** Massengüter-; ~ **для отдельных зон** _s._ _зональный_; ~ **для школьников** Schüler-;

тариф за перевозку ‖ Beförderungs‖tarif; ~ **багажа** Gepäck-; ~ **груза** Güter-, Fracht-, Transport-; ~ **груза в отправительских маршрутных поездах** _(Eis., Güterv.)_ Ganzzug-; ~ **срочного груза** Eilfracht-, Expressgut-; ~ **штучного груза** Stückgut-; ~ **пассажиров** <Personen>Beförderungs-; ~ **с двери <грузоотправителя> к двери <грузополучателя>** Haus-zu-Haus-~;

тариф ‖ **за транзит через морской порт** Seehafendurchfuhr‖tarif; ~ **за транспортно-экспедиционные услуги** Speditions-; ~ **на багаж** Gepäck-; ~ **на оплачиваемый багаж** Übergepäck-; ~ **на универсальный крановый вариант** Standard- für vertikales Be- und Entladen; ~ **на перевозку** _s._ ~ _за перевозку_; ~ **на автомобильные перевозки** _(Pl., Güterv.)_ _s._ _автомобильный грузовой_; ~ **на воздушные перевозки** _(Pl.)_ _s._ _авиационный_; ~ **на грузовые перевозки** _(Pl.)_ **автотранспортом** _s._ _автомобильный грузовой_; ~ **на ближние перевозки** Nahverkehrs-; ~ **на дальние грузовые перевозки автотранспортом** ~ für den Güterfernverkehr mit Kraftfahrzeugen; ~ **на железнодорожные грузовые перевозки** Bahnfracht-; ~ **на морские грузовые перевозки** Seefracht-; ~ **на смешанные перевозки** ~ für den kombinierten Verkehr; ~ **на срочные перевозки** Express-; ~ **на предоставление услуг** _s._ ~ _на услуги_; ~ **на тайм-чартер** _s._ _тайм-чартерный_; ~ **на транспорт** _s._ _транспортный_; ~ **на услуги** Dienstleistungs-; ~ **на транспортно-экспедиционные услуги** _(Pl.)_ Speditions-; ~ **с верхним пределом** _s._ _максимальный_; ~ **с верхним и нижним пределом** Margen-; ~ **с нижним пределом** _s._ _минимальный_;

экспресс-‖тариф Express‖tarif; ~, **действующий в одном направлении** Richtungs-; ~ **согласованный <между железными дорогами разных стран>** _(Eis.)_ Verbands-;

вид тариф‖а Tarif‖art; **Закон об**

отмене твердых -ов *(jur.)* -aufhebungsgesetz; **замораживание -ов** -bindung; **изменение -ов** -änderung; **контроль** *(m.)* **над соблюдением -ов** -überwachung; **либерализация -ов** -liberalisierung; **модификация -ов** *s. изменение*; **обязанность** *(f.)* **соблюдения -ов** *(ÖPNV)* -pflicht; **повышение -а** -erhöhung; **политика в области -ов** -politik; **применение установленного -а** *s. соблюдение*; <**государственное**> **регулирование -ов** <staatliche> -regulierung; **скидка с -а** -ermäßigung, *(Pass.)* Fahrpreisermäßigung; **снижение -а** -senkung; **соблюдение -а** -einhaltung; **ставка -а** -satz, -rate; **указатель** *(m.)* **-а** -anzeiger, -staffel; <**свободное, формальное**> **установление -а** <freie, formelle> -bildung; **формирование -а** *s. установление*; **по льготным -ам** *(Pl.)* tarifäre (tarifarische) Begünstigung;

платить/заплатить || **тариф** einen Tarif || zahlen; **повышать/ повысить ~ ~** erhöhen; **применять/применить определенный ~ на перевозку груза** eine Ladung tarifieren; **снижать/снизить ~ ~** senken; **соблюдать/соблюсти ~ ~** einhalten; **устанавливать/установить ~ ~** bilden, ~ festlegen

тарификатор *(Pers.)* Tarifeur

тарификация *(Prozess)* Tarifierung, Tarifbildung, Gebührenfestsetzung; **~ грузов по их ценности** *(Güterv.)* Werttarif

тарифно-маршрутн‖**ый/ая/ое/ые** Tarif- und Fahrplan- *(in Zus.)*; **~ система** *(ÖPNV)* -system; **~ указатель** Tarif- und

Verkehrsanzeiger (TVA)

тарифн‖**ый/ая/ое/ые** tariflich/e/er/es, Tarif- *(in Zus.)*; **~ барьер** tarifäres Hemmnis, -schranke, Zollschranke; **~ вес** frachtpflichtige Menge; **~ договор** -vertrag; **~ доплата** Nachtrag; **~ зона**⌸ -zone; **~ индекс** *(Güterv.)* Transportpreis (-tarif); **~ инструкция/и** -bestimmungen, -ordnung, -vorschrift/en; **~ комиссия** -kommission; **~ льготы** *(Pl.)* -vergünstigungen; **~ политика** -politik; <**импортная**> **~ пошлина** -zoll, Importzoll; **~ правила** *(Pl.)* -ordnung, Gebührenordnung; **~ предписания** *(Pl.)* -vorschriften; **~ расстояние** -e Entfernung, -entfernung; **~ система** -system; **~ скидка** -ermäßigung, Fahrpreisermäßigung; **~ соглашение** -abkommen; **~ сообщество**⌸ -gemeinschaft; **~ союз** -verbund, -gemeinschaft;

тарифная ставка || Tarif, Tarifsatz (-rate); **льготная ~** ermäßigte/er; **основная ~** Basis‖tarif, Grund-; **полная ~** voller, Gesamt-; **преференциальная ~** *s. льготная*; **расчетная ~** Verrechnungs-; **средняя ~** Durchschnitts-; **фрахтовая ~** Fracht-, Frachtrate;

тарифн‖**ая структура** Tarif‖struktur; **~ суверенитет** -hoheit; **~ таблица** -staffel, -tabelle; **~ тонна** -tonne; **~ указатель** *(m.)* -anzeiger, Gebührenverzeichnis

тарифо- || Tarif- *(in Zus.)*; **~-километр** -kilometer; **~-тонно-километр** -tonnenkilometer

тарифы *(Pl.)* Gebührenverzeichnis

тарно-штучный груз verpacktes Stückgut

тарн‖**ый/ая/ое/ые** verpackt/e/er/er; **~**

груз -е Fracht (-es Gut); ~ **склад** Leergutlager

тахограф Taxometer, Fahrtenschreiber

тверд‖ый/ая/ое/ые fest/e/er/es; ~ **интервал** –er Takt; ~ **поминутный интервал** Minutentakt; ~ **почасовой интервал** Stundentakt; ~ **покрытие дороги** -er Straßenbelag, -e Straßendecke; ~ **предложение** *(kfm.)* verbindliches Angebot; ~ **фрахтовая ставка** -е Frachtrate; ~ **тариф** –er Tarif; ~ **почасовой тариф** Stundentarif; ~ **цена** *(kfm.)* -er (verbindlicher) Preis

твиндек *(Schiff.)* Zwischendeck

текущ‖ий/ая/ее/ие laufend/e/er/es; ~ **движение** fließender Verkehr; ~ **обслуживание** -е Instandhaltung, -е Unterhaltung, -е Wartung, -er Service; ~ **ремонт** -е Instandsetzung, -е Reparatur; ~ **содержание** *s. обслуживание*

тележечный вагон *(Schienv.)* Drehgestellwagen

тележка Karre, Transportwagen, -karre, -wagen, -fahrzeug *(in Zus.)*; **багажная** ~ Gepäckkarre; **моторная** ~ *(Schienv.)* Triebwagen (Antriebs-); **поворотная** ~ *(Schienv.)* Drehgestell<wagen>; **погрузочная** ~ Beladewagen, Lore; **прицепная** ~ *(Schienv.)* Schleppfahrzeug, Anhängerwagen; **транспортная** ~ Transportkarre (-wagen); **ходовая вагонная** ~ *(Schienv.)* Triebfahrzeug; ~ **с грузоподъемным приспособлением** Hubwagen

телематика, транспортная ▯ Verkehrstelematik

телетрап Fluggastbrücke

телефон вызова помощи на автостраде в экстренном случае *(Autobahn)* Notrufsäule

температурочувствительный груз temperaturempfindliche Fracht (-es Gut)

тент Plane *(auch in Zus.)*; ~ **на каркасе** LKW-~; **перешнуровка** -а **с TIR** Neuverschluss einer TIR-~

тепловоз *(Eis.)* Diesellokomotive (-lok)

тепловозная тяга *(Eis.)* Dieseltraktion (-betrieb, -zugförderung)

теплоход *(s. auch пароход, судно)* Motorschiff, -schiff *(in Zus.)*; **большегрузный** ~ Großschiff; **буксирный** ~ Schlepp-, Bugsier-, Schleppboot, Schlepper; **каботажный** ~ Küstenmotorschiff; **моторный грузовой** ~ Motorfrachtschiff; **паромный** ~ Fährschiff; **пассажирский** ~ Passagier-, Fahrgast-; ~**-рефрижератор** Kühlschiff

терминал Terminal *(auch in Zus.)*; **городской фрахтовый** ~ City-~; **грузовой** ~ Güter<verkehrs>-; **железнодорожный** ~ Eisenbahn-; **контейнерный** ~▯ Container-; **многопрофильный** ~ Allzweck-, Vielzweck-, Universal-, Kombi-; **наукоемкий** ~ High-Tech-~; **паромный** ~ Fähr-; **пассажирский** ~ Passagier-; **перевалочный** ~ Umschlag-; **торгово-распределительный** ~ Handelslogistikzentrum; **ро-ро-**~ RoRo-~; **складской** ~ Lager-; **транзитный** ~ Transit-; **транспортный** ~ Transport-; **универсальный** ~ *s. многопрофильный*; **фрахтовый** ~ Fracht-; **яхтенный** ~ Jacht-;

терминал ‖ вылета Abflug‖terminal; ~ **авиационного**

груза Luftfracht-; ~ железнодорожного груза Bahnfracht-; ~ назначения Bestimmungs-, Ziel-; ~ отгрузки Abgangs-, Versand-; ~ отправки s. ~ отгрузки; ~ отправления s. ~ отгрузки; ~ прилета (Flug.) Ankunfts-; ~ приема Empfangs-; ~ лесных продуктов Forstprodukten-; ~ разгрузки Entlade-; ~ фруктов и овошей Frucht-;

грузооборот терминал‖а Umschlagkapazität eines Terminal‖s; мощность (f.) -a Leistungsfähigkeit (Kapazität) eines -s; нехватка мощностей -a Engpässe eines -s; оборот -a Umschlag eines -s; обслуживание -a Bedienung eines -s; оператор -a Terminalbetreiber; простои (Pl.) на -е Standzeiten (Aufenthalte) im ~; сеть (f.) -ов Terminalnetzwerk; с погрузкой на -е Verladung ab ~

терминальн‖ый/ая/ое/ые Terminal- (in Zus.); ~ расходы (Pl.) –kosten; ~ трейлер -trailer

термостойкий груз temperaturunempfindliche Fracht (-es Gut)

термоусадочная пленка Thermofolie

терпеть/потерпеть <что-л.> <etw.> erleiden; ~ аварию einen Unfall ~; ~ кораблекрушение Schiffbruch ~

территориальн‖ый/ая/ое/ые Territorial- (in Zus.); ~ планирование Raumordnung, Raumordnungsplanung; ~ воды (Pl.) Hoheitsgewässer (Küsten-)

территория Territorium, Gebiet, Gelände, -gebiet, -gelände (in Zus.); городская ~ скопления населения Agglomerationsraum;

государственная ~ Hoheitsgebiet <eines Staates>; обслуживаемая <общественным> транспортом ~ (ÖPNV) Verkehrsgebiet; таможенная ~ Zollgebiet; ~ верфи Werftgelände; ~ действия тарифного союза (ÖPNV) Verkehrsverbundraum; ~ действия единого тарифа <на общественный транспорт> s. ~ действия тарифного союза; ~ обслуживания Einzugsgebiet; ~ обслуживания транспортом Fahrgebiet; ~ обязательного обслуживания транспортом (ÖPNV) Pflichtfahrgebiet; ~ порта Hafengelände; ~ снабжения Versorgungsgebiet; ~ станции Bahnhofsgelände; пассажирский транспорт в пределах малонаселенных -й Flächenverkehr

техника Technik (auch in Zus.); авиационная ~ Flug-; дорожно-строительная ~ Straßenbau-; железнодорожная ~ <Eisen>Bahn- навигационная ~ Navigations-; подвижная ~ bewegliche; портовая ~ Hafen-; рельсовая ~ schienengebundene; судовая ~ Schiffs-; транспортная ~ Verkehrs-;

техника ‖ безопасности Sicherheits‖technik; ~ передвижения транспортного средства как по железной так и по автотранспортной дороге Rad-Schiene-~; ~ привода Antriebs-; ~ сигнализации Signal-; ~ сигнализации, централизации, блокировки (СЦБ) (Eis.) Eisenbahnsicherungs-; ~ стрелок и сигнализации (Schienv.) Weichen- und Signal-; ~ управления транспортом Verkehrsleit-

техническ‖ий/ая/ое/ие

technisch/e/er/es; ~ **безопасность** *(f.)* -e Sicherheit; ~ **данные** *(Pl.)* -e Angaben (Parameter); ~ **документация** -e Dokumentation; ~ **контроль** *(m.)* -e Kontrolle; ~ **контроль автомобилей** Verkehrskontrolle (Fahrzeug-) ~ **надзор** -e Aufsicht; ~ **обслуживание** -e Wartung, -e Unterhaltung, -e Instandhaltung, -er Service; ~ **обслуживание автомобилей** Kfz-Service, Fahrzeuginstandhaltung, Pannenhilfe; ~ **осмотр автомобилей** Fahrzeugdurchsicht; ~ **оснащение** -e Ausstattung; ~ **паспорт автомобиля** Fahrzeugbrief (-papiere, -schein); ~ **показатели** *(Pl.) s. данные*; ~ **помощь** *(f., Kfz.)* -e Hilfe, Pannenhilfe; ~ **предписания** *(Pl.)* -e Vorschriften; ~ **простои** *(Pl.)* ~ bedingte Stillstandszeiten; ~ **реконструкция** -e Rekonstruktion, -e Erneuerung; ~ **сервис** -er Kundendienst; ~ **скорость** *(f.)* Fahrgeschwindigkeit (Strecken-); ~ **состояние** -er Zustand; ~ **стандарт** -er Standard; ~ **станция** *(Eis.)* Betriebsbahnhof (Abstell-); ~ **условия** *(Pl.)* -e Bedingungen; ~ **условия** *(Pl.)* **поставки** -e Lieferbedingungen; ~ **флот** -e Flotte; ~ **характеристика** -e Charakteristik; ~ **центр** Servicezentrum

технологическ‖ий/ая/ое/ие technologisch/e/er/es; ~ **перевозки** *(Pl.)* ~ bedingte Transporte; ~ **цепь** *(f.)* -e Kette

технология Technologie *(auch in Zus.)* **инновационная** ~ innovative, Innovations-; **современная** ~ moderne; **транспортная** ~ Transport-, Verkehrs-; **устаревшая** ~ veraltete; ~ **транспорта** *s. транспортная*; ~ **транспортировки** *(Güterv.)*

Beförderungs-, Transport-

техосмотр <**автомобиля**> *(Kfz.)* technische Fahrzeuginspektion (-durchsicht); **годовой** ~ Jahresdurchsicht; **прохождение** -a *(Prozess)* technische Durchsicht; **талон о прохождении** -a Prüfplakette, *(BRD auch)* TÜV-Marke; **проходить/пройти** ~ die ~ durchlaufen

техпаспорт Fahrzeugbrief (-papiere, -schein)

течение Strömung, -strömung Strömungs- *(in Zus.)*; **морское** ~ Meeres-; ~ **реки** ~ eines Flusses; **скорость** *(f.)* -я -geschwindigkeit

тип Typ, Bauart, Gattung, -typ, -gattung *(in Zus.)*; ~ **автомобиля** Bauart eines Kraftfahrzeugs, Kfz-Typ; ~ **вагона** Bauart eines Waggons, Wagen-; ~ **подвижного состава** Fahrzeug-; ~ **судна** Schiffs-; ~ **транспортного средства** Fahrzeug-; **номер** -a Typennummer

типов‖ой/ая/ое/ые Typen- *(in Zus.)*; ~ **ряд** -reihe; ~ **судно** Standardschiff

тих‖ий/ая/ое/ие still/e/er/es; ~ **океан** -er Ozean, Pazifik; ~ **погода** ruhiges Wetter; ~ **улица** verkehrsarme Straße

тихоокеанский порт Pazifikhafen

товар *(s. auch груз, фрахт)* Ware, Gut, -ware, -gut, Waren- *(in Zus.)*; **беспошлинный** ~ *(Zoll.)* Freigut; **высококачественный** ~ hochwertige/es; **замороженный** ~ Gefriergut (Tiefkühl-); **импортируемый** ~ importfähige/es; **импортный** ~ *s. импортируемый*; **качественный** ~ Qualitätsware; **комиссионный** ~ Kommissionsware;

конкурентоспособный ~
wettbewerbsfähige Ware;
конкурирующий ~
Konkurrenzware;
консигнационный ~
Konsignationsware;
неконкурентоспособный ~ nicht
wettbewerbsfähige Ware;
непродовольственные ~ *(Pl.)*
Non-Food-Ware; **нереализованный**
~ nicht realisierte (verkaufte) Ware;
нереализуемый ~ unverkäufliche
Ware; **низкокачественный** ~
minderwertige/es; **отечественный** ~
Ware aus eigener Produktion,
heimische Ware, Inlandsware;
перегружаемый ~ Umladegut;
поставляемый ~ Liefergut;
потребительские *(Pl.)* ~
Verbrauchsgüter (Gebrauchs-);
поштучный ~ Stückware;
продовольственные *(Pl.)* ~
Lebensmittel; **промышленные** ~
(Pl.) Industriegüter;
скоропортящийся ~
leichtverderbliche/es;
температурочувствительный ~
temperaturempfindliche/es;
термостойкий ~
temperaturbeständige/es
(-unempfindliche/es); **транзитный** ~
Transit-, Durchfuhr-; **упакованный**
~ verpackte/es; **уцененный** ~
Partieware; **хрупкий** ~ <leicht>
zerbrechliche/es; **штучный** ~ *s.*
поштучный; **экспедиционный** ~
Speditionsgut; **экспортируемый** ~
Export-, exportfähige/es;
экспортный ~ *экспортируемый*;

товар || **возврата** Rückware; ~
контрабанды Schmuggelware; **-ы**
(Pl.) **производственного**
назначения Investitionsgüter; **-ы**
(Pl.) **длительного пользования**
langlebige (dauerhafte) Konsumgüter
(Gebrauchs-); **-ы** *(Pl.)*
кратковременного пользования

kurzlebige Konsumgüter
(Verbrauchs-); ~ **широкого**
потребления Massenbedarfsgüter;
-ы *(Pl.)* **повседневного спроса**
Waren des täglichen Bedarfs; **-ы**
(Pl.) **повышенного спроса** Waren
des gehobenen Bedarfs; ~ **в плохом**
состоянии ~ in schlechtem Zustand;
~ **под таможенной пломбой** ~
unter Zollverschluss; **~-заменитель**
substituierbares Gut, Ersatzware;

товар, || **ввозимый на**
таможенную территорию для
конечного потребления *(Zoll.)*
Verwendungsgut; ~ **находящийся**
на таможенном складе
Zolllagergut; ~ **не облагаемый**
пошлиной *s.* *беспошлинный*; ~ **не**
очищенный от <**таможенной**>
пошлины unverzollte/es; ~
облагаемый пошлиной
abgabenpflichtige/es (gebühren-,
zoll-); ~ **освобожденный от**
пошлины *s.* *беспошлинный*; ~
очищенный от <**таможенной**>
пошлины verzollte/es; ~
подлежащий декларации
(**таможенной обработке**) ~
anmeldepflichtige/es; ~
складируемый (**уложенный,**
штабелируемый) **в штабелях**
Stapelware (-gut);

ввоз товар||**а** Waren||einfuhr;
владелец -а *(Pers.)* Inhaber einer
Ware; **возврат -а** -rücksendung,
Rückversand von Ware; **возврат**
нереализованных -ов Remission;
возвращение -а *(Prozess)* *s.*
возврат; **вывоз -а** -ausfuhr;
выдача -а -ausgabe; **выдача -а со**
склада Lagerausgang der Ware;
декларация -ов -deklaration; **завоз**
-а -anlieferung; **заготовка -а**
-beschaffung; **заявка на**
фрахтование -а -anmeldung; **знак**
идентификации -а *(Zoll.)*
Nämlichkeitszeichen; **зона приема**

-а -eingangszone; **износ** -ов *(Pl., vwl.)* Güterverzehr; **импорт** -а *s. ввоз*; **кодирование** -ов Kodierung von Waren; **конкурентоспособность** *(f.)* -а Wettbewerbsfähigkeit einer Ware; **коносамент** **на** ~ *(See.)* -konnossement; **контейнер для** -а -behälter, -container; **маркировка** -а Markierung von Ware; **маршрут движения** -а -transportroute, -beförderungsroute, Frachtroute; **менеджмент** **возврата** **поставленных** -ов Retourenabwicklung; **наименование** -ов -bezeichnung; **накладная на поступление** -а -eingangsschein; **обработка** -ов -behandlung, -veredelung; **объем** -ов -volumen; **объем отправления** -а -versandmenge; **ордер на выдачу** -а -ausgabeschein; **отбытие** -а -ausgang; **отгрузка** -а -versand; **отправитель** *(m.)* -а -versender; **отправка** -а *s. отгрузка*; **отсылка** -а назад *s. возврат*; **партия** -ов -partie, -posten, -sendung; **перевалка** -а -umschlag, -umladung; **перевалка** -а **на складе** Lagerumschlag von Ware; **перевозка** -ов -beförderung, -transport, -verkehr; **перегрузка** -а **на складе** *s. перевалка*; **передвижение** -ов -bewegung; **перемещение** -а *s. передвижение*; **перетарка** -а Umpacken von Ware; **перечень** *(m.)* <отгруженных> -ов -liste, -verzeichnis; **платеж против** -а *(kfm.)* Zahlung bei Empfang der Ware; **повреждение** -а Beschädigung von Ware; **поставка** -а -lieferung; **поставщик** -ов -lieferant; **поступление** -а -eingang; **поступление** -ов **на склад** Lagereingang der Ware; **потребитель** *(m.)* -ов -konsument; **предохранение** -а **от гибели и повреждений** Bewahrung der Ware

vor Verlust und Beschädigung; **прибытие** -а *s. поступление*; **прием** -а -annahme; **продажа** -а -verkauf; **производитель** *(m.)* -ов -produzent; **производство** -ов -produktion; **происхождение** -а -herkunft; **пропуск на** ~ -begleitschein; **реализация** -ов *s. продажа*; **род** -а -art, -gattung, -sorte; **рынок** -ов **и услуг** *(vwl.)* Gütermarkt; **сбыт** -ов -absatz; **свидетельство о возврате** –а Rückschein; **свидетельство о происхождении** -а Herkunftsnachweis der Ware; <экспедиторское> **свидетельство об отправке** -а -versandschein; **сдача** -а <покупателю> -übergabe <an den Käufer>; **сертификат происхождения** -а *s. свидетельство о происхождении*; **складирование** -а -lagerung; **снабжение** -ами *(Pl., vwl.)* Güterversorgung; **список** <отгруженных> -ов *s. перечень*; **стоимость** *(f.)* -а -wert; **тождественность** *(f.)* -а *(Zoll.)* Nämlichkeit der Ware; **торговля** -ами *(Pl., vwl.)* -handel; **транзит** -а Durchfuhr von Ware; **упаковка** -а -verpackung; **хранение** -а *s. складирование*; **экспорт** -а *s. вывоз*;

ввозить/ввезти || **товар** Ware || einführen; **вывозить/вывезти** ~ ~ ausführen; **выгружать/выгрузить** ~ ~ abladen, ~ ausladen, ~ entladen; **декларировать** ~ ~ deklarieren, ~ beim Zoll anmelden; **держать** ~ **под замком** ~ unter Verschluss halten; **доставлять/доставить** ~ ~ anliefern; **заявлять/заявить о -е** *s. декларировать*; **маркировать/ замаркировать** ~ ~ markieren, ~ labeln; **погружать/погрузить** ~ ~ verladen; **подготавливать/ подготовить** ~ **к**

транспортировке ~ <für den Transport> vorbereiten; **покупать/ купить** ~ ~ kaufen; **покупать/ купить** ~ **через комиссию** ~ in Kommission kaufen; **предоставлять/предоставить** ~ ~ bereitstellen; **принимать/принять** ~ **на комиссию** ~ in Kommission nehmen; **принимать/принять** ~ **на склад** ~ <ein>lagern; **разгружать/ разгрузить** ~ *s. выгружать/ выгрузить*; **реализовывать/ реализовать** ~ ~ verkaufen, ~ auf dem Markt absetzen; **складировать** ~ <**на складе**> *принимать/ принять*; **тарить/затарить** ~ *s. упаковывать/упаковать*; **транспортировать** ~ ~ transportieren; **упаковывать/ упаковать** ~ ~ verpacken; **хранить/сохранить** ~ ~ lagern; **хранить/сохранить** ~ **под пломбой** ~ unter Zollverschluss lagern

товарищество Genossenschaft *(auch in Zus.)*; **транспортное** ~ Transport-; ~ **частных судовладельцев** *(Binnsch.)* Partikulier-

товарно-транспортная накладная Warenlieferschein

товарн‖ый/ая/ое/ые Waren-, Güter- *(in Zus.)*; ~ **вагон** *(Eis.)* Güterwagen; ~ **группы** *(Pl.)* Warengruppe; ~ **дефицит** *(vwl.)* Warendefizit, knappe Güter; ~ **запасы** *(Pl.)* Warenbestand; ~ **знак** Warenzeichen; **свободный (незарегистрированный)** ~ **знак** freies (ungeschütztes) Warenzeichen; ~ **код ЕС** Europäische Artikelnummer (EAN); ~ **локомотив** Güterzuglokomotive; ~ **накладная** Warenbegleitschein (Liefer-); ~ **номенклатура внешнеэкономической**

деятельности (ТНВЭД) *(RF)* Außenhandelswarenverzeichnis; ~ **обмен** Warenaustausch (-verkehr); ~ **обращение** Warenumlauf; ~ **паровоз** *(Eis.) s. локомотив*; ~ **перевозка** Warenbeförderung (-transport, -verkehr); ~ **поддон** Warenpalette; ~ **поезд** Güterzug; ~ **потеря** Frachtverlust; ~ **пропуск** *s. накладная*; ~ **склад** Warenlager; ~ **станция** Güterbahnhof; ~ **судно** Transportschiff (Fracht-), Frachter

товаро- Waren- *(in Zus.)*

товаробагажная квитанция Expressgutkarte

товародвижение Warenbewegung

товарооборот I *(vwl.)* Warenverkehr; **международный** ~ internationaler; **свободный** ~ freier; **трансграничный** ~ grenzüberschreitender;

товарооборот II *(kfm.)* Warenumsatz; **объем -а** Umsatzvolumen

товаро‖получатель *(Pers.)* Warenempfänger; **-поток** Warenfluss;

товарораспорядительн‖ый/ая/ое/ ые Warenbegleit-, Warenverkehrs- *(in Zus.)*; ~ **документ/ы** -papier/e, Dispositionspapier/e; **именной** ~ **документ** Namenswarenpapier; **экспедиционный** ~ **документ** -speditionelle/es -papier/e; ~ **документация** -dokumentation

товаро‖складочная квитанция Warenlagerungsschein; **-сопроводительн‖ый/ая/ое/ы** *s. товарораспорядительный*

тождественность *(f.)* **товара** *(Zoll.)* Nämlichkeit der Ware

ток *(elektr.)* Strom, -strom, Strom- *(in*

Zus.); **тяговый** ~ *(Schienv.)* Fahr-; **система -а** -system

токоприемник *(techn.)* Stromabnehmer

толкаемый состав *(Schiff.)* Schubeinheit (-verband, system)

толкание <**судна**> Schieben <eines Schiffes>; **режим -я** Schubbetrieb

толкач Schubfahrzeug

тонна Tonne *(auch in Zus.)*; **большая** ~ Lang-, long ton; **брутто-регистровая** ~ **(БРТ)** Bruttoregister- (BRT); **весовая** ~ Gewichts-; **длинная** ~ *s. большая*; **короткая** ~ Kurz-, short ton; **кубическая** ~ Maß-; **малая** ~ *s. короткая*; **нетто-регистровая** ~ **(НРТ)** Nettoregister- (NRT); **обмерная** ~ Raum-; **общая** ~ Gesamt-; **регистровая** ~ Register-; **тарифная** ~ Tarif-; **торговая** ~ Handels-; **условная** ~ Einheits-; **фрахтовая** ~ Fracht-; **~/ы/тонн на один километр** Tonne/n pro Kilometer;

автомобиле||-тонна Fahrzeug||tonne; **дедвейт-~** *(Schiff.)* Tragfähigkeits-, deadweight; **метро-~** metrische;

объем, занимаемый тонной определенного груза в трюме *(Schiff.)* Staufaktor (-maß)

тоннаж *(Schiff.)* Tonnage, Frachtraum, Schiffsraum, Ladeinhalt, Ladekapazität, -tonnage, Tonnage- *(in Zus.)*; **брутто-регистровый** ~ Bruttoregister-; **грузовой** ~ Frachtgut-, Frachtraum; **линейный** ~ Linien-; **морской** ~ Schiffs-, See-; **наливной** ~ Tanker-, Tankerflotte; **нетто-регистровый** ~ Nettoregister-; **общий** ~ Gesamt-; **океанский** ~ seegängige, Hochsee-;

порожний ~ Leer-; **простой** ~ einfache, gängige; **регистровый** ~ Register-; **рейсовый** ~ Reisecharter-; **свободный** ~ freie/er; **сухогрузный** ~ Trocken-; **танкерный** ~ *s. наливной*; **тайм-чартерный** ~ ~ im Zeitcharter; **трамповый** ~ Tramp-, Gelegenheits-, Bedarfs-; **чартерный** ~ Charter-;

брутто-||тоннаж Brutto||tonnage; **нетто-~** Netto-;

подача тоннаж||а Bereitstellung von Tonnage (Frachtraum, Ladekapazität); **пополнение флота -ем** Tonnage||zugang (-zuwachs); **потребность** *(f.)* **в -е** -bedarf; **превышение предложения -а над спросом** -überhang, Überangebot an Frachtraum; **предложение -а** -angebot, Angebot an Frachtraum; **предоставление -а** *s. подача*; **спрос на** ~ *s. потребность*; **фрахтование -а** Befrachtung der Tonnage

тоннажный сбор Schiffsgebühr

тоннель *s. туннель*

тонно-километр Tonnenkilometer *(auch in Zus.)*; **тарифо-~** Tarif-; **~-брутто** Brutto-; **~-нетто** Netto-; **~-час** Tonnenkilometerstunde

тонуть/утонуть *(Schiff.)* untergehen, sinken

топливн||ый/ая/ое/ые Kraftstoff-, Treibstoff- *(in Zus.)*; ~ **база** <kleines> -terminal; ~ **бак** -behälter; ~ **насос** –pumpe; ~ **склад** –lager

топливо Kraftstoff, *(Flug.)* Treibstoff, Kraftstoff-, Treibstoff- *(in Zus.)*; **нефтяное** ~ Mineralöl; **впрыск -а** -einspritzung; **запас -а** -vorrat; **заправка -ом** -übernahme, Betankung; **расход -а** -verbrauch;

расходы *(Pl.)* на ~ -kosten; хранение -а <на бункеровщике> -lagerung auf einem Bunkerschiff; экономия -а -einsparung; заправлять/заправить транспортное средство -ом ein Transportmittel betanken

топливо- *(in Zus.)* Kraftstoff- *(in Zus.)*; ~-воздушная смесь Kraftstoff-Luft-Gemisch

топливозаправщик Tanklaster (-wagen, -fahrzeug)

топливораздаточная колонка Tanksäule

топливохранилище Tanklager

торговец *(Pers.)* Händler *(auch in Zus.)*; оптовый ~ Groß-; розничный ~ Einzel-

торговля Handel, Handelsgeschäft, -handel, Handels- *(in Zus.)*; бартерная ~ Tausch-, Barter-; беспошлинная ~ *(Zoll.)* Frei-; ввозная ~ Einfuhr-; внешняя ~ Außen-; внутренняя ~ Binnen-; вольная ~ *s.* беспошлинная; встречная ~ Gegen-; вывозная ~ Ausfuhr-; импортная ~ Import-; иногородная ~ Fern-; международная ~ internationaler; мировая ~ Welt-; морская ~ See-; невидимая ~ unsichtbarer; оптовая ~ Groß-; посредническая ~ Zwischen-; посылочная ~ Versand-, Distanz-; приграничная ~ Grenz-; розничная ~ Einzel-; свободная ~ freier, Frei-; транзитная ~ Transit-; трансокеанская ~ Übersee-, Fern-; экспортная ~ Export-;

торговля ‖ концессиями Konzessions‖handel; ~ лицензиями Lizenz-; ~ сырьем Rohstoff-; ~ товарами Waren-; ~ импортным товаром *s.* импортная; ~

экспортным товаром *s.* экспортная; ~ между востоком и западом Ost-West-~; ~ с восточноевропейскими партнерами Ost-;

запрет на торговл‖ю Handels‖verbot; объем -и -volumen; ограничения *(Pl.)* в области -и -beschränkungen, -restriktionen; правила *(Pl.)* -и -ordnung, -vorschriften; правовые предписания *(Pl., jur.)* по -е handelsrechtliche Vorschriften; регулирование -и Regulierung des Handels

торгово- Handels- *(in Zus.)*; -правов‖ой/ая/ое/ые handelsrechtlich/e/er/es; -промышленная палата (ТПП) Industrie- und -kammer (IHK); -распределительный центр (терминал) -logistikzentrum

торгов‖ый/ая/ое/ые Handels- *(in Zus.)*; ~ агент *(Pers.)* -agent, Verkaufskommissionär; ~ агентство -agentur; ~ барьер -barriere, -schranke; ~ блокада -sperre; ~ гавань *(f.)* <natürlicher> -hafen; ~ дело -betrieb; ~ деятельность *(f.)* -tätigkeit; ~ договор -vertrag; ~ документ/ы -papier/e; ~ законодательство -gesetzgebung; ~ кодекс -gesetzbuch; ~ комиссионер *s.* агент; свободный ~ обмен Freihandel (-verkehr); ~ ограничения *(Pl.)* –restriktionen, -beschränkungen; ~ операция -geschäft; ~ отношения *(Pl.)* -beziehungen, Warenverkehr; ~ палата -kammer; ~ партнер -partner; ~ порт -hafen, Verkehrshafen; ~ посредник -vermittler; ~ пошлина -zoll; ~ право -recht; ~ предприятие -unternehmen; ~ представитель *(Pers.)* -vertreter; ~

представительство -vertretung; промысел -gewerbe; ~ путь _(m.)_ -straße, -weg; ~ реестр _(Verzeichnis)_ -register; ~ риск -risiko; ~ связи _(Pl.) s. отношения_; ~ сделка _s. операция_; ~ склад -lager; ~ соглашение -abkommen, -vereinbarung; ~ судно -schiff; ~ судоходство -schifffahrt; ~ счет -rechnung; ~ тонна -tonne; ~ упаковка handelsübliche Umschließung (Verpackung); ~ фактура -faktura; ~ фирма -firma; ~ флот -flotte

торможение _(Prozess)_ Bremsen, Abbremsen; экстренное ~ Notbremsung; след -я Bremsspur

тормоз _(Fahrzeug, techn.)_ Bremse, -bremse, Brems- _(in Zus.)_; барабанный ~ Trommel-; дисковый ~ Scheiben-; колодочный ~ Backen-; ручной ~ Hand-; экстренный ~ _(Schienv.)_ Not-; ~ автомобиля Kfz-~; отказ -а -versagen; педаль _(f.)_ -а -pedal; проба -а -probe

тормозить/затормозить <автомобиль> <ein Kfz.> bremsen

тормозн‖ой/ая/ое/ые Brems- _(techn., in Zus.)_; ~ башмак _(Eis.)_ -schuh; ~ давление -druck; ~ жидкость _(f.)_ -flüssigkeit; ~ колодка _(Eis.)_ -klotz; ~ накладка -backe; ~ путь _(m.)_ -weg; ~ свет -licht; антиблокировочная ~ система _(Kfz.)_ Antiblockiersystem (ABS); ~ скорость _(f.)_ -geschwindigkeit; ~ сопротивление -widerstand; ~ усилие -kraft; ~ устройство -anlage; ~ шланг -schlauch

точка пересечения <дорог> _(Straße)_ Kreuzungspunkt, Schnittpunkt (-stelle); менеджмент точек пересечения Schnittstellenmanagement

традиционн‖ый/ая/ое/ые _(hier)_ konventionell/e/er/es; ~ груз -e Ladung; ~ грузовые перевозки _(Pl.)_ Wagenladungsverkehr

тракционный путь _(Eis.)_ Verkehrsgleis

трамвай Straßenbahn, Tram, Straßenbahn- _(in Zus.)_; <прицепной> вагон -я -anhänger; водитель -я _(m.)_ -fahrer; движение -ев -verkehr; линия -я -linie; маршрут -я _s. линия_; остановка -а -haltestelle

трамвайно-ремонтный завод Straßenbahnreparaturwerk

трамвайн‖ый/ая/ое/ые Straßenbahn- _(in Zus.)_; ~ вагон -wagen; моторный ~ вагон -triebwagen; ~ депо _(n., indkl.)_ -betriebshof, -depot; ~ круг -<wende>schleife; ~ линия -verbindung, -linie; ~ остановка -haltestelle; ~ парк _s. депо_; ~ поезд -zug; ~ путь -gleis; ~ пути _(Pl.)_ -strecke, -verbindung; ~ рельс -schiene; ~ стрелка -weiche; ~ трасса -trasse; приключение (привязка) к -ым линиям -anbindung, -anschluss; сеть _(f.)_ -ых линий -liniennetz

трамп Trampschiff

трампов‖ый/ая/ое/ые _(Schiff.)_ Tramp-, Bedarfs- _(in Zus.)_; ~ груз -gut; ~ перевозки⌂ _(Pl.)_ -verkehr/e, -transporte, Gelegenheitsverkehr; ~ порт -hafen; ~ фрахтовая ставка -frachtrate; ~ рынок -markt; ~ судно -schiff; ~ судоходство -schifffahrt; ~ тоннаж -tonnage

транзит Transit, Durchfuhr, Transit-, Durchfuhr- _(in Zus.)_; таможенный ~ Zoll<gut>versand; ~ товаров ~ von Waren; запрет -а -verbot; заявление к -у -erklärung; поставка -ом -lieferung;

разрешение на ~ <груза> -genehmigung, -erlaubnis; разрешение на ~ <груза> с таможенного склада Zollversandgenehmigung; страна -a -land

транзитно-таможенн||ый/ая/ое/ые Zolldurchfuhr- *(in Zus.)*; ~ квитанция -schein, Umladungsschein <für den Zoll>; ~ свидетельство *s. квитанция*

транзитн||ый/ая/ое/ые *(s. auch сквозной, прямой)* Transit- *(in Zus.)*; ~ автотранспорт -verkehr auf der Straße; ~ аэропорт -flughafen; ~ вагон *(Eis.)* -wagen, durchlaufender Waggon; ~ вагон с переработкой *(Eis.)* Umstellwagen; ~ виза *(Pass.)* -visum; ~ груз -gut, Durchfuhrgut; ~ документ/ы -papier/e, -dokument/e; ~ дорога -strecke, -straße; ~ доставка -belieferung, Belieferung im Streckengeschäft; ~ импорт -einfuhr; ~ линия -linie, -strecke, Durchfuhrstrecke; ~ маршрут *s. линия*; ~ оборот -umschlag; ~ оговорка *(jur.)* -klausel; ~ ограничение -beschränkung, Durchfuhrbeschränkung; ~ операция -geschäft, Streckengeschäft (Direkt-); ~ отгрузка Direktversand (-verladung); ~ партия *(Ware)* Durchgangspartie; ~ пассажир -passagier; ~ перевозка -beförderung; ~ перевозки *(Pl.)* -verkehr/e, Direktverkehr/e (Durchgangs-); ~ перевозки *(Pl.)* грузов Gütertransit; ~ поезд -zug; ~ порт -hafen; ~ поставка -lieferung; ~ пошлина -gebühr/en, -zoll, Durchfuhrzoll; ~ провоз Transit, Durchfuhr; ~ путь *(m.)* -strecke, Durchfahrtsstrecke; ~ расстояние -entfernung; ~ сбор *s. пошлина*; ~ сделка *s. операция*; ~ сектор <в аэропорту> -bereich <eines

Flughafens>; ~ склад -lager; ~ соглашение -abkommen; ~ сообщение[📖] -verkehr, Direktverkehr (Durchgangs-); ~ страна -land, Durchfuhrland; ~ <грузовой> тариф -tarif, Durchfuhrtarif; ~ терминал -terminal; ~ товар *s. груз*; ~ торговля -handel, Durchfuhrhandel; ~ удостоверение Durchfahrtsberechtigungsschein; ~ фрахт -fracht, Durchfracht; ~ экспорт -ausfuhr

транзитом 1. *(Pass.)* auf Durchreise; 2. *(Güterv.)* im Direktverkehr; поставлять/поставить товар ~ Ware im Direktverkehr <an>liefern

трансагентство Transportagentur

трансарктические авиаперевозки *(Flug., Güterv.)* transarktische Lufttransporte

трансатлантическ||ий/ая/ое/ие Transatlantik- *(in. Zus.)*; ~ линия -linie; ~ рейс -flug

трансграничн||ый/ая/ое/ые *(s. auch заграничный, международный)* grenzüberschreitend/e/er/es; ~ автотранспорт -er Straßengüterverkehr (Güterkraft-); ~ товарооборот -er Warenverkehr

Трансевропейские транспортные сети[📖] *(Pl.)* transeuropäische Verkehrsnetze (Transport-)

трансокеанск||ий/ая/ое/ие Übersee- *(in Zus.)*; ~ судоходная линия -linie; ~ перевозки *(Pl.)* -verkehr; ~ плавание 1. -schifffahrt; 2. -fahrt, -reise; ~ сообщение *s. перевозки*; ~ судоходство *s. плавание*; ~ торговля -handel

транспорт *(s. auch движение, перевозки, сообщение)* Transport, Verkehr, -transport/e, -verkehr/e,

Transport-, Verkehr/s- *(in Zus.)*; **автомобильный** ~ Straßenverkehr; **бесплатный ученический** ~ freigestellter Schülerverkehr; **внутренний** ~ Binnenverkehr; **внутригородской** ~ Innenstadtverkehr, innerstädtischer; **внутризаводской** ~ 🕮 Werkverkehr; **водный** ~ *(Binnsch.)* Wassertransport/e; **воздушный** ~ Luft-, Flugverkehr; **высокоскоростной** ~ Hochgeschwindigkeitsverkehr; **высокоскоростной железнодорожный** ~ Hochgeschwindigkeits-Schienen-verkehr; **газовозный** ~ Gastransport/e; **городской** ~ Stadt-; **грузовой** ~ Güter-; **дополнительный** ~ Mehrverkehr; **железнодорожный** ~ Eisenbahn-; **железнодорожный грузовой** ~ Schienengüterverkehr; **индивидуальный** ~ Individualverkehr; **индуцированный** ~ induzierter Verkehr; **комбинированный** ~ kombinierter, Kombiverkehr; **контейнерный** ~ Container-; **линейный** ~ Linienverkehr; **маршрутный** ~ *s.* *линейный*; **международный** ~ internationaler (grenzüberschreitender) Verkehr; **межконтинентальный** ~ Überseeverkehr; **межрегиональный** ~ überregionaler; **местный** ~ Nahverkehr (Regional-, Vorort-); **местный железнодорожный** ~ Schienennahverkehr; **морской** ~ See-; **моторизированный** ~ motorisierter Verkehr; **наземный** ~ überirdischer (über der Erde befindlicher) Verkehr, Oberflächenverkehr, Land-; **«не движущийся»** ~ 🕮 ruhender Verkehr; **немоторизированный** ~

nicht motorisierter Verkehr; **непрепятственный заторами** ~ nicht staubehinderter Verkehr; **нефтеналивной** ~ Tanker-; **новый** ~ Neuverkehr; **общественный** ~ **пассажирский** ~ 🕮 *(ÖPNV)* öffentlicher Personennahverkehr; **основной** ~ Hauptverkehr; **отпускной** ~ Urlaubsverkehr (Ferien-); **пассажирский** ~ Passagierverkehr (Personen-); **пассажирский дальнего следования** Personenfernverkehr; **пассажирский в пределах малонаселенных территорий** Flächenverkehr; **подземный** ~ Tunnelverkehr, unterirdischer; **поступивший** ~ eingehender Verkehr; **препятственный заторами** ~ staubehinderter Verkehr; **прибалтийский** ~ Ostseeverkehr; **пригородный** ~ Nahverkehr (Regional-, Vorort-); **производительный** ~ leistungsfähiger Fahrbetrieb; **промышленный** ~ 🕮 Werkverkehr (Industrie-); **прямой** ~ Transitverkehr (Durchgangs-), direkter (durchgehender) Verkehr; **распределительный** ~ 🕮 Verteilerverkehr (Liefer-); **рельсовый** ~ schienengebundener Verkehr; **рефрижераторный** ~ Kühltransport/e (Gefrier-); **речной** ~ Binnenschifffahrts-; **ро-ро-**~ RoRo-Verkehr; **сухогрузный** ~ Trockenguttransport/e; **таксомоторный** ~ Taxiverkehr; **трансграничный** ~ grenzüberschreitender, internationaler Straßengüterverkehr (Güterkraft-); **ученический** ~ Schülerverkehr; **фидерный** ~ *(Schiff.)* Feederverkehr; **экологически чистый** ~ umweltfreundlicher Fahrbetrieb;

транспорт || низкой нагрузки Schwachlast||verkehr; ~ отвоза *(Güterv.)* Abhol-; ~ личного пользования Individual-; ~ необщего пользования⌂ nicht öffentlicher Verkehr; ~ общего пользования⌂ 1. Massen-; 2. Massenverkehrsmittel; ~ дальнего следования Fern-;

транспорт || в пределах малонаселенных территорий⌂ *(Pass.)* Flächen||verkehr; ~ для собственных нужд Eigen-; ~ между узловыми пунктами Knotenpunkt-; ~ между прибалтийскими странами (регионами) Ostsee-; ~ на замену регулярных линий рельсового сообщения *(ÖPNV und Regionalverkehr)* <Schienen>Ersatz-; ~ на второстепенных линиях Neben-;

транспорт, || вызванный движением <людей> к месту работы <и обратно> Pendler||verkehr; вызванный жителями одного <микро>района Anlieger-; ~ вызванный передвижением покупателей Einkaufs-; ~ вызванный сбором порожней тары *(Güterv.)* Abhol-; ~ работающий на комисионных началах Kommissionstransport/e; ~ связанный с переотправкой грузов *(Güterv.)* Weiterleitungs-; ~ связанный с поиском свободного места для стоянки <автомобиля> Parksuch-;

вид транспорт||а⌂ Verkehrs||art, Transport||art; беспрепятственное движение -а fließender Verkehr; инновация на -е Verkehrsinnovation; институт -а Verkehrsinstitut; менеджмент в области -а -management; нагрузка от -а -belastung; надзор за движением -а -überwachung; наука о -е Verkehrswissenschaft; носитель *(m.)* -а⌂ Verkehrsträger; обновления *(Pl.)* на -е *s.* инновация; ограничение -а Verkehrsbeschränkung (-einschränkung); отрасль *(f.)* -а -zweig, -branche; перекрытие -а по дороге Straßensperrung; планирование -а Verkehrsplanung; пользователь *(m.)* -ом Verkehrsnutzer; опасное посягательство на ~ *(jur.)* Verkehrsgefährdung, gefährlicher Eingriff in den Verkehr; правонарушение на -е Verkehrsdelikt; предоставление -а Bereitstellung von Transportkapazität (Beförderungs-); предприниматель в области -а Transportunternehmer; примыкание к местному -у Nahverkehrsanbindung; приостановление -а <по дороге> *s.* перекрытие; путь *(m.)* следования -а -weg, -route, Beförderungsweg; развитие -а Verkehrsentwicklung; разгрузка от -а Verkehrsentlastung; расходы на ~ -kosten; регионы *(Pl.)* скопления -а Agglomerationsräume, Ballungsgebiete; регулирование -а Verkehrsregulierung; рост -а -zuwachs; соглашение о -е -abkommen; спрос на ~ -nachfrage; средство -а -mittel, Fahrzeug; стоимость *(f.)* -а Wegekosten; тариф на ~ Transporttarif (Beförderungs-), Beförderungspreis; технология -а -technologie; управление ом *s.* менеджмент; финансирование -а Verkehrsfinanzierung; функции *(Pl.)* -а Verkehrsfunktionen; экономика -а -wirtschaft;

эффективность *(f.)* -a
Verkehrseffizienz

транспортабельность *(f.)*
Transportfähigkeit

транспортабельный **груз**
transportfähige Fracht (-es Gut)

транспортер *(Kfz.,* *Pers.)*
Transporteur; ~**единоличник**
Einwagenunternehmer;
~**предприниматель** *(m.,* *Pers.)*
selbstfahrender
<Kraftverkehrs>Unternehmer

транспортировать <**что-л.**> *(s. auch*
перевозить/перевезти) <etw.>
transportieren, befördern; ~ **груз**
Fracht ~; ~ **контейнер** einen
Container ~; ~ **по автомагистрали**
per LKW ~; ~ **по морю** auf dem
Seeweg ~; ~ **по внутренним**
водным путям *(Binnsch.)* auf dem
Wasserweg ~; ~ **по железной**
дороге per Bahn ~, auf der Schiene
~; ~ **по суше** auf dem Landweg ~

транспортировка *(Prozess)*
Transport, Beförderung, Transport-,
Beförderungs- *(in Zus.)*; **запрет на**
-у Beförderungsverbot;
продолжительность *(f.)* -и -dauer;
экспедиторское свидетельство о
-е Spediteursversandbescheinigung;
способ -и -verfahren; **способ -и с**
вертикальной **погрузкой** **и**
выгрузкой LoLo-Verfahren;
способ **-и** **с** **горизонтальной**
погрузкой и выгрузкой RoRo-
Verfahren; **срок** **-и** *s.*
продолжительность; **технология**
-и Transporttechnologie; ~ <**грузов**>
на **поддонах** ~ auf Paletten;
пригодн‖**ый/ая/ое/ые** **к** **-е**
transportfähig/e/er/es;
подготавливать/подготовить
<**груз, товар**> **к -е** <Fracht, Ware>
für den Transport vorbereiten

транспортируемый **груз**
Transportgut (Beförderungs-,
Umschlag-, Lade-)

транспортник-международник
(Pers.) Fachkraft für internationale
Transport- und
Speditionsdienstleistungen

транспортно- Verkehrs-, *(Güterv.*
auch) Transport-, *(Pass.* *auch)*
Beförderungs- *(in* *Zus.)*;
~**логистические** **услуги** *(Pl.)*
Transportsystemdienste, Transport-
und Logistikdienstleistungen;

транспортно-
сопроводительн‖**ый/ая/ое/ые**
Transportbegleit- *(in Zus.)*; ~
документы *(Pl.)* -papiere,
Frachtpapiere,
Warenverkehrsbescheinigung,
Beförderungsdokumente; ~ **поток**
информаций verkehrsbegleitender
Informationsfluss;

транспортно-‖**тарифный** **союз**☐
(ÖPNV) Verkehrsverbund, *(Güterv.*
auch) Transporttarifgemeinschaft;
~**технические** **сооружения**
verkehrstechnische Anlagen;
~**технологическая** **система**
verkehrstechnologisches System;
~**хозяйственная** **деятельность**
verkehrswirtschaftliche Tätigkeit;

транспортно-
экспедиторск‖**ий/ая/ое/ие**
Transport- und Speditions- *(in Zus.)*;
~ **ассоциация** Speditionsverband; ~
обслуживание Erbringung
(Bereitstellung) von
-dienstleistungen; ~ **операция**
-vorgang, -ablauf, -geschäft; ~
предприятие -unternehmen,
Spedition; ~ **сделка** *s. операция*;

транспортно-
экспедиционн‖**ый/ая/ое/ые**
Speditions- *(in* *Zus.)*; ~ **дело**

-gewerbe; ~ **договор**⊞ -vertrag; ~ **контракт** *s. договор*; ~ **предприятие** Speditionsunternehmen, Spedition; ~ **склад** speditionelles Auslieferungslager;

транспортно-эксплуатационная деятельность Transportbetriebstätigkeit, Transport- und Speditionstätigkeit

транспортн‖ый/ая/ое/ые Verkehrs-, *(Güterv. auch)* Transport-, *(Pass. auch)* Beförderungs- *(in Zus.)*; ~ **авария** Verkehrsunfall; ~ **авиация** Luftfrachtverkehr; ~ **агент** Transportunternehmer (-spediteur, -agent); ~ **агентство** Transportagentur (-unternehmen); ~ **артерия** Verkehrsader; ~ **ведомство** Verkehrsbehörde (-verwaltung); ~ **ведомство Земли** *(BRD)* Landesverkehrsbehörde; ~ **география** Verkehrsgeographie; ~ **данные** *(Pl.)* Verkehrsdaten; ~ **дело** Verkehrswesen (Transport-); ~ **договор** Transportvertrag (Beförderungs-); ~ **документация** Transportdokumentation; ~ **доходы** *(Pl.)* Verkehrseinnahmen; ~ **единица** **1.** *(Fuhrpark)* Transporteinheit (Fahrzeug-); **2.** *(statist.)* Transporteinheit (Beförderungs-); ~ **емкость** *(f.)* Transportbehälter; ~ **законодательство** Verkehrsgesetzgebung; ~ **звено** Glied in der Transportkette; ~ **издержки** *(Pl.)* **1.** -kosten, *(Güterv. auch)* Frachtkosten; **2.** *(Dienstreisen)* Spesen; ~ **инспекция** *(RF)* Transportinspektion; **инструкция/и** Transportvorschrift/en (-bestimmungen); ~ **инфраструктура** Verkehrsinfrastruktur; ~ **комитет при ТПП** Verkehrsausschuss der

IHK; ~ **комплекс** Verkehrsbereich (-sektor), Transportsektor; ~ **коносамент** *(See.)* Transportkonnossement; ~ **контингент** **1.** *(Güterv.)* Transportkontingent; **2.** *(Pass.)* Beförderungskontingent; ~ **концепция** Verkehrskonzept (-konzeption); ~ **коридор** Verkehrskorridor (Transport-); ~ **крест** Verkehrskreuz; ~ **линия** *s. цепь*; ~ **логистика** Verkehrslogistik (Transport-); ~ **магистраль** *(f.)* Verkehrsader; ~ **маркировка <грузов>** Transportmarkierung (Versand-); ~ **машиностроение** Fahrzeugbau; ~ **менеджмент** -management; ~ **мощность** *(f.)* -kapazität, -leistung; ~ **нагрузка** Verkehrsbelastung; ~ **надзор** Verkehrsaufsicht; ~ **накладная <международного сообщения>** <internationaler> Transportschein (Lade-), Frachtbrief; ~ **налог** **1.** *(Güterv.)* Transportsteuer; **2.** *(Pass.)* Beförderungssteuer; ~ **обеспечение** Gewährleistung (Bereitstellung) von -<dienst>leistungen, *(ÖPNV)* Erfüllung der Beförderungspflicht, Besorgung der Beförderung, Verkehrsbedienung; ~ **обслуживание**⊞ *s. обеспечение*; ~ **обстановка** Verkehrssituation; ~ **общество** Verkehrsgesellschaft; ~ **объединение** Verkehrsgemeinschaft (-verband, -verbund); ~ **объекты** *(Pl.)* Verkehrsbauten; ~ **операция** Transportoperation; ~ **организация** Verkehrsbetrieb (-einrichtung); ~ **ось** *(f.)* Verkehrsachse; ~ **отдел <предприятия>** Transportabteilung <eines Unternehmens>; ~ **отрасль** *(f.)* Verkehrsbranche (-gewerbe); ~ **поддон** Transportpalette; ~ **площадь** *(f.)* Verkehrsfläche; ~ **полиция** Verkehrspolizei (Transport-); ~ **поручение** **1.**

(*Güterv.*) Transportauftrag; **2.** (*ÖPNV*) Beförderungsauftrag; ~ **посредник** *s. агент*; ~ **потенциал** -potential; ~ **поток/и** Verkehrsstrom (-fluss, -bewegungen); ~ **правила** (*Pl.*) *s. инструкция/и*; ~ **право** Verkehrsrecht; ~ **предпринимательство** Transportgeschäft (-gewerbe); ~ **предприятие** Verkehrsunternehmen (-betrieb), Transportunternehmen; ~ **преступление** Verkehrsdelikt; ~ **приключение** Verkehrsanbindung; ~ **производство** -leistung; ~ **промышленность** (*f.*) Transportindustrie; ~ **пространство** Verkehrsraum; ~ **процесс** -prozess; ~ **путь** (*m.*) **1.** (*allg.*) -weg, -strecke; **2.** (*Eis.*) Fördergleis; ~ **развязка** (*Prozess*) Verkehrsentflechtung (-ausfädelung); ~ **разгрузка** Verkehrsentlastung; ~ **расходы** (*Pl.*) *s. издержки*; ~ **риск** Transportrisiko; ~ **рынок** Verkehrsmarkt (Transport-); ~ **самолет** Transportflugzeug; ~ **связи** (*Pl.*) Verkehrsrelationen; ~ **сектор** *s. комплекс*; ~ **сертификат 1.** (*Güterv.*) Transporturkunde; **2.** (*Pass.*) Beförderungsurkunde; ~ **сеть** (*f.*) Verkehrsnetz (Transport-); ~ **система**⊞ Verkehrssystem (Transport-); ~ **склад** Transportlager; ~ **служба 1.** (*Güterv.*) Transportdienst; **2.** (*Pass.*) Beförderungsdienst (Fahr-); ~ **информационная служба** Verkehrsauskunft; ~ **соглашение** Verkehrsabkommen; ~ **сообщение внутри страны** Inlandsverkehr; ~ **сооружения** (*Pl.*) Verkehrsanlagen; ~ **составляющая в цене продукции** (*kfm.*) Transportkostenkomponente;

транспортное средство || Fahrzeug, Verkehrsmittel (Transport-), -fahrzeug (*in Zus.*);

автодорожное ~ Straßen-; **бимодальное** ~⊞ bimodales; **грузовое** ~ Nutz-, LKW; **двухколейное** ~ zweispuriges; **двухколесное** ~ zweirädriges, Zweirad-; **двухосное** ~ zweiachsiges; **дежурное** ~ Reserve-, in Bereitschaft befindliches; **многодвигательное** ~ mehrmotoriges; **многоколейное** ~ mehrspuriges; **многоместное** ~ mehrsitziges; **многомоторное** ~ *s. многодвигательное*; **многоосное** ~ mehrachsiges; **многоцелевое** ~ Mehrzweck-, Universal-; **одноколейное** ~ einspuriges; **одномоторное** ~ einmotoriges; **одноосное** ~ einachsiges; **плавучее** ~ Wasser-, Schwimm-; **резервное** ~ *s. дежурное*; **рельсовое** ~ schienengebundenes, Schienen-; **специальное** ~ Spezial-; **универсальное** ~ *s. многоцелевое*; **четырехколесное** ~ vierrädriges; **четырехместное** ~ viersitziges; **шестиместное** ~ sechssitziges; ~ **для замены** Ersatz-; ~ **для обращения по различным видам дорог** *s. бимодальное*; ~ **для перевозки наливного груза** Behälter-; ~ **для перевозки опасного груза** Gefahrgut-; ~ **для массовых перевозок** (*ÖPNV*) Massenverkehrsmittel; ~ **для развозки товаров** (*Güterv.*) Verteiler-; ~ **на четырех колесах** *s. четырехколесное*; ~ **на воздушной подушке** Luftkissen-; ~ **на гусеничном ходу** Raupen-; ~ **с низким выбросом вредных веществ** schadstoffarmes; ~ **с выходом на уровне перрона** (*Pass.*) Niederflur-; ~ **с бензиновым двигателем** benzingetriebenes; ~ **с дизельным двигателем (дизелем)** dieselgetriebenes; ~ **с пониженной платформой** *s. ~ с выходом на* *уровне перрона*; ~ **с двумя головными моторными частями** *(Schienv.)* Zweirichtungs-; ~, **работающее на нескольких системах тока** *(Schienv.)* Mehrstrom-;

транспортн‖ая статистика Verkehrsstatistik; ~ **страхование** Transportversicherung; ~ **строительство** Verkehrsbau; ~ **структура** Verkehrsstruktur; ~ **суд** Verkehrsgericht; ~ **судно** Transportschiff (Fracht-), Frachter; ~ **сфера** *s. комплекс*; ~ **схема** Liniennetz, Netzkarte (-plan); ~ **тара** Transportverpackung (Um-, Versand-, Außen-); ~ **тариф** *(Güterv.)* Transporttarif (-preis), *(Pass.)* Beförderungstarif (-preis); ~ **тележка** Transportkarre; ~ **телематика**📖 Verkehrstelematik; ~ **терминал** Transportterminal; ~ **техника** Verkehrstechnik; ~ **технология** Verkehrstechnologie; ~ **товарищество** Transportgenossenschaft; ~ **узел** Verkehrsknotenpunkt (-drehscheibe, -drehkreuz); ~ **упаковка** *s. тара*; ~ **условия** *(Pl.)* Verkehrsbedingungen; ~ **услуги** *(Pl.)* -<dienst>leistungen; ~ **указатель** *(m.)* Verkehrsanzeiger; ~ **устройства** *(Pl.)* Verkehrsanlagen; ~ **фактор** Verkehrsfaktor; ~ **фирма** *s. агентство*; ~ **флот** *(Schiff.)* Transportflotte, *(Kfz.)* Fahrzeugpark; ~ **характеристика** Transportcharakteristik; ~ **хозяйство** Verkehrswirtschaft (Transport-); <**смешанная**> ~ **цепь** *(f.)* <kombinierte> Transportkette; ~ **шлюз** Verkehrsschleuse (Schifffahrts-)

транспортоемкость *(f.)* Transportintensität; **коэффициент -и** Koeffizient der ~

транстейнер Transtainer

транстейнерный мост Transtainerbrücke

трансфертный платеж *(kfm.)* Transferzahlung

трап *(Flug.)* Gangway, *(Schiff.)* Schiffsbrücke

трасса *(s. auch участок)* Trasse, Strecke, -trasse, -strecke, Trassen-, Strecken- *(in Zus.)*; **воздушная** ~ Lufttrasse (-korridor); **восточно-западная** ~ Ost-West-Trasse; **высокоскоростная** ~ Hochgeschwindigkeits-; **железнодорожная** ~ Eisenbahn-; **загруженная** ~ ausgelastete Strecke; **кольцевая** ~ Rundstrecke; **межконтинентальная** ~ interkontinentale; **наземная** ~ ebenerdige, oberirdische, über der Erde befindliche; **недогруженная** ~ nicht ausgelastete Strecke; **перегруженная** ~ überlastete Strecke; **подземная** ~ unterirdische, unter der Erde befindliche, Tunnelstrecke; **подъездная** ~ Zubringerstrecke; **расширенная** ~ Ausbau-; **северо-южная** ~ Nord-Süd-Trasse; **скоростная** ~ Schnellstraße; **трамвайная** ~ Straßenbahnstrecke; ~ **дальнего следования** Fernverkehrs-; ~**-новостройка** Neubau-;

ведение трасс‖ы Trassen‖führung, Strecken‖führung; **грузонапряженность** *(f.)* **трасс** *(Güterv.)* -auslastung; **длина -ы** -länge; **загрузка -ы** -auslastung; <**коммерческое**> **использование недогруженных трасс** Vermarktung freier Trassen; **категория -ы** -kategorie; **маршрут -ы** *s. ведение*; **мощность** *(f.)* **-ы** -kapazität; **новостройка трасс** -neubau; **обслуживание трасс транспортом** -bedienung;

планирование трасс -planung; пользование -ой -nutzung; предоставление трасс -vergabe, -bereitstellung; прокладка -ы Trassierung; протяженность -ы *s. длина*; пуск -ы в ход Inbetriebnahme einer Strecke (Trasse); стоимость *(f.)* -ы Streckenpreis; участок -ы -abschnitt; подземный участок -ы Tunnelstrecke

трассирование *(Eis., Prozess)* Trassierung; наземное ~ oberirdische, ebenerdige; подземное ~ unterirdische; ~ транспортных путей *(Verkehrswege)* Verkehrsführung повышение качества -я Verbesserung der ~

трассирующий след <самолета> *(Flug.)* Kondensstreifen

трата на транспортные услуги *(Pl.)* Transportaufwand (Beförderungs-)

тратта *(Fin.)* Tratte *(auch in Zus.)*; документарная ~ Dokumenten-; документированная ~ *s. документарная*; сумма, полученная по -е gezogener Wechsel; извещение о выставлении -ы Trattenavis

тратить/истратить <чего-л.> <etw.> verbrauchen, verschwenden; ~ много бензина viel Benzin ~ (verfahren); ~ много времени viel Zeit ~; ~ много денег viel Geld ~; ~ много керосина *(Flug.)* viel Treibstoff ~ (verfliegen); ~ больших ресурсов Ressourcen verschwenden

траулер *(Schiff.)* Trawler; рыболовный ~ Fischfangschiff

требование/я Forderung, *(Pl.)* <An>Forderungen *(auch in Zus.)*; -я клиентов Kundenforderungen; -я к бесопасности Sicherheitsanforderungen; ~ о

возмещении ущерба *(jur.)* Schadenersatzforderung

требующ‖ий/ая/ее/ие согласия erlaubnispflichtig/e/er/es (-bedürftig/e/er/es)

трейлер Trailer, Anhänger<fahrzeug>, Tieflader, -trailer, Trailer- *(in Zus.)*; автомобильный ~🕮 Road-; большегрузный ~ Schwerlast-; дорожный ~ *s. автомобильный*; рефрижераторный ~ Kühl-; терминальный ~ Terminal-; тяжеловесный ~ *s. большегрузный*; мафи-~ Mafi-~; реф- *s. рефрижераторный*; ролло-~ Roll-~; ро-ро-~ RoRo-~; перевозки *(Pl.)* на -ах -verkehr/e; способ перевозки на -ах🕮 -zugtechnik

трейлерно-контрейлерные перевозки *(Pl.)* Roll-on-roll-off-Verkehr/e

трейлерн‖ый/ая/ое/ые Trailer- *(in Zus.)*; ~ перевалка -umschlag; ~ перевозки *(Pl.)* -verkehr/e; ~ площадка -stellplatz; ~ поезд -zug; ~ судно -schiff

трейлеровоз Trailerschiff

тренажер Simulator *(auch in Zus.)*; полетный ~ Flug-; судоводительский ~ Schiffs-; автотренажер Fahrsimulator

трет‖ий/ья/ье dritte/er/es, Dritt- *(in Zus.)*; ~ лицо *(jur., Pers.)* Dritte/er; ~ страна -land

треугольник, предупредительный *(Kfz.)* Warndreieck

трех- *(in Zus.)* drei- *(in Zus.)*; -колесное транспортное средство -rädriges Fahrzeug; -компонентный каталитический нейтрализатор <отработанных газов> *(Kfz.)* Drei-Wege-Katalysator;

трехмильн‖ый/ая/ое/ые *(Schiff.)* Dreimeilen- *(in Zus.)*; ~ <пограничная> зона -zone; ~ полоса *s. зона*;

трехосное транспортное средство dreiachsiges Fahrzeug;

трехтонка *(LKW, umg.)* Dreitonner

трогаться/тронуться с места *(Fahrzeug)* anfahren, losfahren

троллейбус Oberleitungsbus, O-Bus, O-Bus- *(in Zus.)*; **водитель** *(m.)* -а -fahrer; **линия** -а -linie; **остановка** -а -haltestelle

тройная тяга *(techn.)* Dreifachtraktion

трос, спасательный Rettungsleine

тротуар Bürgersteig, Fußweg; **на** -е auf dem ~

трудовое право *(jur.)* Arbeitsrecht

трудоемкость *(f.)* **транспортных операциий** Transportaufwand (Beförderungs-)

трюм <судна> *(Schiff.)* Stauraum, (Schiffslade-); **выгрузка товаров из** -ов **судна** Löschen der Ladung eines Schiffes; **объем, занимаемый тонной определенного груза в** -е Staufaktor (-maß); **опломбирование** -а **таможней** *(Prozess)* Zollraumverschluss; **погрузка в** -е Verladung unter Deck, Unter-Deck-Verschiffung

тугмастер *(LKW)* Tugmaster

туда и обратно hin und zurück, Hin- und Rück- *(in Zus.)*; **билет** ~ -fahrkarte; **перевозка** ~ -beförderung, -transport; **переезд на судне** ~ *(Schiff.)* -passage; **поездка** ~ -reise; **полет** ~ -flug; **проезд** ~

-fahrt

туман Nebel

туманная погода nebliges Wetter

туннель *(m.)* Tunnel, -tunnel, Tunnel- *(in Zus.)*; **автомобильный** ~ Auto-; **автотранспортный** ~ Straßen<verkehrs>-; **железнодорожный** ~ Eisenbahn-; **канальный** ~ Kanal-; **пешеходный** ~ Fußgänger-; ~ **метрополитена** U-Bahn-~; ~ **под полотном дороги** Unterführung; **въезд в** ~ -einfahrt; **выезд из** -я -ausfahrt; **подход к** -ю -zufahrt; **пожар в** -е -brand; **проезд через** ~ -fahrt; **секция** -я -strecke; **строительство** -ей -bau; **въезжать/въехать в** ~ in einen ~ einfahren; **выезжать/выехать из** -я aus einem ~ herausfahren

туннельн‖ый/ая/ое/ые Tunnel- *(in Zus.)*; ~ **связь** *(f.)* -verbindung; ~ **участок** <дороги> -abschnitt

тупик Sackgasse

тупиков‖ый/ая/ое/ые Stich- *(in Zus., Infrastruktur)*; ~ **канал** *(Binnsch.)* -kanal; ~ **путь** *(m., Eis.)* -gleis; ~ **станция** *(Eis.)* Kopfbahnhof

турагент *(Pers.)* Mitarbeiter eines Reisebüros, Reisemittler

турбопоезд *(Eis.)* Hochgeschwindigkeitszug

туризм Fremdenverkehr (Reise-), Tourismus

турист *(Pers.)* Tourist, Freizeitreisender (Privat-)

туристическ‖ий/ая/ое/ие Reise-, Touristen- *(in Zus.)*; ~ **агентство** Reiseveranstalter (-büro); ~ **бюро** *(n., indkl.)* *s. агентство*; ~ **виза** *(Pass.)* Touristenvisum; ~ **движение** Reiseverkehr (Ausflugs-,

Erholungs-); ~ **перевозки** *(Pl.) s. движение*; ~ **поездка** Urlaubsreise (Touristen-); **групповая** ~ **поездка** Gruppenreise (Pauschal-); **индивидуальная** ~ **поездка** Individualreise (Einzel-); ~ **путешествия** *(Pl.) s. движение*

туристск‖ий/ая/ое/ие *(Fahrzeuge)* Reise-, Touristik- *(in Zus.)*; ~ **автобус** -bus; ~ **поезд** -zug; ~ **самолет** Reiseflugzeug (Charter-)

тяга 1. *(techn.)* Zugkraft (-leistung), Schub; **2.** *(Schienv.)* Traktion, Fahrbetrieb (Zug-, Bahn-); **взлетная** ~ *(Flug.)* Startschub; **двойная** ~ Doppeltraktion; **дизельная** ~ Dieseltraktion (-betrieb, -antrieb); **железнодорожная** ~ Bahnbetrieb; **многократная** ~ Mehrfachtraktion; **моторвагонная** ~ Triebwagen<fahr>betrieb; **паровая** ~ Dampftraktion (-betrieb, -antrieb); **продольная** ~ Lenkstange (Zug-); **стартовая** ~ *(Flug.) s. взлетная*; **тепловозная** ~ Dieseltraktion (-betrieb, -zugförderung); **тройная** ~ Dreifachtraktion; **электрическая** ~ Elektrotraktion; elektrischer Fahrbetrieb (Zug-); **служба -и** Triebfahrzeugdienst; **движение на смешанной -е** gemischter Fahrbetrieb (Zug-); **реверсирование -и <самолета>** *(Flug.)* Schubumkehr <eines Flugzeugs>

тягач *(Fahrzeug)* Zugmaschine, Schlepper, Schleppfahrzeug, -schlepper *(in Zus.)*; **гусеничный** ~ Raupen-; **дизельный** ~ Diesel-; **колесный** ~ Rad-; **самолетный** ~ Flugzeug-; **седельный** ~ Sattel-; **автомобиль-~** Straßenzugmaschine; **~-погрузчик** Belade- und Zugmaschine

тягово-сцепное устройство *(Kfz.)*

<Ab>Schleppvorrichtung

тягов‖ый/ая/ое/ые *(techn.)* Zug- *(in Zus.)*;

тяговая единица *(Schienv.)* ‖ Triebfahrzeug; **сочлененная** ~ gegliedertes; ~ **без прицепа** Einzelfahrzeug; **~, работающая на нескольких системах тока** Mehrsystem-~;

тягов‖ый ток Fahrstrom; ~ **усилие** Zugkraft, Traktion

тяжеловес *(LKW, Eis.)* Schwerlastzug, (-transporter); **полуприцеп-~** Schwerlastsattelauflieger

тяжеловесн‖ый/ая/ое/ые Schwerlast- *(in Zus.)*; ~ **вагон** *(Eis.)* -wagen; ~ **груз** Schwergut; ~ **оборудование** -technik; ~ **<грузовой> поезд** *(Eis.)* -güterzug, *(LKW)* -transporter; ~ **самолет** *(Flug.)* Super-Cargo; ~ **трейлер** -trailer

тяжелогрузный вагон *(Eis.)* Schwerlastwagen

У

убыток *(kfm.)* Verlust, Schaden, Schadens- *(in Zus.)*; **акт об -ах** -akt, -feststellung, -protokoll; **заявление об убытках** *(Vers.)* -meldung; **предотвращение -ов** -verhütung; **размер -ов** -höhe; **страхование <имущества> от -ов** -versicherung

убыточный тариф nicht kostendeckender Tarif

уведомление *(s. auch авизо,*

извещение, объявление) **1.** *(Prozess)* Anmeldung, Anzeige, Avisierung, Benachrichtigung *(auch in Zus.)*; **2.** *(jur. Handlung)* Anzeige, Meldung, Mitteilung *(auch in Zus.)*; **3.** *(Dokument)* Anzeige, Avis, Bescheid *(auch in Zus.)*; **железнодорожное ~** Eisenbahn<versand>avis; **~ о готовности судна к погрузке** Schiffsklarmeldung; **~ о дорожно-транспортном происшествии** Unfallmeldung (-anzeige)

увеличение Zunahme, Erhöhung *(auch in Zus.)*; **~ импорта** Zunahme des Imports; **~ скорости** Geschwindigkeits-; **~ экспорта** Zunahme des Exports

увеличиваться/увеличиться zunehmen, sich erhöhen, steigen

увозить/увезти <кого-л./что-л. из какого-то места> *(mit einem Fahrzeug)* <jmdn./etw. von einem Ort> wegbringen (wegfahren)

увольнение персонала Personalkürzungen (-entlassungen)

угловой поток Eckverkehr

угол улицы Straßenecke

уголовная ответственность *(jur.)* strafrechtliche Haftung

угон Diebstahl, Entführung; **~ автомобиля** Kfz-Diebstahl; **~ самолета** Flugzeugentführung, Luftpiraterie

угонщик самолета Luftpirat, Flugzeugentführer

угроза Gefahr, Gefährdung, -gefahr, -gefährdung *(in Zus.)*; **~ аварий** Unfallgefahr (-risiko), Havarierisiko; **~ безопасности движения** Gefährdung der Verkehrssicherheit, Verkehrsgefährdung; **~ паводка** Hochwassergefahr; **~ для**

нормальной работы транспорта *s.* **~ безопасности движения**

удачная политика в области транспорта gelungene Verkehrspolitik

удельн‖ый/ая/ое/ые **1.** spezifisch/e/er/es; **2.** Einheits- *(in Zus.)*; **~ вес** <в процентах> **1.** spezifisches Gewicht <in Prozent>; **2.** <prozentualer> Anteil; **~ мощность** *(f.)* -leistung; **~ нагрузка** -gewicht, -last; **~ площадь** *(f.)* -e Ladefläche *(z.B. eines Güterwagens)*

удлинение трассы *(Strecke)* Trassenverlängerung; **коэффициент -я -ы** Verlängerungskoeffizient

удобный для перевозки груз transportfähige Fracht (-es Gut)

удобный флаг🕮 *(Schiff.)* Billigflagge (Gefälligkeits-)

удобство езды Fahrkomfort (Reise-)

удовлетворять/удовлетворить <что-л.> <etw.> befriedigen; **~ претензии** *(Pl.)* Reklamationen ~; **~ спрос** die Nachfrage ~

удорожание транспорта Verkehrsverteuerung

удостоверение Berechtigung, Berechtigungsschein, -schein *(in Zus.)*; **действительное ~** gültige/er; **водительское ~** Führer-, Fahrerlaubnis; **водительское ~ международного образца** international gültiger Führer-; **транзитное ~** Durchfahrtsberechtigungs-; **~ на право управления автобусом** Busführer-; **~ на право управления грузовиком** LKW-Führer-; **~ на право управления самолетом** Flug-; **~ на право управления транспортным средством** *s.* *водительское*; **~ о**

допуске к эксплуатации Zulassungs-; ~ о технической квалификации Befähigungsnachweis;

выдавать/выдать || **удостоверение** einen Berechtigungsschein || ausgeben (erteilen); **выставлять/выставить** ~ ~ ausstellen; **конфисковывать/ конфисковать** ~ ~ einziehen; **лишать** <**кого-л.**> **-я** <jmdm.> ~ entziehen

уезжать/уехать <**из какого-л. места**> <von einem Ort>wegfahren, abfahren

ужесточающая конкуренция zunehmender Wettbewerbsdruck

узел 1. Knotenpunkt, *(hier auch)* Kreuz *(auch in Zus.)*; **2.** *(Schiff., Geschwindigkeitsmaß)* Knoten; **воздушный** ~ Luftverkehrs-; **грузовой транспортный** ~ Güterverkehrszentrum; **железнодорожный** ~ Eisenbahn-, Schienenverkehrsknoten; **межмодальный перевозочный** ~ intermodale <Verkehrs>Drehscheibe; **морской** ~ *(Schiff., Geschwindigkeitsmaß)* Knoten; **пересадочный** ~ *(Pass.)* Umsteigeknotenpunkt; ~ **региональный** <**транспортный**> ~ Regionalverkehrs-; **транспортный** ~ Verkehrs-;

узел || **логистики** Logistikzentrum; ~ **транспортных потоков** Verkehrsdrehscheibe; ~ **водных путей** Wasserstraßenkreuz; ~ **воздушного сообщения** *s. воздушный*; ~ **пригородного сообщения** *s. региональный*; ~ **транспортного сообщения** *s. транспортный*

узк||**ий/ая/ое/ие** eng/e/er/es,

schmal/e/er/es; ~ **колея** *(Eis.)* Schmalspur; ~ **место** <**терминала**> Engpass <eines Terminals>

узкоколейн||**ый/ая/ое/ые** *(Eis.)* Schmalspur- *(in Zus.)*; ~ **вагон** -wagen; ~ **железная дорога** -bahn; ~ **поезд** -zug; ~ **участок дороги** -abschnitt

узлов||**ой/ая/ое/ые** Knoten- *(in Zus.)*; ~ **пункт** -punkt; ~ <**железнодорожная**> **станция** -punktbahnhof

узотара usuelle Tara, Usotara

указание Angabe *(auch in Zus.)*; ~ **количества** Mengen-; ~ **направления** Richtungs-; ~ **стоимости** Wert-; ~ **цены** Preis-

указатель *(m.)* Verzeichnis, Anzeiger, -verzeichnis, -anzeiger *(in Zus.)*; **дистанционный** ~ Fernstreckenanzeiger; **дорожный** ~ Wegweiser; **маршрутный** ~ <Fahrt>Richtungsanzeiger (Linien-, Strecken-); **путевой километровый** ~ Kilometerstein; **рейсовый** ~ *s. маршрутный*;

ступенчатый указатель || *(Tarif)* Staffel, -staffel *(in Zus.)*; ~ **количественного тарифа** Mengen-; ~ **стоимостного тарифа** Wert-; ~ **тарифа по весу** Gewichts-; ~ **тарифа по расстоянию** Entfernungs-;

тарифно-маршрутный || **указатель** Tarif- und Verkehrsanzeiger (TVA); **тарифный** ~ Gebührenverzeichnis (Tarif-); **транспортный** ~ Verkehrsanzeiger;

указатель || **времени стоянки автомобиля** Parkscheibe; ~ **дороги** *s. дорожный*; ~ **курса** *(Schiff.)* Fahrtrichtungsanzeiger; ~ **маршрута**

s. маршрутный; ~ **мест** *(Pass.)* Platzanzeiger; ~ **места остановки вагона** *(Eis., Pass.)* Wagenstandsanzeiger (Wagenstellungs-); ~ **места остановки грузовика** *(LKW)* Warteposition <vor der Abfertigung>; ~ **остановки** Haltestellenanzeige; ~ **поворота** *(Kfz.)* Fahrtrichtungsanzeiger; ~ **грузовых сообщений** Güterkursbuch; ~ **пассажирских тарифов** Fahrpreisanzeiger; ~ **уровня воды** *(Binnsch.)* Wasserstandsanzeiger; ~ **с названием улицы** Straßenschild; **водо-** *s. ~ уровня воды*

укладка <**груза (фрахта)**> *(Prozess)* Stauen (Verstauen) <von Fracht>; ~ **в трюме** *(Schiff.)* ~ unter Deck; ~ **на палубе** *(Schiff.)* ~ an Deck; ~ **на поддонах** Palettierung von Ware; **погрузка, выгрузка и ~ груза в трюме оплачивается фрахтователем** free in and out and stowed (fios), Beladung, Entladung und Stauen zahlt Befrachter

укладывать/уложить <**что-л.**> <etw.> lagern, stapeln <ein>packen; ~ **груз в штабель** *(m.)* Frachtgut stapeln; ~ **груз на поддон** Frachtgut palettieren; ~ **контейнер** Container stapeln; ~ **товар** Ware ~

уклон Neigung; **движение на (под) ~** Neigungsfahrt

уклонение от уплаты <**чего-л.**> *(jur.)* Hinterziehung <von Zahlungen> *(auch in Zus.)*; ~ **налогов** Steuer-; ~ **таможенной пошлины** Zoll-

улаживать/уладить таможенные формальности Zollformalitäten erledigen, <etw.> verzollen

улетать/улететь<**из какого-л.**

места> <von einem Ort> wegfliegen, abfliegen

улица *(s. auch дорога)* Straße, -straße, Straßen- *(in Zus.)*; **боковая** ~ Seiten-; **главная** ~ Haupt-; **кольцевая** ~ Ring-; **пересекающая** <**дорогу**> ~ Quer-; **поперечная** ~ *s. пересекающая*; **радиальная** ~ Radial-, Ausfall-; **тихая** ~ verkehrsarme; ~ **внутри микрорайона** Wohngebiets-; ~ **в пределах микрорайона** *s. ~ внутри микрорайона*; ~ **для местного движения** Anlieger-; ~ **для жителей одного микрорайона** *s. ~ для местного движения*; ~, **закрытая для проезда транспорта и предназначенная для игр детей** Spiel-; ~, **находящаяся в ведении местных органов власти** kommunale, innerörtliche, Gemeinde-, Orts-;

конец улиц||ы Straßen||mündung; **название** -ы -name; **переименование** -ы Umbenennung einer Straße; **преграждение** -ы -<ab>sperrung; **табличка с названием** -ы -schild; **угол** -ы -ecke; **указатель с названием** -ы *s. табличка*; **уровень** *(m.)* -ы -niveau

уличн||ый/ая/ое/ые Straßen- *(in Zus.)*; ~ **движение** -verkehr; ~ **заграждение** -sperrung; ~ **освещение** –beleuchtung; ~ **преграждение** *s. заграждение*; ~ **фонарь** *(m.)* -laterne

уменьшаться/уменьшиться abnehmen, sich verringern, sinken

уменьшение *(Prozess)* Rückgang, Abnahme, Verringerung, -rückgang *(in Zus.)*; ~ **импорта** Import-; ~ **пошлин** Senkung von Zoll (Abgaben); ~ **скорости**

Verringerung der Geschwindigkeit, Abbremsen; ~ экспорта Export-

универсальн‖ый/ая/ое/ые
Universal-, Mehrzweck- *(in Zus.)*; ~ **автомобиль** *(m.)* -fahrzeug; ~ **автопогрузчик** -lader; ~ **<грузовой> вагон** *(Eis.)* -waggon, -wagen; ~ **таможенный документ**⁣ *(Zoll.)* Einheitspapier; ~ **транспортный документ** allgemeines Transportpapier; ~ **контейнер** -container; ~ **назначение** -bestimmung, -verwendung; ~ **подвижной состав** -fahrzeuge; ~ **поддон** -palette; ~ **самолет** -flugzeug; ~ **склад** -lager; ~ **судно** -schiff; ~ **тара** -verpackung; ~ **транспортное средство** -fahrzeug; ~ **терминал** -terminal; ~ **упаковка** *s. тара*; ~ **перегрузочное устройство** -umschlaganlage

унификация Vereinheitlichung, Unifizierung; ~ **транспортного законодательства** ~ der Verkehrsgesetzgebung; ~ **стандартов безопасности полетов** ~ der Flugsicherung

унифицированный рынок ЕС einheitlicher (harmonisierter) EU-Markt

упакован/а/о/ы *(Part.)* verpackt

упакованн‖ый/ая/ое/ые *(Adj.)* verpackt/e/er/es; ~ **груз** -e Fracht (-es Gut); ~ **товар** -e Ware

упаковывать/упаковать <что-л.> <etw.> einpacken

упаковка *(s. auch тара)* Verpackung, -verpackung, Verpackungs- *(in Zus.)*; **влагонепроницаемая** ~ feuchtedichte; **внешняя** ~ äußere, Außen-, Transport-, Um-, Versand-; **внутренняя** ~ innere, Verbraucher-, Gebrauchs-, Konsumgüter-,

Verkaufs-; **возвратная** ~ wiederverwendbare (-verwendungsfähige), Mehrweg-, Wiederverwendungs-, Leih-, Umschlag-, Dauer-; **выставочная** ~ Schau-; **герметическая** ~ luftdichte, hermetisch abgeschlossene; **групповая** ~ Sammel-; **жесткая** ~ starre; **закрытая** ~ verschließbare; **заливная** ~ ~ für Flüssigkeiten; **заправочная** ~ Kraftstoffbehälter; **импортная** ~ Import-, Einfuhr-; **использованная** ~ gebrauchte; **комбинированная** ~ ~ aus kombinierten Werkstoffen; **консервная** ~ ~ für Konserven; **крупногабаритная** ~ Groß-; **многократная** ~ *s. возвратная*; **многооборотная** ~ *s. возвратная*; **морская** ~ seemäßige, seetüchtige; **мягкая** ~ weiche; **надежная при транспортировке** ~ transportsichere; **надлежащая** ~ geeignete, ordnungsgemäße; **ненадлежащая** ~ ungeeignete, nicht ordnungsgemäße; **неудовлетворительная** ~ mangelhafte, unzureichende; **однократная** ~ Einweg-, Wegwerf-; **открытая** ~ offene, nicht verschließbare; **отправительская** ~ Versand-; **переносная** ~ ~ mit Trageeinrichtung; **полужесткая** ~ halbstarre; **потребительская** ~ *s. внутренняя*; **прозрачная** ~ Klarsicht-; **промышленная** ~ Industrie-; **разборная** ~ zerlegbare; **разовая** ~ *s. однократная*; **сборная** ~ *s. групповая*; **складная** ~ zusammenlegbare, faltbare, Falt-; **сложенная** ~ zusammengelegte; **специальная** ~ Spezial-, Sonder-; **стандартная** ~ übliche, Standard-; **стеклянная** ~ Glas-; **торговая** ~ handelsübliche; **транспортная** ~ Transport-; **универсальная** ~ universelle; **хрупкая** ~ <leicht> zerbrechliche; **цеховая** ~ ~ für den innerbetrieblichen　　　Transport; **штабелируемая** ~ stapelfähige; **экспортная** ~ Export-, Ausfuhr-; **ящичная** ~ Kisten-;

упаковка || **малой емкости** Klein‖verpackung;　　　　　~ **многократного (многоразового) пользования** *s. возвратная*; ~ **одноразового пользования** *s. однократная*; ~ **товара** Waren-; ~ **экспортных товаров** *s. экспортная*;

упаковка, || **надежная при транспортировке** transportsichere ‖ Verpackung; ~ **подлежащая возврату** *s. возвратная*; ~ **пригодная для перевозки железной дорогой** bahnmäßige; ~ **пригодная для перевозки морским путем** seemäßige;

вес упаковк‖и Verpackungs‖gewicht; **вес <груза> с -ой** Versandgewicht; **класс -и** *(Gefahrgut)* -gruppe; **материал для -и** -material; **прочность** *(f.)* **-и** Haltbarkeit der Verpackung; **размер -и** -maße; **расходы** *(Pl.)* **по -е** -kosten; **сохранность** *(f.)* **-и** Unversehrtheit der Verpackung; **стоимость** *(f.)* **-и** *s. расходы*; **без -и** lose, in bulk, ohne Verpackung; **предоставлять/предоставить -у** die Verpackung bereitstellen

упаковочн‖ый/ая/ое/ые　　　Pack-, Verpackungs- *(in Zus.)*; ~ **ведомость** *(f.)* Packliste; ~ **единица** Verpackungseinheit; ~ **лист** Packzettel; ~ **материал** Verpackungsmaterial; ~ **отдел <предприятия>** Verpackungsabteilung <eines Unternehmens>; ~ **реестр** *(Schiff.)* Packliste; ~ **сбор/ы** Verpackungsgebühr/en; ~ **спецификация** *s ведомость*

упаковывать/упаковать <**товар**> <eine Ware> verpacken

уплата <**сбора, фрахта**> *(kfm., s. auch платеж)* Bezahlung, Entrichtung <einer Gebühr>, -zahlung *(in Zus.)*; ~ **в рассрочку** Raten-; **квитанция об -е сбора** Zahlungsbeleg, Gebührenquittung; **обязанность** *(f.)* **-ы таможенной пошлины** Zollpflicht; **отсрочка (рассрочка) -ы таможенной пошлины** Stundung von Zollgebühren

уплачен/а/о/ы *(Part.) s. оплачен/а/о/ы*

уплачивать/уплатить <**что-л.**> <etw.> bezahlen, eine Gebühr entrichten

уплывать/уплыть <из порта> mit einem Schiff <aus dem Hafen> wegfahren (ablegen)

уполномоченное лицо *(jur.)* berechtigte (bevollmächtigte) Person; ~ **на осуществление перевозок опасного груза**⌂ Gefahrgutbeauftragter

управление I *(allg., Prozess)* Lenkung, Regelung, Steuerung; ~ **дорожным движением** Regelung des Straßenverkehrs; ~ **кораблем** Schiffsführung; ~ **транспортным средством** Führen eines Kfz; ~ **судном** *s. ~ кораблем*; **стиль** *(m.)* **-я автомобилем** Fahrverhalten (-stil) <des Fahrers>;

управление II *(Institution, s. auch ведомство, орган власти)* Amt, Behörde, Verwaltung *(auch in Zus.)*; **главное таможенное** ~ Hauptzollamt, Oberzolldirektion; **железнодорожное** ~ <Eisen>Bahnverwaltung (-behörde); **лоцманское** ~ *(Schiff.)* Lotsenamt; **налоговое** ~ Steuerbehörde;

таможенное ~ Zollamt (-behörde, -verwaltung); **Федеральное таможенное ~** *(BRD)* Bundeszollverwaltung; **центральное ~** Zentrale, Hauptverwaltung;

Управление || **безопасности дорожного движения** Verkehrssicherheits||behörde; ~ **порта** Hafen-, Hafenamt; ~ **порта и морского пароходства** Hafen- und Seemannsamt; ~ **судоходства** Schifffahrts-;

управление III *(kfm., s. auch менеджмент)* Management, Unternehmensführung, -management *(in Zus.)*; **интегрированное ~ транспортом** integriertes Verkehrs-; **системное ~ транспортом** Gesamtverkehrs-;

управление || **морским движением** *(See.)* Flotten||management; ~ **складскими запасами** Lager- und Bestands-; ~ **использованием полезной площади для автостоянок** Parkraum-; ~ **парকованием** Parkraumzuteilung (-einweisung); ~ **подвижным составом транспортного предприятия** *(LKW)* Flotten-; ~ **транспортными потоками** Verkehrs-, Lenkung der Verkehrsströme; **транспортными процессами** *s.* ~ *транспортом;* ~ **транспортом** Transport-, Verkehrs-; ~ **флотом** *(Schiff.) s.* ~ *морским движением;* **модель -я** <**чем-л.**> **частным оператором** Betreibermodell;

управление IV *(techn.)* Steuerung, <Fahrzeug>Betrieb, -steuerung, Steuerungs- *(in Zus.)*; **автоматическое ~** automatische/er, führerlose/er, *(Flug)* Autopilot; **рулевое ~** -antrieb; **ручное ~** manuelle; **вагон с кабиной -я** *(Schienv.)* Steuerwagen; **кабина -я** *(Schienv.)* Führerstand; **система -я** -system; **техника -я транспортом** Verkehrsleittechnik;

управление V *(hier feste Wendung)* -verkehr *(in Zus.)* **левостороннее рулевое ~** Links-; **правостороннее рулевое ~** Rechts-

управлять <**чем-л.**> <etw.> lenken, regeln, steuern; ~ **автомобилем** ein Kraftfahrzeug führen; ~ **самолетом** ein Flugzeug führen (fliegen); ~ **транспортом** den Verkehr regeln

управляющий *(Subst., Pers.)* Direktor, Leiter, Verwalter; ~ **портом** Hafenmeister; ~ **причалом** *(Schiff.)* Kaimeister; ~ **складом** Lagerverwalter (-halter), Lagerist; ~ **фирмой** Geschäftsführer <einer Firma>

управляющая *(Subst., Pers.)* Direktorin, Leiterin, Verwalterin

упрощение таможенного оформления Vereinfachung der Zollabfertigung

ураган Orkan

урбанизация Urbanisierung

урегулирование, договорное *(jur.)* vertragliche Regelung

урегулированная экономика regulierte (gelenkte) Wirtschaft

уровень *(m.)* Niveau, Höhe, Grad *(auch in Zus.)*; ~ **автомобилизации** *s.* ~ *моторизации;* ~ **воды** *(Binnsch.)* Wasserstand; ~ **мобильности** Mobilitätsgrad; ~ **моторизации 1.** *(individuelle Ausstattung mit Kfz.)* Motorisierungsgrad; **2.** *(Intensität des Kfz-Verkehrs)* Fahrzeugdichte; ~ **развития транспортной**

инфраструктуры Ausbaugrad <der Verkehrsinfrastruktur>; ~ **тарифных ставок** Tarifhöhe (-niveau); ~ **улицы** Straßenniveau; ~ **шума** Lärmpegel

усиливать/усилить <что-л.> <etw.> verschärfen, verstärken; ~ **надзор за движением транспорта** die Verkehrsüberwachung ~; ~ **ограничения** *(Pl.)* Beschränkungen ~

усилие *(hier techn.)* Kraft *(auch in Zus.)*; **тормозное** ~ Brems-; **тяговое** ~ Zug-, Traktion

ускорение *(Prozess)* Beschleunigung *(auch in Zus.)*; **поперечное** ~ Quer-; **продольное** ~ Längs-; ~ **поперечного движения** *s. поперечное*; ~ **продольнего движения** *s. продольное*

ускоренн‖ый/ая/ое/ые beschleunigt/e/er/es, Eil- *(in Zus.)*; ~ **амортизация** *(kfm.)* -e Abschreibung, -e Amortisation; ~ **поезд** -zug, Schnellzug; ~ **грузовой поезд** -güterzug; ~ **пассажирский поезд** -reisezug; ~ **поставка** -zustellung, -e Lieferung

условия *(hier Pl.)* Bedingungen, Konditionen, -bedingungen *(in Zus.)*; **ветровые** ~ Windverhältnisse; **договорные** ~ vertragliche, Vertrags-, Vertragskonditionen; **дорожные** ~ Straßen-, Straßenverhältnisse; **лъготные** ~ Vorzugs-, Vorzugskonditionen; **общие транспортно-политические** ~ verkehrspolitische Rahmen-; **общие экспедиторские** ~ Allgemeine Spediteurs-; **отправительские** ~ Versand-, Spediteurs-; **рыночные** ~ Markt-; **технические** ~ technische; **транспортные** ~ Verkehrs-; **экономические** ~ wirtschaftliche;

экспортные ~ Export-;

условия ‖ видимости Sichtverhältnisse; ~ **движения** Fahr‖bedingungen; ~ **договора** *s. договорные*; ~ **допуска** <к эксплуатации> Zulassungs- <zum Betrieb>; ~ **доступа** Zugangs-; ~ **контракта** *s. договорные*; ~ **найма** <экипажа> *(Schiff.)* Heuer-; ~ **отгрузки** *s. отправительские*; ~ **отправки** *s. отправительские*; ~ **перевозок** Transport-, Beförderungs-; ~ **плавания морских судов** Beförderungs- für Hochseeschiffe; ~ **безопасного плавания судов** Bedingungen für die Seetüchtigkeit <von Schiffen>; ~ **платежа** *(kfm.)* Zahlungs-, Zahlungskonditionen (-modalitäten); ~ **погрузки** Lade-, Verlade-, *(Schiff.)* Befrachtungs-; ~ **поставки** Liefer-; ~ **предоставления услуг** Leistungs-; ~ **приемки** Zulassungs-, Annahme-, Abnahme-; ~ **сдачи-приемки** Übernahme-; <общие> ~ **страхования** <allgemeine> Versicherungs-; ~ **чартера** Charter-, Charterregeln (-vorschriften);

условия для ‖ отправки авиационного груза Abfertigungsbedingungen für Luftfracht;

франко условия Franko, frei <Bedingung>;

создавать/создать условия <для чего-л.> Bedingungen (Voraussetzungen) <für etw.> schaffen

условная тонна Einheitstonne

услуги *(Pl.)* Dienstleistungen, -<dienst>leistungen, Dienstleistungs- *(in Zus.)*; **агентские** ~ Agentur-, Agenturdienste; **дополнительные** ~ Zusatz-; **логистические** ~ Logistik-;

мультимодальные транспортные ~ multimodale Verkehrs-; **нетарифные экспедиторские** ~ nicht tarifliche Speditions-; **перевозочные** ~ Transport-, Beförderungs-; **портовые** ~ Hafen-; **посреднические** ~ Vermittlungs-, Vermittlungsdienste; **сервисные** ~ Serviceleistungen; **стивидорные** ~ *(Schiff.)* Stau- und Trimmdienste; **таможенные** ~ Zolldienste; **транспортно-логистические** ~ Transportsystemdienste;

транспортные ~ Transport-, Verkehrs-; **экспедиторские** ~ speditionelle, Speditions-;

услуги || **логистики** logistische || Dienstleistungen; ~ **с гарантированными сроками доствки** zeitdefinierte Dienste;

договор об оказании услуг Dienstleistungs||vertrag; **компания, работающая в сфере услуг** -unternehmen;

конкурентоспособность *(f.)* **услуг** Wettbewerbsfähigkeit von Dienstleistungen; **потребитель** *(m.)* **услуг** *(Pers.)* Nutzer <von Dienstleistungen>; **производитель** *(m.)* **услуг** *(Pers.)* Dienstleister, Leistungsanbieter; **профиль** *(m.)* **услуг** -profil, Angebotsprofil; **рынок товаров и услуг** *(vwl.)* ~- und Gütermarkt; **рынок транспортных услуг** Verkehrsmarkt; **рынок экспедиторских услуг** Speditionsmarkt; **тариф на** ~ -tarif; **условия предоставления услуг** Leistungsbedingungen; **экспорт транспортных услуг** Export von Verkehrsdienstleistungen;

предлагать/предложить услуги на рынке <Dienst>Leistungen auf dem Markt anbieten

устав *(jur.)* Statut, Gesetz; **таможенный** ~ Allgemeine Zollordnung (-es Zollgesetz); ~ **автодорожного транспорта РФ** *(RF)* Gesetz über den Straßen<güter>verkehr; ~ **железнодорожного транспорта РФ** *(RF)* Gesetz über den Eisenbahnverkehr; ~ **речного транспорта РФ** *(RF)* Gesetz über den Binnenschifffahrtsverkehr; ~ **фирмы** *(RF)* Firmenstatut

устанавливать/установить <что-л.> <etw.> festlegen, bestimmen; ~ **контингент** ein Kontingent ~; ~ **кооперацию** eine Kooperation anbahnen; ~ **лимит** ein Limit festlegen; ~ **деловые связи** *(Pl.)* Geschäftsbeziehungen knüpfen; ~ **сотрудничество** *s.* ~ *кооперацию*; ~ **стоимость** *(f.)* einen Wert ~; ~ **тариф** einen Tarif ~; ~ **цену** einen Preis ~

установка 1. *(Vorrichtung)* Anlage, Einrichtung, -anlage *(in Zus.)*; **2.** *(Prozess)* Einbau, Einbauen, Installation; **промышленная** ~ Industrie-; **рефрижераторная** ~ Kühl-; **светосигнальная** ~ Lichtsignal-; **сигнальная** ~ Signal-; **холодильная** ~ *s.* *рефрижераторная*

установление *(Prozess)* Festlegung, Feststellung, Einführung; **свободное** ~ freie; **формальное** ~ formelle; ~ **контингентов** Festlegung von Kontingenten; ~ **обязанности уплаты таможенной пошлины** *(Zoll.)* Feststellung der Zollhängigkeit <einer Ware>; ~ **повреждения груза** *(jur.)* Feststellung der Frachtbeschädigung; ~ <размера> **ущерба** Schadensermittlung (-feststellung); ~ **цен и тарифов** Preis- und Tarifbildung;

установленн‖ый/ая/ое/ые
festgelegt/e/er/es,
vorgeschrieben/e/er/es;   ~ **маршрут**
для перевозки <опасного груза>
-er Fahrweg (-e Fahrtroute) <für
Gefahrguttransporte>;   ~
направление   движения
<транспорта> -e Fahrtrichtung; ~
скорость *(f.)* -e Geschwindigkeit; ~
тариф -er Tarif

устаревш‖ий/ая/ее/ие
veraltet/e/er/es;   ~ **подвижной**
состав -er Fahrzeugpark (Fuhr-,
Wagen-);   ~ **сооружения** *(Pl.)* -e
Anlagen;   ~ **технология** -e
Technologie

устарелость *(f.)* **транспортных**
средств   Überalterung   von
Transportmitteln

устойчивость *(f.)* **автомобиля** *(Kfz.)*
Stabilität   <eines   Fahrzeuges>;
боковая ~ Spurtreue; **продольная**
~ Spurhaltung (-verhalten); ~ **при**
движении Straßenlage

устранение *(Prozess)* Abbau; ~
таможенных барьеров ~ von
Zollschranken;   ~ **торговых**
барьеров ~ von Handelsschranken;
~ **пошлин** ~ von Zöllen

устранять/устранить   **<что-л.>**
<etw.> abbauen, beseitigen

устройство   *(techn.)* Anlage,
Vorrichtung   *(auch   in   Zus.);*
автосцепное ~ *(Eis.)* selbsttätige
Kupplung,   Kupplungsanlage;
буксирное   ~   *(Kfz.)*
<Ab>Schleppvorrichtung; **весовое** ~
Wiegevorrichtung;   **грузовое**   ~
<судна> *(Schiff.)* Ladevorrichtung
(Verlade-);   **грузозахватное**   ~
(Schiff.) Lösch-; **грузоподъемное** ~
Hubvorrichtung; **железнодорожное**
~ *(Güterumschlag)* Bahnanlagen;
загрузочное   ~   Ladevorrichtung

(Belade-);   **моечное**   ~   <**для**
автомобилей> *(Kfz.)* Waschanlage;
отгрузочное ~ Verladevorrichtung;
паромное   ~   Fähranlage;
перевалочное   ~   Umlade-,
Umschlaganlage; **перевозочное** ~ *s.*
перевалочное; **перегрузочное** ~ *s.*
перевалочное;   **передвижное**   ~
Rollanlage;   **погрузочное**   ~
Ladeanlage,   (-geschirr),
Verladevorrichtung;

предохранительное   ~
Sicherheitsvorrichtung;

предупреждающее
светосигнальное   ~   *(Kfz.)*
Warnblinkanlage; **причальное** ~
(Schiff.)   Kaianlage,
Anlegevorrichtung;

противообледенительное   ~
(Flug.)   Enteisungsanlage;
противоугонное   ~   *(Kfz.)*
Wegfahrsperre;   **разгрузочное**   ~
Entlade-,   *(Schiff. auch)* Lösch-;
сигнальное   ~   Signalanlage;
сортировочное ~ Sortieranlage;
стапельное   ~   *(Schiff.)*
Hellingkomplex; **сцепное** ~ *(Kfz.)*
Kupplungsanlage;   **тормозное**   ~
(Kfz.) Bremsanlage; **транспортные**
~ *(Pl.)* Verkehrsanlagen; **тягово-**
сцепное   ~   *s.*   *буксирное;*
универсальное перегрузочное ~
Universalumschlaganlage;
фрахтовые ~ *(Pl.)* Frachtanlagen;
швартовные   ~   *(Pl.,   Schiff.)*
Haltevorrichtung   (Festmach-,
Vertäuungs-);   **шлюзное**   ~
Schleusenanlage;

устройство   ‖   **скоростной**
перевалки Schnellumschlaganlage;
~ **регулирования** **<дорожного>**
движения Verkehrsanlage; ~ *(Pl.)*
железнодорожной   техники
bahntechnische Anlagen;

устройство ‖ для буксировки *s.*
буксирное; ~ **для выгрузки** *s.*
разгрузочное; ~ **для погрузочно-**

разгрузочных операций (*Güterumschlag*) Abfertigungsanlage; ~ для **перевалки** Umschlaganlage; ~ для **перевалки массового груза** Massengutanlage; ~ **для перевалки сыпучего груза** Schüttgutanlage; ~ **для экспрессной перегрузки** *s.* ~ *скоростной перевалки*; ~ **для автоматической погрузки-разгрузки** Selbstentladevorrichtung; ~ **для разлива** Abfüllvorrichtung (-anlage) <für Flüssiggut>; ~ **для расфасовки** Abfüllvorrichtung (-anlage) <für Schüttgut>; ~ **для регистрации данных** Datenschreiber;

эксплуатировать устройство eine Anlage betreiben

устье <Ein>Mündung; ~ **реки** Flussmündung

устьевой порт Mündungshafen (Binnen-, Fluss-)

утаивание груза (багажа) от обложения таможенной пошлиной (*jur.*) Zollhehlerei

утвержден/а/о/ы (*Part.*) bestätigt, genehmigt

утверждение Bestätigung, Genehmigung; **подлежать -ю** genehmigungspflichtig/e/er/es

утрата груза Frachtverlust; **полная** ~ vollständiger; **частичная** ~ teilweiser

утративший силу договор (контракт) (*jur.*) nichtiger Vertrag

утренний рейс Frühverbindung

уходить/уйти <из какого-л. места> <von einem Ort> weggehen

уцененный товар Partieware

участковый I Strecken- (*in Zus.*); ~

расчет фрахта -fracht, gebrochene Frachtrechnung; ~ **тариф**⌂ -tarif;

участковый II суд (*BRD, Registrierungsbehörde für Unternehmen*) Amtsgericht

участники (*Pl.*) **дорожного (уличного) движения** Verkehrsteilnehmer

участок (*s. auch трасса*) <Strecken>Abschnitt, Strecke, -abschnitt, -strecke, Strecken- (*in Zus.*); **закрытый <для движения транспорта> ~ дороги** (*Straße*) Sperrstrecke; **извилистый ~** kurvenreiche Strecke; **маркированный ~** markierte Fläche (-er Abschnitt); **параллельный ~** (*Schienv.*) Parallelstrecke; **подземный ~ трассы** Tunnelstrecke; **прямой ~** gerade Strecke; **примыкающий ~** (*Schienv.*) Anschlussstrecke; **расширенный ~** Ausbaustrecke; **речной ~** Flussabschnitt; **туннельный ~** Tunnelabschnitt; **узкоколейный ~** (*Schienv.*) Schmalspurstrecke; **ширококолейный ~** (*Schienv.*) Breitspurstrecke;

участок ‖ **автострады** Autobahnabschnitt; ~ **дороги** Straßenabschnitt; ~ **железной дороги** (*Eis.*) Streckenabschnitt; ~ **дороги для скорого (скоростного) движения** (*Straße*) Schnellfahrstrecke; ~ **проезжей части** Fahrbahnabschnitt; ~ **пути** (*Straße*) Teilstrecke (Weg-), (*Schienv.*) Streckenabschnitt; ~ **железнодорожного пути** (*Eis.*) Bahnstrecke (Gleis-); ~ **трассы** Streckenabschnitt, Trassen-;

участок ‖ **с обращением скорых поездов** (*Eis.*) Schnellzugbetrieb; ~ **с рассредоточенными**

транспортными потоками entmischte Strecke;

грузонапряженность *(f.)* **участк‖а** Güterstreckenbelastung; **план** **-а** <**дороги, пути**> Streckenplan;

законсервировать участок <**железной**> **дороги** einen Streckenabschnitt (Gleisabschnitt, Straßenabschnitt) stilllegen

учебная автомашина (-ый автомобиль) Fahrschulwagen

ученическ‖ий/ая/ое/ие Schüler- *(in Zus., ÖPNV)* ~ **билет** -<fahr>karte; ~ **транспорт** -verkehr

учет, автоматический automatische Buchung

учетный документ *(kfm.)* Buchungsbeleg, Rechnungslegungsdokument

учреждать/учредить предприятие ein Unternehmen gründen

учреждение Behörde, Einrichtung, Institution; **государственное** ~ staatliche; **таможенное** ~ Zollbehörde

уширение <**проезжей части**> **дороги в зоне остановки автобуса** *(ÖPNV)* Bustasche

ущерб *(kfm., jur.)* Schaden, -schaden, Schadens- *(in Zus.)*; **материальный** ~ Sach-; **экологический** ~ Umwelt-; ~ **вследствие недостаточной упаковки** Verpackungs-; ~ **от аварии** Havarie-, Unfall-; ~**, нанесенный окружающей среде** *s.* *экологический*;

акт об установлении причиненного ущерб‖а *(Feststellung)* Schadens‖protokoll; **возмещение** **-а** (**за** ~**)** Schadenersatz; **заявка о**

возмещении **-а** Antrag auf Schadenersatz; **исчисление** **-а** – ermittlung, -aufmachung; **нанесение** **-а** -verursachung; **обязанность** *(f.)* **возмещения** **-а** Schadenersatzpflicht; **определение** <**размера**> **-а** –ermittlung, -feststellung; **предотвращение -а** -abwendung, -verhütung; **принцип избежания** **-а** *(jur.)* Vorsorgeprinzip; **принцип компенсации** **-а за счет виновного** *(jur.)* Verursacherprinzip; **причниа, приведшая к причинению -а** -ursache; **размер** **-а** -höhe; **свидетельство об** **-е** Beschädigungsschein; **случай нанесения -а** -fall; **справка о причиненном** **-е** -nachweis; **требование о возмещении** **-а** Schadenersatzforderung; **установление** <**размера**> **-а** *s. определение*; **в случае нанесения -а** im -fall;

возмещать/возместить ущерб Schadenersatz leisten

Ф

фактическ‖ий/ая/ое/ие tatsächlich/e/er/es; ~ **вес тары** reelle Tara; ~ **стоимость** *(f.)* -e Kosten; ~ **цена** -er Preis

фактор, транспортный Transportfaktor (Verkehrs-)

фактура *(kfm.)* Faktura, <Waren>Rechnung *(auch in Zus.)*; **консульская** ~ Konsulatsfaktura; **торговая** ~ Handels-; **счет-~** Fakturarechnung

фактури́ровать <что-л.> <etw.> in Rechnung stellen

факту́рн‖ый/ая/ое/ые Rechnungs-, Faktura- *(in Zus.)*; ~ **кни́га** Rechnungseingangsbuch; ~ **сто́имость** *(f.)* -betrag, -wert

фа́ра *(Kfz.)* Scheinwerfer *(auch in Zus.)*; **за́дняя** ~ hinterer; **ле́вая** ~ linker; **пере́дняя** ~ vorderer; **пра́вая** ~ rechter; **противотума́нная** ~ Nebel-; ~ **бли́жнего све́та** Abblendlicht; ~ **да́льнего све́та** Fernlicht; ~-**проже́ктор** Scheinwerfer

фарва́тер *(Schiff.)* Fahrrinne (-wasser); **тамо́женный** ~ Zollstraße; **глубина́ -а** Wassertiefe der Fahrrinne

Федера́льн‖ый/ая/ое/ые *(RF)* Föderal/e/er/es, *(BRD)* Bundes- *(in Zus.)*; ~ **ассоциа́ция** *(BRD)* -vereinigung;

Федера́льное ве́домство *(RF)* Föderale Behörde, *(BRD)* Bundes‖behörde (-anstalt, -amt);

Федера́льное ве́домство *(BRD)* ‖ <**гражда́нской**> **авиа́ции** Luftfahrt-Bundesamt; ~ **желе́зных доро́г** Eisenbahnbundesamt; ~ **надзо́ра за де́ятельностью карте́лей** Bundes‖kartellamt; ~ **автодоро́жных грузовы́х перево́зок** -amt für den Straßengüterverkehr; ~ **грузовы́х перево́зок** -anstalt für den Güterverkehr; ~ **да́льних грузовы́х перево́зок** -anstalt für den Güterfernverkehr; ~ **доро́жного строи́тельства и содержа́ния доро́г** -anstalt für Straßenwesen; ~ **морско́го судохо́дства и гидрогра́фии** -amt für Seeschifffahrt und Hydrographie; ~ **автомоби́льного тра́нспорта**

Kraftfahrtbundesamt; ~ **по обеспе́чению безопа́сности полётов** -anstalt für Flugsicherung; ~ **по речны́м и вну́тренним судохо́дным сообще́ниям** *(Binnsch.)* Wasser- und Schifffahrtsdirektion;

федера́льн‖ая доро́га да́льнего сле́дования *(BRD)* Bundes‖fernstraße; ~ **зако́н** *(RF)* föderal‖es Gesetz, *(BRD)* -gesetz; ~ **зако́н о нало́ге на со́бственников автомоби́лей** Kfz-Steuergesetz; ~ **законода́тельство** *(RF)* -e Gesetzgebung, *(BRD)* -gesetzgebung; ~ **министе́рство** 1. Föderales Ministerium der RF; 2. *(BRD)* -ministerium; ~ **министе́рство тра́нспорта** *(BRD)* -verkehrsministerium; ~ **объедине́ние** *(RF)* föderaler Verband, *(BRD)* -verband; ~ **план тра́нспортной инфраструкту́ры** *(BRD)* -verkehrswegeplan; ~ **програ́мма** -es Programm; ~ **авиацио́нная слу́жба Росси́и (ФАС)** *(RF)* -es Luftverkehrsamt; ~ **автомоби́льно-доро́жная слу́жба Росси́и (ФАДС)** *(RF)* -es Kraftverkehrsamt; ~ **слу́жба морско́го фло́та Росси́и (ФМФ)** *(RF)* -es Seeverkehrsamt; ~ **слу́жба речно́го фло́та Росси́и (ФРФ)** *(RF)* -es Binnenschifffahrtsamt; ~ **сою́з** *s. объединение*; ~ **доро́жное строи́тельство** 1. *(RF)* -er Straßenbau; 2. *(BRD)* Straßenbau durch den Bund; ~ **тамо́женное управле́ние** *(BRD)* Bundeszollverwaltung

фи́дер *(Schiff.)* Feederschiff (Zubringer-)

фи́дерн‖ый/ая/ое/ые *(Schiff.)* Feeder- *(in Zus.)*; ~ **перево́зки** *(Pl.)* -verkehr/e; ~ **слу́жба** -dienst; ~ **тра́нспорт** *s. перевозки*

физическое лицо *(jur.)* natürliche Person

филиал предприятия Filiale eines Unternehmens

финансирование Finanzierung *(auch in Zus.)*; **перекрестное** ~ Quer-; ~ **импорта** Import-; ~ **инвестиций** ~ von Investitionen; ~ **проекта** Projekt-; ~ **транспорта** Verkehrs-; ~ **экспорта** Export-; **потребность** *(f.)* **в -и** Finanzierungsbedarf

финансов‖ый/ая/ое/ые Finanz- *(in Zus.)*; ~ **планирование** -planung; ~ **средства** *(Pl.)* -mittel

фирма *(s. auch предприятие)* Firma, Unternehmen, -firma *(in Zus.)*; **импортирующая** ~ Import-; **посредническая** ~ Vermittlungs-; **посылочная** ~ Versand-, Versandhaus; **стивидорная** ~ *(Schiff.)* Stauer-; **торговая** ~ Handels-, Handelsunternehmen; **транспортная** ~ Transport-, Transportunternehmen; **фрахтовая** ~ Befrachtungs-, Befrachtungsgesellschaft; **экспедиторская** ~ Speditions-; **экспортирующая** ~ Export-; **экспортная** ~ *s. экспортирующая*; **~-импортер** *s. импортирующая*; **~-поставщик** Liefer-; **~-экспортер** *s. экспортирующая*;

управляющий фирм‖ой *(BRD)* Geschäftsführer einer ~ (eines -s); **устав -ы** *(RF)* Firmenstatut

фито-санитарное свидетельство *(Zertifikat für den Versand von Produkten pflanzlichen Ursprungs)* Phytosanitärzertifikat

флаг Flagge, -flagge, Flaggen- *(in Zus.)*; **иностранный** ~ ausländische; **карантинный** ~ *(See.)* Quarantäne-; **сигнальный** ~ Warn-, Signal-; **удобный** ~ 🕮 *(See.)* Billig-,

Gefälligkeits- ~ **судна** Schiffs-;

закон о флаг‖е *(See.)* Flaggen‖recht; **свидетельство о праве плавания под <государственным>** **-ом** *(See.)* -attest; **плавать/плыть под иностранным (чужим, третьим)** **-ом** *(See.)* unter ausländischer (fremder, dritter) ~ fahren

флот Flotte, -flotte, Flotten- *(in Zus.)*; **буксирный** ~ Schlepp-; **действующий** ~ aktive; **линейный** ~ Linien-; **лихтерный** ~ Leichter-, Schub-; **мировой торговый** ~ Welthandels-; **морской** ~ <Hoch>See-; **наливной** ~ *s. танкерный*; **национальный** ~ nationale; **парусный** ~ Segelschiffs-; **портовый** ~ Hafen-; **речной** ~ Binnen<schifffahrts>-; **рыболовный** ~ Fischfang-; **тайм-чартерный** ~ Zeitcharter-; **танкерный** ~ Tanker-; **технический** ~ technische; **торговый** ~ Handels-; **транспортный** ~ Transport-, Fahrzeug-;

флот ‖ морского судоходства *s. морской*; ~ **речного судоходства** *s. речной*; ~ **под удобным флагом** Billigflaggenflotte;

обновление флот‖а Flotten‖erneuerung, -verjüngung; **пополнение** **-а тоннажем** Tonnagezugang; **состав -а** -bestand, Schiffsbestand; **управление -ом** *(auch LKW)* -management

фокусировать перевозки *(Pl.)* Transporte bündeln

фонарь, уличный Straßenlaterne

форма собственности Eigentumsform

формальное установление тарифа

formelle Tarifbildung

формальности *(Pl.)* Formalitäten *(auch in Zus.)*; **портовые ~** Abfertigungs- im Hafen; **таможенные ~** Zoll-; **~ оформления автомобиля** *(Kfz.)* Zulassungs-; **~ оформления визы** Visa-

формирование Bildung *(auch im Zus.)*; **~ поездов** *(Eis.)* Zug-; **~ тарифа** Tarif-

формировать/сформировать поезда *(Eis.)* Züge rangieren

форс-мажор *(jur.)* höhere Gewalt; **оговорка о -e** Klausel über ~

форс-мажорные обстоятельства *(Pl., jur.)* Umstände höherer Gewalt

франкировать <что-л.> <etw.> freimachen

франко *(Incoterms, s. auch свободно)* frei, frachtfrei, franko; **~ аэропорт** frei Flughafen, free airport; **~ борт судна** frei an Bord, free on board (fob); **~ вагон** *(Eis.)* frei Wagen, free on waggon (fow); **~ вдоль борта судна** frei Längsseite Schiff, free alongside ship (fas); **~ вдоль набережной** frei Längsseite Kai, free alongside quay (faq); **~ граница** frei (frachtfrei) Grenze, free frontier, delivered at frontier (daf); **~ грузовик** frei LKW, free on truck (fot); **~ грузополучатель** frei Empfänger, free consignee; **~ док** frei Dock, free dock (F/D); **~ доставка** frei geliefert, free delivered; **~ железная дорога** frei ab (frachtfrei) Bahnhof, ex rail; **~ завод-поставщик** frei ab Herstellerbetrieb (Werk), ex works (ExW); **~ комиссионные** *(Pl.)* franko Provision (charges prepaid); **~ место назначения** frachtfrei Bestimmungsort; **~ место**

нахождения frei Haus; **~ набережная** frei ab (franko) Kai, ex quay (ExQ); **~ перевозчик** frei Frachtführer, free carrier (fca); **~ погрузочная платформа** frachtfrei Bahngleis, free on rail (for); **~ погрузка на борт с разгрузкой с борта судна** *(Schiff.)* freies Be- und Entladen (free on bord/free off bord, fob/fob); **~ погрузка на судно с доставкой на борт** *s.* **~-борт судна**; **~ порт** frei Hafen; **~ поставка** Frankolieferung (Frei-), free delivery (fd); **~ предприятие** *s.* **завод-поставщик**; **~ пристань** *(f.)* frei ab Kai, free on quay (foq); **~ причал** *s.* **~-пристань**; **~ провоз** frachtfrei; **~ самолет** frei (frachtfrei) Flugzeug, free on aircraft (foa); **~ склад** frei Lager, ex stock; **~ склад получателя** frei (franko) Lager des Empfängers; **~ склад поставщика** frei (franko) Lager des Verkäufers; **~ таможенный склад** frei <ab> Zolllager (ex bond); **~ станция назначения** frachtfrei (franko) Bestimmungsbahnhof (Empfangs-); **~ станция отправления** frachtfrei (franko) Abgangsbahnhof, frei Versandstation; **~ станция покупателя** *(Eis.)* frachtfrei Käufer; **~ станция получателя** frei Empfangsbahnhof, frachtfrei Bahnhof (franko Station) des Empfängers; **~ судно** frei ab Schiff, <delivered> ex ship (des); **~ условие (свободно от расходов)** franko, frei; **~ франко** franko-franko; **~ фрахт** frachtfrei, free freight (frfr), carriage paid (cp); **~ фрахт и комиссионные** *(Pl.)* frei Fracht und Provision, freight and charges prepaid; **~ фрахтовщик** frei Frachtführer, free carrier (fca); **~ штивка** *(Schiff.)* frei gestaut, free stowed

франшиза *(jur.)* Franchising,

Franchise- *(in Zus.)*; **предприятие, работающее на основе -ы** -unternehmen

фрахт 1. *(Gut, Ladung, s. auch груз, товар)* Fracht *(auch in Zus.)*; **2.** *(Gebühr, Kosten, Transportpreis, s. auch тариф)* Frachttarif, Fracht, -fracht, Fracht- *(in Zus.)*; **вагонный** ~ Wagenladungs-; **весовой** ~ Gewichts-; **водный** ~ Schiffs-; **гарантированный** ~ garantierte; **демпинговый** ~ Dumping-; **дополнительный** ~ Zuschlag-, Mehr-; **мертвый** ~ *(Schiff.)* Tot-, Leer-, Faut-; **минимальный** ~ Mindest-; **морской** ~ See-; **непредвиденный** ~ unvorhergesehene; **обратный** ~ Retour-, Rück-, Rückladung; **общий** ~ Gesamt-; **паушальный** ~ Pauschal-; **повагонный** ~ *s. вагонный*; **разрядный** ~ Standard-; **речной** ~ Fluss-; **сборный** ~ Sammel-; **судовой** ~ Schiffs-; **транзитный** ~ Transit-, Durch-;

фрахт ‖ **в оба конца** Aus- und Rück‖fracht; ~ **в международных перевозках** Auslands-; ~ **за перевозку** <**груза**> **до промежуточного порта** *(Schiff.)* Vor-; ~ **за перевозку** <**груза**> **на известное расстояние** Distanz-, Strecken-; ~ **за обратную перевозку** Rück-; ~ **за провоз по железной дороге** Bahn-; ~ **за определенное расстояние** *s.* ~ *за перевозку* <*груза*> *на известное расстояние*; ~ **за тонну груза** Fracht pro Tonne; ~ **со включением в цену -а** ~ bezahlt, im Preis inbegriffen, carriage paid (cip);

франко фрахт frachtfrei;

лумп-сум-‖фрахт Frachtpauschale; **экспресс-~** Expressfracht;

фрахт, ‖ **исчисляемый в** зависимости от времени фрахтования Zeit‖fracht; ~ **исчисляемый с ценности перевозимого груза** Wert-; ~ **перевозимый в контейнерах** containerfähige Fracht; ~ **оплаченный вперед** im voraus bezahlte Fracht; ~ **оплаченный в порту** *(Schiff.)* s. ~, *оплаченный вперед*;

включая фрахт до места назначения frachtfrei <Bestimmungsstation>;

стоимость *(f.)* **и** ‖ **фрахт** cost & freight (cf); **стоимость, страхование и** ~ cost, insurance, freight (cif); **стоимость, страхование, ~, комиссионные и банковский процент** cost, insurance, freight, commission and interest (cifci); ~ **и страхование оплачены** carriage and insurance paid (cip); ~ **не оплачен** *(Fracht zahlt Empfänger)* unfrei, nicht freigemachtes Gut, carriage forward (C/F); ~ **оплачен** *(Fracht zahlt Versender)* frachtfrei, Fracht bezahlt, freigemachtes Gut, carriage paid (C/P);

аванс фрахт‖a Anzahlung auf die Fracht; **доплата к -у** Fracht‖zuschlag; **исчисление -а** -berechnung; **надбавка к -у в зимнее время года** Winterzuschlag <auf die Fracht>; **ценностная надбавка к -у** Wertzuschlag <auf die Fracht>; **надбавка на** ~ -aufschlag, -zuschlag; **оговорка о порядке оплаты -a** *(jur.)* -klausel; **право -а** -recht; <**участковый**> **расчет -a** <gebrochene> -berechnung; **скидка с -а** -rabatt, -nachlass; **отсроченная скидка с -а** Stundungsrabatt; **ставка -а** -rate, -satz; **стоимость** *(f.)* **-а** -kosten; **счет за** ~ *(freight invoice)* -rechnung

фрахт оплачивает грузополучатель *(m.)* **(оплачивается грузополучателем)** Fracht zahlt Empfänger

фрахтование *(Schiff., Flug., s. auch чартер)* Befrachten, Befrachtung, Chartern, Charterung, -charter, -befrachtung, Befrachtungs- *(in Zus.)*; ~ **самолета** ~ eines Flugzeuges; ~ **судна** ~ eines Schiffes; ~ **тоннажа** Befrachtung der Schiffstonnage; ~ **части самолета (судна)** Teil-;

вид фрахтовани‖я Befrachtungs‖art; **вознаграждение за операцию -я** Charterprovision; **договор -я**⊞ Frachtvertrag (Charter-); **договор о -и** *s. договор*; **заявка на** ~ Frachtanmeldung (Waren-); **извещение о -и <груза>** Verladeanzeige; **маклер по -ю** -makler, Lademakler (Frachten-); **маклер по -ю речных судов** *(Binnsch.)* Kahnmakler; **объем -я** -umfang, -volumen; **расходы** *(Pl.)* **по -ю** -kosten, Charterkosten; **срок -а** -periode, Charterperiode

фрахтователь⊞ *(m., Schiff., Flug.)* Befrachter, Charterer; **погрузка оплачивается -ем** Beladung zahlt ~, free in (fi); **погрузка и выгрузка оплачиваются -ем** Beladung und Entladung zahlt ~, free in and out (fio); **погрузка, выгрузка и укладка груза в трюме оплачивается -ем** Beladung, Entladung und Stauen zahlt ~, free in and out and stowed (fios)

фрахтовать/зафрахтовать судно ein Schiff befrachten (in Fracht nehmen, beladen, chartern, <an>heuern)

фрахтовка <судна> *(Prozess)* Anheuern (Anmietung, Heuer, Charter) eines Schiffes

фрахтовщик⊞ *(Pers.)* Frachtführer, Verfrachter, -frachtführer *(in Zus.)*, *(Schiff., Flug. auch)* Carrier *(auch in Zus.)*; ~ **авиагруза** Luftcarrier (-frachtführer); ~ **морского груза**⊞ Seecarrier (-frachtführer); ~ **опасного груза** Frachtführer für Gefahrgut; ~ **речного груза** Frachtführer in der Binnenschifffahrt; ~ **сборного груза** Frachtführer im Teilladungsverkehr; ~ **специального груза** Spezialcarrier; ~ **штучного груза** Frachtführer im Stückgutverkehr;

франко фрахтовщика free carrier (fca)

надзор ‖ фрахтовщика Überwachung ‖ des Frachtführers; **ответственность** *(f., jur.)* **-а** Haftung ~

фрахтов‖ый/ая/ое/ые 1. *(Ladung)* *(s. auch грузов‖ой/ая/ое/ые)* Fracht-, Frachten- *(in Zus.)*; **2.** *(Gebühr)* Fracht- *(in Zus.)*; **3.** *(Prozess)* *(s. auch погрузочн‖ый/ая/ое/ые)* Befrachtungs- *(in Zus.)*; ~ **агент**⊞ *(Pers.)* Frachtagent; ~ **арбитраж** Frachtarbitrage; ~ **биржа** Frachtenbörse (Schiffer-); ~ **брокер** *(Pers.)* Befrachtungsmakler (Lade-, Frachten-), Frachtbroker; ~ **год** Frachtjahr; ~ **деятельность** *(f.)* Befrachtungtätigkeit; ~ **индекс** Frachtindex (-rate); ~ **контора** Frachtfirma (-kontor); ~ **льготы** *(Pl.)* Frachtvergünstigungen (-ermäßigung); ~ **маклер** *s. брокер*; ~ **манифест** Frachtmanifest; ~ **операция** Befrachtungsvorgang; ~ **ордер** Befrachtungsauftrag (Charter-); ~ **паритет** Frachtparität; ~ **полис** *(Vers.)* Frachtpolice; ~ **политика** Befrachtungspolitik

(Charter-); ~ **предприятие** Befrachtungsunternehmen; ~ **риск** Frachtrisiko; ~ **рынок** Frachtenmarkt; ~ **сделка** Befrachtungsgeschäft (Cargo-); ~ **склад** Güterdepot;

фрахтовая ставка || Frachtrate (-satz, -tarif); **воздушная** ~ Luftfrachtrate; **паушальная** ~ Pauschaltarifsatz; **тарифная** ~ *s. фрахтовая ставка*; ~ **на перевозку сухогрузов** ~ für Trockenladung; ~ **на танкеры** *(Pl.)* ~ für Tanker, Tankerrate; ~ **на наливной тоннаж** *s.* ~ *на танкеры*;

фрахтов||ый счет Fracht||konto; ~ **тариф** *s. тарифная фрахтовая ставка*; ~ **терминал** -terminal; **городской** ~ **терминал** City-Terminal; ~ **тонна** -tonne; ~ **устройства** *(Pl.)* -anlagen; ~ **фирма** Befrachtungsfirma (-gesellschaft)

фронт, причальный Kaimauer

фуникулер Standseilbahn; **специальный** ~ Cable-Liner

функции *(Pl.)* **транспорта** Verkehrsfunktionen

функционирование *(Prozess)* Funktion, Funktionieren; **надежность** *(f.)* **-я** Funktionszuverlässigkeit

фургон *(LKW)* Lastkraftwagen, -wagen *(in Zus.)*; **крытый** ~ Plan-, Kasten-; **нагруженный** ~ beladener; **поврежденный** ~ schadhafter, beschädigter; **погруженный** ~ *s. нагруженный*; **порожний** ~ unbeladener, Leer-;

автофургон Kastenwagen

фюзеляж самолета Flugzeugrumpf

X

характеристика Charakteristik *(auch in Zus.)*; **техническая** ~ technische; **транспортная** ~ Transport-; ~ **груза** Fracht-, Güter-, Güterbeschaffenheit; ~ **судна** Schiffs-

хвост *(hier)* Heck, Ende *(auch in Zus.)*; ~ **поезда** Zugende; ~ **самолета** Flugzeugheck; ~ **судна** Schiffsheck

хвостов||ой/ая/ое/ые *(Flug.)* Heck- *(in Zus.)*; ~ **двигатель** *(m.)* -motor; ~ **оперение** -leitwerk; ~ **часть** *(f.)* -teil

хищение груза Frachtraub

ход 1. *(Kfz., Schiff.)* Fahrt, -fahrt, Fahr- *(in Zus.)*, *(Eis.)* Lauf, -lauf, Lauf- *(in Zus.)*; **2.** *(Kfz.)* Gangschaltung, Gang, -gang *(in Zus.)* **гусеничный** ~ *(Kfz.)* Raupenantrieb; **задний** ~ *(Kfz.)* Rückwärtsgang; **медленный** ~ *(Schiff.)* langsame Fahrt; **передний** ~ *(Kfz.)* Vorwärtsgang; **полный** ~ *(Schiff.)* volle Fahrt; **средний** ~ *(Schiff.)* halbe Fahrt; **холостой** ~ *(Kfz.)* Leerlauf;

время ход||а *(Kfz.)* Fahrzeit, *(Eis.)* Laufzeit; **запас -а** <транспортного **средства**> Reichweite <eines Fahrzeugs, Flugzeuges>; **скорость** *(f.)* **-а 1.** *(Schiff.)* Fahrt, Fahrgeschwindigkeit; **2.** *(Güterumschlag)* Hubgeschwindigkeit; **на -у** *(Fahrzeug)* in Bewegung (in voller Fahrt) <befindlich/e/er/es>

ходов||ой/ая/ое/ые Fahr- *(in Zus.)*; ~ **испытание** <автомобиля> Erprobung der -eigenschaften <eines Kfz>, Probefahrt (Test-), Testlauf; ~

качества *(Pl.)* <автомобиля> -eigenschaften; **ходовой** ~ Navigationsbrücke; ~ **скорость** *(f.)* -geschwindigkeit; ~ **вагонная тележка** *(Eis.)* Triebfahrzeug; ~ **часть** <автомобиля> *(f.)* -werk <eines Kfz.>

хозяйственн||ый/ая/ое/ые wirtschaftlich||e/er/es, Wirtschafts- *(in Zus.)*; ~ **движение** -verkehr; ~ **договор** -vertrag; ~ **законодательство** -gesetzgebung; ~ **использование** <чего-л.> -e Nutzung <von etw.>; ~ **использование полезной площади для автостоянок** Parkraumbewirtschaftung; ~ **перевозки** *(Pl.)* -verkehr, Dienstverkehr; ~ **право** -recht; ~ **союз** -verband

хозяйство *(s. auch дело, предпринимательство)* Wirtschaft *(auch in Zus.)*; **дорожное** ~ *(Straße)* Transport-, Verkehrs-; **портовое** ~ **1.** *(Güterumschlag)* Hafen-; **2.** *(Verkehrsbau)* Hafenanlagen; **причальное** ~ Kaibetrieb; **ремесленное** ~ gewerbliche; **рыночное** ~ Markt-; **складское** ~ Lager-; **транспортное** ~ Verkehrs-, Transport-; **частное** ~ Privat-

хозяйствующий субъект Wirtschaftssubjekt

холодильн||ый/ая/ое/ые Kühl- *(in Zus.)*; ~ **камера** -raum, -kammer; ~ **установка** -anlage; ~ **хранение** -lagerung; ~ **транспортная цепь** -kette

холост||ой/ая/ое/ые Leer- *(in Zus.)*; ~ **пробег** *(Eis.)* -kilometer, -lauf, -strecke, *(LKW)* -fahrt; ~ **рейс** -fahrt; ~ **ход** *(Kfz. Gangschaltung)* -lauf

хранение *(Prozess)* Lagerung, Aufbewahrung, -lagerung, Lager- *(in*

Zus.); **временное** ~ Zwischen-; **краткосрочное** ~ *s. временное*; **льготное** ~ Lagerung zu Vorzugsbedingungen; **надлежащее** ~ sachgemäße; **ненадлежащее** ~ unsachgemäße; **неоднородное** ~ Artikel-Mehrfach-~; **однородное** ~ artikelreine; **промежуточное** ~ *s. временное*; **сверхнормативное** ~ ~ mit Überschreitung der Lagerfrist; **совместное** ~ <грузов на складе> Sammel-, Zusammen-; **совместное** ~ <грузов> **на таможенном складе** Zollmitverschluss; **таможенное** ~ Zoll-; **холодильное** ~ Kühl-;

хранение || **багажа** *(Pass.)* Gepäckaufbewahrung; ~ **груза** Fracht||lagerung; ~ **опасного груза** Gefahrgut-; ~ **продукции** Waren-, Lagerhaltung; ~ **товара** *s.* **продукции**; ~ **топлива** <на бункеровщике> Kraftstoff-, Treibstoff- <auf einem Bunkerschiff>; ~ **в штабелях** Stapel-; ~ **на складе** Lagerhaltung; ~ **на таможне** Zoll-; **пригодный к** -ю **товар** lagerfähige Ware;

база хранени||я Lager; **договор** -я Lager||vertrag; **договор о передаче грузов на** ~ -vertrag; **зона** -я -zone; **издержки** *(Pl.)* **на** ~ *s. расходы*; **квитанция на сдачу багажа на** ~ *(Pass.)* Ablieferungsschein (Gepäckaufbewahrungs-); **объем** -я -volumen; **обязанность** *(f.)* -я Aufbewahrungspflicht; **плата за** ~ <груза> -gebühr/en, -miete, -geld; **площадь** *(f.)* -я -fläche; **порядок** -я <грузов на складе> -ordnung, -vorschriften; **продолжительность** *(f.)* -я -dauer; **расписка в принятии товара на** ~ Hinterlegungsschein; **расходы** *(Pl.)* **на** ~ (**по** -ю) -<haltungs>kosten, Aufbewahrungskosten; **сбор за** ~ <груза на складе> *s. плата*; **сбор**

за ~ груза на причальном складе
(Schiff.) Kailagergeld; **система -я**
-system; **срок -я <груза>** -frist,
Aufbewahrungsfrist;   **тариф**
складского -я -tarif, -frachtsatz;
закладывать/заложить груз на ~
Fracht <ein>lagern

хранить   <что-л.>   <etw.>
<ein>lagern; ~ **груз/ы <на складе>**
Fracht ~, Güter ~; ~ **товар** Ware ~; ~
товар на таможенном складе
Ware unter Zollverschluss ~; ~
товар под пломбой *s. товар на*
таможенном складе

хрупк‖ий/ая/ое/ие   <leicht>
zerbrechlich/e/er/es; ~ **груз** -es Gut;
~ **товар** -e Ware; ~ **упаковка** -e
Verpackung

Ц

цель *(f.)* Ziel *(auch in Zus.)*; ~
назначения Bestimmungs-;   ~
перевозки Beförderungs-;   ~
поездки Fahr-, Reise-, Reisezweck;
~ **полета** Flug-

цена Preis, -preis, Preis- *(in Zus.)*;
государственная ~ staatlich
festgesetzter; **демпинговая** ~
Dumping-; **импортная ~** Import-,
Einfuhr-; **калькулированная** ~
kalkulierter,   Kalkulations-;
калькуляционная ~ *s.*
калькулированная; **колеблющаяся**
~ gleitender; **конвенционная** ~
ausgehandelter;
конкурентоспособная   ~
wettbewerbsfähiger; **местная** ~
ortsüblicher; **объявленная** ~
Wertangabe, deklarierter Wert;
оптовая ~ Großhandels-;

отпускная   ~   по   импорту
Importabgabe-; **поясная ~** Zonen-;
прейскурантная ~ Listen-;
розничная ~ Einzelhandels-;
рыночная ~ Markt-; **специальная**
~ Sonder-; **среднепоясная** ~
Zonendurchschnitts-; **твердая** ~
fester; **фактическая ~** tatsächlicher;
экспортная ~ Export-, Ausfuhr-;

цена ‖ проездного билета *(Pass.)*
Beförderungs‖preis; ~ **перевозки**
Beförderungs-,   Transport-;   ~
предложения Angebots-; ~
проезда *(Pass.) s.* ~ *проездного*
билета; ~ **фоб** Fob-~;

цена   ‖   по   прейскуранту
Listen‖preis; ~ **по себестоимости**
Selbstkosten-;

франко цена frei Preis;

брутто-‖цена Brutto‖preis; **нетто-~**
Netto-;

цена, ‖ включая стоимость *(f.)*
доставки на дом Preis ‖ frei Haus;
~ **изменяемая без уведомления**
freibleibender;   ~   **отражающая**
конъюнктуру   рынка
marktgerechter;

замораживание цен Preis‖bindung;
либерализация   цен
Preis‖liberalisierung; **отпуск цен**
-freigabe;   **повышение   -ы**
-erhöhung;   **предложение   -ы**
-angebot; **система цен брутто**
Brutto-Preissystem; **система цен**
нетто Netto-Preissystem; **скидка с**
-ы -nachlass, -abschlag, Rabatt;
снижение   -ы   -senkung;
транспортная составляющая в -е
продукции
Transportkostenkomponente;
указание   -ы   -angabe;
установление   -ы   -bildung;
установление твердых цен
-bindung;

освобождать/освободить цен‖ы *(Pl.)* Preise freigeben; **повышать/повысить -у** einen Preis ‖ erhöhen; **снижать/снизить -у** ~ verringern, ~ vermindern, ~ senken; **устанавливать/установить -у** ~ festlegen

ценная отправка Wertsendung

ценностная надбавка к <авиа>фрахту *(bei Luftfracht)* Wertzuschlag auf den Frachttarif

ценность *(f.)* Wert; **с ценности** *(Zoll.)* vom ~

ценов‖ой/ая/ое/ые Preis- *(in Zus.)*; ~ **зона** -zone; ~ **политика** -politik

ценообразование Preisbildung

центнер, метрический *(100 kg)* Doppelzentner

центр Zentrum, Zentrale, -zentrum *(in Zus.)*; **грузовой** ~ Güter-; **грузораспределительный** ~ Güterverteil-, Distributions-; **грузораспределительный** ~ **с широким спекторм логистических услуг** Güterverkehrs-; **научно-исследовательский** ~ Forschungs-, Forschungsanstalt; **логистический** ~ Logistik-; **отгрузочный (отправочный)** ~ Verlade-; **перевалочный** ~ *s. перегрузочный*; **перегрузочный** ~ Umschlag-; **технический** ~ Service-; **торгово-распределительный** ~ Handelslogistik-;

центр ‖ доставки груза Zustell‖zentrum; ~ **логистики** Logistik-; ~ **приема, перевалки, обработки, таможенной очистки, отправки и доставки груза** *s. грузораспределительный*; ~ **распределения** Distributions-, Verteiler-; ~ **содействия бизнесу на определенной, выделенной местной администрацией территории** Gewerbegebiet; ~ **для отправки груза** *s. отгрузочный*; ~ **для перевалки контейнеров** Containerumschlag-; ~ **по распределению груза в черте города** innerstädtisches Verteil-

централизация I *(Prozess)* Zentralisierung; **диспетчерская** ~ zentrale Verkehrsüberwachung; ~ **управления** ~ der Verwaltung;

централизация II *(Eis., techn.)* Stellwerk *(auch in Zus.)*; **автоматическая** ~ automatisches, selbsttätiges; **компьютерная** ~ Computer-; **механическая** ~ mechanisches; **релейная** ~ **электронная** ~ elektronisches

централизованные перевозки *(Pl.)* zentralisierter Güterverkehr

центральн‖ый/ая/ое/ые zentral/e/er/es, Zentral-, Haupt- *(in Zus.)*; ~ **вокзал** -bahnhof ~ **правила** *(Pl.)* -e Vorschriften; ~ **пункт** Zentrale; ~ **фрахтовый расчет** -e Frachtberechnung; ~ **<транспортная> сеть** *(f.)* Kernnetz; ~ **пересадочный узел** -er Umsteigepunkt; ~ **управление** -verwaltung

цепь *(f.)* Kette *(auch in Zus.)*; **логистическая** ~ Logistik-; **смешанная транспортная** ~ kombinierte Transport-; **технологическая** ~ technologische; **транспортная** ~ Transport-; **холодильная транспортная** ~ Kühl-; ~ **сбыта** Absatz-

церемония присвоения названия судну Schiffstaufe

цеховая упаковка Verpackung für den innerbetrieblichen Transport

цикл движения Fahrzyklus (-takt)

цистерна Zisterne, Tank, Tank- *(in Zus.)*; **автомобиль-~** *(LKW)* -wagen; **вагон-~** *(Eis.)* -wagen, Kesselwagen; **контейнер-~** -container; **полуприцеп-~** -auflieger; **прицеп-~** -anhänger

цифров‖ой/ая/ое/ые Ziffern-, Nummern- *(in Zus.)*; ~ **код отгрузочной единицы** -code der Versandeinheit; ~ **обозначение <изделия>** Bestellnummer <der Ware>; ~ **спидограф** digitaler Fahrtenschreiber

---

> **Ч**

чартер *(s. auch фрахтование)* Charter, Befrachtung, -charter, Charter- *(in Zus.)*; **генеральный ~** Voll-, Ganz-; **долгосрочный ~** Langzeit-; **линейный ~** Linien-; **открытый ~** offener Charter; **паушальный ~** Pauschal-; **рейсовый ~** Reise-, Linien-; **срочный ~** prompter Charter; **чистый** ~ reiner Charter;

чартер ‖ на определенный срок Zeit-; ~ **на фрахтование определенного тоннажа** Raum-; ~ **на фрахтование части судна** Teil-; ~ **с предоставлением всего судна для перевозки груза** *s. генеральный*;

бербоут-‖чартер Charter ohne Besatzung, Bareboat-‖Charter; **димайз-~** Demise-~; **~партия** Charterpartie (-vertrag); **договор-~** Chartervertrag (Raumfracht-); **тайм-~** Zeit-;

заключение чартер‖а Charter‖abschluss; **проформа -а** -form, **~-**Proforma; **расторжение -а** -annullierung; **статья -а** *(jur.)* -klausel; **условия** *(Pl.)* **-а** -bedingungen, -regeln, -vorschriften; **заказ на** ~ -auftrag

чартерн‖ый/ая/ое/ые Charter- *(in Zus.)*; ~ **груз** -ladung; ~ **коносамент** *(See.)* -<partie>-Konnossement; ~ **перевозки** *(Pl.)* -verkehr/e, -transporte; ~ **полет** -flug; ~ **рейс** -verbindung; ~ **рынок** -markt; ~ **связь** *(f.) s. рейс*; ~ **сделка** -geschäft; ~ **система** -system; ~ **сообщение** -verkehr/e; ~ **ставка** -rate, -satz

час пик *(s. auch часы)* Verkehrsspitze, Hauptverkehrszeit; Rush-hour; **движение транспорта в ~** Spitzenverkehr (Stoß-, Berufs-)

часовая производительность *(f.)* Stundenleistung

частичн‖ый/ая/ое/ые Teil- *(in Zus.)*, teilweis‖e/er/es; ~ **загрузка** -auslastung; ~ **нагрузка** -beladung, -last; ~ **отгрузка** -versand; ~ **перекрытие** *(Straße)* -sperrung; ~ **повреждение** -beschädigung; ~ **погрузка** -verladung; ~ **поставка** -lieferung; ~ **расстояние** -entfernung; ~ **утрата груза** -er Frachtverlust

частновладельческий грузовой вагон *(Eis.)* Privatgüterwagen

частн‖ый/ая/ое/ые privat/e/er/es, Privat- *(in Zus.)*; ~ **авария** partikuläre (besondere) Seehavarie (Schiffs-); ~ **вагон** *(Eis.)* -waggon; ~ **владелец судна внутреннего плавания** *(Binnsch., Pers.)* Partikulier; ~ **железная дорога** -bahn; ~ **клиент** *(Pers.)* -kunde; ~ **компания по эксплуатации**

<аэропорта> -е <Flughafen>Betreibergesellschaft; ~ порт -hafen; ~ предприниматель *(m., Pers.)* -unternehmer; ~ предприятие -unternehmen; ~ собственность *(f.)* -eigentum; ~ судовладелец, имеющий контракт с одним пароходством *(Binnsch., Pers.)* Hauspartikulier; ~ хозяйство -wirtschaft

частота *(s. auch плотность)* Frequenz, Häufigkeit, -frequenz, -häufigkeit, -dichte *(in Zus.)*; ~ движения Taktdichte; ~ отплытия *(Schiff.)* Abfahrtsdichte; ~ отправления *(Kfz., Eis.)* Abfahrtsdichte, *(Güter)* Versandhäufigkeit; ~ перевозок Verkehrsdichte (Beförderungs-, Takt-), Fahrtenhäufigkeit; ~ поездок *(Pass.)* Fahrtenhäufigkeit; ~ пользования <чем-л.> Benutzungsfrequenz

частотность *(f.)* аварий Unfallhäufigkeit

часть *(f.)* Teil *(auch in Zus.)*; запасная ~ Ersatz-; кормовая ~ *(Schiff.)* Heck, Heck-; моторная головная ~ <поезда> Triebkopf <eines Zuges>; носовая ~ *(Flug., Schiff.)* Bug, Bug-; проезжая ~ Fahrbahn; хвостовая ~ *(Flug., Schiff.)* Heck, Heck-; ходовая ~ <автомобиля> Fahrwerk <eines Kfz.>; частями postenweise, in Partien

часы *(Pl., s. auch час, hier)* Zeiten *(auch in Zus.)*; ~ наибольшей нагрузки транспорта Spitzen-, Stoß-, Hauptverkehrs-; ~ наименьшей нагрузки транспорта verkehrsschwache, Schwachlast-; ~ пик в общественном транспорте *(ÖPNV)* Berufsverkehr

чек, дорожный Reisescheck

челночн‖ый/ая/ое/ые Pendel- *(in Zus.)*; ~ катер Pendlerboot; ~ маршрут *(Strecke)* -verkehr; ~ <транспортное> сообщение -verkehr

Черное море Schwarzes Meer

черный ящик *(Flug., umg.)* Black Box

четырех- *(in Zus.)* vier- *(in Zus.)*; -колесное транспортное средство vierrädriges Fahrzeug; -местное транспортное средство viersitziges Fahrzeug; -рядная дорога vierspurige Straße

число мест для сидения *(Pass.)* Sitzplatzzahl

чист‖ый/ая/ое/ые rein/e/er/es, Rein-, Netto- *(in Zus.)*; ~ вес -gewicht; ~ вместимость *(f.)* судна *(Schiff.)* Nettoraumgehalt; ~ коносамент *(See.)* -es Konnossement, Bill of Lading; ~ коносамент на борту -es Bordkonnossement; ~ чартер -er Charter

чрезвычайное происшествие Katastrophenfall, außergewöhnlicher Zwischenfall

чувствительный груз sensible Fracht (-es Gut)

чужая порожняя тара Fremdleergut

Ш

шасси *(n., indkl., Kfz.)* Fahrgestell, *(Flug.)* Fahrwerk; ~ автомобиля ~ eines Kfz.; ~ самолета ~ eines Flugzeuges; номер ~

Fahrgestellnummer; **выпускать/ выпустить** ~ *(Flug.)* das Fahrwerk ausfahren; **убирать/убрать** ~ *(Flug.)* das Fahrwerk einfahren

швартов *(Schiff.)* Leine, Haltetau; **отдать** ~! *(feste Wendung)* Leinen los!

швартовать/пришвартовать судно ein Schiff vertäuen (festmachen)

швартовка *(Prozess)* Festmachen, Vertäuung <eines Schiffes>; **место -и** Liegeplatz

швартовн‖ый/ая/ое/ые *(Schiff.)* Festmach-, Vertäuungs- *(in Zus.)*; ~ **бочка для рейдовой выгрузки судна** Löschboje; ~ **операции** *(Pl.)* -arbeiten; ~ **пал** Poller; ~ **сбор** -gebühr/en; ~ **устройства** *(Pl.)* -vorrichtungen

швартовщик *(Pers., Schiff.)* Festmacher

шельф, континентальный Festlandsockel

Шенгенское соглашение *(jur., Reiseverkehr)* Schengener Abkommen

шина *(Kfz.)* Reifen, -reifen, Reifen- *(in Zus.)*; **автомобильная** ~ Auto-; **велосипедная** ~ Fahrrad-, Fahrradschlauch; **всесезонная** ~ Ganzjahres-; ~ **с зимним рисунком протектора** Winter-; ~ **с летним рисунком протектора** Sommer-; **давление в -ах** -druck; **замена -ы** -wechsel; **изнашивание -ы** *(Prozess)* -abnutzung; **износ -ы** *(Resultat)* -abnutzung, -abrieb; <**допустимая**> **нагрузка на -у** zulässige -belastung; **прокол -ы** -panne, -schaden; **ремонт -ы** -ausbesserung, -reparatur; **смена -ы** *s. замена;* **сменять/сменить -у** einen ~ wechseln

шинн‖ый/ая/ое/ые Reifen- *(in Zus.)*; ~ **завод** -werk; ~ **манометр** *(techn.)* -druckprüfer; ~ **промышленность** *(f.)* -industrie

шиномонтаж *(Kfz.)* Reifenwerkstatt

шипчандлер Schiffslieferant

шипчандлерская деятельность Belieferung von Schiffen

ширина Breite, Weite *(auch in Zus.)*; **габаритная** ~ <**кузова**> Fahrzeugbreite; **нормальная** ~ *(Eis.)* Regelspurweite; ~ **дока** *(Schiffbau)* Dock-; ~ **дороги** Straßenbreite; ~ **колеи** *(Eis.)* Spurweite; ~ **междупутья** *(Eis.)* Gleisabstand; ~ **проезжей части** Fahrbahnbreite

широк‖ий/ая/ое/ие breit/e/er/es, Breit- *(in Zus.)*; ~ **колея** *(Eis.)* Breitspur; ~ **спрос** Massenbedarf

ширококолейн‖ый/ая/ое/ые *(Eis.)* Breitspur- *(in Zus.)*; ~ **вагон** -wagen; ~ **железная дорога** -bahn; ~ **поезд** -zug; ~ **участок дороги** -abschnitt

шквалистый ветер böiger Wind

шкипер *(Pers.)* Skipper, Binnenschiffer, Steuermann; **биржа -ов** Schifferbörse; **союз -ов** Betriebsverband der Binnenschiffer

школьный автобус Schulbus

шлагбаум Schranke, Schlagbaum; **железнодорожный** ~ *(Eis.)* Bahnschranke; **железнодорожный переезд без -а** unbeschrankter Bahnübergang; **железнодорожный переезд со -ом** beschrankter Bahnübergang

шланг *(techn.)* Schlauch *(auch in Zus.)*; **бензиновый** ~ Benzin-; **заправочный** ~ Tank-; **тормозной** ~ Brems-

шлюз Schleuse, -schleuse, Schleusen- *(in Zus.)*; **канальный** ~ Kanal-; **морской** ~ See-; **портовый** ~ Hafen-; **приливный** ~ Gezeiten-; **речной** ~ Fluss-; **судовой** ~ Schiffs-; **судоходный** ~ *s. судовой*; **транспортный** ~ Verkehrs-, Schifffahrts-; ~ **для автобусов** Bus-; **длина** -а -länge; **смотритель** *(m.)* -а *(Pers., Schiff.)* -meister

шлюзн‖ый/ая/ое/ые *(Schiff.)* Schleusen- *(in Zus.)*; ~ **камера** -kammer; ~ **канал** -kanal; ~ **мастер** *(Pers.)* -meister; ~ **устройство** -anlage

шлюзование <**судна**> *(Prozess)* Schleusen, Durchschleusen <eines Schiffes>, Schleusen-, Schleusungs- *(in Zus.)*; **время** -я Schleusungszeit; **ожидание** -я -wartezeit; **сооружения** *(Pl.)* **для** -я Schleusenanlage

шлюзовать <**что-л.**> <etw.> <durch>schleusen

шлюзовой сбор Schleusengeld

шлюзостроение Schleusenbau

шлюпка Boot *(auch in Zus.)*, Beiboot; **парусная** ~ Segel-; **спасательная** ~ Rettungs-

шоссе *(n., indkl.)* Chaussee, Landstraße

шоссейн‖ый/ая/ое/ые Straßen- *(in Zus.)*; ~ **дорога** Landstraße (Fern-); ~ **сбор** -nutzungsgebühr/en; **сеть** *(f.)* -ых **и грунтовых дорог** ~- und Wegenetz

шофер *(Pers.)* Berufskraftfahrer

шпала, **железнодорожная** *(Verkehrsbau)* Eisenbahnschwelle

штабелер *(techn.)* Stapler *(auch in Zus.)*; **контейнерный** ~ Container-; **портальный** ~ Portal-, Tor-; **кран-**~ Stapelkran

штабелеукладчик Hubstapler

штабелированный груз gestapelte Fracht (-es Gut)

штабелируем‖ый/ая/ое/ые stapelfähig/e/er/es, stapelbar/e/er/es; ~ **груз** -e Fracht (-es Gut); ~ **упаковка** -e Verpackung

штабель *(m.)* Stapel, Stapel- *(in Zus.)*; **груз,** **складируемый (уложенный) в** -ях -gut, -ware; **складирование в** -ях -lagerung; **укладывать/уложить** <**груз**> **в** ~ <Frachtgut> stapeln

штат Personal *(auch in Zus.)*; ~ **водителей** Fahr-; ~ **склада** Lager-

штатн‖ый/ая/ое/ые festangestellt/e/er; ~ **водитель** *(m.)* -er Fahrer; ~ **персонал** -es Personal; ~ **сотрудник** -er Mitarbeiter

штивка *(Schiff.)* Stauen, Trimmen <von Fracht>; **стоимость** *(f.)* -и Stau- und Trimmkosten; **франко** ~ frei gestaut

штормовая **погода** stürmisches Wetter

штраф *(jur., s. auch неустойка, пеня, санкция)* Strafe *(auch in Zus.)*; **административный** ~ Verwarnungsgeld; **денежный** ~ Geld-, Bußgeld; ~ **за просрочку** <**платежа**> Pönale *(Vertragsstrafe bei Zahlungsverzug)*; ~ **за простой** <**вагона, грузовика**> Standgeld <für einen Waggon, LKW>; **платить/заплатить** ~ eine ~ zahlen

штрафная **санкция** <Vertrags>Strafe; **каталог** -ых -й Bußgeldkatalog; **назначать/назначить** -ую -ю eine ~ verhängen; **платить/заплатить** -ую -ю eine ~ zahlen

штурвал *(techn., Schiff., Flug.)* Steuerung; *(Schiff.)* Steuerrad, *(Flug.)* Steuerknüppel

штурвальн‖ый/ая/ое/ые *(Schiff., Flug.)* Steuer- *(in Zus.)*; ~ колесо -rad; ~ колонка -säule

штурман *(Pers., Schiff.)* Steuermann

штурманская расписка *(Schiff.)* Steuermannsquittung

штучн‖ый/ая/ое/ые Stück- *(in Zus.)*; ~ груз -gut, -fracht; бестарный ~ груз unverpacktes (loses) -gut; тарно-~ груз verpacktes -gut; ~ товар -ware

шум Lärm, -lärm, Lärm- *(in Zus.)*; ~ от движения транспорта Verkehrs-; ~ от воздушного движения (транспорта) Flug-; ~, вызванный движением транспорта Verkehrs-; воздействие -а -belastung; защита от -а -schutz; нагрузка, вызванная -ом *s. воздействие*; снижение -а -reduzierung, -minderung; создание -а -erzeugung; уменьшение -а *s. снижение*; уровень *(m.)* -а -pegel; эмиссия -а -emission

шумовая нагрузка Lärmbelastung (-situation)

шумозащита Lärmabschirmung (-schutz); зона действия -ы Lärmschutzzone

экзамен Prüfung *(auch in Zus.)*; ~ на получение водительского удостоверения Fahr-,

Führerschein-; ~ на право управления транспортным средством *s.* ~ *на получение водительского удостоверения*; проваливаться/провалиться на -е durch eine ~ fallen, eine ~ nicht bestehen; сдавать ~ eine ~ ablegen; сдать ~ eine ~ bestehen

экземпляр *(hier Dokumente)* Exemplar; в трех -ах in dreifacher Ausfertigung

экипаж Besatzung, Crew *(auch in Zus.)*; ~ лодки Boots-; ~ корабля Schiffs-, Flugzeug-; ~ самолета Flugzeug-; ~ судна Schiffs-

экологическ‖ий/ая/ое/ие umweltfreundlich/e/er/es, ökologisch sauber/e/er/es, Umwelt- *(in Zus.)*; ~ нормы *(Pl.)* -normen; -и чистый носитель транспорта -er Verkehrsträger; ~ право -recht; -и чистый транспорт -er Fahrbetrieb, -e Beförderungsart; ~ ущерб -schaden

экология Ökologie, Umwelt; ~ в области транспорта Verkehrsökologie

экономика Wirtschaft *(auch in Zus.)*; внешняя ~ Außen-; рыночная ~ Markt-; урегулированная ~ gelenkte, regulierte; свободная ~ freie; ~ предприятия Betriebs-; ~ транспорта Verkehrs-; Transport-

экономист *(Pers.)* Ökonom, Kaufmann, -kaufmann *(in Zus.)*; ~ по транспортному делу Verkehrs-; ~ по туристическому делу Reiseverkehrs-; ~ по судоходству Schifffahrts-

экономить/сэкономить <что-л.> <etw.> sparen

экономически выгодный вид транспорта wirtschaftlich

(ökonomisch) vorteilhafter Verkehrsträger

экономическ‖ий/ая/ое/ие ökonomisch/e/er/es, wirtschaftlich/e/er/es, Wirtschafts- *(in Zus.)*; ~ **данные** *(Pl.) s. показатели*; ~ **зона** -raum, -region; ~ **класс** *(Flug.)* Economy-Class; ~ **отношения** *(Pl.)* -beziehungen; ~ **показатели** *(Pl.)* -kennziffern; ~ **пространство** -raum; ~ **рентабельность** *(f.)* **экспорта** Exportrentabilität; ~ **система** -system; ~ **сообщество** -gemeinschaft; ~ **союз** -verbund, -gemeinschaft, -union; ~ **условия** *(Pl.)* -e Bedingungen

экономичность *(f., s. auch рентабельность)* Wirtschaftlichkeit

экономия Einsparung *(auch in Zus.)*; ~ **бензина** Benzin-, Kraftstoff-; ~ **времени** Zeit-, Zeitersparnis; ~ **горючего** *s.* ~ *топлива*; ~ **смазочных материалов** Schmierstoff-; ~ **<финансовых> средств** *(Fin.)* Mittel-; ~ **сырья** Rohstoff-; ~ **топлива** Kraftstoff-, Treibstoff-

экскурсионн‖ый/ая/ое/ые Ausflugs- *(in Zus.)*; ~ **автобус** -bus, Reisebus; ~ **движение** -verkehr; ~ **поездка** -fahrt, Ausflug; ~ **тариф** -tarif

экскурсия Ausflug, Tour

экспедирование груза Frachtabfertigung, Güterversand

экспедитор[⊞] *(s. auch перевозчик, фрахтовщик)* Spediteur, Carrier, -spediteur, Spediteur- *(in Zus.)*; **авиационный** ~ Luftfrachtverlader; **автомобильный** ~ Straßengüterverkehrs-; **автотранспортный** ~ *s. автомобильный*; **портовый** ~ Hafen-; **промежуточный** ~

Zwischen-;

экспедитор ‖ авиационного груза Luftfracht‖spediteur; ~ **массового груза** Massengut-; ~ **морского груза** See<fracht>-; ~ **навалочного груза** Schüttgut-; ~ **опасного груза** Gefahrgut-; ~ **сборного груза** Sammelgut-, Beilader; ~ **специального груза** spezialisierter Spediteur; ~ **сыпучего груза** *s.* ~ *навалочного груза*; ~ **штучного груза** Stückgut-; ~ **морского порта** Seehafen-;

экспедитор ‖ в маршрутном сообщении Linien‖spediteur; ~ **в международном сообщении** internationaler (international tätiger) Spediteur; ~ **по отправке** *s.* ~*-отправитель*; ~ **по отправлению опасного груза** *s.* ~ *опасного груза*; ~ **по отправлению сборного груза** *s.* ~ *сборного груза*; ~, **постоянно держащий товар клиента на собственном складе** Lagerhalter-;

экспедитор‖-импортер Import‖spediteur; ~**-корреспондент** Korrespondenz-; ~**-отправитель**[⊞] Abfertigungs-, Versand-; ~**-получатель**[⊞] Empfangs-; ~**-экономист** Speditionskaufmann; ~**-экспортер** Export-;

бордеро *(n., indkl.)* **экспедитор‖а** *(Dokument)* Spediteur‖borderau; **журнал -a** Spediteursbuch; **прогрузочный ордер -a** ~-Übernahmebescheinigung (forwarders certificate of receipt); **ответственность** *(f.)* **-a** *(jur.)* Haftung des -s; **ответственность -a за сохранность** *(f.)* **товара** *(jur.)* Verschuldenshaftung des -s; **складская расписка -a** – bescheinigung, -borderau, Lagerschein des -s; **риск -a** Risiko des -s; **складское свидетельство -а** *s. складская расписка*; **союз -ов** -verband; **страхование -а** -versicherung; **гарантийное страхование груза, перевозимого -ом** -haftpflichtversicherung; **счет -а** Konto des -s

экспедиторск‖ий/ая/ое/ие
Spediteurs- *(in Zus.)*, speditionell/e/er/es; ~ **вознаграждение** -provision; ~ **деятельность** *(f.)* Speditionstätigkeit; ~ **договор** Speditionsvertrag; ~ **извещение** -anzeige (-meldung); ~ **инструкция** -vorschrift/en; ~ **коносамент** *(See.)* -bescheinigung (-konnossement); ~ **контракт** *s. договор*; ~ **обработка** speditionelle Abwicklung; **транспортно-~ обслуживание** Transport- und Speditions<dienst>leistungen; ~ **операция** Speditionsablauf (-leistung); ~ **перевозка сборного груза** Spediteursammelgutverkehr; ~ **страховой полис** ~-Versicherungsschein (SVS); ~ **предприятие** Speditionsunternehmen;

экспедиторское свидетельство ‖ Spediteursschein; ~ **о получении груза** Spediteurempfangsschein, Warenempfangsschein des Spediteurs; ~ **о транспортировке, образец ФИАТА** internationaler Transport-Speditionsschein (-e Versandbescheinigung); ~ **об отправке груза (товара)** Warenversandschein <des Spediteurs>;

экспедиторск‖ая служба Speditionsdienst; ~ **страхование** Spediteursversicherung; **общие ~ условия** *(Pl.)* Allgemeine Speditionsbedingungen; ~ **услуги** *(Pl.)* Speditionsleistungen (-dienste);

~ **фирма** Speditionsfirma (-unternehmen); **рынок -их услуг** Speditionsmarkt; **стоимость** *(f.)* **-их услуг** Speditionskosten

экспедиционн‖ый/ая/ое/ые
speditionell/e/er/es, Speditions- *(in Zus.)*; ~ **бюро** *(n., indkl.)* Frachtfirma (-kontor); ~ **товарораспорядительный документ** -es Warenpapier; ~ **мощности** *(Pl.)* **отправки** Abfertigungskapazitäten; ~ **отдел** -abteilung; ~ **поручение** -auftrag; ~ **свидетельство** -schein; ~ **свидетельство о получении <груза>** -empfangsschein; ~ **склад** -es Auslieferungslager, Versandlager (Abfertigungs-); ~ **товар** -gut

экспедиция 1. *(Unternehmen)* Spedition *(auch in Zus.)*; **2.** *(Abteilung)* Versand; **3.** *(Prozess)* Versandabfertigung; **автодорожная ~ на грузовиках** Straßengüterverkehrs-; **автотранспортная ~** *s. автодорожная*; **воздушная ~** Luftfracht-, Luftverkehrs-, Luftfrachtabfertigung; **железнодорожная ~** Eisenbahn-; **международная ~** internationale Spedition; **специализированная ~** spezialisierte Spedition; ~ **подвозки** Zustell-;

экспедиция по перевозке ‖ **авиационного груза** *s. воздушная*; ~ **морского груза** See<fracht>‖spedition; ~ **опасного груза** Gefahrgut-; ~ **сборного груза** Sammelgut-; ~ **тяжеловесного груза** Schwerlast-;

экспедиция по речному судоходству Binnenschifffahrtsspedition

эксперт *(Pers.)* Gutachter, Experte

экспертиза Gutachten *(auch in Zus.)*; ~ **Торгово-промышленныой палаты** ~ der Industrie- und Handelskammer; **акт -ы качества и количества** Qualitäts- und Mengen-; **заявка на -у** Prüfungsantrag (-gesuch)

экспертное заключение Sachverständigengutachten

эксплуатационн||ый/ая/ое/ые Betriebs- *(in Zus.)*; ~ **готовность** *(f.)* -bereitschaft; ~ **деятельность** *(f.)* -tätigkeit; ~ **длина** -länge; ~ **книга** *(Eis.)* -buch; ~ **коэффициент** Auslastungsgrad; ~ **мощность** *(f.)* -leistung; ~ **нагрузка** -belastung, -last, Nutzlast (Gebrauchs-); ~ **надежность** *(f.)* -zuverlässigkeit; ~ **путь** *(m., Eis.)* -strecke, -gleis; ~ **расходы** *(Pl.)* -kosten; ~ **срок** Lebensdauer (Nutzungs-, Einsatz-)

эксплуатация 1. *(Betriebsart)* Betrieb, Fahrbetrieb, -betrieb, Betriebs- *(in Zus.)*; **2.** *(Prozess)* Nutzung, Ausnutzung, Benutzung; **испытательная** ~ Test-; **непрерывная** ~ Dauer-; **нормальная** ~ Regel-

эксплуатация || **автобусов** Bus||betrieb; ~ **автомобиля** Kfz-Benutzung; ~ **вагонов** *(Eis.)* Wagenbenutzung; ~ **моторных вагонов** Triebwagen-; ~ **железной дороги** <Eisen>Bahn-; ~ **оборудования** Betrieb (Ausnutzung) von Ausrüstungen und Anlagen; ~ **парома** Fähr-; ~ **подвижного состава** Fahrzeugeinsatz; ~ **порта** Hafen-; ~ **воздушного пространства** Nutzung des Luftraums; ~ **самолетов** Flugzeugeinsatz; ~ **железнодорожной сети** *(Schienv.)* Netz-; ~ **рельсовой сети** *s. железнодорожной сети;* ~

транспортной сети *(Verkehr allg.)* Netz-; ~ **автомобильного транспорта** Fahrzeugeinsatz; ~ **транспортных средств и емкостей** Nutzung von Beförderungsmitteln und Transportbehältnissen;

безопасность *(f.)* **в эксплуатаци||и** Betriebs||sicherheit (Einsatz-); **вид -и** -art; **время -и** Einsatzzeit; **допуск к -и** Zulassung zum Betrieb; **исправность** *(f.)* **в -и** *s. безопасность;* **компания по -и** Betreibergesellschaft; **надежность** *(f.)* **в -и** -zuverlässigkeit; **период -и** *s. срок;* **порядок -и** -ordnung; **правила** *(Pl.)* **-и** *s. порядок;* **правила** *(Pl.)* **допуска к -и** Zulassungsordnung; **продолжительность** *(f.)* **-и** -dauer, Lebensdauer (Nutzungs-, Einsatz-); **разрешение на -ю** -genehmigung; **режим -и** <**транспортного средства**> Fahrweise <eines Verkehrsmittels>; **способ -и** -verfahren; **срок -и** *s. продолжительность;* **удостоверение о допуске к -и** Zulassungsschein;

прекратить/прекращать эксплуатацию <**транспортного средства**> <ein Verkehrsmittel> stilllegen (aus dem Verkehr ziehen)

эксплуатировать устройства *(Pl.)* Anlagen betreiben

эксплуатируем||ый/ая/ое/ые verfügbar/e/er/es; ~ **объем** -e Kapazität; ~ **объем место-километров** -e Platzkilometer; ~ **объем тонно-километров** -e Tonnenkilometer; ~ **парк локомотивов** *(Eis.)* Betriebsfahrzeugpark

экспорт *(s. auch* **вывоз***)* Export, Ausfuhr, -export, Export- *(in Zus.)*;

косвенный ~ indirekte/er; **лицензируемый** ~ genehmigungspflichtige/er; **нелицензируемый** ~ genehmigungsfreie/er; **непосредственный** ~ *s. прямой*; **прямой** ~ direkte/er; **транзитный** ~ Transitausfuhr;

экспорт ‖ сырья Rohstoff‖export; ~ **товаров** Waren-; ~ **импортированных товаров** Re- (Wiederausfuhr) von Waren; ~ **транспортных услуг** ~ von Transportdienstleistungen; ~ **без участия посредников** *s. прямой*; ~ **через (с участием) посредников** indirekte/er;

выручка от экспорт‖а Export‖erlös; **декларация на** ~ -erklärung; **договор на** ~ -vertrag; **доход от -а** *s. выручка*; **запрет на** ~ -verbot, -sperre; **заявка на** ~ -anmeldung, -mitteilung; **коммерсант, занимающийся -ом** -kaufmann; **контингент на** ~ *s. экспортный контингент*; **контроль** *(m.)* **над -ом** -kontrolle; **лицензия на** ~ -lizenz; **объем -а** -volumen, Ausfuhrvolumen; **ограничение -а** *s. экспортное ограничение*; **ограничение на** ~ *s. экспортное ограничение*; **порядок -а** Ausfuhrordnung; **превышение -а над импортом** -überschuss; **предмет -а** -artikel, -ware, -gut; **разрешение на** ~ -genehmigung, Ausfuhrgenehmigung; **расходы** *(Pl.)* **на** ~ *s. экспортные расходы*; **<экономическая> рентабельность** *(f.)* **-а** -rentabilität; **рост объемов -а** -zuwachs; **содействие -у** -förderung; **сокращение -а** -rückgang; **статья -а** -posten; **стимулирование -а** *s. содействие*; **увеличение -а** *s. рост объемов*; **финансирование -а** -finanzierung; **отпускная цена по**

-y -abgabepreis; **пригодный для -а** <товар> exportfähige Ware; **расширять/расширить** ~ den Export (die Ausfuhr) steigern (erweitern)

экспортер *(Pers.)* Exporteur; **страна-~** Exportland; **фирма-~** Exportfirma; **экспедитор-~** Exportspediteur; **потеря -а** *(kfm.)* Verlust des -s; **риск -а** Risiko des -s

экспортировать <товар> <eine Ware> exportieren (ausführen)

экспортируемый товар Exportware

экспортирующ‖ий/ая/ее/ие exportierend/e/er/es, Export- *(in Zus.)*; ~ **страна** -land; ~ **фирма** -firma

экспортно-импортн‖ый/ая/ое/ые Export-Import- *(in Zus.)*; ~ **операция** ~-Geschäft; ~ **сделка** *s. операция*; ~ **фирма** ~-Firma;

экспортно-сопроводительная документация Exportpapiere

экспортн‖ый/ая/ое/ые Export- *(in Zus.)*; ~ **гарантия** -garantie; ~ **груз** -gut; ~ **декларация** -deklaration; ~ **деятельность** *(f.)* -tätigkeit; ~ **документ** -papier, -schein; ~ **документация** -papiere; ~ **дотация** -subvention; ~ **заказ** -auftrag; ~ **заявка** -anmeldung, Ausfuhranmeldung; ~ **извещение** *s. заявка*; ~ **калькуляция** -kalkulation; ~ **квота** -quote; ~ **компания** -firma; ~ **коносамент** *(See.)* -konnossement; ~ **контейнер** -container; ~ **контингент** -kontingent; ~ **контроль** *(m.)* -kontrolle, Ausfuhrkontrolle; ~ **кредит** -kredit; ~ **лицензия** -lizenz, -bewilligung; ~ **маклер** *(Pers.)* -makler; ~ **маркировка** -markierung; ~ **ограничение** -beschränkung,

Ausfuhrbeschränkung; ~ **операция** -geschäft; ~ **отгрузка** -versand; ~ **отдел** <**предприятия**> -abteilung <eines Unternehmens>; ~ **поставка** -lieferung; ~ **пошлина** -zoll, -abgabe; ~ **предписания** *(Pl.)* -vorschriften; ~ **расходы** *(Pl.)* -kosten; ~ **режим** -verfahren; ~ **сбор** *s. пошлина*; ~ **свидетельство** -zertifikat; ~ **сделка** *s. операция*; ~ **сертификат** *s. свидетельство*; ~ **склад** -lager; ~ **спецификация** -spezifikation; ~ **стоимость** *(f.)* -wert; ~ **субсидия/и** -subvention/en, Ausfuhrerstattungen *(Pl.)*; ~ **тара** -verpackung; ~ **тариф** -tarif, -zoll; ~ **товар** -ware, -artikel; ~ **торговля** -handel; ~ **упаковка** *s. тара*; ~ **условия** *(Pl.)* -bedingungen; ~ **цена** -preis

экспресс Express, Express- *(in Zus.)*; ~**-автобус** -bus<linie>; ~**-груз** *(Eis.)* -gut; ~**-поставка** -lieferung; ~**-служба** -dienst; ~**-тариф** -tarif; ~**-фрахт** –fracht; **поезд-~** -zug

экспрессная перевалка (перегрузка) Schnellumschlag

экстренн‖ый/ая/ое/ые Not- *(in Zus.)*; ~ **вызов** -ruf; ~ **остановка** <**транспортного средства**> -halt, betriebsbedingter Halt <eines Fahrzeuges>; ~ **случай** -fall; ~ **торможение** *(Prozess)* -bremsung; ~ **тормоз** *(Schienv.)* -bremse

элеватор Elevator, Rolltreppe

электрификация *(Prozess)* Elektrifizierung

электрифицированная трасса elektrifizierte Strecke

электрическ‖ий/ая/ое/ие elektrisch/e/er/es, Elektro- *(in Zus.)*; ~ **автомобиль** *(m.)* -fahrzeug; ~ **железная дорога** -bahn, -e Schnellbahn; ~ **привод** -antrieb; ~

тяга -er Fahrbetrieb, -er Zugbetrieb, -traktion

электричка Stadtbahn, S-Bahn, <elektrischer> Vorortzug, S-Bahn- *(in Zus.)*; **машинист** -и *(Pers.)* Triebfahrzeugführer; **приключение к сети** -и -anbindung; ~ **путь** *(m.)* -и -gleis; **сеть** *(f.)* -и -netz; **станция** -и -station, S-Bahnhof, Haltepunkt der Stadtbahn (S-Bahn, Vorortbahn)

электро- elektrisch/e/er/es, Elektro- *(in Zus.)*; **-автобус** elektrisch angetriebener Bus, -bus;

электровоз ‖ Elektrolokomotive, E-Lok, -es Triebfahrzeug; **многосистемный** ~ Mehrsystemlok

электромагнитный привод Magnetantrieb

электромобиль *(m.)* Fahrzeug mit Elektroantrieb

электронная централизация *(Eis.)* elektronisches Stellwerk

электрооборудование elektrische Ausstattung, Elektroanalage; **автомобильное** ~ Autoelektrik;

электро‖поезд elektrischer Triebzug; **-привод** Elektroantrieb

элерон *(Flug.)* Querruder

эллинг *(Schiff.)* Helling; **крытый** ~ überdachte

эллингов‖ый/ая/ое/ые *(Schiff., s. стапельный)* Helling- *(in Zus.)*

эмбарго *(n., indkl.)* Embargo

эмблема государства Hoheitszeichen

эмиссия Emission *(auch in Zus.)*; ~ **азота** Stickstoff-; ~ **вредных веществ** Schadstoff-; ~ **отработанных газов (ОГ)** Abgas-, Schadstoff-; ~ **углекислого газа** Kohlendioxid-; ~ **шума** Lärm-

эскалатор Rolltreppe (Fahr-)

эстакада **1.** *(Umschlaganlage)* Brücke, Rampe *(auch in Zus.)*; **2.** *(Verkehrsbau)* Hochbahn; **погрузочная** ~ Laderampe (Verlade-)

эстакадная дорога Hochstraße

этикетирование груза *(Prozess)* Etikettieren (Labeln) von Fracht

этикетка Aufkleber, Etikett, Label, -zettel *(in Zus.)*; ~ **груза** Fracht-; ~ **на опасных грузах** Gefahr-

этилированный бензин verbleites Benzin

эффект Effekt/e *(auch in Zus.)*; **дерегулирования** *(vwl.)* Deregulierungs-; ~ **изменения в структуре груза** Güterstruktur-; ~ **снижения расходов** *(kfm.)* Degressions-; ~ **торможения** *(Fahrzeug)* Bremswirkung

эффективность, *(f.)* **транспорта** Verkehrseffizienz

Ю

Южное море Südsee

Южно-китайское море Südchinesisches Meer

юридическ‖ий/ая/ое/ие juristisch/e/er/es, Rechts- *(in Zus.)*; ~ **адрес** Firmensitz (-adresse); ~ **акт** -akt; ~ **лицо** -e Person

---

Я

якорн‖ый/ая/ое/ые *(Schiff.)* Anker- *(in Zus.)*; ~ **сбор** -geld; ~ **стоянка** -platz, Liegeplatz

якорь *(m., Schiff.)* Anker, -anker, Anker- *(in Zus.)*; **корабельный** ~ Schiffs-; **судовой** ~ *s. корабельный*; **свидетельство на -я и цепи** -zertifikat; **бросать/бросить** ~ den ~ lichten; **сниматься/сняться с -я** den ~ werfen; **ставить/поставить корабль на** ~ vor ~ gehen; **стоять на -е** vor ~ liegen

ялик *(Schiff.)* Beiboot

ярмарка Messe *(auch in Zus.)*; **международная** ~ internationale; **отраслевая** ~ Branchen-

ярмарочный груз Messegut

яхта *(Schiff.)* Jacht *(auch in Zus.)*; **моторная** ~ Motor-; **парусная** ~ Segel-

яхтенн‖ый/ая/ое/ые Jacht- *(in Zus.)*; ~ **оборудование** -ausrüstung; ~ **терминал** -hafen

яхт-клуб Jachtklub

яхтов‖ый/ая/ое/ые Jacht- *(in Zus.)*; ~ **клуб** -klub; ~ **порт** -hafen; ~ **пристань** *(f.)* <kleiner> -hafen

ячейка автоматической камеры хранения Gepäckschließfach

ящик Kasten, Kiste; **малогабаритный** ~ Collico; **черный** ~ Black Box

ящичн‖ый/ая/ое/ые Box-, Kisten- *(in Zus.)*; ~ **поддон** Boxpalette; ~ **упаковка** Kistenverpackung

ABKÜRZUNGSVERZEICHNIS

A

1	*2*	*3*
a.A.	*dt.*	auf Abruf **по отзыву**
AACC	*eng.* Airport Associations Coordinating Council	Koordinierungsgremium der Flughafenverbände ICAA und AOCI **Координационный совет ассоциаций аэропортов**
AACI	*eng.* Airports Associations Council International	Internationales Koordinierungsgremium der Flughafenverbände **Международный совет ассоциаций аэропортов**
A.A.R.	*eng.* Against All Risks	gegen alle Risiken **против всех рисков**
AAR	*eng.* Association of American Railroads	Vereinigung der Amerikanischen Eisenbahnen **Ассоциация американских железных дорог**
AB	*dt.*	Allgemeine Bedingungen **Общие условия**
a.B.	*dt.*	auf Bestellung **на заказ**
ABBG	*(BRD)*	Autobahnbenutzungsgebührengesetz **Закон о порядке взимания сбора за пользование автострадой**
Abf.	*dt.*	Abfahrt **отправление поезда**
Abf.	*dt.*	Abfertigung **прием <багажа, груза> к отправлению**
AbgH.	*dt.*	Abgangshafen **порт отправления**
AbgSt.	*dt.*	Abgangsstation **станция отправления**
ABH	*dt.*	Allgemeine Bedingungen für Haftpflichtversicherung **Общие условия гарантийного страхования**
ABL	*dt.*	Amtsblatt **официальный бюллетень**
ABS	*dt.*	Antiblockiersystem **антиблокировочная тормозная система**

1	*2*	*3*
Abs.	*dt.*	Absender **отправитель**
ACE	*(frz.)* Association des Compagnies Aériennes de la Communaute Européenne	Zusammenschluss von Luftverkehrsgesellschaften der EU **Ассоциация авиационных компаний ЕС**
Achskm	*dt.*	Achskilometer **осе-километр**
ACI	*eng.* Airports Council International	Internationaler Rat der Flughäfen **Международный совет аэропортов**
a/d	*eng.* after date	nach (ab) diesem Datum **от сего числа**
ADAC	*(BRD)*	Allgemeiner Deutscher Automobil-Club **Общий германский союз автомобилистов**
ADB	*(BRD)*	Allgemeine Deutsche Binnentransport-Versicherungsbedingungen **Общие германские условия страхования внутренних перевозок**
a.d.D.	*dt.*	an diesem Datum **в указанный день (сего числа)**
ADEKRA	*(BRD)*	Arbeitsgemeinschaft Deutscher Kraftwagenspediteure **Объединение германских автодорожных перевозчиков**
ADEPT	*(eng.)* Automatic Debiting and Electronic Payment for Transport	System der automatischen Buchung und des elektronischen Zahlungsverkehrs für Transportdienstleistungen **Система автоматического <бухгалтерского> учета и электронного платежа за транспортные услуги**
ADFC	*(BRD)*	Allgemeiner Deutscher Fahrrad-Club **Общий германский союз велосипедистов**
ADL	*(BRD)*	Arbeitsgemeinschaft Deutscher Luftfahrt-Unternehmen **Объединение германских авиационных предприятий**
ADNR	*frz.* Accord Européen sur le Transport des Marchandises Dangereuses par le	Europäisches Übereinkommen über die internationale Beförderung gefährlicher Güter auf dem Rhein **Европейское соглашение о**

1	2	3
	Rhin	**международной перевозке опасного груза по реке Рейн**
ADR	*frz.* Accord Européen sur le Transport des Marchandises Dangereuses par la Route	Europäisches Übereinkommen über die internationale Beförderung gefährlicher Güter auf der Straße **Европейское соглашение о международной перевозке опасного груза автомобильным транспортом**
Adr.	*dt.*	Adresse **адрес**
ADS	*(BRD)*	Allgemeine Deutsche Seeversicherungsbedingungen **Общие германские условия морского страхования**
ADSp	*(BRD)*	Allgemeine Deutsche Spediteurbedingungen **Общегерманские экспедиторские условия (условия экспедиторов)**
ADV	*dt.*	Allgemeine Durchführungsverordnung **Общие положения, регламентирующие порядок исполнения**
ADV	*(BRD)*	Arbeitsgemeinschaft Deutscher Verkehrsflughäfen **Объединение по эксплуатации германских аэропортов**
AE	*dt.*	Ausfuhrerklärung **экспортная декларация**
AEA	*eng.* Association of European Airlines	Vereinigung Europäischer Fluggesellschaften **Ассоциация европейских авиационных компаний**
AEC	*frz.* Association Européenne des Cheminots	Europäische Vereinigung der Eisenbahner **Европейская ассоциация железнодорожников**
AEG	*(BRD)*	Allgemeines Eisenbahngesetz **Общий закон о железных дорогах**
AEST	*dt.*	Allgemeiner Europäischer Stückguttarif **Общий европейский тариф на перевозку штучного груза**
AETR	*eng.* European Agreement Concerning the Work of Crews of	Europäisches Übereinkommen über die Arbeit des im internationalen Straßenverkehr beschäftigten

1	2	3
	Vehicles Engaged in International Road Transport	Fahrpersonals **Европейское соглашение об условиях работы водителей автотранспортных предприятий**
AfA	*dt.*	Abschreibung für Abnutzung **амортизация за износ**
AFEDEF	*frz.* Association des Fabricants Européens d`Equipements Ferroviaires	Vereinigung der europäischen Hersteller von Eisenbahnausrüstungen **Объединение европейских изготовителей железнодорожного оборудования**
AGB	*dt.*	Allgemeine Geschäftsbedingungen **Общие условия заключения коммерческих сделок**
AGC	*frz.* Accord Européen sur les Grandes Lignes Internationales de Chemin de Fer	Europäisches Übereinkommen über die großen internationalen Linien des Eisenbahnverkehrs **Европейская конвенция об основных магистралях международного железнодорожного сообщения**
AGF	*dt.*	Arbeitsgemeinschaft Güterfernverkehr **Объединение перевозчиков, осуществляющих дальние грузовые перевозки**
AGN	*dt.*	Arbeitsgemeinschaft Güternahverkehr **Объединение перевозчиков, осуществляющих ближние грузовые перевозки**
AGN	*frz.* Accord sur les Grandes Voies Navigables	Europäisches Übereinkommen über die großen Binnenwasserstraßen von internationaler Bedeutung **Европейская конвенция об основных магистралях внутренних водных путей**
AGNB	*dt.*	Allgemeine Beförderungsbedingungen für den gewerblichen Güternahverkehr mit Kraftfahrzeugen **Общие условия ближних грузовых перевозок автомобильным транспортом**
AGP	*(BRD)*	Arbeitsgemeinschaft Personenverkehr **Объединение пассажирских перевозчиков**
AGR	*frz.* Accord Européen sur les Grandes Routes	Europäisches Übereinkommen über die Hauptstraßen des Internationalen

1	2	3
	de Trafic International	Verkehrs **Европейская конвенция об основных магистралях международного транспорта**
AGTC-Abkommen	*frz.* Accord Européen sur les Grandes Routes Internationaux des Transports Combiné Rail-Route	Europäischer Vertrag über die internationalen Hauptstrecken des Kombinierten Verkehrs **Европейская конвенция об основных магистралях международных смешанных перевозок**
AH	*dt.*	Außenhandel **внешняя торговля**
AHB	*dt.*	Außenhandelsbank **внешнеторговый банк**
AHO	*dt.*	Außenhandelsorganisation **внешнетороговая организация**
AICC	*eng.* Autonomous Intelligent Cruise Control	Autonomes Intelligentes Geschwindigkeitsregelungssystem **Автономная интеллигентная система регулирования скоростью**
AICMR	*frz.* Association Internationale des Constructeurs de Matérielle Roulant	Internationale Waggonbauvereinigung **Международная ассоциация вагоностроителей**
AIDOS	*dt.*	Automatisiertes Informations- und Dokumentationssystem **автоматизированная система информации и документации**
AIPCR	*frz.* Association Internationale Permanente des Congrès de la Route	Internationaler Ständiger Verband der Straßenkongresse **Международный союз автомобильного транспорта**
AIRC	*eng.* Association of International Road Carriers	Assoziation der internationalen Transporteure **Ассоциация международных автомобильных перевозчиков**
AIS	*dt.*	Automatisiertes Informationssystem **автоматизированная система информации**
AIST	*dt.*	Arbeitsgemeinschaft zur Förderung und Entwicklung des internationalen Straßenverkehrs **Общество по содействию развития международного автодорожного сообщения**

1	*2*	*3*
AIV	*dt.*	Abkommen über den Internationalen Eisenbahn-Personen- und Gepäckverkehr **Соглашение по международным железнодорожным пассажирским и багажным сообщениям**
AKRA	*dt.*	Arbeitsgemeinschaft Kraftwagenspedition **Объединение автотранспортных (автодорожных) грузовых экспедиций**
AL	*dt.*	Ausfuhrliste (Liste der Exportgüter) **список экспортных товаров**
AL	*dt.*	Ausfuhrliste *(Negativliste)* **список (перечень) товаров, экспорт которых ограничен**
a.L.	*dt.*	auf Lieferung **может быть поставлен/а/о/ы**
ALB	*dt.*	Allgemeine Liefer- und Leistungsbedingungen **Общие условия поставок и предоставления услуг**
ALFA	*dt.*	Automatisiertes Luftfrachtabfertigungsverfahren **автоматизированная система отправки воздушного груза**
AM	*dt.*	Ausfuhrmeldung **экспортная декларация**
AMÖ	*(BRD)*	Arbeitsgemeinschaft Möbeltransport **Объединение перевозчиков мебели**
AO	*dt.*	Abgabenordnung **Положение о порядке взимания налогов, сборов и пошлин**
AO	*dt.*	Ausfuhrordnung **Положение об экспортных операциях**
AO	*dt.*	Autobahnordnung **Правила дорожного движения по автостраде**
AOCI	*eng.* Airport Operators Council International	Interessenvertretung der europäischen und außereuropäischen internationalen Flughäfen **Международный совет европейских и внеевропейских аэропортов**

1	*2*	*3*
APS	*dt.*	Auto-Pilot-System **система автопилота**
ARTCC	*eng.* Air Route Traffic Control Centers	Luftraumüberwachungszentren **центры контроля воздушных коридоров**
ASA	*eng.* Air Service Agreement	Bilateraler Vertrag über den Austausch gewerblicher Rechte der Luftverkehrsgesellschaften **Двустороннее соглашение об обмене коммерческими правами авиационных компаний**
ASK	*eng.* Available Seat Kilometres	Verfügbare Platzkilometer *(Kapazität)* **эксплуатируемый объем место-километров**
ASM	*eng.* Available Seat Miles	Verfügbare Platzmeilen *(Kapazität)* **эксплуатируемый объем место-милов**
ASpB	*dt.*	Allgemeine Spediteurbedingungen **Общие условия экспедиторов**
ASU	*dt.*	Abgassonderuntersuchung **специальная ежегодняя проверка тоскичности отработанных газов**
AT	*dt.*	Ausnahmetarif **исключительный (лъготный) тариф**
ATA	*frz.* Admission Temporaire	vorübergehende Einfuhr **временный ввоз**
ATA	*dt.*	Allgemeiner Tarifanzeiger **Общий тарифный указатель**
ATC	*eng.* Air Traffic Control	Flugsicherung **служба обеспечения безопасности полетов**
ATFM	*eng.* Air Traffic Flow Management	Luftverkehrsmanagement **управление потоками воздушного сообщения**
ATIS	*eng.* Advanced Travel Information System	Intelligentes Reiseinformationssystem **развитая система предоставления информации по путешествию**
ATK	*eng.* Available Tonne Kilometers	verfügbare Tonnenkilometer *(Kapazität)* **эксплуатируемый объем тонно-километров**
ATM	*eng.* Air Traffic Movement	Beförderung auf dem Luftweg **перевозка воздушным транспортом**

1	*2*	*3*
ATO	*dt.*	Autotransportordnung **Правила перевозок автомобилей автотранспортом**
ATP	*eng.* Automatic Train Protection	Automatische Zugsicherung **автоматическая система безопасности поездов**
ATV	*dt.*	Allgemeine Tarifvorschriften **Общие тарифные предписания по перевозке грузов**
ATV	*dt.*	Allgemeine Technische Vorschriften **Общие технические предписания**
AU	*dt.*	Abgasuntersuchung **проверка тоскичности отработанных газов**
AV	*eng.* average speed	Durchschnittsgeschwindigkeit **средняя (маршрутная, участковая) скорость**
a.v.	*lat.* ad valorem	vom Wert **с ценности**
AVB	*dt.*	Allgemeine Verfrachtungsbedingungen **Общие условия перевозок грузов речными судами**
AVE	*dt.*	Abfertigungsvorschriften für den internationalen Expressgutverkehr **Инструкция о порядке оформления грузов большой скорости в международном железнодорожном сообщении**
AVG	*dt.*	Abfertigungsvorschriften für den internationalen Eisenbahngüterverkehr **Инструкция о порядке оформления грузов в международном железнодорожном сообщении**
AVO	*dt.*	Ausführungsverordnung **Общие положения о порядке исполнения, Инструкция о порядке проведения в действие нормативного акта**
ÄVO	*dt.*	Änderungsverordnung **Постановление об изменении действующего положения**
a.W.	*dt.*	ab Werk **франко завод**
a.W.	*dt.*	auf Widerruf **до отзыва**

1	2	3
AWB	*eng.* Airway Bill	Luftfrachtbrief авианакладная
AWES	*eng.* Association of West European Shipbuilders	Interessenvereinigung der westeuropäischen Schiffbauindustrie **Объединение предприятий западноевропейской судостроительной промышленности**
AWV	*dt.*	Außenwirtschaftsverordnung **Положение о внешнеэкономической деятельности**
AZO	*dt.*	Allgemeine Zollordnung **Общий таможенный устав**
AZO	*dt.*	Arbeitszeitordnung von Kraftfahrern und Beifahrern *(gemäß AETR)* **Правовые предписания о рабочем режиме водителей грузовых автомобилей**

B

1	2	3
b *od.* **bez.**	*dt.*	bezahlt уплачен/а/о/ы (оплачен/а/о/ы)
BAB	*dt.*	Betriebsabrechnungsbogen сводная ведомость производственного учета затрат
BAFA	*(BRD)*	Bundesausfuhramt **Федеральное ведомство по экспорту**
BAG	*(BRD)*	Bundesanstalt für den Güterfernverkehr; **Федеральное ведомство дальних грузовых перевозок**
BARIG	*eng.* Board of Airline Representatives in Germany	Zusammenschluss der Vertreter der die Bundesrepublik anfliegenden Fluggesellschaften e.V. **Объединение представителей авиационных компаний, прилетающих в германские аэропорта**

1	2	3
BASt.	*(BRD)*	Bundesanstalt für das Straßenwesen **Федеральное ведомство дорожного строительства и содержания дорог**
BAV	*(BRD)*	Bundesverband der Autovermieter Deutschlands **Федеральный союз германских компаний, сдающих в аренду автомобили**
BAW	*(BRD)*	Bundesamt für gewerbliche Wirtschaft **Федеральное ведомство по отраслевому регулированию экономики**
BBG *od.* **BbG.**	*(BRD)*	Bundesbahngesetz **Закон о германских железных дорогах**
Bbh.	*dt.*	Betriebsbahnhof **техническая станция, депо**
BDB *od.* **BdB**	*(BRD)*	Bundesverband der deutschen Binnenschifffahrt e.V. **Федеральный союз германского внутреннего судоходства**
BDBK	*(BRD)*	Bund Deutscher Berufskraftfahrer **Профессиональный союз водителей Германии**
BdBV	*(BRD)*	Bundesvereinigung der Berufskraftfahrer-Verbände **Федеральное объединение союзов профессиональных водителей Германии**
BDC	*frz.* Bureau International de Documentation des Chemins de Fer	Internationales Dokumentationszentrum der Eisenbahn **Международное бюро железнодорожной документации**
BDE	*(BRD)*	Bundesverband Deutscher Eisenbahnen **Федеральный союз германских железных дорог**
BDF	*(BRD)*	Bundesverband des Deutschen Güterfernverkehrs **Федеральный союз дальних грузовых перевозок Германии**
BDF	*(BRD)*	Bundesverband des deutschen Straßengüterfernverkehrs **Федеральный союз дальних грузовых перевозок автомобильного транспорта Германии**

1	*2*	*3*
BDFM	*(BRD)*	Bundesverband Deutscher Funkmietwagen- und Mietwagenunternehmer **Федеральный союз германских предпринимателей, сдающих в аренду автомобили и автомобили с бортовой радиосвязью**
BDG	*(BRD)*	Bundesverband des Deutschen Güterverkehrs **Федеральный союз грузовых перевозок Германии**
BDI	*(BRD)*	Bundesverband der Deutschen Industrie **Федеральный союз германской промышленности**
BDLI	*(BRD)*	Bundesverband der Deutschen Luftfahrt-, Raumfahrt- und Ausrüstungsindustrie **Федеральный союз германской авиационной, космической и оснащающей промышленностей**
BDN	*(BRD)*	Bundesverband des Deutschen Güternahverkehrs e.V. **Федеральный союз ближних грузовых перевозок Германии**
BDO	*(BRD)*	Bundesverband Deutscher Omnibusunternehmer **Федеральный союз германских автобусных предприятий**
BDP	*(BRD)*	Bundesverband des Deutschen Personenverkehrsgewerbes e.V. **Федеральный союз германских предприятий пассажирского транспорта**
BDV	*(BRD)*	Bund deutscher Verkehrsverbände **Союз транспортных обществ**
BefBed.	*dt.*	Beförderungsbedingungen **условия на перевозку**
Befst.	*dt.*	Beförderungssteuer **транспортный налог, налог на перевозку**
Bf. *od.* **Bhf.**	*dt.*	Bahnhof **станция**
BfAI	*(BRD)*	Bundesstelle für Außenhandelsinformation **Федеральное ведомство**

1	2	3
		министерства экономики ФРГ по внешнеэкономической информации
bfn	*dt.*	brutto für netto брутто за нетто
BFS	*(BRD)*	Bundesanstalt für Flugsicherung **Федеральное ведомство по обеспечению безопасности полетов**
BGA	*(BRD)*	Bundesverbände des Deutschen Groß- und Außenhandels **Федеральные союзы оптовой и розничной торговлей Германии**
BGB	*(BRD)*	Bürgerliches Gesetzbuch **Гражданский кодекс (ГК)**
BGBl.	*(BRD)*	Bundesgesetzblatt **Федеральный вестник законов**
BGL	*(BRD)*	Bundesverband Güterkraftverkehr, Logistik und Entsorgung **Федеральный союз автомобильных грузовых перевозок, логистики и перевозок по устранению отходов**
BIC	*frz.* Bureau International des Containers	Internationales Containerzentrum **Международное бюро по контейнерам**
BIMCO	*eng.* Baltic and International Maritime Commission	Internationale nichtstaatliche Organisation von Reedern, Maklern, Schifffahrtsvereinigungen und Fachverbänden **Прибалтийская и международная морская комиссия**
BinSchG *od.* **BinnSchG**	*(BRD)*	Binnenschifffahrtsgesetz **Закон о судоходстве по внутренним водным путям**
BIP	*dt.*	Bruttoinlandsprodukt **валовый внутренний продукт**
B/L *od.* **BL**	*eng.* Bill of Lading	Seefrachtbrief, Konnossement **<бортовой> коносамент**
BMfV	*(BRD)*	Beförderungsbedingungen für den Möbelfernverkehr **условия перевозки мебели на дальние расстояния**
BMV	*(BRD)*	Bundesministerium für Verkehr **Федеральное министерство транспорта**

1	*2*	*3*
BMV	*(BRD)*	Bundesminister für Verkehr **Федеральный министр транспорта**
BMWi	*(BRD)*	Bundesministerium für Wirtschaft **Федеральное министерство экономики**
BO	*(BRD)*	Betriebsordnung **правила эксплуатации**
BöB	*(BRD)*	Bundesverband öffentlicher Binnenhäfen **Федеральный союз общественных внутренних портов**
br.	*dt.*	Bruttogewicht **вес брутто**
BRT	*dt.*	Bruttoregistertonne **брутто-регистровая тонна**
Brtkm	*dt.*	Bruttotonnenkilometer **брутто-тонно-километр**
BRVS	*dt.*	Bahnrollfuhr-Versicherungsschein **страховое свидетельство на перевозку железнодорожного груза автотранспортом <железной дороги>**
BRZ	*dt.*	Bruttoraumzahl **брутто-регистровая единица**
BSH	*(BRD)*	Bundesamt für Seeschifffahrt und Hydrographie **Федеральное ведомство морского судоходства и гидрографии**
BSL	*(BRD)*	Bundesverband Spedition und Lagerei **Федеральный союз экспедиции и складирования**
BStBl.	*(BRD)*	Bundessteuerblatt **Федеральный вестник налоговых положений**
Bstg.	*dt.*	Bahnsteig **<пассажирская> платформа, перрон**
BVdM	*(BRD)*	Bundesverband der Motorradfahrer **Федеральный союз мотоциклистов**
BVF	*(BRD)*	Bundesvereinigung der Fahrlehrerverbände **Федеральная ассоциация союзов инструктор по вождению**
BVUT	*(BRD)*	Bundesverband der Unternehmer in den Transportsystemdiensten **Федеральный союз**

_1_	_2_	_3_
		предпринимателей, предоставляющих транспортно-логистические услуги
BWV	_(BRD)_	Bundesverband Werkverkehr und Verlader **Федеральный союз перевозок грузов транспортными средствами предприятий и отправителей**
BZG	_(BRD)_	Bundeszentralgenossenschaft Straßenverkehr **Федеральное центральное товарищество автодорожного транспорта**
BZP	_(BRD)_	Bundes-Zentralverband der deutschen Verkehrsunternehmer mit PKW **Федерация союзов германских транспортников с легковым автомобилем**
BZP	_(BRD)_	Bundes-Zentralverband Personenverkehr, Taxi- und Mietwagen e.V. **Федерация союзов таксомоторных предприятий и компаний, сдающих в аренду автомобили**

C

_1_	_2_	_3_
C	_eng._ container	Container **контейнер**
ca. _od._ **cca**	_dt._	circa **около, приблизительно**
CAA	_eng._ Civil Aviation Authority	Zivile Luftfahrtbehörde **Ведомство гражданской авиации**
CAACE	_frz._ Comité des Associations d'Armateurs des Communautés Eurpéennes	Interessenvertretung der in EU-Mitgliedstaaten ansässigen Reeder **Объединение ассоциаций судовладельцев, зарегистрированных в странах ЕС**
c.a.d. _od._ **cad**	_eng._ cash against documents	Kasse gegen Dokumente **платеж наличными против <товарораспорядительных> документов**

1	*2*	*3*
c.a.f. *od.* **caf**	*eng.* cost and freight	Kosten und Fracht **стоимость и фрахт (каф)**
CAN	*eng.* Customs Article Number	Zollnummer **таможенный код** **<экспортируемого> товара**
CASS	*eng.* Cargo Agency Settlement System	Frachtabrechnungssystem zwischen Frachtagenten und Carriern **система проведения расчетов** **между фрахтовыми агентами и** **фрахтовщиками**
CATPCE	*frz.* Comité d` Action des Transports Publiques des Communautés Européennes	Internationale Interessenvereinigung der europäischen Unternehmen des öffentlichen Personennahverkehrs **Международное объединение** **европейских предприятий** **городского транспорта**
c.b.d. *od.* **cbd**	*eng.* cash before delivery	Vorauskasse **предоплата,** **платеж наличными до сдачи** **товара**
Cbf.	*dt.*	Containerbahnhof **контейнерная станция**
c&c	cash and carry	Abholgroßhandel **покупка товара за наличные с** **доставкой своим транспортом**
CCC	*eng.* Customs Cooperation Council	EU-Ausschuss für die Zusammenarbeit im Zollwesen **Кооперационный совет ЕС по** **таможенныйм делам**
CCI	*frz.* Chambre de Commerce International	Internationale Handelskammer **Международная торговая палата** **(МТП)**
CCR	*frz.* Commission Centrale Pour la Navigation du Rhin	Zentralkommission für die Rheinschifffahrt **Центральная комиссия по** **судоходству по реке Рейн**
CCT	*eng.* Common Customs Tariff	Gemeinsamer Zolltarif **общий таможенный тариф**
C.D.	*frz.* Commission Danube	Donaukommission **Дунайская комиссия**
CEH	*frz.* Conférence Européenne des Horaires des Trains de Voyageurs	Europäische Fahrplankonferenz **Европейская конференция по** **расписаниям движения** **пассажирских поездов**
CEMT	*frz.* Conférence Européenne des	Europäische Verkehrsminister-Konferenz der OECD

1	2	3
	Ministres des Transports	**Европейская конференция министров транспорта**
C/F	*eng.* Carriage Forward	unfrei **<фрахт> не оплачен, <фрахт> подлежит оплате грузополучателем**
CF *od.* **CFR**	*eng.* Carriage Free	frachtfrei **фрахт уплачен**
c.&f. *od.* **cf**	*eng.* cost and freight	Kosten und Fracht **стоимость и фрахт (каф)**
Cfh.	*dt.*	Containerflughafen **контейнерный терминал в аэропорту**
CFS	*eng.* Container Freight Station	Containerbahnhof **контейнерная грузовая станция**
Chf.	*dt.*	Containerhafen **контейнерный порт**
C/I	*eng.* Certificate of Insurance	Versicherungsschein (-police) **страховой сертификат (полис)**
c.i. *od.* **ci**	*eng.* cost and insurance	Kosten und Versicherung **стоимость и страхование**
CIF *od.* **c.i.f.** *od.* **cif**	*eng.* cost, insurance, freight	Kosten, Versicherung und Fracht **стоимость, страхование и фрахт**
c.i.f.&c. *od.* **cifc**	*eng.* cost, insurance, freight and commission	Kosten, Versicherung, Fracht und Provision **стоимость, страхование, фрахт и комиссионные**
c.i.f.c.&i. *od.* **cifci**	*eng.* cost, insurance, freight, commission and interest	Kosten, Versicherung, Fracht, Provision und Kreditkosten **стоимость, страхование, фрахт, комиссионные и банковский процент**
CIM	*frz.* Convention Internationale concernant le Transport des Marchandises par Chemin de Fer	Internationales Übereinkommen über den Eisenbahnfrachtverkehr **Международное соглашение (-ая конвенция) по железнодорожным грузовым перевозкам**
c.i.p. *od.* **cip**	*eng.* carriage and insurance paid	Fracht und Versicherung bezahlt **фрахт и страхование оплачены**
CIR	*eng.* Computer Integrated Railroading	Computergestütztes Betriebsleitsystem der Eisenbahn **компьютеризированная система управления железной дорогой**
CIR-ELKE	*(BRD)*	Computergestütztes Betriebsleitsystem zur Erhöhung der Leistungsfähigkeit

1	*2*	*3*
		im Kernnetz **компьютеризированная система управления железной дорогой в целях повышения пропускной способности высоко нагруженных магистралей**
CIT	*frz.* Comité International des Transports Ferroviaires	Internationales Eisenbahnkomitee **Международный комитет железнодорожного транспорта (МКЖТ)**
CIV	*frz.* Convention Internationale concernant le Transport des Voyageurs et des Bagages par Chemins de Fer	Abkommen über den Internationalen Eisenbahn-Personen- und Gepäckverkehr **Соглашение по международным железнодорожным пассажирским и багажным сообщениям**
c.l.	*eng.* car load	Wagenladung **погрузка полного грузовика**
cld	*eng.* cleared through customs	zollamtlich abgefertigt (behandelt) **очищен/а/о/ы от таможенных пошлин**
CLECAT	*frz.* Comité de Liaison Européenne des Commissionnaires et Auxiliaires de Transport du Marché Commun	Europäischer Verband der nationalen Speditionsverbände **Европейское объединение национальных экспедиторских ассоциаций**
CMI	*frz.* Comité Maritime International	Internationales Seeschifffahrtskomitee **Международный комитет по вопросам морского права и судоходства**
CMR	*frz.* Convention Relative au Contrat de Transport International de Marchandises par la Route	Übereinkommen über den Beförderungsvertrag im internationalen Straßengüterverkehr **Конвенция о договоре международной дорожной перевозки грузов**
c/n	*eng.* cover note	Covernote, Deckungszusage **ковернот**
COD *od.* **c.o.d.** *od.* **cod**	*eng.* cash on delivery	Zahlung bei Lieferung **платеж при поставке**
COM-Papier	*eng.* Community customs document	EU-Einheitspapier *(für Exporte und Importe innerhalb der Union)* **унифицированный таможенный документ для осуществления**

1	*2*	*3*
		экспортно-импортных сделок внутри ЕС
COMPASS	*dt.*	Computerorientierte Methode für Planung und Ablaufsteuerung im Seehafen **компьютеризированный метод планирования и управления процессами в морских портах**
c.o.s. *od.* **cos**	*eng.* cash on shipment	Zahlung bei Verschiffung **платеж наличными при погрузке груза <на борт судна>**
COTIF	*frz.* Convention relative aux Transports Internationaux Ferroviaires	Übereinkommen über den internationalen Eisenbahnverkehr **Соглашение о международном грузовом железнодорожном сообщении (о международных железнодорожных грузовых перевозках)**
C/P *od.* **c./p.**	*eng.* charter-party	Charterpartie (-vertrag) **чартер-партия, договор о фрахтовании судна**
CP *od.* **c.p.** *od.* **cp**	*eng.* carriage paid	Fracht bezahlt **фрахт за перевозку оплачен**
c.p.d. *od.* **cpd**	*eng.* charterer pays duties	Frachtführer (Charterer) zahlt Zoll **фрахтовщик платит пошлину**
CPT	*eng.* Carriage Paid To	frei Frachtführer bis ... **фрахт оплачен до ...**
C/R	*eng.* Carriers Risk	Risiko des Spediteurs **риск экспедитора**
CRN	*eng.* Customs Registration Number	Zollregistriernummer **таможенный код**
CRS	*eng.* Computerized Reservation System	computergestütztes Reservierungssystem **компьютеризированная система бронирования мест**
Cst.	*dt.*	Containerstandplatz **контейнерная площадка**
C.T.C.	*eng.* Centralised Traffic Control	Zentrale Verkehrsüberwachung **диспетчерская централизация**
CTD	*eng.* Combined Transport Document	Dokument des kombinierten Güterverkehrs **документ комбинированных (смешанных) грузовых перевозок**
CTO	*eng.* Combined Transport Operator	Unternehmer des kombinierten Güterverkehrs **оператор смешанных перевозок**

1	*2*	*3*
CTS	*dt.*	Containertransportsystem **система контейнерных перевозок**

D

1	*2*	*3*
D/A	*dt.*	Dokumente anbei **документы приложены**
D/A	*eng.* Delivering against Acceptance	Dokumente gegen Akzept **товарораспорядительные документы против акцепта**
D/A	*eng.* Days after Acceptance	... Tage nach Akzeptannahme **столько-то дней после принятия акцепта**
daf	*eng.* delivered at frontier	geliefert frei Grenze **франко граинца**
DARA	*(BRD)*	Deutsche Agentur für Raumfahrtangelegenheiten **Германское агенство по космическим делам**
DARAG	*(BRD)*	Deutsche Auslands- und Rückversicherungsaktiengesellschaft **Германское акционерное общество страхования и перестрахования внешнеторговых грузов**
DASA	*dt.*	Deutsche Aerospace AG **Германское акционерное общество авиационной и космической промышленности**
DAV	*(BRD)*	Deutsche Außenhandels- und Verkehrsakademie **Германская академия внешней торговли и транспорта**
D/B	*eng.* Documentary Bill	Dokumententratte **документированная (документарная) тратта**
DB AG	*(BRD, früher* Deutsche Bundesbahn)	Deutsche Bahn AG **Германских Железных Дороги АО**
DBP	*(BRD)*	Deutsche Bundespost **Германская федеральная почта**
DBR	*(BRD)*	Deutsche Binnenreederei **Германское внутреннее судоходство (пароходство)**

1	*2*	*3*
d/d	*eng.* days after date	in ... Tagen **через ... дней от сего числа**
d/d *od.* **dd**	*eng.* delivered	geliefert **доставлен/а/о/ы**
d.d. *od.* **dd**	*eng.* dangerous deck	gefährliche Deckfracht **опасный груз, погружаемый только на палубу**
DDP *od.* **ddp**	*eng.* delivered duty paid	geliefert und verzollt **доставлен/а/о/ы и пошлина уплачена**
DDU *od.* **ddu**	*eng.* delivered duty unpaid	geliefert und unverzollt **доставлен/а/о/ы и пошлина не уплачена**
DEGT	*(BRD)*	Deutscher Eisenbahn-Güter- und Tiertarif **Германский железнодорожный тариф на перевозку грузов и скота**
DEPT	*(BRD)*	Deutscher Eisenbahn-Personen-Gepäck- und Expressguttarif **Германский железнодорожный тариф на перевозку пассажиров, багажа и срочных грузов**
des	*eng.* delivered ex ship	geliefert frei Schiff **франко судно**
d.f. *od.* **df**	*eng.* dead freight	Totfracht **мертвый фрахт**
DFI	*dt.*	Dynamische Fahrgastinformation **динамическая система предоставления информации пассажирам о транспортной обстановке**
DFP *od.* **dfp**	*eng.* duty free port	zollfreier Hafen **свободный <от таможенной пошлины> порт**
DFS	*(BRD)*	Deutsche Flugsicherung GmbH **Германское общество обеспечения безопасности полетов мбХ**
dft	*eng.* draft	gezogener Wechsel **сумма, полученная по тратте**
DFÜ	*dt.*	Datenfernübertragung **электронная передача данных**
DGCA	*eng.* Director General of Civil Aviation	Generaldirektor der Assoziation für Zivilluftfahrt **Генеральный директор ассоциации гражданской авиации**

1	*2*	*3*
DGebrZT	*(BRD)*	Deutscher Gebrauchszolltarif **Германский таможенный тариф** **на потребительские товары**
DGLR	*(BRD)*	Deutsche Gesellschaft für Luft- und Raumfahrt e.V. **Германское общество по** **авиацинной и космической** **отраслям**
DGM	*(BRD)*	Deutsche Gesellschaft für Mittelstandsberatung **Германское общество по** **консультированию средних** **предприятий**
DGR	*eng.* Dangerous Goods Regulations	Gefahrgutvorschriften **Правила перевозки опасного груза**
DIHT	*(BRD)*	Deutscher Industrie- und Handelstag **Германский конгресс торгово-** **промышленных палат**
DIN	*(BRD)*	Deutsche Industrienorm **Германский промышленный** **стандарт (ГОСТ)**
DIPS	*dt.*	Dynamisches Integriertes Parkraum- System **Динамическая интегрированная** **система пользования площадью** **для стоянки автомобилей**
DISK	*dt.*	Dispositions- und Informationssystem für Umschlagbahnhöfe des Kombinierten Verkehrs **Компьютеризированная** **диспетчерская и информационная** **система для перегрузочных** **станций в рамках смешанных** **(комбинированных) грузовых** **перевозок**
DKS	*(BRD)*	Deutsche Kraftwagenspedition **Германская автотранспортная** **грузовая экспедиция**
DLH AG	*(BRD)*	Deutsche Lufthansa AG **Акционерное общество** **германской авиакомпании** **«Луфтганза»**
d.l.o.	*eng.* dispatch loading only	Eilgeld nur bei schnellem Beladen **прибавка платится только за** **ускоренную погрузку**

1	*2*	*3*
DLR	*(BRD)*	Deutsche Forschungsanstalt für Luft- und Raumfahrt **Германский научно-исследовательский центр авиацинной и космической отраслей**
D/O	*eng.* Delivery Order	Lieferauftrag (-schein) **ордер на поставку, деливери-ордер**
DOCIMEL	*frz.* Document CIM Electronique	elektronischer Frachtbrief im Eisenbahngüterverkehr **электронная железнодорожная грузовая накладная**
DOT	*eng.* Department of Transport	Verkehrsbehörde (-abteilung) **транспортное ведомство, отдел транспорта**
D/P *od.* **d/p**	*eng.* documents against payment	Kasse gegen Dokumente **<товарораспорядительные> документы против наличных**
DRV	*(BRD)*	Deutscher Reisebüro-Verband **Германское объединение туристических агентств**
DSR	*(BRD)*	Deutsche Seereederei **Германское морское пароходство (судоходство)**
DSVK	*(BRD)*	Deutsches Seeverladerkomitee **Германский комитет отправителей морского фрахта**
dt	*lat.* dedit	bezahlt **оплачен/а/о/ы**
DTG	*(BRD)*	Deutsche Transportgenossenschaft Binnenschifffahrt **Германское транспортное товарищество внутреннего пароходства**
DTV	*(BRD)*	Deutscher Transportversichererverband **Германский союз страховщиков грузов**
DTV	*dt.*	durchschnittliche tägliche Verkehrsmenge **среднесуточный транспортный поток**
DUSS	*(BRD)*	Deutsche Umschlaggesellschaft Schiene-Straße **Германское общество перегрузки грузов с железной дороги на автотранспорт и наоборот**

1	*2*	*3*
DVKB	*(BRD)*	Deutsche Verkehrs-Kreditbank **Германский банк кредитования** **транспортных операций**
DVR	*(BRD)*	Deutscher Verkehrssicherheitsrat **Германский совет безопасности** **движения**
D/W	*eng.* Dock Warrant	Docklagerschein **доковый варрант**
d.w.	*eng.* deadweight	Tragfähigkeit eines Schiffes **дедвейт, польная** **грузоподъемность судна**
Dz.	*dt.*	Doppelzentner *(100 kg)* **двойной (метрический) центнер**

E

1	*2*	*3*
EAN	*dt.*	Europäische Artikelnummer **Европейский товарный код**
EANPG	*eng.* European Air Navigation Planning Group	Europäische Planungsgruppe für Flugnavigation **Европейская группа** **планирования воздушной** **навигации**
EASC	*eng.* European Air Shipper's Council	Internationale Interessenvertretung der Luftfrachtverlader **Международный совет** **европейских авиационных** **экспедиторов**
EATCHIP	*eng.* European Air Traffic Control Harmonization and Integration Programme	Programm zur Vereinheitlichung der Flugsicherung in Europa **Европейская программа по** **унификации стандартов** **безопасности полетов**
EATCOS	*eng.* European Air Traffic Control System	Europäisches Luftverkehrskontrollsystem **Европейская система контроля за** **воздушным транспортом**
EB	*dt.*	Einfuhrbewilligung **разрешение на ввоз**
EBO	*(BRD)*	Eisenbahnbau- und Betriebsordnung **Правила строительства и** **эксплуатации железных дорог**

1	2	3
EBRD	_eng._ European Bank for Reconstruction and Development	Europäische Bank für Wiederaufbau und Entwicklung **Европейский банк реконструкции и развития (ЕБРР)**
ECAC	_eng._ European Civil Aviation Conference	Europäische Zivilluftfahrtkonferenz **Европейская конференция гражданской авиации**
ECATRA	_eng._ European Car and Truck Rental Association	Europäische Interessenvertretung der PKW- und LKW-Vermieter **Европейская ассоциация компаний, сдающих в аренду легковые и грузовые автомобили**
ECE	_eng._ United Nations Economic Commission for Europe	Europäische Wirtschaftskommission der Vereinten Nationen **Экономическая комиссия ООН для Европы (ЭКЕ)**
ECITO	_eng._ European Central Inland Transport Organisation	Zentralbüro für den europäischen Inlandverkehr **Центральная организация внутриевропейских перевозок**
ECU	_eng._ European Currency Unit	Europäische Währungseinheit **Европейский валютный союз**
EDIFACT	_eng._ Electronic Data Interchange for Administration, Commerce and Transport	branchenübergreifendes Regelwerk für den elektronischen Geschäftsverkehr in Verwaltung, Handel und Verkehr **Межотраслевая компьютеризированная система обработки деловой корреспонденции (переписки)**
EDIFOR	_eng._ Electronic Data Interchange Forwarding	Regelwerk der Speditionsverbände Deutschlands, Österreichs und der Schweiz zum elektronischen Geschäftsverkehr **Правила пользования компьютеризированной системой обработки деловой корреспонденции (переписки) эеспедиторскими фирмами Германии, Австрии и Швейцарии**
EE	_dt._	Einfuhrerklärung **импортная декларация**
EEC	_eng._ European Economic Community	Europäische Wirtschaftsgemeinschaft **Европейское экономическое сообщество**
EFSTU	_dt._	Europäische Fluss- und Seetransport-Union

1	2	3
		Европейский союз комбинированных речных и морских перевозок
EFTA	*eng.* European Free Trade Association	Europäische Freihandelsassoziation **Европейская ассоциация свободной торговли (ЕАСТ)**
EG	*dt.*	Europäische Gemeinschaft **Европейское Сообщество (ЕС)**
EH	*dt.*	Einzelhandel **розничная торговля**
EIB	*dt.*	Europäische Investitionsbank **Европейский инвестиционный банк**
E/L	*(BRD)*	Exportlizenz **экспортная лицензия**
EMS	*eng.* Emergency Schedule	Notfallplan **план обращения с опасным грузом в экстренном случае**
EN	*dt.*	Europäische Norm **Европейский стандарт**
ENeuoG	*(BRD)*	Eisenbahn-Neuordnungsgesetz **Закон о реструктуризации Германских железных дорог**
EPP	*dt.*	Europäischer Palettenpool **Общий европейский парк европоддонов**
ER	*dt.*	Einheitliche Rechtsvorschriften für den Vertrag über die internationale Beförderung von Gütern per Bahn **Общие правовые предписания по соглашению о международном грузовом железнодорожном сообщении**
ERA	*eng.* European Regional Airlines Organisation	Europäische Organisation der im Regionalluftverkehr tätigen Luftverkehrsunternehmen **Европейская ассоциация авиационных предприятий местных перевозок**
ERF	*eng.* European Road Federation	Europäischer Straßenverband **Европейская федерация дорог**
ERTICO	*eng.* European Road Transport Telematics Implementation Co-ordination Organization	Europäische Telematikorganisation für intelligente Transportsysteme **Трансевропейская организация телематики**

1	2	3
ESA	*eng.* European Space Agency	Europäische Weltraumbehörde **Европейское космическое агентство**
ESO	*nl.* Europese Schippersorganisatie	Europäische Schifferorganisation **Европейская организация шипчандлеров**
ESO	*dt.*	Eisenbahnsignalordnung **инструкция по сигнализации на железных дорогах**
ESTA	*eng.* European Security Transport Association	Europäische Vereinigung für Geldtransporte **Европейская ассоциация перевозок денег и ценностей**
ESTI	*eng.* European Society of Transport Institutes	Europäische Gesellschaft der Verkehrsinstitute **Европейская ассоциация институтов транспорта**
ETCS	*eng.* European Train Control System	Europäisches Signal- und Zugsicherungssystem **Европейская система сигнализации и управления транспортными потоками на железных дорогах**
ETKN	*(BRD)*	Erweiterte Tarifkommission für den allgemeinen Güternahverkehr **Расширенная тарифная комиссия по ближним грузовым перевозкам**
ETKS	*(BRD)*	Erweiterte Tarifkommission für den Speditionsnahverkehr **Расширенная тарифная комиссия по близким экспедиторским автодорожным перевозкам**
ETT	*(BRD)*	Einheitlicher Transittarif **единый транзитный тариф**
EU	*eng.* European Union	Europäische Union **Европейский союз (ЕС)**
EURACA	*eng.* European Air Carrier Association	Vereinigung der europäischen Charterfluggesellschaften **Объединение европейских чартерных авиакомпаний**
EUROP	*frz.* Communauté Européenne des Wagons à Marchandises	Europäisches Übereinkommen über die gemeinschaftliche Nutzung von Güterwagen **Европейское соглашение о совместном использовании товарных вагонов**

1	*2*	*3*
EUSt.	*dt.*	Einfuhrumsatzsteuer **налог с оборота импорта**
EVO	*(BRD)*	Eisenbahn-Verkehrsordnung **Правила <коммерческой> эксплуатации железной дороги**
EWR	*dt.*	Europäischer Wirtschaftsraum **Европейское экономическое пространство**
EWS	*dt.*	Europäisches Währungssystem **Европейская валютная система**
ExQ	*eng.* delivered ex quay	Lieferung ab (frei) Kai **поставка франко причал**
ExS	*eng.* delivered ex ship	Lieferung ab (frei) Schiff **поставка франко судно**
ExW	*eng.* delivered ex works	Lieferung ab (frei) Werk **поставка франко завод**
EZO	*(BRD)*	Eisenbahn-Zollordnung **Железнодорожный таможенный устав**

F

1	*2*	*3*
FAA	*eng. (USA)* Federal Aviation Administration	Nationale Luftfahrtbehörde **Федеральная авиационная администрация**
f.a.a. *od.* **faa**	*eng.* free of all average	*(Schiff.)* frei von jeder Beschädigung **свободно от всякого повреждения**
FAQ *od.* **f.a.q.** *od.* **faq**	*eng.* free alongside quay	frachtfrei Längsseite Kai **<поставка> франко вдоль набережной**
FAS *od.* **f.a.s.** *od.* **fas**	*eng.* free alongside ship	frachtfrei Längsseite Schiff **<поставка> франко вдоль борта судна (ФАС)**
FATUREC	*eng.* Federation of Air Transport Users in the European Community	Vereinigung der Luftfrachtbeförderer in der Europäischen Union **Федерация авиаперевозчиков в Европейском союзе**
FB	*dt.*	Frachtbrief, *(See.)* Konnossement **накладная,** *(See.)* **коносамент**
FBL	*eng.* Forwarders (Combined) Transport Bill of Lading	Kombinierter Frachtbrief (Transportschein) **комбинированный транспортный**

1	2	3
		документ, комбинированная транспортная накладная
Fca *od.* **fca**	*eng.* free carrier	frei Frachtführer, *(Flug.)* frei Carrier **франко-перевозчик (фрахтовщик)**
FCL	*eng.* Full Container Load	Containerkomplettladung **полная погрузка контейнера; партия товара, полностью заполняющая контейнер**
Fco	*eng.*	franko **франко, свободный от расходов**
FCR	*eng.* Forwarders Certificate of Receipt	Internationale Spediteurübernahmebescheinigung **экспедиторское свидетельство о приемке (принятии) груза**
FCT	*eng.* forwarders certificate of transport	Internationaler Transport-Speditionsschein **экспедиционное свидететельство о транспортировке груза**
F/D	*eng.* free dock	frei Dock **франко док**
f.d.	*eng.* free discharge	freies Entladen **свободная выгрузка <груза>**
f.d. *od.* **fd**	*eng.* free delivery	freie Lieferung **свободная доставка**
FEDEMAC	*frz.* Fédération des Entreprises des Déménageurs du Marché Commun	Europäischer Verband der Möbelspediteure **Европейская ассоциация перевозчиков мебели**
FET	*eng.* Far East Time	fernöstliche Zeit (Pazifik-Zeit) **дальневосточное время**
FGSV	*(BRD)*	Forschungsgesellschaft für Straßen- und Verkehrswesen **Научно-исследовательский институт планирования, строительства и эксплуатации дорог**
f.i. *od.* **fi**	*eng.* free in	Beladung (Befrachtung) zahlt Befrachter **погрузка оплачивается фрахтователем**
FIA	*frz.* Fédération Internationale de l` Automobile	Internationale Automobilvereinigung **Международная федерация производителей автомобилей**
FIATA	*frz.* Fédération Internationale des	Weltverband der nationalen Speditionsverbände

1	2	3
	Associations Transitaires et Assimilés	**Международная федерация национальных транспортно-экспедиторских ассоциаций (ФИАТА)**
FIATA FWR	*eng.* FIATA Forwarders Warehouse Receipt	Spediteurlagerschein eines FIATA-Mitgliedes **складское свидетельство (-ой варрант) экспедитора, являющегося членом ФИАТА**
FIDI	*frz.* Fédération Internationale des Déménageurs Internationaux	Weltverband der Möbelspediteure **Международная ассоциация перевозчиков мебели**
f.i.o. *od.* **fio**	*eng.* free in and out	Beladung (Befrachtung) und Entladung zahlt Befrachter **погрузка и выгрузка оплачиваются фрахтователем**
f.i.o.s. *od.* **fios**	*eng.* free in and out and stowed	Beladung (Befrachtung), Entladung und Stauen zahlt Befrachter **погрузка, выгрузка и укладка груза в трюме <судна> оплачиваются фрахтователем**
FIR	*eng.* Flight Information Region	Fluginformationsgebiet **зона предоставления летной информацией**
FIS	*dt.*	Frachtinformationssystem **информационная радиолокационная система для наблюдения за прохождением груза**
FITAP	*frz.* Fédération Internationale des Transports Aériens Privés	Internationale Vereinigung der unabhängigen Kraftverkehrsunternehmen **Международная федерация независимых автотранспортных предприятий**
Fkm	*eng.* Flight kilometres	Flugkilometer **километр полета**
FL	*eng.* Flight Level	Flughöhe <als Luftdruckangabe> **высота полета**
FOA *od.* **f.o.a.** *od.* **foa**	*eng.* free on aircraft	frachtfrei Flugzeug **франко-самолет**
FOB *od.* **f.o.b.** *od.* **fob**	*eng.* free on board	frachtfrei an Bord des Schiffes, Lieferung frei Bord **<поставка> франко борт судна, свободно на борту судна (фоб)**

1	2	3
FOB/FOB *od.* **f.o.b./f.o.b.** *od.* **fob/fob**	*eng.* free on board/free of board	frachtfrei an/von Bord <des Schiffes> **с погрузкой на борт судна и разгрузкой с борта судна**
F.O.C.	*eng.* Free Of Claims	frei von Reklamationen **свободно от претензий**
FOC *od.* **f.o.c.** *od.* **foc**	*eng.* free of charge	kostenlos, entgeltfrei, gebührenfrei **бесплатно**
FOD *od.* **f.o.d.** *od.* **fod**	*eng.* free of damage	frei von Beschädigungen **свободно от повреждения**
FOQ *od.* **f.o.q.** *od.* **foq**	*eng.* free on quay	frei Kai **франко-пристань**
FOR *od.* **f.o.r.** *od.* **for**	*eng.* free on rail	frei Bahnstation (Eisenbahnwaggon) **франко-погрузочная платформа (фор)**
FOS *od.* **f.o.s.** *od.* **fos**	*eng.* free on ship	frei Schiff **франко-судно**
FOT *od.* **f.o.t.** *od.* **fot**	*eng.* free on truck	frei LKW **франко-грузовик (фот)**
FOW *od.* **f.o.w.** *od.* **fow**	*eng.* free on wagon	frei Güterwagen **франко-вагон**
f.p.a. *od.* **fpa**	*eng.* free of particular average	frei von Teilbeschädigung **свободный/ая/ое/ые от частной аварии**
fr	*dt.*	Franko **франко**
frfr	*dt.*	frachtfrei **франко-фрахт (~-провоз), провоз оплачен**
frt	*eng.* freight	Fracht **фрахт**
frt fwd	*eng.* freight forward	Fracht bezahlt Empfänger **фрахт оплачивается грузополучателем**
Frto	*dt.*	Frachttonne **фрахтовая тонна**
frt ppd	*eng.* freight prepaid	Fracht im voraus bezahlt **фрахт оплачивается вперед**
FStrAbG	*(BRD)*	Fernstraßenausbaugesetz **Федеральный закон о расширении автомагистралей**
FStrÄndG	*(BRD)*	Fernstraßenänderungsgesetz **Федеральный закон об изменении статуса автомагистралей**

1	*2*	*3*
FStrG	*(BRD)*	Bundesfernstraßengesetz **Закон о строительстве и содержании федеральных дорог**
FstrPriv FinG	*(BRD)*	Gesetz über den Bau und die Finanzierung von Bundesfernstraßen durch Private **Федеральный закон о строительстве и финансировании дорог федерального назначения частными инвесторами**
F/T	*dt.*	Frachttonne **фрахтовая тонна**
FV	*(BRD)*	Fahrdienstvorschriften **Инструкция по движению поездов**
Fz	*dt.*	Fahrzeug\<einheit\> **единица подвижного состава**

G

1	*2*	*3*
G-7	*dt.*	Gruppe der sieben stärksten Industrienationen der Welt **Большая семерка**
GATT	*eng.* General Agreement on Tariffs and Trade	Allgemeines Zoll- und Handelsabkommen **Генеральное соглашение по таможенным тарифам и торговле**
GAV	*dt.*	Güterabfertigungsvorschriften **Правила оформления грузов при отправлении**
GBhf. *od.* **Gbf.**	*dt.*	Güterbahnhof **товарная станция**
g.b.o.	*eng.* goods in bad order	Güter in schlechtem Zustand **товары в плохом состоянии**
GBV	*dt.*	Güterbeförderungsvorschriften **Правила перевозки грузов**
GbV	*(BRD)*	Gefahrgutbeauftragtenverordnung **Постановление о деятельности уполномоченного на осуществление перевозок опасного груза**

1	2	3
GBVEis.	*(BRD)*	Güterbeförderungsordnung Eisenbahn **Правила перевозок грузов по железной дороге**
GBZ	*dt.*	garantierte Beförderungszeit **гарантированный срок поставки**
GdED	*(BRD)*	Gewerkschaft der Eisenbahner Deutschlands **Профессиональный союз железнодорожных работников Германии**
GDL	*(BRD)*	Gewerkschaft Deutscher Lokomotivführer und Anwärter **Профессиональный союз машинистов локомотива и помощников машинистов**
GfN	*(BRD)*	Gesellschaft für Nebenbetriebe der Bundesautobahnen mbH **Общество вспомогательных предприятий, обслуживающих федеральные автострады мбХ**
GFT	*(BRD)*	Tarif für den Güterfernverkehr mit Kraftfahrzeugen **тариф на дальние грузовые перевозки автотранспортом**
GGAV	*(BRD)*	Gefahrgut-Ausnahmeverordnung **Особые положения о перевозке опасного груза**
GGBefG	*(BRD)*	Gesetz über die Beförderung gefährlicher Güter **Закон о перевозке опасного груза**
GGKontrollV	*(BRD)*	Gefahrgut-Kontrollverordnung **Постановление о надзоре над перевозками опасного груза**
GGKostV	*(BRD)*	Gefahrgut-Kostenverordnung **Постановление о стоимости мероприятий по перевозке опасного груза**
GGVBinSch	*(BRD)*	Gefahrgutverordnung Binnenschifffahrt **Положение о перевозке опасного груза внутренним водным транспортом**
GGVE *od.* **GGVEis**	*(BRD)*	Gefahrgutverordnung Eisenbahn **Положение о перевозке опасного груза железнодорожным транспортом**

1	*2*	*3*
GGVS *od.* **GGVStr**	*(BRD)*	Gefahrgutverordnung Straße Положение о перевозке опасного груза автомобильным (автодорожным) транспортом
GGVSee	*(BRD)*	Gefahrgutverordnung Seeschifffahrt Положение о перевозке опасного груза морским транспортом
GH	*dt.*	Großhandel оптовая торговля
GHS	*eng.* Global Harmonized System	Gemeinschaftliches Harmonisiertes System <der EU> Номенклатура гармонизированной системы (НГС)
GKT	*(BRD)*	Güterkraftverkehrstarif тариф на автотранспортные грузовые перевозки
GKV	*(BRD)*	Güterkraftverkehr автомобильные грузовые перевозки
GLT	*eng.* Guided Light Transit	spurgeführter Bus вид автобуса городского транспорта, преобразуемый в рельсовое транспортное средство наподобие трамвая
GLZ	*dt.*	Großraumlastzug автопоезд большой грузовместимости
GmbH	*(BRD)*	Gesellschaft mit beschränkter Haftung Общество с ограниченной ответственностью
GNT	*dt.*	Güternahverkehrstarif тариф на ближние грузовые перевозки автотранспортом
g.r.t.	*eng.* gross registered ton	Bruttoregistertonne брутто-регистровая тонна
gr.wt.	*eng.* gross weight	Bruttogewicht вес брутто
g.s.w.	*eng.* gross shipping weight	Bruttogewicht bei Beladung (Befrachtung) eines Schiffes вес брутто при погрузке судна
g.t.	*eng.* gross terms	Reeder trägt Kosten für Laden und Löschen des Schiffes погрузка и разгрузка судна производится за счет судоходной компании

_1_	_2_	_3_
g.t.d.	_eng._ gross ton displacement	Bruttoraumzahl **брутто-регистровая единица**
GüKG	_(BRD)_	Güterkraftverkehrsgesetz **Закон об автомобильных грузовых перевозках**
GüKUMT	_(BRD)_	Güterkraftverkehrstarif für den Umzugsverkehr und die Beförderung von Handelsmöbeln in besonders für die Möbelbeförderung eingerichteten Transportmitteln **тариф на перевозки мебели в специализированных грузовых автомобилях**
GVE	_dt._	Güterfernverkehrsentgelte **ставки за дальние грузовые перевозки автотранспортом**
GVFG	_(BRD)_	Gemeindeverkehrsfinanzierungsgesetz **Закон о финансировании коммунального транспортного сектора**
GVO	_(BRD)_	Güterverkehrsordnung **правила грузового движения**
GVS	_dt._	Güterverkehrssubzentrum **районный центр (терминал) перевалки и распределения грузов**
GVV _od._ **gVV**	_dt._	gemeinschaftliches Versandverfahren der EU **Общие условия ЕС по отправке грузов**
GVZ	_dt._	Güterverkehrszentrum **центр перегрузки и распределения грузов**
GWB	_dt._	Gesetz gegen Wettbewerbsbeschränkungen **Закон против ограничения свободной конкуренции**
GZT	_dt._	Gemeinsamer Zolltarif der EU-Mitgliedsstaaten **единый (общий) таможенный тариф стран-членов ЕС**

H

1	*2*	*3*
Hbf.	*dt.*	Hauptbahnhof **главный (центральный) вокзал**
HBS	*(BRD)*	Handbuch für die Bemessung von Straßenverkehrsanlagen **Инструкция по определению сооружений автомобильного транспорта**
Hermes	*eng.* Handling through European Railways Message Electronic System	System für den transportbegleitenden und vorauseilenden Daten- und Informationsaustausch zwischen nationalen und internationalen Kunden und den Nachbarbahnen **Система предварительного транспортно-сопроводительного обмена информацией между внутренними и международными клиентами и кооперирующими железными дорогами**
Hfbf.	*dt.*	Hafenbahnhof **портовая железнодорожная станция**
H.G.	*dt.*	Handelsgericht **коммерческий суд**
HGB	*(BRD)*	Handelsgesetzbuch **Торговый кодекс**
HLZ	*dt.*	Handelslogistikzentrum **торгово-распределительный центр**
Hrst	*dt.*	Hersteller **изготовитель**
HS	*dt.*	Harmonisiertes System <der EU> **Гармонизированная система <ЕС>**
HSB	*dt.*	Hochleistungsschnellbahn **высокоскоростная железная дорога**
HSST	*eng.* High-Speed-Surface-System	Hochgeschwindigkeits-Oberflächenverkehr **система высокоскоростного наземного транспорта**
HST	*eng.* High Speed Traffic	Hochgeschwindigkeitsverkehr **высокоскоростное движение**
HZA	*dt.*	Hauptzollamt **главное таможенное управление**

I

1	2	3
IAA	*dt.*	Internationale Automobilausstellung **Международная выставка производителей автомобилей**
IACA	*eng.* International Air Carrier Association	Internationaler Dachverband der Charterfluggesellschaften **Международная ассоциация чартерных авиационных компаний**
IAPH	*eng.* International Association of Ports and Harbours	Internationale Interessenorganisation der Seehäfen **Международная ассоциация морских портов и гаваней**
IATA	*eng.* International Air Transport Association	Internationale Dachorganisation der Unternehmen des gewerblichen Luftverkehrs **Международная ассоциация эксплуатантов воздушного транспорта**
IBS	*(BRD)*	Interessengemeinschaft der Bahnspediteure **Ассоциация железнодорожных экспедиторов**
IBU	*dt.*	Internationale Binnenschifffahrts-Union **Международная ассоциация внутреннего судоходства**
IC	*(BRD)*	Intercity-Zug **междугородный <проходящий> скоростной поезд**
ICAA	*eng.* International Civil Airports Association	Internationale Vereinigung der Zivilflughäfen **Международная ассоциация гражданских аэропортов**
ICAO	*eng.* International Civil Aviation Organisation	Internationale Organisation für Zivilluftfahrt **Международная организация гражданской авиации**
I.C.C.	*eng.* Institute Cargo Clauses	Institute Cargo Clauses **Условия страхования грузов, принятые объединением лондонских страховщиков**
ICC	*eng.* International	Internationale Handelskammer

1	2	3
	Chamber of Commerce	Международная торговая палата МТП
ICC	*eng.* Intelligent Cruise Control System	Intelligentes Geschwindigkeitsregelungssystem Интеллигентная система регулирования скоростью
ICE	*(BRD)*	Intercity-Express междугородный высокоскоростной поезд
ICHCA	*eng.* International Cargo Handling Coordination Association	Internationale Koordinierungsvereinigung für Schiffsfrachten Международная ассоциация по координации морских грузовых операций
ICS	*eng.* International Chamber of Shipping	Weltverband der nationalen Reedereiverbände Международная палата судовладельческих союзов
IECC	*eng.* International Express Carriers Conference	Interessenorganisation für die Vereinfachung der Abfertigungsbedingungen für Luftfracht auf den Flughäfen Международная ассоциация по упрощению условий для ускоренной отправки аиационного груза в аэропортах
IEV	*dt.*	Internationaler Eisenbahnerverband Международный союз железнодорожников
IFALPA	*eng.* International Federation of Airline Pilots Association	Internationale Berufsvereinigung der Piloten Международная федерация летчиков авиакомпаний
IFAPA	*eng.* International Foundation of Airline Passengers' Association	Internationaler Verband der Passagiere der Luftverkehrsgesellschaften Международный фонд пассажиров авиакомпаний
IFATCA	*eng.* International Federation of Air Traffic Controllers Association	Internationale Vereinigung der Verbände des Flugsicherungspersonals Международная федерация ассоциаций авиадиспетчеров
IFR	*eng.* Instrument Flight Rules	Instrumentenflugregeln Правила проведения полета по приборам
IGT	*dt.*	Internationaler Eisenbahn-Gütertarif

1	*2*	*3*
		Международный железнодорожный грузовой тариф
IHK	*(BRD)*	Industrie- und Handelskammer **Торгово-Промышленная Палата (ТПП)**
IKE	*(BRD)*	Interkombi-Express-Zug **скоростной грузовой поезд «Интеркомби»**
ILA	*(BRD)*	Internationale Luft- und Raumfahrtausstellung **Международная авиационная и космическая выставка**
IMDG	*eng.* International Maritime Dangerous Goods Code	Internationales Gefahrgutverzeichnis für den Seeverkehr **Международный перечень опасных грузов, перевозимых морским путем**
IMMA	*eng.* International Motorcycle Manufacturers Association	Internationale Interessenvertretung der Motorradhersteller **Международная ассоциация изотовителей мотоциклов**
IMO (*ehem.* IMCO)	*eng.* International Maritime Organisation	Internationale Seeschifffahrtsorganisation der UNO **Международная организация морского судоходства ООН**
IMTS	*eng.* Intelligent Multimodal Transportation Systems	Intelligente multimodale Verkehrssysteme **Интеллигентные мултимодальные транспортные системы**
INSA	*eng.* International Shipowners' Association	Internationale Reedervereinigung **Международная ассоциация судовладельцев**
INTERCARGO	*eng.* International Association of Dry Cargo Shipowners	Internationaler Verband der Reedereien der Trockengutschifffahrt **Международная ассоциация сухогрузных судовладельческих компаний**
IOP	*dt.*	Internationale Ordnung für Privatwagen **Международный устав для частных вагонов**
IR	*(BRD)*	Interregio-Zug **межрегиональный пассажирский поезд**
IRCA	*eng.* International	Internationale Eisenbahn-

1	2	3
	Railway Congress Association	Kongressvereinigung **Международное объединение конгресса железных дорог**
IRF	*eng.* International Road Federation	Internationaler Straßenverband **Международная федерация дорог**
IRIS	*eng.* Intermodal Rail Information System	Intermodales Informationssystem im Schienenverkehr **Межмодальная информационная система в железнодорожном сообщении**
IRU	*eng.* International Road Transport Union	Weltverband der Unternehmen des Straßengüterverkehrs **Международный союз предприятий автотранспортных перевозок**
ISF	*eng.* International Shipping Federation	Weltverband der Reedereivereinigungen **Международная федерация объединений судовладельческих компаний**
ISG	*dt.*	Internationale Schlafwagengesellschaft **Международное общество спальных вагонов**
ISIS	*eng.* Integrated Road Safety Systems	Integriertes Sicherheitssystem im Straßenverkehr **Интегрированная система безопасности дорожного движения**
ISL	*(BRD)*	Institut für Seeverkehrswirtschaft und Logistik **Институт морского судоходства и логистики**
ISO	*eng.* International Standardization Organisation	Internationale Organisation für Standardisierung **Международная организация по стандартизации (МОС)**
ISR	*dt.*	Internationales Schifffahrtsregister **Международный судовой реестр**
ISS	*(BRD)*	Institut für Straßen- und Schienenverkehr **Институт дорожного и железнодорожного сообщения**
ITF	*dt.*	Internationale Transportarbeiter-Föderation **Международная Федерация работников транспортного сектора**

1	*2*	*3*
ITK	*dt.*	Internationales Transportkomitee **Международный транспортный комитет**
IST	*eng.* Intelligent Transport Systems	Intelligente Verkehrssysteme **Интеллигентные системы управления транспортом**
ITT	*eng.* International Transit Tariffs	Internationaler Transittarif **Международный транзитный тариф**
ITV	*dt.*	Internationale Tankschifffahrtsvereinigung **Международное объединение наливного судоходства**
ITVV	*dt.*	Internationaler Transport-Versicherungs-Verband **Международный союз транспортного страхования**
IUAI	*eng.* International Union of Aviation Insurers	Internationale Interessenvertretung der Flugzeugversicherungsunternehmen **Международный союз авиационного страхования**
IÜEG	*dt.*	Internationales Übereinkommen über den Eisenbahngüterverkehr **Международная конвенция о железнодорожной перевозке грузов**
IÜEP	*dt.*	Internationales Übereinkommen über den Eisenbahnpersonen- und Gepäckverkehr **Международная конвенция о железнодорожной перевозке пассажиров и багажа**
IUMI	*eng.* International Union of Marine Insurance	Internationale Vereinigung der Schifffahrtsversicherer **Международный союз морского страхования**
IVS	*dt.*	Informationsverarbeitungssystem **система электронной обработки данных**
IVT	*dt.*	Internationaler Verband der Tarifeure **Международный союз тарификаторов**
IWF	*dt.*	Internationaler Währungsfond **Международный валютный фонд**

J

1	*2*	*3*
JIT	*eng.* Just In Time	zeitnahe (zeitgenaue) Lieferung **поставка с колес**

K

1	*2*	*3*
KBA	*(BRD)*	Kraftfahrt-Bundesamt **Федеральное ведомство автодорожного транспорта**
KDS	*(BRD)*	Komitee Deutscher Seehafenspediteure **Комитет Германских морских экспедиторов**
K.F.A.	*dt.*	Kosten, Fracht, Assekuranz **стоимость, фрахт, страхование**
KFG	*(BRD)*	Gesetz über den Verkehr mit Kraftfahrzeugen **Закон об автомобильных перевозках**
Kfz.	*dt.*	Kraftfahrzeug **автомобиль**
KIS	*(BRD)*	Kosten-Informations-System **информационная система, служащая автотранспортным предприятиям ориентиром для составления калькуляций после отмены тарифов на грузовые автотранспортные перевозки**
KLV	*dt.*	Kombinierter Ladungsverkehr **смешанные (комбинированные) грузовые перевозки**
km/h	*dt.*	Kilometer pro Stunde **километры в час**
KNI	*dt.*	Kosten-Nutzen-Index **коэффициент общей экономической эффективности капитальных вложений**
Ko.	*dt.*	Konnossement **коносамент**

1	*2*	*3*
KONTIKI	*dt.*	Kontaktloses Ticketing im ÖPNV <mit Chipkarte> **система пользования общественным городским транспортом путем магнитной абонементной карточкой**
Kp	*eng.* Killed passenger	getöteter <Flug>Passagier **погибший авиапассажир**
Kpt.	*dt.*	Kapitän **капитан**
KraftStG	*(BRD)*	Kraftfahrzeugsteuergesetz **Федеральный закон о налоге на собственников автомобиля**
KRAVAG	*(BRD)*	Versicherungsverband der deutschen Kraftverkehrs-AG **Общество германских страховых компаний, страхующих автотранспортные предприятия**
Ktr.	*dt.*	Kontrolle **контроль, проверка**
Kümo	*dt.*	Küstenmotorschiff **каботажный теплоход**
KURT *(ehem. GNT)*	*(BRD)*	Kostenorientierte unverbindliche Richtpreis-Tabelle für den Güternahverkehr **информационная система, служащая автотранспортным предприятиям ориентиром для составления калькуляций после отмены тарифов на ближние грузовые автотранспортные перевозки**
KVO	*(BRD)*	Kraftverkehrsordnung **Правила движения автомобильного транспорта**
KW	*dt.*	Kilowatt **киловатт**

L

1	*2*	*3*
LASH-Carrier	*eng.* Lighter Aboard Ship	Barge-Carrier **морское судно для**

1	2	3
		комбинированных перевозок лихтеров
LBA	*(BRD)*	Luftfahrt-Bundesamt **Федеральное ведомство воздушного транспорта (гражданской авиации)**
L/C *od.* **l/c**	*eng.* Letter of Credit	Akkreditiv **аккредитив**
LCAG	*(BRD)*	Lufthansa Cargo AG **Дочерняя компания акционерного общества Луфтганза для воздушных грузовых перевозок**
LCL	*eng.* Less than Container Load	Containerteilladung **неполная погрузка контейнера; партия товара, частично заполняющая контейнер**
LCR	*eng.* Least Cost Routing	kostenoptimale Routenplanung **планирование маршрутов с оптимальным учетом стоимости**
LCTP	*eng.* Least Cost Transportation Planning	kostenoptimale Planung der Beförderung **планирование перевозок с оптимальным учетом стоимости**
LISI	*dt.*	Leit-, Informations- und Sicherungssystem <im ÖPNV> **Интегрированная информационная система управления и обеспечения безопасности городского общественного транспорта**
Lkm	*dt.*	Laufkilometer **километр пробега**
LKW	*dt.*	Lastkraftwagen **грузовой автомобиль**
LNGV	*(BRD)*	Luftfracht-Nebengebührenverzeichnis **перечень дополнительных сборов за перевозку авиационного груза**
ln.tn.	*eng.* long ton	Langtonne **длинная тонна**
LoLo	*eng.* Lift-on-Lift-off	Vertikales Be- und Entladeverfahren **вертикальная погрузка и разгрузка транспортного средства**
Lp	*dt.*	per Luftpost **авиапочтой**
LuftBO	*(BRD)*	Luftbeförderungsordnung **Постановление о перевозке**

1	2	3
		опасного груза воздушным транспортом
LuftVG *od.* **LVG**	*(BRD)*	Luftverkehrsgesetz **Федеральный закон о правилах воздушных перевозок**

M

1	2	3
MEZ	*dt.*	Mitteleuropäische Zeit **среднеевропейское время**
MFAG	*eng.* Medical First Aid Guide	Ärztlicher Leitfaden für Erste Hilfe bei Gefahrgutunfällen **Инструкция по оказанию неотложенной медицинской помощи при авариях с опасным грузом**
M/G	*dt.*	Maß/Gewicht **размер/вес**
MIB	*dt.*	Melde- und Informationssystem in der Binnenschiffahrt **информационная система внутреннего речного судоходства**
min wt	*eng.* minimum weight	Mindestgewicht **минимальный вес**
MIP	*eng.* Marine Insurance Policy	Seeversicherungspolice **полис морского страхования**
MIV	*dt.*	Motorisierter Individualverkehr **автотранспорт личного пользования**
MLS	*eng.* Microwave Landing System	Mikrowellen-Landesystem **микроволновая посадочная система**
MOEL	*dt.*	mittel- und osteuropäische Länder **страны средней и восточной Европы**
mph	*eng.* miles per hour	Meilen pro Stunde **мили в час**
MPV	*eng.* Multi-Purpose-Vehicle	Mehrzweckfahrzeug **автомобиль многоцелевого назначения**
M/R	*eng.* Mate's Receipt	Steuermannsquittung **штурманская расписка**

1	*2*	*3*
MWSt.	*dt.*	Mehrwertsteuer **налог на добавленную стоимость (НДС)**
MTOW	*eng.* Maximum Take off Weight	maximale Abflugmasse **предельный вес взлета**

N

1	*2*	*3*
n. *od.* **n.wt.**	*eng.* net weight	Nettogewicht **вес нетто, чистый вес**
NE	*(BRD)*	Nichtbundeseigene Eisenbahnen **нефедеральные (негосударственные) железные дороги**
nfo	*eng.* non free out	nicht freigemacht, Entladung zahlt Empfänger **выгрузка оплачивается получателем <товара>**
nfr	*dt.*	nicht freigemacht, Entladung zahlt Empfänger **выгрузка оплачивается получателем <товара>**
NGW	*dt.*	Nichtgemeinschaftsware **товар, происходящий из стран за пределами ЕС**
NIF	*dt.*	Nautischer Informationsfunkdienst **Информационная служба гидрографически-навигационной радиосвязи**
Nkm	*dt.*	Nutzkilometer **полезный километр**
NKW	*dt.*	Nutzkraftwagen **грузовой автомобиль, автобус, тягач**
n.n.	*dt.*	netto netto **свободно от уплаты**
n/p	*eng.* non-payment	Nicht-Zahlung **неуплата**
Nr.	*dt.*	Nummer **номер**
NRT	*dt.*	Nettoregistertonne **нетто-регистровая тонна**

1	*2*	*3*
n.r.t.	*eng.* net registered ton	Nettoregistertonne **нетто-регистровая тонна**
Ntkm	*dt.*	Nettotonnenkilometer **нетто -тонно-километр**
NRZ	*dt.*	Nettoraumzahl **нетто-регистровая единица**
n.S.	*dt.*	nach Sicht **по предъявлении**
NST	*frz.* Nomenclature uniforme des Marchandises pour les Statistiques de Transport	Einheitliches Güterverzeichnis für die Verkehrsstatistik <der EU> **Единая система классификации и кодирования грузов по видам, степени распространения и условиям перевозки**
Ntzl.	*dt.*	Nutzlast **полезный груз**
NVE	*dt.*	Nummer der Versandeinheit **цифровой код отгрузочной единицы**
NVOCC	*am.* Non-Vessel Owning Common Carrier	Seehafenspediteur **экспедитор морского порта**
NVP	*(BRD)*	Nahverkehrspreisordnung **правила установления тарифов на местные перевозки**
NZA	*dt.*	Nebenzollamt **дополнительная таможня**

O

1	*2*	*3*
O.C.	*eng.* open charter	offener Charter (Generalcharter) **открытый чартер**
OCR	*eng.* Organisation of Railway Cooperation	Organisation der Eisenbahnverwaltungen der Staatshandelsländer **Организация сотрудничества управлений железных дорог стран с монополизированной внешней торговлей**
OCTI	*frz.* Office Central des Transports Internationaux par	Zentralamt für den internationalen Eisenbahnverkehr **Центральное управление**

1	*2*	*3*
	Chemins de fer	международного железнодорожного сообщения
o.d.	*eng.* on deck	an Deck погрузка на палубу, перевозка на палубе
OECD	*eng.* Organisation for Economic Cooperation and Development	Organisation für wirtschaftliche Zusammenarbeit und Entwicklung **Организация экономического сотрудничества и развития**
OEZ	*dt.*	Osteuropäische Zeit **восточноевропейское время**
OITAF	*ital.* Organizzazione Internazionale dei Trasporti a Fune	Internationale Organisation für das Seilbahnwesen **Международная организация перевозок фуникулером**
ÖPNV	*(BRD)*	Öffentlicher Personennahverkehr **общественный городской (пассажирский) транспорт**
o.r.	*eng.* on railway	per Bahn **железной дорогой**
o.t.	*eng.* on truck	per LKW **грузовым автомобилем**
o.t./o.r.	*eng.* on truck or railway	per LKW oder Bahn **грузовым автомобилем или железной дорогой**
OTIF	*frz.* Organisation Intergouvernemental pour les Transports Internationaux Ferroviaires	Zwischenstaatliche Organisation für den internationalen Eisenbahnverkehr **Межгосударственная организация международного железнодорожного сообщения**
OZL	*dt.*	Offenes Zolllager **открытый таможенный склад**

P

1	*2*	*3*
p.a.	*eng.* particular average	partikuläre (besondere) Seehavarie **частная <морская> авария**
PbefG	*(BRD)*	Personenbeförderungsgesetz **Закон о перевозке пассажиров на общественном городском транспорте**

1	*2*	*3*
Pbhf. *od.* **Pbf.**	*dt.*	Personenbahnhof **пассажирский вокзал**
PBO	*dt.*	Personenbeförderungsordnung **порядок осуществления пассажирских перевозок**
PGT	*eng.* Passenger and Goods Transport	Personen- und Güterverkehr **пассажирский и грузовой транспорт**
PGV	*dt.*	Privatgüterwagenvorschriften **Инструкции по эксплуатации частновладельческих грузовых вагонов**
PIANC	*eng.* Permanent International Association of Navigation Congresses	Internationaler Ständiger Verband der Schifffahrtskongresse **Постоянный международный союз конгрессов судоходных компаний**
PIARC	*eng.* Permanent International Association of Road Congresses	Internationaler Ständiger Verband der Straßenkongresse **Международный союз автомобильного транспорта**
PIM	*frz.* Prescriptions Internationales Marchandises	Vorschriften für den internationalen Güterverkehr **Инструкция по международным грузовым перевозкам**
Pkm	*dt.*	Personenkilometer **пассажирокилометр**
PKW	*dt.*	Personenkraftwagen **легковый автомобиль**
Plkm	*dt.*	Platzkilometer **местокилометр**
P.o.D.	*eng.* Payable on Delivery	Zahlung bei Lieferung <der Ware> **подлежащий оплате по поставке**
P.o.R.	*eng.* Payable on Receipt	Zahlung bei Empfang <der Ware> **подлежащий оплате по получении**
ppd	*eng.* prepaid	Zahlung im voraus (im voraus bezahlt) **оплачен/а/о/ы вперед**
P+R	*eng.* Park and Ride	Parken und Reisen **припарковка частного автомобиля на специальных стоянках на окраине города и продолжение езды на городском транспорте**
PS	*dt.*	Pferdestärke **лошадиная сила (л.с.)**

R

1	*2*	*3*
RBL	*dt.*	Rechnergestütztes Betriebsleitsystem **компьютеризированная система управления железнодорожными транспортными потоками**
RDS–TMC	*eng.* Radio Data System - Traffic Message Channel	Spezielles Verkehrsinformationsfunksystem **система радиопередачи информации об актуальной транспортной обстановке**
RIC	*ital.* Regolamento Internazionale Carrozze	Internationales Übereinkommen über die gemeinsame Nutzung von Personen-und Gepäckwagen **Международное соглашение о взаимном пользовании пассажирскими и багажными вагонами**
RID	*frz.* Règlement International concernant le Transport des Marchandises Dangereuses par Chemin de Fer	Europäisches Übereinkommen über die internationale Beförderung gefährlicher Güter auf der Schiene **Европейское соглашение о международной перевозке опасного груза железной дорогой**
RIEx	*ital.* Regolamento Internazionale per il transporto dei colli espressi	Internationales Übereinkommen über die Beförderung von Expressgut <per Bahn> **Международное соглашение о <железнодорожной> перевозке срочного груза**
RIP	*frz.* Règlement International concernant le Transport des Wagons de Particuliers	Internationales Übereinkommen über die Nutzung von Privatwagen **Международное соглашение об эксплуатации частновладельческих вагонов**
RIV	*ital.* Regolamento Internazionale per Veicoli	Internationaler Güterwagenverband **Международн ое соглашение о взаимном пользовании товарными вагонами**
RoLa	*dt.*	Rollende Landstraße **контрейлерные перевозки**
RoRo	*eng.* Roll-on-Roll-off	Horizontales Be- und Entladeverfahren **горизонтальная погрузка и**

1	2	3
		разгрузка транспортного средства
RT	_dt._	Registertonne **регистровая тонна**
RVS	_dt._	Rollfuhrversicherungsschein **автогружевой страховой полис <на перевозимый груз>**
RZÜ	_dt._	Rechnergestützte Zugüberwachung **компьютеризированная система управления поездами**

S

1	2	3
SCS	_eng. Stop Control System_	Antiblockiersystem **антиблокировочная тормозная система**
SDR	_eng._ Special Drawing Rights	Sonderziehungsrechte **специальные права заимствования (СПЗ)**
SDT	_eng._ Shippers Declaration for the Transport of Dangerous Goods	Gefahrgutdeklaration des Seehafenspediteurs **декларация экспедитора морского порта об опасном грузе**
SeeSchStrO	_dt._	Seeschifffahrtsstraßenordnung **Правила плавания по морским путям**
S.F.A.	_eng._ Shipping and Forwarding Agent	Schiffsmakler und -spediteur **судовой маклер и экспедитор**
S.F.O.	_dt._	Seefrachtordnung **положение о морской перевозке**
SG _od._ sg.	_dt._	Schnellgut **срочный груз**
SGKV	_(BRD)_	Studiengesellschaft für den Kombinierten Verkehr e.V. **Общество изучения проблем комбинированных <смешанных> перевозок**
SGV	_dt._	Schienengüterverkehr **железнодорожный грузовой транспорт**
sh.tn.	_eng._ short ton	Kurztonne **короткая тонна**

1	*2*	*3*
SIFA	*dt.*	Sicherheitsfahrschaltung **автостоп**
SIGITTO	*eng.* Society of International Gas Tanker and Terminal Operators	Internationale Interessenvertretung der Gastankschiff- und Terminalbetreiber **Международная ассоциация операторов газовозных-наливных судов и терминалов**
SIS	*dt.*	Schengener Informationssystem **Шенгенская информационная система**
SITC	*eng.* Standard of International Trade Classification	Internationales Warenverzeichnis für den Außenhandel **Международная стандартная торговая классификация (МСТК)**
SMGS	*russ.*	Abkommen ehemaliger RGW-Staaten über den internationalen Eisenbahngüterverkehr **Соглашение о международном железнодорожном грузовом сообщении**
SMPS	*russ.*	Abkommen ehemaliger RGW-Staaten über den internationalen Eisenbahnpersonenverkehr **Соглашение о международном железнодорожном пассажирском сообщении**
S.p.d.	*eng.* Steamer pays duties	Schiffsführer zahlt alle Gebühren **судоводитель оплачивает все сборы**
SPFV	*dt.*	Schienenpersonenfernverkehr **дальние пассажирские железнодорожные перевозки**
SPNV	*dt.*	Schienenpersonennahverkehr **ближние (пригородные, региональные) пассажирские железнодорожные перевозки**
SST	*dt.*	Seehafen-Speditions-Tarife **экспедиторские тарифы, принятые в морских портах**
Strabag	*(BRD)*	Straßenbenutzungsabgabe **дорожный сбор за пользование транспортной инфраструктурой**
Strabag	*(BRD)*	Deutsche Straßenbau-AG **Германское акционерное общество дорожного строительства**

1	2	3
Strkm	*dt.*	Streckenkilometer **километр эксплуатационный длины**
StTK	*(BRD)*	Ständige Tarifkommission **постоянная тарифная комиссия**
StVO	*dt.*	Straßenverkehrsordnung **правила дорожного движения**
StVZO	*(BRD)*	Straßenverkehrszulassungsordnung **Положение о выдаче прав водителям автомобилей и о допуске транспортного средства к эксплуатации**
SVG	*(BRD)*	Straßenverkehrsgenossenschaft **Товарищество предприятий автодорожного транспорта**
SVS	*dt.*	Speditionsversicherungsschein **страховое <экспедиторское> свидетельство на перевозимый груз**
SZM	*dt.*	Sattelzugmaschine **седельный тягач**
SZR	*dt.*	Sonderziehungsrechte **специальные права заимствования (СПЗ)**

T

1	2	3
t	*dt.*	Tonne **тонна**
TACT	*eng.* The Air Cargo Tariff	Internationaler Luftfrachttarif **Международные положения о фрахтовой ставке на воздушные грузовые перевозки**
TARIC	*eng.* Tariffs of Integrated Customs	Integrierter Zolltarif der EU **единый (унифицированный) таможенный тариф стран ЕС**
TAufhG	*(BRD)*	Tarifaufhebungsgesetz **Закон об устранении твердых тарифов на грузовые перевозки**
TCS	*eng.* Terminal Control System	Terminalkontrollsystem **система надзора над эксплуатацией терминалов**

1	*2*	*3*
TCS	*eng.* Traffic Control System	Verkehrskontrollsystem **система надзора над движением транспорта**
TCS	*eng.* Train Coupling and -Sharing	Automatische Zugbildung und -trennung **автоматическое формирование и разделение поездов**
TDI	*dt.*	Turbodiesel-Direkteinspritzer **дизельный двигатель с непосредственным впрыскиванием топлива и газотурбинным наддувом**
tdw	*eng.* tons deadweight	Deadweight-Tonne **тонна-дедвейт**
TE	*dt.*	Internationale Konferenz für die Technische Einheit im Eisenbahnwesen **Международная конференция по единым железнодорожным техническим стандартам**
TEE	*eng.* Trans-Europe Express	Transeuropa-Express im Reiseverkehr **Трансевропейский пассажирский поезд-экспресс**
TEEM	*eng.* Trans Europe Express Merchandises	Transeuropa-Express im Eilgüterverkehr **Трансевропейский грузовой поезд большой скорости**
TEFT	*eng.* Trans-Euro-Freight-Train	Transeuropa-Express im Eilgüterverkehr **Трансевропейский грузовой поезд большой скорости**
TEN	*eng.* Trans-European Network	Transeuropäische Verkehrsnetze **трансевропейские транспортные сети**
TEU	*eng.* Twenty foot Equivalent Unit	20-Fuß-Container-Einheit **двадцатифутовая эквивалентная единица**
TFG	*(BRD)*	Transfracht Deutsche Transport-Gesellschaft mbH **Германское транспортное общество с ограниченной ответственностью**
TGV	*frz.* Train à Grande Vitesse	Hochgeschwindigkeitszug der französischen Eisenbahn **высокоскоростной пассажирский поезд французских железных дорог**

1	*2*	*3*
T.I.C.	*frz.* Tarif International à Coupons	Internationaler Personenverkehrstarif **Международный пассажирский тариф**
TIEx	*frz.* Tarif Commune International des Colis Express par Chemins de Fer	Internationaler Einheitstarif für die Expressgutbeförderung **Единый тариф международных железнодорожных перевозок экспресс-грузов**
TIR	*frz.* Transport International Routier	vereinfachtes internationales Zollgutverfahren für Warentransporte ohne Umladung **упрощенный режим таможенной очистки международных товарных перевозок <по определенным автострадам>**
TKF	*(BRD)*	Tarifkommission für den allgemeinen Güterfernverkehr **Тарифная комиссия по общим дальним грузовым перевозкам**
Tkm	*dt.*	Tarifkilometer **тарифо-километр**
Tkm	*dt.*	Trassenkilometer **трассо-километр**
tkm	*dt.*	Tonnenkilometer **тонно-километр**
t/km	*dt.*	Tonne pro Kilometer **тонна на один километр**
TKN	*(BRD)*	Tarifkommission für den allgemeinen Güternahverkehr **Тарифная комиссия по общим ближним грузовым перевозкам**
TKS	*(BRD)*	Tarifkommission für den Speditionsnahverkehr **Тарифная комиссия по близким экспедиторским перевозкам**
TL	*dt.*	Technische Lieferbedingungen **технические условия поставки**
TMC	*eng.* Traffic Message Channel	Verkehrsinformationsfunkdienst **радиоканал для передачи информации об актуальной транспортной обстановке**
TO	*dt.*	Tara-Ordnung **Порядок использования тары**
TO	*dt.*	Tarifordnung **тарифная инструкция**

1	*2*	*3*
TPS	*dt.*	Trassenpreissystem **система установления стоимости** **перевозки в зависимости от** **категории трасс**
TRG	*(BRD)*	Transportrechtsänderungsgesetz **Закон об изменении** **транспортного права**
Trgf.	*dt.*	Tragfähigkeit **грузоподъемность,** **полезная нагрузка**
TS	*dt.*	Transportschiff **транспротное судно**
Tt	*dt.*	Tariftonne **тарифная тонна**
Ttkm	*dt.*	Tariftonnenkilometer **тарифо-тонно-километр**
TTS	*eng.* Tele Travel System	Telematiksystem für die automatische Beobachtung des Verkehrsverhaltens **Система телематики для** **автоматического наблюдения** **транспортной обстановки**
TÜV	*(BRD)*	Technischer Überwachungsverein **Общество технического надзора** **<Германии>**
TVA	*dt.*	Tarif- und Verkehrsanzeiger **тарифо-маршрутный указатель**
TVO	*(BRD)*	Tarifvertragsordnung **Правила применения соглашения** **о провозных тарифах**

U

1	*2*	*3*
UDS	*dt.*	Unfalldatenschreiber **устройство регистрации данных о** **ДТП**
UIAT	*frz.* Union Internationale d` Assurances Transports	Internationaler Verband der Transportversicherer **Международный союз** **страховщиков перевозок**
UIC	*frz.* Union Internationale des Chemins de fer	Internationaler Eisenbahnverband **Международный союз железных** **дорог (МСЖД)**

1	*2*	*3*
UICR	*frz.* Union Internationale des Chauffeurs Routiers	Internationaler Verband der Berufskraftfahrer **Международный союз профессиональных водителей**
UINF	*frz.* Union Internationale de la Navigation Fluviale	Internationale Binnenschifffahrtsunion **Международный союз речных пароходств**
UIP	*frz.* Union Internationale d` Associations des Propriétaires des Wagons Particuliers	Internationale Union von Verbänden der Privatgüterwagenbesitzer **Международная ассоциация частных владельцев товарных вагонов**
UIRR	*frz.* Union Internationale des Transporteurs Combinés Rail-Route	Internationaler Verband für den Kombinierten Verkehr Schiene-Straße **Международный союз компаний комбинированных (смешанных) перевозок**
UITP	*frz.* Union Internationale des Transports Publiques	Internationaler Verband für öffentliches Verkehrswesen **Международный союз европейских предприятий общественного транспорта**
ULD	*eng.* Unit Load Device	Vollautomatisches Hochregallager **полностью автоматизированный склад с высокими стеллажами**
UMVS	*dt.*	Universal-Möbel-Versicherungsschein **универсальное страховое свидетельство на перевозку мебели автотранспортом**
UNIFE	*frz.* Union des Industries Ferroviaires Européennes	Union der europäischen Eisenbahnindustrien **Союз предприятий европейской железнодорожной промышленности**
URF	*frz.* Union des Services Routiers des Chemins de fer Européennes	Verband der Straßenverkehrsdienste der Europäischen Eisenbahnen **Союз автотранспортных предприятий европейских железных дорог**
USt.	*dt.*	Umsatzsteuer **налог с оборота**
UVP	*dt.*	Umweltverträglichkeitsprüfung **проверка соотвествия проектов с экологическими и правовыми нормами**

1	*2*	*3*
UT	*eng.* Universal Time	Greenwich-Zeit **мировое время,** **время по Гринвичу**
UT	*frz.* Confèrence Internationale pour l' Unitè Technique des Chemins de Fer	Internationale Konferenz für Technische Standards im Eisenbahnwesen **Международная конференция по единым железнодорожным техническим стандартам**
UWG	*dt.*	Gesetz gegen den unlauteren Wettbewerb **Закон против недобросовестной конкуренции**

V

1	*2*	*3*
VBhf. *od.* **Vbf.**	*dt.*	Verschiebebahnhof **сортировочная станция**
VBS	*dt.*	Verkehrsbegleitungssystem **система постоянного наблюдения за движением транспорта**
VCD	*(BRD)*	Verkehrsclub Deutschland **Общественная организация, занимающаяся вопросами развития транспорта**
VDA	*(BRD)*	Verband der Automobilindustrie **Союз автомобильной промышленности**
VDBO	*(BRD)*	Verband der Deutschen Bahnindustrie **Союз германской железнодорожной промышленности**
VDF	*(BRD)*	Verband Deutscher Flugleiter **Союз германских авиационных диспетчеров**
VDK	*(BRD)*	Verband Deutscher Küstenschiffseigner **Союз германских владельцев каботажных судов**
VDKS	*(BRD)*	Verband Deutscher Kapitäne und Schiffsoffiziere

1	2	3
		Союз германских капитанов и судовых офицеров
VDLM	*(BRD)*	Verein Deutscher Luftfrachtmakler **Союз германских авиационных брокеров**
VDMA	*(BRD)*	Verband Deutscher Maschinen- und Anlagenbau **Союз германской машиностроительной промышленности**
VDNE	*(BRD)*	Verband Deutscher Nichtbundeseigener Eisenbahnen **Союз германских нефедеральных (негосударственных) железных дорог**
VDR	*(BRD)*	Verband deutscher Reeder **Союз германских судовладельцев**
VdTÜV	*(BRD)*	Vereinigung der Technischen Überwachungsvereine e.V. **Ассоциация обществ технического надзора <Германии>**
VDV	*(BRD)*	Verband deutscher Verkehrsunternehmen **Союз германских транспортных предприятий**
VE	*dt.*	Verrechnungseinheit **расчетная единица**
VFM	*(BRD)*	Verband der Fahrrad- und Motorradindustrie **Союз германских изготовителей велосипедов и мотоциклов**
VFR	*eng.* Visual Flight Rules	Sichtflugregeln **Правила проведения полета по видимости**
VKS	*(BRD)*	Vereinigung deutscher Kraftwagenspediteure **Объединение германских грузовых автодорожных экспедиторов**
VMK	*(BRD)*	Konferenz der Verkehrsminister und -senatoren der Länder **Конференция министров и сенаторов транспорта Федеральных земель Германии**
VNE	*(BRD)*	Verband Nichtbundeseigener Eisenbahnen

1	2	3
		Союз негосударственных железных дорог
VO	*dt.*	Verordnung **постановление**
VO	*dt.*	Verkehrsordnung **порядок движения**
VÖB	*(BRD)*	Verband Öffentlicher Binnenhäfen **Союз общественных внутренних портов**
VÖV	*(BRD)*	Verband Öffentlicher Verkehrsbetriebe **Союз германских предприятий общественного транспорта**
VTG	*(BRD)*	Verband des Tanklagergewerbes **Союз коммерческих предприятий-нефтебаз**
VuB	*dt.*	Verbote und Beschränkungen <im Warenverkehr> **запреты и ограничения в движении товаров**
VÜG	*dt.*	Vereins-Übereinkommen über den Eisenbahngüterverkehr **Соглашение о международных железнодорожных грузовых перевозках**
VÜP	*dt.*	Vereins-Übereinkommen über den Eisenbahnpersonen- und Gepäckverkehr **Соглашение о международных железнодорожных пассажирских перевозках и перевозках багажа**
VZ	*dt.*	Vorauszahlung **аванс, авансовый платеж**

W

1	2	3
WA *od.* **WAK**	*dt.*	Warschauer <Luftverkehrs>Abkommen **Варшавское Соглашение**
WATS	*eng.* World Air Transport Statistics	Weltluftverkehrsstatistik **Мировая статистика воздушного транспорта**

1	2	3
WAV	*dt.*	Werbe- und Abfertigungsvergütung **Плата за рекламу и отправку груза (товара)**
W/B *od.* **W.B.**	*eng.* Way Bill	Eisenbahn-Frachtbrief **железнодорожная транспортная накладная**
WBS	*dt.*	Warenbegleitschein **товаросопроводительный документ**
WBV	*dt.*	Wagenbehandlungsvorschriften **Инструкция по обработке вагонов <на станционных путях>**
WEAA	*eng.* Western European Airport Association	Interessenverband westeuropäischer Flughäfen **Ассоциация западноевропейских аэропортов**
WGK	*dt.*	Wassergefährdungsklasse <im Gefahrgutverkehr> **класс опасности загрязнения воды вследствие аварии с опасным грузом**
Wkm	*dt.*	Wagenkilometer **вагоно-километр**
W/M	*eng.* Weight or Measurement	Gewichts- oder Maßfracht **исчисление фрахта по весу или размеру**
W/R	*eng.* Warehouse Receipt	Lagerschein **складское свидетельство**
W/W	*eng.* Warehouse Warrant	Warrant **складской варрант**
WSD	*(BRD)*	Wasser- und Schifffahrtsdirektion **Федеральное ведомство по речным и внутренним судоходным сообщениям**
WTO	*eng.* World Trade Organisation	Welthandelsorganisation **Международная торговая организация**
WÜST	*dt.*	Wagenübergabestelle **пункт передачи вагонов <на подъездные пути>, выставочный путь**
WÜV	*dt.*	Wagenübergabevorschrift **Инструкция по передаче вагонов**
WVB	*dt.*	Warenverkehrsbescheinigung **транспортный (отгрузочный) документ**

Z

1	2	3
ZA	*dt.*	Zollamt **таможня, таможенное управление**
ZabfO	*dt.*	Zollabfertigungsordnung **порядок очистки от таможенных пошлин**
ZABhf.	*dt.*	Zollamt am Bahnhof **привокзальная таможня, отделение таможни на железнодорожной станции**
ZASt.	*dt.*	Zollaufsichtstelle **пункт таможенного досмотра**
ZAV	*(BRD)*	Zentrale Arbeitsgemeinschaft des Verkehrsgewerbes **Центральное объединение транспортно-экспедиционных организаций**
ZBP	*dt.*	Zugbildungsplan **план формирования поездов**
ZF	*dt.*	Zentrale Frachtberechnung **центральный фрахтовый расчет**
ZFD	*dt.*	Zollfahndungsdienst **таможенная <противоконтрабандная> служба**
Z.G.	*dt.*	Zollgewicht **таможенный вес**
Z.G. *od.* **ZG**	*dt.*	Zollgesetz **таможенный устав, таможенные правила**
zGG	*dt.*	zulässiges Gesamtgewicht **допустимая полная масса**
Z.I. *od.* **ZI**	*dt.*	Zollinhaltserklärung **грузовая таможенная декларация (ГТД)**
Zkm	*dt.*	Zugkilometer **поездо-километр**
ZKR	*(BRD)*	Zentralkommission für die Rheinschifffahrt **Центральная комиссия по судоходству по реке Рейн**
ZL	*dt.*	Zolllager **таможенный склад**

1	*2*	*3*
ZNA	*dt.*	Zollabfertigung nach Aufzeichnung **оформление таможенных** **формальностей по документам**
ZNG	*dt.*	Zollabfertigung nach Gestellungsbefreiung **оформление таможенных** **формальностей после** **освобождения от обязанности** **предъявления <товара> к** **досмотру**
ZNV	*dt.*	Zollabfertigung nach vereinfachter Anmeldung **оформление таможенных** **формальностей по упрощенной** **схеме**
ZO	*dt.*	Zollordnung **таможенная инструкция**
ZollDA	*dt.*	Zolldienstanweisung **инструкция таможенной службы**
ZpktK	*dt.*	Zollpaketkarte **таможенная декларация на** **посылку**
ZT	*dt.*	Zolltarif **таможенный тариф**
ZTG	*dt.*	Zolltarifgesetz **Закон о таможенном тарифе,** **таможенные тарифные правила**
ZWA	*dt.*	Zollwertanmeldung **таможенная декларация о** **стоимости товара**
ZWVO	*dt.*	Zollwertverordnung **Поставновление Европейского** **союза о таможенной стоимости** **товара**
ZZ	*dt.*	Zeitzone **пояс времени**
zZG	*dt.*	zulässiges Zuggewicht **допустимая полная масса** **автопоезда**

GLOSSAR

A

Abfertigungsspediteur 1. Spediteur, der im Auftrage des *Versenders* einer Sendung (oder eines anderen Spediteurs) die zu befördernden Güter bei seinem Auftraggeber abholt, um ihre weitere Beförderung zu besorgen (z.B., um sie dem *Frachtführer* zu übergeben). **2.** LKW-Spediteur, der nicht über eigene Fahrzeuge verfügt bzw. dessen Fahrzeugpark ausgelastet ist und der deshalb andere Transportunternehmer oder Spediteurskollegen mit eigenem Fahrzeugpark mit der Bereitstellung von Laderaum für die Beförderung beauftragt.

Экспедитор-отправитель 1. экспедитор, который по поручению *грузоотправителя* (или другого экспедитора) забирает перевозимые грузы в целях обеспечения их перевозки (например, для передачи грузов *фрахтовщику*). **2.** автодорожный экспедитор, который не обладает собственным подвижным составом, либо подвижной состав которого загружен и который поэтому поручает обеспечение транспортной мощности для перевозки грузов другому фрахтовщику или автодорожному экспедитору с собственными транспортными средствами.

Ablader Vom *Befrachter* beauftragter Seehafenspediteur, der die mit der Anlieferung der Güter an das Seeschiff verbundenen Arbeiten erledigt. Der A. ist am Frachtvertrag beteiligt und tritt in unmittelbare Rechtsbeziehung zum *Verfrachter*, indem er die Interessen des Befrachters gegenüber dem Verfrachter wahrnimmt und im Namen des Befrachters bestimmte Rechte ausüben kann.

Выгрузчик уполномоченный *перевозчиком* (фрахтователем) морской экспедитор, исполняющий все операции, которые связаны с доставкой грузов к морскому судну. Выгрузчик участвует в договоре фрахтования и вступает в прямые правовые отношения с *фрахтовщиком* путем представления интересов фрахтователя в отношении фрахтовщика. Он наделен определенными правами действовать от имени фрахтователя.

Ablieferungshindernisse sind dann gegeben, wenn der *Frachtführer* aus bestimmten Gründen nicht in der Lage ist, der Erfüllung des Frachtvertrages nachzukommen und die ihm vom Absender übertragene Fracht beim Empfänger abzuliefern. Solche Gründe können u.a. sein: **a)** der Empfänger ist wegen Verzugs, wegen unrichtiger, unvollständiger Anschrift oder aus anderen Gründen nicht zu ermitteln, **b)** der Empfänger verweigert die Annahme, **c)** der Empfänger löst den Frachtbrief nicht innerhalb der festgesetzten Frist ein, **d)** es treten sonstige A. ein. In den genannten Fällen hat der Frachtführer den Absender unverzüglich zu benachrichtigen und weitere Anweisungen einzuholen.

Препятствия в доставке грузов - причины, вследствие которых *перевозчик* (фрахтовщик) оказывается не в состоянии выполнить свои обязательства по договору фрахтования и не может доставить грузополучателю переданный ему грузоотправителем груз. Такие причины могут быть: **а)** невозможность определения грузополучателя из-за его переезда на другое место, либо неправильно указанного почтового адреса, либо по другим причинам, **б)** грузополучатель отказывается от приема груза, **в)** грузополучатель невовремя выполняет свои обязательства по транспортной накладной, **г)** прочие препятствия в доставке грузов. В случае возникновения выше указанных препятствий перевозчик (фрахтовщик) обязан немедленно обратиться к грузоотправителю, чтобы сообщить ему о случившемся и получить от него дополнительные указания.

Absender von Gütern ist der *Spediteur* als Auftraggeber des *Frachtführers* laut *Frachtvertrag*. Auf der Grundlage eines mit einem *Versender* geschlossenen *Speditionsvertrags* beauftragt der Spediteur ein Güterbeförderungsunternehmen (d.h. einen Frachtführer) mit der Durchführung der Güterbeförderung vom Versender zum Empfänger.

Отправитель грузов - это *экспедитор* как заказчик перевозчика (фрахтователя) согласно *договору фрахтования*. На основе заключенного с *грузоотправителем экспедиторского договора* экспедитор поручает транспортному предприятию (т.е. фрахтователю) осуществление перевозки грузов от грузоотправителя к грузополучателю.

Agglomerationsräume Urbane Ballungsgebiete mit einer hohen Konzentration und Verflechtung von Wirtschafts-, Individual- und öffentlichem Personenverkehr.

Городские территории скопления населения Территории с большой степенью концентрации и переплетения хозяйственного, индивидуального и общественного городского транспорта.

Als-ob-Tarif Tarifarische Maßnahme der Eisenbahn zur Verhinderung des Wettbewerbs durch konkurrierende Verkehrsträger. Meist Ausnahmetarife, die die Beförderungspreise gewährleisten, "als ob" nur ein Kanal vorhanden oder "als ob" eine andere Situation gegeben wäre, die preisgünstigere Transportmöglichkeiten garantieren würde.

«Как будто»-тариф - инструмент формирования железнодорожных тарифов в целях предотвращения конкуренции между разными носителями транспорта. Как правило речь идет об исключительных тарифах, обеспечивающих определенный уровень стоимости перевозок «как будто» существовал бы лишь один способ перевозки или «как будто» ситуация на рынке была бы такова, что она гарантировала бы более выгодные по стоимости альтернативы перевозки грузов.

Anmeldepflicht Unternehmer des Güternah- und Güterfernverkehrs, des Umzugsverkehrs und die Abfertigungsspediteure haben ihre Unternehmen bei der Bundesanstalt für Güterfernverkehr (BAG) anzumelden.

Обязанность к регистрации - деятельность предпринимателей, перевозящих грузы (или мебель) на короткие и длинные дистанции, а также деятельность экспедиторов-отправителей подлежит регистрации в Федеральном ведомстве дальних грузовых перевозок.

Autoreisezug („Rollende Raststätte") Eisenbahnzug, der die Beförderung von Personenkraftwagen auf besonders dafür hergerichteten Waggons mit der Beförderung der dazugehörigen Personen in Reisezugwagen kombiniert. A. kommen fast ausschließlich auf langen Verkehrsrelationen zum Einsatz. Sie verbinden die Vorteilhaftigkeit des schnellen und nicht staubehinderten Verkehrs auf der Schiene zwischen Knotenpunkten mit der Flexibilität des PKW am Zielort. Die Verbreitung des A. scheitert in der Regel an den vergleichsweise hohen Kosten der Zugbeförderung.

Поезд для автотуристов - железнодорожный поезд, позволяющий осуществить комбинированную перевозку легковых автомобилей в специально обустроенных вагонах и их пассажиров в пассажирских вагонах. Поезда для автотуристов используются прежде всего на дальних расстояниях. Их преимущество заключается в сочетании быстрого (беспрепятственного) передвижения с подвижностью пассажиров на месте назначения, благодаря наличию собственного автомобиля. Более широкому распространению поездов для автотуристов препятствует сравнительно большая стоимость перевозок автомобилей поездом.

B

Bahnamtliche Rollfuhr Zustellung der von der Eisenbahn zu entladenden Stückgüter durch bahnamtliche Rollfuhrunternehmen. Auch An- und Abfuhr von *Wagenladungsgütern*, Spediteursammelgut, leeren Behältern u.ä. Rollfuhrunternehmen sind Erfüllungsgehilfen der Bahn nach den Bestimmungen des Rollfuhrvertrages, die Haftung liegt bei der Eisenbahn.

Доставка железнодорожного груза автотранспортом - доставка выгружаемых за счет железной дорогой штучных грузов грузополучателю, а также подвоз и вывоз *повагонных грузов*, порожней тары и сборных грузов экспедиторов при помощи принадлежащих железной дороге автотранспортных предприятий, согласно условиям договора о доставке железнодорожного груза автотранспортом. Материальную ответственность за груз несет железная дорога.

Bahncard Preispolitisches Instrument der DB AG zur Erhöhung der Attraktivität des Schienenpersonenverkehrs. Das Angebot richtet sich vor allem an Vielfahrer. Mit dem Erwerb einer Bahncard wird dem Inhaber für die Dauer eines Jahres ein Preisnachlass (zurzeit 50% auf den Normaltarif) gewährt.

Железнодорожный билет «Банкарт» - инструмент Германских железных дорог (DB AG) для формирования тарифов в области железнодорожных пассажирских перевозок. Предложенный билет предназначен для тех пассажиров, которые много ездят поездом. Приобретая «Банкарт», владельцу предоставляется скидка (в данный момент в размере 50% от общего тарифа) в течение одного года.

Bahnstrukturreform (Gesetz in Kraft seit 1.1.94; vgl. *Vermarktung freier Trassen*) - Überführung der ehemals staatlichen Bahn in Deutschland in ihren wesentlichen Teilen in die privatrechtliche Rechtsform einer Aktiengesellschaft bei gleichzeitiger Befreiung von den Altschulden. Wesentliche Bestandteile der Reform sind: Privatisierung, Entschuldung, Trennung der Transportaufgaben von den hoheitlichen Aufgaben und Regionalisierung, Trennung in Fahrweg und Betrieb (mit den Betriebsarten: Güterverkehr, Personenfernverkehr, Personennahverkehr). Damit können auch Dritte Schienenverkehrsleistungen anbieten und dafür das Schienennetz der DB AG gegen Entgelt nutzen.

Реформа по реструктуризации Германских железных дорог (закон вступил в силу в 01.01.1994г.; ср. *коммерческое использование недогруженных трасс*) - реформирование бывших государственных железных дорог в Германии в компанию, имеющую частноправовую форму акционерного общества при одновременном освобождении от уплаты раньше накопленных долгов. Основными составляющими реформы являются: приватизация, снятие долгов, разграничение задач по обеспечению перевозок от задач публичной власти, регионализация, а также разграничение железнодорожной сети от эксплуатации железной дороги (создавая следующие подразделения: грузовые железнодорожные перевозки, пассажирские железнодорожные перевозки на дальние расстояния и местные пассажирские железнодорожные перевозки).

Bedarfsverkehr *s. Trampverkehr*

Beförderung Ortsveränderung von Personen und Gütern mit Hilfe eines Verkehrsmittels.

Перевозка - передвижение лиц и грузов при помощи транспортного средства.

Beförderungsleistung Die B. umfasst den von Verkehrsunternehmen mit Hilfe von Verkehrsmitteln erbrachten technischen Vorgang der *Beförderung* von Personen und

Gütern (= Transportleistung) und seine wirtschaftliche und organisatorische Vorbereitung (= kaufmännische Leistung).

Перевозочная операция - обеспеченный транспортными предприятиями технический процесс *перевозки* пассажиров и грузов при помощи транспортных средств (= транспортные операции), а также экономическая и организационная подготовка этого процесса (= коммерческие операции).

Befrachter (Shipper, vgl. *Verfrachter*) Exporteur, der sich durch Abschluss eines Kaufvertrages verpflichtet, die Ware an einen überseeischen Käufer auf den Weg zu bringen, zu verschiffen. Dazu befrachtet er ein bestimmtes Seeschiff entweder selbst, oder er beauftragt einen Seehafenspediteur mit dem Abschluss des *Seefrachtvertrags*, wodurch dieser zum B. wird. Der Exporteur teilt dem *Spediteur* die für den Seetransport wesentlichen Kaufvertragsdaten mit und übergibt ihm die Sendung.

Фрахтователь (шкипер, ср. *фрахтовщик*) - экспортер, который в результате заключения договора купли-продажи обязуется обеспечить отправку груза к заморскому грузополучателю и загрузить этот груз на борт морского судна. Для выполнения своих обязательств по договору экспортер либо сам загружает фрахт на борт судна, либо поручает это дело морскому экспедитору, заключив с ним *договор морской перевозки*. В результате подписания договора с экспортером морской *экспедитор* выступает в качестве фрахтователя. Экспортер сообщает морскому экспедитору все необходимые для обеспечения перевозки груза данные из договора купли-продажи и передает ему груз на экспедирование.

Befrachtungsmakler (Chartering broker) Der B. vermittelt als selbständiger Kaufmann den Abschluss von *Frachtverträgen* über den Laderaum eines Schiffes, das in der *Trampfahrt* eingesetzt ist. Er ist von Fall zu Fall tätig und wird vom *Befrachter* beauftragt, geeigneten Schiffsraum für dessen Ladung zu beschaffen, und er wird vom *Verfrachter* veranlasst, geeignete Ladung für dessen Schiffsraum zu besorgen. Er handelt für beide Seiten (Befrachter und Verfrachter) die Einzelheiten des Frachtvertrages aus. Die Provision (Courtage) bekommt er üblicherweise vom Verfrachter.

Фрахтовый агент (фрахтовый брокер, агент погрузки) - коммерсант, посредничающий при заключении фрахтовых договоров о найме тоннажа трампового судна и действующий на свой страх и риск. Он работает по индивидуальному заказу и ищет по поручению *фрахтователя* подходящий тоннаж для морской перевозки его груза. Фрахтовый агент ведет переговоры по заключению *договоров фрахтования* между фрахтовщиком и фрахтователем. Куртаж (т.е. плату за свои услуги) фрахтовый агент обычно получает от фрахтователя.

Beilader sind Sammelgutspediteure, die dem *Versandspediteur* Teilsendungen für eine Verkehrsrichtung übergeben. B. kann jeder im Versandgebiet des

Versandspediteurs ansässige *Spediteur* werden. Dadurch kann sich jeder Spediteur auch dann am *Sammelgeschäft* beteiligen, wenn er kein Versandspediteur ist und nur über ein geringes Ladungsaufkommen verfügt.

Экспедитор-отправитель сборных грузов - экспедитор, который передает *экспедитору по отправлению* груз на неполную (частичную) загрузку транспортного средства и его использование в одном направлении. Экспедитором-отправителем сборных грузов может стать любой *экспедитор*, имеющий юридический адрес на территории, обслуживаемой определенным экспедитором по отправлению. Это дает каждому экпедитору возможность участвовать в *перевозке груза* даже в том случае, если он сам не является экспедитором по отправлению грузов и имеет лишь ограниченные объемы перевозимых грузов.

Betreibergesellschaft Privatwirtschaftliches Unternehmen, das im Auftrag der öffentlichen Hand Aufgaben in verschiedenen Bereichen der Wirtschaft übernimmt. Die Tätigkeit der B. unterliegt besonderen Richtlinien, die zwischen der öffentlichen Hand und der B. vertraglich vereinbart werden. Obwohl die B. einen Teil ihrer Leistungen der öffentlichen Hand in Rechnung stellt und von dieser vergütet bekommt, muss sie sich wie jedes andere private Unternehmen am Markt behaupten. Typische Bereiche für die Tätigkeit von B. im Verkehrswesen sind Flughäfen, Parkhäusern und Terminals.

Предприятие-оператор - частная компания, которая по поручению публично-правового сектора (администрация на земельном или местном уровнях) выполняет задачи в разных отраслях экономики. Деятельность предприятия-оператора подлежит особенным правилам, которые договариваются между органом администрации и предприятием. Хотя предприятие-оператор предоставляет часть своих услуг за счет публично-правового сектора и оплачивается им, оно должно действовать с ориентацией на рынок и конкурировать с другими предприятиями. Типичным примером деятельности предприятий-операторов является эксплуатация аэропортов, крытых автостоянок или грузовых терминалов.

Billigflagge (offene Register, engl. flags of convenience) **1.** nationale Schifffahrtsregister, die durch besonders niedrige Gebühren und geringe Anforderungen hinsichtlich der Vorschriften gekennzeichnet sind. **2.** internationale Schifffahrtsregister, die fremden Reedern gegen Gebühr offen stehen. Durch Nutzung dieser Register reduzieren die Reeder Kosten und können Vorschriften im Heimatland sowie Flaggendiskriminierungen umgehen.

Удобный флаг (открытый судовой реестр) - **1.** национальный судовой реестр, который отличается особенно низкими сборами за внесение в него, а также низкими требованиями в отношении технического стандарта и правил безопасности; **2.** международный судовой реестр, открытый для судовладельцев других стран. Использование удобного флага позволяет судовладельцу снизить себестоимость эксплуатации судна, обойти правовые предписания в своей стране, а также избегать дискриминационных актов против отдельных национальных реестров.

Bimodale Fahrzeuge Fahrzeuge, die im Rahmen verschiedener *Verkehrsarten*, z.B. Straßen- und Schienenverkehr, gleichermaßen eingesetzt werden können. Beispiele für b. F. ist der sogenannte Guided Light Transit – ein spurgeführter Bus für den *öffentlichen Personennahverkehr*.

Бимодальные транспортные средства - транспортные средства, которые можно эксплуатировать в рамках разных *носителей транспорта*, например, как в автотранспорте, так и в железнодорожном сообщении. Примером бимодального транспортного средства может служить так называемый «бимодальный автобус» в *общественном городском транспорте*, преобразуемый в рельсовое транспортное средство наподобие трамвая.

C

Cargolifter Zur Zeit in der Entwicklung befindliches Großluftschiff für den Groß- und Schweranlagentransport. Der C. soll, ausgestattet mit 4 Dieselmotoren und einem Fassungsvermögen von 350.000 qm Helium, eine Beförderungskapazität von 160 Tonnen bei einer maximalen Reichweite von 5.200 km und einer Reisegeschwindigkeit von 140 km/h erreichen. Für Entwicklung, Bau und Vermarktung des C. bis zum Jahre 2000 wurde im September 1994 die Cargolifter AG gegründet, der 90 Aktionäre aus 5 Ländern angehören.

«Карго-лифтер» - находящийся в стадии разработке крупнотоннажный (крупногабаритный) воздушный корабль для перевозки тяжеловесных деталей и машин. Карго-лифтер, обладая 4 дизельными двигателями и общей емкостью баков 350.000 кубометров гелия, должен достичь мощности перевозки в 160 тонн при максимальном расстоянии следования 5.200 км. и скорости сообщения 140 км./ч. В целях разработки, строения и продажи воздушного корабля в сентябре 1994 г. было создано Акционерное общество «Карго-Лифтер АГ», принадлежащее 90 акционерам из 5 стран.

Cargo-Sprinter (vgl. *Trailerzug-Technik*) Güterzug als selbstfahrende Transporteinheit, die die Vorteile der Eisenbahn mit der Flexibilität und Wirtschaftlichkeit von Straßenfahrzeugen verbindet – der C. kann ohne Rangierlok bis auf den Hof des Kunden fahren. Es handelt sich um einen Ganzgüterzug mit zwei Triebköpfen und automatischer Zugkupplung, der bis zu 160 Tonnen Ladung aufnehmen kann und Spitzengeschwindigkeiten bis 120 km/h erreicht. C. verkehren im sogenannten *Nachtsprung* zwischen den großen Wirtschaftszentren des Landes.

«Карго-шпритер» (ср. *способ перевозки грузов на трейлерах*) - грузовой поезд как самоходная транспортная единица, сочетающая преимущества железной дороги с мобильностью и экономичностью автотранспорта. Карго-шпринтер может без маневрового локомотива доехать до дверей клиента, так как он представляет собой маршрутный грузовой поезд с двумя моторными головными частями и автоматическим сцеплением; он обладает загрузочной мощностью 160 тонн груза и достигает максимальной скорости сообщения 120 км./ч. Карго-шпринтер соединяет в *ночном скоростном грузовом сообщении* основные промышленные центры страны.

Carnet-TIR Offizielle Bezeichnung des Zollbegleitscheinheftes für den internationalen Straßengüterverkehr (TIR). Das C. dient im internationalen Zollgutversandverfahren der Erleichterung des Grenzübergangs von Gütern. Sein Geltungsbereich erstreckt sich auf alle Transporte über die Grenzen der EU hinaus, nicht jedoch auf Transporte innerhalb der EU.

Карнет-ТИР - официальное название книжки для международной автодорожной перевозки грузов. Эта таможенная сопроводительная книжка применяется для упрощения международного порядка таможенной очистки грузов и облегчения их перехода через государственные границы. Способ таможенного оформления грузов Карнет-ТИР распространяется на все перевозки грузов из стран-членов ЕС в третьи страны, но не применяется внутри ЕС.

CEMT-Genehmigung Genehmigung für den grenzüberschreitenden Straßengüterverkehr zwischen Mitgliedsstaaten der Europäischen Verkehrsminister-Konferenz.

Разрешение СЕМТ - разрешение на осуществление международных грузовых автодорожных перевозок между странами-членами Европейской конференции министров транспорта.

Chartering broker s. *Befrachtungsmakler*

Charterverkehr Bezeichnung für Verkehrsdienste im Luftverkehr und in der Schifffahrt, die auf der Grundlage eines Vertrages (Charter-Vertrag) zustande kommen, der die Überlassung eines Flugzeuges bzw. Schiffes für eine bestimmte Reise/einen bestimmten Transport oder für eine festgelegte Zeit an einen Mieter (Charterer) zu einem bestimmten Preis vorsieht. Gegenstück zum C. ist der Linienverkehr.

Чартерные перевозки - собирательное название для воздушных и морских перевозок грузов, которые проводятся на основе особого договора (чартерного договора). Этот договор предусматривает сдачу в аренду самолета или судна, либо с целью осуществления арендатором определенной поездки/перевозки, либо на определенный период времени по ранее согласованной цене. Противоположным к чартерным перевозкам являются линейные перевозки.

City-Logistik (vgl. *Vernetzung von Verkehrssystemen*) Logistisches Konzept für den städtischen Ausliefer- und Abholverkehr. Es umfasst die Bündelung des Güterverkehrs zur Reduzierung von Innenstadtfahrten und die Erhöhung der Fahrzeugauslastung, die zeitliche und räumliche Verlagerung von Verkehren (speditionelle City-Terminals, Nutzung verkehrsarmer Nachtzeiten), sowie die verstärkte Nutzung des *ÖPNV* und spezieller Stadtfahrzeuge.

Городская логистика (ср. *переплетение транспортных систем*) - концепция логистики для транспорта, вызванного распределением грузов и сбором порожней тары внутри города. Концепция охватывает как сосредоточение потоков грузового транспорта в целях уменьшения внутригородских грузовых перевозок, так и повышение степени загрузки автомобильного парка, временное и пространственное перенесение транспортных потоков (например, путем использования экспедиторских городских терминалов для перевалки грузов и использование ночного времени), а также усиленное использование *общественного городского транспорта* и специальных транспортных средств для осуществления внутригородских грузовых перевозок.

City-Pricing System der Tarifbildung für innerstädtische Verkehrs- und Transportdienstleitungen.

Цитти-прайсинг - система установления тарифов на внутригородские транспортные услуги.

Cityruf Funkrufdienst, mit dem innerhalb festgelegter Rufzonen (Städte, Ballungszentren, zusammenhängende Wirtschaftsräume) neben Tonsignalen Kurzinformationen als Ziffern oder Text (z.B. zur aktuellen Verkehrssituation) übertragen werden können.

Специальная радионавигационная служба, предоставляющая в пределах определенных зон действия (города, густонаселенных регионов или связанных друг с другом экономических пространств) краткую информацию (например, об актуальной транспортной обстановке) путем передачи цифровой и текстовой информации, наряду с трансляцией звуковых сигналов.

City-Shuttle Linientaxi (Streckentaxi), das im Rahmen des *ÖPNV* als Zubringer zwischen städtischen Randgebieten und dem Stadtzentrum verkehrt.

Сити Шатл - маршрутное такси, связывающее в рамках *общественного городского транспорта* пригородные районы города с центром.

City-Terminal Ausgangs- oder Empfangsterminal für den städtischen (nahräumlichen) _Verteilungsverkehr_. Meist handelt es sich um ein Terminal des _Kombinierten Verkehrs_, der Güterströme bündelt.

Сити-терминал - фрахтовый терминал отправки или приема грузов в целях их дальнейшего распределения (либо внутри города, либо в пригородных районах). Как правило цити-терминалы являются терминалами _комбинированных перевозок_ для сосредоточения грузовых потоков.

Code-Sharing <-Abkommen> Vereinbarung, die es Fluggesellschaften erlaubt, eine Strecke unter einer eigenen Flugnummer zu verkaufen, ohne dass sie die Verbindung in der gesamten Länge selbst bedienen müssen.

Соглашение по «делению авиационных рейсов» - договоренность между авиационными компаниями, позволяющая им продавать билеты на авиарейсы от своего имени (т.е. с указанием собственного номера рейса) без обязательства сами обслуживать этот рейс на всей протяженноси.

Computer Integrated Railroading (CIR) Computergestütztes System zur Erhöhung der Streckenkapazität im Schienenverkehr.

Компьютеризированная система управления железнодорожными перевозками в целях повышения провозной способности железнодорожных магистралей.

Computer Integrated Railroading - Erhöhung der Leistungsfähigkeit im Kernnetz (CIR-ELKE) Computergestütztes Betriebsleitsystem zur Erhöhung der Leistungsfähigkeit hochbelasteter Schienenstrecken.

Компьютеризированная система управления железнодорожными перевозками в целях повышения провозной способности особо загруженных железнодорожных магистралей.

Congestion Pricing Model _s. Road-Pricing_

Containerterminal Leistungsfähiger Containerumschlagplatz als wesentlicher Bestandteil des Containertransportsystems bzw. des _kombinierten Verkehrs_. C. sind mit spezieller Umschlagtechnik (Krane, Stapler) ausgerüstet und bieten Platz für die vorübergehende Lagerung der Container. Wichtigster Verkehrsträger für den An- und Abtransport der Container ist der Straßengüterverkehr.

Контейнерный терминал - мощная перевалочная база для перегрузки контейнеров как существенный составляющий компонент транспортной системы для перевозки контейнеров, а также _комбинированного транспорта_ в целом. Контейнерные терминалы обладают специальным перегрузочным оборудованием (кранами, штабелерами) и допускают промежуточное складирование контейнеров. Главным носителем транспорта при подвозе и вывозе контейнеров является автодорожный грузовой транспорт.

Containerzug „Ostwind" Erster Containerganzzug, der seit Oktober 1995 mehrmals wöchentlich die ca. 2.000 km lange Strecke zwischen Berlin und Moskau in durchschnittlich 6 Tagen bewältigt. Das Standardangebot für den Containerverkehr in die GUS ist „for", wobei in Moskau bereits Frei-Haus-Lieferungen möglich sind. Die unterschiedlichen Frachtrechte zwischen Europa und der GUS machen jedoch noch eine Reexpedierung der Container an der polnisch-weißrussischen Grenze erforderlich.

Контейнерный поезд «Оствинд» - первый контейнерный маршрутный поезд, обслуживающий с октября 1995 г. несколько раз в неделю 2.000-километровое расстояние между Берлином и Москвой в среднем за шесть дней. Стандартным условием для железнодорожных перевозок грузов в страны СНГ является «for» (свободно погрузочная платформа), при чем в Москве уже возможна доставка груза на дом грузополучателя. Однако, существующие пока различные правовые нормы железнодорожных перевозок грузов в странах ЕС и СНГ требуют реэкспедирования грузов на польско-белорусской границе.

Corporate Design Concept Begriff aus dem Marketing, der die Vermittlung eines einheitlichen Unternehmensbildes impliziert. Für Verkehrsunternehmen bedeutet dies die Präsentation als kundenorientiertes Dienstleistungsunternehmen, u.a. durch integrierte Servicekonzepte, einheitliche Farbgebung und Ausstattung des Fahrzeugparks und der Haltepunkte sowie einheitliche Berufskleidung des Personals.

Концепция унифицированного внешнего облика корпорации (компании) - понятие из области маркетинга, подразумевающее создание единого и потому легко узнаваемого клиентами внешнего облика компании. Для транспортных предприятий это означает выступление на рынке как ориентированные на нужды клиентов компании, например, путем внедрения интегрированной сервисной концепции, применения единого дизайна (т.е. символики, цветов) и оснащения транспортных средств и остановочных пунктов, а также единой формы для обслуживающего персонала.

D

Deregulierung Aufhebung bzw. Lockerung der in der Vergangenheit vorgenommenen staatlichen Regulierungseingriffe, also ordnungspolitischer Maßnahmen, im Verkehrssektor. Man unterscheidet zwischen totaler D. (*Liberalisierung*), d.h. Aufhebung sämtlicher reglementierender Vorschriften, die über die für alle Wirtschaftsbereiche geltende Wettbewerbsaufsicht hinausgehen, und partieller D., die nur einzelne Verkehrsträger vom Regulierungssystem befreit bzw. bestimmte Teile der Regulierungen aufhebt. Der Deregulierungseffekt beschreibt die daraus erwachsende Kausalkette: Deregulierung - Preissenkung - Nachfrageanstieg - Zunahme der Verkehrsbewegungen.

Дерегулирование - снятие или смягчение установленных в прошлом мер государственного регулирования транспортного сектора. Различается между полным дерегулированием (*либерализацией*), т.е. отменой всех регламентирующих предписаний, уточняющих общие, действующие для всех секторов экономики правовые предписания, и частичным дерегулированием, в рамках которого либо освобождаются отдельные носители транспорта от системы регулирования, либо отменяются отдельные части регулирования. Эффект дерегулирования описывает вытекающую из этого цепь причинности: дерегулирование - снижение тарифов - повышение спроса - возрастание объемов перевозок.

Direktverkehr Besondere Art des *Werkverkehrs* (besonders bei Handelsunternehmen). Dabei holt das Unternehmen die von ihm gekaufte Ware mit eigenem Fahrzeug beim Hersteller/Verkäufer ab und liefert sie direkt beim Abnehmer an. Der D. wird nur anerkannt, wenn ein echtes Handelsgeschäft zu Grunde liegt. Der Transport muss eine echte Hilfstätigkeit sein.

Прямая доставка - особый вид перевозки грузов собственными транспортными средствами предприятий (в частности торговых фирм), при котором предприятие забирает закупленный им товар собственным автотранспортом у производителя/продавца и доставляет его напрямую покупателю/получателю. В юридическом плане о прямой доставке может идти речь только тогда, когда перевозка товаров базируется на конкретной торговой операции (подтвержденной соответствующим документом). Такая перевозка товаров должна быть классифицирована как вспомогательная операция.

Drittladeverbot (Beiladeverbot, vgl. *Werkverkehr*) Verbot der Beförderung von Gütern im Werkverkehr für Dritte. Das Verbot soll die Umgehung der Marktordnung im gewerblichen Straßengüterfernverkehr verhindern.

Запрет в заводском транспорте добавочно перевозить груз третьего лица (ср. *заводской транспорт*). - запрет нацелен на предотвращение нарушения системы регулирования рыночных отношений в коммерческом автомобильном грузовом транспорте на дальние расстояния.

Durchgangsverkehr 1. Verkehr durch ein abgegrenztes Gebiet, wobei Quelle und Ziel außerhalb liegen. **2.** Beförderung aus einem ausländischen Staat mit ausländischen Fahrzeugen durch das Inland (Transitverkehr). **3.** Beförderung von Passagieren und Gütern ohne Unterbrechung.

Транзитное сообщение 1. сообщение по установленной территории, при котором места отправления и назначения находятся за пределами этой территории. **2.** перевозки грузов из зарубежа и на иностранных грузовиках внутри одной страны. **3.** перевозки пассажиров и грузов без перерыва.

Прямое сообщение - перевозки пассажиров и грузов без остановки транспортного средства.

E

Eilgeld Zusätzliche Vergütung für besonders schnelles Entladen eines Transportmittels. In der Schifffahrt bezeichnet man diese Vergütung als Dispache.

Дополнительная плата - сбор за перевозку грузов особо большой скоростью. В судоходстве эта плата называется «диспач».

Einheitspapier Formular für den internationalen Güterverkehr zwischen der EU und Drittstaaten, mit dem die Anmeldung von Waren zur Zollbehandlung vorgenommen wird. Das E. umfasst 8 Exemplare, von denen die Exemplare 1-3 Vorschriften im Exportstaat und die Exemplare 4-8 Vorschriften im Bestimmungsstaat behandeln.

Универсальный (единый, стандартный) документ - таможенный бланк в международном автодорожном грузовом сообщении между странами ЕС и третьими странами для проведения отчистки товаров от таможеной пошлины. Документ включает в себя 8 экземпляров, из которых экземпляры 1-3 относятся к правовым предписаниям в стране экспортера, а экземпляры 4-8 относятся к правовым предписаниям в стране импортера.

Empfänger *s. Consignee*

Empfangsspediteur Der E. fertigt die an ihn gerichtete *Sammelsendung* ab. Er hat nach den Weisungen der *Versandspediteure* die Ladung entgegenzunehmen und die Teilsendungen an die Empfänger zu verteilen. Der E. wahrt als Empfänger die Rechte aus dem *Frachtvertrag* gegenüber dem *Frachtführer*. Bei der Übernahme prüft der E. durch eine Empfangskontrolle die Übereinstimmung der Sendung mit den Angaben des vorliegenden Auftrages, stellt die erforderlichen Entladeanlagen bereit und besorgt das Entladen.

Экспедитор-получатель - оформляет полученный в свой адрес *сборный груз*. Согласно поручениям *экспедиторов-отправителей* он обязан принимать груз и распределить его по адресатам. Как получатель груза экспедитор-получатель представляет права, зафиксированные в *договоре фрахтования* в отношении *фрахтовщика* (т.е. перевозчика груза). При приеме экспедитор-получатель проверяет соответствие полученного груза с данными в договоре фрахтования, предоставляет необходимые для разгрузки транспортного средства устройства и отвечает за разгрузку груза.

Entmischte Strecke *s. Entmischung von schnellem und langsamem Verkehr*

Entmischung von schnellem und langsamem Verkehr *(Eis.)* Konzept zur räumlichen und zeitlichen Trennung von Verkehrsströmen mit unterschiedlichen Beförderungsgeschwindigkeiten, das auf die Erhöhung der Durchlassfähigkeit der Netze und Vermeidung von Kapazitätsengpässen zielt.

Рассредоточение транспортных потоков большой и малой скоростей - концепция для временного и пространственного рассредоточения железнодорожных транспортных потоков разных скоростей с целью повышения провозной пропускаемости сетей и избежания нехватки мощностей.

Erlaubnis *(vgl. auch Genehmigung)* Wer Güternahverkehr mit LKW gewerbsmäßig betreiben will, muss dazu die E. der unteren Verkehrsbehörde (Stadt- bzw. Kreisverwaltung) haben, die für seinen Sitz oder die gerichtlich eingetragene Zweigniederlassung zuständig ist. Diese E. wird erteilt, wenn der Antragsteller und Geschäftsführer **a)** als zuverlässig gelten, **b)** nachweislich fachlich geeignet sind und wenn **c)** die finanzielle Leistungsfähigkeit des Unternehmens gewährleistet ist.

Разрешение *(см. лицензия, концессия)* - владельцы транспортно-экспедиторских фирм, предоставляющих услуги по автодорожным грузовым перевозкам, обязаны иметь соответствующее разрешение того нижнего транспортного ведомства (т.е. администрации города или округа), которое находится на месте нахождения транспортно-экспедиторской фирмы, либо на месте занесенного в торговом реестре филиала этой фирмы. Это разрешение выдается, если заявитель и управляющий фирмы **а)** считаются обязательными предпринимателями, **б)** обладают необходимыми (документально подтвержденными) профессиональными знаниями и **в)** если само транспортное предприятие будет находиться в устойчивом финансовом состоянии.

Eurorail-Express *(vgl. Interkombi-Express)* Grenzüberschreitende Direktverbindung im Schienengüterverkehr (Ganzzugverbindung) zwischen den europäischen Wirtschaftszentren.

Экспресс «Евро-рейл» *(ср. Экспресс Интеркомби)* - прямое международное сообщение в железнодорожном грузовом транспорте (связь маршрутных поездов) между европейскими экономическими центрами.

Euro-Shuttle EU-Gemeinschaftsentwicklung eines neuen Containerschiffes, das fahrplanmäßig für Containertransporte zwischen Sizilien und dem Nordkap sowie zwischen den Atlantikhäfen und dem Baltikum eingesetzt werden soll. Mit dem E. soll im Rahmen der *Road-to-Sea Konzepte* ein Beitrag zur Verlagerung des Straßengüterverkehrs auf das Wasser geleistet werden.

Евро-Шатл *(ср. концепция «с дороги на море»)* - совместная разработка странами ЕС маршрутного контейнерного судна, которое должно плавать согласно твердому графику между Сицилией и Северным мысом, а также между атлантийскими и прибалтийскими портами. Разработка нового типа судна должна внести вклад в реализацию *концепции по перенесению автомобильных перевозок на морские пути.*

F

Flächenverkehr *(Pass.)* Bedienung der im Einzugsgebiet von Knotenpunkten verteilten Verkehrsnachfrager. Der F. zeichnet sich im Gegensatz zum *Knotenpunktverkehr* durch ein relativ geringes Verkehrsaufkommen und damit eine ungünstige Kapazitätsauslastung der Fahrzeuge aus.

Транспорт в пределах малонаселенных территорий - обслуживание рассредоточенных вокруг узловых пунктов пользователей транспортом. В отличие от *движения между узловыми пунктами* транспорт в пределах малонаселенных территорий характеризуется относительно низкими объемами перевозок и тем самым невыгодной загрузкой подвижного состава.

Flags of Convenience *s. Billigflagge*

Flughafen-Betreibergesellschaft *s. Betreibergesellschaft*

Frachtenbörse *s. Liberalisierung*

Frachtführer Unternehmen, die die Güterbeförderung gewerbsmäßig im Auftrag der *Versender* durchführen.

Фрахтовщик (перевозчик груза) - предприниматель, профессионально занимающийся перевозкой грузов по поручению *грузоотправителей.*

Frachtvertrag Vertrag, der die Güterbeförderung vom *Versender* zum *Empfänger* durch den Frachtführer regelt. Der Versender bzw. der *Spediteur* schließen mit dem *Frachtführer* einen F. und übergeben ihm die Sendung zur Beförderung an den Empfänger, der gegen den Frachtführer das Recht auf Auslieferung der Sendung hat.

Beim F. handelt es sich um einen Vertrag zugunsten eines Dritten. Vom F. zu unterscheiden ist der *Speditionsvertrag*, bei dem sich ein Spediteur gegenüber einem Versender verpflichtet, Dritte (d.h. z.B. einen Beförderungsbetrieb) mit der Güterbeförderung zu beauftragen oder die beförderten Güter von diesen in Empfang zu nehmen.

Договор фрахтования (договор грузовой перевозки) - договор, регламентирующий перевозку грузов от *грузоотправителя* к *грузополучателю фрахтовщиком*. Грузоотправитель (либо *экспедитор*) заключает договор с фрахтовщиком и передает ему перевозимый груз. При этом грузополучатель имеет право принятия груза от фрахтовщика. Договор фрахтования таким образом является договором в пользу третьего лица. Следует различать между договором фрахтования и *экспедиторским договором*, заключив который экспедитор в отношении грузоотправителя берет на себя ответственность, либо за поручение перевозки грузов третьему лицу, либо за получение от него перевозного груза.

Freie Tarifbildung *s. Liberalisierung*

Freier Warenverkehr *(vgl. Liberalisierung)* Prinzip des EU-Binnenmarktes, das seit 1993 den ungehinderten Waren- und Dienstleistungsaustausch zwischen den Mitgliedstaaten unter Wegfall der Zollgrenzen gestattet.

Свободный товарооборот *(ср. либерализация)* - принцип действия внутреннего рынка ЕС, разрешающий с 1993 г. свободное перемещение товаров и услуг между странами-членами ЕС после отмены таможенных границ.

Full-container-load *(FCL, vgl. Less than container load)* Bezeichnung für einen Container-Transport, bei dem die Sendung eines Verladers den gesamten Container auslastet und deshalb meist tarifarisch begünstigt ist.

Полная погрузка контейнера *(ср. неполная погрузка контейнера)* - название перевозки в контейнерах, при которой перевозимый груз одного грузоотправителя требует целого контейнера и потому как правило производится по льготным тарифам.

G

Gebrochener Verkehr *(vgl. ungebrochener Verkehr)* Mehrgliedriger Transportvorgang, bei dem die Güter oder Transportgefäße umgeladen werden müssen (wie z.B. beim *kombinierten Verkehr*). Im Personenverkehr bei Notwendigkeit des Umsteigens.

Перевозки с перевалкой/пересадкой *(ср. перевозки без перевалки/пересадки)* - многоступенчатый транспортный процесс (этапное сообщение), требующий перевалки перевозного груза или транспортных емкостей (например, при *комбинированном транспорте*). В пассажирском транспорте при этапном сообщении есть необходимость пересадки пассажиров.

Gefahrgut Stoffe und Gegenstände, von denen auf Grund ihrer Natur, ihrer Eigenschaften oder ihres Zustandes im Zusammenhang mit der Beförderung Gefahren für die öffentliche Sicherheit oder Ordnung, insbesondere für die Allgemeinheit, für Leben und Gesundheit von Menschen, Tieren oder andere Sachen, ausgehen können. Beispiele für G. sind Mineralöl, Benzin, Chemikalien, verflüssigte Gase u.a.

Опасный груз - вещества или предметы, которые из-за своей природы, качеств или состояния при перевозке представляют потенциальную опасность для общественного порядка и безопасности, в частности для жизни и здоровья людей и животных или для других грузов. В качестве примеров опасных грузов можно привести нефтяное топливо, бензин, химические вещества, жидкие газы и пр.

Gefahrgutbeauftragter Unternehmer oder Inhaber von Betrieben, die jährlich 50 Tonnen netto und mehr gefährliche Güter verpacken, versenden, befördern oder zur Beförderung übergeben, müssen einen oder mehrere G. schriftlich bestellen und den Namen im Betrieb bekannt geben. Ist kein G. ausdrücklich bestellt, gilt der Unternehmer/Inhaber als G. Der G. muss zuverlässig und sachkundig sein und alle drei Jahre an entsprechenden Fortbildungsschulungen teilnehmen. Er überwacht die Einhaltung von Gefahrgutvorschriften, deckt Mängel auf und zeigt sie zur Beseitigung an.

Уполномоченное на перевозку опасного груза лицо - предприниматели или владельцы транспортных предприятий, которые упаковывают, отправляют, перевозят или передают третьему лицу на перевозку более чем 50 нетто-тонн опасного груза в год, обязаны письменно назначить одного или несколько уполномоченных на перевозку этого груза лиц и известить об их назначении весь коллектив предприятия. Если не назначили уполномоченного, предприниматель/владелец предприятия автоматически выполняет его функцию. Уполномоченный на перевозку опасного груза должен быть надежным лицом и обладать необходимыми специальными знаниями, которые он должен приобрести и углубить не реже, чем каждые три года в рамках соответствующих курсов повышения квалификации. Уполномоченный проверяет соблюдение правил по перевозке опасного груза, расскрывает недостатки в системе безопасности таких перевозок и вовремя указывает на возможные недостатки с целью их устранения.

Gefahrgutvorschriften Gesetze und Verordnungen, die den Transport gefährlicher Güter regeln. Neben allgemeinen G. existieren verkehrsträgerspezifische Verordnungen. Zu den wichtigsten G. zählen das „Europäische Übereinkommen über die internationale Beförderung gefährlicher Güter auf der Straße" (ADR), das „Gesetz über die Beförderung gefährlicher Güter", die „Gefahrgutverordnung Straße" (GGVS), die „Gefahrgutverordnung Eisenbahn" (GGVE), die „Gefahrgutverordnung Binnenschifffahrt" (GGVBinSch) u.a.

Правила по перевозке опасного груза - законы и постановления, регламентирующие перевозку опасного груза. Наряду с общими правилами по перевозке опасного груза существуют специальные постановления для всех носителей транспорта. Главными из них являются: «Европейское соглашение о международных перевозках опасного груза автомобильным транспортом», «Закон о перевозке опасного груза», «Постановление о перевозке опасного груза автомобильным транспортом», «Постановление о перевозке опасного груза железной дорогой», «Постановление о перевозке опасного груза речным судоходством» и др.

Gelegenheitsverkehr *s. Trampverkehr*

Genehmigung zur Durchführung einer bestimmten Verkehrsart*(vgl. Erlaubnis).* Wer beispielsweise Güterfernverkehr mit einem Kraftfahrzeug gewerbsmäßig betreiben will, braucht dazu eine G. (Konzession) der jeweiligen Landesverkehrsbehörde, in deren Bezirk der Unternehmer seinen Sitz oder seine Niederlassung hat und in dem die einzusetzenden Kfz zugelassen sind. Für die Durchführung von besonderen Verkehren (z.B. Lebensmittelbeförderung) unter Aussetzung bestimmter Beschränkungen (z.B. Sonntagsfahrverbot) werden Ausnahmegenehmigungen erteilt.

Лицензия (концессия) на осуществление определенных перевозок *(см. разрешение)* - кто, например, предлагает услуги по перевозке грузов на дальние расстояния автомобильным транспортом, нуждается в специальной лицензии (концессии), выданной транспортным ведомством Земли местонахождения транспортной фирмы и регистрации используемых ею грузовых автомобилей. Для осуществления специальных перевозок (например, перевозки продуктов питания) выдаются особые разрешения в порядке исключения (например, снятие запрета на осуществление грузовых перевозок по воскресеньям).

Güterverkehrslogistik *s. Logistik*

Güterverkehrstelematik *s. Verkehrstelematik*

Güterverkehrszentrum *(GVZ, vgl. Vernetzung von Verkehrssystemen)* Umschlagknotenpunkt, von dem aus Güterströme in die zugeordneten Regionen verteilt bzw. von dort gesammelt werden. Die Verteilung bzw. Sammlung der Güter geschieht in der Regel mittels Güterkraftfahrzeugen, während der Transport auf der

Hauptstrecke (z.B. zwischen den G.) auf der Schiene oder mittels Binnenschiffen durchgeführt wird. G. sind kompakte Anlagen, in denen sich die Unternehmen der verschiedenen Verkehrsträger sowie Verkehrshilfsbetriebe ansiedeln und miteinander kooperieren. Auf Grund ihrer Umschlagfunktion zwischen den verschiedenen Verkehrsträgern im Rahmen einer Transportkette eignen sich die G. zur Entwicklung und zum Angebot höherwertiger logistischer Dienstleistungen, die sich nicht nur auf die Abwicklung des reinen Beförderungsvorgangs beschränken, sondern auch vor- und nachgelagerte Produktionsvorgänge (z.B. Sortieren, Lagern, Verpacken) übernehmen. G. sind juristisch selbständige Unternehmen, die von *Betreibergesellschaften* gemanagt werden.

Грузораспределительный центр с широким спектром логистических услуг *(ср. переплетение транспортных систем)* - перевалочный узел, в котором собираются поступающие из прилегающих районов грузы или, наоборот, через который распределяются грузы в прилегающие районы. Подвоз и вывоз грузов как правило осуществляется автомобильным транспортом, в то время как перевозка по основной магистрали (например, между отдельными грузораспределительными центрами) осуществляется железной дорогой, либо речным судоходством. Грузораспределительные центры являются компактно обустроенными территориями, на которых заселяются и кооперируются друг с другом как транспортные предприятия разного профиля, так и вспомогательные транспортные предприятия. Из-за своей перевалочной функции между отдельными носителями транспорта в рамках транспортной цепи грузораспределительные центры пригодны для предоставления более комплексных логистических услуг, которые не ограничиваются осуществлением чисто перевозочных операций, но могут включить в себя и заготовительные и последующие за производственным процессом операции (как например, сортировка, складирование, упаковка и т.д.). В юридическом плане грузораспределительные центры являются самостоятельными структурами, которые эксплуатируются *предприятиями-операторами*.

Güterverteilzentrum Logistischer Knotenpunkt zur Bündelung von Güterströmen, der sich im Unterschied zum *Güterverkehrszentrum* auf das Kerngeschäft der Sammlung und Verteilung von Waren konzentriert.

Грузораспределительный центр - транспортно-логистический узел для сосредоточения грузовых потоков, который в отличие от грузораспределительных центров с широким спектром логистических услуг ограничивается основной сферой деятельности - сбором и развозом товаров.

H

Harmonisierung Maßnahmen, die gegensätzlich wirkende Gesetze, Verordnungen, Normen, Zielstellungen unterschiedlicher Staaten abschwächen und eine ordnungspolitische Angleichung der nationalen Verkehrspolitiken bewirken sollen. Die H. orientiert auf eine Niveauangleichung hinsichtlich Leistung, Sicherheit und Service. H. im Verkehrssektor bezieht sich auf die Angleichung bzw. Vereinheitlichung der Rahmenbedingungen für die im Wettbewerb zueinander stehenden Verkehrsträger sowie zwischen in- und ausländischen Verkehrsunternehmen.

Гармонизация - меры по согласованию противоречиво действующих законов, постановлений, норм и целеустановок различных стран ЕС с целью приведения в соответствие макроэкономических процессов в области транспортной политики отдельных стран-членов ЕС. Гармонизация ориентирована на выравнивание разных уровней в отношении рентабельности, безопасности и сервиса. Гармонизация в транспортном секторе относится к приближению или унификации общих условий как для конкурирующих друг с другом носителей транспорта, так и для иностранных и отечественных транспортных предприятий.

Haus-zu-Haus-Verkehr Beförderungsvorgang vom Quell- zum Zielort (also von der Adresse des Absenders zur Adresse des Empfängers) ohne Umladevorgang (Güterverkehr) oder Umsteigen (Personenverkehr). Dies bedeutet eine höherwertige Verkehrsqualität.

Перевозка грузов от дома отправителя до дома получателя (либо пассажиров от дверей до дверей) - процесс перевозки грузов/пассажиров от пункта отправления к пункту назначения, т.е. от почтового адреса грузоотправителя до почтового адреса грузополучателя без перевалки грузов (на грузовом транспорте), либо без пересадки (на пассажирском транспорте). Это означает предоставление транспортных услуг более высокого уровня.

Hochgeschwindigkeitsverkehr Der H. entwickelte sich mit dem Bau des japanischen Hochgeschwindigkeitszuges SHINKANSEN im Jahre 1964 zunächst im Bereich des Schienenpersonenverkehrs. In Europa fand der SHINKANSEN in dem seit 1981 rollenden französischen TGV und dem ICE der Deutschen Bahn AG seine Entsprechung. Heutige Züge erreichen eine Reisegeschwindigkeit von ca. 350 km/h. Die Schaffung eines transeuropäischen Hochgeschwindigkeitsnetzes im Schienenverkehr erfordert jedoch die Vereinheitlichung der gegenwärtig noch unterschiedlichen nationalen Techniksysteme der EU-Mitgliedsstaaten bzw. den Einsatz von Mehrstrom-Triebfahrzeugen. Der traditionelle H. gerät durch die

Entwicklung neuer technologischer Lösungen, wie der Magnetschnellbahn (z.B. Transrapid), unter zunehmenden Konkurrenzdruck. Neben dem Schienenverkehr wird auch im Seefrachtverkehr an der Entwicklung von Hochgeschwindigkeitsschiffen (mit einer Reisegeschwindigkeit von bis zu 90 Knoten/h) gearbeitet.

Высокоскоростное сообщение - развивалось со строением японского высокоскоростного железнодорожного поезда «Шинканзен» в 1964 г - для пассажирского железнодорожного сообщения. Европейскими аналогами «Шинканзен» являются французский TGV (с 1981 г.) и немецкий ICE Германских железных дорог АГ. Современные высокоскоростные поезда достигают скорости до 350 км./ч. Создание трансевропейской сети высокоскоростного железнодорожного сообщения требует, однако, унификации пока еще различных систем техники в странах-членах ЕС, а также использования подвижного состава, работающего на нескольких системах тока. Традиционное высокоскоростное сообщение подвергается ужесточающей конкуренции в связи с разработкой принципиально новых технологических решений, как например, магнитного скоростного поезда (например, «Трансрапид»). Над высокоскоростными транспортными средствами работают не только в железнодорожном сообщении, но и в морском сообщении, где разрабатываются новые типы высокоскоростных судов, достигающих скорости поездки до 90 узлов в час.

Huckepackverkehr Form des kombinierten Verkehrs, die dadurch gekennzeichnet ist, dass selbständige Ladeeinheiten, z.B. LKW, LKW-Anhänger, Sattelauflieger oder Leichter umgeladen werden. Im engeren Sinne: Transport von Straßenfahrzeugen auf der Schiene. Die Haupttrassen des Huckepackverkehrs bezeichnet man als Huckepack-Korridore.

Контрейлерное сообщение - форма комбинированного транспорта, характеризующаяся тем, что самостоятельные погрузочные единицы, как например, грузовики, прицепы грузовиков, седельные тягачи или лихтеры перегружаются целиком. В узком смысле термин означает транспортировку автодорожных транспортных средств по железной дороге. Основные магистрали контрейлерного сообщения называют коридорами для контрейлерных перевозок.

Hybridantrieb Doppelantrieb herkömmlicher Fahrzeuge mit einem Benzin- oder Dieselmotor (zur Gewährleistung von Beschleunigung, Tempo und Reichweite) und einem zusätzlichen Elektroantrieb (für den leisen, abgasfreien Stadtverkehr). Ungeachtet der Vorteile von H. existieren zum gegenwärtigen Zeitpunkt noch eine Reihe beträchtlicher Probleme (hohes Eigengewicht des Fahrzeuges, Verluste bei mehrfacher Energieumwandlung etc.), die einem massenhaften Einsatz im Güterverkehr (z.B. als Hybrid-LKW im *Verteilungsverkehr*) bislang entgegenstehen. Sinnvoll erscheint ihr Einsatz dagegen im *öffentlichen Personennahverkehr*.

Комбинированный тяговый привод - двойной привод стандартных транспортных средств, который включает в себя как бензиновый или дизельный двигатель (для обеспечения ускорения, скорости и дальности), так и дополнительный электропривод (для бесшумного, экологически чистого транспорта внутри города). Несмотря на преимущества комбинированного тягового привода в настоящее время существует еще целый ряд серъезных проблем (большой собственный вес транспортного средства, заниженный коэффициент полезного действия при повторном преобразовании энергии и т.д.), препятствующий массовому применению транспортных средств с комбинированным тяговым приводом в грузовом транспорте (например, на грузовиках, использующихся в *распределительном транспорте*). Хотя целесообразным кажется их применение в *общественном пассажирском транспорте.*

I

Integraler Taktfahrplan *s. Taktfahrplan*

Intelligente Verkehrssysteme *s. Verkehrstelematik*

Interkombi-Express *(vgl. Eurorail-Express)* Güterschnellzug, der als Ganzzug die großen Wirtschaftszentren auf nationaler Ebene verbindet und häufig im *Nachtsprung* verkehrt.

Экспресс Интеркомби *(ср. Экспресс Евро-рейл)* - скоростной грузовой поезд, связующий как маршрутный отправительский поезд крупные экономические центры одной страны и ходящий как правило в ночное время.

Interlining Eine von der IATA aufgebaute und organisierte Form der Kooperation (strategische Allianz) zwischen Luftverkehrsgesellschaften für den Transport von Passagieren und Luftfracht, welche über die gegenseitige Anerkennung der Beförderungsbedingungen und Beförderungsdokumente sowie über ein gemeinsames Abrechnungsverfahren jedem daran Beteiligten den direkten Zugang zum weltweiten Luftverkehrsmarkt eröffnet.

Интерлайнинг - организованная Международной ассоциацией эксплуатантов воздушного транспорта (IATA) форма кооперации (стратегический альянс) между авиакомпаниями по перевозке пассажиров и авиагруза, которая открывает всем участвующим авиакомпаниям прямой доступ к мировому рынку воздушных перевозок путем взаимного признания условий и документов перевозок, а также через общий способ расчета.

Intermodale Drehscheibe Knotenpunkte des Personen- und Güterverkehrs in _Agglomerationsräumen_, an denen unterschiedliche _Verkehrsträger_ aufeinandertreffen und ihre Leistungen aufeinander abgestimmt anbieten. Durch integriertes Verkehrsmanagement werden Frachtumschlag und Personenbeförderung (z.B. kurze Wege, höhere Taktfrequenz) optimiert und Beförderungszeiten verkürzt.

Межмодальный перевозочный узел - узловые пункты пассажирского и грузового транспорта на густонаселенных городских территориях, в которых пересекаются различные _носители транспорта_, предлагающие рынку согласованные друг с другом услуги. Путем интегрированного транспортного менеджмента оптимизируются процессы перевалки грузов и перевозки пассажиров, сокращается продолжительность перевозки.

Intermodalität Verkehrspolitisches Konzept, das die starre Trennung zwischen den _Verkehrsarten_ aufhebt und Verkehrsfunktionen verkehrsträgerübergreifend definiert.

Межмодальность - концепция в области транспортной политики, нацеленная на преодоление строгого разграничения между отдельными _носителями транспорта_ и на целостное определение функций транспорта.

Internalisierung auf dem Kostensektor Anlastung aller Kosten, die ein _Verkehrsträger_ verursacht. Dazu gehören zuallererst die Kosten für die Verkehrsinfrastruktur, aber auch die Folgekosten, z.B. infolge Umweltschädigung. Eine volle Anlastung der externen Aufwendungen für eine Dienstleistung entspricht der Durchsetzung des Verursacher- und Vorsorgeprinzips. Das differierende Niveau der Berücksichtigung der externen Faktoren bei unterschiedlichen Verkehrsträgern bzw. im Vergleich zwischen verschiedenen Staaten führt zu Wettbewerbsverzerrungen und Wettbewerbsvor- bzw. -nachteilen.

Интернализация в области затрат - означает соотнесение всех расходов, вызванных определенным _носителем транспорта_ именно данному носителю транспорта. Это в первую очередь включает в себя затраты на расширение и содержание транспортной инфраструктуры, но и затраты, вызванные например, экологическими последствиями транспорта. Полное соотнесение расходов, связанных с предоставлением услуг, к местам их возникновения соответствует применению принципа компенсации ущерба за счет виновного и принципа избежания ущерба. Разный уровень учета внешних факторов, определяющих расходы как у различных носителей транспорта, так и в сопоставлении между разными странами, приводит к искажению конкурентной ситуации и преимуществам или недостаткам в конкурентной борьбе.

Interoperationalität zwischen unterschiedlichen _Verkehrsträgern_ bzw. zwischen Verkehrsnetzen unterschiedlicher Staaten bedeutet technische, technologische und organisatorisch-rechtliche Verträglichkeit an den Schnittstellen.

Принцип функционирования между различными *носителями транспорта* или между транспортными сетями разных стран означает техническую, технологическую и организационно-правовую совместимость в точках пересечения.

J

Just-in-time System der bedarfsorientierten Steuerung von Produktion und fertigungssynchroner Beschaffung. Das J. impliziert die Bereitstellung der Güter nur in den Mengen und zu den Terminen, wie sie an den nachfolgenden Stellen benötigt werden, bei weitgehendem Verzicht auf Lagerhaltung. Voraussetzung für eine J.-Produktion ist der reibungslose und zeitgenaue Antransport der benötigten Güter bei hohem Anspruch an die Verkehrsqualität. Da die J.-Produktion jedoch zugleich zu einer bedeutenden Zunahme des *Verkehrsaufkommens* führt, ist sie nicht unumstritten.

«С колес» - система ориентированного на потребность управления производством и доставки необходимых для производственного процесса сырья, материалов и комплектующих в нужный момент. Система «поставок с колес» включает в себя предоставление товаров и услуг именно в таком количестве и в те сроки, в которых они требуются в производственном процессе - при почти полном отказе от складирования. Предпосылкой для реализации системы «с колес» является беспрепятственный и своевременный подвоз необходимых грузов, что предъявляет большие требования к качеству транспортных услуг. Однако в связи с тем, что производство по принципу «поставок с колес» приводит к значительному повышению объемов перевозок, система не является бесспорной.

K

Kabotage Dienstleistungstätigkeit eines Transportunternehmens bzw. einer Spedition innerhalb eines Landes, ohne dass dieses Unternehmen in diesem Land selbst ansässig ist. Kabotageverbote, wie sie z.B. im gewerblichen Güterkraftverkehr existierten, können zwar als Schutzmaßnahme für im eigenen Staat ansässige Unternehmen angesehen werden, stehen aber im Widerspruch zum freien Wettbewerb innerhalb der

EU. Im Rahmen der EU besteht mittlerweile Kabotagefreiheit für alle Mitgliedsstaaten. Man unterscheidet zwischen großer Kabotage (innerhalb eines Landes) und kleiner Kabotage (zwischen den Mitgliedsstaaten der EU). Kabotageverbote gelten unverändert für Nichtmitgliedsstaaten der EU. Ursprünglich bedeutete K. die Fahrt zwischen Seehäfen eines Landes. Nach neuerem Sprachgebrauch liegt K. dann vor, wenn ausländische Verkehrsunternehmen gewerbsmäßig Binnenverkehr durchführen. Kabotageverkehre unterliegen i.d.R. weitgehenden Beschränkungen und sind an Genehmigungen gebunden.

Каботаж - деятельность транспортного или экспедиторского предприятия внутри страны, в которой данное предприятие не имеет собственного юридического лица. Запрет на каботаж, как он, например, существовал в коммерческом грузовом автотранспорте, можно рассмотреть как протекционистскую меру в целях защиты отечественных транспортных предприятий, однако он противоречит принципу свободной конкуренции внутри ЕС. В настоящее время в пределах ЕС запрет на каботаж для всех стран-членов отменен. Следует различать между большим (внутри одной страны) и малым (между странами-членами ЕС) каботажем. Запрет на каботаж неизменно действует для всех стран, не являющихся странами-членами ЕС. В первоначальном смысле слова «каботаж» означал поездку судов между морскими портами одной страны. В современном понимании слова речь идет о каботаже в тех случаях, когда иностранные транспортные предприятия осуществляют коммерческие грузовые перевозки внутри чужой страны. Как правило, каботажные перевозки подвергаются далеко идущим ограничениям и требуют наличия лицензии.

Knotenpunktverkehr *(vgl. Flächenverkehr)* Verkehr zwischen Plätzen mit einem besonders starken Verkehrsaufkommen. Die Konzentration des Verkehrs führt zu einer günstigeren Ausnutzung der vorhandenen Kapazität und zu einer Erhöhung der Wirtschaftlichkeit der Verkehrseinrichtungen.

Движение (транспорт) между узловыми пунктами *(ср. <пассажирский> транспорт в пределах малонаселенных территорий)* - движение между пунктами с особо большими объемами перевозок. Концентрация транспорта приводит к более эффективному использованию имеющихся транспортных мощностей и к повышению рентабельности транспортных предприятий.

Kombinierter <Ladungs>Verkehr *(KV, vgl. Vernetzung von Verkehrssystemen)* Beförderung von Gütern in normierten Ladeeinheiten mit mehreren Transportmitteln eines oder mehrerer *Verkehrsträger*, wobei der Übergang der Ladung zwischen zwei Transportmitteln ohne Wechsel des Transportgefäßes erfolgt. Als normierte Ladeeinheiten verwendet man Container, Paletten, Sattelauflieger, Wechselbehälter oder ganze LKW (wobei zwischen selbständigen Ladeeinheiten, z.B. Huckepackverkehr im engeren Sinne, RoRo, Roadtrailer, und unselbständigen Ladeeinheiten - Wechselbehälter, Container, Paletten - zu unterscheiden ist). Vorzüge sind Rationalisierungsgewinne durch Verwendung normierter Ladeeinheiten, Entlastung der Straßen, Verringerung der externen Kosten des LKW-Verkehrs, Umgehung von Sonn- und Feiertagsfahrverboten. Der KV führt zu einer Verbesserung der Ertragslage der Eisenbahn sowie zu einer Befreiung der im KV eingesetzten Fahrzeuge von der Konzessionspflicht.

Комбинированные грузовые перевозки *(ср. переплетение транспортных систем)* - система перевозок грузов в нормированных погрузочных единицах с помощью нескольких транспортных средств одного или нескольких *носителей транспорта*, причем переход груза с одного средства транспорта на другой осуществляется без смены транспортной емкости. В качестве нормированных погрузочных единиц используются контейнеры, поддоны, прицепы, сменные кузовы, а также целые автопоезда (причем следует различать между самоходными погрузочными единицами в узком смысле слова, как например, транспортные средства с горизонтальной погрузкой/выгрузкой, автомобильные трейлеры, с одной стороны, и несамоходными погрузочными единицами - как сменные кузовы, контейнеры, поддоны, с другой стороны). Преимуществами комбинированных грузовых перевозок являются экономические эффекты от рационализации вследствие использования нормированных погрузочных единиц, разгрузка дорог от транспорта, снижение расходов, вызванных грузовым автотранспортом и обход запрета на осуществление грузовых автоперевозок по воскресеньям и выходным. Комбинированные грузовые перевозки приводят к улучшению финансово-экономического положения железных дорог, а также к освобождению от обязанности наличия лицензии на грузовики, используемые для комбинированных перевозок.

Konnossement Dokument, das die vertraglichen Bedingungen eines Seetransports beinhaltet und dem Inhaber die Verfügungsgewalt über die Fracht gibt.

Коносамент - документ, содержащий условия договора морской перевозки и предоставляющий его держателю право распоряжения грузом.

Kontingentierung von Genehmigungen Festsetzung von Höchstzahlen für auszugebende Genehmigungen nach einem bestimmten Verteilerschlüssel, die zur Durchführung einer bestimmten *Verkehrsart* in einer Region berechtigen.

Контигентирование лицензий - установление максимального количества выдаваемых лицензий, предоставляющих право на осуществление того или иного *вида транспорта* согласно определенному плану распределения.

Konzession *s. Genehmigung*

Konzessionierung Erteilung einer Genehmigung durch den Staat zur Durchführung einer bestimmten *Verkehrsart* bei Vorlage bestimmter subjektiver und objektiver Zulassungsvoraussetzungen, wie fachliche Eignung, Zuverlässigkeit und finanzielle Leistungsfähigkeit des Antragstellers. Die objektiven Zulassungsvoraussetzungen sind an den Verkehrsbedarf geknüpft und liegen außerhalb des Einflussbereichs des Antragstellers.

Порядок выдачи лицензий - выдача государством лицензии на право осуществления того или иного вида перевозок при наличии определенных субъективных и объективных условий допуска, как например, профессиональная пригодность, обязательность и финансовая надежность заявителя. Объективные условия допуска к транспортному рынку зависят от потребности в транспортных услугах, а не от интересов заявителя.

Konzessionssplitting Möglichkeit der Umwandlung einer erteilten Genehmigung in mehrere Genehmigungen (oder umgekehrt) ohne Überschreitung der ursprünglich genehmigten Nutzlast (z.B. Einsatz mehrerer kleiner LKW anstelle eines großen). Damit können Unternehmen flexibel auf veränderte Erfordernisse des Transportmarktes reagieren.

Деление лицензий - возможность переоформления полученной лицензии в несколько лицензий (или наоборот), не превышая первоначально установленную полезную нагрузку (например, эксплуатация нескольких малых грузовиков вместо одного большого). Это предоставляет транспортным предприятиям возможность гибкого реагирования на меняющиеся потребности транспортного рынка.

Kosten-Nutzen-Index Kennzahl zur Bewertung der Rentabilität von Verkehrsleistungen.

Коэффициент общей экономической эффективности капитальных вложений - показатель для оценки рентабельности транспортных услуг.

L

Less than Container Load *(LCL, vgl. Full-container-load, Sammelladungsverkehr)* Bezeichnung für einen Containertransport, bei dem die Sendungen mehrerer Verlader von einem *Spediteur* oder Reeder in einen Container gepackt werden. Die Einzelsendungen werden wie konventionelles Stückgut tarifiert.

Неполная погрузка контейнера *(ср. полная погрузка контейнера, перевозка сборного груза)* - название вида контейнерных перевозок, при котором грузы нескольких грузоотправителей загружаются *экспедитором* или судовладельцем в один контейнер. На отдельные партии перевозимого груза применяется тариф как на перевозку обычного штучного груза.

Liberalisierung in der Verkehrspolitik zielt auf die uneingeschränkte Entfaltung des Marktes mit freiem Zugang und ungehindertem Wettbewerb zwischen den Anbietern (z.B. freie Tarifbildung, Wegfall von Zollgrenzen). Ein weiteres Beispiel für die zunehmende L. ist der Ausbau der sogenannten Frachtenbörse (freight market), an der Ladungen und Beförderungsleistungen frei angeboten werden.

Либерализация в транспортной политике направлена на неограниченное развитие рынка, включая свободный доступ к нему и беспрепятственную конкуренцию между производителями товаров и услуг (например, свободное установление тарифов, снятие таможенных барьеров). Другим примером для усиливающейся либерализации может служить расширение так называемой фрахтовой биржи, где есть спрос и предложение на транспортные мощности и перевозочные услуги.

Linienagent Schiffsmakler, der als Reedereivertreter die ständige Vertretung einer Linienreederei für einen Hafen oder mehrere Häfen übernimmt. Im Einvernehmen mit den Beteiligten kann ein L. mehrere Linienreedereien vertreten. Der Agenturvertrag bindet den L. auf Dauer an seinen Reeder, der sein Geschäftsherr ist, und regelt das Auftragsverhältnis. Der L. ist ein selbständiger Kaufmann, der im Namen des Reeders handelt.

Агент по маршрутным <морским> перевозкам - судовой маклер, который берет на себя как представитель судовладельческой компании постоянное представительство интересов этой компании в одном или нескольких портах. При согласии всех участвующих сторон агент по маршрутным перевозкам может представить интересы нескольких линейных (рейсовых) пароходств. Агентский договор на длительный срок связывает его со своим судовладельцем, являющимся его заказчиком. Агент по маршрутным перевозкам является самостоятельным коммерсантом, выступающим на рынке от имени судовладельца.

Logistik ist die optimale Gestaltung (Organisation, Planung, Überwachung und Ausführung) des Flusses von Gütern (Material- und Warenflusses) von der Entwicklung und Beschaffung, über die Fertigung und Verteilung bis hin zum Endabnehmer, um die Forderung des Marktes mit minimalen Kosten und minimalem Kapitaleinsatz zu erfüllen.

Логистика - это оптимальное обеспечение (т.е. организация, планирование, контроль и реализация) потока материалов и товаров, начиная с разработки и закупки, включая производство вплоть до передвижения готового продукта к конечному потребителю в целях выполнения требования рынка при минимальных затратах и минимальной потребности в инвестициях.

Logistikzentrum *Güterverteilzentrum* gewerblicher Unternehmen zur Optimierung der Distribution ihrer Erzeugnisse.

Логистический центр - *грузораспределительный центр* коммерческих фирм для оптимизации сбыта своей продукции.

Logistische Komplettlösungen *(vgl. Güterverkehrszentrum)* Angebot höherwertiger logistischer Dienstleistungen im Paket. Dabei übernehmen Verkehrsunternehmen neben der Abwicklung des reinen Beförderungsvorgangs auch vor- und nachgelagerte Produktionsvorgänge (z.B. Sortieren, Lagern, Verpacken, Montage, Service). Der Vorteil für den Kunden besteht darin, dass er sämtliche Leistungen aus einer Hand erhält.

Комплексные логистические услуги *(ср. грузораспределительный центр с широким спектром логистических услуг)* - предоставление более развитых логистических услуг в комплекте. При этом транспортные предприятия наряду с осуществлением чисто перевозочных операций берут на себя и заготовительные и последующие за производственным процессом операции (например, сортировка, складирование и упаковка, сборка и сервис). Для клиента преимущество такой концепции заключается в том, что ему предлагают весь спектр услуг из одних рук.

LoLo-Verfahren *(lift-on/lift-off Verfahren, vgl. RoRo-Verfahren)* konventionelle Beladung eines Schiffes, bei der die Ladung mit Hilfe entsprechender Schiffs- und Hafentechnik angehoben und herabgelassen wird.

Способ вертикальной погрузки и выгрузки *(лифт-он-лифт-оф, ср. способ горизонтальной погрузки и выгрузки, ро-ро)* - традиционный способ погрузки и выгрузки судна, при котором судовой груз поднимается и спускается при помощи специальной судовой и портовой техники.

M

Marktprinzip „Verkehr finanziert Verkehr" *(vgl. Territorialitätsprinzip)* beinhaltet den Grundsatz, dass Investitionen in Verkehrsinfrastruktur und -technologie möglichst über Abgaben der Verkehrsnutzer (z.B. Kfz-Steuer, Benzinsteuer, Mautgebühren) finanziert werden. Damit sollen die Investitionskosten nach dem Verursacher-Prinzip gerechter verteilt und der Umfang der staatlichen Subventionen reduziert werden. Allerdings ist die Durchsetzung dieses Prinzips in der Praxis überaus problematisch.

Принцип функционирования рынка - **«транспорт финансирует транспортную инфраструктуру и технологию»** *(ср. принцип взимания транспортных налогов и сборов в стране пользования транспортной* *инфраструктурой)* - гласит о том, что инвестиции в транспортную инфраструктуру и технологию должны быть профинансированы через сборы, взимаемые от пользователей транспортом (например, автомобильный налог, налог на бензин, сбор за пользование автострадой). Таким образом, согласно принципу соотнесения расходов по месту их возникновения, затраты, связанные с инвестициями должны быть распределены более справедливо. Одновременно объем государственных инвестиций в транспортный сектор должен сокращаться. Однако, применение данного принципа на практике оказывается крайне проблематичным.

Maut *s. Nutzungsgebühr*

Mobilität Beweglichkeit des Menschen im Raum, d.h. die Gesamtheit der außerhäuslichen Bewegungsvorgänge einschließlich des Fahrradverkehrs und der Fußwege. Mobilitätsnachfrage ist die realisierte Nachfrage nach Ortsveränderungen. Ihr Umfang wird bestimmt von der Notwendigkeit und Dringlichkeit von Ortsveränderungen und der Verfügbarkeit von Verkehrswegen und Fahrzeugen.

Мобильность - подвижность человека в пространстве, т.е. совокупность процессов передвижения человека вне своего дома, включая движение велосипедов и на пешеходных дорожках. Потребность в мобильности является реализованным спросом в передвижении. Объем этого спроса зависит как от необходимости и срочности изменения местоположения, так и от наличия транспортной инфраструктуры и транспортных средств.

Modal Share Anteil der einzelnen *Verkehrsträger* am Gesamtverkehrsaufkommen.

Доля перевозок - произведенных отдельными *носителями транспорта* в общем объеме транспортных потоков.

Modal Split Begriff des *gebrochenen Verkehrs*, der die Verteilung des *Verkehrsaufkommens* bzw. der Verkehrsleistung im Personen- und Güterverkehr auf die verschiedenen *Verkehrsträger* (Eisenbahn-, Straßen-, Luft-, Binnenschifffahrts- und Seeverkehr) beinhaltet. Der M.S. unterliegt Schwankungen infolge von Verschiebungen in der gesamtwirtschaftlichen Güternachfrage, technischer Neuerungen, steigendem Motorisierungsgrad, verkehrspolitischer Eingriffe, gesamtwirtschaftlichem Konjunkturverlaufs sowie saisonaler und witterungsbedingter Faktoren.

Распределение долей перевозок по носителям транспорта - понятие из области *перевозок с перевалкой груза (или пересадкой пассажиров)*, которое означает распределение *объемов пассажирских и грузовых перевозок* по отдельным *носителям транспорта* (железнодорожные, автогрузевые, воздушные, речные и морские перевозки). Рапределение долей перевозок по носителям транспорта подвергается колебаниям вследствие изменения совокупного спроса на товары и услуги, технической инновации, повышения уровня моторизации, регулирования государства в области транспортной политики, развития экономической конъюнкутры, а также изменения сезонных и климатических факторов.

Multimodaler Verkehr *(s. Modal Split, Transeuropäische Verkehrsnetze)* Sammelbegriff für Verkehre, die unter Beteiligung mehrerer *Verkehrsträger* abgewickelt werden. Der Verkehrsvorgang wird dabei gesplittet. Bei einer Beteiligung zweier Verkehrsträger, z.B. Schiene und Straße, spricht man von einem bimodalen Verkehr *(s. bimodales Fahrzeug)*.

Мультимодальные перевозки *(ср. распределение долей перевозок по носителям транспорта, трансевропейские транспортные сети)* - собирательное понятие для всех перевозок, которые осуществляются при участии нескольких *носителей транспорта*. В процессе перевозки различаются несколько этапов. При участии двух носителей транспорта в перевозочном процессе, например, железной дороги и автотранспорта, речь идет о бимодальных грузовых перевозках *(ср. бимодальное транспортное средство)*.

N

Nachtsprung Containerganzzugsysteme zwischen größeren Industrie- und Handelszentren, die durch Tag A/B Verbindungen besonders günstig organisiert sind.

Следование ночных маршрутных поездов - система контейнерных маршрутных поездов, курсирующих между крупнейшими промышленными и торговыми центрами страны по чередующемуся через день графику движения и являющихся поэтому особенно удобным железнодорожным грузовым сообщением.

Nationalitätsprinzip *(vgl. "Marktprinzip Verkehr finanziert Verkehr")* - Besteuerungs- und Abgabengrundsatz, nach dem alle verkehrsspezifischen Steuern und Abgaben dem Staat zufließen sollen, in dem das Fahrzeug angemeldet ist. Im Zuge grenzüberschreitender Verkehre kommt es zu einer Entkopplung von Kostenverursachern und Kostenträgerschaft. Daher sollte dem *Territorialitätsprinzips* künftig größere Bedeutung beigemessen werden.

Принцип взимания транспортных налогов и сборов в стране регистрации <транспортного средства> *(ср. принцип функционирования рынка «транспорт финансирует транспортную инфраструктуру и технологию»)* - принцип взимания налогов и сборов, согласно которому все транспортные налоги и платежи должны поступить в бюджет страны регистрации транспортного средства. Таким образом в контексте международных перевозок происходит разъединение носителей транспортных расходов и мест их возникновения. В этой связи *принципу взимания транспортных налогов и сборов в стране пользования транспортной инфраструктурой* в будущем надо придаваться бо́льшая значимость.

Neigetechnik Moderne Verkehrstechnologie für den Schienenverkehr, die es durch flexible Montierung des Wagenkastens auf ein Fahrgestell ermöglicht, enge Kurven mit höherer Geschwindigkeit zu passieren und damit die Beförderungszeit zu verkürzen. Beispiele für die Anwendung der N. sind die Niederflurstraßenbahn im *ÖPNV* und der Talgo im Eisenbahnverkehr.

Релсовая техника с гибкой подвеской кузова вагонов - современная транспортная технология для рельсового сообщения, обеспечивающая возможность проезда тесных закруглений путей с более высокой скоростью и тем самым сокращающая продолжительность езды благодаря гибкой подвеске кузова вагона на ходовой части тележки. В качестве примеров для применения этой технологии можно привести современный трамвай с пониженной платформой в *общественном городском транспорте* или железнодорожный поезд типа Тальго.

Nicht öffentlicher Verkehr *(vgl. öffentlicher Verkehr) Verkehrsart*, bei der der Verkehrsunternehmer den Transport eines Fahrgastes oder Transportgutes ablehnen kann, da kein gesetzlicher Beförderungsanspruch besteht (z.B. Charter-Verkehre).

Транспорт необщего пользования *(ср. транспорт общего пользования)* - *вид транспорта*, при котором перевозчик имеет право отказаться от перевозки пассажира или груза в связи с отсутствием гарантированного законом права на перевозку (например, чартерные перевозки).

Nicht tarifäre Handelsschranken Handelshemmnisse, die z.B. aus der Benachteiligung ausländischer Anbieter bei der Vergabe von Konzessionen und Transportkontingenten im Güterverkehrsgewerbe resultieren. N.t.H. können auch spezielle Produktnormen sein, die sich gegen bestimmte Leistungsmerkmale ausländischer Anbieter richten. Im Gegensatz zu den n.t.H. handelt es sich bei den tarifären Handelshemmnisse um Zollbarrieren, Importkontingentierungen oder Devisenbeschränkungen.

Нетарифные торговые барьеры (препятствия в торговле) - торговые барьеры, которые являются, например, результатом дискриминации иностранных производителей транспортных услуг при выдаче лицензий и установлении транспортных контингентов на грузовой автотранспорт. Как нетарифные торговые барьеры можно и классифицировать специальные требования, предъявляемые иностранным производителям в отношении государственных стандартов качества импортируемых товаров. В отличие от нетарифных торговых барьеров тарифные торговые барьеры представляют собой таможенные барьеры, контингентирование импорта или ограничения валютных операций.

Niederflurbauweise Moderne Verkehrstechnologie für den Personenverkehr, bei der durch eine Verringerung der Einstiegshöhe der Fahrzeuge der Fahrkomfort erhöht und auf Grund eines beschleunigten Fahrgastwechsels die Beförderungszeit verkürzt wird.

Способ конструкции транспортного средства с пониженной платформой (с выходом на уровне перрона) - современная транспортная технология для пассажирского транспорта, при которой улучшается удобство езды для пассажиров благодаря снижению уровня входа/выхода из транспортного средства. Это позволяет сократить продолжительность проезда в результате сокращения времени на посадку и высадку пассажиров.

Nutzungsgebühren Abgaben für die Benutzung von Verkehrsbauten (Straßen, Brücken, Tunnel), die von der öffentlichen Hand oder privaten Betreibern erhoben werden. Den N. liegt das Prinzip der Zuordnung der Kostenträgerschaft zu den Kostenverursachern zu Grunde. Verkehrslastunabhängige N. werden pauschal für die Benutzung kostenpflichtiger Verkehrsbauten erhoben (z.B. Autobahnvignette). Die Höhe von verkehrslastabhängigen N. richtet sich nach der Nutzungsintensität. Die Tarife sind nach Zeit bzw. Entfernung gestaffelt. Für Schwachlaststrecken fallen geringere oder keine N. an.

Сборы за пользование транспортной инфраструктурой - сборы, взимаемые публично-правовыми или частными эксплуатантами транспортной ифраструктуры (дорог, мостов, туннелей) за ее пользование. Взимание этих сборов основывается на принципе соотнесения расходов к лицам, вызывающим их (т.е. к местам их возникновения). Не зависящие от транспортной нагрузки сборы взимаются паушально за пользование данным объектом транспортной инфраструктуры (например, виньетка за пользование автострадой). Величина зависящих от транспортной нагрузки сборов определяется в зависимости от интенсивности пользования. Тарифы дифференцируются по времени или по расстоянию. За пользование менее нагруженными трассами взимается либо незначительный, либо вообще никакой сбор.

O

Öffentlicher Verkehr *(vgl. nicht-öffentlicher Verkehr) Verkehrsart,* bei der jedermann zu gleichen Bedingungen einen gesetzlichen Beförderungsanspruch hat. I.d.R. sind alle Linienverkehre auch ö.V.

Транспорт общего пользования *(ср. транспорт необщего пользования)* - *вид транспорта,* при котором любой человек имеет гарантированное законом право на перевозку на одинаковых для весх условиях. Как правило, линейные (маршрутные) перевозки являются транспортом общественного пользования.

Öffentlicher Personennahverkehr (ÖPNV) Allgemein zugängliche *Beförderung* von Personen mit Verkehrsmitteln im Linienverkehr, die überwiegend dazu bestimmt ist, die Verkehrsnachfrage im Stadt-, Vorort- und Regionalverkehr zu befriedigen. Die Mehrzahl der Beförderungsfälle eines Verkehrsmittels wird mit einer Reiseweite von bis zu 50 km bzw. mit einer Gesamtreisezeit von bis zu einer Stunde realisiert. Der ÖPNV enthält Elemente mehrerer *Verkehrsträger* (z.B. Schiene und Straße).

Общественный местный (городской) пассажирский транспорт - общедоступная форма *перевозки* пассажиров на транспортных средствах в линейном сообщении, нацеленная, в первую очередь, на удовлетворение спроса в перевозочных услугах в городском, пригородном и региональном транспорте. Большинство перевозок, осуществляемых конкретным транспортным средством, производится со средней дальностью езды до 50 км. и с общей продолжительностью езды до одного часа. Общественный местный (городской) транспорт включает в себя элементы разных *носителей транспорта* (как например, железной дороги и автотранспорта).

P

Park-and-Ride (P+R) - aufeinanderfolgende Benutzung von privatem PKW und einem öffentlichen Verkehrsmittel. Der PKW dient als Zubringerverkehrsmittel zur Haltestelle eines öffentlichen Verkehrsmittels und kann dort auf einem speziell dafür eingerichteten Parkplatz abgestellt werden.

Концепция «оставить машину <на стоянке> и ездить дальше на общественном транспорте» - последовательное использование в перевозочном процессе частного автомобиля и транспортного средства общего пользования. Частный автомобиль используется для доставки пассажиров до пункта остановки общественного транспорта. Он может быть припаркован на специально построенных рядом автостоянках.

Parkleitsystem - technisch-organisatorisches Verfahren zur Lenkung des Parksuchverkehrs. Ein System zur Datenerfassung, -verarbeitung und -weitergabe erfasst freie Parkplätze automatisch und leitet die Informationen an die motorisierten Verkehrsteilnehmer weiter.

Автоматическая система управления местами стоянки - техническиорганизационный способ управления движением в поиске свободного места на стоянках для частных автомобилей. Компьютеризированная система сбора, обработки и передачи данных собирает информацию о наличии на стоянках свободных мест и передает ее моторизированным участникам транспорта.

Parkhausbetreiber s. *Betreiber<gesellschaft>*

Parkraumbewirtschaftung - Verwaltung des verfügbaren Parkraums im Rahmen von *Parkraumnutzungskonzepten*. In von der öffentlichen Hand festgelegten Parkraumbewirtschaftungszonen kontrollieren private *Betreibergesellschaften* die Einhaltung der Parkvorschriften. Bestandteile der P. sind z.B. die Parkraumreservierung für bestimmte Personengruppen (mittels Benutzerausweis), die Begrenzung der Parkdauer und die Erhebung von Parkgebühren (meist gestaffelt nach Dauer). Dadurch werden die Umschlagzahlen erhöht und Langzeitparker aus den Innenstadtbereichen verdrängt.

Хозяйственное использование полезных площадей для автостоянок - Управление используемыми для стоянки частных автомобилей площадями в рамках *концепций хозяйственного использования полезных площадей для автостоянок*. На выделенных коммунальными органами площадях для стоянки автомобилей частные фирмы-операторы контролируют соблюдение правил стоянки. Составляющими частями данной концепции являются, например, такие моменты, как: резервирование мест для стоянки автомобилей для определенных групп пользователей (обладающих соответствующим пропуском), ограничение продолжительности стоянки, а также взимание сборов за стоянку (как правило дифференцированных по времени). Таким образом увеличивается количество оборотов припаркованных автомобилей и вытесняются из городских центров автомобили, припаркованные на автостоянках на длительный срок.

Parkraumnutzung<skonzept> (vgl. *Parkraumbewirtschaftung*) - Aufeinander abgestimmte Maßnahmen zur bedarfsgerechten Planung und zur funktionsgerechten, effektiven Nutzung der knappen Ressource Parkraum. Dazu gehören die Planung künftiger Parkkapazitäten und die Optimierung der Nutzung des vorhandenen Parkraums durch technologische Lösungen (z.B. Errichtung eines mehrstöckigen

Parkhauses anstelle eines Parkplatzes u.a.) sowie durch organisatorische Maßnahmen (z.B. Parkleitsysteme).

Концепция хозяйственного использования полезных площадей для автостоянок - согласованные друг с другом меры по ориентированному на спрос планированию и целевому, эффективному использованию недостаточных ресурсов полезных площадей для автостоянок. Это включает в себя как планирование объемов выделяемых в будущем площадей для автостоянок, так и оптимизацию использования уже имеющих в распоряжении площадей посредством технологических решений (например, строительство многоэтажного гаража вместо площади для автостоянки и пр.) и реализацию ряда организационных мер (как например, установление автоматических систем управления местами стоянки).

Parksuchverkehr (vgl. *Parkraumnutzungskonzept*) - unerwünschter Verkehr in Innenstädten und Punkten mit erhöhtem Besucheraufkommen (Einkaufzentren, Veranstaltungsplätzen etc.), der durch ein unzureichendes Parkraumangebot oder eine unzulängliche Parkraumnutzung verursacht wird. Der P. entstand als Folge eines ständig zunehmenden Motorisierungsgrades der Bevölkerung und ist nur mit modernen Managementkonzepten zu bewältigen.

Маневровое движение в поиске свободного места для стоянки автомобиля (ср. *концепция хозяйственного использования полезных площадей для автостоянок*) - нежелательный объем транспорта в центрах крупных городов и в местах с большим скоплением людей (например, вблизи от торговых центров и мест проведения общественных мероприятий), вызванный недостатком мест для стоянки автомобилей, либо неэффективностью их использования. Маневровое движение в поиске свободного места для стоянки автомобиля является результатом постоянно возрастающего уровня моторизации населения и справляться с ним можно лишь при использовании современных концепций управления транспортом.

Partikulier (Klein-, Privat- oder Einzelschiffer) - Schiffseigner, der mit nicht mehr als drei Binnenschiffen gewerblich Güter transportiert. Das gleichzeitig als Wohnung und Arbeitsplatz dienende Schiff stellt oft die einzige Erwerbsquelle dar. Typisch ist eine kleinbetriebliche, handwerksähnliche Unternehmensorganisation.

Судовладелец-единоличник (малый, частный или индивидуальный судовладелец) - владелец судна, который осуществляет коммерческие грузовые перевозки по внутренним водным путям, используя не более трех судов речного плавания. Использованное одновременно в качестве квартиры и рабочего места судно как правило является единственным источником доходов его владельца. Эта форма внутреннего пароходства характеризуется методами ведения предприятия, которые типичны для малых фирм и ремесленников.

Planfeststellungsverfahren (vgl. *Raumordnungsverfahren*) - hoheitlicher Akt bei überörtlichen Baumaßnahmen, insbesondere bei Verkehrsinfrastrukturinvestitionen. Alle vom Projekt berührten öffentlichen und privaten Belange einschließlich der Umweltverträglichkeit müssen im Rahmen der Abwägung berücksichtigt und abschließend geregelt werden. Zuerst werden im Anhörungsverfahren die Interessen der Beteiligten vorgetragen, dann wird ein Planfeststellungsbeschluss ausgefertigt, durch den das Projekt seine gesetzliche Wirksamkeit erhält. Erst danach kann mit der Bauausführung begonnen werden.

Порядок констатации законности проекта по развитию или расширению <транспортной> инфраструктуры с учетом интересов, затронутых реализацей данного проекта - государственный (административый) акт, предписанный законом при реализации крупных межрегиональных строительных проектов, в частности и при инвестициях в транспортную инфраструктуру. Все затронутые запланированным проектом общественные и частные интересы, включая соответствие проекта с требованиями защиты окружающей среды, должны быть заранее обсуждены и окончательно урегулированы в рамках данной процедуры. Сначала представляются интересы всех участвующих сторон в рамках порядка заслушивания. Затем принимается решение о надлежащем проведении выше описанной процедуры, в результате которого проект приобретает статус законности. Лишь после этого можно приступить к практической реализации проекта.

Public Private Partnership - Form der Mischfinanzierung, bei der von der öffentlichen Hand geplante Projekte durch private Investoren kofinanziert werden. Im Verkehrsbereich wird PPP. sowohl bei Verkehrsinfrastrukturprojekten (z.B. Brücken oder Autobahnen) als auch in der Verkehrstechnologie (z.B. Transrapid) angewandt. Die Refinanzierung solcher Projekte erfolgt häufig über Nutzungsentgelte (z.B. Maut) oder Gebührenanteile.

Концепция партнерства общественных и частных структур - форма смешанного финансирования, при которой запланированные государственными или общественно-правовыми структурами проекты получают долевое финансирование от частных инвесторов. В транспортном секторе концепция партнерства общественных и частных структур применяется как при финансировании проектов по развитию и расширению транспортной инфраструктуры, так и при реализации проектов по развитию транспортной технологии (например, магнитный скоростной поезд «Трансрапид»). Рефинансирование таких проектов часто обеспечивается путем взимания сборов за пользование данным объектом транспортной инфраструктуры, либо за право применения новой технологии.

R

Raumordnungsverfahren - Verfahren, das grundsätzlich bei allen raumbedeutsamen Vorhaben öffentlicher und privater Planungsträger durchgeführt werden muss. Es gilt als Voraussetzung für die Realisierung von Verkehrsinfrastrukturinvestitionen. In einem R. wird geprüft, ob das Projekt den Erfordernissen der Raumordnung (entsprechend den Entwicklungs- und Flächennutzungsplänen) entspricht und wie es mit anderen Planungen abgestimmt ist. Es hat keine unmittelbare Rechtswirkung, ist aber eine Entscheidungsgrundlage für das *Planfeststellungsverfahren.*

Порядок заселения и землепользования - предписанная законом процедура, которая должна быть проведена в обязательном порядке для всех проектов коммунальных и частных инвесторов, связанных с расширением инфраструктуры. Она также является предпосылкой для реализации проектов по развитию транспортной инфраструктуры. В рамках данной процедуры проверяется, насколько намеченный проект соответствует требованиям плана территориального заселения и землепользования (согласно плану развития и использования коммунальных площадей) и насколько он согласован с другими инвестиционными проектами. Порядок заселения и землепользования не имеет непосредственного правового действия, однако он является основой для принятия решения в рамках *порядка констатации законности проекта по развитию или расширению <транспортной> инфраструктуры с учетом интересов, затронутых реализацией данного проекта.*

Referenztarif - Preisempfehlung, die den Vertragspartnern lediglich eine Richtschnur liefert, sie jedoch in ihrer Vereinbarung nicht bindet.

Рекомендованный тариф - рекомендация в отношении установления тарифов, являющаяся ориентиром для партнеров по договору, но не обязующая их применить именно этот тариф.

Reedereivertreter s. *Linienagent*

Regulierung des Verkehrsmarktes - staatliche, ordnungspolitische Eingriffe in Form von Gesetzen und Verordnungen, die den freien Wettbewerb durch Beschränkungen zum Marktzugang oder durch Einflussnahme auf die Preisgestaltung eingrenzen. Das Ziel derartiger Regulierungsmaßnahmen besteht in der Abschwächung und bewussten Verzerrung der Konkurrenz im Binnenland und gegenüber Anbietern anderer Staaten (z.B. durch *Konzessionierung* im Straßengüterfernverkehr, Preisfixierung bei der Binnenschifffahrt, Regelung des *Werkverkehrs* u.a.).

Регулирование транспортного рынка - вмешательство государства в транспортный сектор в форме законов и постановлений, ограничивающих свободную конкуренцию путем барьеров, затрудняющих доступ к рынку, либо путем воздействия на установление тарифов. Цель таких мер по регулированию рынка заключается в смягчении и сознательном искажении конкуренции внутри страны в отношении производителей транспортных услуг других стран (например, при помощи *системы выдачи лицензий* в грузовом автотранспорте на дальние расстояния, замораживания тарифов внутреннего пароходства, урегулирования *внутризаводских перевозок собственным автотранспортом* и пр.).

Road-Pricing - Sammelbegriff für die Erhebung von Straßenbenutzungsabgaben in Abhängigkeit z.B. von der Höhe des Verkehrsaufkommens, der fahrzeugspezifischen Straßenabnutzungsintensität oder des Finanzmittelbedarfs für Straßenbauinvestitionen. Das Konzept stellt einen Steuerungsmechanismus zum Ausgleich von Angebot und Nachfrage dar. Es erfolgt eine Differenzierung der Abgabe nach *Verkehrsaufkommen* in räumlicher und zeitlicher Hinsicht und ist damit von pauschalen Straßenbenutzungsabgabe zu unterscheiden.

Концепция «установление сборов за пользование дорогами в зависимости от транспортной нагрузки» - форма взимания сборов за пользование дорогами в зависимости от объема транспортной нагрузки, интенсивности изнашивания дорог конкретным типом транспортных средств, а также потребности в финансировании проектов по строительству дорог. Данная концепция является механизмом регулирования соотношения между предложением траспортных услуг и спросом в них. Она предусматривает дифференциацию сборов по объемам перевозок, по расстоянию и по времени и тем самым отличается от паушальных сборов за пользование дорогами.

Road-to-Sea Konzepte (vgl. *Euro-Shuttle*) - Konzepte zur Verlagerung des Güterverkehrs von der Straße auf das Schiff mit dem Ziel der Senkung der Umweltbelastungen und der Transportkosten. Gleichzeitig wird eine bessere Auslastung vorhandener Kapazitäten der Schifffahrt und eine Verringerung der Verkehrsbelastung auf der Straße erreicht.

Концепция «с дороги на море» (ср. *Евро-Шатл*) - концепция по перенесению автомобильных грузовых перевозок на судна прибрежнего плавания с целью снижения нагрузки на окружающую среду и транспортных расходов. Одновременно достигается более эффективное использование имеющего тоннажа судоходства и уменьшение транспортной нагрузки дорог.

Roadtrailer (vgl. *Trailerzugverkehr*) - Form des *kombinierten Verkehrs*, bei dem speziell ausgerüstete Sattelanhänger auf die Schienendrehgestelle eines Waggons abgesetzt und zu einem ganzen Zug zusammengestellt werden. Die Vorteile bestehen in den relativ niedrigen Anforderungen an die Verladestation und dem günstigen

Nutzlast/Totlast-Verhältnis. Von Nachteil sind dagegen die hohen Investitionskosten für die Spezialtrailer.

Автомобильный трейлер (ср. *железнодорожные перевозки на трейлерах*) - форма *комбинированных грузовых перевозок*, при которой специально оборудованные полуприцепы спускаются на поворотную тележку вагона и формируются в полный состав поезда. Преимущества этой технологии заключаются в относительно низких технических стандартах, требуемых в отношении погрузочной станции, а также в удовлетворительном коэффициенте эксплуатациионной нагрузки и собственного веса транспортного средства. Однако недостатком являются большие расходы на инвестиции, связанные с приобретением специальных автомобильных трейлеров.

Rollende Landstraße (RoLa, vgl. *schwimmende Landstraße*) - Form des *kombinierten Verkehrs*, bei der Lastzüge oder Sattelschlepper auf Eisenbahnwaggons auffahren und auf der Schiene transportiert werden. Die r.L. ist durch ein ungünstiges Nutzlast/Totlast-Verhältnis gekennzeichnet.

Система контрейлерных перевозок - (ср. *система комбинированных автотранспортно-морских перевозок*) - форма *комбинированных грузовых перевозок*, при которой автопоезда или седельные тягачи въезжают на железнодорожные платформы и перевозятся железной дорогой. Система контрейлерных перевозок характеризуется неудовлетворительным коэффициентом эксплуатациионной нагрузки и собственного веса транспортного средства.

Rollende Raststätte s. *Autoreisezug*

Rollgeld - Bezeichnung der Gebühr für die Abholung oder Zustellung (An- und Abfuhr) von Transportgütern vom *Versender* oder zum *Empfänger* durch ein beauftragtes Straßenverkehrsunternehmen.

Плата за доставку железнодорожного груза на дом - название дополнительного сбора за подвоз или вывоз груза от *грузоотправителя* к *грузополучателю* заказным автранспортным предприятием.

RoRo-Verfahren (roll-on/roll-off Verfahren, vgl. *LoLo-Verfahren*) - horizontale Be- und Entladung von Schiffen. Das Verfahren wird häufig im Fährverkehr eingesetzt. Züge oder Kraftfahrzeuge fahren dabei direkt auf das Deck der Schiffe auf. Es werden hohe Anforderungen an die Schiffstechnik und Verkehrssicherheit gestellt.

Способ горизонтальной погрузки и выгрузки (рол-он-рол-оф, ср. *способ вертикальной погрузки и выгрузки, ло-ло*) - способ погрузки и выгрузки судов, который часто применяется в паромном сообщении. Поезда или автомобили въезжают на палубу специально оборудованных для этого судов. Способ горизонтальной погрузки и выгрузки предъявляет большие требования к судовой технике и безопасности перевозок.

Ruhender Verkehr - Sammelbegriff für parkenden und haltenden Verkehr (d.h. nicht in Bewegung befindliche Fahrzeuge) im öffentlichen Verkehrsraum.

«Не движущийся транспорт» - собирательное понятие, означающее совокупность припаркованных или временно останавливающихся автомобилей в общественном транспортном пространстве (т.е. автомобилей, не находящихся в движении, как например, транспортные средства на стоянке или припаркованные на улицах автомобили).

S

Sammelgutverkehr s. *Sammelladungsverkehr*

Sammelladungsverkehr (vgl. *LCL*) - traditioneller Tätigkeitsbereich einer Spedition. Er beinhaltet die Sammlung einer Vielzahl kleinerer Sendungen, die Zusammenfassung dieser Sendungen zu *Wagenladungen* und ihren anschließenden Transport auf der Straße oder Schiene. Abschließend wird die Wagenladung durch Zustellung der Sendungen an eine Vielzahl von Empfängern wieder aufgelöst.

Перевозка сборного груза (ср. *неполная погрузка контейнера*) - традиционное направление деятельности экспедиторских фирм. Оно включает в себя сбор многочисленных партий перевозимых грузов, комплектование этих партий по вагонам или грузовикам и перевозку груза автотранспортом или железной дорогой. По завершении перевозочных операций сборный груз распределяется по грузополучателям.

Schnitttarif *(int. Eis.)* - wird anstelle von Entfernungen oder Frachtsätzen angewendet. Er besteht aus Schnitttafeln, von denen jede die Teilentfernung und/oder den Teilfrachtsatz von gemeinsamen Grenzübergangspunkten bis zu den Bahnhöfen der beteiligten Eisenbahnen enthält. Die Gesamtentfernung (der Gesamtfrachtsatz) wird additiv aus den einzelnen Teilentfernungen errechnet.

Суммарный тариф по указателям маршрутных <железнодорожных> тарифов - Применяется вместо тарифов по расстоянию и индивидуальных тарифных ставок на отдельные участки дороги. Он формируется на базе таблиц, содержащих отдельные участки расстояния и/или фрахтовую ставку на каждый из этих участков с пунктов пересечения границы до вокзала в стране компаний-партнеров железной дороги. Общее расстояние (общая тарифная ставка) складывается из сумм тарифов на отдельные участки расстояния.

Schwimmende Landstraße (vgl. *rollende Landstraße*) - Form des *kombinierten Verkehrs*, bei der ganze Lastzüge oder Sattelzüge auf Schiffe fahren und auf dem Wasserweg transportiert werden. Nachteilig ist ein ungünstiges Nutzlast/Totlast-Verhältnis.

Система комбинированных автотранспортно-морских перевозок (ср. *система контрейлерных перевозок*) - форма *комбинированных грузовых перевозок*, при которой грузовики или автопоезда в составе седельного тягача въезжают на палубу судов и перевозятся водным путем. Система комбинированных наземно- (автотранспортных) морских перевозок характеризуется неудовлетворительным коэффициентом эксплуатацииционной нагрузки и собственного веса транспортного средства.

Seefrachtvertrag (vgl. *Befrachter*) - Der S. wird zwischen dem *Befrachter* und dem *Verfrachter* zugunsten des *Empfängers*, der das Recht auf Auslieferung unter den festgelegten Bedingungen erhält, abgeschlossen. Der S. ist ein Vertrag zugunsten eines Dritten. Er ist ein Werkvertrag, denn der Reeder erbringt die *Beförderung* und garantiert den Beförderungserfolg.

Договор морской перевозки (ср. *фрахтователь*) - заключается между *фрахтователем* и *грузоотправителем* в пользу *грузополучателя*, имеющего право распоряжения грузом на определенных условиях. Договор морской перевозки тем самым является договором в пользу третьего лица. Кроме того, можно его охарактеризовать как договор подряда, поскольку судовладелец обеспечивает *перевозку* и гарантирует надлежащее выполнение взятых на себя обязательств.

Slot - zeitlich definierte Start- und Landerechte an Flughäfen, die entweder von den Flughäfen selbst oder von einem Flugplankoordinator vergeben werden. Die Anzahl der Slots hängt von den infrastrukturellen Gegebenheiten auf den einzelnen Flughäfen ab. Dazu gehören u.a. Anzahl der Parkpositionen, Rollmöglichkeiten, Abfertigungskapazitäten, Personal, Auslastung der Flughäfen u.a.

Слот - Права на осуществление определённого количества взлётов и посадок, которые на определённый срок предоставляются авиакомпаниям руководством аэропорта, либо координатором по согласованию расписаний полётов. Количество допушенных взлётов и посадок зависит от имеющейся в аэропорту инфраструктуры, к которой относятся: количество мест для стоянки самолётов, количество рулёжных полос, регистрационные мощности, уровень загрузки аэропорта и др.

Spediteur - Person, die es gewerbsmäßig übernimmt den Versand von Gütern durch *Frachtführer* (oder *Verfrachter* von Seeschiffen) auf Rechnung eines *Versenders* und in eigenem Namen zu besorgen. Der S. ist für den Versender ein Dienstleister, der ihm durch die Kenntnis der Beförderungsbedingungen, der Außenwirtschafts- und/oder Zollvorschriften, durch die richtige Wahl des Verkehrsmittels u.a. hilft, das Beförderungsrisiko zu minimieren und unvorhergesehene Kosten zu vermeiden. Für die Besorgung der _Beförderung_ erhält der Spediteur vom Versender ein Entgelt in Form einer Provision. In Abhängigkeit davon, an welcher Stelle der Beförderungskette der Spediteur tätig wird, kann man zwischen _Abfertigungs-_, _Versand-_ und _Empfangsspediteuren_ unterscheiden.

Экспедитор - юридическое лицо, которое берет на себя ответственность за отправку груза при помощи _фрахтователя_ (или перевозчика морского груза) за счет _грузоотправителя_ и от собственного имени. Для грузоотправителя экспедитор является производителем специализированных услуг (включая, например, знание условий перевозок, внешнеэкономических и таможенных правил, а также отбор подлежащего транспортного средства), которые помогают ему снизить транспортный риск и избежать непредвиденных расходов. За обеспечение _перевозки_ экспедитор получает от грузоотправителя коммиссионые. В зависимости от того, в каком месте транспортной цепи экспедитор предлагает свои услуги, имеются различия между _экспедиторами-отправителями_, _экспедиторами-отправителями сборного груза_ и _экспедиторами-получателями_.

Speditionsvertrag - Vertrag, der zwischen dem _Versender_ (Kunden, Auftraggeber) und dem _Spediteur_ (Auftragnehmer) geschlossen wird, indem der Versender dem Kaufvertrag die für die Güterbeförderung relevanten Angaben entnimmt und sie dem Spediteur in Form eines schriftlichen Auftrages übermittelt. Nimmt der Spediteur diesen Auftrag an, gilt der S. als geschlossen. Der Spediteur besorgt die _Güterbeförderung_, indem er einen _Frachtvertrag_ mit einem _Frachtführer_ abschließt und alle weiteren Arbeiten erledigt. Gegenüber dem Frachtführer wird der Spediteur zum _Absender_.

Транспортно-экспедиционный (экспедиторский) договор - договор, который заключается между _грузоотправителем_ (клиентом, заказчиком) и _экспедитором_ (исполнителем). Грузоотправитель передает все необходимые для обеспечения перевозки груза данные (зафиксированные в договоре купли-продажи) экспедитору в форме письменного заказа. Если экспедитор принимает этот заказ, экспедиторский договор является заключенным. Экспедитор обеспечивает _перевозку_ груза, заключая _договор фрахтования_ с _фрахтовщиком_ и выполняя все остальные, связанные с исполнением заказа работы. В отношении фрахтовщика экспедитор выступает в качестве _грузоотправителя_.

Streckentarif _(ÖPNV, Taxi, Eisenbahn und Straßengüterverkehr, vgl. Zeittarif)_ - räumliche Differenzierung des Entgeltes für Verkehrsleistungen. Das Entgelt wird nach der zurückgelegten Entfernung berechnet. Eine Sonderform des S. ist der _Zonentarif_.

Участковый тариф *(общественный городской транспорт, такси, ж/д., грузовой автотранспорт, ср. повременный тариф)* - дифференциация платы за перевозочные услуги в зависимости от расстояния. Величина тарифа рассчитывается на основе пройденного расстояния. Особой формой участкового тарифа является зональный тариф.

T

Taktfahrplan - Fahrplan, bei dem die öffentlichen Verkehrsmittel, zumindest zu bestimmten Tageszeiten, alle Haltepunkte in gleichbleibenden Zeitabständen bedienen.

График движения по твердому интервалу - расписание, при котором средства общественного пассажирского транспорта обслуживают все остановочные пункты по жесткому интервалу - по крайней мере в определённое время дня.

Tarifgemeinschaft - Kooperationsform von Verkehrsunternehmen des ÖPNV zur Berechnung eines gemeinsamen Tarifs für das zu bedienende Verkehrsgebiet. Schaffen die kooperierenden Verkehrsunternehmen eine besondere Organisation, der sie wesentliche Zuständigkeiten (wie z.B. Verkehrsplanung, Einnahmeaufteilung etc.) übertragen, spricht man von einem Tarifverbund.

Тарифное сообщество - форма кооперации между предприятиями общественного пассажирского транспорта в целях расчета общего тарифа на всю обслуживаемую территорию. Если кооперирующиеся друг с другом транспортные предприятия наряду с этим создают совместную организационную структуру, которой они передают существенные полномочия (как например, планирование транспортных услуг, распределение доходов от провозных плат и т.д.), то речь идет о тарифном союзе.

Tarifzone - abgegrenzte Fläche eines Verkehrsgebiets, die die Grundlage für die Berechnung eines *Zonentarifs* bildet (d.h. für die ein bestimmter Tarif gilt). Die T. dient der Differenzierung der Benutzungsabgabe in Abhängigkeit von der tatsächlich durchfahrenen Entfernung - ähnlich wie beim *Streckentarif*.

Тарифная зона (ср. *поясной тариф*) - определенный участок обслуживаемой общественным транспортом территории, который является основой для расчёта *зонального тарифа*. Тарифная зона служит дифференциации платы за пользование общественным транспортам в зависимости от фактически пройденного расстояния - подобно *участковому тарифу*.

Territorialitätsprinzip (vgl. *Marktprinzip "Verkehr finanziert Verkehr"*) - Besteuerungs- und Abgabengrundsatz, nach dem alle verkehrsspezifischen Steuern und Abgaben dem Staat zufließen sollen, in dem die Nutzung der Verkehrsinfrastruktur erfolgt. Beispiel hierfür ist die Mineralölsteuer. Viel häufiger als das T. wird heute jedoch noch das *Nationalitätsprinzip* angewandt. Hilfreich bei der Durchsetzung des T. sind moderne Technologien zur Überwachung des Fahrzeugeinsatzes.

Принцип взимания транспортных налогов и сборов в стране пользования транспортной инфраструктурой (ср. *принцип функционирования рынка «транспорт финансирует транспортную инфраструктуру и технологию»*) - принцип взимания налогов и сборов, согласно которому все транспортные налоги и платежи должны поступить в бюджет того государства, чья транспортная инфраструктура использовалась. В качестве примера можно привести налог на нефтяное топливо. Гораздо чаще, однако, применяется *принцип взимания транспортных налогов и сборов в стране регистрации транспортного средства*. Внедрению принципа взимания транспортных налогов и сборов в стране пользования транспортной инфраструктурой на практике способствуют современные технологии по надзору за эксплуатацией автомобильных парков.

Trailerzug-Verkehr - besondere Technik im *Huckepackverkehr*, bei der nicht mehr ganze Fahrzeuge (z.B. LKW) transportiert werden, sondern Auflieger (also der Trailer eines Sattelschleppers) direkt auf das Schienendrehgestell eines Waggons abgesetzt werden. Der Betrieb ist billiger und schneller als beim klassischen Containerverfahren. Sattelauflieger, die mit speziellen Kupplungen ausgerüstet sind, können darüber hinaus zu Trailerzügen zusammengestellt werden und anschließend wieder per Sattelschlepper oder innerhalb von Güterzügen weiterbefördert werden. Beispiele für diese Technik sind der holländische Trailerzug „Translift" und der schweizer „Kombi-Rail".

Способ перевозки в трейлерных поездах (на трейлерах) (ср. *автомобильный трейлер*) - особая технология в контрейлерном сообщении, при которой не целый состав транспортного средства (например, грузовик) перевозится, а спускаются лишь прицепы (т.е. трейлеры седельного тягача) на поворотную тележку вагона. Эта технология дешевле и быстрее, чем классический способ перевозки груза в контейнерах. Прицепы, имеющие специальные сцепления, наряду с этим можно скомплектовать в трейлерные поезда и потом дальше перевозить на седельных тягачах, либо в составе товарных поездов. В качестве примеров для применения этой технологии можно привести голландский трейлерный поезд «Транслифт» и швейцарский поезд «Комби-Рейл».

Trampverkehr - 1. Beförderung von Personen und Gütern zu Lande, zu Wasser und in der Luft auf der Grundlage eines konkreten Beförderungswunsches im Unterschied zum Linienverkehr, bei dem das Angebot unabhängig von der (aktuellen) Verkehrsnachfragesituation besteht. **2.** Gelegenheitsverkehr, bei dem der Reeder sein Schiff dort einsetzt, wo geeignetes Massengut (in der Regel eine geschlossene Ladung) angeboten wird. In der Schifffahrt wird die Verfügbarkeit von Trampschiffen dem Hafenmeister in einer Segelliste angezeigt.

Трамповые перевозки - 1. перевозка людей и груза по суше, воде и воздуху на основе индивидуального заказа на перевозку - в отличие от линейных (рейсовых) перевозок, при которых предложение существует независимо от (актуальной) ситуации спроса на транспортные услуги. **2.** случайные морские перевозки, при которых судовладелец использует свое судно там, где предлагается подходящий для него массовый груз (как правило, полная погрузка судна). В судоходстве специальный перечень сообщает начальнику порта о наличии свободных трамповых судов.

Transeuropäische Verkehrsnetze (Trans-European Network) - Verkehrsinfrastrukturprogramm der EU zum Aufbau supranationaler Netze, bestehend aus einem transeuropäischen Energienetz und einem transeuropäischen Infrastrukturnetz, das alle *Verkehrsträger* des Personen-, Güter- und Nachrichtenverkehrs umfasst. Die Konzeption der T. zielt auf den Ausbau der Verkehrsinfrastruktur, um auch die Randgebiete der EU besser mit den zentral gelegenen Gebieten zu verbinden und die national orientierten Verkehrsinfrastrukturen in ein multimodales europäisches Netz einzubinden. Neben der Bildung von Transportketten und der Verknüpfung von Schnittstellen zwischen dem Kernnetz und den Zubringerstrecken kommt der Vereinheitlichung der technischen Voraussetzungen für die gemeinsame Nutzung eines Verkehrsweges eine besondere Bedeutung zu.

Трансевропейские транспортные сети (ср. *интеграция в транспортном секторе* и *мультимодальные перевозки*) - программа Европейского союза по развитию транспортной инфраструктуры и созданию сверхнациональных сетей, включающих в себя трансевропейскую сеть энергоснабжения и трансевропейскую сеть инфраструктуры, которая охватывает все *носители* пассажирского и грузового *транспорта* и обмена информацией. Концепция трансевропейских транспортных сетей направлена на расширение транспортной инфраструктуры для улучшения примыкания отдаленных регионов ЕС к экономическим центрам союза и включения национально ориентированных транспортных инфраструктур в единую мультимодальную европейскую сеть. Наряду с созданием транспортных цепей и переплетением точек пересечения между стержневой транспортной сетью и подъездными трассами особое внимание уделяется унификации технических предпосылок для общего пользования путями сообщения.

U

Ufergeld - Gebühr für die Benutzung von Kaistrecken in Häfen oder an Landestellen. Das U. ist Teil der Hafenabgaben.

Причальный сбор (причальные) - сбор за пользование причальными устройствами в портах или на пристанях. Причальный сбор является частью портовых сборов.

Umlaufgeschwindigkeit - Häufigkeit der Bereitstellung des gleichen Fahrzeugs zur Beladung oder Beförderung. Wichtige Determinanten der U. sind die Fahrt- bzw. Reisezeit, die Dauer der Be- und Entladevorgänge und die Dauer von Wartungsarbeiten.

Скорость оборота - частота предоставления одного и того же транспортного средства для погрузки груза или перевозки пассажиров. Определяющими факторами для скорости оборота являются время доставки или езды, продолжительность погрузочно-разгрузочных операций, а также продолжительность работ по техническому обслуживанию транспортного средства.

Umlaufzeit - Wirtschaftlichkeitsfaktor für die Bewertung der Fahrzeugauslastung bzw. beim Einsatz von Transportbehältern und Paletten. Die U. ist die Dauer zwischen einer Verwendung und der Bereitstellung bis zur nächsten Verwendung. Durch eine Senkung der U. kann die Rentabilität von Verkehrsunternehmen erhöht werden.

Время оборота - коэффициент рентабельности для оценки уровня загрузки транспортных средств или при использовании транспортных емкостей и поддонов. Время оборота является интервалом между предоставлением и последующим их использованием. Вследствие сокращения времени оборота можно повысить эффективность транспортных предприятий.

Ungebrochener Verkehr (vgl. *gebrochener Verkehr*) - eingliedriger Transportvorgang, bei dem im Gegensatz zum gebrochenen Verkehr ein direkter *Haus-zu-Haus-Verkehr* durchgeführt wird (z.B. LKW-Transport ohne Unterwegsumladung zwischen Absender und Empfänger).

Перевозки без перевалки/пересадки (ср. *перевозки с перевалкой/пересадко*) - одноступенчатый транспортный процесс, при котором в отличие от перевозок с перевалкой/пересадкой производится прямое *сообщение от двери к двери* (например, грузовой автотранспорт от грузоотправителя к грузополучателю без промежуточной перевалки груза в пути следования).

V

Veredelungsverkehr - Verkehr, bei dem ausländische Güter ins Inland eingeführt, hier be- und verarbeitet und wieder ins Ausland verbracht werden. Der V. ist gegenüber Export-Import-Geschäften ist der V. zollrechtlich begünstigt.

Реэкспорт (реимпорт) грузов, прошедших обработку - форма грузового сообщения, при которой иностранные грузы ввозятся в страну, обрабатываются (перерабатываются) и потом опять вывозятся из страны. По сравнению с обычными экспортными-импортными сделками на реэкспорт (реимпорт) применяются таможенные льготы.

Verfrachter (Carrier) - Reeder bzw. der von ihm beauftragte Vertreter (Schiffsmakler), der die Sendung an Bord eines Seeschiffes übernimmt („verfrachtet") und den Transport durchführt.

Фрахтовщик (перевозчик) морского груза - судовладелец или уполномоченный им представитель (судовой маклер), который принимает груз на борту морского судна (т.е. отгружает этот груз) и производит его перевозку.

Verkehrsart - Gesamtheit der Verkehrstechniken, die sich des gleichen Verkehrsweges bedienen. Dementsprechend unterscheidet man zwischen Straßenverkehr, Schienenverkehr, Luftverkehr, Binnenschifffahrt und Seeverkehr. Nach räumlicher Abgrenzung kann man zwischen grenzüberschreitendem und Binnenverkehr bzw. zwischen Nahverkehr (bis 75 km im Straßengüter- und bis 50 km im Personenverkehr) und Fernverkehr unterscheiden.

Вид транспорта - совокупность транспортной техники, использующей один и тот транспортный путь. Соответственно различается между дорожным автотранспортом, железнодорожным сообщением, воздушным сообщением, внутренним пароходством и морским сообщением. В зависимости от расстояния можно различать между трансграничными и внутренними (т.е. внутри одной страны) перевозками, а также между местным (в пределах до 75 км. в грузовом автотранспорте и до 50 км. в пассажирском автотранспорте) и междугородным сообщением.

Verkehrsaufkommen ist die in einem bestimmten Zeitraum und Gebiet beförderte Personen- und Gütermenge.

Объём перевозок <дорожного движения> - совокупность перевозимых в определенный срок времени пассажиров и грузов.

Verkehrsbedienung - regelmäßige und von der aktuellen Verkehrsnachfrage unabhängiges Angebot an Verkehrsleistungen (z.B. Linienverkehr, ÖPNV).

Транспортное обслуживание - регулярное и независимое от актуального спроса предложение транспортных услуг (например, в линейном сообщении или в общественном пассажирском транспорте).

Verkehrsberuhigung - Maßnahmen zur Verminderung von Verkehrsbelastungen in dichtbesiedelten Gebieten (Innenstädte, Wohngebiete), die als verkehrsberuhigte Zonen ausgewiesen werden. Durch entsprechende Verkehrsführung, Beschilderung und technische Vorrichtungen (Poller, Straßenrückbau, Rampen u.ä.) sollen das Fahrzeugaufkommen vermindert, die Durchfahrtsgeschwindigkeit und Abgasbelastung gesenkt und die Verkehrssicherheit erhöht werden.

Снижение транспортной нагрузки - меры по уменьшению нагрузки от транспорта в густо населенных территориях (центры городов, жилые кварталы), которые превращаются в результате в зоны с заниженной транспортной нагрузкой. При помощи соответствующего трассирования транспортных путей, постановки дорожных знаков и разных технических устройств (например, палы, сужения проезжей части и эстакады) должны сокращаться поток автомобилей, снижаться скорость проезда и загрязнение воздуха отработанными газами и повышаться безопасность дорожного движения.

Verkehrsintegration (vgl. *Transeuropäische Verkehrsnetze*) - **1.** Zusammenfügen der nationalen Verkehrspolitiken der EU-Mitgliedsstaaten zu einer einheitlichen, gemeinsamen europäischen Verkehrspolitik. Gleichgelagerte Aufgaben und Befugnisse werden auf eine supranationale Institution übertragen (einhergehend mit Verlusten an nationaler Souveränität). **2.** Zusammenführung der separierten nationalen Verkehrsmärkte zu einem gemeinsamen Verkehrsmarkt mit einheitlichen Bedingungen in allen beteiligten Staaten. **3.** Förderung benachteiligter Regionen durch Verbesserung der Verkehrsinfrastruktur.

Интеграция в транспортном секторе (ср. *трансевропейские транспортные сети*) - **1.** объединение национальных транспортных политик стран-членов ЕС в единую европейскую транспортную политику. Равнозначные задачи и полномочия передаются сверхнациональной организационной структуре (что сопровождается потерией национальной суверенности). **2.** объединение отдельных национальных рынков транспортных услуг в единый рынок транспорта с одинаковыми условиями доступа во всех участвующих странах. **3.** содействие развитию слабо развитых регионов путем совершенствования транспортной инфраструктуры.

Verkehrsmarkt - Ort des Zusammentreffens von Verkehrsangebot und Verkehrsnachfrage.

Рынок транспортных услуг - место стечения предложения и спроса в транспортных услугах.

Verkehrsordnungspolitik - Gesamtheit staatlicher Maßnahmen, die langfristiger, aber nicht investitionspolitischer Natur sind, z.B. Maßnahmen zur Beeinflussung von Tarifen, Abgaben und Subventionen und zur Regelung des Marktzugangs. Die V. beinhaltet ferner die Festlegung der Bedingungen, unter denen natürliche und juristische Personen in den einzelnen Verkehrsbranchen innerhalb eines Landes bzw. in einem anderen Land Verkehrsleistungen anbieten können.

Политика регулирования транспортного сектора - совокупность всех государственных мер долгосрочного, но не инвестиционного характера, например, мер по воздействию на тарифы, сборы и субсидии, а также мер по регулированию доступа к рынку. Политика регулирования транспортного сектора включает в себя определение условий, при которых физические и юридические лица в отдельных секторах транспорта могут предложить рынку свои услуги - либо внутри одной страны, либо в другой стране.

Verkehrssysteme - Gesamtheit der technischen und organisatorischen Einrichtungen (Verkehrswege, -mittel, -normen etc.) der Verkehrsunternehmen einschließlich des Personals sowie der Verkehrsnachfrage. Man unterscheidet zwischen städtischem, regionalem, volkswirtschaftlichem und Weltverkehrssystem. Der Systembegriff beinhaltet einerseits das Angebot von Verkehrsleistungen und das Zusammenwirken verschiedener Beförderungsmöglichkeiten und andererseits die kaufkräftige Verkehrsnachfrage.

Транспортные системы - совокупность технических устройств и организационных структур транспортных предприятий (например, транспортные пути и средства, нормы сообщения и т.д.), включая персонал и спрос на транспортные услуги. Различается между городской, региональной, национальной и мировой транспортной системами. Понятие системы охватывает с одной стороны предложение транспортных услуг и переплетение разных возможностей перевозки, а с другой стороны наличие платежеспособного спроса в транспортных услугах.

Verkehrsteilung s. *Modal Split*

Verkehrstelematik (vgl. *Vernetzung von Verkehrssystemen*) - Wortschöpfung aus den Begriffen „Telekommunikation" und „Informatik". Bei der T. handelt es sich um einen standardisierten elektronischen Austausch von Daten räumlich entfernt liegender Systeme sowie um deren integrierte Verarbeitung mit Hilfe einer speziellen Hard- und Software. Der V. kommt bei der Steuerung von Verkehrsströmen zunehmende Bedeutung zu (z.B. Einsatz von LKW-Bordcomputern, Ortungssystemen, Stückgut- und Transportmittelidentifikationssystemen). Sie wird als ergänzende Maßnahme zur Erreichung bestimmter verkehrspolitischer Ziele, wie der Verbesserung des Verkehrsflusses, der Vernetzung der *Verkehrsträger* untereinander,

der Verlagerung des Verkehrs auf umweltfreundliche Verkehrsmittel, zum Aufbau elektronischer Gebührensysteme u.a. eingesetzt.

Транспортная телематика (ср. *переплетение транспортных систем*) - образование нового наименования из понятий «**теле**коммуникация» и «**информ**атика». Транспортная телематика представляет собой стандартизированный электронный обмен данными систем, находящихся в разных местах, а также интегрированную обработку этих данных с помощью специальных компьютерных систем. Телематика играет растущую роль при управлении транспортными потоками (например, при использовании бортовых компьютеров на грузовиках, устройствах для радиолокации подвижного состава и системах для идентификации штучного груза и транспортных средств). Она используется как дополнительная мера для достижения определенных целей в области транспортной политики, как например, для улучшения транспортного потока, взаимного переплетения *носителей транспорта*, перемещения перевозок на экологически чистые виды транспорта, создания компьютеризированных систем взимания сборов и пр.

Verkehrsträger - Bezeichnung für die Gesamtheit der Verkehrsunternehmen einer *Verkehrsart*.

Носитель транспорта - совокупность транспортных предприятий одного *вида транспорта*.

Verkehrsverbund - Kooperationsform von Unternehmen des *öffentlichen Personennahverkehrs*, die häufig als selbständige Gesellschaften organisiert sind. Innerhalb eines Verbundes erfolgen z.B. Fahrplanabstimmungen und Koordinierung der Netze. Ferner wird ein Gemeinschaftstarif (vgl. *Tarifgemeinschaft*) angeboten. Vorteile sind die gesteigerte Attraktivität des Verkehrs sowie eine Verbesserung der Wirtschaftlichkeit und Konkurrenzfähigkeit gegenüber anderen Verkehrsunternehmen und dem Individualverkehr. Das Gebiet, für das ein V. gilt, wird als Verkehrsverbundraum bezeichnet.

Транспортно-тарифный союз - форма кооперации предприятий *общественного городского пассажирского транспорта*, которые часто организованы как самостоятельные компании. Внутри транспортно-тарифного союза согласуются расписания и координируются сети обслуживаемых линий. Кроме того, предлагается общий тариф на проезд (ср. *тарифное сообщество*). Преимуществами транспортно-тарифного союза являются более высокая привлекательность общественного транспорта, а также улучшение рентабельности и конкурентоспособности в отношении других транспортных предприятий и индивидуального моторизированного транспорта. Территория, на которой действует транспортно-тарифный союз, называется зоной транспортно-тарифного союза.

Vermarktung freier Trassen *(Eis.)* - Vermietung nicht ausgelasteter Strecken an Dritte durch die Bahnunternehmen. Dieses Recht auf freie Vermarktung ihrer Kapazitäten erhielten die Bahnen im Zuge der Privatisierung der europäischen Eisenbahnen (vgl. *Bahnstrukturreform*). Durch die gleichzeitige *Liberalisierung* des Verkehrsmarktes erhöht sich der Wettbewerbsdruck auf die europäischen Bahnen und der Zwang zur Steigerung der Wirtschaftlichkeit.

Коммерческое использование недогруженных трасс *(ж/д.)* - сдача в аренду третьему лицу недогруженных трасс железнодорожными компаниями. Это право на свободное коммерческое использование недогруженных трасс железные дороги получили в результате приватизации европейских железных дорог (ср. *реформа по реструктуризации Германских железных дорог*). Вследствие одновременной *либерализации* транспортного рынка ужесточается конкуренция среди европейских железных дорог и растет необходимость повышения рентабельности.

Vernetzung von Verkehrssystemen (vgl. *Verkehrstelematik*) - Überbegriff für die Einzelkonzepte *Verkehrstelematik, Kombinierter Verkehr, Güterverkehrszentren* und *City-Logistik*.

Переплетение транспортных систем (ср. *транспортная телематика*) - собирательное название, включающее следующие составляющие компоненты: *транспортную телематику, комбинированные перевозки, грузораспределительные центры* и *городскую логистику*.

Versandspediteur - ist als Sammelspediteur am Versandort tätig. Der V. sammelt alle Teilsendungen, die ihm von seinen Kunden, den *Versendern*, übergeben werden. Er fasst Kleinsendungen in den Gütersammelzentren zu Ladungen zusammen und ergänzt diese durch Teilsendungen der *Beilader*.

Экспедитор-отправитель - действует как экспедитор сборного груза на месте отправления. Он забирает все партии грузов, переданные ему от своих клиентов - *грузоотправителей*. Экспедитор-отправитель сборного груза комплектует мелкие партии грузов в грузособирательных центрах в полные погрузки и прибавляет к ним дополнительный груз других грузоотправителей.

Versender - Unternehmen der Urerzeugung, der Weiterverarbeitung und des Handels, die ihre Güter an die Orte des Bedarfs versenden.

Грузоотправитель - первичные производители, обрабатывающие предприятия и торговые компании, отправляющие свой груз по месту требования.

Verteilerverkehr - Verteilung der Güter vom letzten Umschlagpunkt an die einzelnen Empfänger. Der V. bildet den Abschluss der Transportkette. Häufig werden V. über Logistikzentren oder *City-Terminals* abgewickelt.

Распределительный транспорт - распределение груза от последнего пункта перевалки к конечным получателям. Распределительный транспорт завершает транспортную цепь. Он часто осуществляется через центры логистики и городские терминалы.

W

Wagenladung - Bezeichnung für eine größere Gütermenge, die als geschlossene Ladung mit einem Frachtbrief aufgegeben wird, und für deren Beförderung der Verlader ein Fahrzeug bestellt hat.

Повагонный груз - название большого количества грузов, которые отгружаются с накладной как полная погрузка и для перевозки которых грузоотправитель заказывает транспортное средство.

Wagenladungsverkehr - *Verkehrsart*, bei der einem Versender für einen bestimmten Transport ein Verkehrsmittel (LKW, Güterwaggon, Binnenschiff) meist zur ausschließlichen Nutzung zur Verfügung gestellt wird. Typische Wagenladungsgüter sind land- und forstwirtschaftliche Erzeugnisse, Düngemittel, Kohle usw.

Перевозки повагонных грузов - *вид транспорта*, при котором грузоотправителю передается в исключительное пользование транспортное средство (грузовик, товарный вагон, судно внутреннего плавания) для осуществления конретной перевозки. Типичным повагонным грузом являются сельскохозяйственные и лесные продукты, удобрения, уголь и пр.

Werkverkehr (vgl. *Direktverkehr*) - 1. Art des Güterverkehrs, bei der Unternehmen eigene Güter mit eigenen Fahrzeugen befördern. Der W. spielt vor allem im Straßenverkehr und in der Binnenschifffahrt eine bedeutende Rolle. Der W. ist nicht konzessionspflichtig, jedoch anmeldepflichtig. Zum Schutz des gewerblichen Güterverkehrs ist die Beförderung von Gütern für Dritte in Form von Bei- und Rückladungen untersagt. Transporte innerhalb eines 75-km Radius gehören zum Werknahverkehr, über 75 km zum Werkfernverkehr. 2. Beförderung von Werksangehörigen zwischen Wohnung und Arbeitsstätte und zwischen Arbeitsstätten eines Unternehmens zu betrieblichen Zwecken durch den Unternehmer.

Внутризаводской (промышленный) транспорт (ср. *прямой транспорт*) - 1. форма грузового сообщения, при которой предприятия перевозят собственный груз собственными транспортными средствами. Внутризаводской транспорт играет большую роль в дорожном автотранспорте и в речном судоходстве.

Промышленный транспорт не требует наличия лицензии, но требуется разрешение. В целях защиты коммерческих производителей транспортных услуг запрещается перевозка груза для третьих лиц, например в форме перевозок дополнительного или обратного груза. Перевозки на расстояние до 75 км. классифицируются как короткопробежные промышленные перевозки, перевозки на расстояние больше 75 км. - как промышленные перевозки на дальние расстояния. **2.** перевозка работников предприятия на собственном автотранспорте в служебных целях, т.е. от места жительства к месту работы, а также между разными филиалами предприятия.

Z

Zeittarif (vgl. *Streckentarif*) - zeitliche Differenzierung (nach Beförderungsdauer, Gültigkeitszeitraum etc.) des Entgeltes für Verkehrsleistungen. Der Z. wird vor allem im *ÖPNV* angewandt.

Повременный тариф (ср. *участковый тариф*) - временная дифференциация платы за проезд (т.е. в зависимости от продолжительности езды, срока действия билета и т.д.). Повременный тариф применяется прежде всего в *общественном пассажирском транспорте.*

Zolleinheitspapier s. *Einheitspapier*

Zollunion - Abbau von Binnenzöllen und Vereinheitlichung der Außenzölle zwischen den Vertragsstaaten (z.B. EU) mit dem Ziel der Schaffung eines einheitlichen Wirtschaftsraums. Die Z. ist die Voraussetzung für die Entstehung eines gemeinsamen Marktes.

Таможенный союз - отмена внутренних таможенных пошлин и унификация внешних таможенных пошлин между государствами-участниками договора (например, между странами ЕС) с целью создания единого экономического пространства. Таможенный союз является предпосылкой для формирования общего рынка.

Zonentarif (vgl. *Tarifzone*) - räumliche Differenzierung des Entgeltes für Verkehrsleistungen, ähnlich wie beim *Streckentarif*, jedoch wird die Fläche des Verkehrsgebietes in Zonen eingeteilt.

Поясной (зональный) тариф, тариф для отдельных зон (ср. *тарифная зона*) - дифференциация платы за перевозочные услуги в зависимости от пройденного расстояния, подобно *участковому тарифу*. Однако площадь обслуживаемой территории разделяется на отдельные зоны.

Zubringerverkehr - Bezeichnung für einen Verkehr mit der Aufgabe der Zuführung von Fahrgästen oder des Antransports von Gütern zu den Stationen des Hauptverkehrs (Haltestellen, Bahnhöfe, Häfen, Flughäfen und *Güterverkehrszentren*).

Движение местного транспорта, согласованное с транспортом дальнего следования - название транспорта, задача которого заключается в доставке пассажиров или подвозе груза к станциям основного транспорта (т.е. к остановочным пунктам, вокзалам, портам, аэропортам и *грузораспределительным центрам*).

LITERATURVERZEICHNIS

Weiterführende Fachliteratur

Zeitschriften, Periodika und Schriftenreihen

Apel, D.; Holzapfel, H.; Kiepe, F,; Lehmbrock, M; Müller, P (Hrsg.): Handbuch der kommunalen Verkehrsplanung. - Loseblattausgabe. - Economica-Verlag

Beiträge aus dem Institut für Verkehrswissenschaft an der Universität Münster. - Hrsg. Ewers, H.-J.. - Vandenhoek & Ruprecht. - Göttingen

Binnenschifffahrt. Zeitschrift für Binnenschifffahrt und Wasserstraßen. - Schifffahrt-Verlag „Hansa" C. Schroedter & Co. - Hamburg

Bundesministerium für Verkehr (Hrsg.) Informationsschriften und Pressemitteilungen

Bus & Bahn. - Hrsg. Verband Deutscher Verkehrsunternehmen (VDV e.V.). - Köln

Der Nahverkehr. Personen- und Güterverkehr in Stadt und Region. - alba-Fachverlag. - Düsseldorf

Deutsche Verkehrszeitung. Die internationale Fachzeitung für Transport und Logistik. - Deutscher Verkehrsverlag Berlin/Hamburg

eastline report. - Hrsg. eastline spedition GmbH. - Berlin

Güterverkehr. Das Eurotransport-Journal. - Kirschbaum Verlag. - Bonn

Internationales Verkehrswesen. Fachzeitschrift für Wissenschaft und Praxis. - Deutscher Verkehrsverlag Berlin/Hamburg

Logistik heute. - Hrsg. Bundesvereinigung für Logistik (BVL e.V.). - HUSS-Verlag GmbH. - München

Schriftenreihe Binnenschifffahrt. - Mitteilungen der Forschungsanstalt f[r Schifffahrt, Wasser- und Grundbau. - Berlin

Schriftenreihe der Deutschen Verkehrswissenschaftlichen Gesellschaft e.V. (DVWG). - Reihe B. - Bergisch Gladbach

Schriftenreihe A des Instituts für Straßen- und Schienenverkehr

Verband Deutscher Reeder (Hrsg.) Informationsschriften und Pressemitteilungen

Verkehr und Umwelt. Internationales Magazin für Verkehrspolitik. - Erwin Schaiger Verlag GmbH. - Wien

Zeitschrift für Verkehrswissenschaft. - Hrsg. Willeke, R.; Baum, H. - Verkehrsverlag J. Fischer. - Düsseldorf

Monographien

ABC der Abkürzungen aus Verkehr, Transport und Logistik. - 6. überarb. Aufl. 2000. - Deutscher Verkehrsverlag. - Hamburg

Aberle, G.: Transportwirtschaft. - 1996. - R. Oldenbourg Verlag. - München/Wien

Allgemeine Deutsche Seeversicherungsbedingungen. Besondere Bestimmungen für die Güterversicherung (ADS Güterversicherung 1973)

Allgemeine Deutsche Spediteursbedingungen (ADSp). - 1993. - Luchterhand Verlag. - Neuwied

Andresen, B.: Kraftverkehrsordnung für den Güterfernverkehr mit Kraftfahrzeugen (KVO). Textausgabe und Kommentar. - 6., neubearb. Aufl. 1996. - Erich Schmidt Verlag. - Berlin

Bes, J.: Chartering and Shipping Terms. Handbuch für die Tramp- und Linienschifffahrt. - Deutsche Ausgabe. - 2. Aufl. 1968. - Hilversum

Biebig, P.; Althof, W.; Wagner, N.: Seeverkehrswirtschaft. Kompendium. - 2. überarb. Aufl. 1995. - R. Oldenbourg Verlag. - München/Wien

Böttger, C-U.:; Ullmer-Schulz, E.: Verkehrslehre des Außenhandels. - 4. bearb. Aufl. 1997. - Feldhaus-Verlag. - Hamburg

Danzas-Lotse. Leitfaden für Exporte und Importe im Land-, See- und Luftverkehr. - 1989. - Hamburg

Dörnemann, M.: Parkraumbewirtschaftung. Wirkungsbetrachtung und Erfordernisse an der Umsetzung, untersucht am Beispiel der Berliner Parkzonen (Diss.). - 1998. - Technische Universität Berlin

Eichner, W.: Lagerwirtschaft. Praxis der Unternehmensführung. - 1995. - Gabler Verlag. - Wiesbaden

Gass, W.: Das neue Transport- und Speditionsrecht. Ein Überblick nach Verkehrsträgern (Straße, Bahn, Luft, See- und Binnenschifffahrt). - 1999. - Beck Verlag. - München

Güterkraftverkehrsrecht. Textsammlung. - Hrsg. Lammich, K. - 1994. - Luchterhand Verlag. - Neuwied

Gütertransportrecht für Eisenbahn, Kraftverkehr und Binnenschifffahrt. Blaue Reihe Bundesrecht. - 1993. - Verlag die Wirtschaft. - Berlin

Handbuch der Verkehrslogistik. - Hrsg. Buchholz, J. - 1998. - Axel Springer Verlag. - Berlin

Handelsrecht. Textausgabe mit ausführlichem Sachregister. - 1999. - Deutscher Taschenbuch Verlag. - München

Huckepack-, Container- und kombinierter Verkehr. - 3., erw. Aufl.. - 1994. - IRB-Verlag. - Stuttgart

Ihde, G.B.: Transport, Verkehr, Logistik. - 1991. - Verlag F. Vahlen. - München

Jaeger, G.; Laudel, H.: Transportmanagement. Die Fachkunde des Güterverkehrs für Spedition, Handel und Industrie, - 1994. - Feldhaus Verlag. - Hamburg

Jahrbuch der Schifffahrt. Ein Rundblick über die nationale und internationale Schifffahrt, Hafenwirtschaft und Seefischerei. - 1986. - Transpress Verlag. - Berlin

Jahrmann, F.-U.: Außenhandel. Kompendium der praktischen Betriebswirtschaft. - Hrsg. Olfert, K. - 9. überarb. u. erw. Aufl. 1998. - Kiehl Verlag. - Ludwigshafen

Jarke, M.: Überwachung und Steuerung von Container-Transportsystemen. - 1981. - Wiesbaden

Klenke, D.: Bundesdeutsche Verkehrspolitik und Motorisierung. - 1993. - Franz Steiner Verlag. - Stuttgart

Köberlein, Ch.: Verkehrslexikon. - 1997. - R. Oldenbourg Verlag. - München/Wien

Köberlein, Ch.: Kompendium der Verkehrspolitik. - 1997. - R. Oldenbourg Verlag. - München/Wien

Krautwurst, M.; Quester, H.: Gefahrgutvorschriften für den Straßenverkehr. - 1997. - Verkehrs-Verlag Fischer. - Düsseldorf

Lorenz, W. - Leitfaden für Spediteure und Logistiker in Ausbildung und Beruf. - Deutscher Verkehrsverlag Berlin/Hamburg

Lufthansa Cargo. Eine Einführung in die Luftfracht. - Hrsg. Deutsche Lufthansa. - 1986. - Köln

Mandl, B.; Pinter, J.: Gefahrgut-Transport. Beförderung gefährlicher Güter auf Straße, Schiene, Binnenwasserstraße. - Luchterhand Verlag.

Muth, W.: Leitfaden zur CMR. Übereinkommen über den Beförderungsvertrag im internationalen Straßengüterverkehr (Kommentar). - 6. Aufl. 1985. - Berlin

Oelfke, W.: Güterverkehrsspedition - Logistik. - 29. überarb. Aufl. 1992. - Verlag Gehlen. - Bad Homburg

Oelfke, W.: Speditionsbetriebslehre in Frage und Antwort". - 12. überarb. Aufl. 1990. - Gabler Verlag. - Wiesbaden.

Ohling, H.: Export - Import - Spedition. - 10. Aufl. 1986. - Wiesbaden

Pingel, J.: Der öffentliche Personennahverkehr. Eine marketingorientierte Einführungsstrategie (Diss.). - 1997. - Technische Universität Berlin

Pompl, W.: Luftverkehr. - 1989. - Axel Springer Verlag. - Berlin

Seeschiffsstraßen-Ordnung und andere Seeverkehrsvorschriften. Handausgabe der Gesetze, Verordnungen und Bekanntmachungen der Bundesrepublik Deutschland. - 1999. - Koehler-Verlag. - Hamburg

Sterzenbach, R.: Luftverkehr. - 1996. - R. Oldenbourg Verlag. - München/Wien

Vester, F.: Crashtest Mobilität. Die Zukunft des Verkehrs. - 1995. - Wilhelm Heyne Verlag. - München

Wockenfoth, K.: Zoll-Leitfaden für die Betriebspraxis. Der Wegweiser für den Verkehr mit dem Zollamt bei der Ein- und Ausfuhr. - 10. überarb. Aufl. 1994. - Erich Schmidt Verlag. - Berlin